W0287151

LES RÉSEAUX

ÉDITION 2018–2020

GUY PUJOLLE

LES RÉSEAUX

ÉDITION 2018–2020

9e édition

Avec la collaboration de Olivier Salvatori

EYROLLES

Groupe Eyrolles
61, bd Saint-Germain
75240 Paris Cedex 05
www.editions-eyrolles.com

En application de la loi du 11 mars 1957, il est interdit de reproduire intégralement ou partiellement le présent ouvrage, sur quelque support que ce soit, sans autorisation de l'éditeur ou du Centre français d'exploitation du droit de copie, 20, rue des Grands-Augustins, 75006 Paris.

© Groupe Eyrolles 1995-2018
ISBN : 978-2-212-67535-1

Préface à la 9e édition

Les réseaux composent la structure de base du septième continent qui se forme sous nos yeux. Par l'immense séisme que ce continent supplémentaire engendre en cette première partie du siècle, la planète entre dans une ère nouvelle. Ce continent est celui de la communication. Constitué de réseaux se parcourant à la vitesse de la lumière, il représente une rupture analogue à l'apparition de l'écriture ou à la grande révolution industrielle.

Ces réseaux, qui innervent aujourd'hui complètement la planète, s'appuient sur la fibre optique, les ondes hertziennes et divers équipements qui permettent d'atteindre de très hauts débits. Internet incarne la principale architecture de ces communications.

Les réseaux forment un domaine tellement complexe qu'il est impossible d'en rendre compte de façon exhaustive, et ce livre pas plus que les autres, n'en a la prétention. Simplement, il vise à faire comprendre, de manière à la fois technique et pédagogique, les fondements des réseaux en en dressant un panorama aussi complet que possible.

Les refontes apportées à cette neuvième édition sont encore plus importantes que les précédentes. La raison en est simple : le monde des réseaux connaît une révolution étonnante de prime abord. Au lieu de continuer son évolution vers un système de plus en plus distribué, il tend à se recentraliser. Mais ce système, dont la tendance actuelle est au regroupement autour de contrôleurs virtuels dans de très grands datacenters, devrait redevenir distribué d'ici à quelques années, ce que nous verrons plus clairement dans la prochaine édition de ce livre.

Parmi les autres changements importants détaillés dans la présente édition, la 5G qui se profile sera capable de prendre en charge des missions critiques telles que le contrôle des véhicules autonomes, la connexion de milliards d'objets, l'introduction des très hauts débits en mobilité et, bien sûr, le SDN (Software-Defined Networking), qui apporte la centralisation permettant d'introduire beaucoup plus d'intelligence dans les réseaux.

Un autre axe de développement important introduit dans cette édition concerne les logiciels libres, puisque les réseaux devraient avoir rejoint le monde de l'open source vers les années 2020.

Les annexes de cette édition disponibles sur le Web représentent un volume d'informations presque aussi important que l'édition elle-même.

Au total, près d'un tiers du livre est constitué d'éléments totalement neufs, tandis qu'un autre bon quart a été fortement remanié.

Nous recommandons au lecteur d'effectuer la lecture des vingt-six chapitres qui suivent en continuité. Sa construction en six parties permet toutefois de le parcourir aussi par centre d'intérêt.

Il est important de noter que les références bibliographiques, les annexes et toutes sortes d'informations qui viendraient à enrichir le contenu de l'ouvrage sont désormais accessibles sur la page dédiée au livre du site des Éditions Eyrolles (*www.editions-eyrolles.com*). L'avantage de cette solution est de permettre la mise à jour en continu des références bibliographiques, qui jouent un rôle important dans un monde aussi vivant. De même, si certaines annexes n'ont que peu de raisons de changer, de nouvelles annexes devraient apparaître régulièrement pour informer les lecteurs des grandes directions du monde des réseaux.

Cette neuvième édition n'aurait pu exister sans les huit premières et sans l'aide précieuse, depuis 1995, de collègues et de plusieurs générations d'étudiants. Je suis heureux de remercier ici un grand nombre d'entre eux ayant terminé leur thèse depuis plus ou moins longtemps pour leur aide précieuse sur des sujets arides et des collègues plus expérimentés pour leurs apports de qualité.

Table des matières

Partie II

Partie III

PARTIE V

Partie VI

Partie I

Les éléments de base des réseaux

Les réseaux ont pour fonction de transporter des informations afin de réaliser des services pouvant se trouver n'importe où sur le globe. Une série d'équipements matériels et de processus logiciels sont mis en œuvre pour assurer ce transport, depuis les câbles terrestres ou les ondes radio dans lesquels circulent les données jusqu'aux protocoles et règles permettant de les traiter.

Cette première partie de l'ouvrage rappelle les principes de fonctionnement des réseaux et présente en détail les matériels, logiciels et architectures protocolaires sur lesquels ils se fondent.

1

Introduction aux réseaux

Les réseaux sont nés du besoin de transporter des données d'un ordinateur à un autre ordinateur. Ces données étant mises sous la forme de fichiers, l'application de base des réseaux s'est appelée le transfert de fichiers. Un peu plus tard, le « transactionnel » est apparu pour permettre à un utilisateur de réaliser des transactions avec un ordinateur distant, par exemple pour réserver une place d'avion. On a appelé session l'ensemble des transactions d'un même utilisateur pour réaliser une tâche donnée.

Avec le développement du Web, le service transactionnel s'est diversifié afin de permettre la recherche d'informations par le biais de liens. Ces applications se sont appelées client-serveur, c'est-à-dire qu'un client s'adresse à un serveur pour obtenir de l'information.

L'étape suivante des réseaux a été caractérisée par le pair-à-pair, ou P2P (*peer-to-peer*), dans lequel tous les éléments connectés au réseau sont équivalents et peuvent être distribués dans le réseau. Les applications sous-jacentes sont en fait très nombreuses, allant de la téléphonie à la recherche d'informations diverses et variées, telles les fichiers audio ou vidéo sur Internet.

Sans supplanter les applications de transfert de fichiers, qu'elles soient client-serveur ou pair-à-pair, le nouveau service Internet qui se développe depuis les années 2010 est le *Cloud*, ou « nuage ». Jusqu'à l'arrivée des Clouds, Internet avait pour objectif de transporter des données pour réaliser un service à distance. Les entreprises permettaient par exemple aux employés itinérants de se connecter à leurs serveurs par le biais d'Internet. Elles possédaient pour cela tous les éléments nécessaires, comme la messagerie électronique, les applications métier ou les serveurs d'archivage, ainsi que la puissance de calcul requise. Aujourd'hui, il est possible de réaliser dans le Cloud ce qui se faisait auparavant au sein de l'entreprise : calcul, stockage, application métier, messagerie, téléphonie, etc. Les avantages sont nombreux : le client peut accéder à ces services de n'importe où ; ceux-ci peuvent être sécurisés par de la redondance ; il est possible d'ajouter instantanément de nouveaux services, de la puissance de calcul, de l'espace de stockage, etc., en fonction des besoins et en ne payant que ce qui est utilisé.

Cette nouvelle génération met en œuvre le concept de virtualisation, par lequel les ressources dont l'entreprise ou le particulier a besoin peuvent se trouver n'importe où, voire se déplacer en fonction du coût des serveurs.

Avant de détailler plus avant ces nouvelles générations de réseaux, les sections qui suivent rappellent quelques éléments clés de l'évolution des réseaux et des architectures actuelles.

Le paquet

L'entité de base des réseaux est le paquet. Celui-ci rassemble des éléments binaires, suites de 0 et de 1 correspondant à des données provenant de différents types d'informations, comme la parole et la vidéo, ou bien de stockages, de calculs et d'applications. Les paquets contiennent en général entre quelques octets (8 bits) de ces éléments binaires et 1 500 octets.

L'objectif des réseaux est de transporter les paquets provenant d'un utilisateur, d'une machine, d'un objet ou de tout ce qui peut produire de l'information. En d'autres termes, un émetteur crée des paquets et les envoie jusqu'à un récepteur. Comme il n'y a que peu de chance qu'il existe une ligne directe entre l'émetteur et le récepteur, les paquets traversent des nœuds intermédiaires qui les transfèrent vers le nœud suivant et ainsi de suite jusqu'au récepteur.

Ce livre détaille les différentes façons d'effectuer le transport des paquets d'un émetteur à un récepteur, telles que suivre toujours un même chemin, représenté par une succession de nœuds intermédiaires, ou emprunter des routes différentes en fonction de la nature des paquets à transporter.

La première solution consiste à marquer un chemin (*path*) et à y envoyer les paquets. Les paquets se suivent et arrivent dans l'ordre de leur émission. Dans ce cas, même s'il s'avère qu'un autre chemin est plus court ou demande moins de temps, les paquets restent sur le chemin qui a été ouvert tant que celui-ci satisfait à la qualité de service exigée par l'émetteur. Cette solution de chemin a donné naissance à la technique dite de commutation (*switching*), dans laquelle les nœuds s'appellent des commutateurs (*switches*).

La seconde grande solution est celle du routage (*routing*), dans laquelle les paquets sont routés vers un nœud qui peut changer dans le temps en fonction de l'état du réseau et en essayant à tout instant de prendre la route la plus courte. Le nœud qui effectue l'aiguillage est appelé un routeur. Il possède pour cela une table de routage. Dans ce cas, les paquets peuvent arriver dans le désordre au récepteur.

Les nœuds qui transfèrent les paquets d'une ligne d'entrée vers une ligne de sortie sont appelés des nœuds de transfert (*forwarding nodes*). Ils ont longtemps été constitués d'éléments matériels, avec peu de logiciel à l'intérieur pour gérer le passage des paquets et détecter, par exemple, des anomalies. Dans la nouvelle génération de nœuds de transfert qui est en phase d'installation, les nœuds physiques sont remplacés par des nœuds logiciels, aussi appelés nœuds virtuels.

Passer d'une architecture matérielle à une architecture logicielle est assez simple. Il suffit d'écrire un code dans un langage déterminé afin de décrire et réaliser ce que fait une machine matérielle. Ce code est appelé machine virtuelle, ou VM (Virtual Machine).

Pour exécuter des machines virtuelles, une infrastructure matérielle est évidemment nécessaire. Celle-ci doit disposer de suffisamment de puissance de calcul pour offrir le même rendement qu'un nœud de transfert matériel. Une telle puissance n'est disponible que dans des datacenters, ou centres de données, qui regroupent un grand nombre de serveurs.

La nouvelle génération de réseaux qui se met en place aujourd'hui se caractérise par l'ensemble de ces éléments : des datacenters qui intègrent des nœuds de transfert et qui sont interconnectés par des liaisons à très haut débit, en général en fibre optique. La suite du chapitre décrit les environnements qui se déploient dans ces datacenters : le Cloud pour les plus gros d'entre eux, le MEC (Mobile Edge Computing) pour ceux de taille moyenne, le Fog pour les petits et le Skin pour les très petits.

Cloud, MEC, Fog et Skin

Un Cloud est rendu possible par l'exploitation par un réseau de la puissance de calcul et de stockage d'un datacenter. En d'autres termes, c'est l'ensemble des machines virtuelles déployées dans un ou plusieurs datacenters en vue de répondre aux besoins des utilisateurs. Les machines virtuelles, ou VM, peuvent être rangées dans trois grandes catégories : les VM de stockage, les VM de calcul et les VM réseau. On peut leur ajouter deux nouveaux types de machines apparues sur le marché en 2017 : les VM de sécurité et les VM de gestion et de contrôle.

Une VM de calcul est un ensemble matériel et logiciel agrégeant la puissance de calcul d'un ou plusieurs processeurs et de la mémoire afin de réaliser des calculs qui peuvent se révéler extrêmement importants. Une VM de stockage est essentiellement constituée d'un ensemble de mémoires permettant de stocker des données. Une VM réseau est un équipement réseau virtuel, comme un routeur ou un commutateur virtuel, qui est stocké dans la mémoire d'un datacenter et dispose ainsi de la puissance de calcul associée, laquelle peut varier dans le temps. Une VM de sécurité peut agir en tant que serveur d'authentification virtuel ou pare-feu virtuel afin de gérer la sécurité de clients, de machines ou d'objets. Enfin, une VM de gestion et de contrôle peut faire office de contrôleur ou d'orchestrateur virtuel afin de contrôler des flots de paquets ou de mettre en place un ensemble de machines virtuelles pour déployer un service.

Le Cloud bénéficie généralement de la puissance de stockage et de calcul d'un gros datacenter, possédant plusieurs centaines ou milliers de serveurs, voire jusqu'à un million de serveurs, rassemblés au même endroit. La tendance actuelle consiste toutefois à installer ces datacenters au plus près de l'utilisateur afin d'offrir le meilleur temps de réponse possible. En se rapprochant de l'utilisateur, ces datacenters desservent de moins en moins de clients et leur taille décroît. Le Cloud en résultant est alors appelé Fog, c'est-à-dire une « brume » qui entoure l'utilisateur de très près.

Deux autres environnements peuvent être définis : le Skin, ou peau, c'est-à-dire un nuage qui se trouve au contact de l'utilisateur, tout au plus à quelques mètres. On appelle les datacenters correspondants des femto-datacenters, ou des home-datacenters, ou encore des wall-datacenters. La taille de ces datacenters n'est que de quelques serveurs, mais avec une grande puissance de stockage. La première génération de ce type de mémoires était représentée par les NAS (Network Attached Storage), qui étaient des serveurs de fichiers autonomes. Un femto-datacenter doit en outre posséder une très forte capacité de calcul ainsi qu'un système d'exploitation spécifique supportant des machines virtuelles. Le chapitre 3 décrit en détail comment se monte un tel environnement virtualisé.

Un autre environnement de Cloud de taille moyenne est le MEC (Mobile Edge Computing). Celui-ci recouvre un ensemble de services fournis par des datacenters de taille moyenne que les opérateurs placent essentiellement près du bord des réseaux, c'est-à-dire derrière les grandes antennes relais 3G/4G. Les MEC-datacenters desservent tous les clients situés derrière une antenne 3G ou 4G et bientôt 5G. L'environnement MEC est présenté au chapitre 13. Étant propres aux opérateurs de télécommunications, ces datacenters ne sont pas inclus dans la série Cloud, Fog et Skin.

Pour résumer, on peut regrouper les différentes sortes de datacenters en quatre grandes catégories, qui définissent les quatre grandes architectures de la nouvelle génération de réseaux :

- Cloud, aux puissances de calcul et de stockage très importantes, capables de gérer simultanément plus de dix mille utilisateurs et pouvant en gérer des millions.
- MEC, capables de gérer de mille à dix mille utilisateurs.
- Fog, capables de gérer de cinquante à mille utilisateurs.
- Skin, pour moins de cinquante utilisateurs.

Ces valeurs sont évidemment relatives puisque les définitions de ces différents environnements ne sont pas normalisées. Ces classes de datacenters représentent toutefois les grandes tendances des années 2020.

Les environnements de Cloud

Cloud est un mot générique désignant tous les environnements capables d'exploiter du calcul et du stockage, quelle que soit la taille des datacenters concernés.

Un Cloud peut offrir un très grand nombre de services grâce aux machines virtuelles qui le composent. Les environnements correspondants sont regroupés dans trois groupes principaux :

- IaaS (Infrastructure as a Service) ;
- PaaS (Platform as a Service) ;
- Saas (Software as a Service).

La hiérarchie de ces environnements est décrite à la figure 1.1.

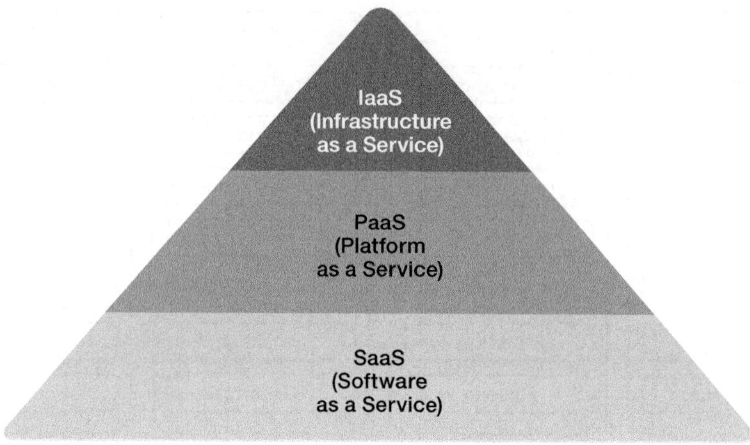

Figure 1.1

Les trois grands environnements de Cloud

Les fonctionnalités des principaux environnements de Cloud sont illustrées à la figure 1.2.

Dans le modèle classique, utilisé avant l'arrivée des Clouds, chaque entreprise utilisatrice devait gérer elle-même l'ensemble du système informatique, depuis le réseau et les applications jusqu'au stockage, en passant par les machines physiques, le système d'exploitation, les bases de données et éventuellement la virtualisation, si elle était déjà introduite dans le système.

L'IaaS permet à l'utilisateur de sous-traiter au fournisseur du Cloud la partie basse de l'environnement, c'est-à-dire le réseau, le stockage, l'infrastructure matérielle et la virtualisation. Le client conserve le système d'exploitation, la gestion des données et les applications. Dans le cas d'un PaaS, le client sous-traite un peu plus au fournisseur de Cloud, lui laissant également la charge du système d'exploitation et des données. Avec le SaaS, l'utilisateur sous-traite l'ensemble du système au fournisseur de Cloud, y compris ses applications.

Concernant ce qui intéresse ce livre, si chacun des trois environnements a recours au Cloud, l'IaaS est la version minimale permettant d'y traiter la partie réseau.

D'autres environnements, tels que SECaaS (Security as a Service), NaaS (Networking as a Service), XaaS (Anything as a Service), etc., permettent à des fournisseurs de Cloud d'offrir des services particuliers, comme de la sécurité, du réseau ou de la virtualisation totale.

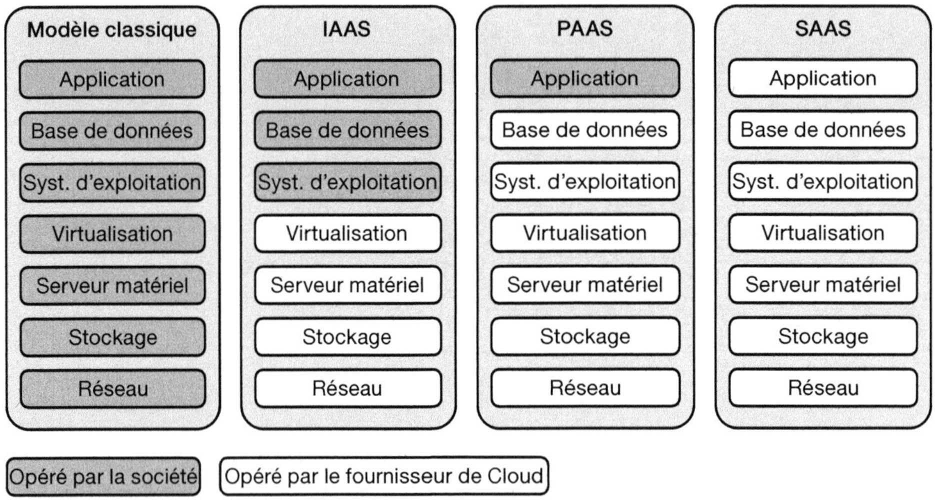

Figure 1.2

Fonctionnalités des principaux environnements des fournisseurs de Cloud

En résumé, les environnements réseau de nouvelle génération sont constitués de datacenters, grands, moyens, petits ou très petits, qui exécutent des machines virtuelles en guise de routeurs ou de commutateurs. Ces datacenters sont reliés entre eux par des canaux de communication à très haut débit, qui peuvent être de la fibre optique dans les centres importants ou des liaisons hertziennes à la périphérie.

On peut représenter cette nouvelle génération de réseaux sous la forme illustrée à la figure 1.3, où les machines qui transfèrent les paquets sont implémentées dans des datacenters et où ces datacenters sont reliés en réseau. Ceux-ci sont d'autant plus petits qu'ils se situent vers la périphérie. Ces réseaux font partie de ce que l'on appelle le Cloud Networking.

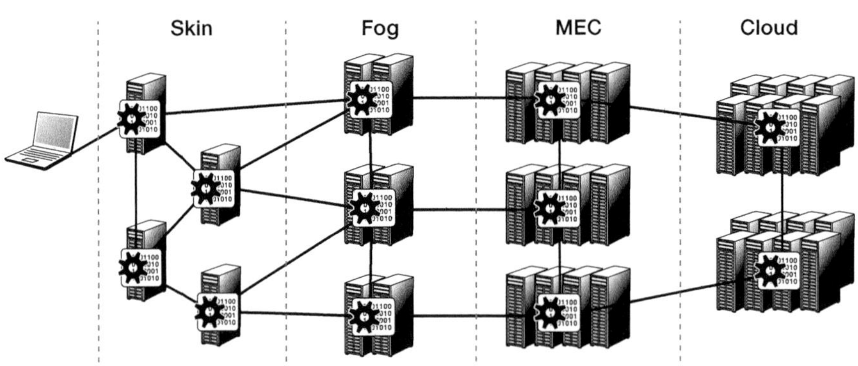

Figure 1.3

Architecture des réseaux à base de datacenters

Les nouvelles architectures réseau

À partir de l'architecture générale décrite à la figure 1.3, on peut déduire les quatre grandes architectures réseau qui se mettent en place aujourd'hui.

La première concerne les fournisseurs de Cloud (Google, Amazon, Microsoft, Apple, etc.) qui souhaitent gérer les réseaux à partir de très gros datacenters centraux.

Dans cette architecture, toute la périphérie avec les clients doit envoyer les données vers le centre, lequel traite alors l'ensemble des applications, que ce soit celles des clients ou celles associées au contrôle du réseau.

Dans ce cas, le signal émis par l'utilisateur remonte jusqu'au datacenter par l'intermédiaire d'une antenne intermédiaire ou utilise pour ce faire le réseau d'accès. Dans le premier cas, le signal remonte directement jusqu'au datacenter, et il n'est plus nécessaire de mettre les signaux en paquets. Cette solution est appelée Cloud-RAN (Radio Access Network), ou C-RAN. Elle est fortement centralisée et commence à se déployer dans les pays en développement en raison de ses coûts relativement bas puisqu'il n'y a qu'une infrastructure en étoile autour du datacenter. Toutes les machines virtuelles sont rassemblées dans le datacenter, ce qui offre la meilleure utilisation possible des ressources du datacenter.

Cette architecture est illustrée à la figure 1.4. Elle est examinée en détail au chapitre 13, dans le cadre du Cloud Networking.

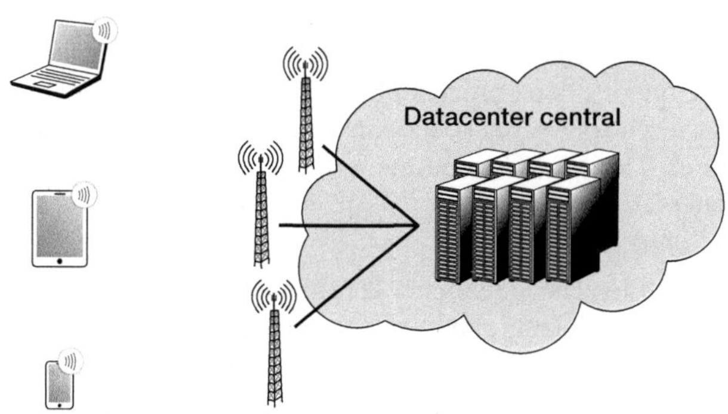

Figure 1.4

Architecture Cloud-RAN des fournisseurs de services

La deuxième architecture consiste à distribuer le datacenter central dans des datacenters MEC (mobile Edge Computing) de plus petite taille. Cette solution est illustrée à la figure 1.5.

Un datacenter MEC prend en charge de façon centralisée toute la périphérie. Dans cette solution, tous les équipements situés entre le client et le datacenter MEC sont virtualisés. Par exemple, la box Internet disparaît pour devenir une simple VM dans un serveur du datacenter MEC. L'avantage d'une telle architecture est de fournir un temps de réaction meilleur que dans le cas centralisé de l'architecture Cloud-RAN.

Cette solution à la faveur des opérateurs de télécommunications, qui espèrent ainsi contrôler et gérer toute la périphérie à partir de leurs datacenters. Ceux-ci doivent être reliés entre eux pour réaliser le réseau cœur, c'est-à-dire le réseau central permettant l'interconnexion des clients entre eux lorsqu'ils ne sont pas situés dans la zone définie par le datacenter.

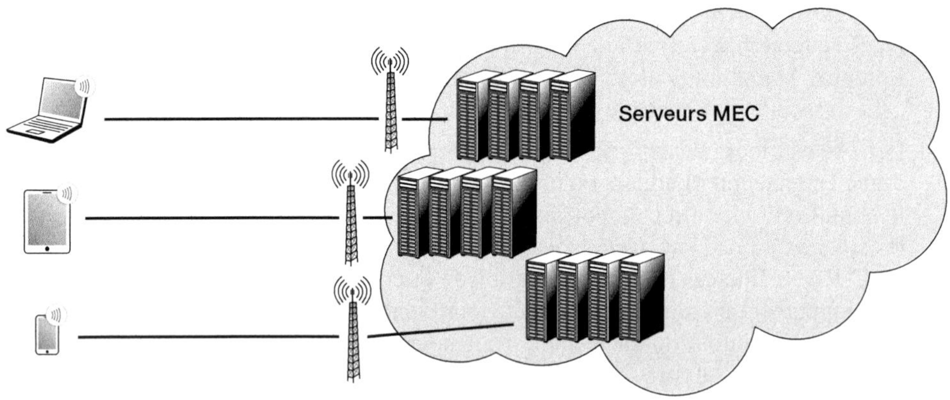

Figure 1.5

Architecture Cloud-MEC des opérateurs

La troisième architecture correspond aux besoins des équipementiers réseau. Cette solution est plus récente que les deux précédentes et se met en place depuis 2017 seulement. Les équipementiers réseau ont perdu beaucoup de leur pouvoir du fait de la montée en puissance des architectures décrites précédemment, dans lesquelles les décisions proviennent des datacenters, autant d'équipements qu'ils ne contrôlent pas, du moins pour ce qui concerne les plus gros d'entre eux.

L'idée de cette solution est de redonner la primauté aux équipements réseau de type routeur ou commutateur. Cependant, comme ils sont virtualisés, il est nécessaire de les intégrer dans de tout petits datacenters de la taille d'un équipement réseau classique.

Cette infrastructure matérielle générique recevant des machines virtuelles est appelée Fog pour indiquer sa proximité avec le client. En d'autres termes, un routeur est remplacé par une machine physique permettant de recevoir des machines virtuelles et, à l'intérieur de celles-ci, un routeur ou un commutateur virtuel. De ce fait, une telle machine peut être facilement remplacée par une autre ou être complétée par des machines virtuelles, comme un pare-feu pour la sécurité ou un serveur de stockage ou encore un serveur permettant de mettre en place un service de messagerie, par exemple.

Ce type d'architecture est conciliable avec les protocoles que l'on utilise depuis longtemps dans le cadre d'Internet, ce qui offre une intéressante solution de continuité. De plus, cette solution ajoute une machine centrale, toujours appelée un contrôleur, afin d'aider au contrôle et à la gestion du réseau.

Cette machine centrale reçoit toutes les mesures effectuées sur le réseau. Ces mesures, ou « connaissances », sont des informations contextualisées en provenance des machines physiques et virtuelles constituant le réseau. Un tel contrôleur a une vue complète de l'ensemble des utilisateurs connectés et du réseau permettant de les interconnecter. Il a donc un pouvoir de contrôle important pour la détection des anomalies grâce à sa connaissance de tout ce qui se passe dans le réseau.

Dès que nécessaire, le contrôleur peut prendre le relais des routeurs et des commutateurs pour contrôler la périphérie. Il transfère alors aux machines virtuelles périphériques le pouvoir de contrôle dès lors qu'il n'y a plus de danger ou que le réseau revient à un fonctionnement normal. Cette architecture est illustrée à la figure 1.6.

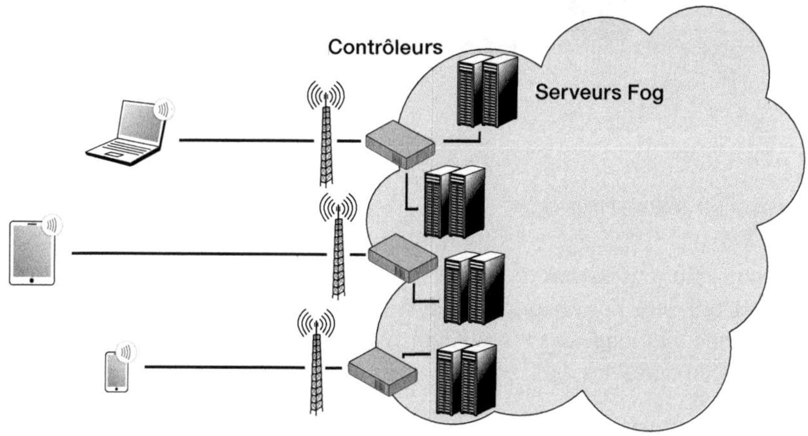

Figure 1.6

Architecture Fog des équipementiers réseau

La quatrième architecture de réseau de nouvelle génération peut être considérée comme une ubérisation des télécommunications. En effet, le réseau est construit à partir de femto-datacenters qui se trouvent chez les utilisateurs et non plus dans l'aire de l'opérateur. Les femto-datacenters sont reliés entre eux par des connexions hertziennes à très haut débit permettant de réaliser des réseaux maillés, appelés mesh.

Les limites d'une telle architecture proviennent de l'appui nécessaire d'un opérateur d'infrastructure pour effectuer la maintenance et la gestion du réseau. Comme il n'existe plus d'opérateur de télécommunications à proprement parler, le réseau ubérisé n'est plus maintenu et ne peut donc résoudre les problèmes éventuels résultant, par exemple, de défaillances ou de mauvais fonctionnements. Pour installer cette architecture, il est prudent d'attendre l'apparition de solutions d'autocontrôle, d'autoréparation, d'autogestion, d'autosécurité, etc.

L'architecture ubérisée des télécommunications est illustrée à la figure 1.7. Sur cette figure, chaque domicile possède un femto-datacenter encore appelé home datacenter ou serveur home ou wall-datacenter. Ces femto-datacenters sont interconnectés entre eux pour former un réseau mesh.

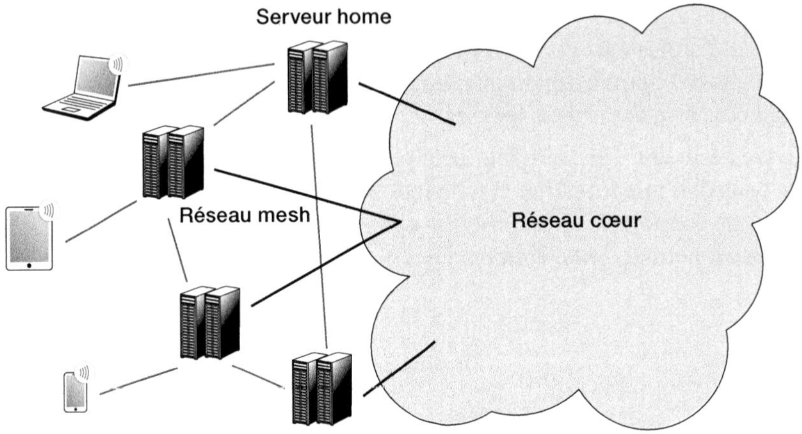

Figure 1.7

Architecture ubérisée des télécommunications

Ces quatre solutions aux protocoles et caractéristiques en tout point différents sont décrites plus en détail dans des chapitres dédiés. Il y a toutefois de grandes chances que l'architecture finale du monde des réseaux consiste en une superposition de ces architectures en fonction de la taille des datacenters.

Les réseaux sans fil

L'apparition de la technologie paquet dans les réseaux de mobiles et les réseaux sans fil date du début des années 2000 avec l'UMTS (Universal Mobile Telecommunications System). La génération d'avant, le GSM (Global System for Mobile Communications), était fondée sur le circuit, c'est-à-dire un ensemble de ressources n'appartenant qu'à l'émetteur et au récepteur et que personne d'autre ne pouvait utiliser.

Le circuit est différent du paquet en ce que les ressources ne sont affectées au paquet que lors de son passage dans un nœud de transfert.

Les réseaux de mobiles permettent la communication tout en se déplaçant. Dans les réseaux sans fil, la communication se fait par le biais d'une antenne, avec pour conséquence que l'utilisateur doit rester connecté à une même antenne. Les premiers réseaux hertziens ne disposaient que de débits très limités, mais ils ont vite atteint des performances quasiment identiques à celles des réseaux terrestres, du moins sur les paires métalliques. La 5G offrira des débits presque identiques à la fibre optique dès 2020.

Les réseaux hertziens sont regroupés en deux catégories, l'une provenant des industriels des télécommunications – et donc de la commutation –, avec une signalisation importante et une forte complexité pour prendre en charge tous les problèmes de la communication, l'autre provenant d'Internet – et donc du routage –, avec beaucoup moins de complexité, mais une qualité globale inférieure.

La quatrième génération de réseaux de mobiles, la 4G est devenue totalement compatible avec Internet. Elle atteint des débits identiques à ceux de l'ADSL et n'est plus loin des accès fibre optique.

Une uniformisation s'esquisse donc entre les mondes filaire et sans fil, de telle sorte qu'un même réseau cœur, le réseau de fibre optique central, permet de connecter un terminal fixe aussi bien qu'un terminal mobile. Cette convergence par le biais d'un réseau cœur unique est appelée NGN (Next Generation Network). Elle est décrite plus en détail au chapitre 16.

Ces réseaux filaires ou sans fil sont multimédias. Une application multimédia utilise en même temps l'image animée, la parole, les données et des assistances diverses.

Les caractéristiques de cette convergence sont les suivantes :

- Débits très importants dans le réseau cœur, notamment du fait de l'augmentation de la puissance des machines terminales et du débit de chaque client vers le réseau cœur.
- La qualité de service pour réaliser les contraintes de chaque application.
- La sécurisation du transport.
- La gestion de la mobilité et du raccordement à plusieurs réseaux simultanément (multihoming).
- La virtualisation de toutes les ressources du réseau.

La 5G, qui est étudiée en détail au chapitre 18, devrait être normalisée vers la fin de 2020, et les premiers produits apparaître sur le marché dès 2021. Il existe bien sûr des pré-5G, qui se résument à des propositions fortes destinées à influencer la normalisation. Beaucoup d'opérateurs ont annoncé la sortie de telles propositions lors de la tenue des prochains jeux Olympiques d'hiver et d'été.

La 5G tient sur trois pieds :

- La connexion massive d'objets, qui devraient s'élever à une cinquantaine de milliards en 2020.
- Des débits beaucoup plus importants en forte mobilité.
- La possibilité de satisfaire les applications demandant des temps de réaction extrêmement courts, que l'on appelle « mission critique ».

Les architectures réseau : distribution ou centralisation ?

Les architectures réseau étaient jusqu'à présent distribuées. À partir de 2015, l'arrivée du Cloud a chamboulé la donne au profit d'une centralisation des services dans des datacenters regroupant des centaines, voire des milliers de serveurs. Au début de 2018, les plus gros datacenters dépassent le million de serveurs. Ces centres disposent de puissances de calcul considérables et de mémoires gigantesques.

L'idée de cette nouvelle génération d'architectures réseau est de regrouper de façon centralisée toutes les informations disponibles sur le réseau, que ce soit de la part des applications ou de l'infrastructure, et de tout contrôler également de façon centralisée. Les avantages sont que le centre peut accumuler une multitude d'informations qui ne pourraient pas être traitées simplement de façon distribuée.

Dans de telles architectures, c'est le centre qui décide de tout, en particulier du chemin ou de la route à suivre par les paquets. Le choix du chemin, qui est le cas le plus classique de la solution centralisée, est facilité par la vision complète du réseau dont dispose le centre, qui peut ainsi réserver les ressources nécessaires tout au long du chemin pour obtenir la qualité de service voulue.

Le centre peut également choisir une solution de routage. Dans ce cas, il calcule la table de routage, qu'il distribue aux nœuds du réseau. Il doit toutefois recalculer la table de routage dès que l'état du réseau change et la distribuer à l'ensemble des nœuds. La solution de commutation avec établissement de chemin est à cet égard préférable, car elle ne demande pas de distribution régulière des tables. De plus, une fois le chemin choisi, il n'est pas nécessaire de le modifier, même si des chemins meilleurs peuvent être trouvés par la suite, puisque la qualité de service qui a été requise est toujours disponible.

Baptisée SDN (Software-Defined Networking), cette nouvelle architecture centralisée a été normalisée par l'ONF (Open Networking Foundation).

On pourrait traduire SDN par réseau logiciel (le chapitre 3 détaille les différences entre réseaux matériels et réseaux logiciels). Mais l'architecture SDN possède un centre, ce que l'expression réseau logiciel ne laisse pas soupçonner. La présente édition montre cependant qu'il existe tout aussi bien des réseaux logiciels distribués. Le sigle SDN est donc réservé à des réseaux qui possèdent un centre de contrôle appelé contrôleur. Le contrôleur dispose d'une interface avec les applications, appelée interface nord, et d'une interface avec les nœuds du réseau, appelée interface sud.

Conclusion

Les architectures réseau n'ont cessé d'évoluer depuis leur naissance, à la fin des années 1960 et au début des années 1970. Ces évolutions s'accélèrent avec l'arrivée du Cloud et de ses dérivés MEC, Fog et Skin. Jusqu'au début des années 2020, la tendance sera à la centralisation du contrôle, mais évoluera ensuite certainement à nouveau vers une distribution.

Les autres évolutions marquantes du moment concernent le monde open source, qui n'a pas encore été introduit, mais qui est un mouvement majeur détaillé en différents endroits de ce livre, notamment au chapitre 14, et l'intelligence pour gérer et contrôler les réseaux de façon beaucoup plus automatisée, qui est également introduite tout au long du livre.

2

Les composants des réseaux

Après un premier chapitre consacré aux évolutions en cours qui touchent l'architecture des réseaux, le présent chapitre détaille le fonctionnement du transfert de paquets (*packet forwarding*) et introduit ses grands principes, qui n'ont guère changé depuis une cinquantaine d'années. Il passe ainsi en revue les techniques de transfert, la commutation et le routage, et compare les solutions mises en place dans le cadre des réseaux Internet, des réseaux de télécommunications et des réseaux de câblo-opérateurs.

Transfert, commutation et routage

Les réseaux modernes sont apparus au cours des années 1960 à la faveur d'une technologie totalement nouvelle permettant de transporter de l'information d'une machine à une autre. Ces machines étaient alors des ordinateurs de première génération, nettement moins puissants qu'un smartphone actuel. Les réseaux de téléphonie existaient quant à eux depuis longtemps. Ils utilisaient la technologie dite de *commutation de circuits* et le support de lignes physiques reliant l'ensemble des téléphones par le biais de commutateurs. Lors d'une communication, ces lignes physiques ne pouvaient être utilisées que par les deux utilisateurs en contact. Le signal qui y transitait était de type analogique.

La première révolution des réseaux a été apportée par la technologie numérique des codecs (codeurs-décodeurs), qui permettaient de transformer les signaux analogiques en signaux numériques, c'est-à-dire une suite de 0 et de 1. Le fait de traduire tout type d'information sous forme de 0 et de 1 permettait d'unifier les réseaux. Dans cette génération, la commutation de circuits était toujours fortement utilisée. Les circuits étant devenus numériques, la question s'est posée de faire passer simultanément sur un même circuit plusieurs flots, correspondant à des applications différentes. C'est ainsi qu'on a pu, par exemple, avoir 1 octet (8 bits) de téléphonie, suivi de 2 bits de transfert de fichiers puis de 8 bits d'application vidéo. Cette solution ne s'est toutefois quasiment pas développée et a laissé la place au transfert de paquets.

Le transfert de paquets a permis de prendre en compte la forte irrégularité du débit de la communication entre deux ordinateurs, alternant les périodes de débit important et les périodes de silence, résultant du fait que, par exemple, un ordinateur doit attendre la réponse d'un autre ordinateur.

Dans la commutation de circuits, le circuit reste inutilisé pendant les périodes de silence, induisant un important gaspillage des ressources. À l'inverse, le transfert de paquets n'utilise les ressources du réseau que lors de l'émission effective des paquets. L'idée s'est donc fait jour de constituer des blocs d'information de longueur variable et de les envoyer de nœud de transfert en nœud de transfert jusqu'à atteindre la destination. Les ressources d'une liaison entre deux nœuds ne sont de la sorte utilisées que pendant le transfert des paquets. Les différents paquets provenant d'un même utilisateur et d'une même application forment un *flot*. Une fois les paquets de ce flot parvenus à destination, il est possible d'utiliser la même liaison et les ressources du réseau pour le passage d'autres paquets, provenant d'autres flots.

Parmi les nombreuses solutions de transfert de paquets qui ont été proposées, deux ont résisté au temps, le routage et la commutation. Dans le routage de paquets, les paquets sont aiguillés par chaque nœud de transfert en fonction de leur destination. La route choisie peut varier en fonction de l'état du réseau, de telle sorte que deux paquets d'un même flot peuvent suivre une route différente. Des *tables de routage* sont implémentées dans les nœuds afin d'optimiser le transport des paquets en fonction de l'état du réseau.

Issue du monde des télécommunications, la commutation de paquets consiste à mettre en place, avant d'envoyer le moindre paquet, un chemin entre les entités en communication, chemin que tous les paquets d'un même flot doivent emprunter. Ce chemin (*path*) a longtemps été appelé *circuit virtuel* parce que les paquets utilisant des chemins différents peuvent utiliser les mêmes ressources. Il n'y a donc pas de ressource réservée.

Chacune de ces techniques présente des avantages et des inconvénients. Le routage est une technique souple. Dans la mesure où chaque paquet transporte l'adresse du destinataire, la route peut varier, sans risque que le paquet soit perdu. En revanche, il est très difficile d'y assurer une qualité de service, c'est-à-dire de garantir que le service de transport sera capable de respecter une performance déterminée. Avec la commutation de paquets, la qualité de service est plus facilement assurée, puisque tous les paquets suivent un même chemin et qu'il est possible de réserver des ressources ou de déterminer par calcul si un flot donné a la possibilité de traverser le réseau sans encombre.

La principale faiblesse de la commutation de paquets réside dans la mise en place du chemin que vont suivre les différents paquets d'un flot. Ce chemin est ouvert par une procédure spécifique, appelée *signalisation* : on signale au réseau l'ouverture d'un chemin, lequel doit en outre être « marqué » afin que les paquets du flot puissent le suivre. Cette signalisation exige d'importantes ressources, ce qui rend les réseaux à commutation de paquets sensiblement plus chers que les réseaux à routage de paquets.

La figure 2.1 illustre ces deux branches du transfert de paquets, le routage et la commutation, ainsi que les principales techniques qu'elles utilisent.

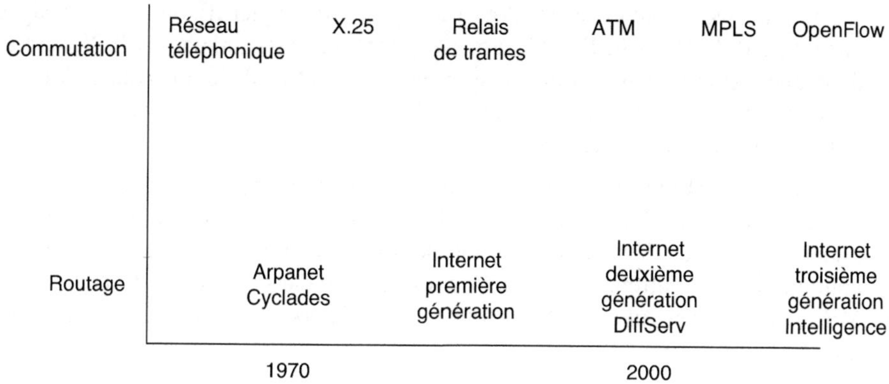

Figure 2.1

Les deux branches du transfert de paquets

Ces deux catégories de réseaux se sont développées en parallèle. Au départ, il n'y avait que peu de concurrence entre elles, car elles s'adressaient à des mondes différents. Avec le temps, les techniques de routage, liées à Internet, se sont étendues au transport d'applications synchrones telles que la téléphonie et la vidéo. En parallèle, la commutation de paquets prenait en charge la téléphonie et la télévision. Aujourd'hui, toutes deux sont en concurrence pour le transport des applications multimédias. Leurs avantages et inconvénients respectifs auraient plutôt tendance à faire choisir la commutation de paquets par les opérateurs et les très grandes entreprises et le routage par les petites et moyennes entreprises.

Les techniques de routage n'ont que peu changé. Le protocole IP (Internet Protocol) en constitue le principal déploiement : le paquet IP contenant l'adresse complète du destinataire est routé dans des nœuds de transfert appelés routeurs.

À l'inverse, les protocoles liés à la commutation ont beaucoup évolué. La première grande norme de commutation, X.25, a vu le jour dans les années 1980. Cette solution exigeait des opérations importantes pour effectuer la commutation : le chemin était tracé dans le réseau par un ensemble d'indices, appelés *références*, constituant autant de « pierres de couleur » sur toute sa longueur. Le paquet n'avait qu'à suivre ces pierres jusqu'à destination. Avec l'accroissement vertigineux du nombre de flots, les « couleurs » des pierres indiquant les chemins sont devenues insuffisantes. Une nouvelle signalisation a été introduite avec le relais de trames puis avec la technique ATM (Asynchronous Transfer Mode). Aujourd'hui, de nouvelles solutions se mettent en place avec les techniques SDN (Software-Defined Networking).

Avant d'aller plus loin, les sections qui suivent se penchent plus en détail sur la notion de paquet. Un paquet n'est pas un bloc de données que l'on peut envoyer tel quel sur une ligne de communication. Par exemple, si l'on envoie deux paquets collés l'un à l'autre, le récepteur est incapable de distinguer la fin du premier paquet et le début du second. Pour permettre cette opération de reconnaissance, il faut encapsuler chaque paquet dans une trame. La trame possède une succession spécifique d'éléments binaires permettant de reconnaître son début et sa fin. Pour transporter un paquet IP, on peut l'encapsuler dans une trame PPP (Point-to-Point Protocol) ; pour transporter un paquet X.25, on l'encapsule dans une trame LAP-B ; pour transporter un paquet IP dans une trame Ethernet, il faut ajouter une suite assez longue, nommée drapeau, contenant une succession de 10 pour se terminer au bout de 8 octets par 11 (1010101010…11).

Dans les générations de réseaux suivantes, l'adresse complète du destinataire, ou la référence, est reportée dans la trame afin d'en simplifier la récupération : il n'est de la sorte plus nécessaire de décapsuler la trame pour récupérer le paquet et les informations qu'il contient. Cette solution, mise en œuvre notamment dans le relais de trames et la technique MPLS (MultiProtocol Label Switching), simplifie énormément le travail effectué dans les nœuds de transfert.

Le transfert de paquets

La technique utilisée pour le transport des données sous forme numérique, c'est-à-dire sous forme de 0 et de 1, que l'on a adoptée depuis la fin des années 1960 s'appelle le transfert de paquets.

Toutes les informations à transporter sont découpées en paquets pour être acheminées d'une extrémité à une autre du réseau. Cette technique est illustrée à la figure 2.2. L'équipement terminal A souhaite envoyer un message à B. Le message est découpé en trois paquets, qui sont émis de l'équipement terminal vers le premier nœud du réseau, lequel les envoie à un deuxième nœud, et ainsi de suite, jusqu'à ce qu'ils arrivent à l'équipement terminal B. En réalité, une étape supplémentaire est nécessaire : l'encapsulation du paquet dans une trame pour réaliser le transport sur les lignes de communication.

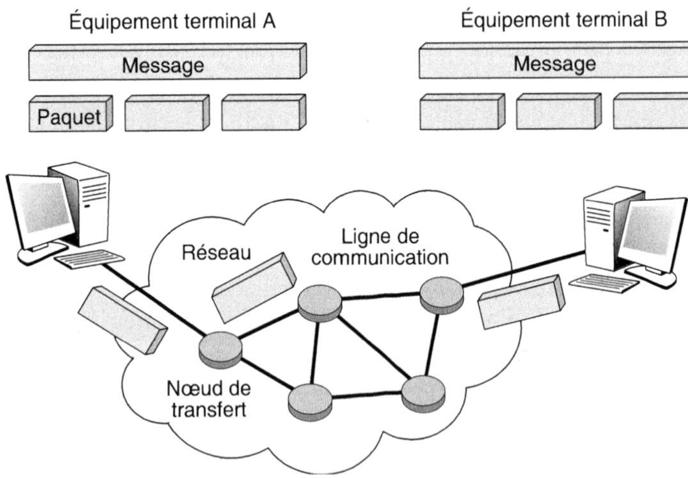

Figure 2.2

Le transfert de paquets

Le paquet peut provenir de différentes sources. La figure 2.2 suppose que la source est un message préparé par l'émetteur, tel qu'une page de texte éditée au moyen d'un traitement de texte. Le terme message est en fait beaucoup plus vaste et recoupe toutes les formes sous lesquelles de l'information peut se présenter. Cela va d'une page Web à un flot de parole téléphonique représentant une conversation.

Dans la parole téléphonique, l'information est regroupée pour être placée dans un paquet, comme illustré à la figure 2.3. Le combiné téléphonique contient un équipement qui transforme la parole analogique en une suite d'éléments binaires. Ces bits remplissent petit à petit le paquet. Dès que celui-ci est plein, il est émis vers le destinataire. Une fois le paquet arrivé à la station terminale, le processus inverse s'effectue, restituant les bits régulièrement à partir du paquet pour reconstituer la parole téléphonique.

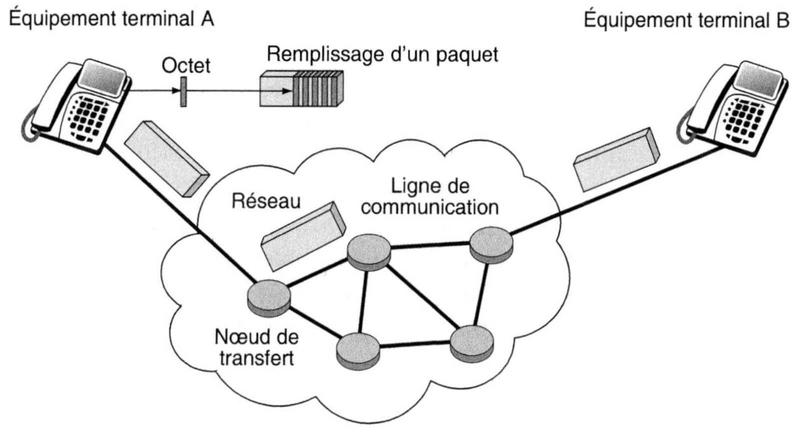

Figure 2.3

Flot de paquets téléphoniques

Le réseau de transfert est composé de nœuds, appelés nœuds de transfert, reliés entre eux par des lignes de communication sur lesquelles sont émis les éléments binaires constituant les paquets. Le travail d'un nœud de transfert consiste à recevoir des paquets et à déterminer vers quel nœud suivant ces derniers doivent être acheminés.

Le paquet forme donc l'entité de base, transférée de nœud en nœud jusqu'à atteindre le récepteur. Suivant les cas, ce paquet peut être regroupé avec d'autres afin de reconstituer l'information transmise. L'action consistant à remplir un paquet avec des octets s'appelle la mise en paquet, ou encore la paquétisation, et l'action inverse, consistant à retrouver un flot d'octets à partir d'un paquet, la dépaquétisation.

L'architecture d'un réseau est définie principalement par la façon dont les paquets sont transmis d'une extrémité à une autre du réseau. De nombreuses possibilités existent pour cela, comme celles consistant à faire passer les paquets toujours par la même route ou, au contraire, à les faire transiter par des routes distinctes de façon à minimiser les délais de traversée.

Le modèle de référence

Pour identifier correctement toutes les composantes nécessaires à la bonne marche d'un réseau à transfert de paquets, un modèle de référence a été mis au point. Ce modèle définit une partition de l'architecture en sept niveaux, prenant en charge l'ensemble des fonctions nécessaires au transport et à la gestion des paquets. Ces sept couches de protocoles ne sont pas toutes indispensables, notamment aux réseaux sans visée généraliste. Chaque niveau, ou couche, offre un service au niveau supérieur et utilise les services du niveau inférieur.

Pour offrir ces services, les couches disposent de protocoles, qui appliquent les algorithmes nécessaires à la bonne marche des opérations, comme l'illustre la figure 2.4, où l'architecture protocolaire est découpée en sept niveaux, ce qui est le cas du modèle de référence.

Il faut noter que si ce modèle n'est plus utilisé dans la réalité, il continue néanmoins à définir les termes et à servir de référence pour indiquer les fonctions réseau. Les architectures utilisées aujourd'hui sont celle d'Internet, représentée par le sigle TCP/IP, qui regroupe les deux principaux protocoles utilisés, et celle de l'ONF (Open Networking Foundation), qui décrit les réseaux SDN (Software-Defined Networking). Ces deux architectures ne sont d'ailleurs pas inconciliables puisque le SDN utilise les protocoles IP et TCP.

La couche 3 du modèle de référence, ou couche réseau, représente le niveau paquet, qui définit les algorithmes nécessaires pour que les entités de cette couche, les paquets, soient acheminées correctement de l'émetteur au récepteur. La couche 7 correspond au niveau application. Le rôle du protocole de la couche 7 est de transporter correctement l'entité de niveau application, le message utilisateur, de l'équipement émetteur à l'équipement récepteur.

La couche 2, ou couche liaison, représente le niveau trame. Elle permet de transférer le paquet sur une ligne physique. En effet, un paquet ne contenant pas de délimiteur, le récepteur ne peut en déterminer la fin ni identifier le commencement du paquet suivant. Pour transporter un paquet, il faut donc le mettre dans une trame, qui, elle, comporte des délimiteurs. On peut aussi encapsuler un paquet dans un autre paquet, lui-même encapsulé dans une trame.

Cet ouvrage distingue les mots « paquet » et « trame » de façon à bien faire ressortir les entités qui ne sont pas transportables directement, comme le paquet IP, et les entités transportables directement par la couche physique, comme les trames Ethernet ou ATM.

La structure en couches de l'architecture protocolaire des réseaux simplifie considérablement leur compréhension globale et facilite leur mise en œuvre. Il est possible de remplacer une couche par une autre de même niveau sans avoir à toucher aux autres couches. On peut, par exemple, remplacer la couche 3 par une couche 3 prime (3') sans modifier les couches 1, 2, 4, 5, 6 ou 7. On ne modifie de la sorte qu'une partie de l'architecture, la couche 3, sans toucher au reste. Les interfaces entre les couches doivent être respectées pour réaliser ces substitutions : l'interface de la couche 3' avec les couches 2 et 4 doit garantir que celles-ci n'ont pas à être modifiées.

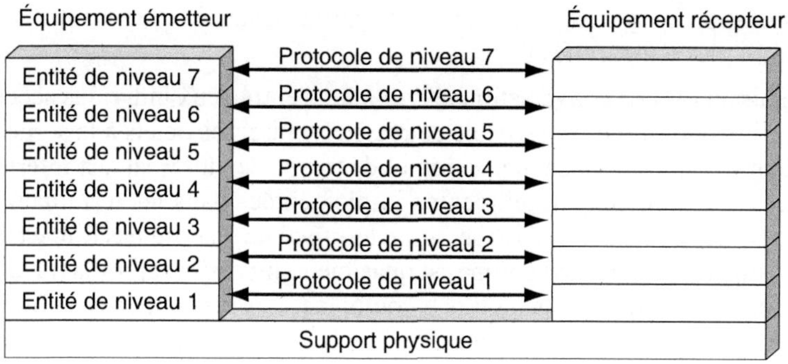

Figure 2.4

Architecture protocolaire d'un réseau à sept niveaux

L'architecture illustrée à la figure 2.4 sert de référence à toutes les architectures réseau, d'où son nom de modèle de référence. Une autre architecture protocolaire, l'architecture TCP/IP (Transmission Control Protocol/Internet Protocol), a été définie un peu avant le modèle de référence. Son rôle premier était d'uniformiser l'interface extérieure des différents réseaux utilisés par le département américain de la Défense de façon à les interconnecter facilement. C'est cette architecture TCP/IP qui a été adoptée pour le réseau Internet, ce qui lui a offert une diffusion massive.

Une autre architecture provenant de l'utilisation de la trame plutôt que du paquet a été proposée par l'UIT-T (Union internationale des télécommunications-standardisation du secteur télécommunications) pour les applications utilisant à la fois les données, la téléphonie et l'image. Provenant principalement du monde des télécommunications, cette architecture est bien adaptée au transport de flux continus, comme la parole téléphonique. C'est la trame ATM qui représente le mieux cette architecture. Cependant, celle-ci a pratiquement disparu, pour être remplacée par la trame Ethernet. En 2012, une nouvelle architecture a été introduite, le SDN, qui utilise la puissance du Cloud pour effectuer les calculs des routes ou des chemins. La révolution apportée par cette architecture concerne la centralisation des décisions, qui étaient auparavant distribuées. Cette nouvelle architecture est examinée en détail au chapitre 12, dévolu aux réseaux SDN.

Commutation et routage

Sous le concept de transfert de paquets, deux grandes techniques se disputent la suprématie : la commutation de paquets et le routage de paquets. Dans le routage, les paquets d'un même client peuvent prendre des routes différentes, tandis que, dans la commutation, tous les paquets d'un même client suivent un chemin déterminé à l'avance. De nombreuses variantes de ces techniques ont été proposées, que nous détaillons dans la suite de l'ouvrage.

Certaines applications, comme la parole téléphonique, posent des problèmes spécifiques de transport lorsqu'elles sont acheminées sous forme de paquets. La difficulté réside dans la récupération du synchronisme, le flot de parole devant être reconstitué au récepteur avec des contraintes temporelles fortes.

En supposant qu'une conversation téléphonique entre deux individus accepte un retard de 150 millisecondes, il n'est possible de resynchroniser les octets à la sortie que si le temps total de paquétisation-dépaquétisation et de traversée du réseau est inférieur à 150 millisecondes. Des fonctions intelligentes implémentées dans les terminaux informatiques permettent cette resynchronisation. Si un terminal ne dispose pas d'une telle intelligence, la reconstruction du flux synchrone est quasiment impossible après la traversée d'un réseau à transfert de paquets un tant soit peu complexe. Les réseaux de type Internet ont du mal à prendre en compte ces contraintes.

Les réseaux informatiques

Les réseaux informatiques sont nés du besoin de relier des terminaux distants à un site central puis des ordinateurs entre eux et enfin des machines terminales, telles que stations de travail ou serveurs. Dans un premier temps, ces communications étaient destinées au transport des données informatiques. Aujourd'hui, l'intégration de la parole téléphonique et de la vidéo est généralisée dans les réseaux informatiques, même si cela ne va pas sans difficulté.

On distingue généralement cinq catégories de réseaux informatiques, différenciées par la distance maximale séparant les points les plus éloignés du réseau :

- Les réseaux personnels, ou PAN (Personal Area Network), qui interconnectent sur quelques mètres des équipements personnels tels que téléphone mobile, portables, organiseurs, etc., d'un même utilisateur.
- Les réseaux locaux, ou LAN (Local Area Network), qui correspondent par leur taille aux réseaux intra-entreprise. Ils servent au transport de toutes les informations numériques de l'entreprise. En règle générale, les bâtiments à câbler s'étendent sur plusieurs centaines de mètres. Les débits de ces réseaux vont aujourd'hui de quelques mégabits par seconde à plusieurs centaines de mégabits par seconde.
- Les réseaux métropolitains, ou MAN (Metropolitan Area Network), qui permettent l'interconnexion des entreprises ou éventuellement des particuliers sur un réseau spécialisé à haut débit qui est géré à l'échelle d'une métropole. Ils doivent être capables d'interconnecter les réseaux locaux des différentes entreprises pour leur donner la possibilité de dialoguer avec l'extérieur.
- Les réseaux régionaux, ou RAN (Regional Area Network), qui ont pour objectif de couvrir une large surface géographique. Dans le cas des réseaux sans fil, les RAN peuvent avoir une cinquantaine de kilomètres de rayon, ce qui permet, à partir d'une seule antenne, de connecter un très grand nombre d'utilisateurs. Cette solution a profité du dividende numérique, c'est-à-dire des bandes de fréquences de la télévision analogique qui ont été libérées après le passage au tout-numérique, à la fin de 2011 en France.
- Les réseaux étendus, ou WAN (Wide Area Network), qui sont destinés à transporter des données numériques sur des distances à l'échelle d'un pays, voire d'un continent ou de plusieurs continents. Le réseau est soit terrestre, et il utilise en ce cas des infrastructures

au niveau du sol, essentiellement de grands réseaux de fibre optique, soit hertzien, comme les réseaux satellite, mais seulement pour des applications particulières à débit faible.

La figure 2.5 illustre sommairement ces grandes catégories de réseaux informatiques.

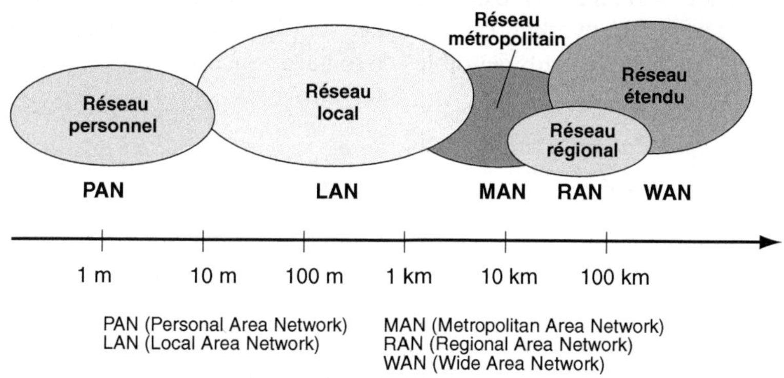

Figure 2.5

Les grandes catégories de réseaux informatiques

Les techniques utilisées par les réseaux informatiques proviennent toutes du transfert de paquets IP (Internet Protocol) généralement encapsulés dans des trames Ethernet. Ces techniques sont étudiées tout au long de l'ouvrage.

Une caractéristique essentielle des réseaux informatiques, qui les différencie des autres catégories de réseaux présentées dans la suite de ce chapitre, est la gestion et le contrôle du réseau, qui sont effectués en grande partie par les équipements terminaux. Par exemple, pour qu'il n'y ait pas d'embouteillage de paquets dans le réseau, l'équipement terminal doit se réguler lui-même. Pour cela, l'équipement terminal mesure le temps de réponse aller-retour. Si ce temps de réponse grandit trop, le terminal ralentit son débit. Cette fonctionnalité est rendue possible par l'intelligence qui se trouve dans les machines terminales commercialisées par l'industrie informatique.

Généralement beaucoup plus simple, l'intérieur du réseau est constitué de nœuds de transfert élémentaires et de lignes de communication. Le coût du réseau est surtout supporté par les équipements terminaux, qui possèdent toute la puissance nécessaire pour réaliser, contrôler et maintenir les communications.

Les réseaux informatiques forment un environnement asynchrone. Les données arrivent au récepteur à des instants qui ne sont pas définis à l'avance, si bien que les paquets peuvent mettre un temps plus ou moins long pour parvenir à leur destinataire en fonction de la saturation du réseau. Cette caractéristique explique la difficulté de faire passer de la parole téléphonique dans ce type de réseau, puisque cette application fortement synchrone nécessite de remettre au combiné téléphonique des octets à des instants précis. La suite de l'ouvrage se penche les moyens de retrouver cette synchronisation dans un réseau asynchrone.

Aujourd'hui, le principal réseau informatique est Internet. Le réseau Internet transporte des paquets dits IP. Plutôt que de parler de réseau Internet, mieux vaut parler de réseau IP, qui marque une plus grande généralité. Les réseaux IP sont des réseaux qui transportent des paquets IP d'une machine terminale à une autre. En un certain sens, Internet est un réseau IP particulier. D'autres réseaux, comme les réseaux intranet, transportent également des paquets IP, mais avec des caractéristiques différentes. Les réseaux de type SDN (Software-Defined Networking) avec routage sont également des réseaux utilisant le protocole TCP/IP, mais les calculs des tables de routage sont effectués de façon centralisée par un contrôleur.

Les réseaux de télécommunications

Les opérateurs et les industriels des télécommunications ont une vision des réseaux différente de celle des informaticiens. Leur application de base, la parole téléphonique, impose de sévères contraintes, telles que la synchronisation aux extrémités ou le temps de traversée du réseau, qui doit être limité. À l'inverse des réseaux informatiques, qui partent d'un environnement asynchrone et doivent l'adapter pour accepter des applications synchrones, les réseaux de télécommunications sont fondés par essence sur le passage d'applications fortement synchrones.

La parole est une application temps réel, qui exige que les signaux soient remis au récepteur à des instants précis dans le temps. On dit que cette application est isochrone pour bien préciser cette demande de forte synchronisation.

La solution qui a été utilisée quasiment depuis les débuts des télécommunications pour résoudre le problème de la synchronisation est la commutation de circuits. Cette technique consiste à mettre en place entre l'émetteur et le récepteur un circuit physique n'appartenant qu'aux deux utilisateurs en relation. La synchronisation correspond à la remise d'un octet à intervalle régulier. Comme on l'a vu précédemment, un équipement appelé codec (codeur-décodeur) transforme la parole en octet à l'émetteur et fait la démarche inverse au récepteur. Le codec doit recevoir les échantillons d'un octet à des instants précis. La perte d'un échantillon de temps en temps n'est pas catastrophique, puisqu'il suffit de remplacer l'octet manquant par le précédent. En revanche, si ce processus de perte se répète fréquemment, la qualité de la parole se détériore.

Les réseaux de télécommunications orientés vers le transport de la parole téléphonique sont relativement simples et n'ont pas besoin d'une architecture complexe. Ils utilisent des commutateurs de circuits, ou autocommutateurs. Il y a une trentaine d'années, lorsqu'on a commencé à imaginer des réseaux intégrant la téléphonie et l'informatique, la seule solution proposée se fondait sur des circuits, un pour la parole téléphonique et un autre pour faire circuler les paquets de données.

Des recherches menées au début des années 1980 ont conduit les industriels et les opérateurs des télécommunications à adopter le transfert de paquets, mais en l'adaptant au transport intégré de l'information (parole téléphonique plus données informatiques). Appelée Asynchronous Transfer Mode (ATM), ou mode de transfert asynchrone, cette technique est un transfert de paquets très particulier, dans lequel tous les paquets ont une longueur à la fois fixe et très petite. Ce paquet dont la longueur est constante est appelé une trame. Il est simple d'y retrouver le début et la fin puisqu'il suffit de compter le nombre d'octets. Avec l'adoption, en 1988, du transfert de trames ATM, le monde des télécommunications a connu une véritable révolution.

La technique ATM n'a cependant pu résister à l'arrivée massive d'Internet et de son paquet IP. Toutes les machines terminales provenant du monde informatique ayant adopté l'interface IP, le problème du transfert des paquets est devenu celui des paquets IP. Le monde des télécommunications admet, depuis le début des années 2000, que les réseaux doivent posséder des interfaces IP. Ce qui fait encore débat, c'est la façon de transporter les paquets IP d'un terminal à un autre. Le monde des télécommunications propose, comme l'examine en détail la suite de l'ouvrage, d'encapsuler le paquet IP dans une trame puis de transporter cette trame et de la décapsuler à l'arrivée pour retrouver le paquet IP.

La figure 2.6 illustre le cas général où le paquet IP est encapsulé dans une trame, classiquement la trame Ethernet, laquelle est transportée dans le réseau de transfert. Le cas de l'encapsulation dans un réseau ATM demande une étape supplémentaire, consistant à découper le paquet IP, puisque la trame ATM est beaucoup plus petite que lui.

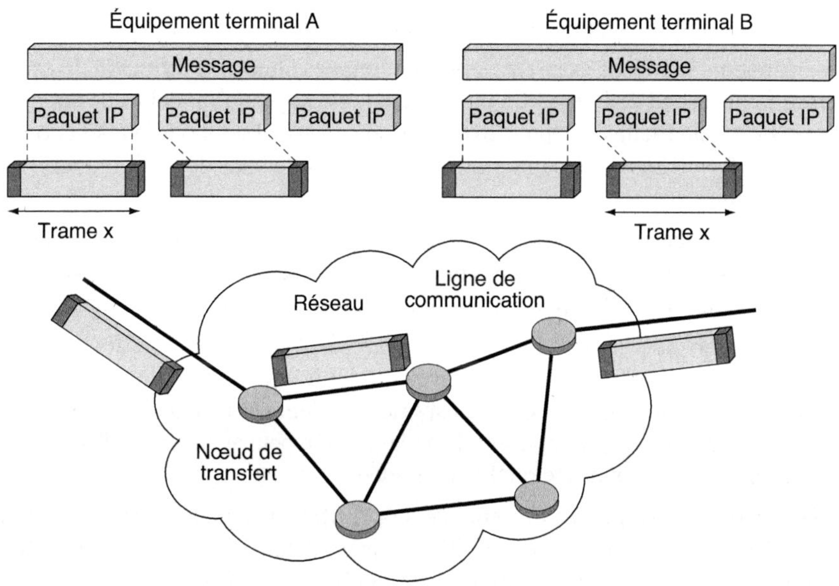

Figure 2.6

Encapsulation du paquet IP dans une trame

Les réseaux de nouvelle génération, dits SDN, utilisent principalement la commutation, mais supportent également le routage. Le contrôleur possède une connaissance approfondie des clients et des applications *via* son interface nord et une vision complète du réseau et de son utilisation *via* l'interface sud. Grâce à cet ensemble de connaissances, le contrôleur peut calculer le meilleur chemin satisfaisant la demande du client.

La signalisation dans le SDN est donc centralisée, contrairement aux techniques précédentes, qui sont toutes distribuées. Le système de signalisation, réalisé sur l'interface sud, s'appelle OpenFlow, il a été normalisé par l'ONF (Open Networking Foundation). Cette signalisation n'est toutefois pas la seule solution disponible (*voir le chapitre 12*).

En résumé, les réseaux de télécommunications sont passés d'une technologie circuit à une technologie paquet. Malgré le succès du transfert ATM, optimisé pour le multimédia, le recours au paquet IP et à son encapsulation dans une trame Ethernet est devenu incontournable. La question déterminante réside dans la façon de transporter le paquet IP pour assurer une qualité de service.

Les réseaux de câblo-opérateurs

Les opérateurs vidéo et les câblo-opérateurs ont pour mission de mettre en place des réseaux câblés et hertziens chargés de transmettre les images de télévision par la voie terrestre ou hertzienne. Cette infrastructure de communication fait transiter des canaux vidéo vers l'utilisateur final. L'amortissement du câblage ou des relais hertziens passe par la mise à disposition des utilisateurs de nombreux canaux de télévision.

Les opérateurs hertziens assurent depuis de longues années la diffusion de canaux de télévision. Leur réseau était essentiellement analogique jusqu'au début des années 2000. Sa numérisation est finalisée depuis 2011 en France, aussi bien pour la télévision par satellite que pour la TNT (télévision numérique terrestre), par le biais de relais numériques terrestres dans ce dernier cas.

La qualité des images vidéo est d'une grande variété, depuis les images saccadées et de faible définition jusqu'aux images animées de très bonne qualité. La classification des applications vidéo, effectuée suivant le niveau de qualité des images, est généralement la suivante :

- **Visioconférence.** D'une définition relativement faible, sa fonction est de montrer le visage du correspondant. Pour gagner en débit, on diminue le nombre d'images par seconde. La visioconférence se transporte aisément sur un canal numérique à 128 kbit/s au moyen d'une compression simple à réaliser. On peut abaisser le débit jusqu'à 64 kbit/s, voire moins, au prix d'une qualité dégradée.
- **Télévision.** Correspond à un canal de 4 ou 5 MHz de bande passante en analogique. La numérisation de ce canal permet d'obtenir un débit de plus de 200 Mbit/s. Grâce à la compression, on peut faire descendre ce débit à 2 Mbit/s, pratiquement sans perte de qualité, voire à quelques centaines de kilobits par seconde avec une compression poussée, mais au prix d'une qualité parfois dégradée. De plus, à de tels débits, les erreurs en ligne deviennent gênantes, car elles perturbent l'image au moment de la décompression. Un compromis est à trouver entre une forte compression et un taux d'erreur de 10^{-9}, qui ne détruit qu'une infime fraction de l'image et ne gêne pas sa vision. La transmission se fait selon les normes DVB-T (Digital Video Broadcasting-Terrestrial), notamment en Europe, ISDB (Integrated Service Digital Broadcasting), au Japon et en Amérique

du Sud et ATSC (Advanced Television Systems Committee) en Amérique du Nord. Les deux standards pour le flot de transmission d'un canal de télévision numérique sont aujourd'hui H.262 / MPEG-2 et H.264 / MPEG-4.

H.264 ou MPEG-4 AVC (Advanced Video Coding) est un format de codage pour l'enregistrement et la distribution de la vidéo et de l'audio en Full HD. Ce standard a été développé et est pris en charge par l'UIT-T VCEG (Video Coding Experts Group) et l'ISO/IEC JTC1 MPEG (Moving Picture Experts Group).

Les améliorations incessantes apportées aux codecs devraient permettre dans quelques années de faire passer un canal de télévision sur une bande encore plus restreinte, tout en y ajoutant de nouvelles fonctionnalités.

- **Télévision haute définition (HDTV).** Demande des transmissions à plus de 500 Mbit/s si aucune compression n'est effectuée. Après compression, on peut descendre à une valeur de l'ordre de 8 Mbit/s. Par exemple, sur un canal DVB-T de 24 Mbit/s, il est possible de faire transiter trois canaux de télévision haute définition.
- **Télévision 3D.** Cette nouvelle génération requiert des débits encore plus importants puisqu'elle consiste à transporter plusieurs images pour en obtenir une seule donnant l'impression d'être en trois dimensions. Après compression, on peut descendre à une valeur de l'ordre de 20 Mbit/s.
- **Télévision ultra-haute définition (UHDTV).** C'est un format numérique de vidéo dont la caractéristique principale est une définition de l'image comportant quatre à seize fois plus de pixels que la télévision haute définition (HDTV). 4K est un format d'images numériques ayant une définition supérieure ou égale à 4096 pixels de large.
- **Vidéoconférence.** Ce terme générique désigne une conférence entre deux ou plusieurs utilisateurs qui s'effectue par le biais de réseaux de télécommunications. On peut aussi prendre comme définition de la vidéoconférence la très haute qualité. Proche du cinéma, la qualité vidéoconférence requiert des débits considérables, de plusieurs dizaines de mégabits par seconde. Compte tenu de ces débits, ce type de canal n'est accessible qu'avec l'utilisation d'un câblage en fibre optique jusqu'à l'utilisateur et en utilisant des codecs (codeur-décodeur) spécialisés assez onéreux. Un cas particulier, qui s'est développé depuis les années 2010 dans les très grandes entreprises, concerne les murs de présence : il s'agit de projeter sur un mur une vidéoconférence de haute qualité avec un son stéréophonique et une transmission en temps réel.

Les câblo-opérateurs se préoccupent en premier lieu de diffuser des images animées de type TV. Les structures de câblage mises en place pour cela permettent de diffuser chez l'utilisateur de nombreux canaux de télévision, qui se comptent aujourd'hui par centaines.

Les applications vidéo vont de la télésurveillance à la vidéo à la demande, ou VoD (Video on Demand), en passant par la messagerie vidéo et le Home Media Center domestique pour la diffusion vidéo généralisée à l'échelle d'une maison.

Les réseaux câblés utilisés par les diffuseurs sur la partie terminale du réseau de distribution sont appelés CATV (Community Antenna TeleVision). Le CATV utilise un câble coaxial de 75 Ω, dont la largeur de bande dépasse 1 GHz. On l'utilise aussi comme câble d'antenne de télévision. Il s'agit d'un support unidirectionnel, qui implique d'envoyer le signal vers un centre, lequel le rediffuse à toutes les stations connectées, contrairement à ce qui se passe, par exemple, dans le réseau Ethernet, où le signal est diffusé dans les deux sens du support physique.

Dans un réseau CATV, la diffusion des chaînes de télévision s'effectue facilement du centre vers la périphérie. Pour ajouter des canaux dans le sens inverse, du client vers la tête de réseau, des accès Internet par exemple, on divise la bande passante en deux : une partie pour aller vers la tête de réseau, l'autre desservant les utilisateurs. On parle en ce cas de bande montante et de bande descendante.

Depuis que le prix de revient de la fibre optique et des connecteurs associés est devenu concurrentiel, on l'utilise de plus en plus à la place du câble coaxial. La bande passante de la fibre optique est beaucoup plus importante et permet d'augmenter très fortement le débit des accès Internet.

Les réseaux câblés ont été exploités pendant longtemps en analogique et non en numérique. Les débits sont aujourd'hui suffisants pour y faire transiter des applications multimédias. Cependant, la principale difficulté est de faire transiter plusieurs milliers de canaux montants du terminal vers le réseau sur un canal partagé d'une capacité limitée. Mille clients émettant potentiellement à 1 Mbit/s représentent un débit total de 1 Gbit/s, ce qui est généralement nettement plus que la bande disponible sur la partie montante. Il faut donc très souvent une technique de partage du canal pour arbitrer les accès montants des utilisateurs.

Dans certains pays, comme les États-Unis, les foyers constituent pour les câblo-opérateurs une porte d'entrée simple vers l'utilisateur final. Le câblage, qui est une des clés de la diffusion généralisée de l'information, a été durant de nombreuses années l'objet de toutes les convoitises des opérateurs de télécommunications. Le succès des techniques *x*DSL, utilisant le câblage téléphonique, a toutefois limité l'impact des réseaux câblés. Le déploiement de la fibre optique, de la TNT et des réseaux de mobiles 4G a fortement réduit l'intérêt de ces réseaux. Ce sera encore plus vrai avec les réseaux 5G.

La principale technique utilisée par les câblo-opérateurs pour transporter les canaux de télévision est le multiplexage en fréquence, qui consiste en une partition de la bande passante en sous-bandes. Chaque sous-bande transporte un canal de télévision. Cette solution est illustrée à la figure 2.7.

Le multiplexage en fréquence d'un grand nombre de sous-bandes présente l'inconvénient de requérir autant de types de récepteurs que de canaux à accéder. Il faut un décodeur pour la télévision, un modem câble pour Internet et un accès téléphonique pour la parole numérique. Les techniques de multiplexage temporel, dans lesquelles le temps est découpé en petites tranches affectées régulièrement aux utilisateurs, sont beaucoup plus puissantes puisqu'un même émetteur-récepteur permet de recevoir tous les canaux.

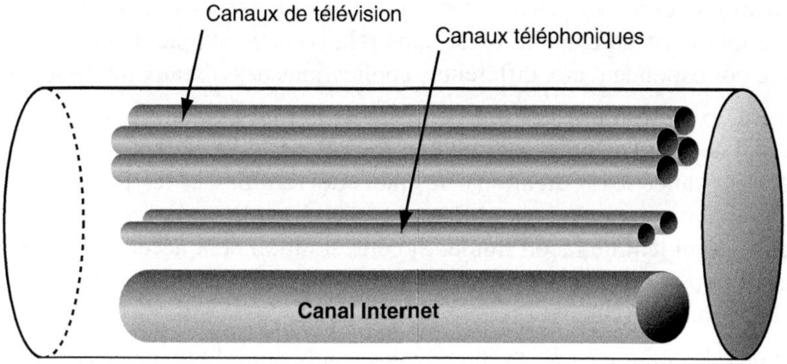

Figure 2 .7

Multiplexage en fréquence dans le CATV

En conclusion, la technique employée par les câblo-opérateurs permet une intégration dans le CATV d'un grand nombre d'applications utilisant des sous-bandes différentes, adaptées à différents types de transmissions. Son principal inconvénient vient du multiplexage en fréquence, qui conduit les câblo-opérateurs à utiliser un grand nombre de bandes en parallèle. Ces bandes peuvent être considérées comme des canaux de communication indépendants les uns des autres, de telle sorte qu'il n'y a pas d'intégration des flux : un client peut utiliser en parallèle un canal de télévision, un canal d'accès Internet et un canal pour la téléphonie. Le canal de télévision est connecté à un câblo-opérateur, le canal d'accès Internet à un opérateur Internet et le canal de téléphonie à un opérateur téléphonique. L'intégration de ces différents réseaux chez un même opérateur est aujourd'hui une réalité mise en lumière tout au long de ce livre.

L'intégration des réseaux

Les sections précédentes ont introduit brièvement les trois grandes catégories de réseaux, informatique, de télécommunications et des câblo-opérateurs, qui se proposent de transporter les données informatiques, la parole téléphonique et la vidéo. Chacun de ces réseaux essaie aujourd'hui de prendre en charge les trois médias simultanément pour tendre vers un réseau intégré. Cette section détaille les caractéristiques d'une telle intégration des réseaux dans un réseau multimédia, ainsi que les contraintes qu'il doit supporter.

Le monde des télécommunications a adopté diverses solutions pour doter ses réseaux de commutation de solutions permettant d'obtenir une qualité de service satisfaisante. La première d'entre elles a consisté à utiliser des chemins associés à une classe de service. Les paquets suivant ce chemin étaient traités en priorité dans le commutateur. Cette solution a ensuite évolué vers l'ingénierie de trafic. Au moment de l'ouverture du chemin, le paquet de signalisation note, dans chaque commutateur, les caractéristiques du trafic ayant été négociées entre le client et l'opérateur du réseau. Cette négociation donne naissance à un SLA (Service Level Agreement), présenté en détail au chapitre 23. Grâce à ces informations, les nœuds peuvent décider de laisser passer ou non un paquet de signalisation souhaitant ouvrir un chemin. Il est donc relativement simple de négocier une qualité de service correspondant aux différentes applications des réseaux multimédias.

Les réseaux de routage ont bien plus de difficulté à garantir cette qualité de service puisqu'il ne peut y avoir de réservation de ressources et qu'il n'est pas possible de déterminer à l'avance les routeurs par lesquels doivent passer les paquets d'un même flot. Une première solution à ce problème consiste à surdimensionner le réseau pour que les paquets s'écoulent de façon fluide. Si cette solution était acceptable entre 2000 et 2005 grâce à l'importante capacité de transport développée lors de la « bulle Internet », ce n'est plus le cas aujourd'hui.

Une nouvelle solution a été proposée consistant à introduire une classification des clients et à ne surdimensionner que ceux de plus haute priorité. Cela suppose de discriminer les clients, soit par le paiement d'un abonnement plus élevé, soit en restreignant le nombre de clients de l'application considérée. La téléphonie sur IP fonctionne grâce à cette solution. Seuls les paquets IP sortant de téléphones IP se voient affecter la priorité la plus haute. En calculant le nombre maximal de voies téléphoniques pouvant s'écouler sur chaque liaison, on peut en déduire la capacité de la ligne pour qu'elle soit vue comme surdimensionnée.

Les dernières évolutions apportent une nouvelle solution avec le SDN en ouvrant des chemins parfaitement adaptés aux flots qui doivent y transiter. Le SDN devrait représenter environ 20 % du marché des réseaux en 2020 et beaucoup plus en 2025.

Conclusion

Ce chapitre a introduit les premiers concepts des réseaux. La convergence de ces réseaux provenant de différents horizons, comme l'informatique, les télécommunications et la vidéo, vers un réseau unique est maintenant achevée.

Le chapitre s'est en outre arrêté sur le passage des réseaux transportant les informations sous forme analogique aux réseaux transportant les informations sous forme numérique. Les réseaux numériques se sont développés en proposant plusieurs options, le routage et la commutation, et en utilisant aussi bien des supports physiques terrestres que des transmissions radio.

Aujourd'hui, les réseaux analogiques ont quasiment disparu, sauf pour des applications très spécifiques, comme la téléphonie pour la communication entre un contrôleur aérien et un avion, pour des raisons de fiabilité et de disponibilité. Mais même dans ce cas, le passage au numérique s'effectuera dans quelques années. Les raisons en sont le coût des équipements et la réutilisation simple des composants numériques qui n'utilisent que deux valeurs, 0 et 1.

Les difficultés à résoudre pour la marche parfaite des réseaux hertziens et terrestres sont notamment la mise à niveau de la sécurité, la gestion du réseau global, le contrôle de la mobilité et l'introduction d'une virtualisation complète.

La suite de l'ouvrage détaille de façon graduelle toutes les solutions envisagées et examine les éléments nécessaires à la construction d'un réseau de bout en bout.

3

Réseaux virtuels et Cloud

Ce chapitre examine la virtualisation de réseau, qui se généralise après la virtualisation du stockage et du calcul. Le Cloud est également une lame de fond dans le domaine applicatif, mais aussi un environnement éminemment important pour l'accueil des machines virtuelles. La puissance que l'on peut y obtenir est telle que les temps de calcul pour obtenir une table de routage ou exécuter un algorithme de gestion d'un handover ou d'un contrôle de sécurité sont minimes, ce qui permet des temps de réaction particulièrement faibles.

La virtualisation de réseau

La virtualisation n'est pas une technique nouvelle, puisqu'elle avait été introduite sur les premiers gros ordinateurs dans les années 1960, qui utilisaient une mémoire virtuelle, c'est-à-dire une mémoire qui, au lieu d'être en RAM, se trouvait sur un disque dur. Toute l'astuce était de ramener les pages de mémoire du disque dur sur la mémoire RAM juste avant que l'unité centrale en ait besoin. Par la suite, un certain nombre de mécanismes ont été implémentés avec cette solution afin que l'utilisateur ait l'impression que les services dont il a besoin se trouvent sur une machine située à proximité, alors qu'ils se trouvent en réalité sur une machine lointaine.

La virtualisation du stockage a connu un formidable succès en permettant de regrouper plusieurs serveurs de stockage sur une machine unique, chaque utilisateur ayant pourtant l'impression de disposer d'un serveur distinct. La virtualisation de réseau tient du même principe : plusieurs réseaux virtuels se partagent une même infrastructure physique.

La virtualisation de réseau a été lancée par un projet américain appelé GENI (Global Environment for Network Innovations), dans lequel Intel proposait de construire un routeur uniquement constitué de sa partie matérielle, sans aucun système d'exploitation réseau. Les éditeurs de logiciels n'avaient plus qu'à implémenter leur système sur la machine. L'avantage de la virtualisation réside précisément dans la possibilité d'implémenter plusieurs systèmes d'exploitation réseau sur une même machine à l'aide d'un « hyperviseur ».

L'architecture d'un serveur de virtualisation permettant de prendre en charge plusieurs machines virtuelles sur des systèmes d'exploitation différents se présente comme illustré à la figure 3.1.

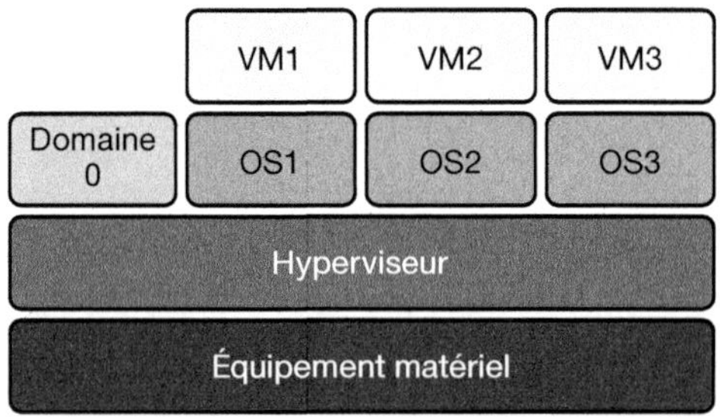

Figure 3.1

Architecture d'un serveur de virtualisation

Sur cette figure, un équipement matériel, par exemple un serveur d'un datacenter, possède un hyperviseur. L'hyperviseur est un système d'exploitation spécifique capable de supporter plusieurs systèmes d'exploitation, qui, eux-mêmes, supportent des machines virtuelles, ou VM (Virtual Machine).

Les machines virtuelles peuvent être très diverses, comme un routeur, un commutateur, un logiciel de traitement du signal, un boîtier, etc. Le nombre de machines virtuelles supportées dépend de la puissance de la machine physique, du nombre d'unités centrales et de la capacité des mémoires de stockage. Si les machines virtuelles dépensent peu de ressources, plusieurs dizaines d'entre elles peuvent s'exécuter simultanément.

Une VM (machine virtuelle) spécifique, appelée domaine 0, permet de réaliser les entrées-sorties des autres machines virtuelles. Elle est détaillée à la section de ce chapitre consacrée à l'hyperviseur Xen.

La VM est elle-même un logiciel qui décrit exactement ce que fait la machine physique que l'on veut virtualiser. Le code représente la VM. Les avantages immédiats de cette virtualisation sont l'agilité et la flexibilité qu'elle procure. Par exemple, on peut facilement changer de VM sans toucher à la partie matérielle et remplacer un routeur par un commutateur en quelques secondes. En revanche, la consommation énergétique augmente puisqu'il faut beaucoup plus de puissance de la part de l'unité centrale lorsqu'on virtualise le travail d'un ASIC (Application Specific Integrated Circuit), c'est-à-dire d'un élément matériel spécialisé.

Un autre avantage de la virtualisation est de permettre le regroupement des machines virtuelles sur un même serveur lorsque celles-ci sont peu utilisées, comme des routeurs durant la nuit. Ces regroupements s'effectuent par migration d'une VM d'un serveur physique vers un autre serveur physique. Un des moyens de regagner l'énergie perdue par une demande supplémentaire d'unité centrale est de regrouper les machines virtuelles et de mettre en veille les serveurs qui n'ont plus de machines virtuelles à exécuter. En règle générale, on n'éteint pas les machines physiques, mais on les met en veille afin de permettre un redémarrage immédiat ou quasi immédiat lorsque le système a de nouveau besoin de plus de puissance.

Un routeur virtuel n'est ainsi qu'une instance logique d'un routeur physique. Plusieurs routeurs virtuels peuvent s'exécuter en même temps sur un même serveur physique, avec les entrées-sorties nécessaires pour réaliser complètement le routeur physique. On obtient alors la possibilité de déployer plusieurs réseaux, que l'on peut appeler des réseaux virtuels, sur un même réseau physique. Un réseau virtuel est le regroupement d'un ensemble de machines virtuelles compatibles.

Les routeurs ou les commutateurs virtuels utilisent les liaisons physiques pour s'interconnecter. On peut même aller beaucoup plus loin en regroupant des équipements de réseau virtualisés utilisant des protocoles différents sur une même infrastructure physique. De ce fait, on peut créer des réseaux virtuels de différents types sur cette infrastructure, comme un réseau de routeurs virtuels IPv4 et un réseau avec des commutateurs virtuels pour créer un réseau MPLS (MultiProtocol Label Switching).

Aux réseaux virtuels que l'on décide de créer sur une même infrastructure peuvent s'ajouter des équipements réseau virtuels, comme des pare-feu (*firewall*), des serveurs d'authentification, des serveurs pour gérer des applications réseau telles que la voix sur IP, ou VoIP (Voice over IP). On peut également y ajouter d'autres machines virtuelles de stockage et de calcul dispersées ou regroupées dans les datacenters qui forment l'ossature de l'infrastructure.

Un tel environnement est illustré à la figure 3.2, dans laquelle les réseaux A, B, C et D coexistent sur les mêmes serveurs d'infrastructure et les mêmes lignes physiques.

Le réseau virtuel A est réalisé à partir de VM (Virtual Machine) avec le système d'exploitation A. De même, le réseau virtuel B est réalisé avec les VM B et ainsi de suite. Chaque VM d'un même serveur physique peut employer des protocoles complètement différents, et les réseaux être également totalement différents. Chacun peut utiliser les protocoles liés à une application donnée, comme la VoIP, le transfert de fichiers, la messagerie électronique, l'accès à un système de sécurité, la diffusion de vidéo, etc.

Les avantages de cette technique de virtualisation sont nombreux. Le premier est de pouvoir faire tourner sur une même infrastructure physique des réseaux virtuels utilisant des technologies totalement différentes. On peut, par exemple, obtenir un premier réseau utilisant le système d'exploitation réseau IOS de Cisco, un deuxième utilisant Junos de Juniper, un troisième et un quatrième utilisant les systèmes de Nokia et d'Ericsson, etc. Il est également possible de faire tourner plusieurs releases différentes d'un même système d'exploitation réseau. Il est évident que les exemples précédents n'ont guère de chance d'être réalisés, car les équipementiers ne souhaitent pas forcément commercialiser leur logiciel sans leur matériel. Le découplage matériel/logiciel ne sera disponible que pour des systèmes ouverts parvenus à maturité. Le chapitre 14 donne des exemples de telles architectures open source, qui constitueront les standards des années 2020.

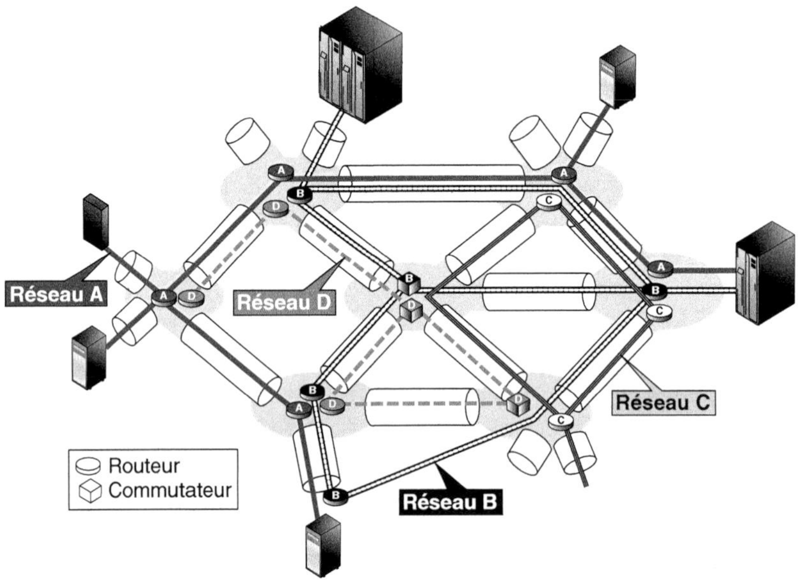

Figure 3.2

Virtualisation de routeurs

Un second avantage de la virtualisation concerne l'utilisation des ressources. Il est évident que les ressources peuvent être beaucoup mieux utilisées en mettant en marche et en arrêtant des machines virtuelles ou encore en les déplaçant: si l'une d'elles n'a pas assez de ressources sur la machine physique sur laquelle elle est placée, par exemple, il est possible de la déplacer vers d'autres serveurs physiques.

Dans tous les cas, les ressources d'un même réseau virtuel doivent être totalement isolées des autres réseaux virtuels. L'isolation interdit qu'un paquet puisse passer d'un réseau virtuel à un autre pour éviter qu'un problème sur un réseau puisse affecter un autre réseau. Le passage pourrait être permis au travers de passerelles externes particulièrement robustes pour maintenir l'isolation. Cela implique une excellente sécurité dans les logiciels de virtualisation puisqu'il faut éviter des attaques sur les hyperviseurs. Si l'une des machines virtuelles tombe en panne, non seulement cela ne doit pas affecter les autres réseaux, mais ceux-ci ne doivent pas même s'en apercevoir. Si, bien sûr, un routeur physique tombe en panne, toutes les machines virtuelles sont elles aussi en panne.

Technologies de virtualisation de réseau

Comme indiqué précédemment, les technologies de virtualisation de réseau s'appuient soit sur des hyperviseurs, soit sur des conteneurs (*containers*).

Hyperviseurs et conteneurs

On compte trois grands types de solutions pour réaliser des systèmes virtuels : la paravirtualisation, la virtualisation de système d'exploitation et l'isolation par conteneur.

Un exemple de paravirtualisation est décrit à la figure 3.3. Au-dessus du matériel de l'infrastructure, l'hyperviseur permet de supporter différents systèmes d'exploitation qui ont été modifiés afin que les instructions puissent s'exécuter directement sur le processeur de l'infrastructure. Dans cette catégorie, on trouve les hyperviseurs Citrix Xen Server (open source), VMware vSphere, VMware ESX, Microsoft Hyper-V Server, Bare Metal et KVM (open source). L'avantage de cette solution est une exécution rapide, mais à la condition de modifier un certain nombre d'éléments du système d'exploitation.

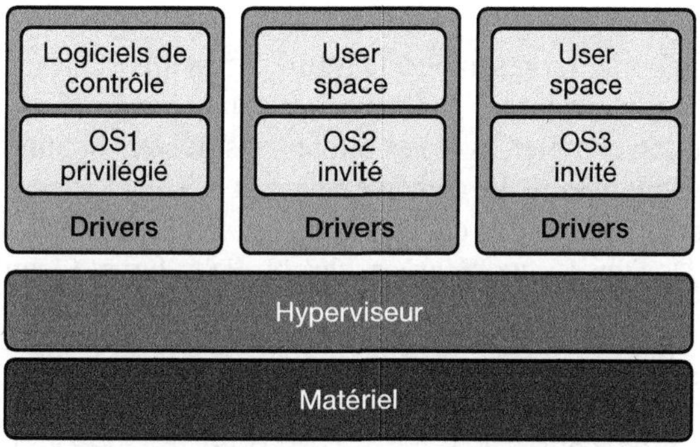

Figure 3.3

Exemple de paravirtualisation à l'aide d'un hyperviseur de type 1

Dans la deuxième solution, appelée hyperviseur de type 2, le système d'exploitation qui est supporté par l'hyperviseur n'est pas modifié. De ce fait, certaines instructions ne peuvent plus s'exécuter sur l'hyperviseur, qui est en réalité le système d'exploitation hôte de l'infrastructure physique. Il faut ajouter entre les deux, comme illustré à la figure 3.4, un émulateur qui permet d'exécuter les instructions du système d'exploitation invité sur le système d'exploitation hôte. Dans cette catégorie, on peut placer Microsoft VirtualPC, Microsoft Virtual Server, Parallels Desktop, Parallels Server, Oracle VM VirtualBox (open source), VMware Fusion, VMware Player, VMware Server, VMware Workstation et QEMU (open source).

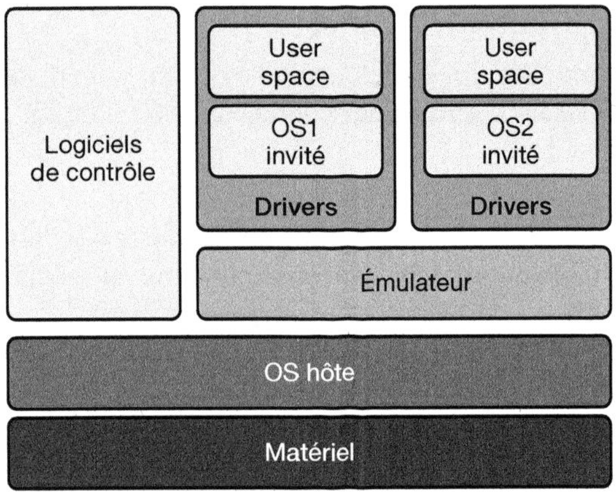

Figure 3.4

Exemple de fonctionnement d'un hyperviseur de type 2

La troisième catégorie, représentée à la figure 3.5, supporte les machines virtuelles en les mettant dans des conteneurs, ou isolateurs. Le conteneur contient en lui-même un environnement d'exécution complet, avec ses pilotes, ses fichiers binaires, ou bibliothèques, ainsi que l'application elle-même. Le conteneur permet d'isoler l'exécution des applications dans ce que l'on appelle encore des contextes ou des zones d'exécution. Dans cette catégorie on peut placer Docker, Linux-Vserver, chroot, BSD Jail et OpenVZ.

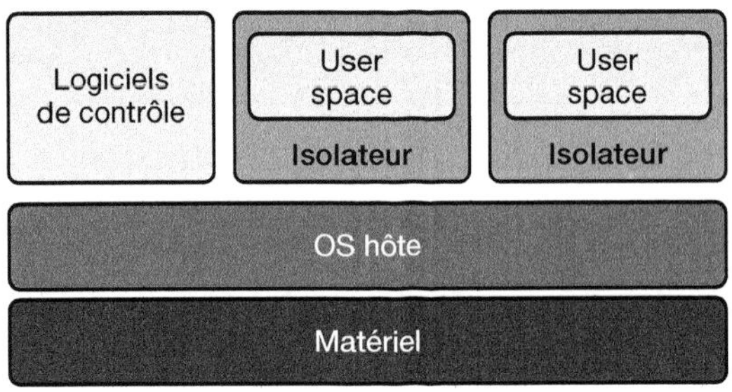

Figure 3.5

Exemple de conteneur supportant des machines virtuelles

L'isolation

L'isolation est un principe fondamental de la virtualisation de réseau puisqu'il faut absolument éviter qu'un réseau impacte les autres réseaux.

Une première solution simple, mais peu efficace, serait de partitionner les ressources entre les différents réseaux. Dans ce cas, il n'y aurait pas grand-chose à gagner, car les ressources d'un réseau non utilisées à un instant t ne peuvent être utilisées par d'autres réseaux virtuels. Il faut donc trouver une solution pour à la fois partitionner les ressources et faire en sorte que les ressources non utilisées puissent profiter aux autres.

On peut obtenir cette propriété par des ordonnanceurs. Le plus simple est d'avoir dans un nœud autant de files d'attente que de réseaux virtuels. À chaque file, on octroie des crédits en fonction des ressources qui ont été allouées au nœud. Chaque réseau utilise un crédit pour envoyer un paquet. Lorsqu'une station n'a plus de crédit, elle ne peut émettre. Tant qu'il y a d'autres files actives, elle est arrêtée. Si, à un moment donné, toutes les files sont vides, une réallocation de crédits est attribuée à toutes les files. Cela peut toutefois conduire à un blocage à la fois des files d'attente n'ayant plus de crédit et de celles ayant des crédits mais pas de paquets à servir. Pour éviter ce problème, les files d'attente bloquées peuvent créer des crédits négatifs et continuer à transmettre. Lorsque la somme des crédits positifs et négatifs devient égale à zéro, on réinitialise le système en accordant des crédits positifs à l'ensemble des nœuds.

On peut, à partir de cet exemple repris de Xen (*http://www.xen.org*), modifier des paramètres ou en ajouter d'autres, comme permettre à une file d'attente de servir plusieurs paquets, c'est-à-dire d'utiliser plusieurs jetons sans interruption. On utilise ainsi moins d'énergie, une même VM étant à l'œuvre sans interruption.

Xen

Xen est un hyperviseur, que l'on appelle encore moniteur de VM, ou VMM (Virtual Machine Monitor). C'est un logiciel open source qui fonctionne sur des plates-formes matérielles standards. En plus du VMM, situé sur le matériel physique, l'architecture Xen est composée de plusieurs domaines tournant de manière simultanée sur l'hyperviseur, appelés machines virtuelles (*voir figure 3.6*). Chaque VM peut avoir son propre système d'exploitation et ses applications. Le VMM contrôle l'accès au matériel des domaines multiples et gère le partage des ressources entre les différents domaines. Ainsi, une des tâches principales du VMM est d'isoler les différentes machines virtuelles, de sorte que l'exécution d'une VM n'affecte pas les performances des autres.

Tous les pilotes de périphérique sont conservés dans un domaine isolé qui leur est réservé. Appelé domaine 0 (dom0), il leur fournit un support matériel fiable et efficace. Le domaine 0 a des privilèges spéciaux comparé aux autres domaines, appelés domaines utilisateur (domU), et dispose, par exemple, d'un accès total au matériel de la machine physique. Les domaines utilisateur possèdent des pilotes virtuels et opèrent comme s'ils pouvaient accéder directement au matériel. Cependant, ces pilotes virtuels communiquent avec le dom0 afin d'avoir accès au matériel physique.

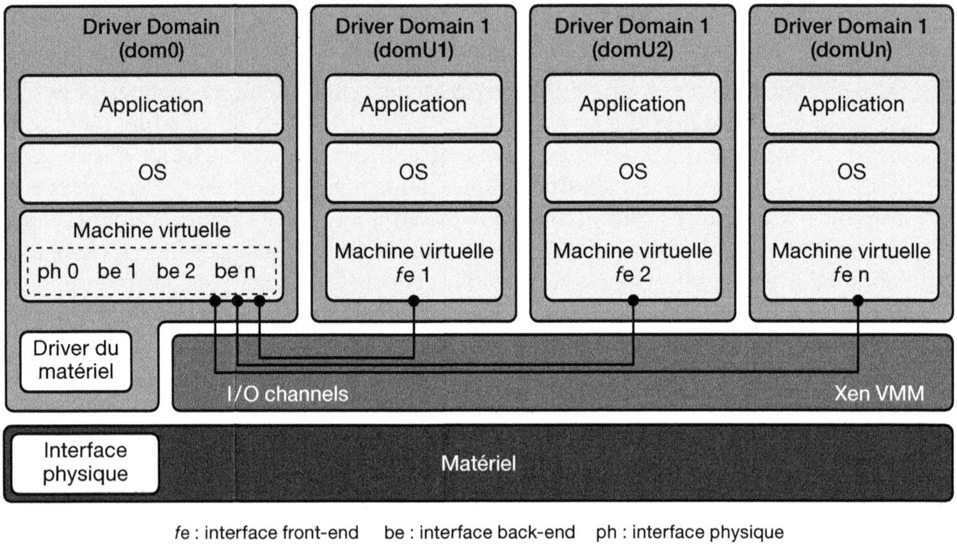

Figure 3.6

Hyperviseur Xen et machines virtuelles

Xen virtualise une interface de réseau physique unique en démultiplexant les paquets entrants de l'interface physique vers les domaines utilisateur et, de manière inverse, en multiplexant les paquets sortants générés par ces domaines utilisateur. Dans cette procédure, appelée virtualisation des entrées-sorties du réseau, le dom0 accède directement aux périphériques d'entrées-sorties en utilisant ses pilotes de périphériques natifs et effectue des opérations d'entrées-sorties de la part des domU.

Les domaines utilisateur emploient des périphériques d'entrées-sorties virtuels contrôlés par des pilotes virtuels afin de demander au dom0 l'accès au périphérique, comme illustré à la figure 3.7. Chaque domaine utilisateur possède ses propres interfaces de réseau virtuel, appelées interfaces de premier plan, requises pour les communications du réseau. Les interfaces d'arrière-plan sont créées dans le dom0 correspondant à chaque interface de premier plan dans un domaine utilisateur et agissent en tant que proxy pour les interfaces virtuelles dans le dom0.

Les interfaces de premier plan et d'arrière-plan sont connectées les unes aux autres *via* un canal d'entrée-sortie qui emploie un mécanisme *zero-copy* pour remettre en correspondance la page physique contenant le paquet et le domaine cible. De cette manière, les paquets sont échangés entre les interfaces d'arrière-plan et de premier plan. Les interfaces de premier plan sont perçues par les systèmes d'exploitation fonctionnant sur les domaines utilisateur comme des interfaces réelles. Cependant, les interfaces d'arrière-plan dans le dom0 sont connectées à l'interface physique ainsi que les unes aux autres *via* un pont réseau virtuel. C'est l'architecture par défaut, appelée mode pont, utilisée par Xen. Ainsi, à la fois le canal d'entrées-sorties et le pont réseau établissent un chemin de communication entre les interfaces virtuelles créées dans les domaines utilisateur et l'interface physique.

Différents éléments du réseau virtuel peuvent être implémentés en utilisant Xen puisque celui-ci permet à de multiples machines virtuelles de fonctionner simultanément sur le même matériel, comme le montre la figure 3.7. Dans ce cas, chaque VM fait fonctionner un routeur virtuel, qui possède ses propres plans de contrôle et de données, la couche de virtualisation de Xen étant de bas niveau.

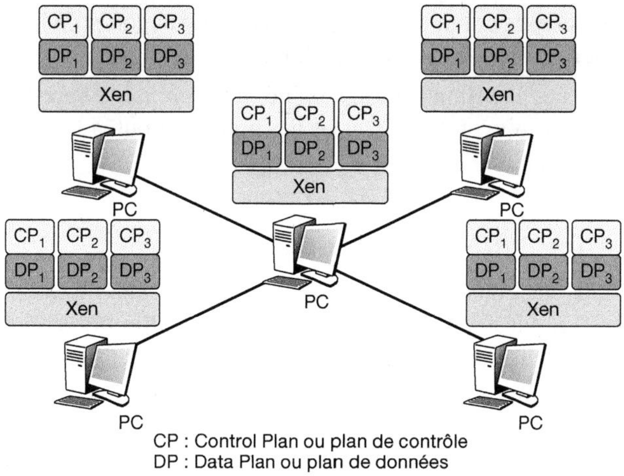

Figure 3.7

Virtualisation avec l'hyperviseur Xen

Utilisation de la virtualisation de réseau

Deux types d'utilisation peuvent être faits de la virtualisation de réseau :

- La création de plusieurs réseaux virtuels à l'intérieur d'une même entreprise afin de gérer séparément la téléphonie, la télésurveillance, les vidéoconférences dans l'entreprise, etc.
- Le partage de mêmes réseaux virtuels par des opérateurs différents afin de réduire les coûts. Quand un de ces derniers veut augmenter sa capacité, il demande à l'opérateur d'infrastructure d'augmenter ses ressources.

Une autre utilisation de la virtualisation qui ne cesse de croître concerne les applications de type Cloud. En termes simples, le principe du Cloud consiste à placer les ressources d'une entreprise quelque part dans le réseau afin de les partager avec d'autres utilisateurs. Le Cloud propose des ressources de types serveur, calcul, stockage, logiciel, etc. L'utilisateur peut partager ces ressources avec d'autres utilisateurs, tout en prenant en compte la sécurité des informations.

Les ressources virtuelles peuvent migrer pour optimiser des ressources physiques. De même, le client peut se déplacer sur Internet et avoir accès à ses ressources de n'importe où. Pour relier les ressources à l'utilisateur, il faut créer des réseaux. Et ceux-ci ne peuvent être que virtuels puisqu'il serait impossible de créer un nouveau réseau physique à chaque déplacement ou demande de ressources supplémentaires d'un utilisateur.

La virtualisation est enfin une technologie idéale pour tester de nouveaux protocoles et de nouvelles architectures sans arrêter le réseau opérationnel puisqu'il suffit de construire un nouveau réseau virtuel avec les nouvelles générations de protocoles ou d'architectures. L'isolation est dans ce cas une propriété essentielle pour que les tests ne viennent pas gêner les réseaux opérationnels.

On peut en conclure que la virtualisation présente de nombreux avantages. Elle est aujourd'hui considérée comme une opportunité pour apporter de la souplesse aux réseaux. De plus, elle permet de passer d'une technologie à une autre sans trop de complications.

Les désavantages de la virtualisation sont liés à la surcharge apportée par l'hyperviseur et aux besoins de mémoire et de puissance de calcul, surtout si l'on veut séparer totalement les différents domaines.

Virtualisation d'équipements de réseau

Il est possible de virtualiser de nombreux équipements de réseau. La virtualisation d'un contrôleur Wi-Fi, par exemple, permet de gérer des points d'accès associés à chaque contrôleur virtuel. Les points d'accès associés peuvent avoir leur propre pile protocolaire.

On peut aussi virtualiser des pare-feu. À l'accès dans l'entreprise, les flots sont renvoyés vers le pare-feu virtuel général, qui, à son tour, peut renvoyer le flot vers un pare-feu spécifique, toujours virtuel. Les pare-feu peuvent ainsi bénéficier de toute la puissance nécessaire pour réaliser les inspections permettant de détecter des attaques.

Les points d'accès eux-mêmes peuvent être virtualisés. Il suffit pour cela d'introduire dans le boîtier un hyperviseur soutenant plusieurs systèmes d'exploitation. Chaque point d'accès virtuel possède ainsi ses propres logiciels de gestion et de contrôle et est indépendant des autres points d'accès : il peut donc représenter un opérateur particulier. De même, il est possible de virtualiser les antennes 2G, 3G et 4G (BTS, NodeB et E-NodeB) et de partager ces antennes virtuelles entre différents opérateurs.

Globalement, toute ressource peut être virtualisée, sauf les capteurs, qui ont besoin d'un élément matériel pour mesurer une valeur. Un capteur virtuel est donc un logiciel associé à un capteur physique pour effectuer des calculs à partir de la valeur mesurée. Bien évidemment, ce logiciel peut être modifié, d'où son nom de capteur virtuel. L'avenir est ainsi clairement à la virtualisation de l'ensemble des matériels.

NFV (Network Functions Virtualization) et normalisation de la virtualisation

La normalisation des machines virtuelles s'effectue à l'ETSI (European Telecommunications Standards Institute). On pourrait penser qu'elle ne concerne que les Européens, mais pas du tout : l'ETSI s'est ouvert au niveau mondial, et tous les opérateurs et équipementiers participent à cette standardisation.

Le terme utilisé, NFV (Network Functions Virtualization), indique la volonté de définir une fois pour toutes les différentes fonctions utilisées dans le domaine des réseaux. Cependant, normaliser des fonctions n'était pas suffisant. L'ETSI est allé plus loin en proposant de développer en open source les différentes fonctions réseau, comme le routage d'un routeur, la commutation d'un commutateur, la protection d'un pare-feu, etc. À partir de ces machines virtuelles, on peut construire un réseau complet en open source avec plusieurs réseaux virtuels simultanés.

L'architecture standard des années 2020 en cours de développement a pris le nom d'OPNFV (Open Platform for NFV). Elle est décrite en détail au chapitre 14.

Le plus important de cette normalisation est cependant ailleurs : il s'agit de permettre le découplage de la fonction réseau et de l'équipement physique, une nouveauté radicale. Dans un routeur de l'ancienne génération, la fonction de routage et le transfert des paquets s'effectuent dans le même équipement physique. Dans la nouvelle génération, la fonction de routage peut être effectuée dans un serveur éloigné de la machine physique qui réalise le transfert du paquet. Cette dissociation permet de regrouper les fonctions de routage dans des serveurs de datacenters en en optimisant globalement le fonctionnement. Les ressources attribuées aux machines virtuelles qui exécutent ces fonctions sont parfaitement ajustées. De plus, ces ressources peuvent varier entre les heures de pointe et la nuit, où celles affectées à l'équipement virtuel diminuent fortement.

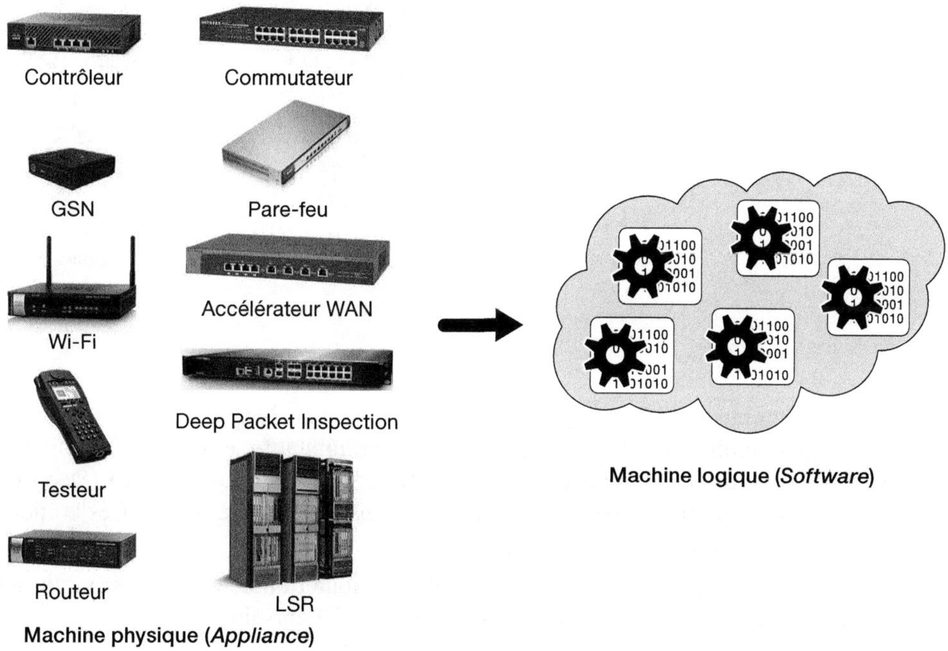

Figure 3.8

Passage de machines physiques à des machines logiques grâce à la virtualisation

La figure 3.8 illustre ce passage des machines physiques vers des machines virtuelles correspondant à des fonctions réseau. D'autres fonctions non-réseau, comme le stockage, le calcul, la sécurité, etc., peuvent être ajoutées simplement.

Les réseaux virtualisés

Les caractéristiques des réseaux détaillées aux sections précédentes sont mises à contribution dans la présente section pour introduire les principes de la virtualisation.

Un réseau de nouvelle génération est décrit à la figure 3.9.

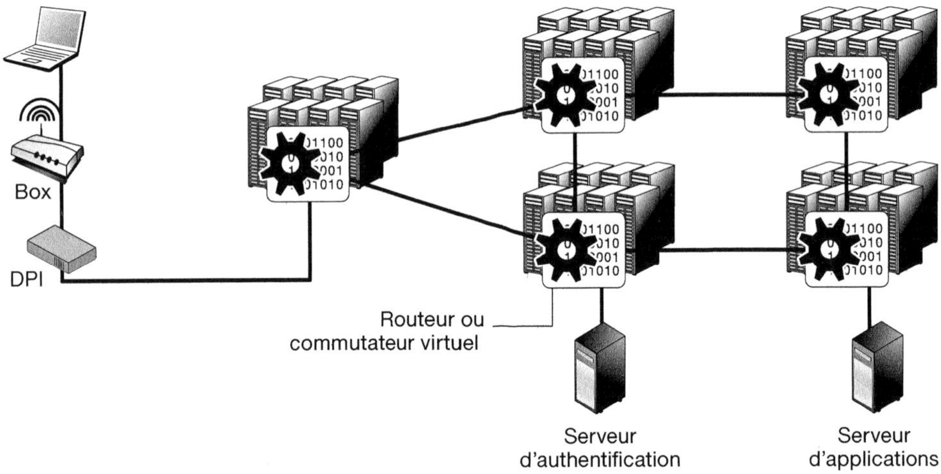

Figure 3.9

Un réseau de nouvelle génération

L'infrastructure est réalisée à partir de datacenters, dans lesquels sont positionnées des machines virtuelles, ici des routeurs ou des commutateurs, et des boîtiers divers, tels que box, serveurs d'authentification et d'applications, pare-feu et DPI (Deep Packet Inspection), ce dernier inspectant les flots qui transitent dans le réseau. Ces boîtiers sont également virtualisés (*voir plus loin*).

Comme l'illustre la figure 3.10, il est possible d'ajouter un deuxième réseau virtuel, qui utilise par exemple des protocoles complètement différents du premier.

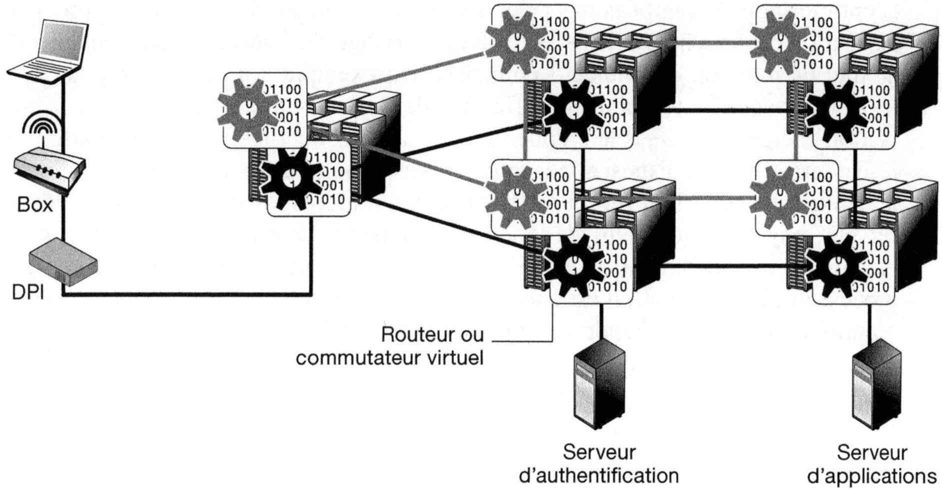

Figure 3.10

Un réseau de nouvelle génération supportant deux réseaux virtuels

En allant toujours un peu plus loin dans le processus, on peut virtualiser les différents boîtiers dans les datacenters, comme l'illustre la figure 3.11, où les boîtiers physiques sont devenus des machines virtuelles intégrées aux datacenters. Il faut évidemment garder sous forme physique les éléments qui ne peuvent être virtualisés, comme les antennes ou les capteurs.

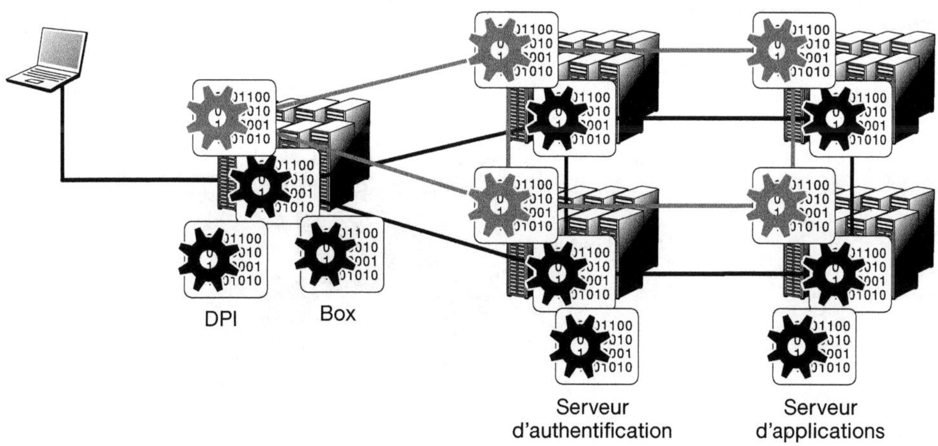

Figure 3.11

Environnement réseau totalement virtualisé

L'optimisation de l'emplacement des VM n'est pas simple. On appelle ce processus l'urbanisation des machines virtuelles. Il faut noter que l'urbanisation peut changer du tout au tout en fonction de l'objectif poursuivi. Par exemple, l'urbanisation pour optimiser les performances est totalement différente de l'urbanisation pour optimiser la consommation énergétique. Dans le premier cas, il faut distribuer les VM un peu partout dans le réseau afin qu'elles disposent chacune du plus de ressources physiques possibles. Dans le deuxième cas, il faut regrouper par migration toutes les machines virtuelles sur des serveurs physiques communs, de sorte à pouvoir mettre en veille de très nombreux serveurs physiques, la consommation électrique étant fortement proportionnelle à la vitesse du processeur. L'urbanisation est encore tout à fait différente si l'on essaie d'optimiser la sécurité ou la disponibilité du réseau ou encore sa fiabilité.

Grâce au NFV, on peut rassembler toutes les fonctions dans un même datacenter, comme l'illustre la figure 3.12. On peut parler dans ce cas précis de NFVaaS, c'est-à-dire que l'on a les fonctions réseau disponibles dans un Cloud représenté ici par un datacenter unique. On voit que les fonctions réseau ont migré des datacenters qui formaient l'infrastructure physique du réseau vers un datacenter qui peut se trouver très loin des nœuds de ce même réseau.

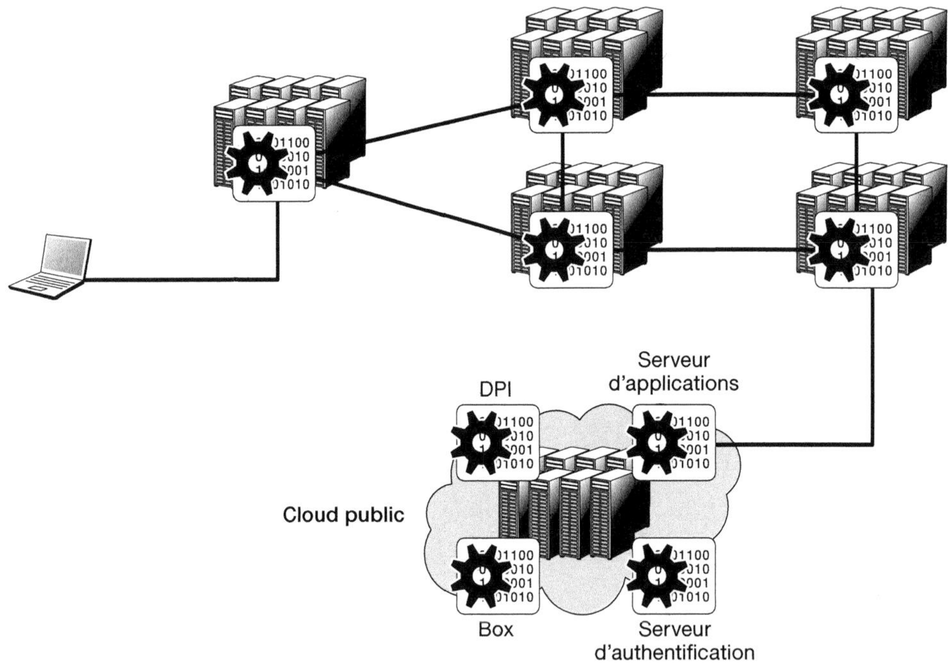

Figure 3.12

Un réseau géré en NFVaaS (NFV as a Service)

L'architecture des réseaux NFV peut se résumer comme illustré à la figure 3.13. Les machines virtuelles portant les fonctions de réseau s'appellent des VNF (Virtual Network

Functions). Ces fonctions s'installent sur une infrastructure appelée NFVI (NFV Infrastructure). Elles sont portées par des machines physiques avec hyperviseur ou conteneur permettant la virtualisation. Pour qu'elles puissent fonctionner sans problème, elles doivent être orchestrées et gérées par un environnement appelé MANO (Management And Network Orchestration). Ces orchestrateurs, examinés en détail au chapitre 4, sont des organes permettant de créer les machines virtuelles, puis de les chaîner, c'est-à-dire de déterminer l'ordre dans lequel il faut les traverser, et enfin de les « urbaniser », soit les placer sur des machines physiques afin que l'ensemble fonctionne du mieux possible.

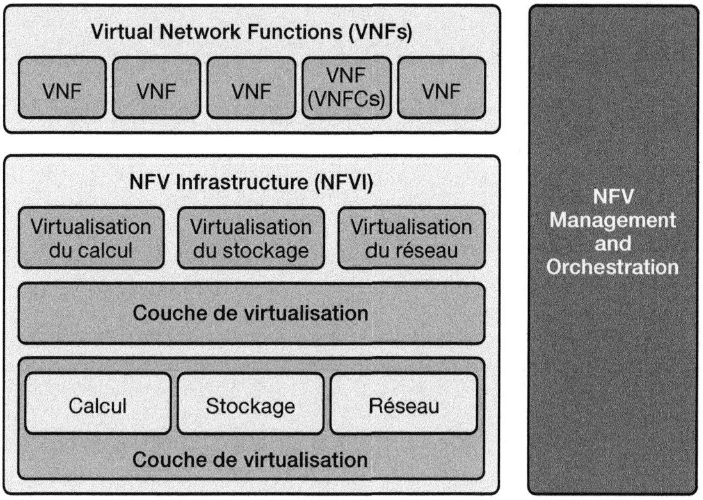

Figure 3.13

Ensemble des éléments entrant en jeu dans la virtualisation de réseau

Conclusion

La virtualisation est une technique importante, qui permet d'introduire de nouvelles technologies sous forme de réseaux virtuels particuliers. Il est ainsi possible, sans risque, de tester sur un réseau opérationnel de nouvelles architectures. Cette solution offre également aux réseaux l'opportunité d'une pensée à long terme, car lorsque l'architecture du futur sera trouvée, elle pourra s'introduire petit à petit dans le monde des réseaux grâce à la virtualisation.

La virtualisation des réseaux et, plus largement, celle des ressources constituent un tournant dans l'architecture des réseaux. Dans les années 2020, tous les équipements réseau seront virtualisés, et les équipements virtuels pourront se déplacer en fonction du contexte afin d'optimiser les performances globales suivant des critères qui restent à définir. La complexité de ces nouveaux environnements est optimisée par des processus de plus en plus intelligents, faisant souvent appel à de l'intelligence artificielle, comme le détaille le chapitre 4.

4

L’intelligence dans les réseaux

L’intelligence est un terme classique en informatique qui désigne simplement la capacité de communiquer, de raisonner et de décider. Jusqu’au début des années 2000, l’intelligence dans les réseaux était très faible. Les concepts de réseaux intelligents, qui datent du début des années 1990, introduisent une intelligence primaire, dont le rôle est d’adapter automatiquement des composants du réseau aux demandes des utilisateurs, mais sans raisonnement et uniquement en suivant des règles définies à l’avance.

L’intelligence n’a cessé d’augmenter depuis 2000 et continuera de le faire dans le futur, au point que l’on parle dès à présent de « smart networking » en introduisant dans la gestion et le contrôle des réseaux des agents intelligents, détaillés un peu plus loin dans ce chapitre, capables d’apporter, par exemple, des diagnostics. On voit aussi apparaître les réseaux autonomiques, qui ont tendance à remplacer les réseaux programmables ou les réseaux actifs. Un réseau autonomique est un réseau qui est capable de s’autoconfigurer et dont les nœuds peuvent devenir autonomes en cas de panne ou de coupure des communications.

Depuis le début des années 2000, l’intelligence réelle, c’est-à-dire à base de raisonnement, apparaît dans certains composants du réseau pour prendre des décisions de contrôle ou de gestion. Les organes qui prennent les décisions proviennent du domaine de l’intelligence artificielle et des objets intelligents. En particulier, les systèmes multi-agents se proposent de gérer la sécurité ou les pannes.

Les réseaux d’aujourd’hui et de demain vont faire appel à une intelligence beaucoup plus importante pour véritablement piloter le réseau par des équipements appelés orchestrateurs et contrôleurs. L’objectif est de réaliser des pilotages automatiques de réseau, à la manière de ce qui se fait dans les avions. Cependant, la difficulté est bien plus grande, car le système est fortement distribué. Comme expliqué au chapitre 12, consacré au SDN, la solution retenue dans un premier temps consiste à centraliser la commande.

Le présent chapitre introduit dans un premier temps ces orchestrateurs et contrôleurs permettant de réaliser des pilotages automatiques puis examine les outils transitoires qui rendent possibles ces processus complexes de pilotage.

Orchestrateurs et contrôleurs

Avant d'aborder les outils provenant de l'intelligence artificielle, cette section examine les moyens de développer des automatismes beaucoup plus poussés que ceux des produits commercialisés depuis quelques années.

Les contrôleurs sont des organes capables de commander les équipements réseau, et plus précisément de les configurer afin qu'ils puissent transférer les paquets de l'entrée d'un nœud vers la bonne file de sortie. Les contrôleurs s'occupent également des autres éléments réseau, comme les pare-feu ou les DPI (Deep Packet Inspection). Ils doivent posséder tous les algorithmes nécessaires pour configurer ces éléments de réseau, comme des équilibreurs de charges (*load balancers*), des gestionnaires de VLAN (Virtual Local Area Network), mais aussi des pare-feu, etc.

Comme leur nom l'indique, les orchestrateurs jouent le rôle de chefs d'orchestre pour l'environnement réseau. Leur première fonction est de créer les machines virtuelles, ou VM, qui seront nécessaires pour réaliser le réseau destiné à prendre en charge le flot de paquets provenant de l'application qui demande l'ouverture d'une communication.

Après avoir choisi les VM nécessaires, il faut les chaîner (*chaining*), c'est-à-dire décrire le parcours des paquets au travers des différentes VM. Un exemple de chaînage est décrit à la figure 4.1. Entre les points d'entrée et de sortie du réseau, les paquets doivent traverser des VM qui réalisent des fonctions de réseau, ou VNF (Virtual Network Functions), par exemple un routeur suivi d'un pare-feu, suivi d'un autre routeur, puis d'un boîtier donnant des fonctions particulières, puis… Il peut aussi y avoir des aiguillages, avec des fonctions en parallèle.

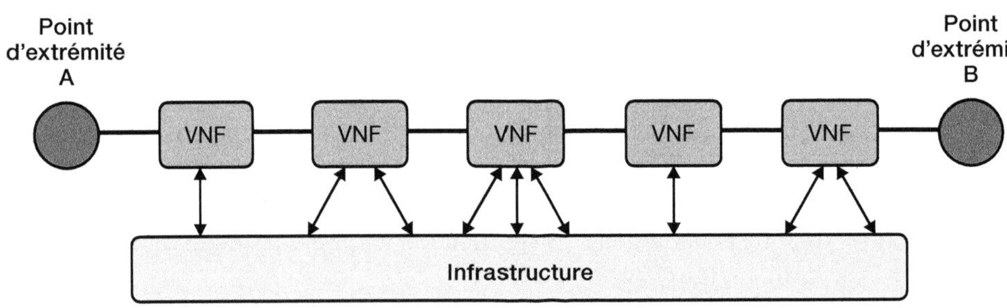

Figure 4.1

Le chaînage de machines virtuelles

Après le chaînage, l'orchestrateur doit réaliser la fonction d'urbanisation, c'est-à-dire placer les VM sur des machines physiques. Comme illustré à la figure 4.1, une VM peut avoir plusieurs instances physiques de la fonction virtuelle se situant dans différents serveurs d'infrastructure, certains pouvant se situer assez loin de la machine réalisant le travail. Des duplications et triplications sont également possibles.

La suite de cette section donne quelques exemples de contrôleurs, avant de se pencher sur les orchestrateurs que l'on peut acquérir aujourd'hui.

Il existe deux grandes catégories de contrôleurs : ceux provenant du monde open source et ceux, fermés, provenant de certains équipementiers. Beaucoup d'équipementiers ont choisi de partir d'une souche open source et de la compléter par des modules spécifiques. Le contrôleur le plus utilisé, et de loin, est ODL (OpenDaylight).

Parmi les autres contrôleurs open source, citons notamment les suivants :

- NOX, le premier contrôleur compatible avec le protocole de signalisation OpenFlow, examiné en détail au chapitre 12.
- FlowVisor, réalisé en Java, qui utilise également la signalisation OpenFlow et se comporte comme un proxy transparent entre un commutateur et de multiples contrôleurs, tous OpenFlow.
- POX, écrit en Python et toujours orienté OpenFlow, avec une interface de haut niveau pour le SDN (Software-Defined Networking).
- Floodlight, écrit en Java et orienté OpenFlow.
- ONOS (Open Network Operating System), un système d'exploitation réseau distribué en open source, équivalent d'un contrôleur distribué.
- OpenContrail, un contrôleur open source repris par Juniper.

De nombreux autres contrôleurs sont également disponibles, tels LOOM, Ryu ou Trema.

Regardons de façon plus précise les trois contrôleurs open source les plus utilisés aujourd'hui, qui sont ODL, OpenContrail et ONOS.

L'architecture de la dernière version du contrôleur ODL, appelée Oxygen, est décrite à la figure 4.2.

Le contrôleur contient trois parties. La partie haute, qui correspond à l'interface nord (Northbound Interface), contient les interfaces avec les applications qui demandent une communication vers un destinataire. Au travers de cette interface, le contrôleur récupère toutes les informations nécessaires pour permettre l'ouverture d'un chemin ou d'une route dans le réseau en garantissant la qualité de service et, plus généralement, l'agrément qui a été conclu entre l'utilisateur et le gestionnaire du réseau, ou SLA (Service Level Agreement).

La seconde partie correspond à la partie basse de la figure 4.2 : l'interface sud (Southbound Interface), située entre le contrôleur et les équipements réseau, qui peuvent être virtuels ou non. Cette interface transporte dans un sens les configurations à appliquer dans les nœuds du réseau et dans l'autre toutes les informations provenant des mesures effectuées sur le réseau, qui vont permettre au contrôleur de prendre les bonnes décisions.

La troisième partie, au centre du contrôleur, correspond à toutes les fonctions qui peuvent être exercées pour prendre des décisions, sécuriser le réseau et, plus globalement, contrôler les fonctions dispersées dans le réseau.

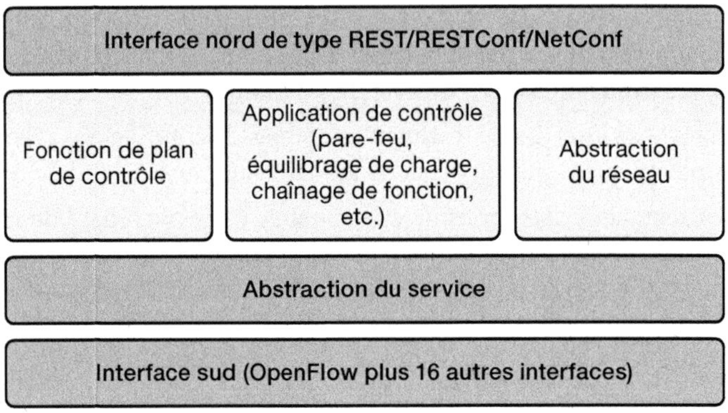

Figure 4.2

Architecture d'Oxygen, la dernière release du contrôleur ODL

La figure 4.3 illustre le contrôleur OpenContrail qui provient d'un projet open source repris en main par Juniper. Les composants interface nord et sud plus les fonctions de contrôle se retrouvent dans ce contrôleur. La figure indique les éléments provenant de l'intelligence intégrée dans le boîtier virtuel. Il s'agit de la transformation des données qui proviennent de l'interface nord, pour les informations applicatives, et de l'interface sud, pour la remontée des informations de mesure à partir des équipements réseau, qu'ils soient virtuels ou non. Cet ensemble de données est rassemblé dans un Big Data, dont les outils dits *analytics* sont utilisés pour prendre les décisions d'ouverture de chemin ou de route dans le réseau.

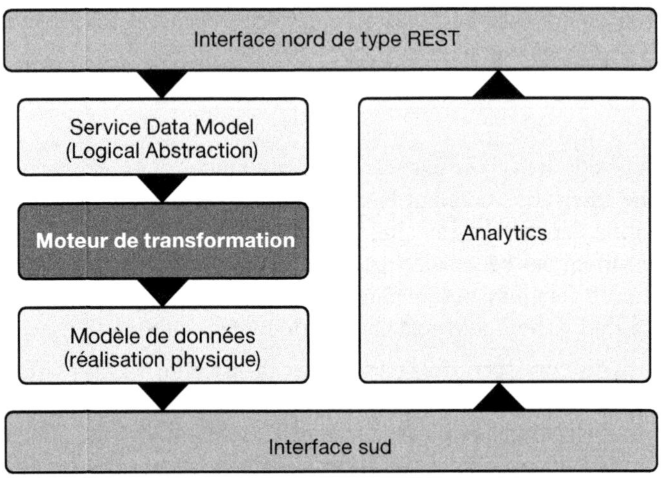

Figure 4.3

Architecture du contrôleur OpenContrail

Le contrôleur ONOS (Open Network Operating System) utilise les mêmes concepts que les deux précédents, mais en introduisant, nouveauté importante, un système distribué, qui permet de faire fonctionner le système en utilisant plusieurs contrôleurs simultanément. Les contrôleurs sont interconnectés par des interfaces est et ouest qui permettent d'agrandir le réseau en enlevant la limitation introduite par un seul contrôleur.

La figure 4.4 décrit ce contrôleur en tout point conforme aux caractéristiques introduites précédemment, la seule différence provenant du système central distribué, qui permet d'affecter les machines virtuelles à différents contrôleurs, entraînant de la sorte des connexions primaires et secondaires en secours.

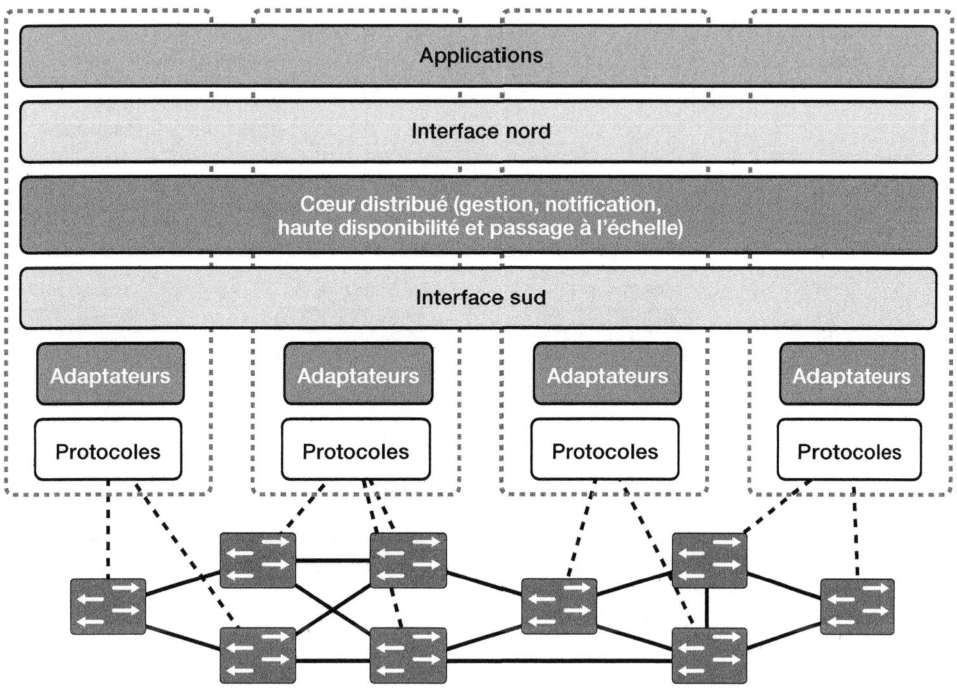

Figure 4.4

Architecture du contrôleur ONOS

La figure 4.5 va encore un peu plus loin dans la description des fonctions qui apportent l'intelligence à ce contrôleur. Les fonctions internes incluent la gestion du réseau à l'aide d'un graphe provenant d'une base de données de connaissances, c'est-à-dire d'informations contextuelles.

Cassandra, une base de données distribuée open source, est un système de gestion conçu pour traiter de très grandes bases de données et, dans le cas présent, *in-memory*, c'est-à-dire que les données se trouvent dans la mémoire RAM pour réaliser des fonctions temps réel. Ces données peuvent être d'une taille immense et réparties sur de nombreux serveurs.

Cassandra fournit un service hautement disponible. L'intelligence est apportée par cette base de connaissances sur laquelle de nombreux traitements de type Big Data analytics peuvent être exercés. C'est la base distribuée des registres qui confère la forte consistance du système global

Zookeeper est un projet open source permettant de développer et maintenir un serveur offrant une coordination distribuée hautement fiable.

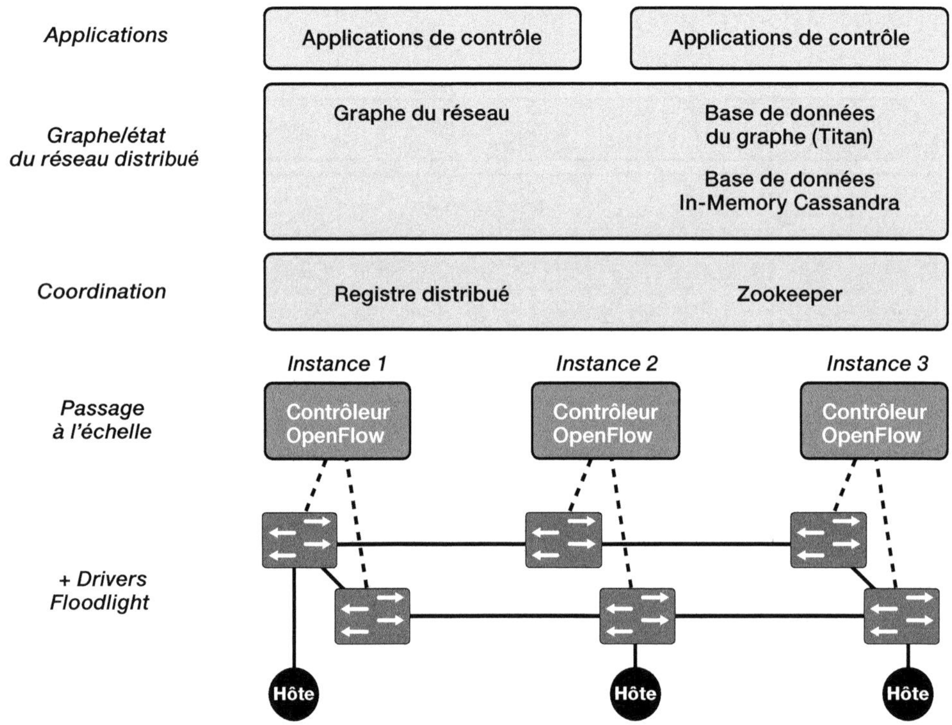

Figure 4.5

Modules apportant l'intelligence d'ONOS

Les orchestrateurs apportent l'intelligence nécessaire aux tâches de mise en place d'un réseau et d'allocation des ressources aux VM afin de réaliser une communication avec la qualité de service voulue. Plusieurs solutions open source offrent des fonctionnalités plus ou moins importantes. La suite de cette section décrit brièvement deux projets, Open-O (Open-Orchestration) et ONAP (Open Network Automation Protocol).

Open-O est un projet collaboratif de la fondation Linux axé sur la création d'une plate-forme open source réalisant une orchestration de réseau d'opérateur. L'objectif principal est d'établir un cadre ouvert pour organiser des services composites de bout en bout dans les réseaux utilisant les infrastructures émergentes de type SDN et NFV.

Open-O possède une architecture conforme à MANO (Management And Network Orchestration) et adopte les langages de modélisation de services standards tels que Yang ou Tosca afin d'assurer cohérence et flexibilité. Open-O comporte trois fonctions d'orchestration principales : GS-O (Global Services Orchestrator), SDN-O (SDN Orchestrator) et NFV-O (Network Functions Virtualization Orchestrator). L'orchestrateur fournit des micro-services liés aux différents modules décrits à la figure 4.6.

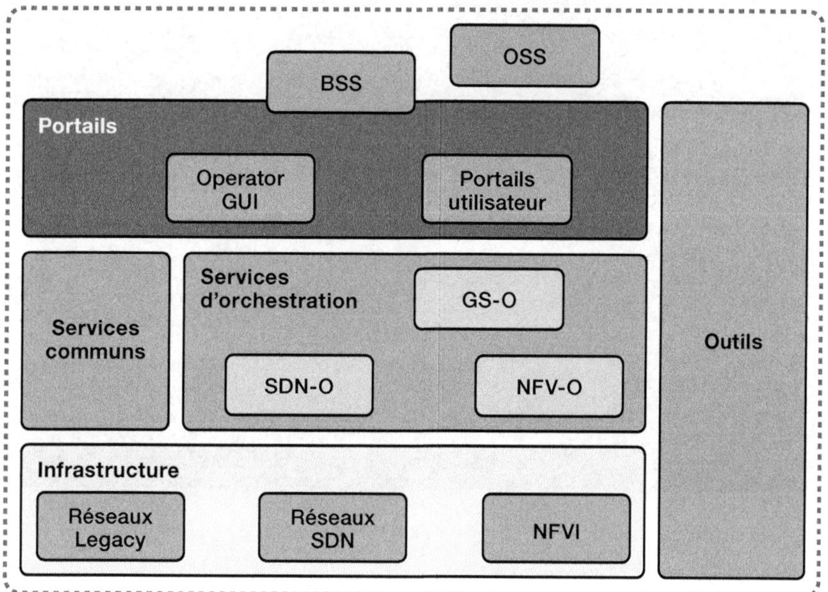

Figure 4.6

Architecture d'Open-O

ONAP est une extension d'Open-O ou, plus exactement, l'adjonction d'Open-O à un autre projet collaboratif consacré plus spécialement à l'automatisation des processus de commandes de réseau. Ce second projet est dit ECOMP (Enhanced Control, Orchestration, Management & Policy), une plate-forme développée par AT&T.

ECOMP permet de mettre en place des services automatiquement, avec leur cycle de vie et leur gestion. Cette plate-forme se compose de huit logiciels couvrant les grandes architectures, un environnement de conception, une plate-forme de définition et une d'exécution et enfin un environnement pour exécuter la logique programmée. La phase de conception utilise une approche en boucle fermée fondée sur les politiques, ce qui permet d'automatiser le processus de mise en place des services et de les gérer par la suite.

L'architecture de la plate-forme ONAP est illustrée à la figure 4.7. Elle comporte un portail permettant de gérer l'interface avec la plate-forme qui comporte trois grands modules. Le premier, provenant d'ECOMP, réalise la conception du service demandé grâce à un ensemble de politiques. Le deuxième module, provenant d'Open-O, s'occupe de l'orchestration de la mise en place des éléments pour réaliser la communication et la contrôler. Le dernier module s'occupe du cycle de vie de l'environnement mis en place. Il contient des modules d'intelligence à partir des données provenant aussi bien des clients que du réseau.

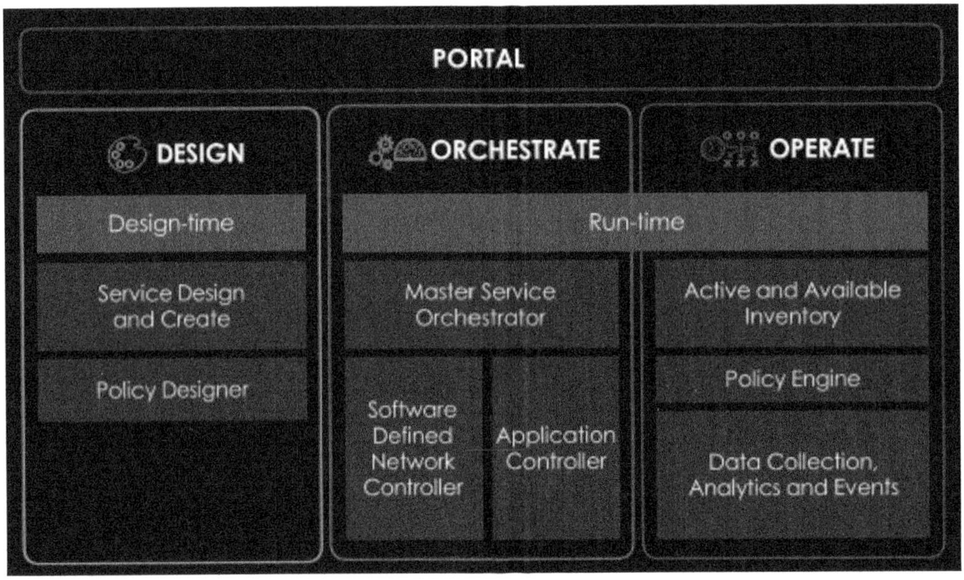

Figure 4.7

Architecture de la plate-forme ONAP (© Amdocs)

En conclusion de cette section, on voit arriver de nombreux logiciels open source dont le but est d'automatiser la vie des réseaux. Cette automatisation s'effectue essentiellement par des modules opérant des fonctions provenant de l'intelligence artificielle, que ce soit du Big Data, du machine learning, du deep learning ou d'autres solutions intégrées dans des agents intelligents. Les sections suivantes examinent plus en détail les outils mis en jeu pour arriver à cette automatisation.

Les agents intelligents

Les agents intelligents constituent une première catégorie d'outils dont l'introduction à grande échelle modifie les environnements de gestion, de contrôle et d'orchestration en les rendant plus autonomes et plus réactifs.

La section suivante se penche sur les raisons de cette puissance puis sur la façon de construire des systèmes multi-agents.

Gestion d'un environnement complexe

Les réseaux étant de plus en plus complexes, la gestion et le contrôle de ces environnements sont devenus nécessaires pour de multiples raisons. De plus, les environnements réseau sont aujourd'hui dynamiques. Des applications nombreuses et variées se superposent et rendent le contrôle des ressources difficile. Le gain statistique, c'est-à-dire ce que l'on gagne en traitant les paquets de façon statistique dans les réseaux à transfert de paquets, est indéniable. Mais si les flux dépassent trop fortement les capacités du réseau, un effondrement des performances est inévitable.

Les environnements réseau sont par nature distribués, ce qui complique leur contrôle et leur gestion. Dans le cas de petits réseaux, de moins d'une cinquantaine de nœuds, le contrôle est centralisé afin d'accéder plus facilement à une intelligence grâce à l'ensemble des données récupérées côtés client et réseau et stockées dans le centre.

Le gigantisme impose un contrôle encore plus fin. Le dimensionnement est un problème complexe à appréhender, et l'on peut affirmer qu'il n'existe pas d'outil véritablement efficace dans ce domaine, dans la mesure où les paramètres à prendre en compte dans un environnement de réseau complexe sont difficiles à apprécier. On a le choix entre débit, temps de réponse, taux d'utilisation des coupleurs de ligne et des unités centrales, taux d'erreur bit, taux d'erreur paquet, taux de reprise et taux de panne. En outre, les valeurs de la moyenne, de la variance et parfois des moments d'ordre supérieur doivent être prises en considération pour avoir une idée réelle des performances.

L'ingénierie de la conception du réseau présente deux grands aspects, le qualitatif et le quantitatif. Le qualitatif correspond souvent à une sécurité de fonctionnement, dans le sens où il est possible de prouver que le système est stable ou qu'il n'existe pas d'état dans lequel le réseau se bloque. L'aspect quantitatif fait référence aux valeurs des paramètres indiqués au paragraphe précédent, le but d'une analyse quantitative étant de montrer que ces valeurs sont raisonnables pour un bon fonctionnement du réseau.

La sécurité est une fonction importante pour laquelle peut intervenir de l'intelligence. Aujourd'hui, une certaine normalisation permet de mieux cerner les problèmes, et quelques grandes classes de sécurité ont été définies, correspondant à des besoins bien exprimés par les utilisateurs. On peut facilement imaginer l'apport d'outils intelligents dans le monde de la sécurité pour reconnaître les anomalies, les analyser, donner un diagnostic, proposer une solution et résoudre le problème.

La gestion est également un domaine où les agents intelligents peuvent jouer un rôle moteur. Lorsqu'un réseau est en état de marche, il faut l'administrer, c'est-à-dire être en mesure de contrôler toutes les opérations qui s'y déroulent dans le réseau, depuis les pannes jusqu'à la comptabilité en passant par la sécurité, la gestion des performances et la gestion des noms des utilisateurs.

Plusieurs domaines d'administration spécifiques utilisent déjà des composants intelligents, notamment les suivants :

- configuration (Configuration Management) ;
- sécurité (Security Management) ;

- pannes (Fault Management) ;
- audit des performances (Performance Management) ;
- comptabilité (Accounting Management).

L'intelligence des agents peut provenir de différents horizons. Le schéma le plus classique émane de l'intelligence artificielle distribuée, ou IAD.

L'intelligence artificielle signifie que l'on met à la place d'un être humain un agent intelligent pour réaliser une tâche. L'IAD équivaut à une société d'agents autonomes travaillant en commun pour aboutir à un objectif global. Parmi les nombreuses raisons qui incitent à se diriger vers l'utilisation de l'IAD, citons notamment les suivantes :

- Prise en compte de points de vue différents. Lorsque les données deviennent de plus en plus précises, des incohérences peuvent survenir dans la base de règles. Les façons d'exprimer les connaissances sont différentes selon qu'on s'adresse à l'utilisateur, au développeur ou au technicien. De plus, deux experts possédant la même expertise n'arrivent pas toujours au même résultat. Les points de vue sont également souvent contradictoires : l'un veut privilégier les coûts, et donc un système moins cher, alors que l'autre choisit de développer la publicité, et donc un système plus cher. L'utilisation de l'IAD permet, par négociation, d'aboutir à un compromis entre différentes options.
- Adéquation au monde réel. D'une manière générale, c'est toujours un groupe d'experts, avec des qualifications et des spécialités différentes, qui parvient, par collaboration, à réaliser un objectif fixé. De plus, s'il semble aisé de comprendre, et donc de modéliser, le comportement des individus (l'ensemble de leurs échanges) grâce aux nombreuses études sociologiques disponibles, en revanche le fonctionnement du cerveau et le raisonnement sont moins connus.

Pour ces raisons, l'application de l'intelligence artificielle distribuée s'impose peu à peu dans le cadre de la maîtrise des réseaux.

Les systèmes multi-agents

Un agent est une entité autonome, capable de communiquer avec d'autres agents, ainsi que de percevoir et de représenter son environnement. L'ensemble de ces agents en interaction forme les systèmes multi-agents. On classe ces derniers selon de nombreux critères, tels que la taille des agents, leur nombre en interaction, les mécanismes et les types de communication, le comportement, l'organisation et le contrôle de chaque agent, la représentation de l'environnement, etc.

À partir de ces critères, on distingue deux grandes catégories de systèmes multi-agents :

- les systèmes d'agents cognitifs ;
- les systèmes d'agents réactifs.

Les agents cognitifs ont une représentation explicite de l'environnement et des autres agents. Ils savent tenir compte de leur passé et fonctionnent selon un mode social d'organisation. Les systèmes de ce type ne possèdent qu'un petit nombre d'agents. Plusieurs niveaux de complexité peuvent être envisagés :

- Les processus dans lesquels les acteurs mettent en œuvre des primitives de communication.
- Les modules communicants, qui utilisent des protocoles de communication spécialisés (requêtes, commandes).
- Les agents coopératifs, qui font intervenir des notions de compétence, de représentation mutuelle et d'allocation de tâches.
- Les agents intentionnels, qui utilisent des notions d'intention, d'engagement et de plans partiels.
- Les agents négociants, qui mettent en œuvre la résolution de conflit par négociation.
- Les agents organisés, qui agissent selon une réglementation et des lois sociales.

Les agents communiquent entre eux à l'aide d'un langage dédié et utilisent des protocoles de communication. C'est une communication intentionnelle, qui comporte essentiellement deux types, la communication par partage d'information et la communication par envoi de messages.

La communication entre agents est réalisée par partage d'information lorsque la solution courante du problème est centralisée dans une structure de données globale, partagée par tous les agents. Cette structure contient initialement les données du problème et est enrichie au cours de la résolution jusqu'à obtention de la solution. Elle constitue le seul moyen de communication entre les agents.

Ce type de communication est souvent désigné par le modèle du tableau noir, ou *blackboard*, développé dans de nombreuses publications. Les agents déposent et lisent une information dans une zone de données commune, le tableau noir, comme illustré à la figure 4.8.

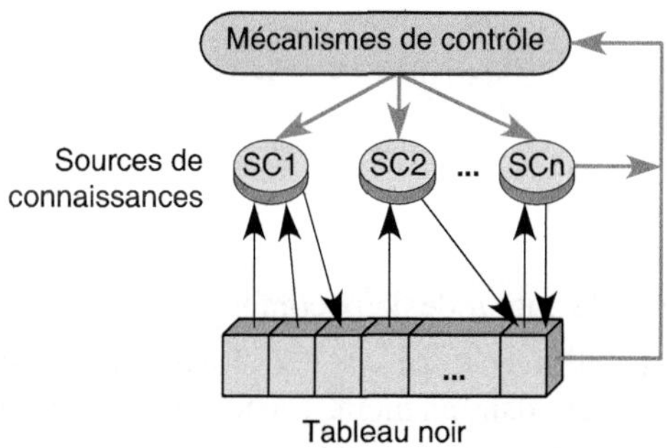

Figure 4.8

Fonctionnement du tableau noir

Un système de tableau noir comporte les trois éléments de base suivants :

- Le tableau noir lui-même, dans lequel tous les éléments engendrés durant la résolution sont stockés. Cette structure de données est partagée par les agents et est organisée de manière hiérarchique, ce qui permet de considérer la solution en plusieurs niveaux de détails.

- Les agents, qui engendrent et stockent leurs hypothèses dans le tableau noir. Ce sont des modules indépendants, appelés sources de connaissances. Leur rôle est de coopérer pour résoudre un problème donné. Les sources de connaissances sont indépendantes, puisqu'elles s'ignorent mutuellement et ne réagissent qu'aux événements de changement du tableau noir.
- Un dispositif de contrôle, qui assure le fonctionnement du système en fonction d'une certaine stratégie. Son rôle est, entre autres, de résoudre les conflits d'accès au tableau noir entre les agents, ceux-ci intervenant sans être déclenchés. En l'absence de contrôle centralisé, en effet, les sources de connaissance réagissent de manière opportuniste, c'est-à-dire du mieux qu'elles peuvent. Ce dispositif de contrôle fonctionne lui-même selon le modèle du tableau noir.

Les tableaux noirs ont l'avantage d'offrir une structuration et une méthode automatique (découpages et hiérarchie) dans la manière d'aborder un domaine de connaissance. Ils présentent aussi l'intérêt d'organiser des ensembles de règles dans les systèmes à règles de production. Cependant, leur manque de mémoire locale ne leur autorise pas un véritable fonctionnement multi-agent. En règle générale, les systèmes multi-agents utilisent un tableau noir pour chaque agent.

Les systèmes multi-agents fondés sur la communication par message sont caractérisés par la distribution totale à la fois des connaissances, des résultats partiels et des méthodes utilisées pour aboutir à un résultat (*voir figure 4.9*). Certains langages d'acteurs incarnent bien ce type de système. La communication peut se faire en point-à-point ou par diffusion.

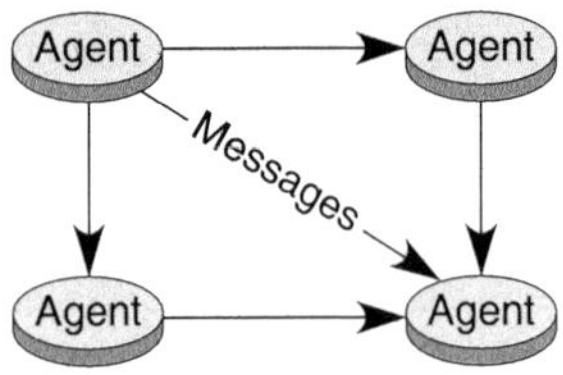

Figure 4.9

Fonctionnement d'un système multi-agent

Un tel système s'articule autour de deux composantes :

- **Traitement local.** À l'inverse des systèmes fondés sur le tableau noir, les connaissances ne sont plus concentrées dans un même espace, mais réparties entre les différents agents. Un agent ne peut manipuler que sa base de connaissance locale, envoyer des messages aux autres agents qu'il connaît, que l'on appelle ses accointances, et créer de nouveaux agents. À un instant donné, les agents n'ont pas une vision globale du système et ne possèdent qu'un point de vue local sur les éléments.
- **Envoi de messages avec continuation.** Quand un agent envoie un message, il précise à quel agent la réponse au message doit être adressée. Il peut s'agir de l'agent émetteur du message, mais aussi d'un autre agent, spécialement créé pour la circonstance.

Les agents ont une connaissance plus ou moins précise des autres agents du système. Ils doivent connaître et représenter les compétences de ces agents, ainsi que les tâches qui se réalisent à un instant donné, les intentions et les engagements des agents. Cet aspect des choses pose le problème de la représentation de ce type de connaissance ainsi que celui de sa mise à jour.

Le principe de l'allocation de tâches constitue l'un des points essentiels des systèmes multi-agents cognitifs. Un problème se compose d'un certain nombre de tâches réalisées par des agents qui regroupent l'ensemble des solutions partielles pour obtenir la solution globale (*voir figure 4.10*).

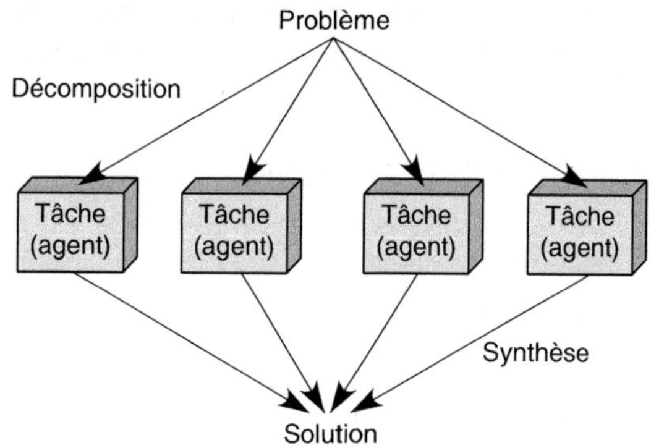

Figure 4.10

Résolution de problèmes

Pour réussir l'allocation de tâches, il faut connaître les compétences de chacun des agents, décomposer un problème en sous-problèmes, répartir les activités de résolution en fonction des agents et, au besoin, répartir à nouveau ces activités de façon dynamique.

Les modèles d'allocation de tâches peuvent être regroupés en deux catégories :

- **Allocation centralisée.** Dans cette approche modulaire, un agent décompose un problème en sous-problèmes et distribue ceux-ci aux autres agents qui se trouvent sous son autorité. Dans ce cas, les actions sont cohérentes, mais il y a un problème de fiabilité et d'extensibilité. De plus, un agent est entièrement dédié à la répartition de tâches. Le système n'est donc pas utilisé au maximum de ses capacités.
- **Allocation décentralisée, ou distribuée.** Chaque agent est capable de décomposer son problème en sous-problèmes et de répartir ainsi les tâches associées. Tous les agents ont le même poids dans la prise de décision. Ce type d'allocation convient à des applications ayant déjà une structure distribuée. La fiabilité et les possibilités d'extension sont meilleures que dans le modèle précédent, mais le maintien de la cohérence est plus difficile à réaliser.

Les méthodes pour décomposer un problème peuvent être de trois sortes :

- **Statique.** Chaque agent connaissant les compétences des autres agents, les sous-problèmes peuvent être attribués aux agents les plus qualifiés.
- **Dynamique.** Les agents se concertent afin de répartir les sous-problèmes de manière plus efficace.

- **Mixte.** Chaque agent connaît les compétences des autres agents, mais cette connaissance est remise à jour de manière périodique.

L'autonomie des agents repose sur la notion d'intentionnalité. On peut différencier l'intention dans l'action de l'intention d'accomplir une action dans le futur. Dans ce dernier cas, il s'agit d'un but persistant. Pour qu'un agent ait l'intention d'accomplir une action, il faut qu'il estime que l'action est possible, qu'il envisage de s'engager à la réaliser, qu'il estime que si certaines conditions sont remplies il peut accomplir l'action et enfin qu'il ne cherche pas à en réaliser toutes les conséquences. On peut toutefois se demander ce qui se passe lorsque l'action a été accomplie par un autre agent, lorsqu'un agent possède deux intentions, ou dans quelles conditions un agent peut abandonner son intention.

Approches pour la coopération entre agents

Il existe actuellement deux approches pour la coopération entre agents :

- **Volontaire.** Les agents interagissent de façon non conflictuelle, qu'ils aient le même but ou non.
- **Conflictuelle.** Les agents peuvent avoir des buts identiques, mais des vues divergentes, voire opposées.

C'est la coopération volontaire qui intéresse cette section, car elle reflète une interaction des agents pour la résolution distribuée des problèmes. On peut réaliser une planification pour agents multiples ou une planification distribuée. Dans le premier cas, il existe un agent coordinateur qui constitue et réalise les plans et gère les conflits. En ce qui concerne la planification distribuée, chaque agent est capable de produire ses propres plans, qui seront fusionnés pour un résultat global. On peut également envisager la résolution distribuée de problèmes comme une assistance mutuelle. Un agent résout le problème, et un autre critique la solution obtenue.

Dans le domaine de la résolution distribuée, quatre modes de coopération sont envisageables lorsque la notion de hiérarchie est présente :

- **Commande.** Un agent décompose un problème en sous-problèmes, qu'il répartit entre les autres agents selon leurs compétences. Ces derniers résolvent leur sous-problème et renvoient les solutions partielles à l'agent centralisateur (*voir figure 4.11*).

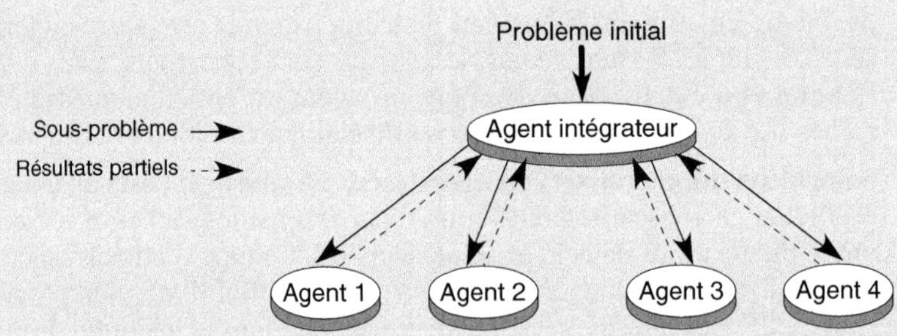

Figure 4.11

Fonctionnement du mode commande

- **Diffusion.** Un agent décompose encore le problème, mais les agents intéressés par la résolution des sous-problèmes décident s'ils passent ou non à l'action. Les résultats sont envoyés ensuite à tous les agents du système.

- **Appel d'offres.** Un agent décompose le problème en sous-problèmes, dont il diffuse la liste. Les agents intéressés par une tâche envoient une offre à l'agent qui a engendré cette tâche. Ce dernier choisit une offre parmi celles à sa disposition. Il distribue ensuite les sous-problèmes aux agents qu'il a choisis (*voir figure 4.12*). Les résultats partiels sont ensuite retournés, comme dans le mode commande.

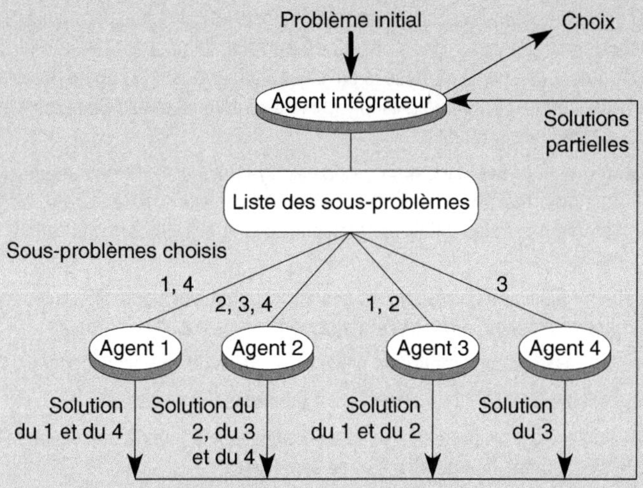

Figure 4.12

Fonctionnement du mode appel d'offres

- **Compétition.** Comme dans les autres modes, le problème est décomposé en sous-problèmes par un agent central. Les agents choisissent la ou les tâches qu'ils vont réaliser. Les résultats partiels sont envoyés à l'agent centralisateur, qui décide de la solution parmi tous les résultats engendrés (*voir figure 4.13*).

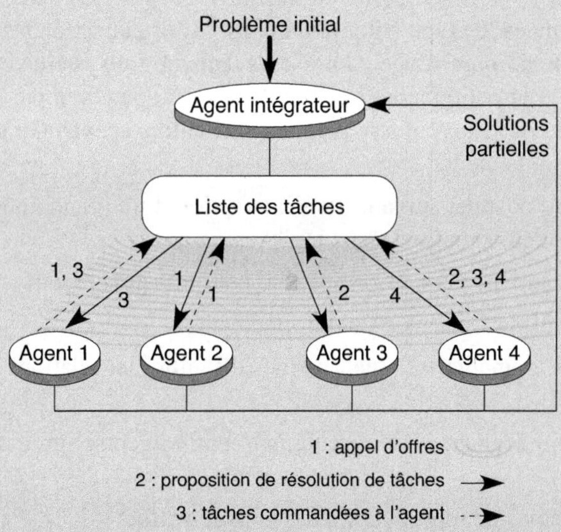

Figure 4.13

Fonctionnement du mode compétition

Lorsque la notion de hiérarchie n'est pas présente, les agents peuvent fonctionner selon un mode de partage des tâches, par négociation, par exemple, ou échanger des résultats partiels.

Parler de négociation dans le cas du partage des tâches revient à évoquer un concept et une structure d'interactions (le réseau contractuel) relevant fortement de l'intelligence artificielle distribuée. Le réseau contractuel est composé d'un ensemble d'agents, qui peuvent passer des contrats selon un protocole fixe. Les agents doivent effectuer des tâches qu'ils peuvent décomposer. S'ils ne sont pas en mesure d'effectuer ces sous-tâches, faute de compétences, de temps ou de moyens, ils peuvent tenter de les sous-traiter en lançant un appel d'offres. Les agents intéressés envoient alors une offre à l'agent demandeur, appelé *manager*, qui choisit l'agent auquel il attribue la tâche, puis un contrat est établi. Ce modèle est calqué sur les protocoles d'appel d'offres des contrats publics.

Le réseau contractuel représente une allocation de tâches dynamique et distribuée par appel d'offres. Ce système présente de nombreux avantages (distribution des décisions, extensibilité, etc.), mais reste entaché de nombreux problèmes (conception hiérarchique, coût élevé de communication, rigidité de la procédure, etc.).

Les conflits peuvent être de plusieurs ordres : accès à une ressource, solutions différentes à un problème donné, conflits d'intérêt et de buts, etc. Pour tenter de remédier à ces conflits, on peut :

- Établir un contrôle centralisé et donc mettre en place un agent avec un poids supérieur.
- Nommer un agent capable d'établir un arbitrage entre différents points de vue.
- Établir une négociation entre les différents agents en conflit afin d'aboutir à une situation qui les satisfasse par une série d'échanges, de tractations et de compromis.

Les systèmes d'agents réactifs

Un agent réactif n'a pas une représentation explicite de son environnement et ne peut tenir compte de son passé. Son mode de fonctionnement est simple et suit un ensemble de décisions préprogrammées, de type stimulus-réponse. L'organisation s'effectue selon un mode biologique, et le nombre d'agents présents dans un tel système est très élevé. La communication est non intentionnelle. Les agents laissent, par exemple, des traces de leur présence, ou signaux, qui peuvent être perçus par d'autres agents. On parle alors de communication par environnement.

Ce type d'agent résulte du postulat suivant : de l'interaction d'un grand nombre d'agents simples peuvent émerger des organisations complexes.

On peut considérer plusieurs niveaux de complexité pour un agent réactif :

- stimulus-réponse : simples réactions à l'environnement ;
- coordination d'actions élémentaires : mécanismes d'inhibition, relations entre actions élémentaires ;
- coopération réactive : mécanismes de recrutement entre agents, agrégation d'agents élémentaires ;
- reproduction : mécanismes de reproduction d'agents réactifs ;
- organisation d'agents réactifs.

L'écorésolution est une technique de résolution de problèmes fondée sur l'utilisation d'agents réactifs. La résolution de problèmes est ici considérée comme le résultat d'un ensemble d'interactions. Cette conception s'oppose aux approches classiques en résolution de problèmes, telles que l'exploration d'espaces d'états, qui pose des problèmes d'explosion combinatoire.

L'approche de la résolution de problèmes distribuée repose sur une conception radicalement différente : celle de l'apparition de configurations comme états stables ou stationnaires d'un système dynamique, dont l'évolution est due à des interactions provenant des comportements de petits agents assez simples.

Dans les systèmes classiques, toutes les données se trouvent dans l'énoncé, le système se bornant à trouver comment passer de la configuration initiale à l'état final. Au contraire, dans le phénomène de l'écorésolution, la détermination est seulement locale. Les agents sont caractérisés par des comportements de satisfaction, d'agression et de fuite. Le problème lui-même est défini par une population d'agents autonomes, qui cherchent à se satisfaire. Le résultat final est la conséquence d'une interaction non déterministe. Le modèle définit la combinaison des comportements.

Comportement des agents

D'une façon quasi générale, on peut caractériser le comportement des agents par un ensemble d'éléments :

- Une condition de satisfaction locale, qui décrit un état stable pour l'agent, compte tenu des informations dont il dispose. Cette condition ne repose pas sur des critères objectifs, mais sur les croyances et les caractéristiques locales des agents.
- Une condition locale de rejet, c'est-à-dire un ensemble de contraintes décrivant les situations que rejette temporairement un agent (celles qu'il cherche à fuir).
- Une réaction de survie, c'est-à-dire un ensemble d'actions (satisfaction, agression, fuite) qui sont accomplies pour que l'agent puisse s'approcher de sa condition de satisfaction en évitant les situations néfastes.
- Une fonction de coût énergétique, qui permet de choisir l'action de moindre coût à réaliser.
- Une information.

Cette méthode évite l'explosion combinatoire classique lors de la résolution de problèmes, mais, en contrepartie, la solution trouvée n'est pas forcément la meilleure. L'écorésolution de problèmes peut être utilisée de façon privilégiée pour des problèmes structurellement distribués ou dans le cadre d'un univers évolutif.

En conclusion de cette section, on peut avancer que l'étude de l'apprentissage, du temps réel ou de la distribution correspond à une nécessité dans le domaine de la gestion réseau. C'est toutefois le dernier point qui semble le plus intéressant, dans la mesure où les systèmes multi-agents constituent en quelque sorte une généralisation des techniques des systèmes experts. De ce fait, ils apportent une valeur ajoutée aux systèmes conventionnels de l'intelligence artificielle en proposant un nouveau type d'architecture, faisant intervenir aussi bien la communication que le raisonnement interne. Les aspects d'ouverture et de distribution les rendent intéressants pour un système de gestion réseau.

En ce qui concerne l'aspect temps réel, l'approche adoptée par l'intelligence artificielle semble moins claire. Pourtant, c'est une étape indispensable dans la conception d'un système d'administration des réseaux. En effet, les temps de réponse à une panne, par exemple, doivent être minimaux, même si cela ne revêt pas la même importance que dans les systèmes d'aide à la décision ou au commandement.

L'apprentissage constitue encore le talon d'Achille des systèmes à base de connaissances. Tant que ceux-ci ne pourront améliorer, augmenter et affiner leurs connaissances grâce à leur propre expérience, ils dépendront de la bonne volonté et de la disponibilité des experts et de la qualité d'une mise à jour manuelle.

Les agents réseau

Un agent réseau est un composant logiciel qui utilise soit un service lié au réseau (courrier électronique, transfert de fichiers, Web, etc.), soit le réseau lui-même, comme dans le cas des agents mobiles qui sont examinés à la section suivante.

Un agent réseau peut être défini de multiples façons. La présente section le considère comme un composant logiciel qui agit au nom de son utilisateur. Il est évident que cette définition est beaucoup plus réductrice que celle donnée par les chercheurs en intelligence artificielle, qui envisagent l'agent comme un composant logiciel capable de rendre un service, avec une certaine possibilité de raisonnement et de communication.

Les agents réseau assurent généralement des tâches simples. Par exemple, ils filtrent des messages électroniques en utilisant un ensemble de mots-clés. Ainsi, l'agent peut être confondu avec un programme classique. Certains agents sont beaucoup plus élaborés. L'utilisateur peut demander à un agent de lui organiser une réunion, par exemple. Pour ce faire, l'agent doit décomposer cette tâche en sous-tâches et coopérer avec les agents des différents participants.

Il existe trois catégories principales d'agents réseau :

- les agents Internet ;
- les agents intranet ;
- les agents assistants, ou bureautiques.

Les sections qui suivent examinent ces trois catégories d'agents, qui peuvent elles-mêmes être décomposées en sous-catégories.

Les agents Internet

Les agents Internet proviennent essentiellement des applications développées pour ce réseau. On y trouve les agents suivants :

- Agents de recherche du Web : fournissent à un utilisateur des services de recherche sur le Web.
- Agents serveur du Web : résident sur un site Web spécifique pour fournir des services.
- Agents de filtrage d'information : filtrent des informations selon des critères spécifiés par l'utilisateur.

- Agents de recherche documentaire : retournent un ensemble personnalisé d'informations correspondant à la demande de l'utilisateur.
- Agents de notification : indiquent à un utilisateur des événements susceptibles de l'intéresser.
- Agents de service : fournissent des services spécialisés à des utilisateurs.
- Agents mobiles : se déplacent d'un lieu à un autre afin d'exécuter les tâches spécifiques d'un utilisateur.

Les agents intranet

Les agents intranet proviennent également des applications Internet, mais sont personnalisés pour un environnement privé. Quatre types d'agents sont reconnus :

- Agents de personnalisation coopérative : permettent l'automatisation du workflow à l'intérieur d'une entreprise.
- Agents d'automatisation : automatisent le workflow d'une entreprise.
- Agents de base de données : fournissent des services agent à l'utilisateur de bases de données.
- Agents courtiers de ressources : réalisent l'allocation de ressources dans les architectures client-serveur.

Les agents assistants ou bureautiques

Les agents assistants sont, comme leur nom l'indique, des composants logiciels capables d'apporter une aide à un utilisateur dans l'utilisation d'un produit. Ces agents assistants sont souvent appelés agents bureautiques, car on les rencontre essentiellement comme agents d'interface dans les suites bureautiques commercialisées pour le grand public.

Les trois grandes catégories d'agents assistants sont les suivantes :

- Agents système : fournissent une aide à l'utilisateur pour qu'il puisse se servir du système d'exploitation.
- Agents d'application : fournissent une aide à l'utilisateur pour qu'il emploie correctement une application particulière.
- Agents de suite logicielle : fournissent une aide à l'utilisateur pour que celui-ci puisse travailler avec des applications corrélées.

Les agents mobiles

Un agent mobile est un agent logiciel qui peut se déplacer entre plusieurs points. Cette définition implique qu'un agent mobile est aussi caractérisé par un modèle d'agent de base.

En plus du modèle de base, chaque agent logiciel définit un modèle de cycle de vie, un modèle de calcul, un modèle de sécurité et un modèle de communication. Un agent mobile est de surcroît caractérisé par un modèle de navigation. L'agent mobile peut être implémenté en utilisant les codes mobiles ou les objets distants.

Des exemples de la première catégorie proviennent des agents de TCL (Tool Command Language), un langage agent, et de Telescript. La deuxième catégorie est représentée par les aglets (*voir ci-après*).

Pour utiliser les agents mobiles, un système doit incorporer une plate-forme agent. Cette plate-forme doit permettre toutes les fonctionnalités dont les agents ont besoin, en particulier le modèle de navigation. Pour le cycle de vie, il faut définir les services de création, de destruction, de démarrage, de suspension, d'arrêt, etc. Le modèle de calcul indique les moyens de calcul de l'agent. Le modèle de sécurité décrit la façon dont les agents ont le droit d'accéder aux ressources du réseau et aux terminaux. Le modèle de communication définit les modes de communication entre agents et entre un agent et une autre entité, comme le réseau. Le modèle de navigation se charge de tous les transports de l'agent entre deux entités du réseau.

L'intégration du code par une machine Java est déjà très puissante, mais des chips Java pourraient renforcer encore l'intégration des agents dans les systèmes actuels. De nouveaux progiciels, comme Jini, pourraient encore accentuer la puissance des agents mobiles. La taille de ces agents dépend de leurs fonctions. Par exemple, les agents mobiles de contrôle de la sécurité peuvent être très gros et contenir plusieurs milliers de lignes de code. Il faut noter que ces agents mobiles peuvent augmenter leurs fonctions en chargeant du code *via* le réseau.

Pour que les codes mobiles puissent s'imposer, ils doivent être normalisés. L'OMG a déjà proposé un premier standard indépendant de la plate-forme utilisant fortement CORBA.

Une autre façon d'introduire les agents mobiles consiste à les définir comme des processus logiciels qui se substituent à l'utilisateur pour interagir en toute liberté dans le réseau avec des serveurs. L'autonomie fonctionnelle des agents mobiles, qui est un de leurs points forts, sollicite le minimum de ressources de communication. Le langage Telescript, de General Magic, constitue l'un des premiers outils de développement d'agents mobiles, aux côtés du langage Java.

Les agents mobiles Telescript intègrent les instructions de l'utilisateur concernant une tâche spécifique et se déplacent aux endroits nécessaires à l'exécution de leur tâche, par exemple l'achat de billets. Les sites qui réceptionnent ces agents mobiles agissent comme des hôtes et assurent la sécurité de l'exécution des programmes de l'agent.

De nombreux autres exemples de conception et d'utilisation d'agents mobiles dans les environnements de télécommunications sont mentionnés dans diverses publications. En particulier, les virus peuvent être considérés comme de tels agents. Trois cibles se retrouvent dans ces travaux :

- les caractéristiques du langage pour fournir les besoins des agents mobiles ;
- l'implémentation de ces besoins à partir d'extensions du système d'exploitation pour bénéficier des avantages des agents mobiles ;
- le système d'agents mobiles, considéré comme une application spécialisée, fonctionnant au-dessus du système d'exploitation.

En résumé, les systèmes d'agents mobiles existants s'appuient soit sur des classes Java, soit sur des langages de script interprétés, soit sur des services existants du système d'exploitation. Il existe des contraintes pour limiter les possibilités et pour contrôler les agents mobiles. Ces contraintes proviennent des points suivants : sécurité, identification, portabilité, mobilité, communication, gestion des ressources, contrôle et gestion des données.

Pour comparer l'approche agent avec l'approche client-serveur, il faut rappeler que, dans l'architecture client-serveur, des programmes spécialisés sont implémentés en vue de satisfaire le plus de clients possible. Le processus client s'exécute le plus souvent sur une machine distante et communique avec le serveur pour accomplir une tâche. Cette approche peut générer une forte hausse du trafic sur le réseau, laquelle, suivant le type de réseau, peut arriver à congestionner le réseau. Le concept d'agent mobile propose de rapprocher le client de la source et de réduire le trafic engendré en déplaçant les requêtes des clients au niveau des serveurs.

Les réseaux actifs

Les réseaux actifs sont similaires aux autres réseaux à transfert de paquets et de trames. L'unité de base transférée dans ce réseau est le paquet. Les nœuds ont pour mission d'examiner les différents champs du paquet, qui ont un emplacement parfaitement déterminé. En particulier, le champ d'adresse permet de déterminer le port de sortie. C'est une VM (machine virtuelle) qui interprète les différents champs du paquet. On peut considérer que cette VM est une interface paquet, ce que l'on appelle classiquement une API réseau, ou NAPI (Network Application Programming Interface). Pour un réseau IP, l'API IP est le langage défini par la syntaxe et la sémantique de l'en-tête IP. Dans les réseaux que nous connaissons, la VM est fixe, et le langage utilisé primaire.

On peut dire des réseaux actifs que les nœuds fournissent une API réseau programmable. Si l'on considère que, dans un réseau IP, l'en-tête du paquet fournit les entrées de la VM, on peut définir un réseau actif comme un réseau dans lequel les nœuds possèdent une VM qui exécute le code contenu dans l'en-tête des paquets.

De nombreuses catégories de réseaux actifs peuvent être définies à partir des attributs suivants :

- Puissance d'expression du langage, qui détermine le degré avec lequel le réseau va pouvoir être programmé. Le langage peut aller d'ordres simples à des langages très évolués. Plus le langage est simple, plus le temps de traitement est court. À l'inverse, plus le langage est puissant, plus du sur-mesure peut être mis en œuvre.
- Possibilité de définir un état stable à partir des précédents messages du même flot, de façon que la rapidité d'exécution puisse être augmentée sans qu'il soit nécessaire de redéfinir un état de la VM.
- Granularité du contrôle, qui permet de modifier le comportement d'un nœud pour tous les paquets qui le traversent, quel que soit le flot auquel il appartient, ou, à l'autre extrême, de ne modifier le comportement du nœud que pour le seul paquet en cours de traitement. Tous les cas intermédiaires sont possibles, en particulier le comportement commun sur un même flot ou sur un même ensemble de flots.

- Moyen de donner les ordres de programmation : il est possible de considérer que les ordres aux nœuds actifs sont donnés par des paquets spécifiques, par exemple des paquets de signalisation, et non plus par un ordre indiqué par un langage plus ou moins évolué contenu dans l'en-tête des paquets.
- Architecture des nœuds, pour regarder à quel niveau de cette architecture interviennent les commandes ou, en d'autres termes, à quel niveau se trouve l'interface de programmation. L'architecture peut influer sur les choix du logiciel et du matériel. En particulier, elle peut utiliser des processeurs reconfigurables, à des niveaux conceptuels plus ou moins élevés.

Les fonctionnalités des nœuds des réseaux actifs sont partagées entre l'environnement d'exécution et le système d'exploitation du nœud. La figure 4.14 illustre une telle architecture de réseau actif.

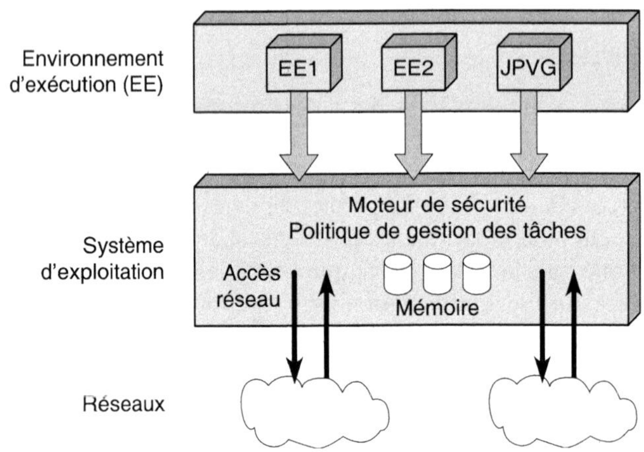

Figure 4.14

Architecture des réseaux actifs

Il est possible d'envoyer des commandes sur l'environnement d'exécution par le biais d'un protocole d'encapsulation, appelé ANEP (Active Network Encapsulation Protocol). L'en-tête d'un paquet ANEP contient un champ d'identification du type de paquet. Plusieurs environnements d'exécution pouvant être présents dans un nœud actif, l'adresse du nœud nécessite une adresse complémentaire.

Les interfaces existantes incluent :

- l'interface d'accès à l'environnement d'exécution ;
- l'interface entre l'environnement d'exécution et le système d'exploitation du nœud ;
- l'interface d'accès au système d'exploitation du nœud.

Les réseaux programmables

Les réseaux programmables forment une partie des réseaux actifs, dont le rôle est de développer un ensemble d'abstractions logicielles des ressources du réseau permettant d'accéder à ces ressources par leur abstraction.

L'objectif de ces réseaux est de rendre les nœuds programmables pour les adapter aux demandes des utilisateurs et des services. Les commandes de programmation, qui peuvent être effectuées tant par un réseau de signalisation que par des paquets utilisateur contenant des programmes de contrôle, peuvent attaquer les nœuds à différents niveaux d'abstraction. L'IEEE a lancé un groupe de travail destiné à normaliser ces interfaces.

Le modèle de référence P.1520

La figure 4.15 illustre les différentes couches du modèle de référence P.1520, qui est l'une des propositions de l'ISO pour définir les niveaux des interfaces programmables. En d'autres termes, l'architecture P.1520 propose une programmation des nœuds actifs au niveau de quatre interfaces, nommées V, U, L et CCM.

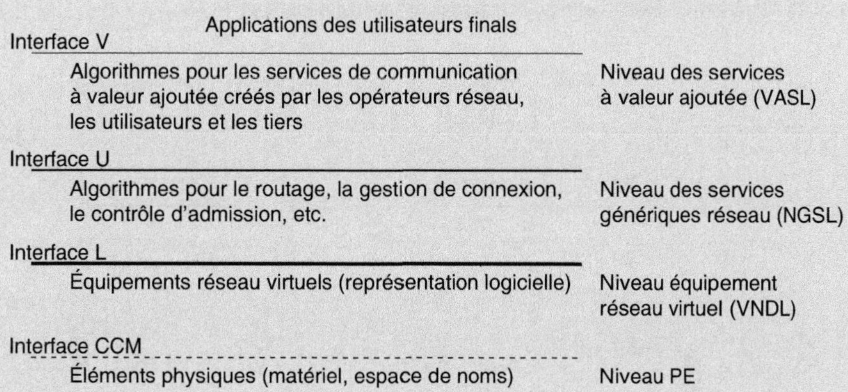

Figure 4.15

Le modèle de référence P.1520

En haut de l'architecture se trouve le niveau VASL (Value-Added Services Level), dont les entités sont les algorithmes de bout en bout qui confèrent de la valeur ajoutée aux services exécutés par les couches inférieures. Ces services peuvent être de type gestion des flots en temps réel, synchronisation des flots de différents médias, etc.

Le niveau sous-jacent, NGSL (Network Generic Services Level), comporte des entités qui sont les algorithmes travaillant sur les fonctions de la couche réseau, comme les algorithmes de mise en place de circuits ou de chemins virtuels dans un réseau ATM ou d'ouverture d'un flot dans un environnement IP. Cette couche doit également avoir une connaissance des sous-réseaux. Dans le même ordre d'idée, la structuration en VPN fait partie de cette couche.

Le niveau VNDL (Virtual Network Device Level) possède des entités qui sont des représentations logiques des ressources matérielles et logicielles des composants du réseau.

La dernière couche est composée des éléments physiques du réseau. Cette couche PE (Physical Element) gère le matériel et l'espace d'adresse physique pour atteindre ces éléments physiques. On y trouve les commutateurs ATM et les routeurs IP.

Associés à ces différentes couches, quatre types d'interfaces ont été définis:

- L'interface V, qui permet à une application d'accéder à la couche VASL. Elle fournit un grand ensemble d'API pour écrire des logiciels de haut niveau permettant d'ajouter une plus-value aux applications.
- L'interface U (Upper Interface), qui se trouve entre les couches VASL et NGSL et qui présente les fonctionnalités de la couche NGSL à la couche VASL. L'interface U travaille sur les services génériques des réseaux et sur les propriétés des ouvertures des connexions entre applications ou entre clients et serveurs.
- L'interface L (Lower Interface), qui permet d'utiliser les ressources de la couche VNDL par la couche NGSL. L'interface L permet de traiter les états des ressources réseau, comme une table de commutation ATM ou une table de routage IP.
- L'interface CCM (Connection Control and Management), qui permet d'accéder aux ressources physiques. Cette interface n'est pas une interface programmable, à la différence des précédentes, mais un ensemble de protocoles permettant l'échange et le contrôle des informations à un niveau bas de l'architecture.

La figure 4.16 illustre cette architecture pour un environnement IP.

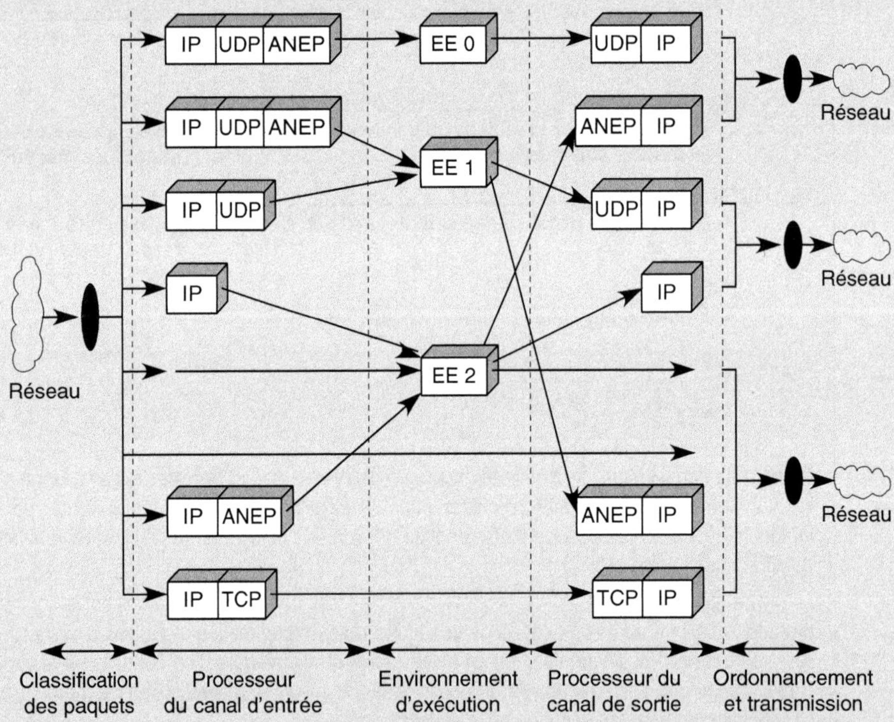

Figure 4.16

Application du modèle P.1520 à un réseau IP

Les réseaux autonomes

Le concept de réseau actif et programmable est en train d'être remplacé par le concept de réseau autonome. Un réseau autonome est un réseau qui n'a pas besoin de centre de gestion ou de centre de contrôle pour prendre ses décisions. Un réseau autonome est donc un réseau qui peut décider par lui-même la façon dont il se comporte. C'est un concept qui a été introduit pour les réseaux NGN (Next Generation Network), dont l'objectif est de remplacer tous les réseaux existants en intégrant tous les médias de communication.

Un réseau autonome doit être capable de s'autogérer, de détecter les problèmes, de réparer lui-même les pannes et de s'autocontrôler lorsque aucune communication n'est pas possible.

Les éléments de réseau doivent participer eux-mêmes à la construction d'un réseau autonome avec des propriétés diverses, comme l'optimisation des ressources, la reconnaissance automatique de l'environnement (*context aware*) et l'organisation automatique de la sécurité. L'objectif est de comprendre comment apprendre les bonnes décisions, quelle influence ont les différents éléments de réseau et, plus globalement, comment optimiser le comportement du réseau. Les outils pour arriver à ce type de système autonome proviennent des systèmes multi-agents, introduits précédemment dans ce chapitre.

L'auto-organisation d'un réseau IP passe d'abord par le besoin d'avoir une vue globale du réseau et de comprendre les conséquences d'un événement quelconque qui se produit dans le réseau. Ensuite, le réseau doit être capable de réagir à l'événement.

Les réseaux autonomes peuvent se concevoir sur d'autres réseaux qu'IP pour des objectifs très particuliers, comme des réseaux avec des missions critiques ou des réseaux interplanétaires où le centre de contrôle met tellement de temps à communiquer avec les sondes qu'il est impossible de prendre des décisions en temps réel.

Les réseaux autonomiques

Les réseaux autonomiques sont, par définition, des réseaux autonomes et spontanés. Ils correspondant aux réseaux définis précédemment, mais en y ajoutant la propriété de spontanéité, c'est-à-dire de temps réel : le processus est capable de réagir de façon autonome et dans un laps de temps acceptable pour le processus.

Une première définition des réseaux autonomiques est illustrée à la figure 4.17.

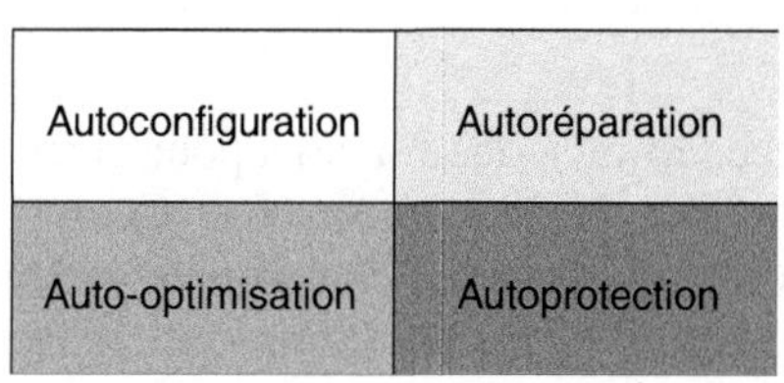

Figure 4.17

Définition d'un réseau autonomique

Les réseaux autonomiques sont capables de s'autoconfigurer pour s'adapter dynamiquement aux modifications de l'environnement, de s'auto-optimiser pour offrir une efficacité opérationnelle toujours optimisée, de s'autoréparer pour acquérir une fiabilité importante et de s'autoprotéger pour sécuriser les ressources et les informations qui y transitent.

Pour réaliser ces différentes fonctions, les réseaux autonomiques doivent posséder un certain nombre d'attributs :

- connaître leur état interne (*self aware*) ;
- connaître leur environnement (*environment aware*) ;
- être capables de comprendre les caractéristiques de leurs performances (*self monitoring*) ;
- être capables de changer leur état interne (*self adjusting*).

Pour atteindre ces objectifs, il faut changer l'architecture des réseaux. Les réseaux autonomiques proposent donc une nouvelle architecture à quatre plans, qui ajoute un plan de connaissance aux trois plans habituels que sont le plan de données, le plan de contrôle et le plan de gestion.

La figure 4.18 illustre la nouvelle architecture des réseaux autonomiques. L'objectif du plan de connaissance est de rassembler les connaissances du réseau et d'obtenir pour chaque point du réseau une vision plus ou moins globale.

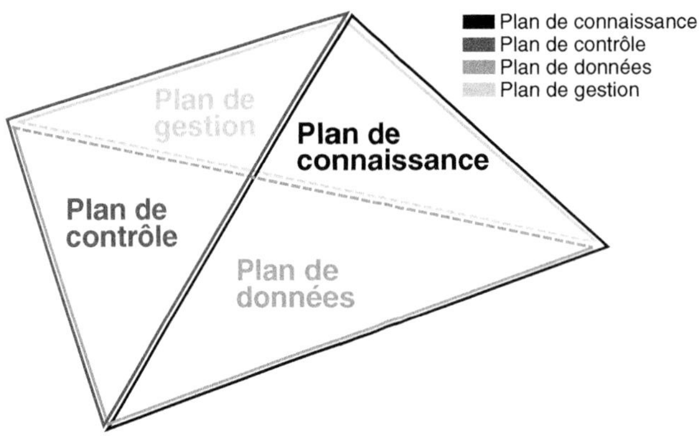

Figure 4.18

L'architecture des réseaux autonomiques

Le plan de connaissance (Knowledge Plane) a pour objectif de piloter les algorithmes de contrôle qui se trouvent dans le plan de contrôle (Control Plane), lequel contrôle le plan de données (Data Plane), qui correspond aux quatre premières couches de l'architecture classique des réseaux. Le plan de gestion (Management Plane) a pour charge d'administrer les trois autres couches.

L'objectif du plan de connaissance est de rendre le réseau plus intelligent en lui permettant de comprendre son comportement, ce qui a donné lieu à une nouvelle génération de protocoles. Jusqu'à présent, chaque algorithme de contrôle (routage, qualité de service, sécurité, fiabilité, etc.) devait aller rechercher par lui-même les éléments dont il avait besoin. Par exemple, un algorithme de routage tel qu'OSPF recherche les états des liens en amont et en aval jusqu'aux entrées et sorties du réseau. Ces informations sont exploitables par d'autres algorithmes, comme un algorithme de contrôle de la qualité de service ou de la congestion ou encore de l'admission dans le réseau. En utilisant un plan de connaissance, cette information se trouve dans ce plan, et chaque algorithme de contrôle peut aller la chercher à l'instant où il en a besoin.

À terme, les protocoles normalisés devraient être modifiés pour tenir compte de ce plan de connaissance. Un autre avantage du plan de connaissance est la possibilité d'utiliser dans un algorithme de contrôle des informations qui n'auraient pas pu être prises en compte dans l'algorithme normal.

Vue située

Il est évidemment important de ne pas rendre le réseau trop lourd à force de transporter des connaissances en tout genre et en quantité importante. Pour cela, il est possible d'utiliser des « vues situées ». Ces dernières proviennent du monde de l'intelligence artificielle et indiquent la prise en compte de connaissances qui sont situées dans une vue à déterminer. On peut ainsi définir une vue située par le nombre de sauts nécessaires pour aller chercher l'information, par exemple à un ou deux sauts, etc.

La figure 4.19 illustre une vue située à un saut.

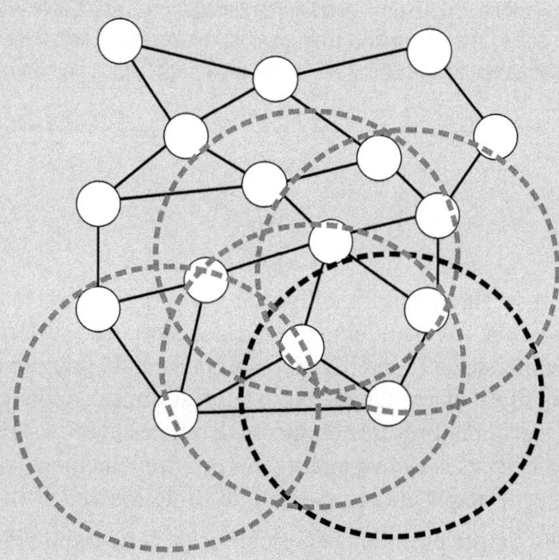

Figure 4.19

Vue située à un saut

La vue située à un saut présente l'avantage de très bien passer à l'échelle puisque le transport des connaissances est limité. Cela n'empêche pas les connaissances de se diffuser dans le réseau puisqu'un point recevant une connaissance l'intègre dans ses propres connaissances et la diffuse à ses voisins. Cette connaissance est cependant moins fraîche que si la vue située était un peu plus grande.

Une optimisation de la vue située doit donc être réalisée en fonction des connaissances dont ont besoin les algorithmes de contrôle. Il faut pour cela répondre aux questions lesquelles ? où ? et quand ? « Lesquelles » référence les connaissances nécessaires à l'optimisation d'un algorithme ; « où » concerne la portée de la vue située ; « quand » indique les rafraîchissements nécessaires pour que la connaissance soit exploitable. En partant de ces différents paramètres, il est possible de générer des vues situées un peu plus complexes que la seule définition à un saut, les informations de liens et toutes les secondes.

Les réseaux autopilotés

Jusqu'en 2008, les réseaux ont été remarquablement statiques, et un ingénieur réseau devait souvent être présent pour prendre les choses en main dès qu'un problème survenait. Pour les très grands réseaux, plusieurs dizaines d'ingénieurs réseau pouvaient être nécessaires pour assurer la maintenance et gérer les problèmes divers et variés qui survenaient.

L'objectif des réseaux autopilotés est de garantir un pilotage automatique du réseau par le biais d'un logiciel capable de gérer les algorithmes de contrôle d'une façon coordonnée et d'optimiser de ce fait le fonctionnement du réseau.

Au début des années 2000, une première tentative a consisté à utiliser des réseaux programmables et des réseaux actifs. Les recherches n'ont pas été totalement concluantes pour des raisons de sécurité et de coût. Une nouvelle génération a été lancée à partir de 2005 avec les réseaux autonomiques présentés dans ce chapitre.

Conclusion

Doucement, mais sûrement, l'intelligence arrive dans les réseaux. Cette intelligence englobe la communication, le raisonnement et la décision. Les systèmes multi-agents fournissent le socle principal de cette intelligence, qui permet de prendre des décisions de contrôle ou de gestion lorsqu'il en est temps. Nous n'en sommes encore qu'aux prémices, et pourtant l'intelligence est omniprésente depuis le début des années 2010. Elle commence à devenir bien implantée avec les agents intelligents qui implémentent les Big Data, machine learning et bien d'autres composants provenant de l'intelligence artificielle.

La sécurité est un des premiers bénéficiaires de cette intelligence. Par exemple, un composant intelligent, de type réseau de neurones, est capable d'analyser la saisie d'une personne sur un clavier et d'arrêter la communication en cas de saisie non reconnue.

L'intelligence dans les réseaux est devenue une réalité après avoir été très longtemps un vaste champ de recherche. Les pilotes automatiques de réseau se développent à partir de plates-formes telles que ONAP ou d'autres solutions utilisant, par exemple, des réseaux de neurones qui se comptent en millions.

Partie II

Les protocoles réseau

Cette partie examine en détail les quatre premiers niveaux de l'architecture des réseaux ainsi que l'infrastructure nécessaire pour véhiculer les données.

Le niveau infrastructure contient les éléments physiques ou hertziens qui doivent véhiculer les paquets de données, comme le câble téléphonique, le câble coaxial, la fibre optique ou les antennes relais.

La couche 1, ou couche physique (niveau élément binaire), permet la transmission d'un élément binaire d'une machine à une autre. En fonction du débit désiré, de l'éloignement et de nombreuses autres caractéristiques physiques, le choix du support doit être pesé avec soin.

La couche 2, ou couche liaison (niveau trame), permet de transporter l'élément binaire en le plaçant dans une trame. Les trames, détaillées au chapitre 6, proviennent essentiellement de la technologie Ethernet.

La couche 3, ou couche réseau (niveau paquet), concerne le transport des paquets d'une extrémité à l'autre du réseau. Le protocole IP (Internet Protocol) s'est imposé dans cette fonction, et il a supplanté tous les autres. Il est décrit en détail au chapitre 7.

5

Le niveau physique

La couche physique détermine comment les éléments binaires sont transportés sur un support physique. Dans un premier temps, les informations à transmettre sont codées en une suite de 0 et de 1. Pour la transmission vers le récepteur, ces bits 0 et 1 sont ensuite introduits sur le support sous une forme spécifique, reconnaissable du récepteur.

La première section est dédiée au support physique lui-même, qui fait partie de l'infrastructure. Plusieurs composants de la couche physique sont définis dans ce niveau, comme les modems, multiplexeurs, concentrateurs, etc. Ce chapitre détaille ces éléments de base et introduit les architectures de niveau physique qui seront examinées ultérieurement dans l'ouvrage.

Le médium physique

Par médium physique, il faut entendre tous les composants physiques permettant de transmettre les éléments binaires, suites de 0 et de 1, représentant les données à transmettre.

La nature des applications véhiculées par le réseau peut influer sur le choix du support, certaines applications nécessitant, par exemple, une bande passante importante et, par là même, l'adoption de la fibre optique. Le câble coaxial permet lui aussi de transférer des débits binaires importants, même si ces derniers restent inférieurs à ceux offerts par la fibre optique.

Aujourd'hui, les progrès technologiques rendent l'utilisation de la paire de fils torsadée bien adaptée à des débits de 10 à 100 Mbit/s, voire 1 Gbit/s sur des distances plus courtes. Sa facilité d'installation par rapport au câble coaxial et son prix très inférieur la rendent à la fois plus attractive et plus compétitive.

La fibre optique est présente dans tous les systèmes de câblage proposés par les constructeurs, en particulier sur les liaisons entre locaux techniques. Elle présente l'avantage d'un faible encombrement, l'espace très important requis par les autres supports physiques pouvant devenir contraignant. Un autre avantage de la fibre optique est son immunité au bruit et aux interférences électromagnétiques. Dans certains environnements perturbés, les erreurs de transmission peuvent en effet devenir inacceptables. De même, sa protection naturelle contre l'écoute la rend attrayante dans les secteurs où la confidentialité est importante, comme l'armée ou la banque.

On observe une utilisation de plus en plus fréquente de la paire torsadée. Les progrès technologiques lui ont permis de repousser ses limites théoriques par l'ajout de circuits électroniques et d'atteindre des débits importants à des prix nettement inférieurs à ceux du câble coaxial. La paire torsadée est de surcroît plus simple à installer que le câble coaxial, d'autant qu'elle peut utiliser l'infrastructure mise en place depuis longtemps pour le câblage téléphonique. La paire torsadée permet enfin de reconfigurer, de maintenir ou de faire évoluer le réseau de façon simple.

La paire de fils torsadée

La paire de fils torsadée est le support de transmission le plus simple. Comme l'illustre la figure 5.1, elle est constituée d'une ou de plusieurs paires de fils électriques agencés en spirale. Ce type de support convient à la transmission aussi bien analogique que numérique.

Les paires torsadées peuvent être blindées, une gaine métallique enveloppant complètement les paires métalliques, ou non blindées. Elles peuvent être également « écrantées ». Dans ce cas, un ruban métallique entoure les fils.

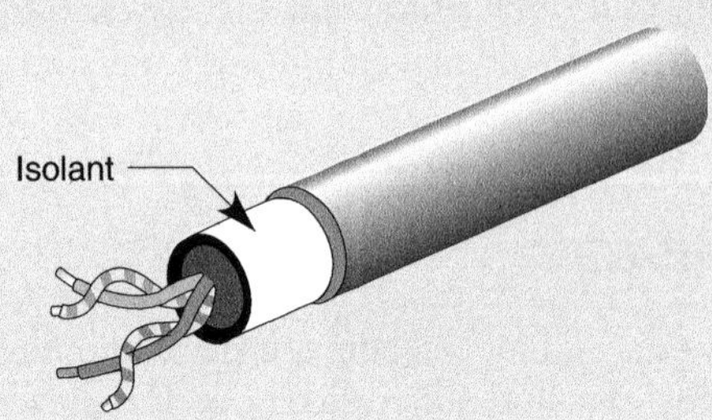

Figure 5.1

Paires de fils torsadées

De très nombreux débats ont eu lieu sur les avantages et inconvénients du blindage de ces câbles. On peut dire, en simplifiant, qu'un câble blindé devrait être capable de mieux immuniser les signaux transportés. L'inconvénient du blindage est toutefois qu'il exige la mise à la terre de l'ensemble de l'équipement, depuis le support physique jusqu'au terminal. Il faut donc que toute la chaîne de connexion des terres soit correctement effectuée et maintenue. En d'autres termes, un réseau blindé doit être de très bonne qualité, faute de quoi il risque de se comporter moins bien qu'un réseau sans blindage, beaucoup moins onéreux.

Le blindage peut être global à l'ensemble des paires torsadées et l'on parle alors d'écran ou individuellement pour chaque paire torsadée.

Les dénominations des types de câbles torsadés sont introduites dans la norme ISO/IEC 11801 qui évolue régulièrement avec des amendements. Elles sont indiquées dans le tableau 5.1.

Ancienne dénomination	Nouvelle dénomination	Blindage du câble (écran)	Blindage des paires individuelles
UTP (Unshielded Twisted Pair) – paire torsade non blindée	U/UTP	Aucun	Non
STP (Shielded Twisted Pair) – paire torsadée blindée	U/FTP	Aucun	Oui
FTP (Foiled Twisted Pair) – paire torsadée écrantée	F/UTP	Écran	Non
SFTP (Shielded and Foiled Twisted Pair) – paire torsadée écrantée et blindée	F/FTP	Écran	Oui
S-FTP (Shielded and Foiled Twisted Pair) – paire torsadée écrantée et blindée	SF/UTP	Écran et tresse	Non
S-STP (Shielded and Shielded Twisted Pair) – paire torsadée superblindée	S/FTP	Tresse	Oui

TABLEAU 5.1 • Dénominations des câbles torsadés

Les fils métalliques sont particulièrement adaptés à la transmission d'informations sur de courtes distances. Si la longueur du fil est peu importante, de quelques centaines de mètres à quelques kilomètres, des débits de plusieurs mégabits par seconde peuvent être atteints sans taux d'erreur inacceptable. Sur des distances plus courtes, on peut obtenir sans difficulté des débits de plusieurs dizaines de mégabits par seconde. Sur des distances encore plus courtes, on atteint facilement quelques centaines de mégabits par seconde. Une distance de l'ordre de 100 mètres permet de faire passer le débit à plusieurs gigabits par seconde.

La normalisation dans le domaine des câbles est effectuée par le groupe ISO/IEC JTC1/SC25/WG3 au niveau international et par des organismes nationaux comme l'EIA/TIA (Electronic Industries Association/ Telecommunications Industries Association), aux États-Unis.

Les principales catégories de câbles définies sont les suivantes :

- Catégorie 3 (pour une largeur de bande jusqu'à 16 MHz). Utilisée pour les réseaux Ethernet de base, cette catégorie est abandonnée au profit de la catégorie 5.
- Catégorie 5 (pour une largeur de bande jusqu'à 100 MHz). Utilisée pour les réseaux Ethernet à relativement haut débit : 100BaseTX et 1000BaseT.
- Catégorie 5_E (Enhanced, pour une largeur de bande de 100 MHz, mais avec des caractéristiques techniques qui ont fortement évolué).
- Catégorie 6 (pour une largeur de bande jusqu'à 250 MHz).

- Catégorie 6_A (pour une largeur de bande jusqu'à 500 MHz). Utilisée pour le 10GBaseT sur une centaine de mètres.
- Catégorie 7_A (pour une largeur de bande jusqu'à 1 000 MHz). Utilisée pour les versions ultimes d'Ethernet à 10 Gbit/s et 100 Gbit/s.

Il est possible de comparer les paires torsadées en fonction de leur paradiaphonie, c'est-à-dire de la perte d'une partie de l'énergie du signal due à la proximité d'un autre circuit et de son affaiblissement.

Le câble coaxial

Un câble coaxial est constitué de deux conducteurs cylindriques de même axe, l'âme et la tresse, séparés par un isolant (*voir figure 5.2*). Ce dernier permet de limiter les perturbations dues au bruit externe. Si le bruit est important, un blindage peut être ajouté. Quoique ce support perde du terrain, notamment par rapport à la fibre optique, il reste encore très utilisé.

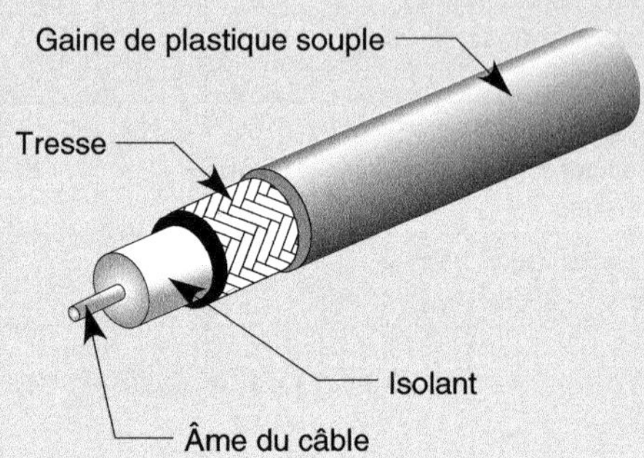

Figure 5.2

Coupe d'un câble coaxial

Les électroniciens ont démontré que le rapport des diamètres des deux conducteurs devait être de 3,6 mm. Les différents câbles utilisés sont désignés par le rapport en millimètre des diamètres de l'âme et de la tresse du câble, les deux plus courants étant les 2,6/9,5 et 1,2/4,4.

Comme pour les fils métalliques, le débit binaire obtenu sur un câble coaxial est inversement proportionnel à la distance à parcourir. Sur un câble coaxial de bonne qualité d'une longueur d'un kilomètre, des débits supérieurs à 100 Mbit/s peuvent être atteints.

Les principales catégories de câbles coaxiaux disponibles sur le marché sont les suivantes :

- câble 50 Ω, de type Ethernet ;
- câble 75 Ω, de type CATV (câble de télévision).

La fibre optique

La fibre optique est utilisée dans les environnements où un très fort débit est demandé, mais également dans les environnements de mauvaise qualité. Elle comporte des composants extrémité qui émettent et reçoivent les signaux lumineux.

Les principaux composants émetteurs sont les suivants :

- Diode électroluminescente (DEL) dépourvue de cavité laser, qui émet des radiations lumineuses lorsqu'elle est parcourue par un courant électrique.
- Diode laser (DL), qui émet un faisceau de rayonnement cohérent dans l'espace et dans le temps.
- Laser modulé.

L'utilisation d'un émetteur laser diminue le phénomène de dispersion, c'est-à-dire la déformation du signal provenant d'une vitesse de propagation légèrement différente suivant les fréquences. Cela donne une puissance optique supérieure aux DEL. La contrepartie de ces avantages est un coût plus important et une durée de vie du laser inférieure à celle d'une diode électroluminescente.

La figure 5.3 illustre une liaison par fibre optique. Cette figure comporte des codeurs et des décodeurs qui transforment les signaux électriques en signaux qui peuvent être émis sous forme de lumière dans la fibre optique et *vice versa*. L'émetteur est un des trois composants extrémité présentés ci-dessus et le récepteur un photodétecteur capable de récupérer les signaux lumineux.

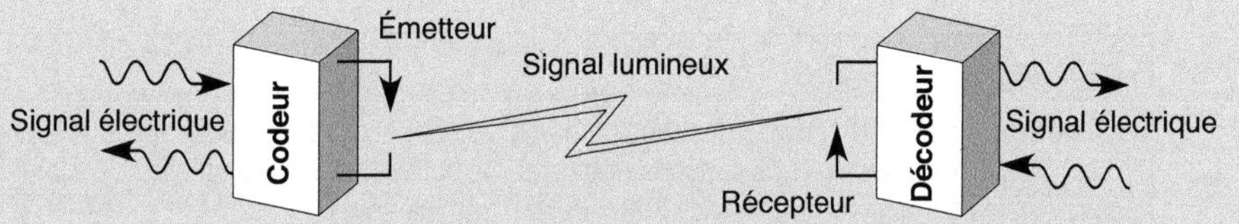

Figure 5.3

Liaison par fibre optique

Le faisceau lumineux est véhiculé à l'intérieur de la fibre optique, qui est un guide cylindrique d'un diamètre allant de quelques microns à quelques centaines de microns, recouvert d'isolant. La vitesse de propagation de la lumière dans la fibre optique est de l'ordre de 100 000 kilomètres/seconde en multimode et de 250 000 kilomètres/seconde en monomode.

Il existe plusieurs types de fibres, notamment les suivantes :

- Les fibres multimodes à saut d'indice, dont la bande passante peut atteindre 50 MHz sur un kilomètre.
- Les fibres multimodes à gradient d'indice, dont la bande passante peut atteindre 500 MHz sur un kilomètre.
- Les fibres monomodes, de très petit diamètre, qui offrent la plus grande capacité d'information potentielle, de l'ordre de 100 GHz/km, et les meilleurs débits. Ce sont aussi les plus complexes à réaliser.

On utilise généralement des câbles optiques contenant plusieurs fibres. L'isolant entourant les fibres évite les problèmes de diaphonie, c'est-à-dire de perturbation d'un signal par un signal voisin, entre les différentes fibres.

La capacité de transport de la fibre optique continue d'augmenter régulièrement grâce au multiplexage en longueur d'onde. Dans le même temps, le débit de chaque longueur d'onde ne cesse de progresser.

On estime qu'il a été multiplié par deux tous les ans de 2000 à 2010, date à laquelle on a atteint près de 1 000 longueurs d'onde. Comme, sur une même longueur d'onde, la capacité est passée pour la même période de 2,5 à 40 Gbit/s et bientôt 160 Gbit/s, des capacités de plusieurs dizaines de térabits par seconde (Tbit/s, ou 10^{12} bit/s) sont aujourd'hui atteintes sur la fibre optique.

Le multiplexage en longueur d'onde, ou WDM (Wavelength Division Multiplexing), consiste à émettre simultanément plusieurs longueurs d'onde, c'est-à-dire plusieurs lumières, sur un même cœur de verre. Cette technique est fortement utilisée dans les cœurs de réseau. On l'appelle DWDM (Dense WDM) lorsque le nombre de longueurs d'onde devient très grand.

Les principaux avantages de la fibre optique sont les suivants :

- très large bande passante, de l'ordre de 1 GHz pour un kilomètre ;
- faible encombrement ;
- grande légèreté ;
- très faible atténuation ;
- très bonne qualité de transmission ;
- bonne résistance à la chaleur et au froid ;
- matière première bon marché (silice) ;
- absence de rayonnement.

Les médias hertziens

La réussite du GSM et l'arrivée des terminaux mobiles pouvant se connecter à des réseaux locaux sans fil ont rendu très populaires les supports hertziens. Ce succès est encore amplifié par l'interconnexion des équipements personnels (smartphone, tablette, PC portable, etc.).

L'ensemble des équipements terminaux mobiles utilisent la voie hertzienne pour communiquer. La transmission s'effectue par le biais d'un réseau cellulaire, une cellule étant une zone géographique dont tous les points peuvent être atteints à partir d'une même antenne. Parmi les réseaux cellulaires, on distingue les réseaux de mobiles, les réseaux satellite et les réseaux sans fil. Les réseaux de mobiles permettent aux terminaux de se déplacer d'une cellule à une autre sans coupure de la communication, ce qui, en règle générale, n'est pas le cas des réseaux sans fil. Les réseaux satellite sont d'un autre genre, car ils demandent des délais de propagation bien plus longs que les réseaux terrestres.

Dans un réseau de mobiles, lorsqu'un utilisateur se déplace d'une cellule à une autre, le cheminement de l'information doit être modifié pour tenir compte de ce déplacement. Cette modification s'appelle un changement intercellulaire, ou handover, ou encore handoff. La gestion de ces handovers est souvent délicate puisqu'il faut trouver une nouvelle route à la communication, sans toutefois l'interrompre.

Chaque cellule dispose d'une station de base, ou BTS (Base Transceiver Station) dans le cas de la 2G (GSM) ou NodeB dans le cas de la 3G (UMTS) ou ENodeB dans le cas de la 4G (LTE Advanced) ou encore point d'accès (Access Point) dans le cas du Wi-Fi, c'est-à-dire d'une antenne assurant la couverture radio de la cellule.

Est décrit dans la suite le cas le plus classique de la 2G (GSM), mais on trouve des situations similaires dans les autres réseaux hertziens ; seuls les noms sont en partie modifiés. Tout cela est présenté de façon détaillée aux chapitres 16, 17 et 18.

Une station de base dispose de plusieurs fréquences pour desservir à la fois les canaux de trafic des utilisateurs, un canal de diffusion, un canal de contrôle commun et des canaux de signalisation. Chaque station de base est reliée par un support physique de type câble métallique à un contrôleur de station de base, ou BSC (Base Station Controller). Le contrôleur BSC et l'ensemble des antennes BTS qui lui sont raccordées constituent un sous-système radio, ou BSS (Base Station Subsystem). Les BSC sont tous raccordés à des commutateurs du service mobile, ou MSC (Mobile service Switching Center).

L'architecture d'un réseau de mobiles 2G est illustrée à la figure 5.4.

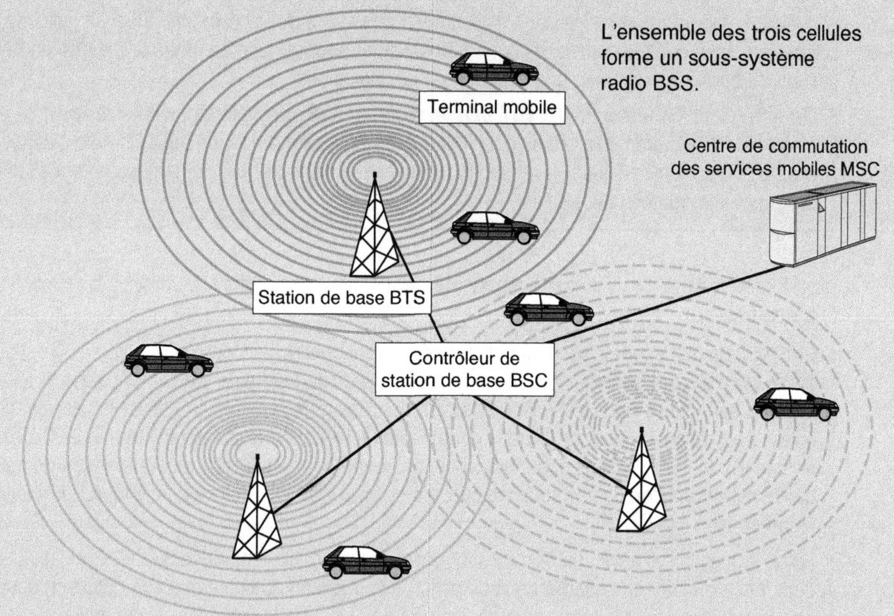

Figure 5.4.

Architecture d'un réseau de mobiles

Les équipements

Les équipements sont évidemment des éléments indispensables pour gérer la transmission des signaux d'un émetteur vers un récepteur. Ces équipements sont les suivants :

- Les supports physiques d'interconnexion, qui permettent l'acheminement des signaux transportant l'information.
- Les prises (en anglais *tap*), qui assurent la connexion sur le support.
- Les adaptateurs (en anglais *transceiver*), qui se chargent notamment du traitement des signaux à transmettre (codage, sérialisation, etc.).
- Les coupleurs, aussi appelés communicateurs ou cartes de transmission, qui prennent en charge les fonctions de communication.

Les interfaces utilisateur assurent la liaison entre l'équipement à connecter et le coupleur. Les données que l'utilisateur souhaite émettre transitent par cette interface à une vitesse qui dépend de la norme choisie. En règle générale, l'interface suit les spécifications du bus de la machine à connecter sur le réseau.

Le connecteur

Le connecteur réalise la connexion mécanique. Il permet le branchement sur le support. Le type de connecteur utilisé dépend évidemment du support physique.

La fibre optique pose des problèmes de raccordement. Le cœur de la fibre étant très fin, de l'ordre de quelques microns, une intervention délicate est nécessaire pour y fixer une prise. La difficulté du branchement sur fibre optique constitue cependant un atout pour la sécurité, dans la mesure où cela en fait un support difficile à espionner, à la différence du câble coaxial.

L'avantage du fil métallique est qu'il permet d'utiliser une prise téléphonique classique, ce qui offre une grande facilité de branchement du coupleur sur le support physique. La prise RJ-45 à 8 contacts en est un exemple. C'est la prise que l'on rencontre désormais dans toutes les entreprises pour réaliser les réseaux de communication courant faible.

L'adaptateur

L'adaptateur (*transceiver*, ou transmetteur) est responsable de la connexion électrique. C'est un composant qui se trouve sur la carte qui gère l'interface entre l'équipement et le support physique. Il est chargé de la mise en série des octets, c'est-à-dire de la transmission des bits les uns après les autres, contrairement à ce qui se passe à l'interface entre la carte de communication et la machine terminale, où l'on a un parallélisme sur 8, 16 ou 32 bits. L'adaptateur effectue la sérialisation et la désérialisation des paquets, ainsi que la transformation des signaux logiques en signaux transmissibles sur le support puis leur émission et leur réception.

Selon la méthode d'accès utilisée, des fonctions supplémentaires peuvent être dévolues à l'adaptateur. Il peut, par exemple, être chargé de la détection d'occupation du câble ou de la détection des collisions de signaux. Il peut aussi jouer un rôle de sécurité en veillant à la limitation d'occupation du support par un émetteur. L'adaptateur est désormais de plus en plus intégré au coupleur.

Le coupleur

L'organe appelé coupleur, ou carte réseau ou encore carte d'accès (une carte Ethernet, par exemple), se charge de contrôler les transmissions sur le câble (*voir figure 5.5*). Le coupleur assure le formatage et le déformatage des blocs de données à transmettre ainsi que la détection d'erreur, mais très rarement les reprises sur erreur lorsqu'une erreur est découverte. Il est aussi chargé de gérer les ressources telles que les zones mémoire ainsi que l'interface avec l'extérieur.

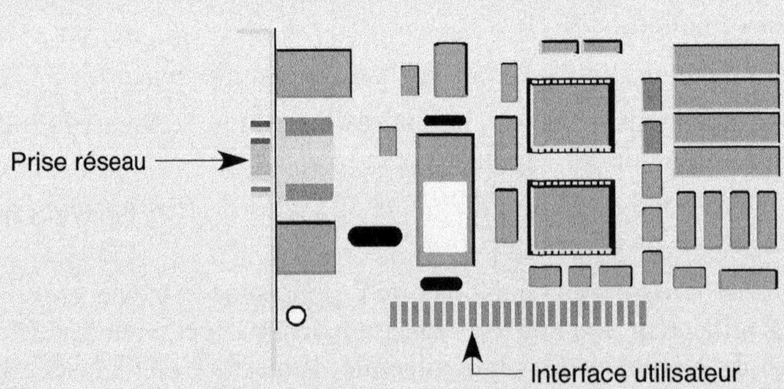

Figure 5.5

Carte coupleur

Le débit d'un coupleur doit s'ajuster au débit permis par le câble. Par exemple, sur un réseau Ethernet possédant un support physique dont la capacité est de 100 Mbit/s, le coupleur doit émettre à cette même vitesse de 100 Mbit/s.

Le codage et la transmission

Les réseaux de données se fondent sur la numérisation des informations, c'est-à-dire la représentation des données par des suites de 0 et de 1. Pour transformer les informations en suites binaires, on utilise des codes, qui font correspondre à chaque caractère une suite précise d'éléments binaires. Le nombre de bits utilisés pour représenter un caractère correspond au nombre de moments d'un code. Un code à n moments permet de représenter 2^n caractères distincts.

Plusieurs codes ont été normalisés pour faciliter les échanges entre équipements informatiques. Le nombre de moments utilisés augmente avec la dimension de l'alphabet, qui n'est autre que la liste des caractères qui doivent être codés. L'alphabet peut n'être constitué que de chiffres. On peut y ajouter les lettres minuscules et majuscules, les signes de ponctuation, les opérateurs arithmétiques, mais aussi des commandes particulières.

Les principaux codes utilisés sont les suivants :

- Code télégraphique, à 5 moments. L'alphabet peut comporter 32 caractères, dont seulement 31 sont utilisés.
- Code ASCII, à 7 moments, soit 128 caractères disponibles.
- Code EBCDIC à 8 moments, qui autorise jusqu'à 256 caractères.
- Unicode, à 16 moments, qui reprend de façon légèrement simplifiée les spécifications du code ISO 10646 UCS (Universal Character Set), à 32 moments. Ce code unique permet de prendre en compte toutes les langues du monde.

Après l'étape du codage intervient celle de la transmission proprement dite, c'est-à-dire l'envoi des suites binaires de caractères vers l'utilisateur final. Ce transport peut s'effectuer en parallèle ou en série.

Dans la transmission en parallèle, les bits d'un même caractère sont envoyés sur des fils métalliques distincts pour arriver ensemble à destination. Il peut y avoir 8, 16, 32 ou 64 fils parallèles, voire davantage dans des cas spécifiques. Cette méthode pose toutefois des problèmes de synchronisation, qui conduisent à ne l'utiliser que sur de très courtes distances, le bus d'un ordinateur, par exemple.

Dans la transmission en série, les bits sont envoyés les uns derrière les autres. La succession de caractères peut être asynchrone ou synchrone. Le mode asynchrone indique qu'il n'y a pas de relation préétablie entre l'émetteur et le récepteur. Les bits d'un même caractère sont encadrés de deux signaux, l'un indiquant le début du caractère, l'autre la fin. Ce sont les bits Start et Stop. Le début d'une transmission peut se placer à un instant quelconque dans le temps, comme illustré à la figure 5.6.

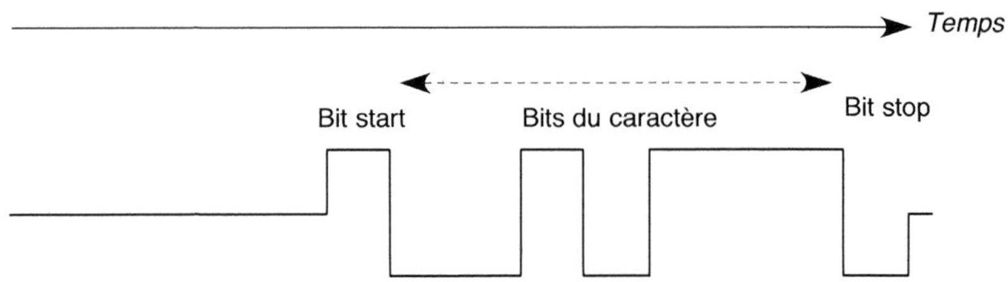

Figure 5.6

Transmission d'un caractère dans le mode asynchrone

Dans le mode synchrone, l'émetteur et le récepteur se mettent d'accord sur un intervalle constant, qui se répète sans arrêt dans le temps. Les bits d'un caractère sont envoyés les uns derrière les autres et sont synchronisés avec le début des intervalles de temps. Dans ce type de transmission, les caractères sont émis en séquence, sans aucune séparation. Ce mode est utilisé pour les très forts débits.

Dans tous les cas, le signal émis est synchronisé sur une horloge lors de la transmission d'un élément binaire. La vitesse de l'horloge donne le débit de la ligne exprimée en baud, c'est-à-dire le nombre de tops d'horloge par seconde. Par exemple, une ligne de communication qui fonctionne à 50 bauds indique qu'il y a 50 intervalles de temps élémentaires dans une seconde. Sur un intervalle élémentaire, on émet généralement un bit, c'est-à-dire un signal à 1 ou à 0. Rien n'empêche de transmettre quatre types de signaux distincts, qui auraient comme signification 0, 1, 2 et 3. On dit, dans ce dernier cas, que le signal a une valence de 2. Un signal a une valence de n si le nombre de niveaux transportés dans un intervalle de temps élémentaire est égal à 2^n. La capacité de transmission de la ligne en nombre de bits transportés par seconde vaut n multiplié par la vitesse exprimée en baud. On exprime cette capacité en bit par seconde. Par exemple, une ligne d'une vitesse de 50 bauds qui a une valence de 2 a une capacité de 100 bits par seconde (100 bit/s).

Lors de la transmission d'un signal, des perturbations de la ligne physique par ce qu'on appelle le bruit extérieur peuvent se produire. Si l'on connaît le niveau de ce bruit, on peut calculer la capacité maximale de la ligne. En termes plus précis, le bruit peut avoir pour origine la mauvaise qualité de la ligne elle-même, qui modifie les signaux qui s'y propagent, ainsi que d'éléments intermédiaires, comme les modems et les multiplexeurs, qui n'envoient pas toujours exactement les signaux demandés, ou d'événements extérieurs, telles les ondes électromagnétiques.

Le bruit est considéré comme un processus aléatoire décrit par une fonction $b(t)$. Si $s(t)$ est le signal transmis, le signal parvenant au récepteur s'écrit $s(t) + b(t)$. Le rapport signal sur bruit est une caractéristique d'un canal : c'est le rapport de l'énergie du signal sur l'énergie du bruit. Ce rapport varie dans le temps, puisque le bruit n'est pas uniforme. Toutefois, on l'estime par une valeur moyenne sur un intervalle de temps. Il s'exprime en décibel (dB). Ce rapport s'écrit S/B.

Le théorème de Shannon donne la capacité maximale d'un canal soumis à un bruit :

$$C = W\log_2(1 + S/B),$$

où C est la capacité maximale en bit par seconde et W la bande passante en hertz.

Sur une ligne téléphonique dont la bande passante est de 3 200 Hz, pour un rapport signal sur bruit de 10 dB, on peut théoriquement atteindre une capacité de 10 kbit/s.

Pour en terminer avec ce bref aperçu des techniques de transmission, voyons les différentes possibilités de transmission entre deux points. Les liaisons unidirectionnelles, ou simplex, ont toujours lieu dans le même sens, de l'émetteur vers le récepteur. Les liaisons bidirectionnelles, à l'alternat ou semi-duplex, ou encore half-duplex, permettent de transformer l'émetteur en récepteur et *vice versa*, la communication changeant de sens à tour de rôle. Les liaisons bidirectionnelles simultanées, ou duplex, ou encore full-duplex, permettent une transmission simultanée dans les deux sens. Ces divers cas sont illustrés à la figure 5.7.

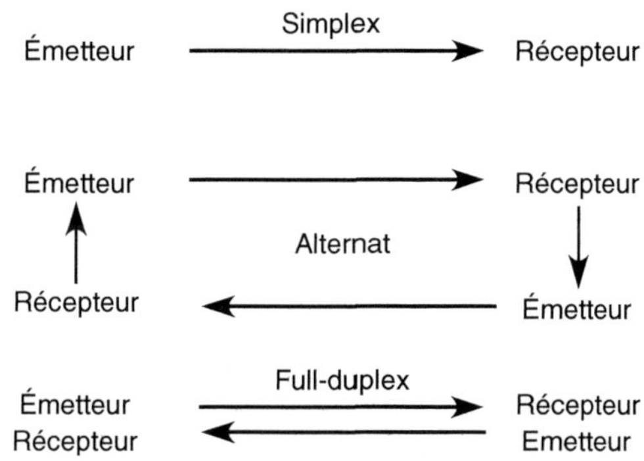

Figure 5.7

Sens de transmission

La transmission en bande de base

Examinons maintenant les techniques de transmission utilisées, c'est-à-dire comment un émetteur peut envoyer un signal que le récepteur reconnaîtra comme étant un 1 ou un 0.

La méthode la plus simple consiste à émettre sur la ligne des courants différents, un courant nul indiquant un 0 et un courant positif un 1. On obtient de la sorte une représentation des bits du caractère à transmettre sous forme de créneaux, comme illustré à la figure 5.8.

Cette méthode est appelée transmission en bande de base. La réalisation exacte de ces créneaux est fort complexe, du fait qu'il est souvent difficile de faire passer du courant continu entre deux stations. La même difficulté se retrouve dans le codage NRZ (Non Return to Zero), également illustré à la figure 5.3. Le codage bipolaire est un codage tout-ou-rien, dans lequel le bit 1 est indiqué par un courant positif ou négatif à tour de rôle, de façon à éviter les courants continus. Ce code laisse le bit 0 défini par un courant nul.

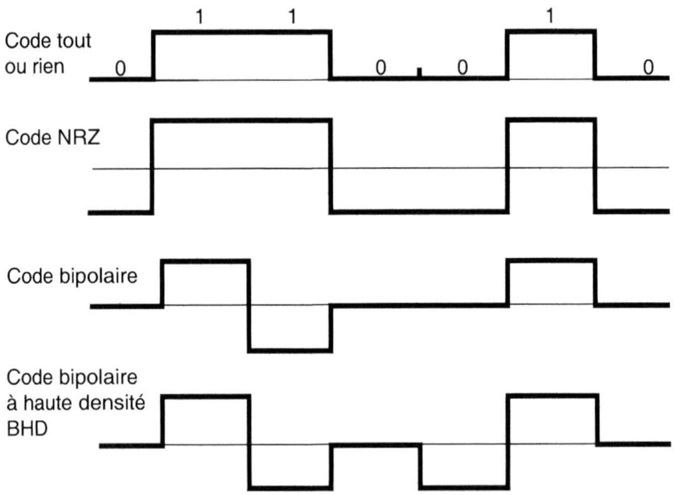

Figure 5.8

Les codages en bande de base

Le codage bipolaire à haute densité permet de ne pas laisser le courant nul pendant les suites de 0. Des suites spéciales de remplissage (courant négatif, nul ou positif) sont alors insérées à la place de ces zéros. Un nouveau 1 est indiqué par un courant positif ou négatif, en violation avec la suite de remplissage.

De nombreux autres codages en bande de base ont été développés au gré de la demande pour améliorer telle ou telle caractéristique du signal. La figure 5.9 illustre les codages RZ (Return to Zero), de Miller, Manchester et biphase-M et S.

La dégradation rapide des signaux au fur et à mesure de la distance parcourue constitue le principal problème de la transmission en bande de base. Si le signal n'est pas régénéré très souvent, il prend une forme quelconque, que le récepteur est incapable de comprendre. Cette méthode de transmission ne peut donc être utilisée que sur de courtes distances, de moins de 5 kilomètres. Sur des distances plus longues, on utilise un signal de forme sinusoïdale. Ce type de signal, même affaibli, peut très bien être décodé par le récepteur.

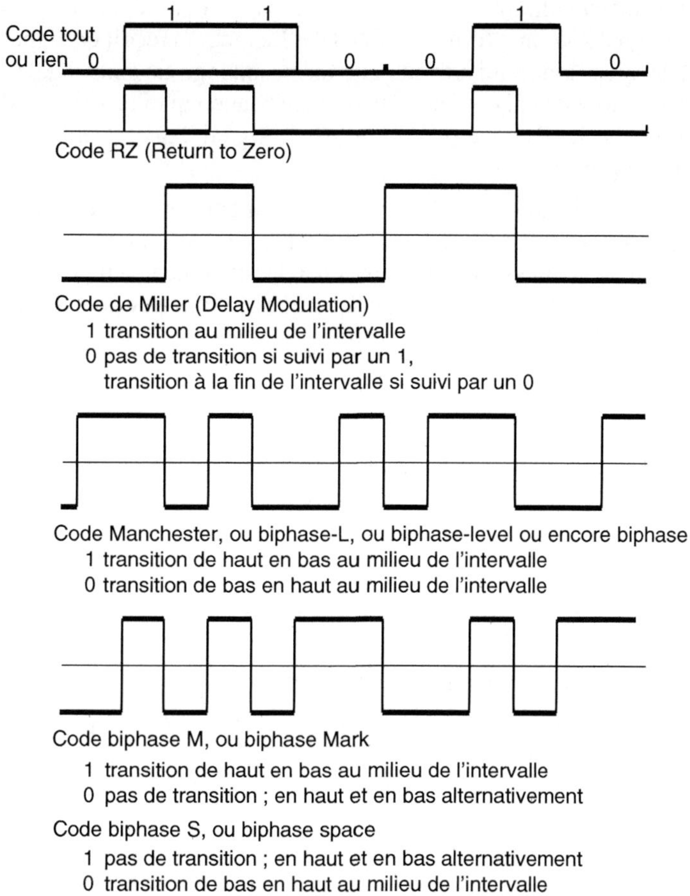

Figure 5.9

Quelques codages en bande de base

La modulation

Comme expliqué précédemment, pour transmettre un élément binaire, il faut émettre un signal très particulier pour reconnaître si sa valeur est égale à 0 ou à 1. Les techniques en bande de base sous forme de créneau ne sont pas fiables dès que la distance dépasse quelques centaines de mètres. Pour avoir un signal que l'on puisse récupérer correctement, il faut lui donner une forme spéciale en le modulant.

On distingue les trois grandes catégories de modulation suivantes :

- modulation d'amplitude, ou ASK (Amplitude-Shift Keying) ;
- modulation de phase, ou PSK (Phase-Shift Keying) ;
- modulation de fréquence, ou FSK (Frequency Shift Keying).

Un matériel intermédiaire, le modem (modulateur-démodulateur), est nécessaire pour moduler le signal sous une forme sinusoïdale. Le modem reçoit un signal en bande de base et le module, c'est-à-dire lui attribue une forme analogique sinusoïdale. Le fait de n'avoir plus de fronts montants ni descendants protège beaucoup mieux le signal des dégradations occasionnées par la distance parcourue par le signal dans le câble puisque le signal est continu et non plus discret.

Dès qu'un terminal situé à une distance un peu importante doit être atteint, un modem est nécessaire pour que le taux d'erreur soit acceptable. La distance dépend très fortement du câble utilisé et de la vitesse de transmission. Classiquement, à partir de quelques centaines de mètres pour les très hauts débits et quelques kilomètres pour les débits inférieurs, il faut faire appel à un modem.

La modulation d'amplitude

Dans la modulation d'amplitude, la distinction entre le 0 et le 1 est obtenue par une différence d'amplitude du signal, comme illustré à la figure 5.10.

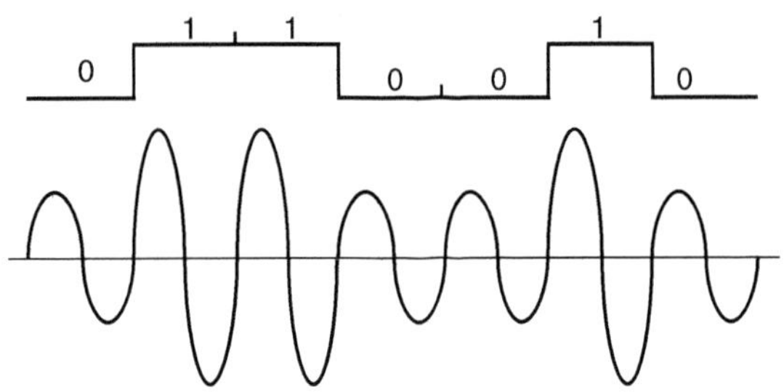

Figure 5.10

Modulation d'amplitude

La modulation de phase

Pour la modulation de phase, la distinction entre 0 et 1 est effectuée par un signal qui commence à des emplacements différents de la sinusoïde, appelés phases. À la figure 5.11, les valeurs 0 et 1 sont représentées par des phases respectives de 0° et de 180°.

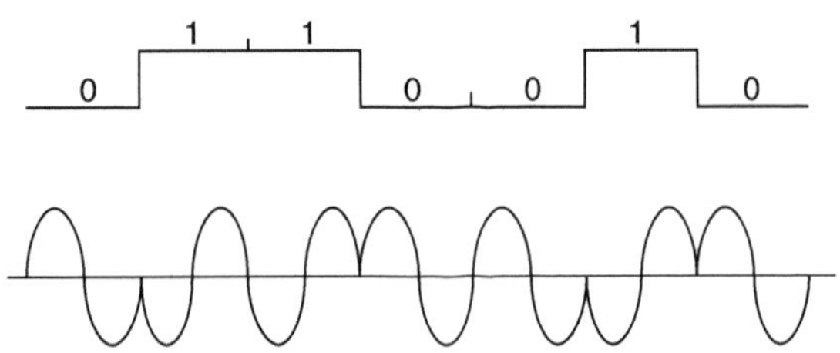

Figure 5.11

Modulation de phase

La modulation de fréquence

En modulation de fréquence, l'émetteur a la possibilité de modifier la fréquence d'envoi des signaux suivant que l'élément binaire à émettre est 0 ou 1, comme l'illustre la figure 5.12.

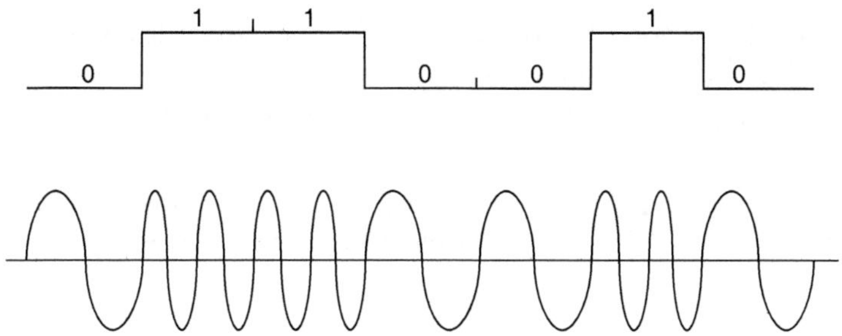

Figure 5.12

Modulation de fréquence

Dans les présentations précédentes des techniques de modulation, la grandeur physique utilisée pour l'amplitude, la phase ou la fréquence ne représente que deux états possibles. Si l'on arrive à émettre et à détecter à l'arrivée plus de deux états d'une même grandeur, on peut donner à chaque état une signification permettant de coder 2 ou plusieurs bits. Par exemple, en utilisant 4 fréquences, 4 phases ou 4 amplitudes, on peut coder 2 bits à chaque état. La figure 5.13 illustre une possibilité de coder 2 bits en modulation de phase.

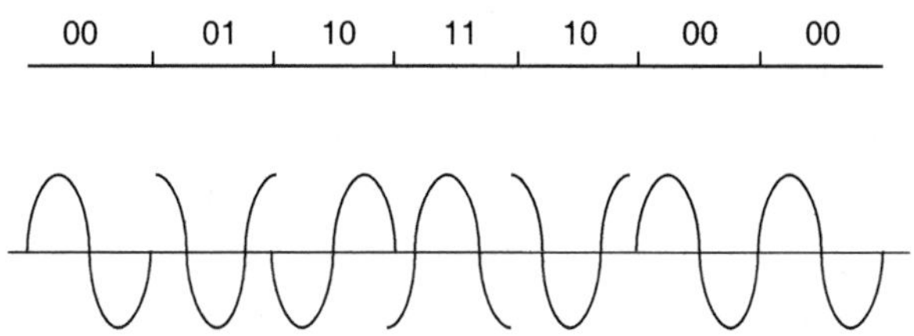

Figure 5.13

Modulation de phase à quatre moments

Les modems

Les modems permettent de transformer les signaux binaires en bande de base en signaux analogiques spécifiques indiquant une valeur numérique. Le signal se présente sous une forme sinusoïdale.

Les modems s'adaptent aux différents types de support, qui peuvent être :

- 2 fils de qualité normale ;
- 4 fils de qualité normale ;

- 4 fils de qualité supérieure conforme à l'avis M.1020 de l'UIT-T ;
- 2 fils en bande de base ;
- 4 fils en bande de base ;
- les groupes primaires, les groupes secondaires, etc.

Le tableau 5.2 répertorie les avis de l'UIT-T concernant les modems classiques. Les modems ADSL sont présentés en détail au chapitre 15. Ils nécessitent des fonctions de multiplexage, qui sont introduites dans les sections suivantes.

Avis CCITT	Débit en bit/s	Type de modulation	Vitesse de modulation	Exploitation
V.21	300	Fréquence	300	Full-duplex (FD)
V.22	600/1 200	Phase	600	FD
V.22bis	1 200/2 400	Phase	600	FD
V.23	600/1 200	Fréquence	600/1 200	Half-duplex (HD)
V.23	1 200/75	Fréquence	1 200/75	FD
V.26	2 400	Phase	1 200	FD
V.26bis	1 200/2 400	Phase	1 200	HD
V.26ter	1 200/2 400	Phase	1 200	FD
V.27	4 800	Phase	1 600	FD ou HD
V.27bis	2 400/4 800	Phase	1 200/1 600	FD ou HD
V.27ter	4 800	Phase	1 200/1 600	HD
V.29	4 800/9 600	Phase + amplitude	4 800/9 600	FD
V.32	4 800/9 600	Phase + amplitude	2 400	FD
V.32bis	Jusqu'à 14 400	Phase + amplitude	3 200	FD
V.34	Jusqu'à 28 800	Phase + amplitude	3 200	FD
V.34+	Jusqu'à 33 600	Phase + amplitude	3 200	FD
V.90	Jusqu'à 56 000/33 600	Phase + amplitude	3 200	FD
V.92	Jusqu'à 56 000/48 000	Phase + amplitude	3 200	FD

TABLEAU 5.2 • Modems normalisés

Il arrive que des fonctionnalités additionnelles soient implémentées dans les modems. Une fonctionnalité importante concerne la compression : plutôt que d'augmenter la vitesse, on compresse les données. Le protocole MNP (Microcom Networking Protocol) est un bon exemple de proposition de compression et de correction d'erreur. Ce protocole, mis au point par le constructeur américain Microcom, est normalisé par l'avis V.42bis de l'UIT-T.

Les multiplexeurs

Sur une ligne de communication formant une liaison entre deux points distants, il peut être intéressant de faire transiter en même temps les données de plusieurs clients. Plutôt que chaque client dispose de sa propre infrastructure, il est plus économique de n'avoir qu'une liaison partagée par plusieurs utilisateurs. Un multiplexeur a pour fonction de recevoir des données de plusieurs terminaux par le biais de liaisons spécifiques, appelées voies basse vitesse, et de les transmettre toutes ensemble sur une liaison unique, la voie haute vitesse.

À l'autre extrémité de la liaison, il faut effectuer la démarche inverse, c'est-à-dire récupérer, à partir des informations arrivant sur la voie haute vitesse, les données des différents utilisateurs et les envoyer sur les bonnes voies de sortie. Cette tâche incombe au démultiplexeur. La machine qui effectue le multiplexage et le démultiplexage s'appelle un mux.

Il existe un grand nombre de possibilités de multiplexage. Les sections qui suivent présentent les principales.

Multiplexages fréquentiel et temporel

Dans le multiplexage en fréquence, chaque voie basse vitesse possède sa propre bande passante sur la voie haute vitesse. Dans ce cas, la voie haute vitesse doit avoir la capacité nécessaire pour absorber toutes les trames qui proviennent des équipements terminaux raccordés.

Le multiplexage temporel suit le même mécanisme, mais au lieu que la voie haute vitesse soit découpée en fréquences distinctes, elle est découpée en tranches de temps, lesquelles sont affectées régulièrement à chaque voie basse vitesse. On comprend que le multiplexage temporel soit plus efficace que le précédent puisqu'il fait une meilleure utilisation de la bande passante. Un problème se pose cependant : lorsqu'une trame se présente à l'entrée du multiplexeur et que la tranche de temps qui est affectée à ce terminal n'est pas exactement à son début, il faut mémoriser l'information jusqu'au moment approprié.

Un multiplexeur temporel doit donc être doté de mémoires tampons pour stocker les éléments binaires qui se présentent entre les deux tranches de temps. Il est très simple de calculer la taille de cette mémoire, puisqu'elle correspond au nombre maximal de bits se présentant entre les deux tranches de temps affectées au terminal. Cette attente n'est pas toujours négligeable par rapport au temps de propagation du signal sur une ligne de communication.

Le multiplexage statistique

Dans les deux types de multiplexage précédents, fréquentiel et temporel, il ne peut y avoir de problème de débit, la voie haute vitesse ayant une capacité égale à la somme des capacités des voies basse vitesse raccordées. En règle générale, cela conduit à un gaspillage de bande passante, puisque les voies basse vitesse ne transmettent pas en continu. Pour optimiser la capacité de la voie haute vitesse, il est possible de jouer sur la moyenne des débits des voies basse vitesse. C'est ce qu'on appelle le multiplexage statistique. Dans ce cas, la somme des débits moyens des voies basse vitesse doit être légèrement inférieure au débit de la voie haute vitesse. Si, pendant un laps de temps, il y a plus d'arrivées que ne peut en supporter la liaison, des mémoires additionnelles prennent le relais dans le multiplexeur.

Fonctionnement du multiplexage statistique

Le multiplexage statistique se fonde sur un calcul statistique des arrivées et non sur des débits moyens. Par exemple, si dix voies basse vitesse d'un débit de 64 kbit/s arrivent sur un multiplexeur statistique, le débit total peut atteindre 640 kbit/s. Cette valeur correspond à la valeur maximale lorsque les machines débitant sur les voies basse vitesse travaillent sans aucun arrêt.

Dans les faits, il est rare de dépasser 50 % d'utilisation de la ligne, c'est-à-dire dans notre exemple 32 kbit/s par ligne. En jouant statistiquement, on peut prendre une liaison haute vitesse d'un débit égal à 320 kbit/s. Cependant, rien n'empêche que toutes les stations soient actives à un moment donné. Dans ce cas, une capacité de 640 kbit/s se présente au multiplexeur, lequel ne peut débiter que 320 kbit/s. Une mémoire importante doit donc tamponner les données en attente de transmission sur la ligne haute vitesse. Si le calcul statistique n'est pas effectué correctement, des pertes sont à prévoir.

La figure 5.14 donne une représentation du multiplexage statistique.

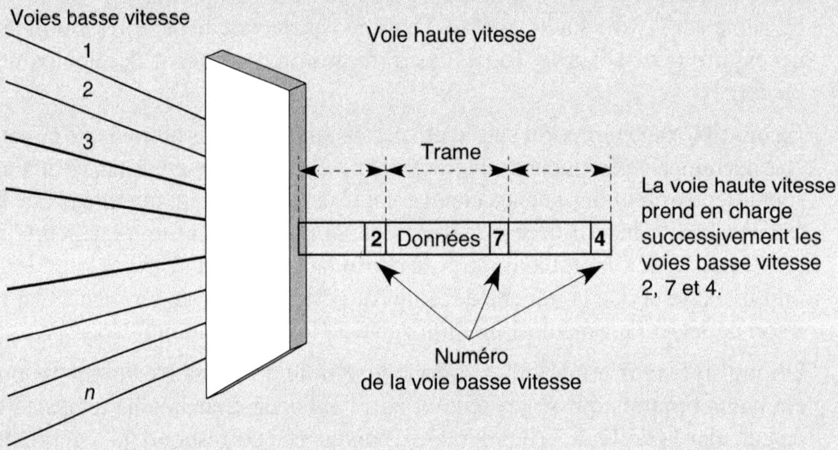

Figure 5.14

Multiplexage statistique

Dans ce schéma, on constate que les informations de la voie basse vitesse sont transportées dans une trame. Cette dernière doit comporter un numéro dans l'en-tête pour que la voie basse vitesse soit reconnue dans le démultiplexeur.

Un concentrateur est un multiplexeur statistique qui possède des fonctionnalités supplémentaires, comme des protocoles de niveau supérieur à la couche physique.

La transmission

Avant de transmettre l'information sur un support de transmission, on doit la coder de façon adéquate. Les réseaux doivent autoriser de très hauts débits sur des distances plus ou moins longues. Dans ce contexte, trois approches sont possibles pour le codage des éléments binaires provenant des applications :

- L'information est véhiculée directement en bande de base, ce qui permet d'obtenir des débits se comptant en gigabits par seconde sur quelques dizaines de mètres. Sur quelques centaines de mètres, on peut atteindre plusieurs dizaines de mégabits par seconde. Enfin, sur des distances de quelques kilomètres, on atteint sur des paires de fils métalliques de type téléphonique des débits de l'ordre de quelques centaines de kilobits par seconde.
- L'information est modulée suivant les principes indiqués précédemment dans ce chapitre. Les vitesses atteintes sont beaucoup plus petites, mais les distances bien plus grandes. Pour augmenter la vitesse, il faut être capable de transporter un grand nombre d'éléments binaires par intervalle de temps.
- Les signaux numériques sont modulés sur une porteuse, et chaque type d'information se voit allouer une bande passante en fonction de ses besoins. C'est l'approche dite large bande.

La transmission en bande de base

La transmission en bande de base est la plus simple, puisque aucune modulation n'est nécessaire. La suite binaire représentant l'information est directement transmise sur le support par des changements introduits dans les signaux représentant l'information sous forme de transitions de tension, ou d'impulsions lumineuses si l'on utilise la fibre optique.

Les signaux en bande de base sont sujets à une atténuation, dont l'importance dépend du support employé. Ils doivent donc être régénérés périodiquement sur une longue distance. Cette régénération s'effectue à l'aide de répéteurs, qui reçoivent les signaux et les mémorisent une fraction de seconde avant de les retransmettre sur la ligne sortante.

La transmission large bande

Cette méthode utilise le multiplexage en fréquence. Différents canaux sont créés, résultant de la division de la bande passante du support en plusieurs sous-bandes de fréquences. Cette technique a l'avantage d'autoriser des transmissions simultanées indépendantes.

Chaque appareil sur le câble est équipé d'un modem particulier. Cela permet de choisir le mode de transmission, numérique ou analogique, le mieux adapté et le plus efficace pour le type d'information à transmettre. Par exemple, les données informatiques sont émises sur une bande numérique, et la voix et l'image sur une bande analogique. La transmission large bande augmente toutefois le coût de connexion par rapport à un réseau en bande de base, plus simple à installer et généralement moins cher.

La numérisation des signaux

La façon de coder le signal numérique est une fonction importante du coupleur de communication. Cette opération a pour fonction principale d'adapter les signaux au canal de transmission. Dans le cas des réseaux locaux, la vitesse de transmission est de plusieurs dizaines ou centaines de mégabits par seconde. De ce fait, le choix de la représentation physique des données est important. Pour effectuer la synchronisation bit, c'est-à-dire s'assurer que chaque bit est lu au bon moment, il faut qu'un minimum de transitions soient réalisées pour extraire le signal d'horloge.

Le codage utilisé dans la plupart des réseaux locaux, et notamment dans les réseaux Ethernet, est le codage Manchester, ou sa version Manchester différentiel. Le codage Manchester, dit aussi biphase-L (*biphase-level*), est illustré à la figure 5.10. Il y a toujours une transition par élément binaire, de telle sorte que la valeur du signal passe sans arrêt d'une valeur positive à une valeur négative. Cette transition s'effectue au milieu de l'intervalle.

À la figure 5.15, le 0 est indiqué par une transition allant de haut en bas, tandis que le 1 est indiqué par une transition allant de bas en haut. La figure montre la suite 100110 codée en Manchester. Le signal commence par une polarité négative puis passe à une polarité positive au milieu de l'intervalle. Ce passage d'une polarité négative à une polarité positive s'appelle un front montant. Le 1 est représenté par un front montant et le 0 par un front descendant.

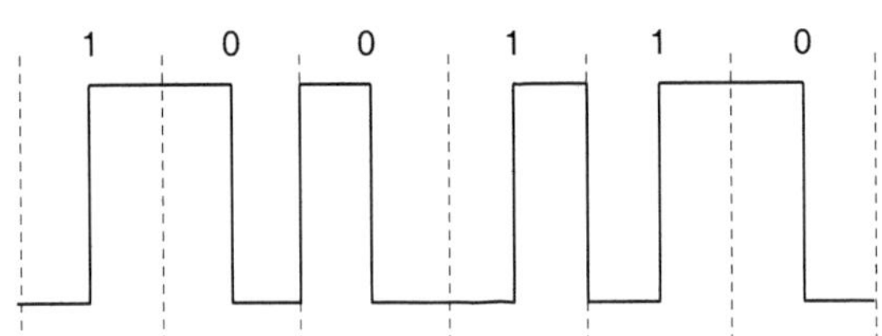

Figure 5.15

Codage Manchester

Le codage Manchester différentiel tient compte du bit précédent, comme l'illustre la figure 5.16. Le bit 0 est représenté par un changement de polarité au début d'un temps bit. Le bit 1 est caractérisé par l'absence de changement de polarité au début d'un temps bit. Ce codage a l'avantage d'être indépendant de la polarité.

Le codage par blocs est une autre méthode très utilisée, en particulier dans les réseaux locaux. Le principe général de ce codage consiste à transformer un mot de n bits en un mot de m bits, d'où son autre nom de codage nB/mB. En raison de contraintes technologiques, les valeurs de n généralement choisies sont 1, 4 ou 8.

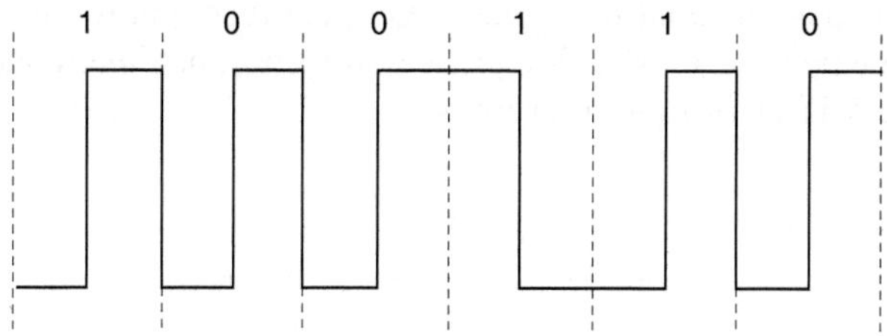

Figure 5.16

Codage Manchester différentiel

Le principe du codage 1B/2B, ou codage CMI (Codec Mode Indication), est illustré à la figure 5.17. Un signal est émis sur deux temps d'horloge. Le 1 est indiqué par un niveau continu haut puis un niveau continu bas à tour de rôle. La valeur 0 démarre par un niveau continu bas sur le premier signal d'horloge puis se poursuit par un niveau continu haut sur le deuxième signal d'horloge. La suite 1001 représentée sur la figure demande donc huit temps d'horloge pour coder les quatre bits. Les deux premiers temps d'horloge transportent le bit 1, qui correspond à un niveau continu haut. Après les deux bits 00, la valeur 1 est transportée par un niveau continu bas. Le 1 suivant est transporté par un niveau continu haut. Ce codage est facile à implémenter, mais présente l'inconvénient que le signal occupe une double largeur de bande.

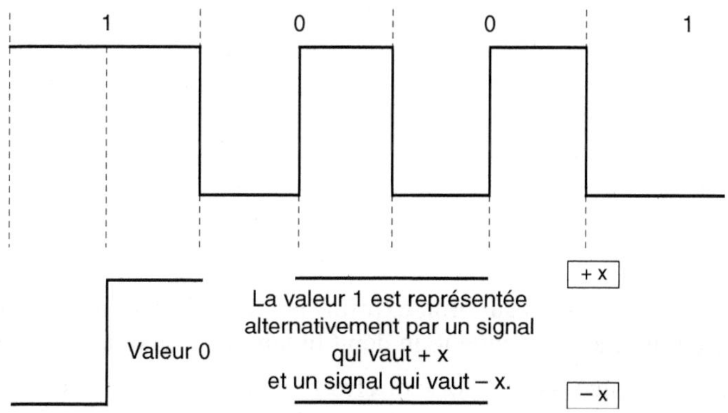

Figure 5.17

Codage CMI

Les codes *n*B/*m*B ont des propriétés intéressantes. On peut utiliser leurs particularités pour détecter des erreurs de transmission, obtenir des mots interdits ou représenter des séquences particulières, comme des délimiteurs de trames ou des jetons. Par exemple, en mettant deux niveaux hauts de suite dans l'exemple précédent on ne représenterait pas la suite 11, mais un mot interdit. Les contrôles d'erreur peuvent s'effectuer en vérifiant que les règles de codage ne sont pas violées. On peut reconnaître une séquence particulière par violation de polarité, c'est-à-dire par le non-respect de l'alternance niveau haut-niveau bas. La figure 5.18 en fournit un exemple.

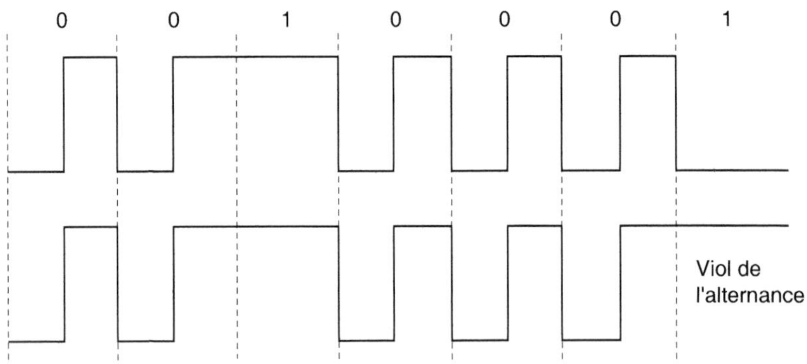

Figure 5.18

Principe du viol de polarité

Numérisation des signaux analogiques

Désormais, la grande majorité des transports d'information s'effectuent en numérique. Les signaux analogiques doivent donc être transformés en une suite d'éléments binaires. La valeur du débit binaire obtenu par la numérisation du signal requiert que la bande passante du support physique soit parfois supérieure à celle nécessaire au transport du signal analogique. Par exemple, la parole téléphonique non compressée, qui demande une bande passante analogique de 3 200 Hz, nécessite un débit numérique de 64 000 bit/s, débit qui ne peut en aucun cas être absorbé par un support physique à 3 200 Hz de bande passante. En effet, comme on l'a vu précédemment, le débit maximal acheminé sur une bande de W Hz est obtenu par le théorème de Shannon :

$$D = W\log_2(1 + S/B)$$

où S/B est le rapport signal sur bruit exprimé en décibel. Pour un rapport de 10, ce qui est relativement important, on obtient un débit binaire maximal de 10 000 bit/s.

Trois opérations successives doivent être réalisées pour arriver à cette numérisation, l'échantillonnage, la quantification et le codage :

1. **Échantillonnage**. Consiste à prendre des points du signal analogique au fur et à mesure qu'il se déroule. Plus la bande passante est importante, plus il faut prendre d'échantillons par seconde. C'est le théorème d'échantillonnage qui donne la solution : si un signal $f(t)$ est échantillonné à intervalle régulier dans le temps et à un taux supérieur au double de la fréquence significative la plus haute, les échantillons contiennent toutes les informations du signal original. En particulier, la fonction $f(t)$ peut être reconstituée à partir des échantillons. Cette phase est illustrée à la figure 5.19.

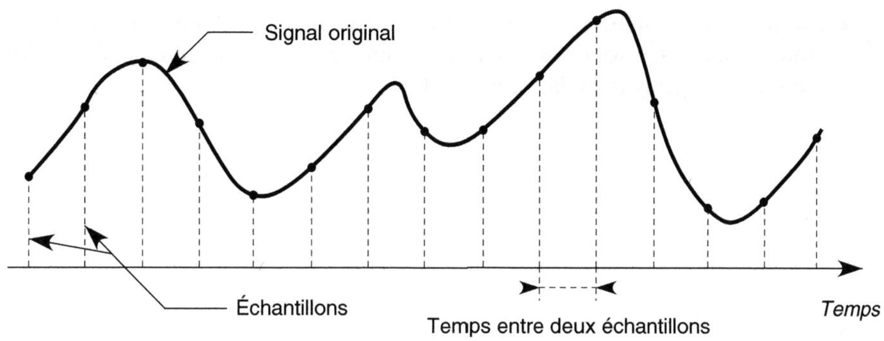

Figure 5.19

Échantillonnage

Si nous prenons un signal dont la largeur de la bande passante est 10000 Hz, il faut l'échantillonner au moins 20000 fois par seconde.

2. **Quantification**. Consiste à représenter un échantillon par une valeur numérique au moyen d'une loi de correspondance. Il convient de trouver cette loi de correspondance de telle sorte que la valeur des signaux ait le plus de signification possible. Si tous les échantillons sont à peu près égaux, il faut essayer, dans cette zone délicate, d'avoir plus de possibilités de codage que dans les zones où il y a peu d'échantillons. Pour obtenir une correspondance entre la valeur de l'échantillon et le nombre le représentant, on utilise généralement deux lois, la loi A en Europe et la loi Mu en Amérique du Nord. Ces deux lois sont de type semi-logarithmique, garantissant une précision à peu près constante. Cette phase est illustrée à la figure 5.20.

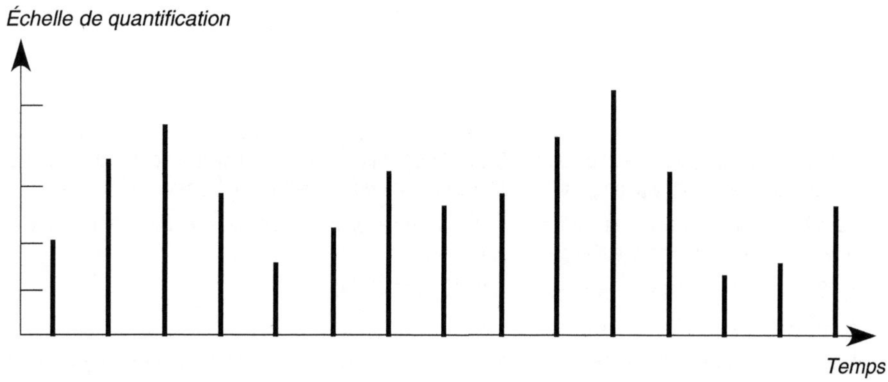

Figure 5.20

Quantification d'un signal échantillonné

3. **Codage.** Consiste à affecter une valeur numérique aux échantillons obtenus lors de la première phase. Ce sont ces valeurs qui sont transportées dans le signal numérique. Cette phase est illustrée à la figure 5.21.

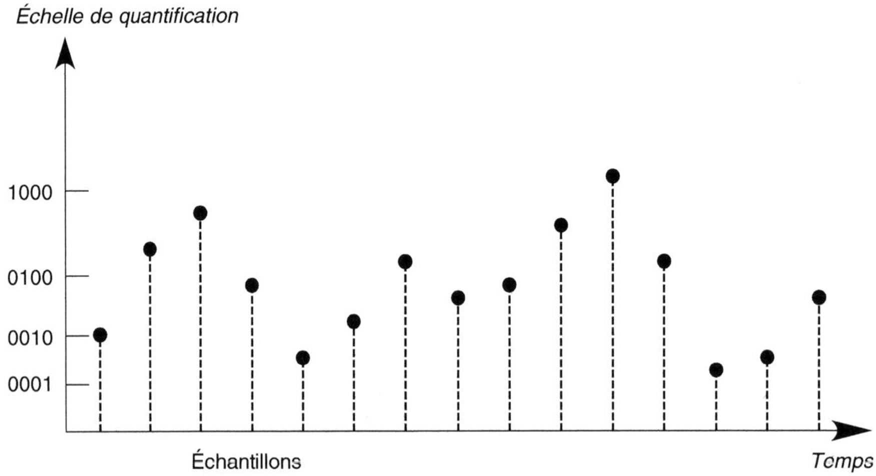

Figure 5.21

Codage

Numérisation de la parole téléphonique

La numérisation de la parole téléphonique s'effectue généralement au moyen des méthodes classiques PCM (Pulse Code Modulation) en Amérique du Nord et MIC (modulation par impulsion et codage) en Europe. Ces méthodes présentent de légères différences, dont la plus visible concerne le débit de sortie, qui est de 56 kbit/s en Amérique du Nord et de 64 kbit/s en Europe.

La largeur de bande de la parole téléphonique analogique est de 3 200 Hz. Pour numériser ce signal correctement sans perte de qualité, déjà relativement basse, il faut échantillonner au moins 6 400 fois par seconde. Dans la normalisation, on a adopté la valeur de 8 000 fois par seconde. La quantification s'effectue par des lois semi-logarithmiques. L'amplitude maximale permise se trouve divisée en 128 échelons positifs pour la version PCM, auxquels il faut ajouter 128 échelons négatifs dans la version européenne MIC. Le codage s'effectue soit sur 128 valeurs, soit sur 256 valeurs, ce qui demande, en binaire, 7 ou 8 bits de codage.

La valeur totale du débit de la numérisation de la parole téléphonique est obtenue en multipliant le nombre d'échantillons par le nombre d'échelons. Cela donne :

- 8 000 × 7 bit/s = 56 kbit/s en Amérique du Nord et au Japon ;
- 8 000 × 8 bit/s = 64 kbit/s en Europe.

L'échantillonnage a lieu toutes les 125 microsecondes, valeur qui se retrouvent très souvent dans la suite de cet ouvrage.

Tout type de signal analogique peut être numérisé par la méthode générale décrite ci-dessus. On voit que plus la bande passante est importante, plus la quantité d'éléments binaires à transmettre augmente. Pour la parole normale, limitée le plus souvent à 10 000 Hz de bande passante, il faut un flux de 320 kbit/s si le codage s'effectue sur 16 bits.

D'autres techniques de numérisation de la parole sont également employées. Elles travaillent en temps réel ou en temps différé. Dans le premier cas, l'algorithme qui permet de traduire la loi intermédiaire de quantification est exécuté en temps réel, et les éléments binaires obtenus ne sont pas compressés, ou très peu. Dans le second cas, la parole peut être stockée sur des volumes beaucoup plus faibles, mais le temps nécessaire pour effectuer la décompression est trop long pour régénérer un flot synchrone d'octets et donc le signal analogique de sortie. C'est pourquoi il faut une mémorisation intermédiaire qui enlève l'aspect temps réel de la parole. Pour les messageries numériques, une compression est presque toujours effectuée afin que les capacités de stockage requises ne soient pas trop importantes. Dans ce cas, on descend à des débits inférieurs à 2 kbit/s.

On peut encore citer dans les techniques temps réel les méthodes Δ (Delta) ou Δ_M (Delta Modulation), qui s'appuient sur le codage d'un échantillon en relation avec le précédent. Par exemple, on peut définir le point d'échantillonnage $k + 1$ par la pente de la droite reliant les échantillons k et $k + 1$, comme illustré à la figure 5.22. On envoie la valeur exacte du premier échantillon, puis on ne transmet que les pentes. Étant donné que la pente de la droite ne donne qu'une approximation du point suivant, il faut régulièrement émettre un nouvel échantillon avec sa valeur exacte.

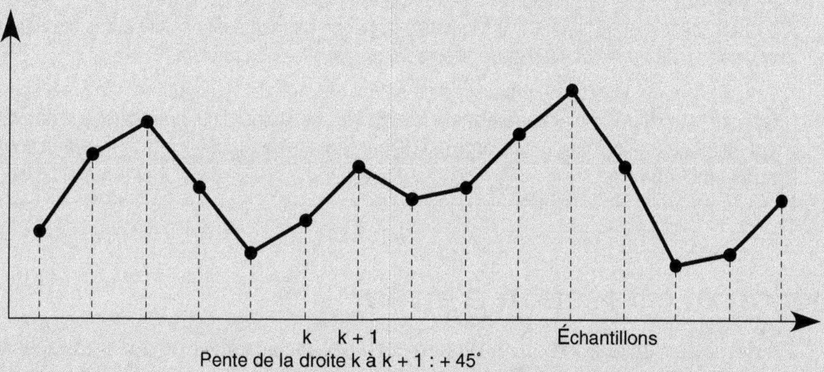

Figure 5.22

Numérisation par une méthode Delta

Grâce à ces méthodes, le débit de la parole numérique peut descendre à 32 ou 16 kbit/s, voire moins. On peut aller jusqu'à 2 kbit/s, mais on obtient alors une parole synthétique de qualité médiocre. Cette section n'a évoqué que la parole téléphonique. Il va de soi que toutes les informations analogiques peuvent être numérisées de la même façon.

La numérisation de l'image animée suit un processus similaire, l'image étant décomposée en points élémentaires, appelés pixels, et chaque pixel étant codé sur plusieurs bits ou même sur plusieurs octets, si le nombre de couleurs de l'image est élevé. Le tableau 5.3 recense quelques valeurs de débits numériques nécessaires au transport de signaux analogiques numérisés.

Type d'information	Débit du signal numérisé	Débit après compression
Son	64 Kbit/s	1,2 à 9,6 Kbit/s
Images animées noir et blanc/visioconférence	16 Mbit/s	64 Kbit/s à 1 Mbit/s
Images animées couleur/visioconférence	100 Mbit/s	128 Kbit/s à 2 Mbit/s
Images télévision couleur	204 Mbit/s	512 Kbit/s à 4 Mbit/s
Images vidéoconférence	500 Mbit/s	2 Mbit/s à 16 Mbit/s

TABLEAU 5.3 • Débits de quelques signaux numérisés

De très grands progrès ont été réalisés ces dernières années dans le domaine de la compression, qui permettent de réduire considérablement le débit des flots à acheminer. Des expériences de transport d'images animées s'effectuent, par exemple, sur des canaux à 64 kbit/s. Les équipements terminaux reviennent toutefois encore chers pour les très fortes compressions. Les techniques de codage continuant de progresser très vite, elles représentent une solution pour faire transiter de la vidéo sur des réseaux de mobiles tels que l'UMTS, dans lesquels la bande passante disponible est faible par rapport aux débits envisagés. Les principales d'entre elles sont présentées au chapitre 16.

Les codeurs qui effectuent le passage du signal analogique au signal numérique s'appellent des codecs (codeur-décodeur). Simple à réaliser, le codec MIC est aujourd'hui bon marché. En revanche, les codecs pour signaux analogiques à très large bande passante reviennent encore chers, en raison de la technologie qu'ils emploient.

Détection et correction d'erreur

La détection et la correction des erreurs ont été longtemps automatisées au niveau trame du fait que la qualité des lignes physiques était insuffisante pour obtenir des taux d'erreur acceptables pour les applications s'exécutant sur le réseau. Aujourd'hui, le problème est quelque peu différent, et ce pour deux raisons :

- Le taux d'erreur en ligne est devenu satisfaisant, descendant souvent sous la barre des 10^{-9}, et les quelques erreurs qui subsistent ne modifient pas la qualité de l'application. Cela provient de techniques de codage plus performantes et de l'utilisation de supports physiques tels que la fibre optique.
- Les applications acheminées sont de type multimédia et ne tolèrent pas la perte de temps associée aux reprises sur erreur. La correction des erreurs n'affecte pas la qualité de l'image ou du son. Pour autant que le nombre d'erreurs ne soit pas trop important, l'œil ou l'oreille ne peut détecter des modifications mineures de l'image ou du son. La retransmission est donc une perte de temps inutile. Par exemple, la parole téléphonique, qui demande un temps de transport de 150 millisecondes au maximum, n'autorise pas l'attente de retransmissions. De plus, la correction d'un bit par-ci par-là ne change pratiquement rien à la qualité de la parole.

La détection et la correction des erreurs sont indispensables sur les supports physiques de mauvaise qualité ou pour des applications qui demandent le transport de données précieuses. Dans ce cas, une automatisation au niveau trame ou une reprise particulière au niveau message peut être effectuée pour une application particulière. Il est toujours possible d'ajouter au niveau sémantique, la couche 7, ou application, de l'architecture de référence, un processus de correction des erreurs.

Les deux grandes possibilités de reprise sur erreur sont l'envoi de l'information en redondance, qui permet de détecter et de corriger les erreurs dans un même temps, ou l'utilisation seule d'un code détecteur d'erreur, permettant de repérer les trames en erreur et de demander leur retransmission.

Un code à la fois détecteur et correcteur nécessite d'envoyer en moyenne la moitié de l'information transportée en plus. Pour envoyer 1 000 bits en sécurité au récepteur, il faut donc émettre 1 500 bits. Le code détecteur d'erreur demande une zone de 16 bits, parfois de 32 bits. Chaque fois qu'une erreur est détectée, on retransmet l'ensemble de la trame. Pour des trames d'une longueur de 1 000 bits à 10 000 bits, un taux d'erreur bit de l'ordre de 10^{-4} constitue la limite entre les deux méthodes. Un taux inférieur à 10^{-4} rend la technique de détection et de demande de retransmission plus performante que la correction d'erreur seule. Comme la plupart des lignes de communication ont un taux d'erreur bit inférieur à 10^{-4}, c'est pratiquement toujours la méthode de détection et de reprise des trames ou des messages erronés qui est utilisée.

Des cas particuliers, comme la transmission par l'intermédiaire d'un satellite, peuvent être optimisés par une méthode de détection et de correction immédiate. Le temps de l'aller-retour entre l'émetteur et le récepteur étant très long (plus de 0,25 s), les acquittements négatifs réclamant la retransmission prennent 0,5 s après le départ de la trame. Si le débit est de 10 Mbit/s, cela veut dire que 5 Mbit de données ont déjà été transmis, ce qui implique une gestion importante des mémoires tampons de l'émetteur et du récepteur. Même dans le cas d'un satellite, une optimisation est généralement obtenue par des demandes de retransmission.

Avant d'aborder les techniques de détection et de correction proprement dites, la suite de cette section se penche sur le fonctionnement d'un protocole de liaison pour montrer les solutions développées pour la reprise sur erreur. L'émetteur formate les trames en ajoutant aux données des champs de supervision, d'adresse, de données et de détection d'erreur, puis il les transmet en en conservant une copie (*voir figure 5.23*) qui se situe dans une mémoire.

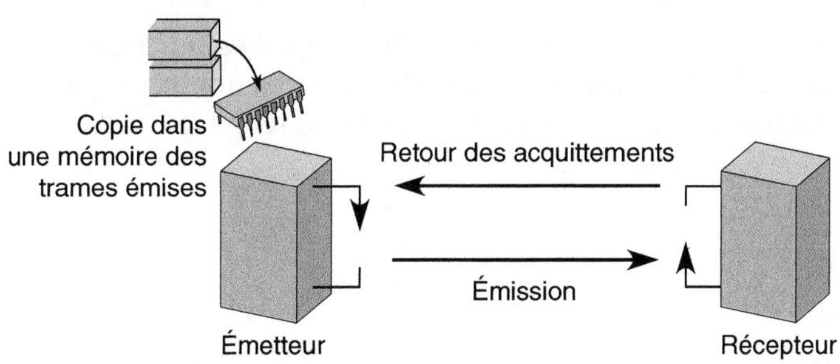

Figure 5.23

Fonctionnement d'un protocole de liaison

Le récepteur émet des acquittements positifs ou négatifs. À chaque acquittement positif, le bloc de données correspondant est détruit. À chaque acquittement négatif, la trame qui n'a pas été correctement reçue est retransmise.

Les politiques d'acquittement et de retransmission les plus utilisées sont les suivantes :

- Les acquittements sont envoyés à chaque trame reçue.
- Les acquittements sont accumulés pour être envoyés tous en même temps.
- Les acquittements sont émis dans les trames transmises dans le sens opposé.
- Seule la trame erronée est retransmise.
- Toutes les trames, à partir de la trame erronée, sont retransmises.

La correction d'erreur

La détection d'erreur suivie d'une retransmission est la solution la plus utilisée en matière de transmission d'informations. Une autre solution peut toutefois être mise en œuvre, consistant à détecter et corriger directement les erreurs. Pour corriger, des algorithmes assez complexes sont nécessaires. Surtout, il faut mettre dans le message à transporter de l'information redondante, qui demande un débit beaucoup plus important. Parmi les techniques de correction, il en existe de simples, qui consistent, par exemple, à envoyer trois fois la même information et à choisir au récepteur l'information la plus probable : à la réception d'un bit qui est deux fois égal à 1 et une fois à 0, on suppose que le bit est égal à 1.

Il existe des techniques plus complexes, telles que FEC (Forward Error Correction), qui consiste à ajouter à chaque bloc de kilobit des bits supplémentaires pour arriver à un total de *n* bits. On appelle un tel code *k*/*n*. Les codes classiquement utilisés correspondent à du 2/3 ou du 1/2, ce qui indique une adjonction respectivement de 50 et 100 % d'informations supplémentaires. Les codages complexes utilisés recourent à de nombreux algorithmes, qui ne sont décrits dans la suite que sommairement. Les algorithmes les plus célèbres sont ceux de Bose-Chaudhuri-Hocquenghem (BCH), Reed-Solomon et les turbocodes.

Supposons que l'information puisse être décomposée en caractères et qu'un caractère comporte 8 bits. On découpe les données 8 bits par 8 bits. Pour pouvoir corriger les erreurs, il faut être capable de distinguer les différents caractères émis, même lorsque ceux-ci ont un bit erroné. Soit un alphabet composé de quatre caractères, 00, 01, 10 et 11.

Si une erreur se produit, un caractère est transformé en un autre caractère, et l'erreur ne peut être détectée. Il faut donc ajouter de l'information pour que les caractères soient différents les uns des autres. Par exemple, on peut remplacer les quatre caractères de base par quatre nouveaux caractères :

- 0000000
- 0101111
- 1010110
- 1111001

De la sorte, si une erreur se produit sur un bit, on peut comparer la donnée transmise avec les quatre caractères ci-dessus et décider que le bon caractère est celui le plus ressemblant.

Si le récepteur reçoit la valeur 0010000, on voit tout de suite que le caractère qui aurait dû être reçu est 0000000, puisque l'autre caractère le plus ressemblant que l'on aurait pu recevoir est 0101111, qui présente beaucoup plus de différences avec la valeur reçue.

Si deux erreurs se produisent sur un même caractère, il est impossible dans le contexte décrit de récupérer la valeur exacte. Ce sont là des erreurs dites résiduelles, qui subsistent après la correction.

Formalisons la méthode décrite précédemment. Soit $d(x,y)$ la distance entre les deux caractères x et y définie par :

$$d(x,y) = \sum_{i=1}^{N} (x_i - y_i) \bmod 2$$

où N est le nombre de bits du caractère et x_i, y_i sont les différentes valeurs des N bits ($i = 1\ldots N$).

La distance de Hamming est définie par la formule :

$$d_H = \inf d(x,y)$$

où la borne inférieure s'applique à l'ensemble des caractères de l'alphabet.

Dans le premier exemple, la distance de Hamming est égale à 1. Dans le nouvel alphabet, qui a été déterminé pour corriger les erreurs, $d_H = 3$. Pour pouvoir détecter et corriger une seule erreur, il faut que les différents caractères du même alphabet satisfassent à $d_H = 3$ de sorte que, en cas d'erreur, la distance entre le caractère erroné et le caractère exact soit de 1. On déduit le caractère supposé exact en recherchant le caractère dont la distance est de 1 par rapport au caractère erroné. On comprend que si la distance de Hamming est de 2 pour un alphabet, on ne peut décider du caractère le plus proche.

Si l'on veut corriger deux erreurs simultanément, il est nécessaire d'avoir une distance de Hamming égale à 5. En reprenant l'exemple précédent, on peut remplacer les quatre caractères par :

- 0000000000
- 0101111011
- 1010110101
- 1111001110

Avec ce nouvel alphabet, la distance de Hamming est de 5. Si le caractère 10001010 est reçu, on en déduit que le caractère émis est 11001110 puisque que $d(10001010,11221112) = 2$ et que $d(10001010,x) > 2$ si $x \neq 11001110$.

Ces exemples donnent l'impression que l'on ajoute beaucoup d'information pour chaque caractère. C'est vrai lorsque l'alphabet est composé de peu de caractères et qu'ils sont courts. S'il y a beaucoup de caractères, le nombre d'informations à ajouter est proportionnellement bien inférieur.

La détection d'erreur

Il existe de nombreuses techniques de détection d'erreur. Le bit de parité, par exemple, est un bit supplémentaire ajouté au caractère positionné de telle façon que la somme des éléments binaires modulo 2 soit égale à 0 ou à 1. Ce bit de parité est déterminé à partir d'un caractère – on prend souvent un octet – composé soit de bits successifs, soit de bits que l'on détermine de façon spécifique. Cette protection est assez peu performante, puisqu'il faut ajouter 1 bit tous les 8 bits, si le caractère choisi est un octet, et que deux erreurs sur un même octet ne sont pas détectées.

Les méthodes les plus utilisées s'effectuent à partir d'une division de polynômes. Supposons que les deux extrémités de la liaison possèdent en commun un polynôme de degré 16, par exemple $x^{16} + x^8 + x^7 + 1$. À partir des éléments binaires de la trame notés a_i, $i = 0\ldots$, $M - 1$, où M est le nombre de bits formant la trame, on constitue le polynôme de degré $M - 1$ suivant :

$$M - 1 : P(x) = a_0 + a_1 x + \ldots + a_{M-1} x^{M-1}$$

Ce polynôme est divisé dans l'émetteur par le polynôme générateur de degré 16. Le reste de cette division est d'un degré maximal de 15, qui s'écrit sous la forme suivante :

$$R(x) = r_0 + r_1 x + \ldots + r_{15} x^{15}$$

Les valeurs binaires r_0, $r_1 \ldots r_{15}$ sont placées dans la trame, dans la zone de détection d'erreur. À l'arrivée, le récepteur effectue le même algorithme que l'émetteur en définissant un polynôme formé par les éléments binaires reçus et de degré $M - 1$. Il effectue la division par le polynôme générateur et trouve un reste de degré 15, qui est comparé à celui qui figure dans la zone de contrôle d'erreur. Si les deux restes sont identiques, le récepteur en déduit que la transmission s'est bien passée. En revanche, si les deux restes sont différents, le récepteur en déduit une erreur dans la transmission et demande la retransmission de la trame erronée.

Cette méthode permet de trouver pratiquement toutes les erreurs qui se produisent sur le support physique. Cependant, si une erreur se glisse dans la zone de détection d'erreur, on conclut à une erreur, même si la zone de données a été correctement transportée, puisque le reste calculé par le récepteur est différent de celui transporté dans la trame. Si la trame fait 16 000 bits, c'est-à-dire si elle est mille fois plus longue que la zone de détection d'erreur, on ajoute une fois sur 1 000 une erreur due à la technique de détection elle-même.

L'efficacité de la méthode décrite dépend de nombreux critères, tels que la longueur de la zone de données à protéger ou de la zone de contrôle d'erreur, le polynôme générateur, etc. On estime qu'au moins 999 erreurs sur 1 000 sont ainsi corrigées. Si le taux d'erreur sur le médium est de 10^{-6}, il devient 10^{-9} après le passage par l'algorithme de correction, ce qui peut être considéré comme un taux d'erreur résiduelle négligeable.

La zone de détection d'erreur est parfois appelée CRC (Cyclic Redundancy Check), nom générique de la méthode décrite ci-dessus, et parfois FCS (Frame Check Sequence), ou séquence d'éléments binaires engendrée par le contenu de la trame.

Les turbocodes forment une classe de solutions permettant de détecter et de corriger des erreurs en ligne en utilisant simultanément deux codes qui, individuellement, ne donneraient pas de résultat extraordinaire. Les turbocodes apportent ainsi une nouvelle méthode de codage à deux dimensions extrêmement efficace pour la correction d'erreur.

Architecture des routeurs

Les routeurs sont des équipements réseau capables de router les blocs d'information qui leur arrivent. Ces blocs d'information peuvent être des paquets (pour ce qui concerne le niveau 3) ou des trames (pour le niveau 2). Les routeurs les plus connus sont les routeurs IP, puisqu'un paquet IP possède l'adresse complète du destinataire du paquet. On a tendance à faire l'amalgame entre routeur et routeur IP puisque le paquet IP s'est imposé comme le standard unique de niveau 3. L'apparition toute récente des routeurs de niveau 2 vise à améliorer les performances en traitant directement la trame. L'architecture protocolaire d'un routeur de niveau 3 est illustrée à la figure 5.24.

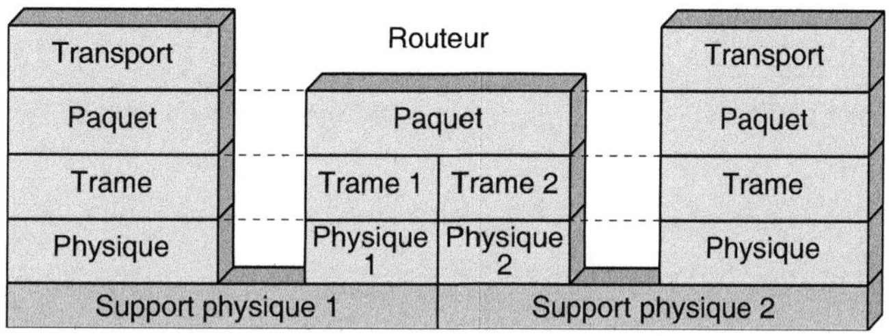

Figure 5.24

Architecture protocolaire d'un routeur

Les routeurs IP se différencient des commutateurs par le traitement de l'adresse du destinataire. Dans un routeur, le traitement s'exerce sur l'adresse complète et la consultation de la table de routage. Dans un commutateur, le traitement s'effectue sur la référence et utilise la table de commutation.

Dans les premiers routeurs, la recherche du port de sortie s'effectuait de façon logicielle, ce qui ralentissait énormément les transferts. La vitesse globale du routeur était en effet limitée par la puissance de traitement du protocole et des adresses. Pour un routeur logiciel, des ports atteignant un débit de 100 Mbit/s sont envisageables. Les routeurs matériels utilisent des ASIC (Application Specific Integrated Circuit), microprocesseurs à mémoires rapides, qui leur offrent un niveau de performance sans commune mesure avec celui des routeurs logiciels.

Un routeur est composé d'interfaces d'accès et de sortie, d'un ou plusieurs processeurs, de modules de mémoire et d'une unité d'interconnexion. Cette dernière fait souvent appel à une technologie de commutation qui est détaillée dans la suite du chapitre. Le paquet est d'abord traité par l'interface d'entrée, puis le processeur de traitement de la table de routage choisit l'interface de sortie, le paquet étant mémorisé dans un module mémoire. Le paquet est ensuite transféré vers l'interface de sortie par l'unité d'interconnexion. La figure 5.25 illustre l'architecture interne d'un routeur.

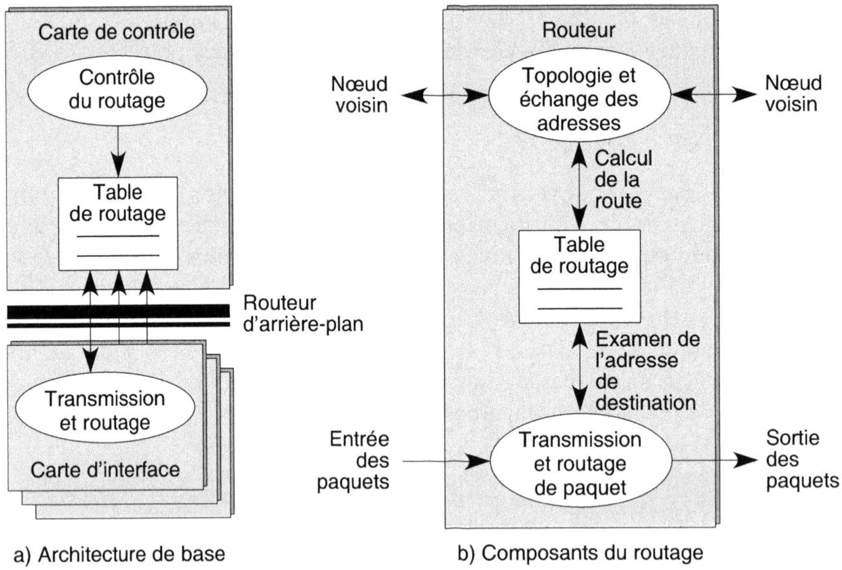

Figure 5.25

Architecture interne d'un routeur

La détermination du port de sortie incombe au processeur gérant la table, qui doit trouver la meilleure route pour aller vers l'adresse de destination du paquet. Dans un environnement IP, on utilise pour cela des protocoles de routage de type RIP (Routing Information Protocol) ou OSPF (Open Shortest Path First) (*voir le chapitre 10*). Cela suppose une connaissance de la topologie du réseau et éventuellement des défaillances des liaisons et des fortes congestions.

Pour router un paquet IP, il faut, dans l'ordre, valider le paquet et ses différents champs puis rechercher le port de sortie, qui peut être local, distant ou multicast. Dans ce dernier cas, il faut éventuellement, après traitement, dupliquer le paquet sur plusieurs ports de sortie. Il convient ensuite de contrôler le temps de vie du paquet (valeur du champ TTL, ou Time To Live). Il faut en outre, que ce soit ans IPv4 ou IPv6, recalculer la zone de détection d'erreur. éventuellement, il faut fragmenter ou réassembler les paquets pour les rendre compatibles avec les paquets ou les trames de la ligne de sortie.

Pour accélérer la vitesse de traitement, il est possible d'utiliser un cache de routage, comme illustré à la figure 5.26.

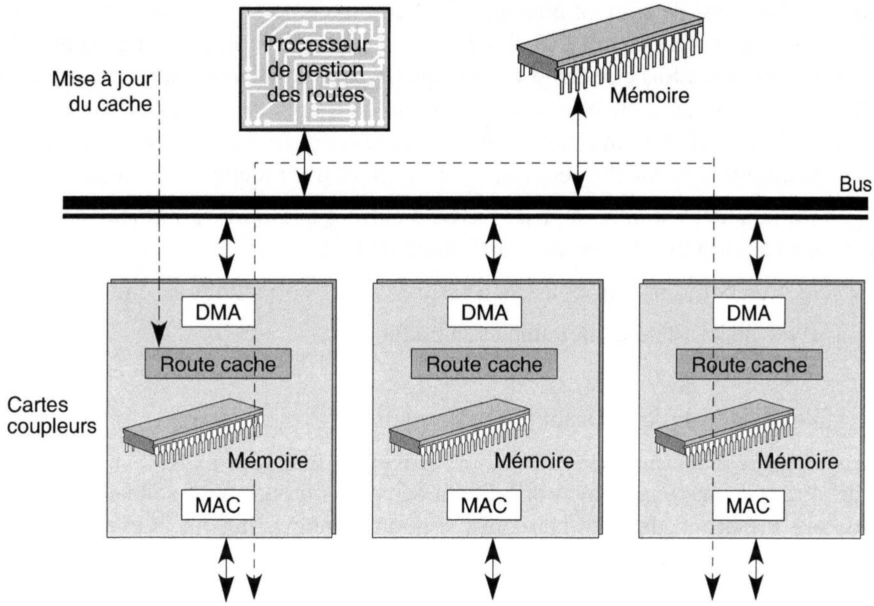

Figure 5.26

Routeurs avec cache mémoire de traitement de l'adresse

Architecture des commutateurs

Les architectures des commutateurs sont assez semblables dans la plupart des technologies de commutation telles que ATM ou Ethernet commuté ainsi que dans le cœur de commutation des routeurs, c'est-à-dire dans l'élément central du routeur permettant le transfert d'un paquet d'une interface d'entrée vers une interface de sortie une fois le nœud suivant choisi. Comme la plupart des commutateurs sont de niveau 2, on parle de commutateur de trames, même s'il s'agit de façon sous-jacente de commutateur de paquets.

De nombreuses catégories d'architectures de commutateurs ont été proposées et des types très variés de circuits VLSI (Very Large Scale Integration), les fameuses puces de silicium, ont été développés dans les laboratoires de recherche et chez les industriels. Les diverses publications issues de ces travaux distinguent trois types principaux d'architecture, comme indiqué au chapitre 2 : à mémoire partagée (*shared-memory*), à support partagé (*shared-medium*) et à division spatiale (*space-division*).

Étant donné les vitesses élevées des lignes de transmission modernes, les commutateurs doivent pouvoir transférer les trames à des débits extrêmement rapides, de l'ordre de cent mille à un million de trames par seconde et par ligne d'entrée. La réalisation de tels commutateurs demande des composants à haute performance.

Les commutateurs doivent être capables de supporter des trafics tant homogènes que sporadiques. Par ailleurs, la qualité de service fournie par le réseau étant affectée par le délai de transfert de bout en bout et la probabilité de perte de trames, une différenciation des services est nécessaire. Les objectifs et critères de performance de cette différenciation peuvent toutefois être opposés, tels que la perte d'aucune trame, mais avec un temps de latence important, ou au contraire la perte de trame, mais avec un temps de traversée réduit. Un service de commutation avec priorité est donc essentiel pour que les différentes classes de services puissent coexister à l'intérieur d'un même commutateur.

Un commutateur est un composant avec *n* entrées et *n* sorties qui achemine les paquets arrivant sur les entrées vers leur destination de sortie.

Le rôle d'un commutateur consiste à assurer les trois fonctions essentielles suivantes :

- analyse de l'en-tête de la trame et sa traduction ;
- commutation spatiale, ou routage ;
- multiplexage des trames sur la sortie requise.

Les données des utilisateurs sont transportées dans le champ de données des trames et transférées de manière asynchrone. Du fait de son comportement statistique et parce qu'un nombre important de flots peuvent partager la même liaison, le commutateur doit se synchroniser sur les instants d'entrée des trames dans le nœud. Le commutateur examine l'en-tête de chaque trame pour identifier la porte de sortie de la trame. Cette identification s'effectue soit par l'intermédiaire de la référence qui détermine le chemin, soit par l'adresse complète du destinataire dans le cas d'un routage. Il convertit la zone de supervision en un nouvel en-tête pour le nœud de commutation suivant, gère le routage et envoie des informations de contrôle et de gestion dans les réseaux associés.

Dans un commutateur ATM, la commutation s'effectue à partir du VCI (Virtual Channel Identifier) ou du VPI (Virtual Path Identifier) contenus dans l'en-tête de la cellule. Des mécanismes de contrôle de collision permettent aux trames provenant de différentes entrées d'accéder à la file d'attente d'un même multiplex, qui n'est autre qu'une voie de communication prenant en charge plusieurs flux simultanément. Les trames sont commutées individuellement, l'horloge interne du commutateur travaillant à un rythme correspondant au temps de transmission d'une trame ATM. Par exemple, si la ligne de communication la plus rapide a un débit de 10 Gbit/s, la durée de la transmission d'une trame ATM est de 42,4 ns. Dans ce cas, le commutateur est rythmé à la cadence d'une décision toutes les 42,4 ns.

Les commutateurs Ethernet ont à prendre en charge des trames un peu plus longues, de 64 octets à 1 500 octets. Le temps de traitement étant identique que la trame soit courte ou longue, on comptabilise la performance d'un commutateur par le nombre de trames émises par seconde. Bien sûr, il faut tenir compte de la longueur moyenne des trames pour déterminer la vitesse des lignes de sortie.

La réalisation d'un commutateur peut s'effectuer de diverses façons. Dans tous les cas, il faut créer une fonction de stockage, qui peut se trouver à l'entrée, à la sortie ou le long de la chaîne de commutation. À l'intérieur du commutateur, diverses techniques de routage peuvent être mises en œuvre : circuit virtuel, autoroutage ou datagramme. Deux des principales fonctions assurées par le commutateur correspondent au routage et à la mémorisation des trames. Des fonctions optionnelles, telles que le recouvrement d'erreur ou le contrôle de flux, peuvent être éventuellement implémentées dans les commutateurs.

Un commutateur doit satisfaire à de nombreuses contraintes, notamment les suivantes :

- très haut débit ;
- faible délai de commutation ;
- très faible taux de perte de trames ;
- gestion des applications multicast (communication multipoint) ;
- modularité et extensibilité ;
- faible coût d'implémentation.

De plus, un commutateur moderne doit être pourvu de fonctions de distribution et de gestion des priorités.

Les passerelles

On ne peut plus concevoir un réseau sans un passage vers l'extérieur. Il faut interconnecter les réseaux pour qu'ils puissent s'échanger des informations. Le nœud qui joue le rôle d'intermédiaire s'appelle une passerelle, ou *gateway* (terme générique). Ce nœud intermédiaire peut être plus ou moins complexe, suivant la ressemblance ou la dissemblance des deux réseaux à interconnecter. Si les deux réseaux sont identiques, la passerelle est extrêmement simple. À l'inverse, si les deux architectures à interconnecter sont dissemblables, les moyens à mettre en œuvre deviennent vite lourds et complexes.

Pour contrecarrer le développement un peu anarchique et la prolifération des solutions réseau côté constructeur, le modèle de référence a eu pour objectif la standardisation des architectures réseau. L'objectif visé était d'éviter de passer d'une architecture à une autre par le biais de passerelles, toujours coûteuses et complexes à mettre en œuvre.

Les interfaces IP ont résolu en grande partie le problème de l'hétérogénéité des infrastructures réseau. Cependant, les solutions pour transporter un paquet IP restent très diverses, que ce soit à l'intérieur d'une entreprise ou dans un réseau d'opérateur. De plus, l'interconnexion doit également se faire dans les niveaux hauts de l'architecture.

Cela explique pourquoi l'interconnexion de technologies différentes rend nécessaire le recours à des passerelles permettant de relier différentes catégories de réseaux. Avec la multiplication des réseaux, Internet, mobiles, sans fil, etc., à laquelle on assiste depuis quelques années, ces passerelles sont devenues indispensables, tant pour les constructeurs que pour les utilisateurs.

De plus, les équipements intermédiaires que l'on rencontre le long d'un chemin pour résoudre des problèmes spécifiques sont également en plein développement, comme les pare-feu et les appliances en tout genre permettant d'assurer le contrôle du trafic ou la répartition de charge.

La convergence fixe/mobile est une autre raison importante de la multiplication des passerelles, même si les systèmes que l'on met en place depuis plusieurs années permettent souvent d'exécuter les mêmes applications sur un terminal mobile et sur un terminal fixe. C'est en particulier l'objectif de l'IMS (IP Multimedia Subsystem). Les nouveaux réseaux sans fil demandent de surcroît des machines intermédiaires pour gérer les cellules, à l'image des contrôleurs, qui sont détaillés plus loin dans ce chapitre.

Si l'on s'en tient strictement à la définition d'une passerelle, on peut réaliser une interconnexion de réseaux à n'importe quel niveau de l'architecture du modèle de référence. Cependant, la règle générale est la suivante : l'utilisation d'une passerelle de niveau N est nécessaire lorsque les couches inférieures à N sont différentes, mais que toutes les couches, à partir de la couche $N + 1$, sont identiques.

Les trois catégories de passerelles les plus répandues sont les ponts, les routeurs et les relais. On distingue également les ponts-routeurs (bridge-routers), qui, bien que non normalisés, sont largement utilisés.

Une hiérarchie de noms a été définie pour prendre en compte le niveau de l'interconnexion en se référant au modèle de référence. Ces différents niveaux sont illustrés à la figure 5.27. Un répéteur est une passerelle de niveau 1, ou physique ; un pont est une passerelle de niveau 2, ou trame ; un relais est une passerelle de niveau 3, ou paquet ; un relais de transport est une passerelle de niveau 4, ou message, etc.

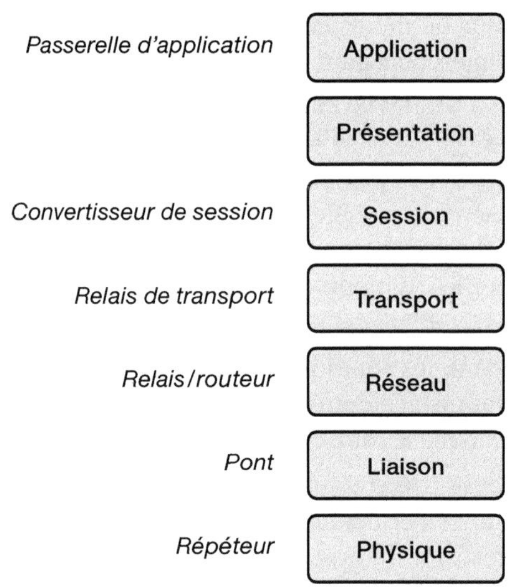

Figure 5.27

Hiérarchie des passerelles

Les termes « commutateur » et « routeur » ne sont pas liés à un niveau. Un commutateur est un organe de type pont lorsque la commutation est effectuée au niveau 2 et de type relais lorsqu'elle est effectuée au niveau 3. Par exemple, un commutateur Ethernet est de type pont tandis qu'un commutateur X.25 est de type relais. De même, un routeur est de type pont lorsque le routage est effectué au niveau 2 et de type relais lorsque le routage est effectué au niveau 3. Le terme « routeur » a été tellement associé au routage IP de niveau 3 qu'il semble naturel de l'utiliser pour indiquer un relais de niveau paquet. Ce n'est toutefois exact que pour le monde IP, qui représente tout de même quasiment 99 % des relais de niveau 3.

Les répéteurs

Un répéteur est une passerelle de niveau physique entre deux réseaux comportant un niveau trame commun. Par exemple, un répéteur Ethernet est un équipement qui répète automatiquement les trames d'un brin Ethernet vers un autre brin Ethernet.

Le rôle du répéteur est d'envoyer une trame plus loin que ne le permet un simple câble, dont la longueur est limitée par l'atténuation du signal. Dans le cas de l'Ethernet à 10 Mbit/s, un câble coaxial blindé ne peut dépasser une longueur de 500 mètres sous peine de voir le taux d'erreur devenir inacceptable.

Regardons plus précisément le cas du réseau Ethernet. Nous savons que la couverture maximale d'un réseau Ethernet à 10 Mbit/s est limitée à 2,5 kilomètres, puisque le temps de propagation d'une extrémité à l'autre du support physique ne peut dépasser 51,2 microsecondes. La question est de savoir comment atteindre ces 2,5 kilomètres si la longueur maximale d'un brin ne peut excéder 500 mètres. La réponse est simple : il suffit de connecter des brins les uns aux autres en utilisant des répéteurs.

Les répéteurs n'empêchent pas les collisions, mais rendent difficile leur répétition sur le brin suivant. En effet, un répéteur n'est pas autre chose qu'un registre à décalage, c'est-à-dire un ensemble de registres dans lesquels les informations sous forme de 0 et de 1 viennent se mémoriser et se décalent pour laisser entrer un nouvel élément binaire. Le registre d'entrée s'attend à recevoir un 0 ou un 1 et non un signal provenant d'une superposition. Il est donc très difficile de répéter des signaux qui ne sont ni des 0 ni des 1. C'est la raison pour laquelle les répéteurs remplacent les éléments en collision par une série de bits spécifiques permettant aux autres stations de détecter la collision.

Les répéteurs peuvent éventuellement changer de support physique tout en respectant la structure de la trame en cours d'acheminement. Par exemple, on peut passer d'un support métallique à une fibre optique ou à un support hertzien d'un réseau sans fil. C'est la raison pour laquelle il est possible de réaliser des réseaux Ethernet ayant des parties métalliques, optiques et hertziennes.

En résumé, un répéteur est un organe inintelligent qui permet d'allonger la longueur du support physique, au contraire d'un pont, qui filtre les messages sur leur adresse de destination.

Les ponts

Le pont, ou *bridge*, est une passerelle de niveau 2. Cet équipement de réseau assez simple à mettre en œuvre a beaucoup évolué depuis l'apparition des premiers réseaux Ethernet.

Un pont unit des réseaux proches ou distants en remontant jusqu'au niveau trame. Il reçoit une trame et calcule la ligne de sortie grâce à un algorithme de routage ou à la table de commutation. Il filtre les trames reçues en examinant l'adresse de niveau 2 et en ne laissant passer que les trames destinées à l'extérieur.

L'architecture d'un pont est illustrée à la figure 5.28. Le pont crée un réseau virtuel à partir d'un ensemble de sous-réseaux, en ignorant les protocoles des couches supérieures. La couche 2 est en fait divisée en deux sous-couches : la couche MAC (Medium Access Control) et la couche LLC (Logical Link Control). Le pont peut accepter des contrôles d'accès différents, mais doit avoir le même protocole de liaison.

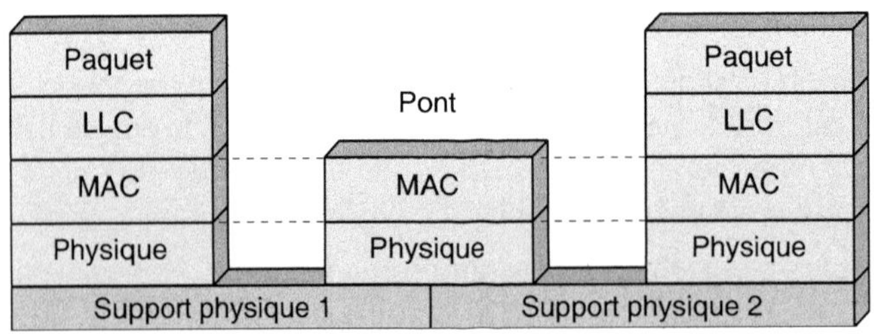

Figure 5.28

Architecture d'un pont

Le pont enregistre dans des tables internes les adresses de toutes les stations connectées au réseau. Si une station est ajoutée ou enlevée, le système doit être reconfiguré. C'est la raison pour laquelle les ponts ne peuvent *a priori* être utilisés que dans des environnements bien localisés. Dès que le nombre de stations est important, la gestion des adresses devient très complexe.

L'interconnexion de sous-réseaux par des ponts autorise des débits élevés, puisque le nombre de niveaux à traverser est petit et qu'on ne remonte que d'un niveau pour arriver au niveau trame. Les passerelles de niveau paquet, ou relais, sont moins puissantes puisque, à chaque passage d'un relais, il faut traverser les niveaux 1 puis 2 pour arriver au niveau 3.

Deux grands protocoles de routage de niveau pont, le Spanning Tree et le Source-Routing, ont été développés respectivement pour les réseaux Ethernet et Token-Ring. Comme la solution Token-Ring a quasiment disparu, il ne reste dans les faits pratiquement plus que le Spanning Tree. Cependant, le Source-Routing étant utilisé dans d'autres circonstances, il est également décrit brièvement dans la suite.

Le protocole Spanning Tree

Normalisé en 1990 par le comité IEEE 802.1, dans le groupe de travail IEEE 802.1D, le protocole STP (Spanning Tree Protocol) est prévu pour l'interconnexion de tout type de réseau. Il consiste en la constitution, à partir de n'importe quelle topologie, d'un arbre qui recouvre parfaitement le réseau et dans lequel, à partir de n'importe quelle feuille de l'arbre, tout point du réseau est accessible.

Pour le bon fonctionnement du protocole, le réseau doit satisfaire aux conditions suivantes :

- Une identification unique (ID) doit être associée à chaque pont du réseau.
- Le pont ayant le plus petit ID doit être choisi comme racine de l'arbre.

Les ponts échangent des messages appelés « Hello », dans lesquels ils indiquent leur ID ainsi que l'ID du pont qu'ils considèrent comme la racine de l'arbre par lequel doivent transiter leurs trames. Lorsqu'ils reçoivent une ID inférieure à celle désignée comme leur pont racine, ils rectifient l'ID du pont qui leur sert de racine pour prendre la nouvelle valeur. En d'autres termes, ils déterminent un nouveau pont racine. Avec le temps, chaque pont finit par déterminer la racine de l'arbre, c'est-à-dire le pont racine. Ensuite, chaque pont calcule la distance qui le sépare de la racine. Cette distance est calculée de proche en proche : à chaque pont traversé, les distances sont incrémentées de 1.

Sur chaque réseau physique, un pont est choisi comme étant le plus proche de la racine. Si deux ponts d'un même réseau sont à la même distance de la racine, la plus petite ID est choisie. Tout le trafic issu de ce réseau et à destination d'un autre réseau physique passe par ce pont, appelé pont élu. Grâce à ce protocole, tout réseau physique est assimilable à un arbre virtuel, et il n'existe pas de boucle dans le réseau.

On peut reprocher à ce protocole des performances éventuellement dépendantes de la topologie du réseau. De plus, si les ID des ponts ne sont pas définies par le gestionnaire du réseau, mais par le constructeur, le pont élu comme racine est indépendant de la volonté du gestionnaire et peut constituer un goulet d'étranglement.

L'algorithme du Spanning Tree possède des variantes dont la plus intéressante est le RSTP (Rapid Spanning Tree Protocol), normalisé en 1998 par le groupe IEEE 802.1w. Cet algorithme permet de ramener la convergence du protocole de 30 secondes en moyenne à 6 secondes en moyenne.

Le protocole Source-Routing

Normalisé par le comité IEEE 802.5, le protocole Source-Routing a été utilisé au départ pour l'interconnexion de réseaux Token-Ring. Ce protocole est toujours utilisé dans d'autres contextes, aussi bien issus des réseaux IP que des réseaux locaux. Un exemple important étudié au chapitre 17 provient de protocoles normalisés pour les réseaux ad-hoc.

Lorsqu'une station X veut envoyer des informations à une station Y, elle envoie en diffusion une trame de découverte du chemin. Un pont qui voit arriver une trame de ce type y ajoute sa propre adresse et retransmet cette trame vers tous les réseaux, à l'exception de celui par lequel la trame est arrivée. La station destination Y voit donc arriver une ou plusieurs trames et retourne à X toutes les trames reçues en utilisant les informations d'acheminement trouvées dans chacune. Ensuite, X peut utiliser les routes que le protocole lui a permis de découvrir. Son choix est guidé par divers paramètres, tels que délais d'acheminement, nombre de ponts traversés, longueur de trame permise, etc.

Les trames constituées par chaque station présentent la structure suivante : elles commencent par l'adresse de destination, suivie de l'adresse source, des informations de routage, de l'adresse DSAP (Destination Service Access Point), de l'adresse SSAP (Source Service Access Point), des données de contrôle et enfin des données à transporter, pour se terminer par une zone FCS (Frame Check Sequence). Cette suite s'exprime par la séquence :

@Dest.~@Source~Info-routage~DSAP~SSAP~Contrôle~Données~FCS.

La longueur des adresses destination et source est de 2 ou 6 octets, et celle de chaque élément de l'information de routage de 2 octets.

Les relais-routeurs

Comme indiqué au début de ce chapitre, « relais » est le terme normalisé pour indiquer une passerelle de niveau 3, ou paquet. Comme le monde IP a maintenant quasiment l'exclusivité du niveau 3, la tendance est d'utiliser le terme « routeur » pour exprimer un relais de niveau paquet IP. Malheureusement, ce terme peut prêter à confusion lorsqu'on parle d'un routeur de niveau trame. Le concept de routeur n'est pas lié à un niveau, mais à une technologie. Parler de routeur, c'est donc le plus souvent parler de routeur IP, ce que fait le présent chapitre. Cependant, il faut se rappeler qu'un routeur de niveau 2 est imaginable, même si ce n'est pas un cas classique, si les trames contiennent l'adresse complète du destinataire.

Les routeurs multiprotocoles

Les routeurs multiprotocoles se distinguent par l'éventail de protocoles réseau gérés ainsi que par le nombre et le type des interfaces réseau supportées. Ces produits sont relativement complexes, ce qui explique qu'un faible nombre de sociétés se soit spécialisé dans ces routeurs.

Un routeur multiprotocole possède plusieurs interfaces de niveau trame et plusieurs protocoles de niveau paquet. Lorsque la trame se présente dans le routeur, elle est décapsulée de façon que le paquet soit récupéré. Après examen de la zone d'adresse du paquet, celui-ci peut être transcodé dans le format paquet d'un autre protocole avant d'être encapsulé dans une nouvelle structure de trame.

Les routeurs multiprotocoles peuvent supporter un pont-routeur, ou bridge-router (*voir plus loin*). Le nœud peut dans ce cas reconnaître la référence ou l'adresse de niveau trame et router ou commuter la trame sans remonter au niveau paquet. Si la référence ou l'adresse de niveau trame n'est pas reconnue, on passe au niveau paquet pour router le paquet sur l'adresse de niveau 3.

À la différence d'un pont, un routeur peut isoler certains segments du réseau et créer des domaines. Il permet d'offrir une bonne isolation entre chaque réseau connecté, évitant ainsi la propagation des signaux émis en broadcast. Actuellement, les vitesses atteintes par les routeurs d'entreprise sont de 10 000 à 15 000 paquets/s et avoisinent souvent les 100 000 paquets/s. Du fait de l'augmentation constante des débits des applications, il a fallu, à la fin des années 1990, se pencher sur la conception de routeurs beaucoup plus puissants, en particulier pour les opérateurs, capables de router d'un à mille millions de paquets par seconde. Ils sont détaillés à la section suivante.

Les gigarouteurs

La génération de routeurs haut débit, appelés gigarouteurs ou térarouteurs, repose sur une distribution de la table de routage et du traitement du paquet dans l'interface d'accès puis sur l'utilisation d'un commutateur pour transporter le paquet d'un port d'entrée vers un port de sortie.

La figure 5.29 donne une idée de l'architecture d'un gigarouteur. Les gigarouteurs permettent aux ports d'accès d'atteindre des vitesses de 10 et de 100 Gbit/s. La transmission de paquets IP à ces vitesses est exploitée aujourd'hui par les techniques IP sur SONET (Synchronous Optical Network) et MPLS.

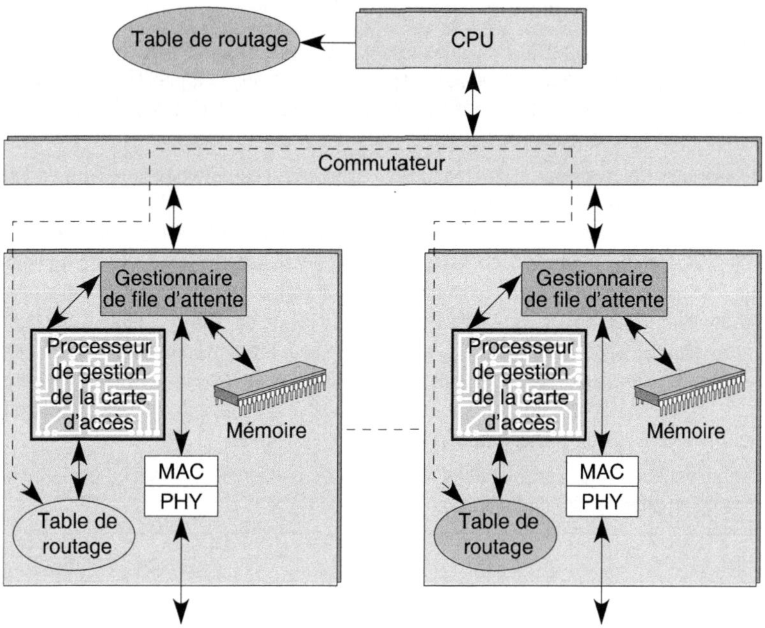

Figure 5.29

Architecture d'un gigarouteur

Les commutateurs forment le cœur des routeurs très haut débit pour permettre de réaliser des accès à plusieurs centaines de mégabits voire de gigabits par seconde.

Les bridge-routers

Les bridge-routers, aussi appelés b-routeurs ou ponts-routeurs, ont pour rôle d'allier le meilleur des deux technologies. Ils intègrent, selon les produits, les trois couches basses, physique, liaison et paquet, et essaient d'agir sur le niveau liaison lorsqu'ils en ont la possibilité, faute de quoi ils remontent au paquet pour traiter l'adresse de niveau paquet. En d'autres termes, les bridge-routers reçoivent une trame qui est traitée comme si l'organe était un pont. Si le pont de niveau trame ne permet pas de déterminer la direction dans laquelle il faut envoyer la trame, celle-ci est décapsulée pour récupérer le paquet qu'elle transporte dans sa zone de données. La passerelle a maintenant un paquet à examiner, et elle joue le rôle de passerelle de niveau 3 qui est généralement un routeur IP.

Le bridge-router est un organe assez complexe puisqu'il demande une gestion des tables de niveau trame et de niveau paquet. En revanche, c'est un équipement très performant du point de vue des possibilités de traitement des références et des adresses.

Les techniques de tunneling

Les techniques d'interconnexion rencontrées jusqu'à présent ne concernent que la translation de l'information d'une trame vers une autre trame ou d'un paquet vers un autre paquet. Une autre méthode, totalement différente, appelée encapsulation, consiste à placer une trame à l'intérieur d'une autre trame ou un paquet à l'intérieur d'un autre paquet.

Par exemple, l'interconnexion d'un réseau IPv6 avec un réseau IPv4 peut se faire de la façon suivante. Supposons qu'un client IPv6 souhaite transmettre un paquet IPv6 à un client qui travaille sur une machine terminale IPv6. Supposons également que le seul réseau qui interconnecte ces deux machines soit l'Internet de type IPv4. Une première solution serait de faire une translation, c'est-à-dire de transférer l'intérieur du paquet IPv6 dans le paquet IPv4 et, à l'arrivée, de transférer à nouveau le contenu du paquet IPv4 dans un paquet IPv6. Cette solution est possible, mais complexe, car il faut redéfinir complètement les zones de supervision des paquets transférés. C'est la raison pour laquelle on préfère utiliser une autre méthode : dans la machine terminale de l'émetteur, on encapsule le paquet IPv6 à l'intérieur d'un paquet IPv4. Le paquet IPv4 est transporté sur Internet, et, à l'arrivée, on décapsule le paquet IPv4 pour retrouver le paquet IPv6. On a en fait utilisé le réseau IPv4 comme un tunnel.

Pour interconnecter deux réseaux sans recourir à une passerelle, l'utilisation d'un tunnel est classique. C'est ce qu'on appelle faire du tunneling.

Translation et encapsulation

Les deux principaux niveaux d'interconnexion sont, comme indiqué précédemment :

- le niveau trame, avec des ponts ;
- le niveau paquet, avec des routeurs.

Si l'on reste au niveau pont, deux solutions sont envisageables : la translation et l'encapsulation.

Dans la translation, les adresses source et destination des stations terminales sont véhiculées dans les en-têtes. Dans l'encapsulation, une trame complète venant du réseau local est incluse dans la trame du réseau qui va servir de tunnel. Cette méthode ne demande pas de traitement de la trame, mais, comme elle n'est pas normalisée, elle présente l'inconvénient de se restreindre à un monde homogène, c'est-à-dire d'aller d'une station terminale avec un protocole X à une station terminale utilisant le même protocole X.

La figure 5.30 illustre l'architecture d'une technique d'encapsulation de niveau paquet. On suppose qu'une machine terminale d'une entreprise utilise le protocole IPv6 et qu'elle veuille se connecter à réseau local IPv6. Le client est représenté par la pile de gauche et l'entreprise par la pile de droite. Le protocole indiqué avec la valeur 3' est donc IPv6.

Pour interconnecter cette station et le réseau local, seul le réseau Internet IPv4 est disponible. IPv4 est représenté par le protocole indiqué par la valeur 3. La station terminale encapsule son paquet IPv6 (protocole 3') dans un paquet IPv4 (protocole 3). Ce paquet IPv4 est transporté sur Internet jusqu'au routeur d'accès de l'entreprise, qui est symbolisé par la pile de protocoles du milieu. Dans ce routeur, le paquet IPv4 (protocole 3) est décapsulé pour retrouver le paquet IPv6 (protocole 3'). Ce paquet IPv6 est ensuite transporté en IPv6 dans le réseau local, représenté par la partie droite du schéma.

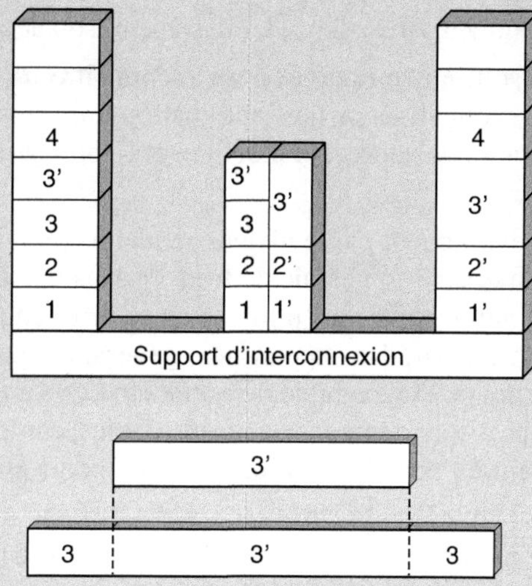

Figure 5.30

Encapsulation de niveau paquet

La même solution s'offre au concepteur de réseau pour interconnecter des machines IPv4 par l'intermédiaire d'un réseau IPv6. Il suffit d'encapsuler le paquet IPv4 dans le paquet IPv6 puis, à l'arrivée, de décapsuler le paquet IPv6 pour retrouver le paquet IPv4.

Les deux solutions d'encapsulation sont comparables. Celle qui sera la plus pratiquée dépendra de la façon de passer d'IPv4 à IPv6. Une première solution consiste à supposer qu'un opérateur se décide à proposer un réseau IPv6 pour effectuer le transfert des paquets pour la simple raison qu'avec IPv6 il pourra offrir plus de services à ces clients qu'avec IPv4. Les clients resteront sûrement encore quelque temps en IPv4 avant de passer en IPv6. Il suffira alors d'encapsuler les paquets IPv4 dans les paquets IPv6 de l'opérateur. Maintenant, si ce sont les clients qui décident de passer en IPv6 – parce qu'ils peuvent indiquer plus d'informations dans leurs zones de supervision –, mais que les opérateurs restent en IPv4, on aura des encapsulations de paquets IPv6 dans des paquets IPv4.

Les pare-feu

Les fonctionnalités des pare-feu sont analysées en détail au chapitre 24. Le présent chapitre introduit ces équipements réseau, car ils deviennent de plus en plus nécessaires dans les réseaux d'aujourd'hui, même pour un particulier dès lors qu'il se rattache à Internet.

Un pare-feu, ou coupe-feu ou encore *firewall*, est, comme son nom l'indique, un équipement dont l'objectif est de séparer le monde extérieur du monde intérieur à protéger. Son rôle est de ne laisser entrer que les paquets dont l'entreprise est sûre qu'ils ne posent pas de problème.

Les pare-feu offrent de nombreuses fonctions, dont la principale est de trier ce qui entre et ce qui sort et de décider d'une action lorsque la reconnaissance a été effectuée. Les actions peuvent aller du rejet du paquet à sa compression-décompression, en passant par son examen par un antivirus, son ralentissement, son accélération, etc.

Divers moyens sont mis en œuvre pour reconnaître un paquet et plus généralement le flot, comme la reconnaissance de l'application qui transite par le pare-feu, l'adresse de destination ou l'adresse source, la machine et l'application sur laquelle le distant veut se connecter, etc.

Les pare-feu se distinguent par le niveau auquel ils travaillent. En règle générale, ils sont de niveau 4, ou message : on essaie de trouver dans le message de niveau TCP un moyen de reconnaître l'application. Les utilisateurs se différencient par leurs adresses source et destination, mais surtout, dans la première génération, par le numéro de port, qui indique l'application en cours. Par exemple, le port 80 indique une application HTTP. Cependant, les numéros de port sont de moins en moins fiables, car les attaquants se servent des ports ouverts et souvent du port 80 en utilisant le protocole HTTP comme d'une capsule dans laquelle ils intègrent leur message.

L'utilisation de numéros de port est assez restrictive, dans la mesure où de plus en plus d'applications possèdent des ports dynamiques, comme FTP, la plupart des applications P2P (peer-to-peer) ou les signalisations téléphoniques. De plus, deux clients peuvent déterminer entre eux un numéro de port sur lequel ils souhaitent communiquer.

L'évolution des pare-feu a consisté à monter dans les couches de protocoles de façon à atteindre la couche application afin de pouvoir déterminer l'application en cours. On appelle pare-feu applicatif, ou pare-feu de niveau 7, les pare-feu qui sont capables de distinguer clairement les applications.

Si le reproche longtemps adressé aux pare-feu était de prendre beaucoup de temps et de ne pas être capables de déterminer les applications au fil de l'eau, cela n'est plus vrai aujourd'hui. Les produits de pare-feu applicatifs introduits sur le marché depuis quelque temps ne prennent pas plus de temps que la plupart des équipements réseau rencontrés dans le monde IP. Tel est le cas du boîtier QoSMOS, qui est capable de filtrer et de déterminer les applications dans un laps de temps très court, de telle sorte que la sortie des paquets n'est retardée que d'un temps maximal égal au temps de traversée d'un routeur courant.

Le pare-feu s'installe souvent dans un boîtier dédié pour simplifier sa mise en œuvre, mais il peut également se trouver en différents points du réseau, allant du routeur au commutateur, en passant par un serveur spécialisé ou le poste client.

Les proxy

Les proxy permettent de rompre avec le modèle classique client-serveur d'une communication en interdisant une connexion directe du client au serveur. Il existe deux types principaux de proxy, les proxy de type applicatif et les proxy de type circuit.

Les proxy applicatifs interviennent au niveau 7, ou application, avec pour objectif de casser le modèle client-serveur pour passer au modèle client-client. Les seconds ne permettent pas une connexion TCP de bout en bout et sont plutôt destinés à du trafic sortant d'utilisateurs authentifiés.

Les proxy applicatifs

Comme expliqué précédemment, les proxy applicatifs interviennent au niveau application du modèle de référence. Leur objectif est de rompre avec le modèle client-serveur classique en le remplaçant par un double modèle client-serveur, comme illustré à la figure 5.31. La relation directe est coupée pour être remplacée par deux relations avec le proxy faisant la transition entre les deux relations c'est-à-dire entre le proxy jouant le rôle de serveur et le proxy jouant le rôle de client. En d'autres termes, une connexion TCP de bout en bout est remplacée par deux connexions mises bout à bout grâce au proxy.

Cette solution apporte une bonne sécurité puisqu'il faut exécuter l'application dans le proxy, ce qui permet de vérifier que le flot de paquets ne forme pas une attaque. On peut réaliser des pare-feu de type proxy qui sont équivalents à des pare-feu de niveau 7. L'inconvénient majeur de cette solution est la lourdeur et la difficulté d'obtenir de bonnes performances.

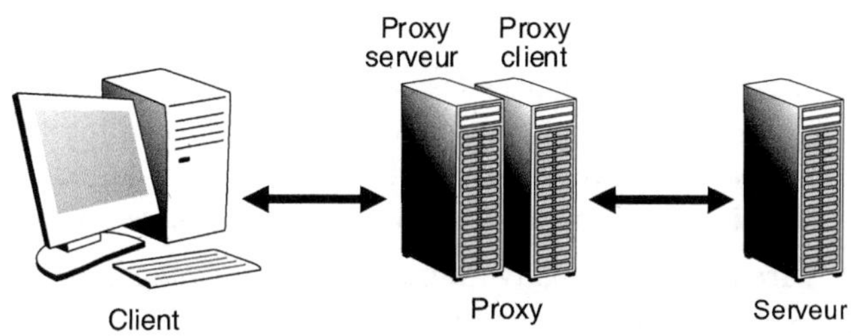

Figure 5.31

Proxy applicatif

Les proxy circuit

Les proxy de type circuit ont pour objectif de vérifier que la suite de paquets sur un chemin, ou circuit virtuel, est conforme aux RFC correspondantes. En effet, beaucoup d'attaques s'effectuent en insérant dans le flux normal de paquets des paquets d'attaque. Avec un proxy circuit, les différents champs des paquets sont vérifiés afin de garantir qu'aucun paquet ne porte une attaque.

Cette solution offre également une bonne sécurité en demandant une authentification de l'utilisateur qui va utiliser le chemin, au début de sa connexion.

Les appliances

Les appliances sont des boîtiers qui possèdent une ou plusieurs fonctions bien déterminées et qui s'insèrent facilement dans le réseau. L'avantage de ces boîtiers est généralement de pouvoir démarrer une nouvelle fonctionnalité sans avoir à programmer ni à adapter les logiciels existants. Les appliances peuvent servir à la sécurité, et donc intégrer un pare-feu, mais aussi, par le biais de fonctionnalités spécifiques, à la gestion de la qualité de service.

Cette section est essentiellement consacrée aux appliances permettant d'effectuer de la surveillance de la qualité de service et de l'accélération de flux IP.

Les appliances sur la surveillance des flux permettent de déterminer les différents flux qui transitent sur Internet et, après reconnaissance, de les traiter. Les traitements peuvent être extrêmement divers suivant les boîtiers (perte, compression, mise en attente, accélération, etc.).

Pour la reconnaissance de flux, de nombreuses possibilités sont aujourd'hui disponibles, la plus classique consistant à utiliser les numéros de port. Cependant, comme les applications les plus modernes utilisent des ports dynamiques, cette solution s'avère parfois désastreuse du point de vue de la reconnaissance des flots et donc de la sécurité ou de la gestion des flots de paquets IP. Une solution consiste à reconnaître les flots par leur grammaire, c'est-à-dire l'ensemble des règles à suivre pour réaliser l'écriture des messages applicatifs. Comme la grammaire est unique pour chaque application, il est possible de reconnaître un flot, même s'il est encapsulé dans d'autres flots, comme dans des tunnels L2TP. Une fois le flot reconnu, le boîtier peut effectuer une fonction décidée par le gestionnaire du réseau et programmée à l'avance.

On peut classer parmi les appliances les commutateurs ou les routeurs de niveau 4 ou 7, c'est-à-dire capables de commuter ou de router en fonction d'informations recueillies au niveau message ou applicatif. Par exemple, en fonction d'un numéro de port ou d'une reconnaissance de l'application, la décision de routage ou de contrôle peut différer.

Les accélérateurs de flots IP peuvent être également rangés dans les appliances. Ces derniers intègrent un moyen permettant de faire parvenir à l'émetteur une réponse plus rapidement ou d'effectuer un transfert de données, d'un point vers un autre, en moins de temps que sans accélérateur.

Les accélérations peuvent s'effectuer aux différents niveaux de l'architecture. En règle générale, plus le niveau est bas, plus l'accélération globale est importante. À l'inverse, plus le niveau est haut, plus l'accélération est lente et destinée à des applications particulières. Par exemple, il est possible de compresser le flux de niveau 1, et de réduire ainsi le nombre de paquets à transmettre, ou de diminuer leur taille, ce qui entraîne une charge moindre à l'intérieur du réseau et donc un meilleur temps de transit. Au niveau 2, on peut concevoir des accélérateurs pour la correction d'erreur lorsque le taux d'erreur est important. Au niveau 3, on peut jouer sur les adresses IP et sur le contenu des en-têtes des paquets IP. Enfin, aux niveaux supérieurs, on peut travailler sur des applications particulières plutôt que sur toutes les applications simultanément, comme aux niveaux 1, 2 et 3.

Les appliances concernent également l'accélération par la mémorisation d'informations dans des caches intermédiaires, c'est-à-dire dans des mémoires tampons qui se situent relativement près des entrées du réseau des opérateurs. On met dans le cache soit des pages entières d'information, si celles-ci sont fortement demandées, de telle sorte qu'il ne soit pas nécessaire d'aller rechercher la page sur le serveur d'origine, qui peut se situer à l'autre bout de la terre. On peut également mémoriser une partie de la page et ne chercher que des informations complémentaires. Par exemple, pour une page Web qui possède un fond assez gourmand en octets, seul le fond est gardé en un cache à proximité du client, et seules sont demandées au serveur les informations de type texte à mettre à jour. Les débits mesurés dans cette solution ne représentent que 5 à 20 % du débit total nécessaire au transport de la page complète.

Conclusion

La convergence au niveau paquet vers la technologie IP n'empêche pas une persistance des techniques d'interconnexion des réseaux. En effet, au niveau trame, une forte diversité existe encore entre les trames ATM et les différentes trames Ethernet. De même, au niveau paquet, la percée d'IPv6 va demander des interconnexions IPv4-IPv6 pendant un certain temps encore.

La tendance des grands opérateurs est de faire converger tous leurs réseaux cœur (réseau téléphonique, réseaux de données, réseaux cœur des réseaux de mobiles, etc.) vers un réseau unique de transport de paquets IP. Pour acheminer ces données, les paquets IP sont soit routés dans des routeurs, soit encapsulés dans des trames, pour être le plus souvent commutés. Pour permettre une sécurité du transport de ces paquets, de nombreuses solutions sont commercialisées avec plus ou moins de puissance et de succès.

Les appliances offrent diverses fonctions tout en restant généralement simples à mettre en œuvre. Leur rôle principal est d'améliorer les performances du réseau par des moyens extrêmement divers.

6

Le niveau trame

Comme expliqué au chapitre 2, le niveau trame est le niveau où circule l'entité appelée trame. Une trame est une suite d'éléments binaires qui ont été rassemblés pour former un bloc. Ce bloc doit être transmis vers le nœud suivant de telle sorte que le récepteur soit capable de reconnaître son début et sa fin. En résumé, le rôle du niveau trame consiste à transporter de l'information sur un support physique entre un émetteur et un récepteur. Sa fonction principale est de détecter les débuts et les fins des trames.

Le niveau trame est fondamentalement différent suivant que l'on a affaire à un réseau de niveau trame, c'est-à-dire un réseau qui ne remonte dans les nœuds intermédiaires qu'à la couche 2, ou couche liaison, pour router ou commuter, ou de niveau paquet, c'est-à-dire un réseau qui doit remonter jusqu'à la couche 3, ou couche réseau, pour effectuer le transfert. Dans une architecture de niveau trame, l'en-tête contient les zones qui permettent d'acheminer la trame vers le destinataire du message. Dans une architecture de niveau paquet, la zone de données de la trame contient un paquet. Les informations nécessaires à l'acheminement du message se trouvent dans les zones de supervision de ce paquet.

Ce chapitre présente les principales trames qui permettent de transporter des paquets dans une architecture de niveau trame, PPP, Ethernet et ATM. Le protocole HDLC, qui a été très populaire pendant la période de domination de X.25 et qui a quasiment disparu aujourd'hui, est détaillé à l'annexe D. Ce standard HDLC est cependant important, car il reste un modèle pour bien comprendre toutes les fonctionnalités de ce niveau.

La trame la plus importante est la trame Ethernet. C'est elle qui domine le monde des petits réseaux, des réseaux d'entreprise et des réseaux d'opérateurs. Elle a également pris une place sans partage dans les liaisons de type ADSL et dans les réseaux sans fil. C'est enfin la trame utilisée, légèrement modifiée, mais toujours compatible, à l'intérieur des datacenters et entre datacenters. En particulier, le protocole TRILL (Transparent Interconnection of

Lots of Links) l'utilise d'une manière particulière avec des RBridges (Routing Bridge) ou encore des commutateurs TRILL, que l'on pourrait aussi appeler des routeurs-ponts.

L'annexe D se penche également sur l'ancienne génération de niveau trame, appelée niveau liaison, dont la fonction était à la fois de jouer le rôle du niveau trame et de corriger les erreurs en ligne afin de rendre le taux d'erreur acceptable pour les couches supérieures. Dans ce dernier cas, une zone de détection d'erreur est ajoutée à la fin de la trame afin de déceler si une erreur s'est produite durant le transfert. Si tel est le cas, deux méthodes peuvent être mises en œuvre pour effectuer les réparations. Dans la première, des bits de contrôle ajoutés par l'émetteur permettent de détecter puis de corriger les erreurs. Dans la seconde, une retransmission est demandée au nœud précédent, qui doit avoir gardé une copie de la trame.

L'architecture de niveau trame

Le niveau trame (couche 2) a pour fonction de rendre un service au niveau juste supérieur, c'est-à-dire au niveau paquet (couche 3). Ce service concerne le transport des paquets de nœud à nœud. Plus précisément, son rôle est de transporter un paquet de la couche 3 ou un fragment de message de la couche 4 d'un nœud vers un autre nœud. Pour cela, le niveau trame demande à son tour au niveau juste inférieur, le niveau physique, un service, consistant à transporter les bits de la trame d'un nœud à un autre nœud. Cette section présente les fonctions nécessaires à la réalisation de toutes ces actions.

Les fonctionnalités du niveau trame

La spécificité du niveau trame est de transmettre les informations le plus rapidement possible entre deux nœuds. La partie importante des protocoles de niveau trame réside dans la structure de la trame et dans la façon de la reconnaître et de la traiter dans le temps le plus court possible.

La première fonctionnalité à implémenter concerne la reconnaissance du début et de la fin de la trame lorsque le flot d'informations binaires arrive au récepteur. Comment reconnaître le dernier bit d'une trame et le premier bit de la trame suivante ? Plusieurs générations de protocoles se sont succédé pour tenter d'apporter la meilleure réponse à ce problème :

- La première génération de protocoles de niveau trame comportait une reconnaissance par drapeau : le début et la fin de la trame étaient reconnaissables par la présence d'une suite d'éléments binaires, qui devait être unique. À cet effet, des techniques d'insertion étaient utilisées pour casser les suites qui ressembleraient à un champ de début ou de fin, appelé drapeau, ou fanion (*flag*). L'insertion de bits supplémentaires présente toutefois un inconvénient, puisque la longueur totale n'est plus connue à l'avance et que des mécanismes spécifiques sont requis pour ajouter ces bits à l'émetteur puis les retrancher au récepteur.
- La deuxième génération a essayé de trouver d'autres modes de reconnaissance, principalement des violations de codes ou des systèmes utilisant des clés pour repérer le

début et la fin d'une trame. L'avantage de ces techniques est de conférer à la trame une longueur déterminée et de ne perdre aucun temps de latence à son arrivée.

- La tendance de la génération actuelle consiste à revenir à la première solution, mais avec un drapeau suffisamment long pour que la probabilité de retrouver la même suite d'éléments binaires soit quasiment nulle. L'avantage de cette solution est de permettre une reconnaissance très simple du drapeau sans avoir à ajouter de bits ni à calculer la valeur d'une clé. La trame Ethernet correspond à cette définition grâce à un drapeau, appelé préambule, d'une longueur de 64 bits.

Les fonctionnalités du niveau trame ont été fortement modifiées depuis le début des années 1990. On a fait, par exemple, redescendre dans ce niveau les fonctions de la couche 3 (réseau), ou niveau paquet, en vue de simplifier l'architecture et d'augmenter les performances. La figure 6.1 illustre les rôles potentiels du niveau trame par rapport au modèle de référence.

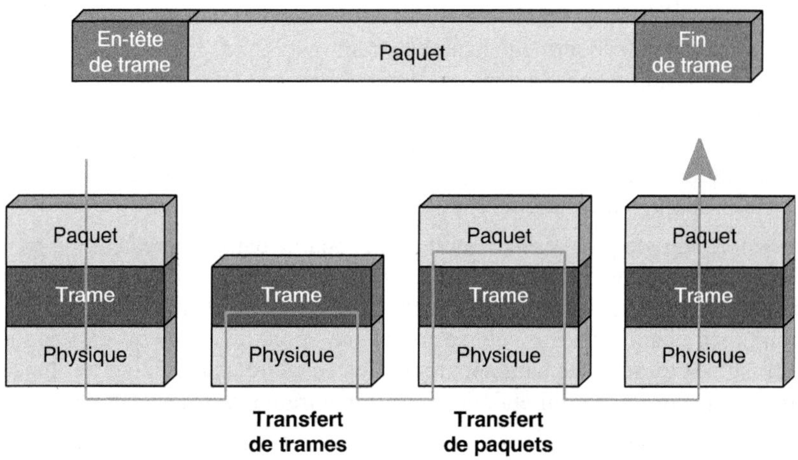

Figure 6.1

Rôles potentiels du niveau trame par rapport au modèle de référence

Les principaux protocoles utilisés par le niveau trame sont les suivants :

- Les protocoles issus de la normalisation internationale dans les années 1980 ou y prenant naissance, tels le protocole de base HDLC et ses dérivés LAP-B (Link Access Procedure-Balanced), LAP-D (Link Access Procedure for the D-channel) et LAP-F.
- Le protocole PPP (Point-to-Point Protocol), qui permet de transporter un paquet IP d'une machine vers une autre machine. Ce protocole est fortement utilisé dans le cadre des réseaux personnels pour relier par exemple deux PC entre eux.
- Les protocoles provenant de la commutation de trames Ethernet : plusieurs protocoles sont utilisés dans ce cadre en fonction de ce qui est recherché. Globalement, on trouve le protocole Ethernet partagé et Ethernet commuté.

- La trame ATM est encore utilisée dans les réseaux d'opérateurs, mais elle est en forte chute de par l'omniprésence de la trame Ethernet.
- Le « Label Switching » du protocole MPLS (MultiProtocol Label Switching), qui utilise en fait les trames précédentes, mais avec une signalisation IP.
- Les protocoles pour les déplacements à très haut débit à l'intérieur et entre les datacenters.
- Les protocoles provenant des réseaux locaux virtuels, ou VLAN (Virtual Local Area Network), adaptés aux grands réseaux d'opérateurs. Dans ce cadre, on peut citer les réseaux Ethernet Carrier Grade, capables de rendre un service de haut niveau de bout en bout.

Le niveau trame peut avoir pour fonction supplémentaire la gestion de l'accès au support physique, comme dans les réseaux possédant un support de communication partagé. On parle alors de fonction MAC (Medium Access Control).

L'adressage de niveau trame

Comme indiqué précédemment, le niveau trame est issu de la couche 2 (liaison) du modèle de référence. L'adressage n'a donc pas particulièrement été étudié, puisqu'il devait être pris en compte par la couche 3 (réseau). En règle générale, les adresses utilisées sont très simples : une pour l'émetteur et une pour le récepteur. On peut rendre ce modèle plus complexe en introduisant une liaison non plus point-à-point, mais multipoint, dans laquelle plusieurs machines se partagent un même support.

La première adresse pour réseaux multipoint apparue dans le niveau trame provient de l'environnement Ethernet et plus particulièrement des réseaux Ethernet partagés. Comme tous les clients d'un réseau local Ethernet partagé se connectent sur un même câble, lorsqu'une station émet, chaque station peut recevoir une copie. C'est ce qu'on appelle la fonction de diffusion. Les adresses sont apparues dans ce cadre, car il fallait qu'une station puisse distinguer une trame qui lui était destinée d'une trame destinée à un autre utilisateur.

L'adressage Ethernet est ainsi né de préoccupations locales. On parle souvent d'adressage physique parce que l'adresse se trouve dans la carte de connexion. Il fallait éviter que deux cartes, même venant de constructeurs différents, aient une même adresse. Comme indiqué au chapitre 9, consacré aux réseaux Ethernet, l'adresse a pris une structure plate, ou absolue. Chaque constructeur de carte Ethernet possède un numéro constructeur sur 3 octets. à cette valeur, il suffit d'ajouter un numéro de série, sur 3 octets également, pour obtenir une adresse unique. Puisqu'il y a diffusion sur le réseau local partagé, il est facile de déterminer où se trouve physiquement l'adresse du récepteur.

De nouveaux problèmes ont surgi avec l'arrivée de la nouvelle génération Ethernet remplaçant le mode diffusion par une fonction de transfert de trames, appelée commutation Ethernet. La référence utilisée pour cette commutation est tout simplement l'adresse sur 6 octets de la carte du destinataire. Une zone supplémentaire dans la trame Ethernet a été ajoutée pour disposer d'une vraie référence, indépendante de l'adresse Ethernet. Cette zone portant le *shim-label* est notamment utilisée dans les réseaux MPLS.

La cellule ATM se place aussi au niveau trame : on détecte le début de la cellule en comptant le nombre de bits reçus puisque la cellule ATM a une longueur constante. En cas de perte de synchronisation, il est toujours possible de retrouver le premier bit d'une cellule grâce au champ de détection et de correction d'erreur, qui se trouve dans l'en-tête. ATM utilisant un mode commuté, l'en-tête contient une référence.

Les protocoles de niveau trame

Les protocoles définissent les règles à respecter pour que deux entités puissent communiquer de façon coordonnée. Pour cela, il faut que les deux entités communicantes utilisent le même protocole. Pour simplifier les communications de niveau trame, de nombreux protocoles ont été normalisés. Le plus ancien, HDLC, n'est quasiment plus utilisé, mais reste un bon exemple de procédure de niveau trame.

Un protocole de niveau trame que l'on utilise souvent sans le savoir est PPP, qui permet de relier deux PC entre eux. Il est décrit succinctement dans la suite. Le protocole ATM, qui a fortement décru, est également introduit, ainsi que différentes solutions d'utilisation de la trame Ethernet, promise à devenir la trame de référence.

Le protocole PPP (Point-to-Point Protocol)

PPP est utilisé dans les liaisons d'accès au réseau Internet ou sur une liaison entre deux équipements, qu'ils soient des ordinateurs personnels ou des nœuds de réseau. Son rôle est essentiellement d'encapsuler un paquet IP afin de le transporter vers le nœud suivant.

Tout en étant fortement inspiré du protocole HDLC, sa fonction consiste à indiquer le type des informations transportées dans le champ de données de la trame. Le réseau Internet étant multiprotocole, il est important de savoir détecter, par un champ spécifique de niveau trame, l'application qui est transportée de façon à pouvoir l'envoyer vers la bonne porte de sortie.

La trame du protocole PPP ressemble à celle de HDLC. Un champ déterminant le protocole de niveau supérieur vient s'ajouter juste derrière le champ de supervision. La figure 6.2 illustre la trame PPP.

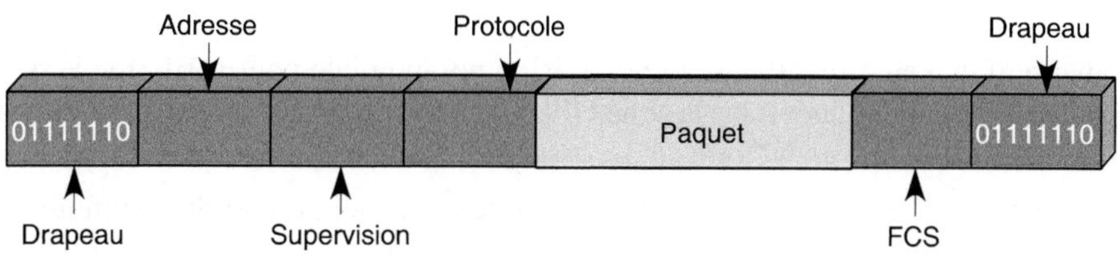

Figure 6.2

Structure de la trame PPP

Les valeurs les plus classiques du champ de protocole sont les suivantes :

- 0x0021 : protocole IPv4 ;
- 0x002B : protocole IPX (Internetwork Packet eXchange) ;

- 0x002D : TCP/IP en-tête compressé ;
- 0x800F : protocole IPv6.

Les fonctionnalités de PPP sont très semblables à celles du protocole HDLC (*voir l'annexe D*).

Le protocole ATM

L'idée de réaliser un réseau extrêmement puissant avec une architecture de niveau trame (couche 2), susceptible de prendre en charge les applications multimédias, a vu le jour vers le milieu des années 1980. De là est né le protocole ATM et sa trame, d'une longueur constante de 53 octets, comme illustré à la figure 6.3.

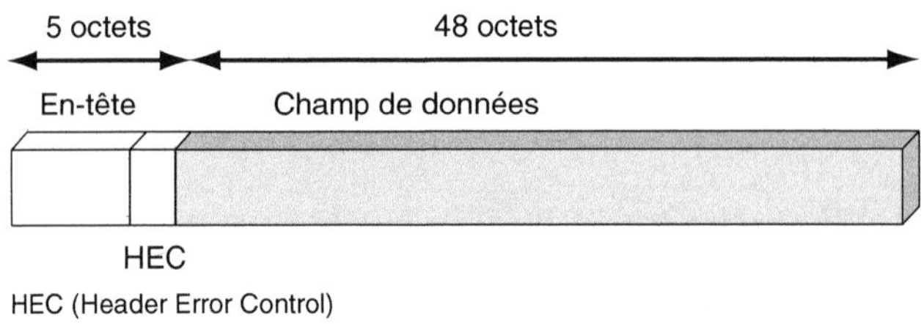

Figure 6.3

Structure de la trame ATM

Cette longueur constante de 424 bits permet de découvrir les débuts et les fins de trame en se contentant de comptabiliser le nombre de bits reçus. En cas de perte de la synchronisation trame, il est possible de découvrir le début d'une trame ATM en utilisant la zone HEC (Header Error Control), le cinquième octet de la zone d'en-tête, lequel permet en outre de corriger une erreur éventuelle dans l'en-tête.

La zone HEC porte une clé sur 8 bits, qui est assez complexe à manipuler. La perte de synchronisation entraîne de ce fait un important travail. À l'arrivée de chaque élément binaire, il faut en effet effectuer une division polynomiale pour vérifier si le reste correspond à la valeur indiquée dans la zone HEC. En dépit de l'augmentation actuelle des débits, il est pour cette raison difficile de dépasser 1 Gbit/s sur une liaison ATM.

L'en-tête de la trame ATM comporte une référence, qui permet de commuter les trames de nœud en nœud. Aux extrémités du réseau, il faut encapsuler les données utilisateur, qui proviennent d'applications diverses, allant de la parole téléphonique au transfert de données, dans le champ de données de 48 octets. Cette décomposition du message en fragments de 48 octets s'effectue dans la couche AAL (ATM Adaptation Layer), de telle sorte que le message, une fois découpé, soit rapidement commuté sur le circuit virtuel jusqu'à l'équipement distant.

Le système de signalisation constitue le dernier élément de l'environnement commuté. Il permet d'ouvrir et de fermer le circuit virtuel. Issu d'extensions du système de signalisation du monde téléphonique, le circuit virtuel de la technique de transfert ATM est propre à cette technologie (*voir l'annexe G*).

L'en-tête de la trame ATM

Les 5 octets de supervision de la trame ATM formant l'en-tête (Header) sont illustrés à la figure 6.4. Ses fonctionnalités sont détaillées plus loin dans ce chapitre.

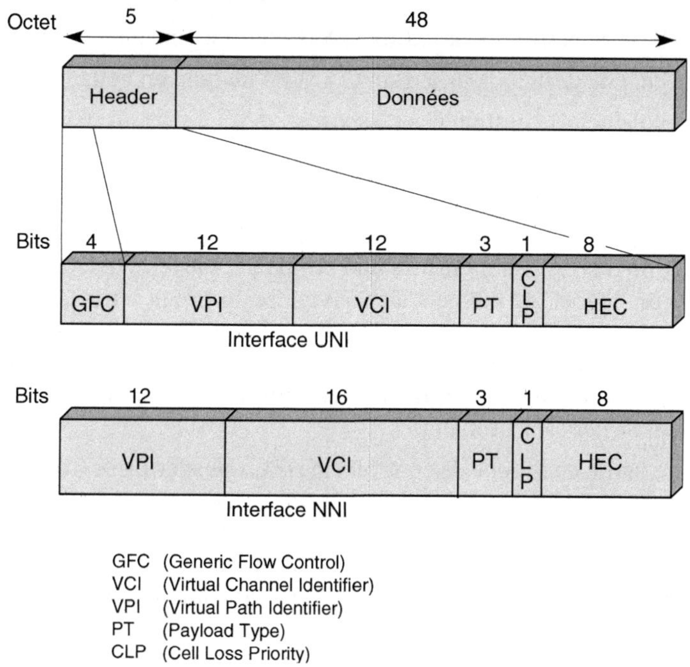

Figure 6.4

Format de l'en-tête de la cellule ATM

Les bits GFC (Generic Flow Control) servent au contrôle d'accès et au contrôle de flux sur la partie terminale, entre l'utilisateur et le réseau. Lorsque plusieurs utilisateurs veulent entrer dans le réseau ATM par un même point d'entrée, il faut ordonner leurs demandes. Ce contrôle est simultanément une technique d'accès, comme dans les réseaux locaux, et un contrôle de flux sur ce qui entre dans le réseau. Malheureusement pour le monde ATM, cette zone n'a jamais été normalisée, ce qui constitue un fort handicap pour les interfaces utilisateur. En l'absence de norme sur les interfaces terminales, il n'a pas été possible à l'ATM de rivaliser avec l'interface IP, qui a fini par s'imposer partout.

Dans le champ de contrôle, 3 bits PT (Payload Type) définissent le type d'information transporté dans la cellule, notamment pour la gestion et le contrôle du réseau. Les huit possibilités pour ce champ sont les suivantes :

- 000 : cellule de données utilisateur, pas de congestion ; indication d'un niveau utilisateur du réseau ATM vers un autre utilisateur du réseau ATM = 0 ;
- 001 : cellule de données utilisateur, pas de congestion ; indication d'un niveau utilisateur du réseau ATM vers un autre utilisateur du réseau ATM = 1 ;
- 010 : cellule de données utilisateur, congestion ; indication d'un niveau utilisateur du réseau ATM vers un autre utilisateur du réseau ATM = 0 ;
- 011 : cellule de données utilisateur, congestion ; indication d'un niveau utilisateur du réseau ATM vers un autre utilisateur du réseau ATM = 1 ;
- 100 : cellule de gestion pour le flux OAM F5 de segment ;
- 101 : cellule de gestion pour le flux OAM F5 de bout en bout ;
- 110 : cellule pour la gestion des ressources ;
- 111 : réservé à des fonctions futures.

Vient ensuite le bit CLP (Cell Loss Priority), qui indique si la cellule peut être perdue (CLP = 1) ou, au contraire, si elle est importante (CLP = 0). Ce bit a pour fonction d'aider au contrôle de flux. Avant d'émettre une cellule dans le réseau, il convient de respecter un taux d'entrée, négocié au moment de l'ouverture du circuit virtuel. Il est toujours possible de faire entrer des cellules en surnombre, mais il faut les munir d'un indicateur permettant de les repérer par rapport aux données de base. L'opérateur du réseau ATM peut perdre ces données en surnombre pour permettre aux informations entrées dans le cadre du contrôle de flux de transiter sans problème.

La dernière partie de la zone de contrôle, le HEC (Header Error Control), est réservée à la protection de l'en-tête. Ce champ permet de détecter et de corriger une erreur en mode standard. Lorsqu'un en-tête en erreur est détecté et qu'une correction n'est pas possible, la cellule est détruite. Ce point est repris plus en détail un peu plus loin dans ce chapitre pour décrire la procédure utilisée et montrer l'utilisation de ce champ pour récupérer la synchronisation lorsque celle-ci est perdue.

Comme expliqué en début de chapitre, deux interfaces ont été définies dans l'ATM : l'interface UNI d'entrée et de sortie du réseau et l'interface NNI entre deux nœuds à l'intérieur du réseau. La structure de la cellule ATM n'est pas exactement la même sur les deux interfaces. La structure de la cellule ATM sur l'interface UNI est illustrée à la figure 6.5 et celle sur l'interface NNI à la figure 6.6.

Le champ GFC permet de contrôler les flux de cellules entrant dans le réseau, de les multiplexer et de diminuer les périodes de congestion du réseau de l'utilisateur final, appelé CPN (Customer Premises Network). Le GFC garantit les performances requises par l'utilisateur, comme la bande passante allouée ou le taux de trafic négocié. L'UIT-T a défini dans la recommandation I.361 deux séries de procédures pour le GFC, les procédures de transmission contrôlées et celles non contrôlées. Pour les procédures de transmission non contrôlées, le code 0000 est placé dans le champ GFC. Dans ce cas, le GFC ne joue aucun rôle.

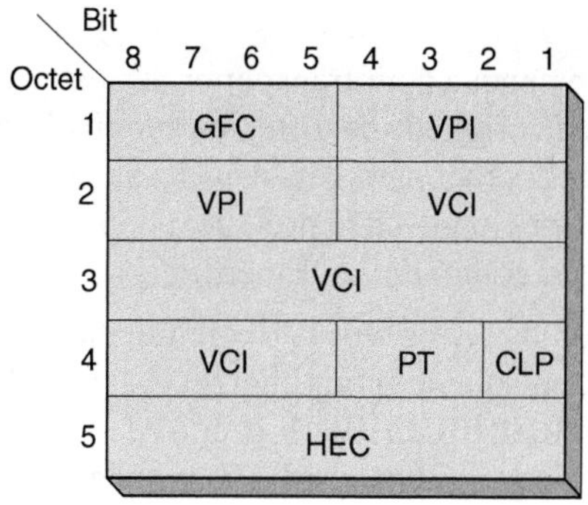

Figure 6.5

Structure de la cellule ATM sur l'interface UNI

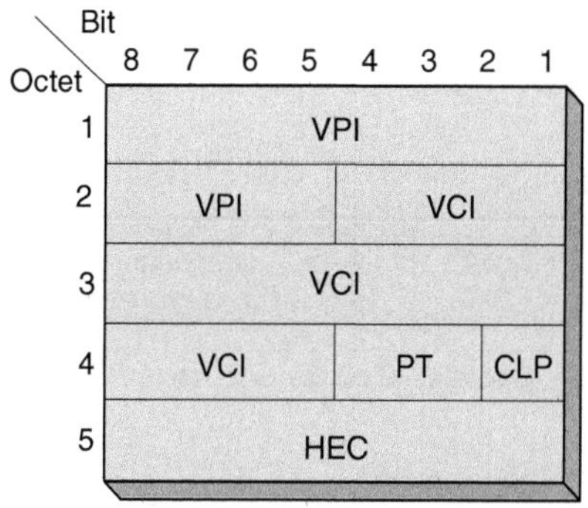

Figure 6.6

Structure de la cellule ATM sur l'interface NNI

En résumé, les deux fonctions principales réalisées par le GFC sont :

- le contrôle de flux à court terme ;
- le contrôle de la qualité de service dans le réseau de l'utilisateur final.

Le champ GFC n'existe que sur l'interface UNI. Les quatre bits de ce champ GFC sont remplacés à l'intérieur du réseau sur les interfaces NNI par quatre autres bits, qui viennent allonger la référence. Lorsqu'un utilisateur positionne les quatre bits GFC sur son interface, ces quatre bits sont effacés dans le réseau pour être remplacés par un complément du numéro de référence et n'arrivent donc jamais au destinataire. En d'autres termes, ces quatre bits ne peuvent servir à une transmission d'informations de bout en bout, mais uniquement en local sur l'interface d'entrée dans le réseau.

La trame Ethernet

La trame Ethernet a été conçue pour transporter des paquets dans les réseaux d'entreprise au moyen d'une méthode originale de diffusion sur un réseau local. Cette solution a donné naissance aux réseaux Ethernet partagés, dans lesquels la trame est émise en diffusion et où seule la station qui se reconnaît a le droit de recopier l'information. À cette solution de diffusion s'est ajoutée la commutation Ethernet.

Avant de se pencher sur les divers types de commutations Ethernet, indiquons qu'Ethernet utilise bien une trame puisque le bloc Ethernet est précédé d'une succession de 8 octets commençant par 1010101010101010101, et ainsi de suite jusqu'à la fin du huitième octet, qui se termine par 11. Ce préambule est suffisamment long pour garantir qu'il ne soit pas possible de retrouver la même succession entre deux préambules, la probabilité de retrouver cette succession étant de $1/2^{64}$.

La structure de la trame Ethernet a été normalisée par l'IEEE (Institute of Electrical and Electronics Engineers), après avoir été défini à l'origine par le triumvirat d'industriels Xerox, Digital et Intel. Deux trames Ethernet coexistent donc, la version primitive du triumvirat fondateur et celle de la normalisation par l'IEEE. Le format de ces deux trames est illustré à la figure 6.7.

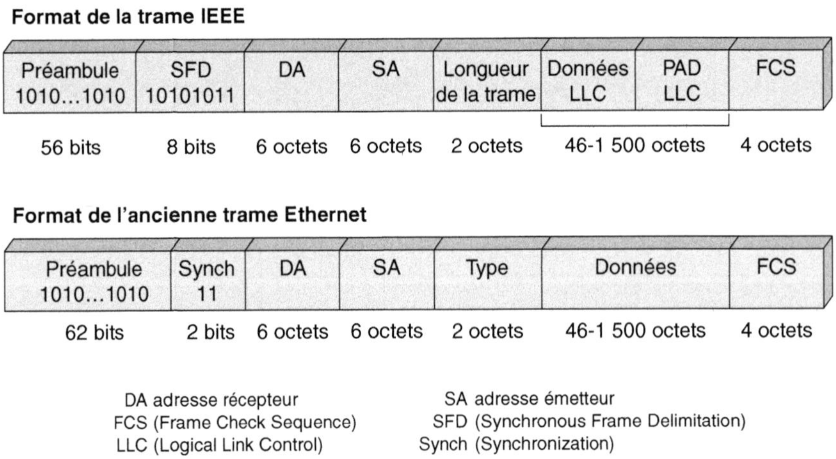

Figure 6.7

Format des deux types de trames Ethernet

Dans le cas de la trame IEEE, le préambule est suivi d'une zone de début de message, appelée SFD (Start Frame Delimiter), dont la valeur est 10101011. Dans l'ancienne trame, il est suivi de 2 bits de synchronisation. Ces deux séquences sont en fait identiques, et seule la présentation diffère d'une trame à l'autre.

La trame contient l'adresse de l'émetteur et du récepteur, chacune sur 6 octets. Ces adresses sont dotées d'une forme spécifique du monde Ethernet, conçue de telle sorte qu'il n'y ait pas deux coupleurs dans le monde qui possèdent la même adresse. Dans cet adressage, dit plat, les trois premiers octets correspondent à un numéro de constructeur, et les trois suivants à un numéro de série. Dans les trois premiers octets, les deux bits initiaux ont une signification particulière. Positionné à 1, le premier bit indique une adresse de groupe. Si le deuxième bit est également à la valeur 1, cela indique que l'adresse ne suit pas la structure normalisée.

Regardons dans un premier temps la suite de la trame IEEE. La zone Longueur (Length) indique la longueur du champ de données provenant de la couche supérieure. La trame encapsule ensuite le bloc de niveau trame proprement dit, ou trame LLC (Logical Link Control). Cette trame encapsulée contient une zone PAD, qui permet de remplir le champ de données de façon à atteindre la valeur de 46 octets, qui est la longueur minimale que doit atteindre cette zone pour que la trame totale fasse 64 octets en incluant les zones de préambule et de délimitation.

L'ancienne trame Ethernet comporte en outre un type, qui indique comment se présente la zone de données (Data). Par exemple, si la valeur de cette zone est 0800 en hexadécimal, cela signifie que la trame Ethernet transporte un paquet IP.

La détection des erreurs est assurée par le biais d'un polynôme générateur $g(x)$ selon la formule :

$$g(x) = x^{32} + x^{26} + x^{22} + x^{16} + x^{12} + x^{11} + x^{10} + x^{8} + x^{7} + x^{5} + x^{4} + x^{2} + x^{1}$$

Ce polynôme donne naissance à une séquence de contrôle (CRC) sur 4 octets.

Pour se connecter au réseau Ethernet, une machine utilise un coupleur, c'est-à-dire une carte que l'on insère dans la machine et qui supporte le logiciel et le matériel réseau nécessaires à la connexion.

Comme indiqué précédemment, la trame Ethernet comporte un préambule. Ce dernier permet au récepteur de synchroniser son horloge et ses divers circuits physiques avec l'émetteur, de façon à réceptionner correctement la trame. Dans le cas d'un réseau Ethernet partagé, tous les coupleurs du réseau enregistrent la trame au fur et à mesure de son passage. Le composant électronique chargé de l'extraction des données incluses dans la trame vérifie la concordance entre l'adresse de la station de destination portée dans la trame et l'adresse du coupleur. S'il y a concordance, le paquet est transféré vers l'utilisateur après vérification de la conformité de la trame par le biais de la séquence de contrôle.

La commutation Ethernet

Plusieurs sortes de commutations Ethernet se sont succédé. La première, qui est très répandue dans les entreprises, consiste à se servir de l'adresse MAC sur 6 octets comme d'une référence unique sur tout le chemin qui mène à la carte coupleur Ethernet. Toutes les trames qui se servent de la même référence vont au même endroit, c'est-à-dire à la carte coupleur qui possède l'adresse MAC indiquée. Cela signifie que tous les commutateurs du réseau doivent posséder une table de commutation, appelée « *lookup table* » , comportant autant de lignes que de cartes Ethernet à atteindre.

Les mises à jour de cette table sont complexes, car il faut ajouter ou retrancher des lignes sur l'ensemble des commutateurs du réseau pour toutes les cartes Ethernet qui s'activent ou se désactivent. La reconnaissance des adresses s'effectue par apprentissage. Lorsqu'une trame entre dans un nœud et que ce nœud ne possède pas l'adresse source de la trame dans sa table de commutation, le nœud ajoute une ligne à sa table, indiquant la nouvelle référence et la direction d'où vient la trame.

Lorsqu'une trame arrivant dans un nœud ne trouve pas dans la table de commutation l'adresse du destinataire, plusieurs solutions sont envisageables. Une première solution consiste à émettre la trame en diffusion de telle sorte que le récepteur finisse par la recevoir. Une autre solution est d'émettre une trame de signalisation en diffusion demandant l'adresse du destinataire. Ce dernier se fait connaître lorsqu'il reçoit la trame.

Malgré ces solutions d'apprentissage automatique, la commutation Ethernet n'a pu se développer sur les très grands réseaux. En effet, la gestion des tables de commutation devenait vite trop contraignante. On a là l'exemple d'un réseau commuté sans véritable système de signalisation. Cette solution s'est fortement développée dans les réseaux d'entreprise, en structurant le réseau en plusieurs sous-réseaux de façon à éviter les inondations de trames lorsque la table de commutation est incomplète.

La seconde solution de commutation a été apportée par MPLS. Elle est présentée en détail au chapitre 11. Elle consiste à introduire dans la trame Ethernet une référence spécifique, le *shim-label*, ou *shim* MPLS, dans une nouvelle zone ajoutée à la trame Ethernet derrière l'adresse MAC.

La trame Ethernet est commutée de façon classique en utilisant la ligne d'entrée et la référence. Pour cela, il faut mettre en place les références tout le long du chemin. Les trames se succèdent en restant dans l'ordre d'émission. C'est pourquoi une signalisation explicite est indispensable dans ce type de réseau. MPLS a adopté le réseau IP comme système de signalisation. Cette solution a été étendue par la technique dite *Label Switching*, détaillée un peu plus loin.

Une troisième solution de commutation provient des techniques VLAN (Virtual LAN), explicitées au chapitre 22. Un VLAN est un regroupement de machines dispersées géographiquement pour leur permettre de communiquer comme si elles se trouvaient dans un même réseau local. Un champ spécifique dans la trame Ethernet a été ajouté pour porter une référence de VLAN. Cette zone permet de définir 4 096 VLAN, une valeur très insuffisante pour les grands réseaux d'opérateurs.

À partir de cette solution à base de VLAN, les opérateurs ont proposé de nombreuses améliorations, à commencer par une extension de la zone de numérotation des VLAN de sorte à atteindre plusieurs millions de possibilités. Un VLAN à deux machines détermine un chemin qui est défini par la suite de références correspondant au numéro de VLAN.

Depuis 2012, une autre solution se développe pour le transport intra- et inter-datacenters, comme expliqué en début de chapitre avec les RBridge. Ceux-ci communiquent entre eux en diffusion par l'intermédiaire d'un protocole de routage de trames Ethernet, donc de niveau 2 (IS-IS dans le cas du protocole TRILL). Ce protocole est étudié au chapitre 13.

Le transport de machines virtuelles, ou VM (qui est également examiné au chapitre 13), entre datacenters au niveau 3 s'appuie sur une tout autre idée : au lieu de changer l'adresse IP de la VM (machine virtuelle) déplacée, on dissocie l'adresse IP classique en deux adresses IP distinctes, l'une servant à identifier le client, l'autre au routage. D'où le nom du protocole en question : LISP (Locator/Identifier Separation Protocol). Ce protocole est détaillé au chapitre 10.

On peut noter pour finir l'introduction d'une nouvelle technique de routage ou de commutation de niveau 2 en un mode centralisé. Les calculs des tables de routage ou de commutation s'effectuent dans une machine centralisée, appelée le contrôleur. Ce contrôleur peut être une machine physique ou une VM située dans un Cloud. L'avantage de cette solution, qui rompt complètement avec les protocoles de transfert classiques, qui sont essentiellement distribués, provient de la puissance de calcul offerte.

Cette puissance permet de calculer de multiples tables de transfert (*forwarding table*), voire de proposer une table par utilisateur. Il faut pour cela que la machine centrale récupère un grand nombre d'informations provenant de l'ensemble des utilisateurs, ce qui poserait de nombreux problèmes dans une configuration distribuée. La méthode de base de ce type de transfert, appelée SDN (Software-Defined Networking), décorrèle le contrôle associé au calcul de la table de transfert et le transfert proprement dit. Les calculs peuvent de ce fait être effectués dans une machine différente (le contrôleur) de la machine de transfert (routeur ou commutateur).

La plupart des équipementiers se lancent dans la définition de protocoles pour le SDN, même si le premier protocole de signalisation à avoir vu le jour, OpenFlow, reste le plus utilisé. Cette solution est présentée en détail au chapitre 12.

Le Label Switching

La commutation la plus répandue chez les opérateurs provient de la technologie MPLS (MultiProtocol Label Switching), qui est détaillée au chapitre 11.

Les technologies commutées demandent une référence (*label*) pour permettre aux blocs de données, que ce soit des trames, des paquets ou d'autres entités, d'avancer dans le réseau. L'ensemble de ces techniques est appelé aujourd'hui Label Switching, ou commutation de références. En font partie les trames ATM et Ethernet, qui utilisent une commutation sur une référence, ainsi que toutes les techniques qui peuvent gérer une référence ou auxquelles on peut ajouter une référence.

L'introduction de références dans le Label Switching est illustrée à la figure 6.8.

La référence se trouve dans un champ appelé Shim MPLS, ou shim label, présenté en détail au chapitre 11. Ce champ contient la référence elle-même ainsi qu'un champ de 3 bits appelé Experimental et destiné aux équipementiers, un bit appelé Stacking, qui permet d'empiler les références, c'est-à-dire de mettre plusieurs Shim MPLS de suite entre l'en-tête de niveau trame (couche 2) et celui du niveau paquet (couche 3), et un dernier champ, dit TTL (Time To Live), sur 8 bits, qui définit le temps au bout duquel le paquet sera détruit.

D'autres types de références peuvent être introduits, comme le numéro de la longueur d'onde d'une fibre optique dans un système à multiplexage en longueur d'onde ou le numéro d'une fibre optique ou d'un câble métallique dans un faisceau de plusieurs dizaines ou centaines de câbles. Ces dernières solutions sont explicitées à la section du chapitre 11 consacré à GMPLS.

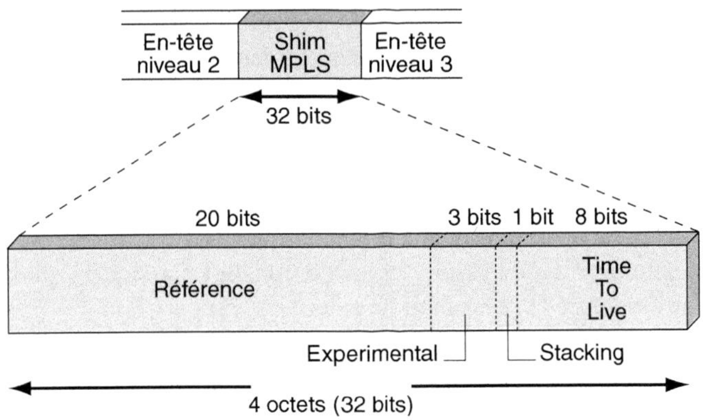

Figure 6.8

Introduction de références dans le Label Switching

Conclusion

Comme le niveau physique, le niveau trame est indispensable au transport de l'information dans un réseau de transfert. Il y a quinze ans, ce niveau trame n'était qu'un intermédiaire vers le niveau paquet et s'occupait essentiellement de détecter des erreurs et de demander une retransmission en cas d'erreur. Tout le travail de routage et de commutation s'effectuait au niveau supérieur, le niveau paquet.

Aujourd'hui, le niveau trame des architectures réseau ne s'occupe plus de détection d'erreur, puisqu'il n'y en a plus qu'un nombre négligeable et que les applications multimédias s'en suffisent largement. En revanche, les fonctionnalités traitées autrefois dans la couche 3 ont été descendues dans la couche 2. Les architectures de niveau trame sont devenues le standard dans les réseaux d'opérateurs et de fournisseurs de services.

7

Les niveaux paquet et message

Le rôle du niveau paquet est de transporter d'une extrémité à l'autre du réseau des blocs de données provenant d'une fragmentation des messages du niveau supérieur, le niveau transport.

Le paquet est l'entité de la couche 3 qui possède l'adresse du destinataire ou la référence nécessaire à son acheminement dans le réseau. Le niveau paquet est en outre responsable du contrôle de flux, qui, s'il est bien conçu, évite les congestions dans les nœuds du réseau. Comme indiqué précédemment, les fonctionnalités du niveau paquet peuvent se trouver au niveau trame.

Il est à noter qu'un paquet ne peut être transmis directement sur un support physique, car le récepteur serait incapable de reconnaître les débuts et fins de paquet. C'est la raison pour laquelle le paquet est encapsulé dans une trame.

L'ensemble des paquets allant d'un même émetteur vers un même destinataire s'appelle un flot. Celui-ci peut être long ou court, suivant la nature du service qui l'a créé. Si un gros fichier donne naissance à un flot important, une transaction ne produit qu'un flot très court, d'un à quelques paquets. Le niveau paquet peut faire appel ou non à une connexion (*voir le chapitre 2*) pour négocier une qualité de service avec le destinataire du flot.

Avant d'aborder en détail les fonctionnalités du niveau paquet, les sections suivantes rappellent les caractéristiques de ce niveau, définies dans le cadre du modèle de référence. Le rôle de la couche 3 (réseau) est de transporter les paquets d'une extrémité à l'autre du réseau.

Le niveau paquet

Le niveau paquet, ou couche réseau, est situé au troisième niveau de la hiérarchie de l'architecture du modèle de référence, comme illustré à la figure 7.1.

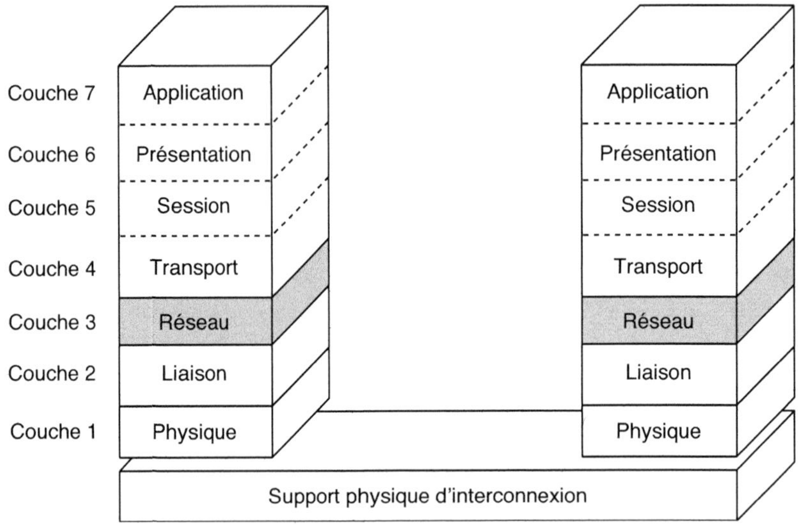

Figure 7.1

Le niveau paquet, ou couche réseau

Cette couche existe quand le réseau utilise un niveau paquet. Les fonctions définies par la normalisation internationale dans le cadre du modèle de référence sont les suivantes :

- Mise en place des connexions réseau pour acheminer les paquets. Cette fonction n'est toutefois pas une obligation dans le niveau paquet, et le protocole IP travaille en mode sans connexion. En revanche, la technique X.25, qui a disparu, utilisait un mode avec connexion (*voir l'annexe E*).
- Prise en charge de l'acheminement des paquets et des problèmes de passerelles pour atteindre un autre réseau.
- Multiplexage des connexions réseau.
- Prise en charge de la segmentation et du groupage.
- Détection de perte de paquets et reprise des paquets perdus. Cette fonction n'est pas obligatoire au niveau paquet. IP, par exemple, protocole de niveau paquet, n'a aucun moyen de récupérer les paquets perdus.
- Maintien en séquence des données remises à la couche supérieure, sans que cela soit une obligation.
- Contrôle de flux, de façon qu'il n'y ait pas de débordement des mémoires en charge de la transmission des paquets.
- Transfert de données expresses (non obligatoire).
- Réinitialisation de la connexion réseau (non obligatoire).
- Qualité de service (non obligatoire).
- Gestion de la couche réseau.

Les modes avec et sans connexion

Dans le mode avec connexion, il faut établir une connexion entre les deux extrémités avant d'émettre les paquets de l'utilisateur afin de permettre aux deux entités communicantes de s'échanger des informations de contrôle. Dans le mode sans connexion, au contraire, les paquets peuvent être envoyés par l'émetteur sans concertation avec le récepteur. On ne s'occupe pas de savoir si l'entité destinataire est prête à recevoir les paquets. Il est à noter que les protocoles en mode sans connexion sont beaucoup plus simples que les protocoles en mode avec connexion.

En mode avec connexion, le réseau emploie généralement une technique de commutation. Quitte à envoyer un paquet de supervision pour demander l'ouverture de la connexion, autant se servir de la traversée du réseau par ce paquet de supervision, que l'on appelle aussi paquet d'appel, pour mettre en place des références, lesquelles permettront d'émettre à très haut débit sur le chemin ainsi mis en œuvre. En mode sans connexion, les gestionnaires réseau préfèrent le routage puisqu'il n'y a pas de signalisation. Il faut néanmoins noter qu'un réseau avec connexion peut se satisfaire d'une technique de routage et qu'un réseau sans connexion peut utiliser une commutation.

En mode sans connexion, une entité de réseau émet un paquet sans avoir à se soucier de l'état ni des désirs du récepteur. Comme pour l'ensemble des modes sans connexion, l'autre extrémité doit être présente, ou du moins représentée. Pour cela, une connexion est mise en place à un niveau supérieur, généralement le niveau session. Le mode sans connexion est beaucoup plus souple, puisqu'il ne tient pas compte de ce qui se passe au niveau du récepteur.

Les deux modes présentent des avantages et des inconvénients.

Les principaux avantages du mode avec connexion sont les suivants :

- sécurité de la transmission ;
- séquencement des paquets sur la connexion ;
- réglage facile des paramètres du protocole réseau.

Ses principaux désavantages sont les suivants :

- lourdeur du protocole mis en œuvre, en particulier pour les paquets de petite taille ;
- difficultés à atteindre les stations en multipoint ou en diffusion, du fait de la nécessité d'ouvrir autant de connexions qu'il y a de points à atteindre ;
- débit relativement faible acheminé sur la connexion.

Les avantages du mode sans connexion sont les suivants :

- diffusion et émission en multipoint grandement facilitées ;
- simplicité du protocole, permettant des performances assez élevées.

Ses désavantages sont les suivants :

- faible garantie de la sécurité du transport des paquets ;
- réglage plus complexe des paramètres en vue d'atteindre les performances désirées.

Les principaux protocoles de niveau paquet

Le protocole de niveau paquet quasiment exclusif est IP. Il est également un des plus anciens puisque les premières études provenant du ministère de la Défense aux États-Unis et du projet Cyclades en France ont démarré à la fin des années 1960. Le protocole IP est devenu stable au tout début des années 1980.

IP est une norme de fait de l'IETF (Internet Engineering Task Force). Cet organisme, qui n'a aucun pouvoir de droit propose des protocoles, dont certains finissent par s'imposer de par le nombre d'industriels qui les choisissent.

Un deuxième protocole du niveau paquet a connu son heure de gloire entre les années 1980 et 2000. Il a été normalisé par l'ISO (International Organization for Standardization) et l'UIT-T, les deux organismes de normalisation de droit puisque dépendant des États et représentant les utilisateurs et les industriels des télécommunications. Ce protocole est connu par son numéro de recommandation, X.25.3, ou X.25 PLP (Packet Level Protocol), et par son numéro de norme, ISO 8208.

Les grandes fonctionnalités du niveau paquet

Comme expliqué précédemment, le rôle du niveau paquet consiste à prendre en charge les paquets et à les transporter d'une extrémité à l'autre du réseau vers le bon point de destination et dans les meilleures conditions possible. Il existe pour cela deux façons de procéder : mettre en place un chemin, ou circuit virtuel, entre l'émetteur et le récepteur ou bien utiliser le mode sans connexion. Le mot chemin supplante l'expression circuit virtuel, le monde IP n'appréciant guère cette dernière expression, qui rappelle les technologies anciennes de téléphonie commutée. L'expression anglaise *path* est fortement utilisée. Lorsque le chemin utilise une technique de commutation, l'expression consacrée est *label-switched path*, ou chemin commuté.

Dans le mode chemin, les paquets circulent de façon ordonnée pour arriver dans l'ordre où ils ont été émis. Pour ouvrir le chemin, il est nécessaire de se servir d'une signalisation. Celle-ci doit déposer au fur et à mesure de sa progression dans les nœuds du réseau les références qui seront utilisées par les paquets de données, comme illustré à la figure 7.2.

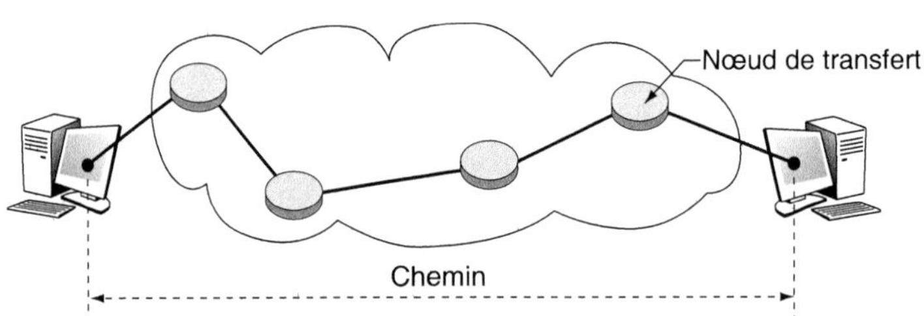

Figure 7.2

Pose de références dans les nœuds d'un réseau

Dans le mode sans connexion, dit aussi mode datagramme, chaque paquet est considéré comme indépendant des autres, même si tous les paquets appartiennent au même flot. Les paquets peuvent prendre des chemins différents et arriver dans n'importe quel ordre au récepteur, contrairement à ce qui se produit dans le mode chemin, où les paquets arrivent toujours dans l'ordre d'émission. Le contrôle des différents paquets isolés demande des algorithmes spécifiques, qui sont présentés plus loin dans les sections consacrées aux contrôles de flux et de congestion.

Rien n'empêche de réaliser un réseau avec connexion en utilisant en interne un mode datagramme pour le transport des paquets, comme illustré à la figure 7.3. Un paquet de supervision est acheminé vers le récepteur pour établir la connexion. L'ouverture de la connexion peut avoir lieu sans l'existence d'un chemin.

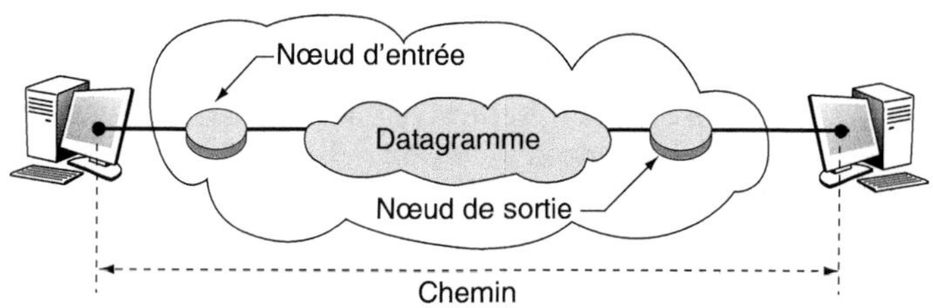

Figure 7.3

Un chemin au-dessus d'un datagramme

À l'inverse, rien ne s'oppose à bâtir un réseau sans connexion utilisant des chemins, mais cela n'apporte strictement rien. Il suffit d'envoyer un paquet de contrôle, qui dépose les références sans demander de connexion à l'hôte de destination.

Les trois fonctionnalités principales prises en charge par un protocole de niveau paquet sont le contrôle de flux, c'est-à-dire les moyens d'éviter que les flux ne grossissent trop par rapport aux ressources du réseau, la gestion des adresses ou des références et les algorithmes liés au routage.

Le contrôle de flux

Le contrôle de flux est la première fonctionnalité demandée au niveau paquet. Il s'agit de gérer les paquets pour qu'ils arrivent au récepteur dans le laps de temps le plus court et, surtout, d'éviter des pertes par écrasement dans les mémoires tampons des nœuds intermédiaires en cas de surcharge. Les réseaux à transfert de paquets sont comme des autoroutes : s'il y a trop de paquets, personne ne peut avancer. La régulation du flux est toutefois un problème complexe.

De très nombreuses méthodes ont été testées dans des contextes spécifiques. Dans tous les cas, le contrôle s'effectue par une contrainte sur le nombre de paquets circulant dans le réseau. Cette limitation s'exerce soit sur le nombre de paquets en transit entre une entrée et une sortie ou sur l'ensemble du réseau, soit sur le nombre de paquets qu'on laisse entrer à l'intérieur du réseau par unité de temps. À ces contrôles peuvent s'ajouter des techniques d'allocation des ressources pour éviter toute congestion. Quelques-uns de ces contrôles de flux sont détaillés ci-après.

Le contrôle par crédit

Dans le contrôle par crédit, il existe un nombre *N* de crédits qui circulent dans le réseau. Pour qu'un paquet entre, il doit acquérir un crédit, qui est libéré une fois la destination atteinte. Le nombre total de paquets circulant dans le réseau est évidemment limité à *N*. Les crédits peuvent être banalisés ou dédiés. La méthode isarythmique gère des crédits totalement banalisés. La difficulté consiste à distribuer les crédits aux bonnes portes d'entrée de façon à offrir un débit maximal. Cette technique est très difficile à maîtriser, et ses performances n'ont pas été prouvées comme optimales.

Une première amélioration apportée au contrôle par crédit a consisté à définir des crédits dédiés à un nœud d'entrée dans le réseau. Une file d'attente de crédits, associée au nœud d'entrée, permet aux paquets d'entrer dans le réseau. Une fois le paquet arrivé au nœud destinataire, le crédit utilisé est libéré et réacheminé, avec l'acquittement par exemple, vers l'émetteur. De nouveau, le contrôle est assez délicat puisqu'il ne se fait que localement et non à l'intérieur du réseau.

On utilise le plus souvent des crédits dédiés à un utilisateur ou, du moins, à un chemin. Cette méthode est connue sous le nom de contrôle de flux par crédit. La figure 7.4 en donne une illustration.

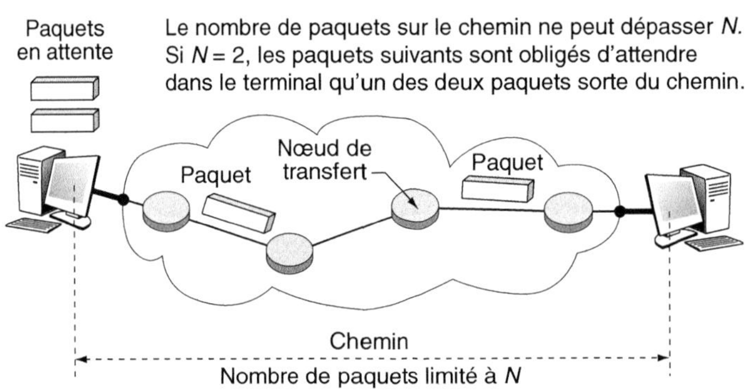

Figure 7.4

Le contrôle de flux par crédit

Le monde IP utilise ce type de contrôle. Chaque connexion est contrôlée par une fenêtre de taille variable, qui s'ajuste à tout moment pour éviter que le réseau ne soit trop surchargé. Cette solution est astucieuse pour un réseau comme Internet, où le contrôle est effectué par les centaines de millions de machines terminales. La fenêtre part d'une valeur 1 et augmente exponentiellement : 2, 4, 8, 16, 32, etc. Dès que le temps de retour des acquittements augmente, le PC considère que le flux engendré est trop important, et il redémarre avec une fenêtre de 1. Ce contrôle de flux est détaillé aux chapitres 10 et 23.

Le contrôle par seuil

Une autre grande politique de contrôle de flux consiste à utiliser des seuils d'entrée dans le réseau. Un interrupteur situé à l'entrée du réseau s'ouvre plus ou moins pour laisser passer plus ou moins de paquets, suivant des indications qui lui sont fournies par le gestionnaire du réseau.

Plusieurs mises en œuvre du contrôle de seuil peuvent être effectuées, notamment les suivantes :

- Des paquets de gestion apportent aux nœuds d'entrée du réseau les informations nécessaires pour positionner les interrupteurs à la bonne valeur. Cette méthode, qui est l'une de celles qui donnent les meilleurs résultats, présente l'inconvénient que le réseau risque de s'effondrer si le contrôle n'est pas effectué assez vite, à la suite, par exemple, d'une panne d'une liaison ou d'un nœud. En effet, les paquets de contrôle sont expédiés à peu près à la même vitesse que les autres et peuvent demander un temps trop long lors d'une congestion effective d'un point du réseau.
- L'entrée du réseau est contrôlée par une fenêtre. Dans ce cas, les paquets doivent être acquittés localement pour permettre à la fenêtre de s'ouvrir à nouveau. En cas de problème, le gestionnaire réseau peut ne pas envoyer les acquittements, ce qui a pour effet de bloquer les émissions en fermant l'interrupteur (*voir figure 7.5*).

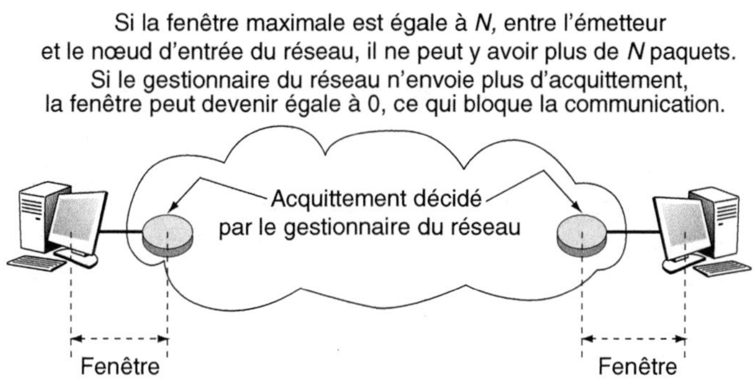

Figure 7.5

Le contrôle de flux par seuil

Le contrôle par allocation de ressources

Les politiques d'allocation ou de préallocation de ressources sont une troisième grande catégorie de contrôle de flux. Ces politiques sont essentiellement adaptées au mode commuté avec connexion, dans lequel un paquet d'appel est nécessaire à la mise en place des références et de la connexion. Ce paquet réserve des ressources intermédiaires dans les différents nœuds traversés par le chemin.

L'algorithme d'allocation de ressources prend des allures très différentes suivant le réseau. On peut notamment superposer un contrôle de flux de bout en bout sur un chemin et une méthode de préallocation. Par exemple, si N est le nombre de crédits dédiés à la connexion et que le paquet d'appel réserve exactement la place de N paquets dans ses mémoires tampons, le contrôle de flux est parfait, et aucun paquet n'est perdu.

Malheureusement, ce contrôle s'avère extrêmement coûteux à mettre en place, car il faut disposer d'une quantité de ressources bien supérieure à celle qui existe dans les implémentations réalisées. Comme illustré à la figure 7.6, le nombre total de mémoires réservées dans le réseau vaut $N \times M$, M étant le nombre de nœuds traversés. De plus, sur un chemin, la probabilité qu'il y ait effectivement N paquets en transit est très faible, et ce pour de nombreuses raisons : retour des acquittements, utilisateur inactif ou peu actif, mise en place de la connexion, etc.

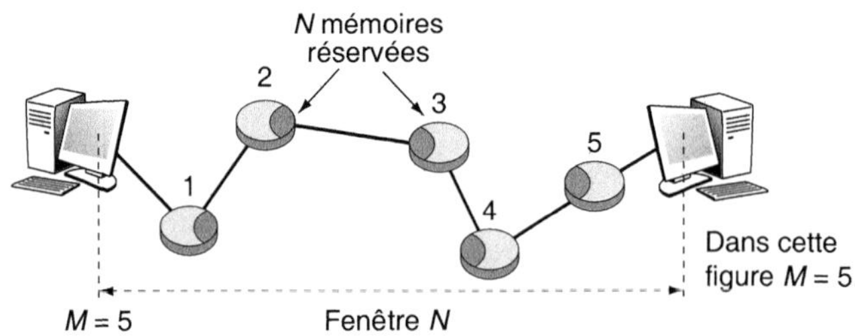

Figure 7.6

Le contrôle de flux par allocation de ressources

Pour minimiser le coût de mise en place d'une telle solution, il est possible d'effectuer une surallocation. La surallocation consiste à ne donner à un paquet d'appel qui entre dans un nœud de commutation qu'une partie de ce qu'il demande. On espère que, statistiquement, s'il y a plus de paquets que prévu sur une connexion, il y en aura moins sur une autre. Soit k, $0 < k \leq 1$, le facteur de surallocation. Si N est toujours la fenêtre de contrôle de bout en bout, le nœud intermédiaire qui possède un facteur de surallocation de k réservera kN mémoires tampons. La valeur de k dépend en grande partie du taux d'occupation des chemins dans le réseau. Les valeurs classiques sont très faibles, le taux d'utilisation d'un circuit virtuel étant souvent inférieur à 10 %, et des facteurs de surallocation de 0,2 sont assez courants.

La surallocation permet, à un coût assez faible, d'augmenter fortement le nombre de chemins pouvant passer par un nœud. Si toutes les mémoires tampons sont allouées, le paquet d'appel est refusé. On augmente alors d'un facteur $1/k$ le nombre de chemins ouverts et, de ce fait, le débit global du réseau. Il est évident qu'il existe un risque de dysfonctionnement si, pour une raison quelconque, le taux d'utilisation des chemins vient à augmenter. Le risque grandit encore si le nombre moyen de paquets dans les chemins dépasse la limite de surallocation.

On peut tracer la courbe classique de surallocation en fonction du taux d'utilisation des chemins pour un nombre M de nœuds à traverser et un nombre K de mémoires disponibles, de façon que la probabilité de perte de paquets reste à une valeur $\varepsilon = 10^{-7}$ (*voir figure 7.7*).

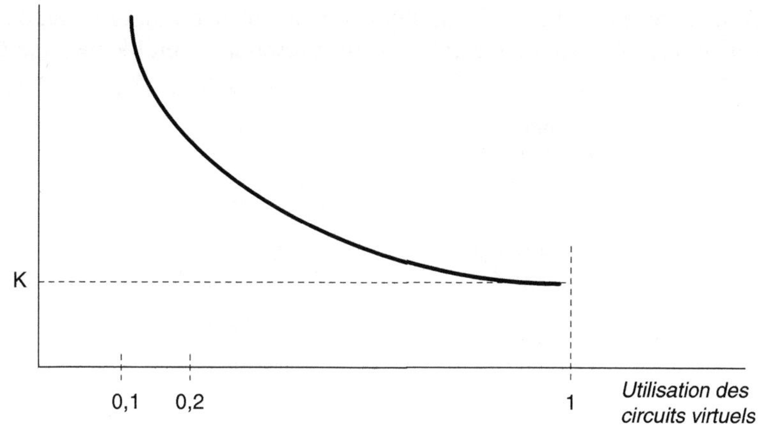

Figure 7.7

Surallocation des mémoires tampons

On voit qu'aux environs d'un taux d'utilisation de 0,1 ou 0,2, la surallocation possible change énormément. Il faut donc contrôler que le taux d'utilisation ne varie pas trop. À cet effet, il est préférable de libérer des chemins plutôt que de perdre des paquets de façon incontrôlée.

Une autre possibilité pour contrôler le flux dans un réseau, toujours pour la méthode par allocation de ressources, consiste à allouer des parties de la bande passante à chaque paquet d'appel. Pour un coefficient k' de surallocation, si le débit d'une liaison est D_i, le chemin se réserve un débit de $k'D_i$. Une fois l'ensemble du débit D disponible affecté, le nœud ne peut plus accepter de nouveaux paquets d'appel, et donc de nouvelles ouvertures de chemins.

À quelques exceptions près, ces techniques de contrôle de flux présentent le défaut, au coût très élevé, de ne pas fonctionner correctement dans certains cas de figure, où il se produit une congestion dont il faut sortir. Les méthodes de contrôle de congestion présentées ci-après permettent de faire face aux dysfonctionnements du réseau, même si aucune n'est vraiment efficace.

Le contrôle de congestion

Le contrôle de congestion désigne les moyens mis en œuvre pour sortir d'un état de congestion. Les contrôles de flux sont là pour éviter d'entrer dans des états de congestion, mais il est évident que, malgré les efforts pour contrôler les flux, des états de congestion restent possibles.

Une méthode de contrôle de congestion assez utilisée consiste à garder en réserve dans les nœuds de commutation de la place mémoire non prise en compte dans les allocations. Lorsque les tampons sont tous remplis, on ouvre la place supplémentaire. Pour peu convaincante qu'elle paraisse, cette méthode présente un intérêt. Lorsque deux paquets, ou deux trames au niveau liaison, doivent être échangés sur une liaison, le fait de garder en mémoire les informations en attendant l'acquittement peut amener à un blocage, ou *deadlock*. En disposant d'une place supplémentaire, on peut résoudre le problème (*voir figure 7.8*).

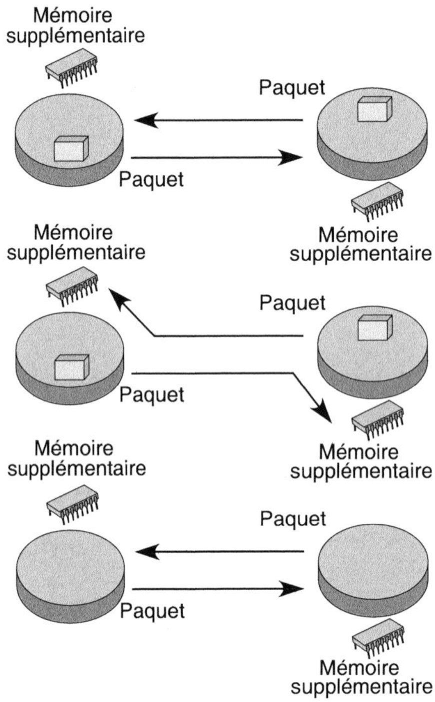

Figure 7.8

Résolution d'un blocage par allocation de mémoire supplémentaire

L'utilisation d'un temps maximal de résidence dans le réseau est une deuxième possibilité de contrôle de congestion. On place dans le paquet entrant la valeur d'une horloge commune à l'ensemble du réseau. Cette méthode, dite de temporisateur, permet de contrôler le temps passé dans le réseau et de détruire les paquets bloqués dans un nœud. Elle aide en outre à supprimer les paquets égarés à la suite d'une fausse adresse ou d'une erreur de routage. Elle est cependant assez difficile à mettre en œuvre, puisqu'elle nécessite une horloge commune et des comparateurs de temps. La plupart des protocoles qui l'implémentent, parmi lesquels IP, simplifient énormément l'algorithme à suivre : dans la zone réservée au temps maximal figure un nombre qui est décrémenté à chaque traversée de nœud.

Le routage

Dans un réseau maillé, le routage des paquets fait partie d'une algorithmique complexe, de par la distribution des décisions à prendre, qui relèvent à la fois de l'espace et du temps. Un nœud devrait connaître l'état de l'ensemble des autres nœuds avant de décider où envoyer un paquet, ce qui est impossible à réaliser.

Dans un premier temps, regardons les composantes nécessaires à la mise en place d'un routage. Il faut tout d'abord une table de routage, qui se présente comme illustré à la figure 7.9.

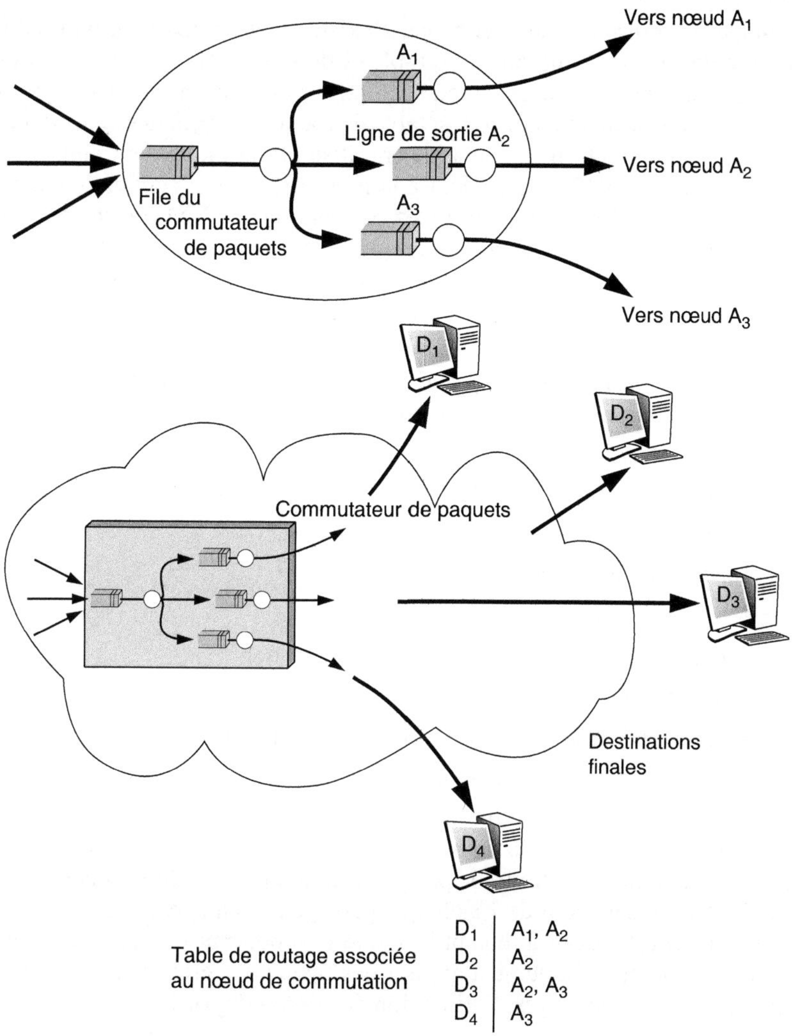

Figure 7.9

Fonctionnement d'une table de routage

On voit qu'un nœud de transfert est formé de lignes de sortie, qui émettent des trames obtenues à partir de paquets. Les paquets sont routés par le nœud vers une ligne de sortie grâce à la table de routage. Si un paquet se présente au nœud avec, pour destination finale, le nœud D_1, le nœud peut envoyer ce paquet vers la ligne de sortie A_1 ou vers la ligne de sortie A_2. La décision s'effectue sur des critères locaux dans le cas considéré. Par exemple, on envoie le paquet sur la file la plus courte. Si la destination finale est D_2, le paquet est placé dans la file A_2.

Le routage centralisé

Le routage centralisé est caractérisé par l'existence d'un centre, qui prend les décisions quant à la définition d'une nouvelle table et de l'envoi de cette table à l'ensemble des nœuds de transfert du réseau. Ce nœud central reçoit les informations de la part de tous les composants du réseau, et il conçoit sa table de routage suivant des algorithmes déterminés à l'avance. Cette solution de routage centralisé n'a pratiquement jamais été employée. Cependant, depuis 2012, elle devient à la mode grâce au potentiel du Cloud. Le contrôleur centralisé peut être un serveur assez puissant ou une VM (machine virtuelle) dans le Cloud qui peut avoir autant de puissance que nécessaire pour calculer les tables de transfert nécessaires. Il peut même y avoir une table par client afin d'optimiser les routes ou les chemins de chaque client. Pour cela, le contrôleur doit recevoir de ces clients un grand nombre d'informations qui peuvent être obtenues par des contrôleurs d'accès.

Les principales considérations à prendre en compte pour déterminer les meilleures routes dans un réseau, que ce soit en routage ou pour l'ouverture d'un chemin, sont les suivantes :

- coût des liaisons ;
- coût du passage dans un nœud ;
- débit demandé ;
- délai de transit demandé ;
- nombre de nœuds à traverser ;
- sécurité du transport de certaines classes de paquets ;
- coût énergétique ;
- occupation des mémoires des nœuds de commutation ;
- occupation des coupleurs de ligne.

Les algorithmes de routage utilisent la plupart du temps des critères de coût. On trouve, par exemple, l'algorithme du coût le plus bas, qui, comme son nom l'indique, consiste à trouver le chemin qui optimise le prix. Le plus simple des algorithmes, et souvent le plus performant, donne un coût de 1 à chaque passage dans un nœud. C'est l'algorithme de la route la plus courte. Contrairement à ce que l'on pourrait penser, c'est une bonne façon de procéder. On peut facilement ajouter des biais pour prendre en compte l'occupation des mémoires intermédiaires, l'utilisation des lignes de sortie, etc.

Le routage fixe est une autre technique particulièrement simple puisque la table ne varie pas dans le temps. Chaque fois qu'un paquet entre dans un nœud, il est envoyé dans la même direction, qui correspond, dans presque tous les cas, à l'algorithme de la route la plus courte. On ne peut toutefois parler d'algorithme de routage dans ce cas, puisque le routage est fixe et ne requiert pas de mise à jour. Le routage fixe va de pair avec un centre de contrôle, qui gère les pannes graves et génère une nouvelle table lorsqu'un nœud tombe en panne ou qu'une ligne de communication est rompue. On appelle ce routage fixe entre les mises à jour.

On peut améliorer le routage fixe en tenant compte d'événements indiqués par le réseau, telles des congestions ou des occupations de lignes ou des mémoires trop pleines. Toutes les dix secondes, tous les nœuds du réseau envoient un paquet de contrôle indiquant leur situation. À partir de ces comptes rendus, le nœud central élabore une nouvelle table de routage, qui est diffusée.

L'envoi des tables de routage d'une façon asynchrone est une technique plus élaborée. Le nœud central diffuse vers l'ensemble des nœuds une nouvelle table de routage dès que cette table a suffisamment changé par rapport à celle en vigueur. En d'autres termes, le centre de contrôle dresse des tables de routage au fur et à mesure de l'arrivée de nouvelles informations puis envoie à tous les nœuds la première table de routage qui lui paraît suffisamment différente de la précédente. L'adaptation est ici asynchrone et non pas synchrone, comme précédemment.

Les performances de ce routage centralisé dépendent de l'architecture et de la topologie du réseau. En effet, le principal problème du routage et de l'adaptation est qu'ils doivent s'effectuer en temps réel. Entre le moment où un nœud envoie un compte rendu impliquant un nouveau routage et celui où la nouvelle table de routage arrive, il ne doit pas y avoir de changement substantiel de l'état du système. Cette condition est très mal réalisée si le réseau est important et les artères surchargées, les paquets de contrôle étant peu prioritaires par rapport aux paquets transportant des informations.

La qualité du routage correspond à première vue à une adaptation de plus en plus sophistiquée. C'est là que se pose le deuxième grand problème concernant les performances, d'ailleurs lié au premier : la sophistication entraîne une surcharge du réseau par des paquets de contrôle, laquelle peut empêcher un fonctionnement en temps réel.

On voit qu'un algorithme de routage donné n'a pas la même efficacité pour un réseau à trois nœuds, par exemple, que pour un réseau à vingt nœuds. La première conclusion qu'il est possible d'en tirer est qu'il n'existe pas d'algorithme meilleur qu'un autre, même pour un réseau bien déterminé, puisque tout dépend du trafic. Par ailleurs, il semble qu'il existe un optimum dans la complexité de l'algorithme d'adaptation pour ne pas surcharger le réseau inutilement.

Le routage distribué

La plus simple des techniques de routage distribué, l'inondation, n'est pas adaptative. Lorsqu'un paquet est reçu dans un nœud, il est retransmis vers toutes les destinations possibles. Ce routage efficace est toutefois pénalisant en termes de flux et ne peut être adopté que dans des cas spécifiques, comme les réseaux dans lesquels le temps réel est primordial et le trafic faible.

Dans les algorithmes un peu plus complexes, l'adaptabilité commence à apparaître. Elle ne concerne qu'une dimension, le temps. Pour un paquet en transit dans le nœud i et se dirigeant vers le nœud j, plusieurs lignes de sortie peuvent être choisies. Dans la méthode de routage appelée *hot-potatoe*, on essaie de se débarrasser du paquet le plus rapidement possible en le transmettant sur la première ligne de sortie vide. En réalité, on ne se sert jamais d'une méthode hot-potatoe pure. On préfère des techniques plus élaborées, dans lesquelles des coefficients sont affectés aux différentes lignes de sortie pour une destination donnée (*voir figure 7.10*).

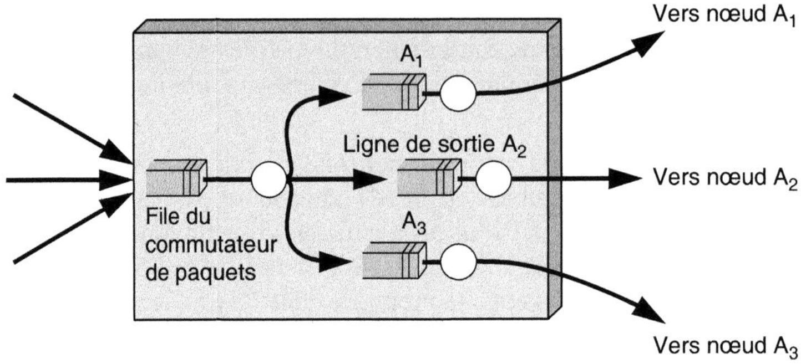

Table de routage associée au nœud de commutation

D_1	A_1 si la file A_2 a plus de deux clients de plus que la file A_1, sinon A_2
D_2	A_2
D_3	A_2 ou A_3 (la file la plus courte)
D_4	A_3

Figure 7.10

Routage hot-potatoe avec biais

Exemple de routage distribué

Soit le nœud illustré à la figure 7.11, possédant trois voisins : N_1, N_2, N_3. Le processeur de ce commutateur est capable de connaître le temps de réponse de ses trois files de sortie, notées respectivement W_1, W_2 et W_3. Ce temps de réponse est obtenu en comptabilisant le nombre d'octets en attente dans le coupleur de lignes et en le multipliant par la vitesse d'émission sur le support physique.

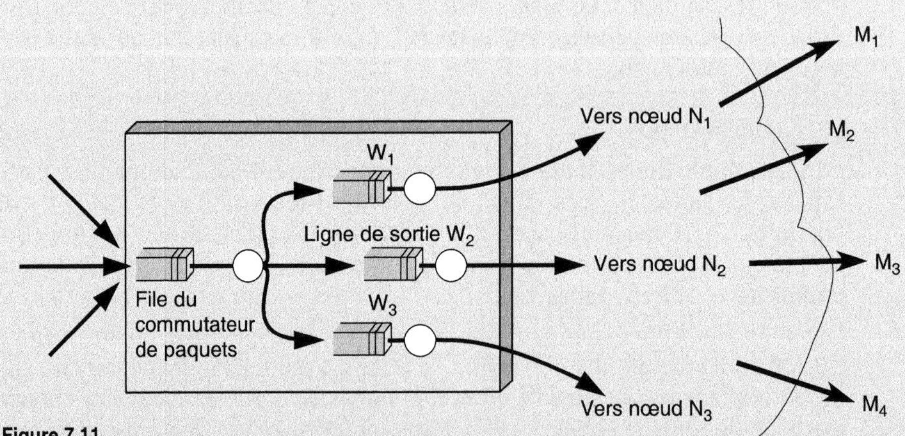

Figure 7.11

Routage distribué dans un nœud de commutation

Intéressons-nous à quatre destinataires possibles : M_1, M_2, M_3 et M_4, et supposons que les nœuds N_1, N_2 et N_3 soient capables de connaître les délais d'acheminement optimaux d'un paquet entrant dans leur commutateur pour atteindre un nœud terminal. Ces délais sont recensés au tableau 7.1.

	M_1	M_2	M_3	M_4
N_1	160	260	180	218
N_2	140	255	175	200
N_3	100	247	140	220

TABLEAU 7.1 • Délai d'acheminement d'un paquet

L'intersection de la colonne M_3 et de la ligne N_2 indique le délai d'acheminement optimal vers la destination M_3 pour un paquet entrant dans le nœud N_2. Prenons les valeurs indiquées au tableau 7.2 comme temps de réponse des files de sortie du nœud étudié.

W_1	W_2	W_3
26	40	64

TABLEAU 7.2 • Temps de réponse des files de sortie

Il est possible de calculer, pour chaque destination, les délais d'acheminement à partir du nœud étudié en passant par chacun des voisins de ce nœud. Ces délais sont indiqués au tableau 7.3.

	Vers M_1	Vers M_2	Vers M_3	Vers M_4
Par N_1	160 + 26	260 + 26	180 + 26	218 + 26
Par N_2	140 + 40	255 + 40	175 + 40	200 + 40
Par N_3	100 + 64	247 + 64	140 + 64	220 + 64

TABLEAU 7.3 • Délai total d'acheminement d'un paquet

Nous en déduisons la table de routage du nœud étudié (*voir tableau 7.4*).

	M_1	M_2	M_3	M_4
Destination finale	N_3	N_1	N_3	N_2
File de sortie	140	255	175	200
Temps de propagation	100	247	140	220

TABLEAU 7.4 • Table de routage déduite

L'hypothèse d'un nœud capable de connaître les délais d'acheminement vers un destinataire n'a plus lieu d'être puisque la connaissance de ces délais pour chaque nœud permet de les obtenir pas à pas. Pour ce faire, chaque nœud doit envoyer à tous ses voisins sa table de délais. Les temps de propagation pour ces diverses transmissions s'ajoutent. De ce fait, les informations en la possession d'un nœud risquent de ne pas être à jour. Les problèmes de surcharge dus aux paquets de contrôle et à l'exactitude des informations sont les deux générateurs de trouble dans les politiques de routage distribué qui veulent tenir compte de l'ensemble des ressources de transport.

L'un des problèmes cruciaux posés par le routage distribué, qu'il soit adaptatif ou non, est celui du rebouclage, un paquet pouvant repasser plusieurs fois par le même nœud. Un exemple caractéristique est fourni par le réseau ARPAnet, la première version du réseau Internet, qui a expérimenté le dernier algorithme décrit et pour lequel les mesures effectuées ont montré un grand nombre de rebouclages.

L'adressage

Les données situées chez l'utilisateur ou sur des serveurs d'un réseau ne peuvent être atteintes que par l'intermédiaire d'un adressage spécifiant l'interface de sortie ou par une référence permettant d'acheminer le paquet jusqu'à l'interface recherchée. Dans ce dernier cas, il faut se servir de l'adresse du destinataire pour que le paquet de signalisation ouvre un chemin. Les sections qui suivent ne s'intéressent dans un premier temps qu'à l'adressage et reviennent ensuite sur les systèmes utilisant des références.

L'adressage peut être physique ou logique. Une adresse physique correspond à une jonction physique à laquelle est connecté un équipement terminal. Une adresse logique correspond à un utilisateur, un terminal ou un programme utilisateur qui peut se déplacer géographiquement. Le réseau téléphonique offre un premier exemple d'adressage physique : à un numéro correspond un utilisateur, ou plus exactement une jonction. Dans ce réseau, l'adressage est hiérarchique. Il utilise un code différent pour le pays, la région et l'autocommutateur, les quatre derniers chiffres indiquant l'abonné. Si l'abonné se déplace, il change de numéro. Les autocommutateurs temporels peuvent dérouter l'appel vers un autre numéro à la demande de l'abonné, mais l'adressage n'est pas conservé.

Un second exemple est proposé par le réseau Ethernet et plus globalement par les réseaux locaux. Il s'agit d'un adressage de niveau trame et non de niveau paquet. Il est introduit dans ce chapitre à titre d'exemple, car il aurait très bien pu être implémenté dans un paquet.

Par l'intermédiaire de l'IEEE (Institute of Electrical and Electronics Engineers), à chaque coupleur est affecté un numéro unique (*voir figure 7.12*). Il n'y a donc pas deux coupleurs portant la même adresse. Si la partie portant l'adresse ne peut être déplacée, l'adressage est physique. En revanche, si l'utilisateur peut partir avec son terminal et son interface et se reconnecter ailleurs, l'adressage devient logique. Dans ce dernier cas, le routage dans les grands réseaux est particulièrement complexe.

Dans le cas du réseau Ethernet, l'adressage est absolu. Il n'y a donc pas de relation entre des adresses situées sur des sites proches l'un de l'autre. Comme indiqué à la figure 7.12, le premier bit de l'adressage Ethernet précise si l'adresse correspond à un seul coupleur (adresse unique) ou si elle est partagée par d'autres coupleurs pour permettre des communications en multipoint ou en diffusion. Le deuxième bit indique si l'adressage utilisé est celui défini par l'IEEE, c'est-à-dire si les champs d'adresse possèdent bien l'adresse Ethernet du coupleur ou si l'utilisateur a remplacé les deux champs par une adresse spécifique. Il est fortement conseillé de garder l'adresse IEEE d'origine du coupleur pour éviter toute collision avec une autre adresse IEEE.

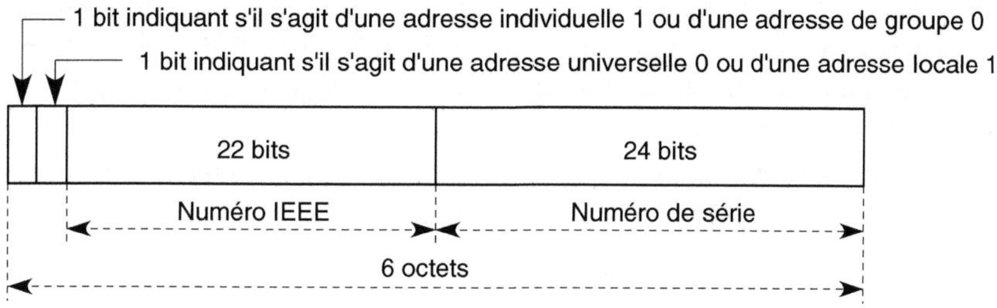

Figure 7.12

L'adressage Ethernet

Dans l'adressage Ethernet décrit ci-dessus, la situation géographique de l'abonné est impossible à connaître, et le routage délicat à mettre en œuvre. C'est la raison pour laquelle le routage de niveau trame ne s'est jamais développé. Il aurait fallu pour cela développer un adressage hiérarchique.

Le réseau Internet donne un bon exemple d'adressage hiérarchique logique. L'adresse est décomposée en deux parties donnant deux niveaux de hiérarchie. La première identifie une machine terminale sur un réseau déterminé, et la seconde le numéro de ce réseau. On voit que l'adresse n'est pas forcément géographique, puisqu'un réseau peut contenir cinq PC, un dans chaque continent. Il faut trouver une route pour aller dans le réseau d'appartenance puis rechercher à l'intérieur du réseau la route allant au destinataire. Les adresses IP sont examinées en détail au chapitre 10.

Autres fonctionnalités du niveau paquet

Comme expliqué en début de chapitre, le niveau paquet (couche 3), également appelé couche réseau, offre un service au niveau message, ou couche transport. Ce service doit être fourni par le protocole réseau en tenant compte du service qui est offert par la couche inférieure, comme illustré à la figure 7.13.

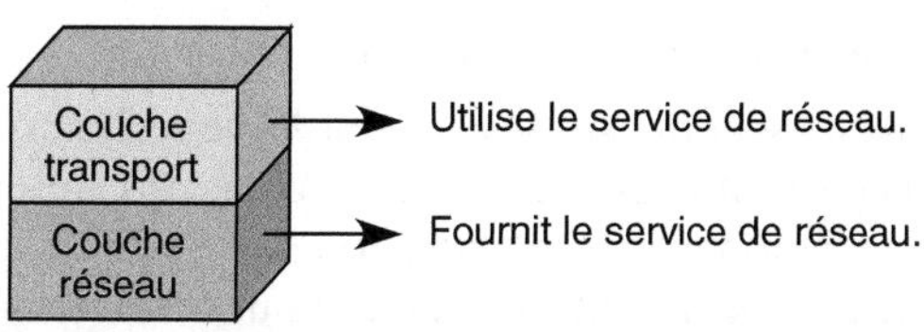

Figure 7.13

Relation entre couche réseau et transport

Les services qui doivent être rendus par le niveau paquet doivent satisfaire les cinq critères suivants :

- **Indépendance par rapport aux supports de transmission sous-jacents.** Le service réseau libère ses utilisateurs de toutes les préoccupations liées à la façon dont sont utilisés les divers sous-réseaux pour assurer le service réseau. Il masque à l'utilisateur du service réseau la façon dont ses paquets sont transportés. En effet, ce dernier ne souhaite généralement pas connaître les protocoles utilisés pour le transport de ses paquets, mais désire seulement être sûr que ses paquets arrivent au destinataire avec une qualité définie.
- **Transfert de bout en bout.** Le service réseau assure le transfert d'une extrémité à l'autre des données utilisateur. Toutes les fonctions de routage et de relais sont assurées par le fournisseur du service réseau, y compris dans le cas où diverses ressources de transmission, similaires ou différentes, sont utilisées en tandem ou en parallèle.
- **Transparence des informations transférées.** Le service réseau assure le transfert transparent des informations sous la forme d'une suite d'octets de données utilisateur ou d'informations de contrôle. Il n'impose aucune restriction quant au contenu, au format ou au codage des informations et n'a pas besoin d'interpréter leur structure ou leur signification.
- **Choix de la qualité de service.** Le service réseau offre aux utilisateurs la possibilité de demander ou d'accepter la qualité de service prévue pour le transfert de données utilisateur. La qualité de service est spécifiée par des paramètres de QoS exprimant des caractéristiques telles que le débit, le temps de transit, l'exactitude et la fiabilité.
- **Adressage de l'utilisateur du service réseau.** Le service réseau utilise un système d'adressage qui permet à chacun de ses utilisateurs d'identifier de façon non ambiguë d'autres utilisateurs du service réseau.

La qualité de service

La notion de qualité de service, ou QoS, concerne certaines caractéristiques d'une connexion réseau relevant de la seule responsabilité du fournisseur du service réseau.

Une valeur de QoS s'applique à l'ensemble d'une connexion réseau. Elle doit être identique aux deux extrémités de la connexion, même si cette dernière est prise en charge par plusieurs sous-réseaux interconnectés offrant chacun des services différents.

La QoS est décrite à l'aide de paramètres. La définition d'un paramètre de QoS indique la façon de mesurer ou de déterminer sa valeur, en mentionnant au besoin les événements spécifiés par les primitives du service réseau.

Deux types de paramètres de QoS ont été définis :

- Ceux dont les valeurs sont transmises entre utilisateurs homologues au moyen du service réseau pendant la phase d'établissement de la connexion réseau. Au cours de cette transmission, une négociation tripartite peut avoir lieu entre les utilisateurs et le fournisseur du service réseau afin de définir une valeur pour ces paramètres de QoS.
- Ceux dont les valeurs ne sont ni transmises ni négociées entre les utilisateurs et le fournisseur du service réseau. Pour ces paramètres de QoS, il est toutefois possible

d'obtenir, par des moyens locaux, l'information relative aux valeurs utiles au fournisseur et à chacun des utilisateurs du service réseau.

Les principaux paramètres de QoS sont les suivants :

- **Délai d'établissement de la connexion réseau.** Correspond au temps qui s'écoule entre une demande de connexion réseau et la confirmation de la connexion. Ce paramètre de QoS indique le temps maximal acceptable par l'utilisateur.
- **Probabilité d'échec de l'établissement de la connexion réseau.** Cette probabilité est établie à partir des demandes qui n'ont pas été satisfaites dans le temps normal imparti pour l'établissement de la connexion.
- **Débit du transfert des données.** Le débit définit le nombre d'octets transportés sur une connexion réseau dans un temps raisonnablement long (quelques minutes, quelques heures ou quelques jours). La difficulté à déterminer le débit d'une connexion réseau provient de l'asynchronisme du transport des paquets. Pour obtenir une valeur acceptable, il faut observer le réseau sur une suite de plusieurs paquets et considérer le nombre d'octets de données transportés en tenant compte du temps écoulé depuis la demande ou l'indication de transfert des données.
- **Temps de transit lors du transfert des données.** Le temps de transit correspond au temps écoulé entre une demande de transfert de données et l'indication de transfert des données. Ce temps de transit est difficile à calculer du fait de la distribution géographique des extrémités. La satisfaction d'une qualité de service sur le temps de transit peut de surcroît entrer en contradiction avec un contrôle de flux.
- **Taux d'erreur résiduelle.** Se calcule à partir du nombre de paquets qui arrivent erronés, perdus ou en double sur le nombre total de paquets émis. C'est donc un taux d'erreur par paquet. Désigne également la probabilité qu'un paquet n'arrive pas correctement au récepteur.
- **Probabilité d'incident de transfert.** Est obtenue par le rapport du nombre d'incident répertorié sur le nombre total de transfert effectué. Pour avoir une estimation correcte de cette probabilité, il suffit d'examiner le nombre de déconnexions du réseau par rapport au nombre de transfert effectué.
- **Probabilité de rupture de la connexion réseau.** Se calcule à partir du nombre de libération et de réinitialisation d'une connexion réseau par rapport au nombre de transfert effectué.
- **Délai de libération de la connexion réseau.** C'est le délai maximal acceptable entre une demande de déconnexion et la libération effective.
- **Probabilité d'échec lors de la libération de la connexion réseau.** C'est le nombre d'échec de libération demandée par rapport au nombre total de libération demandé.

Les trois paramètres additionnels suivants permettent de caractériser la qualité de service :

- **Protection de la connexion réseau.** Détermine la probabilité que la connexion réseau soit en état de marche durant toute la période où elle est ouverte par l'utilisateur. Il y a plusieurs moyens de protéger une connexion en la dupliquant ou en ayant une connexion de sauvegarde prête à être ouverte en cas de coupure. La valeur pour un réseau téléphonique est de 99,999 %, que l'on appelle les cinq neuf, ce qui équivaut à quelques minutes d'indisponibilité par an. La protection est beaucoup plus faible pour un réseau IP, avec une valeur de l'ordre de 99,9 %, ou trois neuf. Cette valeur pose d'ailleurs problème pour la téléphonie sur IP, qui demande une protection plus forte des connexions téléphoniques.

- **Priorité de la connexion réseau.** Détermine la priorité d'accès à une connexion réseau, la priorité de maintien d'une connexion réseau et la priorité des données sur la connexion.
- **Coût maximal acceptable.** Détermine si la connexion réseau est tolérable ou non. La définition du coût est assez complexe puisqu'elle dépend de l'utilisation des ressources nécessaires à la mise en place, au maintien et à la libération de la connexion réseau.

IP (Internet Protocol)

Le protocole de base du réseau Internet s'appelle IP, pour Internet Protocol. L'objectif de départ assigné à ce protocole est d'interconnecter des réseaux n'ayant pas les mêmes protocoles de niveau trame ou de niveau paquet. Le sigle Internet vient d'*inter-networking* et correspond à un mode d'interconnexion : chaque réseau indépendant doit transporter dans sa trame ou dans la zone de données de son paquet un paquet IP, comme illustré à la figure 7.14.

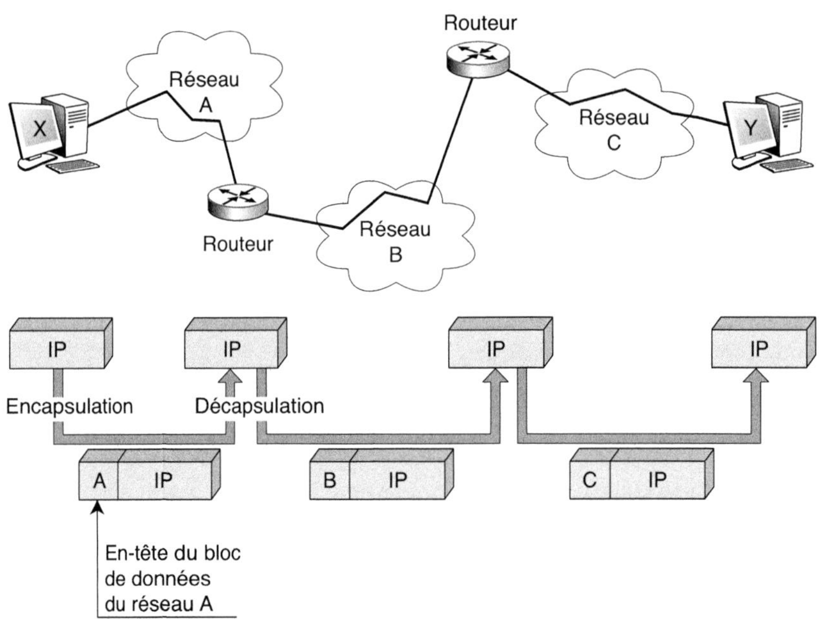

Figure 7.14

Interconnexion réseau

Il existe deux générations de paquets IP, appelées IPv4 (IP version 4) et IPv6 (IP version 6). IPv4 a été prépondérant jusqu'à maintenant. Le passage à IPv6 pourrait s'accélérer du fait de son adoption dans de nombreux pays asiatiques. La transition est cependant difficile et durera de nombreuses années.

Les protocoles IPv4 et IPv6

Première génération du protocole IP, IPv4 est implémenté dans toutes les stations connectées au réseau Internet. La différence fondamentale avec IPv6 réside dans un paquet pourvu de peu de fonctionnalités, puisqu'il n'est vu que comme une syntaxe commune pour échanger de l'information. Avec la deuxième génération IPv6, qui commence à être mise en œuvre, le changement de vision est sans équivoque, puisque le paquet IP devient un véritable paquet, avec toutes les fonctionnalités nécessaires pour qu'il soit traité et contrôlé dans les nœuds du réseau.

Comme indiqué à plusieurs reprises, IP propose un service sans connexion. Ce mode sans connexion explique les attentes assez longues lors de l'interrogation de serveurs très fréquentés. Même surchargés, ces derniers ne peuvent refuser l'arrivée de nouveaux paquets puisque l'émetteur ne demande aucune connexion, c'est-à-dire ne se préoccupe pas de savoir si le serveur accepte de les servir.

Les paquets d'un même flot, partant d'une machine et allant vers une autre, peuvent utiliser des routes différentes, Internet se chargeant du routage des paquets IP indépendamment les uns des autres. Le protocole IP définit l'unité de donnée ainsi que le format de toutes les données qui transitent dans le réseau. Il inclut également un ensemble de règles, qui définissent comment traiter les paquets, gérer la fonction de routage et répondre à certains types d'erreurs.

Il existe une analogie entre le réseau physique et le réseau logique dans lequel s'inscrit IP. Dans un réseau physique, l'unité transférée est la trame – en réalité un paquet ou une trame – du sous-réseau traversé. Cette trame comporte un en-tête et des données, ces dernières étant incluses dans le paquet IP. L'en-tête contient les informations de supervision nécessaires pour acheminer la trame.

Dans le réseau IP logique, l'unité de base à transférer est le paquet IP, que l'on appelle datagramme IP. Les datagrammes peuvent être d'une longueur quelconque. Comme ils doivent transiter de routeur en routeur, ils peuvent être fractionnés, de sorte à s'adapter à la structure de la trame sous-jacente. Ce concept est appelé l'encapsulation. Pour un sous-réseau, un datagramme est une donnée comme une autre. Dans le meilleur des cas, le datagramme est contenu dans une seule trame, ce qui rend la transmission plus performante.

Les sections qui suivent examinent la structure des paquets IPv4 et IPv6. Le chapitre 10 est consacré aux réseaux IP en général.

IPv4

Le service rendu par le protocole IPv4 se fonde sur un système de remise de paquets non fiable, que l'on appelle service best-effort, c'est-à-dire « au mieux » et sans connexion. Le service est dit non fiable, car la remise ne présente aucune garantie. Un paquet peut être perdu, dupliqué ou remis hors séquence, sans qu'Internet ne le détecte ni n'en informe l'émetteur ou le récepteur.

La figure 7.15 illustre le format du paquet IPv4. Après la valeur 4, pour le numéro de version, est indiquée la longueur de l'en-tête, qui permet de connaître l'emplacement du début des données du fragment IP. Le champ suivant, ToS (Type of Service), précise le type de service des informations transportées dans le corps du paquet. Ce champ n'a jamais été réellement utilisé avant l'arrivée des nouveaux protocoles de gestion relatifs à la qualité de service, comme DiffServ (Differentiated Services), qui sont présentés au chapitre 10. Vient ensuite la longueur totale (Length). Le champ suivant (Identification) identifie le message auquel appartient le paquet : le message a été découpé en paquets et il faut être capable au récepteur de savoir à quel message appartient le paquet.

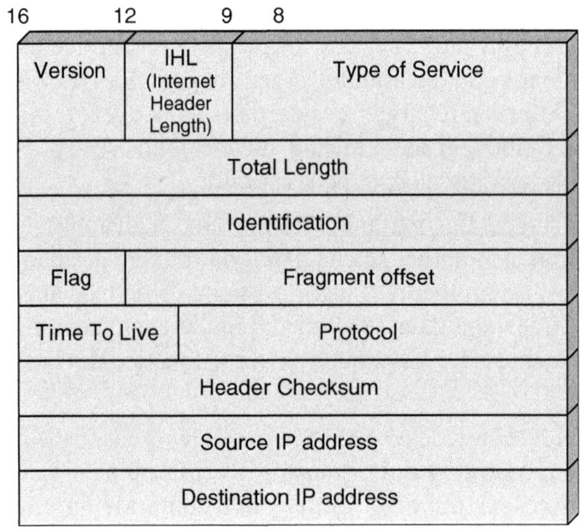

Figure 7.15

Format du paquet IPv4

Le drapeau (Flag) porte plusieurs notifications. Il précise, en particulier, si une segmentation a été effectuée. Si oui, la place du segment, provenant de la segmentation du message de niveau 4, est indiquée dans le champ Offset, ou emplacement du segment. Le champ TTL (Time To Live), ou temps de vie, spécifie le temps après lequel le paquet est détruit. Si le paquet ne trouve plus son chemin ou effectue des allers-retours, il est éliminé au bout d'un certain temps. Dans la réalité, cette zone contient une valeur entière, indiquant le nombre de nœuds qui peuvent être traversés avant destruction du paquet. La valeur 16 est utilisée sur Internet pour indiquer qu'un paquet IP qui traverse plus de 15 routeurs est détruit.

Le numéro de protocole indique le protocole qui a été encapsulé à l'intérieur du paquet. La zone de détection d'erreur permet de déterminer si la transmission du paquet s'est effectuée correctement ou non. Enfin, les adresses de l'émetteur et du récepteur sont précisées dans la dernière partie de l'en-tête. Elles prennent une place de 4 octets chacune.

Comme Internet est un réseau de réseaux, l'adressage est particulièrement important. Les machines reliées à Internet ont une adresse IPv4 représentée sur un entier de 32 bits. L'adresse est constituée de deux parties : un identificateur de réseau et un identificateur de machine pour ce réseau. Il existe quatre classes d'adresses, chacune permettant de coder un nombre différent de réseaux et de machines :

- classe A, 128 réseaux et 16 777 216 hôtes (7 bits pour les réseaux et 24 pour les hôtes) ;
- classe B, 16 384 réseaux et 65 535 hôtes (14 bits pour les réseaux et 16 pour les hôtes) ;
- classe C, 2 097 152 réseaux et 256 hôtes (21 bits pour les réseaux et 8 pour les hôtes) ;
- classe D, adresses de groupes (28 bits pour les hôtes appartenant à un même groupe).

Ces adresses sont illustrées à la figure 7.16.

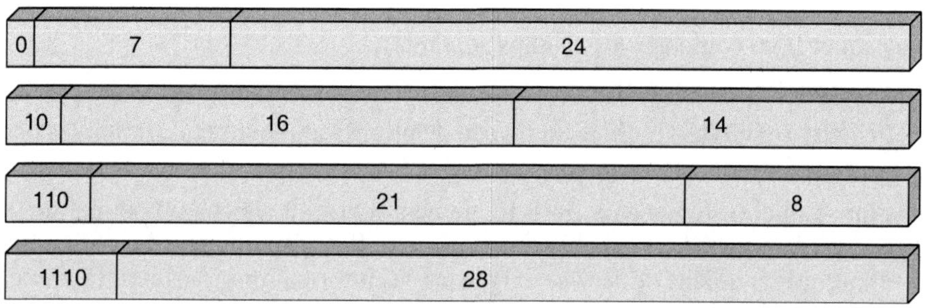

Figure 7.16

Classes d'adresses d'IPv4

Les adresses IP ont été définies pour être traitées rapidement. Les routeurs qui effectuent le routage en se fondant sur le numéro de réseau sont dépendants de cette structure. Un hôte relié à plusieurs réseaux possède plusieurs adresses IP. En fait, une adresse n'identifie pas simplement une machine, mais une connexion à un réseau.

IPv6

IPv6, parfois appelé IPng (*next generation*), est un protocole entièrement repensé, qui appartient au niveau paquet. Le format du paquet IPv6 est illustré à la figure 7.17.

Pour améliorer les performances, IPv6 interdit la fragmentation et le réassemblage dans les routeurs intermédiaires. Le protocole doit donc choisir la bonne valeur de longueur du datagramme afin qu'il puisse s'encapsuler directement dans les différentes trames ou paquets rencontrés. Si, dans un environnement IPv6, un datagramme se présente à l'entrée d'un sous-réseau avec une taille non acceptable, il est détruit. Comme expliqué précédemment, le niveau paquet représenté par IP est considéré comme un niveau logique d'interconnexion entre sous-réseaux. Ce niveau IP peut devenir un protocole de niveau paquet autosuffisant, utilisable pour transporter les informations sur un réseau. C'est exactement le rôle joué par IPv6.

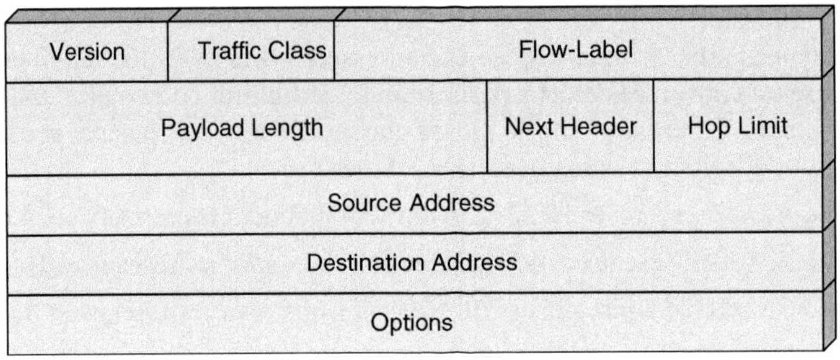

Figure 7.17

Format du paquet IPv6

Le paquet IPv6 comporte les champs suivants :

- **Version.** Porte le numéro 6.
- **Priority (priorité).** Indique un niveau de priorité, qui permet de traiter les paquets plus ou moins rapidement dans les nœuds du réseau.
- **Flow-Label** (référence de flot). Également nouveau, ce champ permet de transporter une référence (*label*) capable de préciser le flot auquel appartient le paquet et donc d'indiquer la qualité de service exigée par les informations transportées. Cette référence permet aux routeurs de prendre des décisions adaptées. Grâce à ce nouveau champ, le routeur peut traiter de façon personnalisée les paquets IPv6, autorisant ainsi la prise en compte de contraintes diverses.
- **Length** (longueur). Indique la longueur totale du datagramme en octet, sans tenir compte de l'en-tête. Ce champ étant de 2 octets, la longueur maximale du datagramme est de 64 Ko.
- **Next-Header** (en-tête suivant). Indique le protocole encapsulé dans la zone de données du paquet. Ce processus est illustré à la figure 7.18. Les options les plus classiques pour la valeur de ce champ sont 0 pour Hop-by-Hop Option Header, 4 pour IP, 6 pour TCP et 17 pour UDP (*voir l'encadré ci-dessous*).

Valeurs du champ Next-Header

- 0 Hop-by-Hop Option Header
- 4 IP
- 6 TCP
- 17 UDP
- 43 Routing Header
- 44 Fragment Header
- 45 IRP (Interdomain Routing Protocol)

- 4 RSVP (ReSource Reservation Protocol)
- 50 ESP (Encapsulating Security Payload)
- 51 Authentication Header
- 58 ICMP
- 59 No Next-Header
- 60 Destination Options Header

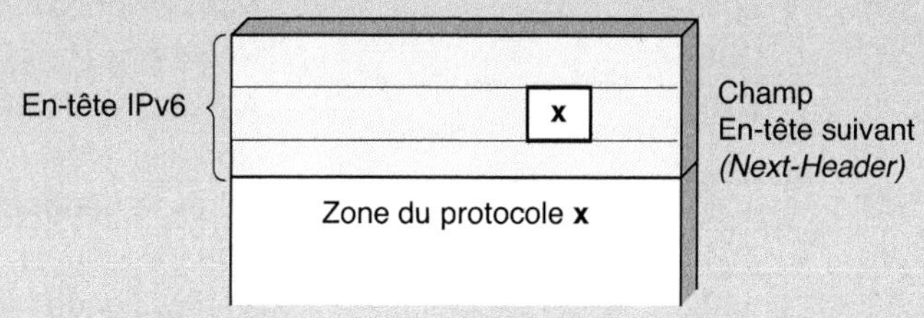

Figure 7.18

Champ en-tête suivant (Next-Header)

- **Hop limit** (nombre maximal de nœuds traversés). Indique après combien de nœuds le paquet est détruit.
- **Address.** La zone d'adresse est souvent présentée comme la raison d'être de la nouvelle version d'IP. En fait, c'est seulement une raison parmi d'autres. L'adresse IPv6 tient sur 16 octets. La difficulté réside dans la représentation et l'utilisation rationnelle de ces 128 bits. Le nombre d'adresses potentielles dépasse 10^{23} pour chaque mètre carré de la surface terrestre. La représentation s'effectue par groupe de 16 bits et se présente sous la forme 123:FCBA:1024:AB23:0:0:24:FEDC. Des séries d'adresses égales à 0 peuvent être abrégées par le signe ::, qui ne peut apparaître qu'une seule fois dans l'adresse, comme dans l'exemple 123:FCBA:1024:AB23::24:FEDC. Ce signe n'indique pas le nombre de 0 successifs. Pour déduire ce nombre, les autres séries ne peuvent être abrégées. S'il existait deux séries abrégées, il serait impossible d'en déduire la longueur respective de chacune. L'adressage IPv6 est hiérarchique. Une allocation des adresses a été proposée, dont le détail est donné au tableau 7.5.
- **Options.** L'en-tête du paquet IPv6 se termine par un champ d'options qui permet l'ajout de nouvelles fonctionnalités, en particulier concernant la sécurité. La figure 7.19 illustre le fonctionnement de ce champ d'options. Chaque zone d'option commence par un champ portant un numéro correspondant au type d'option. Dans ce champ d'options, les différentes zones se suivent dans un ordre prédéterminé, qui est dicté par leur utilisation potentielle dans les nœuds intermédiaires. Si un nœud intermédiaire ne peut prendre en charge une option, plusieurs cas de figure se présentent : destruction du paquet, émission sans traitement, émission d'une signalisation ou attente d'une réponse pour prendre une décision. La figure 7.20 donne une idée de l'ordre de traitement.

Adresse	Premiers bits de l'adresse	Caractéristiques
0 :: /8	0000 0000	Réservée
100 :: /8	0000 0001	Non assignée
200 :: /7	0000 0001	Adresse ISO
400 :: /7)	0000 010	Adresse Novell (IPX)
600 :: /7	0000 011	Non assignée
800 :: /5	0000 1	Non assignée
1000 :: /4	0001	Non assignée
2000 :: /3	001	Non assignée
4000 :: /3	010	Adresse de fournisseur de services
6000 :: /3	011	Non assignée
8000 :: /3	100	Adresse géographique d'utilisateur
A000 :: /3	101	Non assignée
C000 ::/3	110	Non assignée
E000 :: /4	1110	Non assignée
F000 :: /5	1111 0	Non assignée
F800 :: /6	1111 10	Non assignée
FC00 :: /7	1111 110	Non assignée
FE00 :: /9	1111 1110 0	Non assignée
FE80 :: /10	1111 1110 10	Adresse de liaison locale
FEC0 :: /10	1111 1110 11	Adresse de site local
FF00 :: /8	1111 1111	Adresse de multipoint

TABLEAU 7.5 • Adresses d'IPv6

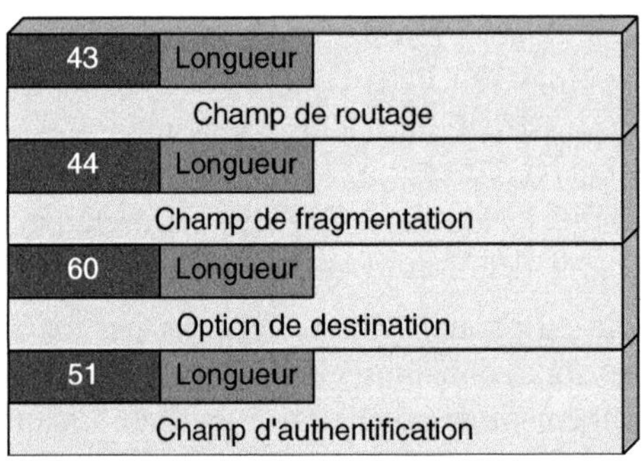

Figure 7.19

Champs d'options du paquet IPv6

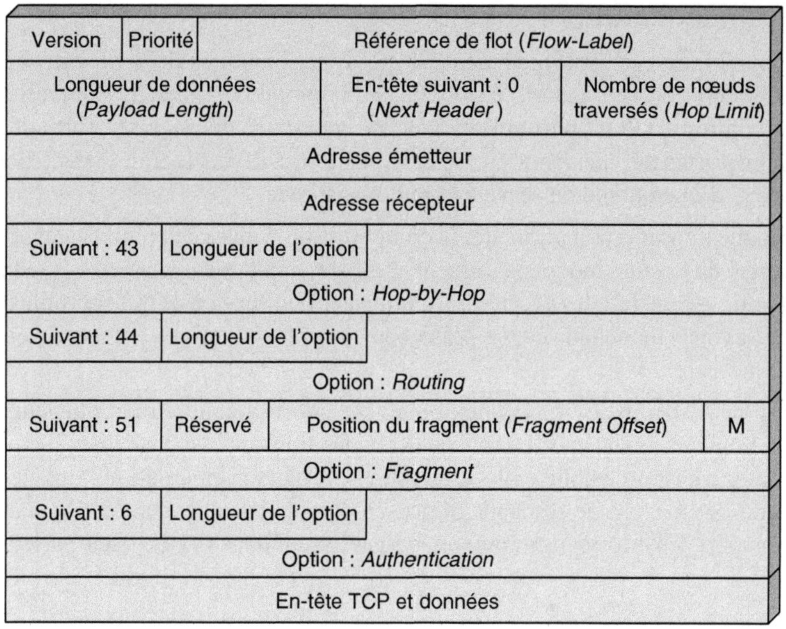

Figure 7.20

Ordre de traitement des options d'extension

Le niveau message

Le niveau message concerne le transfert de bout en bout des données d'une extrémité à une autre d'un réseau. Les données de l'utilisateur sont regroupées en messages, bien que cette entité ne soit pas parfaitement définie. Ces messages doivent être transportés de l'émetteur vers le récepteur. C'est la raison pour laquelle ce niveau s'appelle également couche transport. C'est d'ailleurs le terme que l'on retrouve dans la nomenclature du modèle de référence.

Le message est une entité logique de l'utilisateur émetteur, sa longueur n'étant pas déterminée à l'avance. Le niveau message s'appuie sur des fonctionnalités capables d'acheminer les informations d'une extrémité à l'autre du réseau. Il correspond à un protocole de bout en bout. Sa définition est précise : garantir l'acheminement du message de l'émetteur au récepteur, éventuellement en traversant plusieurs réseaux. En comparaison, le niveau paquet n'a pour ambition que de faire le nécessaire pour assurer la traversée d'un réseau. Par déduction, aucun niveau message ne doit être traversé avant d'atteindre l'équipement terminal de destination, sinon la transmission ne serait pas de bout en bout.

Après avoir examiné les fonctionnalités que l'on retrouve dans tout niveau message, ce chapitre présente assez succinctement les principaux protocoles provenant des architectures OSI, ATM et Internet.

Les fonctionnalités du niveau message

Le niveau message est directement lié aux fonctionnalités de la couche 4 (transport) du modèle de référence, mais il prend aussi en compte les niveaux équivalents des autres architectures, TCP en particulier. Son rôle peut être décrit assez formellement par les trois propriétés définies pour la couche transport, à savoir le transport de bout en bout, la sélection d'une qualité de service et la transparence.

La couche transport doit permettre la communication entre deux utilisateurs situés dans des systèmes différents, indépendamment des caractéristiques des sous-réseaux sur lesquels s'effectue le transfert des données. Un utilisateur du service de transport n'a pas la possibilité de savoir si un ou plusieurs réseaux sous-jacents sont mis en jeu dans la communication qui l'intéresse.

La figure 7.21 illustre une connexion de transport mettant en jeu plusieurs réseaux mis bout à bout, ou concaténés. Le rôle de la couche transport est de réaliser l'exploitation de la liaison de transport établie entre X et Y. Les problèmes inhérents au routage et à la concaténation des liaisons de réseau sont pris en compte par la couche 3. Dans une connexion de transport, les informations doivent être délivrées dans l'ordre, sans perte ni duplication.

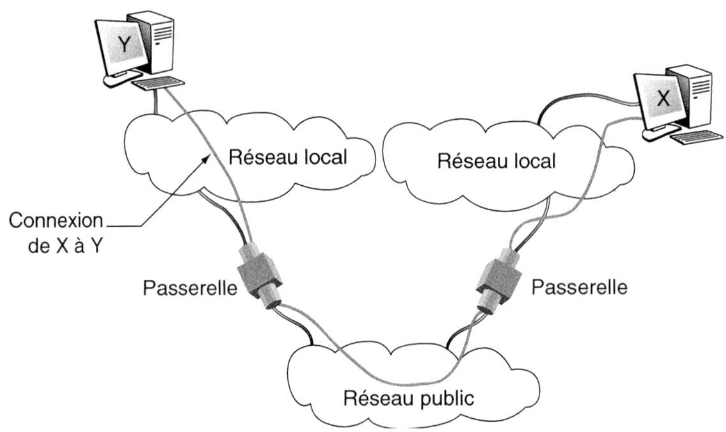

Figure 7.21

Exemple de connexion de bout en bout

Pour atteindre la qualité de service souhaitée par les utilisateurs du service de transport, le protocole de transport doit optimiser les ressources réseau disponibles, et ce au moindre coût. La notion de qualité de service est définie par la valeur de certains paramètres, dont l'ISO a établi une liste exhaustive :

- délai d'établissement d'une connexion de transport ;
- probabilité d'échec de l'établissement d'une connexion ;
- débit des informations sur une connexion de transport ;

- temps de traversée de la connexion : temps écoulé entre l'émission des données et leur réception à l'autre extrémité de la connexion ;
- taux d'erreur résiduelle : taux des erreurs non corrigées rencontrées sur une connexion ;
- probabilité de panne : probabilité d'arrêt d'une connexion de transport non souhaitée par les utilisateurs ;
- délai de déconnexion : temps maximal acceptable pour déterminer proprement une connexion de transport ;
- probabilité d'échec de déconnexion : probabilité d'une déconnexion non coordonnée entre les utilisateurs, aboutissant souvent à des pertes d'information ;
- protection des connexions de transport, au sens de maintien d'une sécurité, pour éviter les manipulations non autorisées de données circulant sur une connexion de transport ;
- priorité des connexions : importance relative d'utiliser différentes connexions en cas de problème majeur au risque de dégrader la qualité de service d'une liaison, voire de la terminer ;
- fragilité d'une connexion : probabilité de coupure accidentelle d'une connexion de transport déjà établie.

Les informations échangées sur une connexion de transport le sont indépendamment de leur format, de leur codage ou de leur signification. C'est ce qu'on appelle un mode transparent. Cette transparence s'obtient essentiellement par des protocoles de plus bas niveau, qui doivent également travailler dans un mode transparent.

La couche transport se fonde sur une méthode d'adressage indépendante des conventions utilisées dans les couches inférieures. Son rôle consiste à réaliser une correspondance entre l'adresse de transport d'un utilisateur donné et une adresse de réseau pour pouvoir initialiser la communication.

Les caractéristiques du niveau message

Il est intéressant de remarquer le parallèle qui existe entre les spécifications du niveau message, ou couche 4 (transport) et celles du niveau paquet, ou couche 3 (réseau). En un certain sens, ces deux niveaux doivent réaliser des transports performants au travers de plusieurs nœuds. Les différences fondamentales suivantes entre les deux niveaux sont toutefois à considérer :

- Les problèmes d'adressage sont plus simples au niveau paquet qu'au niveau message.
- La notion d'établissement d'un circuit virtuel au niveau paquet a un sens plus pratique : il faut ouvrir un chemin que les différents paquets vont suivre.
- La connexion établie au niveau message se caractérise par une quantité d'information importante en cours de transmission à l'intérieur du réseau. Cette propriété provient de la traversée potentielle de plusieurs réseaux de couche 3 (*voir figure 7.21*). Au niveau paquet, la mémoire du support de transmission est souvent beaucoup plus faible, à l'exception des réseaux par satellite.

La notion de transparence, énoncée précédemment en tant que propriété de la couche transport, implique la possibilité d'acheminer des informations de taille quelconque. C'est la transparence vis-à-vis du format des données. En pratique, cela signifie que la réalisation d'une entité de transport nécessite une gestion complexe des mémoires de stockage des informations. En pratique, il faut être capable de gérer des tampons à même de stocker des TPDU d'une taille variant entre 128 et 8 192 octets dans le protocole normalisé et jusqu'à 64 Ko dans Internet.

Adresses et chemins de données

La figure 7.22 illustre les connexions entre plusieurs utilisateurs situés sur deux machines distantes en supposant que le réseau de communication utilise des circuits virtuels.

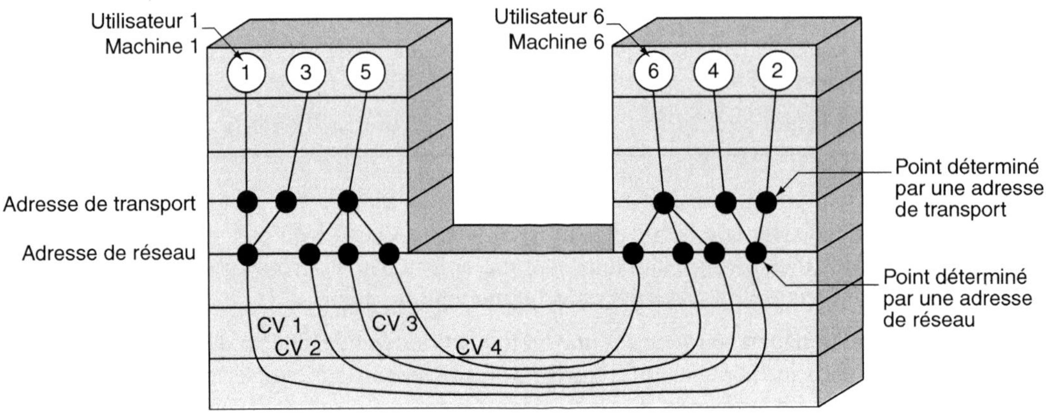

Figure 7.22

Adressage et chemin de données

Les adresses de transport indiquées sont les points d'accès au service de transport visibles par la couche de protocole supérieure, c'est-à-dire la couche session. Cet exemple montre l'optimisation que prend en charge le niveau message grâce au multiplexage et à l'éclatement. Le multiplexage correspond au partage d'une connexion réseau (CV, ou circuit virtuel, 1) par plusieurs connexions de transport (1-2 et 3-4). L'éclatement correspond à l'utilisation de plusieurs connexions réseau (CV 2, CV 3 et CV 4) par une même connexion de transport (5-6). Ces deux mécanismes permettent d'optimiser les coûts et les performances d'une connexion. On a recours au multiplexage lorsque, par exemple, des connexions de transport à faible débit sont nécessaires en grand nombre. On utilise l'éclatement pour maximiser le débit d'une connexion de transport qui doit s'établir sur un réseau à faibles performances.

Localisation des couches de protocoles dans un système informatique

Il est intéressant de situer dès maintenant les différentes couches de protocoles de communication dans un système informatique en contexte réseau. La figure 7.23 montre comment se répartissent le plus souvent les couches de protocoles entre un ordinateur et son frontal chargé des communications. Le partage des fonctions met en évidence la séparation entre les couches hautes (5, 6 et 7) et les couches basses (1, 2 et 3) de l'ISO – les premières sont orientées traitement, et les secondes communication –, ainsi que le rôle charnière joué par le niveau message.

L'informatique personnelle a toutefois modifié cette répartition. L'ordinateur personnel gère en effet les couches hautes, le niveau message et le niveau paquet IP. La carte réseau que l'on ajoute s'occupe pour sa part des couches inférieures (1 et 2). Comme le montre la figure 8.3, les couches 3 et 4 qui se trouvaient chez l'opérateur sur la machine frontale se retrouvent ici du côté de l'ordinateur, devenu un micro-ordinateur. La carte coupleur qui a pris la place du frontal ne prend plus en compte que les deux couches les plus basses.

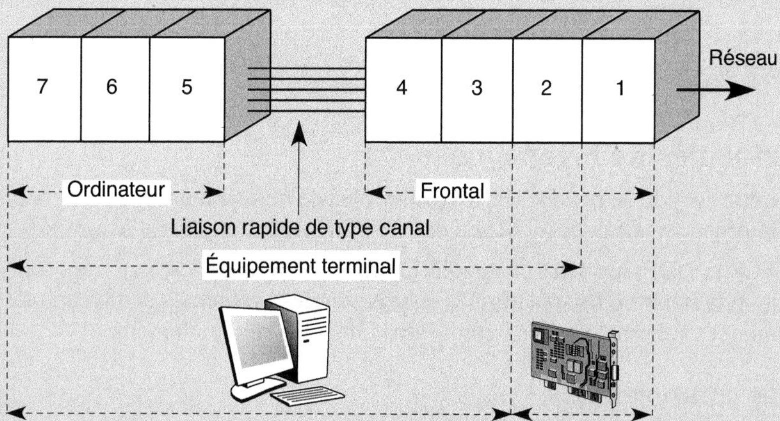

Figure 7.23

Répartition des couches de protocoles dans un équipement terminal

Négociation d'une qualité de service

Comme indiqué précédemment, la sélection d'une qualité de service figure parmi les possibilités du niveau message. On peut se demander qui sélectionne cette qualité de service. La réponse est relativement simple : l'utilisateur du service de transport exprime son souhait en termes de qualité de service, et le prestataire de service lui indique en réponse s'il peut ou non satisfaire ses exigences. S'il ne le peut pas, il précise la qualité de service qu'il peut offrir par rapport aux demandes initiales. Ce processus s'appelle la négociation. Elle s'applique à chaque paramètre négociable d'une connexion de transport.

La figure 7.24 illustre le déroulement d'une telle négociation pour le choix du débit effectif d'information sur une connexion en cours d'établissement. Dans une situation réelle, tous les paramètres sont négociés de cette façon, soit successivement, soit simultanément. Dans certains cas, des explications peuvent être fournies par le prestataire du service de transport indiquant les raisons du choix final.

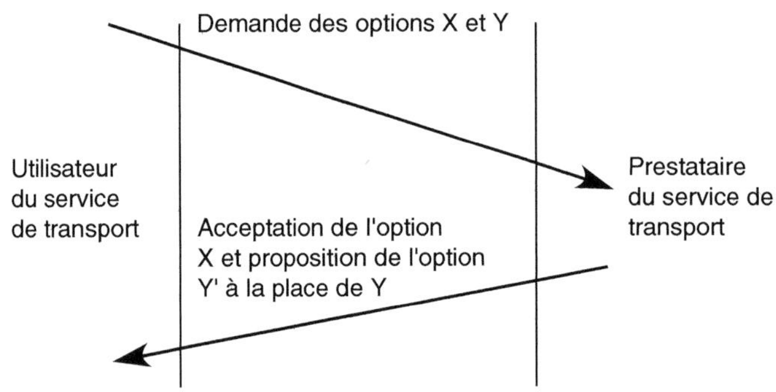

Figure 7.24

Négociation d'un paramètre de connexion

Les protocoles de niveau message

Cette section se penche sur les protocoles de niveau message provenant des architectures Internet, Ethernet et ATM. Le cas de l'architecture OSI est examiné à l'annexe E.

TCP et UDP, les deux protocoles de niveau message les plus importants, proviennent du monde Internet. Ils sont étudiés en premier, les protocoles de niveau message associés aux mondes Ethernet et ATM étant introduits plus succinctement.

Le protocole TCP

Le réseau Internet utilise le protocole IP au niveau paquet. Le niveau message offre deux autres possibilités : le protocole TCP (Transmission Control Protocol), qui introduit plusieurs fonctionnalités garantissant une certaine qualité du service de transport, et le protocole UDP (User Datagram Protocol), beaucoup plus simple, mais ne donnant aucune garantie sur le transport des messages. La simplicité d'UDP offre en contrepartie des débits plus élevés.

TCP offre un service de transport fiable. Les données échangées sont considérées comme un flot de bits divisé en octets, ces derniers devant être reçus dans l'ordre où ils sont envoyés. Le transfert des données ne peut commencer qu'après l'établissement d'une connexion entre deux machines. Cet établissement est illustré à la figure 7.25. Durant le transfert, les deux machines continuent à vérifier que les données transitent correctement.

Les programmes d'application envoient leurs données en les passant régulièrement au système d'exploitation de la machine. Chaque application choisit la taille de données qui lui convient. Le transfert peut être, par exemple, d'un octet à la fois. L'implémentation TCP est libre de découper les données en paquets d'une taille différente de celle des blocs reçus de l'application. Pour rendre le transfert plus performant, l'implémentation TCP attend d'avoir suffisamment de données avant de remplir un datagramme et de l'envoyer sur le sous-réseau.

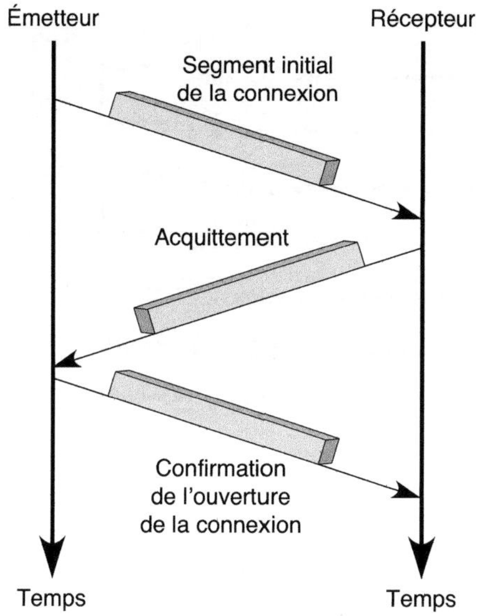

Figure 7.25

Établissement d'une connexion TCP

Ouverte dans les deux sens de transmission à la fois, la connexion garantit un transfert de données bidirectionnel, avec deux flots de données inverses, sans interaction apparente. Il est possible de terminer l'envoi dans un sens sans arrêter celui dans l'autre sens. Cela permet d'envoyer des acquittements dans un sens de transmission en même temps que des données dans l'autre sens.

Le protocole TCP définit la structure des données et des acquittements échangés, ainsi que les mécanismes permettant de rendre le transport fiable. Il spécifie comment distinguer plusieurs connexions sur une même machine et comment détecter des paquets perdus ou dupliqués et remédier à cette situation. Il définit en outre la manière d'établir une connexion et de la terminer. TCP autorise plusieurs programmes à établir une connexion simultanée et à multiplexer les données reçues des différentes applications. Il utilise pour cela la notion abstraite de port, qui identifie une destination particulière dans une machine.

TCP est un protocole en mode avec connexion. Il n'a de sens qu'entre deux points extrémité d'une connexion. Le programme d'une extrémité effectue une ouverture de connexion passive, c'est-à-dire qu'il accepte une connexion entrante en lui affectant un numéro de port. L'autre programme d'application exécute une ouverture de connexion active. Une fois la connexion établie, le transfert de données peut commencer. La notion de port est illustrée à la figure 7.26.

Pour le protocole TCP, un flot de données est une suite d'octets groupés en fragments. Les fragments donnent généralement naissance à un paquet IP. Le protocole TCP utilise un mécanisme de fenêtre pour assurer une transmission performante et un contrôle de flux. Le mécanisme de fenêtre permet l'anticipation, c'est-à-dire l'envoi de plusieurs fragments sans attendre d'acquittement. Le débit s'en trouve amélioré.

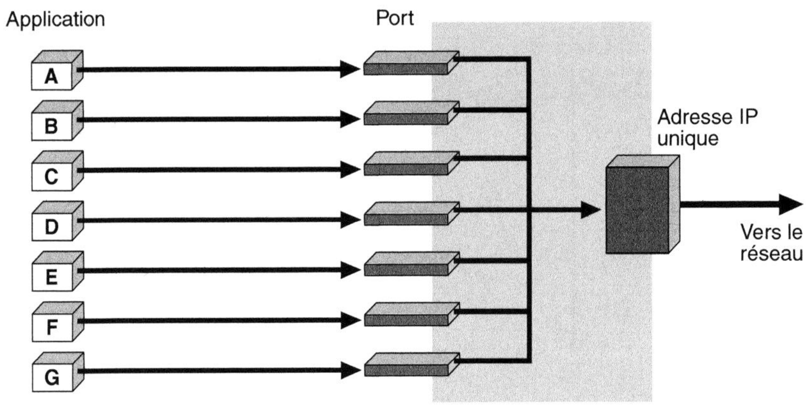

Figure 7.26

Connexion de plusieurs applications sur une même adresse IP

La fenêtre permet également de réaliser un contrôle de flux de bout en bout, en autorisant le récepteur à limiter l'envoi des données tant qu'il n'a pas la place de les recevoir dans ses mémoires. Le mécanisme de fenêtre opère au niveau de l'octet et non du fragment. Les octets à transmettre sont numérotés séquentiellement. L'émetteur gère trois pointeurs pour chaque fenêtre. De la même façon, le récepteur doit tenir à jour une fenêtre en réception, qui indique le numéro du prochain octet attendu, ainsi que la valeur extrême qui peut être reçue. La différence entre ces deux quantités indique la valeur du crédit accepté par le récepteur, valeur qui correspond généralement à la mémoire tampon disponible pour cette connexion. Le contrôle de flux TCP est illustré à la figure 7.27. Il est présenté plus en détail un peu plus loin dans ce chapitre.

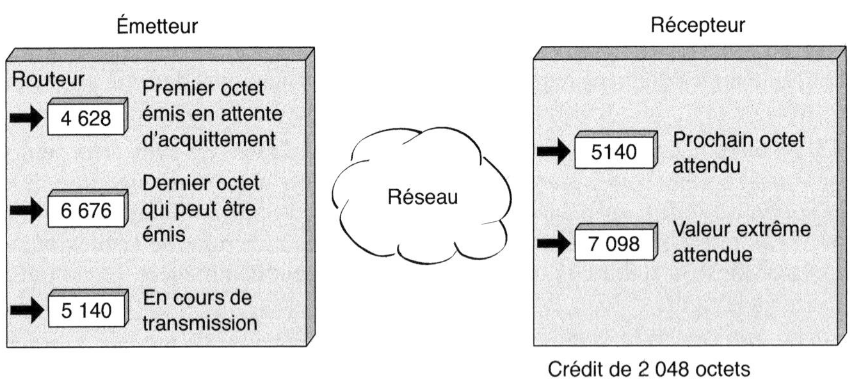

Figure 7.27

Le contrôle de flux TCP

Lors d'une connexion, il est possible d'échanger des données dans chaque sens, chaque extrémité de la connexion devant dans ce cas maintenir deux fenêtres, l'une en émission, l'autre en réception.

Le fait que la taille de la fenêtre varie dans le temps constitue une différence importante par rapport à un mécanisme de fenêtre classique. Chaque acquittement, spécifiant combien d'octets ont été reçus, contient une information de taille de fenêtre sur le nombre d'octets supplémentaires que le récepteur est en mesure d'accepter. La taille de la fenêtre peut être considérée comme l'espace disponible dans la mémoire du récepteur. Celui-ci ne peut réduire la fenêtre en deçà d'une certaine valeur, qu'il a acceptée précédemment. Le fait que la taille de la fenêtre puisse varier dans le temps constitue une différence importante par rapport à un mécanisme de fenêtre classique.

L'unité de protocole de TCP étant le fragment, des fragments sont échangés pour établir la connexion, transférer des données, modifier la taille de la fenêtre, fermer une connexion et émettre des acquittements. Chaque fragment est composé de deux parties : l'en-tête et les données. Le format d'un fragment est illustré à la figure 7.28. Les informations de contrôle de flux peuvent être transportées dans le flot de données inverse.

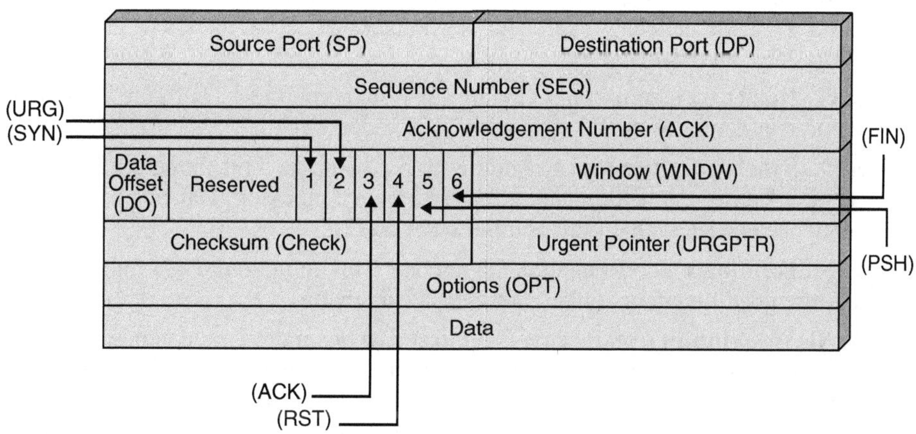

Figure 7.28

Format d'un fragment TCP

Le fragment TCP comporte les zones suivantes :

- **SP (Source Port),** ou port source. Champ sur 16 bits contenant l'adresse du port d'entrée. Associée à l'adresse IP, cette valeur fournit un identificateur unique, appelé socket, formé à partir de la concaténation de l'adresse IP et du numéro de port. L'identificateur permet de déterminer une application s'exécutant sur une machine terminale.
- **DP (Destination Port),** ou port de destination. Champ sur 16 bits, dont la fonction est identique au précédent, mais pour l'adresse destination.
- **SEQ (Sequence Number),** ou numéro de séquence. Champ sur 32 bits indiquant le numéro du premier octet porté par le fragment.

- **ACK (Acknowledgement Number),** ou numéro d'acquittement. Champ sur 32 bits indiquant le numéro SEQ du prochain fragment attendu et correspondant à l'acquittement de tous les octets reçus auparavant. La valeur ACK indique le numéro du premier octet attendu, soit le numéro du dernier octet reçu + 1.
- **DO (Data Offset),** ou longueur de l'en-tête. Champ sur 4 bits indiquant la longueur de l'en-tête par un multiple de 32 bits. Si la valeur 8 se trouve dans ce champ, la longueur totale de l'en-tête est de 8 × 32 bits. Cette valeur est nécessaire du fait que la zone d'option peut avoir une taille quelconque. On en déduit que la longueur de l'en-tête ne peut dépasser 15 × 32 bits, soit 60 octets.
- La zone suivante est réservée à une utilisation ultérieure. Ce champ doit être rempli de 0.
- **URG (Urgent Pointer),** ou pointeur d'urgence. Champ sur 1 bit, numéroté 1 à la figure 7.28. Si ce bit a pour valeur 1, le champ Urgent Pointer situé dans la suite de l'en-tête comporte une valeur significative.
- **ACK (Acknowledgement),** ou acquittement. Champ sur 1 bit, numéroté 3 à la figure 7.28. Si ACK = 1, le champ Acknowledgement Number situé dans l'en-tête comporte une valeur significative, à prendre en compte par le récepteur.
- **PSH (Push Function),** ou fonction de push. Champ sur 1 bit, numéroté 5 à la figure 7.28. Si PSH = 1, l'émetteur souhaite que les données de ce fragment soient délivrées le plus tôt possible au destinataire.
- **RST (Reset),** ou redémarrage. Champ sur 1 bit, numéroté 4 à la figure 7.28. Si RST = 1, l'émetteur demande que la connexion TCP redémarre.
- **SYN (Synchronization),** ou synchronisation. Champ sur 1 bit, numéroté 2 à la figure 7.28. SYN = 1 désigne une demande d'ouverture de connexion. Dans ce cas, le numéro de séquence porte le numéro du premier octet du flot.
- **FIN (Terminate),** ou fermeture. Champ sur 1 bit, numéroté 6 à la figure 7.28. FIN = 1 signifie que l'émetteur souhaite fermer la connexion.
- **WNDW (Window),** ou fenêtre. Champ sur 16 bits indiquant le nombre d'octets que le récepteur accepte de recevoir. Plus exactement, la valeur de WNDW contient l'ultime numéro d'octet que l'émetteur du fragment accepte de recevoir. En retranchant le numéro indiqué de la valeur du champ ACK, on obtient le nombre d'octets que le récepteur accepte de recevoir.
- **CHECK (Checksum).** Champ sur 16 bits permettant de détecter les erreurs dans l'en-tête et le corps du fragment. Les données protégées ne se limitent pas au fragment TCP. Le checksum tient également compte de l'en-tête IP de l'adresse source, appelée *pseudo-header*, pour protéger ces données sensibles. Un pseudo-header est un en-tête modifié, dont certains champs ont été enlevés et d'autres ajoutés, que la zone de détection d'erreur prend en compte dans son calcul.
- **URGPTR (Urgent Pointer),** ou pointeur d'urgence. Champ sur 16 bits spécifiant le dernier octet d'un message urgent.
- **OPT (Options),** ou options. Zone contenant les différentes options du protocole TCP. Si la valeur du champ DO (Data Offset), indiquant la longueur de l'en-tête, est supérieure à 5, c'est qu'il existe un champ d'option. Pour déterminer la longueur du champ d'option, il suffit de soustraire 5 de la valeur de DO. Deux formats travaillent simultanément.

Dans un cas, le premier octet indique le type de l'option, lequel définit implicitement sa longueur, les octets suivants donnant la valeur du paramètre d'option. Dans l'autre cas, le premier octet indique toujours le type de l'option, et le second la valeur de la longueur de l'option. Les principales options concernent la taille du fragment, celle des fenêtres et des temporisateurs, ainsi que des contraintes de routage.

Le fragment se termine par les données transportées.

Les fragments étant de taille variable, les acquittements se rapportent à un numéro d'octet particulier dans le flot de données. Chaque acquittement spécifie le numéro du prochain octet à transmettre et acquitte les précédents.

Les acquittements TCP étant cumulatifs, ils se répètent et se cumulent pour spécifier jusqu'à quel octet le flot a été bien reçu. Par exemple, le récepteur peut recevoir un premier acquittement du flot jusqu'à l'octet 43 568 puis un deuxième jusqu'à l'octet 44 278 et un troisième jusqu'à l'octet 44 988, indiquant trois fois que jusqu'à l'octet 43 568 tout a été bien reçu. Ce principe cumulatif permet de perdre les deux premiers acquittements sans conséquence.

Ce processus présente des avantages, mais aussi des inconvénients. Un premier avantage est d'avoir des acquittements simples à générer et non ambigus. Un autre avantage est que la perte d'un acquittement n'impose pas nécessairement de retransmission. En revanche, l'émetteur ne reçoit pas les acquittements de toutes les transmissions réussies, mais seulement la position dans le flot des données qui ont été reçues. Ce processus est illustré à la figure 7.29, qui, pour faire simple, indique des numéros de paquets alors que, en réalité, ce sont des numéros d'octets qui sont transmis.

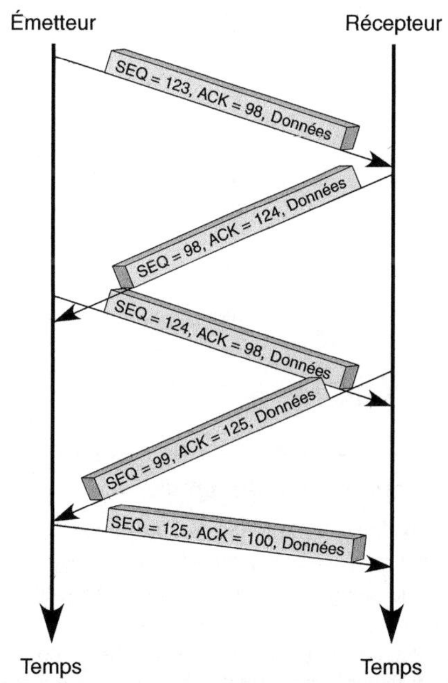

Figure 7.29

Processus des acquittements dans TCP

La façon de gérer les temporisateurs et les acquittements constitue l'une des caractéristiques essentielles du protocole TCP, qui se fonde sur le principe des acquittements positifs. Chaque fois qu'un fragment est émis, un temporisateur est déclenché, en attente de l'acquittement. Si l'acquittement arrive avant que le temporisateur parvienne à échéance, le temporisateur est arrêté.

Si le temporisateur expire avant que les données du fragment aient été acquittées, TCP suppose que le fragment est perdu et le retransmet. Ce processus est illustré à la figure 7.30.

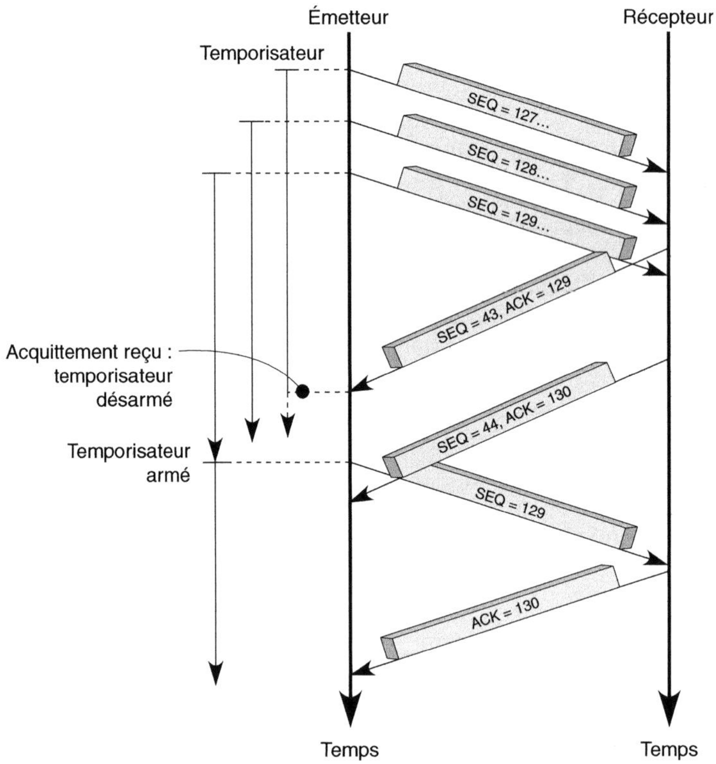

Figure 7.30

Processus de temporisation et de reprise dans TCP

> **Fonctionnement du temporisateur de reprise**
>
> TCP ne faisant aucune hypothèse sur le temps de transit dans les réseaux traversés, il est impossible de connaître *a priori* l'instant d'arrivée d'un acquittement. De plus, le temps de traversée des routeurs et des passerelles dépend de la charge du réseau, laquelle varie elle-même dans le temps. TCP utilise un algorithme adaptatif pour prendre en compte ces variations. Il enregistre pour cela l'heure à laquelle il a envoyé le fragment et l'heure à laquelle il reçoit l'acquittement correspondant. Après plusieurs mesures de ce type, l'émetteur effectue une estimation du temps nécessaire à la réception de l'acquittement. Cette estimation lui permet de déterminer une durée pour le temporisateur de reprise.

Lors d'une congestion, TCP réagit en réduisant le débit de la connexion. Le protocole a la possibilité de mesurer l'importance du problème en observant l'augmentation du temps de réponse. Si le protocole ne réagit pas aux congestions, le nombre de retransmissions peut continuer à augmenter et aggraver ainsi la congestion. C'est la raison pour laquelle un algorithme de contrôle réduit le flux en cas de congestion. Cet algorithme, appelé *slow-start and collision avoidance*, littéralement « départ lent et évitement de collision », doit être entièrement distribué puisqu'il n'existe pas de système central de contrôle dans TCP. Son principe consiste à débuter d'une fenêtre de taille 1 et à doubler la taille de la fenêtre chaque fois que l'ensemble des paquets de la fenêtre a été bien reçu avant la fin des temporisateurs de reprise respectifs. Lorsqu'un fragment arrive en retard, c'est-à-dire après que le temporisateur est arrivé à échéance, il est retransmis en redémarrant à une fenêtre de 1.

Au cours de la deuxième phase de l'algorithme, collision avoidance, lorsqu'un retard est détecté, qui oblige à un redémarrage sur une fenêtre de 1, la taille de la fenêtre *N* qui a provoqué le retard est divisée par 2 (*N*/2). À partir de la valeur de la taille 1 de redémarrage, la taille double jusqu'à ce que la taille de la fenêtre dépasse *N*/2. À ce moment, on revient à la taille précédente, qui était inférieure à *N*/2, et, au lieu de doubler, on ajoute seulement 1 à la taille de la fenêtre. Ce processus d'ajout de 1 se continue jusqu'à ce qu'un retard d'acquittement redémarre le processus à la fenêtre de taille 1. La nouvelle valeur qui déclenche la partie collision avoidance est calculée à partir de la fenêtre atteinte divisée par deux.

Un exemple de comportement de cet algorithme est illustré à la figure 7.31.

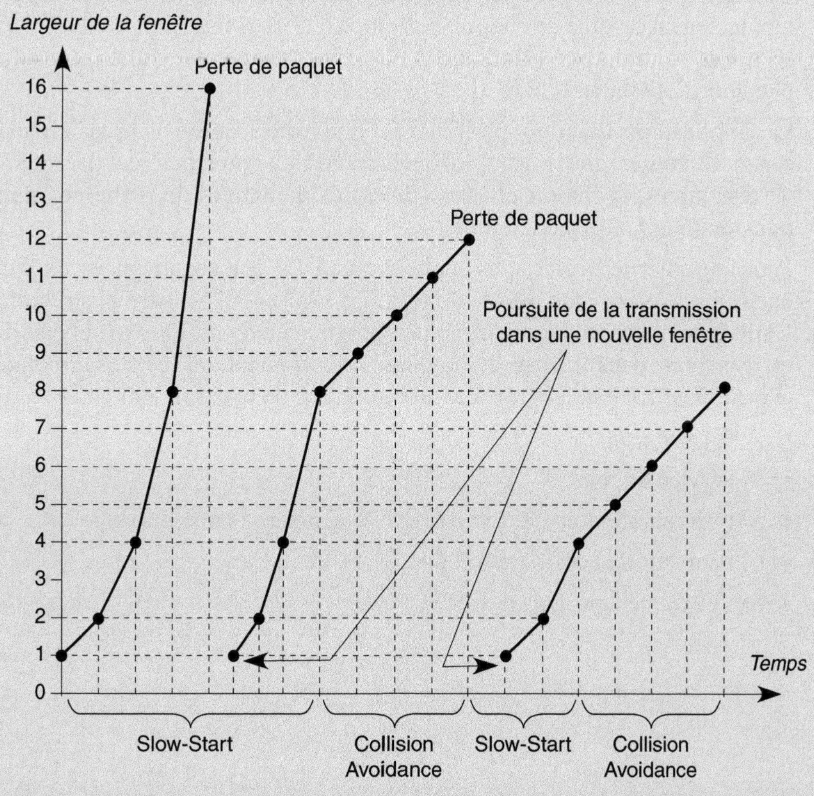

Figure 7.31

Fonctionnement de l'algorithme slow-start and collision avoidance

> On pourrait croire que le système n'est jamais stable, mais il conserve un moyen de se stabiliser. Lorsque les acquittements arrivent avant que la fenêtre soit atteinte, cela indique que le débit maximal de la liaison est atteint et qu'il n'est plus nécessaire d'augmenter la valeur de la fenêtre.

Le protocole UDP

Le protocole UDP permet aux applications d'échanger des datagrammes. Il utilise pour cela la notion de port, qui permet de distinguer les différentes applications qui s'exécutent sur une machine. Outre le datagramme et ses données, un message UDP contient un numéro de port source et un numéro de port destination.

Le protocole UDP fournit un service en mode sans connexion et sans reprise sur erreur. Il n'utilise aucun acquittement, ne reséquence pas les messages et ne met en place aucun contrôle de flux. Il se peut donc que les messages UDP qui se perdent soient dupliqués, remis hors séquence ou qu'ils arrivent trop tôt pour être traités lors de leur réception. Comme expliqué précédemment, UDP est un protocole particulièrement simple du niveau message de l'architecture du modèle de référence. Il présente l'avantage d'une exécution rapide, tenant compte de contraintes temps réel ou d'une limitation de place sur un processeur. Ces contraintes ou limitations ne permettent pas toujours l'utilisation de protocoles plus lourds, comme TCP.

Les applications qui n'ont pas besoin d'une forte sécurité au niveau transmission, et elles sont nombreuses, ainsi que les logiciels de gestion, qui requièrent des interrogations rapides de ressources, préfèrent utiliser UDP. Les demandes de recherche dans les annuaires transitent par UDP, par exemple.

Pour identifier les différentes applications, UDP impose de placer dans chaque fragment une référence qui joue le rôle de port. La figure 7.32 illustre la structure d'un fragment UDP. Une référence identifie, un peu comme le champ En-tête suivant dans IPv6, ce qui est transporté dans le corps du fragment. Les applications les plus importantes qui utilisent le protocole UDP correspondent aux numéros de port suivants :

- 7 : service écho ;
- 9 : service de rejet ;
- 53 : serveur de nom de domaine DNS (Domain Name Server) ;
- 67 : serveur de configuration DHCP ;
- 68 : client de configuration DHCP.

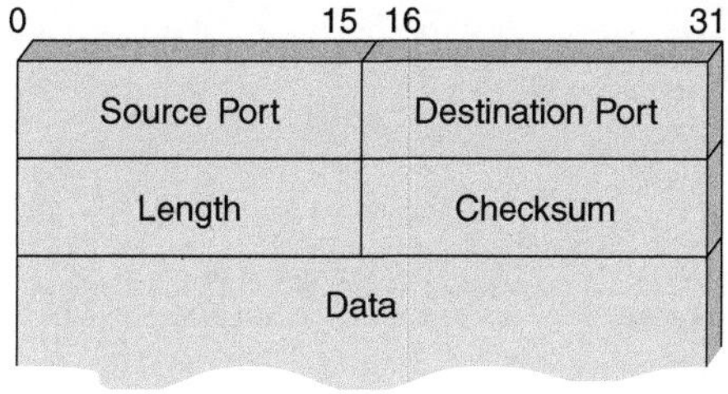

Figure 7.32

Structure d'un fragment UDP

Conclusion

Le protocole IP a pris le devant de la scène depuis les années 1990. C'est une norme de fait, vieille de plus de quarante ans, bien connue aujourd'hui et qui a le grand mérite d'être conceptuellement simple. En revanche, l'ingénierie des réseaux IP reste un domaine complexe, pas encore totalement maîtrisé.

Le rôle de la version IPv6 est de proposer un protocole beaucoup plus maîtrisable, grâce à de nouveaux champs permettant d'introduire une adresse mieux construite, une zone d'identification des flux et de nombreuses options, en particulier dans le domaine de la sécurité. Cependant, toutes les nouveautés introduites dans IPv6 ont été ajoutées à IPv4.

Reste que le coût de passage à IPv6 est loin d'être négligeable. Le monde occidental considère souvent que ce coût est disproportionné en comparaison de l'apport réel d'IPv6 par rapport aux dernières versions d'IPv4.

Quoi qu'il en soit, IPv6 remplace petit à petit IPv4. L'arrivée massive de terminaux mobiles et l'adressage direct de toutes les stations terminales impliquent l'adoption de l'adresse de nouvelle génération. La reconnaissance des flux aidera à l'introduction de nouvelles fonctions de sécurité, de qualité de service et de contrôle de la mobilité.

Le niveau message se préoccupe essentiellement de découper l'information en segments exploitables par les niveaux inférieurs. Il peut apporter des fonctionnalités supplémentaires, comme une demande de retransmission d'un message si une erreur est détectée ou un contrôle de flux, comme dans TCP.

Il n'existe pratiquement plus que deux protocoles de transport dans les réseaux, TCP et UDP, tous deux provenant du monde IP.

Partie III

Les solutions réseau

Les solutions réseau s'intéressent à la façon dont les messages sont transportés d'une extrémité à l'autre du réseau au travers des différentes couches de protocole. L'architecture dépend fortement du niveau auquel il faut remonter pour ce faire dans les nœuds intermédiaires.

Le chapitre 8 est dédié aux réseaux de niveau physique et le chapitre 9 à ceux de niveau trame, représentés par les réseaux Ethernet. Les chapitres 10 et 11 passent à la couche supérieure, avec les réseaux IP puis les réseaux MPLS et leur extension GMPLS, qui exigent à la fois le niveau 2 et le niveau 3.

8

Les réseaux de niveau physique

Ce chapitre examine les techniques de transport de signaux sur les réseaux optiques, ainsi que le multiplexage en longueur d'onde, qui apporte une augmentation très importante des capacités d'une fibre optique, et les techniques de transport des trames.

Les réseaux optiques

Les réseaux optiques permettent de transporter des signaux sous forme optique et non électrique, à la différence des réseaux classiques. Les avantages de l'optique sont nombreux, notamment parce que les signaux sont mieux préservés, puisqu'ils ne sont pas perturbés par les bruits électromagnétiques, et que les vitesses sont très importantes.

La fibre optique

Considérée comme le support permettant les plus hauts débits, la fibre optique est une technologie aujourd'hui complètement maîtrisée. Dans les fils métalliques, on transmet les informations par l'intermédiaire d'un courant électrique modulé. Avec la fibre optique, on utilise un faisceau lumineux modulé. Il a fallu attendre les années 1960 et l'invention du laser pour que ce type de transmission se développe.

Une connexion optique nécessite un émetteur et un récepteur. Différents types de composants sont envisageables. La figure 8.1 illustre la structure d'une liaison par fibre optique. Les informations numériques sont modulées par un émetteur de lumière, qui peut être :

- Une diode électroluminescente ou LED (Light Emitting Diode) qui ne comporte pas de cavité laser.
- Une diode à infrarouge.
- Un laser pour les fibres monomodes.

Le phénomène de dispersion est moins important si l'on utilise un laser, lequel offre une puissance optique supérieure aux LED, mais à un coût plus important. De plus, la durée de vie d'un laser est inférieure à celle d'une diode électroluminescente.

Le faisceau lumineux est véhiculé à l'intérieur d'une fibre optique. Cette dernière est constituée d'un guide cylindrique d'un diamètre compris entre 100 et 300 microns (μm), recouvert d'isolant pour les fibres multimodes et entre 50 et 62,5 μm pour les fibres monomodes.

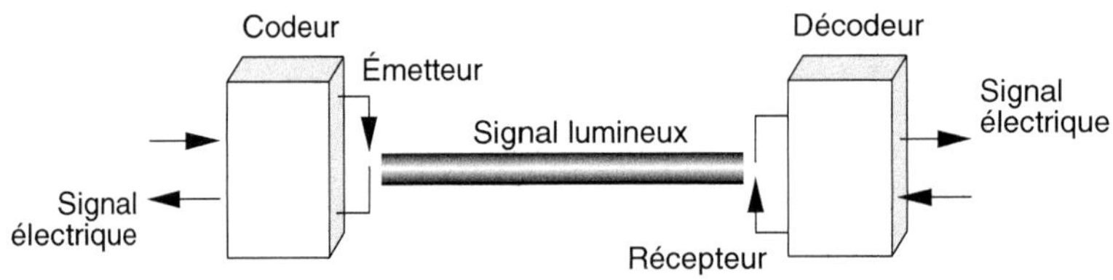

Figure 8.1

Liaison par fibre optique

On distingue deux types de récepteurs :

- les photodiodes PIN ;
- les photodiodes à avalanche.

Les composants extrémité, émetteurs et récepteurs, limitent actuellement les vitesses que l'on peut atteindre sur les fibres.

Les principaux avantages apportés par la fibre optique sont les suivants :

- Très large bande passante, de l'ordre de 1 GHz pour un kilomètre, qui permet le multiplexage sur un même support de très nombreux canaux, comme le téléphone, la télévision, etc.
- Faible encombrement.
- Grande légèreté, le poids d'un câble optique par unité de longueur, de l'ordre de quelques grammes au kilomètre, étant environ neuf fois plus faible que celui d'un câble conventionnel. Le rayon de courbure peut descendre en dessous de 1 cm.
- Très faible atténuation, qui permet d'envisager un espacement important des points de régénération des signaux transmis. Le pas de régénération est supérieur à 10 kilomètres, alors que, sur du câble coaxial, il est de l'ordre de 2 à 3 kilomètres. Un système en fibre optique débitant plusieurs gigabits par seconde sur une longueur d'onde de 0,85 μm présente un affaiblissement de 3 dB/km, ce qui donne un pas de régénération de près de 50 kilomètres. On peut aujourd'hui, grâce à des amplificateurs optiques à fibres dopées à l'erbium, atteindre des milliers de kilomètres.
- Excellente qualité de la transmission. Une liaison par faisceau lumineux est, par exemple, insensible aux orages, aux étincelles et au bruit électromagnétique. Cette immunité au bruit est un des principaux avantages de la fibre optique, laquelle est particulièrement recommandée dans un mauvais environnement électromagnétique. Le câblage des ateliers et des environnements industriels peut ainsi être effectué en fibre optique.

- Bonne résistance à la chaleur et au froid.
- Matière première bon marché, la silice.
- Absence de rayonnement, ce qui rend son emploi particulièrement intéressant pour les applications militaires. Une tentative d'intrusion sur la fibre optique peut être aisément détectée par l'affaiblissement de l'énergie lumineuse en réception.

La fibre optique présente toutefois quelques difficultés d'emploi, notamment les suivantes :

- Difficultés de raccordement aussi bien entre deux fibres qu'entre une fibre et le module d'émission ou de réception. On peut réaliser des connexions pour lesquelles les pertes sont inférieures à 0,2 dB. Sur le terrain, il faut faire appel à des connecteurs amovibles, qui demandent un ajustement précis et occasionnent des pertes supérieures à 1 dB. De ce fait, lorsqu'on veut ajouter une connexion à un support en fibre optique, il faut couper la fibre optique et ajouter des connecteurs très délicats à placer. Le passage lumineux électrique (*voir figure 8.2*) que l'on ajoute fait perdre les avantages de faible atténuation et de bonne qualité de la transmission.

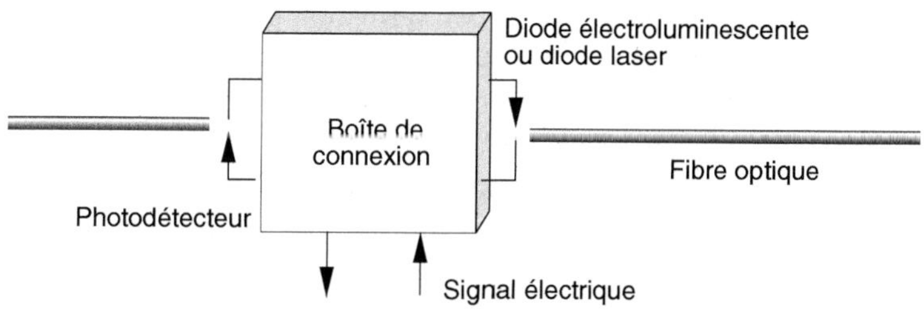

Figure 8.2

Raccordements à une fibre optique

- Dérivations difficiles à réaliser, l'affaiblissement qui en découle dépassant souvent 5 dB. Ces dérivations sont pourtant nécessaires puisque les composants extrémité de l'accès optique sont le plus souvent actifs et engendrent une panne définitive du réseau en cas de défaillance (*voir figure 8.3*).

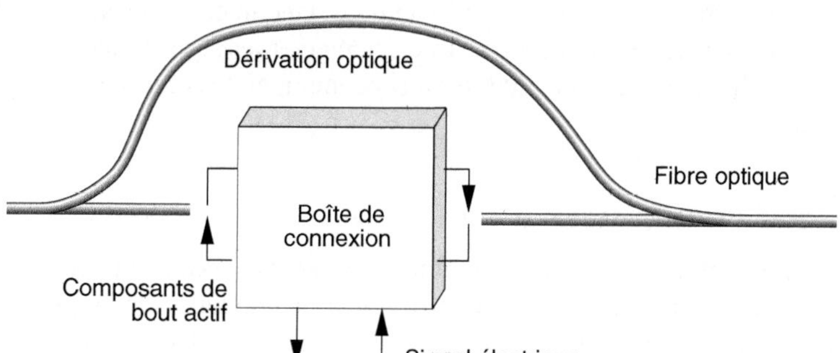

Figure 8.3

Dérivation en fibre optique

- Le multiplexage en longueur d'onde, qui consiste à faire transiter dans une même fibre plusieurs longueurs d'onde en parallèle ou encore ce que l'on peut appeler plusieurs couleurs en même temps. On trouve facilement sur le marché des multiplexages en longueur d'onde jusqu'à une centaine de couleurs. La limite actuelle est de l'ordre de mille longueurs d'onde sur une même fibre optique. Avec mille longueurs d'onde, la fibre est totalement remplie, et de nouveaux progrès ne pourront être effectués que si une découverte importante est réalisée pour augmenter encore le nombre de longueurs d'onde.

Il existe plusieurs types de fibres :

- les fibres multimodes à saut d'indice ;
- les fibres multimodes à gradient d'indice ;
- les fibres monomodes, au diamètre très petit.

Les fibres multimodes à saut d'indice ont une bande passante allant jusqu'à 100 MHz sur un kilomètre et celles à gradient d'indice jusqu'à 1 GHz sur un kilomètre. Les fibres monomodes offrent la plus grande capacité d'information potentielle, de l'ordre de 100 GHz/km, et les meilleurs débits, mais ce sont aussi les plus complexes à réaliser. On utilise généralement des câbles optiques contenant plusieurs fibres. L'isolant entourant les fibres évite les problèmes de diaphonie entre les différentes fibres.

La fibre optique est particulièrement adaptée aux liaisons point-à-point numériques. On peut réaliser des liaisons multipoint en utilisant des coupleurs optiques ou des étoiles optiques.

Le monde de la fibre optique est toujours en pleine évolution. De nombreuses recherches sont en cours, dont certaines ont déjà abouti. On réalise notamment des commutateurs de paquets optiques, dont l'utilisation pourrait se révéler particulièrement intéressante à l'avenir pour augmenter encore la souplesse de commutation dans la fibre optique.

Les coûts du matériel et de l'installation freinent cependant son emploi dans les réseaux d'accès, même si elle est devenue le médium physique le plus répandu dans les cœurs de réseau. Son insensibilité aux perturbations électriques rend son utilisation nécessaire dans certains environnements fortement perturbés ou dans des situations spécifiques, comme le câblage d'une entreprise souhaitant qu'aucun rayonnement ne puisse être détecté à distance à partir des câbles. En effet, il est possible de détecter les signaux dans un câble métallique à l'aide d'équipements *ad hoc*, du fait du rayonnement des ondes électriques qui circulent dans le câble.

Le multiplexage en longueur d'onde

Sur les câbles métalliques, et notamment le câble coaxial, on utilise de plus en plus un multiplexage en fréquence pour faire transiter plusieurs canaux en parallèle sur des fréquences différentes. Si l'on veut reprendre cette idée dans la fibre optique et réaliser le passage de plusieurs signaux lumineux simultanément, il faut faire appel à un multiplexage en longueur d'onde. Aujourd'hui, de nombreux composants extrémité adaptés offrent cette possibilité.

Les débits peuvent atteindre de la sorte 10 Gbit/s sur une seule longueur d'onde, avec une montée en puissance prévue bientôt à 40 Gbit/s, voire 160 Gbit/s. Des vitesses encore plus grandes ont déjà été obtenues en laboratoire. Une fibre à 128 longueurs d'onde d'un débit de 10 Gbit/s offre un débit total de 1,28 Tbit/s. Cela représente approximativement 60 millions de voix téléphoniques transitant en même temps sur le support physique. En d'autres termes, l'ensemble de la population française peut téléphoner à 60 millions de personnes en même temps en n'utilisant qu'une seule fibre optique.

Architecture des réseaux optiques

Les réseaux optiques s'appuient sur le multiplexage en longueur d'onde, qui consiste, comme expliqué à la section précédente, à diviser le spectre optique en plusieurs sous-canaux, chaque sous-canal étant associé à une longueur d'onde. Cette technique est aussi appelée WDM (Wavelength Division Multiplexing), DWDM (Dense WDM), lorsque le nombre de longueurs d'onde dépasse la vingtaine, puis u-DWDM (ultra-Dense WDM) pour plus de deux cents longueurs d'onde.

Un cas particulier a été mis au point avec CWDM (Coarse WDM) pour réduire le coût du multiplexage en longueur d'onde en ayant une séparation entre les longueurs d'onde beaucoup plus importante. Cette solution réduit énormément le coût des composants optiques, mais diminue également le nombre de longueurs d'onde à moins d'une vingtaine, ce qui est largement suffisant dans les environnements métropolitains.

La figure 8.4 illustre un réseau de communication utilisant le multiplexage en longueur d'onde. Le chemin d'un nœud à un autre peut-être entièrement optique ou passer par des commutateurs optoélectroniques.

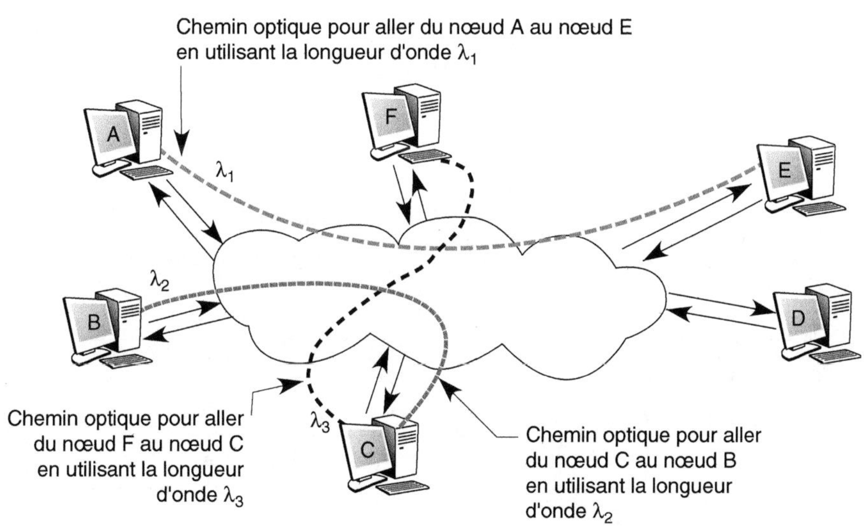

Figure 8.4

Multiplexage en longueur d'onde dans un réseau optique

Sur chaque longueur d'onde, un autre niveau d'optoélectronique peut être utilisé, soit par un multiplexage en fréquence, et dans ce cas la bande passante est de nouveau subdivisée entre plusieurs stations (Subcarrier Multiplexing), soit par un multiplexage temporel, ou TDM (Time Division Multiplexing).

Les réseaux optiques à multiplexage en longueur d'onde peuvent être regroupés en deux sous-catégories :

- les réseaux à diffusion ;
- les réseaux à routage en longueur d'onde.

Chacune de ces sous-catégories peut être à saut unique (single-hop) ou à saut multiple (multi-hop).

Les réseaux à diffusion

Dans les réseaux à diffusion, chaque station de réception reçoit l'ensemble des signaux envoyés par les émetteurs. L'acheminement des signaux s'effectue de façon passive. Chaque station peut émettre sur une longueur d'onde distincte. Le récepteur reçoit le signal désiré en se plaçant sur la bonne longueur d'onde. Les deux topologies les plus classiques sont l'étoile et le bus, comme illustré aux figures 8.5 et 8.6. Dans les deux cas, chaque station émet vers le centre, qui effectue un multiplexage en longueur d'onde de l'ensemble des flots qui lui parvient.

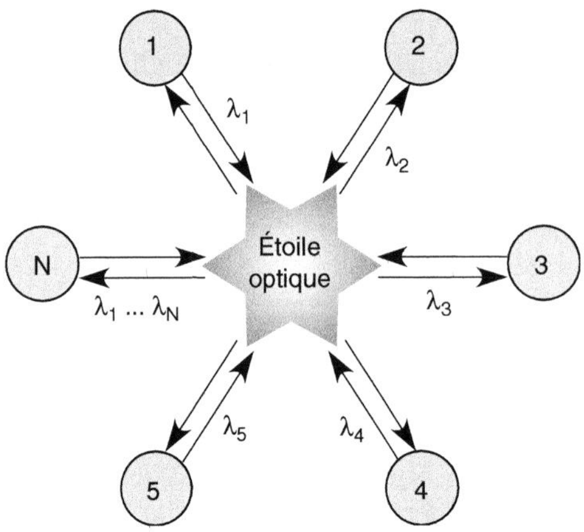

Figure 8.5

Topologie en étoile

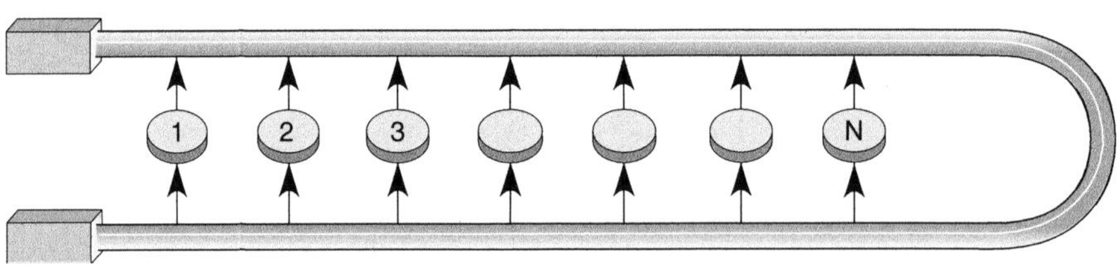

Figure 8.6

Topologie en bus

Lorsque l'ensemble des signaux arrive directement à l'ensemble des stations sans repasser par des formes électriques, le réseau est dit à saut unique (single-hop). C'est le cas des deux structures illustrées aux figures 8.5 et 8.6. S'il faut passer par des étapes intermédiaires pour effectuer un routage, des réseaux à sauts multiples (multi-hop), comme ceux décrits aux figures 8.7 et 8.8, sont nécessaires.

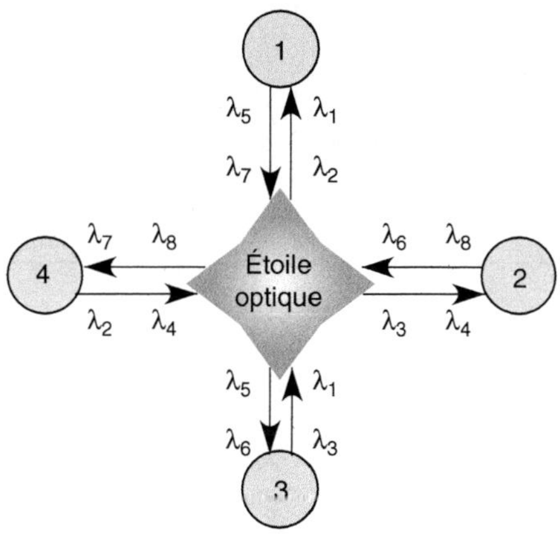

Figure 8.7

Architecture de réseau en étoile à sauts multiples

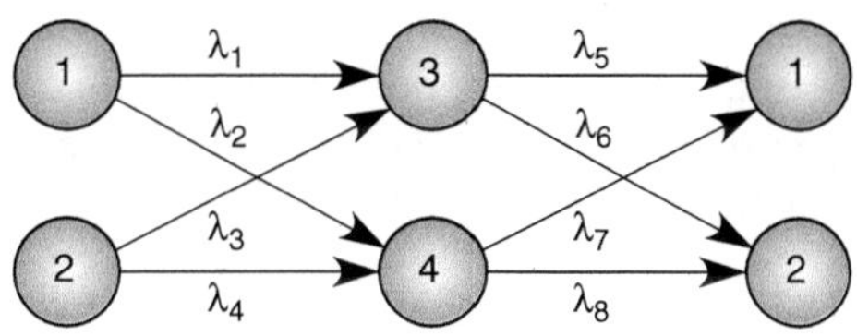

Figure 8.8

Architecture de réseau ShuffleNet à sauts multiples

Le Lambdanet de Bellcore est un exemple d'un réseau à diffusion et à saut unique. La difficulté de ce type de réseau est de disposer de longueurs d'onde en nombre suffisant et de récepteurs équipés des composants capables de s'adapter aux variations rapides de longueur d'onde des signaux optiques. Compte tenu de cette difficulté majeure, des réseaux à diffusion et sauts multiples ont été développés par plusieurs sociétés. Dans ces réseaux, l'émetteur et le récepteur ne disposent généralement que de deux longueurs d'onde. Pour aller d'un port d'entrée à un port de sortie, l'information est routée sous la forme d'un paquet de données. Comme la commutation s'effectue dans un nœud intermédiaire, il y a passage par un élément électronique, qui constitue un point fragile à sécuriser.

La figure 8.8 montre que, pour passer du nœud 1 au nœud 2, il faut émettre, par exemple, sur la longueur d'onde 2 vers le nœud 4, qui retransmet sur la longueur d'onde 8 vers le nœud 2, ou émettre sur la longueur d'onde 1 vers le nœud 3, qui retransmet vers la station 2 sur la longueur d'onde 6. On voit que deux chemins sont possibles, ce qui sécurise le processus de communication.

Les réseaux à routage en longueur d'onde

L'idée à la base des réseaux à routage en longueur d'onde consiste à réutiliser au maximum les mêmes longueurs d'onde. La figure 8.9 illustre un nœud d'un réseau à routage en longueur d'onde dans lequel de mêmes longueurs d'onde sont utilisées à plusieurs reprises.

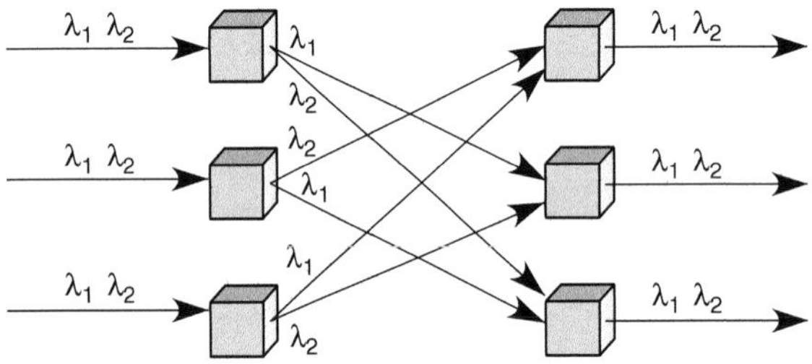

Figure 8.9

Routage en longueur d'onde

Cette architecture correspond à un routage fixe sur les longueurs d'onde. On peut également développer des réseaux à routage en longueur d'onde avec des routages dynamiques dans le temps. À cet effet, il faut insérer des commutateurs optiques ou optoélectroniques, suivant la technologie utilisée, entre les ports d'émission et de réception. Un exemple de cette technique est illustré à la figure 8.10.

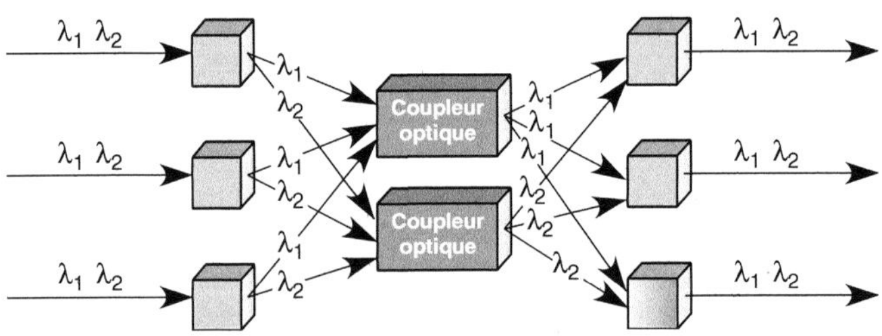

Figure 8.10

Routage dynamique

De nombreuses recherches ont encore lieu dans le domaine de l'optique pour optimiser l'utilisation des longueurs d'onde. Cette technique permet d'atteindre des débits particulièrement élevés, qui se comptent en térabits par seconde. Les difficultés proviennent des coûts encore élevés du multiplexage en longueur d'onde et surtout des commutateurs optiques. Lorsqu'on veut minimiser le coût ou augmenter la portée, il faut utiliser des commutateurs optoélectroniques. Une certaine fragilité est alors visible à chaque passage d'un environnement lumineux à un environnement électrique. Des progrès considérables doivent encore être réalisés pour réamplifier les signaux de façon optique et régler pratiquement instantanément les coupleurs d'émission ou de réception sur la bonne longueur d'onde.

Les commutateurs optiques

Les commutateurs optiques permettent d'interconnecter des liaisons optiques entre elles. À des fibres optiques entrantes correspondent des fibres optiques sortantes. Si le commutateur utilise une partie électrique, le commutateur est dit optoélectronique et non plus uniquement optique. Ces commutateurs se fondent sur l'interconnexion de commutateurs élémentaires, c'est-à-dire de commutateurs qui possèdent deux portes d'entrée et deux portes de sortie, comme illustré à la figure 8.11. Montés en série, ces commutateurs élémentaires permettent de réaliser de grands commutateurs. La conception de ces équipements pose cependant de nombreux problèmes.

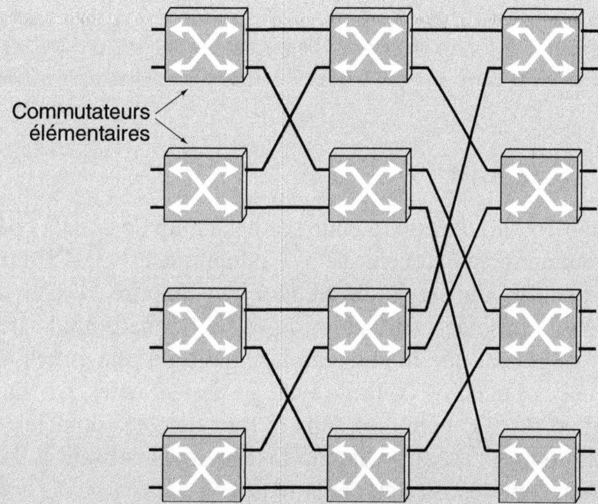

Figure 8.11

Fonctionnement d'un commutateur optique ou optoélectronique

Ces commutateurs, ou MIN (Multistage Interconnection Network), peuvent être de deux types: soit le signal est transformé en signal électrique, soit le signal est commuté en optique. Le premier cas est présenté en détail au chapitre 5, traitant des routeurs et des commutateurs. Dans la seconde catégorie, on distingue les deux techniques suivantes:

- décisions de contrôle et de routage effectuées électriquement;
- commutation tout optique.

La commutation de circuits reste plus facile à implémenter que la commutation de paquets, les décisions de contrôle et de routage étant beaucoup plus simples dans ce cas. Dans une commutation de paquets, à l'arrivée de chaque paquet, il faut prendre plusieurs décisions de contrôle et de routage, qui demandent plusieurs centaines de picosecondes dans le meilleur des cas. Actuellement, on sait gérer les collisions potentielles de signaux optiques lorsqu'un croisement de chemins est nécessaire. La technique tout optique reste encore aujourd'hui expérimentale.

Une autre technologie se développe. Située entre la commutation de circuits et la commutation de paquets, elle provient de la commutation de *bursts* (burst-switching). Cette commutation consiste à commuter un ensemble de paquets émis les uns derrière les autres, sans perte de temps entre chaque paquet. Cette émission revient à mettre en place un circuit le temps du pic de trafic. Ce temps peut aller d'une fraction de seconde à quelques secondes. L'idée est évidemment de simplifier la commutation de paquets en utilisant l'équivalent d'un long paquet, constitué de l'ensemble des paquets d'un burst, mais aussi de gagner en utilisation des ressources par rapport à une commutation de circuits, dans laquelle le circuit est parfois mal utilisé.

Un point sensible de ce système concerne la commande des commutateurs. Comment les configurer pour traiter les différents flots de façon différenciée, ou encore comment appliquer à chaque flot la priorité ou la sécurité qui a été négociée par l'utilisateur avec l'opérateur du réseau au début de la connexion ? Pour cela, un réseau de signalisation doit être ajouté au réseau de fibre optique. Ce réseau de signalisation, dit hors bande, c'est-à-dire utilisant une capacité de transport distincte de celle dévolue aux flots utilisateur, est de plus en plus souvent constitué d'un réseau IP. À chaque commutateur optique correspond un routeur IP, par lequel transitent les commandes arrivant dans des paquets IP.

Signalisation et GMPLS

Pour le moment, la solution retenue par beaucoup de grands opérateurs pour leur réseau et plus particulièrement leur cœur de réseau optique est GMPLS (Generalized MultiProtocol Label Switching), qui est étudié en détail au chapitre 11 avec le protocole MPLS. L'idée principale à la base de cette adoption est la bonne granularité du conduit devant transporter les paquets d'une même communication d'une entrée à une sortie du réseau et la performance des plans de contrôle et de gestion associés. Un plan de contrôle ou de gestion est en fait un réseau spécialisé dans le transport des données de contrôle ou de gestion. Le plan de contrôle est aussi appelé réseau de signalisation. Les protocoles associés à la signalisation sont détaillés au chapitre 23.

Dans le cadre du réseau GMPLS, des protocoles classiques sont utilisés, comme les routages OSPF, IS-IS et la réservation RSVP. Mais ces protocoles sont complétés par des options souvent appelées TE (Trafic Engineering), qui permettent d'ouvrir les meilleurs chemins possibles et d'effectuer des réservations qui sont calculées par de l'ingénierie de trafic.

La figure 8.12 illustre les évolutions du plan de transport et du plan de contrôle/gestion depuis les années 1970. Jusqu'à l'année 2030, le plan de contrôle/gestion était centralisé autour d'un nœud central pour devenir de plus en plus distribué. GMPLS décrit un plan de gestion permettant de définir les granularités des conduits et un plan de contrôle utilisant les protocoles IP et les techniques de contrôle par politique (*voir le chapitre 23*).

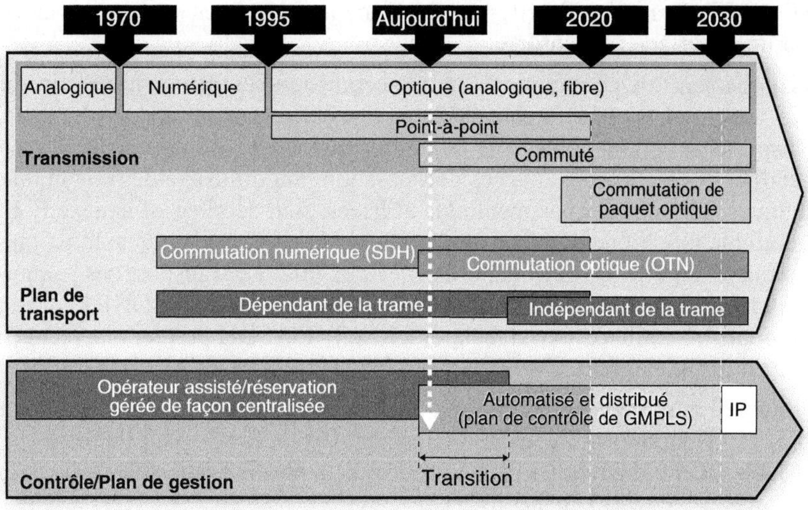

Figure 8.12

Étapes d'introduction du contrôle et de la gestion dans les réseaux optiques

GMPLS est de fait la signalisation de WSON (Wavelength Switched Optical Network), qui permet de réaliser des réseaux à très haute vitesse par commutation d'une longueur d'onde vers une autre longueur d'onde.

Les interfaces de niveaux physiques

Une interface désigne un point situé entre deux équipements. Deux grandes catégories d'interfaces sont classiquement définies : les interfaces UNI (User Network Interface), situées entre l'équipement utilisateur et le réseau, et les interfaces NNI (Network Node Interface), situées entre deux nœuds d'un même réseau ou de réseaux distincts. L'interface détermine comment les données traversent le point de passage entre les deux équipements.

Cette section se penche sur les interfaces des réseaux de niveau physique et détaille notamment les suivantes :

- SONET (Synchronous Optical NETwork) et SDH (Synchronous Digital Hierarchy), définies au départ pour transporter un grand nombre de communications téléphoniques sur un même support physique.
- PoS (Packet over SONET), où les communications téléphoniques sont remplacées par des paquets.
- G.709 OTN (Optical Transport Network), qui détermine la dernière génération d'interfaces d'accès sur les réseaux optiques.
- RPR (Resilient Packet Ring), qui définit une nouvelle génération de réseaux de niveau physique et une interface, de même type que SONET/SDH, associée au monde Ethernet.

- MPLS-TP (Transport Profil), qui remplace les interfaces synchrones du type SONET par une interface asynchrone.

Les équipements de communication ont accompagné la diffusion massive du téléphone. Avec l'apparition de la hiérarchie plésiochrone, définissant la capacité des lignes physiques à transporter un grand nombre de communications téléphoniques simultanées, il a fallu déterminer des techniques d'accès définissant le multiplexage des communications. Ces techniques, qui ne sont quasiment plus utilisées, sont décrites à l'annexe F. En revanche, la hiérarchie synchrone SONET, améliorée par SDH, qui a la même fonction, mais d'une façon plus moderne, est introduite dans ce chapitre. Le transport des paquets s'effectue sur cette hiérarchie grâce à la technologie POS (Packet over SONET). Cette hiérarchie est toujours très utilisée, car la technologie SONET/SDH permet une reconfiguration du réseau en cas de panne.

Un standard important a été défini par l'UIT-T avec OTN (Optical Transport Network), MPLS-TP (Tranport Profile) et RPR (Resilient Packet Ring), pour l'utilisation d'une trame semblable à celle d'Ethernet dans le cadre de la norme IEEE 802.17 (*voir la section de l'annexe F dédiée aux réseaux RPR*).

La solution proposée dans le cadre de MPLS-TP, qui propose de remplacer la norme synchrone SONET par un système complètement asynchrone, mais capable de retrouver la synchronisation en bout de course, est étudiée en fin de chapitre.

Les interfaces avec le niveau physique

Le niveau physique représente le premier niveau de la hiérarchie du modèle de référence. Ce niveau s'occupe de transporter les éléments binaires sur des supports physiques variés. Pour accéder à un support, il faut utiliser une interface d'accès.

La figure 8.13 illustre l'ensemble des interfaces de la couche physique avec un support physique, qui est ici de la fibre optique, pour y faire transiter des paquets IP. On voit sur la droite de la figure qu'on peut encapsuler un paquet IP dans une trame ATM, ou tout du moins un fragment du paquet IP puisque la trame ATM est de taille limitée. Ensuite, la trame ATM peut être émise directement sur une fibre optique, si la vitesse est suffisamment basse pour qu'il n'y ait pas besoin de synchronisation d'horloge, ou encapsulée dans une trame SONET/SDH avant d'être acheminée sur la fibre optique. Cette solution a été fortement utilisée au début des années 2000, mais, aujourd'hui, la trame ATM est remplacée par la trame Ethernet (*voir plus loin*).

Une deuxième solution, également en voie de disparition, consiste à utiliser la trame HDLC ou la trame PPP (Point-to-Point Protocol) pour réaliser cette encapsulation. Pour permettre la synchronisation des horloges, les trames HDLC et PPP sont elles-mêmes encapsulées dans une trame SONET/SDH avant d'être transmises sur la fibre optique.

En allant vers la gauche de la figure, on voit la technique la plus classique aujourd'hui : le paquet IP est encapsulé dans une trame Ethernet, GbE (1 Gbit/s), 10GbE (10 Gbit/s) et 100GbE (100 Gbit/s). Ces trames sont soit véhiculées directement sur la fibre optique, soit transmises par l'intermédiaire de SONET/SDH suivant la vitesse, l'éloignement des stations, soit encore en utilisant le Profile Transport de MPLS-TP.

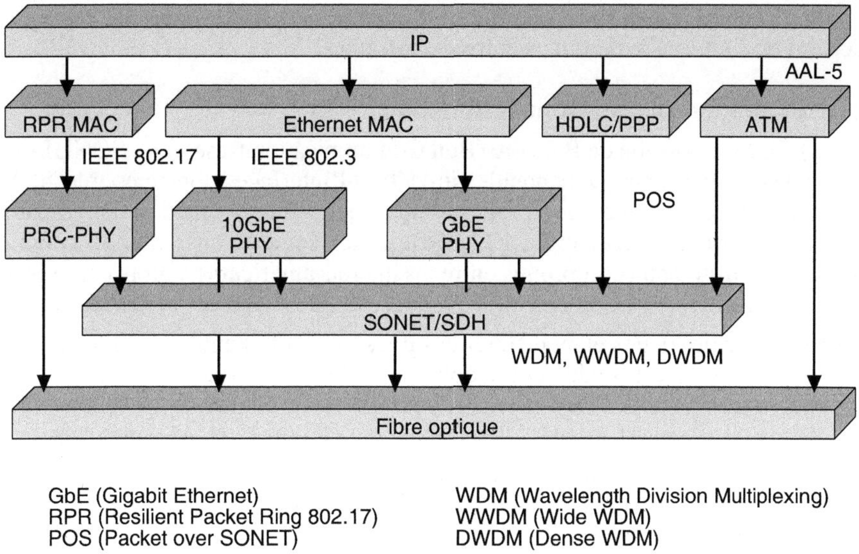

Figure 8.13

Interfaces sur fibre optique

La partie gauche de la figure montre la technique compatible avec Ethernet, dans laquelle les préambules des trames Ethernet sont augmentés pour donner le temps d'effectuer la synchronisation des horloges. Cette solution, standardisée sous le nom IEEE 802.17, est une excellente solution sur les réseaux métropolitains. Ce standard est décrit à l'annexe F.

Les trois trames utilisées sur l'interface physique sont PPP, ATM et Ethernet. Lorsqu'on examine les standards, on note souvent, même si ce n'est pas une obligation, que le niveau physique est lui-même découpé en deux : le niveau PM (Physical Medium), le sous-niveau le plus bas du niveau physique, qui est responsable du transport de l'information sur le support physique et de la synchronisation bit, et le niveau TC (Transmission Convergence), le sous-niveau haut du niveau physique, qui est responsable de l'adaptation au support physique des éléments binaires provenant des trames.

Les fonctions de l'interface d'accès au sous-niveau TC sont notamment les suivantes :

- adaptation de débit ;
- protection de l'en-tête ;
- délimitation des trames ;
- adaptation aux systèmes de transmission ;
- génération et récupération de la trame.

L'adaptation de débit consiste à ajuster les différents flux d'information à la bande passante de la liaison physique. Pour cela, on peut ajouter des trames vides, dites de bourrage sur un système de type SONET. Une autre solution consiste à insérer des octets de bourrage lorsque aucune transmission de trame n'est en cours. Le nombre d'octets de bourrage dépend de l'intervalle de temps entre deux trames.

SONET (Synchronous Optical Network)

Issue d'une proposition de Bellcore (Bell Communication Research), SONET est une technique de transport entre deux nœuds, qui définit l'interface adoptée pour le NNI (Network Node Interface). Elle ne concernait au départ que l'interconnexion des réseaux téléphoniques des grands opérateurs, PTT, *carrier,* etc. Toute la difficulté de la normalisation a consisté à trouver un compromis entre les intérêts américains, européens et japonais pour permettre l'interconnexion des différents réseaux d'opérateurs et des réseaux nationaux.

La hiérarchie des débits étant différente sur les trois continents, il a fallu s'entendre sur un niveau de base. C'est finalement le débit de 51,84 Mbit/s qui a été retenu et qui forme le premier niveau, appelé STS-1 (Synchronous Transport Signal, level 1). Les niveaux situés au-dessus du niveau 1, appelés STS-N, sont des multiples du niveau de base.

SONET décrit la composition d'une trame synchrone émise toutes les 125 microsecondes. La longueur de cette trame dépend du débit de l'interface. Ses diverses valeurs sont récapitulées au tableau 8.1 suivant la rapidité du support optique, ou OC (Optical Carrier).

OC-1	51,84 Mbit/s	OC-24	1 244,16 Mbit/s
OC-3	155,52 Mbit/s	OC-36	1 866,24 Mbit/s
OC-9	466,56 Mbit/s	OC-48	2 488,32 Mbit/s
OC-12	622,08 Mbit/s	OC-96	4 976,64 Mbit/s
OC-18	933,12 Mbit/s	OC-192	9 953,28 Mbit/s

TABLEAU 8.1 • Valeurs de la trame SONET en fonction de la rapidité du support optique

Comme illustré à la figure 8.14, la trame SONET comprend dans les trois premiers octets de chaque rangée des informations de synchronisation et de supervision. Les cellules sont émises dans la trame. L'instant de début de l'envoi d'une cellule ne correspond pas forcément au début de la trame, mais peut se situer n'importe où dans la trame. Des bits de supervision précèdent ce début de sorte que l'on ne perde pas de temps pour l'émission d'une cellule.

Lorsque les signaux à transporter arrivent dans le coupleur SONET, ils ne sont pas copiés directement tels quels, mais inclus dans un container virtuel (Virtual Container). Ce remplissage est appelé *adaptation.* Les trames SONET et SDH comportent plusieurs types de containers virtuels, appelés VC-N (Virtual Container de niveau N). À ces containers, il faut ajouter des informations de supervision situées dans les octets de début de chaque rangée. En ajoutant ces informations supplémentaires, on définit une unité administrative, ou AU-N (Administrative Unit-N).

Les niveaux supérieurs comptent toujours neuf rangées, mais il y a *n* fois 90 octets par rangée pour le niveau *N.* La trame du niveau *N* de la hiérarchie SONET est illustrée à la figure 8.15.

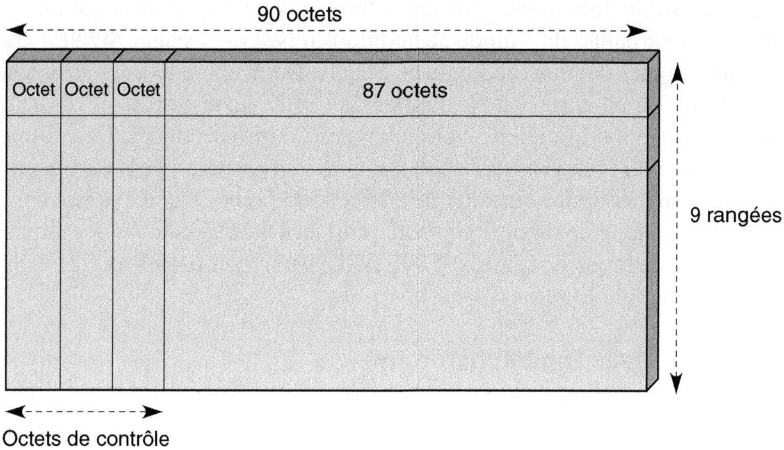

Figure 8.14

Trame SONET de base

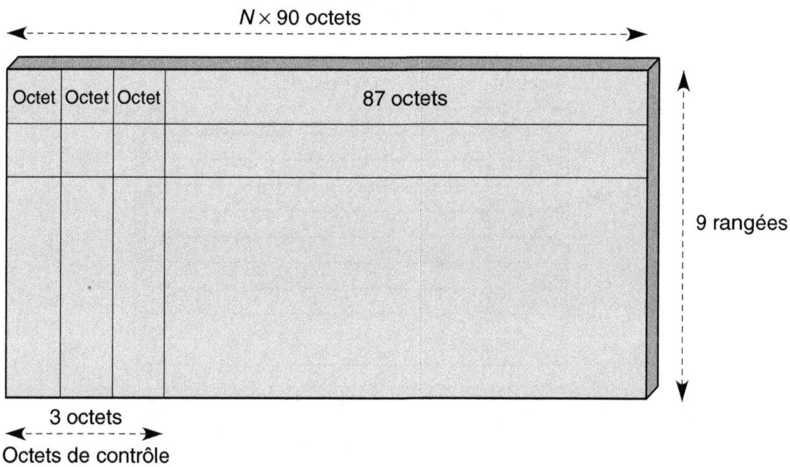

Figure 8.15

Trame SONET STS-N

Le standard SONET est utilisé pour transporter des trames (niveau trame), voire des paquets (niveau paquet), mais, bien sûr, encapsulés dans une trame à très haute vitesse. La trame SONET possède des débits respectivement de 155 Mbit/s, 622 Mbit/s, 2,488 Gbit/s et 9,953 Gbit/s pour l'OC3, l'OC12, l'OC48 et l'OC192. Cela permet de transporter n'importe quel type de trames à haute vitesse, que ce soit ATM, Ethernet, IP, encapsulées dans une trame, ou toute autre entité.

Une caractéristique très importante de SONET est de fiabiliser la communication en cas de rupture ou de panne de l'un de ses composants. Les réseaux SONET que l'on trouve dans les métropoles ont une topologie en boucle. Deux chemins sont ainsi disponibles pour aller d'un point à un autre, en particulier de l'utilisateur au réseau cœur de l'opérateur. SONET permet la modification de ce chemin en 50 millisecondes. Lors d'une rupture de la communication dans un sens de la boucle, la reconfiguration peut s'effectuer en un temps occasionnant une coupure quasiment indétectable pour les deux personnes en train de se parler. Cette capacité de reconfiguration est un des atouts majeurs des structures SONET/SDH. Les topologies en boucle de SONET/SDH sont comparées en fin de chapitre à celles provenant du monde Ethernet.

SDH (Synchronous Digital Hierarchy)

La recommandation SDH a été normalisée par l'UIT-T (G.707 et G.708) :

- G.707 : Synchronous Digital Bit Rate ;
- G.708 : Network Node Interface for the Synchronous Digital Hierarchy.

On retrouve dans SDH les débits à 155, 622, 2 488 Mbit/s et 9 953 Mbit/s de SONET.

Le temps de base correspond toujours à 8 000 trames par seconde, chaque trame étant composée de neuf fois 270 octets. Au total, cela fait 155,520 Mbit/s. La structure de la trame synchrone SDH est illustrée à la figure 8.16.

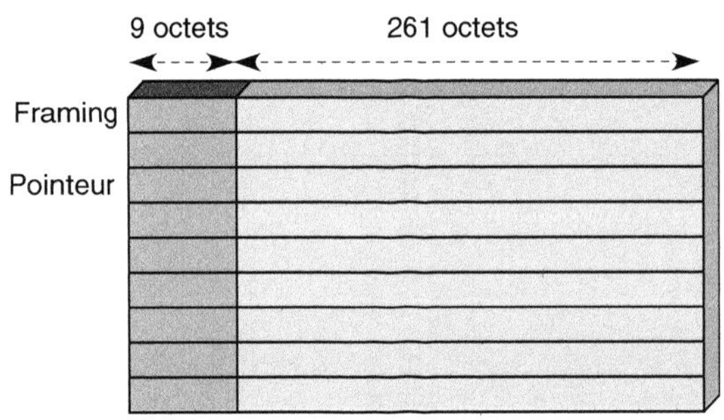

Figure 8.16

Trame SDH

L'information transportée est indiquée par un pointeur qui se situe dans la zone de supervision de la trame. Lorsque la quantité d'information à transporter est supérieure à la zone disponible dans la trame SDH, elle continue dans la trame suivante, la fin étant indiquée par un pointeur de fin.

La figure 8.17 montre comment un flux à 140 Mbit/s peut être transporté sur une liaison SDH à 155 Mbit/s (un débit de 140 Mbit/s représente 8 fois 261 octets plus 100 octets, ce qui correspond à la partie grisée de la figure).

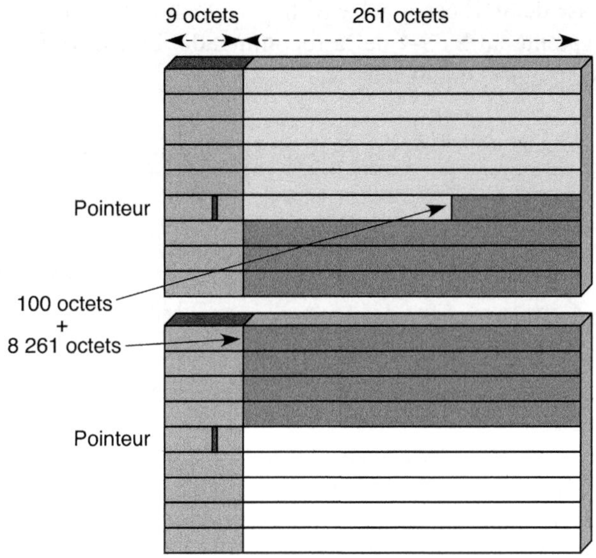

Figure 8.17

Transport d'un flux SDH à 140 Mbit/s

Les cellules ATM sont transportées dans la trame SDH dès que possible. Il ne faut perdre qu'un minimum de temps lors de la transmission sur chaque liaison pour éviter que la variance du temps de réponse de la cellule n'augmente trop.

La figure 8.18 illustre le transport de cellules sur une liaison SDH de base : les cellules se trouvent n'importe où, et elles sont signalées dans la zone SOH ou dans la trame, car aucun temps ne doit être perdu à attendre un slot particulier.

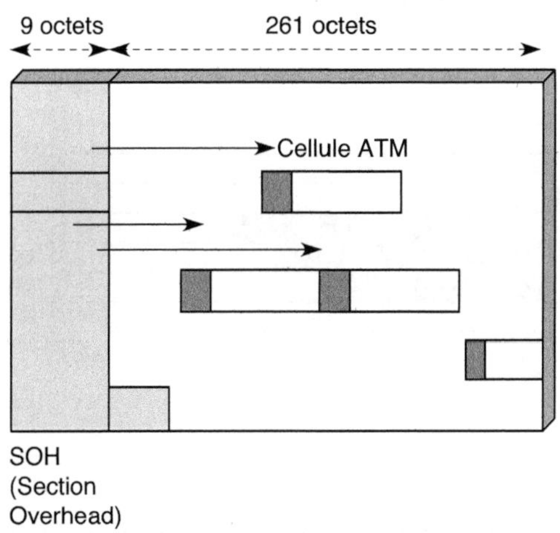

Figure 8.18

Transport de cellules ATM sur une liaison SDH

La trame de base de SDH est appelée STM-1 (Synchronous Transport Module, niveau 1). Elle est équivalente au STS-4 de la recommandation SONET. La hiérarchie SDH de l'UIT-T est récapitulée au tableau 8.2.

STM-1	155,52 Mbit/s	STM-12	1 866,24 Mbit/s
STM-3	466,56 Mbit/s	STM-16	2 488,32 Mbit/s
STM-4	622,08 Mbit/s	STM-32	4 976,64 Mbit/s
STM-6	933,12 Mbit/s	STM-64	9 953,28 Mbit/s
STM-8	1 244,16 Mbit/s	STM-256	39 813,12 Mbit/s

TABLEAU 8.2 • Hiérarchie SDH de l'UIT-T

Les signaux à transporter proviennent de liaisons, qui peuvent être synchrones ou asynchrones. Pour un transport plus aisé, on les accumule dans un container virtuel VC (Virtual Container), de la même façon que pour la recommandation SONET. Comme indiqué précédemment, ce packaging est appelé *adaptation*. Il existe différents containers virtuels pour chaque type de signal à transmettre.

Les liaisons SDH utilisées par les opérateurs sont au nombre de cinq, correspondant aux STM-1, STM-4, STM-16, STM-64 et STM-256. La trame de base est multipliée par 4 pour aller au niveau suivant. Cela correspond à des débits de 622 Mbit/s, 2,488 Gbit/s, 9,953 Gbit/s et 39 813 Gbit/s. Les containers virtuels pour ces niveaux sont les VC-4, VC-16, VC-64 et VC-256. Le transport de ces containers sur les trames STM-4 STM-16, STM-64 et STM-256 s'effectue par un multiplexage temporel, comme illustré à la figure 8.19, dans laquelle 4 trames VC-4 sont découpées et entrelacées octet par octet.

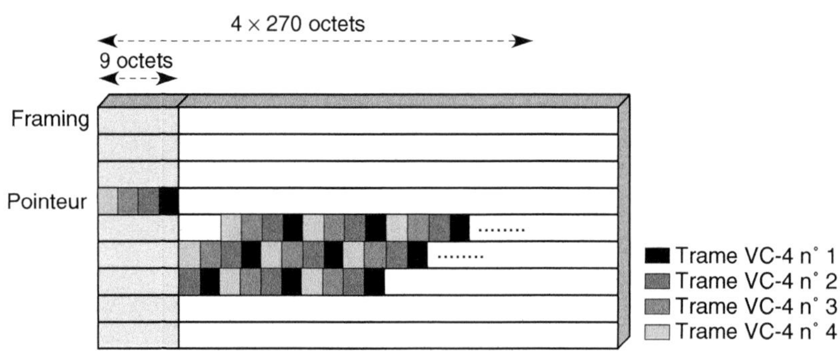

Figure 8.19

Multiplexage de containers VC-4 sur une trame STM-4

Comme dans SONET, le contenu du container avec les pointeurs forme une unité administrative, ou AU (Administrative Unit). Les unités administratives sont de plusieurs niveaux : AU-1, AU-4, AU-16, AU-64 et AU-256. Le niveau STM-16 est formé à partir de quatre

STM-4, qui sont entrecroisés sur le support physique. Les niveaux supérieurs utilisent les mêmes entrecroisements.

En Europe, l'ETSI a défini des formats européens sous les noms de C-12, C-3 et C-4, qui correspondent à des valeurs de containers. Des formats intermédiaires, appelés TU (Tributary Unit) et TUG (Tributary Unit Groups), complètent la hiérarchie. Cette hiérarchie quelque peu complexe est illustrée à la figure 8.20.

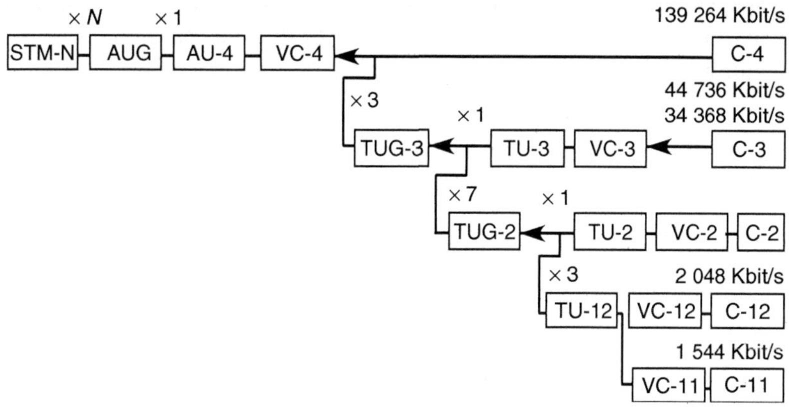

Figure 8.20

Hiérarchie SDH de l'ETSI

PoS (Packet over SONET) et EoS (Ethernet over SONET)

Comme indiqué précédemment, l'interface SONET a été choisie au départ par l'UIT-T pour interconnecter les réseaux téléphoniques. Cette interface détermine un temps de 125 microsecondes entre l'émission de deux trames. La trame SONET est une sorte de wagon, que l'on peut remplir par des octets ou des trames et plus généralement par des containers. La technique générale de transport de paquets sur SONET/SDH s'appelle PoS. Elle est aujourd'hui largement utilisée pour acheminer directement à haute vitesse des paquets de tout type sur un support SONET/SDH.

L'interface IP over SONET devrait s'appeler IP/PPP-HDLC over SONET. Pour formater le flot de paquets IP en trames, on utilise PPP, qui fournit un protocole d'encapsulation, un contrôle d'erreur et un protocole d'ouverture de la connexion. Les trames PPP peuvent être remplacées par des trames HDLC suivant la RFC 1662. PPP est décrit dans la RFC 1661.

La figure 8.21 illustre la structure de la trame IP over SONET encapsulant le paquet IP.

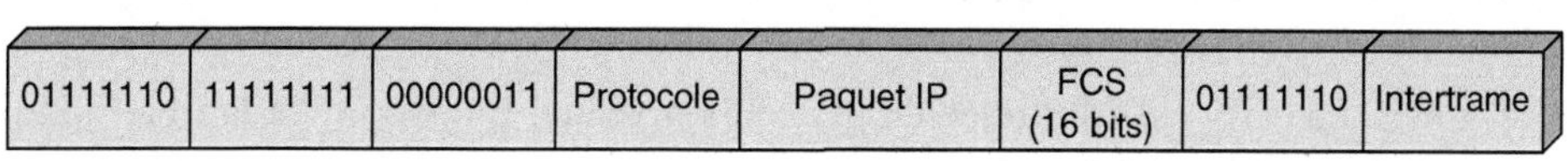

Figure 8.21

Format de la trame IP over SONET

Les routeurs ou les commutateurs doivent être capables de traiter les débits permis par SONET/SDH (155 Mbit/s, 622 Mbit/s, 2,5 Gbit/s, 10 Gbit/s, 40 Gbit/s et bientôt 160 Gbit/s). Comme les paquets IP sont de plus en plus souvent encapsulés dans une trame Ethernet, SONET est utilisé pour transporter ce type de trame à l'intérieur de sa zone de données. On obtient la technique Ethernet over SONET (EoS). L'avantage de cette solution est de permettre une synchronisation des trames Ethernet. Véhiculer de la parole téléphonique sous IP et l'encapsuler dans SONET devient très facile sur de longues distances. L'encapsulation des trames Ethernet s'effectue par une méthode d'encapsulation de blocs appelée Generic Framing Procedure qui permet à des flots bas débit de se positionner aux bons endroits à l'intérieur de la trame SONET.

SONET est également utilisé pour le transport de l'Ethernet 10 Gbit/s (10GbE) en encapsulant les trames Ethernet afin d'atteindre de longues distances. Il s'agit de l'Ethernet commuté.

L'interface OTN (Optical Transport Network)

La norme SONET/SDH a été introduite pour transporter de la parole téléphonique, et il a fallu de nombreuses adaptations pour le transport des trames et paquets de type IP, ATM, Ethernet ou autres. Le successeur de SONET/SDH a été normalisé début 2002 par l'UIT-T sous le nom d'OTN (Optical Transport Network). Son rôle est de faire transiter des paquets sur des liaisons à 2,5, 10, 40 et 160 Gbit/s. La recommandation correspondante porte le numéro G.709.

La figure 8.22 illustre le nouveau format de la trame synchrone OTN.

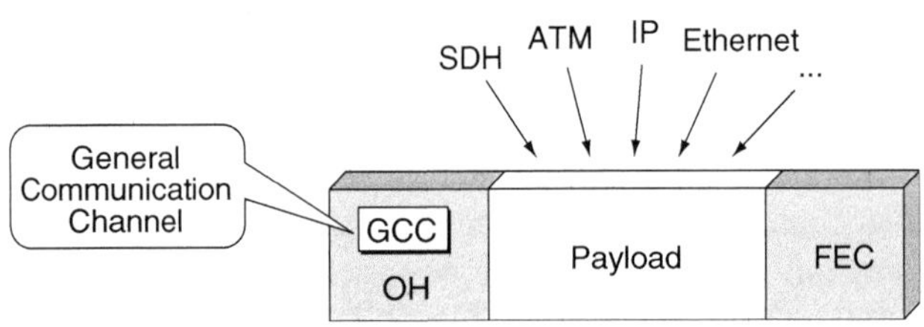

Figure 8.22

Format de la trame OTN

Tous les types de trames doivent pouvoir être transportés de façon transparente dans la trame OTN, sans qu'elles aient besoin d'être modifiées. Un champ est prévu pour ajouter un FEC (Forward Error Correction) afin d'effectuer les corrections nécessaires pour atteindre un taux d'erreur déterminé.

L'interface OTN est constituée de plusieurs niveaux. En partant de la fibre optique, on trouve les couches suivantes :

- OTS (Optical Transmission Section), qui prend en charge la transmission du signal optique en vérifiant son intégrité.

- OMS (Optical Multiplex Section), qui prend en charge les fonctionnalités permettant de réaliser un multiplexage en longueur d'onde.
- OCh (Optical Channel), qui est le niveau de bout en bout du signal optique. Ce niveau permet la modification de la connexion et le reroutage, ainsi que les fonctions de maintenance de la connexion.
- DW (Digital Wrapper), qui correspond à l'enveloppe numérique.

Le niveau Digital Wrapper est lui-même décomposé en trois sous-niveaux :

- OTUk (Optical Transport Unit), qui donne la possibilité d'adopter une correction utilisant un FEC.
- ODUk (Optical Data Unit), qui gère la connectivité indépendamment des clients et offre une protection et une gestion de cette connectivité.
- OPUk (Optical Payload Unit), qui indique une correspondance entre le signal et le type de client.

L'architecture globale d'OTN est illustrée à la figure 8.23.

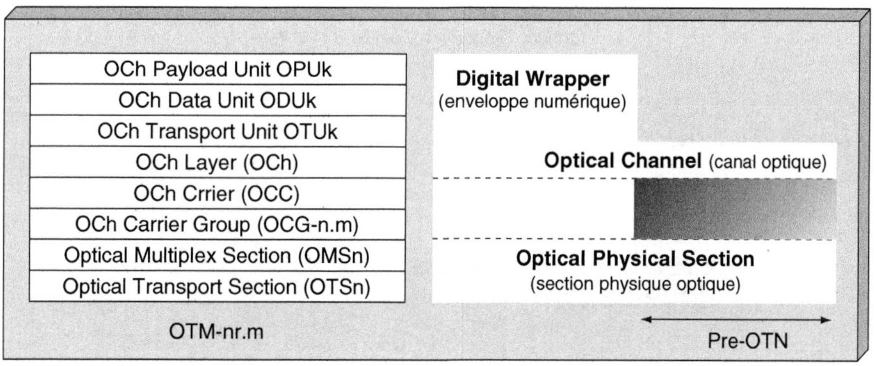

Figure 8.23

Structure en couches de l'architecture OTN

La figure 8.24 illustre les différentes entités de transport sur l'interface OTH (Optical Transport Hierachy) et la figure 8.25 la structure de la trame et les débits de l'interface OTN.

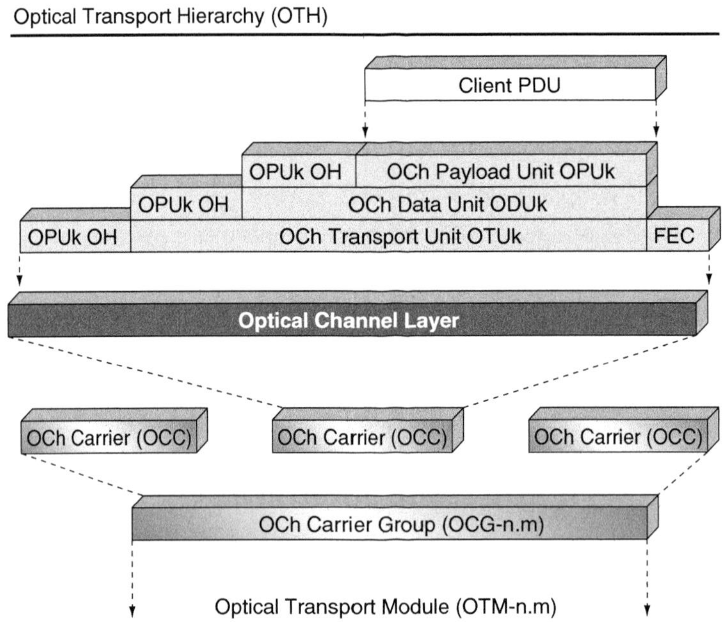

Figure 8.24

Entités de transport de la hiérarchie OTH

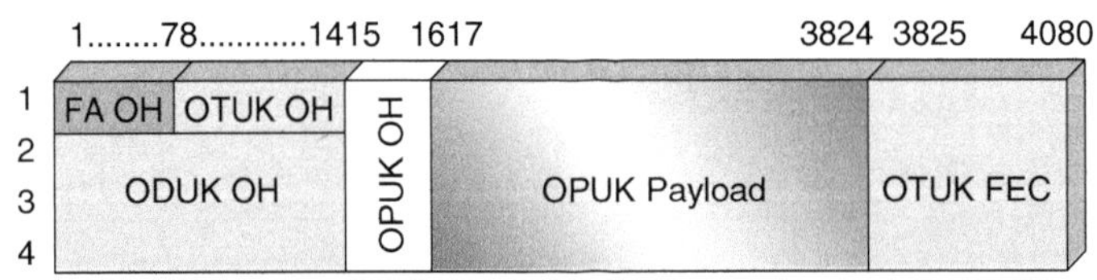

OPU			ODU			OTU		
k = 1	k = 2	k = 3	k = 1	k = 2	k = 3	k = 1	k = 2	k = 3
48,971	12,191	3,035	48,971	12,191	3,035	48,971	48,971	3,035
20,420	82,028	329,489	20,420	82,028	329,489	20,420	20,420	329,489
2 488,320	9 995,277	40 150,519	2 498,775	10 037,274	40 319,219	2 666 057	10 709,225	43 018,413

OPU (Optical Packet Unit) ODU (Optical Data Unit) OTU (Optical Transport Unit)

Figure 8.25

Structure de la trame et débits de l'interface OTN

MPLS-TP

Cette section s'intéresse à la partie interface physique de MPLS-TP (Transport Profile). Il est à noter que le mot « transport » ne se réfère pas au niveau message (couche 4, ou transport) du modèle de référence, mais au transport des éléments binaires sur le niveau physique (couche 1). Cependant, MPLS-TP rassemble l'ensemble des spécifications pour réaliser un réseau MPLS, allant de la signalisation à la commutation en passant par le système de gestion (*voir le chapitre 11, dédié à MPLS*).

L'interface à laquelle s'intéresse cette section remplace l'interface synchronisée SONET par une interface asynchrone de type paquet. Le but est de réduire les coûts en remplaçant une interface synchrone assez complexe par une interface asynchrone beaucoup plus simple. La difficulté est de récupérer la synchronisation à l'extrémité du réseau. MPLS-TP ajoute également des techniques de redondance afin d'offrir une disponibilité forte et, comme SONET, une reconfiguration dans des temps ne gênant pas la parole téléphonique.

Parmi les redondances possibles, citons notamment les techniques 1:1, 1+1, N:1, N,M,O :

- 1:1 : un chemin doit être secouru par un deuxième chemin.
- 1+1 : le flot a ouvert deux chemins, avec la possibilité, en cas de panne d'un chemin, de continuer à offrir une qualité de service acceptable tout en n'utilisant qu'un seul chemin.
- N:1 : *N* chemins ont en commun un chemin de secours.
- N+1 : $N + 1$ chemins sont ouverts par le flot, avec la possibilité que si l'un de ces $N + 1$ flots tombe en panne la qualité de service reste acceptable en n'utilisant que les *N* chemins ;
- N,M,O : *N* chemins sont secourus par *M* chemins, qui, eux-mêmes, sont secourus par *O* chemins. Beaucoup de possibilités sont offertes en permettant ou non de faire circuler des flots sur les chemins de secours qui sont moins prioritaires.

Conclusion

Les réseaux optiques répondent bien aux demandes d'augmentation des débits des utilisateurs. L'utilisation d'un grand nombre de longueurs d'onde, à des vitesses pouvant atteindre 40, 100 puis 160 Gbit/s, permet de satisfaire aisément la demande actuelle. Le potentiel de croissance des débits devrait permettre de suivre facilement la demande. Cependant, la surcapacité, qui aura été fondamentalement utilisée entre les années 2000 et 2010, n'est plus de mise depuis l'arrivée en 2010 de méthodes de contrôle réactives pour établir des communications.

Tous les cœurs de réseau utilisent de la fibre optique. Il reste encore d'importants progrès à accomplir pour arriver à un réseau tout optique, dans lequel les signaux sous forme lumineuse seraient transportés de bout en bout sous la forme de paquets.

Les interfaces d'accès aux réseaux de transport de données permettent de déterminer les performances du réseau. La trame utilisée par l'interface a une implication directe à la fois sur l'équipement terminal et sur le réseau. L'interface dominante pour les hauts débits est depuis de nombreuses années SONET/SDH, qui apporte à la fois des vitesses de transmission importantes et une sécurisation de l'interface par la possibilité de reconfigurer les boucles SONET en moins de 50 millisecondes. Cependant, le coût de cette interface est élevé. Du fait qu'elle n'est pas associée directement à une structure de trame de niveau 2, il faut en effet encapsuler cette trame de niveau 2 dans la trame SONET.

La technologie MPLS-TP permet de diminuer le coût de l'interface en utilisant des techniques classiques, déjà largement utilisées dans les réseaux locaux. Une autre solution, représentée par OTN, vise à trouver une interface universelle pour accéder à un réseau de fibre optique. La problématique de l'interface unique est toutefois loin d'être résolue, et l'on choisit aujourd'hui plutôt l'interface en fonction du type d'équipement terminal à connecter et du réseau à traverser.

9

Les réseaux Ethernet

La trame Ethernet est devenue le standard de la couche trame, qui est quasiment utilisée partout. Le relais de trames et la commutation ATM ont quasiment disparu. C'est la raison pour laquelle les technologies du relais de trames et de l'ATM sont rassemblées à l'annexe G.

Les modes partagé et commuté

Ethernet fonctionne selon deux modes très différents, mais totalement compatibles, le mode partagé et le mode commuté, qui permettent tous deux de transporter des trames Ethernet. Depuis 2012, on peut y ajouter un mode « routé », développé pour les nouvelles technologies de niveau 2 afin d'interconnecter des datacenters entre eux ou pour les communications à l'intérieur des datacenters.

Le mode partagé indique que le support physique est partagé entre les terminaux munis de cartes Ethernet. Dans ce mode, deux stations qui émettraient en même temps verraient leurs signaux entrer en collision. Dans le mode commuté, les terminaux sont connectés à un commutateur, et il ne peut y avoir de collision puisque le terminal est seul sur la liaison connectée au commutateur. Le commutateur émet vers la station sur la même liaison, mais en full-duplex, c'est-à-dire en parallèle, mais dans l'autre sens. Enfin, le mode routé concerne les trames Ethernet pour lesquelles le réseau utilise l'adresse MAC (Medium Access Control) comme une adresse Ethernet et non comme une référence. La figure 9.1 illustre les deux modes, partagé et commuté, avec cinq stations terminales.

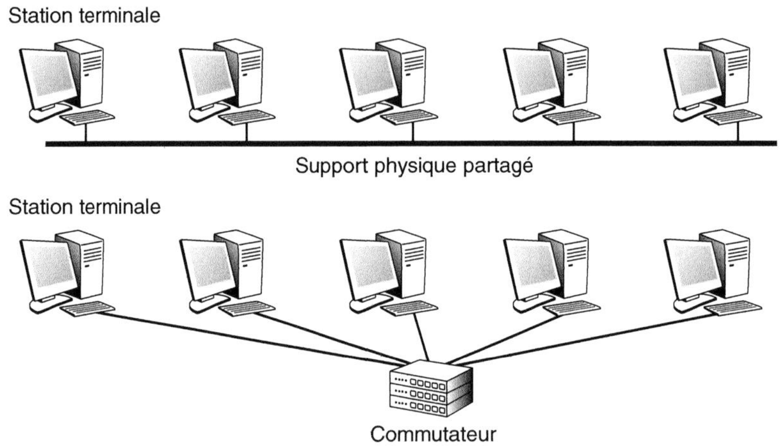

Figure 9.1

Comparaison des techniques partagées et commutées

Les principaux avantages et inconvénients des deux modes sont les suivants :

- Il n'y a pas de collision en mode commuté, mais les trames doivent être mémorisées dans les commutateurs, ce qui demande un contrôle de flux.
- Pour connecter une station en commutation, il faut deux coupleurs et un commutateur, tandis que pour connecter une station en mode partagé, un seul coupleur est suffisant. La technique partagée est donc moins chère à mettre en œuvre.
- La technique commutée autorise des liaisons sans contrainte de distance, tandis que la méthode partagée s'accompagne d'une limitation forte de la distance pour résoudre le problème du partage du support physique.
- Le mode routé est très semblable au mode commuté, mais en utilisant une table de routage à la place d'une table de commutation.

Les réseaux Ethernet partagés

Les réseaux Ethernet partagés mettent en œuvre une technique d'accès au support physique normalisée par le groupe de travail IEEE 802.3 sous le nom d'accès MAC (Medium Access Control). MAC utilise une technique générale appelée accès aléatoire.

Née de recherches effectuées au début des années 1970 sur les techniques d'accès aléatoire, la norme IEEE 802.3, qui a donné ensuite naissance à la norme ISO 8802.3, décrit la technique d'accès à un réseau local Ethernet partagé. C'est la société Xerox qui en a développé la première les prototypes.

On peut caractériser les réseaux Ethernet partagés par la technique d'accès CSMA/CD, dont le débit varie de 1 à 10, 100 et 1 000 Mbit/s. Au-delà, à la vitesse de 10 000 Mbit/s, seule la solution commutée est acceptable pour des raisons de distance (*voir plus loin*).

Dans les faits, le nombre de réseaux Ethernet partagés normalisés est impressionnant. L'encadré ci-dessous en dresse la liste en utilisant la nomenclature IEEE.

Les réseaux Ethernet partagés normalisés

Le groupe de travail indique la technique utilisée : IEEE 802.3 correspond à CSMA/CD ; IEEE 802.3 Fast Ethernet à une extension de CSMA/CD, IEEE 802.9 à une interface CSMA/CD à laquelle on ajoute des canaux B ; IEEE 802.11 à un Ethernet par voie hertzienne, etc. Viennent ensuite la vitesse puis la modulation ou non (base = bande de base et broad = broadband) et enfin un élément complémentaire, qui, à l'origine, était la longueur d'un brin et s'est transformé en type de support physique :

- IEEE 802.3 10Base5 (câble coaxial blindé jaune) ;
- IEEE 802.3 10Base2 (Cheapernet, câble coaxial non blindé brun, Thin Ethernet) ;
- IEEE 802.3 10Broad36 (Ethernet large bande, câble coaxial CATV) ;
- IEEE 802.3 1Base5 (Starlan à 1 Mbit/s) ;
- IEEE 802.3 10BaseT, Twisted-Pair (paires de fils torsadées) ;
- IEEE 802.3 10BaseF, Fiber Optic (fibre optique) :
  - 10BaseFL, Fiber Link ;
  - 10BaseFB, Fiber Backbone ;
  - 10BaseFP, Fiber Passive ;
- IEEE 802.3 100BaseT, Twisted-Pair ou encore Fast Ethernet (100 Mbit/s en CSMA/CD) :
  - 100BaseTX ;
  - 100BaseT4 ;
  - 100BaseFX ;
- IEEE 802.3 1000BaseCX (deux paires torsadées de 150 Ω) ;
- IEEE 802.3 1000BaseLX (paire de fibre optique avec une longueur d'onde élevée) ;
- IEEE 802.3 1000BaseSX (paire de fibre optique avec une longueur d'onde courte) ;
- IEEE 802.3 1000BaseT (quatre paires de catégorie 5 UTP) ;
- IEEE 802.9 10BaseM (multimédia) ;
- IEEE 802.11 10BaseX (hertzien).
- La norme IEEE 802.12 définit le réseau local 100VG AnyLAN, qui est compatible avec Ethernet. La compatibilité correspond à l'utilisation d'une même structure de trame que dans Ethernet. La technique d'accès, en revanche, n'est pas compatible avec le CSMA/CD, comme indiqué en fin de chapitre.

Caractéristiques

Les caractéristiques des réseaux Ethernet partagés sont décrites dans la norme ISO 8802.3 10Base5.

La topologie d'un réseau Ethernet comprend des brins de 500 mètres au maximum, interconnectés les uns aux autres par des répéteurs. Ces répéteurs sont des éléments actifs qui récupèrent un signal et le retransmettent après régénération. Les raccordements des matériels informatiques peuvent s'effectuer tous les 2,5 mètres, ce qui permet jusqu'à 200 connexions par brin. Dans de nombreux produits, les spécifications indiquent que le signal ne doit jamais traverser plus de deux répéteurs et qu'un seul peut être éloigné. La régénération du signal s'effectue une fois franchie une ligne d'une portée de 1 000 mètres. La longueur maximale est de 2,5 kilomètres, correspondant à trois brins de 500 mètres et un répéteur éloigné (*voir figure 9.2*). Cette limitation de la distance à 2,5 kilomètres n'est cependant pas une caractéristique de la norme, et l'on peut s'affranchir de ces contraintes de trois répéteurs et atteindre une distance totale de l'ordre de 5 kilomètres.

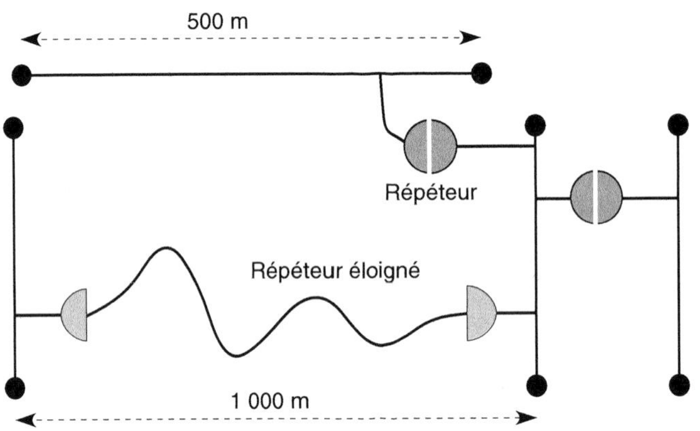

Figure 9.2

Topologie d'Ethernet

La seule contrainte à prendre en compte est le temps maximal qui s'écoule entre l'émission et la réception du signal dans le coupleur le plus éloigné. Ce temps ne doit pas excéder une valeur de 25,6 microsecondes. En effet, lors d'une collision, le temps avant réémission est un multiple de 51,2 microsecondes. Pour éviter une nouvelle collision entre deux trames réémises sur des tranches de temps différentes, il doit s'écouler au maximum 51,2 microsecondes entre le moment de l'émission et celui de l'écoute de la collision. Le temps aller est au maximum de 25,6 microsecondes, si la collision s'effectue juste avant l'arrivée du signal distant. Il faut également 25,6 microsecondes pour remonter la collision jusqu'à la station initiale (*voir figure 9.3*). De plus, la longueur d'une trame doit être au minimum égale au temps aller-retour de façon que l'émetteur puisse enregistrer une collision. Cette longueur minimale est de 64 octets. On retrouve bien 51,2 microsecondes de temps minimal de propagation en remarquant que 64 octets équivalent à 512 bits, qui, à la vitesse de 10 Mbit/s, requièrent un temps d'émission de 51,2 μs.

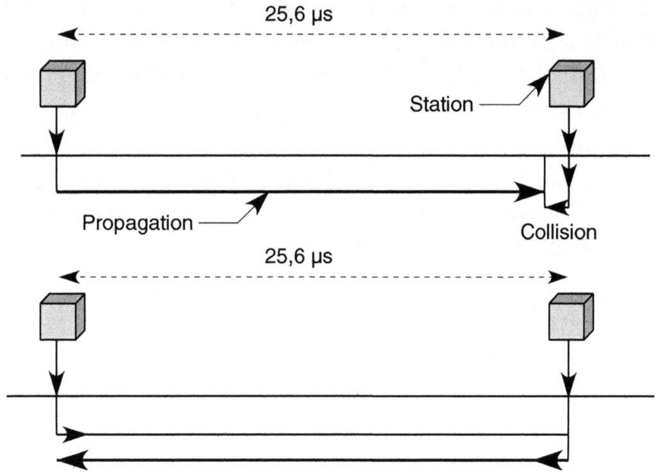

Figure 9.3

Temps maximal entre émission et réception d'une collision

Tout réseau pour lequel le temps aller-retour est inférieur à 51,2 microsecondes est susceptible d'utiliser la norme IEEE 802.3. La vitesse de propagation sur un câble coaxial étant approximativement de 200 000 km/s, la portée maximale sur un même câble est de 5 kilomètres environ. Dans la topologie de base, une grande partie du temps de propagation est perdue dans les répéteurs. Pour atteindre des distances supérieures à 4 kilomètres, certains câblages utilisent des étoiles optiques passives, qui permettent de diffuser le signal vers plusieurs brins Ethernet sans perte de temps. Dans ce cas, la déperdition d'énergie sur l'étoile optique pouvant atteindre plusieurs décibels, il n'est pas possible d'en émettre plus de deux ou trois en série. On obtient alors la topologie illustrée à la figure 9.4.

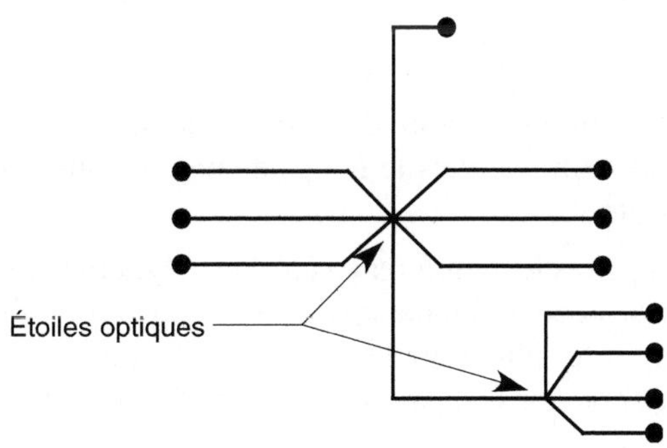

Figure 9.4

Topologie Ethernet avec étoiles optiques

La technique d'accès au support de transmission choisie par Ethernet est l'accès aléatoire avec détection de la porteuse de type persistant. Si le module d'émission-réception détecte la présence d'autres émissions sur le câble, le coupleur Ethernet ne peut émettre de trame.

Si une collision se produit, le module d'émission-réception émet un signal pour interrompre la collision et initialiser la procédure de retransmission. L'interruption de la collision intervient après l'envoi d'une séquence binaire, appelée séquence de bourrage (*jam*), qui vérifie que la durée de la collision est suffisante pour être remarquée par toutes les stations en transmission impliquées dans la collision.

Il est nécessaire de définir plusieurs paramètres pour expliquer la procédure de reprise sur une collision. Le temps aller-retour maximal correspond au temps qui s'écoule entre les deux points les plus éloignés du réseau local, à partir de l'émission d'une trame jusqu'au retour d'un signal de collision. Cette valeur est de 51,2 microsecondes ou de 512 temps d'émission d'un bit, ou encore 512 temps élémentaires. La séquence de bourrage dure 48 temps élémentaires. Ethernet définit encore une « tranche de temps », qui est le temps minimal avant retransmission (51,2 microsecondes). Le temps avant retransmission dépend également du nombre n de collisions déjà effectuées. Le délai aléatoire de retransmission dans Ethernet est un multiple de la tranche de temps $r \times 51{,}2$ microsecondes, où r est un nombre aléatoire tel que $0 \leq r < 2^k$, où $k = \min(n, 10)$ et n est le nombre de collisions déjà effectuées. Si, au bout de 16 essais, la trame est encore en collision, l'émetteur abandonne sa transmission. Une reprise s'effectue à partir des protocoles de niveaux supérieurs.

Lorsque deux trames entrent en collision pour la première fois, elles ont une chance sur deux d'entrer de nouveau en collision : $r = 1$ ou 0. Bien que l'algorithme de retransmission, ou de back-off, ne semble pas optimal, c'est la technique qui donne les meilleurs résultats, car il vaut mieux essayer de remplir le support de transmission plutôt que d'attendre des temps trop longs et de perdre en débit.

Un calcul simple montre que les temps de retransmission, après une dizaine de collisions successives, ne représentent que quelques millisecondes, c'est-à-dire un temps encore très court. CSMA/CD étant une technique probabiliste, il est difficile de cerner le temps qui s'écoule entre l'arrivée de la trame dans le coupleur de l'émetteur et le départ de la trame du coupleur récepteur jusqu'au destinataire. Ce temps dépend du nombre de collisions, ainsi que, indirectement, du nombre de stations, de la charge du réseau et de la distance moyenne entre deux stations. Plus le temps de propagation est important, plus le risque de collision augmente.

Tous les calculs rapportés ici se réfèrent à un réseau Ethernet à 10 Mbit/s. Si nous augmentons la vitesse du réseau en multipliant par 10 son débit (100 Mbit/s), la distance maximale entre les deux stations les plus éloignées est également divisée par 10, et ainsi de suite, de telle sorte que nous obtenons en gardant la même longueur minimale de la trame :

- 10 Mbit/s → 5 kilomètres
- 100 Mbit/s → 500 mètres
- 1 Gbit/s → 50 mètres
- 10 Gbit/s → 5 mètres

Ces distances s'entendent sans l'existence de répéteurs ou de hubs, qui demandent un certain temps de traversée et diminuent d'autant la distance maximale. Pour contrer ce problème, deux solutions peuvent être mises en œuvre : augmenter la taille de la trame Ethernet ou passer à la commutation. Le réseau Ethernet 1 Gbit/s utilise une trame minimale de 512 octets, qui lui permet de revenir à une distance maximale de 400 mètres. Le réseau à 10 Gbit/s n'utilise que la commutation.

Performance d'un réseau Ethernet 10 Mbit/s

De nombreuses courbes de performances montrent le débit réel en fonction du débit offert, c'est-à-dire le débit provenant des nouvelles trames additionné du débit provoqué par les retransmissions. La figure 9.5 illustre le débit réel en fonction du débit offert.

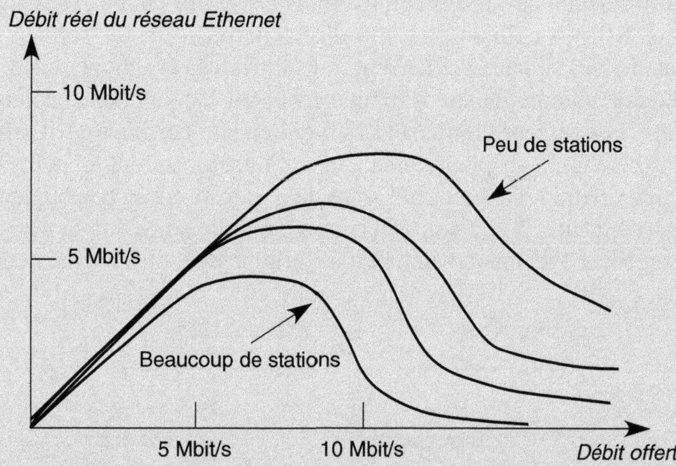

Figure 9.5

Performance du réseau Ethernet

On peut montrer qu'un dysfonctionnement se produit dès que le débit offert dépasse une certaine limite, en raison de collisions de plus en plus nombreuses. Pour éviter ce type de problème sur un réseau Ethernet, il faut que le débit instantané soit inférieur à 5 Mbit/s. Pour obtenir cette valeur maximale, on limite le nombre de stations à plusieurs centaines de PC ou à plusieurs dizaines de postes de travail. Ce sont les chiffres le plus souvent cités.

Pour résoudre les problèmes de débit, une solution consiste à réaliser un ensemble de réseaux Ethernet interconnectés par des passerelles. À la différence du répéteur, la passerelle est un organe intelligent, capable de sélectionner les trames qui doivent être émises vers les réseaux suivants. La passerelle doit gérer un adressage. Elle limite de ce fait le débit sur chaque réseau. On obtient dans ce cas des topologies sans contrainte de distance. La passerelle peut être de différents types. Il s'agit d'un pont lorsqu'on a uniquement un problème d'adresse physique à résoudre. On parle alors de pont filtrant pour filtrer les trames qui passent. Les trames destinées à une station située sur le même réseau sont stoppées, tandis que les autres trames sont réémises vers le réseau suivant.

L'exemple traité sur 10 Mbit/s est également valable pour l'ensemble des technologies Ethernet à plus haut débit. La solution pour ne pas tomber sur des problèmes de saturation est naturellement de passer à la gamme supérieure dès que nécessaire. Comme, au-delà de 1 Gbit/s, le contrôle des débits devient complexe, les réseaux Ethernet à 10 Gbit/s et 100 Gbit/s n'existent plus en partagé: ils n'utilisent que la commutation.

L'accès aléatoire

L'accès aléatoire, qui consiste à émettre à un instant totalement aléatoire, s'appuie sur la méthode aloha. Cette dernière tient son nom d'une expérience effectuée sur un réseau reliant les diverses îles de l'archipel hawaïen au début des années 1970. Dans cette méthode, lorsqu'un coupleur a de l'information à transmettre, il l'envoie, sans se préoccuper des autres usagers. S'il y a collision, c'est-à-dire superposition des signaux de deux ou plusieurs utilisateurs, les signaux deviennent indéchiffrables et sont perdus. Ils sont retransmis ultérieurement, comme illustré à la figure 9.6, sur laquelle les coupleurs 1, 2 et 3 entrent en collision. Le coupleur 1 retransmet sa trame en premier parce qu'il a tiré le plus petit temporisateur. Ensuite, le coupleur 2 émet, et ses signaux entrent en collision avec le coupleur 1. Tous deux retirent un temps aléatoire de retransmission. Le coupleur 3 vient écouter alors que les coupleurs 1 et 2 sont silencieux, de telle sorte que la trame du coupleur 3 passe avec succès. La technique aloha est à l'origine de toutes les méthodes d'accès aléatoire.

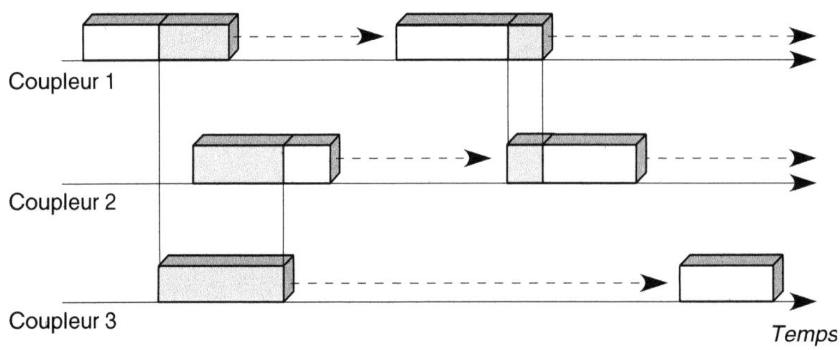

Figure 9.6

Principe de fonctionnement de l'aloha pur

Outre son extrême simplicité, l'aloha a l'avantage de ne nécessiter aucune synchronisation et d'être complètement décentralisé. Son principal inconvénient réside dans la perte d'informations résultant d'une collision et dans son manque d'efficacité, puisque la transmission des trames en collision n'est pas interrompue.

Le débit d'un tel système devient très faible dès que le nombre de coupleurs augmente. On peut démontrer mathématiquement que si le nombre de stations tend vers l'infini, le débit devient nul. À partir d'un certain moment, le système n'est plus stable. Afin de diminuer la probabilité de conflit entre les usagers, diverses améliorations de cette technique ont été proposées (*voir l'encadré ci-dessous*).

Slotted aloha, ou aloha en tranches

Une amélioration de la technique aloha a consisté à découper le temps en tranches de temps, ou slots, et à n'autoriser l'émission de trames qu'en début de tranche, le temps de transmission d'une trame demandant exactement une tranche de temps. De la sorte, il n'y a pas de collision si une seule trame transmet en début de tranche. En revanche, si plusieurs trames commencent à émettre en début de tranche, les émissions de trames se superposent tout le long du slot. Dans ce dernier cas, il y a retransmission après un temps aléatoire.

Cette méthode améliore le débit pendant la période de démarrage, mais reste instable. De plus, on constate un coût supplémentaire provenant d'une complication des appareils, puisque toutes les émissions doivent être synchronisées.

CSMA, ou l'accès aléatoire avec écoute de la porteuse

La technique CSMA (Carrier Sense Multiple Access) consiste à écouter le canal avant d'émettre. Si le coupleur détecte un signal sur la ligne, il diffère son émission à une date ultérieure. Cela réduit considérablement les risques de collision, sans toutefois les supprimer complètement. Si, durant le temps de propagation entre le couple de stations les plus éloignées (période de vulnérabilité), un coupleur ne détecte pas l'émission d'une trame, il peut y avoir superposition de signaux. De ce fait, il faut réémettre ultérieurement les trames perdues.

De nombreuses variantes de cette technique ont été proposées, qui diffèrent par trois caractéristiques :

- La stratégie suivie par le coupleur après détection de l'état du canal.
- La manière dont les collisions sont détectées.
- La politique de retransmission des messages après collision.

Ses principales variantes sont les suivantes :

- **CSMA non persistant.** Le coupleur écoute le canal lorsqu'une trame est prête à être envoyée. Si le canal est libre, le coupleur émet. Dans le cas contraire, il recommence le même processus après un délai aléatoire.
- **CSMA persistant.** Un coupleur prêt à émettre écoute préalablement le canal et transmet s'il est libre. S'il détecte l'occupation de la porteuse, il continue à écouter jusqu'à ce que le canal soit libre et émet à ce moment-là. Cette technique permet de perdre moins de temps que dans le cas précédent, mais elle a l'inconvénient d'augmenter la probabilité de collision, puisque les trames qui s'accumulent pendant la période occupée sont toutes transmises en même temps.
- **CSMA p-persistant.** L'algorithme est le même que précédemment, mais, lorsque le canal devient libre, le coupleur émet avec la probabilité p. En d'autres termes, le coupleur diffère son émission avec la probabilité $1 - p$. Cet algorithme réduit la probabilité de

collision. En supposant que deux terminaux souhaitent émettre, la collision est inéluctable dans le cas standard. Avec ce nouvel algorithme, il y a une probabilité $1 - p$ que chaque terminal ne transmette pas, ce qui évite la collision. En revanche, il augmente le temps avant transmission, puisqu'un terminal peut choisir de ne pas émettre, avec une probabilité $1 - p$, alors que le canal est libre.

- **CSMA/CD (Carrier Sense Multiple Access/Collision Detection).** Cette technique d'accès aléatoire normalisée par le groupe de travail IEEE 802.3 est actuellement la plus utilisée. À l'écoute préalable du réseau s'ajoute l'écoute pendant la transmission. Un coupleur prêt à émettre ayant détecté le canal libre transmet et continue à écouter le canal. Le coupleur persiste à écouter, ce qui est parfois indiqué par le sigle CSMA/CD persistant. S'il se produit une collision, il interrompt dès que possible sa transmission et envoie des signaux spéciaux, appelés bits de bourrage, afin que tous les coupleurs soient prévenus de la collision. Il tente de nouveau son émission ultérieurement suivant un algorithme présenté plus loin.

La figure 9.7 illustre le CSMA/CD. Dans cet exemple, les coupleurs 2 et 3 tentent d'émettre pendant que le coupleur 1 émet sa propre trame. Les coupleurs 2 et 3 se mettent à l'écoute et émettent en même temps, au délai de propagation près, dès la fin de la trame Ethernet émise par le coupleur 1. Une collision s'ensuit. Comme les coupleurs 2 et 3 continuent d'écouter le support physique, ils se rendent compte de la collision, arrêtent leur transmission et tirent un temps aléatoire pour démarrer le processus de retransmission.

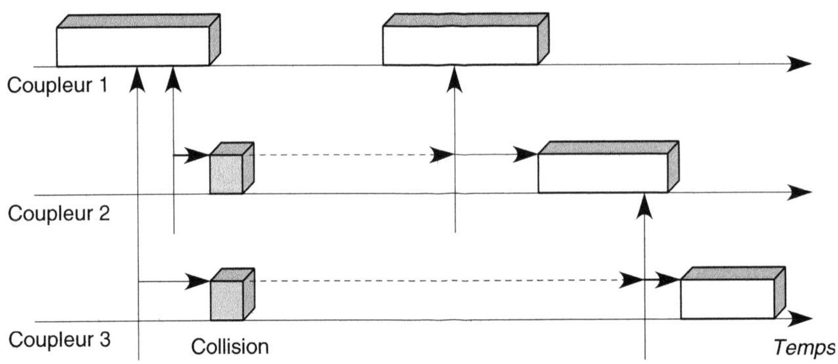

Figure 9.7

Principe de fonctionnement du CSMA/CD

Le CSMA/CD engendre un gain d'efficacité par rapport aux autres techniques d'accès aléatoire, car il y a détection immédiate des collisions et interruption de la transmission en cours. Les coupleurs émetteurs reconnaissent une collision en comparant le signal émis avec celui qui passe sur la ligne. Les collisions ne sont donc plus reconnues par absence d'acquittement, mais par détection d'interférences. Cette méthode de détection des conflits est relativement simple, mais elle nécessite des techniques de codage suffisamment performantes pour reconnaître facilement une superposition de signaux. On utilise généralement pour cela des techniques de codage différentiel, tel le code Manchester différentiel.

- **CSMA/CA.** Moins connu que le CSMA/CD, l'accès CSMA/CA (Carrier Sense Multiple Access/Collision Avoidance) commence à être fortement utilisée dans les réseaux Wi-Fi, c'est-à-dire les réseaux Ethernet sans fil IEEE 802.11 (*voir le chapitre 20*). C'est une variante du CSMA/CD, qui permet à la méthode CSMA de fonctionner lorsque la détection des collisions n'est pas possible, comme dans le hertzien. Son principe de fonctionnement consiste à résoudre la contention avant que les données soient transmises en utilisant des accusés de réception et des temporisateurs.

  Les coupleurs désirant émettre testent le canal à plusieurs reprises afin de s'assurer qu'aucune activité n'est détectée. Tout message reçu doit être immédiatement acquitté par le récepteur. L'envoi de nouveaux messages n'a lieu qu'après un certain délai, de façon à garantir un transport sans perte d'information. Le non-retour d'un accusé de réception, au bout d'un intervalle de temps prédéterminé, permet de détecter s'il y a eu collision. Cette stratégie rend non seulement possible l'implémentation d'un mécanisme d'acquittement au niveau trame, mais présente l'avantage d'être simple et économique, puisqu'elle ne nécessite pas de circuit de détection de collision, contrairement au CSMA/CD.

Il existe diverses techniques de CSMA avec résolution des collisions, parmi lesquelles le CSMA/CR (Carrier Sense Multiple Access/Collision Resolution). Certaines variantes du CSMA utilisent par ailleurs des mécanismes de priorité pouvant entrer sous ce vocable qui évitent les collisions par des niveaux de priorité distincts, associés aux différentes stations connectées au réseau.

Les réseaux Ethernet commutés

La section précédente décrit en détail les techniques utilisées dans les réseaux Ethernet partagés, dans lesquels un même câble est partagé par plusieurs machines.

L'autre solution mise en œuvre dans les réseaux Ethernet est la commutation. Dans ce cas, le support physique n'est pas partagé, deux machines s'échangeant des trames Ethernet sur une liaison. Cette solution change totalement la donne, puisqu'il n'y a plus de collision.

La commutation Ethernet, ou Ethernet FDSE (Full Duplex Switched Ethernet), est née au début des années 1990. Avant l'arrivée de l'Ethernet commuté, les réseaux Ethernet partagés étaient découpés en sous-réseaux partagés autonomes, reliés entre eux par des ponts. De ce fait, on multipliait le trafic par le nombre de sous-réseaux.

Les ponts ne sont en fait que des commutateurs Ethernet qui mémorisent les trames et les réémettent vers d'autres réseaux Ethernet. En poursuivant cette logique à l'extrême, on peut découper le réseau jusqu'à n'avoir qu'une seule station par réseau Ethernet. On obtient alors la commutation Ethernet.

Le réseau Ethernet FDSE est un réseau particulièrement simple puisqu'il n'y a que deux stations : celle que l'on veut connecter au réseau et le commutateur de raccordement. On dispose donc d'un Ethernet par terminal relié directement au commutateur.

En commutation, chaque carte Ethernet est reliée directement à un commutateur Ethernet, lequel se charge de rediriger les trames dans la bonne direction. La commutation demande une référence qui, *a priori,* n'existe pas dans le monde Ethernet, aucun paquet de supervision n'ouvrant de chemin en posant des références. Le mot de commutateur peut donc être considéré comme inexact puisqu'il n'y a pas de référence. Cependant, il est possible de parler de commutation, si l'on considère l'adresse du destinataire comme une référence. Le chemin est alors déterminé par la suite de références égale à l'adresse du destinataire sur 6 octets. Pour réaliser cette commutation de bout en bout, chaque commutateur doit avoir la possibilité de déterminer la liaison de sortie en fonction de la référence, c'est-à-dire de la valeur de l'adresse du récepteur.

Cette technique de commutation peut présenter les difficultés suivantes :

- Gestion des adresses de tous les coupleurs raccordés au réseau. Les techniques de VLAN, qui sont examinées en détail au chapitre 22, permettent de résoudre ce problème.
- Gestion des congestions éventuelles au sein d'un commutateur.

Du fait de la seconde difficulté, il faut mettre en place des techniques de contrôle susceptibles de prendre en charge, sur les liaisons entre commutateurs, les trames provenant simultanément de tous les coupleurs Ethernet. On retrouve là les caractéristiques des architectures des réseaux de commutation. La limitation de distance n'existant plus, on peut réaliser des réseaux en commutation Ethernet à la taille de la planète.

L'environnement Ethernet s'impose actuellement par sa simplicité de mise en œuvre tant que le réseau reste de taille limitée. C'est une solution réseau qui présente l'avantage de s'appuyer sur l'existant, à savoir les cartes Ethernet présentes dans toutes mes machines terminales et les divers réseaux Ethernet que de nombreuses entreprises ont mis en place pour créer leurs réseaux locaux.

L'inconvénient de la commutation de niveau trame réside dans l'adressage de niveau 2, qui correspond à l'adressage plat d'Ethernet. L'adressage plat, ou absolu, ne permet pas de connaître l'emplacement géographique d'une carte Ethernet d'après sa valeur. Dès que le réseau comporte un grand nombre de postes, ce qui est le cas si l'on accepte une mobilité des terminaux, par exemple, la mise à jour des tables de commutation (look-up table) devient quasi impossible puisqu'il n'existe pas de normalisation pour l'automatisation de cette fonction pour un grand réseau. La commutation Ethernet, introduite au chapitre 6, n'est utilisable que dans de petits réseaux.

La limitation des performances de l'environnement Ethernet est due au partage du support physique par l'ensemble des cartes Ethernet. Pour remédier à cet inconvénient, on peut augmenter la vitesse de base en passant au 100 Mbit/s ou au 1 Gbit/s. Une autre solution consiste à commuter les trames Ethernet. Le premier pas vers la commutation consiste, comme indiqué précédemment, à couper les réseaux Ethernet en petits tronçons et à les relier entre eux par un pont. Le rôle du pont est de filtrer les trames en ne laissant passer que celles destinées à un réseau Ethernet autre que celui d'où provient la trame. De ce fait, on limite le nombre de cartes Ethernet qui se partagent un même réseau. Pour que cette solution soit viable, le trafic doit être relativement local.

Dans la commutation, suivant l'adresse, le commutateur achemine la trame vers un autre commutateur ou vers une carte Ethernet. La capacité disponible par terminal est de 10 Mbit/s, 100 Mbit/s ou 1 Gbit/s, voire 10 Gbit/s et même 40 et 100 Gbit/s. Toute la difficulté réside dans la complexité des réseaux à commutation de trames Ethernet, avec les problèmes d'ouverture des chemins et de contrôle de flux qu'ils posent.

Une seconde solution de commutation Ethernet se répand rapidement au travers des techniques MPLS et Ethernet Carrier Grade. Il s'agit de réseaux Ethernet destinés aux opérateurs de télécommunications. Dans le premier cas, on ajoute une nouvelle zone dans la trame Ethernet pour porter la référence qui n'est plus l'adresse Ethernet de destination. Dans le second cas, on utilise le champ VLAN pour introduire un chemin. Ces deux solutions sont explicitées dans la suite.

Ethernet pour les entreprises

Cette section décrit les réseaux Ethernet d'entreprise, et la suivante les réseaux Ethernet des opérateurs.

Le premier exemple de réseaux Ethernet à 10 Mbit/s est important, car il conditionne les réseaux Ethernet suivants. Dès que toutes les cartes d'un réseau assurent le 100 Mbit/s, le réseau possède automatiquement cette vitesse. En revanche, tant qu'il reste dans le réseau une carte à 10 Mbit/s, même si ce 10 Mbit/s n'est quasiment plus utilisé, le réseau tourne à 10 Mbit/s.

Les réseaux Ethernet 10/100 Mbit/s

Les réseaux Ethernet à 10 Mbit/s ont été les premiers à être introduits sur le marché. Ils sont aujourd'hui remplacés par les réseaux à 10/100 Mbit/s, qui s'adaptent automatiquement aux 100 Mbit/s dès qu'il n'existe plus de carte Ethernet à 10 Mbit/s sur le réseau. Cet encadré examine les différents produits de l'Ethernet partagé à 10/100 Mbit/s.

Cheapernet

Cheapernet est un réseau local Ethernet partagé utilisant un câble coaxial particulier, normalisé sous le vocable 10Base2/100Base2. Le câble coaxial utilisé n'est plus le câble jaune blindé, mais un câble fin de couleur brune non blindé, aussi appelé *thin cable* ou câble RG-58. Ce câble a une moindre résistance au bruit électromagnétique et induit un affaiblissement plus important du signal.

Dans la suite, seul l'Ethernet 10 Mbit/s est détaillé. Le cas 100 Mbit/s s'en déduit en divisant par 10 les valeurs obtenues. Les brins de l'Ethernet 10 Mbit/s sont limités à 185 mètres. Les répéteurs sont de type Ethernet et travaillent à 10 Mbit/s. La longueur totale peut atteindre 925 ou 1 540 mètres suivant les versions. Les contraintes sont les mêmes que pour le réseau Ethernet en ce qui concerne le temps aller-retour. En revanche, pour obtenir une qualité comparable, il faut limiter la distance sans répéteur. La longueur maximale a ici moins d'importance, car le réseau Cheapernet est un réseau capillaire permettant d'aller jusqu'à l'utilisateur final à moindre coût.

Starlan

Né d'une étude d'AT&T sur la qualité du câblage téléphonique à partir du répartiteur d'étage, le réseau Starlan répond à une tout autre nécessité que le réseau Cheapernet. Sur les réseaux capillaires de l'entreprise, des débits de 1 Mbit/s étaient acceptables dans les années 1980. L'arrivée de Starlan correspondait à la volonté d'utiliser cette infrastructure capillaire, c'est-à-dire le câblage téléphonique, à partir du répartiteur d'étage (*voir figure 9.8*).

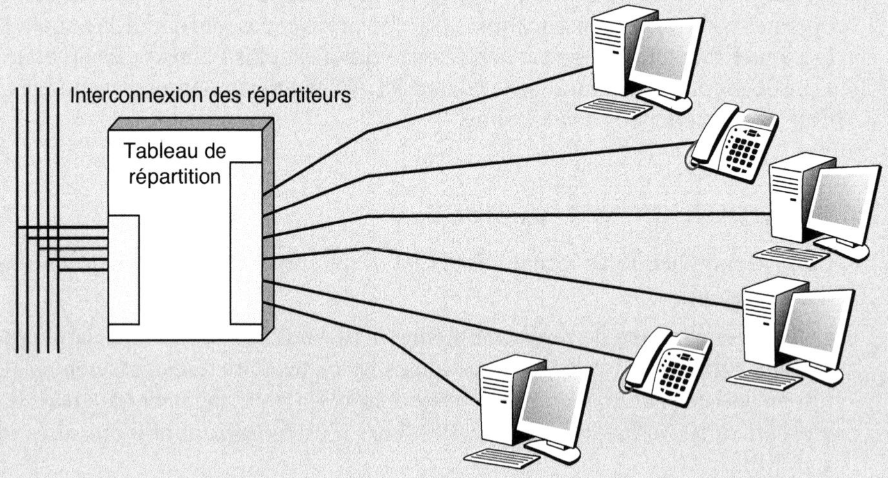

Figure 9.8

Câblage à partir du répartiteur d'étage

Comme les câbles à partir du répartiteur d'étage ne permettaient guère qu'un débit de 1 Mbit/s, on a repris la technique Ethernet en l'adaptant à un câblage en étoile à une vitesse de 1 Mbit/s. C'est toujours la méthode d'accès CSMA/CD qui est utilisée sur un réseau en étoile actif, comme celui illustré à la figure 9.9. La vitesse de 1 Mbit/s a rapidement été remplacée par une solution à 10 Mbit/s.

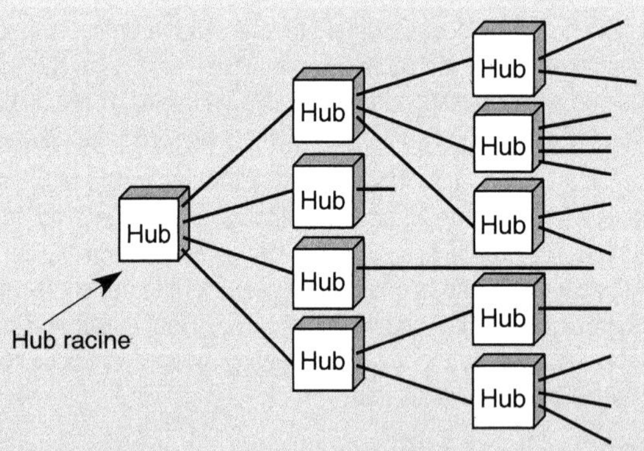

Figure 9.9

Architecture d'un réseau Starlan

Étant donné le grand nombre d'entreprises qui ont renouvelé leur câblage avec des paires de fils de qualité, le Starlan à 10 Mbit/s a rencontré un succès massif. Les réseaux Starlan à 10 Mbit/s portent aussi le nom d'Ethernet 10 Mbit/s sur paires de fils torsadées pour bien indiquer que le coupleur est le même que celui des réseaux Ethernet sur câble coaxial à 10 Mbit/s. La double vitesse 10/100 s'est imposée dans les années 1990. Dans la suite, seul le 1 Mbit/s, mais le cas du 10 Mbit/s s'en déduit facilement.

La norme Starlan IEEE 802.3 1Base5 permet de disposer d'un maximum de cinq nœuds, ou hubs, successifs à partir du nœud de base inclus. Entre deux nœuds, une distance maximale de 250 mètres est permise. Dans la réalité, on retrouve exactement les mêmes contraintes que dans le réseau Ethernet, c'est-à-dire un temps aller-retour maximal de 512 microsecondes entre les deux points les plus éloignés. Pour le réseau local Starlan à 10 Mbit/s, on retrouve la valeur de 51,2 microsecondes.

Le hub est un nœud actif capable de régénérer les signaux reçus vers l'ensemble des lignes de sortie, de telle sorte qu'il y ait diffusion. Le hub permet de raccorder les équipements terminaux situés aux extrémités des branches Starlan.

Classiquement, à chaque équipement correspond une prise de connexion Starlan. Cependant, pour ajouter un terminal supplémentaire dans un bureau, il faudrait tirer un câble depuis le répartiteur d'étage ou le sous-répartiteur le plus proche, à condition qu'existe encore une sortie possible. Une solution de rechange consiste à placer sur une même prise plusieurs machines connectées en série, comme illustré la figure 9.10.

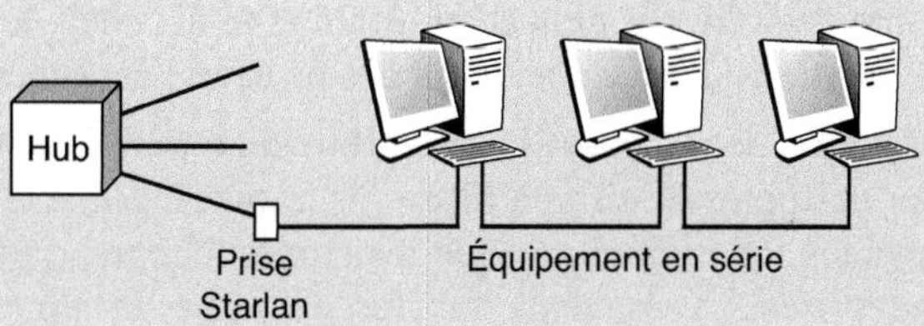

Figure 9.10

Équipements en série connectés sur une prise Starlan unique

Le Fast Ethernet 100 Mbit/s

Fast Ethernet est la dénomination de l'extension à 100 Mbit/s du réseau Ethernet à 10 Mbit/s. C'est le groupe de travail IEEE 802.3u qui en est à l'origine. La technique d'accès est la même que dans la version Ethernet 10 Mbit/s, mais à une vitesse multipliée par 10. Les trames transportées sont identiques. Cette augmentation de vitesse peut se heurter au système de câblage et à la possibilité ou non d'y faire transiter des débits aussi importants.

C'est la raison pour laquelle trois sous-normes ont été proposées pour le 100 Mbit/s :

- IEEE 802.3 100BaseTX, qui requiert deux paires non blindées (UTP) de catégorie 5 ou deux paires blindées (STP) de type 1.
- IEEE 802.3 100BaseT4, qui requiert quatre paires non blindées (UTP) de catégories 3, 4 et 5.

- IEEE 802.3 100BaseFX, qui requiert deux fibres optiques.

La distance maximale entre les deux points les plus éloignés est fortement réduite par rapport à la version à 10 Mbit/s. La longueur minimale de la trame étant toujours de 64 octets, le temps de transmission est de 5,12 microsecondes. On en déduit que la distance maximale qui peut être parcourue dans ce laps de temps est de l'ordre de 1 000 mètres, ce qui représente pour le réseau Fast Ethernet une longueur maximale d'approximativement 500 mètres. Comme le temps de traversée des hubs est relativement important, la plupart des constructeurs limitent la distance maximale à 210 mètres pour le Fast Ethernet. Le temps entre deux trames, ou intergap, est réduit à 0,96 microseconde.

Cette solution a l'avantage d'offrir une bonne compatibilité avec la version à 10 Mbit/s, qui permet de relier sur un même hub des stations à 10 Mbit/s et à 100 Mbit/s. Le coût de connexion du 100 Mbit/s est aujourd'hui le même que celui de l'Ethernet classique, dix fois moins rapide.

Les réseaux Fast Ethernet servent souvent de réseaux d'interconnexion de réseaux Ethernet 10 Mbit/s. La distance relativement limitée couverte par le Fast Ethernet ne lui permet toutefois pas d'« arroser » une entreprise un peu grande. Le Gigabit Ethernet, détaillé ci-après, ne résout pas davantage ce problème dans sa version partagée. En revanche, la version commutée n'ayant plus de contrainte de distance, le Gigabit Ethernet commuté est une des solutions d'interconnexion des réseaux Fast Ethernet.

Une autre solution pour étendre la couverture du réseau Ethernet consiste à relier des Fast Ethernet par des ponts destinés à filtrer les trames à l'aide de l'adresse MAC. Ces ponts ayant les mêmes fonctionnalités que les commutateurs, on trouve aujourd'hui dans les grandes entreprises des réseaux à transfert de trames Ethernet qui utilisent des commutateurs Ethernet. Ces architectures sont examinées plus loin dans ce chapitre.

Le Gigabit Ethernet (GbE)

Le Gigabit Ethernet, ou GbE, est une évolution du standard Ethernet. Plusieurs améliorations ont été apportées pour cela au Fast Ethernet à 100 Mbit/s.

L'interface à nouveau modifiée s'appelle GMII (Gigabit Media Independent Interface). Elle comporte un chemin de données sur 8 bits, au lieu de 4 dans la version moins puissante. Les émetteurs-récepteurs travaillent avec une horloge cadencée à 125 MHz. Le codage adopté provient des produits Fibre Channel pour atteindre le gigabit par seconde. Un seul type de répéteur est désormais accepté dans cette nouvelle version.

Les différentes solutions normalisées sont les suivantes :

- 1000BaseCX, à deux paires torsadées de 150 Ω ;
- 1000BaseLX, à une paire de fibre optique de longueur d'onde élevée ;
- 1000BaseSX, à une paire de fibre optique de longueur d'onde courte ;
- 1000BaseT, à quatre paires de catégorie 5 UTP.

La technique d'accès au support physique, le CSMA/CD, est également modifiée. Pour être compatible avec les autres versions d'Ethernet, ce qui est un principe de base, la taille de la trame émise doit se situer entre 64 et 1 500 octets. Les 64 octets, c'est-à-dire 512 bits, correspondent à un temps d'émission de 512 ns. Ce temps de 512 ns représente la distance maximale du support pour qu'une station en émission ne se déconnecte pas avant d'avoir reçu un éventuel signal de collision. Cela représente 100 mètres pour un aller-retour. Si aucun hub n'est installé sur le réseau, la longueur maximale du support physique est de 50 mètres. Dans les faits, avec un hub de rattachement et des portions de câble jusqu'aux coupleurs, la distance maximale est ramenée à quelques mètres. Pour éviter cette distance trop courte, les normalisateurs ont augmenté artificiellement la longueur de la trame pour la porter à 512 octets. Si la longueur de la trame à transmettre est inférieure à 512 octets, le coupleur ajoute des octets de bourrage qui sont ensuite enlevés par le coupleur récepteur.

S'il s'agit d'une bonne solution pour agrandir le réseau Gigabit, le débit utile est toutefois très faible si toutes les trames à transmettre ont une longueur de 64 octets, un huitième de la bande passante étant utilisé dans ce cas. C'est en particulier le cas pour transporter de la téléphonie sur IP (ToIP), où les octets utiles de téléphonie sont au nombre de 16. Dans ce cas, il faut effectuer un bourrage des trames de 64 octets.

Le Gigabit Ethernet accepte les répéteurs ou les hubs lorsqu'il y a plusieurs directions possibles. Dans ce dernier cas, un message entrant est recopié sur toutes les lignes de sortie. La figure 9.11 illustre un répéteur Gigabit correspondant à la norme IEEE 802.3z. Les différentes solutions du Gigabit Ethernet peuvent s'interconnecter par l'intermédiaire d'un répéteur ou d'un hub.

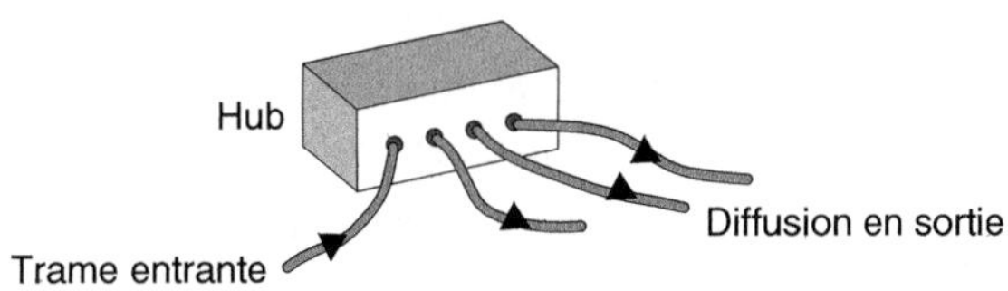

Figure 9.11

Hub Gigabit Ethernet

Le Gigabit Ethernet fonctionne également en mode commuté, dans une configuration full-duplex. On peut, par ce moyen, interconnecter des Gigabit Ethernet entre eux ou des Fast Ethernet et des Ethernet classiques.

Des routeurs Gigabit sont également disponibles lorsqu'on remonte jusqu'à la couche réseau IP. Dans ce cas, il faut récupérer le paquet IP pour effectuer un routage en utilisant l'adresse IP qui se trouve dans le paquet à transporter à l'intérieur de la trame Ethernet. La figure 9.12 illustre une interconnexion de deux réseaux commutés par un routeur Gigabit.

La gestion du réseau Gigabit, comme celle des réseaux Ethernet plus anciens, est assurée par des techniques classiques, essentiellement SNMP (Simple Network Management Protocol). La MIB (Management Information Base) du Gigabit Ethernet est détaillée dans le standard IEEE 802.3z.

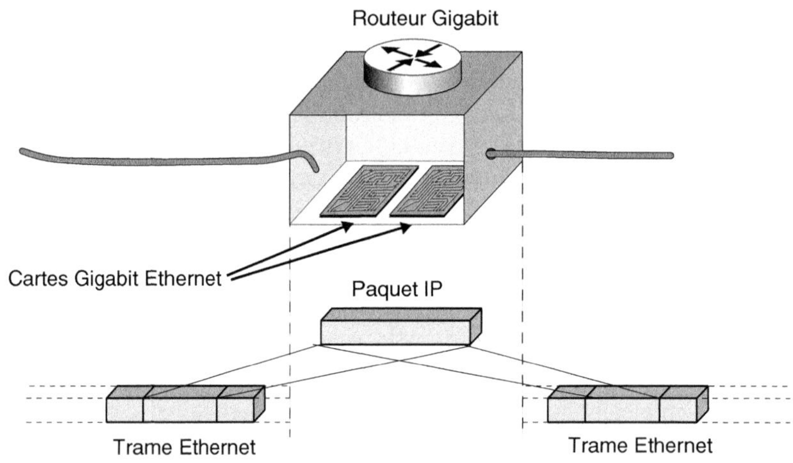

Figure 9.12

Interconnexion de deux réseaux Ethernet commutés par un routeur

Le 10 Gigabit Ethernet (10GbE)

Le 10 Gigabit Ethernet, ou 10GbE, est une évolution du standard Ethernet qui n'est surpassée que par la version 100GbE (100 Gbit/s). Cette technique est fortement utilisée dans les réseaux métropolitains et d'opérateurs. Il s'agit d'une solution assez simple, car il suffit de multiplexer dix réseaux GbE pour multiplier la vitesse par dix.

Le 10 Gigabit Ethernet, ou 10GbE a été normalisé par le groupe de travail IEEE 802.3ae, dans l'objectif de proposer deux types de solutions, toutes deux en full-duplex et en commutation. La distance va de 65 mètres avec des fibres multimodes jusqu'à 40 kilomètres avec de la fibre optique monomode. Les deux types d'interfaces proposées sont LAN-PHY et WAN-PHY.

Le groupe IEEE 802.3ae a normalisé dans le LAN PHY un flux à la vitesse de 10,312 5 Gbit/s avec un codage 64B/66B. L'interface WAN-PHY utilise le même codage, mais avec une compatibilité avec les interfaces SONET OC-192 et SDH STM-64.

L'architecture proposée par ce groupe de travail est illustrée à la figure 9.13.

Le groupe de travail de l'IEEE incorpore une interface compatible SONET mais qui reste Ethernet. Comme expliqué précédemment, cette interface implique l'existence d'un support physique 10GbE, appelé WAN PHY, qui équivaut au support SONET/SDH de type OC-192 ou STM-64. L'avantage de cette compatibilité est de permettre de reprendre tout l'environnement de gestion et de maintenance ainsi que la fiabilisation de SONET/SDH. Cette solution a été défendue par la 10GEA (10 Gigabit Ethernet Alliance).

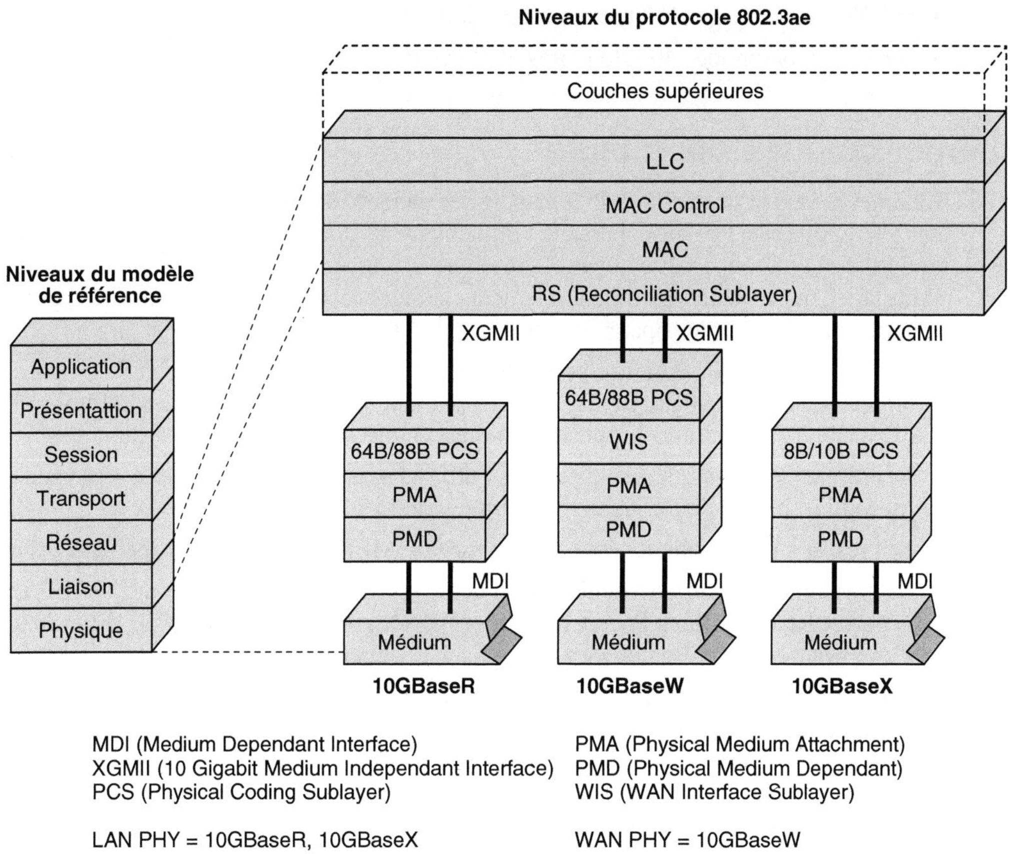

Figure 9.13

Architecture des réseaux 10GbE

Le 100 Gigabit Ethernet (100GbE)

Le 100 Gigabit Ethernet, ou 100GbE, est la dernière évolution du standard Ethernet. Cette solution a été proposée par le NG Ethernet Forum, dont l'objectif est de définir l'environnement Ethernet de nouvelle génération (*http://www.ng-ethernet.com/*). Le standard a été finalisé et voté en juin 2010 par le groupe IEEE 802.3ba, d'ailleurs avec une version à 40 Gbit/s (40GbE).

Les 40GbE et 100GbE sont des extensions naturelles en mode commuté du 10GbE. Il utilise une technologie CWDM (Coarse WDM) avec 10 et 25 longueurs d'onde. Plusieurs niveaux physiques ont été normalisés qui doivent être choisis en fonction de la distance à atteindre. Les principaux niveaux sont :

- sur câble métallique : 10 mètres à 40 Gbit/s ;

- sur fibre multimode : 100 mètres à 100 Gbit/s ;
- sur fibre monomode : 40 kilomètres à 100 Gbit/s.

Ethernet pour les opérateurs

Ethernet devenant le standard de transport des paquets IP, du fait de la forte coopération entre IP et Ethernet, tous les opérateurs implémentent Ethernet à la place d'ATM. La solution Ethernet est tout à fait compatible avec MPLS puisque l'Ethernet commuté utilise un shim-label, ou référence, au fonctionnement classique, entrant parfaitement dans ce cadre. L'autre solution pour les opérateurs provient de l'Ethernet Carrier Grade.

Les solutions Ethernet actuelles permettent de mettre en place cette technologie dans de nombreux contextes, allant du réseau métropolitain au réseau étendu. Les débits vont de 1 à 100 Gbit/s. Les options les plus importantes concernent les solutions suivantes :

- Les réseaux virtuels Ethernet, pour que l'utilisateur ait l'impression que le réseau distant est relié au réseau de l'entreprise par un réseau local Ethernet.
- Les réseaux métropolitains, avec la poussée du MEF (Metropolitan Ethernet Forum).
- La possibilité de gérer des boucles haut débit à forte fiabilité, comme sur SONET, avec la norme RPR (Resilient Packet Ring), normalisée par le groupe de travail IEEE 802.17. Cette solution est présentée à l'annexe F.
- MPLS Ethernet Forwarding, qui est examiné au chapitre 11.
- Ethernet Carrier Grade.

Les connexions virtuelles Ethernet

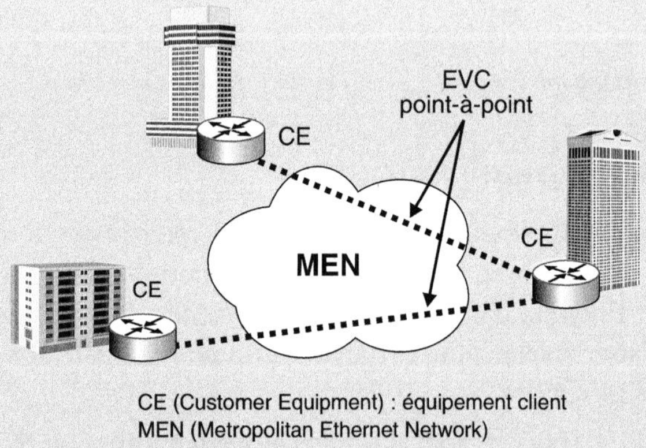

Figure 9.14

Réseau privé virtuel Ethernet à base d'EVC

La figure 9.14 illustre un réseau d'opérateur Ethernet utilisant un réseau privé virtuel Ethernet construit à partir d'EVC (Ethernet Virtual Connection). Grâce à cette solution, les VPN-IP ou MPLS sont parfaitement compatibles avec le monde Ethernet.

Un EVC peut être soit point-à-point, soit point-à-multipoint, soit encore multipoint-à-multipoint. Un réseau privé virtuel Ethernet peut donc avoir toutes les propriétés des VPN classiques, mais avec une efficacité supérieure, puisque le système se trouve au niveau 2, et à un coût bien inférieur grâce aux matériels Ethernet utilisés.

Les solutions sous-jacentes de VLAN (Virtual LAN) sont détaillées au chapitre 22, compte tenu de leur importance pour les réseaux d'entreprise et d'opérateurs.

Les réseaux Ethernet MEF

Les réseaux MEF (Metropolitan Ethernet Forum) sont connus depuis longtemps. Ils ont pour objectif d'interconnecter les réseaux d'entreprise dans une même métropole à très haut débit. Les techniques utilisées sont décrites au chapitre 6. Elles utilisent les réseaux Ethernet commutés à 1, 10, 40 et 100 Gbit/s.

Pour réaliser de la téléphonie sur IP et des services nécessitant des contraintes temporelles fortes, les réseaux d'opérateurs Ethernet (carrier Ethernet) permettent d'introduire des priorités, à cette différence près que le champ IEEE 802.1p, qui sert à l'introduction de ces priorités, n'a que 3 bits. Ces 3 bits ne permettent que 8 niveaux de priorités, à comparer aux 14 niveaux définis par l'IETF pour les services DiffServ.

Les niveaux de priorités proposés par le MEF sont les suivants :

- 802.1p-6 DiffServ Expedited Forwarding.
- 802.1p-5/4/3 DiffServ Assured Forwarding.
- 802.1p-5, qui présente la perte la plus faible.
- 802.1p-3, qui présente la perte la plus forte.
- 802.1p-2 DiffServ Best Effort.

Dans l'environnement Ethernet, le contrôle de flux est généralement un problème délicat. Diverses propositions ont été faites pour l'améliorer. En particulier, les méthodes de backpressure proposent l'envoi de messages de contrôle de la part des commutateurs surchargés, qui permettent aux commutateurs connexes de stopper leur émission vers le nœud congestionné pendant un temps indiqué dans la primitive de contrôle.

Le choix effectué par le MEF est un contrôle de type relais de trames, où l'on retrouve exactement les mêmes paramètres :

- CIR (Committed Information Rate)
- CBS (Committed Burst Size)
- PIR (Peak Information Rate)
- MBS (Maximum Burst Size)

Ces différentes propositions montrent que le monde Ethernet est en train de grignoter petit à petit des parts de marché et devrait devenir la technologie numéro un des opérateurs de réseau dans un avenir qui se rapproche.

Ethernet Carrier Grade

Ethernet a été conçu pour les applications informatiques, non pour les applications multimédias. Pour se mettre à niveau et entrer dans le domaine du multimédia, l'environnement Ethernet a donc dû se transformer. On parle d'Ethernet Carrier Grade, c'est-à-dire acceptable pour les opérateurs de télécommunications avec les outils de contrôle et de gestion nécessaires dans ce cas. Cette mutation concerne essentiellement l'Ethernet commuté.

L'Ethernet Carrier Grade doit posséder des fonctionnalités que l'on trouve dans les réseaux de télécommunications, notamment les suivantes :

- La fiabilité, qui permet de n'avoir que très peu de pannes. Le temps moyen entre pannes, ou MTBF (Mean Time Between Failure), doit être d'au moins 50000 heures.
- La disponibilité, qui doit atteindre les valeurs classiques pour la téléphonie, c'est-à-dire être en état de marche 99,999 % du temps. Cette valeur est loin d'être atteinte par les réseaux Ethernet classiques, qui sont plutôt à 99,9 % du temps.
- La protection et la restauration. Lorsqu'une panne se produit, le système doit pouvoir se remettre en marche au bout d'un temps maximal de 50 millisecondes. Cette durée provient de la téléphonie, qui n'accepte des coupures que sur des intervalles de temps inférieurs à cette valeur. Les réseaux SONET, par exemple, atteignent cette valeur de temps de reconfiguration. Les solutions sont généralement la redondance, totale ou partielle, qui permet de mettre en route un autre chemin, prévu à l'avance, en cas de coupure.
- L'optimisation des performances par un monitoring actif ou passif. Les performances ne sont pas toutes homogènes lorsque les flots de paquets varient. Il faut donc adapter les flots pour qu'ils puissent transiter sans problème.
- Le réseau doit pouvoir accepter les SLA (Service Level Agreement). Le SLA est une notion typique d'un réseau d'opérateur lorsqu'un client veut négocier une garantie de service. Le SLA est déterminé par une partie technique, le SLS (Service Level Specification), et une partie administrative dans laquelle sont négociées les pénalités si le système ne donne pas satisfaction.
- La gestion est aussi une fonctionnalité importante des réseaux d'opérateurs. En particulier, des systèmes de détection de pannes et des signalisations doivent être disponibles pour que le réseau soit en état de marche.

Du point de vue technique, l'Ethernet Carrier Grade est une extension de la technologie VLAN. Un VLAN est un réseau local dans lequel les machines peuvent se trouver en des points très éloignés. L'objectif est de faire fonctionner ce réseau comme si tous les points étaient géographiquement proches les uns des autres pour former un réseau local. Un VLAN peut avoir plusieurs utilisateurs. Chaque trame Ethernet est émise en diffusion à l'ensemble des machines du VLAN. Les tables qui effectuent le routage des trames sont fixes et peuvent être vues comme des tables de commutation dans lesquelles les adresses des destinataires sont des références.

Lorsque le VLAN n'a que deux points, l'émission d'une trame Ethernet d'un point vers l'autre s'apparente à une commutation sur un chemin. C'est cette vision qui a été retenue dans l'Ethernet Carrier Grade. On forme des chemins en déterminant des VLAN. Le chemin est unique et simple si le VLAN n'a que deux points et en multipoint s'il a plus de deux points.

Le problème de cette solution vient de la taille limitée de la zone VLAN, qui n'autorise que douze éléments binaires. Cela convenait dans le cadre d'un réseau d'entreprise avec une commutation Ethernet standard, mais devenait tout à fait insuffisant dans le cadre de l'Ethernet Carrier Grade, qui vise les réseaux d'opérateurs. Il a donc fallu augmenter la taille du champ VLAN.

On peut subdiviser l'Ethernet Carrier Grade en plusieurs solutions d'extension de la zone VLAN, toutes décrites à la figure 9.15. La solution la plus classique consiste à utiliser la norme IEEE 802.1ad, qui est connue sous plusieurs noms : Ethernet PB (Provider Bridge), QiQ (Q in Q) ou VLAN en cascade. La norme IEEE 802.1ah est aussi connue sous les noms de MiM (MAC-in-MAC) ou PBB (Provider Backbone Bridge). La solution la plus avancée est appelée PBT (Provider Backbone Transport), ou encore PW over PBT (pseudowire). Elle permet de revenir pour le transport à une solution classique dans laquelle les trames Ethernet sont commutées suivant une succession de références correspondant à MPLS-SL (Service Label).

Sur la figure 9.15, ces solutions sont comparées à la solution MPLS PW PBT, qui utilise à la fois la solution PBT et la solution MPLS.

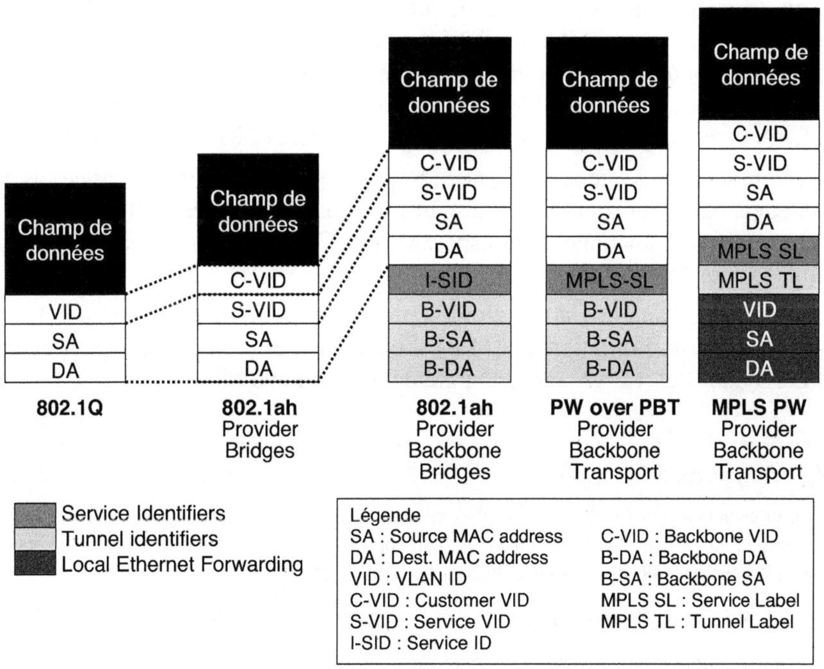

Figure 9.15

Technologies de l'Ethernet Carrier Grade

Considérons dans un premier temps la technologie Ethernet PB (Provider Bride). Le fournisseur d'accès Internet ajoute un numéro de VLAN à celui du client. Il y a donc deux numéros de VLAN : le C-VID (Customer-VLAN ID) et le S-VID (Service-VLAN ID). Le pont du fournisseur de service permet d'étendre la notion de VLAN au réseau de l'opérateur sans détruire le VLAN de l'utilisateur. Cette solution permet de définir les diffusions à effectuer dans le réseau de l'opérateur. Comme le champ de la trame Ethernet, dans lequel le numéro de VLAN est indiqué, possède une longueur de 12 bits, cela permet de définir jusqu'à 4 094 entités du réseau de l'opérateur. Ces entités peuvent être des services, des tunnels ou des domaines de diffusion. Cependant, si 4 094 est une valeur suffisante en entreprise, elle reste très inférieure aux besoins d'un opérateur. Des implémentations jouent sur une translation de référence pour agrandir le domaine, mais cela augmente la complexité de gestion de l'ensemble. Cette solution ne convient donc pas aux réseaux importants.

La solution proposée par le groupe IEEE 802.1ah PBB (Provider Backbone Bridge) améliore la précédente en commutant le trafic de trames sur l'adresse MAC. Cette solution, dite MIM (MAC-in-MAC), encapsule l'adresse MAC du client dans une adresse MAC de l'opérateur. Cela permet à l'opérateur cœur de ne connaître que ses adresses MAC. Dans le réseau PBB, la correspondance des adresses MAC utilisateur et MAC réseau n'est connue que par les nœuds de bord, évitant l'explosion des adresses MAC.

La troisième solution, appelée PBT (Provider Backbone Transport), est assez proche de la technique MPLS, tout en fournissant les propriétés nécessaires au Carrier Grade, comme un taux d'indisponibilité de moins de 50 millisecondes. Il s'agit en quelque sorte d'un tunnel MPLS secouru. Le tunnel PBT est créé comme un tunnel MPLS, avec les références correspondant aux extrémités du réseau. Les numéros de VLAN client et serveur sont encapsulés dans le tunnel MPLS, lequel peut lui-même posséder une différentiation en VLAN opérateur. La référence réelle est donc de 24 bits + 48 bits, soit 72 bits.

La dernière solution est celle du service PS (pseudowire) de MPLS. Dans ce cas, les VLAN utilisateur et opérateur sont encapsulés dans un tunnel de service MPLS, qui peut lui-même être encapsulé dans un tunnel de transport MPLS. Cette solution provient de l'encapsulation de tunnels dans MPLS.

La technologie Ethernet Carrier Grade intéresse de nombreux opérateurs. L'avenir dira quelle sera la solution gagnante. Mais il est d'ores et déjà certain que l'encapsulation de VLAN dans des VLAN sera présente dans chacune d'elles.

Les extensions d'Ethernet

Ethernet est à la fois une norme ancienne et une norme du futur : ancienne, par les techniques de réseau local, et du futur, grâce à la commutation et à son application aux réseaux métropolitains et étendus, mais aussi à la boucle locale, aux réseaux électriques, sans fil, etc.

Ethernet dans la boucle locale

La boucle locale consiste à relier les utilisateurs au premier nœud, routeur ou commutateur, de l'opérateur chez lequel le client possède un abonnement. Les solutions à haut débit se partagent entre l'ATM et Ethernet, mais depuis 2010 toutes les nouvelles connexions sont Ethernet.

On comprend tout de suite l'intérêt de cette solution, qui offre une continuité avec la machine terminale, laquelle possède généralement une carte Ethernet. L'équipement terminal est la plupart du temps connecté par Ethernet au modem *x*DSL ou câble haut débit. Pourquoi changer de technologie, c'est-à-dire décapsuler le paquet IP qui a été introduit dans une trame Ethernet pour le mettre dans une trame ATM ? Les solutions les plus simples auraient été soit de mettre directement une carte ATM dans le PC, soit d'utiliser des modems Ethernet à la place de modems ATM.

Le groupe de travail EFM (Ethernet in the First Mile) a proposé pour cela la norme IEEE 802.3ah, qui comporte trois types de topologies et de supports physiques :

- point-à-point en paires torsadées à une vitesse de 10 Mbit/s sur une distance de 750 mètres ;
- point-à-point en fibre optique à une vitesse de 1 Gbit/s sur une distance de 10 kilomètres ;
- point-à-multipoint en fibre optique à une vitesse de 1 Gbit/s sur une distance de 10 kilomètres.

La norme précise les procédures d'administration et de maintenance pour les extrémités et la ligne elle-même. Ces procédures permettent de faire remonter les pannes et de monitorer les paramètres de la liaison.

Le VDSL (Very high bit rate DSL), équivalent des modems *x*DSL pour les hautes vitesses, est également compatible avec Ethernet et offre une continuité complète à haut débit du poste de travail émetteur jusqu'au poste de travail récepteur par le biais de modems EFM.

PoE (Power over Ethernet)

Un inconvénient majeur des équipements réseau, et des équipements Ethernet en particulier, vient de la nécessité de les alimenter électriquement. En cas de coupure de courant, le réseau s'arrête et peut mettre en difficulté l'entreprise. Une solution qui s'impose de plus en plus est l'auto-alimentation des équipements réseau par l'intermédiaire du câblage lui-même.

Le groupe de travail IEEE 802.3af propose d'alimenter électriquement les équipements Ethernet par le câble Ethernet lui-même. Les équipements peuvent être aussi bien des commutateurs du réseau que des points d'accès Wi-Fi ou d'autres équipements réseau qui se branchent sur une prise Ethernet. L'avantage de cette solution est de sécuriser les alimentations électriques des serveurs raccordés au réseau électrique et donc tous les autres équipements raccordés au serveur.

Les sources électriques peuvent être de deux types : end-span, dans lequel un serveur particulier dessert l'ensemble du réseau, et mid-span, où plusieurs équipements se partagent l'alimentation des autres équipements réseau. Les fils métalliques peuvent être de catégorie 3 avec 4 fils ou 5/6 avec 8 fils, c'est-à-dire quatre paires de fils. Deux solutions sont utilisées pour transporter le 48 volts vers les équipements qui en ont besoin : soit l'alimentation utilise deux paires tandis que les deux autres paires sont dédiées aux données, soit les paires sont mixtes lorsqu'il n'y a que deux paires, l'électricité et le courant étant portés sur des fréquences différentes.

La solution PoE est illustrée à la figure 9.16, où plusieurs équipements réseau (téléphone IP, point d'accès, accès Bluetooth, webcam) sont directement alimentés au travers d'Ethernet. L'équipement UPS (Uninterruptable Power Supply) peut être ajouté pour éviter les coupures de courant.

Une autre vision d'Ethernet est le transport des trames directement sur les câbles électriques. Cette solution se développe fortement dans le cadre de la domotique, où les particuliers peuvent connecter directement leur carte coupleur Ethernet sur leurs nombreuses prises électriques.

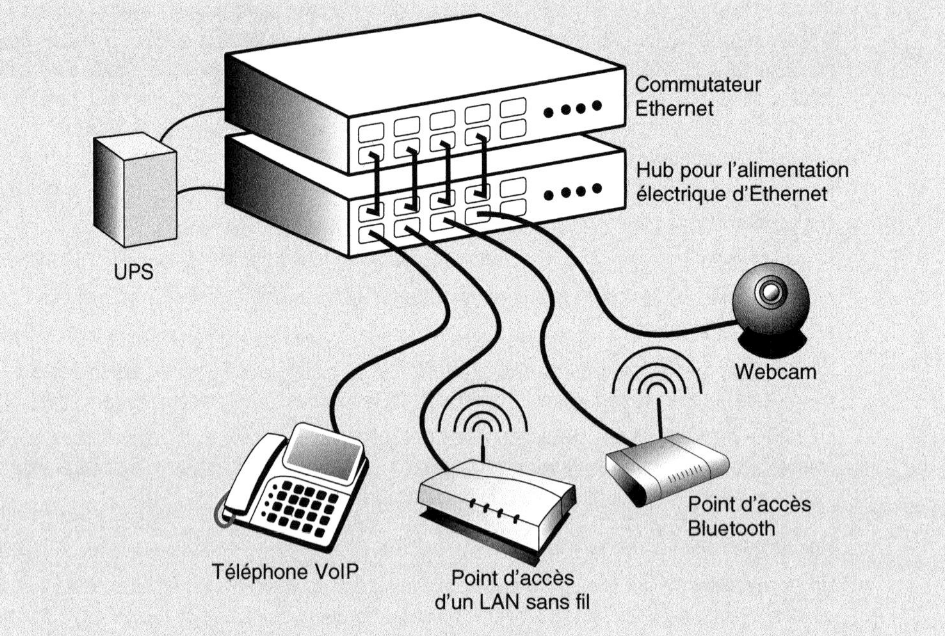

Figure 9.16

Architecture de l'alimentation électrique PoE

Ethernet pour les datacenters

Depuis 2010, l'arrivée de grands sites physiques où se trouvent les équipements informatiques des entreprises a modifié en profondeur le trafic des réseaux, qui s'effectue depuis lors à plus de 80 % avec ces datacenters. Cette évolution a nécessité de regrouper les flots pour atteindre ces datacenters. Les réseaux de transport des paquets ont dû dès lors dépasser les capacités de tout ce qui avait été construit avant les années 2010.

Deux types de transports sont nécessaires pour prendre en charge ces nouveaux centres de traitement des données : le transport entre machines d'un même datacenter et le transport entre deux datacenters. Les protocoles promus par l'IETF pour prendre en charge les réseaux correspondants sont respectivement TRILL et LISP, détaillés dans les sections qui suivent, mais il existe d'autres propositions, notamment les suivantes :

- VXLAN (Virtual eXtensible LAN), qui sont examinés plus loin dans ce chapitre.
- SDN (Software-Defined Networking), qui a pris une telle importance qu'il est étudié spécifiquement au chapitre 12.
- Les techniques associées à l'Ethernet Carrier Grade, introduites précédemment.

TRILL

TRILL (Transparent Interconnection of Lots of Links) est un standard IETF mis en œuvre par des nœuds appelés RBridges (routeurs-ponts) ou commutateur TRILL. TRILL combine les avantages des ponts et des routeurs. En effet, TRILL suit un routage de niveau 2 utilisant l'état des liens. Les RBridges sont compatibles avec les ponts de niveau 2 définis dans le standard IEEE 802.1 et ils pourraient progressivement les remplacer. Les RBridges sont également compatibles avec les routeurs IPv4 et IPv6 et donc parfaitement compatibles avec les routeurs IP actuels. Le routage réalisé avec le protocole IS-IS au niveau 2 entre les RBridges remplace dans TRILL le protocole STP (Spanning Tree Protocol).

Le fait d'utiliser un routage de niveau 2 entre les adresses Ethernet permet de ne plus avoir à configurer le niveau 3 et les adresses IP associées. Le protocole d'état des liens utilisé pour le routage peut comporter des informations supplémentaires de type TLV (Type Length Value). Pour éviter les potentielles boucles lors des reroutages, les RBridges gèrent un *hop count*, c'est-à-dire le nombre de nœuds traversés. Lorsque ce nombre atteint une valeur maximale, déterminée par l'opérateur, la trame est détruite.

Lorsqu'une trame Ethernet arrive dans le premier RBridge du réseau, appelé IRB (Ingress RBridge), un en-tête supplémentaire est ajouté, le TRILL header. Elle sera décapsulée par le RBridge de sortie, ou ERB (Egress RBridge). La nouvelle trame porte dans la partie TRILL l'adresse de l'ERB, ce qui confère à cette technologie le statut de routage puisqu'on se sert de l'adresse du destinataire et non d'une référence. Cette adresse des RBridges porte sur 2 octets, remplaçant les 6 octets classiques de la trame Ethernet. Ces 2 octets sont choisis par l'utilisateur lui-même. L'en-tête ajouté comprend six octets au total, se finissant par les adresses d'entrée et de sortie, précédées du *hop count* et d'un drapeau.

Les trames Ethernet sont récupérées après décapsulation à la sortie. On retrouve alors un mode classique de transfert, soit sur le numéro de VLAN, l'adresse Ethernet servant de référence, soit en décapsulant la trame Ethernet pour retrouver le paquet IP.

Un point intéressant est la possibilité de transférer les trames d'un même flot par plusieurs chemins simultanément : c'est que l'on appelle le *multipath*. Le protocole ECMP (Equal Cost MultiPath) permet de détecter les différentes routes de même coût et d'aiguiller les trames sur ces différentes routes.

VXLAN

VXLAN (Virtual eXtensible LAN) est une solution permettant de réaliser des communications dans des grands Clouds entre datacenters. La technologie est assez similaire à celle des VLAN et des extensions Ethernet Carrier Grade. Elle a été proposée au départ par Cisco et VMware. L'inconvénient de la solution de base de VLAN IEEE 802.1Q est la limitation à 4 096 VLAN. VXLAN permet d'étendre la technologie de base en parallèle des Ethernet Carrier Grade.

À la trame Ethernet de base, on ajoute une zone VXLAN d'identification de 24 bits permettant d'atteindre plus de seize millions de VLAN puis un champ UDP de 64 bits, lequel est ensuite encapsulé dans une trame Ethernet avec des champs adresse source, destination et VLAN associés à XVLAN. La trame Ethernet de base est donc la partie « données » du message UDP, lui-même transporté dans une trame Ethernet. Cette propriété permet de réaliser des VLAN au-delà d'un domaine Ethernet. Ces encapsulations sont représentées à la figure 9.17.

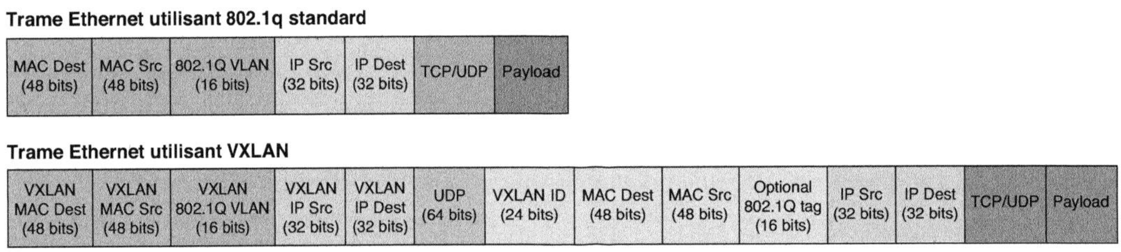

Figure 9.17

La trame VXLAN

Il est à noter que la surcharge est importante puisque la trame VXLAN ajoute 36 octets à la trame de base.

Conclusion

Les réseaux Ethernet dominent le marché des réseaux d'entreprise depuis de nombreuses années. Ces réseaux ne font qu'accentuer leur avance, et, bientôt, pratiquement 100 % des réseaux d'entreprise seront Ethernet.

Face à un tel succès, le groupe de travail 802 de l'IEEE multiplie les offensives vers d'autres directions, comme les réseaux sans fil, pour lesquels l'Ethernet sans fil est devenu le principal standard.

Des réseaux métropolitains Ethernet sont déjà commercialisés, et leur succès ne fait aucun doute. Les réseaux d'opérateurs sont également fortement passés à la technologie Ethernet. Plusieurs solutions existent pour cela, dont MPLS Ethernet Forwarding et l'Ethernet Carrier Grade. Pour les très hauts débits dans les Clouds, de nouveaux protocoles arrivent sur le marché, toujours sur des concepts Ethernet.

10

Les réseaux IP

IP est un sigle très connu dans le domaine des réseaux. Il correspond à l'architecture développée pour le réseau Internet. Au sens strict, IP (Internet Protocol) est un protocole de niveau paquet. Au-dessus de ce protocole, au niveau message, deux protocoles lui sont associés : TCP (Transmission Control Protocol) et UDP (User Datagram Protocol).

Ce chapitre décrit l'architecture générale des réseaux IP et les protocoles qui permettent à cet environnement de gérer les problèmes d'adressage et de routage et plus généralement tous les protocoles associés au protocole IP et se trouvant dans le niveau paquet.

L'architecture IP

L'architecture IP repose sur l'utilisation obligatoire du protocole IP, qui a pour fonctions de base l'adressage et le routage des paquets IP. Le niveau IP correspond exactement au niveau paquet de l'architecture du modèle de référence.

Au-dessus d'IP, deux protocoles ont été choisis, TCP et UDP, qui sont introduits au chapitre 7. Ces protocoles correspondent au niveau message du modèle de référence. En fait, ils intègrent une session élémentaire, grâce à laquelle TCP et UDP prennent en charge les fonctionnalités des couches 4 (transport) et 5 (session).

La principale différence entre eux réside dans leur mode, avec connexion pour TCP et sans connexion pour UDP. Le protocole TCP est très complet et garantit une bonne qualité de service, en particulier sur le taux d'erreur des paquets transportés. En revanche, UDP est un protocole sans connexion, qui supporte des applications moins contraignantes en matière de qualité de service.

La couche qui se trouve au-dessus de TCP-UDP regroupe les fonctionnalités des couches 6 et 7 du modèle de référence et représente essentiellement le niveau application.

L'architecture TCP/IP est illustrée à la figure 10.1. Elle contient trois niveaux : le niveau paquet, le niveau message et un niveau reprenant les fonctionnalités des couches supérieures.

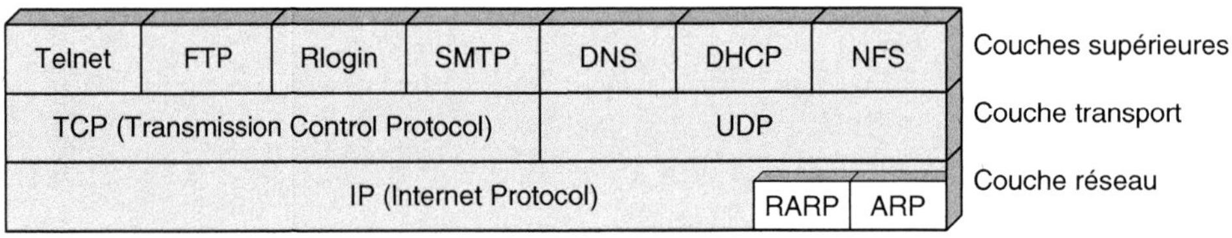

Figure 10.1

Architecture TCP/IP

Internet

à la fin des années 1960, le Département américain de la Défense décide de réaliser un grand réseau à partir d'une multitude de petits réseaux, tous différents, qui commencent à foisonner un peu partout en Amérique du Nord. Il a fallu trouver le moyen de faire coexister ces réseaux et de leur donner une visibilité extérieure, la même pour tous les utilisateurs. D'où l'appellation d'*InterNetwork* (inter-réseau), abrégée en Internet, donnée à ce réseau de réseaux.

L'architecture Internet se fonde sur une idée simple : demander à tous les réseaux qui veulent en faire partie de transporter un type unique de paquet, d'un format déterminé par le protocole IP. De plus, ce paquet IP doit transporter une adresse définie avec suffisamment de généralité pour pouvoir identifier chacun des ordinateurs et des terminaux dispersés à travers le monde. Cette architecture est illustrée à la figure 10.2.

L'utilisateur qui souhaite émettre sur cet inter-réseau doit ranger ses données dans des paquets IP, qui sont remis au premier réseau à traverser. Ce premier réseau encapsule le paquet IP dans sa propre structure de paquet, le paquet A, qui circule sous cette forme jusqu'à une porte de sortie, où il est décapsulé de façon à récupérer le paquet IP. L'adresse IP est examinée pour situer, grâce à un algorithme de routage, le prochain réseau à traverser, et ainsi de suite jusqu'à arriver au terminal de destination.

Pour compléter le protocole IP, la Défense américaine a ajouté le protocole TCP, qui précise la nature de l'interface avec l'utilisateur. Ce protocole détermine en outre la façon de transformer un flux d'octets en un paquet IP, tout en assurant une qualité du transport de ce paquet IP. Les deux protocoles, assemblés sous le sigle TCP/IP, se présentent sous la forme d'une architecture en couches. Ils correspondent respectivement au niveau paquet et au niveau message du modèle de référence.

Le modèle Internet se complète par une troisième couche, appelée niveau application, qui regroupe les différents protocoles sur lesquels se construisent les services Internet. La messagerie électronique (SMTP), le transfert de fichiers (FTP), le transfert de pages hypermédias, le transfert de bases de données distribuées (World-Wide Web), etc., sont quelques-uns de ces services. La figure 10.3 illustre les trois couches de l'architecture Internet.

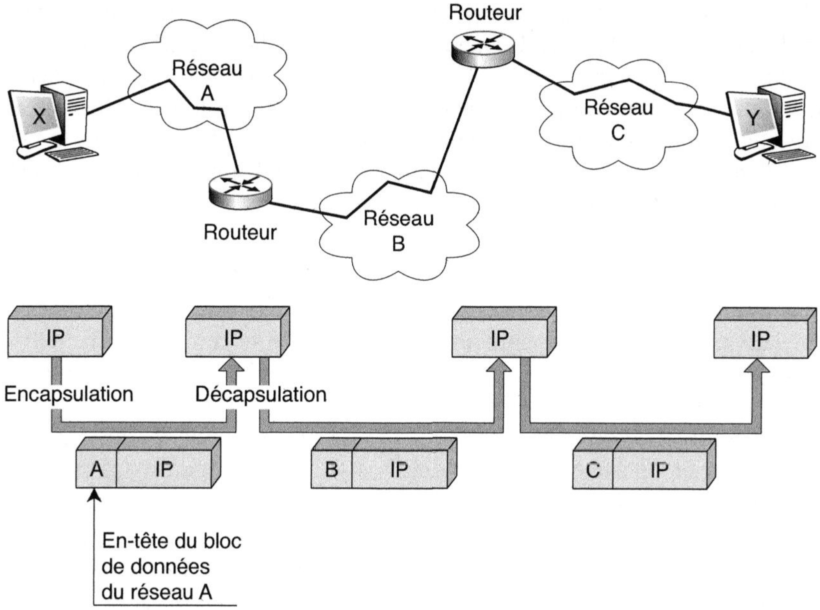

Figure 10.2

Architecture d'Internet

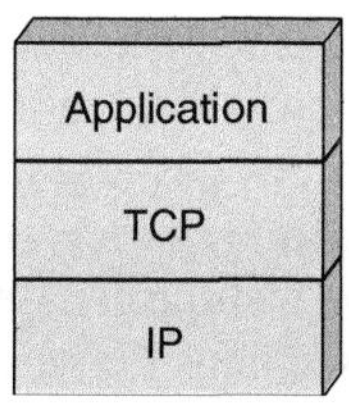

Figure 10.3

Les trois couches de l'architecture Internet

Les paquets IP sont indépendants les uns des autres et sont routés individuellement dans le réseau par les équipements interconnectant les sous-réseaux, les routeurs. La qualité de service proposée par le protocole IP est très faible et n'offre aucune détection de paquets perdus ni de possibilité de reprise sur erreur.

Le protocole TCP regroupe les fonctionnalités du niveau message du modèle de référence. C'est un protocole assez complexe, qui comporte de nombreuses options permettant de résoudre tous les problèmes de perte de paquet dans les niveaux inférieurs. En particulier, un fragment perdu peut être récupéré par retransmission sur le flot d'octets. Le protocole TCP utilise un mode avec connexion.

La souplesse de l'architecture Internet peut parfois être un défaut, dans la mesure où l'optimisation globale du réseau est effectuée sous-réseau par sous-réseau, par une succession d'optimisations locales. Cela ne permet pas une homogénéité des fonctions dans les différents sous-réseaux traversés. Une autre caractéristique importante de cette architecture est de situer tout le système de commande, c'est-à-dire l'intelligence et le contrôle du réseau, dans la machine terminale, ne laissant quasiment rien dans le réseau, tout au moins dans la version actuelle, IPv4, du protocole IP. L'intelligence de contrôle se trouve dans le logiciel TCP du PC connecté au réseau.

C'est le protocole TCP qui se charge d'envoyer plus ou moins de paquets en fonction de l'occupation du réseau. Une fenêtre de contrôle précise le nombre maximal de fragments non acquittés pouvant être émis. La fenêtre de contrôle de TCP augmente ou diminue le trafic suivant le temps nécessaire pour effectuer un aller-retour. Plus ce temps augmente, plus on considère le réseau congestionné, et plus le débit d'émission doit diminuer pour combattre la saturation. En contrepartie, le coût de l'infrastructure est extrêmement bas, aucune intelligence ne se trouvant dans le réseau. Le service rendu par le réseau des réseaux correspond à une qualité appelée best-effort, qui signifie que le réseau fait de son mieux pour écouler le trafic. En d'autres termes, la qualité de service n'est pas assurée.

La nouvelle génération du protocole IP, le protocole IPv6, introduit des fonctionnalités inédites, qui rendent les nœuds du réseau plus intelligents. Les routeurs de nouvelle génération sont dotés d'algorithmes de gestion de la qualité de service, qui leur permettent d'assurer un transport capable de répondre à des contraintes temporelles ou à des pertes de paquets. On attend l'arrivée d'IPv6 depuis une dizaine d'années, mais c'est toujours IPv4 qui régente le monde IP. La raison à cela est qu'à chaque nouveau besoin réalisable avec IPv6, IPv4 a été capable de trouver les algorithmes nécessaires pour faire aussi bien.

Dans IPv4, chaque nouveau client est traité de la même façon que ceux qui sont déjà connectés, les ressources étant équitablement distribuées entre tous les utilisateurs. Les politiques d'allocation de ressources des réseaux des opérateurs de télécommunications sont totalement différentes, puisque, sur ces réseaux, un client qui possède déjà une certaine qualité de service ne subit aucune pénalité du fait de l'arrivée d'un nouveau client. La solution aujourd'hui préconisée dans l'environnement Internet consiste à favoriser les clients ayant des exigences de temps réel, au moyen de protocoles adaptés, utilisant des niveaux de priorité (*voir plus loin*).

Le protocole IP existe depuis trente ans, mais il est resté presque confidentiel pendant vingt ans avant de décoller, moins par ses propriétés que du fait de l'échec des protocoles liés directement au modèle de référence, trop nombreux et souvent incompatibles. L'essor du monde IP vient de la simplicité de son protocole, comportant très peu d'options, et de sa gratuité.

Fonctionnement des réseaux TCP/IP

La plupart des réseaux sont des entités indépendantes, mises en place pour rendre service à une population restreinte. Les utilisateurs choisissent des réseaux adaptés à leurs besoins spécifiques, car il est impossible de trouver une technologie satisfaisant tous les types de besoins. Dans cet environnement de base, les utilisateurs qui ne sont pas connectés au même réseau ne peuvent pas communiquer. Internet est le résultat de l'interconnexion de ces différents réseaux physiques par des routeurs. Les interfaces d'accès doivent respecter pour cela certaines conventions. C'est un exemple d'interconnexion de systèmes ouverts.

Pour obtenir l'interfonctionnement de différents réseaux, la présence du protocole IP est obligatoire dans les nœuds qui assurent le routage entre les réseaux. Globalement, Internet est un réseau à transfert de paquets. Ces paquets traversent un ou plusieurs sous-réseaux pour atteindre leur destination, sauf bien sûr si l'émetteur se trouve dans le même sous-réseau que le récepteur. Les paquets sont routés dans des passerelles situées dans les nœuds d'interconnexion. Ces passerelles sont des routeurs. De façon plus précise, les routeurs transfèrent des paquets d'une entrée vers une sortie, en déterminant pour chaque paquet la meilleure route à suivre.

Internet est un réseau routé, par opposition aux réseaux X.25 ou ATM, qui sont des réseaux commutés. Dans un réseau routé, chaque paquet suit sa propre route, qui est à chaque instant optimisée grâce à la dynamique des tables de routage, tandis que, dans un réseau commuté, le chemin est toujours le même.

Les problèmes posés par la synchronisation

L'architecture IP, utilisant le routage et le service best-effort, présente une difficulté: le synchronisme. En effet, le temps de traversée d'un paquet est relativement aléatoire. Il dépend du nombre de paquets en attente dans les lignes de sortie des nœuds et du nombre de retransmissions correspondant à des erreurs en ligne. Le fait de transporter des applications temps réel avec des synchronisations fortes, comme la parole temps réel, pose des problèmes complexes, qui ne peuvent être résolus que dans certains cas. Si l'on suppose qu'une conversation téléphonique interactive entre deux individus accepte une latence de 600 millisecondes aller-retour, il est possible de resynchroniser les octets à la sortie, si le temps total de paquétisation-dépaquétisation et de traversée du réseau est effectivement inférieur à 300 millisecondes dans chaque sens.

La resynchronisation qu'il est possible d'obtenir est illustrée à la figure 10.4. Il faut déterminer un temps maximal de traversée du réseau et effectuer une resynchronisation sur cette valeur. Le logiciel des terminaux informatiques, que l'on peut qualifier d'intelligent, permet de gérer ces problèmes temporels si le temps de traversée du réseau est borné. Ensuite se pose la question de savoir si le temps maximal de traversée est acceptable par l'application. Ce temps maximal de traversée du réseau doit être inférieur à 28 millisecondes si des échos existent aux extrémités et égal au plus à 300 millisecondes s'il y a interactivité et à plusieurs secondes, voire dizaines de secondes si l'application est monodirectionnelle, comme la vidéo à la demande ou la diffusion de programmes radio.

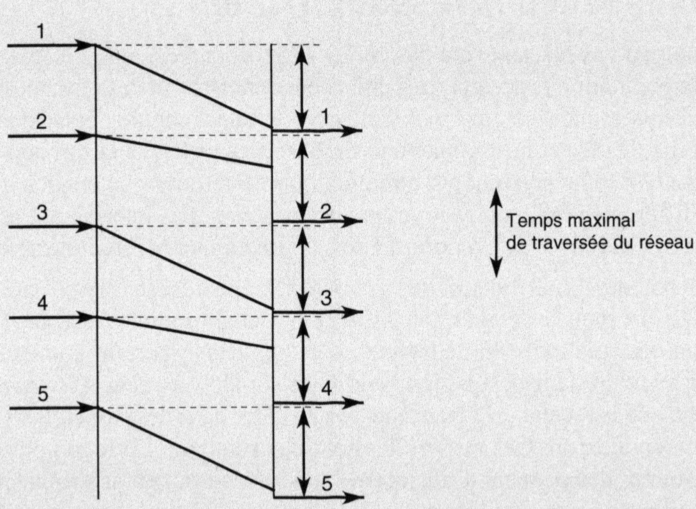

Figure 10.4

Resynchronisation d'une application isochrone

Il est évident que si le terminal est non intelligent et analogique, la reconstruction du flux synchrone est impossible dans un réseau à transfert de paquets. De plus, il est nécessaire de mettre en place des protocoles permettant un contrôle plus strict de l'information isochrone en cas de saturation. De ce fait, le réseau Internet a des difficultés à transporter des données isochrones, au moins jusqu'à l'arrivée de la nouvelle génération, qui a été conçue dans l'esprit du multimédia.

L'adressage IPv4 et IPv6

Comme Internet est un réseau de réseaux, l'adressage y est particulièrement important. Cette section donne un premier aperçu des problèmes d'adressage au travers du protocole IP de première génération IPv4 et de la nouvelle génération IPv6.

Les machines d'Internet ont une adresse IPv4 représentée sur un entier de 32 bits. L'adresse est constituée de deux parties : un identificateur de réseau et un identificateur de la machine pour ce réseau. Il existe quatre classes d'adresses, chacune permettant de coder un nombre différent de réseaux et de machines :

- classe A : 128 réseaux et 16 777 216 hôtes (7 bits pour les réseaux et 24 pour les hôtes) ;
- classe B : 16 384 réseaux et 65 535 hôtes (14 bits pour les réseaux et 16 pour les hôtes) ;
- classe C : 2 097 152 réseaux et 256 hôtes (21 bits pour les réseaux et 8 pour les hôtes) ;
- classe D : adresses de groupe (28 bits pour les hôtes appartenant à un même groupe).

Ces adresses sont détaillées à la figure 10.5.

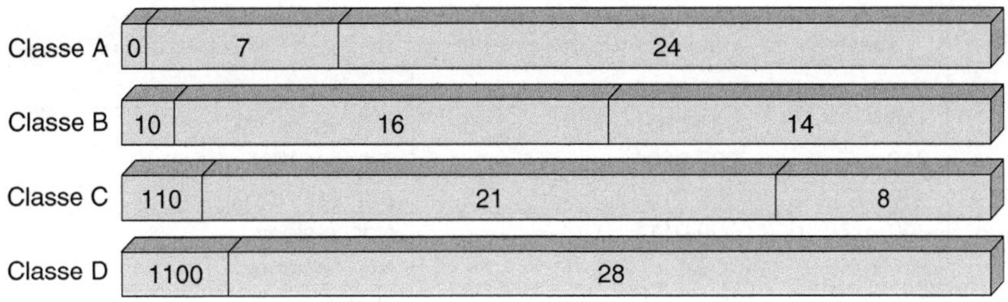

Figure 10.5

Classes d'adresses d'IPv4

Les adresses IP ont été définies pour être traitées rapidement. Les routeurs qui effectuent le routage en se fondant sur le numéro de réseau sont dépendants de cette structure. Un hôte relié à plusieurs réseaux a plusieurs adresses IP. En réalité, une adresse n'identifie pas simplement une machine, mais une connexion à un réseau.

Pour assurer l'unicité des numéros de réseau, les adresses Internet sont attribuées par un organisme central, le NIC (Network Information Center). On peut également définir ses propres adresses si l'on n'est pas connecté à Internet. Il est toutefois vivement conseillé d'obtenir une adresse officielle pour garantir l'interopérabilité dans le futur.

Comme l'adressage d'IPv4 est quelque peu limité, il a fallu proposer une extension pour couvrir les besoins des années 2000. Cette extension d'adresse est souvent présentée comme la raison d'être de la nouvelle version d'IP, alors qu'il ne s'agit que d'une raison parmi d'autres.

L'adresse IPv6 tient sur 16 octets. Le nombre d'adresses potentielles autorisées par IPv6 dépasse 10^{23} pour chaque mètre carré de la surface terrestre. La difficulté d'utilisation de cette immense réserve d'adresses réside dans la représentation et l'utilisation rationnelle de ces 128 bits. La représentation s'effectue par groupe de 16 bits et se présente sous la forme suivante :

123:FCBA:1024:AB23:0:0:24:FEDC

Des séries d'adresses égales à 0 peuvent être abrégées par le signe ::, qui ne peut apparaître qu'une seule fois dans l'adresse. En effet, ce signe n'indiquant pas le nombre de 0 successifs, pour déduire ce nombre en examinant l'adresse, les autres séries ne peuvent pas être abrégées.

L'adressage IPv6 est hiérarchique. Une allocation des adresses (c'est-à-dire une répartition entre les potentiels utilisateurs) a été proposée, dont le tableau 10.1 fournit le détail.

Adresse	Premiers bits de l'adresse	Caractéristiques
0 :: /8	0000 0000	Réservé
100 :: /8	0000 0001	Non assigné
200 :: /7	0000 0001	Adresse ISO
400 :: /7)	0000 010	Adresse Novell (IPX)
600 :: /7	0000 011	Non assigné
800 :: /5	0000 1	Non assigné
1000 :: /4	0001	Non assigné
2000 :: /3	001	Non assigné
4000 :: /3	010	Aadresses des fournisseurs de services
6000 :: /3	011	Non assigné
8000 :: /3	100	Adresses géographiques d'utilisateurs
A000 :: /3	101	Non assigné
C000 ::/3	110	Non assigné
E000 :: /4	1110	Non assigné
F000 :: /5	1111 0	Non assigné
F800 :: /6	1111 10	Non assigné
FC00 :: /7	1111 110	Non assigné
FE00 :: /9	1111 1110 0	Non assigné
FE80 :: /10	1111 1110 10	Adresses de liaisons locales
FEC0 :: /10	1111 1110 11	Adresses de sites locaux
FF00 :: /8	1111 1111	Adresse de multipoint

TABLEAU 10.1 • Allocation des adresses IPv6

Les protocoles de résolution d'adresses ARP et RARP

Les adresses IP sont attribuées indépendamment des adresses matérielles des machines. Pour envoyer un datagramme sur Internet, le logiciel réseau doit convertir l'adresse IP en unc adresse physique, utilisée pour transmettre la trame.

La résolution d'adresse désigne la détermination de l'adresse d'un équipement à partir de l'adresse de ce même équipement à un autre niveau protocolaire. On résout, par exemple, une adresse IP en une adresse Ethernet ou en une adresse ATM.

C'est le protocole ARP (Address Resolution Protocol) qui effectue cette traduction entre le monde IP et Ethernet en s'appuyant sur le réseau physique. ARP permet aux machines de résoudre les adresses sans utiliser de table statique répertoriant toutes les adresses des deux mondes. Une machine utilise ARP pour déterminer l'adresse physique du destinataire en diffusant dans le sous-réseau une requête ARP contenant l'adresse IP à traduire. La machine possédant l'adresse IP concernée répond en renvoyant son adresse physique. Pour rendre ARP plus performant, chaque machine tient à jour en mémoire une table des adresses résolues et réduit ainsi le nombre d'émissions en mode diffusion.

Au moment de son initialisation (*bootstrap*), une machine sans mémoire de masse (*diskless*) doit contacter son serveur pour déterminer son adresse IP et pouvoir utiliser les services TCP/IP. Le protocole RARP (Reverse ARP) permet à une machine d'utiliser son adresse physique pour déterminer son adresse logique sur Internet. Le mécanisme RARP permet à un calculateur de se faire identifier comme cible en diffusant sur le réseau une requête RARP. Les serveurs recevant le message examinent leur table et répondent. Une fois l'adresse IP obtenue, la machine la stocke en mémoire vive et n'utilise plus RARP jusqu'à ce qu'elle soit réinitialisée.

Le protocole ARP s'appuie sur le réseau physique afin d'effectuer la traduction d'adresse. Pour déterminer l'adresse physique du destinataire, une machine diffuse sur le sous-réseau une requête ARP qui contient l'adresse IP à traduire. La machine possédant l'adresse IP concernée répond en renvoyant son adresse physique. Ce processus est illustré à la figure 10.6.

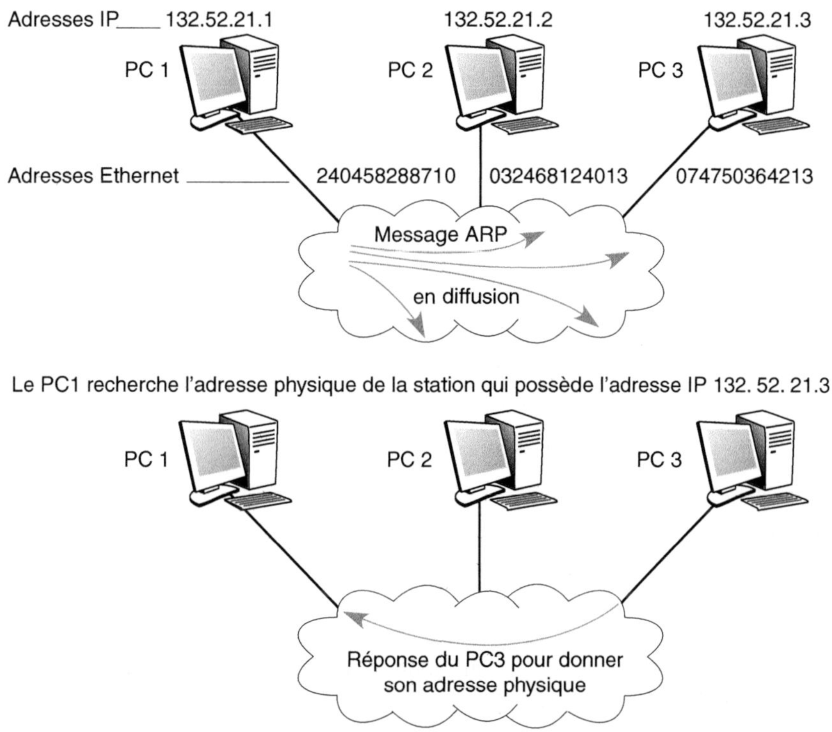

Figure 10.6

Fonctionnement du protocole ARP

De façon inverse, une station qui se connecte au réseau peut connaître sa propre adresse physique sans avoir d'adresse IP. Au moment de son initialisation, la machine contacte son serveur afin de déterminer son adresse IP et de pouvoir utiliser les services TCP/IP. Le protocole RARP lui permet d'utiliser son adresse physique pour obtenir son adresse logique sur Internet. Par le biais du mécanisme RARP, une station peut se faire identifier comme cible en diffusant sur le réseau une requête RARP. Les serveurs recevant le message examinent leur table et répondent. Une fois l'adresse IP obtenue, la machine la stocke en mémoire vive et n'utilise plus RARP jusqu'à ce qu'elle soit réinitialisée.

Dans IPv6, les protocoles ARP et RARP sont remplacés par un protocole de découverte des voisins, appelé ND (Neighbor Discovery), qui est un sous-ensemble du protocole de contrôle ICMP (Internet Control Message Protocol), présenté en détail au chapitre 10.

DNS (Domain Name System)

Comme indiqué précédemment, les structures d'adresses sont complexes à manipuler, car elles se présentent sous forme de groupes de chiffres décimaux de type *abc* : *def:ghi:jkl*, avec une valeur maximale de 255 pour chacun des quatre groupes. Les adresses IPv6 tiennent sur 8 groupes de 4 chiffres décimaux. La saisie de telles adresses dans le corps d'un message deviendrait vite insupportable. C'est la raison pour laquelle l'adressage utilise une structure hiérarchique complètement différente, beaucoup plus simple à manipuler et à mémoriser.

Le rôle du DNS est de permettre la mise en correspondance des adresses physiques dans le réseau et des adresses logiques. La structure logique est hiérarchique et utilise au plus haut niveau des domaines caractérisant principalement les pays, qui sont indiqués par deux lettres, comme *fr* pour la France, et des domaines fonctionnels comme :

- *com* : organisations commerciales ;
- *edu* : institutions académiques ;
- *org* : organisations, institutionnelles ou non ;
- *gov* : gouvernement américain ;
- *mil* : organisations militaires américaines ;
- *net* : opérateurs de réseau ;
- *int* : entités internationales.

À l'intérieur de ces grands domaines, on trouve des sous-domaines, qui correspondent à de grandes entreprises ou à d'importantes institutions. Par exemple, *rp* représente le nom de l'équipe travaillant dans le domaine des réseaux et des performances du laboratoire LIP6 de l'Université Paris VI, ce qui donne l'adresse *rp.lip6.fr* pour le personnel de cette équipe au sein du laboratoire.

Pour réaliser cette opération de traduction, le monde IP utilise des serveurs de noms, c'est-à-dire des serveurs pouvant répondre à des requêtes de résolution de nom ou encore être capables d'effectuer la traduction d'un nom en une adresse. Les serveurs de noms d'Internet sont les serveurs DNS. Ces serveurs sont hiérarchiques. Lorsqu'il faut retrouver l'adresse physique IP d'un utilisateur, les serveurs qui gèrent le DNS s'envoient des requêtes de façon à remonter suffisamment dans la hiérarchie pour trouver l'adresse physique du correspondant. Ces requêtes sont effectuées par l'intermédiaire de petits messages, qui portent la question et la réponse en retour.

La figure 10.7 illustre le fonctionnement du DNS. Le client *guy.pujolle@reseau.lip6.fr* veut envoyer un message à *xyz.xyz@systeme.lip6.fr*. Pour déterminer l'adresse IP de *xyz.xyz@systeme.lip6.fr,* une requête est émise par le PC de Guy Pujolle, qui interroge le serveur de noms du domaine *réseau.lip6.fr.* Si celui-ci a en mémoire la correspondance, il répond au PC. Dans le cas contraire, la requête remonte dans la hiérarchie et atteint le serveur de noms de *lip6.fr,* qui, de nouveau, peut répondre positivement s'il connaît la correspondance. Dans le cas contraire, la requête est acheminée vers le serveur de noms de *systeme.lip6.fr,* qui connaît la correspondance. C'est donc lui qui répond au PC de départ.

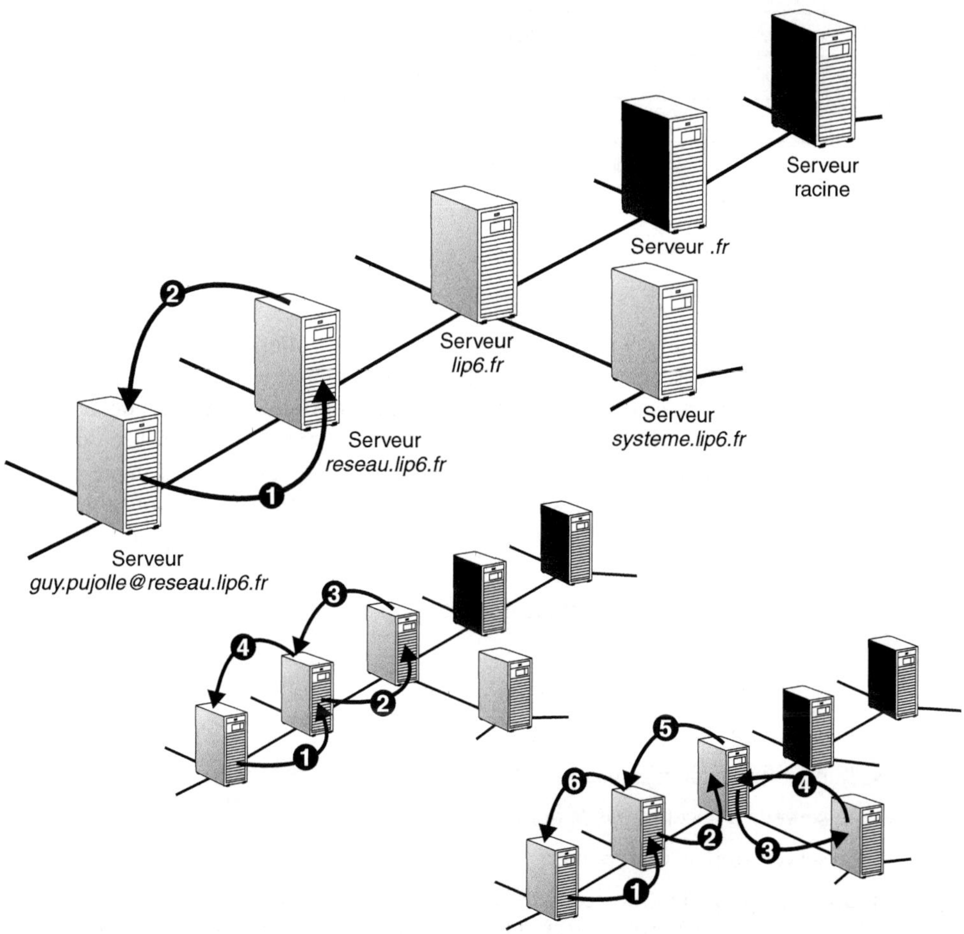

Figure 10.7

Fonctionnement du DNS

Le format d'une requête DNS est illustré à la figure 10.8.

Identifier *(identificateur)*	Control *(contrôle)*
Number of Questions *(nombre de questions)*	Number of Answers *(nombre de réponses)*
Number of Authorities *(nombre d'autorités)*	Nombre de champs supplémentaires
Question *(question)*	
Answer *(réponse)*	
Authority *(autorité)*	
Additional *(champ supplémentaire)*	

Figure 10.8

Format d'une requête DNS

Les deux premiers octets contiennent une référence. Le client choisit une valeur à placer dans ce champ, et le serveur répond en utilisant la même valeur, de sorte que le client reconnaisse sa demande. Les deux octets suivants contiennent les bits de contrôle. Ces derniers indiquent si le message est une requête du client ou une réponse du serveur, si une demande à un autre site doit être effectuée, si le message a été tronqué par manque de place, si le message de réponse provient du serveur de noms responsable ou non de l'adresse demandée, etc. Pour le récepteur qui répond, un code de réponse est également inclus dans ce champ.

Les six possibilités suivantes ont été définies :

- 0 : pas d'erreur.
- 1 : la question est formatée de façon illégale.
- 2 : le serveur ne sait pas répondre.
- 3 : le nom demandé n'existe pas.
- 4 : le serveur n'accepte pas la demande.
- 5 : le serveur refuse de répondre.

La plupart des requêtes n'effectuent qu'une demande à la fois. La forme de ce type de requête est illustrée à la figure 10.9. Dans la zone Question, le contenu doit être interprété de la façon suivante : 6 indique que 6 caractères suivent ; après les 6 caractères de réseau, 4 désigne les 4 caractères de *lip6,* 2 les deux caractères de *fr* et enfin 0 la fin du champ.

Le champ Autorité permet aux serveurs qui ont autorité sur le nom demandé de se faire connaître. La zone Champs supplémentaires permet de transporter des informations sur le temps pendant lequel la réponse à la question est valide.

Identifier *(identificateur)* = 0x1234	Control *(contrôle)* = 0x0100
Number of Question = 1 *(nombre de question)*	Number of Answer = 0 *(nombre de réponse)*
Number of Authority = 0 *(nombre d'autorité)*	Nombre de champ supplémentaire = 0

Question *(question)*			
6	r	e	s
e	a	u	4
l	i	p	6
2	f	r	0

Figure 10.9

Requête DNS avec une seule demande

Le routage IP

Un environnement Internet résulte de l'interconnexion de réseaux physiques par des routeurs. Chaque routeur est connecté directement à deux ou plusieurs réseaux, les hôtes étant généralement connectés à un seul réseau, mais cela n'est pas obligatoire.

Il existe plusieurs types de routages :

- **Routage direct.** C'est le cas si les deux machines qui veulent communiquer sont rattachées au même réseau et ont donc le même numéro de réseau IP. Il peut s'agir de deux hôtes ou d'un routeur et d'un hôte. Il suffit, pour effectuer le transport du paquet IP, de déterminer l'adresse physique du destinataire et d'encapsuler le datagramme dans une trame avant de l'envoyer sur le réseau.
- **Routage indirect.** Dans ce cas, le routage est plus complexe, car il faut déterminer le routeur auquel les datagrammes doivent être envoyés. Ces derniers peuvent ainsi être transmis de routeur en routeur jusqu'à ce qu'ils atteignent l'hôte destinataire. La fonction de routage se fonde principalement sur les tables de routage. Le routage est effectué à partir du numéro de réseau de l'adresse IP de l'hôte de destination. La table contient, pour chaque numéro de réseau à atteindre, l'adresse IP du routeur auquel envoyer le datagramme. Elle peut également comprendre une adresse de routeur par défaut et l'indication de routage direct. La difficulté du routage provient de l'initialisation et de la mise à jour des tables de routage.
- **Le subnetting.** Cette technique d'adressage et de routage normalisée permet de gérer plusieurs réseaux physiques à partir d'une même adresse IP d'Internet. Le principe du subnetting consiste à diviser la partie numéro d'hôte d'une adresse IP en numéro de sous-réseau et numéro d'hôte. En dehors du site, les adresses sont interprétées sans qu'il soit tenu compte du subnetting, le découpage n'étant connu et traité que de l'intérieur. Le redécoupage du numéro d'hôte permet de choisir librement le nombre de machines en fonction du nombre de réseaux sur le site. Au niveau conceptuel, les

techniques d'adressage et de routage sont les mêmes. Au niveau physique, on utilise un masque d'adresse.

Le réseau Internet s'est tellement étendu qu'il a dû être scindé en systèmes autonomes pour en faciliter la gestion. On appelle système autonome (AS) un ensemble de routeurs et de réseaux reliés les uns aux autres, administrés par une même organisation et s'échangeant des paquets par le biais d'un même protocole de routage.

Le protocole de routage partagé par tous les routeurs d'un système autonome est appelé protocole de routage intérieur, ou IRP (Interior Routing Protocol). Un protocole intérieur n'a pas besoin d'être implémenté à l'extérieur du système autonome. De ce fait, on peut choisir son algorithme de routage de façon à optimiser le routage intérieur. Les protocoles intérieurs sont également appelés IGP (Interior Gateway Protocol).

Lorsqu'un réseau Internet comporte plusieurs systèmes autonomes reliés entre eux, il faut faire appel à un protocole de routage extérieur, ou ERP (Exterior Routing Protocol). Les protocoles ERP doivent avoir une connaissance des divers AS pour accomplir leur tâche. Les protocoles ERP sont également appelés EGP (Exterior Gateway Protocol).

La figure 10.10 donne un exemple de systèmes autonomes avec des protocoles IRP interconnectés par un ERP.

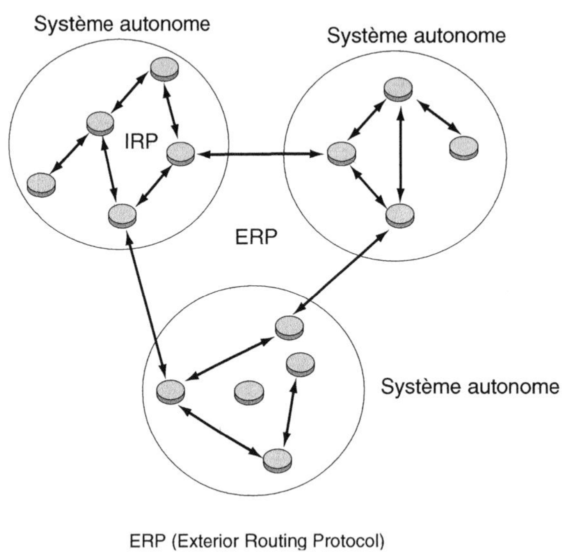

Figure 10.10

Protocoles de routage intérieur et extérieur

Les algorithmes de routage

Un algorithme de routage est un procédé permettant de déterminer le routage des paquets dans un nœud. Pour chaque nœud d'un réseau, l'algorithme détermine une table de routage, qui, à chaque destination, fait correspondre une ligne de sortie. L'algorithme doit mener à un routage cohérent, c'est-à-dire sans boucle. Cela signifie qu'il ne faut pas qu'un nœud route un paquet vers un autre nœud qui pourrait lui renvoyer le paquet.

On distingue trois grandes catégories d'algorithmes de routage :

- à vecteur de distance (distance-vector routing) ;
- à état des liens (link state routing) ;
- à vecteur de chemin (path-vector routing).

Les algorithmes de routage à vecteur de distance requièrent que chaque nœud s'échange des informations entre voisins, c'est-à-dire entre nœuds directement connectés. De ce fait, chaque nœud peut maintenir à jour une table en y ajoutant des informations sur tous ses voisins. Cette table donne la distance à laquelle se trouvent chaque nœud et chaque réseau à atteindre. Première à avoir été mise en œuvre dans le réseau ARPAnet, cette technique devient vite lourde lorsque le nombre de nœuds augmente puisqu'il faut transporter beaucoup d'informations de nœud en nœud. RIP (Routing Information Protocol) est le meilleur exemple de protocole utilisant un vecteur de distance.

Dans ce type d'algorithme, chaque routeur diffuse à ses voisins un vecteur listant chaque réseau qu'il peut atteindre avec la métrique associée, c'est-à-dire le nombre de sauts. Chaque routeur peut donc bâtir une table de routage avec les informations reçues de ses voisins, mais n'a aucune idée de l'identité des routeurs qui se trouvent sur la route sélectionnée. De ce fait, l'utilisation de cette solution pose de nombreux problèmes pour les protocoles de routage extérieurs. Il est en effet supposé que tous les routeurs utilisent la même métrique, ce qui peut ne pas être le cas entre systèmes autonomes. De plus, un système autonome peut avoir des raisons particulières de se comporter différemment d'un autre système autonome. En particulier, si un système autonome a besoin de déterminer par quel autre système autonome vont passer ses messages, pour des raisons de sécurité par exemple, il ne peut pas le savoir.

Les algorithmes à état des liens avaient au départ pour objectif de pallier les défauts du routage par vecteur de distance. Quand un routeur est initialisé, il doit définir le coût de chacun de ses liens connectés à un autre nœud. Le nœud diffuse ensuite l'information à l'ensemble des nœuds du système autonome, et donc pas seulement à ses voisins. À partir de l'ensemble de ces informations, les nœuds peuvent effectuer un calcul leur permettant d'obtenir une table de routage indiquant le coût nécessaire pour atteindre chaque destination. Lorsqu'un routeur reçoit des informations qui modifient sa table de routage, il en avertit tous les routeurs intervenant dans sa configuration. Comme chaque nœud possède la topologie du réseau et les coûts de chaque lien, le routage peut être vu comme centralisé dans chaque nœud. Le protocole OSPF (Open Shortest Path First) met en œuvre cette technique, qui correspond à la deuxième génération de protocoles Internet.

Les algorithmes à état des liens règlent les problèmes évoqués précédemment pour le routage extérieur, mais en soulèvent d'autres. Les divers systèmes autonomes peuvent avoir des métriques différentes ainsi que des restrictions spécifiques, de telle sorte qu'il ne soit pas possible d'obtenir un routage cohérent. La diffusion de l'ensemble des informations nécessaires à l'ensemble des systèmes autonomes peut par ailleurs devenir rapidement ingérable.

L'objectif des algorithmes à vecteur de chemin est de pallier les insuffisances des deux premières catégories en se dispensant des métriques et en cherchant à savoir quel réseau peut être atteint par quel nœud et quels systèmes autonomes doivent être traversés pour cela. Cette approche est très différente de celle par vecteur de distance puisque les vecteurs de chemin ne prennent pas en compte les distances ni les coûts. De plus, du fait que chaque information de routage liste tous les systèmes autonomes qui doivent être traversés pour arriver au routeur destinataire, l'approche par vecteur de chemin est beaucoup plus dirigée vers les systèmes de routage extérieurs. Le protocole BGP (Border Gateway Protocol) appartient à cette catégorie.

RIP (Routing Information Protocol)

RIP est le protocole le plus utilisé dans l'environnement TCP/IP pour router les paquets entre les passerelles du réseau Internet. C'est un protocole IGP (Interior Gateway Protocol), qui utilise un algorithme permettant de trouver le chemin le plus court.

Par chemin, on entend le nombre de nœuds traversés, qui doit être compris entre 1 et 15. La valeur 16 indique une impossibilité. En d'autres termes, si le chemin pour aller d'un point à un autre du réseau Internet est supérieur à 15, la connexion ne peut être mise en place. Les messages RIP permettant de dresser les tables de routage sont envoyés approximativement toutes les 30 secondes. Si un message RIP n'est pas parvenu à son voisin au bout de trois minutes, ce dernier considère que le lien n'est plus valide, le nombre de liens étant supérieur à 15. Le protocole RIP se fonde sur une diffusion périodique des états du réseau d'un routeur vers ses voisins. La version RIP2 comporte un routage par sous-réseau, l'authentification des messages, la transmission multipoint, etc.

OSPF

OSPF fait partie de la deuxième génération de protocoles de routage. Beaucoup plus complexe que RIP, mais au prix de performances supérieures, il utilise une base de données distribuée, qui garde en mémoire l'état des liens. Ces informations forment une description de la topologie du réseau et de l'état des nœuds, qui permet de définir l'algorithme de routage par un calcul des chemins les plus courts.

L'algorithme OSPF permet, à partir d'un nœud, de calculer le chemin le plus court, avec les contraintes indiquées dans les contenus associés à chaque lien. Les routeurs OSPF communiquent entre eux par l'intermédiaire du protocole OSPF, placé au-dessus d'IP. Regardons maintenant ce protocole de façon un peu plus détaillée.

L'hypothèse de départ pour les protocoles à état des liens est que chaque nœud est capable de détecter l'état du lien avec ses voisins (marche ou arrêt) et le coût de ce lien. Il faut donner à chaque nœud suffisamment d'informations pour lui permettre de trouver la route la moins chère vers toutes les destinations. Chaque nœud doit donc avoir la connaissance de ses voisins. Si chaque nœud à la connaissance des autres nœuds, une carte complète du réseau peut être dressée. Un algorithme se fondant sur l'état des voisins nécessite deux mécanismes : la dissémination fiable des informations sur l'état des liens et le calcul des routes par sommation des connaissances accumulées sur l'état des liens.

Une première solution consiste à réaliser une inondation fiable des informations, de façon à s'assurer que chaque nœud reçoit sa copie des informations de la part de tous les autres nœuds. En fait, chaque nœud inonde ses voisins, qui, à leur tour, inondent leurs propres voisins. Plus précisément, chaque nœud crée ses propres paquets de mise à jour, appelés LSP (Link-State Packet), contenant les informations suivantes :

- Identité du nœud qui crée le LSP.
- Liste des nœuds voisins avec le coût du lien associé.
- Numéro de séquence.
- Temporisateur (Time To Live) pour ce message.

Les deux premières informations sont nécessaires au calcul des routes. Les deux dernières ont pour objectif de rendre fiable l'inondation. Le numéro de séquence permet de mettre dans l'ordre les informations qui auraient été reçues dans le désordre. Le protocole possède des éléments de détection d'erreur et de retransmission.

Le calcul de la route s'effectue après réception de l'ensemble des informations sur les liens. À partir de la carte complète du réseau et des coûts des liens, il est possible de calculer la meilleure route. Le calcul est effectué en utilisant l'algorithme de Dijkstra sur le chemin le plus court.

Dans le sigle OSPF (Open Shortest Path First), le mot Open indique que l'algorithme est ouvert et pris en charge par l'IETF. En utilisant les mécanismes indiqués ci-dessus, le protocole OSPF ajoute les propriétés supplémentaires suivantes :

- **Authentification des messages de routage.** Des dysfonctionnements peuvent conduire à des catastrophes. Par exemple, un nœud qui, à la suite de la réception de messages erronés, volontairement ou non, ou de messages d'un attaquant modifiant sa table de routage, calcule une table de routage dans laquelle tous les nœuds peuvent être atteints à un coût nul reçoit automatiquement tous les paquets du réseau. Ces dysfonctionnements peuvent être évités en authentifiant les émetteurs des messages. Les premières versions d'OSPF possédaient un mot de passe d'authentification sur 8 octets. Les dernières versions possèdent des authentifications beaucoup plus fortes.
- **Nouvelle hiérarchie.** Cette hiérarchie doit permettre un meilleur passage à l'échelle. OSPF introduit un niveau de hiérarchie supplémentaire en partitionnant les domaines en ères (*areas*). Cela signifie qu'un routeur à l'intérieur d'un domaine n'a pas besoin de savoir comment atteindre tous les réseaux du domaine. Il suffit qu'il sache comment atteindre la bonne ère. Cela entraîne une réduction des informations qui doivent être transmises et stockées.

Il y a plusieurs types de messages OSPF, mais ils utilisent tous le même en-tête, qui est illustré à la figure 10.11.

La version en cours est la 2. Cinq types ont été définis avec des valeurs de 1 à 5. L'adresse source indique l'émetteur du message. L'identification de l'ère indique l'ère dans laquelle se trouve le nœud émetteur. Le type d'authentification porte la valeur 0 s'il n'y a pas d'authentification, 1 en cas d'authentification par mot de passe et 2 si une technique d'authentification est mise en œuvre et décrite dans les 4 octets suivants.

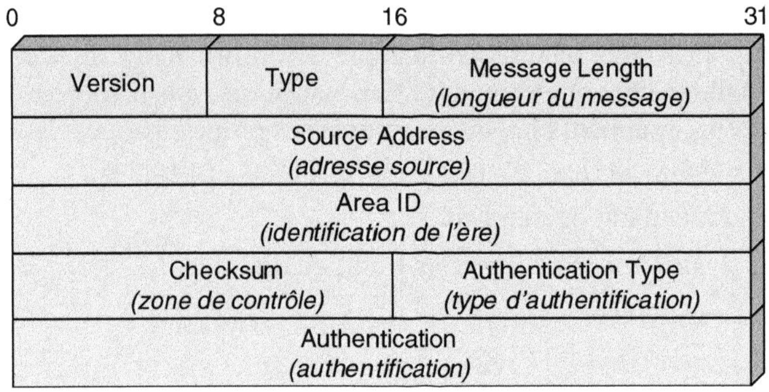

Figure 10.11

Format de l'en-tête OSPF

Les cinq types de messages comportent le message Hello comme type 1. Ce message est envoyé par un nœud à ses voisins pour leur indiquer qu'il est toujours présent et non en panne. Les quatre autres types servent à envoyer des informations telles que des requêtes, des envois ou des acquittements des messages LSP. Ces messages transportent principalement des LSA (Link-State Advertisement), c'est-à-dire des informations sur l'état des liens. Un message OSPF peut contenir plusieurs LSA.

La figure 10.12 illustre un message OSPF de type 1 portant un LSA.

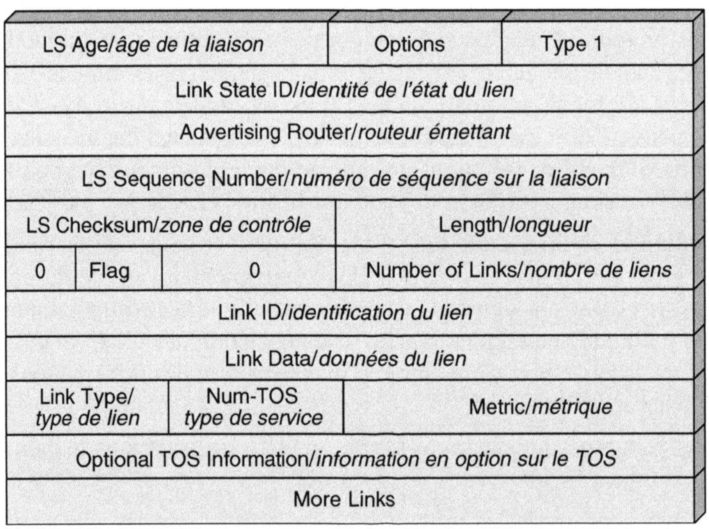

Figure 10.12

Message OSPF portant un LSA

Ce type indique le coût des liens entre les routeurs. Le type 2 est utilisé pour indiquer les réseaux auxquels l'émetteur est connecté. Les types 3 et 4 se préoccupent de l'indication des ères. À la figure 10.12, le champ LS Age est l'équivalent du temporisateur TTL (Time To Live), si ce n'est que le compteur augmente jusqu'à une certaine valeur prédéfinie, alors que le TTL descend jusqu'à 0.

Le type est ici le type 1. Les deux champs Link State ID et LS sequence number sont identiques et transportent l'identificateur du routeur qui émet le message. La raison de ce double champ est de vérifier l'identité du routeur par deux moyens différents. Le numéro de séquence permet de reséquencer les messages reçus. Le LS Checksum permet de vérifier la correction du message. Il prend en compte les informations à partir du champ Option. Le champ longueur indique la longueur totale du message. Ce sont ensuite des informations sur le LSA qui sont transportées : Link ID identifiant chaque lien, informations à propos du lien (Link Data) et métrique.

Le champ TOS (Type Of Service) permet à l'algorithme OSPF de choisir la meilleure route possible en fonction du type de service. Il peut donc y avoir plusieurs métriques qui dépendent du type de service recherché. Le coût des lignes peut également varier en fonction des métriques choisies.

Si le protocole RIP est adapté à la gestion du routage dans de petits réseaux, OSPF s'applique à des réseaux beaucoup plus complexes.

IS-IS

L'algorithme IS-IS a été principalement développé par l'ISO (ISO 10589). Il décrit un routage hiérarchique fondé sur la décomposition des réseaux de communication en domaines. Dans un domaine, les différents nœuds indiquent leur état aux routeurs IS-IS afférents. Les communications interdomaines sont effectuées par un routage vers un point d'accès au domaine déterminé par les routeurs chargés des communications externes au domaine.

IGRP (Interior Gateway Routing Protocol)

Version améliorée de RIP, IGRP a été conçu par Cisco Systems pour ses propres routeurs. Il intègre le routage multichemin, la gestion des routes par défaut, la diffusion de l'information toutes les 90 secondes au lieu de toutes les 30 secondes, la détection des bouclages, c'est-à-dire des retours à un point par lequel le paquet est déjà passé, etc. Ce protocole a lui-même été étendu pour une meilleure protection contre les boucles par le protocole EIGRP (Extended IGRP).

EGP (Exterior Gateway Protocol)

EGP est le premier algorithme de routage à avoir été mis au point, au début des années 1980, pour router un paquet d'un système autonome vers un autre.

Il comporte trois procédures essentielles, qui permettent l'échange d'informations. La première procédure concerne la définition d'une passerelle voisine. Cette dernière étant connue, une deuxième procédure détermine le lien qui permet aux deux voisins de communiquer. La troisième procédure concerne l'échange de paquets entre deux voisins connectés par un lien. Les faiblesses d'EGP sont apparues avec le développement exponentiel d'Internet et le besoin d'éviter certaines zones politiquement sensibles.

BGP (Border Gateway Protocol)

Pour répondre aux faiblesses d'EGP, un nouvel algorithme a été mis en chantier par l'IETF sous le nom de BGP. Une première version, BGP-1, a été implémentée en 1990, suivie de près par BGP-2 puis BGP-3. Au bout de quelques années a été déployé BGP-4, qui permet de gérer beaucoup plus efficacement les tables de routage de grande dimension en rassemblant en une seule ligne plusieurs sous-réseaux.

BGP apporte de nouvelles propriétés par rapport à EGP, en particulier celle de gérer les boucles, qui devenaient courantes dans EGP puisque ce protocole ne s'occupe que des couples de voisins, sans prendre en compte les rebouclages possibles par un troisième réseau autonome.

Les messages échangés par le biais de BGP-4 sont les suivants :

- OPEN : pour ouvrir une relation avec un nœud voisin.
- UPDATE : pour transmettre des informations au sujet d'une seule route ou demander la destruction de routes qui ne sont plus disponibles.
- KEEPALIVE : pour acquitter les messages OPEN et confirmer que la relation de voisinage est toujours vivante.
- NOTIFICATION : pour envoyer un message d'erreur.

Les trois grandes procédures fonctionnelles suivantes sont définies dans BGP :

- acquisition des nœuds voisins ;
- possibilité d'atteindre le voisin ;
- possibilité d'atteindre des réseaux.

Deux routeurs sont considérés comme voisins s'ils sont dans le même réseau. Si les deux routeurs sont dans des domaines autonomes distincts, ils peuvent avoir besoin d'échanger des informations de routage. Pour cela, il faut d'abord réaliser une acquisition des voisins, c'est-à-dire permettre à deux nœuds qui ne sont pas dans le même système autonome d'échanger des informations de routage. L'acquisition doit être faite par une procédure formelle puisqu'un des deux nœuds peut ne pas avoir envie d'échanger de l'information de routage. Pour réaliser l'acquisition, un nœud émet le message OPEN. Si le routeur distant accepte la relation, il renvoie un KEEPALIVE. Une fois la relation établie, pour maintenir la relation active les nœuds s'échangent des KEEPALIVE. Chaque nœud maintient une base de données des réseaux qu'il peut atteindre et de la route permettant d'arriver à ces différents réseaux. Quand un changement intervient, le routeur diffuse un message UPDATE vers les autres routeurs, ce qui permet à ceux-ci de se mettre à jour.

La figure 10.13 illustre le format du paquet de mise à jour BGP.

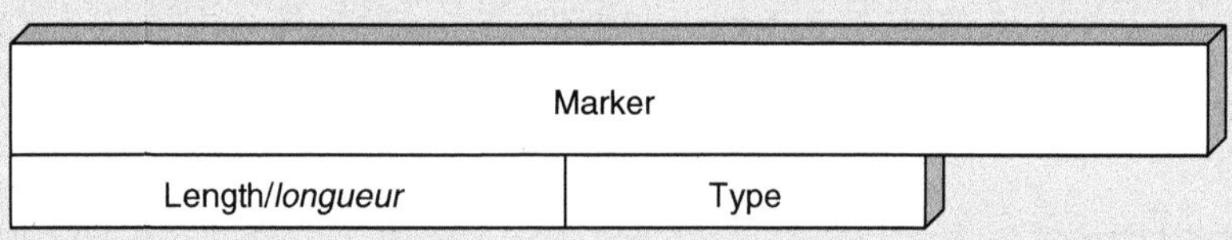

Figure 10.13

Format du paquet de mise à jour BGP

Le champ Marker est réservé à l'authentification. L'émetteur peut mettre un texte chiffré qui ne peut être déchiffré que par le récepteur possédant la clé de chiffrement. Length donne la longueur du message en octet. Les types de message sont OPEN, UPDATE, KEEPALIVE et NOTIFICATION.

Pour mettre en place une relation de voisinage, le routeur de départ initie une connexion TCP puis envoie un message OPEN. Ce message indique le système autonome dans lequel l'émetteur se trouve ainsi que l'adresse IP du routeur. Il inclut également un paramètre HOLD TIME PARAMETER, qui indique le nombre de secondes proposées pour le temporisateur Hold Timer afin de déterminer le temps maximal entre deux messages provenant de l'émetteur (KEEPALIVE, UPDATE). Si le distant accepte la relation, il calcule le minimum de son propre temporisateur Hold Timer et de celui de l'émetteur et l'envoie à l'émetteur.

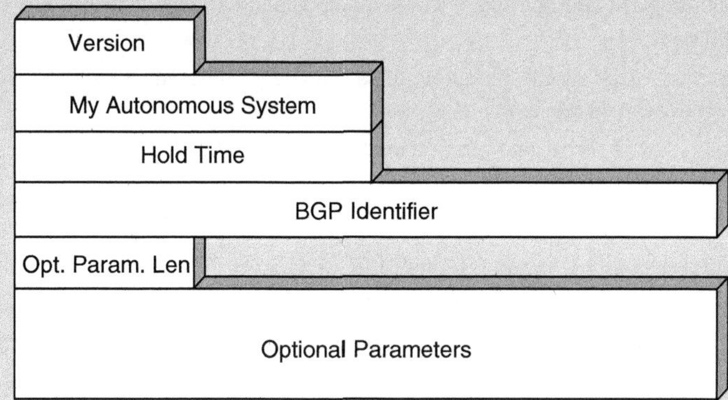

Figure 10.14

Champs du paquet OPEN de BGP

Les champs du paquet OPEN sont indiqués à la figure 10.14. Ces champs sont les suivants :

- Version : valeur sur un octet indiquant la version du protocole BGP utilisé (4 pour BGP-4).
- My Autonomous System (mon système autonome) : valeur sur 2 octets indiquant le numéro de système autonome de l'émetteur.
- Hold Time (temps de retenue) : champ de 2 octets indiquant le nombre de secondes que l'émetteur propose pour le compteur de retenue. Ce dernier permet d'éviter les bouclages infinis dans les systèmes autonomes. Une fois qu'un périphérique BGP reçoit un message OPEN, il doit calculer la valeur du compteur de retenue qui va être utilisé. Pour cela, il choisit la plus petite valeur entre le compteur de retenue qu'il vient de recevoir dans son message OPEN et la valeur qui a été configurée pour lui-même. La valeur choisie est en fait le nombre de secondes entre la réception de messages KEEPALIVE et UPDATE envoyés par l'émetteur.
- BGP Identifier (identifiant BGP) : champ de 4 octets indiquant l'identifiant BGP. Cet identifiant est fondé sur l'adresse IP assignée au périphérique BGP.
- Optional Parameters Length : champ d'un octet indiquant la taille totale du champ Optional Parameters en octet. Si la valeur est 0, c'est qu'il n'y a pas de paramètres optionnels.
- Optional Parameters : champ contenant la liste des paramètres optionnels qui sont représentés par des triplets Parameter Type, Parameter Length et Parameter Value. Le champ Parameter Type identifie de manière unique chaque paramètre optionnel. Le champ Parameter Length indique la taille en octet du champ Parameter Value. Le champ Parameter Value est un champ de taille variable (c'est pourquoi sa taille est indiquée dans le champ Parameter Length) contenant le paramètre optionnel lui-même.

- Le message KEEPALIVE ne prend en compte que l'en-tête des messages BGP. Il doit être émis suffisamment souvent pour que le temporisateur Hold Timer ne se déclenche pas.
- Les messages UPDATE permettent d'acheminer deux types de messages :
- Les informations au sujet d'une seule route, qui sont enregistrées dans les bases de données d'information des routeurs.
- Les informations au sujet d'une liste de routes qui vont être détruites.

Les messages NOTIFICATION sont envoyés quand une erreur a été détectée. Les erreurs suivantes peuvent être émises :

- MESSAGE HEADER ERROR : une erreur dans l'en-tête du message a été détectée comme un défaut d'authentification ou une erreur de syntaxe.
- OPEN MESSAGE ERROR : une erreur dans la syntaxe du message OPEN ou un refus de la valeur du Hold Timer a été détecté.
- UPDATE MESSAGE ERROR : une erreur dans le message UPDATE a été détectée comme une erreur de syntaxe.
- HOLD TIMER EXPIRED : le temporisateur Hold Timer a expiré, et la session de voisinage est fermée.
- FINITE STATE MACHINE ERROR : une erreur procédurale s'est produite.
- CEASE : pour fermer une connexion avec un autre routeur dans une circonstance non prise en charge par les messages précédents.

IDRP (Interdomain Routing Protocol)

Les estimations de départ prévoyaient qu'Internet serait constitué de dizaines de réseaux et de centaines de machines. Ces chiffres ont été multipliés par 10, 100 puis 1 000 pour les réseaux et par 1 000, 10 000 et 100 000 pour les machines. Ces démultiplications ne sont pas les seuls révélateurs du succès d'Internet. Les mesures montrent que le débit qui passe sur le réseau dépasse très largement celui représenté par l'ensemble des paroles téléphoniques échangées dans le monde entier.

Une telle explosion pose la question de la capacité des mécanismes de routage mis en place à en supporter la charge. Pour réduire les risques de saturation et prolonger les mécanismes actuels, la solution immédiate consiste à généraliser le subnetting. Le subnetting consiste à donner une adresse commune particulière, le masque, à l'ensemble des stations participant au même réseau logique, même si les adresses IP des stations de ce réseau logique proviennent de sous-réseaux distincts. Cela permet aux tables de routage de croître plus lentement.

Dans l'environnement IPv6, un nouveau protocole, IDRP, fruit d'études consacrées au routage entre les domaines de routage (*routing domain*) par l'ISO, a été adapté au monde Internet pour réaliser le routage entre systèmes autonomes. Le rôle d'IDRP est légèrement différent de celui des protocoles fonctionnant à l'intérieur d'un domaine, puisqu'il définit une politique de routage entre systèmes autonomes et non seulement un algorithme de routage. La politique définie dans cette proposition conduit les routeurs d'un système autonome à se mettre d'accord pour, par exemple, ne pas passer par un domaine déterminé ou ne pas autoriser d'autres systèmes autonomes à envoyer des paquets IP vers un système autonome déterminé. En d'autres termes, il doit y avoir une concertation entre routeurs pour ne fournir que les indications correspondant à la politique définie.

Les algorithmes de routage de type OSPF ou RIP sont appliqués par des routeurs qui ont tous le même objectif : trouver la meilleure route possible, en minimisant soit le nombre de sauts, soit le temps de traversée du réseau, ou en optimisant la capacité de transport. Ces algorithmes s'appuient sur des notions de poids : si les liens ont des poids n_i, le chemin emprunté est celui dont la somme des poids des liens traversés est la plus faible. Le routage IDRP a aussi comme objectif de trouver les bons chemins, mais avec des restrictions pour chaque système autonome. L'algorithme repose sur des vecteurs de distance (Path Vector Routing), qui tiennent compte du chemin de bout en bout en plus des poids pour aller vers les nœuds voisins.

Comme le nombre de systèmes autonomes peut croître rapidement avec l'augmentation des capacités de traitement des routeurs, il a été décidé de regrouper les systèmes autonomes en confédérations. Le protocole IDRP travaille sur le routage entre ces confédérations. Pour véhiculer l'information de routage, IDRP utilise des paquets spécifiques, portés dans des paquets IP. Dans la zone IP, le champ En-tête suivant comporte le numéro 45 et indique le protocole IDRP.

NAT (Network Address Translation)

Le protocole IP version 4, que nous utilisons massivement actuellement, offre un champ d'adressage limité et insuffisant pour permettre à tout terminal informatique de disposer d'une adresse IP. Une adresse IP est en effet codée sur un champ de 32 bits, ce qui offre un maximum de 2^{32} adresses possibles, soit en théorie 4 294 967 296 terminaux raccordables au même réseau.

Pour faire face à cette pénurie d'adresses, et en attendant la version 6 du protocole IP, qui offrira un nombre d'adresses beaucoup plus important sur 128 bits, il faut recourir à un partage de connexion en utilisant la translation d'adresse, ou NAT (Network Address Translation).

Ce mécanisme se rencontre fréquemment à la fois en entreprise et chez les particuliers. Il distingue deux catégories d'adresses : les adresses dites publiques, c'est-à-dire visibles et accessibles de n'importe où (on dit aussi routables sur Internet), et les adresses dites privées, c'est-à-dire non routables sur Internet et adressables uniquement dans un réseau local, à l'exclusion du réseau Internet.

Le NAT consiste à établir des relations entre l'adressage privé dans un réseau et l'adressage public pour se connecter à Internet.

Adresses privées et adresses publiques

Dans le cas d'un réseau purement privé, et jamais amené à se connecter au réseau Internet, n'importe quelle adresse IP peut être utilisée. Dès qu'un réseau privé peut être amené à se connecter sur le réseau Internet, il faut distinguer les adresses privées des adresses publiques. Pour cela, chaque classe d'adresses IP dispose d'une plage d'adresses réservées, définies comme des adresses IP privées et donc non routables sur Internet. La RFC 1918 récapitule ces plages d'adresses IP, comme l'indique le tableau 10.2.

Classe d'adresses	Plages d'adresses privées	Masque réseau	Espace adressable
A	10.0.0.0 à 10.255.255.255	255.0.0.0	Sur 24 bits, soit 16 777 216 terminaux
B	172.16.0.0 à 172.31.255.255	255.240.0.0	Sur 20 bits, soit 1 048 576 terminaux
C	192.168.0.0. à 192.168.255.255	255.255.0.0	Sur 16 bits, soit 65 536 terminaux

TABLEAU 10.2 • Plages d'adresses privées

Dans ce cadre, et avant d'introduire la notion de NAT, les utilisateurs qui possèdent une adresse IP privée ne peuvent communiquer que sur leur réseau local, et non sur Internet, tandis qu'avec une adresse IP publique, ils peuvent communiquer sur n'importe quel réseau IP.

L'adressage privé peut être utilisé librement par n'importe quel administrateur ou utilisateur au sein de son réseau local. Au contraire, l'adressage public est soumis à des restrictions de déclaration et d'enregistrement de l'adresse IP auprès d'un organisme spécialisé, l'IANA (Internet Assigned Numbers Authority), ce que les FAI effectuent globalement en acquérant une plage d'adresses IP pour leurs abonnés.

La figure 10.15 illustre un exemple d'adressage mixte, dans lequel on distingue les différentes communications possibles, selon un adressage de type privé ou public.

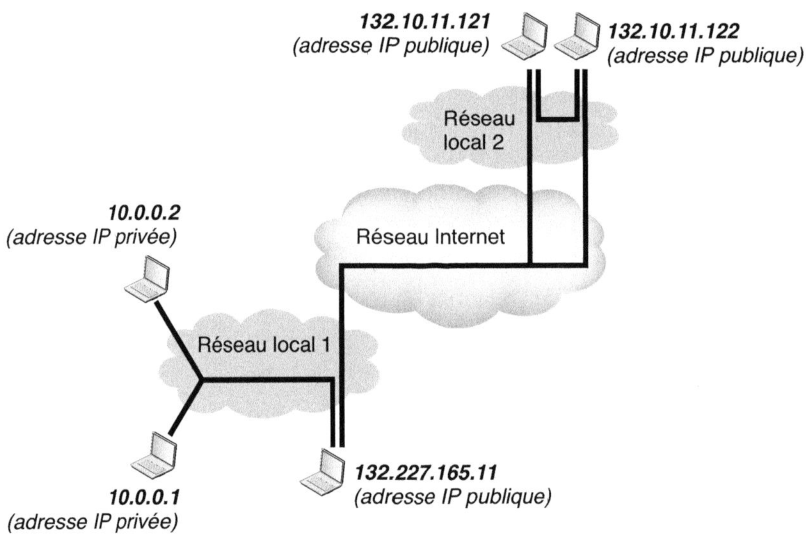

Figure 10.15

Adresses privées et publiques

Partager une adresse IP privée

Moyennant la souscription d'un accès Internet auprès d'un FAI, ce dernier fournit à ses utilisateurs une adresse IP privée. Dans un même foyer ou une même entreprise, deux utilisateurs ne peuvent communiquer en même temps sur Internet avec cette seule adresse IP fournie. Les adresses IP privées conviennent généralement pour couvrir un réseau privé, de particulier ou d'entreprise, mais pas pour communiquer directement avec les réseaux publics.

Pour résoudre ce problème et permettre à un terminal disposant d'une adresse IP privée de communiquer avec le réseau public, le processus de NAT fait intervenir une entité tierce entre un terminal, ayant une adresse IP privée, et tout autre terminal ayant une adresse IP publique. Ce mécanisme consiste à insérer un boîtier entre le réseau Internet et le réseau local afin d'effectuer la translation de l'adresse IP privée en une adresse IP publique. Aujourd'hui, la plupart des boîtiers, ou Home Gateway, des FAI proposent à leurs abonnés cette fonctionnalité. Toutes les machines qui s'y connectent reçoivent par le biais du service DHCP (Dynamic Host Configuration Protocol) une adresse IP privée, que le boîtier se charge de translater en une adresse IP publique.

La figure 10.16 illustre un exemple dans lequel une passerelle NAT réalise une translation d'adresses pour quatre terminaux. Cette passerelle possède deux interfaces réseau. La première est caractérisée par une adresse IP publique (132.227.165.221). Connectée au réseau Internet, elle est reconnue et adressable normalement dans le réseau. La seconde interface est caractérisée par une adresse IP non publique (10.0.0.254). Connectée au réseau local, elle ne peut communiquer qu'avec les terminaux qui possèdent une adresse IP non publique de la même classe.

Lorsqu'un terminal ayant une adresse IP privée tente de se connecter au réseau Internet, il envoie ses paquets vers la passerelle NAT. Celle-ci remplace l'adresse IP privée d'origine par sa propre adresse IP publique (132.227.165.221). On appelle cette opération une translation d'adresse. De cette manière, les terminaux avec une adresse IP privée sont reconnus et adressables dans le réseau Internet par une adresse IP publique.

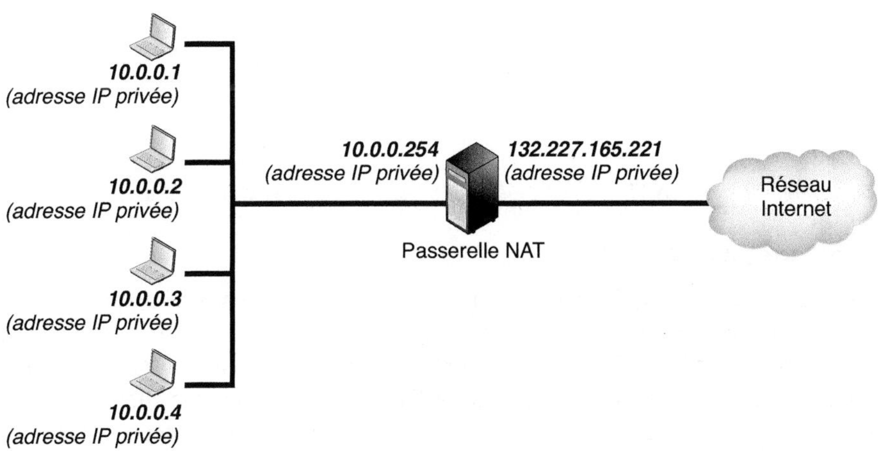

Figure 10.16

Translation d'adresses

La translation d'adresse est bien sûr réalisée dans les deux sens d'une communication, afin de permettre l'émission de requêtes aussi bien que la réception des réponses correspondantes. Pour cela, le boîtier NAT maintient une table de correspondance des paquets de manière à savoir à qui distribuer les paquets reçus.

Par exemple, si un émetteur dont l'adresse IP est 10.0.0.3 envoie vers la passerelle NAT un paquet à partir de son port 12345, la passerelle NAT modifie le paquet en remplaçant l'adresse IP source par la sienne et le port source par un port quelconque qu'elle n'utilise pas, disons le port 23456. Elle note cette correspondance dans sa table de NAT. De cette manière, lorsqu'elle recevra un paquet à destination du port 23456, elle cherchera cette affectation de port dans sa table et retrouvera la source initiale.

Ce cas est illustré à la figure 10.17.

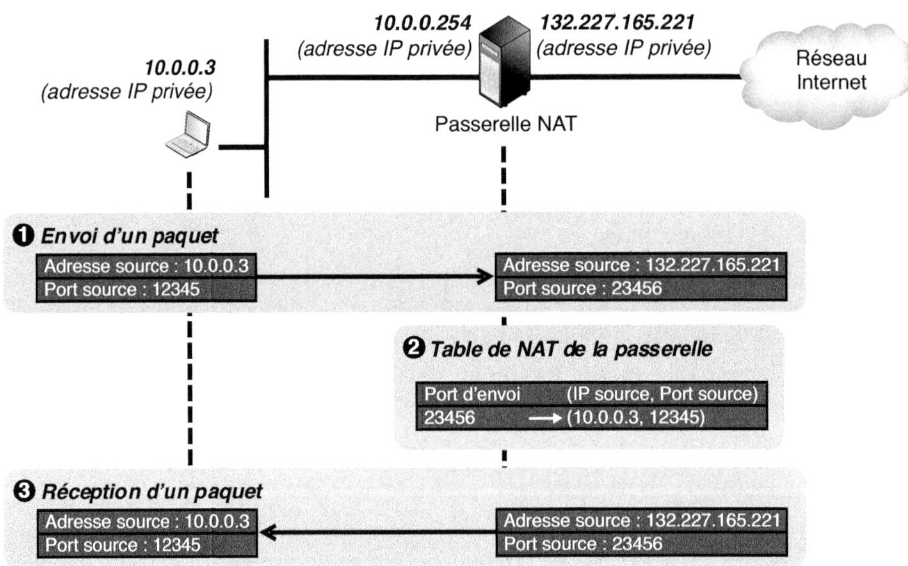

Figure 10.17

Modification de paquets lors du NAT

Avantages du NAT

Le premier atout du NAT est de simplifier la gestion du réseau en laissant l'administrateur libre d'adopter le plan d'adressage interne qu'il souhaite. Étant privé, le plan d'adressage interne ne dépend pas de contraintes externes, que les administrateurs ne maîtrisent pas toujours. Par exemple, si une entreprise utilise un plan d'adressage public et qu'elle change de FAI, elle doit modifier l'adresse de tous les terminaux qui composent son réseau. Au contraire, avec le NAT et un plan d'adressage privé, le choix d'un nouveau fournisseur d'accès Internet n'a pas d'impact sur les terminaux. Dans ce cas, l'administrateur n'a pas besoin de reconfigurer les adresses IP de tous les terminaux de son réseau. Il lui suffit de modifier, au niveau de la passerelle NAT, le pool d'adresses IP publiques, qui est affecté dynamiquement aux adresses IP privées des terminaux du réseau local.

Le deuxième atout du NAT est d'économiser le nombre d'adresses IP publiques. Le protocole réseau IP, qui est utilisé dans l'Internet actuel dans sa version 4, présente une limitation importante, car le nombre d'adresses IP disponible est faible comparé au nombre de terminaux susceptibles d'être raccordés au réseau Internet. Comme cette ressource est rare, sa mise à disposition à un coût pour les administrateurs qui souhaitent en bénéficier.

Le NAT comble cette pénurie d'adresses propre à la version 4 d'IP en offrant la possibilité d'économiser les adresses IP à deux niveaux distincts. Tous les terminaux d'un réseau local n'ont pas forcément besoin d'être joignables de l'extérieur, mais peuvent se limiter à une connexion interne au réseau. Par exemple, des serveurs d'intranet, des annuaires d'entreprise, des serveurs dédiés aux ressources humaines avec des informations confidentielles de suivi du personnel ou bien encore des serveurs de tests n'ont pas à être joignables à partir du réseau Internet, mais seulement en interne au sein de l'entreprise. En conséquence, ces serveurs peuvent se suffire d'une adresse IP privée, qui ne sera jamais « nattée » par le boîtier NAT puisque ces serveurs reçoivent des requêtes, mais n'en émettent jamais.

Un deuxième niveau d'économie d'adresses IP publique est opéré à l'aide du mécanisme mentionné à la section précédente, qui permet de masquer plusieurs terminaux disposant chacun d'une adresse IP privée avec une seule adresse IP publique, en jouant sur les ports utilisés. Cette méthode est très couramment employée, car elle n'impose aucune condition quant au nombre de terminaux susceptibles d'accéder à Internet dans le réseau local.

Un autre avantage important du NAT concerne la sécurité. Les terminaux disposent en effet d'une protection supplémentaire, puisqu'ils ne sont pas directement adressables de l'extérieur. En outre, le boîtier NAT offre la garantie que tous les flux transitant entre le réseau interne et l'extérieur passent toujours par lui. Si un terminal est mal protégé et ne dispose pas d'un pare-feu efficace, le réseau dans lequel il se connecte peut ajouter des mécanismes de protection supplémentaires au sein de la passerelle NAT, puisqu'elle représente un passage obligé pour tous les flux. Globalement, l'administrateur concentre les mécanismes de sécurisation à un point de contrôle unique et centralisé. Cela explique que, bien souvent, les boîtiers NAT sont couplés avec des pare-feu filtrant les flux.

LISP

Le protocole LISP (Locator/Identifier Separation Protocol) a été développé pour permettre le transport de machines virtuelles d'un datacenter à un autre sans que la VM (machine virtuelle) change d'adresse IP. Pour cela, il faut séparer les deux interprétations de l'adresse IP : l'identificateur de la machine utilisateur (*identifier*) et l'adresse utilisée pour le routage (*locator*). Si l'on veut garder la même adresse de VM, il est nécessaire de différencier ces deux valeurs. C'est ce que fait le protocole LISP, mais ce n'est pas le seul protocole à effectuer cette séparation : les protocoles HIP (Host Identity Protocol) et SHIM6 (Level 3 Multihoming Shim Protocol for IPv6) le font aussi, mais avec des mécanismes fondés sur les machines terminales. Ces deux protocoles sont détaillés au chapitre 16.

Dans l'approche LISP, les routeurs prennent en charge l'association entre l'adresse de la machine terminale, l'EID (Endpoint ID), et l'adresse permettant le routage, le localisateur, ou RLOC (Routing-Locator). Au démarrage de la communication entre une machine terminale et une machine serveur, le trafic est intercepté par un routeur d'entrée, l'iTR (ingress Tunnel Router) qui doit déterminer l'adresse à utiliser pour le routage pour accéder à la machine serveur dont l'adresse est celle de l'EID. La sortie du réseau pour atteindre l'EID s'effectue par le routeur eTR (egress Tunnel Router). Pour réaliser cette opération, le routeur s'adresse à un service d'annuaire, l'EID-RLOC. Une fois obtenue l'adresse de localisation du destinataire RLOC, le paquet peut être routé vers ce destinataire. Ce processus n'est pas visible de la machine et du serveur terminaux.

Il est à noter que LISP permet d'utiliser d'autres adresses que celles de niveau 3 IPv4 ou IPv6, comme une localisation GPS ou une adresse MAC.

Les protocoles de contrôle

Plusieurs protocoles ont été normalisés pour transporter des paquets de contrôle. Les sections qui suivent détaillent ICMP (Internet Control Message Protocol) et IGMP (Internet Group Management Protocol), dont les rôles sont de transporter des informations sur les anomalies de fonctionnement et de superviser le fonctionnement de groupes d'utilisateurs sur Internet.

ICMP (Internet Control Message Protocol)

Dans le transfert en mode sans connexion, décrit au début du chapitre 2, chaque passerelle et chaque machine fonctionnent de façon autonome. De même, le routage et l'envoi des datagrammes se font sans coordination avec l'émetteur. Ce système fonctionne bien tant que toutes les machines n'ont pas de problème et que le routage est correct, mais cela n'est pas toujours le cas.

Outre les pannes du réseau et des machines, des problèmes surviennent lorsqu'une machine est déconnectée du réseau de façon temporaire ou permanente, lorsque la durée de vie du datagramme expire ou lorsque la congestion d'une passerelle est trop importante. Pour permettre aux machines de rendre compte de ces anomalies de fonctionnement, on a ajouté à Internet le protocole d'envoi de messages de contrôle ICMP.

Le destinataire d'un message ICMP n'est pas un processus application, mais le logiciel Internet de la machine. Quand un message est reçu, IP traite le problème. Les messages ICMP ne sont pas uniquement envoyés par les passerelles. N'importe quelle machine du réseau peut envoyer des messages à n'importe quelle autre machine. De la sorte, on a un protocole unique pour tous les messages de contrôle et d'information. Le tableau 10.3 récapitule les principaux messages de contrôle ICMP.

Code message	Type de message ICMP	Code message	Type de message ICMP
0	Echo Reply	12	Parameter Problem on a Datagram
3	Destination Unreachable	13	Timestamp Request
4	Source Quench	14	Timestamp Reply
5	Redirect	17	Address Mask Request
8	Echo Request	18	Address Mask Reply
11	Time Exceeded for a Datagram		

Tableau 10.3 • Messages de contrôle ICMP

Chaque message est doté de son propre format, c'est-à-dire de la composition des champs des informations de supervision. Ce format permet de transporter les informations adéquates pour rendre compte de l'erreur. Les messages ICMP sont transportés dans le champ Données des datagrammes IP. Or ces derniers peuvent être perdus. En cas d'erreur d'un datagramme contenant un message de contrôle, aucun message de rapport de l'erreur n'est transmis, afin d'éviter une explosion du nombre de paquets transportés dans le réseau, que l'on nomme avalanche.

ICMP prend beaucoup plus d'importance avec IPv6, la dernière version du protocole IP, où ARP (Address Resolution Protocol) est remplacé par la fonction ND (Neighbor Discovery) d'ICMP. Cette fonction permet à une station de découvrir le routeur dont elle dépend et les hôtes qu'elle peut atteindre localement. La station construit pour cela une base de connaissances en examinant les paquets qui transitent par son intermédiaire et prend ensuite des décisions de routage et de contrôle. La correspondance de l'adresse IP d'une station avec les adresses locales est appelée résolution d'adresse. Elle est effectuée par ND (Neighbor Discovery).

La station qui utilise ND émet une requête NEIGHBOR SOLICITATION sur sa ligne. L'adresse du destinataire est une adresse multicast prédéterminée de type FF02::1:pruv:wxyz. Cette adresse multicast correspond à une connexion qui part d'un point donné et se dirige vers plusieurs points de destination. Elle est complétée par la valeur pruv:wxyz des 32 derniers bits de l'adresse de la station. Dans IPv6, la valeur du Next-Header est 58 pour indiquer un message ICMP. Le code du message ICMP est 135 pour indiquer une requête NEIGHBOR SOLICITATION. Si la station n'a pas de réponse, elle effectue une nouvelle demande. Les stations qui se reconnaissent sur la même ligne émettent vers la station émettrice un NEIGHBOR ADVERTISEMENT. Pour discuter avec un utilisateur sur un autre réseau, la station a besoin de s'adresser à un routeur. La requête ROUTER SOLICITATION est utilisée à cet effet. La fonction ND permet au routeur gérant la station de se faire connaître. Le message de réponse contient de nombreuses options, comme le temps de vie du routeur – si le routeur ne donne pas de ses nouvelles dans ce temps, il est considéré comme indisponible.

Les messages ROUTER SOLICITATION et ROUTER ADVERTISEMENT ne garantissent pas que le routeur qui s'est fait connaître est le meilleur. Un routeur peut s'en apercevoir et envoyer les paquets de la station vers un autre routeur grâce à une redirection, en en avertissant le poste de travail émetteur.

Une dernière fonction importante d'ICMP permet d'avertir de la perte de communication avec un voisin. Cette fonction est assurée par une requête NEIGHBOR UNREACHABILITY DETECTION.

IGMP (Internet Group Management Protocol)

Internet définit des groupes de diffusion, formés d'ensembles de machines participant à un même travail, de telle sorte qu'un message émis par un participant puisse parvenir à l'ensemble des autres participants. Ces groupes de diffusion doivent être contrôlés pour, par exemple, accueillir de nouveaux clients ou en laisser partir. Le rôle du protocole IGMP est d'effectuer ce contrôle sur les communications entre les membres du groupe.

Les groupes de diffusion sont dynamiques. Une machine peut se rattacher à un groupe ou le quitter à tout moment, l'hôte devant seulement être capable d'émettre et de recevoir des datagrammes en multicast. Cette fonction IP de diffusion vers les membres d'un groupe n'est pas limitée à un groupe se trouvant dans un même sous-réseau physique. Les passerelles propagent également les informations d'appartenance à un groupe et gèrent le routage de façon que chaque machine reçoive une copie de chaque datagramme envoyé au groupe.

Les machines communiquent aux passerelles leur appartenance à un groupe en utilisant le protocole IGMP. Ce dernier est conçu pour optimiser l'utilisation des ressources du réseau. Dans la plupart des cas, le trafic IGMP consiste en un message périodique envoyé par la passerelle gérant le multipoint et en une seule réponse pour chaque groupe de machines d'un sous-réseau.

Pour réaliser la communication à l'intérieur du groupe, le protocole IP Multicast est utilisé. Celui-ci gère les émissions multipoint vers l'ensemble des participants à un groupe et permet l'envoi de datagrammes à plusieurs destinations à la fois de façon performante. IP utilise les adresses de classe D pour indiquer qu'il s'agit d'un envoi multipoint.

Les protocoles de signalisation

La signalisation est un aspect particulièrement débattu dans l'environnement IP, puisqu'elle est *a priori* contradictoire avec la philosophie du monde IP, qui place une adresse complète dans le paquet de façon à pouvoir router à tout moment ce paquet vers son destinataire. L'avantage d'une signalisation normalisée et adoptée par toute la communauté IP est de mettre en place l'équivalent de circuits virtuels. Sur de tels circuits, le flot de paquets peut disposer d'une qualité de service lui permettant d'accueillir des applications exigeantes, comme la parole téléphonique.

Les sections qui suivent présentent les protocoles de signalisation du monde IP, au premier rang desquels RSVP (Resource reSerVation Protocol). Un groupe spécifique de l'IETF, NSIS (Next Steps In Signaling), a été créé en 2002 pour décider de la signalisation à suivre dans le futur monde IP. Ce groupe est arrivé à de premières conclusions, qui sont détaillées au chapitre 23, dévolu à la signalisation.

RSVP

RSVP semble le plus intéressant des protocoles de signalisation de nouvelle génération. Son rôle est d'avertir les nœuds intermédiaires de l'arrivée d'un flot correspondant à des qualités de service déterminées. Par lui-même, RSVP ne permet pas de lancer explicitement la réservation de ressources à la demande d'une application puis de relâcher ces ressources à la fin.

La signalisation s'effectue sur un flot (*flow*), qui est envoyé vers un ou plusieurs récepteurs. Ce flot est identifié par une adresse IP ou un port de destination, ou encore une référence de flot, ou flow-label, dans IPv6.

Du point de vue de l'opérateur de réseau, le protocole RSVP est lié à une réservation, laquelle doit être effectuée dans les nœuds du réseau sur une route particulière ou sur les routes déterminées par un multipoint. Les difficultés rencontrées pour mettre en œuvre ce mécanisme sont de deux ordres : déterminer la quantité de ressources à réserver à tout instant et réserver les ressources sur une route unique, étant donné que le routage des paquets IP fait varier le chemin à suivre.

RSVP effectue la réservation à partir du récepteur, ou des récepteurs dans le cas d'un multipoint. Cela peut paraître surprenant à première vue, mais cette solution s'adapte à beaucoup de cas de figure, en particulier au multipoint. Lorsqu'un nouveau point s'ajoute au multipoint, ce dernier peut réaliser l'adjonction de réservation d'une façon plus simple que ne pourrait le faire l'émetteur.

Les paquets RSVP sont transportés dans la zone de données des paquets IP. La partie supérieure des figures 10.18 à 10.20 illustre les en-têtes d'IPv6. La valeur 46 dans le champ En-tête suivant indique qu'un paquet RSVP est transporté dans la zone de données.

Outre deux champs réservés, le paquet RSVP contient les huit champs suivants :

- **Version.** Indique le numéro de la version de RSVP.
- **Flags.** Quatre bits réservés pour une utilisation ultérieure.
- **RSVP Type.** Le type caractérise le message RSVP. Actuellement, deux types sont plus spécifiquement utilisés : le message de chemin et le message de réservation. Les valeurs qui ont été retenues pour ce champ sont les suivantes :

  1 PATH MESSAGE

  2 RESERVATION MESSAGE

  3 ERROR INDICATION IN RESPONSE TO PATH MESSAGE

  4 ERROR INDICATION IN RESPONSE TO RESERVATION MESSAGE

  5 PATH TEARDOWN MESSAGE

  6 RESERVATION TEARDOWN MESSAGE

- **Cheksum.** Permet de détecter des erreurs sur le paquet RSVP.
- **Longueur du message.** Indiquée sur 2 octets.
- **Réservé.** Premier champ réservé aux extensions ultérieures.
- **Identificateur du message.** Contient une valeur commune à l'ensemble des fragments d'un même message.

- **Réservé.** Autre champ réservé à des extensions ultérieures.
- **Plus de fragment.** Bit indiquant que le fragment n'est pas le dernier. Un zéro est mis dans ce champ pour le dernier fragment.
- **Position du fragment.** Indique l'emplacement du fragment dans le message.

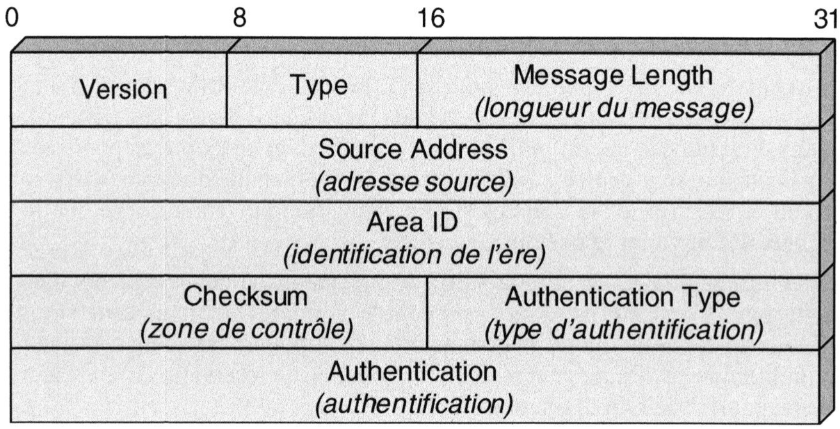

Figure 10.18

Format du message RSVP

La partie Message RSVP regroupe une série d'objets. Chaque objet se présente de la même façon, avec un champ Longueur de l'objet sur 2 octets puis le numéro de l'objet sur un octet, qui détermine l'objet, et enfin un octet pour indiquer le type d'objet.

Le tableau 10.4 récapitule les quinze objets définis.

Numéro objet	Type	Description
0	NULL	Ignoré par le récepteur
1 SESSION	1	Session IPv4 (destination du flot)
	2	Session IPv6
3 RSVP_HOP	1	Adresse du prochain nœud (IPv4)
	2	Adresse du prochain nœud (IPv6)
4 INTEGRITY		Données d'authentification
5 TIME_VALUES	1	Fréquence de rafraîchissement
6 ERROR_SPEC	1	Information d'erreur pour IPv4
	2	Information d'erreur pour IPv6
7 SCOPE	1	Liste des hôtes IPv4 sur lesquels la réservation s'exerce
	2	Liste des hôtes IPv6 sur lesquels la réservation s'exerce
8 STYLE	1	Style de réservation
9 FLOWSPEC	1	Spécification d'un flot demandant un contrôle du délai
	2	Spécification d'un flot demandant une qualité de service
	3	Spécification d'un flot demandant une qualité de service garantie
	254	Spécification d'un flot contenant plusieurs sous-flots
10 FILTER_SPEC	1	Filtre pour IPv4 à appliquer au flot
	2	Filtre pour IPv6 utilisant des valeurs du port source
	3	Filtre pour IPv6 utilisant des valeurs des étiquettes de flots
11SENDER_TEMPLATE	1	Description du flot IPv4 que l'émetteur génère
	2	Description du flot IPv6 que l'émetteur génère
12 SENDER_TSPEC	1	Borne supérieure sur le trafic généré par l'émetteur
13 ADSPEC		Information d'avertissement d'un flot émis par l'émetteur
14 POLICY_DATA	1	Information sur la politique suivie par un flot
	254	Information sur les politiques suivies par plusieurs flots
20 TAG	1	Collection d'objets associés à un nom donné

TABLEAU 10.4 • Objets de RSVP

Les spécifications de RSVP contiennent les descriptions précises des chemins suivis par les messages, y compris les objets nécessaires et l'ordre dans lequel ces objets apparaissent dans le message.

Les figures 10.19 et 10.20 donnent des exemples de messages RSVP. La figure 10.21 décrit en complément le format d'indication des erreurs dans RSVP.

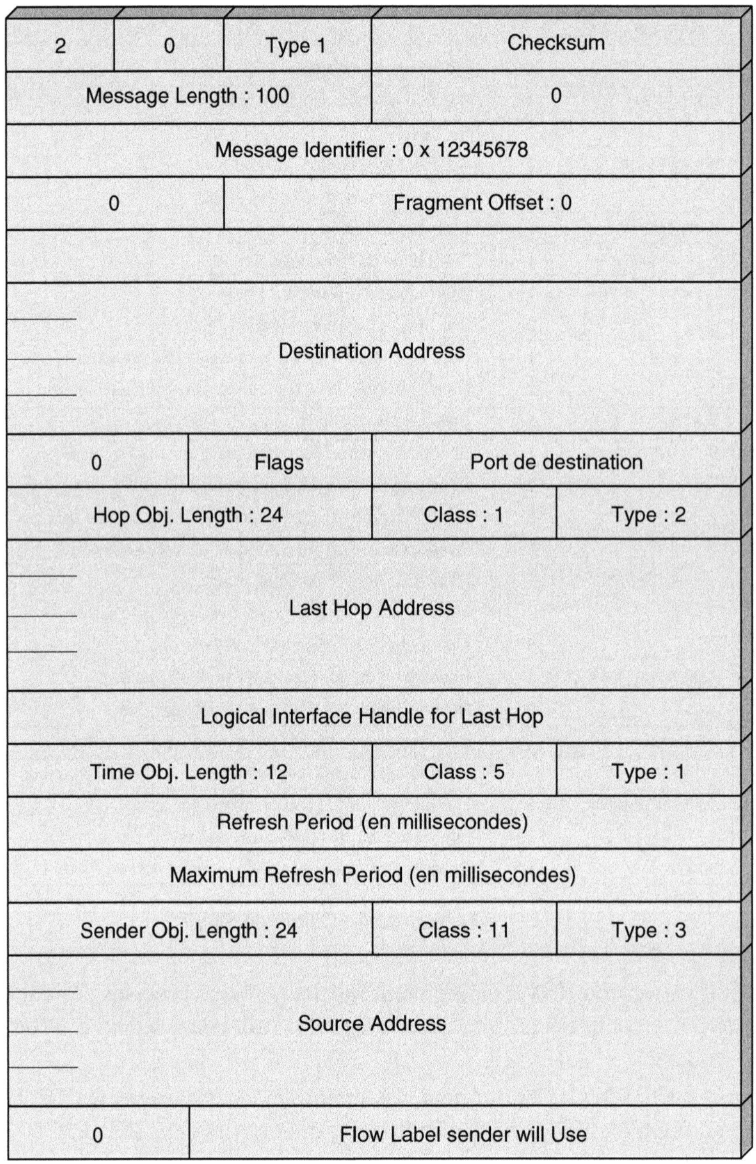

Figure 10.19

Message pour déterminer le chemin RSVP

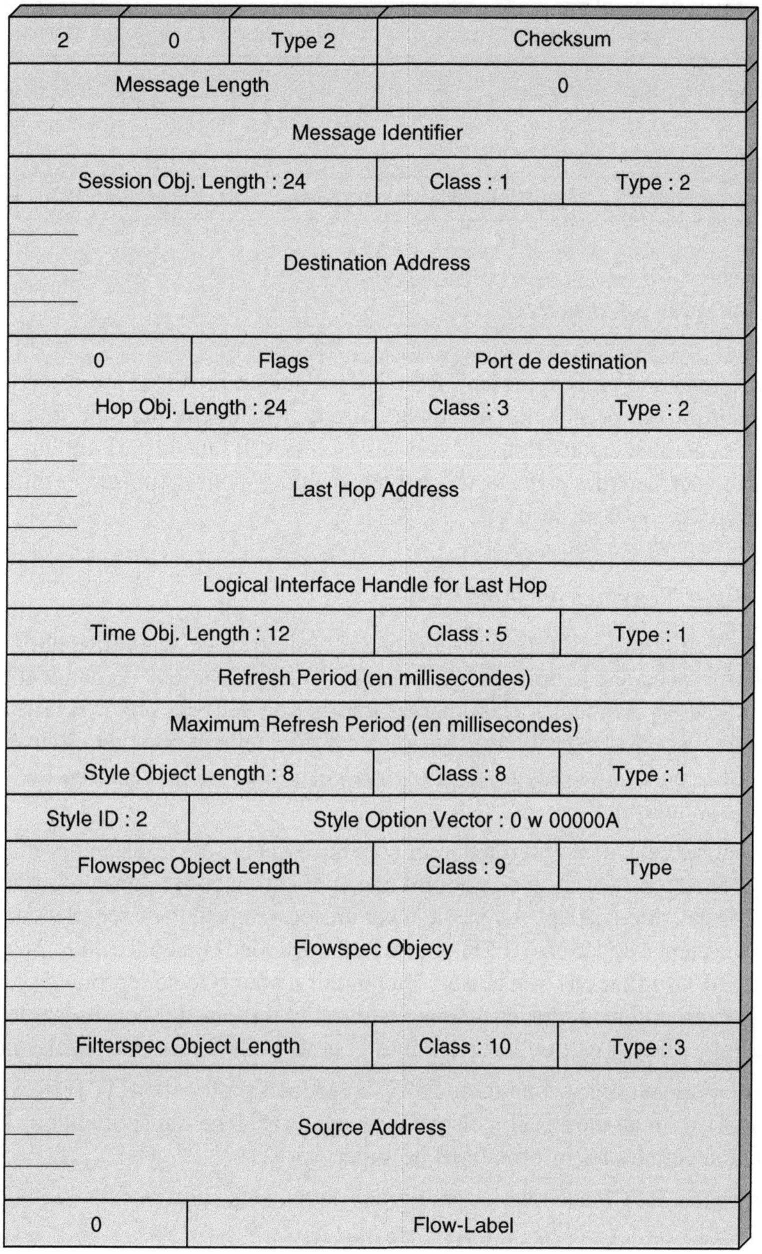

Figure 10.20

Paquet de réservation RSVP

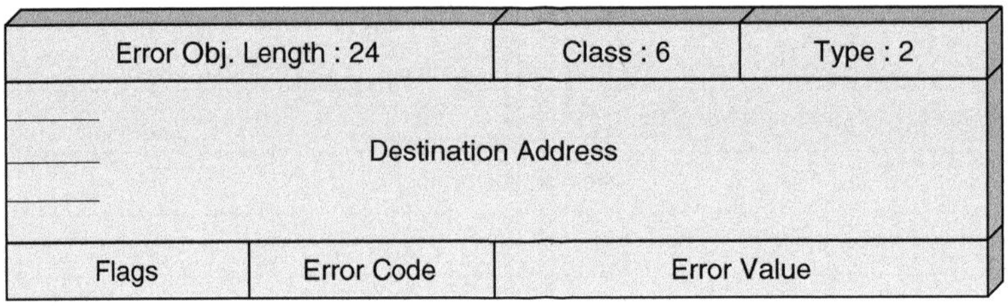

Figure 10.21

Format d'indication des erreurs dans RSVP

Comme expliqué précédemment, RSVP n'est pas un protocole de réservation, mais une signalisation, qui permet aux nœuds de faire de leur mieux par rapport à la connaissance qu'ils ont des principaux flots qui vont les traverser. Il faut ensuite appliquer une politique d'ordonnancement des paquets, de type fair-queuing, pour optimiser les différentes qualités de service requises sur les flots.

RTP (Real-time Transport Protocol)

La prise en charge d'applications temps réel, comme la parole téléphonique ou la visioconférence, est le défi lancé à Internet. Ces applications demandent des qualités de service que les protocoles classiques d'Internet ne peuvent offrir. RTP a été conçu pour tenter de résoudre ce problème, qui plus est directement dans un environnement multipoint, en prenant à sa charge aussi bien la gestion du temps réel que l'administration de la session multipoint.

Pour réaliser cela, deux intermédiaires sont nécessaires, des translateurs et des mixeurs. Un translateur a pour fonction de traduire une application codée dans un certain format en un autre format, mieux adapté au passage par un sous-réseau. Par exemple, une application de visioconférence codée en MPEG pourrait être décodée et recodée en H.261 pour réduire la quantité d'informations transmises. Un mixeur a pour rôle de regrouper plusieurs applications correspondant à plusieurs flots distincts en un seul flot conservant le même format. Cette approche est particulièrement intéressante pour les flux de paroles numériques.

Pour réaliser le transport en temps réel, un second protocole, RTCP (Real-Time Control Protocol), a été ajouté à RTP puisque les paquets RTP ne transportent que les données des utilisateurs et non les informations de supervision.

Le protocole RTCP accepte les cinq types de paquets suivants :

- 200 : SENDER REPORT (rapport de l'émetteur) ;
- 201 : RECEIVER REPORT (rapport du récepteur) ;
- 202 : DESCRIPTION SOURCE (description de la source) ;
- 203 : BYE (au revoir) ;
- 204 : APPLICATION SPECIFIC (application spécifique).

Ces différents paquets donnent aux nœuds du réseau les instructions nécessaires à un meilleur contrôle des applications temps réel.

La qualité de service

La qualité de service est une condition nécessaire au passage du multimédia dans les réseaux IP. Les réflexions menées sur l'architecture TCP/IP pour aller dans ce sens sont nombreuses.

L'IETF a d'abord proposé l'architecture ISA (Integrated System Architecture), qui regroupe des protocoles tels que IPv6 et RSVP. Pour que cette architecture soit efficace, il faut se placer dans un réseau intranet, où une affectation des coûts par rapport au service demandé est possible. Dans le cas contraire, l'ensemble des utilisateurs acquiert rapidement la priorité la plus haute.

Cette architecture se fonde essentiellement sur la connaissance de ce qui est transporté dans le paquet IP. Dans IPv4, les informations se trouvent dans le champ ToS (Type of Service). Dans IPv6, on utilise la zone de priorité et éventuellement le flow-label. Les routeurs peuvent prendre en compte cette information et traiter les paquets suivant un ordonnancement prédéterminé. Plusieurs solutions d'ordonnancement peuvent être choisies, dont l'une des plus classiques est le fair-queuing.

Le fair-queuing consiste à placer les clients entrants dans plusieurs files d'attente en fonction de leur priorité et à les traiter dans un ordre qui les satisfasse tous au mieux. Si l'on prend les clients strictement dans leur ordre de priorité, les derniers servis risquent d'avoir une qualité de service désastreuse, alors même qu'un paquet prioritaire pourrait parfois attendre sans que cela le défavorise.

L'IETF a fait de nombreuses autres propositions ces dernières années pour introduire la qualité de service dans les réseaux IP. Ne sont décrites ici que les deux plus importantes, IntServ et DiffServ.

L'IETF propose l'utilisation de deux grandes catégories de services, qui se déclinent en sous-services dotés de différentes qualités de service : les services intégrés IntServ (Integrated Services) et les services différenciés DiffServ (Differentiated Services). Les services intégrés sont gérés indépendamment les uns des autres, tandis que les services différenciés rassemblent plusieurs applications simultanément. La première solution est souvent choisie pour le réseau d'accès et la seconde pour l'intérieur du réseau lorsqu'il y a beaucoup de flots à gérer.

Les services intégrés IntServ disposent des trois classes suivantes :

- Le service garanti (Guaranteed Service), qui est l'équivalent des CBR et VBR-rt de l'ATM.
- Le service contrôlé (Controlled Load), qui est l'équivalent du service ABR avec un minimum garanti (*guaranteed minimum cell rate*).
- Le best-effort, qui est l'équivalent de l'UBR ou du GFR.

Les services différenciés, ou DiffServ, disposent des trois classes suivantes :

- Le service garanti (Expedited Forwarding), ou service Premium, qui est l'équivalent des CBR et VBR-rt de l'ATM.
- Le service contrôlé (Assured Forwarding), qui est l'équivalent du service ABR avec minimum garanti (Guaranteed Minimum Cell Rate).
- Le best-effort, équivalant à l'UBR ou au GFR.

IntServ (Integrated Services)

Le service IntServ intègre deux niveaux de service différents avec des garanties de performance. C'est un service orienté flot, c'est-à-dire que chaque flot peut faire sa demande spécifique de qualité de service. Pour obtenir une garantie précise, le groupe de travail IntServ a considéré que seule une réservation de ressources était capable d'apporter à coup sûr les moyens de garantir la demande.

Comme expliqué précédemment, trois sous-types de services sont définis dans IntServ : un service avec une garantie totale, un service avec une garantie partielle et le service best-effort. Le premier correspond aux services rigides avec contraintes fortes à respecter, et les deuxième et troisième aux services dits élastiques, qui n'ont pas de contraintes fortes.

Lorsqu'ils reçoivent une demande *via* le protocole RSVP, les routeurs peuvent l'accepter ou la refuser. Cette demande s'effectue comme pour le protocole RSVP du récepteur vers l'émetteur après une phase aller. Une fois la demande acceptée, les routeurs placent les paquets correspondants dans une file d'attente de la classe de service demandée.

Le service IntServ doit posséder les composantes suivantes :

- Une procédure de signalisation pour avertir les nœuds traversés. Le protocole RSVP est supposé remplir cette tâche.
- Une méthode permettant d'indiquer la demande de qualité de service de l'utilisateur dans le paquet IP afin que les nœuds puissent en tenir compte.
- Un contrôle de trafic pour maintenir la qualité de service.
- Un mécanisme pour faire passer le niveau de qualité au réseau sous-jacent, s'il existe.

Le service garanti GS affecte une borne supérieure au délai d'acheminement. Pour cela, un protocole de réservation comme RSVP est nécessaire. La demande de réservation comporte deux parties : une spécification de la qualité de service déterminée par un FlowSpec et une spécification des paquets qui doivent être pris en compte par un filtre, le FilterSpec. En d'autres termes, certains paquets du flot peuvent avoir une qualité de service, mais pas forcément les autres. Chaque flot possède sa qualité de service et son filtre, qui peut être fixe (*fixed filter*), partagé avec d'autres sources (*shared-explicit*) ou encore spécifique (*wildcard filter*).

Le service partiellement garanti CL (Controlled Load) doit garantir une qualité de service à peu près égale à celle offerte par un réseau peu chargé. Cette classe est essentiellement utilisée pour le transport des services élastiques. Les temps de transit dans le réseau des flots CL doivent être similaires à ceux de clients d'une classe best-effort dans un réseau très peu chargé. Pour arriver à cette fluidité du réseau, il faut intégrer une technique de contrôle.

Les deux services doivent pouvoir être réclamés par l'application *via* l'interface. Deux possibilités sont évoquées dans la proposition IntServ : l'utilisation de la spécification GQoS Winsock2, qui permet le transport d'applications point-à-point et multipoint, et RAPI (RSVP API), qui est une interface applicative sous UNIX.

L'ordonnancement des paquets dans les routeurs est un deuxième mécanisme nécessaire. Un de ceux les plus classiquement proposés est le WFQ (Weighted Fair Queuing). Cet algorithme placé dans chaque routeur demande une mise en file d'attente des paquets suivant leur priorité. Les files d'attente sont servies dans un ordre déterminé par un ordonnancement dépendant de l'opérateur. Généralement, le nombre de paquets servis à chaque passage du serveur dépend du paramètre de poids de la file d'attente.

Il existe de nombreuses solutions pour gérer la façon dont le service est affecté aux files d'attente, généralement fondées sur des niveaux de priorité. Citons notamment l'algorithme Virtual Clock, qui utilise une horloge virtuelle pour déterminer les temps d'émission, et SCFQ (Self-Clocked Fair Queuing), qui travaille sur des intervalles de temps minimaux entre deux émissions de paquets d'une même classe, intervalle dépendant de la priorité.

Le service IntServ pose le problème du passage à l'échelle, ou scalabilité, qui désigne la possibilité de continuer à bien se comporter lorsque le nombre de flots à gérer devient très grand, comme c'est le cas sur Internet. Le contrôle IntServ se faisant sur la base de flots individuels, les routeurs du réseau IntServ doivent en effet garder en mémoire les caractéristiques de chaque flot. Une autre difficulté concerne le traitement des différents flots dans les nœuds IntServ : quel flot traiter avant tel autre lorsque des milliers de flots arrivent simultanément avec des classes et des paramètres associés distincts ?

En l'absence de solution reconnue à tous ces problèmes, la seconde grande technique de contrôle, DiffServ, essaie de trier les flots dans un petit nombre bien défini de classes, en multiplexant les flots de même nature dans des flots plus importants, mais toujours en nombre limité. IntServ peut cependant s'appliquer à de petits réseaux comme les réseaux d'accès. D'autres recherches vers des processeurs de gestion spécialisés dans la qualité de service ont débouché récemment sur des équipements capables de traiter plusieurs dizaines, voire centaines de milliers de flots.

Le groupe de travail ISSLL (Integrated Services over Specific Link Layers) de l'IETF cherche à définir un modèle IntServ agissant sur un niveau trame de type ATM, Ethernet, relais de trames, PPP, etc. En d'autres termes, l'objectif est de proposer des mécanismes permettant de faire passer le niveau de priorité de la classe vers des classes parfois non équivalentes et de choisir dans le réseau sous-jacent des algorithmes susceptibles de donner un résultat équivalent à celui qui serait obtenu dans le monde IP.

DiffServ (Differentiated Services)

Le principal objectif de DiffServ est de proposer un schéma général permettant de déployer de la qualité de service sur un grand réseau IP et de réaliser ce déploiement assez rapidement.

DiffServ sépare l'architecture en deux composantes majeures : la technique de transfert et la configuration des paramètres utilisés lors du transfert. Cela concerne aussi bien le traitement reçu par les paquets lors de leur transfert dans un nœud que la gestion des files d'attente et la discipline de service. La configuration de tous les nœuds du chemin s'effectue selon une manière appelée PHB (Per-Hop Behavior). Ces PHB déterminent les différents traitements correspondant aux flots qui ont été différenciés dans le réseau.

DiffServ définit la sémantique générale des PHB et non les mécanismes spécifiques qui permettent de les implémenter. Les PHB sont définis une fois pour toutes, tandis que les mécanismes peuvent être modifiés et améliorés, voire être différents suivant le type de réseau sous-jacent.

Les PHB et les mécanismes associés doivent facilement pouvoir être déployés dans les réseaux IP, ce qui demande que chaque nœud puisse gérer les flots grâce à un certain nombre de mécanismes, comme l'ordonnancement, la mise en forme ou la perte des paquets traversant un nœud.

DiffServ agrège les flots en classes, appelées agrégats, qui offrent des qualités de service spécifiques. La qualité de service est assurée par des traitements effectués dans les routeurs spécifiés par un indicateur situé dans le paquet IP. Les points d'agrégation des trafics entrants sont généralement placés à l'entrée du réseau. Les routeurs sont configurés grâce au champ DSCP (DiffServ Code Points) du paquet IP, qui forme la première partie d'un champ plus général appelé DS (Differentiated Service) et contenant aussi un champ CU (Currently Unused). Dans IPv4, ce champ DS est pris sur la zone ToS (Type of Service), qui est de ce fait redéfinie par rapport à sa première utilisation. Dans IPv6, ce champ se situe dans la zone TC (Traffic Class) de la classe de service.

La figure 10.22 illustre le champ DS dans les paquets IPv4 et IPv6. Le champ DSCP prend place dans le champ TOS (Type of Service) d'IPv4 et dans le champ Traffic Class d'IPv6. Le champ DSCP tient sur 6 des 8 bits et est complété par deux bits CU. Le DSCP détermine la classe de service PHB.

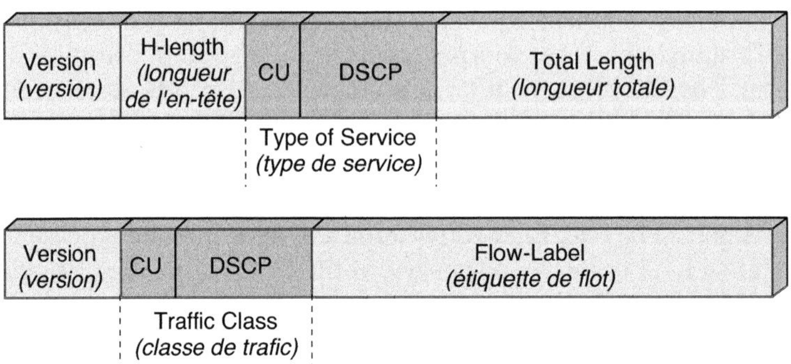

Figure 10.22

Champ DSCP des paquets IPv4 et IPv6

Le champ de 6 bits du DSCP doit être interprété par le nœud pour attribuer au paquet le traitement correspondant à la classe PHB indiquée. Les deux bits CU doivent être ignorés lors du traitement dans un nœud DiffServ normalisé. Par l'intermédiaire d'une table, les valeurs du DSCP déterminent les PHB acceptables par le nœud. Une valeur par défaut doit toujours être indiquée lorsque le champ DSCP ne correspond à aucun PHB.

Les opérateurs de télécommunications peuvent définir leurs propres valeurs de DSCP pour un PHB donné, à la place de la valeur recommandée par la standardisation de l'IETF. Ces opérateurs doivent toutefois fournir dans les passerelles de sortie la valeur standard du DSCP de façon que ce champ soit interprété convenablement par l'opérateur suivant. En particulier, un DSCP non reconnu doit toujours être interprété par une valeur par défaut.

La définition de la structure du champ DS est incompatible avec celle du champ ToS de la RFC 791 qui définit IPv4. Ce champ TOS avait été conçu pour indiquer les critères à privilégier dans le routage. Parmi les critères prévus se trouvent le délai, la fiabilité, le coût et la sécurité.

Outre le service BE (best-effort), deux PHB assez semblables à ceux de IntServ sont définis dans DiffServ :

- EF (Expedited Forwarding), ou service garanti, que l'on appelle aussi service Premium ou Premier.
- AF (Assured Forwarding), ou service assuré, que l'on appelle aussi parfois Assured Service ou encore service Olympic ou Olympique.

Il existe quatre sous-classes de services en AF déterminant des taux de perte acceptables pour les flots de paquets considérés. On peut les classer en Platinum (platine), Gold (or), Silver (argent) et Bronze (bronze). Comme cette terminologie n'est pas normalisée, il est possible d'en rencontrer d'autres. À l'intérieur de chacune de ces classes, trois sous-classes triées selon leur degré de priorité les unes par rapport aux autres sont définies. La classe AF1*x* est la plus prioritaire, puis vient la classe AF2*x*, etc. Il existe donc au total douze classes standardisées, mais peu d'opérateurs les mettent en œuvre. En règle générale, les opérateurs se satisfont des trois classes de base du service AF, et donc de cinq classes au total en ajoutant les services EF et BE.

Les valeurs portées par le champ DSCP associées à ces différentes classes sont illustrées à la figure 10.23. Par exemple, la valeur 101110 du champ DSCP indique que le paquet est de type EF (Expedited Forwarding). La classe Best Effort porte la valeur 000000.

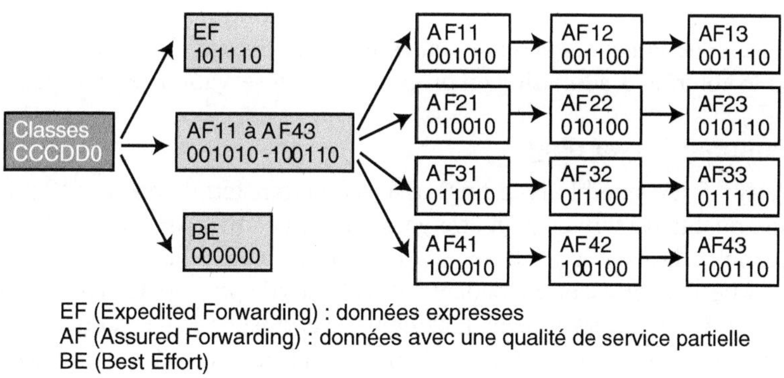

Figure 10.23

Classes de service de DiffServ et valeurs des champs DSCP associés

Le DSCP 11x000 est réservé à des classes de clients encore plus prioritaires que la classe EF. Il peut, par exemple, être utilisé pour des paquets de signalisation.

EF (Expedited Forwarding)

Le PHB EF (Expedited Forwarding) est défini comme un transfert de paquets pour une agrégation de flots provenant de nœuds DiffServ telle que le taux de service des paquets de cet agrégat soit supérieur à un taux déterminé par l'opérateur. Le trafic EF doit pouvoir recevoir un taux de service indépendamment des autres trafics circulant dans le réseau. En terme encore plus précis, le taux du trafic EF doit être supérieur ou égal au taux déterminé par l'opérateur mesuré sur n'importe quel intervalle de temps au moins égal à la taille d'une MTU (Maximum Transmission Unit). Si le PHB EF est implémenté grâce à un mécanisme de priorité sur les autres trafics, il faut que le taux de trafic de l'agrégat EF ne dépasse pas une limite qui deviendrait inacceptable pour les PHB des autres classes de trafic.

Plusieurs types de mécanismes d'ordonnancement peuvent être utilisés pour répondre à ces contraintes. Une file prioritaire est le mécanisme le plus simple pour réaliser le service (le PHB) EF tant qu'il n'y a pas d'autres files d'attente plus prioritaires pour préempter les paquets EF de plus d'un paquet pour une proportion de temps déterminée par le taux de service des paquets de l'agrégat EF. Il est possible d'utiliser une file d'attente normale dans un groupe de files d'attente gérées par un mécanisme de tour de rôle avec poids (Weighted Round Robin) ou d'utiliser un partage de la bande passante de la file de sortie du nœud, permettant à la file EF d'atteindre le taux de service garanti par l'opérateur. Un autre mécanisme potentiel, appelé partage CBQ (Class Based Queuing), donne à la file EF une priorité suffisante pour obtenir au moins le taux de service garanti par l'opérateur.

Le trafic Expedited Forwarding correspond au trafic sensible au délai et à la gigue. Il est doté d'une priorité forte dans les nœuds, mais doit être contrôlé pour que la somme des trafics provenant des différentes sources et passant sur une même liaison ne dépasse pas la capacité nominale déterminée par l'opérateur.

Plusieurs solutions permettent de réserver la bande passante proposée aux flots de paquets EF. Un protocole de type RSVP, par exemple, peut effectuer les réservations de bande passante nécessaires. Une autre solution consiste à utiliser un serveur spécialisé dans la distribution de la bande passante, ou Bandwidth Broker. Ce serveur de bande passante réalise le contrôle d'admission en proposant une réservation centralisée.

AF (Assured Forwarding)

Les PHB AF (Assured Forwarding) assurent le transfert de paquets IP pour lesquels une certaine qualité de service peut être garantie. Les trafics AF sont subdivisés en *n* classes AF distinctes. Dans chaque classe un paquet IP se voit assigner un taux de perte maximal et une priorité à la perte, correspondant à des classes de priorité. Un paquet IP qui appartient à la classe AFi et qui possède un taux de perte correspondant à la priorité j est marqué par un DSCP AFij (*voir figure 10.24*). Comme expliqué précédemment, douze classes sont définies pour DiffServ, correspondant à quatre classes AF avec des garanties sur la perte de paquets. Les quatre classes correspondant aux taux de perte garantie sont appelées Platinium, Or, Argent et Bronze, chaque classe ayant trois niveaux de priorité différents.

Les paquets d'une classe AF sont transférés indépendamment de ceux des autres classes AF. En d'autres termes, un nœud ne peut pas agréger de flots ayant des DSCP différents dans une classe commune.

Un nœud DiffServ doit allouer un ensemble de ressources minimales à chaque PHB AF pour que ceux-ci puissent remplir le service pour lequel ils ont été mis en place. Une classe AF doit posséder des ressources minimales en mémoire et en bande passante pour qu'un taux de service minimal, déterminé par l'opérateur, puisse être réalisé sur une échelle de temps potentiellement assez longue. En d'autres termes, sur un intervalle de temps relativement long, pouvant se compter en seconde, une garantie de débit doit être procurée aux services AF.

Un nœud AF doit pouvoir être configuré pour permettre à une classe AF de recevoir plus de ressources de transfert que le minimum quand des ressources supplémentaires sont disponibles dans le réseau. Cette allocation supplémentaire n'est pas forcément proportionnelle au niveau de la classe, mais l'opérateur doit être capable de réallouer les ressources libérées par la classe EF sur les PHB AF. Les priorités doivent toutefois être respectées, une classe de meilleure priorité ne devant pas perdre plus de paquets qu'une classe avec une priorité inférieure, même si la perte reste en dessous du niveau admissible.

Un domaine implémentant des services AF doit, par l'intermédiaire des routeurs frontière, être capable de contrôler les entrées de trafics AF pour que les qualités de service déterminées pour chaque classe AF soient satisfaites. Les routeurs frontière doivent pour cela mettre en place des mécanismes de mise en forme du trafic (*shaper*), de destruction de paquets (*dropper*), d'augmentation ou de diminution des pertes de paquets par classe AF et de réassignation de trafics AF dans d'autres classes AF. Les actions d'ordonnancement ne doivent pas causer de remise en ordre des paquets d'un même microflot, un microflot étant un flot particulier à l'intérieur d'un agrégat d'une classe de PHB.

L'implémentation d'une stratégie AF doit minimiser le taux de congestion à l'intérieur de chaque classe, même si des congestions de courte durée sont admissibles suite à des superpositions de flots continus de paquets (*bursts*). Cela demande un algorithme de gestion dynamique dans chaque nœud AF. Un exemple d'un tel algorithme est RED (Random Early Discard). La congestion à long terme doit aussi être évitée grâce à des pertes de paquets correspondant aux niveaux de priorité, et celle à court terme grâce à des files d'attente permettant de mettre en attente certains paquets. Les algorithmes de mise en forme du trafic doivent par ailleurs être capables de détecter les paquets susceptibles d'engendrer des congestions à long terme.

L'algorithme de base permettant d'effectuer le contrôle des trafics AF est WRED, ou Weighted RED. Il consiste à essayer de maintenir le réseau dans un état fluide. Les pertes de paquets doivent être proportionnelles à la longueur des files d'attente. En d'autres termes, les paquets en surplus puis les paquets normaux sont éliminés dès que le trafic n'est plus fluide. Le temps écoulé depuis la dernière perte sur un même agrégat est pris en compte dans l'algorithme. La procédure essaie de distribuer le contrôle à l'ensemble des nœuds et non plus au seul nœud congestionné. Les algorithmes de destruction de paquets doivent être indépendants du court terme et des microflots, ainsi que des microflots à l'intérieur des agrégats.

L'interconnexion de services AF peut être assez difficile à réaliser du fait de la relative imprécision des niveaux de service des différents opérateurs s'interconnectant.

Une solution pour permettre la traversée d'un agrégat dans un réseau IP non conforme à DiffServ consiste à réaliser un tunnel avec une qualité de service supérieure à celle du PHB. Lorsqu'un agrégat de paquets AF utilise le tunnel, la qualité de service assurée par ce dernier doit permettre au PHB de base d'être respecté à la sortie du tunnel.

Un client qui demande un trafic Assured Forwarding doit négocier un agrément de service, ou SLA, correspondant à un profil déterminé par un ensemble de paramètres de qualité de service, ou SLS. Le SLS indique un taux de perte et, pour les services EF, un temps de réponse moyen et une gigue du temps de réponse. Le trafic n'entrant pas dans le profil est détruit en priorité si un risque de congestion existe qui ne permettrait pas au trafic conforme d'atteindre sa qualité de service.

Architecture d'un nœud DiffServ

L'architecture d'un nœud DiffServ est illustrée à la figure 10.24. Elle comprend une entrée contenant un classificateur (*classifier*), dont le rôle est de déterminer le bon chemin à l'intérieur du nœud. L'embranchement choisi dépend de la classe détectée par le classificateur.

Viennent ensuite des organes appelés Meter, ou métreurs. Un métreur détermine si le paquet a les performances requises par sa classe et décide de la suite du traitement. Le métreur connaît l'ensemble des files d'attente du nœud ainsi que les paramètres de qualité de service demandés par l'agrégat auquel appartient le paquet. Il peut décider de la destruction éventuelle d'un paquet, si sa classe le permet, ou de son envoi vers une file d'attente de sortie. Le nœud DiffServ peut aussi décider de changer ce paquet de classe ou bien de le multiplexer avec d'autres flots (*voir plus loin*). L'organe Dropper, ou suppresseur, peut décider de perdre ou non, c'est-à-dire de détruire ou non le paquet, tandis que le suppresseur absolu (Absolute Dropper) élimine automatiquement le paquet.

En d'autres termes le métreur (Meter) peut prendre une décision de destruction et envoyer le paquet dans un suppresseur absolu (Absolute Dropper), alors que le métreur (Meter) ne fait que déterminer les paramètres de performance et laisse au suppresseur (Dropper) le soin de détruire ou non le paquet suivant d'autres critères que la mesure brute de la performance.

Pour certains paquets, comme les paquets BE (Best Effort), il n'est pas nécessaire de se poser la question de la performance puisqu'il n'y a aucune garantie sur l'agrégat. Il suffit de savoir si le paquet doit être perdu ou non. Cela correspond à la branche D sur la figure 10.7. Sur cette même figure, la première branche (A) correspond aux clients EF ou Premium, les deux suivantes (B et C) à des clients AF, avec des clients Gold dans le chemin haut et Silver ou Bronze dans l'autre chemin, et la dernière branche (D) à des clients BE.

L'architecture d'un nœud DiffServ se termine par des files d'attente destinées à mettre en attente les paquets avant leur émission sur la ligne de sortie déterminée par le routage. Un algorithme de priorité est utilisé pour traiter l'ordre d'émission des paquets. L'ordonnanceur (Scheduler) s'occupe de cette fonction. L'algorithme le plus simple revient à traiter les files suivant leur ordre de priorité et à ne pas laisser passer les clients d'une autre file tant qu'il y a encore des clients dans une file prioritaire.

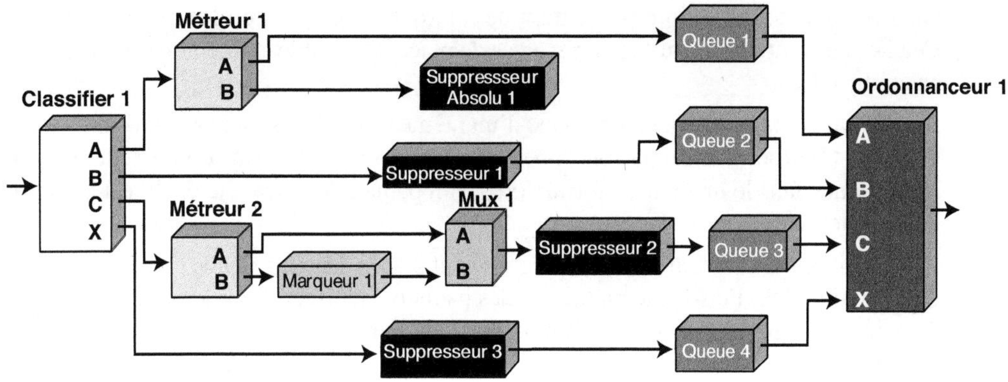

Figure 10.24

Architecture d'un nœud DiffServ

De nombreux autres algorithmes permettent de donner un poids spécifique aux files d'attente de telle façon qu'un client non prioritaire puisse être servi avant un client prioritaire. Parmi ces algorithmes, citons WFQ (Weighted Fair Queuing), dans lequel chaque file d'attente comporte un poids, par exemple 70 pour la file EF, 20 pour la file AF Gold et 10 pour l'autre file AF. L'ordonnanceur (Scheduler) laisse passer pendant 70 % du temps les clients EF. Si ces clients dépassent l'utilisation de 70 %, l'ordonnanceur accepte de laisser passer des clients AF Gold pendant les 20 % du temps restant et pendant 10 % des clients AF Silver ou Bronze.

L'ensemble des actions subies par un paquet dans un nœud DiffServ est réalisé par un organe général appelé conditionneur (Conditioner). Un conditionneur de trafic peut contenir les éléments suivants : métreur, marqueur (Marker), metteur en forme et suppresseur de paquets. Un flot est sélectionné par le classificateur. Un métreur est utilisé pour mesurer le trafic en comparaison du profil. La mesure effectuée par le métreur pour un paquet déterminé peut être utilisée pour déterminer s'il faut envoyer le paquet vers un marqueur ou un suppresseur de paquet.

Lorsque le paquet sort du conditionneur, il doit posséder la valeur appropriée du DSCP. Le métreur obtient les propriétés temporelles du flot de paquets sélectionnés par le classificateur en fonction d'un profil déterminé par un TCA (Traffic Conditioning Agreement). Le métreur envoie ces informations aux autres organes du conditionneur, lesquels mettent en œuvre des fonctions spécifiques adaptées aux paquets pour que ceux-ci reçoivent les traitements appropriés, qu'ils se trouvent dans le profil ou hors profil.

Les marqueurs de paquets positionnent le champ DSCP à une valeur particulière et ajoutent le paquet au flux agrégé correspondant. Le marqueur peut être configuré pour marquer tous les paquets à la bonne valeur du DSCP ou pour choisir un DSCP particulier pour un ensemble de PHB prédéterminé.

Les metteurs en forme ont pour objectif de retarder des paquets d'un même flot pour les mettre en conformité avec un profil déterminé. Un metteur en forme possède généralement une mémoire de taille finie permettant de retarder les paquets en les mettant en attente. Ceux-ci peuvent être détruits s'il n'y a pas de place disponible en mémoire pour les mettre en conformité.

Les suppresseurs détruisent les paquets d'un même flot qui ne sont pas conformes au profil de trafic. Ce processus est parfois appelé « policing » de trafic. Un suppresseur est parfois implémenté dans le metteur en forme lorsqu'un paquet doit être rejeté, s'il est impossible de le remettre dans le profil.

Les conditionneurs de trafic sont le plus souvent placés dans les nœuds d'entrée et de sortie des domaines DS. Puisque le marquage des paquets est effectué par les nœuds d'entrée du domaine, un agrégat provenant d'un autre opérateur est supposé être conforme au TCA approprié.

Les PHB (Per Hop Behavior)

Un PHB est une description de la façon de transférer des paquets d'un même agrégat à l'intérieur d'un nœud DiffServ. La façon de transférer des paquets est un concept très général dans ce contexte. Par exemple, s'il n'y a qu'un seul PHB dans un nœud, la façon de transférer les paquets est simple et permet facilement de déduire le temps de réponse, les pertes et la gigue, qui ne dépendent que de la charge du nœud. Des distinctions sur la façon de transférer des paquets peuvent s'observer lorsque plusieurs agrégats ayant des PHB différents entrent en compétition dans un nœud pour acquérir de la mémoire ou de la bande passante. Les PHB doivent donc définir les moyens par lesquels les ressources sont attribuées aux différents agrégats.

Le PHB le plus simple est celui qui garantit une bande passante d'au moins $x\%$ d'une liaison physique sur un intervalle de temps significatif par rapport à la vie de l'agrégat. Ce PHB est facile à mesurer, même en présence de nombreux autres agrégats ayant des PHB différents. Un PHB un peu plus complexe pourrait garantir au moins $x\%$ d'une liaison physique avec un partage équitable de la bande passante non distribuée entre les agrégats traversant un nœud. En règle générale, l'observation d'un PHB dépend des contraintes posées par les différents agrégats qui se partagent les nœuds de transfert.

Des PHB peuvent être spécifiés pour la priorité d'allocation des ressources (mémoire, bande passante, etc.) des nœuds de transfert en fonction des garanties accordées aux différents paquets des agrégats (délai, perte, etc.). Ces PHB peuvent être utilisés comme des briques de base qui permettent de construire des groupes de PHB cohérents. Les groupes de PHB se partagent des contraintes communes s'appliquant à chaque PHB à l'intérieur d'un groupe. Les relations entre les PHB à l'intérieur d'un groupe peuvent s'exprimer en termes de priorité de perte de paquets relative ou absolue, autrement dit avec des seuils déterministes ou stochastiques, ou de partage équilibré des ressources.

Les PHB sont implémentés dans les nœuds au moyen de gestionnaires de mémoires et de mécanismes d'ordonnancement de paquets. Ils sont définis par la façon dont les transferts s'effectuent et dépendent fortement des politiques d'allocation de ressources, plutôt que de l'implémentation de mécanismes particuliers. De nombreux mécanismes peuvent être utilisés pour implémenter un groupe de PHB particulier. Plusieurs groupes de PHB peuvent être implémentés dans un nœud et dans un domaine, par exemple. Les groupes de PHB doivent être définis de telle sorte que l'allocation des ressources entre les groupes puisse se déduire facilement et que les mécanismes puissent être partagés par les différents groupes de PHB. La définition d'un groupe de PHB indique les conflits possibles avec les groupes de PHB déjà définis de façon à éviter les opérations incohérentes.

Un PHB est sélectionné dans un nœud par la valeur du DSCP portée par un paquet. Les PHB standards ont un DSCP associé. L'ensemble des DSCP étant plus grand que l'espace disponible pour les DSCP recommandés dans DiffServ, le champ DS laisse la possibilité en local de faire correspondre un PHB à plusieurs DSCP. Tous les DSCP doivent toutefois avoir un PHB correspondant. Si ce n'est pas le cas, un PHB par défaut est affecté à un DSCP non connu.

Le modèle d'architecture de DiffServ

Dans le modèle d'architecture d'un réseau DiffServ le trafic entrant dans le réseau est classifié et éventuellement conditionné dans les routeurs frontière du réseau. Une fois la classification effectuée, les trafics sont agrégés par les PHB dans des agrégats. À l'intérieur du réseau, les paquets sont transférés suivant la valeur de leur DSCP.

Un domaine DiffServ, appelé communément domaine DS, correspond à un ensemble de nœuds DiffServ, ou nœuds DS, contigus qui opèrent selon une politique de contrôle commune et un ensemble de PHB communs. Ce domaine DS comporte une frontière composée de nœuds DS capables d'effectuer la classification dans les PHB du domaine et de conditionner les trafics. Les routeurs frontière peuvent soit utiliser les DSCP standards, soit transformer les DSCP par défaut dans des DSCP propriétaires. Les PHB déterminés par les classificateurs doivent permettre de réaliser les SLA négociés par les clients de ces agrégats.

Un domaine DS consiste en un ou plusieurs réseaux IP ayant le même système de gestion. Le gestionnaire du réseau détermine les caractéristiques des PHB qu'il peut proposer en fonction des SLA de ses clients et des ressources dont il dispose. Le domaine contient des routeurs frontière et des routeurs intérieurs. Les routeurs frontière sont capables d'effectuer la classification des flots entrant dans le réseau. Ils doivent éventuellement posséder des fonctions de conditionnement définies par un agrément de conditionnement de trafic, ou TCA (Traffic Conditioning Agreement). Les nœuds intérieurs sont capables de réaliser certaines fonctions élémentaires de conditionnement du trafic, comme la transformation du marquage du DSCP.

Un hôte attaché directement à un routeur interne doit posséder les fonctions de routeur frontière ou être connecté à un routeur interne possédant ces fonctions. Un routeur frontière possède à la fois les propriétés d'un nœud d'entrée et d'un nœud de sortie. Un nœud d'entrée est doté des fonctions de traitement des TCA, et un nœud de sortie de celles de conditionnement des flots afin que ceux-ci soient conformes à la normalisation.

Une région mettant en œuvre des services différenciés, ou région DiffServ ou encore DS, est un environnement comprenant un ou plusieurs domaines DS. Une région DS permet la mise en place de services différenciés sur l'ensemble de la région. Les domaines DS à l'intérieur d'une même région peuvent réaliser les conditionnements nécessaires à la mise en œuvre d'un service différencié de bout en bout dans la région.

L'accès d'un flot dans un domaine DS s'effectue grâce au traitement du SLA en provenance de l'extérieur du réseau et lié au flot examiné. Un SLA peut spécifier une classification ou un profil de trafic et les actions à effectuer sur les trafics entrant ou non dans le SLA. Le TCA entre les domaines est dérivé de ce SLA.

Le processus de classification identifie le ou les PHB dans lequel le trafic doit être inséré. Un conditionnement peut être effectué pour permettre cette adéquation. Le conditionnement est réalisé par un metteur en forme, un contrôleur (*policing entity*) ou un remarquage, de sorte que les caractéristiques du flot correspondent bien à la définition du TCA du domaine.

Le classificateur de paquets sélectionne les flots grâce à une étude de leurs caractéristiques. Cette étude peut porter sur l'analyse de l'application par son numéro de port ou par le biais d'un filtre. Deux types de classificateurs sont proposés dans les réseaux DiffServ : les classificateurs BC (Behavior Classifier), qui ne travaillent que sur le DSCP du champ DS, et les classificateurs MF (Multi-Field), qui sélectionnent les paquets sur des combinaisons d'informations provenant de l'analyse des paquets ou des flots. Les classificateurs doivent être configurés par un système de gestion respectant le TCA. Le classificateur doit être capable d'authentifier le flot pour des raisons de sécurité.

Le profil de trafic précise les propriétés temporelles du trafic sélectionné par le classificateur. Le classificateur détermine les règles à suivre si un paquet particulier n'est pas conforme au profil déterminé par le TCA. Par exemple, un profil fondé sur un token-bucket implique que :

si DSCP = x, utiliser le token-bucket r, b

Ce profil indique que tous les paquets marqués avec le DSCP x doivent voir leur performance comparée à une métrique. L'état associé à un paquet est obtenu par le métreur et doit correspondre au token-bucket de taux r et d'une taille du burst égale à b. Dans cet exemple, les paquets hors profil sont ceux qui arrivent quand un nombre insuffisant de jetons (*tokens*) est disponible. Le concept « dans et hors profil » peut être étendu à plus de deux niveaux. Plusieurs niveaux de conformité pour un profil donné peuvent donc être définis.

Des actions de conditionnement peuvent être décidées pour les paquets entrants et sortants. De ce fait, différentes solutions de comptabilité peuvent être mises en œuvre pour déterminer le coût du service. Les paquets se trouvant dans le profil peuvent être admis à entrer dans le domaine DS sans conditionnement supplémentaire ou, à l'inverse, leur DSCP peut être modifié. Cela se produit lorsque le DSCP est positionné à une valeur qui n'est pas celle définie par défaut ou que le paquet entre dans un domaine DS en utilisant un PHB qui n'est pas conforme au standard. Un paquet hors profil peut être soit mis en attente jusqu'à ce que le paquet entre dans le profil, soit détruit ou marqué par un nouveau DSCP. Les paquets hors profil peuvent éventuellement être agrégés à une classe PHB inférieure et, par exemple, transportés dans une classe BE. Un profil de trafic est une composante optionnelle du TCA.

Allocation des ressources

L'implémentation, la configuration et l'administration des groupes de PHB acceptés pour les nœuds d'un domaine DS doivent permettre la partition des ressources entre les différents agrégats, en accord avec les politiques d'affectation des ressources. Les conditionneurs de trafic doivent contrôler que les ressources sont correctement affectées en fonction des TCA. Quoiqu'un ensemble de services puisse être déployé en l'absence de fonctions de conditionnement complexes (en utilisant des politiques de marquage statiques), des fonctions comme le contrôle des flots (*policing*), la mise en forme, et le remarquage dynamique permettent le déploiement de services suivant des métriques de performance prédéterminées.

Une entité de contrôle doit pouvoir arbitrer entre des décisions d'allocation de ressources contradictoires. Il existe une grande variété de modèles pour réaliser ces contrôles. Cependant, le passage à l'échelle de la technique DiffServ nécessite que le contrôle des domaines ne requière pas une gestion microscopique des ressources du réseau. Le contrôle passant le plus facilement l'échelle s'effectue en boucle ouverte à l'échelle du temps de traitement des paquets.

La standardisation des PHB doit spécifier un DSCP recommandé parmi les valeurs de DSCP disponibles. Les fonctions correspondantes doivent inclure la gestion de la file d'attente, l'allocation des mémoires, la destruction des paquets et la sélection de la ligne de sortie. Enfin, une spécification des méthodes permettant de résoudre les incompatibilités entre les groupes de PHB doit être ajoutée à la standardisation.

La spécification d'un groupe de PHB doit indiquer le nombre de PHB individuels présents dans le groupe. Si plusieurs PHB travaillent en parallèle dans un même groupe, les interactions et les contraintes à respecter entre les PHB doivent être clairement indiquées. Par exemple, la spécification du groupe doit indiquer si la probabilité de réordonnancement des paquets dans un même microflot augmente lorsque différents paquets de ce microflot empruntent différents PHB à l'intérieur du groupe et sont donc marqués par des DSCP différents.

Quand le fonctionnement d'un groupe peut dépendre de contraintes entre PHB, la définition des PHB doit décrire le comportement des conditionneurs lorsque ces contraintes sont violées. De plus, si des actions telles qu'une perte de paquet ou un remarquage sont requises lorsque les contraintes sont violées, ces actions doivent être parfaitement stipulées.

Un groupe de PHB peut être spécifié pour un usage local à l'intérieur d'un domaine de façon à permettre de définir des fonctions spécifiques d'un domaine. Dans ce cas, les spécifications d'un PHB sont utiles pour permettre l'interfonctionnement de ces PHB à l'intérieur d'un groupe. Cependant, tous les groupes de PHB qui sont définis pour un usage local ne doivent pas être pris en compte dans la normalisation. Seuls les groupes de PHB standards doivent être absolument spécifiés pour permettre l'interfonctionnement des nœuds de transfert des équipementiers.

Il est possible qu'un paquet marqué pour un PHB à l'intérieur d'un groupe de PHB soit remarqué s'il est sélectionné pour être transféré par un autre PHB de ce groupe. Trois raisons peuvent nécessiter ce remarquage :

- Les DSCP associés à un groupe de PHB correspondent à des états du réseau.
- Des conditions impliquent une modification du niveau du PHB utilisé pour un flot.
- La frontière entre deux domaines n'est pas couverte par un SLA. Dans ce cas, les DSCP à sélectionner au passage de la frontière sont déterminés par des politiques locales.

La spécification d'un PHB doit clairement indiquer les circonstances dans lesquelles des paquets marqués pour un PHB donné à l'intérieur d'un groupe de PHB doivent être dirigés vers un autre PHB du groupe. S'il est interdit que le PHB d'un paquet soit modifié, la spécification doit indiquer clairement les risques encourus lorsque le PHB est modifié malgré tout. Le risque de changement d'un PHB à l'intérieur ou à l'extérieur d'un groupe de PHB augmente fortement la probabilité d'avoir à réordonnancer un microflot. Les PHB à l'intérieur d'un groupe peuvent transporter des sémantiques différentes qu'il peut être difficile de dupliquer si les paquets sont remarqués dans un autre PHB.

Pour certains groupes de PHB, il peut être approprié d'indiquer un changement d'état en remarquant les paquets vers un autre PHB à l'intérieur du groupe. Si un groupe de PHB est déterminé pour refléter l'état du réseau, la définition d'un PHB doit être capable de décrire la relation entre les PHB et les états du réseau qu'ils reflètent. De plus, si ces PHB limitent les possibilités de transfert qu'un nœud peut réaliser, ces contraintes peuvent être spécifiées dans les actions qu'un nœud peut prendre.

Le processus de spécification d'un groupe de PHB est par nature incrémental. Quand un nouveau groupe de PHB est proposé, les interactions avec les PHB déjà implémentés doivent être documentées. Quand un nouveau groupe de PHB est créé, il peut être totalement nouveau quant à son objet, mais également être une extension plus ou moins complexe d'un groupe déjà défini. Dans les deux cas, les interactions à l'intérieur du nouveau groupe doivent être spécifiées en fonction des autres groupes de PHB. En particulier, le réordonnancement des paquets des microflots doit être discuté. Si des opérations concourantes doivent être effectuées par des PHB appartenant à des groupes différents, il faut en spécifier les interactions. Si le groupe de PHB est une extension d'un groupe de PHB déjà existant, il est nécessaire que les interactions soient spécifiées avec soin.

La conformité d'un PHB avec sa définition doit pouvoir être vérifiée par diverses règles, comme l'utilisation de tables de conformité, la prise en compte de tests ou de pseudocodes, etc. De plus, les spécifications d'un PHB doivent inclure des éléments de sécurité. En particulier, les groupes de PHB doivent indiquer le processus à activer en réaction à des attaques par déni de service ou à des attaques visant à réduire ou violer le contrat de service.

Une spécification de PHB doit enfin inclure une section détaillant les moyens employés pour la configuration et la gestion des PHB.

Élément de normalisation des PHB

Comme expliqué précédemment, ce sont les caractéristiques d'un PHB qui doivent être standardisées et non les algorithmes particuliers ou les mécanismes implémentés pour le réaliser. Le comportement d'un nœud est défini par un ensemble de paramètres qui permettent de déterminer comment le contrôle des paquets doit s'exercer sur les interfaces (nombre de files d'attente, priorités rattachées, longueur des files d'attente, disciplines de service, algorithmes de perte de paquets, poids associés aux préférences, seuils, etc.).

Pour illustrer la distinction entre un PHB et un mécanisme, indiquons qu'un conditionneur de trafic adapté au PHB est un système de files d'attente disposant d'algorithmes de type WFQ (Weighted Fair Queuing), WRR (Weighted Round Robin) ou de leurs variantes, ou encore CBQ (Class Based Queuing), séparément ou en combinaison. Les PHB peuvent être définis individuellement ou en groupe. La spécification du groupe de PHB doit décrire les conditions selon lesquelles un paquet doit être remarqué pour sélectionner un autre PHB à l'intérieur du groupe.

Chaque PHB standardisé doit avoir un DSCP associé, alloué parmi les 32 DSCP potentiels. Cette spécification laisse de la place pour faire évoluer les DSCP en utilisant l'ensemble des possibilités offertes par le champ DS. Les équipementiers sont libres d'offrir des paramètres spécifiques pour leur PHB. Quand un PHB standardisé est accepté dans un nœud, un équipementier doit pouvoir utiliser tout algorithme qui satisfasse à la définition du PHB pour réaliser son implémentation. Les possibilités offertes par les ressources implémentées dans le nœud et les moyens de configuration du nœud déterminent la façon dont les paquets sont traités pour réaliser le PHB.

Les opérateurs ne sont pas requis d'utiliser les mêmes mécanismes de configuration pour réaliser les services différenciés à l'intérieur de leur réseau et sont libres de configurer à leur façon les paramètres de leurs nœuds de transfert de sorte à satisfaire les PHB pris en compte.

Conclusion

Il y a quinze ans, on aurait pu dénombrer une vingtaine d'architectures de niveau paquet, chaque grande société d'informatique déployant sa propre architecture.

Aujourd'hui, on peut dire qu'il n'existe pratiquement plus qu'une seule architecture de niveau paquet dans le monde, celle provenant de l'Internet. Si elle est encore concurrencée, c'est non plus par d'autres solutions de niveau 3, mais par les architectures de niveau trame, qui consistent à placer le paquet IP dans une trame dans la machine terminale et à la transporter à l'intérieur de la trame tout le long du chemin. Arrivée dans la machine terminale du destinataire, la trame est décapsulée pour restituer son paquet IP. L'architecture de cette solution est bien de niveau trame (couche 2, ou liaison).

Les réseaux du futur seront sans aucun doute les témoins d'une confrontation des architectures IP entre elles puisque ce standard s'est imposé. Les discussions portent sur la façon de transporter le paquet IP d'une extrémité à l'autre du réseau…

11

Le Label Switching : MPLS et GMPLS

La commutation a démarré avec la technologie X.25. La référence se trouvait alors dans la couche paquet. Pour offrir des débits plus importants, la référence a été changée de place pour être mise dans la trame et éviter de ce fait les décapsulations/encapsulations nécessaires au passage par le niveau IP. De là est née le relais de trames, présenté en détail avec X.25 aux annexes E et G. L'étape suivante a consisté à choisir une trame beaucoup plus petite et mieux adaptée au multimédia, la trame ATM, traitée également à l'annexe G, car elle a quasiment disparu.

Les trames associées à MPLS ont d'abord été des trames ATM, mais petit à petit Ethernet a pris le dessus. De ce fait, cette technologie aurait pu être classée dans les réseaux Ethernet, mais toute son originalité provient de la signalisation nécessaire pour mettre en place les chemins. X.25, puis le relais de trames, et enfin ATM ont nécessité des protocoles de signalisation spécifiques et généralement complexes. À l'inverse, MPLS a choisi le paquet IP pour acheminer sa signalisation. Cette compatibilité native avec IP a assuré son succès.

MPLS (MultiProtocol Label Switching)

MPLS est une norme proposée par l'IETF, l'organisme de normalisation d'Internet, pour l'ensemble des architectures et des protocoles de haut niveau, dont il ne reste aujourd'hui que le protocole IP. Les nœuds de transfert spécifiques utilisés dans MPLS sont appelés LSR (Label Switch Router). Les LSR se comportent comme des commutateurs pour les flots de données utilisateur et comme des routeurs pour la signalisation. Pour acheminer les trames utilisateur, on utilise des références, ou *labels.* À une référence d'entrée correspond une référence de sortie. La succession des références définit le chemin suivi par l'ensemble des trames contenant les paquets du flot IP.

Toute trame utilisée en commutation, ou Label Switching, peut être utilisée dans un réseau MPLS. La référence est placée dans un champ spécifique de la trame ou dans un champ ajouté dans ce but.

Les LSR remplacent les routeurs en travaillant soit en mode routeur, pour tracer le chemin par la signalisation, soit en mode commutation, pour toutes les trames qui suivent le chemin tracé. Le chemin est déterminé par le mode IP et donc par un algorithme de routage d'Internet.

La solution de routage-commutation de cette technique est illustrée aux figures 11.1 et 11.2. La première suppose que la trame du niveau trame est ATM et la suivante que la trame du niveau paquet est Ethernet. Il faut noter que, dans le cas de la solution ATM, le paquet IP à transporter est découpé dans la couche AAL (ATM Adaptation Layer) en 48 octets pour être encapsulé dans la trame ATM. Cette étape n'existe pas dans le monde Ethernet, et c'est une des raisons pour laquelle on préfère très largement commuter des trames Ethernet qu'ATM.

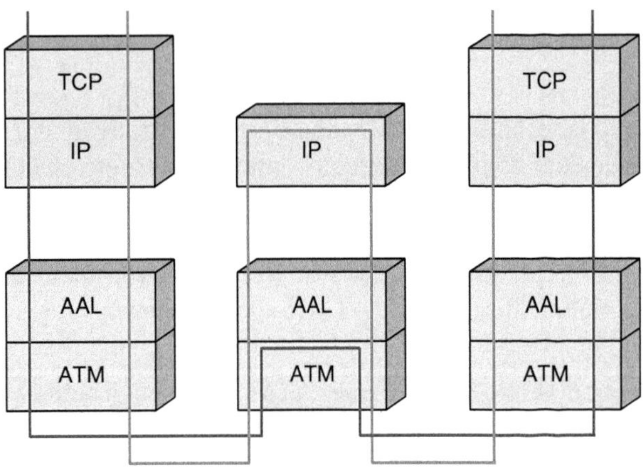

Figure 11.1

TCP/IP sur ATM en MPLS

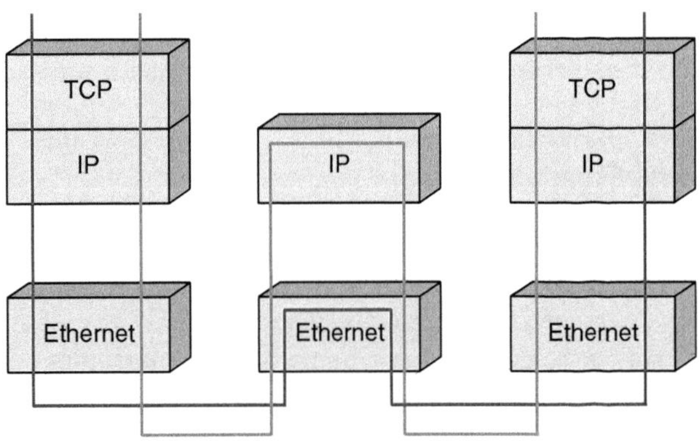

Figure 11.2

Architecture d'un environnement IP sur Ethernet

Cette architecture est dictée par l'environnement Ethernet, qui brille par sa simplicité de mise en œuvre. Elle a l'avantage de s'appuyer sur l'existant, les coupleurs et les divers réseaux Ethernet, que de nombreuses sociétés ont mis en place pour créer leurs réseaux locaux.

Puisque les données produites au format IP, IPX ou autre sont placées dans des trames Ethernet afin d'être transportées dans l'environnement local, il est tentant de commuter directement les trames Ethernet d'un réseau local vers un autre. Comme tous les réseaux de l'environnement Ethernet sont compatibles et parlent le même langage, les machines émettant des trames Ethernet peuvent s'interconnecter facilement. On peut ainsi réaliser des réseaux extrêmement complexes avec des segments partagés sur les parties locales, des liaisons commutées sur les longues distances ou entre les commutateurs Ethernet et des passages par des routeurs lorsqu'une remontée jusqu'au niveau IP est exigée.

Caractéristiques

MPLS est l'aboutissement logique de toutes les propositions qui ont été faites dans les années 1990. L'idée de l'IETF a été de rassembler les propositions en une norme commune pour transporter des paquets IP sur des sous-réseaux travaillant en mode commuté. Les nœuds sont des routeurs-commutateurs, ou LSR (Label Switch Router), capables de remonter soit au niveau IP pour effectuer un routage, soit au niveau trame pour effectuer une commutation.

Les caractéristiques les plus importantes de la norme MPLS sont les suivantes :

- Spécification des mécanismes pour transporter des flots de paquets IP avec diverses granularités des flots entre deux points, deux machines ou deux applications. La granularité désigne la grosseur du flot, qui peut intégrer plus ou moins de flots utilisateur.
- Indépendance du niveau trame et du niveau paquet, bien que seul le transport de paquets IP soit réellement pris en compte.
- Mise en relation de l'adresse IP du destinataire avec une référence d'entrée dans le réseau.
- Reconnaissance par les routeurs de bord des protocoles de routage de type OSPF et de signalisation comme RSVP.
- Utilisation de différents types de trames.

Quelques propriétés supplémentaires méritent d'être soulignées :

- Ouverture du chemin fondée sur la topologie, bien que d'autres possibilités soient également définies dans la norme.
- Assignation des références faite par l'aval, c'est-à-dire à la demande d'un nœud qui émet un message dans la direction de l'émetteur.
- Granularité variable des références.
- Stock de références géré selon la méthode « dernier arrivé premier servi ».
- Possibilité de hiérarchiser les demandes.

- Utilisation d'un temporisateur TTL.
- Encapsulation d'une référence dans la trame incluant un TTL et une qualité de service.

Un avantage apporté par le protocole MPLS est la possibilité, illustrée à la figure 11.3, de transporter les paquets IP sur plusieurs types de réseaux commutés. Il est ainsi possible de passer d'un réseau ATM à un réseau Ethernet. En d'autres termes, il peut s'agir de n'importe quel type de trame, à partir du moment où une référence peut y être incluse. Il est toutefois possible d'ajouter une référence lorsque la trame ne le prévoit pas (*voir plus loin*). L'avantage de cette solution est la migration simple d'anciennes technologies vers de nouvelles, comme d'ATM à Ethernet, assez simplement.

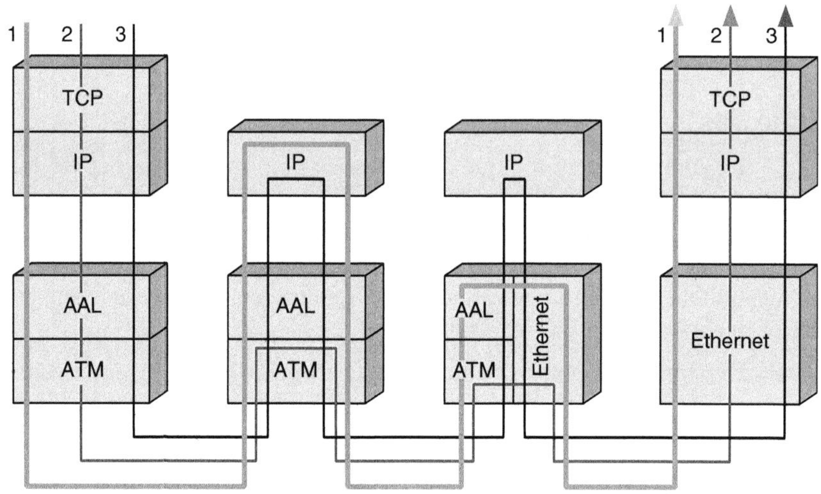

Figure 11.3

Réseau MPLS avec des sous-réseaux distincts

Fonctionnement

La transmission des données s'effectue sur des chemins, nommés LSP (Label Switched Path). Un LSP est une suite de références partant de la source et allant jusqu'à la destination. Les LSP sont établis avant la transmission des données (control-driven) ou à la détection d'un flot qui souhaite traverser le réseau (data-driven).

Les références incluses dans les trames sont distribuées en utilisant un protocole de signalisation. Le plus important de ces protocoles est LDP (Label Distribution Protocol), mais on utilise aussi RSVP (Resource reSerVation Protocol), éventuellement associé à un protocole de routage, comme BGP (Border Gateway Protocol) ou OSPF. Les trames acheminant les paquets IP transportent les références de nœud en nœud.

LSR et LER

Les nœuds qui participent à MPLS sont classifiés en LER (Label Edge Router) et LSR. Un LSR est un routeur dans le cœur du réseau qui participe à la mise en place du chemin par lequel les trames sont acheminées. Un LER est un nœud d'accès au réseau MPLS. Un LER peut avoir des ports multiples permettant d'accéder à plusieurs réseaux distincts, chacun pouvant avoir sa propre technique de commutation. Les LER jouent un rôle important dans la mise en place des références.

> **LSR (Label Switch Router)**
>
> Un équipement qui effectue une commutation sur une référence s'appelle un LSR. Les tables de commutation LSFT (Label Switching Forwarding Table) consistent en un ensemble de références d'entrée auxquelles correspondent des ports de sortie. à une référence d'entrée peuvent correspondre plusieurs ports de sortie pour tenir compte des adresses multipoint.
>
> Les tables de commutation peuvent être plus complexes. À une référence d'entrée peuvent correspondre le port de sortie du nœud dans une première sous-entrée, mais aussi, dans une deuxième sous-entrée, un deuxième port de sortie correspondant à la file de sortie du prochain nœud qui sera traversé, et ainsi de suite. De la sorte, à une référence peuvent correspondre un ensemble de ports de sortie qui seront empruntés lors de l'acheminement du paquet.
>
> Les tables de commutation peuvent être spécifiques de chaque port d'entrée d'un LSR et regrouper des informations supplémentaires, comme une qualité de service ou une demande spécifique de ressources.

FEC (Forwarding Equivalence Class)

Dans MPLS, le routage s'effectue par l'intermédiaire de classes d'équivalence, appelées FEC. Une classe représente un flot ou un ensemble de flots ayant les mêmes propriétés, notamment le même préfixe dans l'adresse IP. Toutes les trames d'une FEC sont traitées de la même manière dans les nœuds du réseau MPLS. Les trames sont introduites dans une FEC au nœud d'entrée et ne peuvent plus être distinguées à l'intérieur de la classe des autres flots.

Une FEC peut être bâtie de différentes façons. Elle peut avoir une adresse de destination bien déterminée, un même préfixe d'adresse, une même classe de service, etc. Chaque LSR possède une table de commutation qui indique les références associées aux FEC. Toutes les trames d'une même FEC sont transmises sur la même interface de sortie. Cette table de commutation est appelée LIB (Label Information Base).

Les références utilisées par les FEC peuvent être regroupées de deux façons :

- Par plate-forme : les valeurs des références sont uniques sur l'ensemble des LSR d'un domaine, et les références sont distribuées sur un ensemble commun géré par un nœud particulier.
- Par interface : les références sont gérées par interface, et une même valeur de référence peut se retrouver sur deux interfaces différentes.

MPLS et les références

Une référence en entrée permet donc de déterminer la FEC par laquelle transite le flot. Cette solution ressemble à la notion de conduit virtuel dans le monde ATM, où les circuits virtuels sont multiplexés. Ici, nous avons un multiplexage de tous les circuits virtuels à l'intérieur d'une FEC, de telle sorte que, dans ce conduit, nous ne puissions plus distinguer les circuits virtuels.

Le LSR examine la référence et envoie la trame dans la direction indiquée. On voit bien ainsi le rôle capital joué par les LER, qui assignent aux flots de paquets des références qui permettent de commuter les trames sur le bon circuit virtuel. La référence n'a de signification que localement, puisqu'il y a modification de sa valeur sur la liaison suivante.

Une fois le paquet classifié dans une FEC, une référence est assignée à la trame qui va le transporter. Cette référence détermine le point de sortie par le chaînage des références. Dans le cas des trames classiques, comme LAP-F du relais de trames ou ATM, la référence est positionnée dans le DLCI (Data Link Connection Identifier) ou dans le VPI/VCI.

La signalisation nécessaire pour déposer la valeur des références le long du chemin déterminé pour une FEC peut être gérée soit à chaque flot (data-driven), soit par un environnement de contrôle indépendant des flots utilisateur. Cette dernière solution est préférable dans le cas de grands réseaux du fait de ses capacités de passage à l'échelle.

Les références peuvent être distribuées pour :

- un routage unicast vers une destination particulière ;
- une gestion du trafic, ou TE (Traffic Engineering) ;
- un multicast ;
- un réseau privé virtuel ;
- une qualité de service.

Le format de la référence MPLS est illustré à la figure 11.4. La référence est encapsulée dans l'en-tête de niveau trame du champ normalisé pour transporter la référence ou juste entre l'en-tête de niveau trame et l'en-tête de niveau paquet.

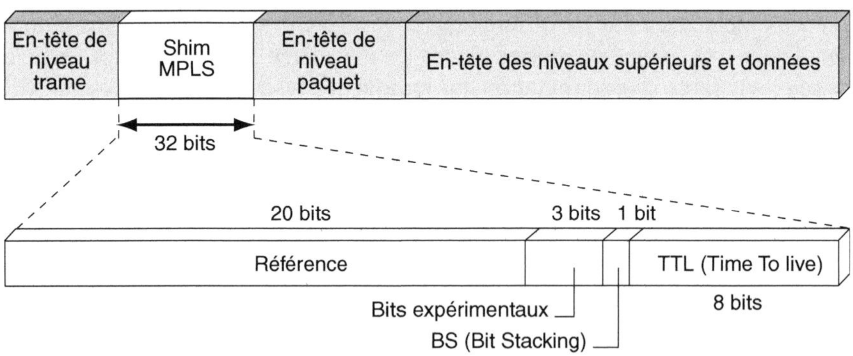

Figure 11.4

Format générique d'une référence dans MPLS

Les figures 11.5 et 11.6 illustrent la mise en place de la référence dans le cas d'ATM et la figure 11.7 concerne le cas où la trame n'est pas conçue au départ pour un Label Switching, comme la trame PPP.

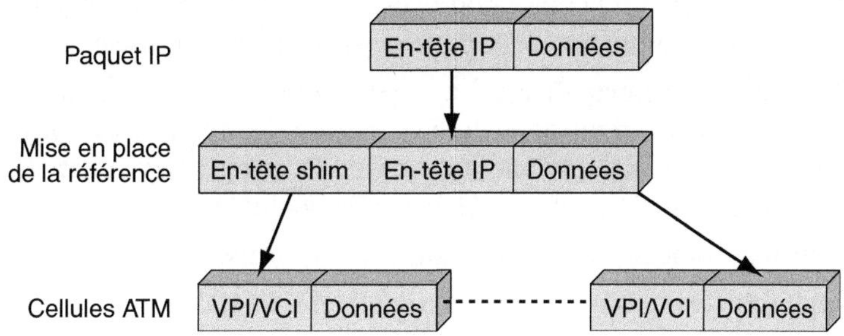

Figure 11.5

Mise en place des références dans l'ATM

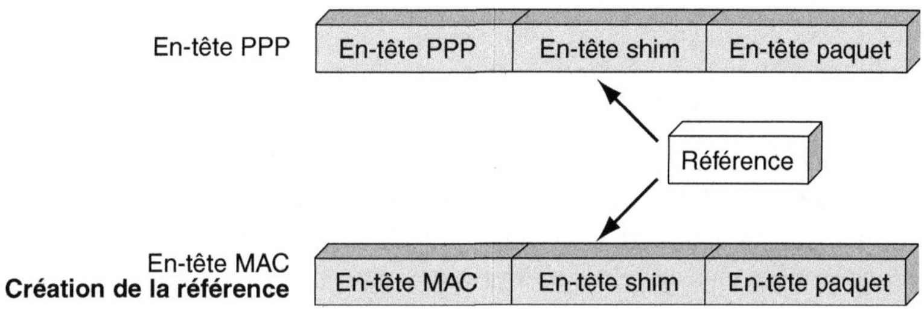

Figure 11.6

Mise en place des références dans la trame PPP

Distribution des références

MPLS normalise plusieurs méthodes pour réaliser la distribution des références. La distribution indique que chaque nœud possède ses propres références et qu'il doit les mettre en correspondance avec les références de ses voisins.

Les méthodes de distribution des références sont les suivantes :

- Topology-based, ou fondée sur la topologie, qui utilise les messages destinés à la gestion du routage, comme OSPF et BGP.
- Request-based, ou fondée sur le flot, qui utilise une requête de demande d'ouverture d'un chemin pour un flot IP. C'est le cas de RSVP.
- Traffic-based, ou fondée sur le trafic : à la réception d'un paquet, une référence est assignée à la trame qui le transporte.

Les méthodes fondées sur la topologie et sur le flot correspondent à un contrôle (control-based), tandis que celle fondée sur le trafic correspond à des données.

Les protocoles de routage, dont IGP (Interior Gateway Protocol), ont été améliorés pour transporter une référence supplémentaire. Le protocole OSPF a été complété par une prise en compte des débits sur les liaisons : OSPF-TE (Traffic Engineering). De même, le protocole RSVP comporte une version associée à MPLS qui lui permet de transporter une référence. La version la plus aboutie est RSVP-TE (Traffic Engineering), qui permet l'ouverture de chemins en tenant compte des ressources du réseau.

L'IETF a également normalisé un nouveau protocole de signalisation, LDP (Label Distribution Protocol), pour gérer la distribution des références. Des extensions de ce protocole, comme CR-LDP (Constraint-based Routing-LDP), permettent de choisir les routes suivies par les clients des FEC avec une qualité de service prédéfinie.

Les principaux protocoles de signalisation sont les suivants :

- LDP, qui fait correspondre des adresses IP unicast et des références.
- RSVP-TE et CR-LDP, qui ouvrent des routes avec une qualité de service.
- PIM (Protocol Independent Multicast), qui fait correspondre des adresses IP multicast et des références associées.
- BGP, qui est utilisé pour déterminer des références dans le cadre de réseaux privés virtuels.

LSP (Label Switched Path)

Un domaine MPLS est déterminé par un ensemble de nœuds MPLS sur lesquels sont déterminés des FEC. Les LSP sont les chemins déterminés par les références positionnées par la signalisation. Les LSP sont déterminés sur un domaine avant l'arrivée des données dans le cas le plus classique. Deux options sont utilisées à cette fin :

- Le routage saut par saut (hop-by-hop). Dans ce cas, les LSR sélectionnent les prochains sauts indépendamment les uns des autres. Le LSR utilise pour cela un protocole de routage comme OSPF.
- Le routage explicite, identique au routage par la source. Le LER d'entrée du domaine MPLS spécifie la liste des nœuds par lesquels la signalisation a été routée, le choix de cette route pouvant avoir été contraint par des demandes de qualité de service.

Le chemin suivi par les trames dans un sens de la communication peut être différent dans l'autre sens.

Agrégation de flots

Les flots provenant de différentes interfaces peuvent être rassemblés et commutés sur une même référence s'ils vont vers la même direction de sortie. Cela correspond à une agrégation de flots. Cette technique est déjà exploitée sur les réseaux ATM, dans lesquels un conduit peut agréger plusieurs flots venant de différents nœuds d'entrée vers un point commun, où les flots sont désagrégés.

L'agrégation de flots a pour objectif d'éviter l'explosion du nombre de références à utiliser ou, ce qui est équivalent, d'empêcher les tables de commutation de devenir trop importantes.

Signalisation

Comme expliqué précédemment, plusieurs mécanismes de distribution des références, appelée signalisation, peuvent être implémentés dans les nœuds d'un réseau MPLS, notamment les suivants :

- Demande de référence : un LSR émet une demande de référence à ses voisins vers l'aval (downstream), qu'il peut lier à la valeur d'une FEC. Ce mécanisme peut être utilisé de nœud en nœud jusqu'au nœud de sortie du réseau MPLS.
- Correspondance de référence : en réponse à une demande de référence d'un nœud amont, un LSR envoie une référence provenant d'un mécanisme de correspondance connu déjà mise en place pour aller jusqu'au nœud de sortie.

La figure 11.7 donne une illustration de ces deux mécanismes.

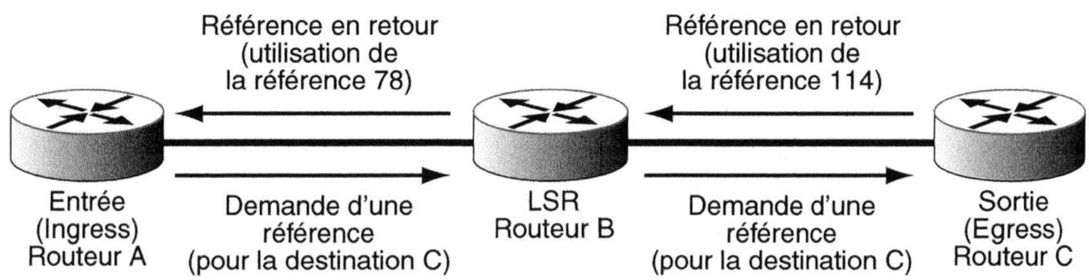

Figure 11.7

Mécanismes de signalisation de MPLS

LDP (Label Distribution Protocol)

LDP est le protocole de distribution des références qui tend à devenir le standard le plus utilisé dans MPLS. Ce protocole tient compte des adresses unicast et multicast. Le routage est explicite et est géré par les nœuds de sortie. Les échanges s'effectuent sous le protocole TCP pour assurer une qualité acceptable.

Deux classes de messages sont acceptées, celle des messages adjacents et celle des messages indiquant les références. La première permet d'interroger les nœuds qui peuvent être atteints directement à partir du nœud origine. La seconde classe de messages transmet les valeurs de la référence lorsqu'il y a accord entre les nœuds adjacents. Ces messages sont encodés sous la forme classique, qui permet de décrire un objet : on indique dans un premier champ le type d'objet, dans un deuxième la longueur totale du message décrivant l'objet et dans un troisième la valeur de l'objet. Cet encodage s'appelle TLV (Type Length Value).

Le routage s'effectue, comme indiqué précédemment, par des classes d'équivalence, ou FEC. Une classe représente une destination ou un ensemble de destinations ayant le même préfixe dans l'adresse IP. De ce fait, un paquet qui a une destination donnée appartient à une classe et suit une route commune avec les autres paquets de cette classe. Cela définit un arbre, dont la racine est le destinataire et dont les feuilles sont les émetteurs. Les paquets n'ont plus qu'à suivre l'arbre jusqu'à la racine, les flots se superposant petit à petit en allant vers la racine. Cette solution permet de ne pas utiliser trop de références différentes.

La granularité des références, c'est-à-dire la taille des flots qui utilisent une même référence, résulte de la taille des classes d'équivalence : s'il y en a peu, les flots sont importants, et la granularité est forte ; s'il y en a beaucoup, les flots sont faibles, et la granularité est fine. Par exemple, une destination peut correspondre à un réseau important, dans lequel toutes les adresses ont un préfixe commun. La destination peut aussi correspondre à une application particulière sur une machine donnée, ce qui donne une forte granularité. Ce dernier cas est illustré à la figure 11.8, dans laquelle le récepteur est la machine 1 et la FEC est déterminée par l'arbre dont les feuilles sont les machines terminales 1, 2 et 3. La classe d'équivalence, en descendant l'arbre à partir de 1, commence par les références 28 puis 47 et se continue par les branches 77 puis 13 puis 36. À partir de 2, les références 53 puis 156 sont utilisées pour aller vers la racine. À partir de 3, ce sont les références 134 et 197 qui sont utilisées. Toutes les références ci-dessus appartiennent à la même classe d'équivalence.

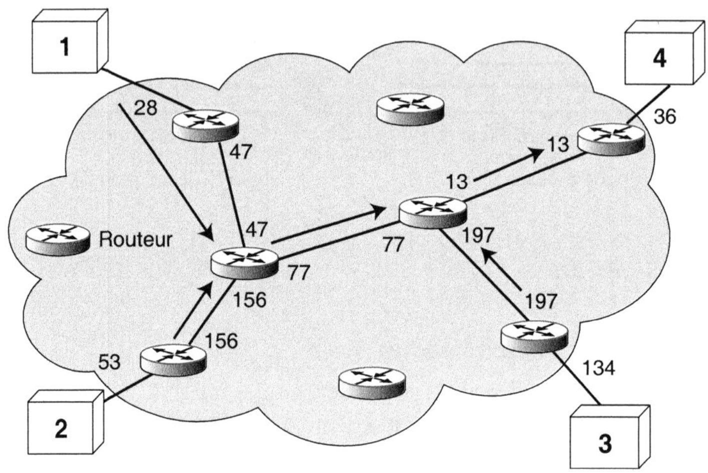

Figure 11.8

Classes d'équivalence (FEC) dans un réseau MPLS

Dans cet exemple, les terminaux 1, 2 et 3 souhaitent émettre un flux de paquets IP vers la station terminale 4. Pour cela la station 1 émet ses trames (encapsulant les paquets IP) avec la référence 28, qui est commutée vers la référence 47 puis commutée vers les références 77 puis 13 puis 36. Le flot partant de la station 2 est commuté de 53 en 156 puis en 77, 13 et 36. Enfin, le troisième flot, partant de la station 3, est commuté à partir des valeurs 134 puis 197, 13 et 36. On voit que l'agrégation s'effectue sur les deux premiers flots avec la seule valeur 77 et que les trois flux sont agrégés sur les valeurs 13 et 36. La station 4 aurait pu être remplacée par un sous-réseau, ce qui aurait certainement permis d'agréger beaucoup plus de flux et d'avoir une granularité moins fine.

Un problème posé par les tables de routage impliquant les FEC est celui des boucles potentielles, c'est-à-dire d'un possible retour à une station qui a déjà vu passer la trame. Si le routage utilise un protocole comme OSPF, on évite les boucles en utilisant un message d'information.

Le protocole LDP comprend les messages suivants :

- Message de découverte (DISCOVERY MESSAGE), qui annonce et maintient la présence d'un LSR dans le réseau.
- Message de session (SESSION MESSAGE), qui établit, maintient et termine des sessions entre des ports LDP.
- Message d'avertissement (ADVERTISEMENT MESSAGE), qui crée, maintient et détruit la correspondance entre les références et les FEC.
- Message de notification (NOTIFICATION MESSAGE), qui donne des informations d'erreur ou de problème.

Les tables de commutation peuvent être construites et contrôlées de différentes façons. Les protocoles de routage d'Internet, tels que OSPF, BGP, PIM, etc., sont généralement utilisés à cet effet. Il faut leur ajouter des procédures pour faire correspondre les références et les classes d'équivalence FEC.

Comme expliqué précédemment, la distribution des références s'effectue par l'aval, en remontant vers la station d'émission. En réalité, il est indiqué dans la norme MPLS que la distribution des références peut s'effectuer par l'aval (downstream) ou par l'amont (upstream). Dans le premier cas, le destinataire indique aux nœuds amont la valeur de la référence à mettre dans la table de commutation. Dans le second cas, le paquet arrive avec une référence, et le nœud met à jour sa table de commutation.

Dans la distribution amont (upstream), un nœud aval envoie la valeur de la référence qu'il souhaite recevoir pour commuter un paquet sur une FEC. Ce sont les nœuds situés le plus en aval qui déclenchent le processus et indiquent les destinataires et leur granularité. Les modifications s'effectuent lors de la réception d'une trame ou par l'intermédiaire d'informations de supervision.

La distribution des identificateurs peut s'effectuer par l'intermédiaire des protocoles RSVP-TE ou PIM.

Les piles de références

Le mécanisme de piles de références de MPLS permet à un LSP de transiter par des nœuds non-MPLS ou par des domaines hiérarchiques. Pour cela, la zone portant la référence peut stocker non plus une valeur, mais une pile de valeurs, c'est-à-dire une pile de références. Suivant le niveau de la hiérarchie de références on utilise la référence de la hiérarchie correspondante dans la pile.

Les piles de références permettent de réaliser des tunnels, dans lesquels sont regroupées les références d'un même niveau de la hiérarchie. À la sortie du tunnel, on revient à la hiérarchie juste en dessous, comme illustré à la figure 11.9. Sur cette figure, le flot partant de la station 1 est commuté sur les valeurs 28 puis 53. Au nœud A, une pile de références est créée avec l'ajout de la référence 156, qui est utilisée dans le nœud suivant pour commuter sur les valeurs 77 puis 197. Le nœud B permet la sortie du tunnel en utilisant de nouveau la référence 53 après avoir dépilé les références. On voit qu'entre le nœud A et le nœud B un tunnel est constitué, qui, à une référence d'entrée 53, fait correspondre une référence de sortie 13.

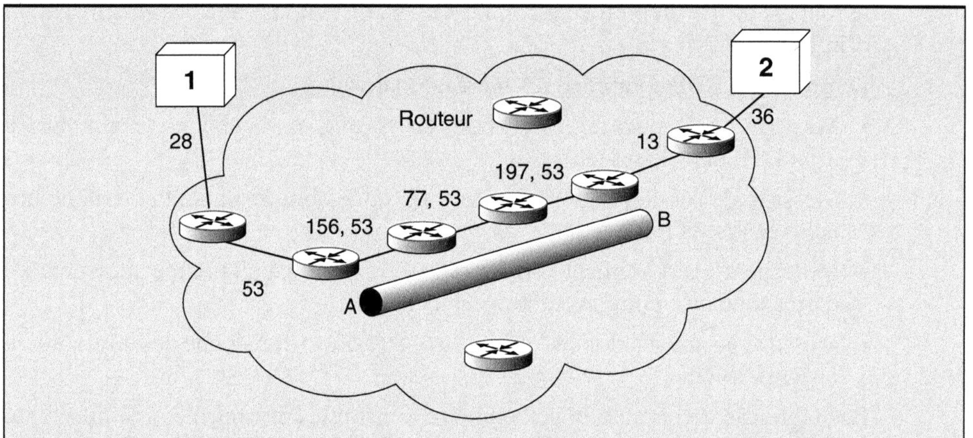

Figure 11.9

Tunnel MPLS réalisé grâce à une pile de références

L'ingénierie de trafic

Il est difficile de réaliser une ingénierie du trafic dans Internet du fait que le protocole BGP n'utilise que des informations de topologie du réseau. L'IETF a introduit dans l'architecture MPLS un routage à base de contrainte et un protocole de routage interne à état des liens étendu afin de réaliser une ingénierie de trafic efficace.

Chaque trame encapsulant un paquet IP qui entre dans le réseau MPLS se voit ajouter par le LSR d'entrée, ou Ingress LSR, une référence au niveau de l'en-tête permettant d'acheminer la trame dans le réseau. Les chemins sont préalablement ouverts par un protocole de réservation de ressources, RSVP ou LDP. À la sortie du réseau, la référence ajoutée à l'en-tête de la trame est supprimée par le LSR de sortie, ou Egress LSR.

Des attributs permettant de contrôler les ressources attribuées à ces chemins sont associés au LSP, qui est le chemin construit entre le LSR d'entrée et le LSR de sortie. Ces attributs sont récapitulés au tableau 11.1. Ils concernent essentiellement la bande passante nécessaire au chemin, son niveau de priorité, son aspect dynamique, par l'intermédiaire du protocole utilisé pour son ouverture, et sa flexibilité en cas de panne.

Attribut	Description
Bande passante	Besoins minimaux de bande passante à réserver sur le chemin du LSP
Attribut de chemin	Indique si le chemin du LSP doit être spécifié manuellement ou dynamiquement par l'algorithme CBR (Constraint-Based Routing).
Priorité de démarrage	Le LSP le plus prioritaire se voit allouer une ressource demandée par plusieurs LSP.
Priorité de préemption	Indique si une ressource d'un LSP peut lui être retirée pour être attribuée à un autre LSP plus prioritaire.
Affinité ou couleur	Exprime des spécifications administratives.
Adaptabilité	Indique si le chemin d'un LSP doit être modifié pour avoir un chemin optimal.
Flexibilité	Indique si le LSP doit être rerouté en cas de panne sur le chemin du LSP.

TABLEAU 11.1 • Attributs des chemins LSP dans un réseau MPLS

L'algorithme CR (Constraint-based Routing)

L'algorithme CR est appliqué lors de l'ouverture du chemin ou de sa réouverture si le chemin est dynamique.

En plus des contraintes de topologie utilisées par les algorithmes de routage classiques, l'algorithme CR calcule les routes en fonction de contraintes de bande passante ou administratives. Les chemins calculés par le protocole CR ne sont pas forcément les plus courts. En effet, le chemin le plus court peut ne pas satisfaire la capacité de bande passante demandée par le LSP. Le LSP peut donc emprunter un autre chemin, plus lent, mais disposant de la capacité de bande passante demandée. De la sorte, le trafic est distribué de manière plus uniforme sur le réseau.

L'algorithme CR peut s'effectuer en temps réel ou non. Dans le premier cas, le nombre de LSP à traverser est calculé à des instants quelconques par les routeurs sur la base d'informations locales. Dans le second cas, un serveur se charge, à partir d'informations recueillies sur tout le réseau, de calculer les chemins périodiquement et de reconfigurer automatiquement les routeurs avec les nouveaux chemins calculés.

Le protocole de routage est nécessaire pour le transport des informations de routage. Dans le cas de l'algorithme CR, le protocole de routage doit transporter, en plus des informations de topologie, des contraintes telles que les besoins en bande passante. La propagation de ces informations se fait plus fréquemment que dans le cas d'un IGP standard, puisqu'il y a plus de facteurs susceptibles de changer. Pour ne pas surcharger le réseau, il faut toutefois veiller que la fréquence de propagation des informations ne soit pas trop importante. Un compromis doit être trouvé entre le besoin d'actualiser les informations et celui d'éviter les propagations excessives.

La conception d'un système MPLS pour l'ingénierie de trafic nécessite de parcourir les étapes suivantes :

1. **Définition de l'étendue géographique du système MPLS.** Dépend de la politique administrative et de l'architecture du réseau.

2. **Définition des routeurs membres du système MPLS.** Il s'agit de définir les LSR d'entrée, de transit et de sortie du système MPLS. Pour diverses raisons, ce dernier ne contient pas nécessairement tous les routeurs du réseau, notamment si un routeur n'est pas assez puissant ou s'il n'est pas sécurisé.
3. **Définition de la hiérarchie du système MPLS.** Deux cas sont possibles : connecter tous les LSR du système MPLS et créer un seul niveau de hiérarchie formant un grand système MPLS ou diviser le réseau en plusieurs niveaux de hiérarchie. Dans ce dernier cas, les LSR de premier et deuxième niveau de la hiérarchie, qui forment le cœur du réseau, sont fortement maillés.
4. **Définition des besoins en bande passante des LSP.** Les besoins en bande passante peuvent être définis par la matrice de trafic de bout en bout, qui n'est pas toujours disponible, ou par un calcul statistique fondé sur l'exploitation des LSP et la mise à jour régulière de cette information en observant constamment leur trafic.
5. **Définition des chemins des LSP.** Les chemins sont généralement calculés de manière dynamique par un CR temps réel. Lorsqu'il se révèle difficile de réaliser ce calcul en temps réel, on peut utiliser un algorithme CR non-temps réel.
6. **Définition des priorités des LSP.** On peut attribuer la plus haute priorité à des LSP devant écouler un trafic volumineux. Cela permet d'emprunter les chemins les plus courts et d'éviter de surcharger un grand nombre de liens dans le réseau, tout en offrant une stabilité du routage et une meilleure utilisation des ressources.
7. **Définition du nombre de chemins parallèles entre deux extrémités quelconques.** On peut configurer plusieurs chemins en parallèle ayant des routes physiquement différentes. Cela garantit une distribution de la charge du trafic plus uniforme. L'idée sous-jacente est de définir des LSP de petite taille en vue d'une meilleure flexibilité du routage. Cette flexibilité est la première motivation des LSP parallèles.
8. **Définition de l'affinité des LSP et des liens.** Des couleurs peuvent être attribuées aux LSP et aux liens en fonction de contraintes administratives. Ces couleurs servent à déterminer les chemins à choisir pour les LSP.
9. **Définition des attributs d'adaptation et de flexibilité.** Selon l'évolution du comportement du réseau, il est possible de trouver des chemins optimaux pour les LSP déjà calculés. L'administrateur réseau peut accepter ou refuser une nouvelle optimisation des LSP. Il ne faut pas que cette dernière soit trop fréquente, car elle pourrait introduire une instabilité du routage. Il faut aussi prévoir des mécanismes de reroutage des LSP en cas de panne d'un LSR.

L'exploitation d'un réseau MPLS suit les étapes énumérées ci-dessous :

1. **Recueil des données statistiques en utilisant les LSP au démarrage du système.** L'objectif de cette étape est de calculer le taux de trafic entre chaque paire de routeurs. Les méthodes statistiques existantes permettent de calculer le taux de trafic à l'entrée et à la sortie d'une interface, mais pas celui allant vers une destination particulière. La construction de la matrice de trafic de bout en bout est effectuée par estimation, ce qui rend l'ingénierie de trafic difficile et peu efficace. L'utilisation des LSP au

démarrage d'un système MPLS donne précisément le taux de trafic entre deux extrémités quelconques en fonction des destinations.

2. **Exploitation des LSP avec les contraintes de bande passante définies à l'étape précédente.** L'étape 1 ci-dessus ayant permis de connaître les besoins en bande passante de chaque LSP, cette information est utilisée par l'algorithme CR pour recalculer les LSP avec leur besoin réel en bande passante.
3. **Mise à jour périodique des bandes passantes des LSP.** Une mise à jour périodique des bandes passantes des LSP est nécessaire pour assurer l'évolution et l'adaptation du réseau au changement du trafic dans le réseau.
4. **Exécution de l'algorithme CR en temps réel.** Pour une utilisation efficace des liens, l'algorithme CR doit être exécuté sur un serveur spécialisé. Calculé sur un serveur disposant de toutes les informations de topologie et d'attributs de tous les LSP, cet algorithme peut permettre d'atteindre le temps réel. L'algorithme propose des LSP ayant de meilleures performances comparées à celles des LSP déjà ouverts. L'algorithme CR doit pouvoir s'exécuter en temps réel pour tenir compte d'une panne d'un LSP. L'algorithme peut alors déterminer rapidement un nouveau LSP capable d'écouler le trafic en attente.

La qualité de service

MPLS permet donc de faire de l'ingénierie et d'effectuer des calculs pour déterminer les ressources à affecter à un chemin lorsque le système est relativement statique. Si le système est dynamique, des chemins doivent s'ouvrir et se fermer pour satisfaire à des contraintes qui s'expriment sur des laps de temps plus courts. L'idée de base est d'ouvrir les chemins grâce à un algorithme tenant compte des ressources. La proposition CR-LDP ayant été partiellement abandonné, un autre algorithme, RSVP-TE, a pris une place de choix parmi les équipementiers.

Dans CR-LDP, les deux ports qui doivent communiquer s'échangent leur ensemble de références pour établir la connexion. Dans RSVP-TE, il n'y a pas de négociation de références. C'est le plan de gestion qui prend à sa charge cette négociation. Pour de très grands réseaux, la mise en place du chemin avec LDP peut nécessiter des ressources considérables, ce qui explique son échec pour le moment.

CR-LDP peut spécifier la route à partir de la source par un champ de type TLV et RSVP-TE par le biais de l'objet « explicit route ». Les deux protocoles envoient une réponse au nœud d'entrée pour indiquer le succès ou l'échec de l'ouverture du chemin.

Les tableaux 11.2 et 11.3 récapitulent respectivement les similitudes et différences entre les deux techniques.

Caracteristique	CR-LDP	RSVP-TE	Commentaire
Initialisation de l'ouverture	Message LABEL_REQUEST	RSVP-TE Message PATH contenant l'objet LABEL_REQUEST	
Ouverture	DIFF-SERV_PSC TLV	Objet DIFFSERV_PSC	Les deux contiennent l'information correspondant au DSCP (DiffServ Code Point) inclus dans le message de demande d'ouverture.
Accepte les LSP point-à-multipoint	Non	Non	En attente d'une RFC
Possibilité d'un routage par la source	Transporté pa la liste TLV de EXPLICIT_ROUTE	Transporté par l'objet EXPLICIT_ROUTE	Spécifie le chemin à suivre.

TABLEAU 11.2 • Similitudes entre RSVP-TE et CR–LDP

Caracteristique	CR-LDP	RSVP-TE	Commentaire
Étape de développement	Le plus jeune mais non utilisé aujourd'hui	Le plus ancien, avec des ajouts pour tenir compte des divers réseaux disponibles dans MPLS	Certains objets de RSVP ont été modifiés pour être utilisés dans MPLS.
Signalisation	UDP pour la découverte et TCP pour la session	Paquets IP ou encapsulation dans UDP pour l'échange de messages	Pas de détection de panne déterministe avec RSVP-TE. Un problème sur TCP peut avoir un impact catastrophique sur les chemins dans CR-LDP.
État de la connexion	Hard State	Soft State	Le Soft State ne passe généralement pas l'échelle. RSVP prend en charge l'agrégation des messages de rafraîchissement.
Fiabilité	Défini pour prendre en charge la plupart des techniques trame, comme ATM, le relais de trames ou Ethernet.	Tunneling à travers le réseau ATM qui doit être configuré manuellement.	

TABLEAU 11.3 • Différences entre RSVP-TE et CR–LDP

MPLS-TP

Le protocole MPLS est aujourd'hui unanimement choisi pour le cœur des réseaux d'opérateurs. Cependant, MPLS est complexe, et la compatibilité entre équipementiers n'est en général pas assurée. Le manque d'un système de gestion est également flagrant. De plus, l'IETF souhaite s'étendre vers la périphérie et proposer aux opérateurs une solution plus simple à configurer et moins cher. Pour y arriver, le groupe de travail MPLS-TP (Transport Profile) a été mis en chantier et devient disponible en 2011.

La différence entre le standard de base MPLS et la nouvelle génération MPLS-TP est illustrée à la figure 11.10. MPLS-TP est un sous-ensemble de MPLS en enlevant des options, en particulier sur la signalisation. En revanche, MPLS-TP contient un nouvel environnement de gestion dit OAM (Operation and Maintenance) et une protection de la partie transport sur le support physique.

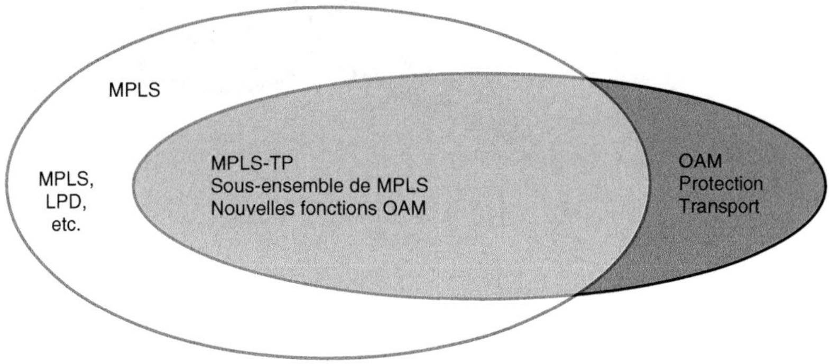

Figure 11.10

Les différences entre MPLS et MPLS-TP

Les fonctionnalités de MPLS-TP peuvent être résumées de la façon suivante :

- MPLS est repris pour la partie commutation avec une simplification au niveau de la mise en place des LSP.
- Une architecture de pseudowire (émulation d'un niveau 2 en mode connexion, c'est-à-dire émulation d'un câble) dit PWE3 (pseudowire emulation edge-to-edge).
- Utilisation du plan de contrôle, statique ou dynamique, provenant de GMPLS qui est décrit dans la suite de ce chapitre.
- Des fonctionnalités de gestion provenant d'un environnement OAM.
- Des procédures permettant d'augmenter la fiabilité et la disponibilité pour obtenir des performances du même ordre que celles de SONET.
- Utilisation d'un ensemble de fonctions de gestion provenant d'un protocole dit Generic Associated Channel (G-ACh).
- Introduction du multipoint.

Un point très important concerne la normalisation. À l'IETF s'est ajoutée l'UIT-T afin d'aboutir à une norme rassemblant à la fois les télécommunications et l'informatique. Cette convergence est illustrée à la figure 11.11. La partie haute de l'architecture est conservée, mais de façon simplifiée. La partie basse, concernant le transport des éléments binaires, est intégrée à MPLS-TP par la solution OTN poussée par l'UIT-T. Enfin, la synchronisation que l'on trouve dans SONET ainsi que la fiabilité et la disponibilité sont reprises dans MPLS-TP.

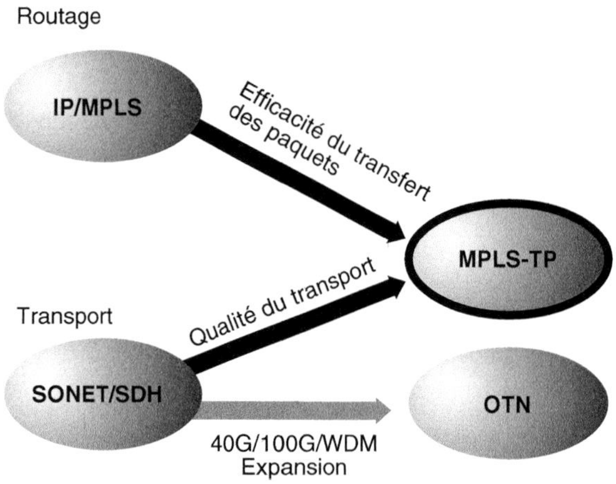

Figure 11.11

La convergence entre l'IETF et l'UIT-T

La figure 11.12 détaille davantage cette convergence. La normalisation de base a été effectuée par l'IETF et reprise ensuite par l'UIT-T sous le nom T-MPLS afin d'ajouter la fonction de transport des éléments binaires. Ce standard intermédiaire a été repris par l'IETF pour le conforter dans la version MPLS-TP en parallèle du travail d'amélioration de T-MPLS par l'UIT-T.

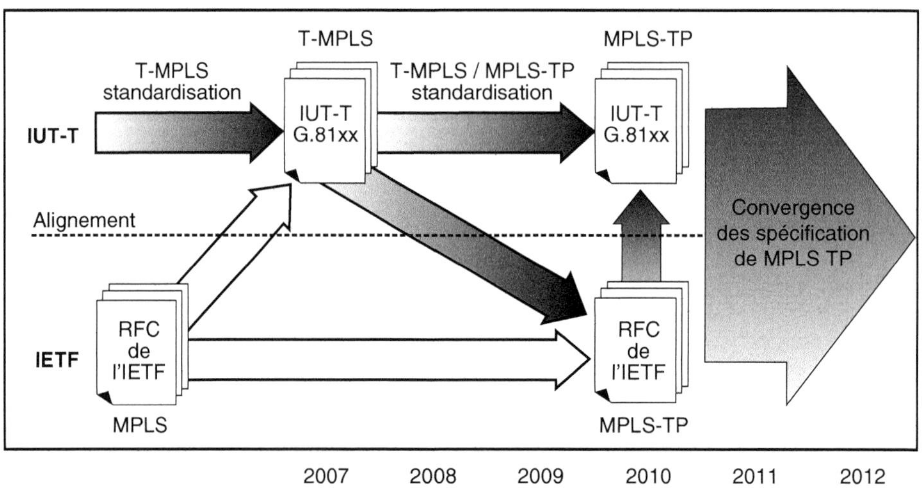

Figure 11.12

Le processus de normalisation de MPLS-TP

MPLS-TP est le grand standard que tous les opérateurs attendaient. Il s'applique aussi bien à l'intérieur du réseau qu'à la périphérie, par exemple pour connecter des réseaux d'accès utilisateur ou des réseaux d'accès d'antennes 3G et 4G.

GMPLS (Generalized MPLS)

Comme son nom l'indique, GMPLS est une généralisation du protocole MPLS. Cette généralisation est assez simple à expliquer, puisque tout ce qui peut jouer le rôle d'une référence – numéro d'une longueur d'onde, numéro d'un slot, etc. – peut entrer dans GMPLS. La structure de GMPLS est toutefois plus complexe qu'il n'y paraît, et une gestion globale est nécessaire pour arriver à bien contrôler cet environnement. GMPLS apporte aussi un plan de supervision qui devient un standard même pour la version simplifiée de MPLS : MPLS-TP.

Les extensions de MPLS

Au niveau trame (couche 2, ou liaison), MPLS ne travaille que sur des structures de trame de niveau 2 : c'est ce qu'on appelle le L2S (Level 2 Switching). Des extensions permettent toutefois d'introduire des références sur d'autres supports, comme le numéro d'une tranche de temps dans un partage temporel ou un numéro de longueur d'onde sur une fibre optique.

Les principales possibilités d'extension de MPLS sont les suivantes :

- PSC (Packet Switching Capable), pour les paquets capables de recevoir une référence. On pourrait imaginer un paquet IPv6 avec le flow-label comme référence, mais cette solution n'est pas acceptable en l'état, car un paquet ne peut être transmis directement sur un support physique : il faut l'encapsuler dans une trame. C'est généralement la trame PPP qui sert de transporteur.
- L2SC (Level 2 Switching Capable), qui correspond au Label Switching utilisé dans la norme MPLS.
- TDMC (Time Division Multiplexing Capable), qui introduit la référence en tant que slot dans un multiplexage temporel. Toutes les techniques qui comportent une structure sous forme de trame avec des slots à l'intérieur font partie de cette classe. En particulier, toutes les techniques hertziennes avec division temporelle s'intègrent dans GMPLS.
- LSC (Lambda Switching Capable), qui prend le numéro de la longueur d'onde à l'intérieur d'une fibre optique comme référence de commutation. Cette technique a été la première extension de MPLS sous le nom de MPλS.
- FSC (Fiber Switching Capable), qui prend le numéro d'une fibre optique parmi un faisceau de fibres optiques comme référence de commutation. Dans un faisceau, les fibres sont numérotées de 1 à *n*, *n* correspondant au nombre de fibres optiques.

Le tableau 11.4 récapitule les techniques de transfert offertes par un réseau GMPLS.

Domaine de transfert	Type de trafic	Type de transfert	Exemple de station	Nomenclature
Trame	ATM, Ethernet	Utilisation de références	Commutateur ATM ou Ethernet	L2SC (Layer 2 Switching Capable)
Paquet	IP	Routage	Routage IP	PSC (Packet Switching Capable)
Temps	TDM/SONET	Slot de temps se répétant par cycle	Brasseur et commutateur	TDMC (Time Division Multiplexing Capable)
Longueur d'onde	Transparent	Lambda	DWDM	LSC (Lambda Switching Capable)
Espace physique	Transparent	Fibre optique	OXC (Optical Cross Connect)	FSC (Fiber Switching Capable)

TABLEAU 11.4 • Techniques de transfert de GMPLS

D'autres extensions sont imaginables, comme l'association d'un code dans une communication, que ce soit dans un CDMA ou dans une transmission quelconque. Par ces extensions, il est possible de faire correspondre en entrée et en sortie des références qui ne proviennent pas de la même technologie. En revanche, les différentes solutions ne donnent pas forcément des débits identiques. Par exemple, si l'on choisit comme référence une tranche avec un numéro bien déterminé d'un multiplex temporel hertzien, qui risque de donner au mieux quelques mégabits par seconde, il est difficile de lui faire correspondre en sortie une longueur d'onde d'une fibre optique qui peut avoir une capacité de 10 Gbit/s. Une hiérarchisation des supports est donc nécessaire.

Hiérarchie des supports

La figure 11.13 illustre une hiérarchie possible entre les supports qui peuvent être utilisés dans GMPLS. Dans cette figure, un flot de paquets IP donne naissance à un PSC, lui-même intégré dans un L2SC de type FEC, c'est-à-dire rassemblant plusieurs flots IP ayant une propriété commune, comme un même LSR de sortie.

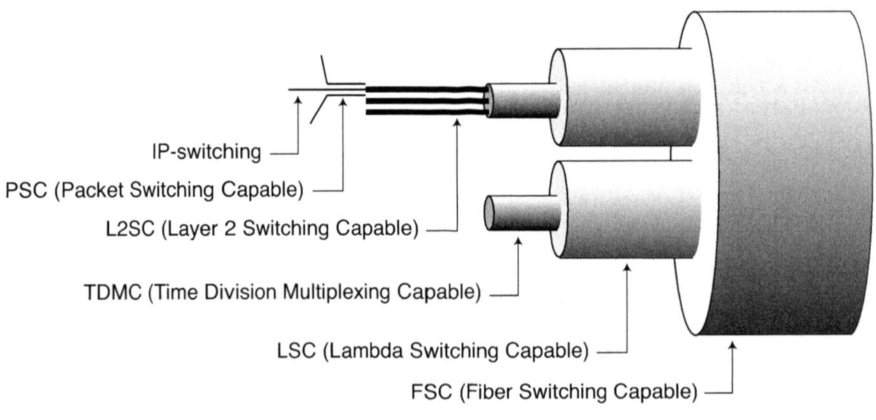

Figure 11.13

Hiérarchie des techniques de transfert dans GMPLS

Les flots de niveau L2CS peuvent eux-mêmes être encapsulés dans un slot d'une technique de type SONET/SDH. En continuant dans la hiérarchie, les flots TDMC peuvent être à leur tour multiplexés dans une même longueur d'onde, c'est-à-dire dans un LSC. En continuant la hiérarchie pour arriver au plus haut niveau, les longueurs d'onde peuvent elles-mêmes être intégrées dans une fibre particulière d'un faisceau de fibre optique.

Réseau overlay

Une autre caractéristique importante des réseaux MPLS et GMPLS est de travailler en réseau overlay, c'est-à-dire en une hiérarchie de réseaux, comme illustré à la figure 11.14, où trois niveaux sont représentés.

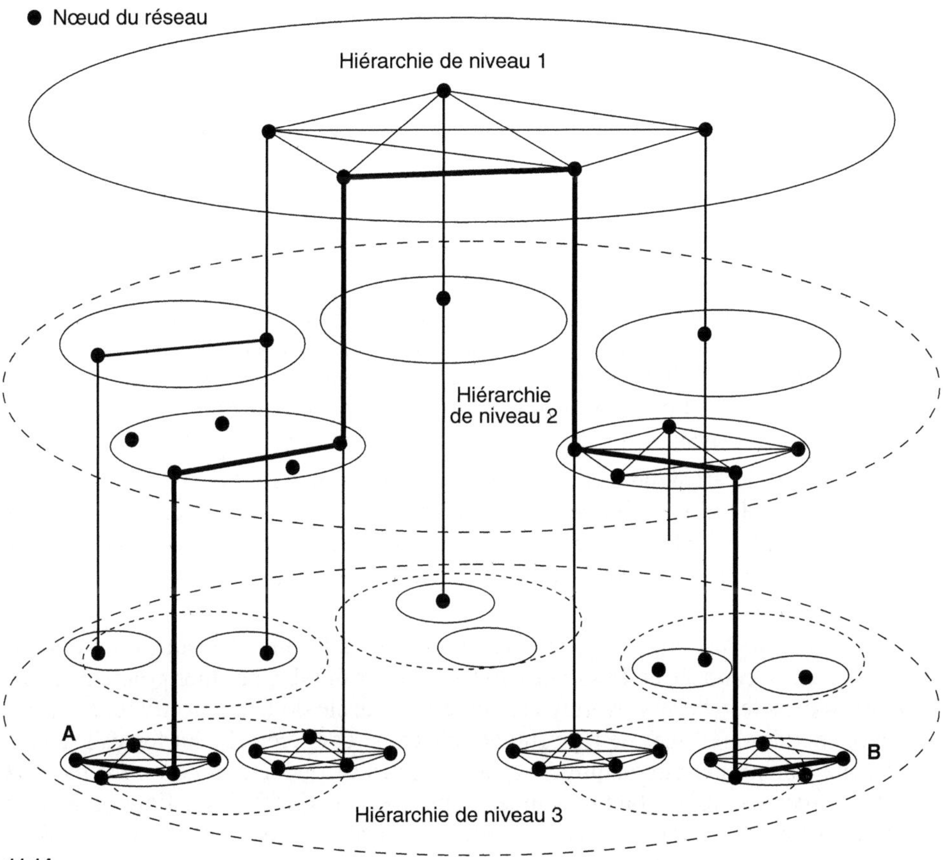

Figure 11.14

Hiérarchie de réseau à trois niveaux

Si l'on suppose, pour simplifier, que le réseau global ne comprend que deux niveaux de hiérarchie, comme illustré à la figure 11.15, chaque nœud du réseau overlay dessert un réseau du niveau sous-jacent. Pour aller d'un point à un autre, de A à D par exemple, le paquet doit être envoyé par le réseau local au nœud d'entrée du réseau overlay, c'est-à-dire de A à B sur la figure, puis transmis dans le réseau overlay de B à C et enfin dans le réseau local d'arrivée de C à D.

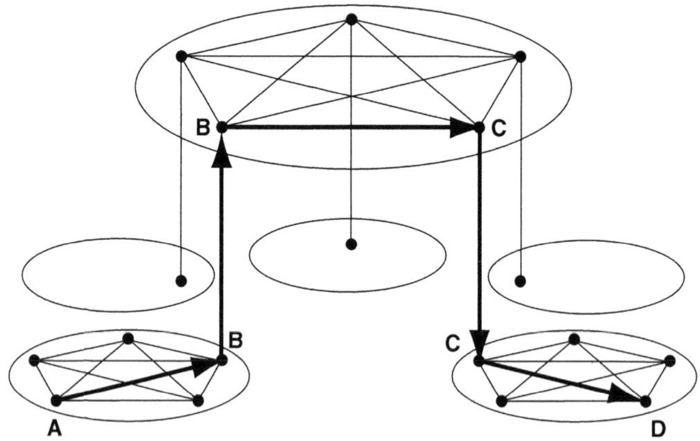

Figure 11.15

Fonctionnement d'un réseau overlay

Si les différents niveaux de la hiérarchie comportent des réseaux maillés, qui permettent d'aller directement d'un point à un autre dans le réseau, on voit que cette solution de réseau permet de limiter le nombre de nœuds à traverser. Dans le cas de la figure 11.15, pour aller de A à D, l'on ne passe que par deux nœuds intermédiaires, alors que si tous les nœuds du réseau avaient été au même niveau, il aurait fallu peut-être une dizaine de sauts.

La structure hiérarchique des supports de transmission de GMPLS permet de mettre en place ce type de réseau. On peut, par exemple, dans un cas simple, avoir des domaines MPLS de niveau 2 interconnectés par un réseau overlay utilisant une longueur d'onde sur une fibre optique. Ce réseau overlay relie les points des domaines de base choisis pour faire partie du réseau overlay.

Pour ouvrir des chemins sur des réseaux différents les uns des autres, un ensemble de protocoles de contrôle et de surveillance est nécessaire. Un premier problème posé par le routage dans les réseaux overlay concerne le contrôle de la connectivité, qui est pris en charge par des messages de type HELLO, envoyés régulièrement sur toutes les interfaces. Chaque HELLO doit être acquitté explicitement. Lorsque aucun ACK n'est reçu, la ligne est considérée comme étant en panne. Dans le cas de GMPLS sur fibre optique, il n'est pas possible d'envoyer des messages HELLO. Le contrôle de la connectivité doit donc se faire par un nouveau protocole.

Un second problème posé par les réseaux overlay provient de l'impossibilité pour des nœuds de même niveau, mais n'appartenant pas au même domaine de se transmettre directement des messages de contrôle. Il faut passer par un réseau de niveau supérieur, lequel peut ne pas être capable d'interpréter les messages des niveaux inférieurs. Il n'y a donc pas de vision globale du réseau.

Contrôle et gestion de MPLS

Pour améliorer le contrôle et la gestion, il est nécessaire de bien séparer les plans utilisateur, gestion et contrôle, surtout si le réseau est complexe. Cela vaut encore davantage dans les réseaux utilisant de la fibre optique.

Comme pour l'ATM, on distingue trois plans dans GMPLS :

- Le plan utilisateur, qui est chargé de transporter les données utilisateur d'une extrémité à l'autre.
- Le plan de contrôle, destiné à mettre en place les circuits virtuels puis à les détruire à la fin de la transmission ou à les maintenir si nécessaire.
- Le plan de gestion, qui transporte les messages nécessaires à la gestion du réseau.

Les groupes de travail de GMPLS ont développé une telle architecture pour permettre de contrôler par un plan spécifique l'ensemble des composants du réseau.

Pour s'adapter au protocole GMPLS, les protocoles de signalisation (RSVP-TE, CR-LDP) et les protocoles de routage (OSPF-TE, IS-IS-TE) ont été étendus. Un nouveau protocole de gestion, appelé LMP (Link Management Protocol), a été introduit pour gérer les plans utilisateur et de contrôle. LMP est un protocole IP qui contient des extensions pour RSVP-TE et CR-LDP.

Le tableau 11.5 récapitule les propriétés de ces protocoles et leurs extensions dans le cadre de GMPLS.

Protocole	Description
Routage (OSPF-TE, IS-IS-TE)	Destiné à la découverte automatique de la topologie du réseau et à la mesure de la disponibilité des ressources (bande passante, type de protection). Les principales améliorations sont les suivantes : - Indication du type de protection (1+1, 1:1, non protégé, trafic en plus). 1+1 indique qu'un chemin de secours est ouvert en permanence, 1:1 qu'en cas de panne un chemin de secours est prévu mais sans réservation de ressource. - Implémentation de lignes de dérivation pour améliorer le passage à l'échelle. - Acceptation et indication de liaisons qui n'ont pas d'adresse IP; utilisation d'une identification Link ID. - Identité des interfaces d'entrée et de sortie (interface ID). - Découverte d'un chemin pour un back-up utilisant un chemin différent du chemin primaire (shared-risk link group).
Signalisation (RSVP-TE, CR-LDP)	Destiné à la mise en place des chemins par une ingénierie de trafic. Les principales améliorations sont les suivantes : - Échange des références avec des réseaux non paquet (référence généralisée). - Établissement de chemin LSP bidirectionnel. - Signalisation pour l'ouverture d'un chemin de back-up. - Proposition de références suggérées. - Accepte la commutation de longueur d'onde.
LMP (Link Management Protocol)	Inclut les extensions suivantes : - Control Channel Management : établit, lors de la négociation, les paramètres de la liaison, tels la fréquence d'émission des messages KEEP_ALIVE et HELLO. - Link Connectivity Verification : permet de s'assurer de la connectivité physique entre les nœuds voisins grâce à des messages de type PING. - Link Property Correlation : détermine les mécanismes de protection. - Fault Isolation : isole les fautes simples ou multiples du domaine optique.

TABLEAU 11.5 Propriétés et extensions des protocoles de GMPLS

Les différentes couches examinées forment ci-dessus l'architecture dite multicouche de GMPLS : trame, slot temporel, longueur d'onde, ensemble de longueurs d'onde, fibre optique, groupe de fibre optique.

Plan de contrôle de GMPLS

Une des difficultés rencontrées pour établir des LSP est de trouver le meilleur chemin, en tenant compte des multiples couches de l'architecture. Par exemple, il est possible d'ouvrir une liaison optique reliant deux commutateurs optiques et traversant plusieurs autres commutateurs de façon totalement transparente. De ce fait, cette liaison, souvent appelée TE-Link, est vue comme une liaison à un saut. L'optimisation du chemin à ouvrir a donc tout intérêt à passer par des TE-Link du plus bas niveau possible.

L'architecture du plan de contrôle permettant de réaliser l'ouverture des LSP est illustrée à la figure 11.16. Cette architecture contient les couches basses de l'architecture GMPLS, avec les différentes possibilités de transporter les paquets IP de contrôle sur les différentes commutations acceptées par GMPLS. Les paquets IP sont routés par des protocoles de routage de type OSPF-TE, c'est-à-dire en tenant compte de l'ingénierie de trafic. Une fois le chemin déterminé, une réservation est réalisée, essentiellement par le protocole RSVP-TE. D'autres possibilités, comme CR-LDP ou BGP, peuvent être employées, mais elles n'ont pas encore rencontré le même succès que RSVP-TE.

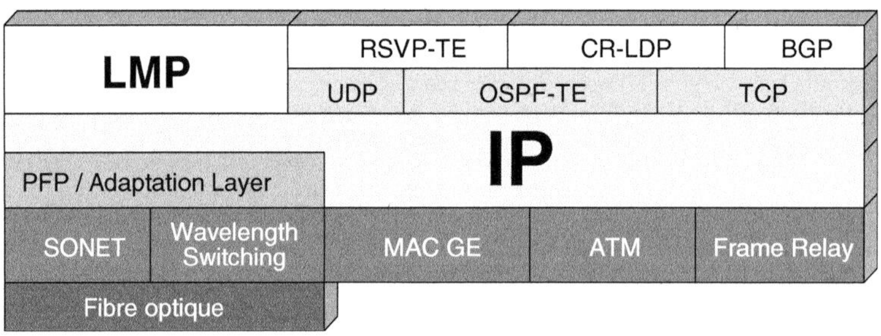

Figure 11.16

Architecture de GMPLS

Le plan de contrôle de GMPLS demandera encore de nombreux développements et de tests avant d'être vraiment optimisé. Il est aujourd'hui surtout utilisé pour la partie optique, mais comme il n'y a pas de mémoire tampon dans les nœuds, les ouvertures et fermetures doivent se faire à la volée.

À une mise en place des LSP devant se faire plusieurs heures à l'avance et souvent de façon manuelle devrait succéder un processus automatique permettant d'ouvrir et de fermer les LSP quasiment instantanément au fur et à mesure des demandes.

Conclusion

Les réseaux MPLS et GMPLS sont promis à un bel avenir. Tous les grands opérateurs ont investi dans cette direction, non sans une certaine appréhension quant à la complexité globale de cette nouvelle architecture, qui peut être vue comme un compromis entre un grand nombre d'architectures différentes. La proposition MPLS-TP est la solution à ces problèmes et devrait devenir la très grande norme des réseaux d'opérateurs.

Le plan utilisateur semble bien conçu et permet d'optimiser assez facilement la mise en place du réseau et son ingénierie, notamment pour ce qui concerne la qualité de service, la maintenance et la gestion.

MPLS a aussi été retenu pour réaliser des réseaux privés virtuels grâce à ses chemins qu'il est relativement facile de protéger. Ces solutions de VPN sont examinées au chapitre 22.

12

Les réseaux SDN

Depuis 2012, une nouvelle tendance forte est apparue en matière de réseau avec le SDN (Software-Defined Networking), qui découple le plan de données, c'est-à-dire les mécanismes qui permettent de faire avancer les trames et les paquets dans le réseau, et le plan de contrôle, correspondant aux fonctions nécessaires pour déterminer les tables de transfert, encore appelées tables des flots. De ce fait, les calculs à effectuer pour définir ces tables de flots peuvent se réaliser dans d'autres machines que les routeurs ou les commutateurs du réseau. Ces calculs s'exécutent dans des machines centralisées, qui peuvent être des serveurs physiques ou des machines virtuelles dans des datacenters.

Le serveur central, qui prend le nom de contrôleur, peut avoir une puissance de calcul et de récupération des informations bien supérieure à celle des nœuds de transfert dans lesquels les calculs pour déterminer la route ou le chemin étaient effectués par un algorithme de routage ou de commutation distribué. La solution choisie par la plupart des vendeurs de solutions SDN est de virtualiser le contrôleur afin de le mettre dans le Cloud et disposer ainsi de toutes les fonctionnalités nécessaires pour effectuer des calculs complexes. Par exemple, un algorithme puissant doit être défini pour déterminer les tables de flots en fonction de nombreux facteurs ou en particulier celles associées à chaque réseau virtuel, voire à chaque utilisateur.

La technologie SDN pousse les équipementiers à utiliser de plus en plus le Cloud et à mettre en place des contrôleurs d'accès, appelés SBC (Session Border Controller) chez les opérateurs et NAS (Network Access Server) dans les entreprises privées, afin de récupérer un maximum d'informations des clients. Le couplage des contrôleurs d'accès et des contrôleurs SDN est actuellement un plus pour les équipementiers.

SDN (Software-Defined Networking)

Le SDN correspond à une approche centralisée des réseaux qui consiste à découpler le plan de données et le plan de contrôle. Le plan de données contient la partie des nœuds de transfert qui sert à router ou à commuter les trames ou les paquets en utilisant une table de flots. Le calcul de la table de flots fait, lui, partie du plan de contrôle. Jusqu'au début des années 2010, ces deux parties étaient solidaires et placées dans les nœuds de transfert. Les algorithmes de routage, de commutation et, plus généralement, de contrôle se situaient dans les nœuds de transfert, et l'algorithmique associée était éminemment distribuée. Dans un réseau important, il fallait que les informations concernant l'état du réseau soient envoyées à tous les nœuds, ce qui limitait le nombre de paramètres à prendre en compte.

Dès lors que l'on découple le plan de données et le plan de contrôle, il est possible d'effectuer les calculs permettant de déterminer les tables de flots dans d'autres nœuds que les nœuds de transfert. De ce fait, la tendance est à centraliser ces calculs dans une machine particulière, appelée contrôleur. Le contrôleur peut être une machine physique ou plusieurs machines physiques distribuées, mais également une VM se trouvant dans le Cloud.

La figure 12.1 illustre l'architecture du SDN dans le cas où le contrôleur se trouve dans le Cloud.

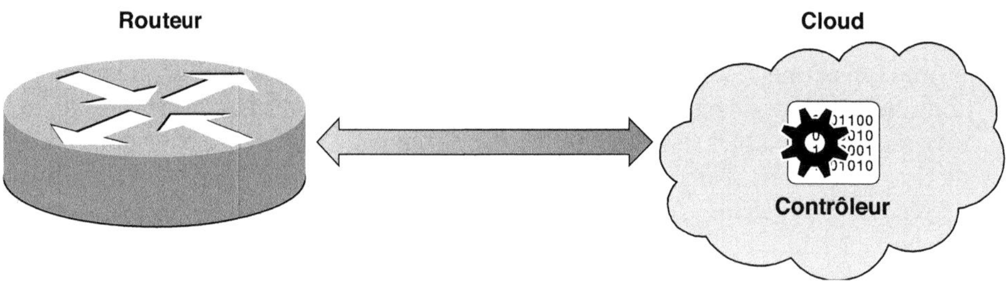

Figure 12.1

L'architecture du SDN

Dans cette machine centrale physique ou virtualisée dans le Cloud il est possible de placer une puissance de calcul bien supérieure à ce que l'on peut trouver dans chaque nœud de transfert. Par ailleurs, la récupération des informations pour calculer les tables de flots est beaucoup plus simple dans un cas centralisé que dans un environnement distribué.

La correspondance entre le contrôleur et les nœuds de transfert doit être normalisée si l'on veut avoir un ensemble de machines de transfert hétérogènes, et elle doit être fortement sécurisée si l'on souhaite éviter des attaques sur le plan de contrôle. OpenFlow a été le premier protocole à réaliser cette communication entre le contrôleur et les nœuds de transfert. Le protocole OpenFlow est décrit dans une section spécifique de ce chapitre. L'interface traversée par ce protocole s'appelle l'interface sud (Southbound Interface).

On a pu penser qu'OpenFlow allait permettre d'unifier les machines de transfert et de simplifier les choix des utilisateurs, qui auraient pu acheter leurs routeurs et commutateurs chez différents équipementiers. Malheureusement, les années 2013 et 2014 sont plutôt allées dans le sens inverse, avec des équipementiers qui ont développé leurs propres protocoles pour interconnecter le contrôleur et les nœuds de transfert du réseau. On peut citer, par exemple, OpFlex, de Cisco. De façon plus précise, OpFlex est l'interface sud d'un des contrôleurs commercialisés par Cisco, qui contient un ensemble de bibliothèques permettant à un programmeur de créer des applications qui intègrent étroitement les équipements Cisco. Il existe de nombreuses autres interfaces sud, qui sont examinées en détail dans ce chapitre.

Les techniques SDN sont en grande partie normalisées afin d'offrir une compatibilité entre équipementiers et éviter autant que possible l'hétérogénéité des solutions. C'est l'ONF (Open Networking Foundation) qui s'en charge. L'ONF a pris comme modèle de base OpenFlow pour relier les contrôleurs aux nœuds du réseau, que ce soient des routeurs ou des commutateurs, virtuels ou non. Une des difficultés vient bien sûr des machines de transfert proposées par les équipementiers, qui peuvent être des machines fermées ou ouvertes, et compatibles ou non avec l'ONF.

L'architecture ONF

L'ONF a pour objectif de normaliser l'architecture des réseaux SDN. Cette fondation est née d'un groupement rassemblant à la fois Nicira, la jeune pousse née de l'université de Stanford à la base du SDN, et les grands du Cloud dans le but d'imposer une solution de contrôle à partir d'une machine centrale, le contrôleur, suffisamment puissante pour permettre une personnalisation forte à l'ouverture d'un chemin ou d'une route. Comme on l'a vu, l'idée de base, en dehors du centre, a été de séparer le plan de données et le plan de contrôle, ce dernier étant regroupé dans le contrôleur.

Le plan de données est composé de routeurs ou de commutateurs permettant le transfert des paquets. Le plan de contrôle soit calcule les chemins qui seront suivis par les paquets d'un même flot, soit diffuse une table de routage aux routeurs formant le plan de données. C'est la commutation qui a pris le dessus sur le routage, car il apparaît plus simple de construire un chemin pour chaque utilisateur que de calculer des routes et diffuser la table de routage. Une fois ouvert, le chemin doit être capable de conserver la qualité de service tout au long de sa durée de vie. C'est assez simple à réaliser puisque le centre a une vue presque parfaite des clients et du réseau.

Il est convenu à partir d'ici que le plan de données utilise des commutateurs et se sert de chemins pour le transfert des paquets. Les commutateurs sont simples puisqu'ils ne comportent plus d'intelligence pour gérer le contrôle. Ils reçoivent des ordres provenant du contrôleur et n'ont plus à leur charge que les files d'attente nécessaires pour recevoir et émettre les trames. La table des flots est reçue par l'interface sud, et, chaque fois qu'un problème se pose au niveau du commutateur, une requête est envoyée au contrôleur pour savoir ce qu'il faut faire.

Les commutateurs SDN sont donc différents des commutateurs classiques et ne sont compatibles avec eux que si le commutateur d'ancienne génération possède une interface sud. Ce cas de figure est rare puisqu'il demande que l'équipementier ait ajouté dans son commutateur le logiciel nécessaire pour prendre en charge l'interface sud et remplacer la table de commutation par la table des flots reçue par l'interface sud.

Il est à noter que les équipementiers ne sont pas forcément favorables à cette solution puisqu'elle prive leurs équipements de toute intelligence.

L'architecture ONF décrite à la figure 12.2 comprend trois grands niveaux. Le plus important est le niveau central, qui correspond au plan de contrôle et qui centralise ce contrôle dans un contrôleur SDN. Cette solution apporte beaucoup plus facilement de l'intelligence puisque le contrôleur dispose de toutes les connaissances du réseau et a des utilisateurs sous la main. Cela permet une automatisation performante à un prix assez bas. L'optimisation des performances est également bien plus facile à réaliser lorsque tous les paramètres du système sont disponibles instantanément.

Le niveau application se situe juste au-dessus et est relié au contrôleur par une API intitulée interface nord. Ce plan permet une programmabilité simple de l'environnement applicatif. Les besoins des applications sont transférés par l'interface nord vers le contrôleur. Le contrôleur peut demander des précisions ou envoyer des requêtes en utilisant également cette interface nord. Les applications concernées sont de deux types : les applications « business » correspondant aux clients du réseau et les applications réseau telles que le contrôle des rattachements ou les changements intercellulaires.

Le plan de données se situe en dessous du plan de contrôle et est relié à lui par l'interface sud. L'interface sud peut donc être considérée comme une signalisation permettant, dans le sens descendant, d'envoyer des tables de flots et, dans le sens montant, d'acheminer au contrôleur l'ensemble des informations du réseau afin qu'il ait une connaissance parfaite des nœuds et des liaisons entre eux. Le plan de données est virtuel, car il est construit à partir de machines virtuelles mises en place pour réaliser l'ouverture d'un chemin.

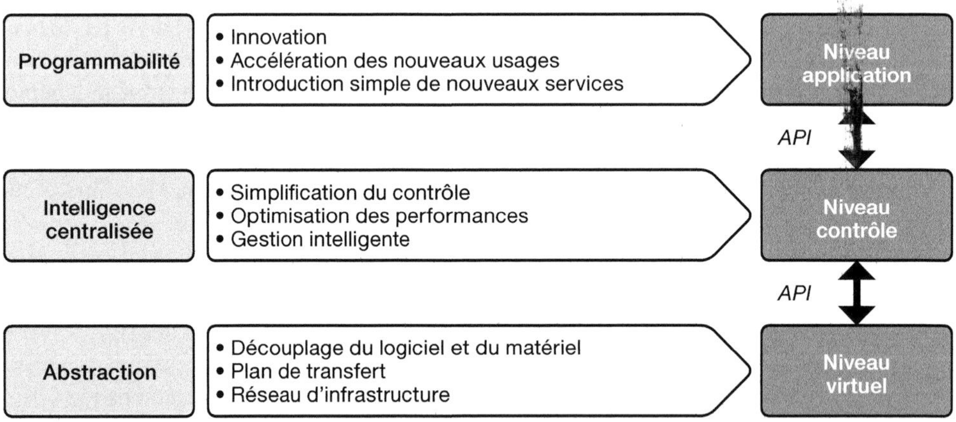

Figure 12.2

L'architecture SDN définie par l'ONF

On peut compléter cette architecture à trois niveaux en ajoutant l'infrastructure proprement dite sur laquelle vont venir se positionner les machines virtuelles. L'avantage de cette architecture à quatre niveaux est de bien réaliser la séparation entre les machines virtuelles, qui sont dans le plan de données virtuel, et les machines physiques, qui se trouvent au niveau en dessous, dans le plan de données physique. Cette architecture, dans laquelle le plan de données est divisé en deux parties, est illustrée à la figure 12.3.

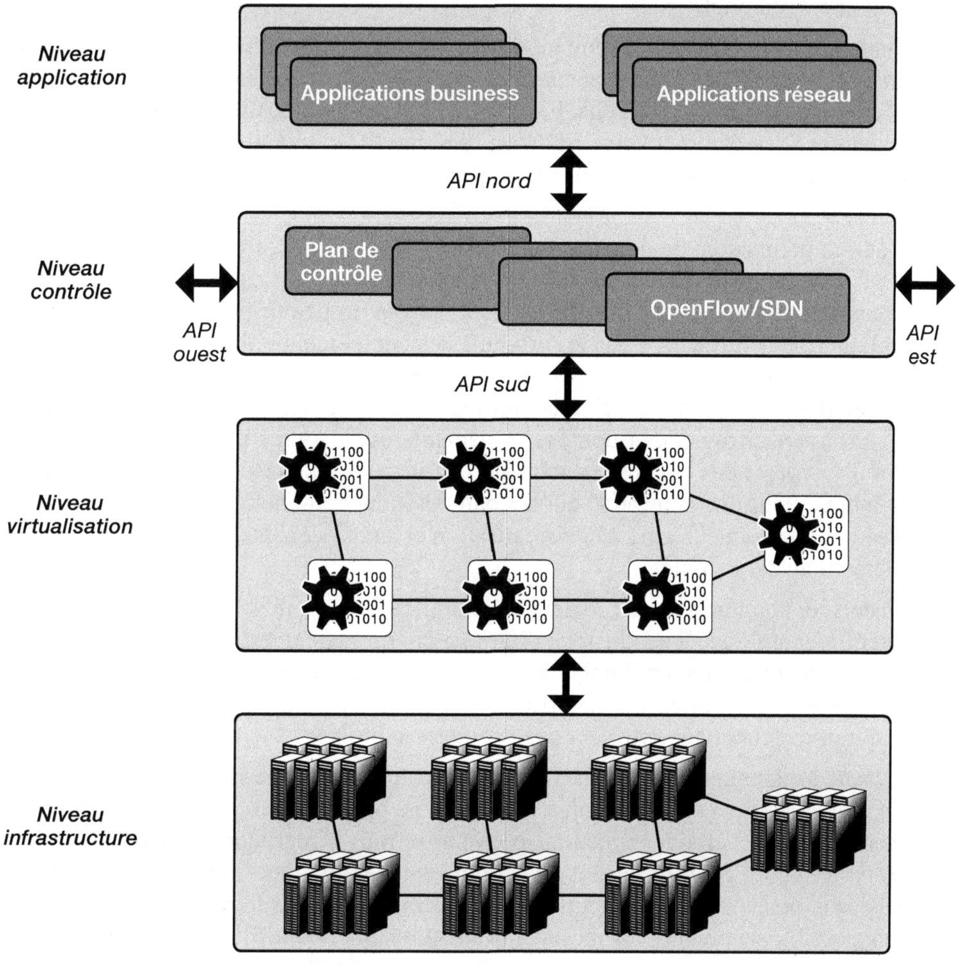

Figure 12.3

L'architecture SDN à quatre niveaux

Les architectures des équipementiers vont, comme ce que propose Cisco dans ACI (Application Centric Infrastructure), du recouvrement total des quatre niveaux, en y incluant du matériel physique provenant de l'équipementier, jusqu'à l'architecture NSX de VMware, qui s'arrête au niveau virtualisation puisque VMware n'a pas de matériel d'infrastructure à commercialiser.

Dans cette architecture, on voit également apparaître les interfaces est et ouest permettant la connexion aux autres contrôleurs, lesquels peuvent être homogènes ou hétérogènes. Comme il n'existe pas de standardisation pour ces interfaces, les solutions développées reposent soit sur un système distribué intégré dans les contrôleurs, comme dans ONOS (Open Network Operating System), soit sur la reprise d'un protocole préexistant, comme BGP, mais remodelé.

Cette architecture SDN peut être jugée trop disruptive par rapport aux réseaux de la génération précédente, qui continuent de dominer le monde des réseaux, même si le SDN gagne petit à petit des parts de marché. En effet, il faut changer tous les équipements pour qu'ils deviennent des commutateurs SDN ou bien modifier, quand c'est possible, les équipements traditionnels pour y ajouter l'interface sud et la possibilité de remplacer la table de commutation par une table des flots provenant du contrôleur.

D'autres points sont également importants à prendre en compte dans cette architecture SDN, à commencer par le problème de la sécurisation du réseau. En effet, des attaques ne cessent de voir le jour, si bien qu'il est devenu impératif de pouvoir dupliquer, voire tripliquer, le contrôleur. Tous les produits des équipementiers demandent donc au moins deux copies du contrôleur sur des sites différents. De nouvelles attaques sur le contrôleur sont également à surveiller, d'autant plus que la plupart des contrôleurs, comme le montre le chapitre 4, proviennent de développements open source qu'il est facile d'examiner afin d'y repérer des bogues capables de faciliter des attaques. Un autre point, et non des moindres, pour une entreprise qui souhaite prendre cette nouvelle direction, provient du besoin de personnel formé à la virtualisation et aux systèmes d'exploitation et plus généralement au génie logiciel.

Un dernier point important provient de la limitation du nombre de commutateurs que peut gérer un contrôleur. Il est difficile d'être précis sur cette question puisque tout dépend de l'éloignement des commutateurs SDN, du type de trafic, de l'importance des flots, de la sécurité à leur apporter, etc. On peut cependant certainement aller jusqu'à une centaine de commutateurs par contrôleur avec cette technologie.

Lorsque le chemin est fixé et que la communication s'effectue sans problème, le contrôleur n'a plus d'action à réaliser et plus aucun flot ne passe par lui. Cela peut avoir une conséquence puisque certaines fonctions peuvent se trouver regroupées dans le contrôleur. Par exemple, un DPI (Deep Packet Inspection) qui serait située dans le contrôleur ne serait plus utile pour détecter les applications qui transitent dans le réseau, et il ne serait donc plus possible de prendre les mesures nécessaires pour contrôler les flots.

Examinons maintenant les différentes couches de l'architecture de l'ONF pour entrer dans quelques détails supplémentaires. En commençant par le bas de l'architecture, le point important est la normalisation NFV (Network Functions Virtualization), qui s'effectue à l'ETSI (*voir le chapitre 3*). L'idée est de remplacer les éléments physiques par des éléments virtuels normalisés pour les différents types d'équipements réseau. Cette normalisation est illustrée à la figure 12.4 dans laquelle les machines matérielles sont remplacées par des machines virtuelles au-dessus de superviseurs.

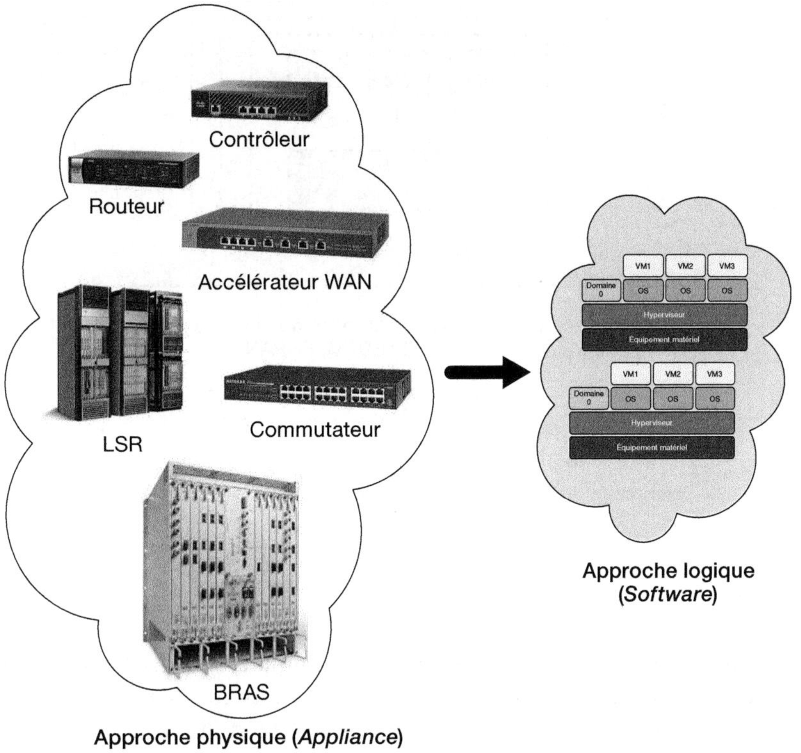

Figure 12.4

La normalisation NFV

Cette solution permet de délocaliser les machines logicielles vers un datacenter qui peut être petit et proche aussi bien que gros et lointain. La VM (machine virtuelle) peut prendre une taille variable en fonction du trafic qui la traverse.

Dans la partie basse de l'architecture se trouvent également les commutateurs SDN. Le plus célèbre d'entre eux est Open vSwitch, qui provient d'un important projet open source et a attiré beaucoup de développeurs. En particulier, tous les équipementiers ont ajouté dans ce logiciel libre leurs propres interfaces en plus des interfaces standards.

La figure 12.5 représente ce commutateur avec ses principaux modules. Beaucoup plus qu'un commutateur virtuel, Open vSwitch est une plate-forme capable de supporter des machines virtuelles pouvant compléter le commutateur lui-même. Il offre quatre grands types de modules : un de sécurité, avec pare-feu, filtrage de trafic par DPI (Deep Packet Inspection) et techniques d'isolation des machines virtuelles ; un de gestion de la qualité de service, avec un ensemble d'algorithmes de contrôle ; un de monitoring du commutateur, avec divers protocoles, dont certains normalisés et d'autres associés à des équipementiers, tels NetFlow, sFlow, Jflow, NetStream et IPFIX ; un pour les interfaces sud disponibles, avec en priorité OpenFlow et OVSDB, mais aussi SNMP, NetConf, etc.

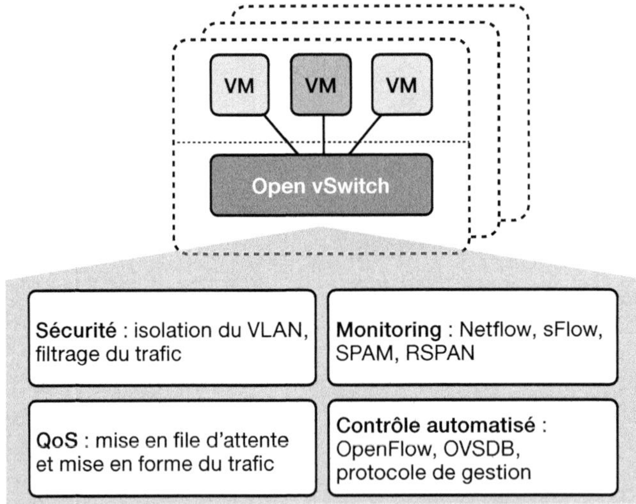

Figure 12.5

Le commutateur Open vSwitch

Open vSwitch peut s'exécuter comme un commutateur, avec un hyperviseur, mais également comme un commutateur distribué sur plusieurs serveurs physiques. C'est le commutateur par défaut de XenServer 6.0, Xen Cloud Platform, et il supporte l'hyperviseur KVM. Open vSwitch est intégré dans beaucoup de systèmes de Cloud, comme OpenStack, openQRM, OpenNebula et oVirt. Il est distribué par Ubuntu, Debian, Fedora Linux et FreeBSD.

En résumé, Open vSwitch est un commutateur logiciel open source développé au départ par Nicira et intégré dans le noyau Linux (à partir de 3.3). Il existe bien d'autres commutateurs logiciels, notamment les suivants :

- Indigo, implémentation open source qui s'exécute sur une machine physique et utilise les caractéristiques d'un ASIC pour exécuter OpenFlow.
- LINC, implémentation open source qui tourne sous Linux, Solaris, Windows, MacOS et FreeBSD.
- Pantou, OpenFlow pour environnement sans fil OpenWRT.
- Of13softswitch, un commutateur logiciel d'Ericsson.
- XORPlus, un commutateur logiciel open source.

L'interface sud

Comme indiqué précédemment, l'interface sud prend en charge le protocole de signalisation entre le contrôleur et les commutateurs SDN. L'interface normalisée est OpenFlow, mais après un début très prometteur, celle-ci a connu des déboires lorsque la petite société

Nicira a été rachetée par VMware. De ce fait, les autres équipementiers n'ont pas souhaité rester compatibles avec OpenFlow et ont donc lancé leurs propres interfaces sud.

Il existe également des interfaces sud provenant de différents horizons comme de l'IETF. Une liste non exhaustive de celles-ci inclut OvSDB (Open vSwitch Data Base), I2RS (Interface-to-the-Routing System), de l'IETF, NetConf, SNMP, LISP, BGP, OpFlex, P4 (qui pourrait être considéré comme un OpenFlow 2.0), OpenState, etc.

Deux modèles sont proposés pour cette interface sud : le modèle impératif, qui demande une solution pour qu'arrive impérativement ce qui est attendu, et le déclaratif, qui se sert de politiques pour indiquer ce que le modèle souhaite et laisse le système décider comment y arriver. Supposons qu'un client demande comme service « business » une VoIP, ce qui représente une politique de haut niveau. Lorsque cette politique « business » arrive au contrôleur *via* l'interface nord, le contrôleur la transforme en une politique réseau. Il peut, par exemple, mettre le flot VoIP en priorité en l'affectant à un flot de classe EF (Expedited Forwarding) dans le modèle DiffServ (*voir le chapitre 10*). Cette politique est envoyée par l'interface sud aux commutateurs qui réaliseront sa transformation dans une configuration du nœud. La signalisation OpFlex qui a été développée par Cisco utilise un tel modèle déclaratif.

Les sections qui suivent examinent les trois interfaces sud les plus importantes : OpenFlow, qui est aujourd'hui redevenue très populaire chez les équipementiers, I2RS et OpFlex, proposée par Cisco.

OpenFlow

OpenFlow est un protocole de signalisation de l'interface sud pour réseau SDN où le plan de données est partagé par les nœuds de transfert (routeurs et commutateurs) et le plan de contrôle regroupé dans le contrôleur.

OpenFlow propose une nouvelle architecture bien adaptée aux environnements de réseaux virtuels. L'idée principale est de faire communiquer de façon normalisée les deux plans qui ont été séparés. OpenFlow n'est pas lié à une technologie de transfert particulière, mais permet au contraire de faire cohabiter différentes technologies qui peuvent s'exécuter dans le plan de données. L'ouverture et les mises à jour des tables de flots sont situées sous la dépendance du plan de contrôle, regroupé en général dans une machine particulière découplée du plan de données. Cette architecture est décrite à la figure 12.6.

Le contrôleur peut desservir l'ensemble d'un réseau par le biais du protocole OpenFlow en utilisant les liaisons du réseau. Les nœuds peuvent provenir de l'open source, comme Open vSwitch, et ne gérer que le protocole OpenFlow, ou bien provenir d'un équipementier, avec un protocole réseau spécifique auquel a été ajoutée la possibilité de récupérer une table de flots provenant du contrôleur OpenFlow. Beaucoup de grands équipementiers ont annoncé leur compatibilité avec OpenFlow. Un exemple d'architecture de ce protocole est illustré à la figure 12.7.

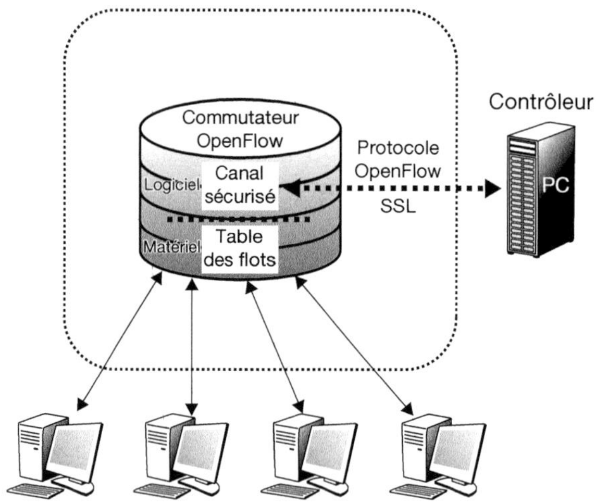

Figure 12.6

L'architecture OpenFlow

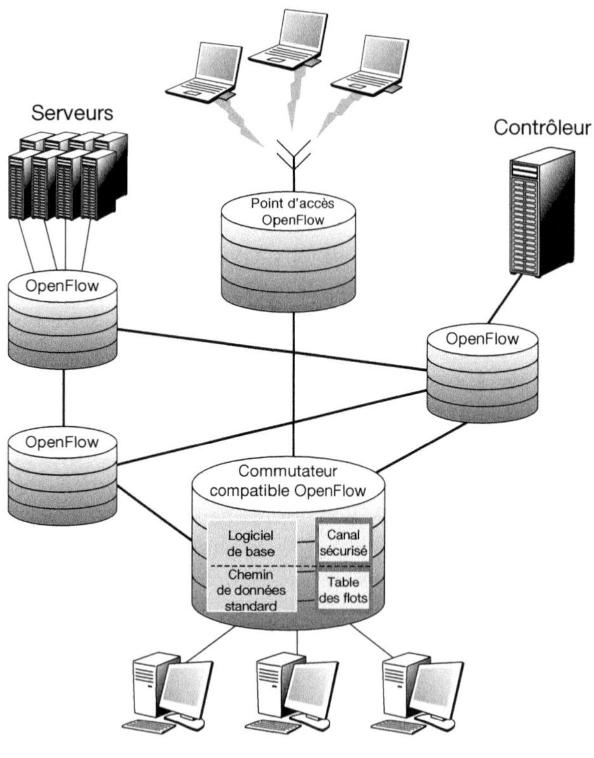

Figure 12.7

Architecture d'un réseau OpenFlow

Les trames sont transférées de nœud en nœud grâce à une table de flots se trouvant dans chacun des nœuds du réseau, tandis que le plan de contrôle est centralisé dans le contrôleur. Cette machine centrale exécute toutes les applications de contrôle. Elle peut calculer autant de tables de transfert que nécessaire, par exemple, par réseau virtuel, par client, par application, etc. C'est la puissance du contrôleur qui permet tous ces calculs, et sa centralisation qui donne la possibilité de récupérer un nombre très important d'informations du réseau, des réseaux virtuels, des clients, des applications, etc. Un exemple de fonctionnement d'OpenFlow est illustré à la figure 12.8.

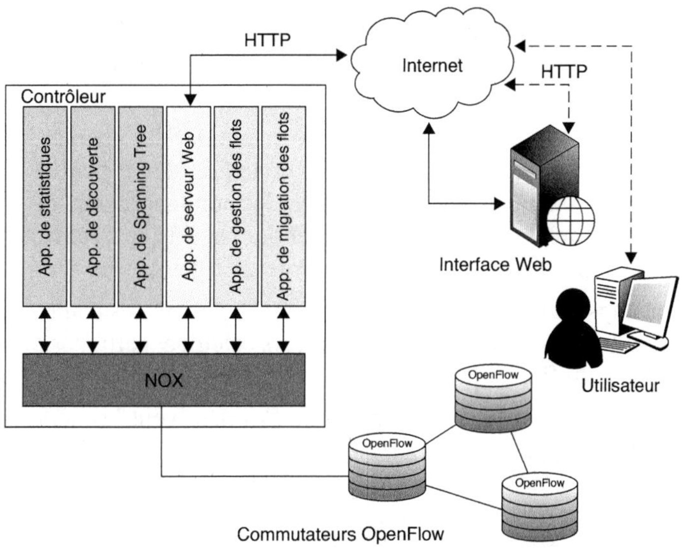

Figure 12.8

Fonctionnement d'OpenFlow

Le protocole OpenFlow définit la communication entre les nœuds de transfert et le contrôleur du réseau. Il s'appuie sur l'établissement d'un canal protégé entre chaque nœud et le contrôleur. Ce dernier utilise ce canal afin de surveiller et de configurer les nœuds de transfert. Chaque fois qu'une nouvelle trame ou un nouveau paquet atteint un nœud de transfert et qu'il n'y existe pas de configuration préalablement établie, les premiers octets du paquet sont expédiés vers le contrôleur, qui ouvre un chemin pour ce paquet en choisissant les nœuds de transfert.

Le contrôleur peut aussi choisir une action de traitement spécifique pour une trame ou un paquet, afin que ceux-ci soient transférés selon cette action de la couche trame ou de la couche paquet, comme si OpenFlow n'existait pas. C'est la raison pour laquelle le protocole OpenFlow peut être utilisé en parallèle d'un réseau de production sans affecter le trafic en cours.

Le plan de données dans OpenFlow contient des tables de flots décrites par des champs d'en-tête, de compteurs et d'actions. Les champs d'en-tête forment une structure à douze positions, que l'on appelle un 12-tuple, comme l'illustre la figure 12.9. Ces champs spécifient un flux en déterminant une valeur pour chaque champ ou en utilisant un méta-caractère pour définir seulement un sous-ensemble du champ.

La table de transfert supporte également l'utilisation des masques de sous-réseau si le matériel en cours d'utilisation supporte aussi cette correspondance. Cette structure à douze positions laisse une grande flexibilité pour le transfert de trames parce qu'un flux peut être transféré sur la base non seulement de la destination IP, comme dans un réseau TCP/IP, mais aussi du port TCP, de l'adresse MAC, etc. Parce que les transferts peuvent être déterminés par des références de niveau trame, les nœuds d'OpenFlow sont aussi appelés des commutateurs OpenFlow. Cela ne s'applique pas nécessairement, cependant, au transfert de trames.

Un des objectifs futurs d'OpenFlow sera de manipuler des champs d'en-tête définis par les utilisateurs. L'en-tête du paquet ne sera donc plus décrit par des champs fixes, mais par une combinaison de champs spécifiés par les administrateurs du réseau virtuel. Cela fournira à OpenFlow la capacité de transférer des paquets appartenant aux réseaux faisant fonctionner n'importe quelle pile de protocoles. Le protocole P4 en est un exemple.

Après les champs d'en-tête, la description du flux contient des compteurs, qui sont utilisés pour la surveillance des nœuds. Ces compteurs calculent certaines données importantes, comme la durée du flux et le nombre d'octets expédiés.

Les derniers champs dans la description du flot décrivent les actions sous la forme de jeux d'instructions qui peuvent être réalisées sur chaque paquet d'un flot spécifique dans les nœuds de transfert. Ces actions incluent non seulement le routage d'un paquet entrant vers un port de destination, mais aussi le changement des champs d'en-tête, tels que l'identifiant du VLAN, l'adresse source et l'adresse destination.

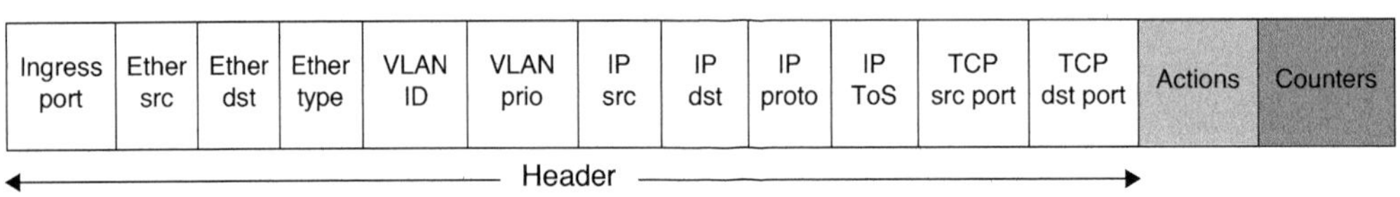

Figure 12.9

Structure du champ d'en-tête d'un paquet OpenFlow

Le contrôleur est un élément central du réseau, qui peut communiquer avec tous les nœuds afin de configurer leur table de flots. Le contrôleur fait fonctionner un système d'exploitation réseau qui fournit des applications de gestion de réseau virtuel et les fonctions de base pour la configuration du réseau. Ainsi, le contrôleur travaille comme une interface entre les applications du réseau et les nœuds de transfert, fournissant les fonctions de base permettant d'accéder aux paquets d'un flot et de surveiller les nœuds de transfert.

OpenFlow peut travailler avec n'importe quel contrôleur compatible avec le protocole OpenFlow, tel NOX, illustré à la figure 12.10, qui a été l'un des tout premiers contrôleurs SDN open source. Dans ce cas, pour un ensemble de réseaux virtuels, chaque plan de contrôle est composé d'un jeu d'applications tournant sur NOX. Un réseau virtuel dans OpenFlow est ainsi défini par son plan de contrôle, qui est un jeu d'applications tournant sur le contrôleur, et ses flux respectifs sous contrôle.

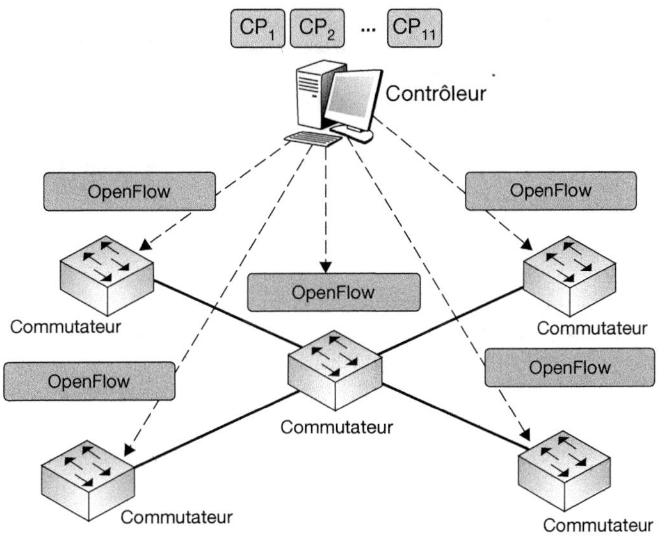

Figure 12.10

Fonctionnement du contrôleur OpenFlow centralisé NOX

En utilisant un modèle de contrôleur centralisé, il est possible de créer plusieurs réseaux virtuels. Il faut toutefois remarquer que les différentes applications fonctionnant sur un même système d'exploitation ne sont pas isolées. En conséquence, un bogue dans une application peut arrêter le contrôleur, affectant ainsi tous les autres réseaux virtuels. FlowVisor est un outil utilisé avec OpenFlow afin de permettre aux différents contrôleurs de travailler sur le même réseau physique. FlowVisor travaille comme proxy entre les commutateurs OpenFlow et les contrôleurs, en supposant, par exemple, qu'il y ait un contrôleur par réseau. En utilisant ce modèle, il est possible de garantir que des incidents survenant dans un réseau virtuel n'affectent pas les autres. Cette architecture est décrite à la figure 12.11.

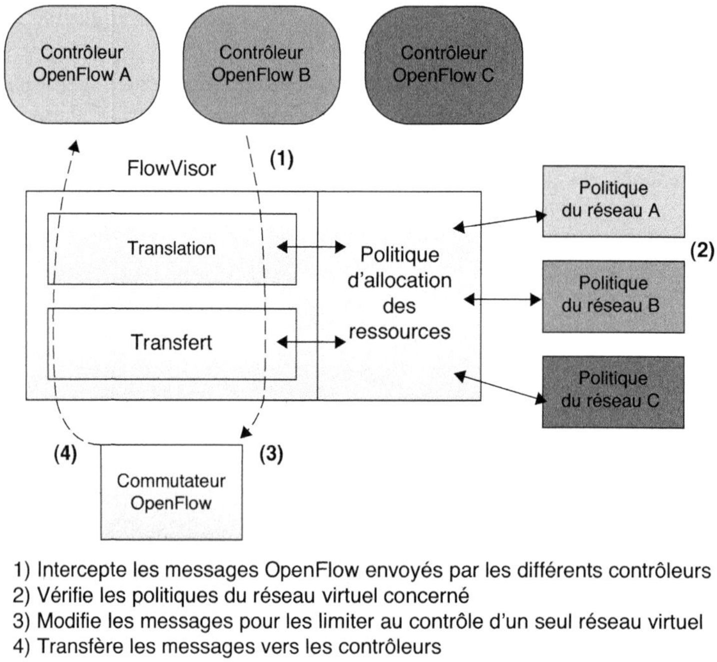

Figure 12.11

Une architecture FlowVisor

OpenFlow fournit une infrastructure extensible fondée sur l'idée de nœuds de transfert distribués, qui offrent des fonctions de base pour faire tourner un réseau ainsi que des plans de contrôle centralisés associés à chaque réseau virtuel. En utilisant cette infrastructure, il est possible de partitionner le réseau physique en de multiples réseaux virtuels. Dans OpenFlow, l'instanciation d'un réseau se réduit à la création de quelques jeux d'applications dans le contrôleur. Les nouveaux flots du réseau seront créés sur demande, selon les paquets qui entrent dans le réseau. OpenFlow fournit aussi une infrastructure extensible afin de réallouer les ressources du réseau. La réallocation d'un réseau dans OpenFlow consiste seulement à reprogrammer la table de flots de chaque nœud participant. C'est une opération simple pour le contrôleur, car il sait où se trouvent les périphériques physiques et comment ils sont connectés.

La figure 12.12 décrit les différentes versions du protocole OpenFlow détaillées ci-après.

La version 1.0 de décembre 2009 introduisait les fonctions de base avec les champs de correspondance et le 12-tuple vus à la figure 12.9. Les flots étaient identifiés par le numéro de port sur le commutateur, le numéro de VLAN, la priorité, l'adresse MAC, les adresses IP source et destination, le type de protocole IP, le numéro de service et les ports TCP/UDP. Seuls Ethernet et IPv4 étaient pris en compte dans cette toute première génération.

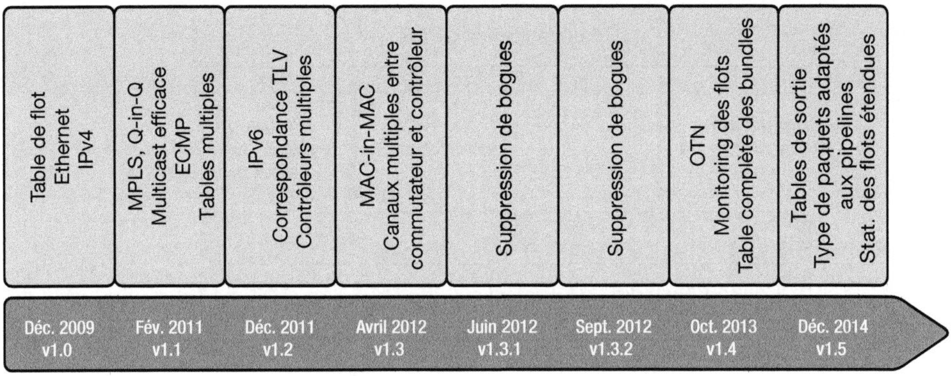

Figure 12.12

Versions du protocole OpenFlow

La version 1.1 introduit le contrôle des réseaux MPLS et Q-in-Q, ainsi que des avancées dans le multipoint et l'introduction de tables de flots multiples et d'ensembles d'actions. La version 1.2 permet le contrôle des réseaux IPv6 et introduit des descripteurs de correspondance étendus par un ensemble TLV (Type-Length-Value) pour correspondre à tout type d'en-tête. La version 1.4 ajoute le contrôle des réseaux MAC-in-MAC et la possibilité de contrôleurs multiples. Les commutateurs peuvent être programmés de façon identique par l'ensemble des contrôleurs. Un mode maître/esclave est en outre introduit, dans lequel les esclaves ne peuvent lire que des statistiques.

Une extension d'OpenFlow a été introduite avec un protocole utilisant P4 (high-level language for programming protocol-independent packet processors), un langage déclaratif pour indiquer aux équipements (commutateur, pare-feu, DPI, etc.) comment prendre en charge les paquets. Ce langage est indépendant des protocoles et des équipements.

L'interface sud utilisant le langage P4 est illustrée à la figure 12.13. Le programme décrivant la configuration est compilé afin de donner naissance au logiciel de configuration du commutateur. L'avantage de cette solution est la généralité qu'elle permet, tous les types de réseaux pouvant être pris en charge par le contrôleur. Si cette solution, à partir de P4, devient OpenFlow 2.0, elle doit demeurer compatible avec la version 1 du protocole. Il doit donc y avoir une correspondance entre le résultat de la compilation de P4 et la configuration permise par la première version d'OpenFlow.

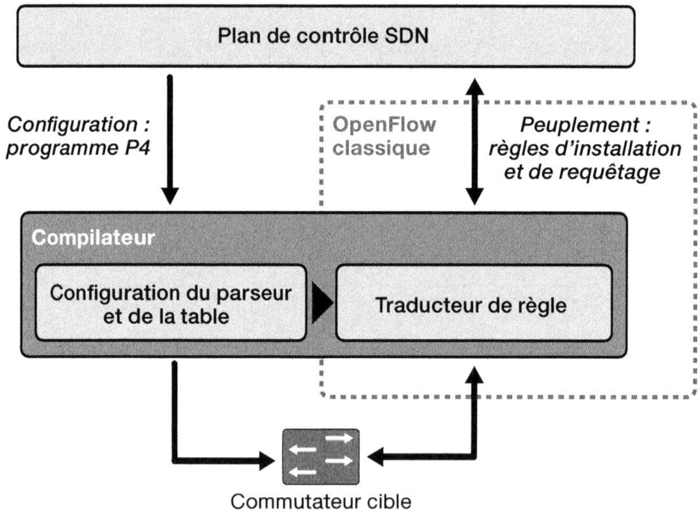

Figure 12.13

L'environnement de l'interface sud utilisant le langage P4

I2RS (Interface-to-the-Routing System)

L'IETF, organisme de normalisation de l'Internet, n'a jamais apprécié le SDN, dont l'architecture est fortement contradictoire avec ses propres visions, qui ont toujours tenu à défendre la distribution et non la centralisation. Sa réaction est arrivée, non sans beaucoup de retard, avec la proposition de I2RS comme interface sud.

La stratégie de l'IETF en matière de SDN est de séparer les décisions prises, d'une part, par une gestion centralisée des applications, d'autre part, par des protocoles de routage distribué qui s'exécutent sur les nœuds du réseau. En reprenant ces idées de base, I2RS essaie à la fois de bénéficier du routage distribué et de permettre aux applications de modifier les décisions de routage *via* le contrôleur. Le contrôleur peut prendre la main lorsqu'il l'estime nécessaire. De ce fait, les protocoles de routage tels que OSPF, IS-IS ou BGP continuent d'exister dans le monde SDN, et le réseau intègre un contrôleur qui sert de plan de connaissance. Ce dernier reçoit toutes les informations remontant par l'interface sud.

Le contrôleur peut déterminer des anomalies de différents types, surcharge, attaque, etc., et réagir en prenant le contrôle du réseau. En d'autres termes, le contrôleur n'a un rôle de plan de contrôle qu'aux instants où l'environnement distribué n'est plus apte à prendre les meilleures décisions. Dès que le système revient à la normale, le contrôleur rend la main aux commutateurs et à l'environnement de routage distribué. Le gros avantage de cette solution est sa continuité avec les architectures réseau traditionnelles. Lorsque le contrôleur tombe en panne, le système continue de fonctionner avec son routage distribué.

L'environnement I2RS est illustré à la figure 12.14 dans le cadre d'une solution de routage. Le contrôleur est relié au routeur par l'interface sud I2RS. La connexion s'effectue entre l'agent I2RS situé dans le routeur et le contrôleur. Le nœud possède un environnement traditionnel de routage avec sa table de transfert utilisant la base d'information FIB (Forwarding Information Base). De son côté, le contrôleur travaille pour réaliser une RIB (Routing Information Base). Sans instruction spéciale du contrôleur, c'est le routage distribué qui est pris en compte. Lorsque le contrôleur détecte un problème, la RIB est transférée dans la FIB.

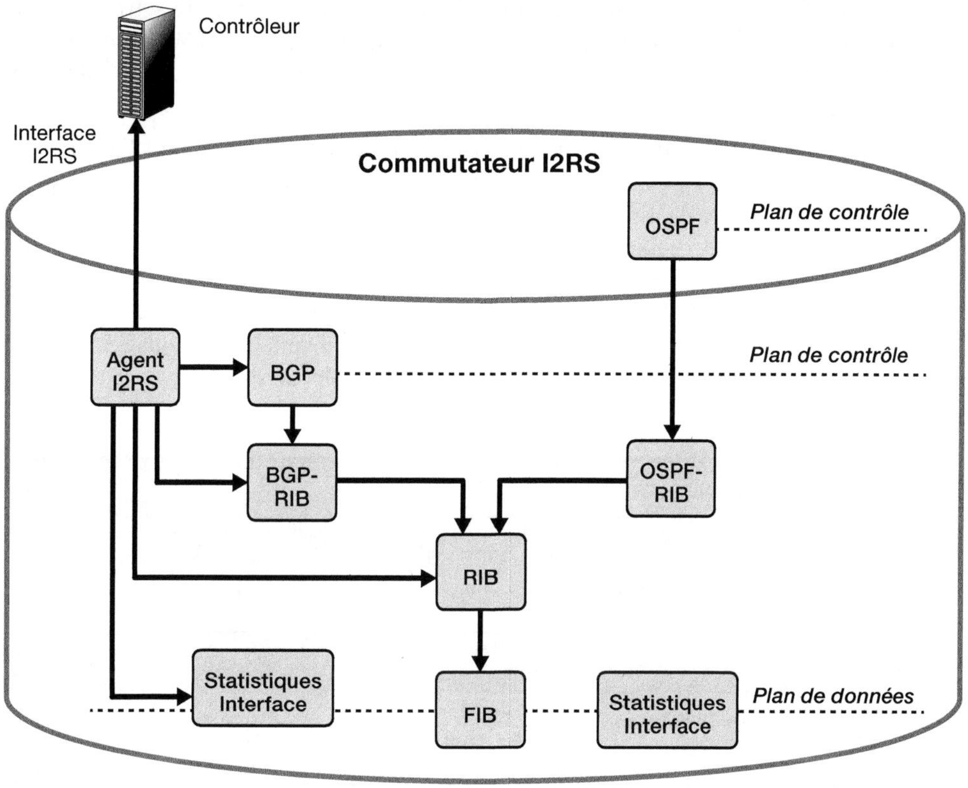

Figure 12.14
Le protocole I2RS

La signalisation I2RS comporte de nombreuses propriétés intéressantes permettant d'injecter ou extraire des informations, des politiques et des paramètres de fonctionnement vers ou depuis le système de routage. L'interface fournit la lecture et l'écriture à l'accès de la RIB, mais pas à celui de la FIB. Le contrôleur permet l'analyse des opérations BGP et détecte les meilleurs points de sortie du réseau. Le contrôleur permet surtout une réaction rapide aux attaques, qu'elles soient centralisées ou distribuées. Le contrôleur est capable dans ce cas de rediriger le trafic vers sa destination lors de l'attaque, tout en maintenant un fonctionnement normal.

OpFlex

Le protocole de l'interface sud OpFlex provient de la société Cisco. C'est un protocole normalisé par l'IETF qui est disponible en open source. OpFlex utilise un modèle déclaratif qui permet à chaque machine de recevoir des politiques de haut niveau qui doivent pouvoir être appliquées localement. C'est un protocole transportant des politiques abstraites ouvertes et extensibles utilisant XML ou JSON (JavaScript Object Notation). La figure 2.15 illustre les architectures Cisco utilisant OpFlex. On y trouve la couche applicative avec la définition des politiques « business » à l'aide du Web, des applications et des bases de données. Ces politiques « business » sont transportées par l'interface nord jusqu'au contrôleur.

Deux sortes de contrôleurs sont disponibles dans l'environnement Cisco : le APIC (Application Policy Infrastructure Controller) et ODL (OpenDaylight). Le premier appartient à l'architecture ACI (Application Centric Infrastructure) de Cisco, et le second à la seconde architecture, beaucoup plus ouverte, du constructeur. Ces deux contrôleurs peuvent utiliser l'interface sud OpFlex, quoique ODL propose de nombreux autres choix, comme indiqué au chapitre 4. Ces deux contrôleurs transforment les politiques « business » en politiques réseau qui sont transférées par l'interface sud vers le commutateur SDN, lequel peut être une machine Cisco de type Nexus 9000 ou Open vSwich.

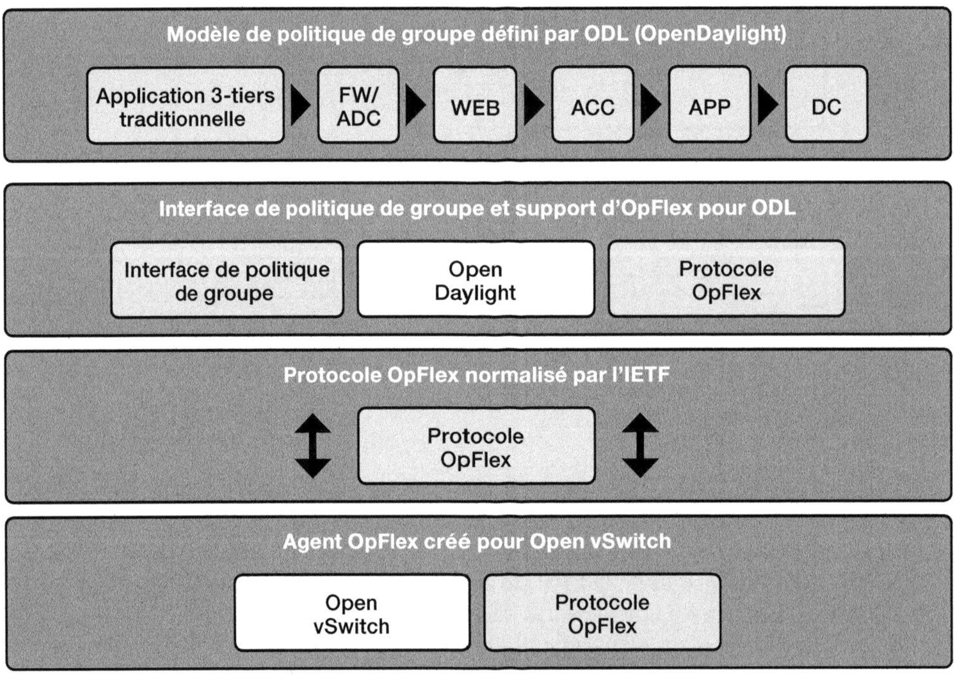

Figure 12.15

L'interface sud OpFlex dans l'environnement Cisco

La figure 12.16 décrit de nouveau l'architecture ONF avec à son centre le contrôleur. Les contrôleurs étant examinés en détail au chapitre 4, le présent chapitre se contente de rappeler leurs principales fonctions.

Tout d'abord, le contrôleur récupère les informations nécessaires du niveau application au travers de l'interface nord. Le contrôleur décide de la configuration des équipements de transfert puis utilise une interface sud pour envoyer la configuration aux nœuds du réseau. Le contrôleur s'occupe des nombreuses fonctions nécessaires pour réaliser la communication. En particulier, on y trouve la gestion de la charge (équilibrage ou non), celle des VPN, la mise en place des pare-feu et, globalement, le contrôle les flots qui transitent dans le réseau.

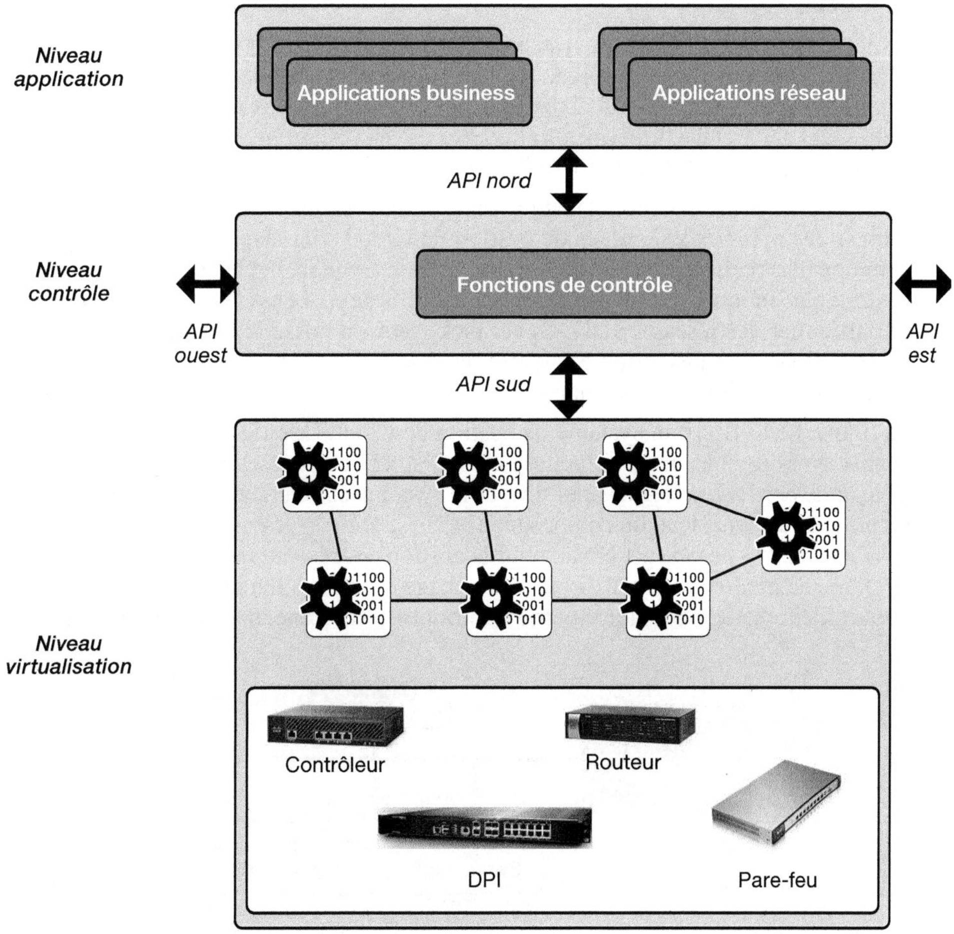

Figure 12.16

Le plan de contrôle dans l'architecture ONF

L'interface nord

L'interface nord utilise un protocole du type REST (Representational State Transfer) pour transmettre la configuration, les opérations et les mesures de l'application qui souhaite ouvrir une communication vers un récepteur. Le protocole REST utilise une description architecturale des systèmes hypermédia distribués. L'interface nord a été normalisée par l'ONF, si bien que la plupart des systèmes de gestion de Cloud, dont OpenStack, l'intègrent.

Dans cette interface, chaque ressource est identifiée unitairement. Elle permet la manipulation des ressources à travers des descriptions architecturales. Les messages sont autodescriptifs, ce qui revient à dire qu'ils expliquent leur nature. Chaque accès aux états suivants de l'application est décrit dans le message courant. Tous les équipementiers se servent de cette interface avec éventuellement quelques différences peu importantes.

Le niveau applicatif

Le niveau applicatif utilise un système de gestion de Cloud pour contrôler les ressources de calcul, de stockage et de réseau dans et autour des datacenters. Le système de gestion le plus utilisé est OpenStack. C'est lui que nous retrouvons dans tous les mouvements définissant des architectures open source. Les développeurs en ont produit dix-neuf releases en sept ans (2011 à 2018), les dernières étant Ocata, Pike, Queens et Rocky.

OpenStack fournit des modèles de réseaux flexibles pour prendre en charge les applications. De nombreux modules de gestion du Cloud sont disponibles, dont Neutron, qui s'occupe plus particulièrement de la partie réseau. OpenStack Neutron gère les adresses IP, notamment statiques, ou utilise DHCP. Les utilisateurs peuvent créer leur propre réseau, en particulier des réseaux SDN. OpenStack Neutron possède des extensions concernant les IDS (Intrusion Detection Systems), le load-balancing, les pare-feu et les VPN, qui peuvent être déployés à la demande.

La figure 12.17 décrit le système de gestion de Cloud OpenStack qui rassemble les trois grands types de machines virtuelles : calcul, stockage et réseau. Le système contient un tableau de bord (*dashboard*) pour diriger le système et un grand nombre de modules, dont les principaux sont Heat, un composant d'orchestration, Neutron, on l'a vu, pour la gestion du réseau et de l'adressage, Nova, pour la gestion des ressources de calcul, Cinder, pour le stockage en mode bloc, Swift, pour le stockage d'objets, Glance, pour le service d'image disque, Ceilometer, pour la télémétrie (métriques), Keystone, pour le service d'identité, etc.

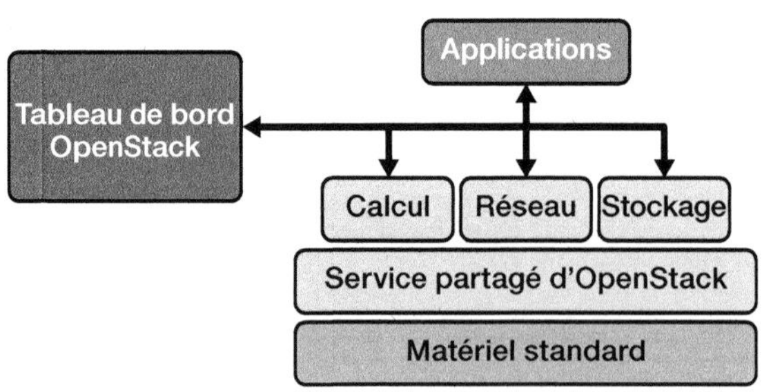

Figure 12.17

Le système de gestion de Cloud OpenStack

Le SD-WAN

Le SD-WAN est une des applications les plus demandées du domaine du SDN. Il s'agit, à partir d'un contrôleur central, d'être capable de piloter tout un système comprenant des réseaux utilisant des technologies différentes. Un exemple de système SD-WAN est illustré à la figure 12.18. Il contient un orchestrateur, qui dirige le réseau en affectant les flots à divers réseaux permettant d'aller de l'émetteur au récepteur. Sur la figure, il est par exemple possible d'aller du datacenter de l'entreprise sur la droite à un établissement situé à gauche en utilisant deux chemins distincts, l'un passant par le réseau privé de l'entreprise, l'autre par le réseau Internet. L'orchestrateur doit être capable à tout moment de décider quel est le meilleur itinéraire et le contrôleur de configurer les nœuds pour réaliser la communication proposée.

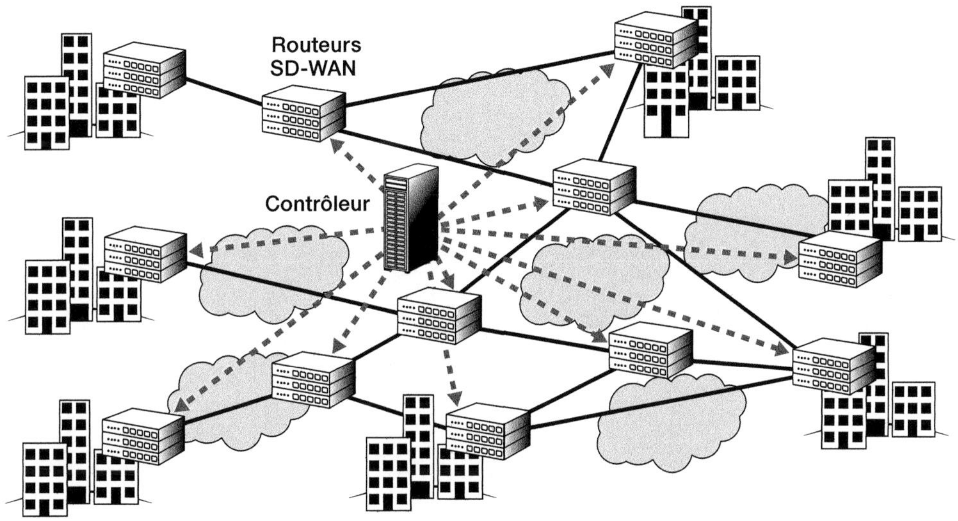

Figure 12.18

Un environnement réseau piloté en SD-WAN

Les deux entreprises les plus importantes qui commercialisent ce type de système sont Cisco, avec son produit Intelligent WAN, combinant sa suite logicielle AVC (Application Visibility and Control) à ses routeurs. Le contrôleur AVC repère le trafic selon l'application et dirige chaque flot de paquets vers sa destination par le meilleur chemin. CloudGenix, avec WAN-SD, exploite toutes les technologies réseau disponibles, haut débit, MPLS, LTE et autres, afin de connecter les utilisateurs à des applications Cloud, au datacenter et à Internet. De nombreuses autres entreprises proposent des produits dans ce domaine, comme Ipanema/InfoVista, avec ANS (Autonomic Network System), un système dont les agents apportent une visibilité et un contrôle des applications ainsi qu'une sélection dynamique optimale du WAN. On peut également citer Nuage Networks, qui propose sa plate-forme logicielle de services virtualisés VSP (Virtualized Services Platform).

Conclusion

Le monde des réseaux pensait avoir atteint une certaine stabilité. Or l'arrivée des technologies SDN remet en cause un grand nombre des principes sur lesquels il repose et qui semblaient pourtant bien établis, à l'image de la distribution du routage. Même si les solutions SDN ne sont pas forcément centralisées, leur applicabilité est rendue possible par la centralisation et l'énorme puissance contenue dans les datacenters pour réaliser des optimisations qui n'auraient pu voir le jour dans un modèle distribué.

Après une période de relative convergence vers le protocole OpenFlow, les équipementiers ont développé leurs propres solutions SDN afin de permettre à leurs clients de développer de nouvelles applications sans devoir changer d'architecture. OpenFlow redevient toutefois depuis 2017 la signalisation utilisée par une grande majorité d'équipementiers.

13

Le Cloud Networking

Le Cloud Networking désigne un environnement réseau qui utilise des datacenters comme infrastructure et le Cloud pour porter les applications et les machines virtuelles qui composent le réseau. Comme expliqué au chapitre 3, les datacenters peuvent avoir différentes tailles : de gros datacenters, capables de prendre en charge des dizaines de milliers, voire des dizaines de millions de clients, des datacenters formés de serveurs MEC (Mobile Edge Computing) un peu plus petits et disposés plus près des utilisateurs, surtout portés par les opérateurs de télécommunications, d'encore plus petits, avec les Fog datacenters, et enfin de minuscules, avec les femto-datacenters chez les utilisateurs.

Le présent chapitre se penche sur les différentes solutions utilisant les datacenters comme infrastructure :

- Le Cloud Networking, qui permet, en tant que support de machines virtuelles réseau, de réaliser un système complet d'interconnexion de datacenters, comme ceux de Google ou d'Amazon.
- Le Cloud-RAN, qui se fonde lui aussi sur un environnement Cloud très centralisé.
- Le MEC, qui est assez semblable au Cloud Networking, si ce n'est qu'au lieu de se situer dans de gros datacenters, les applications se trouvent dans des datacenters de taille plus petite qui sont placés sur les bords du réseau, tout en restant dans le réseau de l'opérateur. Le MEC correspondant à une vision opérateur, les datacenters portant les serveurs MEC sont situés derrière les grandes antennes ou les DSLAM regroupant toutes les connexions en provenance de l'utilisateur.
- Le Fog Networking, qui représente le brouillard allant vers la périphérie du réseau et est présenté en détail au chapitre 21, consacré à l'Internet des objets.
- Les femto-datacenters, qui sont de petits datacenters ayant la puissance de trois ou quatre serveurs ordinaires et une mémoire assez importante pour faire tourner des logiciels de type machine learning ou de petits Big Data.

La virtualisation dans le Cloud Networking

La virtualisation joue un rôle important dans le Cloud Networking. Les machines virtuelles dans les architectures de réseau et en particulier dans la nouvelle génération SDN sont détaillées aux chapitres 3 et 12. La présente section introduit la façon de positionner ces machines virtuelles, essentiellement réseau, dans le cadre du Cloud Networking. Les fonctions réseau, ou VNF (Virtual Network Functions), peuvent être dissociées de l'équipement physique qui prend en charge le plan de données.

La figure 13.1 introduit la virtualisation d'un opérateur de réseau que ce soit un opérateur de télécommunications ou un opérateur de réseau privé. Les datacenters sur lesquels le réseau est construit embarquent un grand nombre de machines virtuelles qui composent le réseau : les nœuds virtualisés, comme les routeurs, les commutateurs ou les LSR (Label Switch Router) de MPLS, et les équipements de sécurité, tels que pare-feu, équilibreurs de charge, sondes, DPI, etc. La figure montre en outre la transformation des réseaux de la précédente génération vers la nouvelle génération.

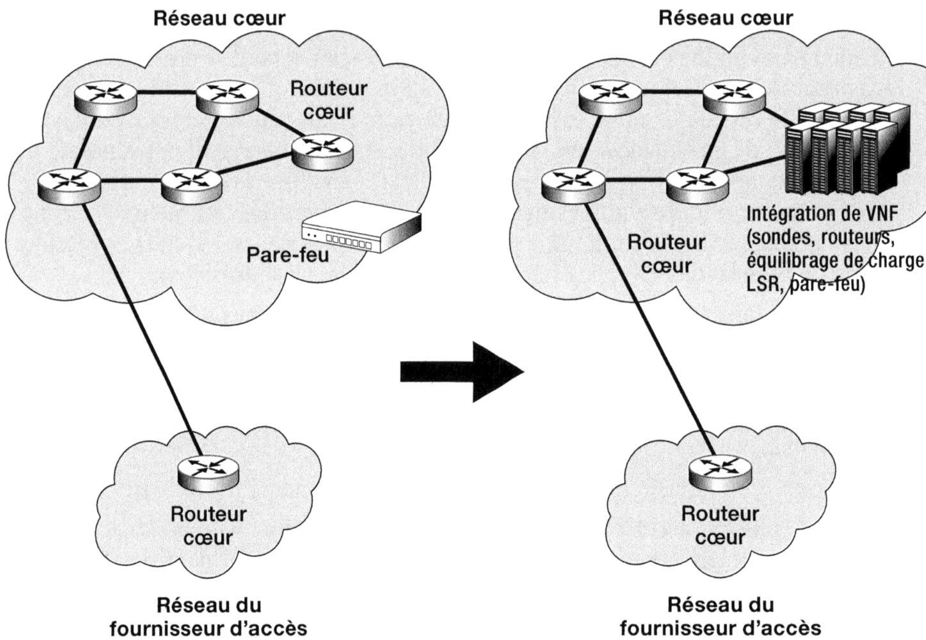

Figure 13.1

Virtualisation d'un opérateur réseau

La figure 13.2 décrit l'évolution du réseau de l'architecture classique vers la nouvelle génération, qui utilise des VNF. Ces machines virtuelles sont installées dans des datacenters de l'opérateur réseau qui se situent soit juste à la sortie du réseau d'accès et que l'on appelle les datacenters MEC (Mobile Edge Computing), soit nettement plus loin dans le réseau cœur. Une dernière solution, détaillée en fin de chapitre, consiste à mettre ces machines virtuelles dans le réseau d'accès lui-même, soit en tant que Fog Computing, soit chez l'utilisateur avec des femto-datacenters. Dans ces derniers se trouve le routeur côté client, appelé CPE (Customer Premises Equipment).

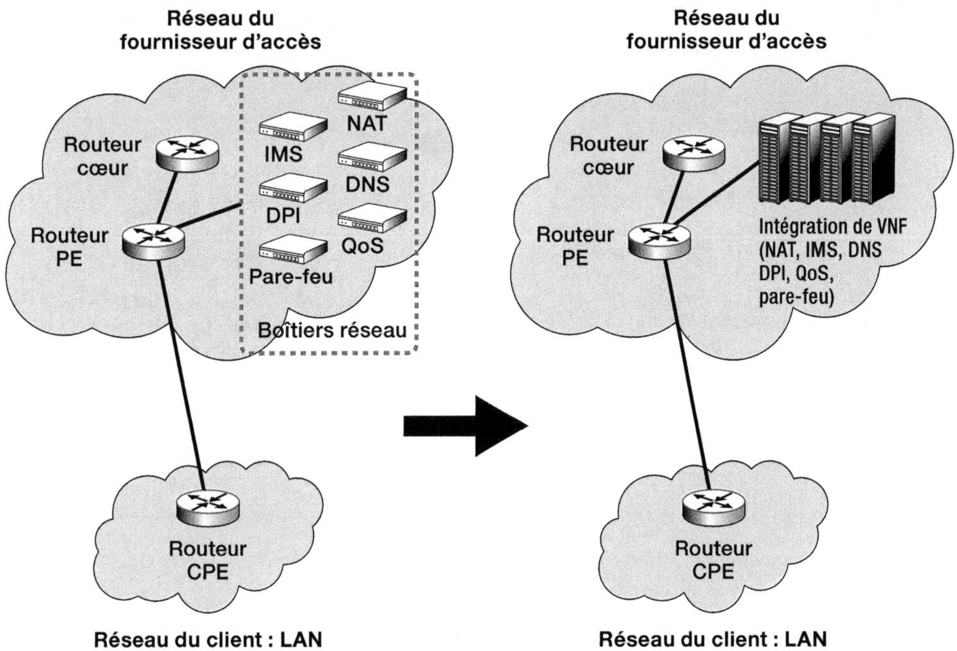

Figure 13.2

Virtualisation d'un opérateur d'accès

La figure 13.3 décrit la virtualisation du réseau client, qui peut être un réseau de domicile pour les clients grand public ou un réseau d'entreprise. Le réseau local du client s'appuie en général sur un équipement de sortie de ce réseau pour aller vers le réseau d'accès. Cet équipement peut être une box Internet, un routeur large bande (*broadband router*), un routeur de sortie ou un contrôleur du réseau client. Il porte le nom générique de CPE.

Deux solutions très différentes se mettent en place actuellement. La première, issue de la vision des opérateurs de télécommunications, virtualise le CPE pour en faire un vCPE (Virtual CPE). Le vCPE se trouve dans un datacenter plus ou moins loin du réseau local de l'utilisateur. En général, la VM se situe dans le datacenter MEC derrière le DSLAM ou l'antenne 4G ou 5G.

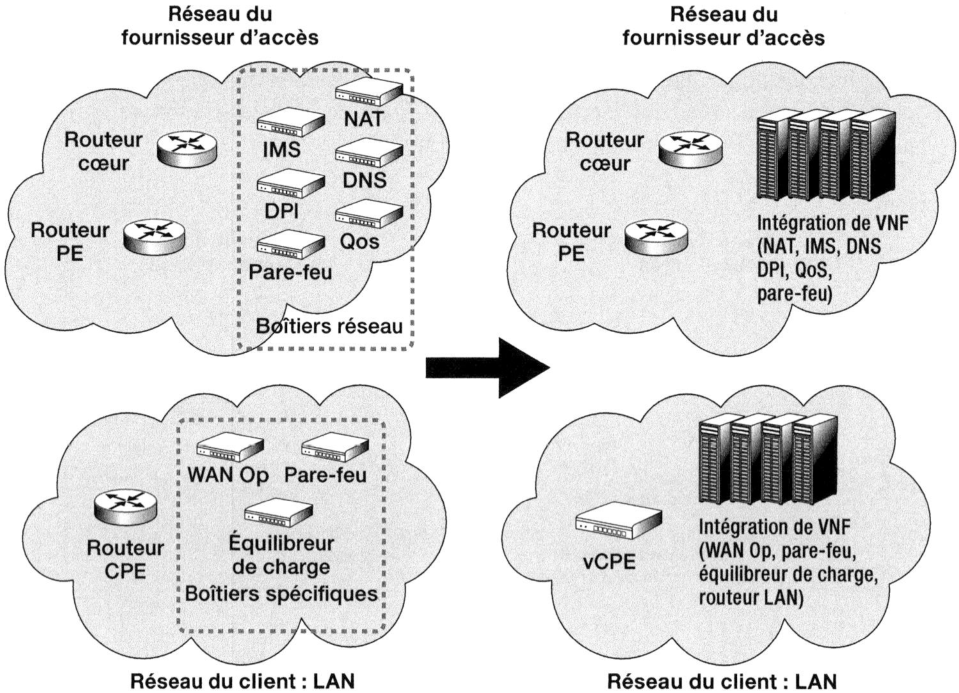

Figure 13.3

Virtualisation d'un réseau client

La deuxième solution consiste à garder un équipement, qui a tendance à devenir de plus en plus puissant, dans les locaux de l'utilisateur. À moyen terme, cet équipement sera un femto-datacenter prenant en charge les diverses machines virtuelles (de sécurité, de gestion de la qualité de service, d'équilibrage de charge, etc.).

À titre d'exemple, on peut citer la solution open source CORD (Central Office Re-architected as a Datacenter) comme bureau virtuel, dont l'architecture est illustrée à la figure 13.4. Les équipements du bureau, qui se trouvent sur la gauche de la figure dans le réseau local de l'utilisateur, sont connectés par un boîtier prenant en charge les connexions Wi-Fi internes. Ce boîtier accède à l'extérieur par de la fibre optique. Cette connexion mène à un datacenter par le biais d'une *fabric*, réseau d'interconnexion examiné plus loin dans ce chapitre, afin d'accéder aux différentes machines virtuelles qui offrent les fonctions de bureau.

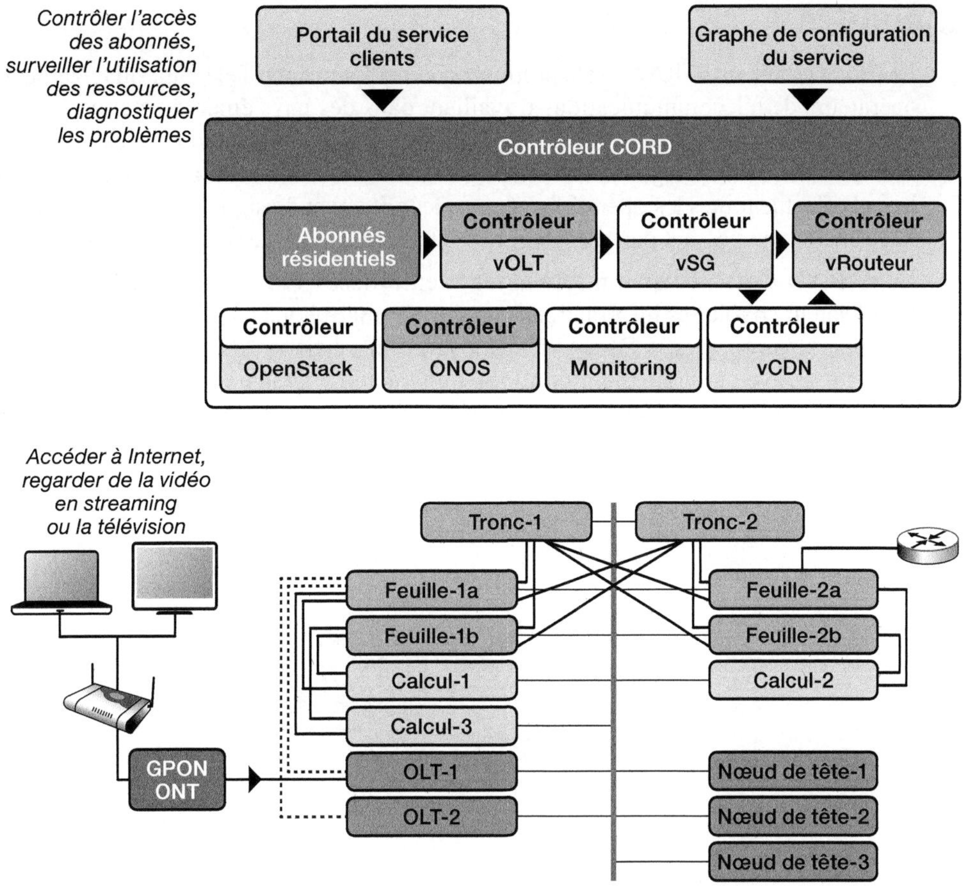

Figure 13.4

L'architecture CORD

Pour terminer ce survol, décrivons succinctement B4, le réseau de datacenters de Google. B4 est un WAN privé reliant des datacenters situés dans différents lieux géographiques (Amérique du Nord, Europe et Asie). Certaines caractéristiques distinguent ce réseau d'un WAN traditionnel. Un contrôleur SDN gère efficacement toutes les contraintes associées aux flots qui transitent entre les datacenters. B4 utilise la signalisation OpenFlow pour contrôler tous les commutateurs du réseau. C'est donc bien un réseau utilisant un contrôleur centralisé permettant d'atteindre des taux d'utilisation des lignes de près de 90 %, alors qu'il est généralement difficile de dépasser les 50 %. Ce réseau de Google n'est pas réalisé par un équipementier particulier, mais par une armée d'ingénieurs internes. Actuellement, l'entreprise de Mountain View travaille sur son automatisation par l'introduction d'une intelligence plus poussée dans le contrôleur grâce au machine learning.

Le Cloud-RAN

Le Cloud-RAN, ou C-RAN, a été proposé au départ par China Telecom, suivi par quelques opérateurs de télécommunications travaillant dans des pays émergents et certains équipementiers intéressés par cette toute nouvelle solution. L'idée de base est simple : elle consiste à envoyer les signaux émis par les utilisateurs directement à un datacenter central, lequel effectue toutes les opérations, depuis le traitement du signal jusqu'à l'exécution de l'application en passant par les protocoles de rattachement des clients sur les antennes.

Un C-RAN dans sa version totalement centralisée est représenté à la figure 13.5. L'utilisateur envoie ses informations depuis son smartphone ou sa tablette vers l'antenne de l'opérateur ou vers le DSLAM au moyen d'une liaison ADSL. L'antenne récupère le signal et, avec un traitement minimal, l'envoie directement au datacenter. De même, le modem du DSLAM récupère les signaux provenant de l'utilisateur et les renvoie tels quels vers le datacenter.

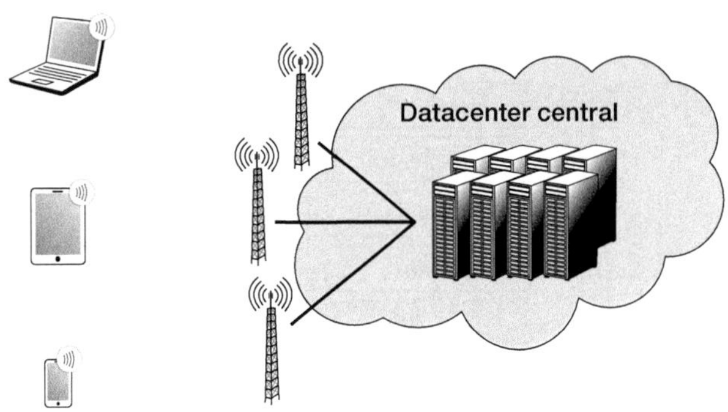

Figure 13.5

C-RAN centralisé

Pour renvoyer le signal tel quel vers le datacenter central, la solution utilisée provient de la technologie RoF (Radio over Fiber). Le signal est émis sur la fibre optique, qui le transporte jusqu'au datacenter, où il est traité par une première VM (machine virtuelle) de traitement du signal. Ensuite, une ou plusieurs VM prennent en charge la partie applicative du service demandé par le client.

Une autre solution consiste à remplacer RoF par la technologie RoE (Radio over Ethernet). Dans ce cas, un traitement est effectué au niveau de l'antenne en décodant le signal sous la forme d'une suite de 0 et de 1. Ces éléments binaires sont directement mis dans une trame Ethernet qui est envoyée sur la fibre optique jusqu'au datacenter. Dans cette solution, il n'y a pas de paquets IP, mais seulement des trames qui se remplissent au fur et à mesure de l'arrivée des éléments binaires.

Le Cloud-RAN est bien adapté aux pays en développement qui ne disposent pas encore d'infrastructure. Il est démontré que cette technique est la moins onéreuse pour réaliser un réseau avec toutes ses applications. Cependant, elle nécessite de construire un réseau optique en étoile autour du datacenter central.

Pour les pays développés, dotés d'une infrastructure de boucle locale, réorganiser le réseau d'accès pour arriver à un réseau en étoile autour du datacenter n'est pas envisageable. Dans ce cas, on peut adopter une version dans laquelle le réseau d'accès continue d'être utilisé pour apporter les informations au datacenter. Les signaux des utilisateurs sont convertis en paquets IP puis encapsulés dans des trames qui sont envoyées vers le site central. Il s'agit alors d'une version distribuée du C-RAN.

Pour conclure sur cette technologie, il faut noter son caractère révolutionnaire, puisque le réseau d'accès disparaît : il n'y a plus de paquet ni de trame, et seuls les signaux des utilisateurs sont envoyés au datacenter central. Les coûts sont intéressants en raison du fort multiplexage des ressources qui s'opère dans le site central. Il faut néanmoins déployer le réseau en fibre optique en étoile pour permettre la remontée des signaux vers le centre.

Les serveurs MEC

Le MEC (Mobile Edge Computing) permet d'obtenir l'équivalent du Cloud Computing sur le réseau d'accès radio, ou RAN (Radio Access Network), et donc la mise à disposition des clients de ressources sous forme de machines virtuelles, très près de l'utilisateur mobile. Les serveurs MEC sont rassemblés dans un datacenter situé près de l'utilisateur et de la sorte juste derrière les grandes antennes ou le DSLAM.

Les serveurs MEC offrent un environnement de service avec une très petite latence et une grande bande passante ainsi que l'accès temps réel à toutes les informations liées au sans-fil (radio, localisation, charge de la cellule, changement intercellulaire, etc.). Le Mobile-Edge Computing peut être vu comme la mise en place de serveurs d'un Cloud installé très près du mobile utilisateur.

La figure 13.6 illustre l'installation standard d'une antenne 3G ou 4G, avec son eNodeB, une armoire dans laquelle se trouvent tous les éléments matériels et logiciels pour traiter le signal et prendre en charge les applications directement liées au réseau.

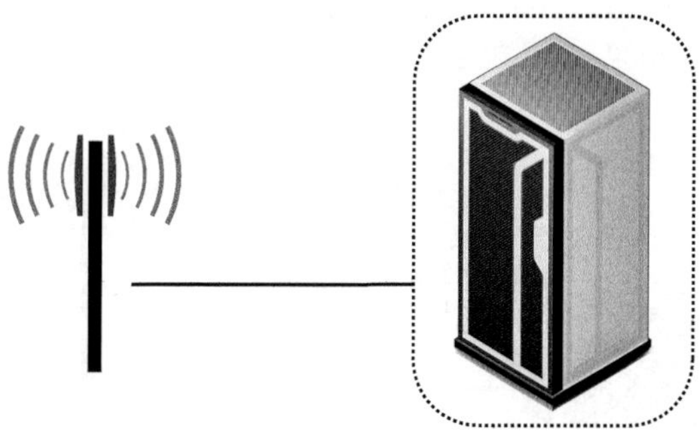

Figure 13.6

Installation standard d'une antenne et de son eNodeB

Dans la solution MEC, le premier point concerne le eNodeB lui-même, qui est virtualisé et qui devient de ce fait un logiciel. Cette première étape est illustrée à la figure 13.7. Les machines virtuelles de traitement du signal et des applications réseau ainsi que de nouvelles machines virtuelles pour les applications se situent dans un datacenter placé très près de l'antenne.

Parmi ces nouvelles machines virtuelles, on peut citer la box Internet et les divers boîtiers entre l'utilisateur et le datacenter. Une partie des applications se trouvant dans le smartphone peuvent même être délocalisées dans le datacenter. Ces applications ne doivent toutefois pas être cruciales puisqu'elles ne peuvent plus fonctionner si le smartphone ne dispose pas de connexion. En revanche, ces applications déportées dans le datacenter peuvent demander une très grande puissance de calcul et nécessiter une mémoire importante.

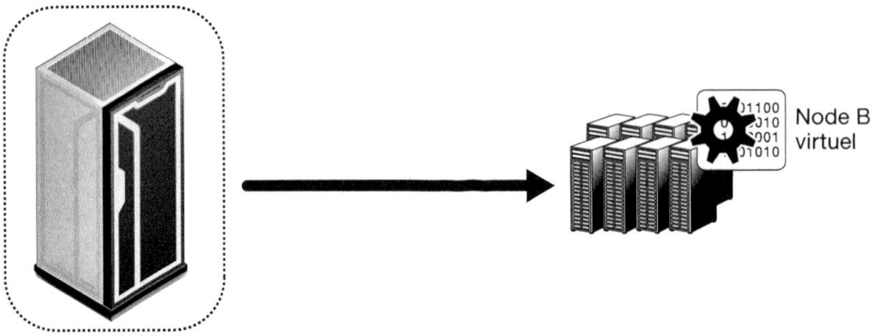

Figure 13.7

Virtualisation de l'eNodeB

Cette virtualisation permet d'arriver à l'architecture illustrée à la figure 13.8. Le datacenter est situé très près de l'antenne puisque les signaux récupérés par celle-ci doivent être véhiculés jusqu'au datacenter sous la forme reçue par l'antenne. Si l'on utilise des fils de cuivre, on peut aujourd'hui aller jusqu'à une centaine de mètres pour des débits supérieurs à 1 Gbit/s. Si l'on veut dépasser largement cette valeur, il faut utiliser le RoF vu à la section précédente.

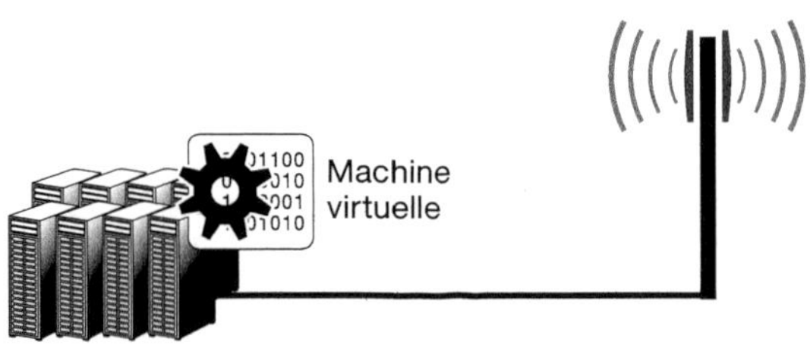

Figure 13.8

La nouvelle architecture liée aux antennes de télécommunications

La grande différence avec les techniques de la précédente génération provient de la capacité du datacenter à traiter de nouvelles applications beaucoup plus gourmandes en puissance d'exécution et en mémoire de stockage. De nouvelles applications apparaissent sans arrêt. La figure 13.9 décrit une première application liée à la géolocalisation des clients.

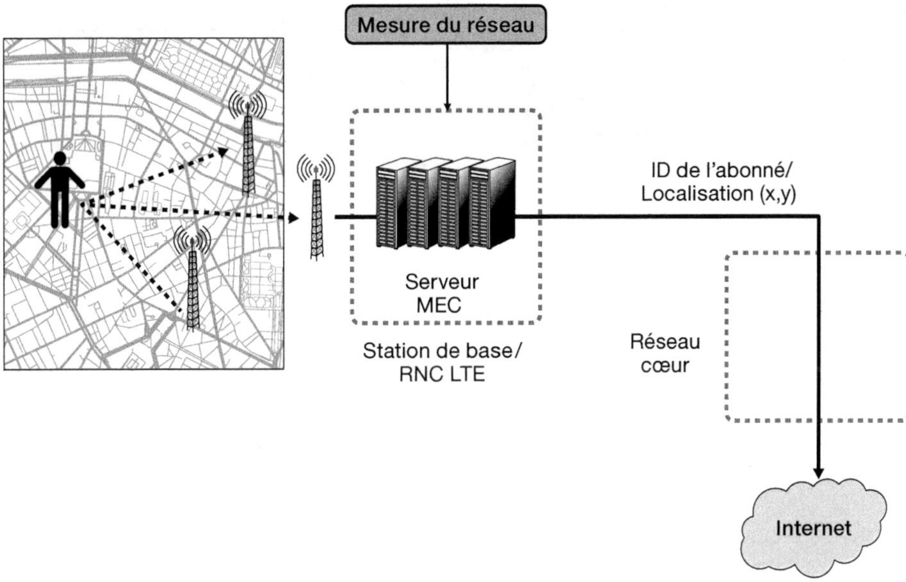

Figure 13.9

Application MEC de géolocalisation des clients

Dans cette application, le client est géolocalisé par une ou plusieurs antennes. Lorsqu'il n'est connecté qu'à une seule d'entre elles, le serveur MEC est capable de détecter l'angle et, en fonction de la puissance du signal reçu, la distance de l'antenne, ce qui donne une géolocalisation relativement précise, à quelques dizaines de mètres près. Lorsque le client est connecté sur plusieurs antennes, une triangulation est possible, les calculs étant effectués localement par un serveur MEC du datacenter de l'opérateur. La précision dans ce cas est bien meilleure, jusqu'à une dizaine de mètres.

Un deuxième exemple est introduit à la figure 13.10, concernant la réalité augmentée. Le flux vidéo peut provenir d'une source lointaine, mais les objets qui sont ajoutés à l'image sont eux calculés localement en fonction de la connaissance du client et de sa demande. Si les calculs étaient effectués par un serveur central beaucoup plus lointain, l'efficacité ne serait pas du tout la même.

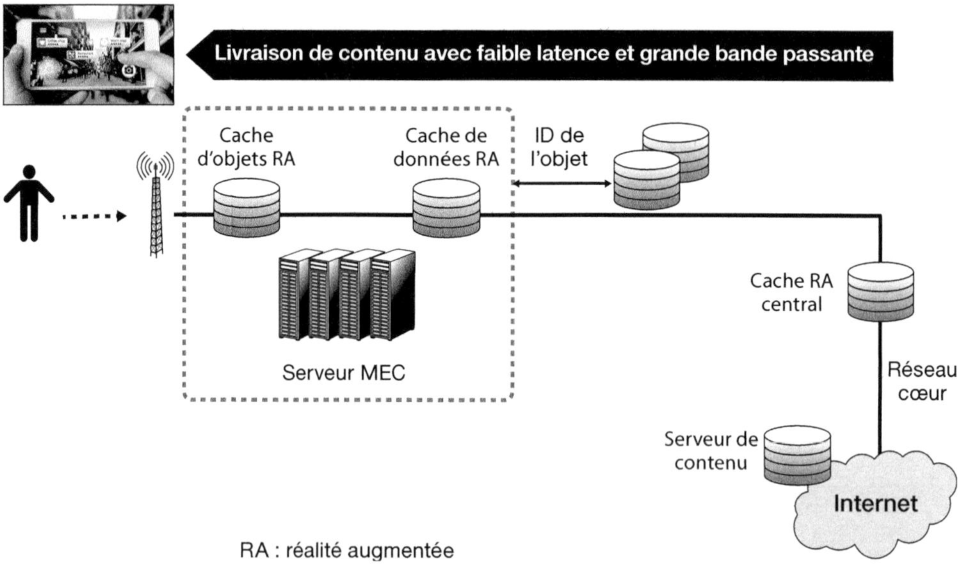

Figure 13.10

Application locale de réalité augmentée

Une troisième application, très fortement développée aujourd'hui, concerne l'exploitation des caméras de télésurveillance, qui engendrent de très nombreux flots vidéo. Ces flots proviennent de caméras connectées sur des DSLAM ou des antennes 4G. Les flots transitent par le datacenter MEC, qui est capable d'analyser les flux vidéo par différentes techniques, comme du flow analytics. La puissance des serveurs MEC permet de détecter des anomalies significatives de l'image. Sans détection d'éléments recherchés, les flots vidéo n'ont pas d'utilité et ne sont pas retransmis vers un centre de contrôle. Cette solution introduit une première inspection permettant de déclencher des alarmes temps réel. Des analyses beaucoup plus poussées ou des recherches de corrélations entre flots peuvent s'effectuer dans un site central. Cette application de vidéo est illustrée à la figure 13.11.

La figure 13.12 décrit une dernière application réalisée par les serveurs MEC : la gestion des performances de l'accès. Dans ce cas de figure, les serveurs MEC servent à récupérer les mesures de performance et à exécuter des algorithmes d'optimisation des handovers et des attachements des terminaux, des affectations dans des classes, des chiffrements, etc. Envoyer toutes ces informations dans un site central serait lourd et les temps de réaction beaucoup moins bons que dans le cas de serveurs situés juste à la périphérie.

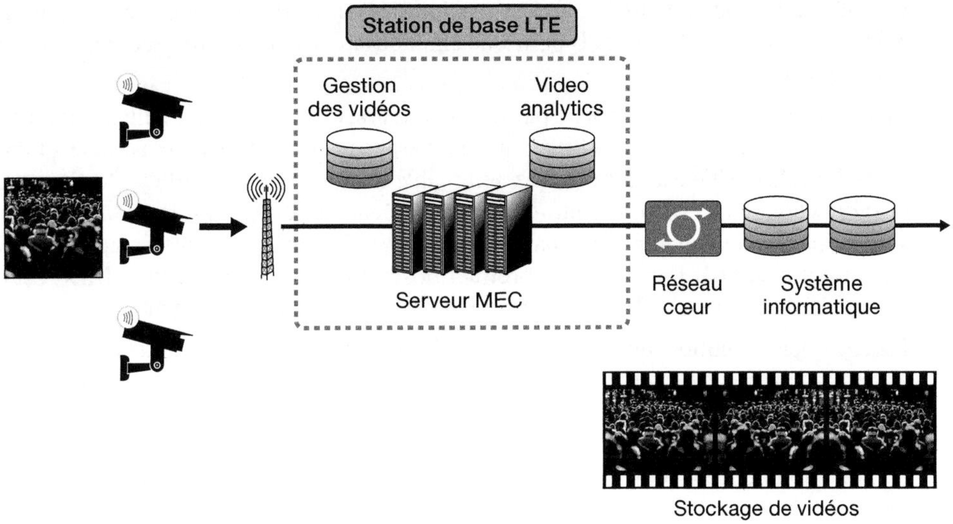

Figure 13.11

Utilisation de serveurs MEC dans le cadre de la vidéosurveillance

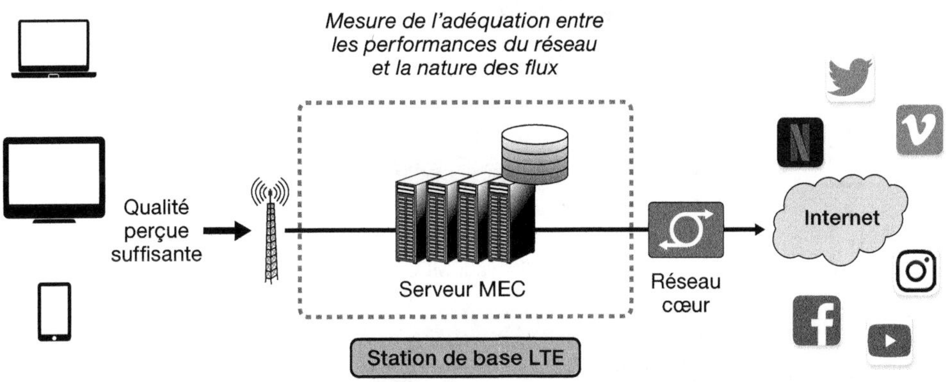

Figure 13.12

Gestion des performances du réseau d'accès

Une question importante est celle de la localisation du datacenter. Plusieurs solutions sont proposées pour cela, et les opérateurs de télécommunications peuvent proposer des réponses différentes.

Une première possibilité est de mettre un serveur MEC dans la box Internet de l'utilisateur. Cette solution va dans le sens de remplacer les box ou les routeurs broadband d'accès par un serveur MEC beaucoup plus puissant. La box ou le routeur peuvent dans ce cas être virtualisés dans le serveur MEC. Cette solution peut également inclure le HNB (Home NodeB), équivalent du eNodeB pour une antenne située chez l'utilisateur au centre d'une femtocell.

Cette solution n'a pas été choisie par les opérateurs, car son coût est nettement plus élevé que celle qui consiste à rassembler toute la puissance dans le datacenter associé à l'antenne ou au DSLAM. Elle est en fait assez semblable à celle qui est détaillée plus loin dans ce chapitre et qui concerne les femto-datacenters. Dans ce dernier cas, les femto-datacenters sont reliés directement entre eux par une liaison Wi-Fi à haut débit alors que les HNB sont reliées entre eux par l'antenne. Ce premier positionnement du datacenter MEC est décrit en haut de la figure 13.13. Il concerne bien sûr un tout petit datacenter.

Une deuxième solution, qui est celle décrite jusque-là, consiste à mettre le datacenter MEC à quelques mètres de l'antenne afin de pouvoir utiliser un câble de cuivre pour transporter les signaux provenant de l'antenne. La solution suivante est assez similaire, si ce n'est que le datacenter est nettement plus loin et demande une technique RoF pour être exploité. La dernière solution, également utilisée par les opérateurs, consiste en un regroupement de plusieurs datacenters en un seul. Le coût par client est plus faible et permet d'optimiser le système. Une technique RoF est également obligatoire dans cette circonstance.

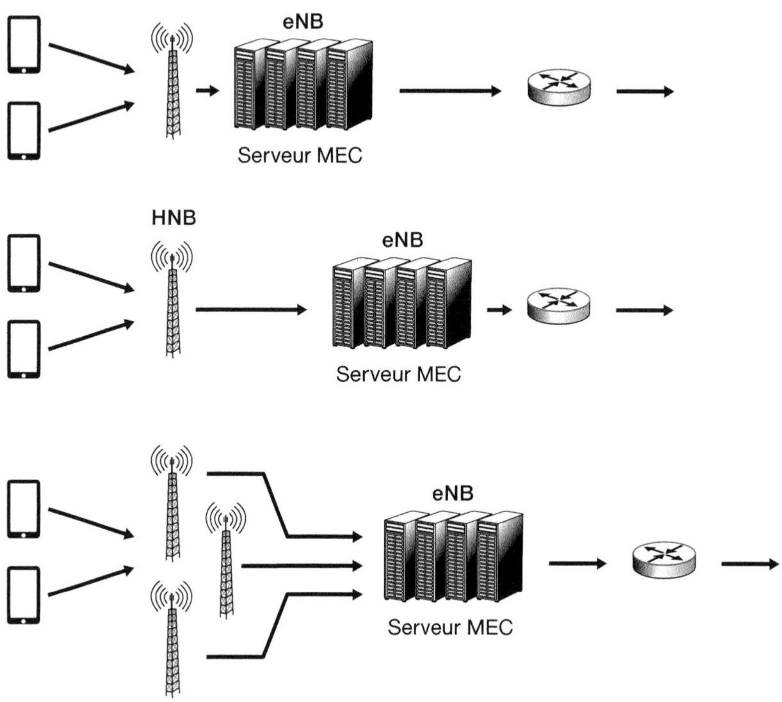

Figure 13.13

Emplacements possibles des serveurs MEC

La figure 13.14 illustre l'architecture d'un serveur MEC. Rien de bien d'original ici, puisqu'on retrouve un serveur permettant la virtualisation, avec tous les ingrédients associés, en particulier les machines virtuelles (VM) des utilisateurs, celles des applications radio et tout l'arsenal pour la virtualisation, à savoir l'hyperviseur et les ressources matérielles. Chaque niveau possède son propre système de gestion pour détecter les pannes, les attaques, etc.

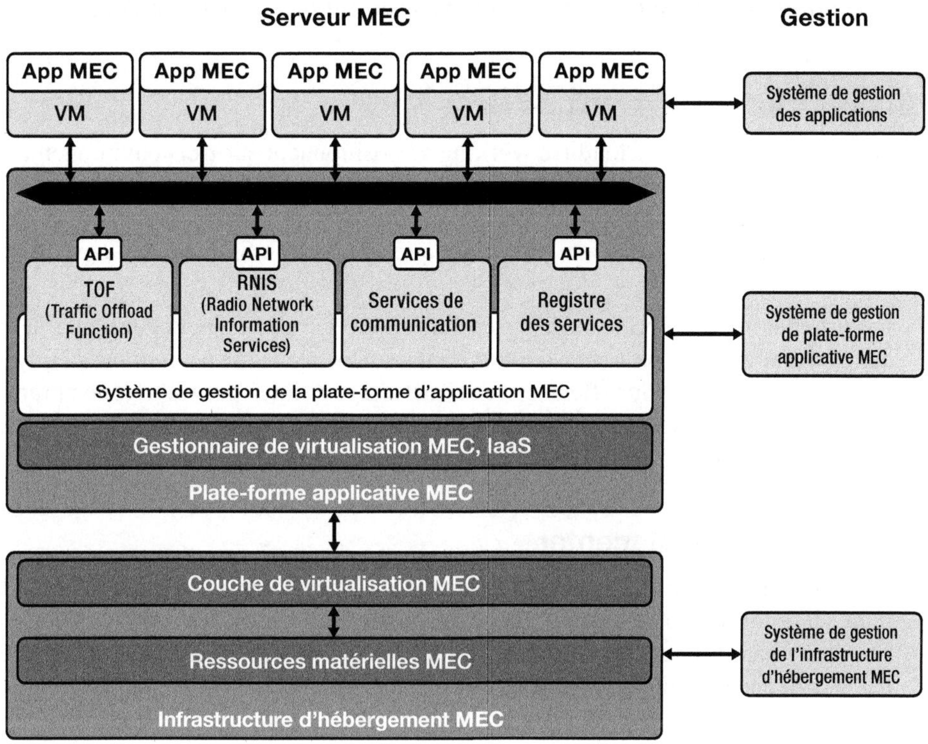

Figure 13.14

Architecture d'un serveur MEC

Les femto-datacenters

Les femto-datacenters sont de petits datacenters qui ont la puissance de trois ou quatre serveurs ordinaires et une mémoire assez importante pour faire tourner des logiciels de type machine learning ou de petits Big Data. Les femto-datacenters font partie de l'architecture d'ubérisation des télécommunications détaillée au chapitre 3. Ce sont des machines physiques qui se situent chez les utilisateurs, soit au domicile soit dans l'entreprise. Un femto-datacenter peut desservir jusqu'à une cinquantaine d'utilisateurs, mais beaucoup moins dans les domiciles.

Le femto-datacenter est à portée de radio de l'utilisateur et intègre les antennes nécessaires pour que ce dernier puisse s'y connecter directement. Les datacenters sont interconnectés au moyen de clusters afin de réaliser un réseau. L'interconnexion s'effectue par des liaisons Wi-Fi à très haut débit, telles que IEEE 802.11ac à plus de 2 Gbit/s ou IEEE 802.11ax à 20 Gbit/s.

Les femto-datacenters sont dotés d'un hyperviseur ou de conteneurs supportant des machines virtuelles très diverses, qui peuvent être stockées localement si elles sont fortement utilisées ou provenir d'une migration à partir d'un centre de stockage.

Les protocoles du Cloud Networking

Les protocoles pour le Cloud Networking se positionnent sur trois environnements bien distincts : l'intradatacenter, l'interdatacenter et les réseaux de connexion aux utilisateurs. Les réseaux intra- et interdatacenter peuvent utiliser le SDN tandis que les réseaux de connexion des utilisateurs sont plus classiques puisque le SDN ne passe pas à l'échelle aujourd'hui.

La particularité du SDN est de disposer d'un contrôleur central pour configurer les nœuds du réseau et en faire remonter de nombreuses mesures (*voir le chapitre 12*). Le protocole de signalisation pour effectuer ces transferts sur l'interface sud reste en premier lieu OpenFlow. Cependant, de nombreux autres protocoles pourraient devenir des standards de fait, tels I2RS et OpFlex.

Les protocoles intradatacenter

Les protocoles intradatacenter doivent être capables de déplacer des masses d'informations d'un serveur à un autre à l'intérieur d'un même datacenter. Ces communications sont en grande partie dues à des transferts de VM de calcul, de stockage ou de réseau. Cela représente une quantité gigantesque de données, qui nécessitent des débits extrêmement importants qui peuvent se compter en térabits par seconde.

L'architecture d'un datacenter, qui a été introduite en début de chapitre, se présente sous la forme décrite à la figure 13.15. Les serveurs du datacenter sont situés en bas et sont reliés entre eux par un réseau d'interconnexion appelé *fabric* (terme anglais dont le sens littéral est « tissu » et que nous pourrions traduire par « maillage » ou « matrice »). Une *fabric* comporte trois niveaux, permettant d'accéder de n'importe quel serveur à tout autre serveur ou au réseau Internet qui se trouve connecté sur les commutateurs cœur (Core Switch).

Dans les architectures d'interconnexion permettant d'aller de tout serveur à tout autre serveur, il existe en général trois niveaux : le premier correspond aux commutateurs d'accès (Access Switch), aussi appelés « feuilles » (*leaf*) ; le deuxième correspond aux commutateurs d'agrégation (Aggregation Switch), aussi appelés colonne vertébrale du réseau (*spine*), qui permettent d'interconnecter les commutateurs d'accès ; le niveau le plus haut interconnecte les commutateurs d'agrégation entre eux et le réseau d'interconnexion vers l'extérieur, c'est-à-dire les autres datacenters et les utilisateurs.

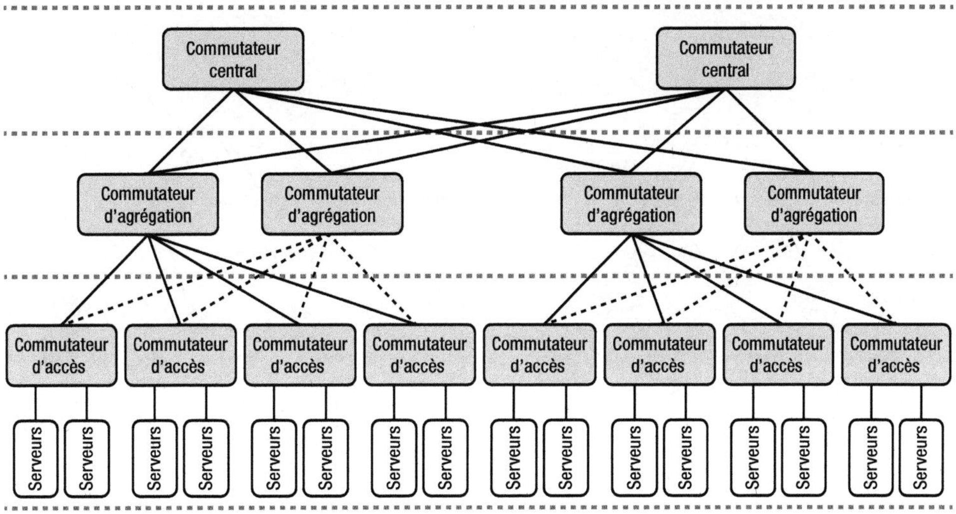

Figure 13.15

Réseau d'interconnexion d'une fabric

L'introduction du SDN fait évoluer les *fabrics* vers une automatisation plus poussée, surtout dans le domaine de la configuration des nœuds, et une souplesse plus importante dans le provisioning, c'est-à-dire l'affectation des ressources aux flots qui transitent dans le réseau. La figure 13.16 illustre cette évolution suite à l'introduction d'un contrôle par une solution SDN. Les niveaux agrégation et accès sont configurés par un contrôleur SDN. De nombreux produits commerciaux proposent ce type de *fabrics* automatisées par du SDN, tels ACI de Cisco ou OpenContrail de Juniper.

Les *fabrics* doivent pouvoir transporter plusieurs centaines de térabits par seconde pour les grands datacenters. L'architecture générique décrite à la figure 13.15 supporte de nombreuses variantes dans les connexions, mais avec des architectures similaires.

Pour ces *fabrics*, le protocole le plus utilisé est TRILL, détaillé au chapitre 9. C'est un protocole de type Ethernet dans Ethernet, c'est-à-dire une encapsulation de la trame Ethernet qui doit être envoyée vers un autre serveur dans une autre trame Ethernet. En réalité, la trame TRILL n'est pas exactement une trame Ethernet, mais en est très proche. La structure de cette trame est illustrée à la figure 13.17.

Les RBridges (Routeurs-Ponts) sont les nœuds du réseau. Ce sont des équipements qui peuvent être utilisés en tant que routeurs ou commutateurs de niveau 2. Une particularité de TRILL est l'utilisation d'un routage au niveau 2. En d'autres termes, les trames sont routées avec le protocole IS-IS, qui est utilisé normalement au niveau du paquet, mais qui ici s'applique au niveau de la trame. Les adresses de routage peuvent être des adresses MAC Ethernet, mais comme celles-ci sont plates, puisqu'il n'y a aucune hiérarchie, il est possible de les remplacer par des *nicknames* (surnoms), qui sont laissés à l'initiative du gestionnaire de réseau.

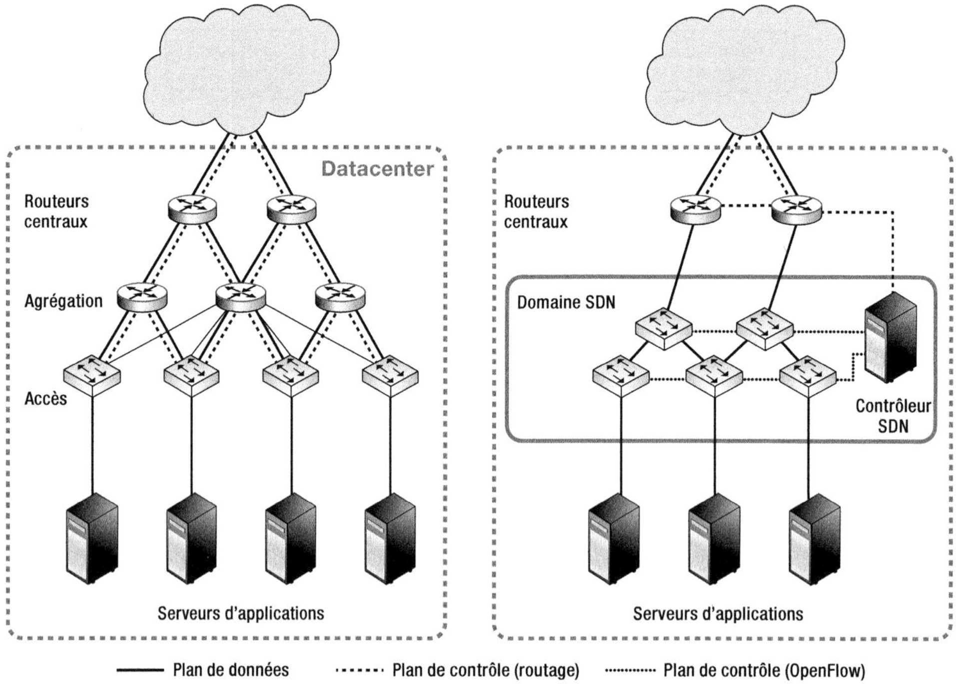

Figure 13.16

Évolution des fabrics *avec le SDN*

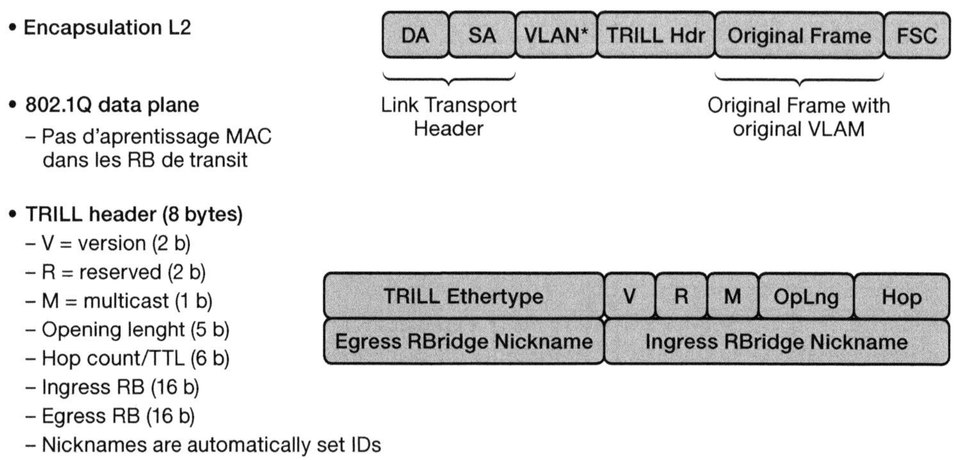

Figure 13.17

Structure de la trame TRILL

Les protocoles interdatacenter

Pour aller d'un datacenter à un autre, la difficulté principale est de faire transiter les données par un réseau permettant de garder le même numéro de VLAN. C'est généralement assez compliqué, car il faut passer par un routeur intermédiaire pour décapsuler la trame, ce qui fait perdre le numéro de VLAN qui se trouve précisément dans la structure d'en-tête de la trame. Les solutions à cela consistent à mettre la trame sortant du serveur dans la zone de données de l'entité qui est transportée dans le réseau d'interconnexion. Le numéro de VLAN se trouve donc dans cette zone de données qui n'est pas examinée dans le réseau de transport.

Plusieurs encapsulations sont possibles. Dans le cas où le réseau d'interconnexion n'est pas déterminé, il est préférable d'encapsuler la trame Ethernet à transporter dans un message UDP, lui-même encapsulé dans un paquet IP, même à son tour encapsulé dans une trame Ethernet. En résumé, nous avons un paquet IP encapsulé dans une trame Ethernet encapsulée dans un message UDP encapsulé dans un paquet IP encapsulé dans une trame Ethernet. Cette solution, normalisée par l'IETF sous le nom de VXLAN (Virtual eXtensible LAN), ou LAN virtuel étendu, peut sembler complexe et impliquer de nombreuses zones de contrôle. En réalité, c'est une solution assez simple et très générale.

Une autre solution consiste à supposer que le réseau d'interconnexion entre les datacenters est de type IP, ce qui est effectivement le cas le plus général. Dans ce cas, il n'est pas nécessaire de remonter jusqu'au niveau UDP. Le paquet IP qui transporte l'information de l'application est encapsulé dans une trame Ethernet avec son numéro de VLAN. Cette trame devient la zone de données d'un paquet IP, et, dans le réseau, ce paquet est encapsulé dans une trame Ethernet. C'est donc le même type de transport que dans VXLAN, mais avec la couche UDP en moins. Cette solution prend plusieurs noms, mais toujours avec l'acronyme GRE (Generic Routing Encapsulation), comme NVGRE (Network Virtualization GRE) pour l'interconnexion de datacenters.

Une troisième solution est d'utiliser le protocole TRILL étudié précédemment. Si le réseau d'interconnexion est de niveau 2, c'est-à-dire Ethernet, on encapsule la trame Ethernet qui porte le VLAN comme étant le champ de données de la trame TRILL. On enlève de ce fait deux niveaux par rapport à VXLAN et un niveau par rapport à NVGRE.

Finalement, la solution qui a la faveur de beaucoup d'équipementiers et d'opérateurs est LISP, qui est examiné au chapitre 10. LISP (Locator/Identifier Separation Protocol) est une solution consistant à transporter un paquet IP dans un deuxième paquet IP. Le paquet IP intérieur porte l'adresse IP d'identification, tandis que le paquet IP qui encapsule le paquet précédent porte l'adresse IP de localisation. L'avantage de cette solution est de permettre à la VM de garder la même adresse IP quel que soit son emplacement.

Les protocoles avec les utilisateurs

Avec l'utilisateur, il n'y a pas de protocoles spécifiques, et l'on réutilise les protocoles classiques du monde Internet, à commencer par ceux du réseau Internet lui-même, sur lequel de nombreux clients sont connectés. Il y a aussi des combinaisons de protocoles de réseaux locaux de type Ethernet qui sont relayés par des réseaux MPLS à partir des antennes 3G ou 4G ou des DSLAM. On trouve également ceux des réseaux Ethernet Carrier Grade utilisant les extensions de VLAN. VXLAN de VMware et NVGRE de Microsoft sont également des solutions utilisables. Le protocole LISP pourrait lui aussi avoir un rôle à jouer en affectant à chaque utilisateur deux adresses IP : l'adresse d'identification et l'adresse de localisation.

Fog et Skin Networking

Cette dernière section examine la partie du réseau qui se situe juste à l'accès de l'utilisateur et le plus souvent dans le réseau de celui-ci. Le Fog Computing est un concept apparu chez Cisco pour indiquer que le nuage (*cloud*) se transforme en brouillard (*fog*) en s'approchant de l'utilisateur. L'environnement réseau qui prend en charge cette vision est le Fog Networking. Dans cette option, on utilise de petits datacenters, appelés Fog datacenters, qui remplacent peu à peu les routeurs et les commutateurs. Ces datacenters contiennent quelques machines virtuelles, comme un routeur, un pare-feu, un DPI (Deep Packet Inspection), une box Internet ou encore un point d'accès Wi-Fi virtuel.

Avec le Skin, on est encore plus près de l'utilisateur, et donc d'un femto-datacenter qui se situe chez l'utilisateur lui-même. La partie réseau est le Skin Networking.

La figure 13.18 illustre le fonctionnement du Fog Networking, dont l'objectif est de rapprocher le Cloud du client. Les temps de latence sont beaucoup plus courts et certaines applications comme les jeux vidéo temps réel peuvent effectivement être pris en compte. Un des objectifs majeurs du Fog Networking est de connecter les objets. Cette fonction se retrouve dans l'Internet des objets, examiné au chapitre 21.

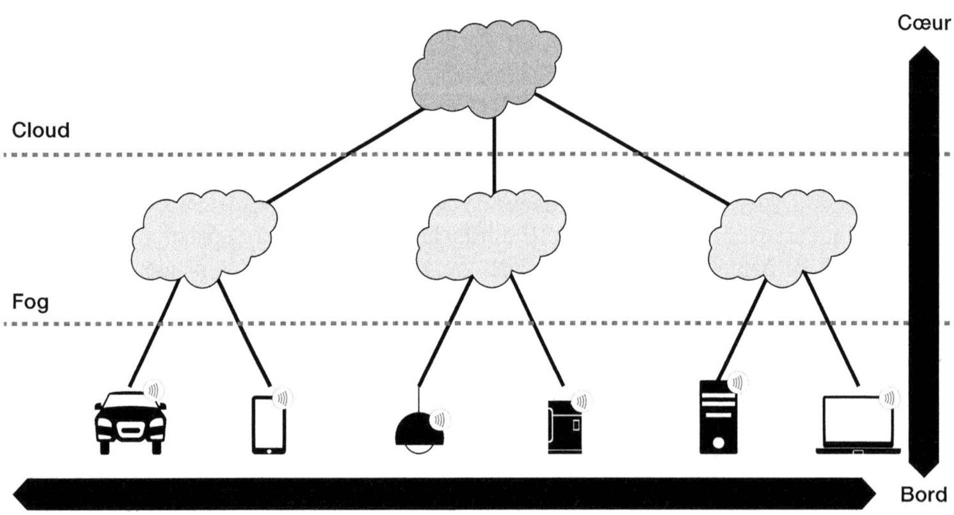

Figure 13.18

Fonctionnement du Fog Networking

Le Fog se concrétise chez les équipementiers par de nouvelles machines, qui sont en fait de petits datacenters dans lesquels tournent essentiellement des VM réseau. En lieu et place d'un routeur matériel, on recourt à un serveur très puissant qui porte un hyperviseur ou des conteneurs pour prendre en charge différentes machines virtuelles, comme les VM réseau, mais aussi parfois des VM de stockage et de calcul. Si l'on met un routeur virtuel, on a la même machine que le routeur physique, mais avec cette différence que l'on peut ajouter des VM supplémentaires ou enlever le routeur virtuel pour le remplacer, par exemple, par un commutateur SDN. L'agilité et la flexibilité apportées par cette solution génèrent des économies importantes pour les sociétés et les opérateurs.

Si le Fog s'approche du client, le Skin se trouve pour sa part dans le réseau même du client. Il s'appuie sur un datacenter dans lequel peuvent venir se positionner des milliers de machines virtuelles, que l'on peut appeler des « apps réseau » (applications réseau). Celles-ci peuvent être de nature extrêmement différente, comme des apps de type machine réseau (Routeur, Commutateur, LSR), des apps de contrôle réseau (contrôleurs SDN, contrôleurs de points d'accès Wi-Fi), des apps de sécurité (pare-feu, serveurs d'authentification) ou des apps applicatives (jeux vidéo, applications de bureautique, etc.).

Cet environnement encore prospectif est présenté plus en détail au chapitre 26 et dernier de ce livre. Cette solution pourrait constituer une des évolutions majeures des années 2020.

Conclusion

Le Cloud Networking s'étend des grands datacenters centraux jusqu'aux femto-datacenters situés chez l'utilisateur, en passant par les MEC datacenters des opérateurs de télécommunications et les Fog datacenters des équipementiers. Aujourd'hui, la réalité correspond plutôt à une superposition de ces différentes architectures, chacune étant adaptée à des usages spécifiques.

14

Les réseaux open source

Les réseaux open source seront à la base des réseaux des années 2020. Déjà en grande partie disponibles, ils ne peuvent toutefois pas encore être utilisés comme réseaux opérationnels. Toute la partie gestion doit notamment être finalisée avant que les entreprises et les opérateurs puissent les utiliser. Ces réseaux open source sont nés avec la virtualisation. Le fait de transformer le matériel en logiciel permet de réaliser de l'open source, ce qui n'était pas possible avec les équipements précédents.

Cette révolution change assez fortement le panorama des réseaux puisque les équipementiers doivent en grande partie modifier leurs objectifs : le matériel se transforme en petit datacenter dans lequel tournent des machines virtuelles, ou VM, avec l'avantage que celles-ci peuvent être facilement modifiées ou même remplacées. Les cartes réseau, qui ne sont pas virtualisables, restent quant à elles un des équipements de base commercialisés par les équipementiers.

Les équipementiers réseau investissent également dans des machines virtuelles en logiciels libres afin d'avoir une parfaite connaissance des futurs réseaux. La raison à cela est qu'ils souhaitent développer des modules propriétaires – qui seront vendus très cher –, capables de rendre les réseaux plus opérationnels, plus sûrs, plus performants, plus intelligents et mieux gérés.

L'open source dans les réseaux

La figure 14.1 donne une idée des très nombreux projets réseau open source en cours de développement, avec en parallèle les principaux produits commercialisés. Si l'on part du haut de la figure, on trouve les projets concernant les applications, avec les plates-formes associées et les moyens de les programmer facilement. Viennent ensuite les gestionnaires de machines et d'infrastructures virtuelles. Là se trouve OpenStack, un des logiciels open source les plus importants pour l'environnement réseau, qui est examiné en fin de chapitre.

En continuant à descendre la figure 14.1, on trouve les logiciels libres pour les conteneurs, les systèmes d'exploitation et les hyperviseurs, puis les orchestrateurs, déjà introduits au chapitre 4, car ce sont ces logiciels qui donnent toute l'intelligence aux réseaux.

Vient ensuite OPNFV (Open Platform for NFV), l'environnement *open source* le plus important, qui regroupe plusieurs des logiciels présents sur la figure et qui sera véritablement au cœur des réseaux des années 2020. C'est lui qui est examiné en détail à la section suivante avec les contrôleurs open source introduits au chapitre 12.

En s'approchant de l'infrastructure, on trouve les accélérateurs, introduits en fin de chapitre, qui ont pour objectif d'optimiser le fonctionnement du traitement des paquets. Les équipements virtuels tels que Open vSwitch, présenté au chapitre 3, ferment la marche.

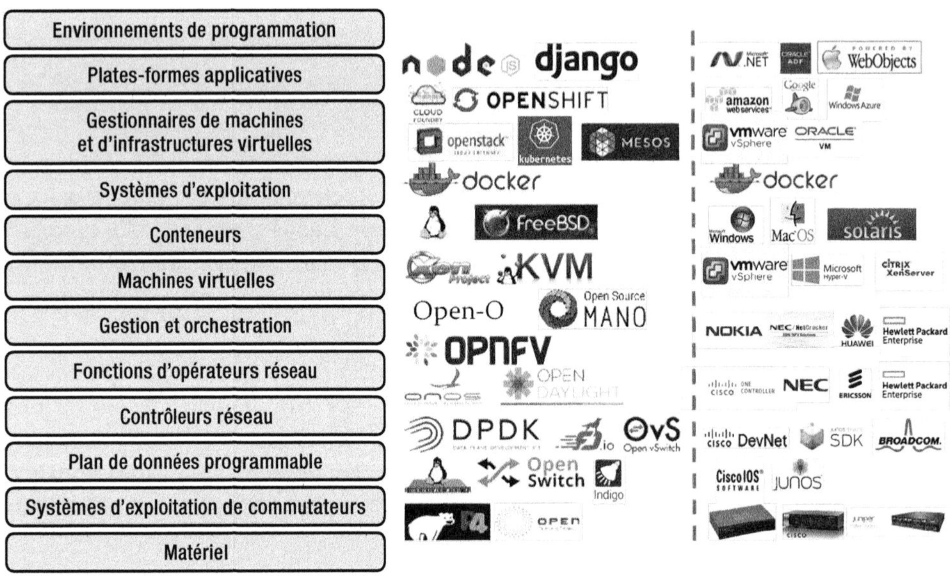

Figure 14.1

Logiciels réseau open source et propriétaires

L'open source a pris son envol dans le domaine des réseaux avec la virtualisation et la technologie NFV (Network Functions Virtualization), c'est-à-dire le découplage des parties infrastructures matérielles et fonctions de contrôle. À partir de ce découplage, les secondes sont devenues logicielles sous la forme de machines virtuelles réalisant une fonction déterminée.

La figure 14.2 donne un exemple de cette virtualisation par le biais de logiciels open source. La communication d'un client avec le datacenter qui porte son application passe par des équipements de réseaux physiques sur le chemin du bas de la figure. Sur le chemin du haut, l'ouverture du chemin s'effectue par un orchestrateur, ici OSM (Open Source MANO), puis les paquets sont suivis par un contrôleur virtuel ONOS. Ces machines virtuelles se trouvent dans un Cloud rattaché à l'équipement du milieu. Les paquets passent par un pare-feu, également une VM, avant d'atteindre le deuxième nœud. Après quoi ils traversent un DPI (Deep Packet Inspection) avant d'atteindre le troisième nœud.

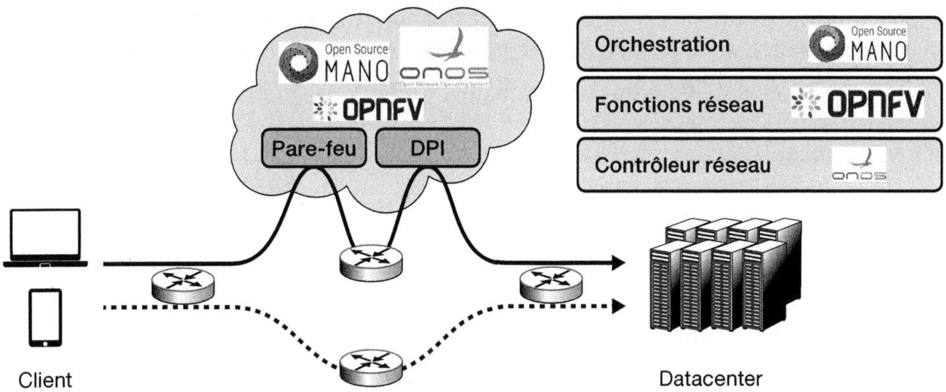

Figure 14.2

Virtualisation des fonctions de contrôle dans un réseau open source

Cet exemple est évidemment très incomplet. Dans le cadre d'une architecture globale, le projet open source le plus important en matière de réseau est Open Platform for NFV, examiné à la section suivante.

OPNFV

L'objectif d'OPNFV (Open Platform for NFV) est de créer une plate-forme open source intégrée et vérifiée utilisant les VNF (Virtual Network Functions) c'est-à-dire des machines virtuelles qui prennent en charge des fonctions spécifiques.

OPNFV est conçue pour être une plate-forme carrier-grade. Le carrier-grade est une caractéristique des réseaux d'opérateurs qui indique une très bonne disponibilité, de l'ordre des cinq neuf, c'est-à-dire que le réseau doit être opérationnel pendant au moins 99,999 % du temps. Cette disponibilité est celle du réseau téléphonique commuté, qui utilise la commutation de circuits. Les réseaux Internet grand public des opérateurs présentent plutôt une disponibilité de l'ordre des trois neuf, soit une opérationnalité d'au moins 99,9 % du temps.

Dans la phase initiale, qui a démarré en 2014, l'objectif d'OPNFV était de normaliser les fonctions réseau à l'ETSI, l'organisme de normalisation européen devenu mondial pour le NFV. Ensuite, pour s'assurer de la compatibilité des fonctions, l'idée des normalisateurs a été de développer des logiciels open source compatibles. Dans un premier temps, le groupe OPNFV avait pour objectif de développer ces fonctions avec toute la gestion nécessaire pour les rendre opérationnelles. Le premier travail a été de définir l'infrastructure NFVI (NFV Infrastructure) et la gestion de cette infrastructure virtualisée, ou VIM (Virtualized Infrastructure Management).

Les normalisateurs ont alors décidé d'aller beaucoup plus loin et de normaliser l'ensemble de la plate-forme afin d'aboutir à un réseau opérationnel, avec toute la gestion et les interfaces avec les clients nécessaires. De ce fait, OPNFV est devenu un projet open source de plate-forme à part entière pour une infrastructure fondée sur VNF et son environnement d'orchestration et de gestion MANO (Management And Network Orchestration).

Une description de l'architecture globale d'OPNFV est fournie à la figure 14.3.

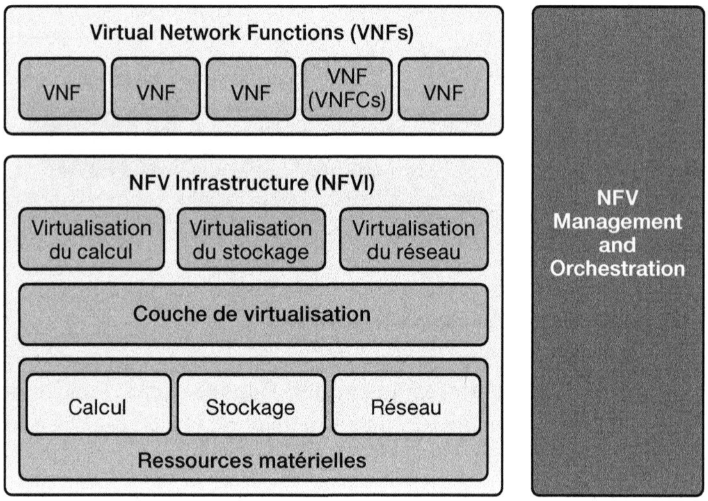

Figure 14.3

Architecture globale d'OPNFV

Ce livre traite essentiellement du domaine des réseaux, mais la plate-forme OPNFV va beaucoup plus loin puisqu'elle intègre également le stockage et le calcul, qui, comme indiqué au chapitre 3, sont très semblables puisque réalisés eux aussi par des machines virtuelles, mais qui comportent des fonctions différentes de celles correspondant au domaine des réseaux.

Pour les normalisateurs, il n'était pas question de tout réinventer puisque d'autres groupes travaillaient déjà sur des logiciels open source reprenant des parties de la plate-forme globale OPNFV. Les principaux d'entre eux qui ont été choisis au départ sont ODL (OpenDaylight), OpenStack, KVM, Open vSwitch et Ceph. Le contrôleur ODL, introduit au chapitre 12, consacré aux architectures SDN, est un système de gestion de Cloud détaillé pour la partie réseau dans la seconde partie de ce chapitre. KVM est un hyperviseur pour les machines virtuelles de calcul. Open vSwitch est un logiciel libre de commutateur virtuel déjà détaillé au chapitre 3. Ceph est un environnement de virtualisation pour le stockage.

L'architecture MANO est décrite en détail à la figure 14.4. Cette partie indispensable pour réaliser un réseau opérationnel comporte un orchestrateur, dont l'objectif est d'automatiser la mise en place des communications en créant les machines virtuelles nécessaires, en les chaînant et en les urbanisant sur des machines matérielles. Comme indiqué au chapitre 4, les principaux orchestrateurs open source sont Open-O et ONAP (Open Network Automation Platform). Cette partie de MANO, appelée NFVO (NFV-Orchestrator), est intégrée dans les dernières releases d'OPNFV.

La deuxième partie de MANO concerne le gestionnaire des fonctions virtualisées. Ce module appelé VNF Manager (VNFM) correspond dans un cadre SDN à un contrôleur, mais il faut bien noter que la plate-forme OPNFV n'est pas forcément orientée vers le SDN. OPNFV pourrait être une plate-forme gardant une structure réseau de la génération de l'Internet distribué.

La partie basse de MANO, appelée VIM, s'occupe de la gestion de l'infrastructure, c'est-à-dire des machines physiques et virtuelles qui y sont installées.

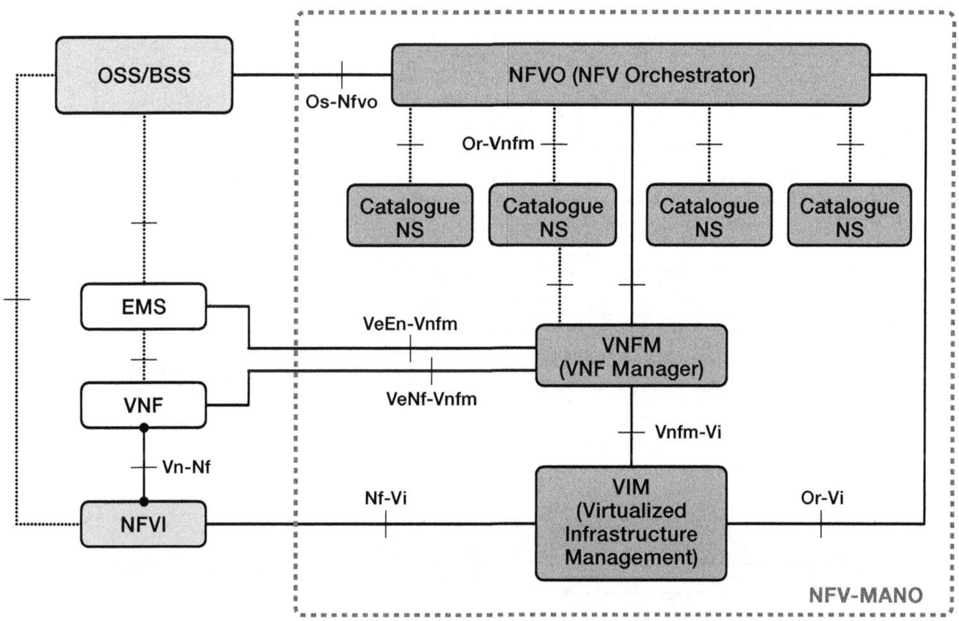

Figure 14.4

Architecture de MANO

Les différentes machines MANO comportent des interfaces avec la partie opérationnelle. Le NFVO s'interface avec les logiciels d'administration client OSS/BSS (Operating Support System/Business Support System). Le VNFM a deux interfaces avec la VM et son gestionnaire EMS (Element Management System). Enfin, le VIM a une interface avec le NFVI, l'infrastructure virtualisée.

La figure 14.5 illustre l'architecture générale de la plate-forme OPNFV. Par rapport à MANO, il faut ajouter la partie support de l'utilisateur, comme illustré à la figure 14.6. On y retrouve bien la vision générale, avec à la fois le stockage, le calcul et le réseau, et la structuration en machines virtuelles, avec leur système de gestion EMS, et enfin la partie infrastructure virtualisée.

On retrouve également sur cette figure 14.5, dans le cadre pointillé, la version initiale d'OPNFV, que les normalisateurs voulaient développer en open source avant d'opter pour l'architecture complète.

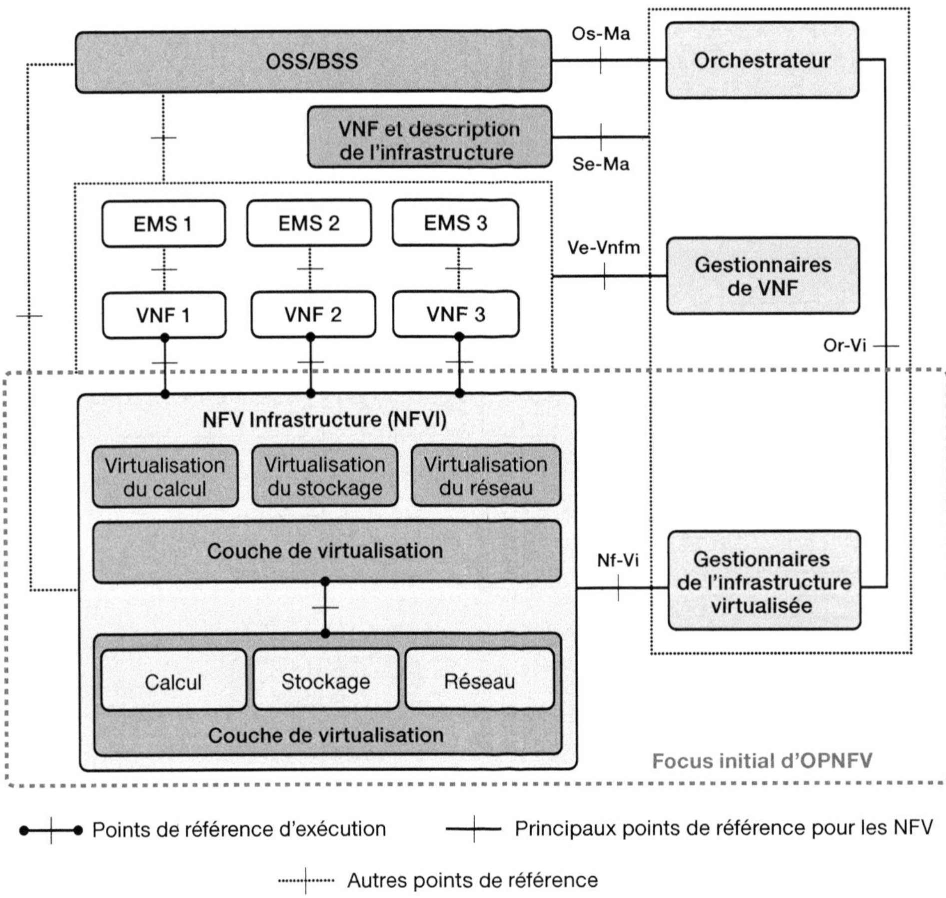

Figure 14.5

Architecture complète de la plate-forme OPNFV

La figure 14.6 illustre la partie BSS/OSS, qui rend opérationnelle l'ensemble de la plate-forme OPNFV. On y trouve différents modules pour le BSS, la gestion des achats, la facturation, la gestion du catalogue des produits et celle de la relation client (CRM). Pour l'OSS, on trouve la gestion de l'inventaire, l'assurance du service, le design et l'activation.

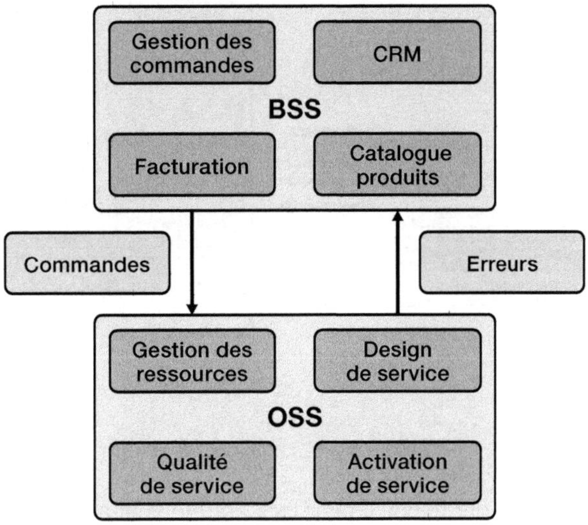

Figure 14.6

Description des modules du BSS/OSS

Les releases d'OPNFV

L'objectif du groupe de normalisation étant d'arriver à la plate-forme finale d'OPNFV en 2020, un processus de développement par release a été instauré, la sortie d'une nouvelle release s'effectuant approximativement tous les six mois. La difficulté est de contrôler le processus de développement pour que l'ensemble reste cohérent. La complexité vient du grand nombre de développeurs impliqués (plusieurs milliers) un peu partout dans le monde.

La première release, dite A, pour Arno, définit ce processus et les premières options parmi les logiciels open source disponibles.

La figure 14.7 décrit cette release. Du côté droit, le processus de développement de la plate-forme est constitué de trois groupes. Le premier s'occupe du développement et de l'intégration ; le deuxième effectue du déploiement et de tous les tests nécessaires pour obtenir un logiciel vérifié ; le troisième intègre les nouveaux modules et teste leur fonctionnement dans l'environnement global.

Le côté gauche de la figure décrit l'architecture de la release.

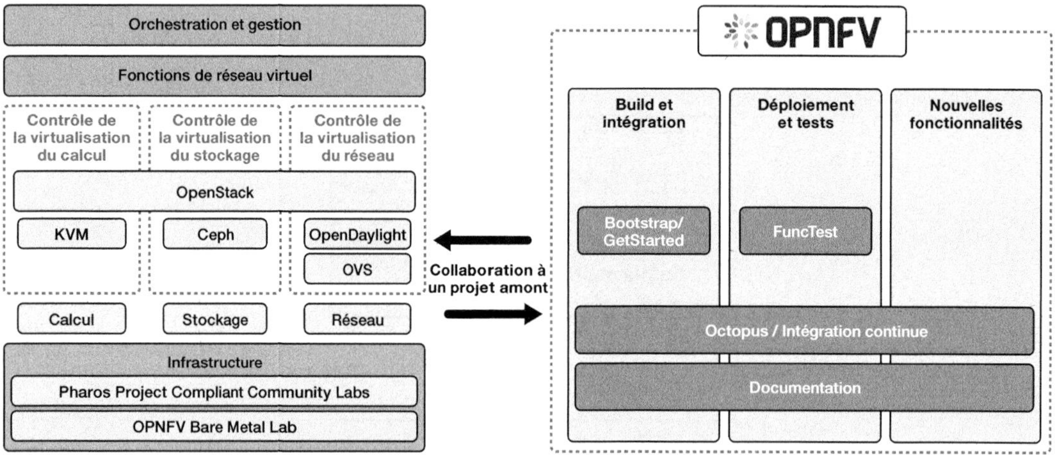

Figure 14.7

La release A d'OPNFV

Les experts d'OPNFV ont retenu OpenStack pour le système de gestion du Cloud, l'hyperviseur KVM pour la partie calcul et le système Ceph pour la partie stockage. Côté réseau, ils ont choisi ODL pour le contrôleur qui intègre la plate-forme et le commutateur virtuel Open vSwitch (*voir le chapitre 12*) pour les nœuds du réseau.

Les tests et l'intégration des modules s'effectuent sur une plate-forme identique, appelée Pharos, dans tous les laboratoires et entreprises qui intègrent les développements. Cette plate-forme s'appuie sur des machines Bare Metal, c'est-à-dire du matériel physique nu, sans aucun logiciel.

La figure 14.8 décrit la deuxième release de la plate-forme OPNFV. Cette release B, pour Brahmapoutra, a apporté de nombreuses avancées, surtout sur la partie réseau. En plus d'ODL, deux nouveaux contrôleurs ont été introduits : OpenContrail, soutenu par de nombreux opérateurs réseau, et ONOS (Open Network Operating System), à l'architecture distribuée, décrits respectivement aux chapitres 3 et 12. Il existe donc à ce stade trois contrôleurs conformes à la plate-forme OPNFV.

D'autres fonctions nouvelles ont été ajoutées, comme la gestion des fautes, le support du protocole IPv6, les VPN de niveau IP, la réservation de ressources et SFC (Session Function Chaining), pour le chaînage des machines virtuelles. Norme de l'IETF (RFC 7665), SFC détermine la suite des machines virtuelles qu'un flot doit traverser.

Les premières mesures effectuées sur la plate-forme Pharos montrent une baisse de performances sensible, d'où l'apparition d'accélérateurs dans OPNFV. Le rôle de ces accélérateurs est de trouver des chemins rapides (*fast paths*), c'est-à-dire de placer les paquets dans des emplacements mémoire auxquels les différents processus peuvent accéder à tour de rôle. En règle générale, il faut faire des recopies mémoire pour que les différents processus puissent accéder aux paquets, ce qui représente une perte de temps très importante. Les accélérateurs sont examinés plus loin dans ce chapitre.

La release B est décrite à la figure 14.8.

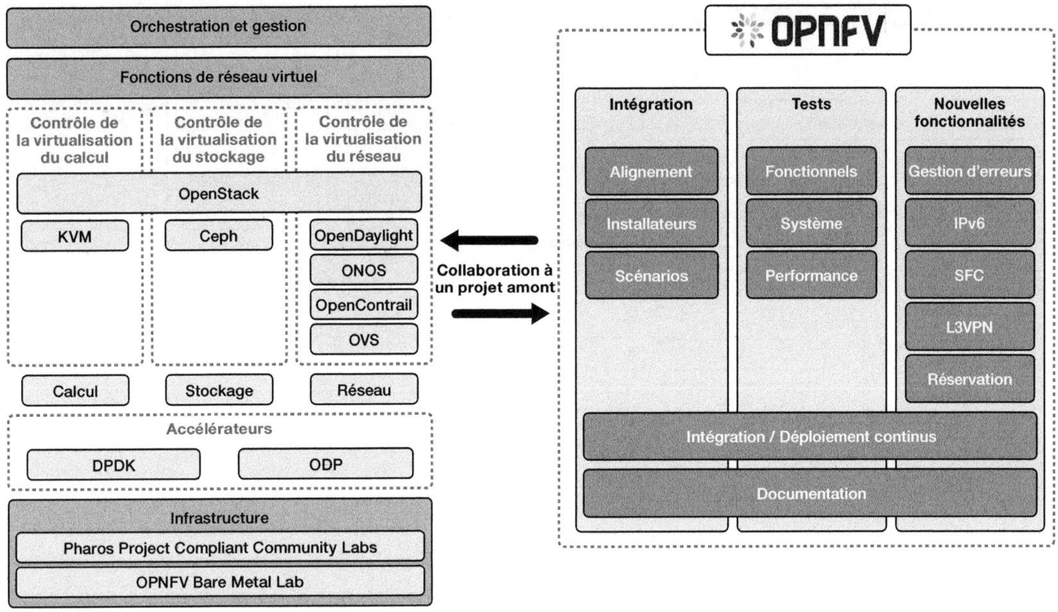

Figure 14.8

La release B d'OPNFV

La release C, pour Colorado, introduit de nombreuses fonctionnalités autour des machines virtuelles. Le chaînage et les VPN sont améliorés, et une première version de l'orchestration est disponible. Cette version garde les trois contrôleurs et s'intéresse de plus près aux performances en ajoutant un nouvel accélérateur open source, appelé FD.io (Fast Data input/output), examiné plus loin. Enfin, la plate-forme peut s'appuyer sur du matériel ARM en plus du X86 d'Intel.

La release C est décrite à la figure 14.9.

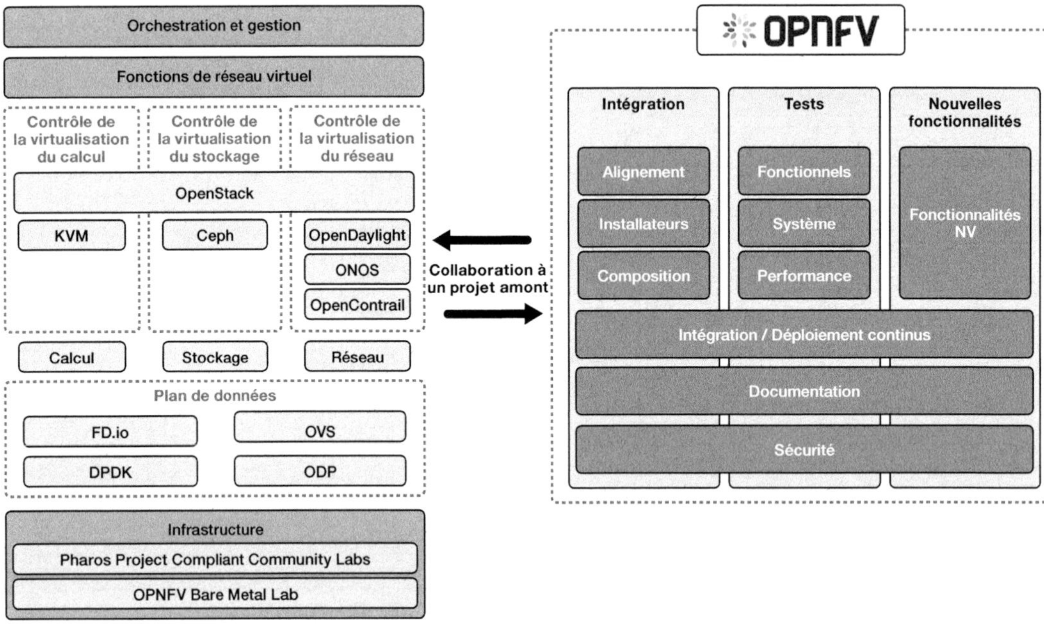

Figure 14.9

La release C d'OPNFV

Sortie à la fin de juin 2017, la release D, pour Danube, introduit de nouvelles fonctionnalités, en particulier sur la partie calcul avec LXD, une solution de conteneur allégé introduite dans le module Nova d'OpenStack. Pour la partie réseau, de nouveaux modules sont testés, notamment sur l'orchestration, avec OSM (Open Source MANO). Des tests ont également été effectués avec Open-O, qui s'est transformé en ONAP après le regroupement d'Open-O et d'ECOMP, pour l'automatisation et le pilotage de réseau (*voir le chapitre 4*).

La release D est décrite à la figure 14.10.

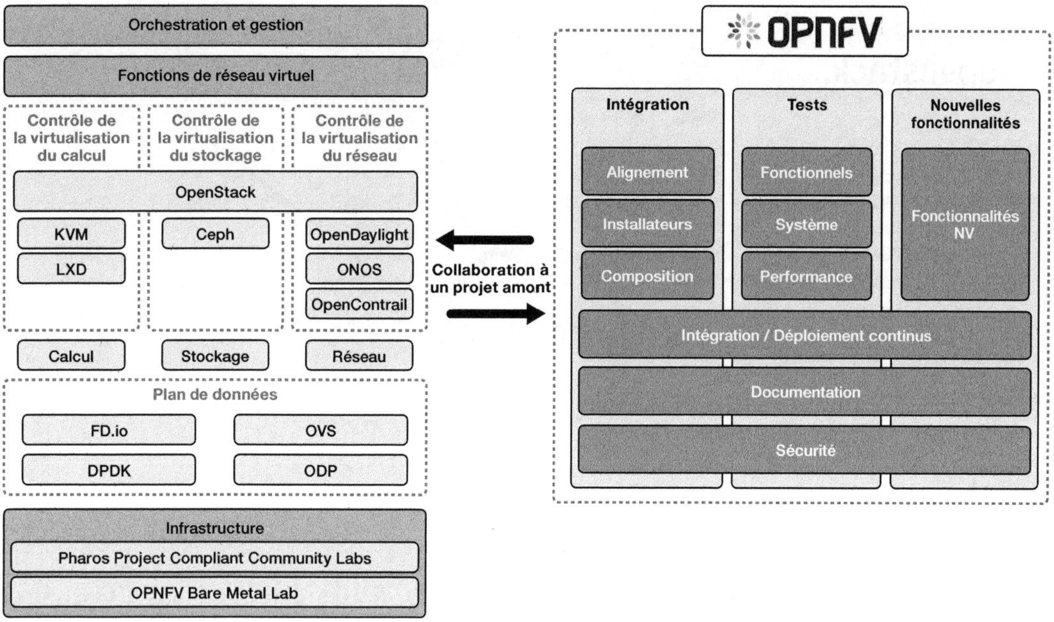

Figure 14.10

La release D d'OPNFV

La release suivante, E, pour Euphrate, introduit de nouvelles fonctionnalités provenant essentiellement d'OpenStack et du module Gluon, qui a pour objectif de servir d'interface entre le service calcul (Nova) et le service réseau (Neutron). Cette évolution vient du fait que Neutron ne propose que des services réseau de niveau 2 alors qu'un service de niveau 3 est souvent indispensable.

L'objectif de Gluon est de permettre à Nova d'utiliser des services de Neutron pour une connexion de niveau 2 ou bien un autre service provenant d'un module spécifique, comme l'ouverture d'un VPN de niveau 3 ou d'une connexion MPLS. Cela peut être vu comme la possibilité pour Neutron d'ouvrir d'autres services de réseau que le seul niveau 2.

La release E offrira une intégration de Gluon avec des scénarios XCI (Cross-Community CI/CD), où CI/CD indiquent « Continuous Integration and Continuous Delivery », comme indiqué à la figure 14.11. Cette figure montre que les logiciels open source OpenStack, ODL (OpenDaylight), FD.io et Open-O travaillent ensemble à la mise en place d'un réseau virtuel dans la plate-forme OPNFV.

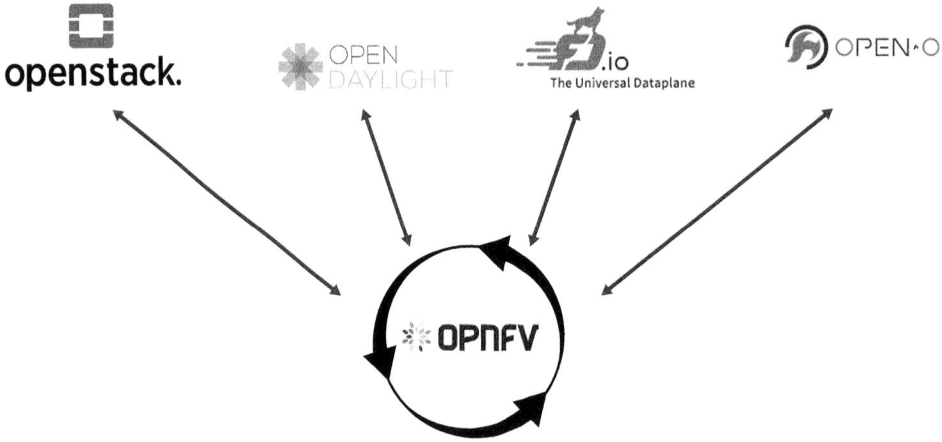

Figure 14.11

Intégration XCI dans Euphrate

Euphrate effectuera une mise à jour dans OPNFV des dernières versions d'OpenStack avec Ocata et la version Carbon d'ODL.

Les sections suivantes passent en revue quelques projets open source intégrés dans OPNFV.

OSM

Le projet OSM (Open Source MANO) a évidemment une importance particulière puisque, sans ce module, il ne pourrait pas y avoir de plate-forme opérationnelle. Ce projet est détaillé à la figure 14.12, où l'OSM intègre quatre sous-modules. L'objectif de ce projet est donc de proposer en open source tout l'environnement de gestion et de contrôle pour OPNFV. Avec un GUI (Graphical User Interface), le projet dispose d'un orchestrateur de réseau qui s'occupe de mettre en place et de configurer les fonctions virtualisées et de gérer les ressources associées. Il faut y ajouter le gestionnaire de l'infrastructure avec ses machines physiques et ses machines virtuelles qui tournent dessus.

Les projets open source Open-O (Open-Orchestration) et OSM ont approximativement les mêmes objectifs. Open-O (*voir le chapitre 4*) est toutefois plus large et doit permettre une orchestration de bout en bout. Il est possible que des modules des deux projets soient en fin de compte retenus pour l'architecture finale d'OPNFV.

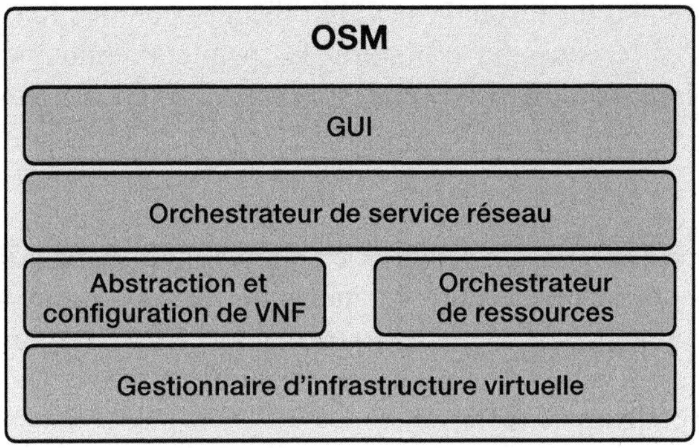

Figure 14.12

Architecture du projet OSM

DPDK

Parmi les accélérateurs, le plus connu est certainement DPDK (Data Plane Development Kit). Avant d'aborder plus en détail ce produit open source, il est intéressant de connaître les raisons de cette demande d'accélération (*voir figure 14.13*). On découvre que le trafic augmente beaucoup plus vite que les performances des unités centrales (CPU). Il faut donc soit accroître fortement le matériel pour compenser cet écart, mais cela implique un coût élevé et une augmentation de la consommation énergétique, soit accélérer le traitement du trafic en utilisant des programmes logiciels adaptés.

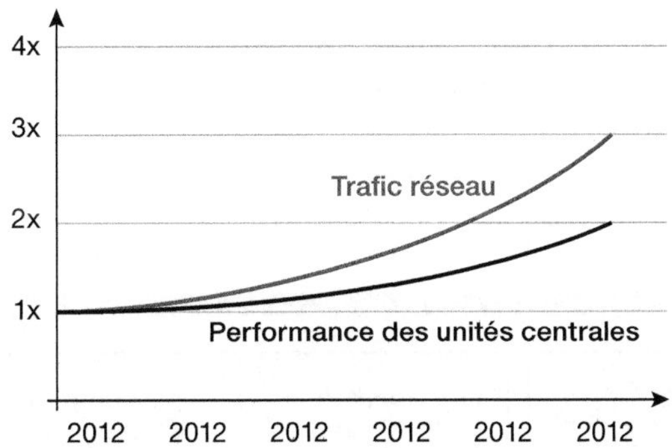

Figure 14.13

Comparaison de l'augmentation du trafic réseau et de la puissance des unités centrales

DPDK est donc une première solution pour accélérer le traitement du trafic dans les nœuds en créant des chemins rapides (*fast path*). Pour cela, il faut allouer la mémoire efficacement, afin de minimiser le nombre de copies en mémoire, et structurer les données pour une utilisation optimale du cache. En d'autres termes, il faut placer les données à traiter au bon endroit et au bon moment.

DPDK est constitué d'un ensemble de bibliothèques pour le plan de données et de contrôleurs d'interfaces réseau pour transférer les paquets à haute vitesse. Les processeurs supportés sont Intel x86, IBM Power 8, EZchip TILE-Gx et ARM.

ODP

ODP (OpenDataPlane) est un projet open source doté d'une API multiplateforme dont l'objectif est d'optimiser les performances du plan de données. Cette plate-forme est capable de s'interfacer avec n'importe quel matériel SoC (System on Chip). ODP possède une API commune pour tous les SoC, avec de multiples implémentations afin de s'adapter aux différents vendeurs de matériel.

Comme l'illustre la figure 14.14, l'API d'ODP comporte deux dimensions.

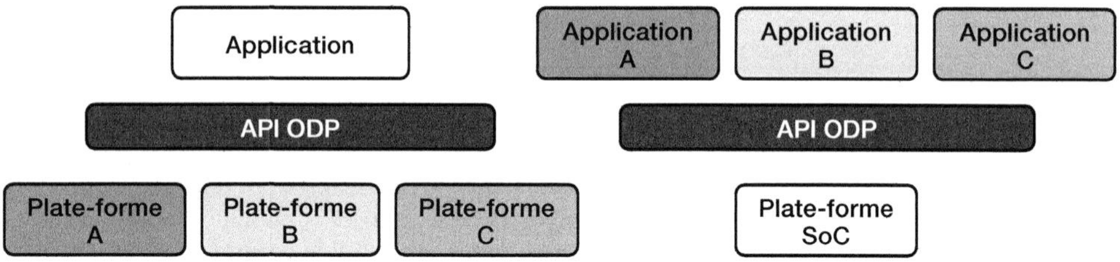

Figure 14.14

Les deux dimensions de l'API de la plate-forme ODP

Une vue plus détaillée de la plate-forme ODP est décrite à la figure 14.15. On retrouve l'interface commune qui permet à toutes les applications de s'exécuter sur une implémentation adaptée au matériel, qui peut être Intel, ARM, MIPS ou Power.

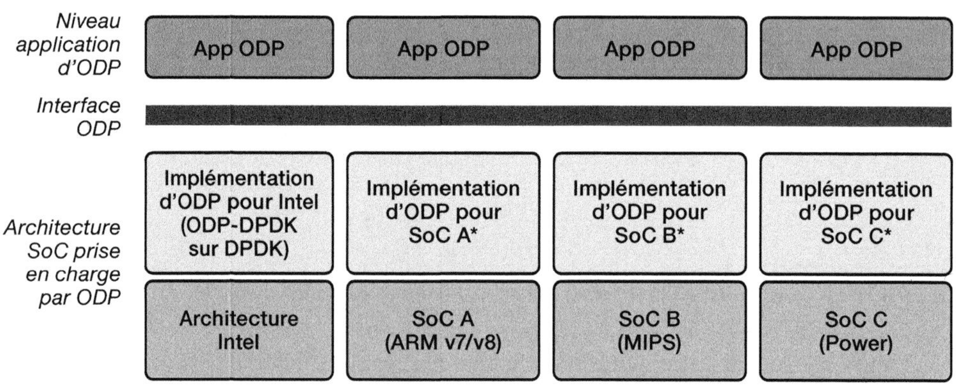

Figure 14.15

Architecture de la plate-forme ODP

FD.io

FD.io (Fast Data input/output) est une autre plate-forme open source d'accélération, dont la particularité est d'être dirigée vers les services du plan de données afin de permettre à ces services d'être hautement performants, modulaires, extensibles et multivendeur. Cette solution s'adapte aussi bien aux environnements de machines virtuelles que de conteneurs ou de solutions matérielles nues (*bare metal*), c'est-à-dire sans environnement logiciel associé au matériel.

Les développements portent principalement sur une solution d'accélération nommée VPP (Vector Packet Processing). VPP rassemble l'ensemble des paquets en cours d'entrée/sortie dans un nœud de réseau. Un vecteur de paquets est représenté à la figure 14.16.

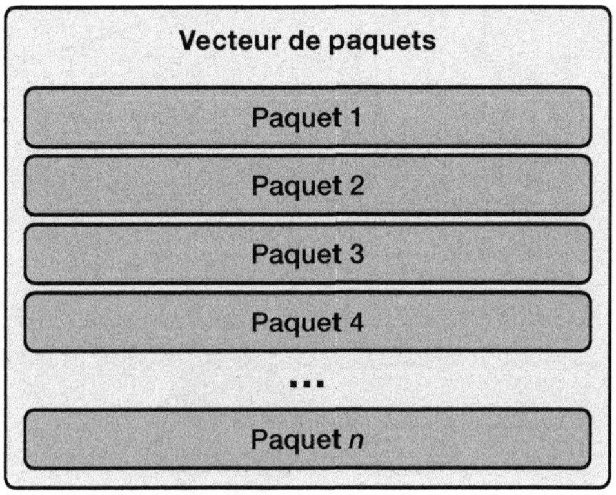

Figure 14.16

Un vecteur de paquets

Plutôt que de traiter le premier paquet sur l'ensemble du graphe représentant les entrées-sorties (*input-output*) nécessaires pour transférer un paquet, puis de passer au deuxième une fois le traitement du premier finalisé, VPP traite le vecteur de paquets entier dans un nœud du graphe avant de passer au nœud suivant. Ce processus est illustré à la figure 14.17, où l'on voit que le graphe peut être modifié en ajoutant de nouveaux nœuds si nécessaire.

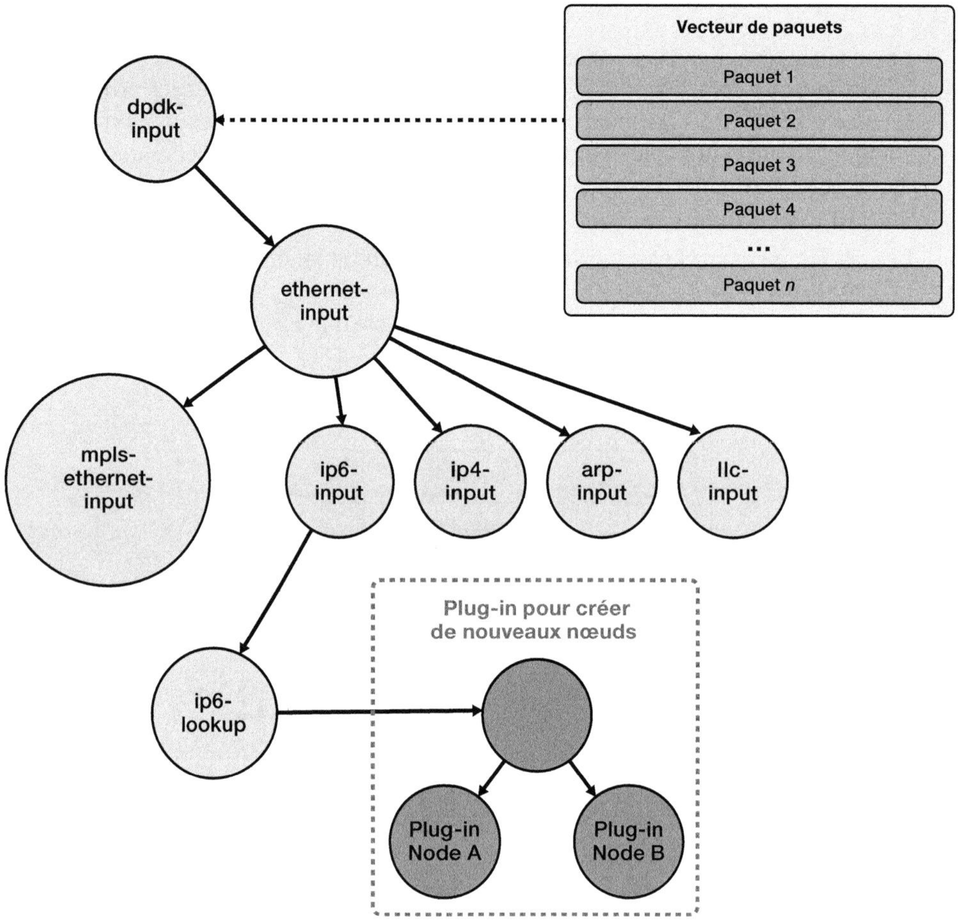

Figure 14.17

Graphe des entrées-sorties lors du traitement d'un paquet

Les instructions de traitement du premier paquet étant souvent identiques à celles des paquets suivants, il n'est pas nécessaire de recharger complètement le cache, ce qui permet d'effectuer un traitement en série extrêmement rapide. Cette solution conduit à des performances non seulement très élevées, mais statistiquement fiables. Si le composant VPP a moins de débit à traiter, il y a moins de gain, mais le débit est faible. Si le débit est élevé, le vecteur de paquets contient plus d'éléments, et les gains sont donc d'autant plus importants. En conséquence, le débit a tendance à s'uniformiser, ce qui est excellent pour le comportement du réseau.

OpenStack

Plate-forme logicielle gratuite et open source pour le Cloud Computing, OpenStack est principalement déployée comme une IaaS (Infrastructure-as-a-Service) grâce à laquelle les serveurs virtuels et autres ressources sont mis à la disposition des clients. Elle est constituée de composants interdépendants qui contrôlent des infrastructures de type datacenter fournissant du calcul, du stockage et du réseau. Les utilisateurs gèrent la plate-forme par l'intermédiaire d'un tableau de bord fondé sur le Web, en utilisant des outils de services Web ou simplement des lignes de commande.

OpenStack a débuté en 2010 en tant que projet commun de Rackspace et de la NASA. Depuis 2016, la plate-forme est gérée par la OpenStack Foundation, une entité à but non lucratif créée en septembre 2012 pour promouvoir le logiciel. Plus de six cents entreprises l'ont rejointe depuis le début des développements.

L'architecture d'OpenStack, avec ses trois grandes composantes de calcul, stockage et réseau, est illustrée à la figure 14.18. Il s'agit d'une architecture modulaire, dont les principaux composants sont décrits ci-après à partir de leur nom de code, en commençant par les modules réseau, qui intéressent plus particulièrement cette section.

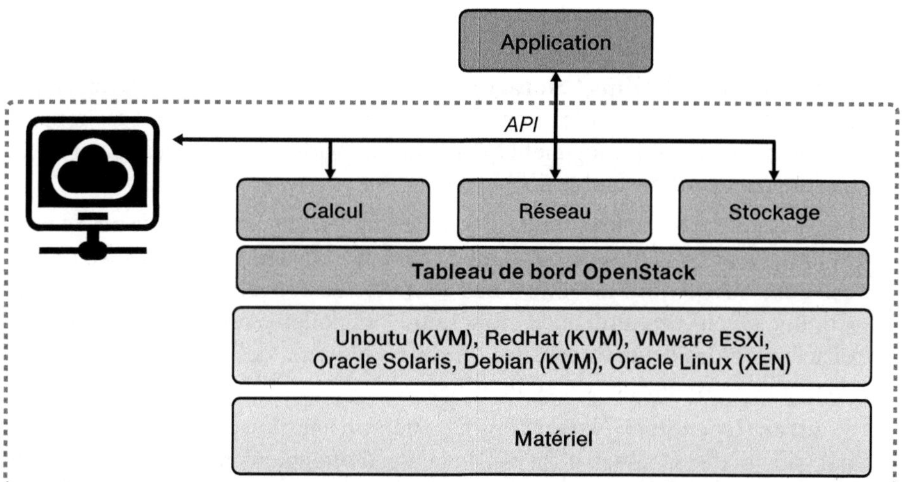

Figure 14.18

Architecture d'OpenStack

- **Nova (OpenStack Compute).** Ce contrôleur dédié aux calculs des *fabrics* de datacenters (*voir le chapitre 13*) constitue l'élément principal d'un système IaaS. Il est conçu pour gérer et automatiser l'allocation des ressources des *fabrics* et notamment des machines virtuelles. KVM, VMware et Xen sont les choix disponibles pour l'hyperviseur et Hyper-V et Docker pour le conteneur.

  Nova est écrit en Python et utilise de nombreuses bibliothèques externes, comme de la programmation simultanée ou de l'accès à des bases de données. L'architecture du module Nova est conçue pour être totalement indépendante du matériel, sans aucune exigence quant à celui-ci ou au logiciel, et permettre d'intégrer des systèmes existants et des technologies tierces.

En raison de la présence de ce module dans tous les déploiements d'OpenStack, le suivi des performances est devenu une question primordiale sur laquelle nous reviendrons.

- **Cinder (OpenStack Block Storage).** Fournit des périphériques de stockage en mode bloc pour une utilisation avec des instances de calcul. Ce système de stockage permet de gérer la création, la connexion et le détachement des périphériques de stockage sur les serveurs. Les volumes de stockage en mode bloc sont entièrement intégrés à Nova, et le tableau de bord permet aux utilisateurs du Cloud de gérer leurs propres besoins de stockage.

  En plus du stockage local sur des serveurs Linux, Cinder peut utiliser des plates-formes de stockage telles que Ceph, CloudByte, EMC, Hitachi, IBM et HP. Le stockage en mode bloc est approprié pour les scénarios sensibles à la performance, tels que le stockage de la base de données, les systèmes de fichiers extensibles ou la fourniture d'un serveur avec accès au stockage au niveau des blocs. La gestion de l'instantané fournit une fonctionnalité puissante pour la sauvegarde des données stockées sur les volumes de stockage en mode bloc. Les instantanés peuvent être restaurés ou utilisés pour créer un nouveau volume de stockage en mode bloc.

- **Swift (OpenStack Object Storage).** Système de stockage d'objets redondant et évolutif dans lequel les objets et les fichiers sont écrits sur plusieurs disques répartis sur les serveurs du Cloud. Le logiciel OpenStack se charge de la réplication et de l'intégrité des données sur l'ensemble du cluster.

  Les clusters de stockage passent à l'échelle simplement par l'ajout de nouveaux serveurs. Si un serveur ou un disque dur tombe en panne, OpenStack réplique automatiquement son contenu à partir d'un autre nœud actif vers un nouvel emplacement dans le cluster. Comme OpenStack utilise des fonctions logicielles pour assurer la réplication et la distribution des données dans les différents clusters, des disques durs et des serveurs de qualité moyenne peuvent être utilisés.

- **Neutron (OpenStack Networking).** Système de gestion des réseaux et des adresses IP qui garantit que le réseau n'est pas un goulet d'étranglement ou un facteur limitant dans un déploiement Cloud et offre aux utilisateurs une auto-assistance pour les configurations du réseau.

  Neutron fournit des modèles de réseau pour différentes applications ou groupes d'utilisateurs. Les modèles standards incluent les réseaux Ethernet dotés de VLAN pour séparer les serveurs et le trafic. Neutron gère l'adressage en acceptant soit des adresses IP statiques, soit la distribution d'adresses IP dynamiques avec DHCP.

  Les utilisateurs peuvent créer leurs propres réseaux, contrôler le trafic et connecter des serveurs et des périphériques à un ou plusieurs réseaux. Les administrateurs peuvent utiliser des technologies SDN avec la signalisation OpenFlow pour prendre en charge des groupes d'utilisateurs. La plate-forme OpenStack fournit des extensions pour déployer et gérer des services de réseau supplémentaires, tels que les systèmes de détection d'intrusion (IDS), l'équilibrage de charge, les pare-feu et les réseaux privés virtuels (VPN).

- **Keystone (OpenStack Identity).** Fournit un répertoire central d'identification des utilisateurs et des accès aux services OpenStack. C'est une sorte de système d'authentification pour l'ensemble des utilisateurs du Cloud qui peut s'intégrer aux services d'annuaire tels que LDAP. Keystone prend en charge plusieurs formes d'authentification, y compris la gestion des noms d'utilisateurs et des mots de passe associés.

  Parmi les solutions retenues, on trouve les systèmes fondés sur les jetons et les connexions AWS (Amazon Web Services). En outre, le catalogue fournit, dans un registre unique, la liste consultable de tous les services déployés dans un Cloud OpenStack. Les utilisateurs et les outils tiers peuvent déterminer par programme les ressources auxquelles ils souhaitent accéder.

- **Glance (OpenStack Image).** Fournit des services de découverte, d'enregistrement et de livraison pour les images de disques et de serveurs. Les images stockées peuvent être utilisées comme modèles. Ce module peut également être utilisé pour stocker et cataloguer un nombre illimité de sauvegardes, ainsi que des images provenant de disques ou de serveurs dans une grande variété de formats. L'API du service fournit une interface REST standard pour interroger des informations sur les images des disques et permettre aux clients de diffuser les images vers de nouveaux serveurs.

  Glance apporte de nombreuses améliorations aux infrastructures existantes. Par exemple, s'il est intégré à VMware, il propose des fonctionnalités avancées de la famille vSphere, telles que vMotion, la haute disponibilité et la planification de ressources dynamiques. vMotion réalise la migration d'une VM en cours d'exécution d'un serveur physique à un autre sans interruption de service. Glance permet ainsi à un datacenter de réaliser de l'automaintenance pour les serveurs sous-performants sans même avoir à arrêter le système.

  D'autres modules d'OpenStack peuvent interagir avec le module Glance, tel le module Heat (*voir ci-dessous*). Dans ce cas, ces modules doivent communiquer avec les métadonnées des images *via* Glance. De son côté, le module Nova peut présenter des informations sur les images et réaliser une variation afin d'en produire des instances. Cependant, Glance est le seul module à pouvoir ajouter, supprimer, partager ou dupliquer des images.

- **Horizon (OpenStack Dashboard).** Fournit aux administrateurs et aux utilisateurs une interface graphique de tableau de bord pour accéder aux ressources des datacenters formant un Cloud et automatiser leur déploiement. La conception de ce module lui permet de s'adapter à des produits et services tiers, tels que la facturation, la surveillance ou des outils de gestion supplémentaires.

  Le tableau de bord est également adapté aux fournisseurs de services et aux autres fournisseurs commerciaux qui souhaitent s'en servir. Le tableau de bord est une des nombreuses façons permettant aux utilisateurs d'interagir avec les ressources OpenStack. Les développeurs d'applications peuvent ainsi automatiser l'accès ou créer des outils pour gérer les ressources à l'aide de l'API native OpenStack ou de l'API de compatibilité EC2.

- **Heat (OpenStack Orchestration).** Permet d'organiser les applications du Cloud à l'aide de modèles utilisant soit l'API REST, native d'OpenStack, soit une API spécifique compatible avec CloudFormation.
- **Mistral (OpenStack Workflow).** Service de gestion des flux de travail dans lequel l'utilisateur écrit son flux dans un langage adapté fondé sur YAML et télécharge la définition du flux *via* son API REST. L'utilisateur peut dès lors démarrer le flux de travail manuellement *via* la même API ou en configurant un déclencheur pour démarrer le flux sur un événement.
- **Ceilometer (OpenStack Telemetry).** Propose un environnement unique pour les systèmes de facturation en fournissant les compteurs nécessaires pour établir la facturation des clients, et ce pour tous les composants OpenStack actuels et futurs. La livraison des compteurs est traçable et vérifiable. Ceux-ci doivent être facilement extensibles pour supporter de nouveaux projets, et les agents qui effectuent la collecte des données doivent être indépendants du système global.
- **Designate (OpenStack DNS).** API REST multilocataire (*multi-tenant*) pour la gestion de DNS, ce composant fournit une interface avec le service DNS et est compatible avec de nombreuses technologies de traitement du DNS. Designate ne fournit toutefois pas de service DNS, son rôle se bornant à interagir avec les serveurs DNS existants pour gérer les zones DNS par locataire.
- **Trove (OpenStack Database).** Service de base de données utilisant un moteur qui peut être de type relationnel ou non relationnel.
- **Sahara (OpenStack Elastic map reduction).** Sahara est un module permettant de fournir facilement et rapidement des clusters Hadoop, un environnement de création d'applications distribuées demandant des ressources importantes.

  Les utilisateurs doivent spécifier plusieurs paramètres, tels que le numéro de la version d'Hadoop, le type de topologie du cluster, les détails techniques des ressources nécessaires (espace disque, unité centrale et RAM). Une fois tous ces paramètres fournis, Sahara déploie le cluster en quelques minutes. Sahara fournit également les moyens pour étendre un cluster Hadoop préexistant en y ajoutant ou en y supprimant des ressources à la demande.
- **Searchlight (OpenStack Search).** Fournit des fonctionnalités de recherche avancée dans les différents services d'un Cloud géré par OpenStack. Searchlight est intégré au module Horizon, mais fournit également une interface en ligne de commande.
- **Ironic (OpenStack Bare metal).** Module permettant l'utilisation de machines physiques nues, c'est-à-dire constituées de matériels sans système d'exploitation ni logiciel, en lieu et place de matériels sur lesquels tournent des machines virtuelles. Le module Ironic peut être considéré comme une API vers un matériel nu. Il peut allumer et éteindre des machines physiques et prendre en charge de nombreux services supplémentaires grâce à des plug-ins spécifiques. L'avantage pour l'utilisateur est de posséder l'ensemble de la machine physique, sans devoir la partager avec des machines virtuelles d'autres applications, voire d'autres utilisateurs.
- **Barbican (OpenStack Key Management).** Fondé sur une API REST conçue pour le stockage, la fourniture et la gestion sécurisés de clés secrètes, ce module peut être

utilisé pour tous les environnements, y compris de très grands Clouds ou pour des clés éphémères.

- **Zaqar (OpenStack Messaging).** Service de messagerie de Cloud multilocataire (*multi-tenant*) pour les développeurs Web. Reposant sur une API entièrement RESTful, il permet aux développeurs d'envoyer des messages entre les différents composants de leurs applications en utilisant des modèles de communication préconfigurés. Sous-jacent à cette API, un moteur de messagerie efficace garantit l'évolutivité et la sécurité du service.
- **Manila (OpenStack Shared File System).** Fournit une API ouverte pour gérer le partage de fichiers dans un environnement indépendant des fournisseurs. Ses primitives standards incluent la possibilité de créer, supprimer et donner/refuser l'accès à un partage. De nombreux systèmes de fichiers, tel Ceph, introduit à la section consacrée à OPNFV, sont compatibles avec Manila.

La figure 14.19 illustre les principales relations entre les modules OpenStack décrits dans cette section.

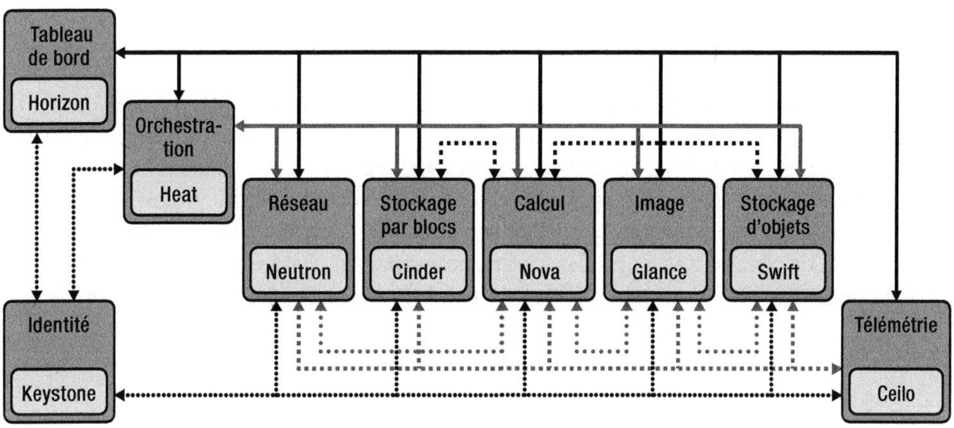

Figure 14.19

Quelques relations entre les principaux modules d'OpenStack

OpenStack et l'environnement réseau

L'environnement réseau d'OpenStack est essentiellement représenté par le module Neutron, qui permet de connecter les machines virtuelles (VM) du Cloud en reproduisant une infrastructure de réseau virtuel. Neutron permet d'ajouter des VM afin d'apporter des services supplémentaires, comme la sécurité à l'aide d'un pare-feu, la gestion de flots avec un équilibreur de charge ou encore une gestion des VPN. Neutron comporte également des fonctionnalités permettant d'isoler les réseaux virtuels entre eux. Pour parvenir à réaliser ces réseaux virtuels, OpenStack définit des abstractions de l'infrastructure réseau, notamment les suivantes :

- **Port.** Représentation des cartes réseau des VM, aussi appelées Virtual NIC ou vNIC.
- **Network.** Segment virtuel de niveau 2, c'est-à-dire un domaine de broadcast (typiquement un VLAN, mais également un tunnel GRE ou un VXLAN).
- **Subnet.** Correspond à un plan d'adressage.
- **Router.** Routeur virtuel capable de router entre les subnets et d'effectuer du NAT pour sortir sur Internet.
- **Floating IP.** Adresse IP flottante correspondant à un port. Il s'agit donc d'un NAT externe d'une VM.

Cette couche d'abstraction permet de créer une infrastructure réseau sans se soucier des technologies utilisées. En effet, l'API de Neutron définit les moyens de gérer ces abstractions, non leur implémentation, laquelle se situe au niveau des plug-ins. Ces derniers permettent de définir différents drivers correspondant soit à des types de réseaux (VLAN, GRE, VXLAN), soit à des mécanismes réseau (contrôle de flux, équilibrage de charge, etc.). Cette couche d'abstraction permet de gérer de nombreuses implémentations différentes, que ce soit avec des nœuds virtuels, comme Open vSwitch, ou des nœuds physiques.

Conclusion

L'évolution vers une génération de réseaux réalisés avec du logiciel libre semble inéluctable. Cette nouvelle direction entraîne un bouleversement considérable du monde des réseaux. Cela va de l'architecture à base de datacenters sur lesquels s'exécute un Cloud, qui, lui-même, dispose d'un système de gestion provenant du logiciel libre avec OpenStack, jusqu'aux machines virtuelles réseau de ce Cloud, qui s'exécutent et peuvent migrer en fonction de paramètres à optimiser, en passant par un changement complet du métier des équipementiers réseau, puisque les équipements migrent eux-mêmes vers le libre.

Partie IV

Les réseaux d'accès

Les réseaux d'accès forment la partie qui relie l'équipement terminal de l'utilisateur et le réseau de l'opérateur. Cette partie est parfois désignée par l'expression « derniers kilomètres du réseau ». Lorsqu'un opérateur possède à la fois le réseau cœur et le réseau d'accès, le coût de développement, de mise en place et de maintenance de la partie réseau d'accès est très supérieur à celui du réseau cœur. Les chiffres annoncés sont souvent supérieurs de 80 à 90 % pour le réseau d'accès et de 10 à 20 % pour le réseau cœur de l'opérateur. Ces coûts élevés s'expliquent par le fait qu'il faut atteindre chaque utilisateur dans son habitation et chaque société dans son local.

De multiples moyens permettent de réaliser ces réseaux d'accès, même s'ils ont longtemps été l'apanage du câble métallique, avec le réseau téléphonique. Une certaine diversification est apparue ensuite, avec le câble coaxial, la fibre optique et les fils électriques. Les supports hertziens prennent à présent une place qui devient prépondérante et qui ne cesse d'augmenter. La 4G est synonyme d'une prise en charge de la boucle locale par le hertzien. En fait, le terme 4G couvre une grande diversité de technologies, allant du réseau de mobiles classique jusqu'aux small cells, qui semblent être la meilleure solution de déploiement pour les années à venir. L'augmentation des débits devrait continuer avec l'arrivée de la 5G, qui atteindra les 1 puis les 10 Gbits/s. Les services deviennent également une composante plus importante des réseaux hertziens.

Les réseaux d'accès peuvent eux-mêmes se décomposer en deux parties, l'accès proprement dit et le réseau qui le connecte au réseau cœur, appelé réseau de *backhaul*.

Les quatre chapitres qui composent cette partie examinent les grandes solutions disponibles, depuis les réseaux d'accès terrestres et hertziens jusqu'aux réseaux de mobiles de 5e génération, aux small cells et au backhauling.

15

Les réseaux d’accès terrestres

La boucle locale, aussi appelée réseau de distribution, ou réseau d’accès, est une des parties les plus importantes du réseau d’un opérateur qui distribue de l’information à des utilisateurs. Elle constitue son capital de base en même temps que son lien direct avec le client

Le coût global de mise en place et de maintenance d’un tel réseau est énorme. Il faut en règle générale compter entre 500 et 3 000 euros par utilisateur pour mettre en place cette interface. Ce coût comprend l’infrastructure, le câble et les éléments extrémité de traitement du signal, mais ne tient pas compte du terminal. Pour déterminer l’investissement de base d’un opérateur, il suffit de multiplier ce coût par le nombre d’utilisateurs raccordés.

La boucle locale correspond à la desserte de l’utilisateur. Ce sont les derniers mètres ou kilomètres avant d’atteindre le poste client. Il existe des solutions extrêmement variées pour la réaliser. La solution la plus répandue passe par l’utilisation d’un modem *x*DSL, qui permet le passage de plusieurs mégabits par seconde sur les paires métalliques de la boucle locale. La capacité dépend essentiellement de la distance entre l’équipement terminal et le raccordement au réseau de l’opérateur, qui s’effectue au niveau du DSLAM (Data Subscriber Line Access Module).

La valeur cible pour l’accès au multimédia par la boucle locale augmente chaque année avec l’apparition de nouveaux services demandant chaque fois des débits plus importants. Parmi ces services, le P2P, la télévision, la vidéo à la demande, les murs de présence, etc. Le progrès des codages et des techniques de compression est pourtant un facteur de limitation de l’augmentation des débits par une compression plus forte. Une vidéo de qualité télévision demande un débit de l’ordre de 512 kbit/s. Quant à la parole sous forme numérique, elle ne demande plus que quelques kilobits par seconde.

La fibre optique

Une première solution pour mettre en place une boucle locale puissante consiste à recâbler complètement le réseau de distribution en fibre optique. Cette solution, dite FITL (Fiber-In-The-Loop), donne naissance à plusieurs techniques en fonction de l'emplacement de l'extrémité de la fibre optique. La solution la plus classique est celle qui dessert directement le domicile de l'utilisateur. Le câblage utilise dans la plupart des pays la solution FTTH (Fiber-To-The-Home), qui permet un débit de 50 Mbit/s jusqu'à plusieurs gigabits par seconde.

Depuis 2017, le FTTH commence à être remplacé par le FTTDP (Fiber-To-The-Distribution-Point). L'avantage de cette nouvelle proposition est la baisse des coûts de mise en place d'un accès à très haut débit. En effet, la fibre optique n'est déployée que jusqu'à un point situé très près de l'utilisateur qui correspond à la disponibilité de fils de cuivre sur quelques dizaines de mètres jusqu'à plus d'une centaine de mètres. Cette solution permet d'obtenir des débits identiques à ceux de la fibre optique sur 100 ou 200 mètres en fonction de la qualité du câble. Elle utilise des techniques hybrides utilisant à la fois la fibre et le câble métallique. Ces nouvelles solutions de transmission sur paires de cuivre sont appelées G.FAST et Vectoring 2.0.

G.FAST est une norme permettant une transmission à 1 Gbit/s sur 250 mètres en utilisant des paires de cuivre. Vectoring 2.0 est une méthode de transmission utilisée pour dépasser plusieurs gigabits par seconde sur quelques dizaines de mètres, voire plus de 100 mètres sur une paire de cuivre de bonne qualité.

La boucle locale optique se présente sous plusieurs formes. Elle peut simplement être une étoile optique : à partir d'une tête de réseau, chaque client dispose d'une fibre optique pour lui tout seul. Dans ce cas, il faut des chemins de câbles importants pour poser toutes les fibres simultanément. Cette solution a l'avantage évident l'apporter le plus haut débit possible à l'utilisateur.

Une seconde solution normalisée par l'UIT-T consiste à multiplexer plusieurs utilisateurs sur la même fibre optique. Elle prend la forme illustrée à la figure 15.1. Sa topologie est un arbre optique passif, ou PON (Passive Optical Network). La tête de réseau se trouve derrière l'OLT (Optical Line Termination). L'autre extrémité, l'ONU (Optical Network Unit), dessert directement le domicile de l'utilisateur ou peut être poursuivie par un réseau métallique faisant la jonction entre l'extrémité de la fibre optique et l'utilisateur.

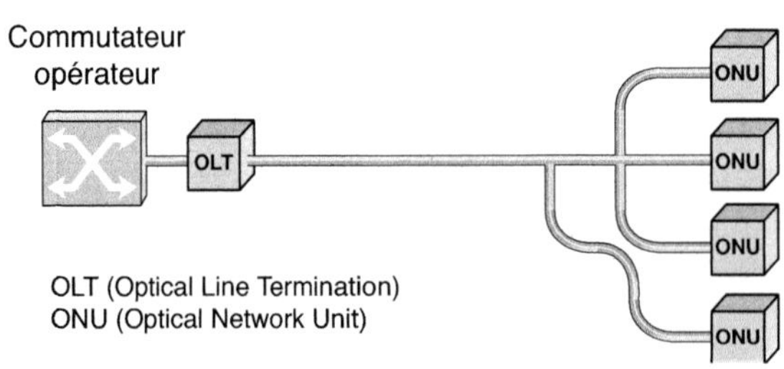

Figure 15.1

Boucle locale optique de type PON

Il est à noter que les étoiles optiques passives diffusent les signaux dans toutes les directions à l'exception du port d'entrée. Cette propriété est particulièrement intéressante puisque, si un utilisateur n'utilise pas son accès ou qu'il l'utilise peu, son débit peut être attribué aux autres utilisateurs. Si un seul utilisateur est connecté sur l'arrivée de la fibre, il possède donc l'ensemble du débit. Comme ces réseaux PON utilisent des débits de 1, 2,5 et 10 Gbit/s, on mesure aisément l'augmentation potentielle des débits sur la boucle locale.

En règle générale, une terminaison OLT dessert 48 clients, ce qui donne une moyenne approximative de 50 Mbit/s par utilisateur pour un réseau PON à 2,5 Gbit/s, avec des pointes à la vitesse maximale du support optique. Il convient cependant d'observer que la gestion du multipoint ne permet pas d'atteindre réellement le débit maximal, mais plutôt un débit estimé à la moitié de la valeur maximale.

Ces nouvelles capacités permettent d'exploiter de nouveaux services, comme le P2P (peer-to-peer) avec de nombreuses connexions simultanées, la vidéo de très grande qualité, comme la télévision haute définition, ou les murs de présence utilisant un son et une image animée de très haute qualité.

La mise en place d'un câblage optique est acceptable dans les zones urbaines disposant de conduits mis en place par les précédents câblages. Le coût d'une prise va d'environ 1 000 euros jusqu'à des valeurs de plus de 10 000 euros si du génie civil est nécessaire. Il est possible d'en réduire le coût en ne câblant pas la portion allant jusqu'à la prise terminale de l'utilisateur. Il faut pour cela déterminer le point jusqu'où le câblage doit être posé. Plusieurs solutions s'offrent pour cela à l'opérateur :

- **FTTC (Fiber-To-The-Curb).** On câble jusqu'à un point assez proche de l'immeuble ou de la maison qui doit être desservi, le reste du câblage étant effectué par l'utilisateur final.
- **FTTN (Fiber-To-The-Node).** On câble jusqu'à un répartiteur dans l'immeuble lui-même.
- **FTTH (Fiber-To-The-Home).** On câble jusqu'à la porte de l'utilisateur.
- **FTTT (Fiber-To-The-Terminal).** On câble jusqu'à la prise de l'utilisateur, à côté de son terminal.

Les technologies associées aux PON sont de type ATM, Ethernet ou Gigabit (UIT-T), ce qui donne naissance aux A-PON, E-PON et G-PON. La première permet de mettre en place des FSAN (Full Service Access Network). Dans la solution Ethernet, chaque trame émise est envoyée en diffusion comme sur un réseau Ethernet partagé. La troisième solution met en œuvre les technologies de transmission définies par l'UIT-T au niveau physique.

Les techniques PON ont commencé par la transmission de trames ATM puis Ethernet. Aujourd'hui, c'est la solution XG-PON, aussi appelée 10G-PON, qui est exploitée. Ce standard utilise de la fibre optique à 10 Gbit/s pour 128 clients. C'est une extension naturelle du G-PON.

A-PON (ATM Over PON)

Sur le réseau optique passif (PON), il est possible de faire transiter des cellules ATM suivant la technique développée par le groupe de travail FSAN (Full Service Access Network). Cette solution a ensuite été normalisée dans la recommandation G.983 de l'UIT-T. Comme on l'a vu, les deux extrémités de l'arbre optique s'appellent OLT (Optical Line Termination) et ONU (Optical Network Unit). Pour des raisons de déperdition d'énergie, il n'est pas possible de dépasser une cinquantaine de branches sur le tronc.

La figure 15.2 illustre l'architecture d'un réseau optique passif.

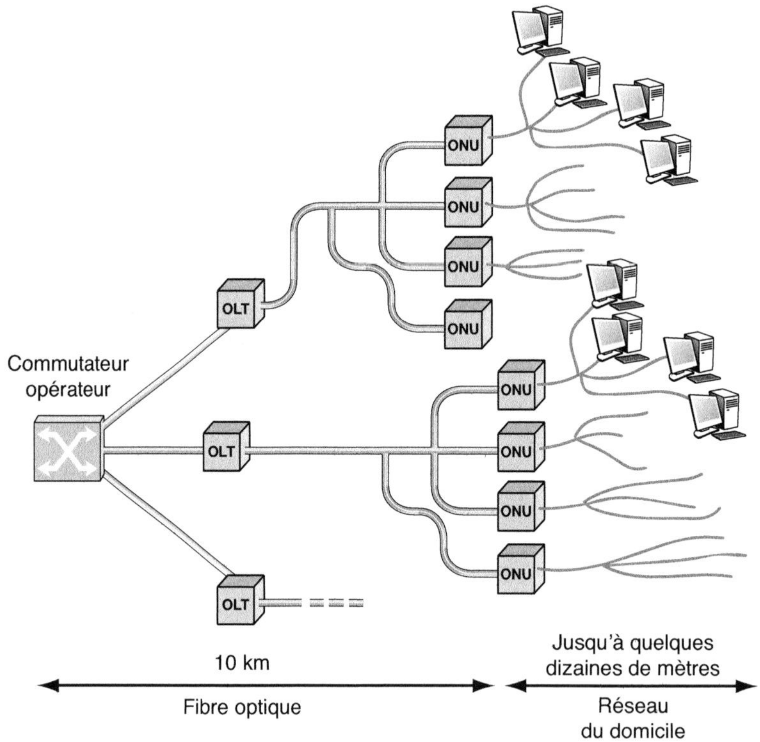

Figure 15.2

Architecture d'un PON

Un « superPON » a également été défini, connectant jusqu'à 2 048 ONU sur un même OLT. Dans ce cas, le débit montant est de 2,5 Gbit/s. Sur les réseaux d'accès en fibre optique mis en place par les opérateurs, c'est le protocole ATM qui a été retenu au début de cette technologie. Le système a pris alors le nom d'A-PON (ATM Over PON).

Dans le sens descendant, les cellules ATM sont émises de façon classique, en *cell-based*. Une cellule OAM (Operations And Maintenance) est émise toutes les vingt-six cellules utilisateur pour gérer le flot. Dans le sens montant, une réservation est nécessaire. Elle s'effectue à l'intérieur des trames FSAN divisées en tranches de 56 octets comportant une cellule et 3 octets de supervision. Au centre de la trame, une tranche particulière de 56 octets est destinée à la réservation d'une tranche de temps.

La figure 15.3 illustre ces zones de données.

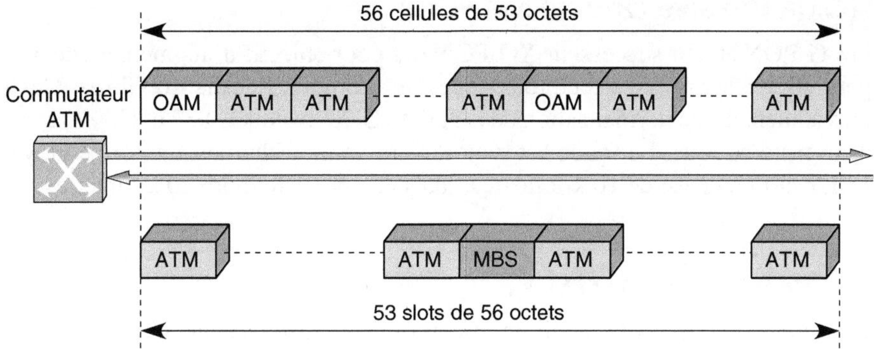

Figure 15.3

Structure de la trame FSAN

E-PON (Ethernet Passive Optical Network)

Lorsque les trames qui sont émises sur le PON sont de type Ethernet, on parle d'E-PON. Les caractéristiques de ce réseau sont identiques à celles des autres PON : diffusion sur l'ensemble du réseau, où seule la station indiquée dans la trame Ethernet peut récupérer l'information véhiculée. Cette solution a été développée par le groupe de travail EFM (Ethernet in the First Mile) de l'IEEE. L'objectif était de remplacer la technologie ATM, très coûteuse à mettre en œuvre sur une technologie multipoint, par la technologie Ethernet.

Dans la technologie E-PON, la trame provenant de l'OLT est diffusée vers l'ensemble des ONU (soixante-quatre au maximum). L'ONU qui reconnaît son adresse récupère la trame Ethernet, dont la taille peut atteindre une longueur de 1 518 octets. Dans le sens montant, les trames Ethernet sont émises suivant une technologie TDM (Time Division Multiplexing) la solution classique utilisée dans Ethernet, CSMA/CD, étant inadaptée aux vitesses des EPON. Le multiplexage dans le sens descendant s'exerce sur des slots de longueur constante de telle sorte que les trames Ethernet doivent être divisées en segments de longueur constante, à l'exception de la dernière partie, qui peut être inférieure à la longueur du slot.

Une synchronisation est indispensable pour qu'il n'y ait pas de collision entre les slots. Cette synchronisation s'effectue toutes les 2 millisecondes, correspondant à la longueur de la trame physique qui comporte l'ensemble des slots des ONU.

Le niveau physique utilise deux ou trois longueurs d'onde. Avec deux longueurs d'onde, il est possible d'utiliser les canaux montants et descendants. La longueur du réseau dans ce cas atteint une vingtaine de kilomètres avec trente-deux étoiles passives. Avec trois longueurs d'onde, il est possible d'ajouter une voie descendante pour diffuser des canaux de télévision.

La qualité de service peut être obtenue en introduisant une priorité en utilisant, comme indiqué au chapitre 9, dédié à Ethernet, une zone indiquant la priorité de la trame.

G-PON (Giga Passive Optical Network)

Les G-PON et leur successeur XG-PON ont pour objectif d'augmenter encore les débits pour suivre les progrès technologiques et atteindre 10 puis 40 Gbit/s. Ces solutions proviennent d'une normalisation de l'UIT-T (G.984.x puis G.987 et G.988) et des progrès de la fibre optique. La trame est toujours une trame Ethernet. La portée moyenne entre l'OLT et l'ONU est de 10 kilomètres, mais elle peut atteindre 20 kilomètres.

Les réseaux câblés (CATV)

Une autre solution pour obtenir un réseau de distribution à haut débit consiste à utiliser le câblage des câblo-opérateurs, lorsqu'il existe. Ce câblage a pendant longtemps été constitué de câble TV, dont la bande passante dépasse facilement les 800 MHz. Ce câblage est appelé CATV (Community Access Television ou encore Community Antenna Television).

Aujourd'hui, cette infrastructure est légèrement modifiée par la mise en place de systèmes HFC (Hybrid Fiber/Coax), qui associent une partie en fibre optique entre la tête de réseau et le début de la desserte par le CATV. Cette topologie est illustrée à la figure 15.4.

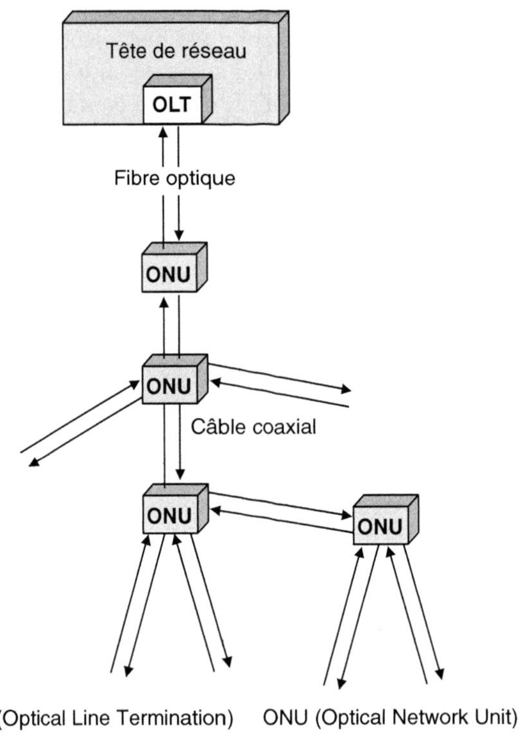

Figure 15.4

Topologie HFC

La technologie utilisée sur le CATV est de type multiplexage en fréquence. Sur la bande passante globale, une division en sous-canaux indépendants les uns des autres est réalisée, comme illustré à la figure 15.5.

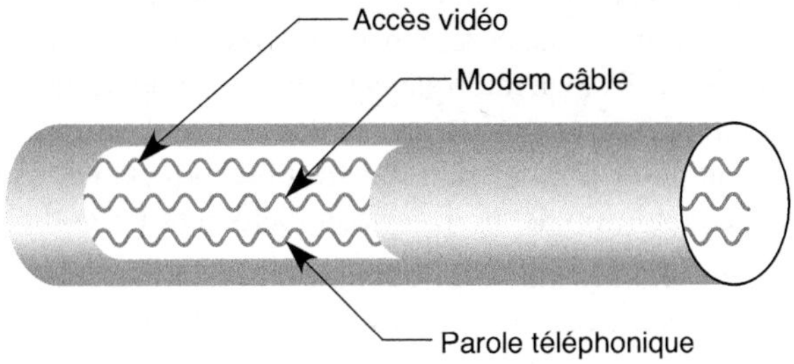

Figure 15.5

Multiplexage en fréquence dans un CATV

Cette solution présente de nombreux avantages, mais aussi quelques défauts majeurs. Son avantage principal réside dans la possibilité d'optimiser ce qui est transmis dans les différents canaux, puisque chaque canal est indépendant des autres canaux. Le multimédia est facilement supporté en affectant un média par sous-bande, chaque sous-bande ayant la possibilité d'être optimisée. Il suffit pour cela de conserver les informations analogiques ou de les numériser.

Les canaux de télévision transitent dans des sous-bandes distinctes. Une sous-bande spécifique peut être dédiée à une connexion de parole téléphonique et une autre sous-bande à la connexion Internet. Cet accès au réseau Internet demande l'utilisation d'un modem câble, qui permet d'accéder à la sous-bande connectée à Internet. Ce type de modem requiert une fréquence déterminée, correspondant à la sous-bande choisie pour la connexion Internet. Son débit peut atteindre, grâce à une bande passante importante, plusieurs dizaines de mégabits par seconde.

La distribution de la bande passante entre les différentes sous-bandes est illustrée à la figure 15.6. La bande des 50-550 MHz est réservée aux canaux de télévision. Chaque canal est aujourd'hui numérique et utilise en général la technique DVB-C (Digital Video Broadcasting-Cable) spécifique aux réseaux câblés. Cette norme DVB-C n'est pas compatible avec le standard DVB-T utilisé dans la télévision numérique terrestre. Il faut donc que les téléviseurs soient équipés de tuners intégrés binormes. Plusieurs extensions ont été réalisée, permettant de remplacer DVB-C par DVB-C2 en 2015.

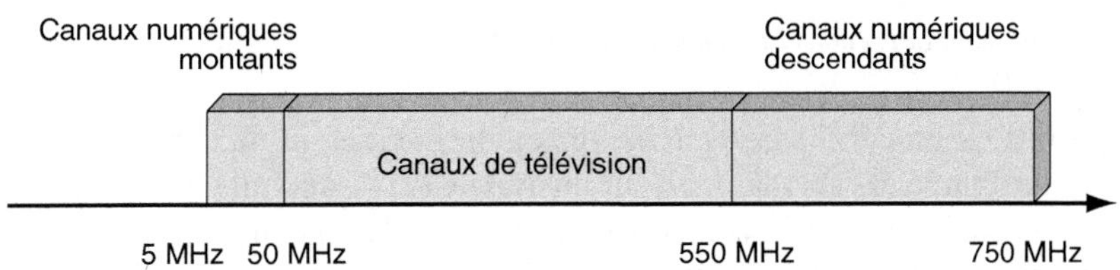

Figure 15.6

Distribution du spectre à l'intérieur d'un CATV

La bande des 5-550 MHz correspond aux canaux allant de l'utilisateur à la tête de réseau. La bande des 550-750 MHz part de la tête de réseau pour desservir le terminal utilisateur. Elle peut être utilisée à la fois pour la parole téléphonique et les connexions Internet.

La faiblesse de cette technique vient de ce que le multiplexage en fréquence n'utilise pas au mieux la bande passante et ne permet pas réellement l'intégration des différents services qui transitent dans le CATV. Un multiplexage temporel apporterait une meilleure utilisation de la bande passante disponible et intégrerait dans un seul composant l'accès à l'ensemble des informations au point d'accès. Un transfert de paquets représenterait également une solution adaptée, à condition de modifier complètement les composants extrémité.

En résumé, on peut réaliser une application multimédia sur le câble coaxial des câblo-opérateurs, mais en étant obligé de considérer le transport des médias sur des bandes parallèles et non sur une bande unique.

HFC (Hybrid Fiber/Coax) est une autre solution, qui consiste à utiliser de la fibre optique pour permettre au réseau de transporter jusqu'à une distance peu éloignée de l'utilisateur des communications haut débit, en étant relayé par du câble coaxial jusqu'à la prise utilisateur. Grâce à sa capacité très importante, la fibre optique permet de véhiculer autant de canaux qu'il y a d'utilisateurs à atteindre, ce dont est incapable le CATV dès que le nombre d'utilisateurs devient important. Pour ce dernier, il faut trouver une solution de multiplexage des voies montantes vers le cœur de chaîne pour arriver à faire transiter l'ensemble des demandes des utilisateurs sur le réseau. Ce problème est illustré à la figure 15.7.

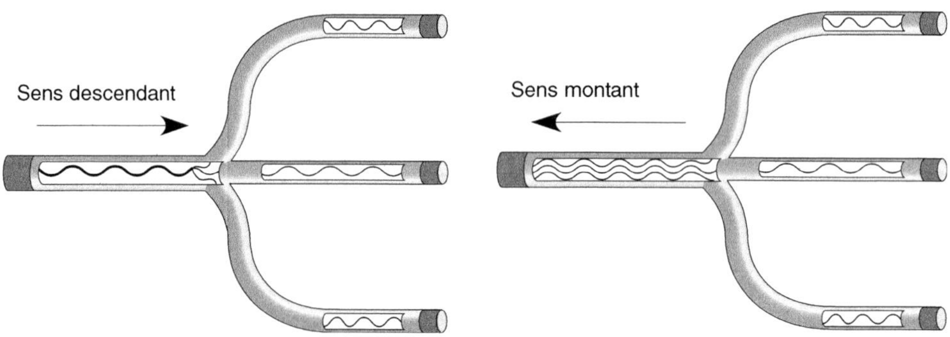

Figure 15.7

Multiplexage des voies montantes dans la boucle locale en CATV

Supposons qu'un canal associé à la connexion Internet ait un débit de 34 Mbit/s, ce qui est aujourd'hui le cas standard. Si, sur un arbre CATV, dix mille prises sont connectées et actives, le débit total sur la voie descendante et sur la voie montante représente 3,4 kbit/s par utilisateur. Pour offrir un meilleur débit, il faut réaliser un multiplexage statistique afin de récupérer la bande passante non utilisée par certains utilisateurs. Cependant, s'il y a trop d'utilisateurs simultanés, le débit devient insuffisant.

Les normes suivantes ont été proposées comme techniques d'accès pour permettre un multiplexage temporel des utilisateurs sur une bande commune :

- MCNS-DOCSIS (Multimedia Cable Network System-Data Over Cable Service Interoperability Specification), qui est devenu le standard de base.
- IEEE 802.14, qui utilise une technologie ATM en cours de disparition au profit de DOCSIS.
- DVB-DAVIC (Digital Video Broadcasting-Digital Audio VIsual Council), qui provient d'un groupement d'industriels de la vidéo.

La norme DOCSIS divise le temps en slots, numérotés entre 1 et 4096. Les standards disponibles, DOCSIS 1.0, 1.2, 2.0, 3.0 et 3.1, utilisent des tables d'allocation de slots qui indiquent qui a le droit de transmettre dans un slot. Jusqu'à quatorze slots peuvent être utilisés simultanément pour une même communication. Les slots avec accès aléatoire, que l'on appelle slots de contention, permettent aux stations d'effectuer leur réservation. L'accès aléatoire n'est pas vraiment aléatoire, puisqu'il utilise l'algorithme en arbre BEB (Binary Exponential Backoff) pour résoudre les collisions.

DOCSIS 3.1, entrée en vigueur en 2016, est la version la plus récente de la norme. Elle permet des débits théoriques pouvant atteindre 10 Gbit/s en débit descendant et 1 Gbit/s en débit montant. DOCSIS 3.1 utilise une modulation OFDM, qui agrège vingt-quatre canaux de 8 MHz regroupés dans des bandes de fréquence de 192 MHz. Deux bandes de 192 MHz peuvent être utilisées par un seul abonné, permettant ainsi des débits plus élevés que les versions précédentes. Une version encore améliorée, utilisée à partir de 2018, DOCSIS 3.1 Full Duplex, permet d'atteindre le même débit dans le sens montant que dans le sens descendant, c'est-à-dire 10 Gbit/s.

La différence entre les standards réside dans la prise en charge de la qualité de service, qui n'est garantie qu'à partir de la version 1.2. Cette qualité de service est totalement compatible avec le modèle DiffServ, qui consiste à marquer le champ de qualité de service de chaque paquet d'une valeur correspondant à son niveau de priorité.

Les paires métalliques

Les paires métalliques sont très fortement utilisées sur la boucle locale, principalement pour l'accès au réseau téléphonique.

La boucle locale métallique

Lorsque l'accès se fait en commutation de circuits, ce qui représente aujourd'hui un cas qui diminue de plus en plus, avec une disparition totale vers 2025, on peut utiliser une paire en full-duplex. Il est évidemment possible d'émettre des données binaires en utilisant un modem. La vitesse peut atteindre en ce cas quelques dizaines de kilobits par seconde.

Comme la bande passante de la téléphonie est faible, on n'a pas besoin d'un médium physique de bonne qualité. C'est la raison pour laquelle la paire métallique utilisée pour la distribution téléphonique, avec son diamètre de 0,4 mm, est plutôt de qualité médiocre.

De plus, la distribution de la téléphonie depuis les locaux de l'opérateur s'effectue souvent par le biais de câbles de cinquante paires, qui sont assez mal protégés et peuvent être la source de nombreux problèmes de distorsion de phase, de diaphonie, etc. Cela complique le passage d'une bande passante importante permettant d'obtenir les débits proposés par les modems ADSL.

Les accès xDSL

Les modems *x*DSL permettent d'utiliser les paires métalliques du réseau d'accès pour réaliser une boucle locale à haut débit. Le débit dépend fortement de la qualité du câble utilisé et de la distance à parcourir. Plusieurs catégories de modems *x*DSL sont commercialisées, la lettre *x* permettant de les différencier.

Les modems ADSL (Asymmetric Digital Subscriber Line) sont les plus répandus. Leurs vitesses sont dissymétriques, plus lentes entre le terminal et le réseau que dans l'autre sens. En règle générale, le sens montant est au moins quatre fois moins rapide que le sens descendant. Les vitesses sur le sens descendant se dégradent assez rapidement, passant de 28 Mbit/s sur quelques mètres à 16 Mbit/s pour une distance de l'ordre du kilomètre et 4 Mbit/s pour une distance de 5 kilomètres. Ces vitesses sont obtenues pour un câble métallique de bonne qualité, c'est-à-dire d'un diamètre de 6 à 10 mm. Le modem ADSL utilise une modulation d'amplitude quadratique, c'est-à-dire que 16 bits sont transportés à chaque signal. Avec une rapidité de modulation de 340 kilobauds et une atténuation de l'ordre d'une trentaine de décibels, on atteint plus de 5 Mbit/s.

Devant le succès rencontré par la technique ADSL, des dérivés en ont été développés, notamment la technique consistant à faire varier le débit sur le câble, qui a donné naissance au RADSL (Rate Adaptive DSL). Pour les hauts débits, les solutions HDSL (High bit rate DSL) et VDSL (Very high bit rate DSL) peuvent être exploitées avec succès si le câblage le permet. Les mesures effectuées chez les opérateurs montrent que les débits deviennent de plus en plus symétriques depuis l'apparition des applications peer-to-peer (P2P), les stations des utilisateurs client devenant des serveurs. Les techniques SDSL (Symmetric DSL) vont donc devenir de plus en plus courantes.

Les modems ADSL

La technologie ADSL a été normalisée par l'UIT-T sous la recommandation G.992.1. Une extension a été apportée dans la recommandation G.992.3 déterminant l'ADSL2. Des extensions permettant l'amélioration de l'ADSL2 sont adoptées pour allonger la distance entre le client et le DSLAM. Ces améliorations ont permis l'adoption de l'ADSL2+ ou LDSL (Long-reach DSL) ou encore READSL (Range Extended ADSL).

Deux techniques sont utilisées pour augmenter le débit sur une communication *x*DSL : le full-duplex, qui est assuré sur une même paire grâce à l'annulation d'écho, et l'utilisation d'un code spécifique, 2B1Q.

Les modems ADSL offrent une bande montante de 4 à 100 kHz, qui est utilisée pour des débits de 0,64 Mbit/s. La bande descendante utilise une bande comprise entre 100 kHz et

1,1 MHz, qui permet d'atteindre le débit de 8,2 Mbit/s. La parole analogique, entre 0 et 4 kHz, passe en parallèle des données utilisant le modem.

Les codes en ligne des modems ADSL reposent soit sur la modulation CAP (Carrierless Amplitude and Phase), soit sur la norme DMT (Discrete MultiTone), de l'ANSI (American National Standards Institute) et de l'ETSI (European Telecommunications Standards Institute). La méthode DMT consiste en l'utilisation de 256 canaux de 4 kHz, chaque canal permettant l'émission de 15 bits par hertz au maximum.

La figure 15.8 illustre la partie du spectre utilisée par les modems ADSL.

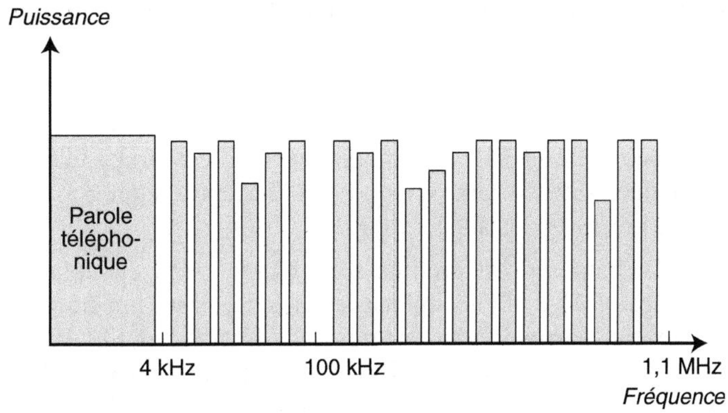

Figure 15.8

Partie du spectre utilisée par l'ADSL

Le spectre est donc découpé en trois parties, une entre 0 et 4 kHz, pour faire passer la parole téléphonique qui continue à être acheminée en parallèle des données, une entre 4 et 100 kHz, pour la voie montante allant du terminal vers le réseau, et une entre 100 kHz et 1,1 MHz pour la voie descendante allant du réseau au terminal.

La partie montante du spectre est divisée en bandes de 4,3 kHz, et plus exactement en 20 sous-bandes de 4,3 kHz. Chaque sous-bande est capable de transporter de 4 à 15 bits en parallèle. En choisissant 8 bits par intervalle d'horloge, avec quatre mille intervalles de temps par seconde, le modem ADSL permet de transporter :

$$4\,000 \times 8 \text{ bits} = 32 \text{ kbit/s par sous-bande}$$

Comme il y a 20 sous-bandes, on arrive au total de $32 \times 20 = 640$ kbit/s.

La partie montante de la communication est découpée en 256 tranches de 4,3 kHz. Toujours pour un transport de 8 bits par intervalle de temps, on arrive au débit de :

$$4\,000 \times 8 \text{ bits} \times 256 = 8{,}2 \text{ Mbit/s}$$

Il est possible d'améliorer le débit en augmentant le nombre de bits par intervalle de temps et, surtout, la bande passante. Les modems ADSL2+ permettent ainsi de monter jusqu'à 28 Mbit/s en augmentant fortement la partie du spectre utilisée sur la voie descendante.

Des versions simplifiées de modems ADSL sont parfois mises en œuvre dans certains pays, telles que l'ADSL Lite, ou G-Lite, et l'U-ADSL (Universal ADSL). L'objectif de cette simplification est d'offrir un accès à Internet à très bas prix. Les capacités de transmission sont respectivement de 1,5 Mbit/s et 512 kbit/s. Des cartes ADSL Lite sont commercialisées pour les PC.

Les modems G-Lite ressemblent aux modems ADSL, mais ils sont capables de s'adapter aux possibilités de la ligne. Le modem G-Lite ne se place pas à côté de la communication téléphonique, comme dans l'ADSL, mais prend toute la capacité de la ligne. Le modem s'interrompt si une communication téléphonique doit passer par la ligne. Les modems G-Lite s'adaptent bien aux accès haut débit, en particulier pour l'ATM. Dans ce cas, le protocole PPP peut être utilisé. Il a été standardisé dans cette configuration par l'ADSL Forum et par l'ANSI. Les protocoles utilisés par les modems sont détaillés ultérieurement dans ce chapitre.

L'ADSL Forum a défini l'interface à respecter. Cette dernière suit l'architecture ATM, déployée par les opérateurs et les équipementiers du secteur des télécommunications vers le début des années 1990. À cette époque, l'ATM représentait une potentialité forte pour l'unification des réseaux des années 2000.

Les octets provenant des différentes sous-bandes sont encapsulés dans des trames ATM. Les trames ATM sont elles-mêmes encapsulées dans une trame de niveau physique, ou supertrame, qui correspond à la vitesse de l'accès ADSL. Par exemple, pour une connexion d'une capacité utile de 1,5 Mbit/s, les trames ATM sont transmises dans une supertrame de 68 cellules ATM, plus une cellule de synchronisation. Chaque supertrame demande un temps de 17 millisecondes pour être émise, ce qui correspond à un peu moins de 250 microsecondes par trame. La vitesse de transmission utile pour le client atteint dans ce cas 1,5 Mbit/s, une fois enlevés les synchronisations et bits de redondance ou de correction d'erreur.

La trame ATM est aujourd'hui remplacée par la trame Ethernet. Cette solution s'explique aisément pour réaliser une continuité Ethernet entre la connexion de l'utilisateur et l'utilisation de solution Gigabit Ethernet entre le DSLAM et le réseau de l'opérateur. Cette solution est introduite au chapitre 9, dévolu à Ethernet.

Les modems VDSL

Le déploiement de la fibre optique demande beaucoup de temps, car il faut poser les câbles, et l'augmentation des accès optiques n'est que très lent. Le VDSL (Very high bit rate DSL) est une solution concurrente qui a l'avantage d'utiliser un câblage déjà en place. Deux générations se sont succédé : le VDSL puis le VDSL2.

Les modems VDSL permettent d'atteindre des débits beaucoup plus élevés que les modems ADSL, mais sur quelques dizaines de mètres seulement. Leur capacité est de plusieurs dizaines de mégabits par seconde. Les modems VDSL peuvent se mettre à la sortie d'un PON (Passive Optical Network) pour prolonger leur liaison vers l'utilisateur.

Dans le VDSL de base, selon les propositions de l'ANSI, les débits en asymétrique devraient atteindre 6,4 Mbit/s dans le sens montant et 52 Mbit/s dans le sens descendant sur une distance de 300 mètres. Pour une distance de 1 000 mètres, il est possible d'obtenir la moitié des débits précédents. La bande de fréquences située entre 300 et 700 kHz est dévolue à la bande montante. La partie du spectre située entre 700 kHz et 30 MHz sert à la bande descendante. La partie basse du spectre est réservée à la parole téléphonique.

Comme dans le cas de l'ADSL, un filtre permet de séparer la partie téléphonique, qui va vers un répartiteur téléphonique, et la partie données, qui va vers l'équivalent d'un DSLAM, lequel peut utiliser la fibre optique du PON pour atteindre le local technique de l'opérateur.

Le VDSL2 utilise une bande passante encore plus large, de 0,14 MHz à 2,2 MHz pour la bande descendante et 2,2 MHz et 12 MHz pour la bande montante. Les débits peuvent atteindre 100 Mbit/s sur des distances courtes de quelques dizaines de mètres, après quoi ils se dégradent assez rapidement pour n'atteindre qu'une soixantaine de mégabits par seconde sur un kilomètre. À partir de 1,5 kilomètre, le VDSL n'apporte quasiment rien de plus que l'ADSL2+. Le standard ITU G.993.2 décrit ce protocole. La première version date de 2005, mais elle a été améliorée régulièrement jusqu'en 2011. Son déploiement en France a démarré à la fin de 2013.

Les DSLAM (DSL Access Module)

Les DSLAM forment l'autre extrémité de la liaison, chez l'opérateur. Ce sont des équipements dont le rôle est de récupérer les données émises par l'utilisateur depuis son équipement terminal au travers de son modem ADSL. Ces équipements intègrent des modems situés à la frontière de la boucle locale et du réseau de l'opérateur.

La figure 15.9 illustre le positionnement d'un DSLAM.

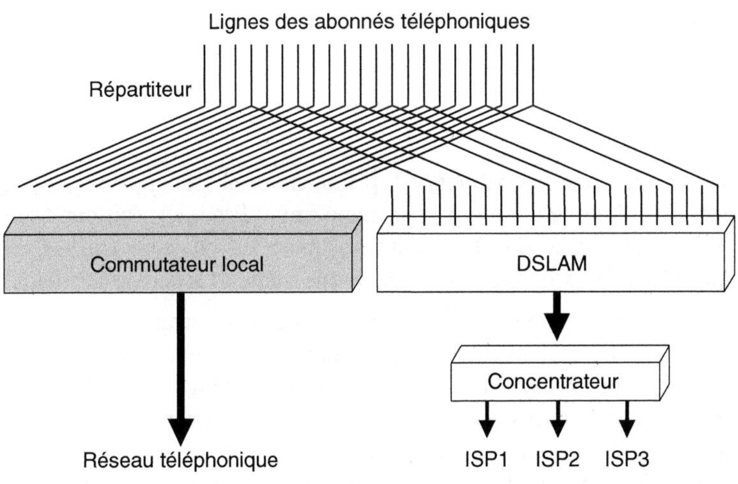

Figure 15.9

Positionnement d'un DSLAM

Les lignes des abonnés à l'opérateur local arrivent sur un répartiteur, qui permet de connecter l'utilisateur au commutateur téléphonique et au DSLAM s'il a un abonnement DSL. Le DSLAM est lui-même connecté à un concentrateur, présenté un peu plus loin du point de vue protocolaire. Ce cas de figure est celui de l'opérateur historique.

Le dégroupage désigne l'arrivée d'opérateurs alternatifs pour offrir des services téléphoniques, de données à haut débit et même de vidéo, comme la télévision.

Parmi les diverses possibilités de réalisation pratique du dégroupage, la pose de câbles a été envisagée pour réaliser une boucle locale différente de celle de l'opérateur historique, lequel en possédait, jusqu'à la fin des années 1990, le contrôle total. En raison du prix très élevé de la pose d'un réseau d'accès et de l'aberration que représenterait l'arrivée de plusieurs boucles locales jusque chez l'utilisateur, une par opérateur, d'autres solutions ont été adoptées. Certains opérateurs ont choisi de se positionner au niveau du répartiteur. À partir de ce répartiteur, ils ont installé leurs propres connexions et leur propre DSLAM.

L'inconvénient de cette solution provient de la situation géographique du DSLAM de l'opérateur alternatif, qui doit se trouver dans une salle connexe de celle de l'opérateur historique. De plus, l'opérateur alternatif doit tirer une liaison vers son propre réseau, sans connaître avec précision le nombre d'utilisateurs qui le choisiront.

Une autre possibilité consiste à se positionner derrière le DSLAM, en ayant son propre concentrateur ou bien, comme sur la figure, en se connectant à la sortie du concentrateur. L'opérateur qui prend en charge la connexion entre le modem de l'utilisateur et la sortie du concentrateur s'appelle le fournisseur d'accès, ou NAP (Network Access Provider).

Une dernière solution consiste à utiliser le réseau de France Télécom pour atteindre un PoP (Point of Presence) de l'opérateur alternatif. Cette solution est étudiée à la section suivante.

Jusqu'en 2004, les utilisateurs étaient obligés d'avoir un abonnement à France Télécom pour transmettre sur la boucle locale entre l'équipement terminal et le DSLAM. Désormais, la dérégulation est totale, et la facture de la communication sur la boucle locale est gérée par l'opérateur alternatif, qui doit cependant louer la ligne de la boucle locale à France Télécom.

Les protocoles de l'ADSL

L'utilisateur générant des paquets IP, il faut pouvoir transporter ces paquets IP vers le modem ADSL. Pour cela, on utilise soit une trame Ethernet, soit une trame PPP, soit une trame USB (Universal Serial Bus), soit une superposition de ces trames, comme une trame PPP encapsulée dans une trame Ethernet ou une trame PPP encapsulée dans une trame USB.

Prenons l'exemple de paquets IP encapsulés dans une trame Ethernet. Cette trame est envoyée soit sur un réseau Ethernet reliant le PC du client au modem, soit dans une trame PPP sur une interface de type USB. Dans le modem ADSL, il faut décapsuler la trame pour récupérer le paquet IP puis l'encapsuler de nouveau. L'encapsulation se fait en général dans une trame PPP pour permettre d'utiliser des protocoles associés à PPP, comme les protocoles d'authentification PAP et CHAP. Cependant, pour transporter la trame PPP sur une distance assez longue à haute vitesse, on l'encapsule soit dans une trame ATM, soit dans une trame Ethernet. Cela correspond aux protocoles PPPoE (Point-to-Point Protocol over Ethernet) et PPPoA (Point-to-Point Protocol over ATM). Dans le cas de l'encapsulation dans ATM, la trame PPP est fragmentée en morceaux de 48 octets par le biais d'une couche AAL-5 (ATM Adaptation Layer de type 5).

Une fois la trame ATM arrivée dans le DSLAM, plusieurs cas de figure peuvent se présenter suivant l'architecture du réseau du FAI auquel le client est connecté. Une première solution consiste à décapsuler les cellules ATM et à récupérer le paquet IP qui est transmis vers le concentrateur dans une trame Ethernet. Le concentrateur l'envoie vers le FAI également dans une trame Ethernet.

Une deuxième solution consiste à laisser les trames sous forme ATM. C'est le cas lorsque l'opérateur de la boucle locale et le FAI utilisent la même technologie. Dans ce cas, la cellule ATM est directement envoyée vers le concentrateur, qui joue le rôle de commutateur ATM. Celui-ci envoie les trames ATM par des circuits virtuels vers des BAS (Broadband Access Server), qui sont les équipements intermédiaires permettant d'accéder aux réseaux des FAI alternatifs.

La solution aujourd'hui utilisée provient de PPPoE, qui remplace la trame ATM par une trame Ethernet et qui évite les fragmentations-réassemblages. Les topologies de ces réseaux sont illustrées à la figure 15.10.

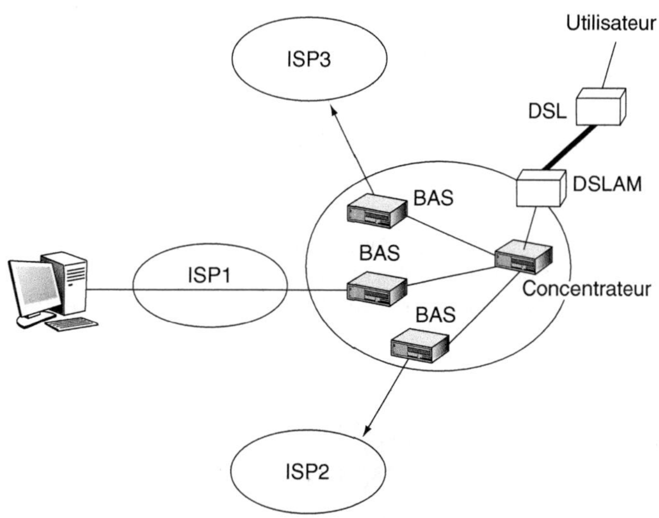

Figure 15.10

Équipements de concentration entre l'utilisateur et le serveur

Le Multi-Play

Les modems ADSL ont été développés au départ pour réaliser un transport de données à haut débit de plusieurs mégabits par seconde. Ils se sont améliorés en introduisant de la téléphonie puis de la télévision.

Le principe de fonctionnement du Triple-Play est illustré à la figure 15.11.

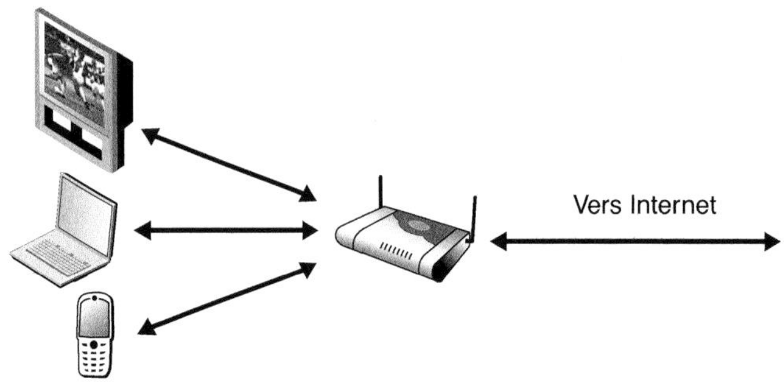

Figure 15.11

Le Triple-Play

Dans cette génération, chaque média passe par une prise différente permettant de récupérer facilement les flots de chacun des médias et de leur affecter des priorités associées : la parole téléphonique a une priorité supérieure à la télévision, qui a une priorité plus grande que les paquets de données.

Les flots peuvent être de nature différente. Par exemple, le téléphone peut encore être analogique ainsi que la télévision. Les codeurs-décodeurs se trouvant dans le modem ADSL, le boîtier de connexion prend le nom de Home Gateway ou encore de box Internet, car il intègre en plus du modem *x*DSL de nombreux codeurs-décodeurs et la paquétisation des flots téléphoniques et de télévision. Cette solution correspond aux Home Gateways développées à partir de 2004 (LiveBox, FreeBox, etc.).

Les Home Gateways commencent à posséder des filtres applicatifs permettant de reconnaître directement le type de flot traversant le boîtier et de lui affecter la priorité correspondante. Cette solution permet de ne plus avoir à différencier les flots au niveau du terminal par leur port d'accès. La deuxième génération de Home Gateways n'aura plus qu'une seule prise d'accès de type Ethernet, comme illustrée à la figure 15.12.

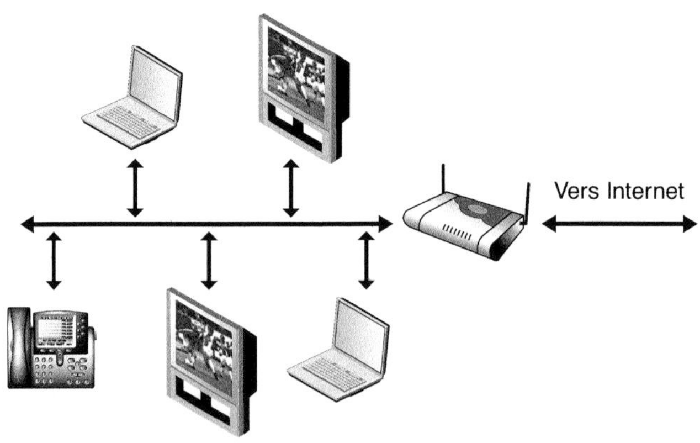

Figure 15.12

Le Triple-Play de seconde génération

Le Quadruple-Play est apparu en 2006 pour ajouter la mobilité aux accès à la Home Gateway. Dans cette solution, le portable mobile se raccorde au réseau sans fil inclus dans le boîtier : Wi-Fi en général, mais également Bluetooth. Le téléphone peut-être uniquement Wi-Fi ou Bluetooth, mais peut également être bimode pour permettre de passer au GSM en cas de coupure de la communication Wi-Fi ou Bluetooth. Cette solution s'apparente à la téléphonie sur IP puisque les octets de téléphonie sont encapsulés dans un paquet IP dans le terminal et que le paquet IP est lui-même encapsulé dans la trame associée à la technologie du réseau sans fil pour traverser l'interface radio.

Une extension particulièrement intéressante concerne la possibilité de se connecter sur une Home Gateway d'un autre utilisateur et de pouvoir téléphoner au coût de l'abonnement du FAI. Cette solution demande à ce que l'opérateur permette l'accès aux multiples Home Gateway à partir de connexions externes. Pour cela, une authentification est nécessaire, qui peut être réalisée par une carte SIM (Subscriber Identity Module). Le Quadruple-Play est illustré à la figure 15.13.

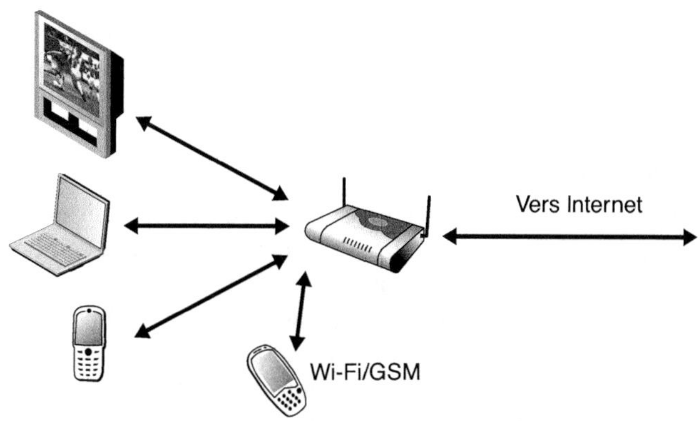

Figure 15.13

Le Quadruple-Play

Cette solution n'est pas forcément simple à gérer. En effet, la vitesse de la connexion dépend en grande partie de l'éloignement de l'utilisateur. Suivant les opérateurs, différentes solutions ont été développées pour contrer ce problème : limiter fortement le nombre de connexions, interdire les connexions quand l'utilisateur se sert de sa Home Gateway, limiter le débit accessible depuis l'extérieur, etc.

Le Penta-Play est une extension de la téléphonie mobile en y ajoutant la télévision. Le flot de paquets IP provenant du client transporte les images et le son du canal de télévision. L'inconvénient majeur de cette solution est le besoin d'une capacité plus importante de transmission.

La boucle locale électrique

Le courant fort représente un remarquable réseau d'accès, aussi étendu et aussi dense que le réseau d'accès des opérateurs télécoms, sinon plus. Sur ces câbles métalliques, il est tentant de vouloir faire passer simultanément du courant électrique et du courant faible. Cependant, la perturbation est très importante, et les débits atteints sur des distances de quelques kilomètres sont faibles.

Les techniques de passage de données informatiques sur des courants électriques portent le nom de CPL (courant porteur en ligne), en anglais PLC (Power Line Communication). On utilise l'infrastructure basse tension sur 50 ou 60 Hz depuis le transformateur basse tension ou simplement à l'intérieur de la maison. Comme pour les réseaux des câblo-opérateurs, la communication se fait à partir d'une tête de réseau (le transformateur basse tension) vers les utilisateurs, c'est-à-dire par une communication multipoint allant d'un point vers plusieurs points. Dans le sens descendant, il n'y a pas de problème particulier puisqu'il y a diffusion et que le destinataire se reconnaît. En revanche, de l'utilisateur vers le réseau, une méthode d'accès au support physique est nécessaire.

Les méthodes classiques à base de CDMA (Code Division Multiple Access) peuvent être employées au même titre que d'autres techniques, telles que le passage d'un jeton ou le polling (une machine maître donne aux terminaux le droit de transmettre à tour de rôle).

Le CPL sur la boucle locale

L'objectif du CPL sur la boucle locale est de desservir les utilisateurs avec un équivalent de l'ADSL, c'est-à-dire un débit allant de quelques centaines de kilobits par seconde à plusieurs mégabits par seconde. Il faut pour cela utiliser à la fois les chemins électriques de type primaire utilisant un voltage de quelques kilovolts et la partie terminale de quelques centaines de volts. Il faut donc traverser des transformateurs électriques, ce qui n'est pas possible directement. Le moyen d'y parvenir est de tirer des dérivations autour de ces transformateurs. Cette architecture est illustrée à la figure 15.14.

Les résultats des tests qui ont été effectués dans de nombreux pays sont très divergents, ce qui semble indiquer la sensibilité du système et l'importance de la mise en place des dérivations. Bien évidemment, la longueur du tronçon électrique à emprunter est déterminante. Comme dans les techniques ADSL, il ne faut pas que l'accès à l'équivalent du DSLAM soit éloigné de plus de quelques kilomètres. Cette technique peut être appelée PDSL (Power Data Subscriber Line).

Le standard correspondant porte le nom de G3-PLC. Son étude a démarré en 2011 sous l'égide d'un groupement d'industriels mené par ERDF. Cette solution utilise l'OFDM à 400 MHz de bande passante et une couche MAC de type IEEE 802.15.4, c'est-à-dire ZigBee, étudié au chapitre 19. C'est un réseau orienté vers IPv6 avec un objectif important : créer la Smart Grid. La Smart Grid est la grille réalisée avec les compteurs électriques intelligents des utilisateurs. Ceux-ci ont la possibilité de gérer la consommation électrique de leur domicile et d'envoyer des informations de contrôle vers le Cloud. Ces émissions vers le Cloud devraient passer par l'intermédiaire du standard G3-PLC. Un autre produit en gestation pour la Smart Grid est proposé par le standard IEEE 802.11ah, c'est-à-dire un réseau Wi-Fi longue portée, mais bas débit qui est décrit plus en détail au chapitre 21.

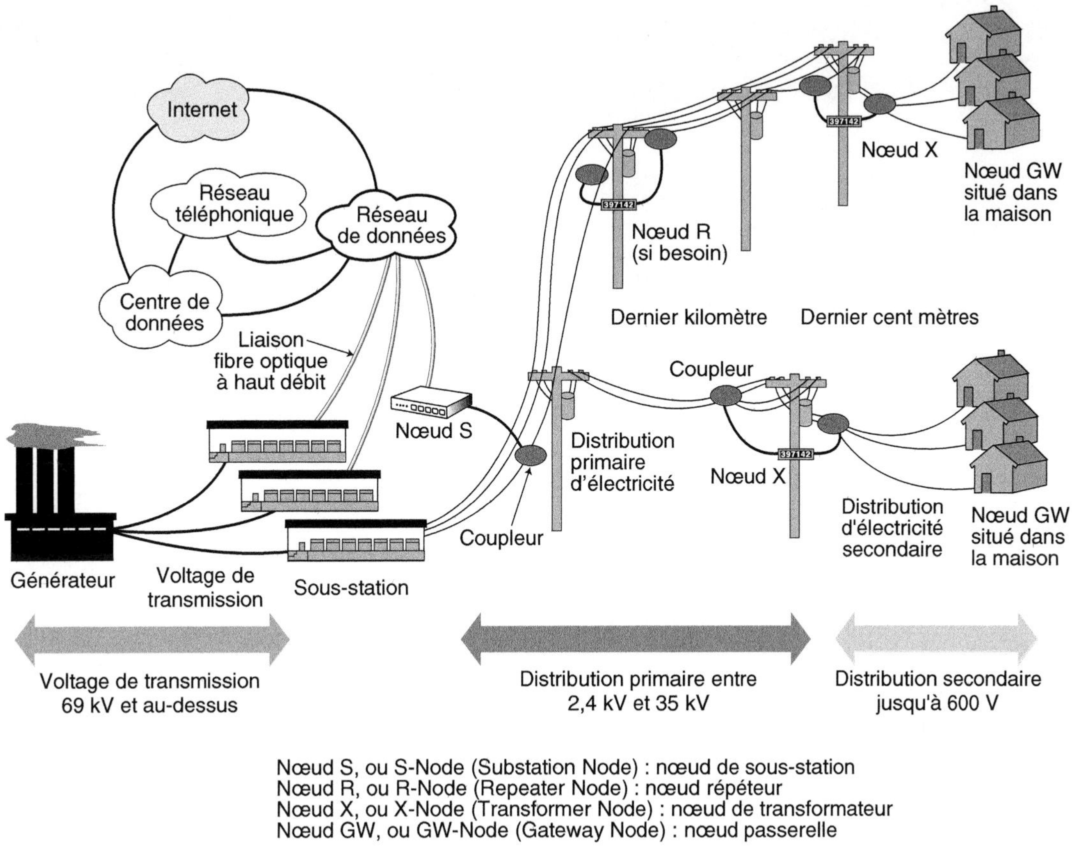

Figure 15.14

Distribution de l'accès haut débit sur courant électrique

Conclusion

Dans les différentes options des technologies d'accès terrestre, le câble téléphonique est le plus utilisé en France. Cela s'explique par le fort développement de ce média dans les années 1960 et 1970. Cependant, le câble téléphonique est généralement de faible qualité, et la distance y est un critère important de détermination du débit. Une nouvelle boucle locale est en cours de réalisation avec la fibre optique et le VDSL2 pour passer aux très hauts débits.

La boucle locale hertzienne est beaucoup plus jeune, mais déjà très compétitive par rapport à la boucle locale terrestre. Deux grandes solutions se développent en parallèle : les réseaux qui acceptent les mobiles, c'est-à-dire qui sont capables de réaliser des changements intercellulaires, et les réseaux sans fil qui offrent de plus hauts débits, mais sans mobilité. Ces solutions sont examinées au chapitre suivant.

16

Les réseaux d'accès hertziens

Les réseaux hertziens apportent une grande flexibilité de par leur interface, qui permet à un utilisateur de changer de place tout en restant connecté. Les communications entre équipements terminaux peuvent s'effectuer directement ou par le biais de stations de base, appelées encore points d'accès, ou AP (Access Point). Les communications des points d'accès vers le réseau cœur sont effectuées soit par voie hertzienne (relais hertzien ou onde millimétrique), soit par câble (*x*DSL ou fibre optique). Ce réseau intermédiaire entre l'accès proprement dit et le réseau cœur de l'opérateur est appelé backhaul. Un cas particulier, mais qui se développe vite, provient des réseaux mesh et ad-hoc, qui sont détaillés plus spécifiquement au chapitre 17. Ces réseaux permettent de passer de point d'accès en point d'accès jusqu'à un accès terrestre ou hertzien vers le réseau cœur.

Les réseaux hertziens se décomposent en deux grandes catégories : les réseaux dits sans fil et les réseaux de mobiles. À la différence des réseaux sans fil, les réseaux de mobiles permettent de passer d'une cellule à une autre sans couper la communication. On peut également regrouper les réseaux de mobiles dans la catégorie sans fil puisqu'ils n'utilisent pas de fil.

Ces deux catégories de réseaux sont fondamentalement différentes : les réseaux de mobiles sont complexes et permettent le passage intercellulaire, ou handover ou encore handoff. Les réseaux sans fil sont beaucoup plus simples, mais l'utilisateur doit rester dans sa cellule, bien que des handovers soient aujourd'hui possibles avec une faible vitesse de déplacement.

Plusieurs gammes de produits sont actuellement commercialisées dans les deux catégories. Dans le cadre des réseaux sans fil, le groupe de travail qui se charge de cette normalisation provient essentiellement de l'IEEE. Les réseaux de mobiles sont normalisés par le 3GPP (3rd Generation Partnership Project).

On y trouve quatre générations et bientôt cinq : 1G, 2G, 3G, 4G et 5G. La 1G a disparu dans la plupart des pays, la 2G correspond au GSM, la 3G à l'UMTS, la 4G au LTE Advanced ou LTE-A et la 5G au LTE avec de nouvelles fonctionnalités provenant de l'Internet des objets, de la prise en compte de missions critiques et de forte mobilité.

Les normes des réseaux hertziens

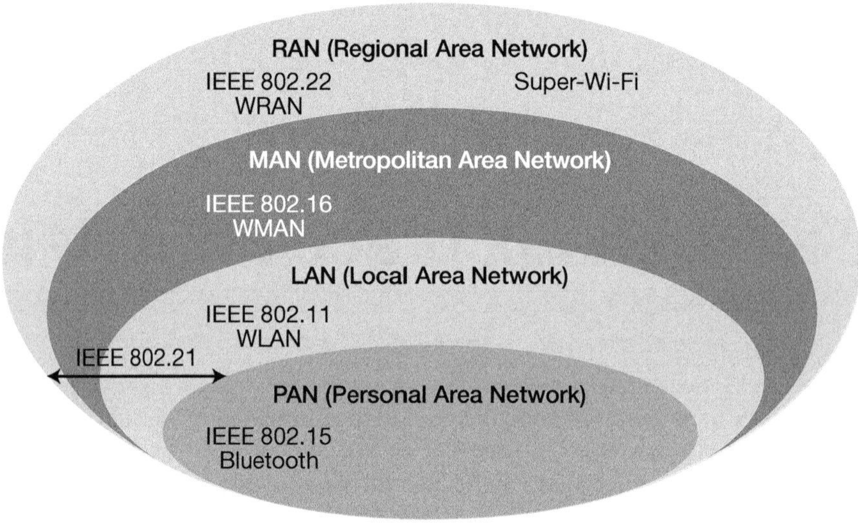

Figure 16.1

Classement des réseaux sans fil suivant leur étendue

Les principales normes de réseaux sans fil (wireless) illustrées à la figure 16.1 sont les suivantes :

- IEEE 802.15, pour les petits réseaux personnels d'une dizaine de mètres de portée ;
- IEEE 802.11, ou Wi-Fi, pour les réseaux WLAN (Wireless Local Area Network) ;
- IEEE 802.16, pour les réseaux WMAN (Wireless Metropolitan Area Network) atteignant plus de dix kilomètres de portée ;
- IEEE 802.22, pour les WRAN (Wireless Regional Area Network).

Dans le groupe IEEE 802.15, plusieurs sous-groupes se préoccupent de gammes de produits en parallèle :

- IEEE 802.15.1, le plus connu, qui a pris en charge la norme Bluetooth jusqu'en 2005.
- IEEE 802.15.3a, qui a défini la norme UWB (Ultra-Wide Band), solution qui n'a pu s'imposer à cause d'une consommation excessive.
- IEEE 802.15.3c, qui a défini les bases de la norme des réseaux personnels. Cette solution utilise des ondes millimétriques dans les 60 GHz avec une portée d'une dizaine de mètres. Elle a été reprise dans Wi-Fi pour devenir la norme IEEE 802.11ad avec pour nom commercial WiGig. C'est aujourd'hui le standard des réseaux personnels.

- IEEE 802.15.4, qui s'occupe de la norme ZigBee.
- Tous ces standards ainsi que ceux d'autres groupes de travail plus spécifiques sont détaillés au chapitre 19.

Du côté de la norme IEEE 802.11, ou Wi-Fi (Wireless-Fidelity), sept propositions ont été avalisées, dont les débits vont de 11 Mbit/s (IEEE 802.11b) puis 54 Mbit/s (IEEE 802.11a et g) puis 600 Mbit/s en pointe (IEEE 802.11n), 1,2 Mbit/s (IEEE 802.11ac, à 7 Gbit/s avec l'IEEE 802.11ad sur de courtes distances. L'IEEE 802.11ah vise des distances beaucoup plus grandes avec des débits faibles. Cette solution est adaptée à l'Internet des objets, qui fait l'objet du chapitre 21. De nouveaux standards arrivent avec l'IEEE 802.11af, au débit crête de 8 Gbit/s et les IEEE 802.11ax et 802.ay pour les très hauts débits de 20 Gbit/s et plus. Les fréquences utilisées ainsi que les différents standards indiqués plus haut sont représentés à la figure 16.2.

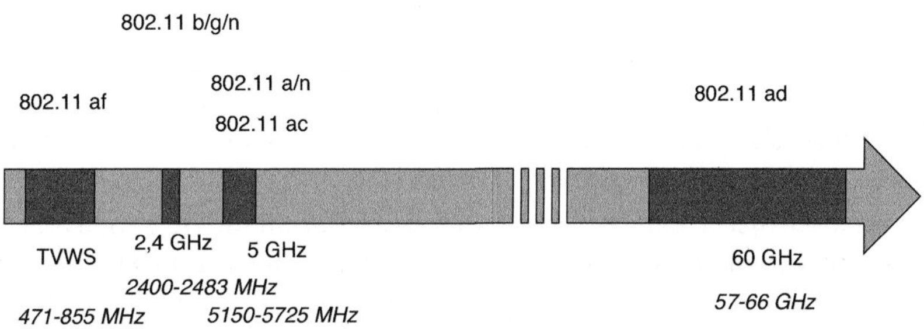

Figure 16.2

Les principaux standards de réseaux Wi-Fi

Les communications hertziennes IEEE 802.16 visent à remplacer les fils téléphoniques fixes associés à des modems ADSL, pour donner à l'utilisateur final des débits du même ordre de grandeur, c'est-à-dire jusqu'à plusieurs mégabits par seconde. Ces réseaux forment ce que l'on appelle la boucle locale radio.

Plusieurs normes sont proposées suivant la fréquence utilisée. Un consortium s'est mis en place pour développer les applications de cette norme sous le nom de WiMAX Forum. Ces standards ont été peu utilisés et sont fortement concurrencés par les réseaux de mobiles du 3GPP qui les ont étouffés. Ils sont en cours de disparition.

Les réseaux régionaux sont étudiés par l'IEEE 802.22. Le rayon de la cellule peut atteindre 50 kilomètres pour les gammes de fréquences situées nettement en dessous de 1 GHz. La distance potentielle du terminal à l'antenne étant importante, le débit montant est assez limité. En revanche, sur la bande descendante, 4 Mbit/s sont disponibles. L'application de base est la télévision interactive ou les jeux vidéo interactifs. Cette technologie appelée WiRAN ne sera disponible que dans les pays acceptant de libérer des fréquences en dessous de 1 GHz ou permettant l'utilisation de radio cognitive sur des fréquences basses.

Typologie des réseaux hertziens

Cette section introduit les solutions issues de l'utilisation de fréquences hertziennes pour la desserte des entreprises et des utilisateurs résidentiels en lieu et place des câbles métalliques ou de la fibre optique enfouis dans le sous-sol. Les débits des réseaux hertziens peuvent se révéler très importants grâce à des techniques de codage de plus en plus sophistiquées, une méthode d'accès adaptée et une bonne réutilisation des ressources spectrales.

La boucle locale satellite est une autre solution pour accéder au réseau terrestre d'un opérateur. Dans ce cas, le signal part de l'entreprise et, grâce à une antenne, accède au satellite, qui renvoie le signal vers le central d'accès d'un opérateur de télécommunications.

La boucle locale sans fil

La technologie hertzienne est facilement utilisable dans la boucle locale puisque les techniques sans fil permettent, au prix d'infrastructures terrestres minimales, de relier un opérateur à ses clients. La différence avec les réseaux de mobiles provient de l'espace restreint dans lequel peut bouger le client : il s'agit dans ce cadre de relier un domicile ou une entreprise au réseau de l'opérateur. Il n'y a pas besoin de gérer la mobilité de l'utilisateur ce qui évidemment simplifie considérablement le système.

L'abréviation BLR (boucle locale radio) est la terminologie adoptée en France. Elle recouvre un certain nombre de techniques adaptées au cas français. Une autre façon de présenter cette solution est de parler de WDSL (Wireless Data Subscriber Line). La suite de ce chapitre en traite de façon plus générale en incluant les technologies et les fréquences utilisées à l'étranger.

La boucle locale radio est une technologie sans fil bidirectionnelle, dans laquelle l'équipement terminal ne peut être mobile – du moins pour le moment – au sens d'un réseau de mobiles. L'antenne de réception doit être grande et fixe.

Une boucle locale radio est illustrée à la figure 16.3. Elle est formée d'un ensemble de cellules (en grisé sur la figure). Chaque cellule est raccordée à une station de base, qui dessert les utilisateurs abonnés. La station de base est constituée d'une ou plusieurs antennes reliées aux utilisateurs directement par un faisceau hertzien. Les stations de base sont interconnectées par un réseau terrestre. L'accès à ce réseau terrestre s'effectue par le biais d'un commutateur. Il est également possible de relier les stations de base directement vers le réseau cœur par de la fibre optique.

L'avantage de cette solution de réseau d'accès réside dans la simplicité de sa mise en place. Il suffit de relier l'antenne de l'utilisateur à l'antenne de la station de base, évitant de la sorte tous les travaux de génie civil que demande la pose de câbles. Cependant, il ne faut pas négliger la mise en place de l'infrastructure à l'intérieur du ou des bâtiments de l'utilisateur pour connecter toutes les machines à l'antenne, laquelle doit être généralement en vue directe de l'antenne de l'opérateur.

Dans la suite, WLL (Wireless Local Loop) désigne toutes les boucles locales sans fil, incluant à la fois les technologies adoptées en France sous le nom de BLR et celles utilisées hors de France.

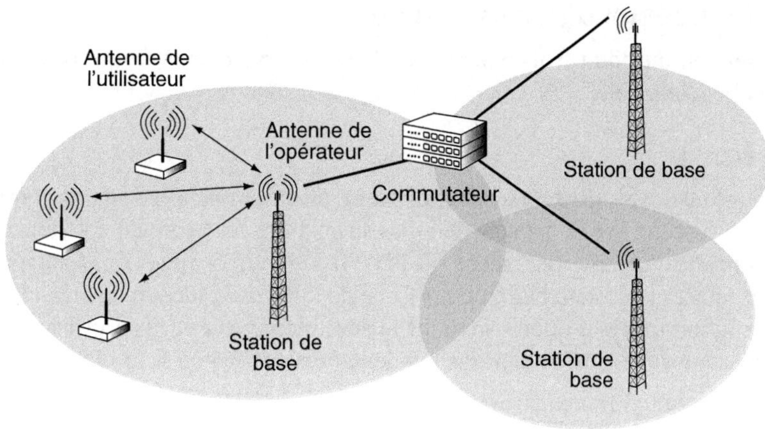

Figure 16.3

Boucle locale radio

Les systèmes WLL

Les systèmes WLL proviennent de différentes technologies hertziennes qui ont pour but de transférer des données à la plus haute vitesse possible. Ils doivent être compétitifs par rapport à leur homologue fixe et, de ce fait, posséder les propriétés suivantes :

- Modems à faible coût, à peine plus élevé que les modems ADSL ou câble.
- Bande passante importante, pour que, en période de forte occupation, chaque utilisateur puisse continuer à travailler de façon satisfaisante.
- Techniques de transmission des données évoluées, afin d'offrir des débits acceptables pour chaque utilisateur, même en période de pointe.
- Grande flexibilité, permettant de prendre en charge les différents types de trafic, allant de la parole téléphonique aux transports de données à très haute vitesse.
- Architecture modulaire, pour permettre les mises à niveau en cas d'améliorations techniques des interfaces air.

Les systèmes WLL disponibles sur le marché sont de plus en plus nombreux. Les sections qui suivent en décrivent trois :

- Les technologies IEEE 802.11 directives, dites encore Wi-Fi directif.
- IEEE 802.16, ou WiMAX, une norme stabilisée en décembre 2004, dont une version spécifique, le WiBro, a été développée en Corée.
- IEEE 802.22, qui préfigure les connexions sur de plus longues portées afin de diminuer les coûts de déploiement.

Exemples de réseaux d'accès hertziens

Cette section introduit trois exemples de réseaux radio sans fil qui peuvent être utilisés dans la boucle locale.

IEEE 802.11

Le groupe de travail IEEE 802.11 a normalisé un ensemble de standards correspondant aux différents réseaux Wi-Fi qui sont détaillés au chapitre 20. Seule est couverte ici l'utilisation directionnelle d'un environnement Wi-Fi de façon à arroser une zone lointaine ou relier des stations situées à plusieurs kilomètres l'une de l'autre. Beaucoup de municipalités utilisent cette solution très peu onéreuse, dont le seul inconvénient est d'utiliser des fréquences partagées, puisque situées dans les bandes libres des 2,4 ou 5,15 GHz.

La réglementation française autorise une puissance d'émission maximale en intérieur de 100 mW dans la bande des 2,4 GHz et à l'extérieur de 100 mW également dans la bande 2,400-2,454 GHz et 10 mW dans la bande 2,454-2,483 5 GHz. La bande des 5 GHz n'est utilisable qu'en milieu intérieur et est formellement interdite à l'extérieur.

Le choix d'une antenne dépend de ce que l'on veut en faire. Pour le cas illustré à la figure 16.4, la puissance d'émission, ou PIRE (puissance isotropique rayonnée effective), équivaut à la somme des puissances de l'émetteur (P_e), de l'amplificateur (P_{ampli}) et du gain de l'antenne ($G_{antenne}$) moins la perte sur la ligne, exprimée en dBm. Dans le cas où il n'y a pas d'amplificateur, le calcul se résume à la somme de la puissance de l'émetteur et du gain de l'antenne moins la perte sur la ligne due au câble reliant l'antenne à l'émetteur. Dans le cas général, on obtient :

$$PIRE = P_e + P_{ampli} + G_{antenne} - Perte$$

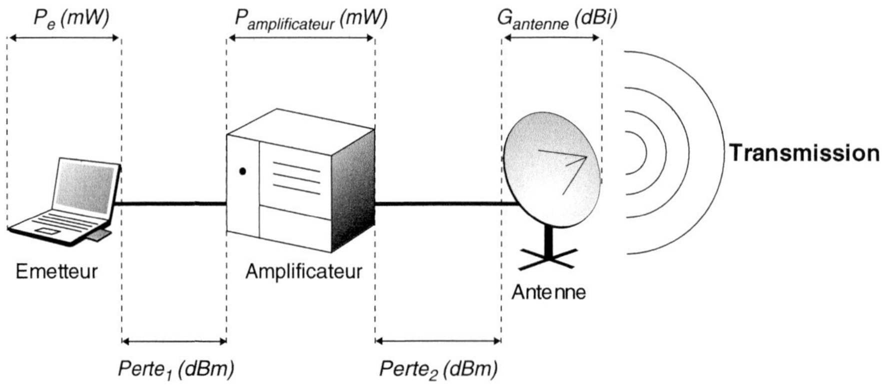

Figure 16.4

Calcul de la PIRE

Considérons une carte Wi-Fi 802.11 ayant une puissance d'émission de 30 mW. On voudrait se connecter par le biais d'un ordinateur portable à un point d'accès se trouvant à quelques kilomètres. La capacité de l'antenne interne de la carte n'autorisant une zone de couverture que de l'ordre d'une centaine de mètres, il est nécessaire de connecter une antenne à la carte. Prenons comme exemple une antenne de type parabole ayant un gain de 24 dBi reliée par un câble de 3 mètres dont la perte est de 2 dB/m. La perte totale est donc de 6 dB.

Pour trouver la PIRE, il faut que toutes les valeurs de la somme s'expriment en dBm. En appliquant la formule précédente, une puissance de 30 mW correspond à un gain de 14,77 dBm. La PIRE équivaut à $14{,}77 + 24 - (3 \times 2)$, soit 32,77 dBm. Cela correspond à 1 892 mW, soit près de 20 fois la puissance maximale autorisée. Le déploiement dans ces conditions est illégal.

On voit donc que plus l'antenne est directive, plus la puissance doit être faible. Il n'empêche qu'avec des antennes directives, il est possible de couvrir des zones assez grandes et de relier un terminal à une antenne avec des distances importantes. Cette solution est parfois utilisée par des opérateurs pour relier des points hauts à des débits de 54 Mbit/s.

IEEE 802.16

L'IEEE a mis en place le groupe de travail 802.16 pour proposer des standards de réseaux métropolitains dans la lignée des solutions développées pour les réseaux locaux et plus particulièrement de Wi-Fi.

Le groupe de travail 802.16 s'est d'abord préoccupé de la bande du spectre hertzien et a proposé l'utilisation de certaines bandes, comprises entre 2 et 11 GHz, dont les fréquences ne sont pas trop directives, et des plages situées entre 11 et 66 GHz, dont les fréquences sont hyperdirectives et demandent une visibilité directe des antennes.

Les standards IEEE 802.16 sont organisés en trois niveaux :

- **Le niveau physique.** Spécifie les fréquences, schémas de modulation, synchronisations, vitesses, techniques de découpage dans le temps et techniques de détection et de correction d'erreur qui peuvent être choisies en option. Toutes ces techniques sont détaillées à la section suivante. La proposition de standard concerne ici la technique DAMA-TDMA (Demand Assignment Multiple Access-Time Division Multiple Access), qui correspond à une réservation dynamique de bande passante par l'intermédiaire de slots de temps. En d'autres termes, le temps est divisé en trames de longueur constante, elles-mêmes divisées en slots. Les slots sont alloués aux utilisateurs par des techniques de réservation. Dans le sens utilisateur vers réseau, l'allocation des slots est assez simple puisque la station de base sait ce qu'elle a à envoyer. Dans l'autre sens, le processus est plus complexe, puisque les stations sont indépendantes les unes des autres et que la communication entre les stations de base ne peut se faire qu'au travers de la station de base, *via* l'antenne de l'opérateur. Sur la voie allant de l'opérateur aux clients, deux modes sont proposés. Le mode A concerne les flux de type *stream,* c'est-à-dire les flux continus qui possèdent des points de synchronisation. Le mode B concerne les flots fondés sur les applications classiques du monde IP.
- **Le niveau MAC.** Situé au-dessus du niveau physique, il gère l'allocation des slots et utilise la méthode DAMA-TDMA.

- **L'interface de communication avec les applications.** IP étant le standard de référence, cette couche se concentre sur la gestion du niveau IP et l'encapsulation des paquets IP dans une trame adaptée à la tranche de temps. Au récepteur, les fragments sont réassemblés pour redonner le paquet IP.

Les trois standards 802.16 les plus importants sont les suivants :

- **IEEE 802.16 2004.** Révise et corrige quelques erreurs détectées dans les standards 802.16 et 802.16a et apporte des améliorations. C'est le standard que suivent les produits WiMAX fixe.
- **IEEE 802.16e.** Le standard est sorti en décembre 2005, avec pour objectif de permettre la mise en place des liaisons ADSL vers les mobiles. Les changements intercellulaires ou handovers sont pris en charge par le système. Le réseau sans fil donnant naissance au WiMAX mobile fonctionne dans une bande avec licence située en dessous des 6 GHz.
- **IEEE 802.16m.** Ce standard définit la nouvelle génération du WiMAX (WiMAX phase 2), qui a été acceptée comme membre de la famille 4G. Ce choix a prolongé la vie du WiMAX de quelques années, mais n'a cependant rien pu faire pour éviter sa disparition à terme.

Les produits WiMAX fixe et WiMAX mobile étant en cours de disparition, ils sont décrits à l'annexe K.

IEEE 802.22

Une nouvelle initiative soutenue par de nombreux industriels dans le domaine des réseaux régionaux concerne les WRAN (Wireless Regional Area Network).

Cette norme, dont l'étude a démarré en 2005, a été finalisée en 2011. Concernant les fréquences à utiliser, un de ses objectifs est d'utiliser les bandes blanches de la télévision, c'est-à-dire les canaux non utilisés. Les fréquences choisies se situant entre 54 et 862 MHz, les portées peuvent atteindre plusieurs dizaines de kilomètres et permettre de diffuser des applications de télévision interactive, jeux vidéo interactifs ou vidéo à la demande sur des ordinateurs portables en mobilité.

Les techniques sous-jacentes sont très innovantes, avec l'utilisation de radios cognitives (décrites en fin de chapitre), permettant de déterminer, pour un terminal donné, sa direction d'émission, sa puissance et la fréquence à utiliser. Pour cela, une base de données centrale doit être capable de répondre à une requête de l'antenne pour lui indiquer la fréquence à utiliser. Cette solution permet de démultiplier l'utilisation spectrale.

Si l'on considère qu'une antenne peut espérer disposer de 200 MHz de bande passante en dessous de 1 GHz, c'est-à-dire pour les ondes pénétrant dans les bâtiments, comme la télévision, il est évident que cette nouvelle technologie régionale risque de concurrencer les opérateurs déjà installés. Une seule antenne peut, avec les 200 MHz disponibles, permettre, sur 20 à 30 kilomètres, de regrouper trente mille télévisions interactives ou l'équivalent d'un million de téléphones portables. Quelques caractéristiques supplémentaires de ces réseaux sont fournies à l'annexe K.

L'allocation de ressources

Dans un système de transmission, chaque communication consomme une ressource physique dont le volume dépend de la quantité d'information à envoyer. Sur l'interface radio, la ressource est le canal physique. Le système commence par définir ce canal, puis il planifie la distribution du canal entre les différents utilisateurs à l'aide de mécanismes d'allocations de ressources. L'ensemble des ressources disponibles forme la *bande passante*. Cette bande est divisée en plusieurs ensembles de canaux radio non interférents. Ces canaux peuvent être utilisés simultanément, à condition qu'ils garantissent une qualité acceptable. Le multiplexage de plusieurs communications sur une même bande passante se fait à l'aide des techniques FDMA, TDMA, CDMA, SDMA, et enfin OFDMA, qui est la plus utilisée aujourd'hui. De nombreuses variantes ont été développées, ainsi que des superpositions de ces techniques, comme dans la 5G, abordée au chapitre 18.

La principale caractéristique de l'interface radio est l'affaiblissement de la puissance en fonction de la distance qui sépare l'utilisateur mobile de sa station de base.

> **L'atténuation ou l'affaiblissement**
>
> La puissance reçue (C) est directement liée à la puissance émise (P_e). Elle est calculée par la formule $C = P_e d^{-\alpha}$, d étant le paramètre de l'environnement de propagation, qui peut être urbain ou rural ; le α caractérise cet environnement, lequel peut varier de 2 à 4.

La puissance d'émission de chaque canal doit être optimisée. Cela permet d'assurer une bonne qualité de service de la communication sur le lien radio. L'allocation de ressources, qui consiste en la réutilisation d'un canal, doit respecter un certain rapport signal sur interférence, ou C/I (Carrier to Interference Ratio), qui est un paramètre d'optimisation du réseau. La variable C correspond à la puissance du signal reçu, et la variable I à la somme de tous les signaux des utilisateurs naviguant sur le même canal.

Les schémas d'allocation de ressources

En résumé, l'allocation d'un canal est le produit de l'interaction entre plusieurs paramètres, tels que l'interférence, la distance de réutilisation, etc., que des schémas d'allocation de ressources permettent de contrôler à travers le réseau.

Il existe trois grandes familles de schémas d'allocation de ressources :

- **FCA (Fixed Channel Assignment).** La plupart des systèmes existants fonctionnent avec une assignation fixe. Ce schéma a l'avantage de la simplicité et de la rapidité. Il s'agit d'une attribution fixe de ressources à toutes les stations. Cette attribution dépend du dimensionnement du réseau et des prévisions de trafic. Ce schéma trouve ses limites dans le fait qu'il ne permet pas de gérer les variations brutales et instantanées du trafic, telles que les embouteillages et les grandes manifestations, ce qui rend l'utilisation de la bande passante peu efficace. Cette situation peut se traduire par un manque de ressources pour certaines stations et une sous-utilisation pour d'autres.
- **DCA (Dynamic Channel Assignment).** Dans le DCA, toutes les ressources sont concentrées dans un groupe commun, ou *common pool*, tandis qu'un système central

ou distribué tente d'allouer les canaux à la demande des utilisateurs. Ce procédé, qui respecte le taux d'interférences C/I sur le canal, peut accroître de façon considérable la capacité du système, en particulier dans le cas d'une distribution du trafic non uniforme dans le temps. La mise en place de ce schéma requiert en contrepartie une importante charge de signalisation et une forte puissance de calcul pour trouver rapidement une solution d'allocation optimale.

- **HCA (Hybrid Channel Assignment).** Dans ce schéma, qui mélange les deux précédents, une partie des ressources est allouée directement aux stations, le reste étant rassemblé dans un groupe commun, auquel toutes les stations peuvent accéder lorsque leur ensemble fixe est complètement alloué.

Les techniques d'accès FCA

Dans les réseaux radio qui partagent le canal radio entre plusieurs utilisateurs, il faut une technique d'accès qui permette à l'utilisateur d'émettre ses paquets. Par exemple, le satellite pouvant être vu comme un miroir qui reflète les signaux reçus, si plusieurs paquets lui arrivent simultanément, leurs signaux se superposent. Pour éviter ces collisions, différentes techniques d'accès ont été proposées, des plus simples aux plus complexes. Comme les stations sont indépendantes les unes des autres et que le temps aller-retour permettant à une station de correspondre avec une autre peut devenir important, il faut pouvoir, dans certains cas, allouer le canal d'une façon anticipée.

Des méthodes de réservation fixe, ou FAMA (Fixed-Assignment Multiple Access), allouent la ressource canal à une station déterminée à un instant donné ou sur un code déterminé à l'avance ou encore sur un espace dédié. Les cinq principales d'entre elles sont les suivantes :

- FDMA (Frequency Division Multiple Access), qui divise la ressource canal en plusieurs bandes de fréquences pouvant être de largeur variable. Les fréquences sont attribuées aux différentes stations selon leur besoin.
- TDMA (Time Division Multiple Access), qui consiste à découper le temps en tranches et à allouer les tranches aux stations. Soit les tranches sont de taille différente, et les stations terrestres se voient affecter une tranche correspondant à leur débit, soit les tranches sont d'une longueur fixe assez petite, correspondant à un débit de base, les stations qui souhaitent un débit plus important possédant plusieurs tranches de temps.
- CDMA (Code Division Multiple Access), qui consiste à allouer aux différentes stations la bande passante globale, mais avec un code tel que tous les signaux sont émis en même temps, le récepteur étant capable de déterminer les signaux à capter en fonction du code et de la puissance associée.
- SDMA (Space Division Multiple Access), qui consiste à diviser l'espace en plusieurs secteurs, de sorte qu'une antenne directive n'émette que sur un espace réduit au lieu de diffuser ses signaux dans toutes les directions. Cette solution permet de beaucoup mieux utiliser l'espace hertzien et donne une forte réutilisation des fréquences. De plus, le signal étant directif, la portée peut-être beaucoup plus grande.

- OFDMA (Orthogonal Frequency Division Multiple Access), qui est aujourd'hui la technique la plus utilisée dans les réseaux modernes. Elle utilise l'allocation FDMA, mais au lieu d'être obligé de séparer les canaux des différentes fréquences, on utilise des fréquences orthogonales : lorsque la puissance est maximale sur une fréquence, elle est nulle sur les fréquences connexes.

FDMA, TDMA, CDMA, SDMA et OFDMA

Le FDMA

Utilisé en premier, le FDMA tend à disparaître dans les réseaux d'accès pour renaître sous une autre forme, avec l'OFDM (Orthogonal Frequency Division Multiplexing), détaillé plus loin.

Supposons un nombre *n* de stations terrestres. On découpe la bande de fréquences f1 en *n* sous-bandes, comme illustré à la figure 16.5, de façon à permettre à chaque station d'émettre indépendamment des autres liaisons.

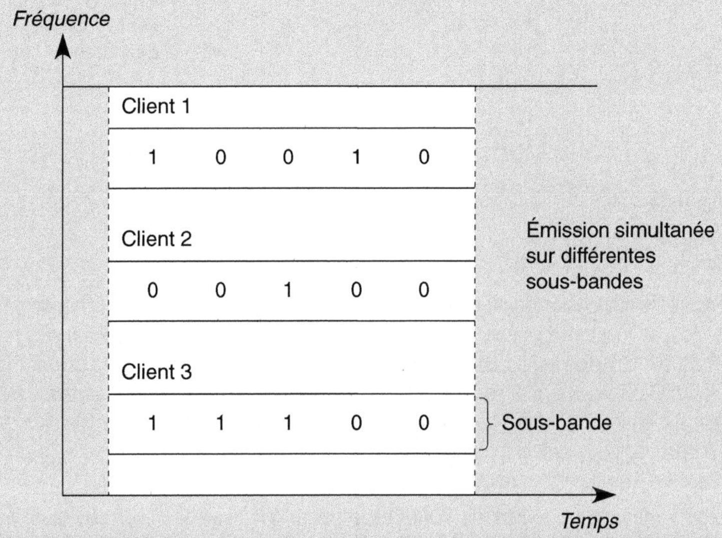

Figure 16.5
Le FDMA

Chaque station comporte de ce fait un modulateur, un émetteur, *n* récepteurs et *n* démodulateurs. Lorsque la solution est utilisée pour une connexion par satellite, le satellite doit amplifier simultanément les *n* porteuses. Il se crée donc nécessairement des brouillages, qui croissent rapidement en fonction de la puissance, avec pour conséquence que plus de la moitié de la capacité de transmission peut être perdue.

Pour éviter les collisions, on répartit le canal équitablement entre les divers utilisateurs. Les limites de cette technique sont évidentes : si une ou plusieurs liaisons sont inutilisées, il y a perte sèche des bandes correspondantes. Si l'on veut rendre cette politique dynamique en répartissant la fréquence f1 entre les utilisateurs actifs ou si l'on veut introduire une nouvelle station dans le réseau, il faut imposer une nouvelle répartition des fréquences, ce qui pose de nombreux problèmes et ne peut se faire que sur des tranches de temps assez longues.

Le TDMA

Avec le TDMA, on découpe le temps en tranches, que l'on affecte successivement aux différentes stations d'émission, comme illustré à la figure 16.6.

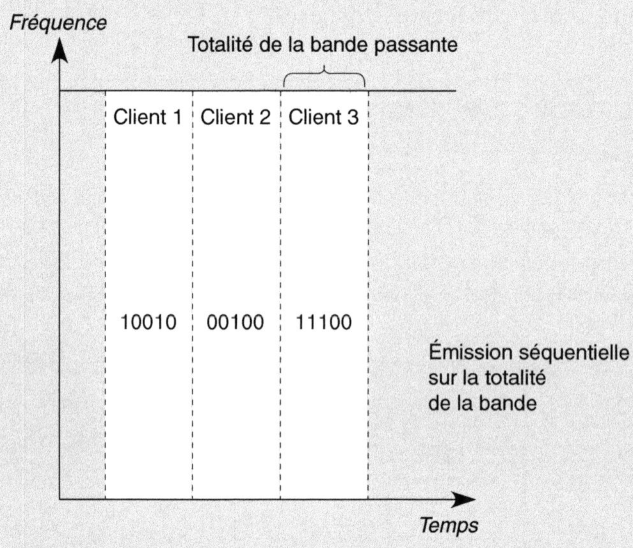

Figure 16.6

Le TDMA

Toutes les stations émettent avec la même fréquence sur l'ensemble de la bande passante, mais successivement. À l'opposé du fonctionnement en FDMA, chaque station possède un seul récepteur démodulateur. Chaque tranche de temps est composée d'un en-tête, ou préambule, qui a plusieurs fonctions : les premiers éléments binaires permettent d'acquérir les circuits de recouvrement de porteuse et de rythme du démodulateur. L'en-tête transmet également les informations nécessaires à l'identification de la station émettrice. Il est nécessaire de synchroniser l'émission en début de tranche de façon qu'il n'y ait pas de chevauchement possible. Il existe entre chaque tranche un intervalle réservé à cet effet.

Globalement, le rendement du TDMA est meilleur que celui du FDMA. De plus, il est facile de découper de nouvelles tranches de temps si des stations supplémentaires se connectent sur le canal. La tranche de temps, ou slot, a une durée variable, qui dépend de l'application sous-jacente. Par exemple, dans le cas du transport de la parole téléphonique numérisée sur un multiplex normalisé de 2 Mbit/s (correspondant à trente voies téléphoniques), une tranche de temps est composée de six blocs de 125 microsecondes. Les signaux transmis pendant cette tranche forment une trame de 750 microsecondes précédée d'un préambule. Il est évident que l'augmentation de la durée des tranches de temps diminue la fraction du temps perdu en en-tête et augmente l'efficacité de la transmission et le taux d'utilisation réel du canal.

Toute la difficulté du TDMA est de passer le relais aux émetteurs qui en ont réellement besoin, au bon moment et avec la tranche de temps la plus longue possible. Il convient dans ce cas de recourir à une politique d'allocation dynamique : les stations demandent, au fur et à mesure de leurs besoins, les tranches nécessaires pour écouler leur trafic. Ces demandes d'allocation ont toutefois l'inconvénient d'alourdir la gestion du système et d'augmenter sensiblement le temps de réponse, puisqu'il faut au minimum deux allers-retours pour obtenir de la station maître qui gère le système les tranches de temps correspondant à la demande.

Le CDMA

Avec le CDMA, que l'on trouve dans les réseaux de mobiles terrestres de troisième génération, la station terrestre émet sur l'ensemble de la bande passante, mais avec un code qui détermine sa puissance en fonction de la fréquence. Cette solution permet au récepteur de décoder les signaux et de les récupérer. La difficulté de cette méthode réside dans une émission avec une puissance déterminée, de façon que la station terrestre de réception puisse démêler tous les signaux reçus simultanément. La figure 16.7 illustre ce processus.

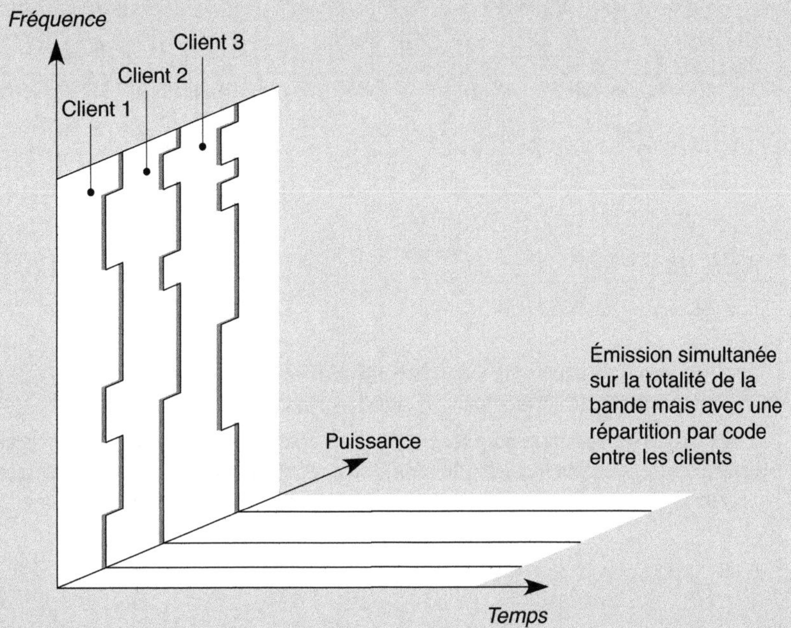

Figure 16.7
Le CDMA

Le SDMA

Le SDMA est une technologie encore peu utilisée qui demande une antenne intelligente capable de s'adapter pour émettre sur un secteur précis, avec une puissance déterminée. Si une station est située près de l'antenne de réception, il est en effet inutile d'émettre avec une forte puissance et dans toutes les directions à la fois. La méthode SDMA permet de limiter géographiquement la surface sur laquelle la fréquence est utilisée, permettant ainsi une excellente réutilisation.

L'OFDMA

L'OFDMA est une des techniques les plus utilisées dans les réseaux modernes. Elle utilise la technique d'allocation FDMA, mais au lieu d'être obligé de séparer les canaux des différentes fréquences, on utilise des fréquences orthogonales : lorsque la puissance est maximale sur une fréquence, elle est nulle sur les fréquences connexes. Cette solution est illustrée à la figure 16.8.

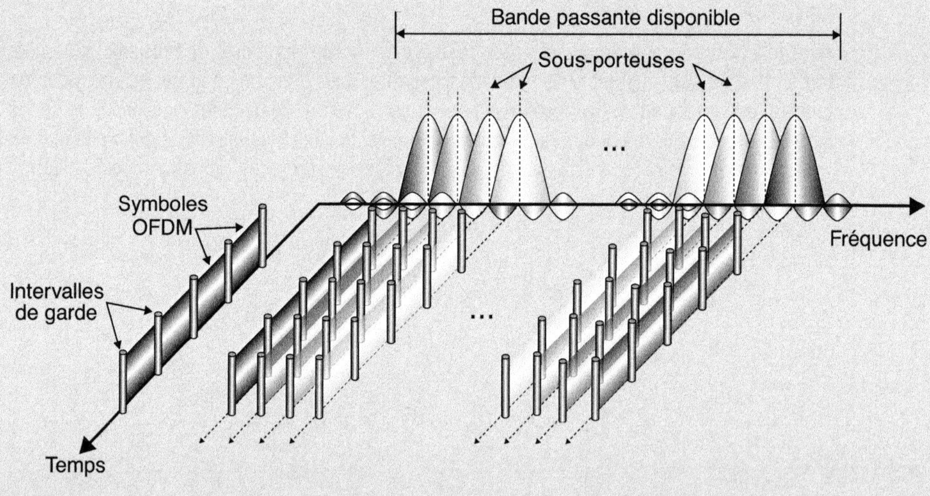

Figure 16.8

Les fréquences de l'OFDMA

Cela permet de transporter des éléments binaires différents sur chaque sous-bande, de sorte que plusieurs bits, voire octets, peuvent être transmis simultanément.

Il est possible d'améliorer encore cette solution en affectant les sous-bandes à des stations différentes. On parle alors de SOFDMA (Scalable OFDMA). Comme l'illustre la figure 16.9, il est ainsi possible de partager de façon beaucoup plus fine le canal radio et de donner à chaque station le débit exact dont elle a besoin.

Figure 16.9

La technique SOFDMA

Les méthodes dynamiques DCA

Les méthodes DCA (Dynamic Channel Assignment) ont pour objectif de mieux utiliser le canal, mais avec un effort de calcul beaucoup plus important.

Les politiques d'accès aux canaux doivent favoriser une utilisation maximale du canal, celui-ci étant la ressource fondamentale du système. Dans les réseaux locaux, le délai de propagation très court permet d'arrêter les transmissions après un temps négligeable. Dans le cas de satellites géostationnaires, les stations terrestres ne découvrent qu'il y a eu chevauchement des signaux que 0,27 seconde après leur émission – elles peuvent s'écouter grâce à la propriété de diffusion –, ce qui représente une perte importante sur un canal d'une capacité de plusieurs mégabits par seconde.

Les trois grandes catégories de techniques DCA sont les suivantes :

- méthodes d'accès aléatoires, ou RA (Random Access) ;
- méthodes de réservation par paquet, ou PR (Packet Reservation) ;
- méthodes de réservation dynamique, ou DAMA (Demand Assignment Multiple Access).

Les techniques d'accès aléatoires donnent aux utilisateurs la possibilité de transmettre leurs données dans un ordre sans corrélation. En revanche, ces techniques ne se prêtent à aucune qualité de service. Leur point fort réside dans une implémentation simple et un coût de mise en œuvre assez bas.

La méthode la plus connue est celle qui est utilisée dans le cadre des réseaux Ethernet terrestres avec le CSMA/CD. Cette solution est étudiée au chapitre 9. Dans les réseaux radio, la solution de base ne peut plus être utilisée, car il est impossible d'émettre et d'écouter en même temps. De ce fait, la solution a été modifiée en utilisant du CSMA/CA, décrit en détail au chapitre 20.

Les méthodes de réservation par paquet évitent les collisions par l'utilisation d'un schéma de réservation de niveau paquet. Comme les utilisateurs sont distribués dans l'espace, il doit exister un sous-canal de signalisation à même de mettre les utilisateurs en communication pour gérer la réservation. Ces solutions sont surtout utilisées dans les réseaux satellite, abordés un peu plus loin dans ce chapitre.

Les méthodes dynamiques de réservation ont pour but d'optimiser l'utilisation du canal. Ces techniques essaient de multiplexer un maximum d'utilisateurs sur le même canal en demandant aux utilisateurs d'effectuer une réservation pour un temps relativement court. Une fois la réservation acceptée, l'utilisateur vide ses mémoires tampons jusqu'à la fin de la réservation puis relâche le canal.

Les réseaux de mobiles

Les réseaux de mobiles se caractérisent par la mobilité du terminal. Pour réaliser cette mobilité, le réseau se compose de cellules, constituées par les espaces géographiques couverts par une antenne. Le système est alors capable de gérer des changements intercellulaires, c'est-à-dire le passage d'une cellule à une autre, ou encore le changement d'antenne, aussi appelé handover.

Les générations de réseaux de mobiles

Cette section introduit les différentes générations de réseaux de mobiles, en partant de la première, entièrement analogique, pour atteindre la cinquième, totalement et nativement numérique. Le chapitre 18 se penche quant à lui sur les éléments techniques des réseaux de mobiles.

Génération 1G

La première génération de réseaux de mobiles est apparue à la fin des années 1970. Elle définit un réseau cellulaire, c'est-à-dire composé de cellules, ou zones géographiques, limitées à quelques kilomètres, qui recouvrent le territoire de l'opérateur (*voir figure 16.10*). Ces cellules se superposent partiellement pour assurer une couverture complète du territoire cible. Le mobile communique par le biais d'une interface radio avec l'antenne centrale, qui joue le rôle d'émetteur-récepteur de la cellule. Cette interface radio utilise des bandes de fréquences généralement spécifiques du pays dans lequel est implanté le réseau. L'émission des données sur l'interface radio est effectuée en analogique. Cette première génération ne pouvait avoir que relativement peu de succès, étant donné le fractionnement des marchés.

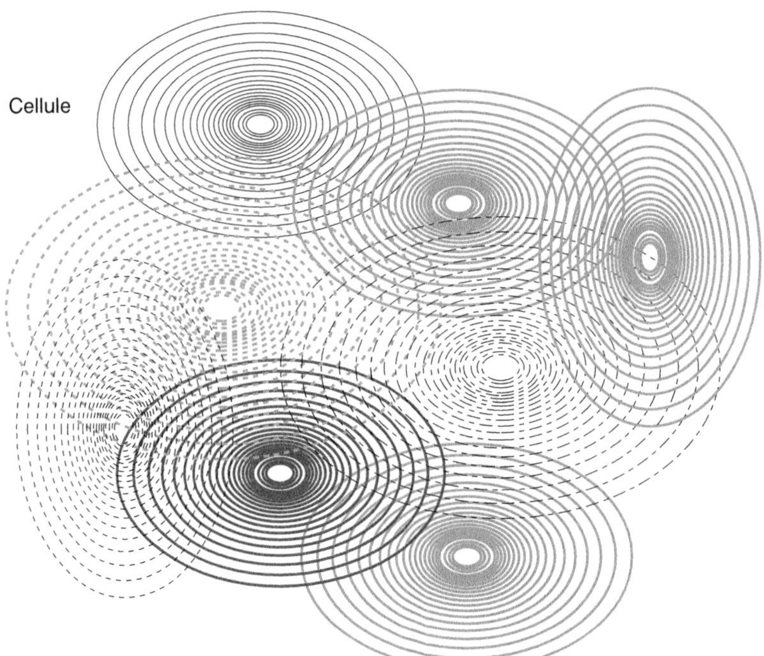

Figure 16.10

Réseau cellulaire

La première génération utilise la technique d'accès FDMA (Frequency Division Multiple Access), qui consiste à donner à chaque utilisateur qui le demande une bande de fréquences dans la cellule où il se trouve afin de permettre l'émission et la réception des informations entre le mobile et l'antenne de la cellule. Lorsque le mobile sort de la portée de sa cellule, une autre bande de fréquences, qui correspond à la nouvelle cellule, lui est affectée. La bande précédente est libérée et réaffectée à un autre utilisateur. La réutilisation des bandes de fréquences dans un maximum de cellules du réseau constitue l'un des problèmes majeurs posés par les systèmes cellulaires.

Comme pour les autres générations, la taille de la cellule dépend de la fréquence utilisée. Plus la fréquence est élevée, moins la portée est importante. Au départ, les fréquences utilisées allaient de 30 à 300 MHz dans les bandes UHF (Ultra-High Frequency) puis augmentaient dans les bandes VHF (Very High Frequency) de 300 MHz à 3 GHz. On utilise aujourd'hui des gammes de fréquences jusqu'à 20 GHz.

Génération 2G

En 1982, la CEPT (Conférence européenne des Postes et Télécommunications) a décidé de normaliser un système de communication mobile dans la gamme des 890-915 MHz et 935-960 MHz pour l'ensemble de l'Europe. Deux ans plus tard, les premiers grands choix étaient faits, avec, en particulier, un système numérique. Le Groupe spécial mobile, ou GSM, a finalisé en 1987 une première version comportant la définition d'une interface radio et le traitement de la parole téléphonique.

Avec une autre version dans la gamme des 1 800 MHz, le DCS 1800 (Digital Cellular System), la norme GSM a été finalisée au début de l'année 1990. Cette norme est complète et comprend tous les éléments nécessaires à un système de communication numérique avec les mobiles. Il existe d'autres normes pour cette deuxième génération, comme l'IS-95 ou l'IS-136, mais elles sont fragmentaires et ne concernent généralement que l'interface radio.

Dans un système GSM, la station mobile comprend deux parties : l'équipement mobile, qui permet la communication radio, et le module d'identification, qui contient les caractéristiques identifiant l'abonné. Le réseau est découpé en cellules, qui possèdent chacune une station de base, ou BTS (Base Transceiver Station). Cette dernière s'occupe des transmissions radio sur la cellule. Associés à la station de base, des canaux de signalisation permettent aux mobiles de communiquer avec la BTS et *vice versa.* Chaque station de base est reliée à un contrôleur de station de base, ou BSC (Base Station Controller). Cette architecture est illustrée à la figure 16.11.

Le réseau lui-même contient un commutateur, ou MSC (Mobile services Switching Center), qui communique avec les différents systèmes radio, un enregistreur de localisation nominal, ou HLR (Home Location Register), qui est une base de données de gestion des mobiles, et un enregistreur de localisation des visiteurs, ou VLR (Visitor Location Register), qui est une base de données des visiteurs dans une cellule. Le système GSM comporte également des mécanismes de sécurité.

En ce qui concerne le mode d'accès, c'est la technique TDMA (Time Division Multiple Access), dans laquelle le temps est découpé en tranches, qui est employée. Une seule station peut accéder à une tranche donnée. Par canal radio, le découpage est effectué en huit tranches d'une durée de 0,57 milliseconde. La parole est compressée sur une bande de 22,8 kHz, qui inclut un codage permettant la correction des erreurs. En Amérique du Nord, un système assez similaire, l'IS-54 (Interim Standard) a été développé. Il utilise également le TDMA. Sa vitesse de transmission peut atteindre 48,6 kbit/s.

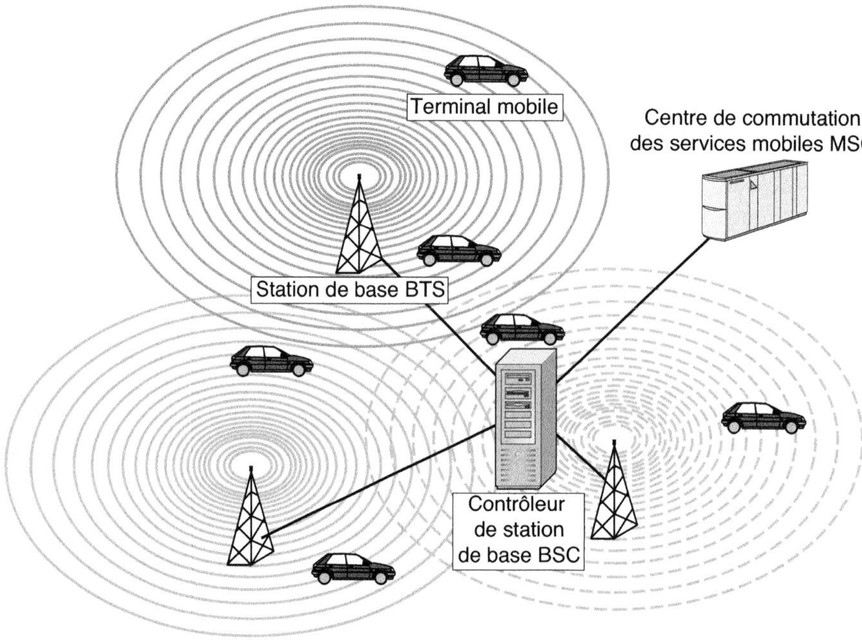

Figure 16.11

Architecture d'un réseau de mobiles

La norme DECT (Digital Enhanced Cordless Telecommunications) concerne plutôt les autocommutateurs téléphoniques, ou PABX (Private Automatic Branch eXchanger) sans fil. Dans quelques années, les autocommutateurs privés seront atteints par voie hertzienne. Les cellules seront alors très petites et les bandes assez facilement réutilisables à courte distance. Pour ces dernières normes, on parle de téléphonie mobile de proximité. Il faut rester sur la même borne durant toute la communication, ce qui implique de tout petits déplacements puisque les cellules sont minuscules.

Le réseau cœur du réseau de mobiles permet l'interconnexion des différents MSC, c'est-à-dire des commutateurs qui permettent aux contrôleurs de stations de base de communiquer entre eux. Dans la deuxième génération de mobiles, le réseau cœur est de type circuit. En d'autres termes, une communication entre deux machines s'effectue par un circuit. La différence avec un réseau de troisième génération réside dans le réseau cœur, qui passe d'une commutation de circuits à un transfert de paquets.

Un système intermédiaire, dit 2,5G, se place entre la deuxième et la troisième génération. Il consiste en un double réseau cœur incluant un réseau circuit pour la parole téléphonique et un réseau paquet pour le transfert des données. Le GPRS (General Packet Radio Service) puis EDGE (Enhanced Data for GSM Evolution) font partie de cette génération intermédiaire.

Génération 3G

La troisième génération s'est implantée au tournant des années 2000 avec un très fort déploiement à partir de 2005. Sa normalisation s'est effectuée principalement sous l'égide de l'UIT-T, sous le nom d'IMT 2000, et du 3GPP. La première ouverture a été celle de NTT DoCoMo au Japon en octobre 2001.

La différence la plus sensible avec la deuxième génération concerne l'introduction du mode paquet à l'exception de la parole téléphonique, qui reste très semblable à celle du GSM. Toutes les informations, en dehors de la parole, sont mises dans des paquets et transportées dans un réseau à transfert de paquets.

L'augmentation des débits est assez importante par rapport au GSM, qui plafonne à 9,6 kbit/s, puisqu'elle atteint 384 kbit/s dans les services commercialisés lors de la première génération de l'UMTS. Cependant, au démarrage de l'UMTS la partie du spectre dédiée à la troisième génération étant relativement faible, il ne fallait pas compter sur de très hauts débits en période fortement chargée.

Le codage numérique qui est utilisé pour le transport de la parole permet un débit de 8 kbit/s. L'image animée est véhiculée par le biais d'une compression MPEG-2 ou MPEG-4. Plusieurs types de modulations ont été étudiés pour l'émission numérique du signal. Il s'agit d'extensions des modulations classiques en fréquence, en amplitude et en phase. L'accès au canal radio utilise les techniques FDMA, TDMA et CDMA.

FDMA et TDMA sont déjà utilisés dans la génération précédente et dans les réseaux satellite, mais avec l'inconvénient que la réutilisation des canaux radio dans des cellules connexes peut donner lieu à un brouillage. La méthode principale pour la troisième génération est le CDMA. Les mobiles d'une même cellule se partagent un canal radio par des techniques d'étalement de spectre. Le système alloue un code unique à chaque client, ce code étant utilisé pour étaler le signal dans une très large bande passante, B, par rapport à la bande du signal utile, R. Plus le rapport B/R est important, plus le nombre d'utilisateurs potentiel augmente. L'avantage de cette méthode est la réutilisation des mêmes fréquences dans des cellules connexes.

La technique ATM a été adoptée dans un premier temps du fait de sa forte compatibilité avec le réseau fixe et pour la gestion des ressources. Aujourd'hui, on utilise des réseaux de type MPLS avec de la commutation Ethernet. La mobilité du terminal est assurée par des solutions normalisées par le 3GPP dans lesquelles l'intelligence est assez présente. Le débit des terminaux vers le réseau dans la première génération de l'UMTS reste relativement limité, avec 384 kbit/s sur la voie montante, mais permet à l'utilisateur d'accéder à de premiers services multimédias.

Génération 3,5G

Une génération intermédiaire entre la 3G et la 4G s'est mise en place avec des extensions de l'UMTS et une augmentation des débits. Cette génération intermédiaire est illustrée par les solutions HSDPA, HSUPA et LTE. La commercialisation de HSDPA a démarré en 2006 et celle de HSUPA fin 2008.

HSDPA et HSUPA font entrer les mobiles dans l'univers des réseaux de données. Cette génération s'illustre par la mise en place de l'IMS (IP Multimedia Subsystem), examiné en détail à la fin de ce chapitre. L'IMS est également classé au niveau terrestre comme faisant partie du NGN (Next Generation Network), qui représente la convergence fixe/mobile, dans laquelle les services sont accessibles aussi bien à partir de terminaux fixes que de terminaux mobiles.

La génération de l'IMS utilise de nombreux protocoles du monde Internet, dont le plus important est sûrement SIP (Session Initiation Protocol). La téléphonie devient de la téléphonie sur IP (ToIP).

Le LTE (Long Term Evolution), ou release 8 de l'UMTS, a démarré sa commercialisation au début de 2010 en Suède. C'est l'évolution la plus aboutie de l'UMTS et presque de la 4G. Cependant, elle reste classée en 3G+ puisque la parole téléphonique des opérateurs n'est toujours pas en mode IP. On peut cependant réaliser de la téléphonie sur IP avec le VoLTE (Voice over LTE), qui utilise la voie de données du réseau. C'est le passage au tout IP qui marque la 4G. Le débit crête du LTE peut atteindre 100 Mbit/s sur la voie descendante et 50 Mbit/s sur la voie montante.

La 3G a également introduit le principe du numéro unique. Le propriétaire de ce numéro peut l'utiliser sur tous les équipements, après, bien sûr, une authentification. En d'autres termes, l'utilisateur d'un équipement terminal porte avec lui son abonnement et l'utilise, avec les contraintes liées à l'équipement terminal, dans les conditions les plus diverses compatibles avec son abonnement. Une autre utilisation potentielle pour un individu muni de deux abonnements, un personnel et un professionnel, consiste à se faire appeler où qu'il soit dans le monde, sur l'un ou l'autre numéro. Selon la tonalité de la sonnerie, il peut savoir si l'on appelle son numéro privé ou celui de son entreprise.

Génération 4G

La quatrième génération est de nouveau une révolution pour les réseaux hertziens par sa totale compatibilité avec le monde IP, de telle sorte qu'il n'y a plus aucune différence entre un réseau fixe et un réseau de mobiles.

Toutes les applications sont traitées avec le protocole IP, même la parole téléphonique. Quoique l'on classifie parfois le LTE dans la quatrième génération, cette génération démarre avec le LTE Advanced. Les débits sont du même ordre de grandeur que dans le LTE. Les applications M2M (Machine-to-Machine) font partie de la 4G ainsi que toutes celles que l'on trouve aujourd'hui sur l'Internet fixe.

Le problème du manque de fréquences est résolu par l'utilisation de cellules de tailles différentes selon l'environnement et les débits demandés. Dans les zones très denses, il est possible d'utiliser des cellules de toute petite taille, capables d'apporter à chaque machine terminale un débit de plusieurs mégabits par seconde avec des débits crête beaucoup plus élevés.

Ces picocellules ont une portée de quelques dizaines de mètres au maximum. Pour des zones un peu moins denses, une ville avec moins de bureaux, par exemple, des microcellules de quelques centaines de mètres de diamètre sont adoptées. Des cellules plus grandes, dites cellules parapluie, se superposent aux précédentes pour résoudre les problèmes de grande mobilité.

La quatrième génération introduit à la fois le très haut débit et le « multi-homé », c'est-à-dire la possibilité de se connecter sur plusieurs réseaux simultanément. Un même flot peut être décomposé en plusieurs sous-flots transitant par des réseaux différents, afin d'augmenter la vitesse globale de la transmission. La quatrième génération peut également permettre à différents flots de partir chacun par son propre réseau. Le terminal doit donc être capable de détecter tous les réseaux qui sont autour de lui et de choisir pour chacune de ses applications le meilleur réseau à utiliser.

Génération 4,5G

Entre la 4G et la 5G, une nouvelle génération se met en place avec la 4,5G, qui utilise la release 13 du 3GPP, appelée LTE-A Pro. Cette génération intermédiaire est à la fois une amélioration de la 4G et une pré-5G. Les principales évolutions concernent le Gigabit LTE, c'est-à-dire une communication avec les utilisateurs qui atteint le 1 Gbit/s en crête, l'introduction du LTE-M pour la connexion des objets et la diffusion en broadcast de la télévision.

De nouvelles applications seront également mises en œuvre, tel le V2X (Vehicle-to-Everything) grâce à une forte amélioration des temps de latence pour se rapprocher de la milliseconde, qui est l'objectif de la 5G. Les réseaux de drones sont également cités comme nouvelles applications de cette génération.

Une release intermédiaire avant la 5G, parfois appelée 5G NR ou 5G New Radio, apporte des fonctionnalités supplémentaires se rapprochant encore un peu plus de la 5G. Des possibilités telles que le LAA (Licensed Assisted Access) sont mises en œuvre pour utiliser des bandes de spectre non licenciées, le LWA (LTE Wi-Fi Aggregation) permettant d'agréger des bandes Wi-Fi et LTE et le MultiFire pour utiliser du LTE sur des bandes libres.

Génération 5G

De premières pré-5G sont à l'essai, à la fois pour influencer les standards en cours d'étude et pour afficher l'avance technologique du pays qui teste cette nouvelle génération. La normalisation ne sera achevée qu'en 2020, mais, à quelques années de là, on en a déjà une vue assez complète.

La 5G repose sur les trois grandes composantes suivantes :

- La bande étroite, ou NB (NarrowBand), correspondant à l'Internet des objets. Il semble simple de diminuer la capacité d'une communication. En réalité, cette propriété est très complexe à obtenir. Il s'agit de centaines de milliers d'objets connectés sur une même antenne, objets qui ne transmettent parfois pas un seul octet dans l'année, mais qui, dans le cas d'une transmission, doivent disposer instantanément d'un canal, comme les capteurs de détection d'incendie ou de sécurité dans le monde industriel.
- Les missions critiques permettant de prendre en charge des applications dont les temps de réaction sont de l'ordre de la milliseconde. L'exemple le plus souvent cité est celui du V2V (Vehicle-to-Vehicle). Si l'application est un système de conduite automatique contrôlé par de la 5G, le freinage d'un véhicule doit pouvoir se répercuter sur les véhicules

suivants dans un temps de l'ordre de la milliseconde. De nombreuses autres applications, tels les jeux distribués massifs, auront également besoin de cette caractéristique.

- Le haut débit en mobilité doit permettre à des professionnels de travailler dans un train à grande vitesse comme s'ils étaient à leur bureau. De même, un véhicule sur l'autoroute doit permettre à ses occupants, en dehors du conducteur, de regarder une vidéo en très haute définition.

La radio cognitive et les avancées technologiques

Les usages du sans-fil progressent à un rythme vertigineux. On pensait avec les hauts débits relatifs de la 3G+ que l'on ne pourrait plus vraiment progresser. Il n'en est rien. On aura gagné entre 2010 et 2020 un ordre de grandeur de mille ! Là où les réseaux hertziens proposent actuellement des débits de 1 Mbit/s, on atteindra bientôt 1 Gbit/s. Cette augmentation prodigieuse a pour origine la radio cognitive et plusieurs autres avancées technologiques de premier plan.

La première amélioration concerne l'utilisation du spectre. Entre 0 et 20 GHz, elle est actuellement d'environ 10 % dans la rue et nettement moins en zone rurale. À l'intérieur des bâtiments, elle est toutefois encore nettement inférieure, entre 2 et 4 %. Le spectre, que l'on disait saturé, l'est en fait très peu. Cependant, il est complètement licencié, c'est-à-dire que toutes les fréquences ont un propriétaire légal. La figure 16.12 illustre l'utilisation du spectre en cours de journée dans une rue. Certaines fréquences sont fortement utilisées, telles celles achetées par les opérateurs de télécommunications, qui les utilisent au mieux grâce à d'excellentes techniques de multiplexage, comme le CDMA.

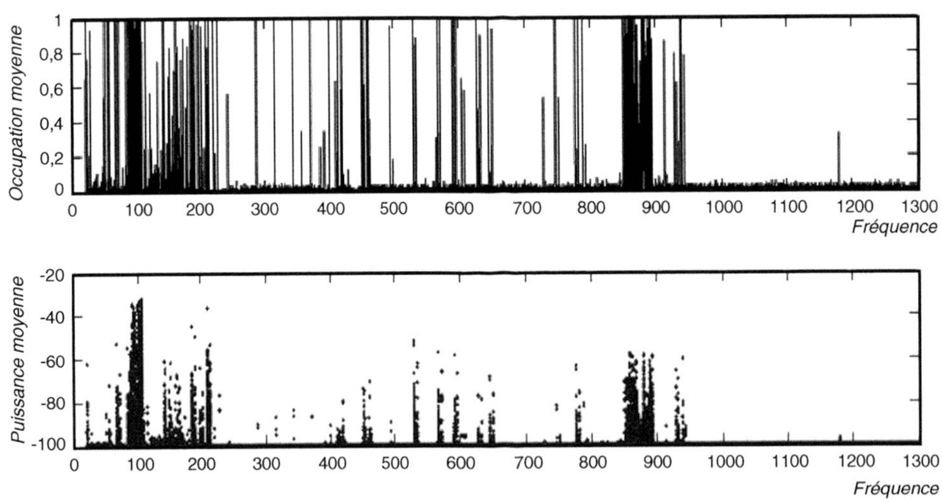

Figure 16.12

Utilisation des fréquences entre 0 et 1,3 GHz

L'objectif de la radio cognitive est d'utiliser au mieux le spectre de fréquences en transmettant sur celles qui ne sont pas utilisées par leur possesseur. La réglementation internationale a été normalisée par l'IEEE, au départ au sein du groupe P1900, lequel s'est transformé pour devenir le groupe DySPAN (Dynamic Spectrum Access Networks).

Cette solution est illustrée à la figure 16.13. Le point d'accès cognitif écoute la porteuse du signal primaire. Dès que celle-ci est libérée, il émet sur cette porteuse. Lorsque le signal primaire revient, le point d'accès cognitif s'arrête de transmettre. Ces techniques sont aujourd'hui au point, et de nombreux essais en ont montré l'efficacité. Il reste des sujets importants à améliorer, comme la présence de deux points d'accès cognitifs simultanément qui entrent en compétition pour émettre en premier. Plusieurs propositions de techniques d'accès ont été proposées, mais aucune n'est encore normalisée.

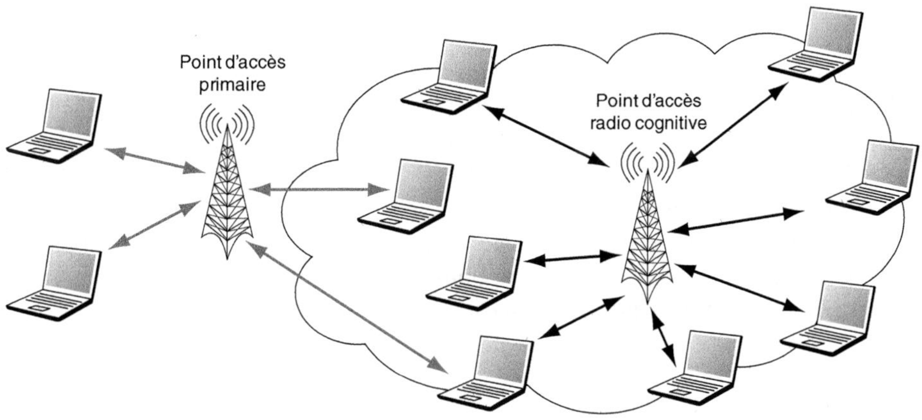

Figure 16.13

Exemple de points d'accès en radio cognitive

D'autres évolutions ont été proposées afin d'augmenter fortement les débits, telles les antennes directionnelles, ou *beamforming*, qui permettent d'émettre simultanément des flots différents dans plusieurs directions spatiales. L'avantage est bien sûr d'augmenter le débit en le multipliant par le nombre de directions. Cette solution présente en outre une bien meilleure réutilisation des fréquences. La réutilisation de fréquence par des antennes directionnelles est illustrée à la figure 16.14. Cette technologie se retrouve dans les Wi-Fi 802.11ac et ax ainsi que dans les antennes 4G et 5G.

Parmi les autres technologies avancées, on peut citer le MIMO massif, qui permet d'utiliser un très grand nombre d'antennes en tant qu'émetteur et en général autant en récepteur. Dans ce cas, le débit est multiplié par le nombre d'antennes qui transportent le même flot de paquets en parallélisant les transmissions. Il faut noter que toutes les antennes utilisent la même fréquence d'émission.

Figure 16.14

Réutilisation des fréquences par des antennes directionnelles

Une autre solution pour augmenter fortement les débits hertziens réside dans l'augmentation du spectre de fréquences en allant non plus de 0 à 20 GHz, mais de 0 à 120 GHz. Les fréquences supérieures à 20 GHz n'étaient jusqu'ici pas utilisées, car étant des ondes millimétriques, elles sont arrêtées par les gouttes d'eau, la poussière, le brouillard, etc. On y recourt à présent sur de courtes portées avec des technologies de récupération performantes, mais demandant des calculs importants.

Au total, la puissance globale de ces nouveaux réseaux hertziens étant sensible aux conditions climatiques, la météo doit être bonne pour disposer de toute la puissance de ces nouvelles fréquences. Cette solution est examinée au chapitre suivant.

La boucle locale satellite

Trois catégories de systèmes satellitaires ont été définies sous les noms de LEOS, MEOS et GEOS (Low, Medium et Geostationary Earth Orbital Satellite). Les satellites sont situés respectivement à environ 1 000, 13 000 et 36 000 kilomètres de la Terre. Les deux premières catégories concernent les satellites défilants, et la dernière les satellites qui semblent fixes par rapport à la Terre.

Les distances à la Terre des différentes catégories de systèmes satellitaires sont illustrées à la figure 16.15. Lorsque les satellites sont défilants, il faut plusieurs satellites les uns derrière les autres pour couvrir un point de la Terre. C'est ce que l'on appelle une constellation.

La boucle locale satellite concerne l'accès d'un utilisateur, que ce soit une entreprise ou un particulier, au commutateur d'un opérateur employant un réseau terrestre. En d'autres termes, le satellite joue le rôle de boucle locale pour permettre à un utilisateur de se connecter à un opérateur. Cette boucle locale est destinée aux clients isolés ou qui n'ont pas la possibilité d'utiliser une boucle locale terrestre.

Les trois catégories de systèmes satellitaires peuvent jouer le rôle de boucle locale. Les LEOS adressent des terminaux relativement légers, ressemblant à des portables de type GSM, mais avec une antenne un peu plus grande. Les systèmes MEOS demandent des antennes plus importantes, qui peuvent exiger une certaine mobilité sur leur socle. Les systèmes GEOS demandent des antennes fixes très importantes.

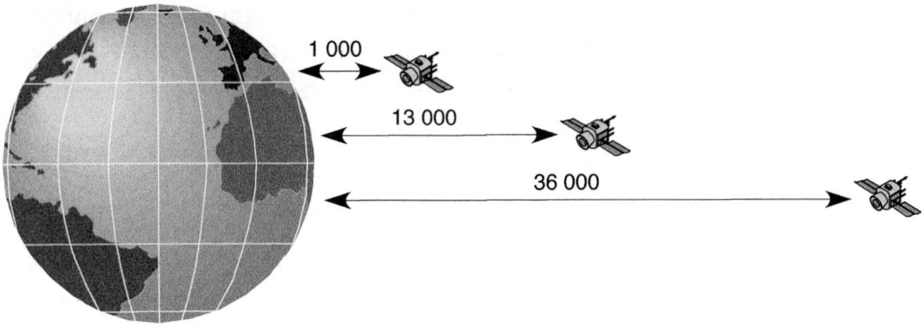

Figure 16.15

Distances à la Terre en kilomètre

La figure 16.16 illustre la taille du spot, c'est-à-dire la zone éclairée par une antenne située sur le satellite, que l'on peut obtenir à partir des différents types de satellites. Plus le satellite est près du sol, plus la taille du spot est petite. L'avantage offert par les satellites basse orbite est la réutilisation des fréquences, qui peut atteindre quatre mille pour une constellation de satellites située à 700 kilomètres du sol.

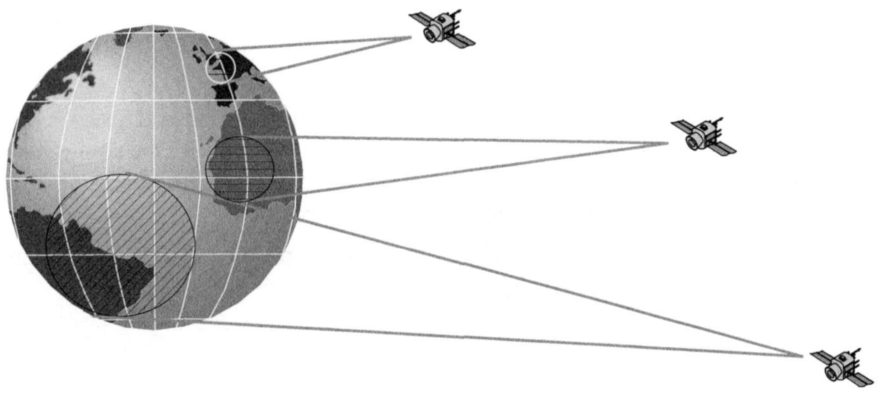

Figure 16.16

Taille des spots des différentes catégories de satellites

Une particularité des boucles locales satellite vient du défilement des satellites lors de l'utilisation d'une constellation. Le client doit changer de satellite au fur et à mesure du passage des satellites au-dessus de sa tête. Ce changement s'appelle un handover satellite.

Il est également possible que les satellites défilants aient plusieurs antennes et que le terminal de l'utilisateur ait à effectuer un handover intrasatellite.

Ces handovers peuvent être de différents types, appartenant à deux grandes catégories : les soft-handover et les hard-handover. Le soft-handover consiste à se connecter à la fois sur le satellite qui disparaît et sur celui qui apparaît. Le passage se fait alors en douceur. Dans un hard-handover, le passage s'effectue brutalement, la communication devant passer d'un satellite à l'autre sans recouvrement.

Le contrôle dans les réseaux de mobiles

La convergence fixe/mobile permet à toute application installée sur un serveur d'être utilisée à partir d'un équipement fixe ou mobile. La première condition pour arriver à cette convergence est qu'un mobile puisse rester connecté sur le réseau en mobilité sans que cela interrompe le déroulement de l'application. Les changements intercellulaires (handovers) doivent se dérouler de façon transparente et sans couture, c'est-à-dire en gardant la même qualité de service si l'application le nécessite.

La macromobilité, qui permet de gérer la mobilité des terminaux entre deux domaines IP différents, et la micromobilité, qui concerne le changement de point d'attachement dans le même domaine IP, sont étudiés en premier. Dans le premier cas, le principal protocole est IP Mobile et dans le second plusieurs protocoles sont en compétition. Sont abordés ensuite le concept de handover vertical, puis le cas particulier de la technologie UMA (Unlicensed Mobile Access), qui permet d'utiliser un réseau X pour transporter les trames d'un réseau Y. Un exemple classique est celui du transport des trames d'un terminal 3G/4G utilisant un réseau Wi-Fi. La section suivante décrit le multihoming, c'est-à-dire le cas où un terminal est connecté simultanément à plusieurs réseaux. La plate-forme générique proposée par le groupe IEEE 802.21 comme standard de prise en charge des handovers est pour sa part présentée à l'annexe K.

La suite du chapitre détaille la plate-forme IMS (IP Multimedia Subsystem) à la base de la convergence fixe mobile. Elle a pour objectif de mettre en place une solution permettant de construire un système dans lequel toutes les machines connectées au réseau, qu'elles soient fixes ou mobiles, puissent communiquer entre elles.

En fin de chapitre est présenté le NGN (Next Generation Network), qui symbolise le réseau cœur unique de la convergence fixe mobile.

IP Mobile

Le contrôle de la mobilité concerne les problèmes liés à la mobilité dans les réseaux IP. Deux grands types de solutions ont été mis en place en fonction du déplacement du mobile, à savoir le support de la macromobilité et celui de la micromobilité. Dans le premier cas, le mobile change de réseau IP tandis que dans le second, il reste dans le même réseau IP, mais change d'antenne de rattachement. La macromobilité est prise en charge par le protocole IP Mobile. Pour la micromobilité de nombreux protocoles ont été définis, dont les principaux sont introduits dans ce chapitre.

Le protocole IP est de plus en plus souvent présenté comme une solution pour résoudre les problèmes posés par les utilisateurs mobiles. Le protocole IP Mobile peut être utilisé sous IPv4, mais le manque d'adresses complique la gestion de la communication avec le mobile. IPv6 est préférable, du fait de son grand nombre d'adresses disponibles, qui permet d'attribuer des adresses temporaires aux stations en cours de déplacement.

Le fonctionnement d'IP Mobile est le suivant :

1. Une station possède une adresse de base, avec un agent qui lui est attaché et qui a pour rôle de suivre la correspondance entre l'adresse de base et l'adresse temporaire.
2. Lors d'un appel vers la station mobile, la demande est acheminée vers la base de données détenant l'adresse de base.
3. Grâce à l'agent, il est possible d'effectuer la correspondance entre l'adresse de base et l'adresse provisoire et d'acheminer la demande de connexion vers le mobile.

Cette solution est semblable à celle utilisée dans les réseaux de mobiles.

La terminologie employée dans IP Mobile est la suivante :

- Mobile Node, ou nœud mobile : terminal ou routeur qui change son point d'attachement d'un sous-réseau à un autre sous-réseau.
- Home Agent, ou agent Home : routeur du sous-réseau sur lequel est enregistré le nœud mobile.
- Foreign Agent, ou agent Foreign : routeur du sous-réseau visité par le nœud mobile.

L'environnement IP Mobile est formé de trois fonctions relativement disjointes :

- La découverte de l'agent (Agent Discovery) : lorsque le mobile arrive dans un sous-réseau, il recherche un agent susceptible de le prendre en charge.
- L'enregistrement : lorsqu'un mobile est hors de son domaine de base, il enregistre sa nouvelle adresse (Care-of-Address) auprès de son agent Home. Suivant la technique utilisée, l'enregistrement peut s'effectuer soit directement auprès de l'agent Home, soit par l'intermédiaire de l'agent Foreign.
- Le tunneling : lorsqu'un mobile se trouve en dehors de son sous-réseau, les paquets doivent lui être délivrés par une technique de tunneling, qui permet de relier l'agent Home à l'adresse Care-of-Address.

Les figures 16.17 et 16.18 illustrent les schémas de communication d'IP Mobile pour IPv4 et IPv6.

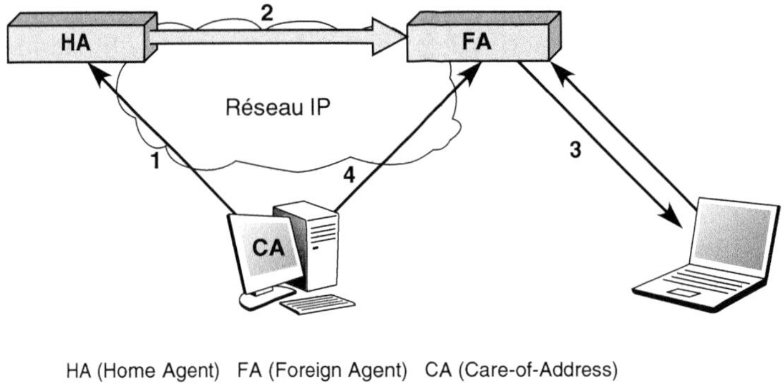

Figure 16.17

IP Mobile pour IPv4

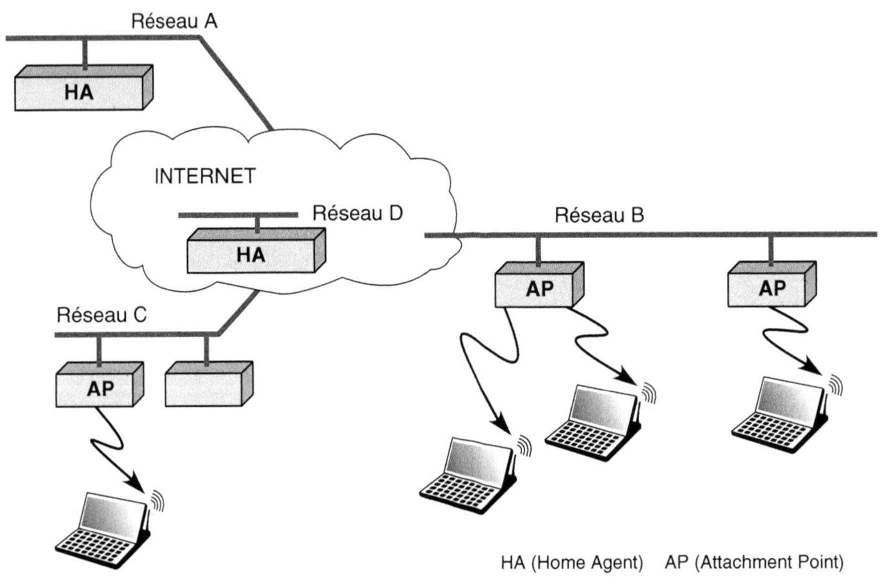

Figure 16.18

IP Mobile pour IPv6

Solutions pour la micromobilité

Plusieurs protocoles ont été proposés par l'IETF pour la gestion de la micromobilité afin d'améliorer IP Mobile. En effet, les solutions de micromobilité visent principalement à réduire les messages de signalisation et la latence du handover induite par les mécanismes d'IP Mobile. Généralement, on distingue deux catégories d'approches pour la micromobilité : celles qui s'appuient sur les tunnels et celles qui s'appuient sur les tables de routage.

Les approches par tunnels utilisent un enregistrement local et hiérarchique. Elles recourent pour cela aux protocoles IDMP (Intra-Domain Mobility Management Protocol), HMIPv6 (Hierarchical MIPv6) et FMIPv6 (Fast MIPv6).

HMIPv6 est un schéma hiérarchique qui différencie la mobilité locale de la mobilité globale. Il a pour avantages l'amélioration des performances du handover, puisque les handovers locaux sont effectués localement, et de la vitesse de transfert, tout en minimisant la perte de paquets qui peut survenir pendant les transitions. HMIPv6 réduit considérablement la charge de signalisation de la gestion de la mobilité sur Internet puisque les messages de signalisation correspondant à des mouvements locaux ne traversent pas l'ensemble d'Internet, mais restent confinés sur le site.

FMIPv6 a pour objectif de réduire le délai de latence du handover en comblant les lacunes de MIPv6 en matière de temps de détection du mouvement du mobile et d'enregistrement de la nouvelle adresse temporaire, mais aussi grâce à des handovers par anticipation et par tunnel.

Les approches fondées sur les tables de routage consistent à maintenir les routes spécifiques au host dans les routeurs pour transférer les messages. Cellular IP ou HAWAII (Handoff-Aware Wireless Access Internet Infrastructure) sont deux exemples de protocoles de micromobilité fondés sur les tables de routage.

Gestion du handover dans les réseaux hétérogènes

Les réseaux sans fil hétérogènes consistent en un amoncellement de technologies radio existantes ou à venir. C'est grâce à la procédure de handover qu'un tel amoncellement est possible puisque les utilisateurs peuvent se déplacer d'un réseau d'accès à un autre dans un environnement global multitechnologique.

Dans un tel contexte, il est primordial de pouvoir offrir aux utilisateurs mobiles les meilleures performances possibles lors de leurs déplacements. Le concept ABC (Always Best Connected) est une initiative qui vise à permettre aux utilisateurs mobiles d'être toujours connectés au mieux en profitant des différentes technologies d'accès déployées à tout moment et en tout lieu. L'utilisateur mobile peut choisir le réseau d'accès le plus à même de bénéficier d'un service dans les meilleures conditions selon ses préférences. Il peut également en changer au cas où un meilleur réseau d'accès s'offre à lui.

La procédure de handover est primordiale pour garantir le concept ABC. Elle a pour rôle d'assurer la continuité de service lors d'un changement de point d'attachement et ainsi d'établir des liens entre les différents réseaux d'accès formant un environnement multitechnologique.

Taxonomie des handovers

La catégorisation des handovers en différents types dépend de plusieurs facteurs, qui sont le plus souvent en rapport avec les technologies impliquées et l'architecture réseau où le handover a lieu.

- **Technologies impliquées.** Handover horizontal *vs* vertical : lors d'un handover, si le point d'attachement associé est de même technologie que le point d'attachement cible, il s'agit d'un handover horizontal. Le handover vertical implique à l'inverse des points d'attachement de technologies différentes.
- **Nombre de connexions en même temps.** Handover make-before-break *vs* break-before-make : dans un handover make-before-break (également appelé soft-handover), la connexion avec le point d'attachement cible est établie avant la déconnexion avec le point d'accès associé. À l'inverse, dans un handover break-beforemake (également appelé hard-handover), la connexion est d'abord coupée puis établie avec le point d'attachement cible.
- **Contrôle de l'initialisation du handover.** MIHO *vs* NIHO : selon l'entité qui initialise le handover, on distingue deux types de handovers, le MIHO (Mobile-Initiated HandOver), où le handover est initialisé par le terminal, et le NIHO (Network-Initiated HandOver), où le handover est initialisé par le réseau.
- **Contrôle de l'exécution du handover.** MCHO *vs* NCHO : selon l'entité qui contrôle l'exécution du handover, on distingue le MCHO (Mobile-Controlled HandOver), où c'est le terminal qui exécute le handover selon l'analyse des mesures qu'il a effectuées sans aucun support du réseau, et le NCHO (Network-Controlled HandOver), où c'est le réseau qui contrôle complètement l'exécution du handover. Il est à noter que, dans d'autres variantes, il y a coopération entre le terminal et le réseau pour la prise de décision et l'exécution du handover. Ainsi, on distingue le MAHO (Mobile-Assisted HandOver), où le réseau contrôle l'exécution grâce aux mesures envoyées par le terminal, et le NAHO (Network-Assisted HandOver), où le réseau collecte des informations qui peuvent être utilisées par le terminal pour la prise de décision.
- **Couches impliquées.** Handover de couche 2 *vs* couche 3 : le handover de niveau liaison (couche 2), s'effectue lorsqu'un terminal bascule entre différents points d'attachement sous un même réseau IP. Un exemple de ce type de handover est le passage d'un terminal entre deux points d'accès Wi-Fi d'un même ESS (Extended Service Set). À l'inverse, le handover de niveau réseau (couche 3) implique un changement d'adresse IP.

Handovers verticaux

Trois catégories de handovers peuvent être répertoriées : les handovers horizontaux, qui permettent à un mobile de passer d'une cellule à une autre cellule de même type ; les handovers diagonaux, qui permettent à un mobile de passer d'une cellule à une autre cellule ayant des caractéristiques similaires, comme le passage d'un réseau Wi-Fi à un réseau WiMAX : les handovers verticaux, qui correspondent à une transition d'une cellule vers une cellule d'architecture complètement différente, comme Wi-Fi vers GSM ou UMTS.

La figure 16.19 illustre des handovers dans un réseau multitechnologie.

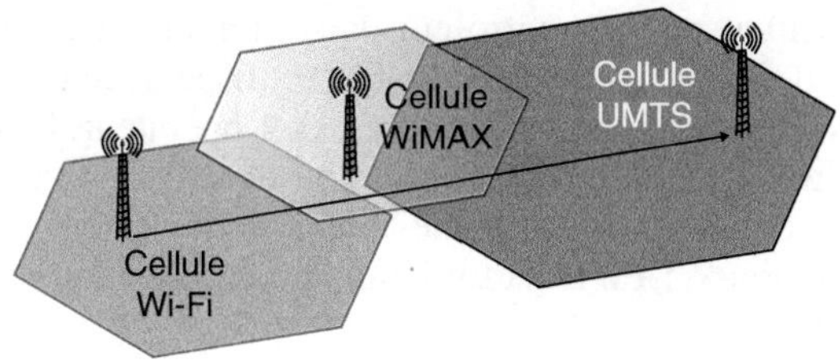

Figure 16.19

Handovers dans un réseau multitechnologie

On ne fait généralement pas de différence entre les handovers diagonaux et les handovers verticaux, qui sont tous intégrés dans les handovers verticaux.

Le changement d'antenne peut se faire de deux façons différentes : en soft-handover, c'est-à-dire en établissant des connexions simultanées avec les deux antennes, et en hard-handover, en demandant le passage instantané d'une antenne à une autre, comme dans le cas du GSM. Lors d'un handover vertical de type soft, il faut que le terminal soit capable de se connecter simultanément sur l'un et l'autre réseau, par exemple Wi-Fi et LTE.

Deux solutions d'interfonctionnement sont possibles : le couplage fort (*tight coupling*) et le couplage lâche (*loose coupling*). Dans le couplage fort, promu par le 3GPP, deux éléments sont ajoutés : le WAG (Wireless Access Gateway) et le PDG (Package Data Gateway). Le couplage lâche est plutôt utilisé quand le réseau Wi-Fi n'est pas géré par un opérateur, mais par un utilisateur privé.

Pour les hard-handovers, le moment choisi pour basculer d'une cellule à une autre est déterminé par un algorithme fondé sur le RSS (Relative Signal Strength) : le terminal bascule d'une cellule à l'autre lorsque la réception est plus forte dans la nouvelle cellule. Il peut aussi se fonder sur d'autres caractéristiques, comme le taux d'erreurs en ligne, le nombre de clients dans chaque cellule, le débit des clients connectés dans les deux cellules, etc. Si l'un des deux points d'accès est à la charge d'un opérateur, il faut aussi tenir compte du coût de connexion, du SLA de chaque client, etc.

UMA (Unlicensed Mobile Access)

UMA est un standard de fait qui provient en partie de la solution IEEE 802.21 décrite à l'annexe K.

UMA a été développé pour les handovers entre GSM, UMTS, Bluetooth et Wi-Fi. Depuis 2005, l'UMA fait partie de la standardisation de l'ETSI 3GPP effectuée par le groupe de travail GAN (Generic Access Network). L'objectif est de permettre à un terminal voix-données-images connecté sur une antenne Wi-Fi de passer à une antenne GSM sans couture, c'est-à-dire sans interruption de la communication et *vice versa.* Les réseaux Bluetooth et UMTS sont également concernés.

Lorsqu'un terminal se trouve dans une cellule de type GSM ou UMTS, il communique avec une station de base, et la communication s'écoule vers le réseau cœur (Core Mobile

Network) en transitant par un contrôleur de station de base. Quand le terminal détecte un réseau Wi-Fi, il établit une connexion IP sécurisée avec une passerelle appelée GAN Controller (GANC) se trouvant dans le réseau de l'opérateur. Le GANC translate le signal provenant du terminal en une communication dont le format est identique à celui qui proviendrait d'un contrôleur de station de base. Lorsque le terminal passe d'une connexion GSM à une connexion Wi-Fi, il est toujours vu comme étant connecté sur un contrôleur de station de base.

L'architecture UMA est illustrée à la figure 16.20.

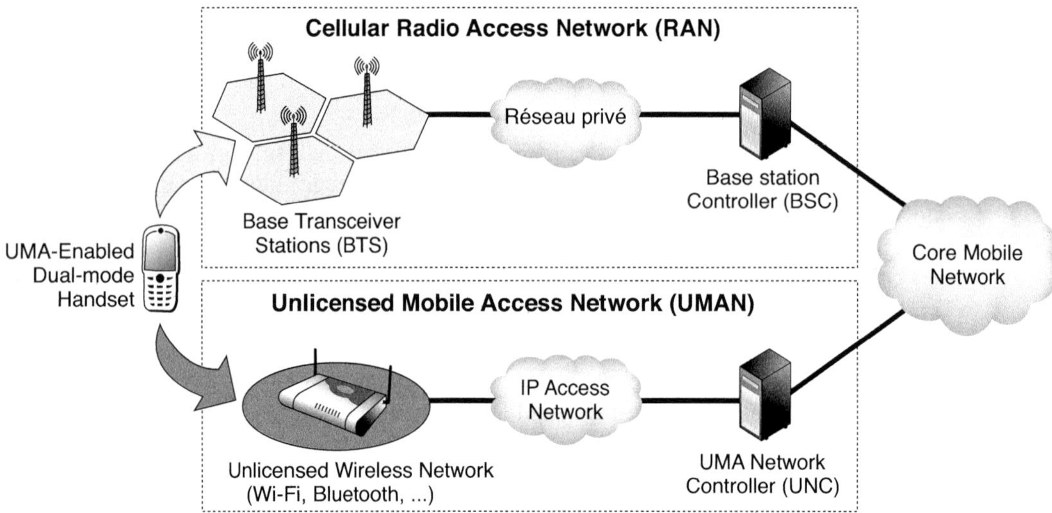

Figure 16.20

Architecture UMA

Le terminal UMA possède quatre modes opératoires :

- GERAN-only, qui ne permet que le fonctionnement du réseau de mobiles.
- GERAN-preferred, qui utilise de préférence le réseau de mobiles et à défaut le réseau Wi-Fi.
- GAN-preferred, qui utilise de préférence le mode Wi-Fi au mode GSM.
- GAN-only, qui utilise uniquement la connexion Wi-Fi.

L'interface GSM est toujours utilisée pour au moins déterminer la localisation géographique de l'utilisateur et déterminer le serveur GANC à utiliser pour les points d'accès à raccorder.

L'avantage de cette solution pour les opérateurs est de pouvoir déployer des réseaux Wi-Fi bon marché, surtout dans les hotspots. De plus, les communications Internet des utilisateurs s'écoulent beaucoup mieux par Wi-Fi que par les techniques des réseaux de mobiles. De nombreux produits, en France surtout, utilisent cette technologie UMA pour compléter les Home Gateway.

Pour le client, l'UMA présente également de grands atouts économiques puisque l'accès par le biais de Wi-Fi est beaucoup moins onéreux que par les techniques de mobilité. Un seul numéro de téléphone peut être associé à l'équipement qui est accédé aussi bien par GSM que par Wi-Fi.

Les désavantages de cette solution proviennent de la relative complexité de mise en place du système global et du poids des téléphones, qui sont légèrement plus lourds afin de pouvoir accueillir les deux systèmes simultanément.

Ce système fonctionne en fait comme une émulation de Wi-Fi en technique GSM. De ce fait, les applications gratuites deviennent payantes, à l'image de la téléphonie Skype, qui doit passer par un circuit.

Le multihoming

Le multihoming consiste pour un terminal à se connecter à plusieurs réseaux simultanément afin de permettre d'optimiser les communications en prenant le meilleur réseau ou en permettant à une application de prendre plusieurs chemins et donc aux paquets d'un même message de prendre plusieurs chemins simultanément. À un peu plus long terme, un terminal sera connecté sur plusieurs réseaux et chaque application pourra choisir son ou ses réseaux de transport.

Le terme multihoming renvoie aux multiples « home » qu'un terminal peut avoir, chaque « home » pouvant donner au terminal sa propre adresse IP. Le terminal doit donc gérer les différentes adresses IP qu'il reçoit.

Le multihoming permet de disposer de plusieurs connexions simultanées à différents réseaux d'accès. Un terminal multihomé est défini comme un terminal qui peut être atteint *via* plusieurs adresses IP.

On distingue trois catégories :

- **Une seule interface et plusieurs adresses IP.** C'est le cas d'un terminal dans un site multihomé. Chaque adresse IP du terminal appartient à un fournisseur d'accès différent. Cette configuration a pour objectif d'augmenter la fiabilité ou d'optimiser les performances en utilisant l'ingénierie du trafic.
- **Plusieurs interfaces, une adresse IP par interface.** Le terminal dispose de plusieurs interfaces physiques et chaque interface a seulement une adresse IP. C'est le cas du terminal mobile multi-interface. Les interfaces peuvent avoir différentes technologies d'accès et être connectées à différents réseaux. Chaque interface obtient une adresse IP fournie par son propre réseau.
- **Plusieurs interfaces, une ou plusieurs adresses IP par interface.** C'est le cas le plus général. Le terminal dispose de plusieurs interfaces physiques, dont chacune peut recevoir une ou plusieurs adresses IP attribuées par les réseaux attachés.

Il existe deux approches principales pour le multihoming, l'une utilisant le protocole de routage BGP (Border Gateway Protocol) et une utilisant le mécanisme de translation d'adresse NAT (Network Address Translation). Ces solutions se fondent sur le routage du réseau et les techniques de gestion d'adresse afin de fournir une grande facilité de connexion et une amélioration des performances.

Les premiers protocoles de multihoming se sont placés au niveau transport avec SCTP (Stream Control Transmission Protocol) et ses extensions. Au niveau réseau, SHIM6 (Level 3 Multihoming Shim Protocole for IPv6) et HIP (Host Identity Protocol) sont les deux protocoles supportant le multihoming normalisés à l'IETF.

Une autre manière de concevoir des protocoles de multihoming pour le terminal mobile consiste à développer le protocole de transmission multichemin à partir du protocole de transmission monochemin. C'est le cas de l'enregistrement multiple des adresses lors de la mobilité, adresses que l'on appelle Care-of-Address (mCoA) et MTCP (Multipath TCP). mCoA est une évolution de Mobile IPv6, qui permet d'enregistrer plusieurs adresses temporaires (CoAs) sur un même terminal mobile. Cette solution définit un identifiant d'enregistrement qui a pour objectif de distinguer les CoA d'un même terminal. MPTCP (Multipath TCP) est une extension récente de TCP pour prendre en charge la transmission de données par plusieurs chemins simultanément. Une connexion MPTCP est composée de plusieurs connexions TCP.

Les objectifs d'un protocole de multihoming pour un terminal mobile multi-interface sont les suivants :

- Les chemins disponibles doivent être simultanément utilisés pour permettre une augmentation de la bande passante.
- L'algorithme de partage de charge qui distribue les données sur plusieurs chemins doit assurer que la bande passante totale soit au moins égale à celle obtenue sur le meilleur chemin.
- L'utilisation de plusieurs chemins doit renforcer la fiabilité de la communication.
- Le protocole de multihoming doit supporter la mobilité en traitant les problèmes de handovers horizontaux et verticaux
- Les interfaces des différentes technologies d'accès doivent fournir aux utilisateurs une meilleure couverture radio.

Les protocoles de niveau réseau

Cette section présente trois protocoles qui prennent en charge le multihoming au niveau réseau : HIP (Host Identity Protocol), SHIM6 (Level 3 Multihoming Shim Protocol for IPv6) et mCoA (Multiple Care-of-Addresses).

Avant d'entrer dans les détails de HIP et SHIM6, introduisons les grands principes de ces deux protocoles. Dans un réseau IP, l'adresse IP est utilisée à la fois comme l'identifiant du terminal et le localisateur du terminal. Cette propriété se rencontre également dans le protocole LISP. Cette double fonctionnalité de l'adresse IP pose des problèmes dans l'environnement multihomé. En effet, chaque terminal possédant plusieurs adresses IP associées à ses interfaces, un terminal est représenté par plusieurs identifiants. Dans la mobilité, lorsque le terminal se déplace en dehors de la zone de couverture d'une technologie, il bascule vers l'interface d'une autre technologie. La communication est alors interrompue car les couches supérieures pensent que les différents identifiants représentent différents terminaux. La transmission simultanée de données par plusieurs chemins est impossible puisque les chemins ne sont pas considérés comme appartenant au même terminal.

Les approches de HIP et de SHIM6 proposent de séparer les deux fonctions de l'adresse IP afin de supporter le multihoming. Une couche intermédiaire est ajoutée entre la couche réseau et la couche transport. Cette couche permet de différencier l'identifiant et l'adresse du nœud. L'identifiant ne dépend plus du point d'attachement du nœud. Bien que le nœud ait plusieurs adresses, il est présenté par un identifiant unique aux couches supérieures. Quand une adresse du nœud n'est plus valable, l'identifiant est associé à une autre adresse. La couche intermédiaire s'occupe de la liaison entre l'identifiant et l'adresse. De ce fait, le changement de l'adresse devient transparent pour les couches supérieures, lesquelles s'associent seulement à l'identifiant.

HIP (Host Identity Protocol)

HIP est une approche qui sépare totalement la fonction d'identifiant de la fonction de localisation de l'adresse IP. HIP propose de nouveaux identifiants cryptographiques Host Identity (HI) aux terminaux.

Dans l'architecture de HIP, HI est l'identifiant du terminal présenté aux couches supérieures, tandis que l'adresse IP ne joue que le rôle de l'adresse topologique. Comme indiqué à la figure 16.21, une nouvelle couche nommée HIP est ajoutée entre les couches réseau et transport. Cette couche HIP s'occupe de faire la correspondance entre HI et l'adresse IP active du terminal. Quand un terminal change d'adresse IP grâce à la mobilité ou au multihoming, HI reste fixe pour fournir le support de la mobilité et du multihoming.

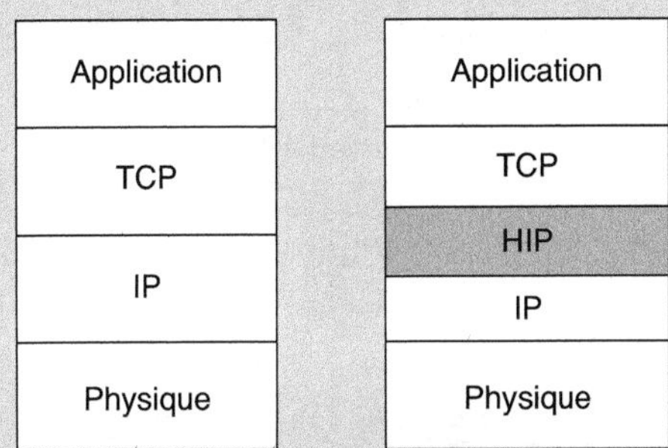

Figure 16.21

Architecture de HIP

HI est la clé publique d'une paire de clés asymétriques générée par le terminal. Pourtant, HI n'est pas directement utilisé dans le protocole à cause de sa longueur variable. Il existe deux formats de HI en utilisant les hachages cryptographiques sur la clé publique. Une représentation de HI à 32 bits, appelée LSI (Local Scope Identifier), est utilisée pour IPv4. Une autre représentation de HI à 128 bits, appelée HIT (Host Identity Tag) est utilisée pour IPv6.

Avant de communiquer entre eux, les terminaux utilisent le protocole HIP base exchange pour établir l'association HIP. HIP base exchange est un protocole cryptographique qui permet aux terminaux de s'authentifier. Comme indiqué à la figure 16.22, l'échange de base se compose de quatre messages qui contiennent les informations du contexte de communication, telles que les HIT, la clé publique, les paramètres de sécurité d'IPSec, etc. I et R représentent respectivement l'initiateur et le répondeur de l'échange. Afin de protéger l'association contre des attaques de type déni de service (DoS), un puzzle est ajouté dans les messages R1 et I2. Comme HI remplace la fonction de l'identifiant de l'adresse IP, le HI et une des adresses IP disponibles d'un terminal devraient être publiés dans le DNS (Domain Name System).

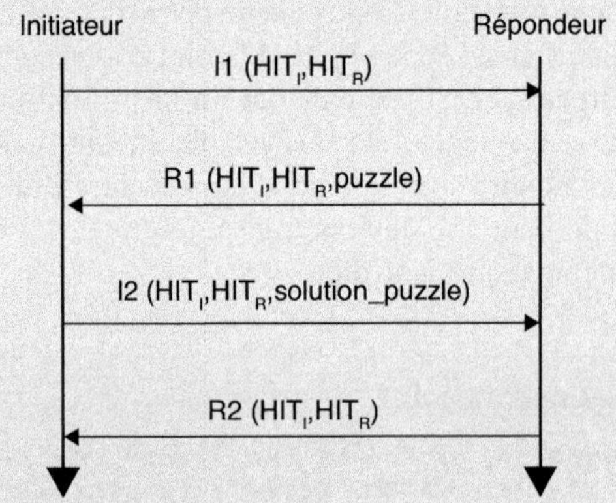

Figure 16.22

Procédure d'échange de base de HIP

La figure 16.23 illustre la procédure d'échange de base en tenant compte du serveur DNS. Avant de commencer l'échange de base HIP, l'initiateur interroge le DNS en utilisant le nom DNS du répondeur pour obtenir son HI et son adresse IP. Après avoir reçu les informations nécessaires, l'initiateur exécute l'échange de base au moyen de quatre messages, I1, R1, I2 et R2.

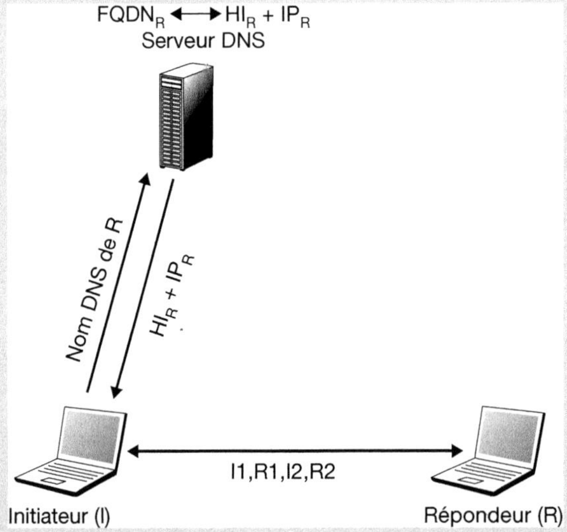

Figure 16.23

Échange de base de HIP avec DNS

SHIM6 (Level 3 Multihoming Shim Protocol for IPv6)

Comme les protocoles de multihoming au niveau réseau, SHIM6 supporte également la séparation des rôles d'identification et de localisation de l'adresse IP. SHIM6 propose d'utiliser une sous-couche intermédiaire SHIM située à l'intérieur de la couche IP.

Contrairement à HIP, l'approche de SHIM6 n'introduit pas un nouvel espace de nommage pour les identifiants. Le terminal considère une de ses adresses IP comme son identifiant. Nommée ULID (Upper-Layer Identifier), celle-ci est visible par les couches supérieures. Une fois que l'ULID du terminal est choisi, il n'est donc pas modifiable tout au long de la session de communication. Ce mécanisme assure un fonctionnement transparent de tous les protocoles des couches supérieures dans un environnement de multihoming, car ces protocoles voient toujours une adresse IPv6 stable. La sous-couche SHIM s'occupe d'effectuer la correspondance entre l'ULID et l'adresse active du terminal lors de la transmission.

Comme illustré à la figure 16.24, le terminal A dispose de deux adresses, IP1A et IP2A, de même que le terminal B (IP1B, IP2B). Les adresses stables de source et de destination vues par les couches supérieures sont respectivement IP1A et IP1B. Supposons que les adresses IP1A et IP1B ne soient plus valables pour les deux terminaux. Si le terminal A continue d'envoyer des paquets au terminal B, l'application du terminal A indique IP1A et IP1B comme adresses source et destination du paquet, car elle n'a pas conscience du changement des adresses. Quand la sous-couche SHIM du terminal A reçoit ce paquet, elle convertit les ULID indiqués dans les adresses réelles des deux terminaux. Ensuite, le paquet est envoyé sur l'adresse IP2A du terminal A vers l'adresse IP2B du terminal B. Quand la sous-couche SHIM du terminal B reçoit le paquet, elle retraduit les adresses en ULID (IP1A pour la source et IP1B pour la destination) avant d'envoyer des données à la couche supérieure. Grâce à la correspondance entre l'ULID et l'adresse faite par la sous-couche SHIM, les changements d'adresses sont totalement transparents pour les protocoles des couches supérieures.

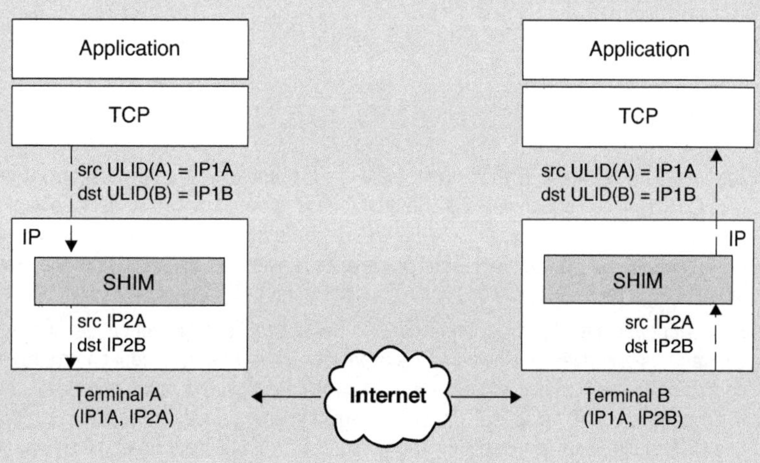

Figure 16.24

Exemple de correspondance dans SHIM6

mCoA (Multiple Care-of-Addresses registration) dans Mobile IPv6

MIP6 (Mobile IPv6) est le protocole de gestion de la mobilité pour IPv6. Dans l'architecture de mobilité IP, chaque nœud mobile dispose d'une adresse statique HoA (Home Address) qui est attribuée par son réseau mère. Quand le nœud mobile entre dans un réseau d'accueil, il obtient une nouvelle adresse IP temporaire appelée CoA (Care-of-Address). Il informe son agent mère (HA) se situant dans le réseau mère. HA stocke dans son cache (Binding Cache) la correspondance entre CoA et HoA du nœud mobile. Ensuite, s'il existe un trafic destiné au HoA, il est intercepté par HA et est redirigé vers l'adresse réelle du nœud mobile au moyen d'un tunnel IP. En conséquence, la mobilité du nœud mobile devient transparente pour les nœuds correspondants. Le principe de Mobile IPv6 est illustré à la figure 16.25.

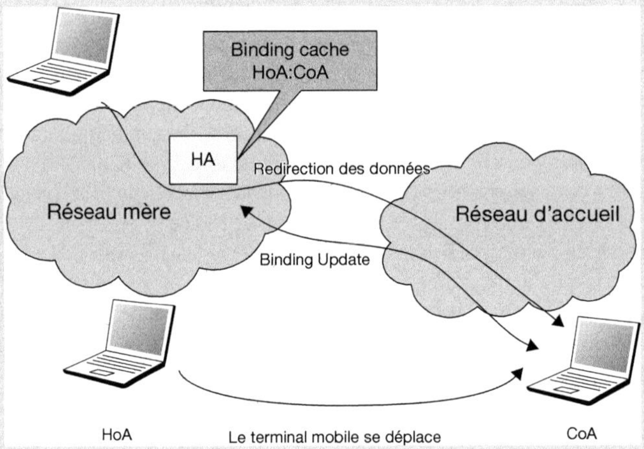

Figure 16.25
Mobile IPv6

Les limitations de Mobile IPv6 viennent de ce que le client ne peut enregistrer qu'une seule adresse temporaire CoA avec son agent mère HA. En effet, quand le nœud mobile se déplace vers un nouveau réseau, il obtient une nouvelle adresse CoA. Le nœud mobile doit informer son HA de ce changement pour que le HA mette à jour son cache. HA remplace alors l'ancienne CoA par la nouvelle. Par conséquent, à tout moment, il ne peut exister qu'une seule association entre CoA et HoA.

Pour supporter le multihoming, une extension permettant l'enregistrement de multiples CoA a été définie : un nœud mobile recevant plusieurs CoA associées à ses interfaces peut enregistrer autant de correspondances entre ses CoA et son unique HoA à son HA. Pour cela, un numéro d'identifiant de l'enregistrement (BID) dans le cache est utilisé. Chaque enregistrement, qui est équivalent à une correspondance entre une CoA et une HoA, est identifié par un unique BID. En utilisant un ou plusieurs messages de Binding Update, le nœud mobile informe son HA de ses correspondances CoA/HoA et des BID. HA conserve dans son cache toutes les correspondances enregistrées par le nœud mobile, comme l'illustre la figure 16.26. La transmission multichemin est gérée par le nœud mobile. Pour les flux de données sortants, le nœud mobile envoie le trafic selon son algorithme de distribution de flux. Pour les flux de données entrants, le nœud mobile définit les préférences du trafic et en informe HA. HA distribue ensuite le trafic destiné au nœud mobile *via* les différentes CoA selon les préférences indiquées.

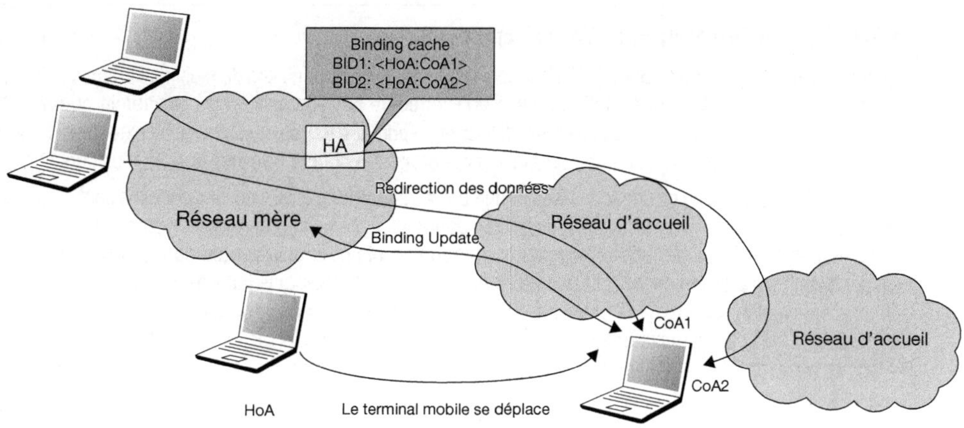

Figure 16.26

Enregistrement de plusieurs CoA dans Mobile IPv6

Les protocoles de niveau transport

Dans les protocoles de transport classiques TCP et UDP, chaque terminal utilise une seule adresse pour une communication. Si l'adresse du terminal change, la connexion est interrompue. Avec l'évolution de la technologie d'accès, un terminal a souvent plusieurs adresses IP associées à ses interfaces. Les approches au niveau transport proposent que chaque terminal maintienne une liste des adresses IP. Une adresse peut être remplacée par une autre sans interrompre la communication. Les protocoles de multihoming au niveau transport sont des extensions de TCP telles que MPTCP (Multipath TCP), Multihomed TCP, TCP-MH, et le protocole SCTP (Stream Control Protocol). Cette section aborde les deux protocoles standardisés qui sont les plus utilisés : SCTP et MPTCP.

SCTP (Stream Control Transmission Protocol)

Stream Control Transmission Protocol (SCTP) est un protocole de transport qui a été défini par l'IETF en 2000 et mis à jour en 2007. À l'origine, ce protocole a été développé pour transporter la signalisation téléphonique sur le réseau IP. Étant un protocole de transport, SCTP est équivalent à d'autres protocoles de transport tels que TCP ou UDP. SCTP propose une fiabilité améliorée grâce à des mécanismes de contrôle de congestion, de détection des duplications de paquets et de retransmission. De plus, il supporte de nouveaux services permettant de le distinguer des autres protocoles de transport : multistreaming et multihoming. Contrairement à TCP, qui est un protocole orienté octets, SCTP est un protocole orienté messages.

CMT (Concurrent Multipath Transfer)

Le multihoming est supporté par SCTP de façon incomplète. La disponibilité de plusieurs chemins a uniquement pour but de réaliser une redondance. SCTP effectue la transmission *via* le chemin primaire. Les chemins secondaires sont utilisés seulement si le chemin primaire tombe en panne. Une extension de SCTP, appelée CMT (Concurrent Multipath Transfer), a été proposée pour la transmission *via* plusieurs chemins.

Dans CMT, il n'y a pas de distinction entre chemin primaire et secondaire. Tous les chemins sont équivalents et simultanément utilisés dans la transmission de données. CMT se sert du même système de numéros de séquence que SCTP. CMT utilise l'algorithme de round-robin pour envoyer les données sur les chemins disponibles. La transmission des données à l'émetteur est contrôlée par la taille de la fenêtre de congestion de chaque chemin (cwnd). CMT envoie les données sur un chemin dès que sa fenêtre de congestion est disponible. Quand plusieurs chemins sont utilisables pour la transmission, le chemin est sélectionné selon le modèle de round-robin. CMT remplit la fenêtre de congestion de chaque chemin avant de passer à l'autre.

En contrepartie des bénéfices d'utilisation de la transmission multichemin, CMT s'accompagne d'un phénomène de déséquencement qui dégrade les performances du fait que les chemins de CMT peuvent avoir des caractéristiques différentes en termes de bande passante et de délai.

MPTCP (Multipath TCP)

TCP est le protocole de transport le plus utilisé par les applications sur Internet, mais ce protocole ne supporte pas le multihoming. Malgré l'existence de différents chemins, chaque connexion TCP est limitée à ne se servir que d'un seul chemin pour la transmission. L'utilisation simultanée de plusieurs chemins pour une même session de TCP pourrait améliorer le débit et fournir de meilleures performances tout en renforçant la fiabilité de la connexion. Le protocole Multipath TCP défini par l'IETF est une version modifiée de TCP qui supporte le multihoming et permet la transmission simultanée de données sur les différents chemins. Comme MPTCP est compatible avec TCP, il n'est pas besoin de modifier les applications existantes pour utiliser ses services. MPTCP est conçu pour regrouper plusieurs flots TCP indépendants dans une seule connexion MPTCP en assurant la transparence pour les couches supérieures.

IMS (IP Multimedia Subsystem)

L'IMS (IP Multimedia Subsystem) est conçu pour fournir aux utilisateurs la possibilité d'établir des sessions multimédias dans un environnement de convergence fixe/mobile. En particulier, la session doit pouvoir être ouverte entre n'importe quel serveur et n'importe quel terminal, qu'ils soient connectés en mobile ou en fixe. À cet effet, le protocole SIP (Session Initiation Protocol), qui a été introduit dans les réseaux IP pour mettre en place les sessions téléphoniques, a été choisi pour sa grande généralité d'ouverture et de fermeture de session.

Le réseau cœur est un réseau à transfert de paquets IP. Les accès sont aussi de type IP ou IP-CAN (IP-Connectivity Access Network). Le rôle de l'IP-CAN est d'interconnecter les terminaux mobiles au réseau cœur.

L'IMS est parfois appelé IP Multimedia Core Network Subsystem. Les entités composant son architecture peuvent être classées en trois catégories : éléments de contrôle de sessions, ou CSCF (Call Session Control Function), éléments assurant l'interfonctionnement avec le domaine circuit (BGCF, MGCF, IM-MGW, SGW), serveurs d'application et ressources média (AS, MRFC, MRFP).

Les entités fonctionnelles de l'architecture de l'IMS sont illustrées à la figure 16.27.

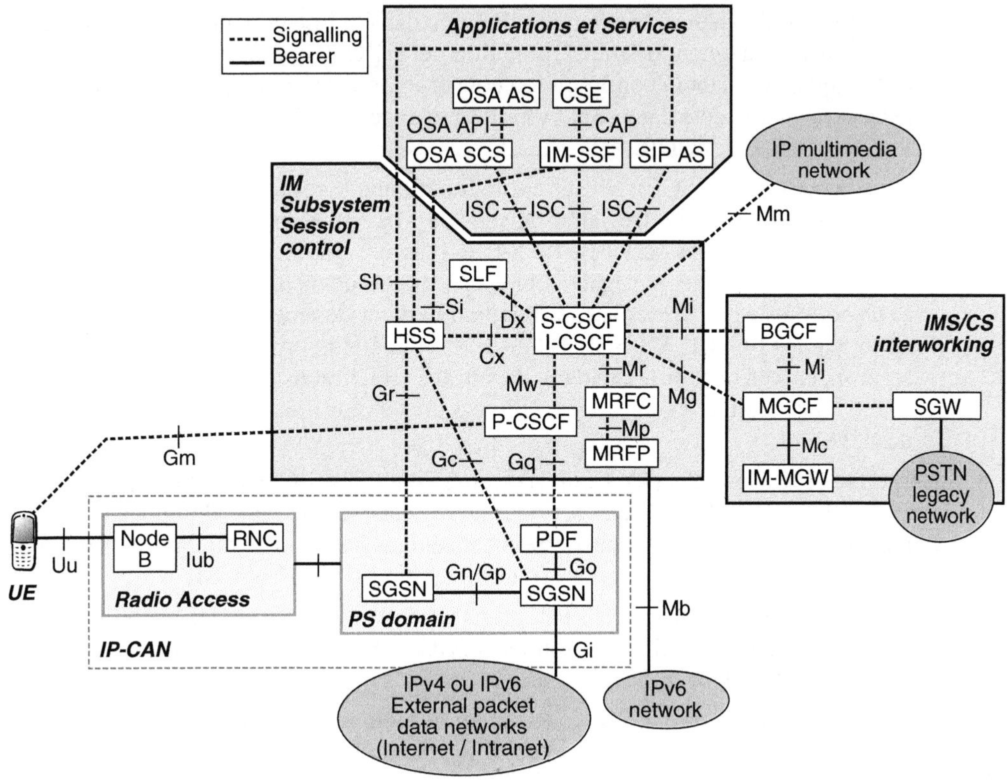

Figure 16.27

Entités fonctionnelles de l'architecture générale de l'IMS

Les entités fonctionnelles de contrôle de sessions sont des évolutions des SIP-Proxy appelés CSCF (Call Session Control Function).

On distingue trois types de CSCF constituant la couche de contrôle de session :

- Proxy-CSCF (P-CSCF). C'est le premier point de contact de l'IMS pour les utilisateurs. Le P-CSCF achemine les messages SIP (messages d'enregistrement REGISTER vers l'I-CSCF et autres messages, par exemple INVITE pour l'établissement de session, vers l'UE et l'I/S-CSCF). Le P-CSCF assure l'intégrité de la signalisation SIP en maintenant une association de sécurité avec l'utilisateur et contrôle l'exécution des politiques de médias en examinant le contenu SDP des messages SIP. Le P-CSCF est en charge de la compression et de la décompression des messages SIP afin de réduire la signalisation sur la voie radio (interface Uu). Enfin, il génère les CDR (Call Data Records), nécessaires à la taxation. Ces CDR sont collectés par le GCF (Gateway Charging Function).

- Interrogating-CSCF (I-CSCF). C'est le point de contact pour toutes les connexions destinées à un utilisateur dans le réseau, en particulier les connexions externes. Pendant la phase d'enregistrement, l'I-CSCF interroge le HSS afin de déterminer le S-CSCF associé à l'utilisateur. C'est le point d'entrée dans le réseau pour toute la signalisation SIP. Il peut également assurer la fonction de THIG (Topology Hiding Inter-network Gateway) en cachant la configuration et la topologie du réseau par rapport aux réseaux externes ; il intercepte dans ce cas tous les messages SIP entre le P-CSCF et le S-CSCF. Enfin, il génère des CDR.
- Serving-CSCF (S-CSCF). C'est l'entité fonctionnelle responsable de l'enregistrement des utilisateurs (rôle de Registrar au sens de l'IETF) et du contrôle des sessions pour assurer le support des services. Le S-CSCF assure l'authentification et l'autorisation des utilisateurs. Il exécute également les politiques de médias en examinant le contenu SDP des messages SIP et assure l'acheminement des messages SIP entre les différentes entités I-CSCF, S-CSCF, P-CSCF et BGCF. Il assure enfin le déclenchement des services en vérifiant si les critères de filtrage (iFC) reçus du HSS sont remplis ; dans ce cas, il achemine les messages SIP vers un serveur d'applications. Enfin, il génère des CDR.

L'interface ISC (IMS Service Control) se situe entre les S-CSCF et les plates-formes de service. Elle permet l'accès aux services situés dans les serveurs d'applications, ou AS (Application Server). Un AS peut être localisé dans le HPLMN ou dans un réseau tiers. L'interface de contrôle des services (interface ISC) est fondée sur SIP.

Dans l'architecture de service de l'IMS, trois types d'AS hébergent les logiques de service et constituent la couche d'exécution de service : les serveurs d'applications SIP et les serveurs CAMEL et Open Service Access.

Les serveurs d'applications SIP contiennent la logique de service pour les applications SIP. Il s'agit du principal type de serveur d'applications de l'IMS. Notons que les services peuvent, par exemple, être composés de Service Capabilities, comme Presence, Multimedia Messaging et Conferencing.

OSA (Open Service Access) permet l'utilisation de fonctionnalités du système UMTS par des applications tierces *via* une interface ouverte, OSA Application Programming Interface. L'OSA Gateway est l'entité connectée *via* l'interface ISC vers le S-CSCF et supportant l'OSA API vers les applications tierces.

Les applications CAMEL peuvent être accédées *via* l'IM-SSF (IP Multimedia Service Switching Function) spécifiée dans le standard. L'intérêt de cette entité est principalement de permettre la réutilisation par l'IMS des services de réseau intelligent déployés dans les réseaux GSM/UMTS, par exemple le prépaiement. L'IM-SSF est un convertisseur de protocoles SIP-CAP (CAMEL Application Part). Il est toutefois peu probable que cette entité soit largement déployée, la réutilisation des composants de services de réseau intelligent ou le développement d'interfaces SIP sur les serveurs CAMEL étant préférés à cette solution.

Les applications peuvent aussi résider dans les SIP-Proxy; beaucoup de prototypes existants à ce jour sont limités à ce modèle.

Le MRF (Media Resource Fonction) est l'entité fonctionnelle en charge de la modification des flux médias. Cette entité est utilisée pour le mixage des flux RTP (pont de conférence), pour la génération d'annonces (voix/vidéo), et pour le transcodage. Le MRF est constitué de deux entités fonctionnelles: le MRFC (Media Resource Function Controller), qui interprète les messages SIP issus des serveurs d'applications, et le MRFP (Media Resource Function Processor), qui est responsable du traitement des flux multimédias. Le MRFP est commandé par le MRFC par le biais du protocole H.248.

Le HSS (Home Subscriber Server) est la base de données maître UMTS où sont stockées les données des utilisateurs. Le HSS inclut le HLR (Home Location Register) et l'AuC (Authentication Centre). Cette entité stocke les identités des utilisateurs, leurs informations d'enregistrement, leurs paramètres d'accès et leurs informations de déclenchement de services. Lorsqu'un même réseau dispose de plusieurs HSS, ce qui est presque toujours le cas, le SLF (Subscription Locator Function) est utilisé pour localiser le HSS associé à un utilisateur donné. Notons que le HSS et le SLF ne font pas partie de l'IMS.

Accès multiple à l'IMS

Dans l'évolution du monde circuit vers le monde paquet (*voir les chapitres 1 et 2*), un certain nombre de verrous restent à lever pour permettre un déploiement massif de l'architecture NGN (Next Generation Network), principalement l'intégration des nombreuses technologies de réseaux d'accès d'aujourd'hui et de demain et l'intégration dans les équipements terminaux des logiciels d'accès. De même, la transition des réseaux hétérogènes que l'on utilise aujourd'hui vers le NGN est un obstacle à franchir.

La première évolution nécessaire est l'ouverture de l'IMS à de nouveaux réseaux d'accès, ou l'accès multiple. En effet, la réduction des coûts d'investissement et d'exploitation passe par la mutualisation de certains équipements du cœur de réseau, notamment les Proxy SIP.

L'accès à l'IMS à partir de plusieurs types de réseaux d'accès permet d'offrir des services convergents et des offres fixe/mobile. L'accès au service quel que soit le réseau d'accès est un principe fondateur du NGN. C'est aussi un des principes des architectures LTE (Long Term Evolution) et LTE Advanced.

Plusieurs types de réseaux d'accès alternatifs à l'interface UMTS, Wi-xx, xDSL et câble ont été envisagés. Dans la release 5 de l'UMTS, l'IMS a été défini uniquement pour un accès au travers de l'interface UMTS. Un des apports essentiels de la release 6 est de fournir des services de façon indépendante de l'accès en prenant en compte un réseau d'accès de type Wi-Fi.

Une des idées fortes développées pour l'IMS est l'accès multiple. Il s'agit, d'une part, d'élargir les types de réseaux d'accès pouvant offrir des services SIP en prenant en compte des accès fixes (xDSL et câble), et, d'autre part, de proposer des solutions permettant un interfonctionnement des réseaux Wi-xx au-delà des mécanismes existants. Il a fallu pour cela étudier les aspects architecturaux et de services liés à un accès à un cœur IMS mutualisé à partir de différentes technologies d'accès et identifier les entités et les mécanismes IMS susceptibles d'être mutualisés. Une réduction des disparités architecturales en jeu est un point clé dans l'élaboration d'offres convergentes et de nomadisme. Elle permettra en outre de bâtir une offre constructeur plus uniforme.

La possibilité de réutiliser les mêmes entités fonctionnelles pouvant supporter des services 3GPP IMS et les services multimédias du NGN est un enjeu essentiel pour l'avenir des télécommunications. L'approche proposée, consistant en la définition d'un IMS indépendant de l'accès, est maintenant soutenue par un grand nombre d'acteurs, parmi lesquels les principaux constructeurs et opérateurs. Ainsi, un opérateur IMS pourra proposer des services convergents, quel que soit le type d'accès disponible, fixe ou mobile.

La figure 16.28 illustre le principe de fonctionnement de l'accès multiple à l'IMS.

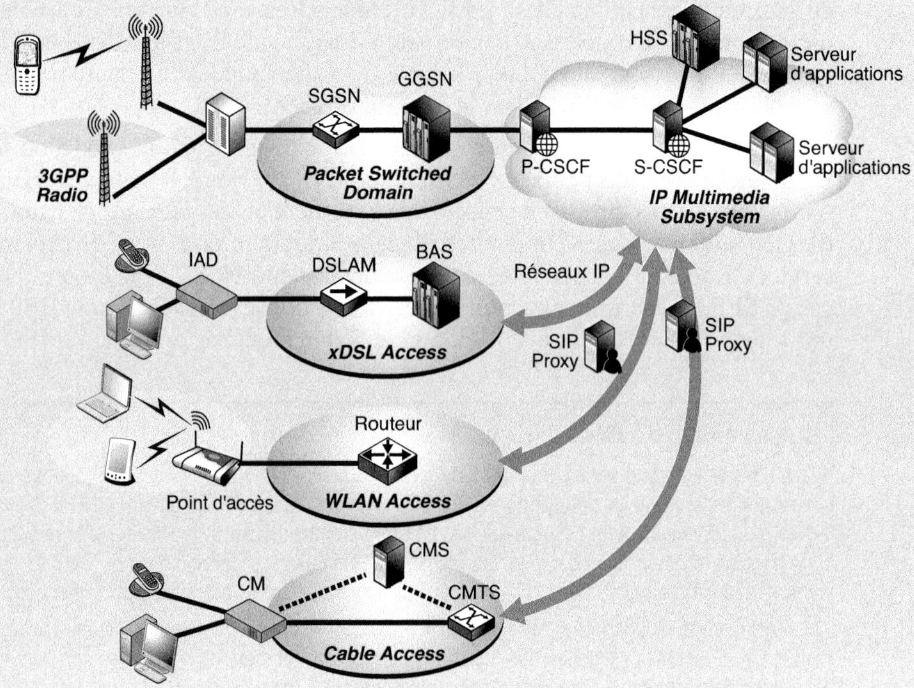

Figure 16.28
Accès multiple à l'IMS

Les bénéfices de l'accès multiple pour un opérateur sont les suivants :

- réduction des coûts d'investissement (CAPEX) et d'opération (OPEX) ;
- backbone IP unique pour plusieurs réseaux d'accès ;
- mutualisation des équipements de contrôle de session pour les réseaux fixes et mobiles ;
- gestion commune des utilisateurs fixes et mobiles et de leurs profils ;
- possibilité pour un opérateur de bénéficier de l'ensemble des revenus provenant du fixe, du mobile, de la voix et d'Internet.

Pour sa part, l'utilisateur tirera de ces évolutions les principaux bénéfices suivants :

- interactions de service résolues dans le cadre de l'accès multiple ;
- services convergents, par exemple offre du service de présence unifiée, de messaging ou de localisation ;
- facturation unique ;
- numéro de téléphone ou identifiant public SIP (SIP URI) unique ;
- à plus long terme, nomadisme et continuité de session interdomaine.

NGN (Next Generation Network)

Le NGN marque la convergence fixe/mobile pour un réseau cœur unique sur lequel se rattachent aussi bien les terminaux fixes que mobiles. Ces terminaux peuvent être raccordés par une technologie quelconque sur le cœur de réseau. Comme la définition même du NGN est assez imprécise, on utilise ce terme pour marquer la convergence vers un réseau unique en mode paquets capable de transporter tous les services. Des organes de normalisation ont des groupes de travail spécialisés sur ce domaine, en particulier l'UIT-T et l'ETSI (qui dispose également du groupe TISPAN, qui travaille sur des objectifs identiques et qui est présenté à la section suivante).

On définit parfois le NGN comme le réseau apportant la propriété d'être toujours connecté sur le réseau (Always-on Network) et d'apporter la propriété du village global (Global Village) dans laquelle tous les êtres humains peuvent se considérer appartenir à un même village.

Les propriétés du NGN acceptées par les instances de normalisation contiennent l'utilisation d'un chemin et donc d'un mode commuté. Ce mode commuté est aujourd'hui MPLS Ethernet Forwarding, c'est-à-dire la commutation de trames Ethernet sur un réseau MPLS. Le NGN doit être capable de mettre en relations deux « choses » entre elles, une chose pouvant être n'importe quoi connectable sur le réseau : une RFID, un terminal mobile, un objet intelligent, un serveur, etc. On parle dans ce cas de réseau T2T (Thing-to-Thing).

Un problème lié aux applications T2T est l'adressage : le NGN doit être capable de gérer 100 milliards d'adresses. Pour y arriver simplement, l'utilisation intensive d'adresses IP privées en IPv4 est une première solution. IPv6 est une seconde solution plus élégante, mais qui demande le passage d'IPv4 vers IPv6.

Le projet TISPAN

TISPAN, fusions de TIPHON (Telecommunications and Internet Protocol Harmonization Over Networks) et de SPAN (Services and Protocols for Advanced Networks), est à un groupe de l'ETSI visant à définir une infrastructure mutualisable pour le contrôle des sessions voix, vidéo ou multimédia entre de multiples réseaux d'accès, *x*DSL en particulier.

L'architecture définie par TISPAN repose sur l'utilisation de l'IMS pour la partie contrôle de session et service. Le projet TISPAN est constitué de sept comités techniques (Services, Architecture, Protocoles, Numbering addressing and routing, Testing, Security et Network Management).

TISPAN souhaite standardiser les réseaux pour la fourniture de services NGN en prenant en charge les réseaux classiques à commutation de circuits et en mettant en œuvre la téléphonie sur IP. Plusieurs aspects sont abordés dans différents groupes de travail, tels que services, architecture, protocoles, numérotation, sécurité, qualité de service, administration, correspondant aux comités techniques précédents.

TISPAN définit une architecture dont les premiers déploiements ont été effectués en 2008. Cette architecture est illustrée à la figure 16.29.

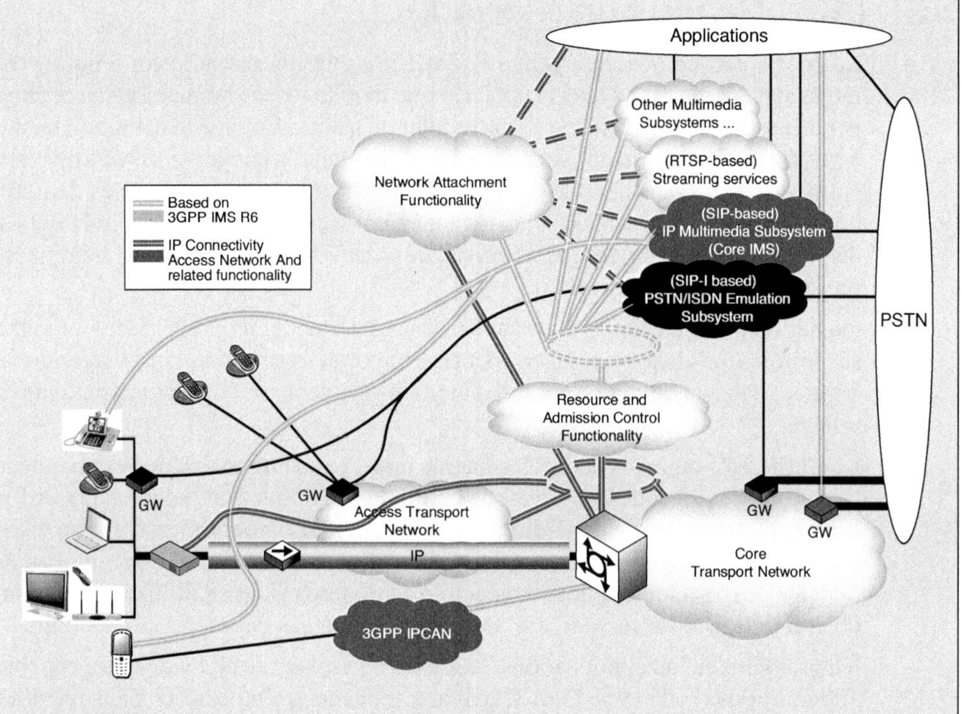

Figure 16.29

L'architecture TISPAN

Conclusion

Ce chapitre a introduit les grandes générations de réseaux de mobiles puis les avancées technologiques qui préparent la 5G et la nouvelle génération de réseaux Wi-Fi. Il a examiné les problèmes de gestion de la mobilité des clients et fourni quelques éléments sur les problématiques liées aux handovers et au multihoming.

Il a également introduit des éléments de contrôle dans le cadre de la convergence fixe/mobile avec l'IMS. L'objectif de cette convergence est de pouvoir utiliser une application quelconque située sur un serveur connecté au réseau cœur depuis un équipement terminal, qu'il soit fixe ou mobile. Cette convergence permet aux opérateurs d'effectuer des économies importantes en ne dupliquant pas les applications orientées réseau fixe et réseau mobile.

17

Les small cells et les réseaux multisaut

Small cells est le terme utilisé pour décrire la nouvelle génération de cellules de très petite dimension. De nombreuses raisons poussent vers ce type de solution, à commencer par la réutilisation des fréquences, l'adaptation des cellules à la taille d'un domicile, la baisse de la consommation énergétique, etc. Les small cells se retrouvent sous différentes formes dans les technologies réseau : femtocell, qui correspond au domicile, metrocell, qui prend place dans les rues, hotspot, qui s'installe dans les espaces publics, et microcell ou nanocell, pour les entreprises. Leur déploiement va s'étaler jusqu'en 2020, après un démarrage en 2015.

Pour l'accès, une autre solution revient en force, après avoir été longtemps mise de côté, avec les réseaux multisaut, qui, comme leur nom l'indique, permettent aux paquets de sauter d'un point d'accès à un autre. Deux grandes solutions sont détaillées dans ce chapitre : les réseaux mesh, dont les points d'accès sont connectés en multisaut, et les réseaux ad-hoc, dans lesquels ce sont directement les points d'accès du terminal client qui sont interconnectés en multisaut.

Le présent chapitre examine en premier lieu les small cells, qui sont dévolus à la connexion des utilisateurs au domicile et dans ses alentours, puis présente les hotspots et les metrocells pour terminer avec les microcells et les nanocells. Il décrit ensuite la technologie Passpoint, qui permet d'unifier l'ensemble de ces petites cellules. Il se penche pour finir sur les réseaux multisaut, avec les réseaux mesh et les réseaux ad-hoc, puis les réseaux de backhaul, dont l'objectif est de connecter les small cells et les réseaux multisaut au réseau cœur, et enfin la radio logicielle (Software Radio), la radio cognitive (Cognitive Radio) et la nouvelle génération de cellules.

Les réseaux small cells

La figure 17.1 représente un réseau small cells, qui peut être aussi bien un réseau multisaut si les antennes sont reliées entre elles, et un réseau de backhaul.

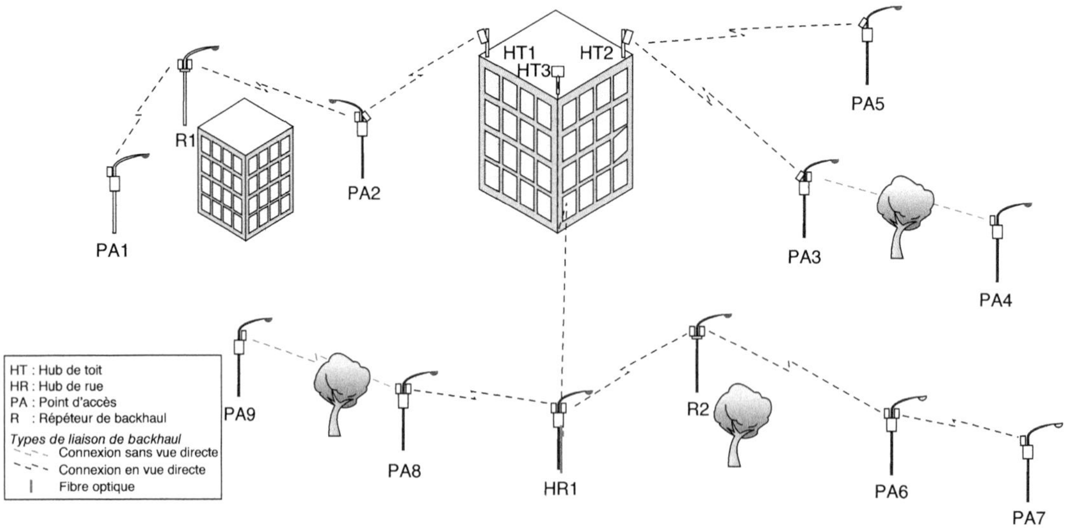

Figure 17.1

Exemples de réseaux small cells et de backhaul.

Les femtocells

La solution poussée à partir de la release 9 de l'UMTS du 3GPP pour prendre en charge les énormes débits de la 4G puis de la 5G provient de l'utilisation de femtocells. L'idée de base est assez simple : pour ne pas avoir à densifier le réseau d'antennes, ce qui devient de plus en plus complexe puisque personne ne souhaite avoir une antenne près de chez lui ou sur son toit, on se sert de l'infrastructure en fibre optique qui a été mise en place à partir de 2009 pour desservir les domiciles et les entreprises en très haut débit. Dans les faits, ce réseau optique n'est pas seulement conçu pour les hauts débits des utilisateurs, mais bien pour prendre en charge les fantastiques débits proposés par les 4 et 5G.

Une femtocell est une antenne montée sur la Home Gateway de l'utilisateur, plus communément appelée box Internet. Elle dessert tous les clients qui se trouvent dans la zone de couverture de l'antenne, laquelle peut avoisiner la dizaine de mètres, voire nettement plus en fonction des obstacles et des interférences. La femtocell est donc utilisée à la fois par le détenteur de la Home Gateway et par les visiteurs de la cellule.

Les avantages évidents offerts par cette technologie sont la démultiplication des cellules et la densification du réseau. En France, plus de vingt millions d'antennes sont potentiellement disponibles. Un autre avantage très appréciable est la baisse de puissance des équipements que la femtocell autorise. Une puissance maximale de 100 mW semble être le standard qui s'impose, cette puissance correspondant à celle de Wi-Fi dans une émission omnidirectionnelle, c'est-à-dire dans toutes les directions à la fois.

La figure 17.2 illustre le principe de fonctionnement d'une femtocell.

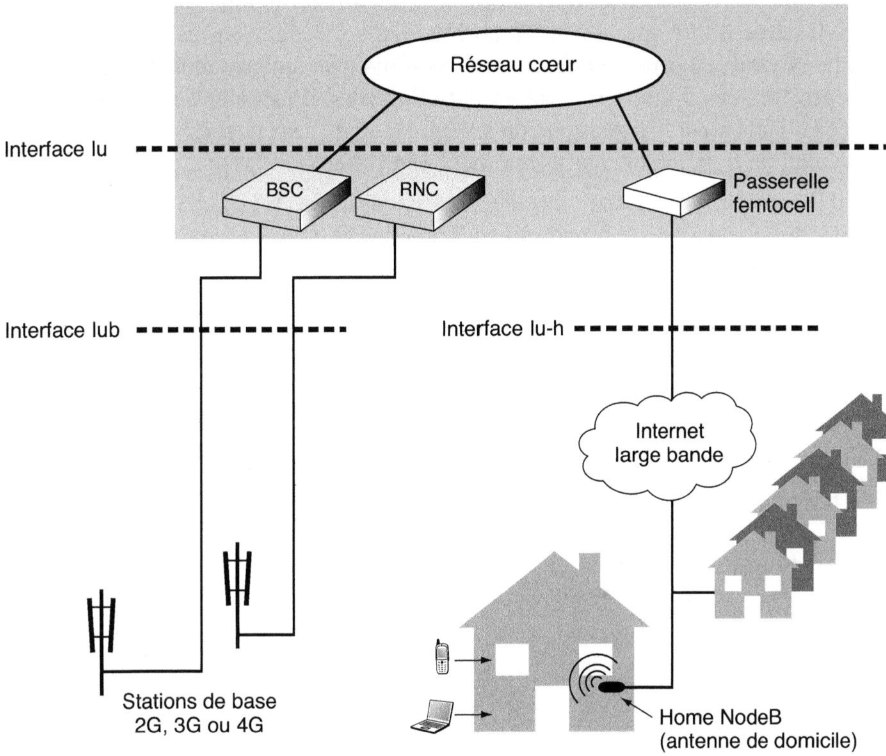

Figure 17.2

Fonctionnement d'une femtocell

Les antennes classiques sont reliées au réseau cœur par des commutateurs BSC ou RNC. L'antenne femtocell est connectée sur une Femto Gateway, qui donne accès au réseau cœur. La connexion entre la Home Gateway et la Femto Gateway s'effectue par une connexion fibre optique et encore souvent par une connexion ADSL. Avec la 4G et la 5G, la fibre optique devient obligatoire pour les débits réels de plusieurs dizaines de mégabits par seconde des smartphones et des tablettes.

Des questions se posent quant à l'utilité de l'antenne Wi-Fi. Une guerre entre Wi-Fi et 4G/5G est possible. Aujourd'hui, la suprématie de Wi-Fi est sans conteste au centre de la femtocell. Cependant, il y a peu de chances que l'antenne 4G/5G remplace complètement l'antenne Wi-Fi. Pour cela, il faudrait que tous les équipements informatiques, imprimantes,

PC, équipements multimédias, etc., soient munis d'une carte 4G/5G. Il y a donc une forte probabilité que les deux systèmes coexistent et que chacun prenne en charge les équipements qui lui sont le plus conformes. Une seconde raison pour une alliance plutôt qu'une guerre est que la montée en puissance des débits est tellement importante que l'alliance des deux solutions serait encore à peine suffisante.

Les nombreux produits femtocell qui arrivent sur le marché proposent des choix ; ils sont illustrés à la figure 17.3. La Home Gateway prend en général le nom de HNB (Home NodeB) dès que ce boîtier est disponible avec une antenne 3G, 4G et bientôt 5G. Aujourd'hui, ces boîtiers servent essentiellement à connecter des mobiles 3G/4G pour que les clients aient la possibilité de les utiliser dans des endroits où il n'y a pas de signal provenant de l'opérateur, mais seulement une connexion Wi-Fi.

La HNB comporte le plus souvent deux interfaces radio : Wi-Fi et 3G/4G. Les équipements de télécommunications se branchent sur l'antenne 3G/4G et les équipements informatiques sur Wi-Fi. Le modem optique ou ADSL transporte simultanément les flots provenant des deux environnements. La deuxième solution représentée à la figure 17.3 correspond à l'utilisation de Wi-Fi pour connecter à la fois les équipements de télécommunications et informatiques. Dans ce cas, la trame 3G/4G est encapsulée dans une trame Wi-Fi et décapsulée dans la Home Gateway. La trame 3G/4G est ensuite acheminée vers le RNC pour aller vers le réseau cœur. Cette solution s'appelle UMA (Unlicensed Mobile Access) dans le cas général, GAN (Generic Access Network) pour la 3G et EGAN (Enhanced GAN) pour la 4G.

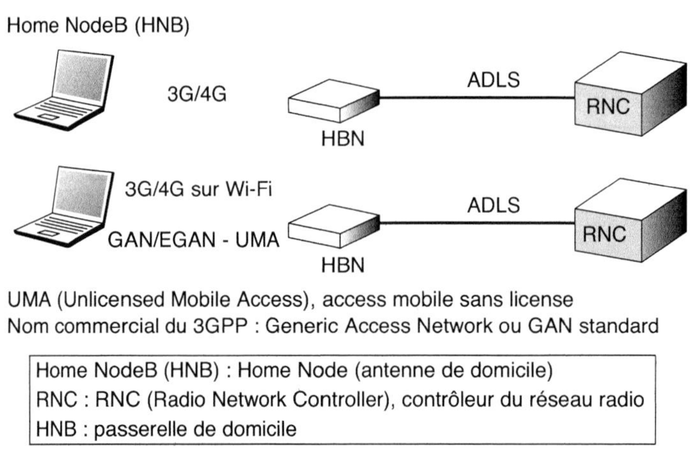

Figure 17.3

Les différentes solutions de connexion sur une HNB

Les hotspots

Les hotspots sont des points d'accès Wi-Fi qui ont pour but de permettre une connexion à haut débit vers l'Internet à partir d'un smartphone, d'une tablette ou d'un PC. Situés dans des endroits où il y a beaucoup de passage, ils sont ouverts à tous les clients qui veulent se connecter ou parfois uniquement ceux qui possèdent un droit de connexion. Si le point d'accès est ouvert, tous les clients peuvent se connecter. Cependant, dans de nombreux pays, l'opérateur du point d'accès doit pouvoir contrôler les clients, soit pour leur faire payer un droit d'accès, soit pour conserver des informations qui pourront permettre de les retrouver plus tard en cas de délit lors de la connexion. Les hotspots sont situés dans les gares, aéroports, centres commerciaux, marinas, plages, boutiques, etc.

Les hotspots utilisent essentiellement la technologie Wi-Fi et dépendent de plus en plus des opérateurs de télécommunications pour prendre en charge leur trafic 3G/4G pour alléger les antennes relais qui sont aujourd'hui souvent surchargées. C'est la technique que l'on appelle *offloading*, ou déchargement vers le Wi-Fi.

La difficulté pour un hotspot est d'arriver à offrir une qualité de service aux flots applicatifs des clients. Comme indiqué au chapitre 20, dédié à Wi-Fi, la capacité du point d'accès dépend de l'éloignement du client et des interférences : plus un client est loin, plus le signal s'affaiblit avec la distance et plus le débit global du point d'accès se dégrade. Pour pallier ces problèmes, la technologie Wi-Fi compte sur le surdimensionnement. Encore rarement disponible quand beaucoup de clients sont connectés sur un même point d'accès, il ne devrait pas tarder à se généraliser grâce aux nouvelles technologies parvenues à maturité, notamment IEEE 802.11ac, ad et bientôt af, qui devraient apporter un certain confort à la communication.

Aujourd'hui, les opérateurs utilisent Wi-Fi pour réaliser de l'offloading, mais la solution n'étant pas normalisée, chaque opérateur développe sa propre technique, même si toutes se ressemblent. Depuis 2015, la technologie Passpoint poussée par la Wi-Fi Alliance est devenue le standard commun aux opérateurs. Cette technologie est décrite un peu plus loin.

Les points d'accès pour hotspot

Le rôle d'un hotspot est d'offrir des connexions transparentes aux clients. Le réseau Wi-Fi doit donc accepter toutes les connexions venant de terminaux divers et variés. Les hotspots sont le plus souvent équipés en 802.11g, 11n ou 11ac, mais rarement en 802.11a.

Les caractéristiques de ces points d'accès sont similaires à celles des points d'accès d'entreprise, comme la configuration ou l'évolutivité, puisque les hotspots doivent supporter différents standards.

La transparence des communications nécessite les deux mécanismes suivants :

- **Dynamicité des paramètres réseau.** La configuration des paramètres réseau d'une station peut être statique ou dynamique. Dans le cas où elle est dynamique, l'utilisation de DHCP permet d'allouer ces paramètres dynamiquement. Dans le cas où ces paramètres sont statiques, l'adresse IP de la station et celle du réseau ne correspondent pas, et il est impossible à la station de communiquer avec le réseau hotspot. Ce mécanisme permet d'allouer virtuellement à la station une adresse du réseau hotspot sans qu'elle change physiquement son adresse IP, permettant ainsi à la station de communiquer avec le réseau hotspot.
- **Réacheminement SMTP.** Contrairement aux paramètres réseau d'une station, les paramètres de messagerie POP et SMTP sont configurés manuellement par l'utilisateur ou l'administrateur de la machine. Or les serveurs SMTP étant propres à un FAI ou à une entreprise, lorsqu'on se déplace d'un

> domaine à un autre, il n'est pas possible d'envoyer de messages. Le réacheminement SMTP permet, de manière transparente, l'envoi d'e-mails sans que l'utilisateur ait à changer la configuration de son client de messagerie. C'est le point d'accès qui se charge de réacheminer l'e-mail en modifiant directement le serveur SMTP. Sachant que la messagerie est une des applications les plus utilisées dans un hotspot, il est essentiel pour un hotspot d'implémenter cette fonctionnalité.
>
> Le nombre de points d'accès installés dans un hotspot tel qu'un aéroport ou une gare étant de l'ordre d'une centaine, il est indispensable de disposer d'une solution logicielle ou matérielle permettant de configurer tous les points d'accès en même temps et non séquentiellement. Pour cela, il faut utiliser un contrôleur, comme le détaille le chapitre 20.

Les metrocells

Les metrocells sont de petites cellules mises en place dans les rues pour prendre en charge le trafic 3G/4G des opérateurs. Elles sont l'équivalent des femtocells, mais au lieu d'être situées dans le domaine privé du domicile, elles le sont dans le domaine public. Elles devraient couvrir une surface légèrement plus grande que les femtocells. En effet, le domaine public comportant moins d'obstacles que les domiciles, les clients devraient pouvoir se connecter en vue directe sur le point d'accès. La taille de la cellule devrait être de quelques dizaines de mètres.

L'objectif des metrocells est toujours de permettre d'effectuer de l'offloading, c'est-à-dire de prendre en charge les communications 3G/4G/5G des opérateurs pour décharger les grandes antennes. Les metrocells sont soit interconnectées entre elles pour former un réseau mesh (*voir plus loin dans ce chapitre*), soit connectées par de la fibre optique vers un contrôleur, mais le coût de mise en place de cette dernière solution peut se révéler élevé, soit encore reliées par du CPL (courant porteur en ligne), comme à la figure 17.4, où les points d'accès se trouvent sur des lampadaires.

Les microcells

Les microcells sont destinées aux entreprises. Elles pourront à la fois desservir le réseau interne de l'entreprise et donner accès à son intranet tout en permettant de connecter directement les équipements de télécommunications (smartphones, tablettes, etc.) aux réseaux d'opérateurs. En d'autres termes, elles devront assurer deux accès simultanés, qui peuvent être réalisés soit par deux SSID distincts sur le même point d'accès, soit en utilisant la virtualisation. La virtualisation permet, par exemple, de mettre en place deux points d'accès virtuels sur un même point d'accès physique. Dans les deux cas, il faut une étanchéité entre les deux réseaux, celui de l'entreprise et celui qui mène vers le réseau de l'opérateur ; c'est ce que l'on appelle l'isolation entre deux réseaux.

Les microcells utilisent également la technique Wi-Fi et comptent sur les nouveaux standards pour apporter la qualité de service nécessaire pour prendre en charge, avec une bonne qualité, la parole téléphonique ou la vidéo.

La partie ingénierie est très importante pour la pose des microcells, car une entreprise a besoin de couvrir l'ensemble de ses bureaux, ateliers et salles de travail, avec toute la problématique posée par les murs, les étages et autres obstacles. Il est essentiel dans ce cadre de minimiser les interférences entre points d'accès tout en assurant une couverture globale avec le plus haut débit possible.

Les points d'accès d'entreprise

Contrairement aux points d'accès pour particuliers, les points d'accès d'entreprise possèdent généralement les fonctionnalités de partage de la connexion Internet par routeur, de NAT et de serveur DHCP, ce dernier étant en outre utilisé dans le cadre du réseau Ethernet.

Dans une entreprise, le point d'accès doit faciliter la configuration, l'évolutivité, l'installation et les connexions avec une sécurité accrue. Les fonctionnalités proposées sont les suivantes :

- **Configuration du point d'accès.** L'optimisation du réseau Wi-Fi est un critère essentiel pour l'administrateur réseau. Cette optimisation passe essentiellement par la configuration de différents paramètres liés à la partie radio ou au standard 802.11. Par exemple, la limitation de la puissance d'émission du point d'accès ou les débits autorisés sont assez souvent des critères déterminants.
- **Évolutivité.** Pour éviter de changer tout le parc d'équipements installé, il est nécessaire que le point d'accès permette l'ajout de modules le transformant en point d'accès multistandard.
- **PoE (Power over Ethernet).** Lors de l'installation d'un point d'accès, ce dernier doit être connecté au réseau de l'entreprise par le biais d'un câble Ethernet et alimenté par une prise électrique. Le PoE réalise les deux fonctions en une, alimentant en électricité tout équipement par le biais du câble Ethernet.
- **Log des événements réseau.** Il est important pour l'administrateur réseau de savoir ce qui se passe sur son réseau pour se prémunir de tout type d'attaque. Le point d'accès doit donc permettre le stockage en mémoire de toutes les connexions, réussies comme échouées.
- **Handover.** Le handover, ou déplacement intercellulaire, permet de garder la transmission en cours lorsqu'on se déplace d'une cellule à une autre, autrement dit d'un point d'accès à un autre. Cette fonctionnalité n'étant pas présente dans le standard 802.11, elle est définie de manière propriétaire par les constructeurs. Si l'entreprise souhaite s'équiper d'un système de téléphonie Wi-Fi, ce mécanisme est nécessaire sous peine d'avoir une coupure de la conversation lors d'une phase de handover.
- **Sécurité.** Compte tenu des faiblesses de sécurité de Wi-Fi, il est nécessaire que le point d'accès incorpore tous les systèmes de sécurité disponibles, comme 802.1x (EAP-TLS, EAP-TTLS ou PEAP), 802.11i, HTTPS et surtout VPN (Virtual Private Network), ou réseau privé virtuel.
- **VLAN (Virtual Local Area Network).** Ce mécanisme permet de créer plusieurs réseaux virtuels au sein d'un même réseau physique et d'allouer des configurations spécifiques pour chaque réseau virtuel créé.

Lorsque la zone de couverture ne permet pas la connexion de toutes les stations en un endroit particulier de l'entreprise ou que le point d'accès doit être utilisé pour établir une liaison directive, ce dernier doit permettre l'ajout d'antennes supplémentaires.

Si l'entreprise possède plus d'une dizaine de points d'accès, il est utile de disposer d'une solution logicielle ou matérielle permettant de configurer automatiquement tous les points d'accès. La solution la plus classique, détaillée au chapitre 20, est l'utilisation d'un contrôleur qui peut être soit un équipement physique, soit une VM (machine virtuelle) dans un Cloud.

Passpoint

Passpoint est une architecture proposée par la Wi-Fi Alliance, qui avait été créée à l'arrivée du Wi-Fi pour promouvoir cette technologie. La Wi-Fi Alliance a participé grandement au succès du Wi-Fi et à l'introduction de différents standards, comme le WPA2 qui permet d'offrir une sécurité forte dans les réseaux Wi-Fi.

Passpoint est une solution qui décharge les antennes 3G/4G grâce à l'offloading, permettant ainsi aux utilisateurs de se connecter d'une façon totalement transparente aux réseaux 3G/4G par le biais de réseaux Wi-Fi. En d'autres termes, le client ne sait pas comment il est connecté au réseau de l'opérateur, par une antenne BTS, un NodeB, un E-NodeB ou un point d'accès Wi-Fi (hotspot, femtocell, metrocell, microcell, etc.).

Dans les environnements de domicile ou d'entreprise, la connexion à un réseau Wi-Fi est généralement automatique une fois que l'utilisateur a fourni les informations d'authentification lors de sa première association au réseau. Lorsqu'il est connecté au point d'accès et autorisé à entrer dans le réseau, il est assujetti aux règles établies par le responsable informatique ou le propriétaire du point d'accès. Dès qu'il est reconnu, son terminal s'associe automatiquement aux points d'accès auxquels il se connecte régulièrement, et ce sans intervention de sa part.

La connexion à la plupart des hotspots est souvent différente de celle décrite ci-dessus. Dans un endroit public où il existe plusieurs réseaux, les clients doivent souvent commencer par choisir le réseau auquel ils veulent se connecter, puis se faire reconnaître par le point d'accès, enfin, dans la plupart des cas, entrer des informations d'authentification. Des solutions existent pour simplifier la sélection du réseau et réaliser automatiquement l'association tout en assurant une bonne sécurité, mais ces solutions sont souvent restreintes à un petit nombre de réseaux et très rarement disponibles à l'étranger.

La technologie Wi-Fi Passpoint modifie fondamentalement l'utilisation des hotspots publics. C'est une solution générale que tous les opérateurs de hotspots peuvent appliquer et qui permet de surmonter les limitations des solutions propriétaires et non interopérables offertes par les fournisseurs actuels. Un programme, introduit dans des équipements certifiés, gère automatiquement l'association au réseau, l'authentification, l'autorisation et la sécurité sous-jacente d'une manière totalement transparente pour l'utilisateur. Cette solution fonctionne dans tous les réseaux Passpoint.

Caractéristiques

Passpoint s'occupe de la découverte et de la sélection du réseau. Les machines terminales découvrent et choisissent automatiquement le réseau sur lequel se connecter à partir de préférences déterminées par les utilisateurs, de politiques opérateurs et de la disponibilité du réseau. Ces caractéristiques sont fondées sur le standard IEEE 802.11u.

L'accès au réseau s'effectue sans couture, c'est-à-dire sans que l'utilisateur ait à faire quoi que ce soit. Il n'est plus nécessaire que son terminal figure une liste active de points d'accès auxquels il accepte de se connecter. Il n'est pas non plus besoin d'entrer des informations de compte dans un navigateur. Passpoint utilise une interface cohérente, et le processus de connexion est automatique. De plus, les choix du périphérique peuvent s'effectuer toujours automatiquement pour de multiples types d'informations d'identification. Passpoint prend en charge les cartes SIM (Subscriber Identity Module) pour l'authentification, ces cartes étant largement utilisées dans les réseaux cellulaires actuels. Passpoint prend également en charge des combinaisons nom d'utilisateur / mot de passe et les certificats. Aucune intervention de l'utilisateur n'est nécessaire pour établir une connexion à un réseau de confiance.

Toutes les connexions Passpoint sont sécurisées avec WPA2-Entreprise pour l'authentification et la connectivité, offrant ainsi un niveau de sécurité comparable à celui des réseaux cellulaires. Passpoint améliore WPA2-Entreprise en y ajoutant des fonctionnalités permettant de contenir les attaques connues dans les déploiements pour réseaux Wi-Fi publics.

Passpoint permet également d'ouvrir instantanément des comptes lorsque l'utilisateur ne dispose pas d'un abonnement à un opérateur de télécommunications. Ce processus est également standardisé et unifié pour l'établissement d'un nouveau compte utilisateur au niveau du point d'accès, grâce à la même méthode d'ouverture de compte suivie par l'ensemble des fournisseurs d'accès Wi-Fi Passpoint.

Passpoint crée une plate-forme globale centrée sur quatre protocoles fondés sur la norme EAP (Extensible Authentication Protocol). Normalisé et soutenu par tous les industriels de la sécurité, ce protocole est largement déployé aujourd'hui. Les méthodes d'authentification EAP-SIM, EAP-AKA et EAP-TLS permettent aux opérateurs mobiles d'utiliser les mêmes solutions d'authentification pour le cellulaire et le Wi-Fi.

En plus de la facilité d'utilisation grâce à une authentification transparente, Passpoint apporte de nombreux avantages aux fournisseurs de services et aux utilisateurs, en particulier les suivants :

- Un accès Internet pour les appareils électroniques sans navigateur. La méthode d'authentification de Passpoint ne nécessite pas de navigateur, facilitant d'autant l'utilisation d'appareils électroniques tels qu'appareils photo, appareils embarqués dans les voitures, objets connectés et plus généralement tous les objets qui se connectent à Internet. L'Internet des objets est décrit plus en détail au chapitre 21.
- La simplicité de connexion et d'ouverture de nouveaux abonnements, que ce soit pour les rattacher à un compte existant ou pour introduire de nouveaux services. L'automatisation du processus d'authentification et la sécurité de la connexion font de l'accès small cells Passpoint une solution attrayante pour les fournisseurs de contenus et les fabricants de terminaux orientés contenu, tels que les liseuses de livres numériques. Les utilisateurs occasionnels de Wi-Fi pourront utiliser des abonnements prépayés selon un modèle similaire à celui des opérateurs mobiles.

Les fournisseurs de services veulent de plus en plus protéger les contenus payants de leurs abonnés. Ils ont besoin pour ce faire de savoir qui reçoit ces contenus. L'authentification Passpoint permet aux fournisseurs de services de vérifier l'identité, d'avoir accès aux droits des abonnés et d'offrir des contenus de qualité premium pour les abonnés connectés chez eux, à un réseau d'entreprise ou à des points d'accès publics.

Les hotspots Passpoint offrent aux fournisseurs de services une itinérance transparente dans les réseaux des autres opérateurs. Pour activer l'itinérance, les opérateurs de services doivent d'abord établir des accords mutuels de *roaming* qui couvrent la validation des accès et la facturation. L'itinérance s'appuie sur un seul protocole de sélection de réseau et d'authentification de l'utilisateur dans le hotspot.

Une fois l'itinérance entre deux fournisseurs de services activée, les appareils Passpoint peuvent se connecter automatiquement soit au réseau de son propre fournisseur de services, soit à celui de l'autre, en utilisant le même procédé. Dans tous les cas, le client Passpoint reconnaît le point d'accès comme appartenant à la liste des réseaux disponibles et établit une connexion automatique, comme pour l'itinérance cellulaire.

Les nouvelles fonctionnalités sont activées uniquement si le point d'accès et le périphérique client sont compatibles avec Passpoint. Le programme de certification Passpoint de la Wi-Fi Alliance permet d'assurer cette compatibilité. De plus, Passpoint supporte la connectivité avec les équipements non-Passpoint.

Les clients possédant des informations d'identification correctes et utilisant une méthode EAP adaptée peuvent se connecter aux points d'accès Passpoint. Les clients qui ne disposent pas d'informations d'identification appropriées pour les méthodes EAP doivent utiliser un système ouvert, fondé sur un navigateur d'authentification, où WPA2 peut ne pas être nécessaire. Dans un tel cas, la sécurité n'est pas garantie.

Les clients Passpoint peuvent se connecter à n'importe quel réseau Wi-Fi existant. Toutefois, ils ne seront pas en mesure d'utiliser les fonctions et services Passpoint. Par exemple, les hotspots standards n'offrent aucune de sécurité de connexion, tandis que Passpoint met en place automatiquement un chiffrement WPA2.

Wi-Fi Certified Passpoint est un programme de certification de la Wi-Fi Alliance qui vise à la fois les points d'accès et les terminaux des clients. Il garantit, au même titre que pour les équipements Wi-Fi, l'interopérabilité des équipements et des terminaux.

Les réseaux multisaut

Les réseaux multisaut font référence aux communications qui passent par des équipements intermédiaires dans la partie hertzienne. Il y a en général mémorisation et traitement du paquet avant retransmission vers un autre équipement, toujours par voie hertzienne. Lorsque les relais forment un réseau maillé, dans lequel chaque nœud est relié aux autres par plusieurs chemins, on parle de réseaux mesh. Les points d'accès formant le réseau mesh peuvent être fixes ou mobiles. Ces stations forment un réseau de base, en général un réseau d'opérateur ou l'équivalent. Les clients d'un réseau mesh sont connectés sur un des routeurs mesh, en général par une autre carte d'accès que celle utilisée par le réseau mesh lui-même. Dans un réseau mesh, le client ne dispose d'aucun logiciel spécifique, et se connecte comme sur un hotspot.

Un réseau ad-hoc ressemble à un réseau mesh, si ce n'est que le logiciel de routage se trouve sur le terminal du client. En d'autres termes, il n'existe pas de machines spécifiques dans un réseau ad-hoc : ce sont les clients qui forment le réseau. Le gros inconvénient de cette solution provient d'une dépendance très forte entre les routeurs et les terminaux clients. En revanche, ce sont des réseaux sans aucune infrastructure puisqu'ils ne comportent que des terminaux clients. On les appelle parfois « réseaux sauvages », car ils peuvent être réalisés de façon autonome sans opérateur. Cependant, il est illusoire de penser qu'un client à Lille pourrait communiquer avec un client à Marseille en passant par quelques milliers de terminaux intermédiaires. La raison de cette impossibilité provient de la gestion des tables de routage, qui deviendraient immenses et fortement dynamiques puisque les terminaux clients se déplacent sans arrêt.

La normalisation des réseaux ad-hoc a été réalisée par l'IETF dans le groupe de travail MANET (Mobile Ad hoc NETwork).

Une autre catégorie de réseaux avec relais est formée par les VANET (Vehicular Ad hoc NETwork). Ces réseaux sont en forte expansion chez les industriels de l'automobile. Cette solution permet de relier des clients entre eux à l'intérieur d'un véhicule, le véhicule pouvant être un bus, un train ou un avion.

Les réseaux ad-hoc

Les réseaux de mobiles ad-hoc, ou réseaux MANET (Mobile Ad hoc NETwork) forment une catégorie importante des réseaux avec relais. L'infrastructure n'est composée que des stations elles-mêmes qui jouent le rôle d'émetteur, de récepteur et de routeur. Le routage permet le passage de l'information d'un terminal vers un autre, sans que ces terminaux soient reliés directement. Un réseau ad-hoc est illustré à la figure 17.4.

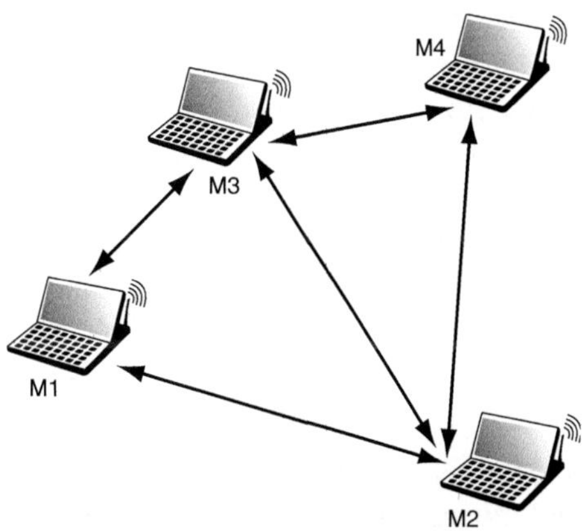

Figure 17.4

Réseau ad-hoc

Contrairement aux apparences, les réseaux ad-hoc datent de plusieurs dizaines d'années. Ils visent à réaliser un environnement de communication qui se déploie sans autre infrastructure que les mobiles eux-mêmes. En d'autres termes, les mobiles peuvent jouer le rôle de passerelle pour permettre une communication d'un mobile à un autre. Deux mobiles trop éloignés l'un de l'autre pour communiquer directement peuvent trouver un mobile intermédiaire capable de jouer le rôle de relais.

La difficulté majeure engendrée par ce type de réseau provient de la définition même de la topologie du réseau : comment déterminer quels sont les nœuds voisins et comment aller d'un nœud vers un autre nœud ? Deux solutions extrêmes peuvent être comparées. La première est celle d'un réseau ad-hoc dans lequel tous les nœuds peuvent communiquer avec tous les autres, impliquant une longue portée des émetteurs. Dans la seconde solution, au contraire, la portée hertzienne est la plus courte possible : pour effectuer une communication entre deux nœuds, il faut généralement passer par plusieurs machines intermédiaires. L'avantage de la première solution est la sécurité de la transmission, puisqu'on peut aller directement de l'émetteur au récepteur, sans dépendre d'un équipement intermédiaire. Le débit du réseau est minimal, les fréquences ne pouvant être réutilisées. Dans le second cas, si un terminal tombe en panne ou est éteint, le réseau peut se couper en deux sous-réseaux distincts, sans communication de l'un à l'autre. Bien évidemment, dans ce cas, le débit global est optimisé, puisqu'il peut y avoir une forte réutilisation des fréquences.

Les techniques d'accès sont du même type que dans les réseaux de mobiles. Cependant, du fait que tous les portables sont mobiles, de nouvelles propriétés doivent être apportées à la gestion des adresses des utilisateurs et au contrôle du routage.

La solution développée pour les réseaux ad-hoc prend pour fondement l'environnement IP. Les mobiles qui jouent le rôle de passerelles – le plus souvent l'ensemble des mobiles – implémentent un routeur dans leurs circuits, de telle sorte que les problèmes posés reviennent essentiellement à des problèmes de routage dans Internet, la mobilité étant gérée par le protocole IP Mobile.

Les avantages des réseaux ad-hoc sont leurs extensions très simples, leur couverture physique et leur coût. Toutefois, pour en bénéficier pleinement, un certain nombre d'écueils sont à surmonter du fait de la mobilité des nœuds, notamment en ce qui concerne la qualité de service et la sécurité.

MANET est le groupe de travail de l'IETF qui se préoccupe de la normalisation des protocoles ad-hoc fonctionnant sous IP. Ce groupe s'est appuyé sur les protocoles classiques d'Internet et les a perfectionnés pour qu'ils puissent fonctionner avec des routeurs mobiles.

Deux grandes familles de protocoles ont été définies : les protocoles réactifs et les protocoles proactifs :

- **Protocoles réactifs.** Les terminaux ne maintiennent pas de tables de routage, mais s'en préoccupent lorsqu'une émission est à effectuer. Dans ce cas, on se sert essentiellement de techniques d'inondation pour répertorier les mobiles pouvant participer à la transmission.
- **Protocoles proactifs.** Les mobiles cherchent à maintenir une table de routage cohérente, même en l'absence de communication.

Les réseaux ad-hoc sont utiles dans de nombreux cas de figure. Ils permettent de mettre en place des réseaux dans un laps de temps restreint, en cas, par exemple, de tremblement de terre ou pour un meeting avec un très grand nombre de participants. Une autre possibilité est d'étendre l'accès à une cellule d'un réseau sans fil comme Wi-Fi. Comme illustré à la figure 17.5, un terminal situé hors d'une cellule peut se connecter à une machine d'un autre utilisateur se trouvant dans la zone de couverture de la cellule. Ce dernier sert de routeur intermédiaire pour accéder à l'antenne de la cellule.

Les réseaux ad-hoc posent de nombreux problèmes du fait de la mobilité de tous les équipements. Le principal d'entre eux est le routage nécessaire pour transférer les paquets d'un point à un autre point du réseau. L'un des objectifs du groupe MANET est de proposer une solution à ce problème. Quatre grandes propositions ont vu le jour, deux de type réactif et deux de type proactif. Parmi les autres problèmes, nous retrouvons la sécurité, la qualité de service et la gestion de la mobilité en cours de communication.

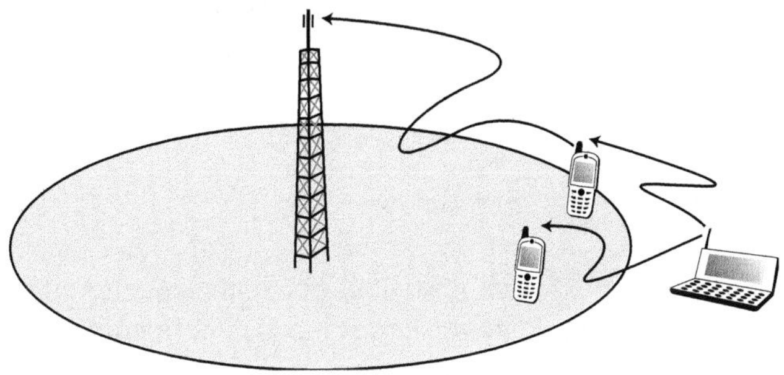

Figure 17.5

Extension de couverture par un réseau ad-hoc

Le routage

Le routage est l'élément primordial d'un réseau ad-hoc. Il faut un logiciel de routage dans chaque nœud du réseau pour gérer le transfert des paquets IP. La solution la plus simple est évidemment d'avoir un routage direct, comme celui illustré à la figure 17.6, dans lequel chaque station du réseau peut atteindre directement une autre station, sans passer par un intermédiaire. Ce cas le plus simple correspond à une petite cellule, d'un diamètre inférieur à 100 mètres, comme dans un réseau 802.11 en mode ad-hoc.

Le cas classique du routage dans un réseau ad-hoc consiste à transiter par des nœuds intermédiaires. Ces derniers doivent posséder une table de routage apte à diriger le paquet vers le destinataire. Toute la stratégie d'un réseau ad-hoc consiste à optimiser les tables de routage par des mises à jour plus ou moins régulières. Si les mises à jour sont trop régulières, cela risque de surcharger le réseau. Cette solution présente toutefois l'avantage de maintenir des tables à jour et donc de permettre un routage rapide des paquets. Une mise à jour uniquement lors de l'arrivée d'un nouveau flot restreint la charge circulant dans le réseau, mais décharge le réseau de nombreux flots de supervision. Il faut dans ce cas arriver à mettre en place des tables de routage susceptibles d'effectuer l'acheminement dans des temps acceptables.

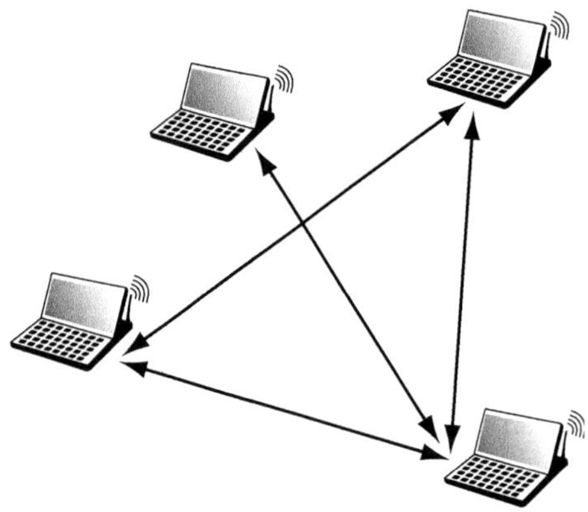

Figure 17.6

Communication directe entre machines d'un réseau ad-hoc

La figure 17.7 illustre le cas d'un réseau ad-hoc dans lequel, pour aller d'un nœud à un autre, il peut être nécessaire de traverser des nœuds intermédiaires. De nombreux écueils peuvent se trouver sur le chemin de la construction de la table de routage. Par exemple, en matière de transmission de signaux, il est possible que la liaison ne soit pas symétrique, un sens de la communication étant acceptable et pas l'autre. La table de routage doit en tenir compte. Les signaux radio étant sensibles aux interférences, l'asymétrie des liens peut par ailleurs se compliquer par l'évanouissement possible des liaisons.

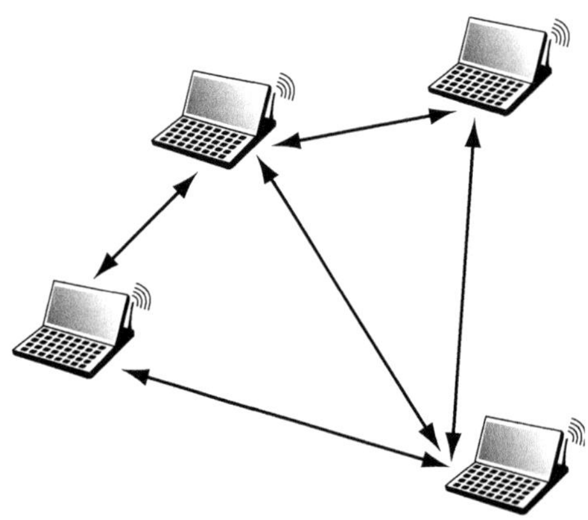

Figure 17.7

Routage par le biais de nœuds intermédiaires

Pour toutes ces raisons, les routes du réseau doivent être sans cesse modifiées, d'où l'éternelle question débattue à l'IETF : faut-il maintenir les tables de routage dans les nœuds mobiles d'un réseau ad-hoc ? En d'autres termes, vaut-il la peine de maintenir à jour des tables de routage qui changent sans arrêt ou n'est-il pas plus judicieux de déterminer la table de routage au dernier moment ?

Comme expliqué précédemment, les protocoles réactifs travaillent par inondation pour déterminer la meilleure route lorsqu'un flot de paquets est prêt à être émis. Il n'y a donc pas d'échange de paquets de contrôle en dehors de la supervision pour déterminer le chemin du flot. Le paquet de supervision qui est diffusé vers tous les nœuds voisins est de nouveau diffusé par les nœuds voisins jusqu'à atteindre le récepteur. Suivant la technique choisie, on peut se servir de la route déterminée par le premier paquet de supervision qui arrive au récepteur ou prévoir plusieurs routes en cas de problème sur la route principale.

Les protocoles proactifs se comportent totalement différemment. Les paquets de supervision sont émis sans arrêt dans le but de maintenir à jour la table de routage en ajoutant de nouvelles lignes et en supprimant certaines. Les tables de routage sont donc dynamiques et varient en fonction des paquets de supervision parvenant aux différents nœuds. Une difficulté consiste dans ce cas à calculer une table de routage qui soit compatible avec les tables de routage des différents nœuds de telle sorte qu'il n'y ait pas de boucle.

Une autre possibilité consiste à trouver un compromis entre les deux systèmes. Cela revient à calculer régulièrement des tables de routage tant que le réseau est peu chargé. De la sorte, les performances des flots utilisateur en transit ne sont pas trop modifiées. Lorsque le trafic augmente, les mises à jour sont ralenties. Cette méthode simplifie la mise en place d'une table de routage réactive lorsqu'une demande parvient au réseau.

Les protocoles proposés à la normalisation du groupe MANET sont récapitulés au tableau 17.1. Différentes métriques peuvent être utilisées pour calculer la meilleure route :

- Les vecteurs de distance donnent un poids à chaque lien et additionnent les poids pour déterminer la meilleure route, qui correspond à celle du poids le plus faible.
- Le routage à la source permet de déterminer la meilleure route comme étant celle qui permet au paquet de supervision d'arriver le premier au destinataire.
- Les états des liens indiquent les liens qui sont intéressants à prendre et ceux qui le sont moins.

Métrique	Réactif	Proactif
Vecteur de distance	AODV (Ad-hoc On demand Distance Vector)	DSDV (Destination Sequence Distance Vector)
Routage à la source	DSR (Dynamic Source Routing)	
État du lien		OLSR (Optimized Link State Routing Protocol)

TABLEAU 17.1 • Protocoles ad-hoc

En conclusion, si les études du groupe MANET sont pratiquement finies en ce qui concerne le routage, tout ou presque reste à faire pour la qualité de service, la sécurité et la consommation électrique.

La section suivante décrit brièvement les deux principaux protocoles de routage dans les réseaux ad-hoc normalisés par le groupe MANET.

OLSR

Le protocole OLSR (Optimized Link State Routing) est certainement le plus utilisé des protocoles de routage ad-hoc. Il est de type proactif.

Pour éviter de transporter trop de paquets de supervision, OLSR s'appuie sur le concept de relais multipoint, ou MPR (MultiPoint Relay). Les MPR sont des nœuds importants qui ont la particularité d'être les meilleurs points de passage pour atteindre l'ensemble des nœuds lors d'un processus d'inondation sans diffuser tous azimuts. L'état des liens n'étant envoyé que par les MPR, cela réduit d'autant les messages de supervision.

La connaissance de ses voisins est obtenue par les messages Hello qui sont émis en diffusion. Cela permet de déterminer quels sont les voisins et d'envoyer les informations d'état de lien nécessaires pour l'algorithme de routage. Le message Hello permet également d'indiquer les MPR à ses voisins. Ces messages Hello ne sont destinés qu'aux nœuds voisins et ne peuvent être routés vers un destinataire à deux sauts.

La structure du paquet Hello est illustrée à la figure 17.8.

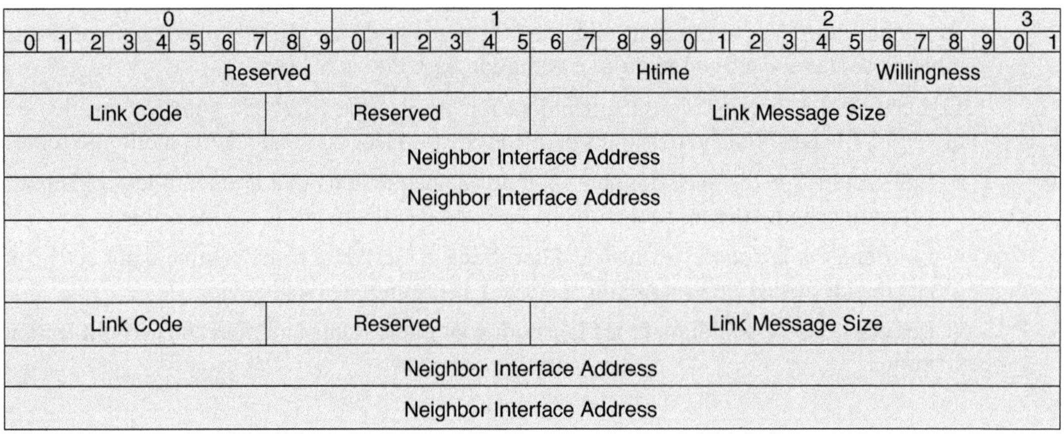

Figure 17.8

Structure du paquet Hello

Le champ Reserved ne contient que des 0, le champ Htime indique l'intervalle de temps entre Hello, le champ Willingness demande à un nœud de devenir un MPR, le champ Link Code permet de faire passer les informations d'état de lien entre l'émetteur et les récepteurs indiqués dans la liste des « Neighbor Interface Address ».

Les paquets TC (Topology Control) sont émis uniquement par les MPR, avec toujours une adresse de broadcast. L'information émise indique la liste de tous les voisins qui ont choisi ce nœud comme MPR et permet, par la connaissance de tous les MPR et l'état des liens, d'en déduire la table de routage. Ces messages sont diffusés sur tout le réseau avec une valeur de 255 dans le champ TTL. La structure du paquet TC est illustrée à la figure 17.9.

0 1 2 3 4 5 6 7 8 9 0 1 2 3 4 5 (bits 0–15)	6 7 8 9 0 1 2 3 4 5 6 7 8 9 0 1 (bits 16–31)
ANSN	Reserved
Advertised Neighbor Main Address	
Advertised Neighbor Main Address	

Figure 17.9

Structure du paquet TC

Le champ Reserved est toujours rempli de 0. Le champ ANSN (Advertised Neighbor Sequence Number) transporte un entier incrémenté à chaque changement de topologie. Cette astuce permet de ne pas prendre en compte des informations qui seraient trop anciennes. Les champs Advertised Neighbor Main Address transportent les adresses IP des nœuds à un saut.

Les paquets MID (Multiple Interface Declaration) sont utilisés lorsque les nœuds ont plusieurs interfaces et qu'il faut signaler l'ensemble des interfaces disponibles.

L'algorithme de sélection des MPR est le suivant. Grâce aux messages Hello, les nœuds peuvent déterminer s'ils sont reliés en full-duplex à leurs voisins. La détermination des MPR ne tient compte que des liens symétriques. Par rapport à un nœud donné, un premier ensemble est déterminé, celui de ses voisins à un saut, l'ensemble A. Pour déterminer les MPR, les messages Hello sont reroutés, ce qui permet de déterminer les nœuds à deux sauts, qui forment un autre ensemble bien déterminé, l'ensemble B. Chaque nœud détermine les liens symétriques avec ses voisins. Pour tous les nœuds de B qui n'ont qu'un et un seul lien symétrique avec un nœud de A, on définit ce nœud de A comme MPR, et on ne tient plus compte des nœuds de B reliés par ce MPR. On réitère le processus jusqu'à ce qu'il n'y ait plus de nœud non relié dans B. Les nœuds MPR sont alors tous déterminés.

AODV

AODV (Ad-hoc On-demand Distance Vector) a été le premier protocole normalisé par le groupe MANET, juste avant OLSR. Il est du type réactif. Ce protocole peut gérer à la fois les routages unicast et multicast.

Lorsqu'un flot de paquets est émis par un nœud, la première action est de déterminer la route par une technique d'inondation. Pour cela, le paquet de requête de connexion mémorise les nœuds traversés lors de la diffusion. Lorsqu'un nœud intermédiaire reçoit une requête de connexion, il vérifie qu'il n'a pas déjà reçu une telle requête. Si la réponse est positive, un message est renvoyé vers l'émetteur pour indiquer l'abandon de cette route.

Le premier message qui arrive au destinataire détermine la route à suivre. La complexité du processus de détermination de la route doit être simplifiée au maximum en évitant les diffusions inutiles. Pour cela, chaque requête de demande d'ouverture d'une route est numérotée, afin d'éviter les duplications, et possède un TTL qui limite le nombre de transmissions dans le réseau.

L'avantage d'AODV est de ne pas créer de trafic lorsqu'il n'y a pas de message à transmettre. La détermination de la route est assez simple et n'implique que peu de calcul dans chaque nœud. Il est évident que les deux inconvénients majeurs résident dans le temps de mise en place de la route et de l'important trafic suscité pour mettre en place les routes.

Les réseaux mesh

Les réseaux mesh (*meshed networks*) sont des réseaux de points d'accès formant un ensemble maillé. Les clients sont rattachés par un réseau sans fil aux points d'accès du réseau mesh, et les points d'accès sont reliés entre eux par des liaisons sans fil.

L'avantage de ces réseaux est qu'ils peuvent couvrir une zone géographique importante, sans nécessiter de pose de câbles. Par exemple, sur un grand campus, les points d'accès peuvent se mettre sur les toits des différents bâtiments sans que l'architecte du réseau ait à se préoccuper de relier les points d'accès à un système câblé de type Ethernet.

Plusieurs possibilités se font jour pour réaliser un réseau mesh :

- Utiliser la même fréquence que les terminaux, en considérant que les points d'accès sont traités comme des machines terminales. L'inconvénient est bien sûr d'utiliser de la bande passante enlevée aux autres machines terminales. De plus, il faut faire attention que les deux points d'accès ne soient pas trop éloignés et n'obligent l'émetteur et le récepteur à baisser leur vitesse. Cette solution est considérée comme la première génération de réseaux mesh.
- Utiliser des fréquences différentes. Par exemple, un réseau Wi-Fi 802.11b comportant trois fréquences disponibles, il est possible d'utiliser deux cartes de communication avec des fréquences différentes. L'inconvénient est bien sûr de perturber le plan de fréquences, surtout si le réseau est important et possède de nombreux points d'accès. Cette solution fait partie de la seconde génération de réseaux mesh.
- Toujours dans la deuxième génération, le réseau mesh fait appel à une norme différente pour relier les points d'accès entre eux. Par exemple, un réseau mesh, qui connecte les clients par la norme 802.11g, peut utiliser la norme IEEE 802.11a pour interconnecter les points d'accès.
- On considère que la troisième génération utilise trois fréquences au total, une pour connecter les clients et deux pour interconnecter les points d'accès. Dans ce cas, les connexions amont et aval d'un même nœud utilisent des fréquences différentes. Il faut généralement utiliser 802.11a qui possède jusqu'à huit fréquences différentes.

Les réseaux mesh posent des problèmes inédits aux réseaux sans fil, notamment les suivants : comment optimiser les batteries des points d'accès si ceux-ci ne sont pas reliés au courant électrique ? comment optimiser le routage pour ne pas perturber le trafic utilisateur aux points d'accès, surtout s'ils sont déjà saturés ? quelle densité de points d'accès faut-il utiliser ? Ce qui revient à se poser la question de la puissance des points d'accès ?

L'avantage de cette technologie est d'être capable de se reconfigurer facilement lorsqu'un point d'accès tombe en panne. Les clients peuvent se connecter à un autre point d'accès, quitte à augmenter légèrement la puissance des points d'accès voisins de celui en panne.

Le problème principal est de gérer le routage. Ce dernier est traité dans les points d'accès qui ne sont pas des machines très puissantes, et il faut de ce fait éviter les points d'accès qui supportent beaucoup de trafic provenant des clients raccordés. De nombreuses propositions ont été faites, en premier lieu celles provenant des réseaux ad-hoc.

À la suite d'une quinzaine de propositions, le groupe de travail IEEE 802.11s a retenu deux propositions, le SEE-Mesh et le Wi-Mesh, qui se sont regroupées pour former une proposition unique. Celle-ci est devenue un standard en avril 2007, après de nombreuses discussions d'implémentation. Les points d'accès et les stations qui possèdent l'algorithme de routage 802.11s sont nommés Mesh Points (MP). Les liaisons radio permettent de les interconnecter. Le protocole par défaut est le HWMP (Hybrid Wireless Mesh Protocol). Ce protocole hybride provient d'une combinaison d'un protocole provenant d'AODV, le RM-AODV (Radio Metric-AODV) et d'un algorithme fondé sur les arbres. Un second protocole peut être utilisé lorsque les MP l'acceptent : le protocole RA-OLSR (Radio Aware-OLSR).

Le groupe IEEE 802.11s définit également des solutions de sécurité pour les réseaux mesh. Pour cela, il faut définir une authentification mutuelle des MP, générer et contrôler les clés de session, permettre le chiffrement des données sur les lignes du réseau ad-hoc et détecter les attaques. Pour cela, il faut effectuer des authentifications avec le protocole IEEE 802.1x, détaillé au chapitre 24. Les clés de session sont gérées par une PKI (Public Key Infrastructure). La confidentialité est assurée par la norme IEEE 802.11i, décrite au chapitre 20.

Le changement intercellulaire est possible dans quelques réseaux mesh, permettant un déplacement plus important de l'équipement mobile. C'est le cas des réseaux mesh de Green Communications. De surcroît, la téléphonie ne deviendra qu'une application particulière de ces environnements. On peut donc s'attendre à une diversification des stations terminales de poche capables de se connecter à des réseaux Internet ambiants disponibles dans tous les lieux de passage fréquentés, comme le cœur des villes, les gares, les aéroports, le métro, etc.

L'avantage des réseaux ad-hoc et mesh par rapport aux technologies 3G/4G est de n'utiliser les fréquences que sur des domaines très restreints, ce qui permet une forte réutilisation. De plus, le coût d'un point d'accès mesh est négligeable par rapport à celui d'une antenne 3G/4G. Étant donné l'explosion des débits en mobilité, le gain réalisé par les réseaux ad-hoc et mesh est énorme. La plupart des groupes de travail dédiés aux réseaux de mobiles se penchent sur des solutions hybrides pour économiser à la fois de l'énergie et du spectre.

Un autre avantage des réseaux mesh par rapport à un réseau 3G/4G provient de la consommation d'énergie, une problématique développée plus en détail au chapitre 25. Une antenne 3G/4G consomme en moyenne 2000 watts. On trouve des points d'accès mesh consommant moins de 20 watts. Si l'on remplace une cellule 3G/4G par un ensemble de trente points mesh, le débit global du réseau mesh est bien supérieur, et la consommation est divisée par deux. Comme expliqué au chapitre 25, il est de plus possible de mettre en veille certains points d'accès mesh lorsque le trafic est faible, la nuit par exemple.

Les réseaux VANET

VANET (Vehicular Ad hoc NETwork) est un concept de réseau provenant des systèmes de transport dits intelligents, ou ITS (Intelligent Transportation Systems). Comme indiqué à la figure 17.10, les véhicules communiquent les uns avec les autres par des liaisons intervéhicule, ou V2V (Vehicle-to-Vehicle), mais aussi avec des équipements situés le long des routes *via* une communication d'équipement à véhicule, ou RVC (Roadside-to-Vehicle Communication). Ces réseaux véhiculaires contribueront à des routes plus sûres et plus efficaces à l'avenir en fournissant des informations opportunes aux conducteurs et aux autorités intéressées.

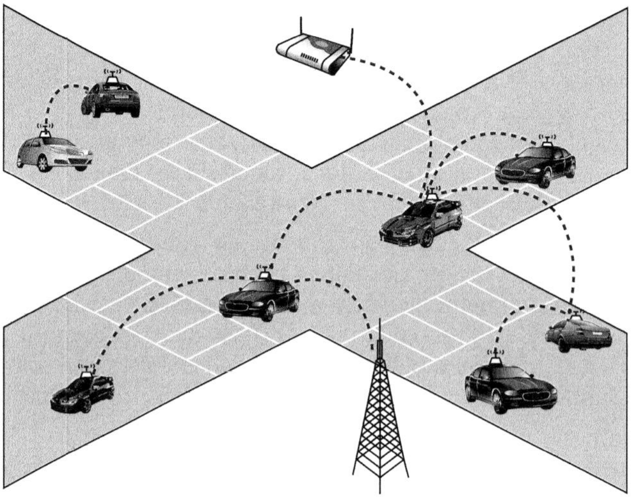

Figure 17.10

Un exemple de réseau VANET

De nombreuses applications ont été développées dans le cadre du réseau routier, comme le signalement d'un problème sur une route. Une automobile accidentée peut transmettre automatiquement un signal d'alerte aux véhicules qui la suivent ou qui arrivent sur l'accident. Les feux verts peuvent être synchronisés à l'approche d'une voiture. Des autodiagnostics des moteurs peuvent, après connexion à un Cloud, provoquer l'envoi d'un avertissement au conducteur indiquant le problème et le diagnostic associé. Les réseaux VANET sont dans ce cas assez semblables aux réseaux MANET, mais avec la particularité d'avoir des clients fixes, comme les feux rouges ou les panneaux de signalisation. Une caractéristique des réseaux VANET, comparés aux réseaux MANET, est la plus grande simplicité des déplacements liés aux routes et aux voies ferrées, qui déterminent généralement la direction empruntée par le client.

Un autre cas de figure est représenté par un véhicule transportant beaucoup de passagers. De nombreuses applications ont été développées dans le cadre des transports, comme des jeux multijoueur ou des applications de partage de vidéo.

Les réseaux de backhaul

Encore largement méconnus, les réseaux de backhaul sont des réseaux intermédiaires entre les réseaux d'accès auxquels les clients sont connectés et le réseau cœur. Ces réseaux de backhaul deviennent d'autant plus importants que les technologies de small cells ou de réseaux multisaut demandent un très grand nombre de connexions. Jusqu'à présent, on peut dire que les réseaux de backhaul étaient essentiellement constitués des raccordements entre DSLAM et réseau cœur ou entre stations de base et réseau cœur. Ces réseaux sont le plus fréquemment de type Gigabit Ethernet ou MPLS.

La figure 17.11 présente une configuration classique d'un réseau de backhaul. Les small cells sont connectées à une station « Small Cell Backhaul Aggregation » qui récupère les débits des différentes cellules et les agrège pour les transporter vers le réseau cœur, soit par fibre optique, soit par faisceaux hertziens. Les flots sont dirigés vers des commutateurs dans le RAN (Radio Access Network), qui sont eux-mêmes connectés à un commutateur du réseau cœur. Cette dernière liaison est souvent assurée par une technologie MPLS à haut débit.

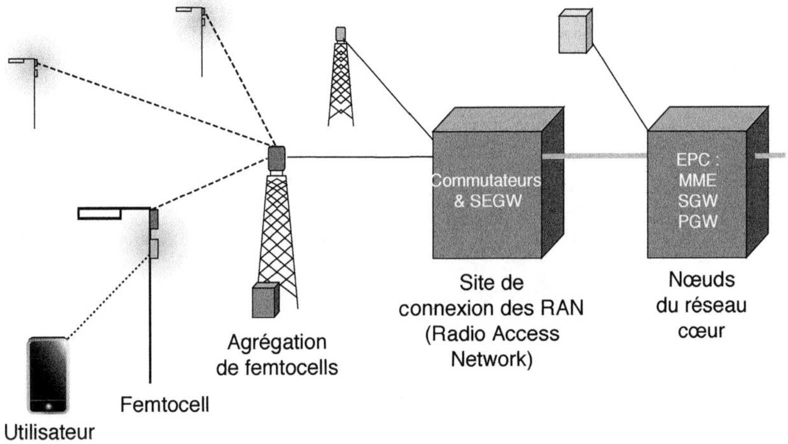

Figure 17.11

Un réseau de backhaul

Les connexions entre les points d'accès et les agrégateurs, voire avec le premier commutateur RAN, peuvent s'effectuer par des liaisons hertziennes à très haut débit de plusieurs gigabits par seconde sur des bandes de fréquences hautes, par exemple le 60 GHz. L'inconvénient majeur de ces fréquences est la nécessité d'une vue directe et d'une météo favorable. En effet, ces fréquences, situées en dessous du millimétrique, sont freinées par les gouttes d'eau et les poussières atmosphériques. Plus précisément, la liaison peut se trouver sur la bande des 105 GHz ou 70-80 GHz ou encore sur celles des 57-64 GHz ou entre 6 et 56 GHz. La bande qui semble privilégiée est celle des 60 GHz pour différentes raisons : largeur de la bande disponible, débits se comptant en gigabit par seconde, faibles interférences (puisque les liaisons sont très directives), peu de latence, petite taille des composants et des antennes et enfin bas coût de production. L'inconvénient de cette bande est la distance limite d'un kilomètre entre les deux antennes en communication afin d'éviter de trop fortes déperditions.

Radio logicielle et radio cognitive

La radio cognitive, sans doute une des plus importantes révolutions technologiques de ce début de siècle, permet d'utiliser beaucoup mieux le spectre des fréquences radio, qui est généralement très mal exploité. Cependant, une utilisation optimale ne pourra s'effectuer sans un certain nombre de progrès parallèles explicités ci-après.

La radio logicielle, ou *software radio*, ou encore SDR (Software Defined Radio), détermine un émetteur ou un récepteur radio qui est réalisé en logiciel. On voit tout de suite les implications d'une telle technologie puisque les caractéristiques de l'interface radio peuvent être modifiées à l'infini sans aucun problème technique, l'utilisateur pouvant disposer de l'interface dont il a besoin à un instant t et d'une interface complètement différente à l'instant $t + 1$. Bien évidemment, il faut un peu de matériel pour réaliser les calculs de codage, de modulation et de filtrage et pour l'émission proprement dite.

La figure 17.12 illustre ce que l'on peut attendre de ces technologies dans les années qui viennent. Les objectifs sont réalisés en fonction de la flexibilité que peut atteindre la radio logicielle et l'intelligence provenant de la radio cognitive.

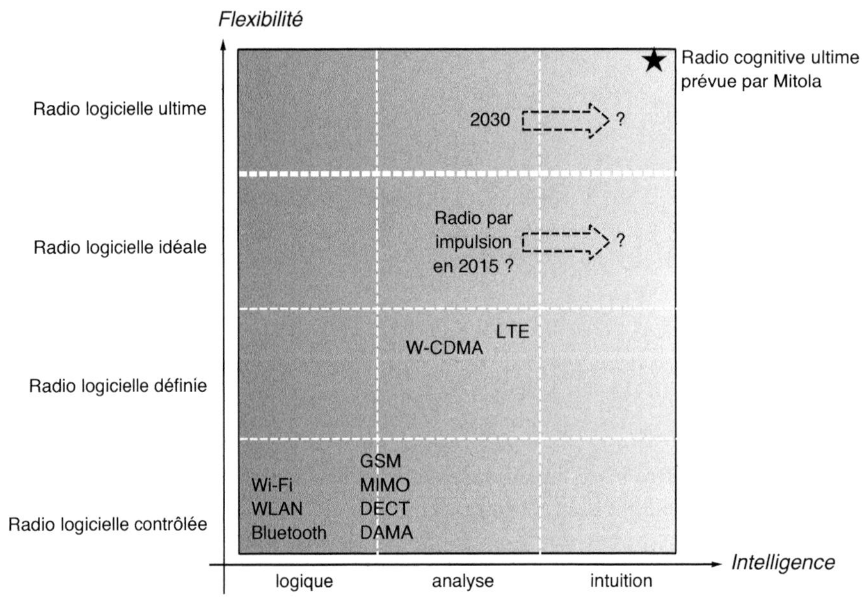

Figure 17.12

Radio logicielle et radio cognitive

Grâce à ces technologies, on devrait augmenter les débits par un facteur mille d'ici à dix ans.

Les cellules sur mesure

Parmi les très nombreux axes de recherche et développement qui concernent la 4G, cette section s'attarde sur un des plus prometteurs. Il consiste à construire des cellules sur mesure pour atteindre un terminal tout en diminuant les puissances au maximum. Cette solution permet une excellente réutilisation du spectre dès lors que la cellule dans laquelle se trouve l'utilisateur l'entoure et n'interfère pas avec un autre terminal à proximité. C'est ce qu'illustre la figure 17.13.

Au moment de l'émission du terminal, l'antenne est capable d'émettre de façon directionnelle à partir d'un grand nombre d'antennes dites virtuelles. En 2011, on pouvait disposer d'une antenne générale formée d'une centaine d'antennes virtuelles directives. Cette antenne récupère, comme le montre la figure 17.13, les cinq flots les plus puissants : le flot direct, deux flots avec un seul rebond et deux flots supplémentaires avec deux rebonds. Une fois cet apprentissage effectué, l'antenne principale est capable d'émettre vers le terminal en sens inverse, en reprenant exactement les flots reçus et en utilisant les antennes directives qui ont servi à recevoir le signal. La cellule est focalisée sur le client, ce qui permet une forte réutilisation des fréquences et une très faible puissance d'émission des antennes directives.

Cette solution se complique un peu lorsque le terminal utilisateur est en mouvement. Il faut dans ce cas que la détermination des antennes d'émission s'effectue en temps réel, ce qui peut conduire à des collisions.

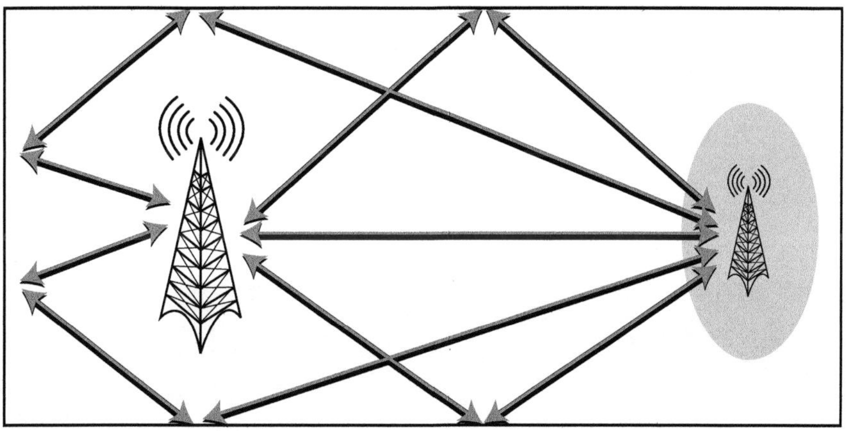

Figure 17.13

Fonctionnement d'une cellule sur mesure

Conclusion

L'avenir est aux small cells. Les raisons à cela sont nombreuses, dont la plus importante vient peut-être de la forte augmentation des débits permise par une très bonne réutilisation des fréquences. Ces petites cellules peuvent trouver leur place partout, au domicile, dans les bureaux, dans la rue, dans les centres commerciaux, les aéroports, les gares, etc. Une des difficultés restantes est de les interconnecter au réseau cœur.

Les réseaux avec relais sont très appréciés pour leur facilité de déploiement et d'utilisation. De plus, ils économisent grandement la bande passante nécessaire à l'acheminement de flux importants, car ils n'utilisent qu'une seule fréquence par transmission à la place de deux dès qu'il y a une antenne. Un autre avantage immédiat de ces réseaux est d'offrir une extension simple des réseaux d'accès en permettant d'atteindre une borne par le biais de machines intermédiaires.

La 4G puis la 5G vont utiliser fortement ces deux techniques sur l'accès.

Partie V

Les réseaux de mobiles et sans fil

Cette partie s'intéresse aux réseaux qui utilisent des transmissions radio entre les utilisateurs et les nœuds d'accès, mais aussi parfois entre les nœuds d'accès eux-mêmes. Le chapitre 18 détaille les réseaux de mobiles et particulièrement les cinq générations en insistant sur les trois dernières, 3G, 4G et 5G.

Le chapitre 19 s'intéresse aux petits réseaux de quelques mètres de portée que l'on appelle personnels, dont le rôle est de relier les divers équipements qui gravitent autour de nous, smartphones, tablettes, ordinateurs et divers objets personnels. Le plus connu de ces réseaux est certainement Bluetooth, mais bien d'autres solutions sont en compétition pour offrir des débits importants.

Le chapitre 20 se penche sur les réseaux locaux radio adaptés à des portées de quelques dizaines de mètres et pouvant s'installer soit au domicile, soit dans l'entreprise. Wi-Fi est le champion de cette catégorie, mais de nombreux nouveaux produits apparaissent sur ce marché.

Le chapitre 21 est dédié à l'Internet des objets. Un objet est souvent un capteur capable de donner une information importante pour une application, mais cela peut aussi être une RFID, un smartphone, un objet médical, une poussière électronique ou un terminal plus classique. L'interconnexion de ces milliards d'objets donne naissance à l'Internet des objets et à toute la difficulté de l'hétérogénéité et de l'énergie nécessaires à la communication.

18

Les réseaux de mobiles 1G à 5G

Le chapitre 16 fournit les caractéristiques générales des cinq générations de réseaux de mobiles. Le présent chapitre entre bien plus en détail dans les éléments techniques de chacune de ces générations, et non pas seulement la méthode d'accès à l'antenne (FDMA, TDMA, CDMA, SDMA et OFDMA).

Les réseaux de mobiles font partie de la famille des réseaux cellulaires. Une cellule est une zone géographique dont tous les points peuvent être atteints à partir d'une même antenne. Lorsqu'un utilisateur d'un réseau cellulaire se déplace et change de cellule, le cheminement de l'information doit être modifié pour tenir compte de ce déplacement. Cette modification s'appelle un changement intercellulaire, ou handover, ou encore handoff. La gestion des handovers est souvent délicate puisqu'il faut trouver une nouvelle route sans interrompre la communication. La gestion de la mobilité est un autre problème complexe, qui demande généralement deux bases de données, un HLR (Home Location Register), qui tient à jour les données de l'abonné, et un VLR (Visitor Location Register), qui gère le client dans la cellule où il se trouve.

Les cinq générations de réseaux de mobiles

Les communications entre utilisateurs mobiles se développent rapidement et représentent un marché qui est devenu énorme. Cinq générations de réseaux de mobiles se sont succédé, qui se distinguent par la nature de la communication transportée :

- 1G : communication analogique ;
- 2G : communication numérique sous forme circuit ;
- 3G : communication sous forme paquet, sauf pour la parole téléphonique ;
- 4G : communication multimédia sous forme paquet à très haut débit.

- 5G : communication multimédia avec de très forts débits en mobilité, la connexion de milliards d'objets et la prise en charge de missions critiques.

Ce chapitre détaille les générations 2G, 3G, 3G+, 4G, 4,5G et 5G. En ce qui concerne la 5G, la normalisation sera terminée en 2020, mais les groupes de travail ont suffisamment avancé pour avoir une idée précise de cette nouvelle génération.

Les services fournis par la première génération de réseaux de mobiles sont quasi inexistants en dehors de la téléphonie analogique. Son succès est resté très faible en raison du coût des équipements, qui n'ont pas connu de miniaturisation. La deuxième génération est passée au circuit numérique. La normalisation d'un faible nombre d'interfaces air a permis le développement de composants en grande série et l'arrivée de la téléphonie mobile dans le grand public. La troisième génération repose sur une technologie paquet, mais garde le circuit pour la parole. La quatrième génération est totalement paquet et les débits deviennent conséquents pour supporter toute sorte d'applications. La cinquième génération apporte trois grandes catégories d'applications : le haut débit mobile, les missions critiques et la connexion massive des objets. Le tableau 18.1 récapitule les différentes générations de réseaux de mobiles.

Génération	Réseau sans fil	Réseau cellulaire
1re génération	CTO, CT1	NMT, R2000, AMPS, TACS
2e génération	CT2, DECT, PHS	GSM, D-AMPS, DCP, PCS1800/1900, IS95A/IS41 et IS136/IS41
2e génération et demie		GPRS, IS95B
3e génération		UMTS, W-CDMA, cdma2000, EDGE, DECT
3e génération et demie	Wi-Fi, WiMAX	HSDPA, HSUPA, HSOPA, LTE
4e génération	Multitechnologie Wi-xx	LTE-Advanced (LTE-A), WiMAX IEEE 802.16m
5e génération	Wi-Fi 11ax et ay	NR (New Radio), 5G, 5G PRO

TABLEAU 18.1 • Générations de réseaux de mobiles

La 2G

La 2G représente réellement le démarrage des réseaux de mobiles. Cette section commence par décrire l'architecture de ce système, qui a été repris par les générations suivantes, mais en utilisant un vocabulaire en grande partie différent.

Chaque cellule dispose d'une station de base, ou BTS (Base Transceiver Station), qui assure la couverture radio. Une station de base comporte plusieurs porteuses, qui desservent les canaux de trafic des utilisateurs, un canal de diffusion, un canal de contrôle commun et des canaux de signalisation. L'interface intermédiaire est l'interface air. Chaque station de base est reliée à un contrôleur de station de base, ou BSC (Base Station Controller). Le BSC et l'ensemble des BTS qui lui sont raccordés constituent un sous-système radio, ou BSS (Base Station Subsystem). Les BSC sont tous raccordés à des commutateurs du service mobile, appelés MSC (Mobile services Switching Center). L'interface entre le sous-système radio et le commutateur de service mobile est appelée interface A.

L'architecture d'un réseau de mobiles 2G est illustrée à la figure 18.1.

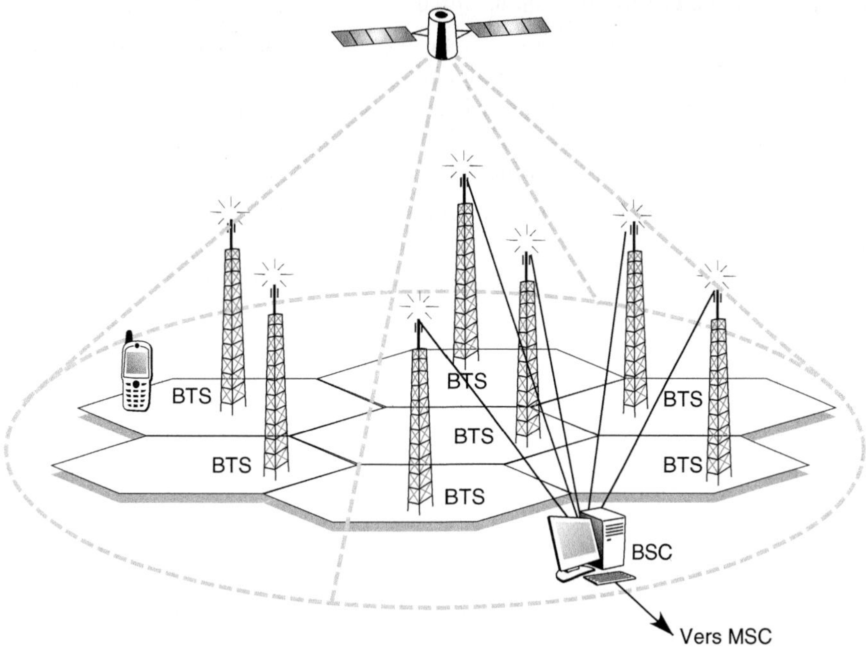

Figure 18.1

Architecture d'un réseau de mobiles

La mobilité dans les réseaux 2G

La mobilité, caractéristique essentielle des réseaux étudiés dans ce chapitre, donne la possibilité de se déplacer dans la zone de couverture sans que la communication soit coupée, et donc de changer de cellule, voire de réseau.

La gestion de la mobilité revêt deux aspects :

- La gestion de la localisation, qui permet au réseau de connaître à tout instant l'emplacement du terminal, des utilisateurs et du point d'accès au réseau avec suffisamment de précision pour acheminer les appels aux utilisateurs appelés là où ils se trouvent.
- Le transfert intercellulaire, ou handover, qui permet d'assurer une continuité des appels lors d'un changement de cellule.

Les réseaux de deuxième génération proposent à l'utilisateur ce que l'on appelle une mobilité personnelle, en s'appuyant sur les concepts UPT (Universal Personal Telecommunications) de télécommunications personnelles universelles.

Les réseaux cellulaires offrent une plus grande mobilité du terminal. En revanche, ils n'autorisent généralement qu'une faible mobilité personnelle. Pour des systèmes comme le GSM, les fonctions UPT se limitent à la possibilité d'utiliser la carte d'identification qui se trouve à l'intérieur du terminal, la carte SIM (Subscriber Identity Module), dans n'importe quel autre équipement terminal.

La mobilité requiert une gestion, qui s'effectue généralement à l'aide de deux bases de données : le HLR, qui tient à jour les données de l'abonné, et le VLR, qui gère le client dans la cellule où il se trouve. Dans la réalisation de la mise à jour, deux types de localisation sont prévus : lorsque l'IMSI (International Mobile Subscriber Identity) peut être fourni par l'ancien VLR, et lorsque l'IMSI ne peut pas être fourni par l'ancien VLR.

Les figures 18.2 et 18.3 illustrent le handover et la création d'un nouvel enregistrement dans la nouvelle base de données VLR ainsi que les étapes de mise à jour du HLR. Les flèches indiquent l'ordre dans lequel les commandes sont envoyées lors de la procédure de changement de cellule.

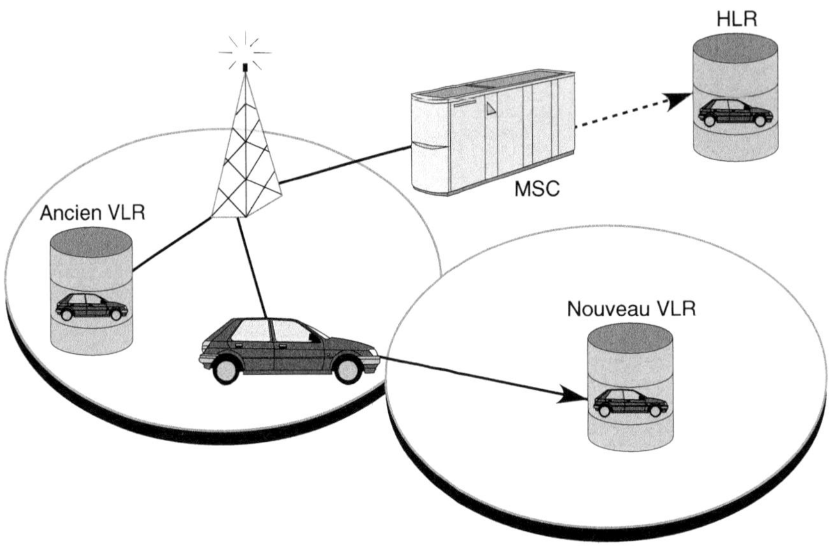

Figure 18.2

Handover et création d'un enregistrement dans un nouveau VLR

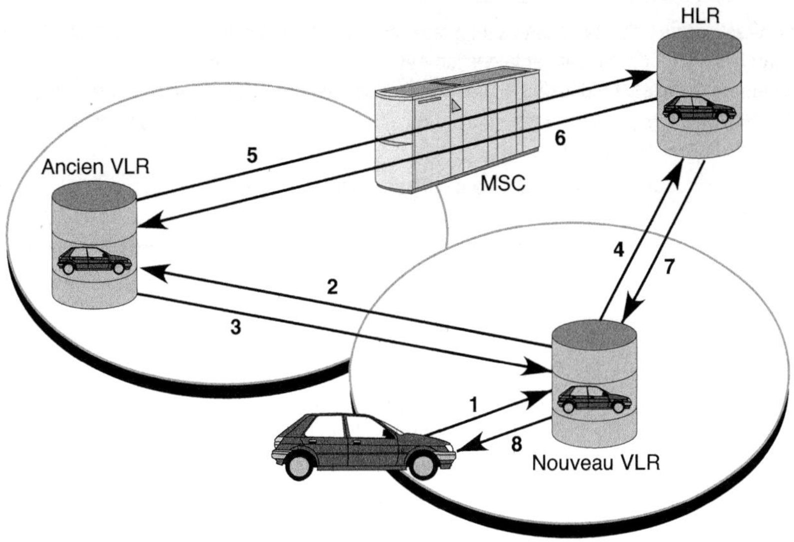

Figure 18.3

Étapes de mise à jour du HLR

La transition vers la 3G

La mise en place de la troisième génération de réseaux de mobiles a demandé un laps de temps assez long, de l'ordre d'une dizaine d'années. Les raisons à cela sont, d'une part, le besoin de repartir de zéro du point de vue des infrastructures et, d'autre part, un manque de capitaux de la part des opérateurs de mobiles à la suite de l'achat de licences à des prix très élevés dans certains pays comme la Grande-Bretagne ou l'Allemagne. Ce laps de temps a été mis à profit pour améliorer la deuxième génération et lui permettre d'approcher les performances de la troisième. Le GPRS (General Packet Radio Service) est le nom donné en Europe à l'amélioration de la technique GSM pour obtenir cette deuxième génération et demie.

Les réseaux de la génération 2,5G se caractérisent souvent, comme c'est le cas dans le GPRS, par un double réseau cœur, un réseau cœur pour le transport du téléphone et un réseau cœur pour le transport des données sous forme de paquets. À ce double réseau cœur, s'ajoutent des terminaux spécifiques, capables de gérer à la fois les voies téléphoniques, comme dans le GSM, et les voies de données, beaucoup plus sporadiques.

Les données sont mises dans de tout petits paquets dans le terminal lui-même, où elles attendent que le canal radio soit vide avant d'être émises. En d'autres termes, la téléphonie s'effectue de la même façon que dans la deuxième génération, en utilisant des slots de temps réservés lors de la mise en place du circuit téléphonique. Les circuits de l'interface radio sont prolongés sur les circuits du réseau cœur. On retrouve ici le caractère circuit de la transmission de la deuxième génération. En revanche, les paquets de données attendent des slots libres pour être émis vers le réseau à transfert de paquets.

Pour ces transferts de données, la difficulté consiste à déterminer de façon probabiliste le nombre de clients qui peuvent être acceptés sur une même fréquence, sachant que les clients paquet émettent à des instants aléatoires. Il est donc très difficile de prévoir le moment de passage des paquets sur l'interface radio. Le service est évidemment fortement asynchrone. Le coût est lié au nombre de paquets transmis et non à la durée de la communication, comme lors d'une conversation téléphonique.

Les infrastructures d'un tel réseau sont quasiment identiques à celles du réseau GSM. Il suffit d'ajouter le réseau à transfert de paquets et la gestion des slots vides qui doivent être mis à profit pour émettre des paquets de données. La deuxième génération et demie utilise des réseaux à commutation de trames. Si cette génération se prolonge longtemps, le réseau cœur pour les données se transformera en un réseau ATM ou en un réseau MPLS.

La technologie EDGE, qui fait également partie de la transition vers la troisième génération, est examinée à l'annexe M.

La 3G

La figure 18.4 illustre les évolutions des systèmes de deuxième génération vers des systèmes de troisième génération. L'ETSI propose l'UTRA, la partie radio de l'UMTS, et l'E-GPRS comme évolutions du GSM. De son côté, l'ARIB (Association of radio Industries and Businesses) propose le WCDMA (Wideband Code Division Multiple Access) comme évolution du PDC (Personal Data Communications system). Ces systèmes sont fondés sur le réseau fixe du GSM.

Les interfaces radio de l'UMTS et du WCDMA étant semblables, la recherche de compromis a consisté à modifier quelques paramètres de la couche physique, tels que la vitesse de modulation ou le nombre de slots par trame. Des propositions très semblables, tels le TD-SCDMA chinois et les CDMA I et II coréens ont été fondues dans l'UMTS.

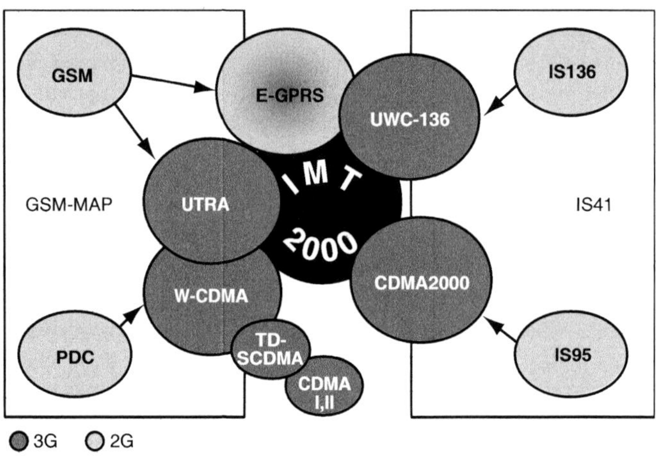

CDMA2000	(Code Division Multiple Access)
CDMA I, II	(Code Division Multiple Access)
E-GPRS	(Enhanced General Packet Radio Service)
GSM	(Global System for Mobile communications)
GSM MAP	(GSM Mobile Application Part)
IMT	(International Mobile Telecommunications System)
IS	(Interim Standard)
TD-SCDMA	(Time Division-Synchronous CDMA)
UTRA	(UMTS Terrestrial Radio Access)
UWC136	(Universal Wireless Communications 136)
W-CDMA	(Wideband-Code Division Multiple Access)

Figure 18.4

Évolution des technologies mobiles 2G-3G

Soutenant des solutions techniques fondées sur le réseau fixe du GSM, les organismes de normalisation régionaux se sont regroupés autour de l'UMTS pour lui donner du poids en tant que solution candidate à l'IMT 2000. Fin 1998, le 3GPP (Third Generation Partnership Project) a été créé dans ce but. Quelques semaines plus tard, un deuxième groupe mondial, le 3GPP2, était créé autour du cdma2000.

Le 3GPP

Lors de sa création, le 3GPP regroupait des organismes de standardisation régionaux, parmi lesquels l'ETSI pour l'Europe, ARIB et TTC (Telecommunications Technology Committee) pour le Japon, TTA (Telecommunications Technology Association) pour la Corée et T1P1 pour les États-Unis. Peu après, le CWTS (China Wireless Telecommunication Standard) rejoignait le projet.

La structure du 3GPP est semblable à celle de l'ETSI. Le 3GPP est organisé en groupes de travail, les TSG (Technical Specification Group), spécialisés dans un domaine et produisant des spécifications techniques. Ces groupes techniques sont encadrés par une équipe de coordination de projet, qui s'assure que la standardisation progresse au rythme prévu. La figure 18.5 illustre la structure générale du 3GPP.

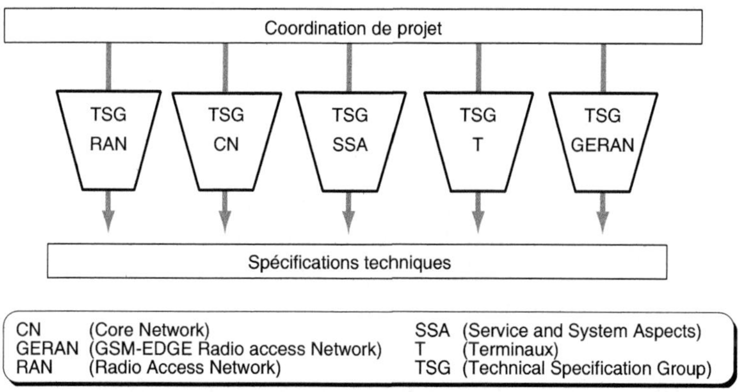

Figure 18.5

Structure du 3GPP

Les cinq domaines techniques suivants sont représentés au 3GPP :

- **RAN (Radio Access Network).** Ce groupe étudie l'UTRAN en général, c'est-à-dire les couches basses de l'accès radio, ainsi que les protocoles mis en œuvre sur les interfaces Iu, Iub et Iur. Un dernier sous-groupe spécifie les gabarits d'émission et de réception des stations de base.
- **CN (Core Network).** Traite du réseau fixe et des protocoles associés (signalisation, gestion de la mobilité, établissement d'appel), de l'architecture de service et de l'interconnexion avec les réseaux extérieurs.

- **SSA (Service and System Aspects).** Ce groupe se focalise sur les services, et notamment sur les services de téléphonie, avec la spécification des codecs. Il aborde également les aspects de sécurité et de confidentialité des communications.
- **T (Terminals).** Examine principalement les aspects relatifs à la carte SIM et spécifie les tests de conformité des mobiles.
- **GERAN (GSM Enhanced Radio Access Network).** Ce groupe réunit les travaux sur les évolutions du GSM (GPRS, EDGE).

Le 3GPP fournit un accès gratuit à toutes les spécifications, qu'elles soient définitives ou en cours d'élaboration. Ces dernières sont disponibles par FTP ou par une interface de type Web sur le site du 3GPP. Chaque sous-groupe de travail dispose de surcroît d'une liste de diffusion qui permet de prolonger ou d'initier les débats des réunions plénières. Ces listes sont, elles aussi, d'accès libre.

Les cinq concepts d'accès radio

L'ETSI a étudié cinq solutions techniques pour l'UTRA (UMTS Terrestrial Radio Access). Communément appelées α, β, γ, δ et ε, ces solutions proposent des schémas d'accès radio différents.

- α, **ou le WCDMA.** Il s'agit d'un CDMA large bande (Wideband CDMA). Le qualificatif « large bande » provient du fait que, comparativement au seul système CDMA existant à l'époque, l'IS95, le WCDMA requiert des canaux beaucoup plus larges, de 5 MHz. L'une des caractéristiques principales du système est sa flexibilité, qui lui permet d'accepter tout type de débit, allant de quelques kilobits par seconde à plusieurs centaines de kilobits par seconde. Cette solution est à l'origine du mode FDD de l'UMTS.
- β, **ou l'OFDMA.** Fondée sur des modulations OFDM (Orthogonal Frequency Division Multiplexing), cette solution mélange en fait TDMA et OFDMA. L'OFDMA consiste à partager les porteuses OFDM entre différents utilisateurs. L'allocation de plus ou moins de porteuses à un utilisateur offre une grande flexibilité dans les débits, mais les variations d'enveloppe du signal OFDM rendent complexe le design des amplificateurs de puissance des terminaux. Cette solution a donc été éliminée au moment des travaux, mais est réapparue pour les réseaux de quatrième et cinquième générations.
- δ, **ou le TD-CDMA.** Ce système hybride TDMA-CDMA consiste à prendre une trame TDMA et à multiplexer plusieurs utilisateurs dans un même slot par du CDMA. Pour ce faire, on applique de l'étalement de spectre dans chaque slot, ce qui rend la bande utilisée plus large. Ce concept a été développé dans un premier temps pour des canaux larges de 1,6 MHz puis a donné lieu au mode TDD (Time Division Duplex) de l'UMTS dans des canaux de 5 MHz.
- γ, **ou le W-TDMA.** Le Wideband TDMA, ou TDMA large bande, consiste à prendre un système TDMA de type GSM, mais avec des canaux beaucoup plus larges (1,6 MHz) que les 200 kHz du GSM, sans utiliser d'étalement de spectre. Cette solution assez peu pratique pour accepter des bas débits et offrir les mêmes services de voix que les systèmes 2G a été rejetée.
- ε, **ou l'ODMA.** L'ODMA (Opportunity Driven Multiple Access) est une technique de relais applicable en principe à toutes les autres solutions. Un utilisateur qui ne bénéficie pas de conditions radio favorables communique avec la station de base par l'intermédiaire d'autres mobiles, situés entre l'utilisateur et la station de base, plutôt que d'émettre à pleine puissance et engendrer beaucoup d'interférences. Par de multiples petits bonds, la communication s'effectue dans des conditions correctes. Malheureusement, la possibilité de voir sa batterie se décharger pour d'autres communications que la sienne est assez mal vue par la majorité des utilisateurs. C'est pourquoi cette solution est restée optionnelle, même si elle est devenue très à la mode du fait de l'engouement pour les réseaux ad-hoc (*voir le chapitre 17*).

Après une première procédure de sélection fondée sur des comparaisons techniques, un vote a lieu en janvier 1998 pour statuer sur le concept retenu. Aucune majorité absolue ne se dégageant, l'UMTS sera composite, α pour les bandes appairées (mode FDD) et δ pour les bandes non appairées (mode TDD). Bien que ces deux solutions diffèrent dans l'accès physique, les couches supérieures sont fortement semblables et peuvent apparaître comme deux modes d'une même solution.

En décembre 1998, l'UMTS est transféré au sein du 3GPP, avec pour première conséquence une harmonisation avec la solution WCDMA d'ARIB. Puis une activité plus importante du mode FDD s'est dessinée par rapport au mode TDD, avec cependant un poids important du TDD qui a été choisi par la Chine et son milliard d'utilisateurs potentiels.

L'UMTS

Cette section présente en détail la version de l'UMTS, dite release 99, publiée en mars 2000.

Les évolutions de l'UMTS sont abordées dans les sections suivantes. Pour éviter de relier ces versions à une date, l'UMTS a choisi de les nommer R5 (release 5), R6, R7, etc.

Architecture générale

L'architecture de l'UMTS s'appuie sur la modularité. Ses éléments constituants doivent être indépendants, de façon à autoriser en théorie des mises à jour de telle ou telle partie du système sans avoir à en redéfinir la totalité.

L'UMTS définit trois domaines : le domaine utilisateur, le domaine d'accès radio, ou UTRAN, et le réseau cœur (Core Network). Ces domaines sont séparés par des interfaces, respectivement l'interface Uu et l'interface Iu.

Des strates fonctionnelles sont appliquées à cette architecture de façon à séparer les fonctions en groupes indépendants :

- La strate d'accès radio (*transport/access stratum*) contient les protocoles et fonctions relatifs à l'accès radio.
- La strate de service (*serving stratum*) contient tout ce qui permet l'établissement d'un service de télécommunications.
- La strate « personnelle » (*home stratum*) est dédiée aux fonctions qui permettent de mémoriser et de récupérer les informations relatives à un utilisateur pour personnaliser ses services et environnements.
- La strate applicative (*application stratum*) représente les applications qui sont mises en œuvre de bout en bout.

Le domaine utilisateur est similaire à ce qui a été défini en GSM. Il se compose d'un terminal capable de gérer l'interface radio et d'une carte à puce, la carte U-SIM, qui contient les caractéristiques de l'utilisateur et de son abonnement. De même, le domaine du réseau fixe est semblable à celui du GPRS. En revanche, l'accès radio de l'UMTS, l'UTRAN, est complètement différent et est décrit en détail ci-dessous.

L'architecture générale de l'UMTS est illustrée à la figure 18.6.

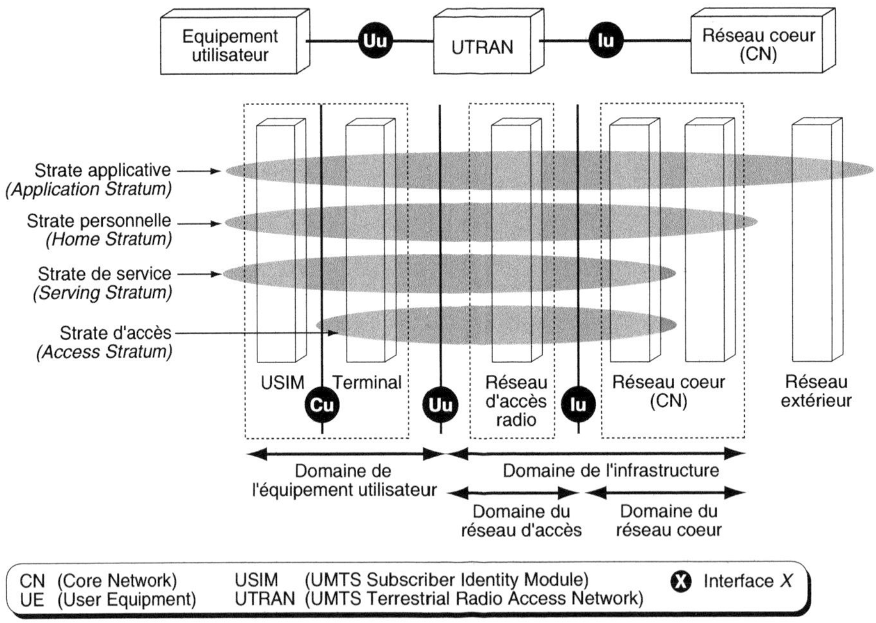

Figure 18.6

Architecture générale de l'UMTS

L'UTRAN regroupe les stations de base, appelées NodeB dans le vocabulaire de l'UMTS, et les contrôleurs de stations de base, ou RNC (Radio Network Controller).

Scindé en deux parties, le réseau cœur est constitué d'un réseau cœur de type circuit et d'un réseau cœur de type paquet. Le réseau cœur circuit est composé, à l'image de celui du GSM, de commutateurs circuits, les MSC (Mobile service Switching Center), de passerelles vers les réseaux téléphoniques publics, les G-MSC (Gateway MSC), et de serveurs dédiés aux SMS, les SMS-GMSC (SMS Gateway MSC).

Le réseau cœur orienté paquet est semblable à celui du GPRS. Il est composé de commutateurs paquet, les SGSN (Serving GPRS Support Node) et les GGSN (Gateway GPRS Support Node), qui relient le réseau de l'opérateur au monde extérieur, lequel peut être représenté par un réseau paquet public ou un réseau paquet d'un autre opérateur. Le réseau situé entre les GGSN et les SGSN est un réseau paquet quelconque, le plus souvent un réseau IP.

Pour gérer les données relatives aux utilisateurs, telles que leur position dans le réseau, leur abonnement, etc., les bases de données introduites dans le GSM sont toujours présentes dans l'UMTS. Il s'agit, entre autres, des HLR, VLR et EIR (Equipment Identity Register).

La signalisation échangée entre ces éléments du réseau réutilise le système de signalisation CCITT n° 7, ou SS7.

L'UTRAN

Avant de rejoindre le 3GPP, UTRAN signifiait UMTS Terrestrial Radio Access. Lors de la création du 3GPP, le sigle a perdu son origine européenne pour signifier Universal Terrestrial Radio Access. On y retrouve l'approche modulaire qui domine dans l'UMTS, la signalisation étant séparée du transport des informations. Il existe par conséquent deux catégories de protocoles, les protocoles du plan utilisateur (*user plane protocols*) et les protocoles du plan de contrôle (*control plane protocols*).

La strate d'accès de l'UTRAN est reliée aux autres strates par des points d'accès de services (*service access point*) de trois types : service de contrôle commun, pour la diffusion d'informations générales, service de contrôle dédié, pour un utilisateur spécifique, et service de notification, pour diffuser des informations non pas à toute la cellule, mais à des utilisateurs spécifiques.

Les éléments constituant l'UTRAN sont les stations de base, ou NodeB, dans le vocabulaire de l'UMTS, et les contrôleurs de stations de base, les RNC (Radio Network Controller). Un RNC et plusieurs NodeB forment un sous-système radio, ou RNS (Radio Network Subsystem).

Terminologie UMTS-GSM

Plutôt que de reprendre les sigles du GSM, l'UMTS a redéfini la majorité d'entre eux, même s'ils renvoient à des entités similaires dans le réseau d'accès radio.

Le tableau 18.2 compare la terminologie du GSM et celle de l'UMTS relative au réseau d'accès radio.

UMTS	GSM	Commentaire
UE (User Equipment)	MS (Mobile Station)	
NodeB	BTS (Base Transceiver Station)	Un NodeB est moins autonome qu'une BTS.
RNC (Radio Network Controller)	BSC (Base Station Controller)	Un RNC est plus complexe qu'un BSC puisqu'il contrôle complètement les NodeB.
UMSC (UMTS MSC)	MSC (Mobile-services Switching Center)	
RNS (Radio Network Subsytem)	BSS (Base Station Subsystem)	
Interface Iub	Interface Abis	Entre BTS et BSC (NodeB-RNC)
Interface Iu	Interface A	Entre BSC (RNC) et réseau cœur
Interface Iur	Inexistante	Entre 2 RNC.

TABLEAU 18.2 • Comparaison de la terminologie du réseau d'accès radio

Un NodeB est connecté à un RNC par le biais de l'interface Iub, et un RNC l'est au réseau cœur par le biais de l'interface Iu. Contrairement au GSM, l'UTRAN définit une interface supplémentaire entre deux RNC, l'interface Iur. Cette interface a été introduite du fait de la spécificité de l'accès radio, qui est fondé sur du CDMA. Le CDMA permet le *soft-handover,* c'est-à-dire l'établissement de deux chemins ou davantage entre le réseau et un mobile *via* deux stations de base potentiellement différentes. La séparation-combinaison des deux chemins se fait dans l'UTRAN, et il n'y a donc, au-delà du RNC, qu'un chemin possible vers le réseau cœur.

Le RNC qui se trouve à l'extrémité de ce chemin unique entre l'UTRAN et le réseau cœur est appelé RNC serveur (Serving RNC ou SRNC), car c'est lui qui permet à l'utilisateur d'être connecté avec le réseau cœur. Dans le cas d'un mobile en *soft-handover,* le RNC par lequel transite un chemin supplémentaire entre le mobile et le SRNC est appelé DRNC (Drift RNC).

Ces notions de Serving et Drift RNC (*voir figure 18.7*) sont relatives à un utilisateur : un même RNC peut donc être Serving pour un utilisateur et Drift pour un autre. Un RNC est, au départ, un contrôleur de station de base, c'est-à-dire qu'il gère les stations de base à distance. Par conséquent, pour les NodeB, on parle de CRNC (Controlling RNC).

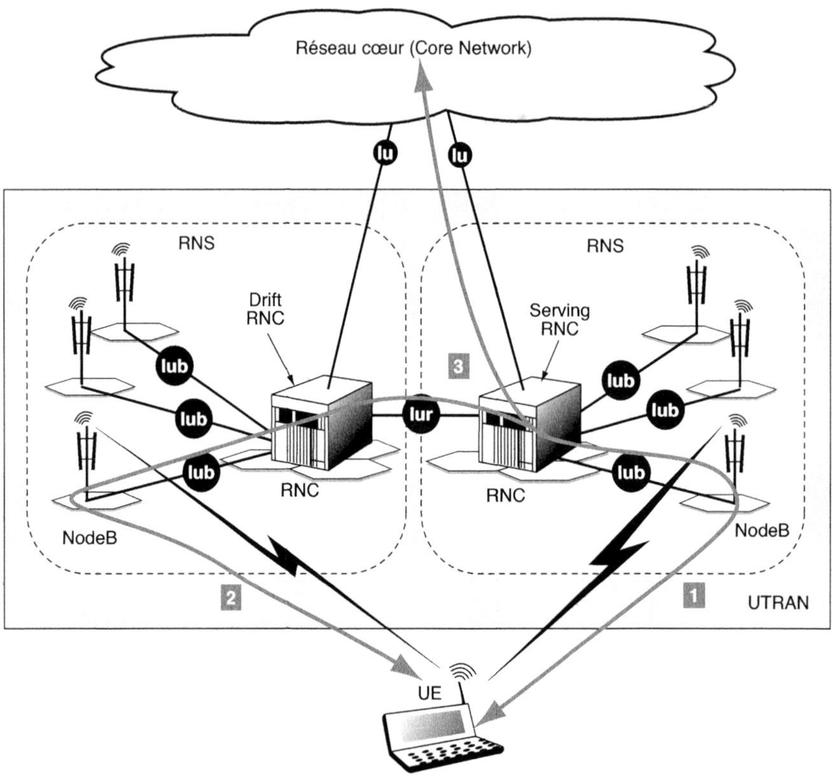

1 **Le mobile est connecté** au réseau cœur *via* son Serving RNC.
2 **Il établit une nouvelle connexion** avec une autre station de base en soft-handover.
3 **Les deux chemins sont recombinés** dans le Serving RNC. Le RNC par lequel transite le nouveau chemin est appelé Drift RNC. Serving et Drift RNC communiquent à travers l'interface Iur.

RNC (Radio Network Controller) — UE (User Equipment)
RNS (Radio Network Subsystem) — UTRAN (UMTS Terrestrial Radio Access Network)

Figure 18.7

Les notions de Serving et de Drift RNC

La figure 18.8 illustre la découpe en couches de l'UTRAN, qui regroupe une couche physique PHY, une couche de partage des ressources MAC (Medium Access Control), une couche de fiabilisation du lien radio RLC (Radio Link Control), une couche d'adaptation des données PDCP (Packet Data Convergence Protocol) et une entité transverse, le RRC (Radio Resource Controller), qui contrôle le tout. La couche BMC (Broadcast Multicast Control), non finalisée dans la release 99 du standard, traite de service de diffusion dans une cellule ou un ensemble de cellules. Ces couches recouvrent les couches 1 et 2 du modèle de référence de l'OSI à 7 couches, même si certaines fonctions du RRC peuvent être rattachées à la couche 3.

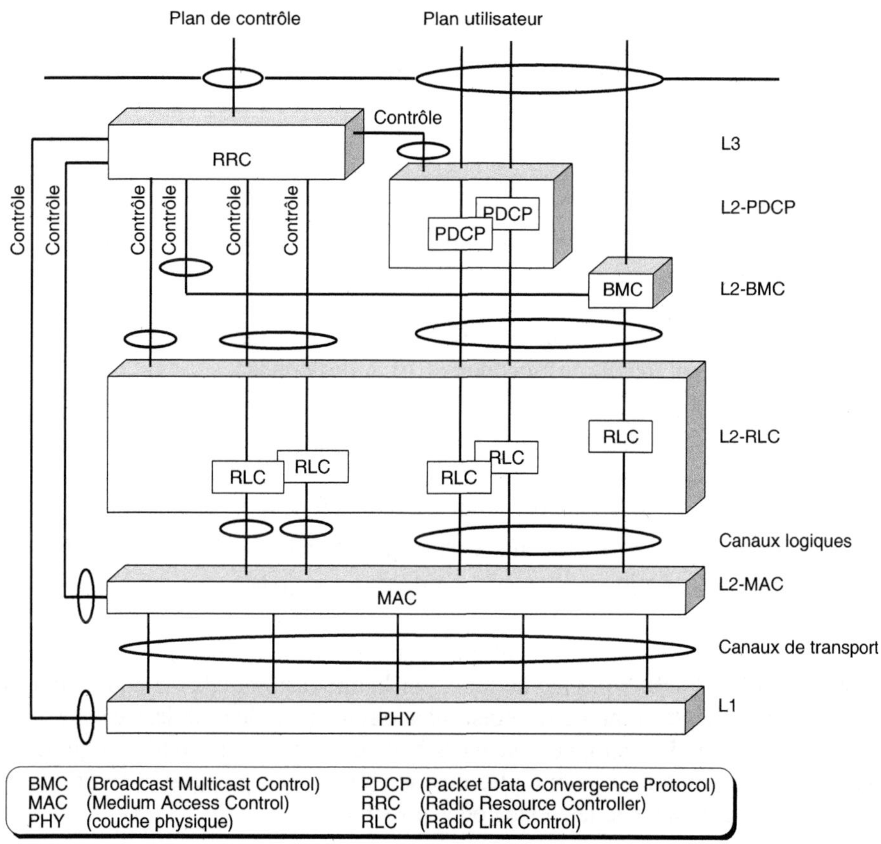

Figure 18.8

Architecture en couches de l'UTRAN

On retrouve dans cette architecture les deux plans de protocole, le plan utilisateur, dont les données traversent les couches PDCP, RLC, MAC et PHY, et le plan de contrôle, auquel appartient le RRC.

Toujours dans l'approche modulaire de l'UMTS, sous la couche physique se trouvent des canaux physiques, entre la couche physique et la couche MAC des canaux de transport et entre le MAC et le RLC des canaux logiques. Ces canaux représentent des points d'accès de services rendus par la couche inférieure à la couche supérieure.

La couche physique

C'est dans cette couche que les modes FDD et TDD de l'UMTS diffèrent le plus. La section suivante présente le mode FDD, qui est considéré comme le mode majeur de l'UMTS puisqu'on lui a alloué plus de fréquences dans le spectre.

Le mode FDD

Comme son nom l'indique, le mode FDD (Frequency Division Duplex) utilise un duplex en fréquences, dans lequel la voie montante et la voie descendante sont séparées en fréquences. Mobile et station de base communiquent en continu et simultanément dans les deux directions. La communication entre la station de base et le mobile s'établit par une technique d'étalement de spectre, qui est à la base du CDMA. Le débit chip est constant : 3,84 Mchip/s.

On appelle canal physique l'association d'une fréquence porteuse, d'une paire de codes, l'un pour l'embrouillage et l'autre pour l'étalement (*scrambling* ou *channelization code*), et d'une durée temporelle exprimée en multiple de chip. Des multiples particuliers sont prédéfinis dans l'UMTS : un slot représente 2 560 chips, une trame 38 400 chips (15 slots), soit respectivement 0,667 milliseconde et 10 millisecondes.

Il existe des canaux physiques dédiés, alloués à un utilisateur en particulier, et des canaux physiques communs, partagés entre tous les utilisateurs. Certains canaux physiques sont visibles des couches supérieures et servent à transmettre les informations des couches supérieures, tandis que d'autres ne sont utiles qu'au bon fonctionnement de la couche physique.

Le tableau 18.3 synthétise les canaux physiques du mode FDD de l'UMTS.

La structure du canal d'accès aléatoire PRACH est adaptée à l'aloha discrétisé, qui est, comme en GSM et dans les autres systèmes radiomobiles, la technique d'accès utilisée. Néanmoins, si, en GSM, deux stations lançant une requête en même temps entrent en collision, ici, le CDMA permet de jouer sur la dimension code : le paquet d'accès initial est étalé par un code parmi seize choisis aléatoirement par le mobile. Ce code, aussi appelé signature, permet de distinguer plusieurs mobiles entrant dans le réseau quasi simultanément. Cela a bien sûr un coût en termes de complexité, puisque la station de base doit surveiller en permanence les seize codes possibles.

Le rôle majeur de la couche physique est d'étaler et contracter le signal respectivement en émission et en réception, opération à la base de la séparation des utilisateurs en CDMA. L'UMTS définit deux étapes d'étalement. La première consiste à multiplier le signal à transmettre par une séquence de chips au débit beaucoup plus rapide. C'est l'étalement à proprement parler, nommé *scrambling* ou *channelization*. La deuxième étape est la modulation du signal en QPSK.

	Nom	Rôle
Dédiés	DPDCH (Dedicated Physical Data CHannel)	Pour le transport des données dédiées à un utilisateur ; bidirectionnel
	DPCCH (Dedicated Physical Control CHannel)	Pour le contrôle du DPDCH ; bidirectionnel
Communs (visibles des couches supérieures)	PRACH (Physical Random Access CHannel)	Pour l'accès initial des mobiles dans le réseau ; UL uniquement
	PCPCH (Physical Common Packet CHannel)	Canal partagé montant ; UL uniquement
	PDSCH (Physical Downlink Shared CHannel)	Canal partagé pour des transmissions descendantes sporadiques ; DL uniquement
	PCCPCH (Primary Common Control Physical CHannel) SCCPCH (Secondary Common Control Physical CHannel)	Diffusion d'information système (primary) ; Paging et réponse des couches hautes aux accès initiaux (secondary) ; DL uniquement
Communs (uniquement couche physique)	AICH (Acquisition Indicator CHannel)	Pour une réponse de la couche physique aux accès initiaux ; DL uniquement
	SCH (Synchronization CHannel)	Permet au mobile de se synchroniser au réseau ; DL uniquement
	CPICH (Common Pilot CHannel)	Canal pilote commun ; permet au mobile de se synchroniser sur la cellule et d'estimer la puissance reçue (mesure à l'origine des handovers) ; DL uniquement.

TABLEAU 18.3 • Canaux physiques de l'UMTS FDD

Le mode TDD

Le mode TDD est fondé sur une méthode d'accès hybride entre le TDMA et le FDMA. La séparation entre le sens montant et le sens descendant se fait dans le temps. Certains slots de la trame – la même que celle définie dans le mode FDD – sont dédiés à la voie montante, et d'autres à la voie descendante. La répartition des slots dans la trame est flexible, quoiqu'il faille avoir au moins un slot montant et descendant, mais un opérateur peut configurer son système avec quatorze slots descendants et un slot montant.

Le TDD peut donc supporter très facilement du trafic asymétrique, alors que, par construction, le mode FDD est symétrique, autant de spectre étant alloué au sens montant qu'au sens descendant. Le TDD est mis en œuvre dans les bandes non appairées, contrairement au FDD, qui est utilisé dans les bandes appairées.

Alors qu'en FDD une communication peut s'effectuer en continu dans la trame, les slots n'étant qu'une base de temps pour le contrôle de puissance en boucle fermée, en TDD, le slot retrouve toute l'essence du TDMA : une communication est centrée sur un ou quelques slots.

Le fait que le CDMA consiste à partager un slot entre plusieurs utilisateurs a de multiples conséquences. Du fait qu'un utilisateur ne dispose que d'un ou quelques slots pour sa communication, il doit, pour obtenir des débits semblables au mode FDD, transmettre sur un slot à un débit beaucoup plus élevé. Or, le rythme chip est le même en TDD qu'en FDD : 3,84 Mchip/s. Par conséquent, en TDD les facteurs d'étalement sont beaucoup plus faibles qu'en FDD. Du coup, des techniques de réception plus élaborées, trop complexes en FDD, telles que la détection conjointe, sont en pratique réalisables en TDD. De plus, la structure des canaux physiques du TDD est différente. Par exemple, le burst normal du TDD possède une séquence connue du récepteur au milieu du slot, permettant l'estimation de canal slot par slot, exactement comme dans le GSM.

Les communications montantes doivent arriver dans le bon slot de la station de base, car une mauvaise synchronisation pourrait créer des interférences d'un slot à l'autre. Cette contrainte n'existe pas en FDD. Pour y faire face, le mode TDD a défini, à l'instar du GSM, des temps de garde autour du slot pour absorber les différences de temps de propagation des utilisateurs d'une cellule. La taille de ce temps de garde limite l'usage du TDD aux microcellules et aux picocellules. Les stations de base doivent être également synchronisées entre elles, sinon, il pourrait y avoir des interférences entre les slots montants d'une cellule et les slots descendants des cellules voisines, puisque toutes les transmissions sont à la même fréquence – en UMTS, il n'y a pas de planification cellulaire comme dans un système GSM.

Malgré ces différences, le TDD et le FDD présentent sensiblement les mêmes caractéristiques physiques. Ces dernières sont recensées au tableau 18.4.

	FDD	TDD
Accès multiple	W-CDMA	TD-CDMA
Séparation DL-UL	FDD	TDD
Facteur d'étalement	256-4 (UL) 512-4 (DL)	16-1
Handover	Soft	Hard
Fréquence chip	3,84 Mchip/s	Idem
Structure de trame	15 slots par trame de 10 ms	Idem
Filtre de mise en forme	Cosinus surélevé roll-off 0,22	Idem
Espacement des porteuses	5 MHz	Idem
Trame	10 ms, 15 slots, 2 560 chip/slot	Idem
Modulation	QPSK	Idem
Codage	Non codé, convolutif, turbo	Idem
Entrelacement	10, 20, 40 ou 80 ms	Idem

TABLEAU 18.4 • Caractéristiques physiques du FDD et du TDD

Les couches MAC et RLC

La couche MAC effectue l'association des canaux logiques, visibles par la couche supérieure, la couche RLC, et des canaux de transport que lui offre la couche physique. De plus, elle sélectionne le format de transport, du moins dans sa partie dynamique, le plus approprié, compte tenu des conditions radio du moment. Elle gère en outre les priorités entre les flux d'un même utilisateur et entre différents utilisateurs. La couche MAC se contente d'appliquer les règles de priorité érigées par le RRC (Radio Resource Controller), qui a une meilleure connaissance à la fois des différentes QoS requises par les utilisateurs et de la charge de la cellule. La couche MAC est également responsable de la collecte des mesures sur le volume du trafic et les conditions de propagation de la cellule pour les transmettre au RRC.

On retrouve dans la couche MAC le principe de modularité de l'UMTS: comme cette couche doit gérer différents types de canaux, plusieurs entités MAC sont définies: le MAC-b pour les canaux de diffusion, le MAC-c/sh pour les canaux partagés et le MAC-d pour les canaux dédiés. Ces entités ne se situent pas forcément dans le même élément de l'UTRAN. En effet, la gestion des canaux de diffusion est locale à une cellule. Le MAC-b peut donc être localisé dans la station de base. En revanche, à cause du *soft-handover,* la gestion des canaux dédiés doit remonter jusqu'au SRNC. Ainsi, le MAC-d se trouve dans les RNC. Les décisions prises par le MAC-d sont transmises à la cellule *via* le CRNC, en utilisant l'interface Iur, entre SRNC et CRNC, puis l'interface Iub, entre CRNC et NodeB.

Les canaux logiques entre MAC et RLC sont décrits au tableau 18.5. Ils sont séparés en deux groupes, les canaux de contrôle et les canaux de trafic. Les principes d'association entre canaux logiques et canaux de transport que doit respecter la couche MAC sont standardisés.

	Nom	Rôle
Trafic	DTCH (Dedicated Traffic CHannel)	Pour le transfert des données dédies à un utilisateur ; bidirectionnel
	CTCH (Common Traffic CHannel)	Canal point à multipoint pour le transfert de données à un groupe d'utilisateurs ; DL uniquement
Contrôle	BCCH (Broadcast Control CHannel)	Pour la diffusion d'informations système ; DL uniquement
	PCCH (Paging Control CHannel)	Pour le paging ; DL uniquement
	DCCH (Dedicated Control CHannel)	Pour le transfert d'information de contrôle (établissement d'appel, handover, etc.) dédiée à un utilisateur ; bidirectionnel
	CCCH (Common Control CHannel)	Pour le transfert d'information de contrôle partagée par les utilisateurs (accès initial, réponse à l'accès initial) ; bidirectionnel

TABLEAU 18.5 • Canaux logiques

La couche RLC (Radio Link Control) permet de fiabiliser les transmissions sur l'interface radio, tout en réalisant un contrôle de flux. Les fonctions de la couche RLC sont les suivantes: segmentation et réassemblage, concaténation ou bourrage des blocs d'information issus des couches supérieures, pour en faire des paquets de taille acceptée par la couche MAC, détection des duplications, retransmission, remise en ordre des paquets reçus et chiffrement.

Trois modes d'opération sont en fait disponibles:

- Le mode transparent, qui se contente d'effectuer les opérations de segmentation-réassemblage.
- Le mode non acquitté, qui numérote les paquets et détecte les erreurs. Il n'effectue pas de retransmission pour les corriger, l'entité RLC réceptrice ne transmettant pas les paquets erronés à la couche supérieure.
- Le mode acquitté, qui est le plus robuste offert par la couche RLC. Lorsqu'un paquet est erroné, des retransmissions sont effectuées suivant la stratégie d'ARQ sélectif.

Le RRC

Le RRC (Radio Resource Controller) est l'« éminence grise » de l'UTRAN. La majorité des échanges de la signalisation entre le mobile et l'UTRAN se fait avec le RRC. De plus, il pilote toutes les autres couches, en fonction des QoS requises sur les communications et de la charge du réseau. Pour cela, il existe des connexions de contrôle entre le RRC et les autres couches de l'UTRAN, comme illustré à la figure 18.9.

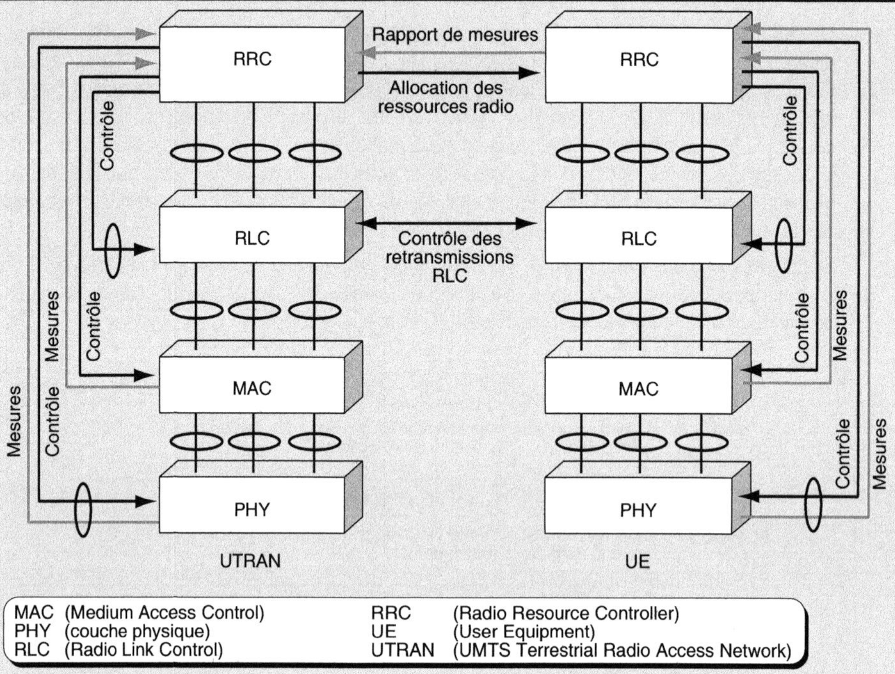

Figure 18.9

Schéma de fonctionnement du RRC

Le RRC est aussi le point de contact des échanges de signalisation avec le réseau cœur. Ainsi, en réponse à une demande de connexion du mobile (dans le cas d'un appel sortant ou du réseau cœur pour les appels entrants), l'entité RRC du mobile va négocier avec l'entité RRC du réseau l'ouverture d'un « tuyau » radio, ou RAB (Radio Access Bearer). Ce RAB est doté de paramètres permettant d'en caractériser la qualité de service. Les débits maximaux et moyens, la taille des paquets transmis, le délai, le taux d'erreur résiduel et la priorité peuvent être négociés dans l'établissement du RAB. Le RRC, en tenant compte de la charge courante de la cellule, configure alors les couches inférieures pour que la QoS négociée soit respectée. La configuration s'applique aux ressources dans tout l'UTRAN, c'est-à-dire non seulement sur l'interface radio, mais également sur l'interface Iub entre NodeB et RNC.

Les interfaces

Comme pour l'ensemble de l'UMTS, un effort de modélisation a porté sur la standardisation des interfaces pour les rendre modulaires. Le modèle générique des interfaces est illustré à la figure 18.10.

La découpe horizontale permet de séparer ce qui est transporté sur l'interface (Radio Network Layer) d'avec le moyen de transport utilisé sur l'interface (Transport Network Layer). La découpe verticale permet de séparer le plan de contrôle du plan utilisateur. Le plan de contrôle contient tous les messages de contrôle échangés entre les entités de l'UTRAN. Le plan utilisateur contient les protocoles utilisés pour encapsuler les données utilisateur sur les interfaces. Il y a de plus la signalisation locale à l'interface (le Transport Network Control Plane) nécessaire à l'établissement des chemins sur cette interface.

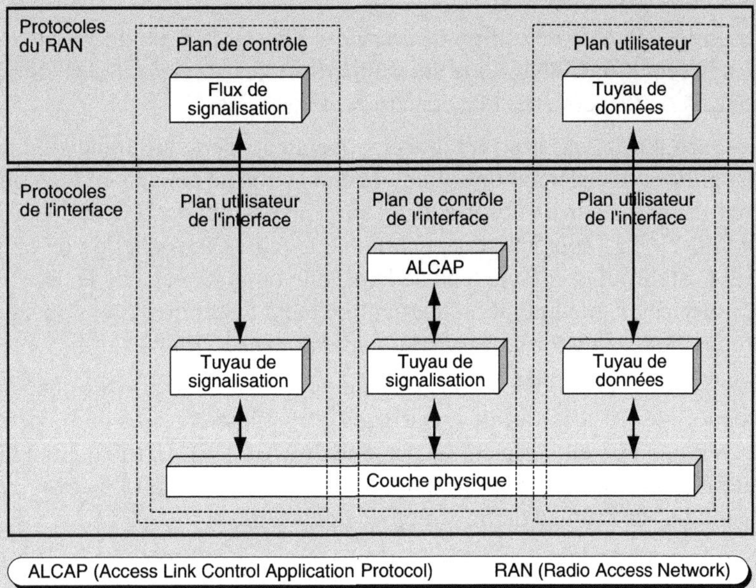

Figure 18.10

Le modèle générique des interfaces de l'UTRAN

Dans la version 99 des spécifications, les interfaces sont bâties sur de l'ATM. Par conséquent, on retrouve entre l'ATM et la signalisation, dans le plan de contrôle, ou dans les données utilisateur encapsulées, dans le plan utilisateur, toutes les couches d'adaptation classiques d'ATM, telles que l'AAL-2, pour l'établissement de circuits, ou l'AAL-5, pour le transport des paquets. Du fait de la découpe horizontale, rien n'empêche le remplacement d'ATM par une autre technologie : seule la brique Transport Network Layer serait à changer.

Ce modèle générique se décline en fonction des interfaces de l'UTRAN. Sur l'interface Iub, entre NodeB et RNC, la signalisation entre RNC et NodeB est contenue dans le NBAP (NodeB Application Part). On y trouve, par exemple, les messages permettant de gérer les ressources radio, tels que création-suppression d'un lien radio, contrôle de puissance, etc. Le plan utilisateur est quant à lui constitué de protocoles d'encapsulation adaptés à tous les types de trafic.

L'interface Iur se situe entre deux RNC. Elle n'existait pas dans le GSM et est due au *soft-handover*. L'ensemble de la signalisation se nomme le RNSAP (Radio Network Subsystem Application Part). Le plan utilisateur comporte les mêmes protocoles que sur l'interface Iub. L'interface Iu permet de connecter l'UTRAN au réseau cœur. Le réseau cœur de l'UMTS est similaire au réseau cœur du GSM-GPRS. L'interface Iu est donc double et est composée d'une interface vers le domaine circuit du réseau cœur entre UTRAN et U-MSC (UMTS MSC), appelée Iu-CS, et d'une interface vers le domaine paquet (entre UTRAN et 3G-SGSN), appelée Iu-PS.

Les services et la QoS

La philosophie de définition des services de l'UMTS est différente de celle du GSM et de ses évolutions. Plutôt que de standardiser des services, l'UMTS a préféré définir des boîtes à outils permettant de construire des services.

Le GSM n'offre pas la possibilité aux opérateurs de se différencier les uns des autres pour les services de télécommunications, la distinction ne pouvant se faire que sur la couverture d'un territoire – mais désormais tous les opérateurs possèdent une couverture nationale en GSM – ou l'approche commerciale. De plus, l'introduction de nouveaux services en GSM est difficile, compte tenu de la rigidité du système et de la nécessité de standardiser ces services. Cette limitation, particulièrement ressentie par des opérateurs bridés dans la proposition de nouveaux services, disparaît dans l'UMTS.

En effet, l'UMTS, fidèle à son esprit de modularité, spécifie plusieurs outils permettant la création de services variés, spécifiques d'un opérateur. Ces outils permettent de surcroît la création d'un environnement personnalisé, ou VHE (Virtual Home Environment), que l'utilisateur peut retrouver dans son intégrité, quel que soit l'endroit où il se trouve : à son domicile, sur son lieu de travail ou en déplacement.

Parmi ces outils standards, on trouve les systèmes d'exploitation des terminaux mobiles et des cartes SIM, nommés respectivement MExE (Mobile station application Execution Environment) et USAT (USIM Application Toolkit), une architecture de service ouverte, OSA (Open Service Architecture), les services téléphoniques intelligents, ou CAMEL (Customized Applications for Mobile Network Enhanced Logic), et enfin tout ce qui peut venir du monde IP, regroupé dans IP Toolkits.

Le réseau UMTS offre aux opérateurs qui créent ces services destinés aux utilisateurs la possibilité de les caractériser en classes de qualité de service. Pour cela, deux critères ont été retenus. Le premier est la tolérance au délai ; le second la tolérance aux erreurs. La figure 18.11 illustre les différentes classes de QoS et quelques exemples de services associés.

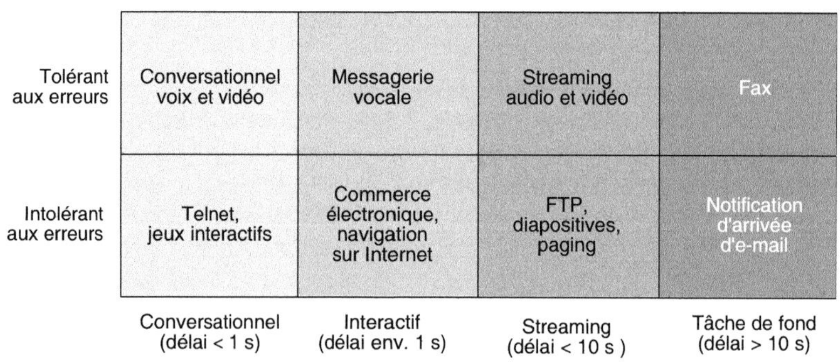

Figure 18.11

Les classes de qualité de service dans l'UMTS

L'UMTS a spécifié les moyens de définir plus finement les exigences de qualité de service, en particulier dans les RAB, comme expliqué précédemment. Pour respecter ces exigences, une signalisation spécifique a été définie. Son principe consiste à s'assurer de proche en proche, en impliquant toutes les entités du réseau sur le trajet de la communication, que la QoS demandée peut être assurée.

Les débits offerts par l'UMTS sont conformes aux exigences de l'IMT 2000 : 2 Mbit/s pour une mobilité faible et des conditions radio favorables, le mobile ne devant pas trop s'éloigner de la station de base, 384 kbit/s pour une mobilité moyenne, dans une ville, par exemple, et 144 kbit/s dans un environnement rural. Bien que ces débits soient techniquement réalisables, ils ne sont que rarement atteints en pratique. L'une des raisons à cela est que, comme dans tout système radio mobile, il existe une différence entre les débits théoriques, vantés dans les approches commerciales, et les débits réels, que constatent les utilisateurs.

La 3G+

Les premières générations de réseaux de mobiles se préoccupaient en priorité de la téléphonie. Avec la 3G+ et la 4G, l'important devient la transmission de données et l'intégration des réseaux de mobiles dans l'environnement IP. La 4G marquera la convergence totale avec le réseau Internet fixe. Les clients ne verront plus aucune différence entre une connexion mobile et une connexion fixe.

La 3G+ commence avec la release 5 de l'UMTS. Les différentes releases sont les suivantes :

- Release 5 (2002) – UMTS R5 : définition de l'IMS détaillée au chapitre suivant ; introduction du HSDPA (High-Speed Downlink Packet Access) permettant un débit descendant des données jusqu'à 10 Mbit/s ; amélioration du GSM-Edge, en particulier pour la téléphonie.
- Release 6 (2004) – UMTS R6 : introduction de l'IMS phase 2, du HSUPA (High-Speed Uplink Packet Access) permettant d'augmenter le débit descendant à 6 Mbit/s ; interconnexion simple avec les réseaux Wi-Fi ; introduction du MBMS (Multimedia Broadcast/Multicast Service).
- Release 7 (2007) – UMTS R7 : introduction de la technologie MIMO utilisée dans Wi-Fi (*voir le chapitre 20*) ; amélioration des performances et de la QoS ; introduction de HSPA+ (High-Speed Packet Access Evolution) ; introduction du « sans contact » en vue de nouvelles applications, comme le paiement.
- Release 8 (2008) – UMTS R8 : introduction de LTE (Long Term Evolution), de l'OFDMA à la place du CDMA (non-compatibilité avec les releases précédentes sur ce point) et d'un réseau tout IP (sauf pour la partie téléphonique, qui utilise encore le GSM).
- Release 9 (2009) – UMTS R9 : introduction d'un calendrier « green », c'est-à-dire de solutions permettant d'économiser l'énergie électrique dépensée par les stations de base du fait de l'importante consommation des antennes et équipements associés. Cette release propose également une normalisation des femtocells, des services d'alerte et une amélioration de la compatibilité IP.

- Les releases suivantes seront examinées à la section 4G puis les toutes dernières en gestation à la section 5G.

On considère souvent que la 3G+ correspond aux hauts débits de données, c'est-à-dire de plus de 1 Mbit/s. Cette valeur est obtenue par la technologie HSDPA dans le sens descendant et par son successeur HSUPA (High-Speed Uplink Packet Access) dans le sens montant. Ces deux technologies sont détaillées dans les sections suivantes.

La 3G+ contient également le standard LTE, qui introduit une véritable rupture dans l'interface radio puisque le CDMA est abandonné pour être remplacé par l'OFDMA. Cette rupture a été considérée pendant un certain temps comme le véritable démarrage de la 4G. En réalité, les normalisateurs ont préféré attendre la parfaite compatibilité avec Internet, en particulier sur la parole téléphonique, pour démarrer la 4G. LTE Advanced sera donc le premier produit 4G en suivant la release 10.

Le HSDPA

Le HSDPA offre des performances approximativement dix fois supérieures à la 3G (UMTS R5). C'est essentiellement une évolution logicielle qui permet cette augmentation des débits.

Le HSDPA possède un lien descendant – du réseau vers le terminal – en mode paquet en augmentation forte par rapport à l'UMTS. Le HSDPA fait partie de la famille HSPA (High-Speed Protocol Access). Ses versions plus évoluées HSUPA et HSOPA sont détaillées plus loin. Le déploiement existant en 2007 offre des débits de 1,8 Mbit/s, 3,6 Mbit/s, 7,2 Mbit/s et 14,4 Mbit/s sur le lien descendant, voire nettement plus avec la version évoluée, qui atteint 42 Mbit/s. Un autre aspect encore plus important concerne la bande passante globale, qui permet à de nombreux clients de se connecter simultanément. Le HSDPA est une évolution relativement simple de l'UMTS, et c'est la raison pour laquelle on la classe dans la 3,5G, ou 3G+.

Les principales différences avec l'UMTS viennent des fonctions suivantes :

- Retransmissions beaucoup plus rapides à partir du NodeB grâce à l'algorithme HARQ (Hybrid Automatic Repeat reQuest).
- Nouvel ordonnancement dans le NodeB bien plus rapide que celui de l'UMTS grâce à l'algorithme FPS (Fast Packet Scheduling).
- Modulation et codage de type AMC (Adaptive Modulation and Coding).

Dans ce dernier protocole, une redondance incrémentale améliore nettement le débit : même lorsqu'un paquet arrive avec une erreur, le paquet erroné est conservé. Il est possible que, même si la retransmission du paquet débouche encore sur un paquet erroné, la combinaison des deux paquets erronés permette de corriger l'erreur.

Le canal descendant est partagé entre les utilisateurs en utilisant l'algorithme d'ordonnancement, puisque celui-ci tient compte de l'état du canal et des facteurs qui peuvent avantager la transmission vers tel utilisateur plutôt que vers tel autre. Pour cela, chaque utilisateur envoie périodiquement une indication de la qualité du signal, et ce jusqu'à 500 fois par seconde. Le NodeB utilise cette information pour ordonnancer les différents émetteurs pour les deux secondes suivantes. Les terminaux qui ont une bonne qualité de réception sur le canal descendant peuvent se voir affecter un débit nettement supérieur à celui des clients qui n'ont pas un bon canal descendant.

Lorsque le NodeB a choisi l'ordonnancement des clients, il optimise aussi le code à utiliser sur le canal. Cela implique que, sur la trame de 2 millisecondes, les clients peuvent utiliser des codes différents. En résumé, chaque client a un débit réel spécifique, qui permet d'utiliser au mieux le canal en fonction de l'état du système.

La fonction de l'algorithme AMC (Adaptive Modulation and Coding) consiste à déterminer la modulation et le code utilisés en fonction de la qualité du canal. Le codage QPSK forme le schéma de base. Cependant, si le canal est de bonne qualité, la modulation 16QAM est adoptée, ce qui double le débit. Le codage QPSK permet d'atteindre 1,8 Mbit/s, et le codage 16QAM 3,6 Mbit/s. Des codages encore plus performants peuvent être utilisés dans certains cas de figure, pouvant permettre de monter jusqu'à des débits de 10,8 Mbit/s.

Parmi les autres améliorations du HSDPA, le débit montant peut atteindre 384 kbit/s au lieu des 128 kbit/s de l'UMTS. Le temps de latence de l'accès est bien meilleur, ce qui améliore la qualité de la voix téléphonique.

La release R7 de l'UMTS concerne une nouvelle augmentation des débits sur le lien descendant, avec des vitesses pouvant atteindre 42 Mbit/s. Les technologies permettant cet accroissement de la vitesse proviennent du MIMO (Multiple In Multiple Out) et de l'apparition d'antennes intelligentes.

La version suivante 3GPP R8 est encore plus ambitieuse et donne naissance au HSOPA. Cette technologie d'origine européenne atteint respectivement 100 et 200 Mbit/s respectivement dans les sens montant et descendant.

Le HSUPA

Le HSUPA s'intéresse à la voie montante, qui devrait atteindre à terme 5,76 Mbit/s. Sa spécification se trouve dans le document 3GPP R6 (release 6).

Le HSUPA utilise un canal montant amélioré nommé E-DCP (Enhanced Dedicated Channel), qui utilise les mêmes ingrédients que le HSDPA sur le canal descendant : adaptation des communications entre les terminaux et le NodeB pour optimiser l'utilisation globale du canal.

Parmi les algorithmes proposés dans cette norme, citons notamment les suivants :

- TTI (Transmission Time Interval) de longueur réduite.
- Protocole HARQ (Hybrid Automatic Repeat reQuest), qui effectue de la redondance incrémentale.
- Ordonnanceur de paquets, qui décide quand et comment sont transmis les paquets en utilisant la qualité des communications et l'état des files d'attente du récepteur.
- Possibilité de faire passer des paquets prioritaires, comme ceux de la ToIP hors du champ de l'ordonnancement. Ces paquets sont dits « non-scheduled ». L'objectif est de

faire transiter des paquets avec des contraintes fortes non satisfaites par l'ordonnanceur, celui-ci ne tenant pas compte du synchronisme dont certains flots ont besoin.

- Couche MAC tenant compte des priorités des paquets ordonnancés et non ordonnancés. Le débit est déterminé à l'ouverture de la connexion.

Après la technologie HSUPA, le 3GPP a travaillé à une nouvelle amélioration avec le HSOPA, qui marque l'entrée dans la quatrième génération de réseaux de mobiles et l'entrée vers le très haut débit.

Le HSOPA

Le HSOPA (High-Speed OFDM Packet Access) est une proposition du 3GPP LTE (Long Term Evolution). On appelle parfois cette norme le *super 3G*.

La différence fondamentale entre le HSOPA et les deux techniques précédentes provient de l'interface radio, qui est totalement modifiée pour passer à l'OFDMA. Cette interface étant incompatible avec les versions précédentes, HSDPA et HSUPA, il y a, à bien des égards, un changement de génération ; cependant, les normalisateurs ont préféré repousser l'introduction véritable de la 4G à la compatibilité totale avec Internet. Les débits sont de 50 Mbit/s dans le sens montant et 100 Mbit/s dans le sens descendant. Il est prévu que, sur une fréquence de 5 MHz de large, deux cents clients puissent être connectés simultanément à haut débit.

Le HSOPA travaille de concert avec le HSDPA et le HSUPA, de sorte qu'un client puisse se connecter sur la meilleure cellule possible par rapport à l'application en cours. Les passages d'une technologie à l'autre se font de façon transparente.

Un autre objectif de cette norme est de permettre les handovers verticaux avec d'autres catégories de réseaux sans fil, dont WiMAX. Pour cela, le HSOPA utilise le protocole TCP/IP, et les interconnexions s'effectuent au travers du protocole IP.

L'interface E-UTRAN (Evolved UTRAN) a pour objectif de fonctionner avec toutes les interfaces radio de type IP, notamment avec la gamme Wi-*xx*. Cette interface utilise l'OFDMA pour le lien descendant et le SC-FDMA (Single Carrier FDMA) sur le lien montant. La technologie MIMO, détaillée au chapitre 20, est aussi adoptée sur l'E-UTRAN, avec un maximum de quatre antennes.

L'OFDMA offre une flexibilité beaucoup plus grande que le CDMA de troisième génération. L'efficacité spectrale notamment, c'est-à-dire le nombre de bits émis par hertz, est bien meilleure.

Sur la bande descendante, les sous-bandes de l'OFDM sont de 15 kHz, avec un maximum de 2 048 sous-bandes. Les mobiles peuvent recevoir les signaux de l'ensemble de ces 2 048 sous-bandes, mais une station de base n'a besoin que de 72 sous-bandes. La trame radio est de 10 millisecondes. La modulation est de type 16QAM et 64QAM.

Le LTE

Le LTE, ou Long Term Evolution, est l'abréviation promue par le 3GPP pour désigner la technologie commerciale correspondant au HSOPA, c'est-à-dire l'arrivée des technologies de radio mobile utilisant l'OFDMA. L'UMB (Ultra Mobile Broadband) promue par le 3GPP2 a pour sa part pour but de succéder au cdma2000, mais cette solution est en forte perte de vitesse par rapport au LTE.

Le LTE a commencé à être commercialisé en 2010 et la plupart des pays dans le monde ont déployé cette technologie pour prendre en charge les énormes débits de données provenant des smartphones et des tablettes. Les débits sont de l'ordre de ceux de l'ADSL, c'est-à-dire de plusieurs mégabits par seconde. Les publicités des opérateurs nomment cette norme 4G, mais en réalité, elle n'appartient qu'à la 3G ; on l'appelle parfois 3,9G. Il est vrai que nous ne sommes pas loin de la 4G, et seule la téléphonie opérateur est encore non-VoIP. Il est cependant possible de faire transiter de la VoIP sur du LTE, sur la bande de données : il s'agit du VoLTE, détaillé ci-après.

Rappelons que le réseau LTE comprend deux parties : la partie radio, ou E-UTRAN, et la partie réseau, avec l'EPC (Evolved Packet Core). Dans l'E-UTRAN, les fonctions de contrôle sont intégrées dans les E-Node B alors qu'elles étaient repoussées dans les RNC (Radio Network Controller) dans les réseaux UMTS. Cette prise en charge est modifiée dans la 5G, où les contrôles s'effectuent dans le Cloud et le plus souvent dans un datacenter local, le datacenter MEC introduit au chapitre premier. L'EPC est lui totalement IP.

Les performances des réseaux LTE se sont améliorées depuis le lancement de ces réseaux, en 2009. Les débits descendants peuvent théoriquement atteindre 326,4 Mbit/s en utilisant un MIMO avec quatre antennes. Le débit montant en crête est de 86,4 Mbit/s. Le temps aller-retour, ou RTT (Round Trip Time), est bien meilleur que celui de l'UMTS et peut descendre jusqu'à une dizaine de millisecondes dans un bon cas de figure.

VoLTE (Voice over LTE)

Pour transporter de la parole sur le LTE, un certain nombre de solutions ont été proposées. Des alliances et des forums ont été mis en place, et des systèmes ont été avancés, notamment les suivants.

CSFB (Circuit Switched Fallback)

Le CSFB réutilise une technologie circuit, comme dans les versions 2G et 3G. Cette solution a été normalisée par le 3GPP dans la release 8. Le LTE CSFB utilise divers processus et équipements réseau pour gérer le passage du circuit téléphonique numérique sur des équipements de type 2G ou 3G (GSM, UMTS). La même spécification permet également de faire transiter des SMS, ce qui est essentiel du point de vue de la signalisation pour de très nombreuses procédures d'ouverture de connexions dans le cadre cellulaire. Pour cela, le terminal utilise une interface connue sous le nom de SGs Interface, qui permet aux messages d'être envoyés *via* le canal CSFB.

Cette solution CSFB nécessite l'ajout de plusieurs éléments au sein du réseau, en particulier dans le serveur MSC (Mobile services Switching Center). D'autres modifications du serveur MSC sont nécessaires pour le transport des SMS sur l'interface SGs. La criticité des SMS pour de nombreuses procédures a conduit à introduire les éléments nécessaires dans la solution CSFB.

SV-LTE (Simultaneous Voice-LTE)

SV-LTE permet de faire passer une communication de type paquet simultanément avec un circuit de voix commutée. Le SV-LTE utilise le CSFB pour faire transiter la parole et en même temps réalise le service de transfert de données par paquets. Cependant, cette solution présente l'inconvénient de demander deux interfaces radio fonctionnant simultanément dans le terminal.

VoLGA (Voice over LTE via GAN)

Le forum d'équipementiers VoLGA a proposé une méthode fondée sur le standard GAN du 3GPP dans le but de permettre aux utilisateurs du LTE de recevoir un ensemble cohérent de voix, SMS et autres applications liées à la commutation de circuits. Cette solution se présente comme une interconnexion entre les réseaux GSM et UMTS et les réseaux d'accès LTE. Pour les opérateurs mobiles, l'objectif de VoLGA est de fournir une approche à faible coût et sans grands risques pour prendre en charge les services de base de la parole et des SMS sur les nouveaux réseaux LTE.

VoLTE (Voice over LTE) et IMS

Voice over LTE fournit de la voix sur LTE en utilisant l'IMS (IP Multimedia Subsystem). L'IMS est examiné plus en détail au chapitre 23. Ce procédé, choisi par la plupart des opérateurs en 2014, permet de transporter les SMS et la parole téléphonique sur un canal de données du LTE. Pour cela, trois interfaces ont dû être définies : UNI (User Network Interface), R-NNI (Roaming Network Network Interface) et I-NNI (Interconnect Network Network Interface), et il faut bien sûr que le réseau soit compatible avec l'IMS. Cette approche est en fait permise avec le LTE-A.

La 4G

LTE Advanced et WiMAX phase 2 marquent le démarrage de la 4G. LTE Advanced est naturellement la suite du LTE, avec une compatibilité IP, même pour la voix téléphonique. WiMAX phase 2 appartient également à la famille 4G et est par nature compatible IP. De nombreuses fonctions ont été révisées par rapport à WiMAX phase 1. Ces technologies WiMAX sont décrites dans les annexes de ce livre du fait de leur peu de succès. La caractéristique essentielle de la 4G est la totale compatibilité avec le monde IP, pour toutes les applications.

Commençons par décrire brièvement les releases 10 à 14 correspondant à la 4G.

- Release 10 (2011) – UMTS R10 : correspond à la 4G LTE Advanced. Cette version est compatible avec la release 8 sur le LTE.
- Release 11 (2012) – UMTS R11 : s'occupera des services et de l'interopérabilité des services entre environnements fixe et mobile.
- Release 12 (2014) – UMTS R12 : porte sur la mobilité sur l'accès IP local, ou LIPA (Local IP Access), sur l'offload (déchargement vers Wi-Fi) toujours sur la partie locale, ou SIPTO (Selected IP Traffic Offload), ainsi que sur la téléprésence en utilisant l'IMS.
- Release 13 (2016) – UMTS R13 : s'intéresse aux missions critiques avec des temps de réaction des terminaux de l'ordre de quelques dizaines de millisecondes, pour arriver à la milliseconde lors de l'arrivée de la 5G en 2020. De nombreuses fonctionnalités

sont améliorées, comme la sécurité, l'agrégation de porteuses, le MIMO, l'utilisation de spectre non licencié, etc.

- Release 14 (2017) – R14 : commence à s'approcher des normes de la 5G. Elle introduit le LTE pour les applications V2X (Vehicle-to-Everything), le service eLAA (enhanced Licensed Assisted Access), l'agrégation de quatre bandes, LTE-U (unlicenced), etc.
- Ces différentes releases sont examinées dans les sections qui suivent. Les releases suivantes sont introduites à la section sur la 5G.

LTE Advanced

De nombreux éléments nouveaux par rapport à la 3G sont pris en compte dans la 4G représentée par le LTE Advanced. Les points marquants sont les suivants :

- Les nœuds relais qui permettent d'atteindre une antenne eNodeB (Evolved NodeB) ou encore eNB par l'intermédiaire d'un point relais. Cette solution a été essentiellement proposée dans le cadre de WiMAX phase 2 mais est reprise également par le LTE Advanced.
- Les solutions MIMO sont utilisées dans le sens antenne vers terminal et dans le sens inverse. Le MIMO devient massif pour indiquer qu'un grand nombre d'antennes est mis en œuvre à l'émetteur et au récepteur. Le MIMO est décrit au chapitre 20.
- Les bandes passantes utilisées vont de 20 MHz à 100 MHz, ce qui permet de multiplier les débits jusqu'à un facteur 5, si nécessaire.
- L'interface air est optimisée en fonction de l'emplacement du terminal et des interférences. En d'autres termes, on retrouve, comme dans la 3G+, un ensemble d'outils qui permettent d'accélérer les débits dès que le terminal se situe dans une zone où le signal est reçu avec une bonne qualité et au contraire dégradent le débit dès que le client se trouve dans un environnement difficile ou qu'il est fortement mobile.
- La 4G joue la carte de la compatibilité avec les environnements Wi-Fi qui se développent à grande vitesse afin de profiter de ces réseaux pour l'écoulement de trafics importants. Le concept de femtocell, qui est largement exploité dans la 4G et la 5G, est introduit au chapitre 17.
- La radio cognitive, présentée au chapitre 16, est de plus en plus utilisée, car elle offre à la fois une bande passante plus importante et une meilleure utilisation du spectre.
- La gestion et le contrôle du réseau sont beaucoup plus automatisés et deviennent autonomiques (*voir le chapitre 4*). En d'autres termes, un effort important est effectué pour obtenir un autopilotage de l'ensemble du système en matière de configuration, de sécurité, de disponibilité et de monitoring.
- Le codage de l'information est amélioré pour obtenir des taux de compression encore plus élevés que dans la 3G+. Les corrections d'erreurs sont également améliorées, en utilisant de façon plus efficace les techniques déjà développées dans la 3G+.
- La gestion des interférences est fortement améliorée, au point qu'elles sont quasiment supprimées. Ces technologies utilisent des antennes virtuelles (*beamforming*), qui, par leur directivité, permettent de déterminer un emplacement de la cellule à la demande.

- Les techniques utilisées sur l'interface air peuvent être asymétriques, par exemple une technique OFDMA sur la partie descendante et SC-FDMA sur la partie montante.

Sur la partie purement technique, le LTE-A offre des débits nettement plus élevés grâce à l'agrégation de plusieurs porteuses (Carrier Aggregation) et à la disparition de la parole numérique de type GSM pour devenir totalement VoIP. L'agrégation de porteuses permet de rassembler des porteuses qui ne sont pas contiguës. Avec une largeur de spectre de 100 MHz on obtient un débit de l'ordre de 1 Gbit/s. La technologie MIMO est également étendue, avec huit antennes disponibles. Les small cells examinés au chapitre 17 sont également en forte augmentation pour suivre la montée en puissance de la demande des utilisateurs.

Le LTE-A est défini par la release 10 du GPP finalisée en 2012. Cette version introduit la notion de service orienté mobile. Sur le plan de la transmission, elle définit le MIMO avancé avec le Multi MIMO (MU-MIMO), c'est-à-dire la possibilité de faire plusieurs communications MIMO simultanées. Une connexion peut demander deux antennes alors qu'une autre connexion en demande trois et encore une autre quatre antennes.

La notion d'antenne intelligente (Smart Antenna) ou AAS (Adaptative Antenna System) est définie par la possibilité d'utiliser des faisceaux qui se dirigent automatiquement vers les utilisateurs. Cette solution nécessite la connaissance de la position précise de ces derniers *via* des systèmes de géolocalisation. De ce fait, la puissance devient dynamique pour s'adapter à l'éloignement du client. La direction de l'antenne est également dynamique, de même que la fréquence. La figure 18.12 montre les progrès effectués sur les antennes entre la version LTE de base et le LTE-A.

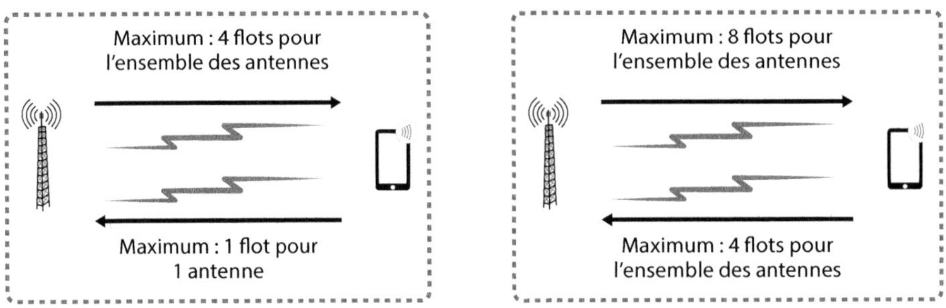

Nombre maximal de flots simultanés par lobe pour la Release 8 du LTE

Nombre maximal de flots simultanés par lobe pour la release 10 du LTE-Advanced

Figure 18.12

Comparaison des antennes entre le LTE et le LTE-A

La 4G introduit le concept de réseau hétérogène, ou HetNet (Heterogeneous Networks), qui a pour fonction de permettre à un équipement terminal de se connecter simultanément sur plusieurs réseaux hétérogènes. Par exemple, un smartphone peut se connecter à un point d'accès 4G, un point d'accès Wi-Fi, une femtocell et une metrocell. Le débit d'une application peut de ce fait augmenter fortement en divisant le flot de paquets en sous-flots adaptés à la capacité des sous-réseaux.

Une autre fonctionnalité provient des opérations multipoint coordonnées, ou CoMP (Coordinated Multi-Point operation). La figure 18.13 donne une idée de ce contexte. Le terminal est connecté sur plusieurs antennes dont les signaux interfèrent, de telle sorte que le terminal dispose d'une très mauvaise réception. Plusieurs solutions de synchronisation des signaux ont été normalisées pour permettre de recevoir les paquets correctement sur les bordures des cellules qui interfèrent.

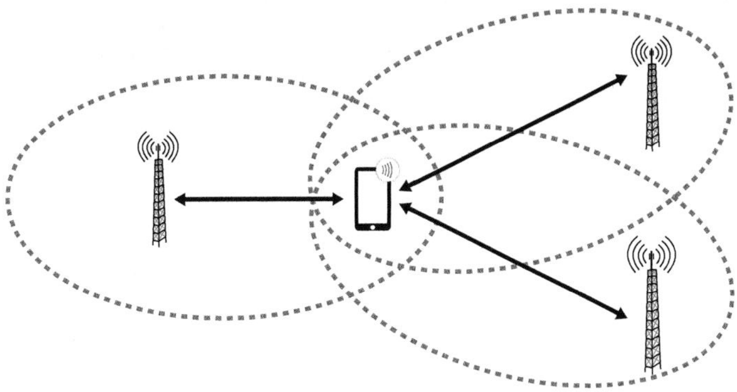

Figure 18.13

Le mode d'opération CoMP

Les deux techniques précédentes permettent d'améliorer fortement les communications dans les réseaux où les smartphones des clients se trouvent dans des zones de recouvrement de cellules, situations illustrées à la figure 18.14 pour la 3G et la 4G.

IDC (In-device Co-existence) est une autre fonctionnalité introduite dans la 4G pour éviter les interférences entre bandes différentes dues à une distorsion du signal. Par exemple, une fréquence f peut provoquer des interférences avec une bande qui utilise la fréquence 2f.

Le système d'optimisation SON (Self Optimizing Network) est également en fort développement au détriment du logiciel d'origine du LTE. Ce logiciel permet de découvrir ses voisins, d'allouer des valeurs d'identification (Id), de charger automatiquement des logiciels de gestion ou de contrôle et plus globalement d'ajuster automatiquement les paramètres de transmission. Il permet également de réaliser du *self-healing*, c'est-à-dire des reprises automatiques suite à des problèmes. Enfin, le logiciel SON permet la détection et la correction des effets « ping-pong », c'est-à-dire des allers-retours entre états instables.

La figure 18.15 illustre la plupart des propriétés d'un environnement SON.

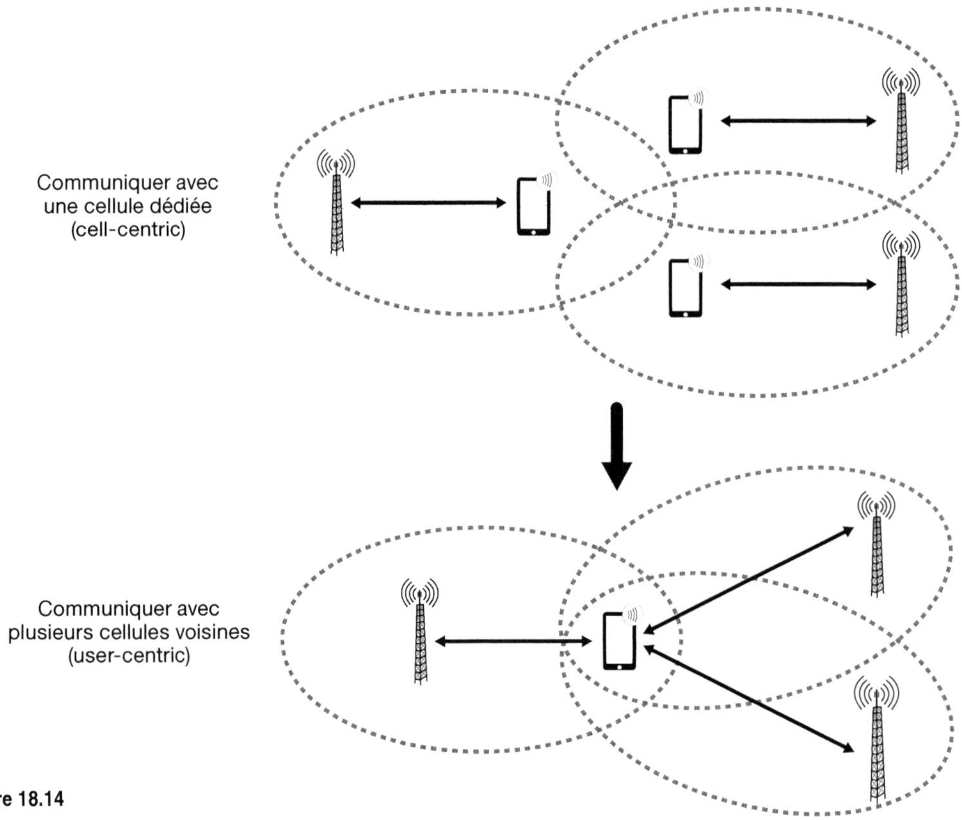

Figure 18.14

Différences entre un environnement 3G et 4G

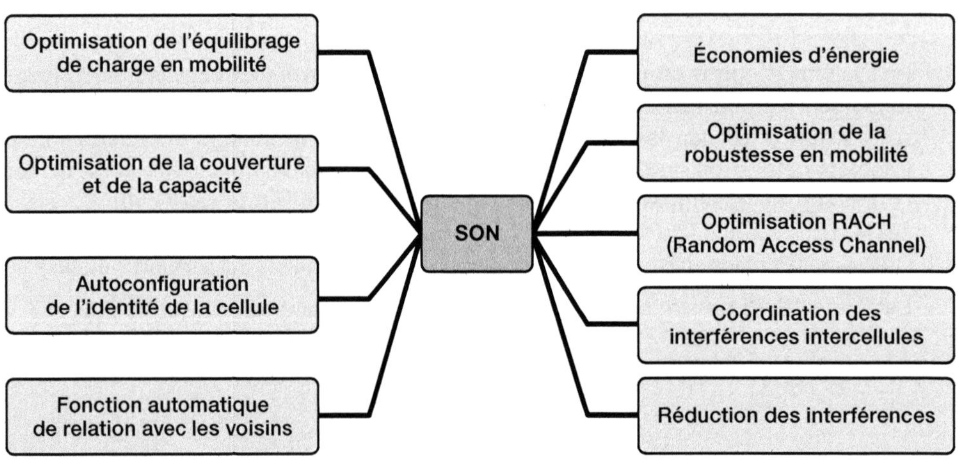

Figure 18.15

Les principales fonctionnalités du logiciel SON

La release 12 de la 4G, parfois appelé 4G++, introduit une amélioration de l'efficacité spectrale, qui désigne le nombre de bits qui peuvent être envoyés par hertz. L'agrégation de porteuses a aussi été améliorée sous différentes formes, comme l'illustre la figure 18.16. Le premier cas est une agrégation simple de deux porteuses (*carrier*) situées l'une à côté de l'autre. Le deuxième est une agrégation de porteuses non contiguës, mais dans une même bande de fréquences. Le troisième représente l'agrégation de deux porteuses disjointes et qui ne sont pas dans la même bande.

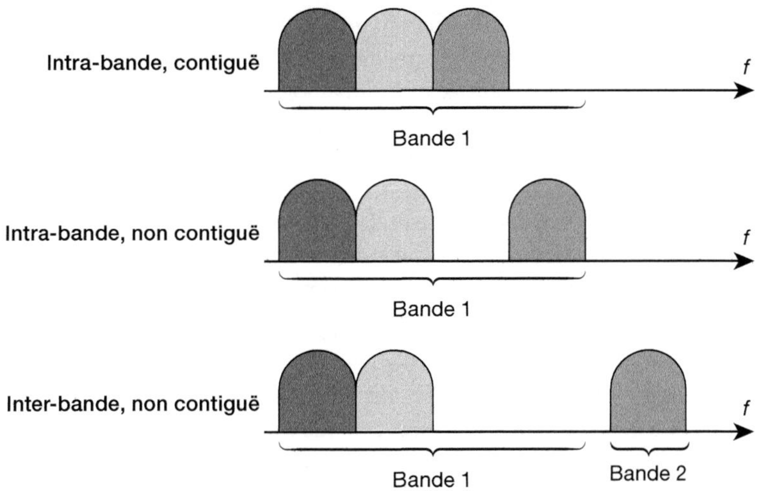

Figure 18.16

Différents types d'agrégation de porteuses

Cette release introduit également le multi-accès, c'est-à-dire la possibilité pour un équipement terminal de se connecter sur plusieurs réseaux simultanément. La communication avec le récepteur peut s'effectuer par le meilleur réseau ou utiliser plusieurs réseaux à la fois, certains paquets passant par un réseau A, d'autres paquets passant par un réseau B, etc.

La release 12 finalise en fait une première version de communications de type MTC (Machine-Type Communications), qui a donné naissance à la version LTE-M. Cette version étant destinée à l'Internet des objets, elle est détaillée au chapitre 21.

Une autre avancée provient de l'interfonctionnement entre opérateurs : si un opérateur n'a pas assez de ressources pour gérer certains de ses clients, il peut en louer à d'autres opérateurs. Cela implique des caractéristiques communes qui sont obtenues par des machines virtuelles compatibles entre opérateurs. En effet, les réseaux 4G et 5G étant virtualisés, il est assez simple de partager des ressources sous cette forme. Dans ces générations 4G et 5G, la virtualisation de réseaux est appelée *slicing*, ou découpage en tranches, chaque tranche correspondant à un réseau virtuel. Dans ce cadre, les machines virtuelles sont assez faciles à partager.

La continuité des sessions de données fait aussi partie des nouvelles fonctionnalités : lorsqu'on est à son domicile et connecté à sa box Internet, la session peut se continuer sur le smartphone, la tablette ou le PC de l'utilisateur. Enfin, la téléprésence présente de nouvelles fonctionnalités permettant de suivre l'utilisateur lors de ses déplacements en offrant de nouveaux services.

La radio cognitive fait partie des avancées de cette génération de réseaux de mobiles. Cette technologie étant présentée en détail au chapitre 16, le présent chapitre n'en rappelle que certaines propriétés.

Les points d'accès doivent pouvoir écouter le spectre et déterminer si certaines fréquences ne sont pas utilisées. Si la portée est très petite, comme dans le Wi-Fi 802.11af, cela suffit pour utiliser une fréquence inutilisée. En revanche, si la portée dépasse quelques dizaines de mètres, il faut s'assurer que des terminaux n'entendent pas à la fois le point d'accès primaire et le point d'accès cognitif puisque cela engendrerait de fortes interférences. Une base de données peut être utilisée pour stocker les lieux d'utilisation et les fréquences. Tout cela mène à un choix de la fréquence et de la puissance. Si le point d'accès primaire vient à émettre, le point d'accès cognitif doit s'arrêter instantanément et réaliser, si possible, un handover spectral pour continuer à émettre sur une partie libre du spectre.

La release 13, sortie en 2017 et appelée 4G Pro ou 4,5G Pro, est une extension de la version précédente pour plus de virtualisation, grâce à la définition du NB-IoT (NarrowBand IoT), qui succédera au LTE-M dans la 5G. On y trouve également le LTE-U, qui travaille sur des bandes non licenciées et sera capable de faire de l'agrégation de porteuse entre bandes licenciées et non licenciées, comme l'illustre la figure 18.17.

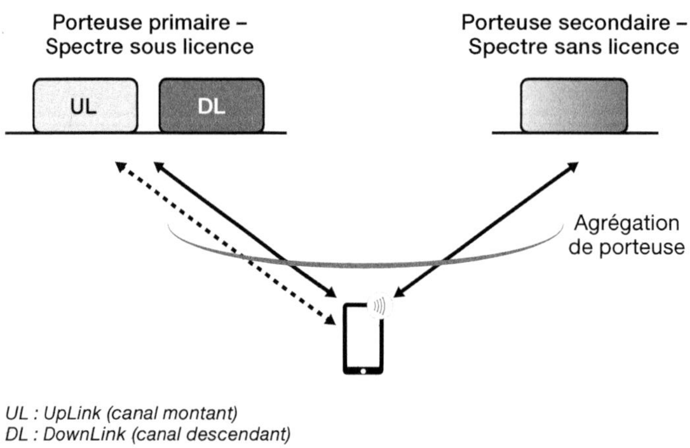

Figure 18.17

Agrégation de porteuses licenciées et non licenciées

La release 14 de la 4G qui devrait sortir en 2019, sera quasiment une pré-5G. On y retrouvera les ingrédients de la 5G, avec l'amélioration des missions critiques grâce à des temps de réaction approchant la milliseconde, une haute fiabilité, une disponibilité de type *carrier-grade* et une forte sécurité. L'une de ses utilisations principales, et qui est déjà en cours de développement, est le V2V (Vehicle-to-Vehicle), où des temps de réaction de l'ordre de la milliseconde sont nécessaires.

Les services V2X entre véhicules, véhicule et piéton, véhicule et infrastructure font également partie du paysage pour avoir des systèmes autonomes.

Le eLAA (enhanced Licensed Assisted Access) est également à l'étude pour permettre à un utilisateur qui n'a pas d'abonnement chez un opérateur d'utiliser le réseau de celui-ci s'il n'y a pas d'autre réseau disponible là où il se trouve.

Le LWA (LTE Wi-Fi Aggregation) permet l'agrégation de porteuses provenant de fréquences du LTE et d'autres provenant de Wi-Fi. Le nombre total de bandes qui peuvent être agrégées passe à quatre. Les réseaux mesh et le D2D (Device-to-Device) se complémentent pour éviter aux communications de deux utilisateurs proches de passer par des antennes.

La 5G

La génération 5G ne sera normalisée qu'en 2020, mais de nombreuses propriétés sont déjà connues et font partie des pré-5G qui commencent à voir le jour. Les différences avec la dernière génération de la 4G sont plutôt architecturales, avec une très forte introduction du Cloud pour contrôler les équipements du réseau de mobiles et une forte utilisation de la virtualisation.

Le Cloud apporte une puissance de calcul et de récupération de l'information qui permet de prendre des décisions tenant compte d'un très grand nombre de paramètres. Par exemple, pour décider d'un handover, plutôt que de ne tenir compte que de la puissance du signal et de changer de cellule dès que la réception du signal sur la nouvelle antenne est plus élevée, il peut être préférable de prendre en compte des paramètres tels que la charge des antennes, les réseaux de transit, les économies d'énergie que souhaite faire l'utilisateur, le type d'application en cours de transit, etc. Il est donc possible d'affiner très fortement la décision.

L'inconvénient est bien sûr le temps aller-retour entre le nœud de réseau qui met en œuvre les décisions et le lieu où elles se prennent. Cette approche est en tout point semblable à celle des réseaux SDN (Software Defined Netwoking), qui sont détaillés au chapitre 12. Ici, puisque le temps réel est souvent nécessaire, il faut que le datacenter dans lequel se trouve le logiciel qui prend les décisions ne soit pas trop éloigné de l'équipement réseau. C'est la raison d'être des datacenters MEC (Mobile Edge Computing), qui sont introduits aux chapitres 1 et 3. Ces datacenters étant situés derrière les antennes, cette solution autorise des temps de réaction de quelques millisecondes, ce qui donne à la 5G la possibilité de supporter les missions critiques.

De concert avec le Cloud, l'idée principale de la virtualisation de réseau, dont les techniques sont détaillées au chapitre 3, est de partager des équipements réseau entre plusieurs opérateurs et, généralement, entre utilisateurs. Par exemple, un VLR ou une antenne 3G/4G ou encore un point d'accès Wi-Fi peut-être partagé entre plusieurs utilisateurs, chaque utilisateur ayant l'impression que le réseau lui appartient en propre. Il peut de fait modifier ses logiciels de contrôle et de gestion. L'avantage est une bien meilleure utilisation et un partage du matériel entre opérateurs. La virtualisation peut permettre de faire coexister des réseaux hétérogènes puisque ceux-ci sont isolés les uns des autres.

La figure 18.18 introduit les releases de la 5G jusqu'à la release 15, qui devrait être finalisée en 2020. On y voit les releases du LTE-A et du LTE-A-PRO avec les différentes fonctionnalités associées.

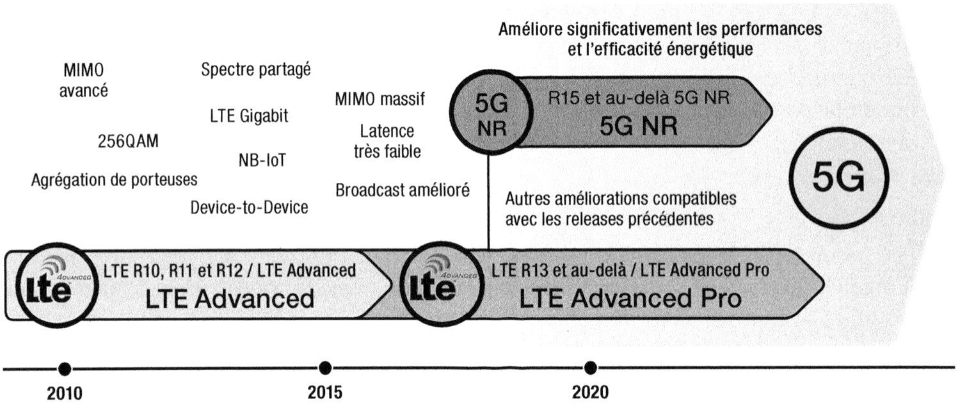

Figure 18.18

Les releases conduisant à la 5G

La figure 18.19 illustre les releases à partir de la 15, considérée comme la première de la 5G. Avant la finalisation de cette R15 officielle, les opérateurs se sont mis d'accord sur une release R15 NR (New Radio), qui peut être vue comme une pré-5G. Cela permettra, par exemple, aux Japonais de déployer une 5G aux jeux Olympiques de Tokyo, avant l'arrivée de la 5G sur le marché.

La release 15 officielle sortira au second semestre 2020 pour offrir un débit crête de 1 Gbit/s, qui augmentera encore avec les releases 16 et 17 pour atteindre 10 Gbit/s. En débit réel, cela représentera pour un client, dans un environnement pas trop saturé, une centaine de mégabits par seconde. L'autre évolution forte attendue de ces releases sera la connexion massive des objets, avec les applications médicales, de domicile et de capteurs.

On compte sur une centaine de milliards d'objets connectés en 2020 et mille milliards en 2025, principalement dans les domaines de la santé, du domicile et des cités intelligentes. La dernière évolution concernera les missions critiques, qui vont s'appliquer en particulier à la régulation et à l'automatisation des déplacements des véhicules.

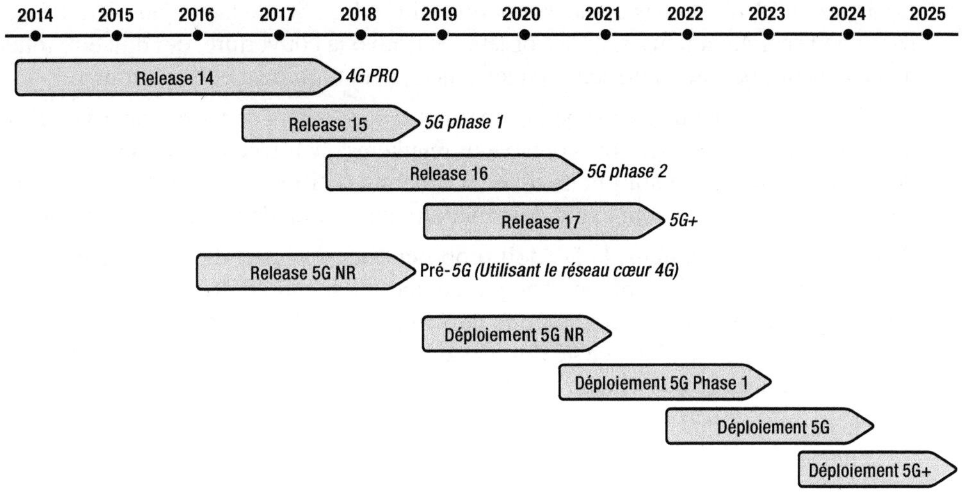

Figure 18.19

Les releases de la 5G

On pourrait dire que l'objectif des réseaux 5G est d'être vus comme des *fabrics*, c'est-à-dire des systèmes d'interconnexion à extrêmement haut débit (*voir le chapitre 13*) qui relient les serveurs des datacenters entre eux au niveau mondial. Les serveurs sont virtualisés, et les applications forment des tranches (*slices*) rassemblant les machines virtuelles associées à une application. Comme indiqué à plusieurs reprises, les trois tranches principales sont la virtualisation de la connexion des objets, celle des missions critiques et celle des terminaux mobiles. Cet environnement est décrit à la figure 18.20.

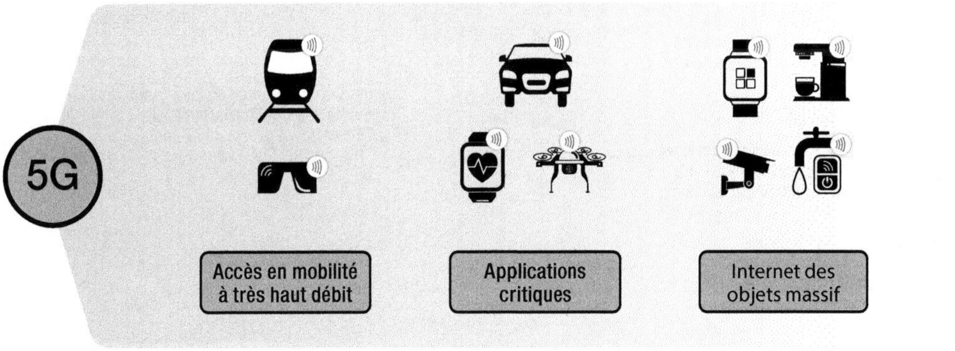

Figure 18.20

Les trois grandes tranches de virtualisation dans la 5G

La figure 18.21 illustre les grandes fonctionnalités de la 5G de façon plus détaillée. Sur la partie de la connexion massive des objets, on trouve la couverture, qui doit être totale sur un pays pour pouvoir connecter tous les objets, à tout moment et de partout.

Une batterie de type pile alcaline doit permettre aux objets de fonctionner pendant plus d'une dizaine d'années avec des connexions régulières, mais peu nombreuses. La connexion doit être d'une grande simplicité, avec des débits de l'ordre d'une dizaine de bits par seconde. La densité de connexion doit atteindre un million de nœuds par kilomètre carré.

Pour les missions critiques, la 5G doit proposer une très forte sécurité puisque certaines applications, comme la santé, ne doivent comporter aucune faille. La fiabilité du réseau est indispensable pour les connexions de véhicule à véhicule, en cas, par exemple, de freinage d'urgence. La latence ne doit pas dépasser la milliseconde, et la connexion doit être possible jusqu'à une vitesse de 500 kilomètres/heure.

Pour la partie mobilité, la 5G doit atteindre un débit total de 10 Tbit/s au kilomètre carré et une vitesse de pointe de plusieurs gigabits par seconde en crête. Enfin, il faut un système intelligent capable de gérer la découverte de service et une optimisation des ressources.

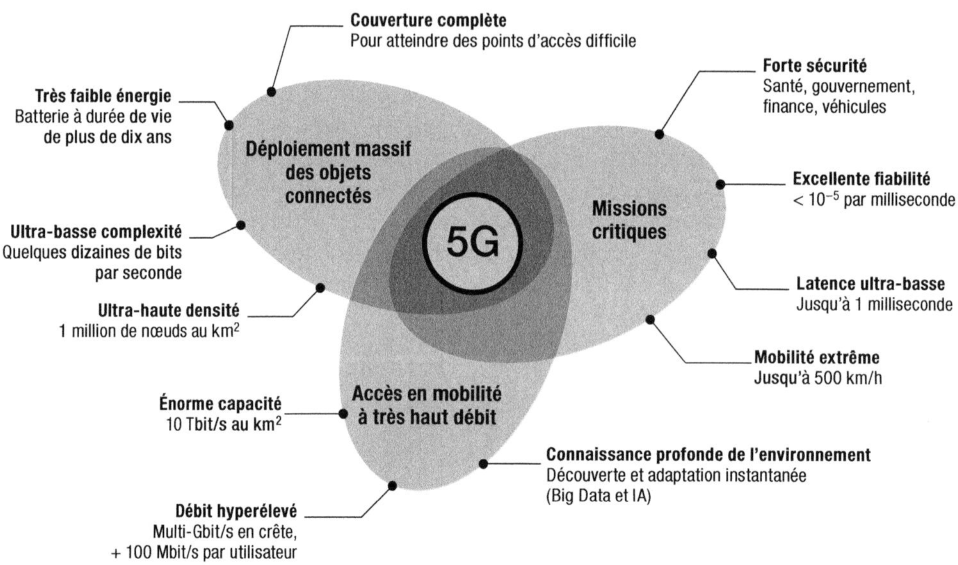

Figure 18.21

Les fonctionnalités de la 5G

Pour accroître la capacité des réseaux 5G, il est essentiel d'augmenter les fréquences qui peuvent être allouées aux communications des objets et des mobiles. La 5G, comme l'illustre la figure 18.22, propose de sélectionner trois grandes bandes de fréquences :

- Moins de 1 GHz pour les communications des objets sur de longues portées et pour les communications à fort débit avec une mobilité importante, en particulier dans les environnements ruraux. Ces fréquences sont en priorité dévolues à ce qui est appelé mMTC (massive Machine Type Communications).

La bande des 1 à 6 GHz pour les très hauts débits en mobilité, plutôt en environnement urbain, pour atteindre la valeur de 1 Gbit/s en crête. Cette bande est dévolue aux missions critiques, comme celles associées aux communications V2V et plus globalement à l'eMBB (enhanced Mobile BroadBand).

- La bande des 20 à 120 Ghz, non utilisée jusqu'à présent à cause de la forte absorption des ondes millimétriques par les obstacles, que ce soit la pluie, les poussières, les arbres ou les habitations. Ces ondes, appelées mmWave offrent des débits exceptionnels dans de bonnes conditions climatiques. Elles demandent donc à être utilisées sur de courtes distances. On comprend que ces 100 GHz de bande passante vont repousser loin les limites actuelles de capacité des transmissions si l'on compare avec la situation actuelle, où seulement quelques centaines de mégahertz sont affectées aux télécommunications. On comprend également pourquoi les débits pourront atteindre 10 Gbit/s dans la 5G.

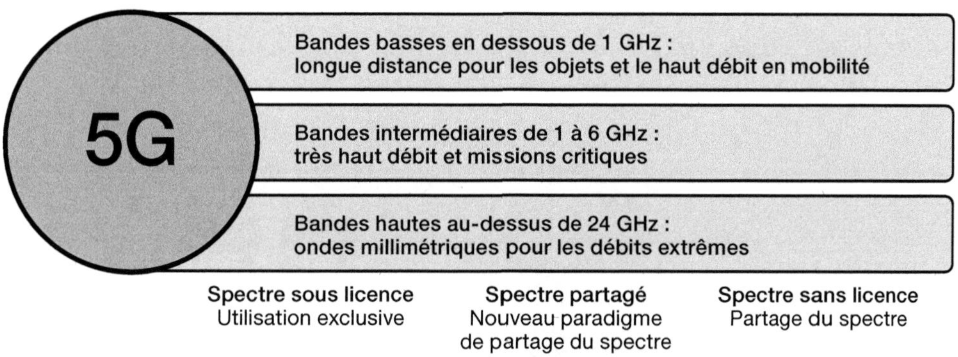

Figure 18.22

Les classes de fréquences de la 5G

Dans cette gamme des 20 à 120 GHz, certaines bandes de fréquences se révèlent bien meilleures que d'autres pour des raisons d'absorption du signal plus ou moins forte par l'atmosphère. La figure 18.23 illustre ces absorptions entre 0 et 140 GHz.

La figure 18.24 résume les principaux types de communications de la 5G :

- Les grandes antennes, avec leur directionnalité de plus en plus en plus forte, des lobes d'émission qui ne seront que de quelques degrés pour permettre une meilleure utilisation de l'espace et un nombre d'antennes démultiplié pour atteindre 128 et offrir une répartition des paquets sur 128 communications en parallèle d'un même flot.
- Les communications à partir des small cells et plus particulièrement de femtocells.
- Le D2D (Device-to-Device), symbolisé par la communication entre deux véhicules.
- Le backhaul, avec le multisaut entre des antennes relativement proches afin de pouvoir utiliser les ondes millimétriques (mmWaves).
- Les réseaux mesh sur les réseaux d'accès.

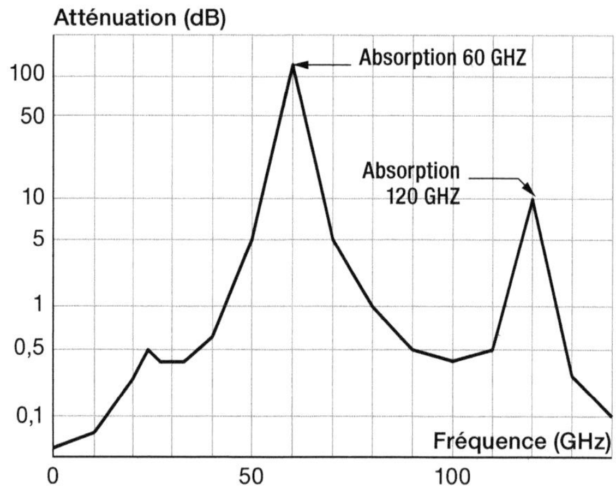

Figure 18.23

Les niveaux d'absorption entre 0 et 120 GHz

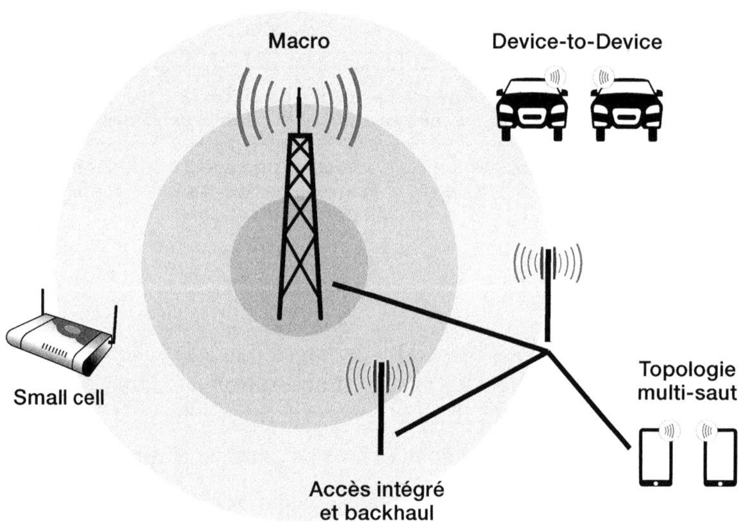

Figure 18.24

Les différents types de communications dans la 5G

La figure 18.25 illustre les différents types de signaux de la 5G, depuis les transmissions à très hauts débits en mobilité, de l'ordre de centaines de mégabits par seconde, jusqu'aux signaux extrêmement étroits pour réaliser la connexion d'objets en très grand nombre à des vitesses de quelques bits par seconde, en passant par les transmissions à plusieurs mégabits par seconde pour des applications broadcast telles que la télévision. Cette dernière application prise en charge par la 5G pourrait laisser présager la fin des réseaux de diffusion de la télévision.

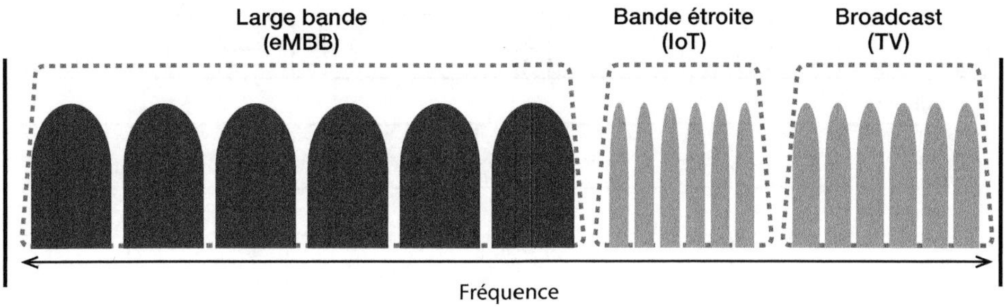

Figure 18.25

Les différents types de signaux de la 5G

Beaucoup de progrès sont également accomplis pour améliorer les techniques d'accès au canal et le partage de celui-ci. La figure 18.26 résume ces efforts, qui sont détaillés plus avant dans la suite. Les techniques de partage dépendent déjà du sens montant ou descendant et se réfèrent aux trois grandes catégories d'applications de la 5G. Dans le sens descendant, qui est le plus simple, c'est-à-dire de l'antenne vers l'utilisateur, la solution est toujours de l'OFDMA, qui est introduit au chapitre 16.

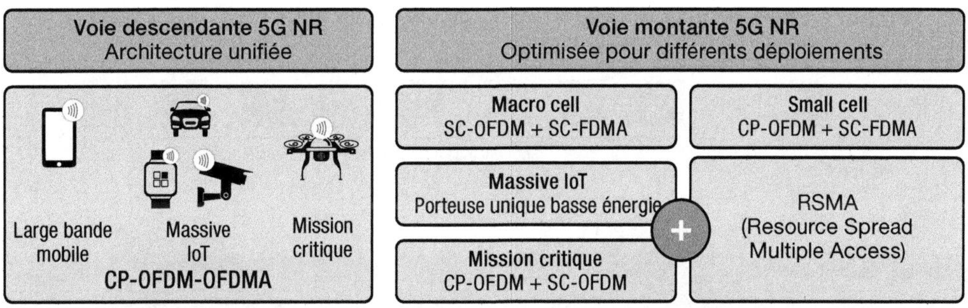

Figure 18.26

Les techniques d'accès au canal de la 5G

Une version plus élaborée de l'OFDM est utilisée avec le CP-OFDM (Cyclic Prefix-OFDM), dont le concept de base est assez simple. Un préfixe cyclique est créé de sorte que chaque symbole OFDM soit précédé d'une copie de la partie finale de ce même symbole. Plusieurs longueurs de préfixes cycliques OFDM sont disponibles dans différents systèmes. Par exemple, dans le cadre du LTE, une longueur normale et une longueur étendue sont disponibles. Après la release 8, une troisième longueur étendue est également incluse, bien qu'elle ne soit pas utilisée normalement.

La figure 18.27 décrit le processus de récupération des symboles OFDM dans le cas de préfixes cycliques.

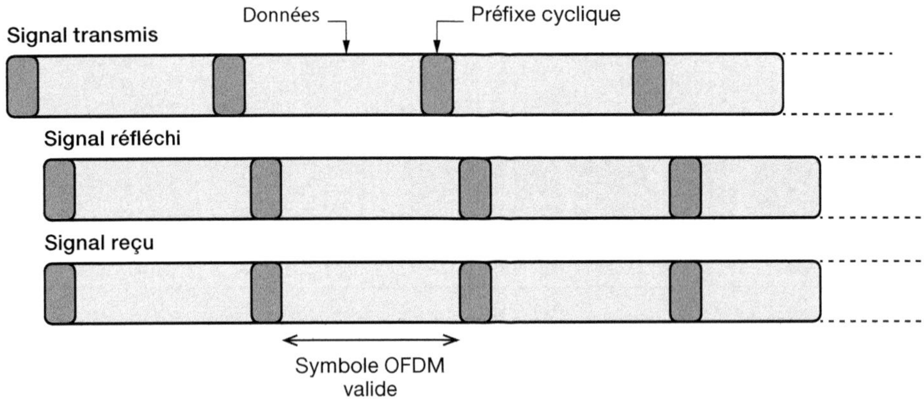

Figure 18.27

Récupération des symboles OFDM avec des préfixes cycliques

Pour les communications montantes, plusieurs formes d'accès au canal sont disponibles en fonction du service. Pour les hauts débits, dans le cadre de grandes cellules, le SC-FDMA est à privilégier. Pour les small cells, c'est le CP-FDMA qui est utilisé. Le SC-FDMA, ou *single-carrier* FDMA, est une technologie de codage radio numérique qui utilise simultanément les techniques de multiplexage en fréquence FDMA et le multiplexage temporel TDMA. La figure 18.28 montre la différence entre le SC-FDMA et l'OFDMA.

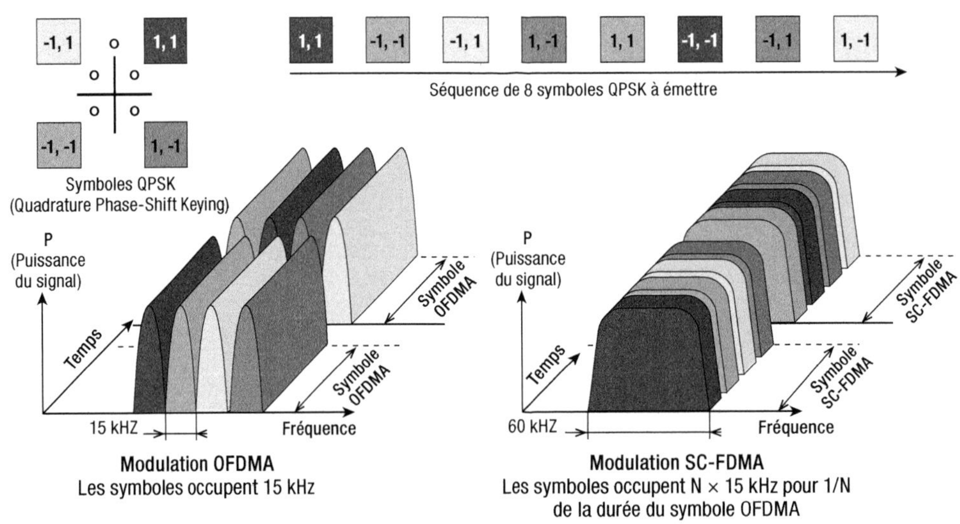

Figure 18.28

Comparaison du SC-FDMA et de l'OFDMA

Pour la connexion massive des objets, la technologie d'accès au canal est de type RSMA (Resource Spread Multiple Access). Cette technique est illustrée à la figure 18.29. La technique RSMA diffuse le signal dans le temps et en fréquence. Elle utilise un codage de canal à faible débit. Les signaux des utilisateurs respectifs peuvent être récupérés simultanément même en présence d'interférences mutuelles. Cette solution est excellente pour la connexion d'un très grand nombre d'objets.

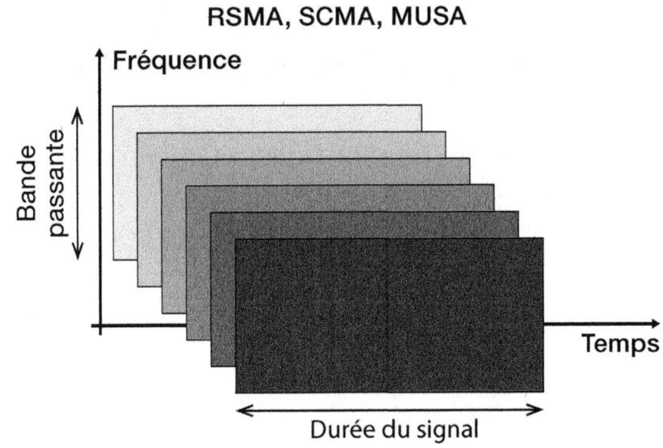

Figure 18.29

La technique RSMA

L'ensemble des caractéristiques de cette génération 5G sont résumées à la figure 18.30.

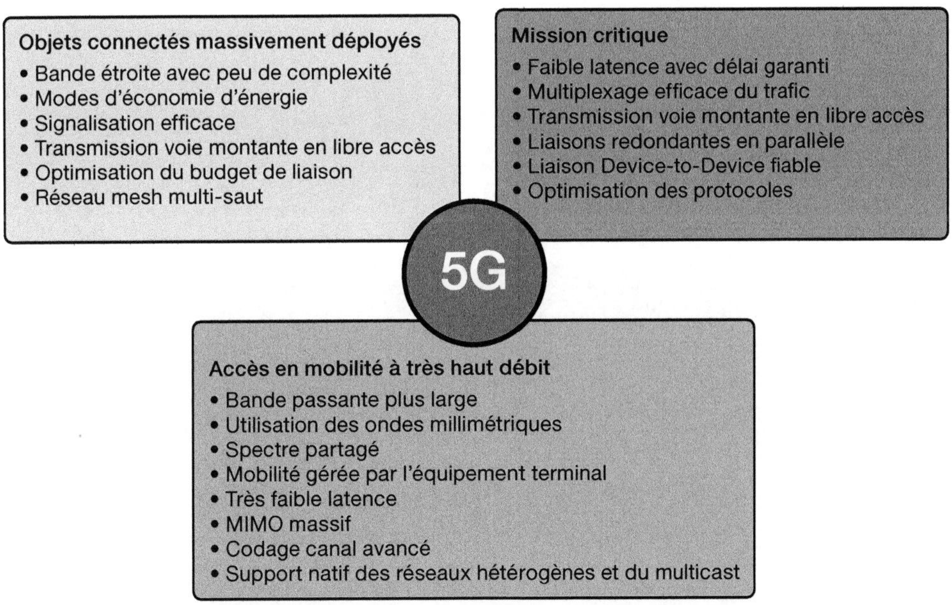

Figure 18.30

Résumé des caractéristiques de la 5G

Conclusion

Depuis les premiers réseaux de mobiles, analogiques et utilisant des méthodes d'accès au canal assez simplistes, bien des générations ont suivi, et nous arrivons à présent à la cinquième génération. Celle-ci considère trois grandes classes d'applications, avec chacune un réseau virtualisé et des techniques d'accès adaptées au haut débit en mobilité, avec de très faibles débits et des temps de réaction extrêmement courts.

Parmi les problèmes qui se posent et qui doivent trouver des solutions, citons la consommation énergétique, dont le chapitre 25 passe en revue les solutions permettant de la faire baisser.

La 6G, dont on commence à esquisser quelques éléments, devrait uniformiser les applications de la 5G vers une solution unique, simple et économique en énergie pour remplacer les trois classes d'applications de la 5G aux solutions spécifiques assez complexes.

19

Les réseaux personnels

Les réseaux personnels connectent les équipements que nous transportons sur nous pour les relier entre eux avec des débits suffisants afin d'y faire transiter voix, données et vidéo.

La portée de ces réseaux est faible, de l'ordre de quelques mètres. Bluetooth en a longtemps été la seule implémentation, mais elle est aujourd'hui concurrencée par quantité de propositions et produits provenant de normes édictées par le groupe de travail IEEE 802.15, par les industriels eux-mêmes, avec la nouvelle génération Wi-Fi pour réseaux personnels, dite WiGig, et par le groupe IEEE 802.11, qui normalise Wi-Fi avec une continuité vers les réseaux personnels.

WPAN

Le groupe IEEE 802.15 a été mis en place en mars 1999 dans le but de réfléchir aux réseaux hertziens d'une portée d'une dizaine de mètres, ou WPAN (Wireless Personal Area Network), avec pour objectif de réaliser des connexions entre les différents portables d'un même utilisateur ou de plusieurs utilisateurs. Ce type de réseau peut interconnecter un PC portable, un smartphone, une tablette ou tout autre terminal de ce type. Trois groupes de services ont été définis, A, B et C.

Le groupe A utilise la bande du spectre sans licence d'utilisation (2,4 GHz) en visant un faible coût de mise en place et d'utilisation. La taille de la cellule autour du point d'émission est de l'ordre de quelques mètres. La consommation électrique doit être particulièrement faible pour permettre au terminal de tenir plusieurs mois sans recharge électrique. Le mode de transmission choisi est sans connexion. Le réseau doit pouvoir travailler en parallèle d'un réseau IEEE 802.11. Sur un même emplacement physique, il peut donc y avoir en même temps un réseau de chaque type, les deux pouvant fonctionner éventuellement de façon dégradée.

Le groupe B affiche des performances en augmentation, avec un niveau MAC pouvant atteindre un débit d'au moins 100 Mbit/s. Le réseau de base doit pouvoir interconnecter seize machines ou plus et proposer un algorithme de QoS, ou qualité de service, pour autoriser le fonctionnement de certaines applications, comme la parole téléphonique, qui demande une qualité de service très stricte. La portée entre l'émetteur et le récepteur atteint une dizaine de mètres, et le temps maximal pour se raccorder au réseau ne doit pas dépasser la seconde. Enfin, cette catégorie de réseau doit posséder des passerelles avec les autres catégories de réseaux 802.15.

Le groupe C introduit de nouvelles fonctionnalités importantes pour particuliers ou entreprises, comme la sécurité de la communication, la transmission de la vidéo et la possibilité de roaming, ou itinérance, entre réseaux hertziens.

Pour répondre à ces objectifs, des groupements industriels se sont mis en place, comme Bluetooth, la WiMedia Alliance ou WiGig. Bluetooth regroupe plus de huit cents sociétés qui ont réalisé une spécification ouverte de connexion sans fil entre équipements personnels. Bluetooth est fondé sur une liaison radio entre deux équipements, tandis que la WiMedia Alliance s'intéresse aux connexions à très haut débit sur une courte portée. En fait, le standard risque d'être tout autre avec l'arrivée des réseaux de type Wi-Fi dans le cadre des réseaux personnels.

IEEE 802.15

Le groupe de travail IEEE 802.15 a commencé par se scinder en quatre sous-groupes :

- IEEE 802.15.1, pour les réseaux de catégorie C ;
- IEEE 802.15.2 pour s'occuper des problèmes d'interférences avec les autres réseaux utilisant la bande des 2,4 GHz ;
- IEEE 802.15.3 pour les réseaux de catégorie B ;
- IEEE 802.15.4 pour les réseaux de catégorie A.

Le groupe IEEE 802.15.3 est orienté vers le haut débit et l'UWB (Ultra Wide Band). Cette interface radio a été récupérée par la WiMedia Alliance et par le groupe SIG (Bluetooth Special Interest Group). Après moultes tractations, problèmes techniques et discussions sur les brevets, le Bluetooth SIG a abandonné la solution UWB (*voir plus loin*).

Le groupe IEEE 802.15.4 définit un réseau à faible portée, de l'ordre de quelques mètres, pour interconnecter tous les capteurs et actionneurs que l'on peut trouver dans les jouets, les équipements domestiques, les commandes radio, etc. Ce standard, appelé ZigBee, commence à avoir un franc succès (*voir ci-après*).

Ces groupes de base se sont fortement agrandis, avec l'arrivée de nombreux groupes ou sous-groupes de travail, notamment les suivants :

- IEE 802.11.3c, qui propose un réseau personnel dans la gamme des 57 à 64 GHz, ce qui permet d'atteindre des vitesses de transmission de plusieurs gigabits par seconde. De ce groupe sont nées les standards IEEE 802.11ad et 802.11ay, qui sont examinés dans ce chapitre.

- TG5 (Task Group 5), qui définit les réseaux mesh, susceptibles de couvrir une surface géographique plus importante que les réseaux personnels (*voir le chapitre 17*).
- IEEE 802.6, qui s'occupe des BAN (Body Area Network), réseaux que les personnes portent sur eux pour des raisons médicales, expérimentales, sportives, etc. Les directions prises par ce groupe technique pointent vers une consommation électrique faible et des fréquences basses, avec une portée de 2 à 3 mètres. Des propriétés de haute sécurité sont bien sûr indispensables dans ces réseaux BAN. Elles sont détaillées au chapitre 21, consacré à l'Internet des objets.
- IEEE 802.15.7, qui œuvre pour les réseaux de domicile avec une technologie VLC (Visible Light Communications). Ce réseau utilise les équipements avec des LED et des photodiodes, qui peuvent se trouver dans tous les équipements lumineux, comme les néons, les feux rouges de la circulation, les panneaux lumineux, etc. La transmission s'effectue entre 400 et 800 THz et peut apporter des débits de plusieurs centaines de mégabits par seconde étant donné la bande passante disponible. Il est possible d'avoir des extensions de plus longue portée, d'un kilomètre, par exemple, mais avec des débits beaucoup plus faibles (quelques centaines de kilobits par seconde). Les produits commerciaux sont disponibles depuis plusieurs années sous le nom de Li-Fi. Ils sont examinés dans ce chapitre.
- IEEE P802.15.8, qui a démarré ses travaux en 2012 pour élaborer une norme de contrôle interne des réseaux PAN appelée PAC (Peer Aware Communications). Ce standard offre un contrôle complètement distribué dans un réseau PAN pour toutes les communications entre pairs et sans infrastructure, avec une coordination entièrement distribuée et une découverte des informations sans association explicite.
- IEEE P802.15.9, dont l'objectif est de définir un protocole de gestion des clés secrètes, sous le nom de KMP (Key Management Plan), pour les réseaux WPAN.
- IEEE P802.15.10 Layer 2 Routing, approuvé en 2013 pour développer une recommandation sur le routage des paquets dans les réseaux sans fil 802.15.4 dans lesquels de nouveaux nœuds apparaissent et d'autres disparaissent. L'objectif est d'étendre la zone de couverture à mesure que le nombre de nœuds augmente.

Le groupe IEEE 802.15.1 s'est tourné vers Bluetooth, présenté en détail à la section suivante. En fait, c'est l'IEEE qui avait repris la normalisation réalisée au Bluetooth Special Interest Group (Bluetooth SIG). Après plusieurs années d'efforts, l'IEEE a annoncé en 2005 qu'il abandonnait la technologie Bluetooth au profit de UWB. En conséquence, c'est le Bluetooth SIG qui a repris la normalisation (*voir ci-dessous*).

Bluetooth

Le Bluetooth SIG, constitué au départ par Ericsson, IBM, Intel, Nokia et Toshiba et rejoint par plus de deux mille cinq cents sociétés, définit les spécifications de Bluetooth.

C'est une technologie peu onéreuse, grâce à sa forte intégration sur une puce unique de 9 mm sur 9 mm. Les fréquences utilisées sont comprises entre 2 400 et 2 483,5 MHz. On retrouve la même gamme de fréquences dans la plupart des réseaux sans fil utilisés dans un environnement privé, que ce dernier soit personnel ou d'entreprise. Cette bande ne demande pas de licence d'exploitation. Comme c'est également la bande utilisée par Wi-Fi, les deux réseaux s'entendent plutôt bien pour s'en partager les fréquences.

On a longtemps pensé que les techniques UWB pourraient succéder ou être intégrées à Bluetooth : c'était le point de vue de l'IEEE 802.15.1. Cependant, la consommation électrique de cette solution s'est révélée assez prohibitive. C'est la raison pour laquelle Wi-Fi semble avoir la capacité de prendre une place de choix dans les réseaux personnels à haut débit, que ce soit par des extensions de Bluetooth ou par des réseaux purement Wi-Fi.

L'ordre d'apparition des standards du Bluetooth SIG est le suivant :

- Bluetooth 1.0 : cette version de base avait de nombreux défauts, notamment le fait que les produits commercialisés pouvaient être incompatibles.
- Bluetooth 1.1 : première vraie norme à avoir été ratifiée par l'IEEE 802.15.1 en 2002.
- Bluetooth 1.2 : apporte de nombreuses améliorations, comme une plus grande rapidité de découverte de l'environnement et une capacité de transmission de 721 kbit/s. C'est ce standard, ratifié par le groupe IEEE 802.15.1 en 2005, qui est détaillé dans la suite.
- Bluetooth 2.0 + EDR : augmente fortement le débit par une solution EDR (Enhanced Data Rate). La nouvelle valeur du débit est de 3 Mbit/s, mais, en vitesse réelle, on est largement en dessous de 2 Mbit/s. Cette augmentation est due à une modulation plus performante, utilisant à la fois du GFSK (Gaussian Frequency-Shift Keying) et du PSK (Phase-Shift Keying) portant deux ou trois éléments binaires par baud.
- Bluetooth 2.1 + EDR : approuvé en 2007 par le Bluetooth SIG, est une version intermédiaire apportant des améliorations sur la sécurité et le pairage des terminaux.
- Bluetooth 3.0 + HS : adopté en 2009 avec pour objectif de faire décoller le débit de la technologie avec une version HS (High Speed). Comme les technologies de partage du support physique et de transmission ne sont pas performantes dans Bluetooth, l'idée est d'ajouter une nouvelle technique d'émission au moment de la transmission proprement dite. La technologie basse consommation de Bluetooth est utilisée quand le réseau est inactif, et la technologie Wi-Fi au moment des transmissions.
- Bluetooth 4.0 : adopté en 2010 avec pour objectif premier de consommer le moins possible et de rassembler les différentes solutions Bluetooth. Nokia, qui avait fait des recherches sur la basse consommation de Bluetooth, avait proposé un nouveau produit, appelé WiBree. Plutôt que de le standardiser, le fabricant s'est allié en 2007 au Bluetooth SIG afin d'incorporer les avancées de WiBree dans Bluetooth. Le nom provisoire de cette nouvelle génération, Bluetooth ULP (Ultra Low Power), a été abandonné pour devenir en avril 2010 Bluetooth LE (Low Energy). Bluetooth 4.0 rassemble, dans un même standard, à la fois le Bluetooth 2.1 de base, le Bluetooth 3.0 + HS, avec Wi-Fi pour la transmission, et le Bluetooth LE.
- Bluetooth 4.1 : permet à un appareil d'avoir plusieurs rôles : utiliser uniquement le Bluetooth LE (Low Energy) pour connecter un capteur ou réaliser des connexions classiques de l'appareil vers un autre appareil.

- Bluetooth 4.2 : apporte la prise en charge des protocoles IPv6 et 6LowPAN, qui sont introduits au chapitre 21, consacré à l'Internet des objets. Cette nouvelle version, dans le profil basse consommation BLE (Bluetooth Low Energy), permet de pousser des informations vers les objets connectés.

  Ses nouvelles spécifications introduisent deux nouveaux profils : l'IPSP (Internet Protocol Support Profile), qui permet aux objets de se connecter plus directement et de manière plus autonome à Internet ; les GATT (Generic Attribute Profiles), qui standardisent la manière dont communiquent toutes sortes d'objets, en particulier les capteurs que l'on trouve dans les domaines de la santé, de la domotique, de la ville, etc.

- Bluetooth 5 : cette dernière version, qui devrait être unique puisque non intitulé 5.0, est apparue commercialement en 2017, avec de nombreuses améliorations, en particulier une introduction au marketing de proximité. La portée est quadruplée, pour atteindre plus d'une cinquantaine de mètres ; la vitesse de transfert en mode basse consommation, ou LE (Low Energy), est doublée, et le potentiel pour recevoir des informations sans connexion préalable est très fortement amélioré. Cette dernière propriété est très intéressante pour le marketing puisque les magasins peuvent pousser de l'information sur le smartphone de leurs clients. Cette propriété est examinée de façon plus approfondie au chapitre 21, dédié à l'Internet des objets.

Schémas de connexion

Plusieurs schémas de connexion ont été définis par les normalisateurs. Le premier d'entre eux correspond à un réseau unique, appelé piconet, qui peut prendre en charge jusqu'à huit terminaux, avec un maître et huit esclaves. Le terminal maître gère les communications avec les différents esclaves. La communication entre deux terminaux esclaves transite obligatoirement par le terminal maître. Dans un même piconet, tous les terminaux utilisent la même séquence de saut de fréquence.

Un autre schéma de communication consiste à interconnecter des piconets pour former un scatternet, d'après le mot anglais *scatter,* dispersion. Comme les communications se font toujours sous la forme maître-esclave, le maître d'un piconet peut devenir l'esclave du maître d'un autre piconet. De son côté, un esclave peut être l'esclave de plusieurs maîtres. Un esclave peut se détacher provisoirement d'un maître pour se raccrocher à un autre piconet puis revenir vers le premier maître, une fois sa communication terminée avec le second.

La figure 19.1 illustre des connexions de terminaux Bluetooth dans lesquelles un maître d'un piconet est esclave du maître d'un autre piconet et un esclave est esclave de deux maîtres. Globalement, trois piconets sont interconnectés par un maître pour former un scatternet.

La communication à l'intérieur d'un piconet peut atteindre près de 1 Mbit/s. Comme il peut y avoir jusqu'à huit terminaux, la vitesse effective diminue rapidement en fonction du nombre de terminaux connectés dans une même picocellule. Un maître peut cependant accélérer sa communication en travaillant avec deux esclaves en utilisant des fréquences différentes.

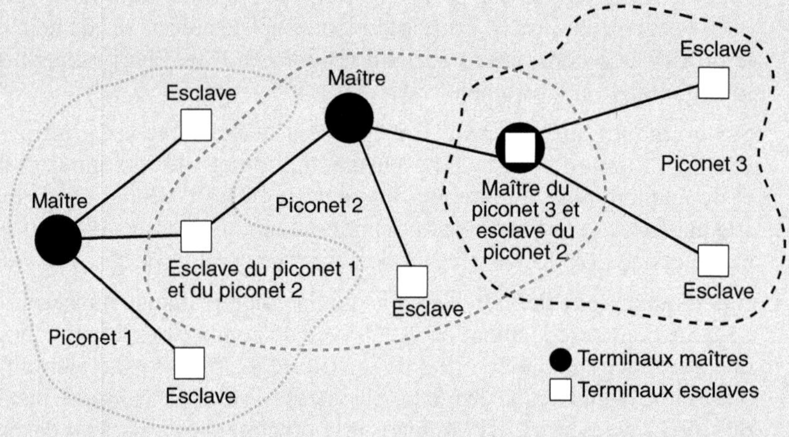

Figure 19.1

Schéma de connexion de terminaux Bluetooth

Communications

La communication sur une liaison Bluetooth entre deux machines peut atteindre un débit de 433,9 kbit/s dans une communication bidirectionnelle (full-duplex). Les débits sont égaux à 723,2 kbit/s dans un sens et 57,6 kbit/s dans l'autre en cas de communication déséquilibrée.

Les communications peuvent être de deux types : asynchrone ou synchrone. Une communication synchrone, ou SCO (Synchronous Connection-Oriented link), permet un débit synchrone de 64 kbit/s. Ce type de connexion autorise le passage de la parole téléphonique avec une garantie de service. Une communication asynchrone, ou ACL (Asynchronous Connection-less Link), permet des trafics asynchrones avec plus ou moins de protection. Le débit peut atteindre 723,2 kbit/s.

Plusieurs catégories de communications peuvent être définies sur une connexion Bluetooth : une seule communication asynchrone, trois communications simultanées en SCO ou une SCO avec une ACL symétrique de 433,9 kbit/s. Cela donne un débit total de la liaison de presque 1 Mbit/s dans le dernier cas. Un terminal esclave ne peut prendre en charge, au maximum, que deux canaux SCO provenant de deux terminaux distincts.

De façon plus précise, le temps est découpé en tranches, ou slots, à raison de mille six cents slots par seconde. Un slot fait donc 625 microsecondes de long, comme illustré à la figure 19.2. Un terminal utilise une fréquence sur un slot puis, par un saut de fréquence (Frequency Hop), il change de fréquence sur la tranche de temps suivante, et ainsi de suite.

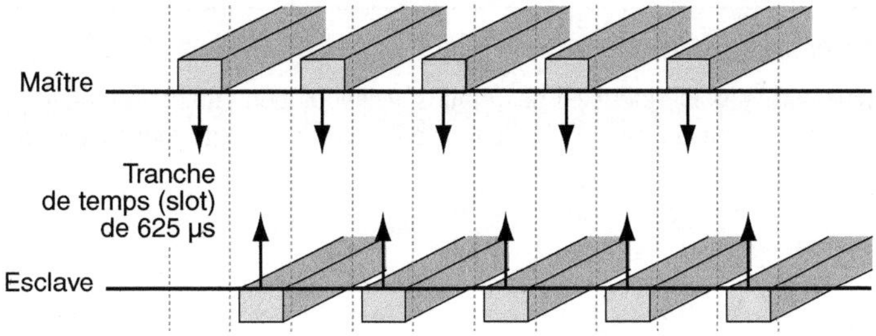

Figure 19.2

Découpage en slots

Un client Bluetooth utilise de façon cyclique toutes les bandes de fréquences. Les clients d'un même piconet possèdent la même suite de sauts de fréquence, et, lorsqu'un nouveau terminal veut se connecter, il doit commencer par reconnaître l'ensemble des sauts de fréquence pour pouvoir les respecter. Une communication s'exerce par paquet. En règle générale, un paquet tient sur un slot, mais il peut s'étendre sur trois ou cinq slots (*voir figure 19.3*). Le saut de fréquence à lieu à la fin de la communication d'un paquet.

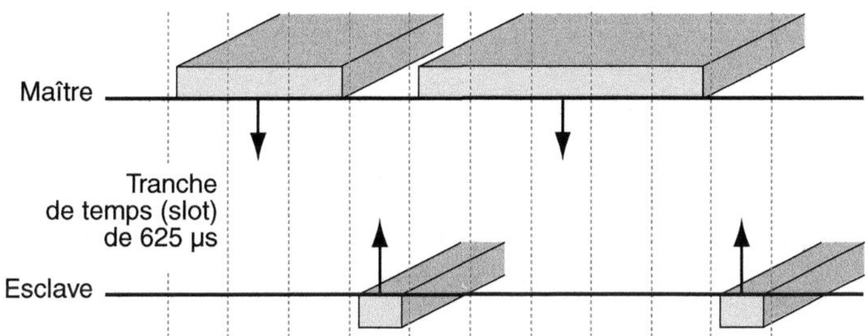

Figure 19.3

Transmission sur plusieurs slots

Fonctionnement de Bluetooth

Comme indiqué précédemment, Bluetooth permet la réalisation de petits réseaux personnels de quelques mètres carrés, les piconets. Les terminaux se connectent entre eux par l'intermédiaire d'un maître. La puissance de transmission peut atteindre 100 W (milliwatt), ce qui permet une émission sur plusieurs dizaines de mètres. Il est possible de réduire cette puissance à 2,5 et 1 mW pour atteindre une portée de quelques mètres.

À une puissance de 100 mW, une batterie peut tenir assez longtemps, à condition d'utiliser des options d'économie d'énergie. Pour cette raison, des états de basse consommation ont été introduits dans la norme Bluetooth, qui autorisent une autonomie de plusieurs jours.

États des terminaux Bluetooth

Les terminaux Bluetooth autorisent des états spécifiques permettant au terminal de dépenser moins d'énergie et donc de prolonger la durée d'utilisation de la batterie. La figure 19.4 illustre les états possibles d'un terminal Bluetooth.

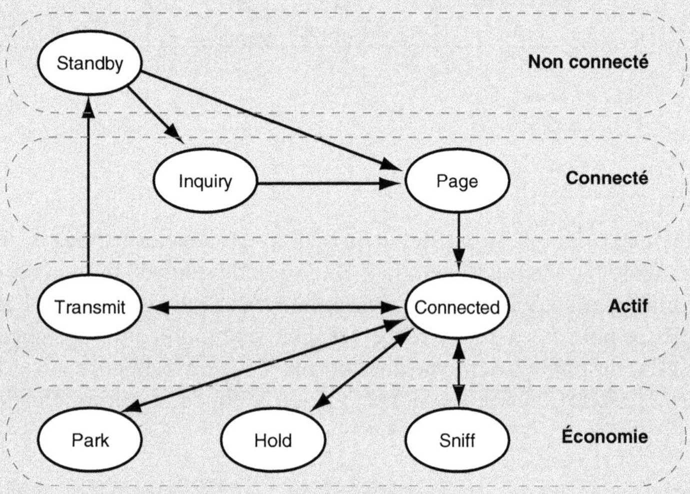

Figure 19.4

États d'un terminal Bluetooth

Dans l'état parqué (Park), le terminal ne peut ni recevoir ni émettre. Il peut seulement se réveiller de temps en temps pour consulter les messages émis par le maître. Utilisant le minimum d'énergie, il n'est pas comptabilisé dans une picocellule et peut donc être remplacé par un autre terminal dans les sept connexions que peut recevoir un maître.

L'état suspendu (Hold) indique que le terminal ne peut que recevoir des communications synchrones de type SCO. Le terminal se met en veille entre les instants synchrones de réception des paquets. L'état de repos actif (Sniff) permet au terminal de décider des slots pendant lesquels il travaille et de ceux pendant lesquels il se met à l'état de repos.

Dans un état de marche normal, le terminal maître doit être dans l'état Inquiry et l'esclave dans l'état Inquiry Scan. Le maître émet une signalisation pour initialiser la communication. Dans ce cas, si l'esclave reçoit les messages, il passe dans un état Inquiry Response, qui lui permet d'envoyer un message au maître lui précisant son adresse et l'état de son horloge. Il passe ensuite dans un nouvel état, Page Scan, dans lequel il attend de recevoir un paquet contenant son adresse sur l'une des neuf fréquences disponibles.

À réception du message, le maître passe à l'état Page, dans lequel il met à jour ses tables de connexion puis envoie un message vers l'esclave. Lorsque l'esclave détecte ce message, il se place dans l'état Slave Response puis répond au maître en indiquant son code d'accès. Le maître se met alors dans l'état Master Response et envoie un paquet Frequency Hopping Synchronization, qui permet à l'esclave de se synchroniser sur l'horloge du maître, puis passe à l'état connecté (Connected). De même, lorsque l'esclave reçoit ce message, il passe à l'état connecté (Connected). Le maître n'a plus qu'à effectuer une interrogation, ou polling, vers l'esclave pour vérifier qu'il y a bien eu connexion.

Techniques d'accès

Bluetooth met en œuvre une technique temporelle synchronisée dans laquelle le temps est divisé en tranches de longueur égale, appelées slots. Un slot correspond au temps élémentaire de transmission d'un paquet. Un paquet peut demander un temps de transmission plus ou moins long, qui ne peut pas accéder cinq slots.

Le format standard d'un paquet Bluetooth est illustré à la figure 19.5.

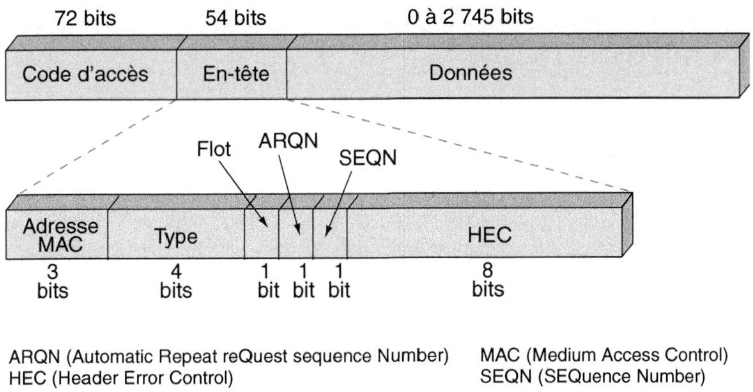

Figure 19.5

Format d'un paquet Bluetooth

Les 72 premiers bits du paquet permettent de transporter le code d'accès tout en effectuant une synchronisation entre les composants Bluetooth. Cette zone se compose de 4 bits, de préambule 0101 ou 1010, permettant de détecter le début de la trame, puis de 64 ou 68 bits pour le code et enfin de 4 bits de terminaison – lorsque le corps fait 64 bits – permettant de détecter la fin de la synchronisation en utilisant les séries 0101 ou 1010. Les 54 bits suivants consistent en trois fois une même séquence de six champs de 3, 4, 1, 1, 1 et 8 bits de longueur. Ces champs servent à indiquer l'adresse d'un membre actif du piconet, ainsi qu'un numéro de code, un contrôle de flux piconet, une demande d'acquittement et un contrôle d'erreur des transmissions. Le champ de 18 bits est répété trois fois de suite pour s'assurer de sa réception correcte au récepteur. La zone de données qui s'étend ensuite de 0 à 2 745 bits contient une zone de détection d'erreur sur un ou deux octets.

Trois grands types de paquets sont définis dans Bluetooth, les paquets de contrôle, les paquets SCO et les paquets ACL. Les paquets de contrôle permettent de gérer les connexions des terminaux Bluetooth entre eux. Les paquets SCO correspondent aux communications synchrones de type SCO, et les paquets ACL aux transferts de données asynchrones.

Dans chacun de ces types de paquets, plusieurs sous-catégories peuvent être distinguées :

- Les paquets DV (Data-Voice), qui portent à la fois des données et de la parole.
- Les paquets DMx (Data-Medium) pour les paquets ACL en mode asynchrone avec un encodage permettant la correction des erreurs en ligne. La valeur *x*, qui vaut 1, 3 ou 5, indique la longueur du paquet en nombre de slots.

- Les paquets DHx (Data-High) pour les paquets ACL en mode asynchrones, mais sans correction d'erreur, permettant ainsi un débit effectif plus élevé. De même que précédemment, x indique la longueur du paquet.
- Les paquets HVy (High-quality-Voice) pour les paquets SCO en mode synchrone sans correction d'erreur. La valeur y indique le type de contrôle d'erreur dans le paquet. Si $y = 1$, un FEC (Forward Error Correction) de 1/3 est utilisé. Dans ce cas, le corps du paquet contient une redondance par l'émission de trois fois la même information. Si $y = 2$, un FEC de 2/3 est utilisé. Dans ce cas, on transforme à l'aide d'un code la suite d'éléments binaires à transmettre de façon à détecter et corriger les erreurs. Si $y = 3$, aucune protection n'est utilisée.

Sécurité et fonctions de gestion

Trois niveaux de sécurité ont été définis dans Bluetooth. Le premier niveau n'a pas de gestion de sécurité. Le deuxième niveau instaure une sécurité à l'échelon applicatif en introduisant un processus d'identification lors de l'accès au service. Le troisième niveau introduit une sécurité plus importante en travaillant sur la liaison Bluetooth. Un processus d'authentification est mis en place, qui peut être suivi par un chiffrement à l'aide de clés privées pouvant atteindre 64 bits – la norme cite 128 bits comme future extension.

La sécurité est un élément important dans les systèmes de liaison radio puisque l'émission est diffusée et peut potentiellement être captée par les récepteurs environnants. Dans Bluetooth, deux équipements, par exemple deux PDA situés dans les poches de deux utilisateurs du métro, pourraient très bien entrer en communication par hasard. Pour éviter cela, Bluetooth offre des mécanismes d'authentification et de chiffrement au niveau MAC.

La principale technique d'authentification provient d'un programme automatique mis en place dans les terminaux Bluetooth, qui permet l'authentification et le chiffrement par une génération de clés par session. Chaque connexion peut utiliser ou non le mécanisme de chiffrement dans un sens seulement ou dans les deux sens simultanément. Seules des clés de 40 ou 64 bits peuvent être utilisées, ce qui confère une sécurité relativement faible, quoique suffisante pour le type de communication transitant entre deux terminaux Bluetooth. Si une sécurité supplémentaire doit être obtenue, il est nécessaire d'utiliser un chiffrement au niveau de l'application.

L'algorithme de sécurité utilise le numéro d'identité du terminal, ainsi qu'une clé privée et un générateur aléatoire interne à la puce Bluetooth. Pour chaque transaction, un nouveau numéro aléatoire est tiré pour chiffrer les données à transmettre. La gestion des clés est prise en charge par l'utilisateur sur les terminaux qui doivent s'interconnecter.

En utilisant le même procédé pour réaliser le chiffrement dans un scatternet, il est nécessaire de procéder, au début de la mise en relation, à un échange de clés privées entre les possesseurs de piconets indépendants.

Dans un piconet, un système de gestion est nécessaire pour réaliser les fonctions classiques de mise en œuvre des communications. Le processus de gestion des liaisons prend en charge les procédures classiques d'identification ainsi que la négociation des paramètres d'authentification. Il prend également à sa charge la configuration de la liaison, c'est-à-dire la définition des paramètres de fonctionnement. Ce processus de gestion s'effectue par un échange de requêtes-réponses entre les deux extrémités de la liaison.

L'architecture Bluetooth

L'objectif de l'architecture Bluetooth est de permettre l'interconnexion de tout type de terminal qui possède l'interface radio Bluetooth. Cette architecture est composée de deux grands types de couches : les couches matérielles et les couches logicielles, comme l'illustre la figure 19.6.

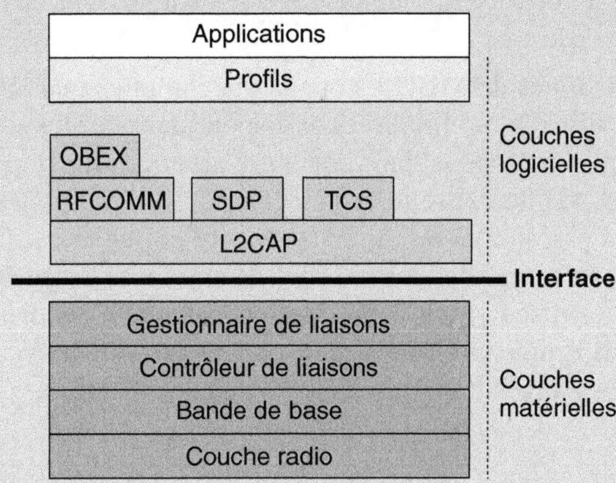

Figure 19.6

L'architecture Bluetooth

Les couches basses correspondent à la partie transmission sur l'interface radio examinée aux sections précédentes. La distance entre l'émetteur et le récepteur dépend de la puissance d'émission. Trois classes ont été définies : la classe 1 correspond à une puissance de 100 mW et à une portée d'une centaine de mètres, la classe 2, de 2,5 mW et d'une portée d'une quinzaine de mètres, et la classe 3, la plus classique, de 1 mW et d'une portée d'un mètre. Les adresses sont gérées au niveau de la bande de base sur une longueur de 48 bits (IEEE).

Le contrôleur de liaison a pour objectif de gérer la configuration de la liaison. Le gestionnaire de liaison vise la sécurité en gérant l'authentification et le chiffrement.

La couche L2CAP (Logical Link Control & Adaptation Protocol) permet de multiplexer les flots qui proviennent des différents protocoles de niveau supérieur. Les protocoles situés au-dessus correspondent à des services de transport sur l'interface série RS-232 (RFCOMM), à la découverte de service avec SDP (Service Discovery Protocol) et au protocole d'échange d'objet OBEX (Object Exchange). Au-dessus de cette couche, des profils d'équipements ont été choisis pour permettre de mettre en place une relation simple entre terminaux de même nature (une vingtaine de profils ont été définis).

UWB

Le groupe de normalisation MBOA (MultiBand OFDM Alliance) a défini les éléments de base pour la réalisation d'une vision complète d'un écosystème qui offrirait aux consommateurs un large éventail de produits pour la gestion et le contrôle des réseaux de domicile.

La couche radio UWB (Ultra Wide Band) et la plate-forme de convergence forment ensemble le mécanisme fondamental de transport pour différentes applications, y compris l'IEEE 1394 (FireWire), et le nouveau cadre provenant du consortium DLNA (Digital Living Network Alliance).

L'alliance OFDM multibande (MBOA), établie en 2003 et formalisée dans un groupe d'intérêt (SIG) en 2004, a été établie pour favoriser la production d'une norme globale pour les solutions sans fil de l'UWB. Ses deux cents membres comprenaient des industriels des semi-conducteurs, du calcul scientifique, de l'électronique grand public et des dispositifs mobiles.

Les caractéristiques de MBOA pour la couche physique (PHY) et le contrôleur d'accès de médias (IMPER) sont finalisées et disponibles pour les sociétés membres de l'alliance. Cette dernière s'est fondue dans une autre alliance plus importante, la WiMedia Alliance en mars 2005. Malheureusement, la technologie UWB pour des raisons de consommation d'énergie n'a pas du tout eu le succès espéré et plusieurs standards du réseau personnel, comme Bluetooth, ont abandonné l'idée de reprendre cette technologie au niveau physique. Après bien des discussions, la WiMedia Alliance s'est dissoute en 2009 en poussant le Wireless USB Promoter Group (que l'on appelle souvent Wireless USB et même WUSB) à promouvoir le produit de base de la WiMedia Alliance.

WiMedia Alliance

La WiMedia Alliance est un groupement d'industriels ayant fortement contribué au développement du concept UWB, notamment sous forme de couches protocolaires de niveau logiciel.

Cette alliance vise à favoriser la connectivité et l'interopérabilité des produits UWB. La plate-forme commune illustrée à la figure 19.7 permet à de multiples applications de fonctionner ensemble sur une interface radio commune.

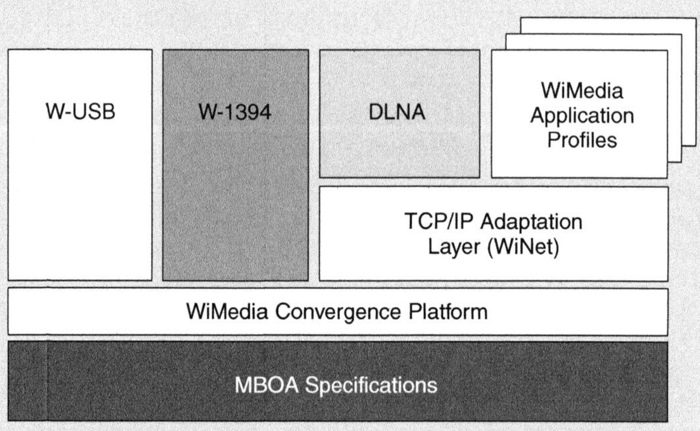

Figure 19.7

Plate-forme de la WiMedia Alliance

La combinaison de l'interface radio proposée utilisant l'OFDM multibande et de l'architecture de la plate-forme WiMedia permet de réaliser la convergence pour l'exécution des versions sans fil provenant de l'UWB: WUSB, IEEE 1394, WiNet et DLNA.

L'interface radio

Les origines de la technologie UWB remontent au travail commencé en 1962 sous les noms d'impulsion radio, de bande de base ou de communications sur des porteuses libres.

Le sigle Ultra-Wide Band a été proposé pour la première fois par le Département de la Défense aux États-Unis en 1989. Aujourd'hui, l'UWB définit, selon la FCC, n'importe quelle technologie radio s'étalant sur une partie du spectre occupant plus de 20 % de la fréquence centrale ou au minimum 500 MHz.

Identifiant les avantages des nouveaux produits qui pourraient incorporer cette technologie pour bénéficier des applications publiques de sûreté, d'entreprise et de consommation d'énergie restreinte, la FCC lui a alloué en 2002 une partie du spectre radio utilisable sans licence allant de 3,1 à 10,6 GHz. Une partie additionnelle du spectre est disponible pour les applications médicales, scientifiques et de secours incendie.

Plutôt que d'exiger une interface UWB utilisant l'ensemble de la bande passante disponible, représentant 7,5 GHz, pour transmettre les signaux d'information, la FCC a défini une largeur de bande minimale de 500 MHz à 10 dB. Cette largeur de bande minimale ainsi que d'autres conditions imposées par la FCC protègent la transmission des autres signaux provenant d'utilisateurs de cette partie du spectre. En effet, si la solution d'émettre en dessous du bruit permet de ne pas perturber les autres utilisateurs de cette bande, en revanche ces autres utilisateurs pourraient perturber l'UWB. Par exemple, une connexion UWB dans un aéroport serait perturbée par les radars et autres équipements utilisant la bande UWB.

Il a été montré par de nombreuses expériences qu'une bande de 500 MHz était toujours disponible, même dans les environnements les plus perturbés. Cependant, cette flexibilité permise par le standard de la FCC augmente considérablement les options disponibles pour la conception des systèmes de communication UWB. Les concepteurs sont libres d'employer une combinaison de sous-bandes du spectre pour optimiser le fonctionnement du système, de la puissance nécessaire et de la complexité de conception.

Il est à noter que la puissance permise est inférieure en Europe dans la réglementation édictée par l'ETSI.

Les systèmes UWB peuvent maintenir un même niveau de puissance, comme s'ils employaient toute la largeur de bande, en intercalant des symboles dans les différentes sous-bandes. Dans un système multibande, l'information peut être transmise par la méthode fondée sur les impulsions traditionnelles sur la porteuse de base ou par des techniques plus avancées de multiporteuse.

Les systèmes fondés sur les impulsions sur la porteuse de base transmettent les signaux en modulant la phase d'impulsion. Cette solution provient d'une technologie éprouvée, qui s'appuie sur une conception simple de l'émetteur. Cela ne va toutefois pas sans inconvénient. Il est difficile de rassembler suffisamment d'énergie pour émettre le signal dans un environnement typique d'utilisation, avec beaucoup de surfaces réfléchissantes, en n'employant qu'une chaîne RF simple. Les limitations des temps de commutation peuvent être très strictes, à l'émetteur comme au récepteur.

La technique MB-OFDM (Multiband OFDM) transmet les porteuses multiples simultanément de façon espacée sur des fréquences précises. L'utilisation d'algorithmes rapides de transformée de Fourier garantit une grande efficacité énergétique dans les cas de trajets multiples, tout en n'augmentant que légèrement la complexité de l'émetteur. Les bénéfices de cette solution MB-OFDM incluent la flexibilité et la forte élasticité spectrales ainsi qu'une forte résistance aux interférences radio et aux effets provenant des trajets multiples.

Les techniques de modulation OFDM ont été appliquées avec succès à de nombreux systèmes de communication commercialisés aux performances élevées, notamment Wi-Fi IEEE 802.11a/g, WiMAX 802.16a, HomePlug et les normes ADSL.

Fondée sur la technologie CMOS, l'utilisation du spectre de 3,1 à 4,8 GHz est considérée comme optimale pour des déploiements initiaux. La limite supérieure permet d'éviter des interférences avec la bande U-NII, où est localisée l'interface radio 802.11a, et de simplifier la conception des circuits radio et analogiques.

La bande de fréquences des 3,1-4,8 GHz est suffisante pour trois sous-bandes de 500 MHz, comme l'illustre la figure 19.8.

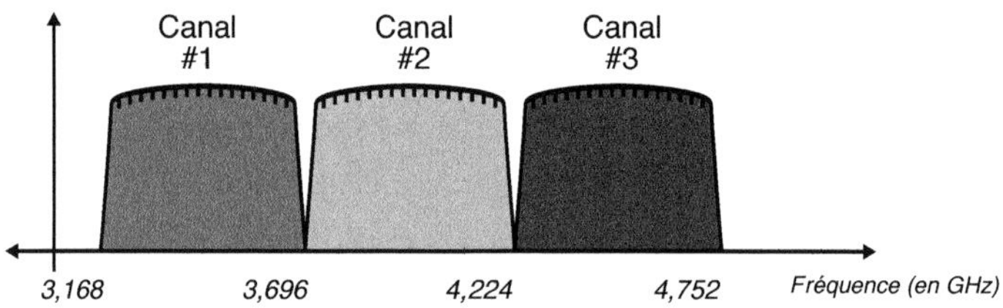

Figure 19.8

Allocation des fréquences pour un système MB-OFDM

Dans le groupe de travail IEEE 802.15.3, deux solutions ont été développées, une sur la bande classique des 2,4 GHz, qui atteint une vitesse de 54 Mbit/s effective, et une qui utilise l'ensemble de la bande passante entre 3,1 et 10,7 GHz, mais à une puissance très faible, en dessous du bruit ambiant. De la sorte, cette solution ne gêne pas les applications civiles et militaires utilisant ces bandes.

La partie du spectre utilisée par cette technologie est illustrée à la figure 19.9.

En dépit de la très faible puissance utilisée, la bande passante de plus de 7 GHz permet d'obtenir une vitesse située entre 120 et 480 Mbit/s en fonction des perturbations externes.

Une des propriétés de l'UWB est de pouvoir prendre en charge des communications avec des équipements qui se déplacent à relativement faible vitesse. La connexion et la déconnexion des équipements s'effectuent dans des temps extrêmement courts, de l'ordre de la seconde.

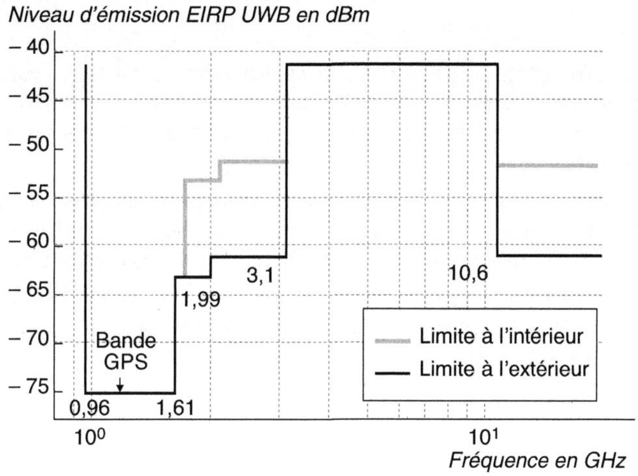

Figure 19.9

Partie du spectre pouvant être utilisée par l'UWB

Complexité et énergie

Le système MB-OFDM a été spécifiquement conçu pour être le plus simple possible. Une seule chaîne de réception analogique rend l'architecture globale d'une grande simplicité en limitant les symboles transmis à une modulation QPSK. L'espacement relativement grand entre les porteuses permet de réduire le bruit sur les circuits et d'améliorer la robustesse aux erreurs de synchronisation.

La durée de vie des batteries pour les mobiles est un facteur critique pour les utilisateurs. L'accès de type MB-OFDM est capable de tenir plusieurs heures dans des conditions typiques avant qu'une recharge ne soit exigée.

Le tableau 19.1 récapitule les puissances nécessaires, en fonction du débit, estimées pour un système MB-OFDM avec un cœur CMOS de 90 microns.

Débit	Puissance de transmission	Puissance en réception	Puissance en cours de sommeil
110 Mbps	93 mW	155 mW	15 µW
200 Mbps	93 mW	169 mW	15 µW

TABLEAU 19.1 • Énergie nécessaire pour l'UWB

Sécurité

La technologie UWB est conçue pour embarquer les éléments nécessaires pour que la sécurité soit assurée en permanence. Des mécanismes de confidentialité sont mis en application à plusieurs niveaux protocolaires afin d'assurer la robustesse nécessaire aux environnements sans fil tout en restant transparents pour les utilisateurs.

L'expérience acquise au fur et à mesure de la croissance des réseaux Wi-Fi et Bluetooth ont également guidé les choix effectués pour l'architecture de sécurité. La plupart des solutions mises en œuvre sont identiques à celles promues par la norme IEEE 802.11i, détaillée au chapitre suivant.

La sécurité des communications est assurée par une authentification et un chiffrement de l'information. L'authentification utilise le protocole EAP-TLS (Extensible Authentication Protocol-Transport Layer Security). L'utilisation de l'algorithme AES (Advanced Encryption Standard) avec une clé de 128 bits garantit la sécurité du transport de l'information.

ZigBee

Les réseaux ZigBee sont l'inverse des réseaux UWB. Leur objectif est de consommer extrêmement peu d'énergie, de telle sorte qu'une petite batterie puisse tenir presque toute la durée de vie de l'interface, mais à un débit faible.

La première version de ZigBee date de 2004 et la seconde de 2007. Elles sont compatibles et la première version est aujourd'hui abandonnée. Les réseaux ZigBee sont employés dans de nombreuses applications comme les jeux électroniques utilisant la radio, les connexions de boîtiers en domotique, des services depuis un terminal mobile, l'accès à des informations dans des centres commerciaux, etc. Une nouvelle alliance avec le RF4CE (Radio Frequency for Consumer Electronics) Consortium en 2009 a permis de développer le standard ZigBee RF4CE pour la connexion des équipements électroniques dans le domicile.

Deux types de transferts sont privilégiés dans ZigBee : la signalisation et la transmission de données basse vitesse.

La figure 19.10 illustre un environnement ZigBee pour le réseau de domicile.

Dans la normalisation, ZigBee peut avoir trois vitesses possibles :

- 250 kbit/s avec la bande classique des 2,4 GHz ;
- 20 kbit/s avec la bande des 868 MHz disponible en Europe ;
- 40 kbit/s avec la bande des 915 MHz disponible en Amérique du Nord.

Ces différentes possibilités sont récapitulées au tableau 19.2.

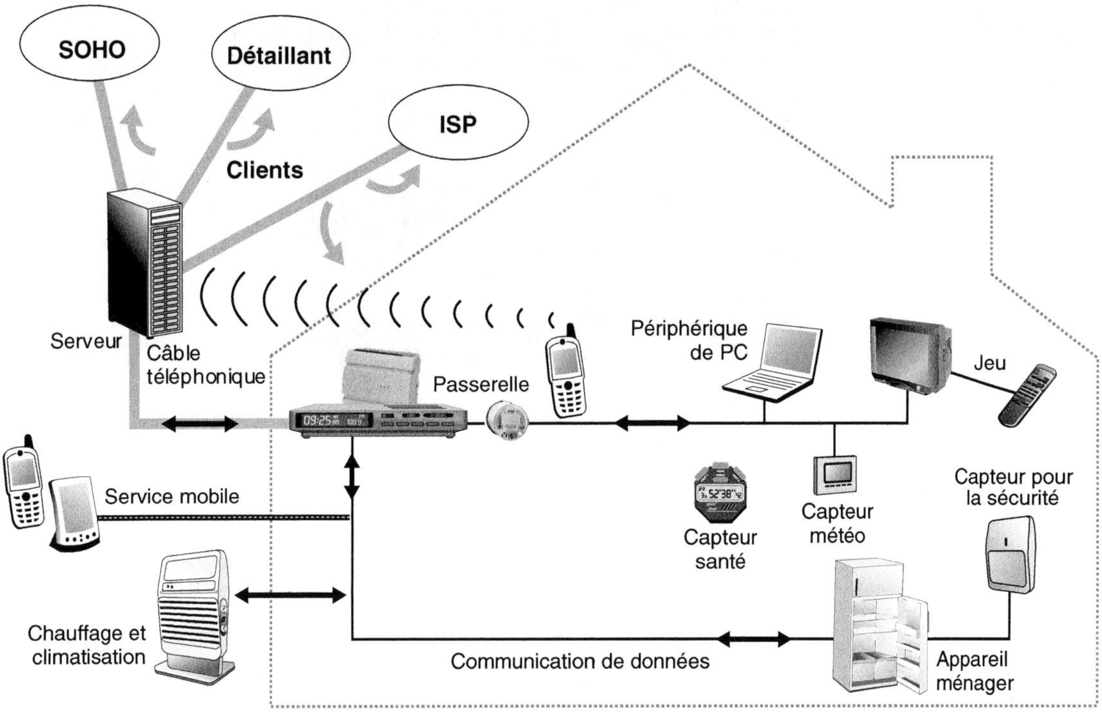

Figure 19.10

Réseau ZigBee pour la domotique

	Bande	Couverture	Débit données	Numéro de canal
2,4 GHz	ISM	Mondiale	250 Kbit/s	16
868 MHz		Europe	20 Kbit/s	1
915 MHz	ISM	Amérique	40 Kbit/s	10

TABLEAU 19.2 • Bandes de fréquence et débits de ZigBee

Les réseaux ZigBee sont bien implantés sur le marché de la commande et des bas débits dans les domaines de la domotique, de la bureautique et de l'automatisme.

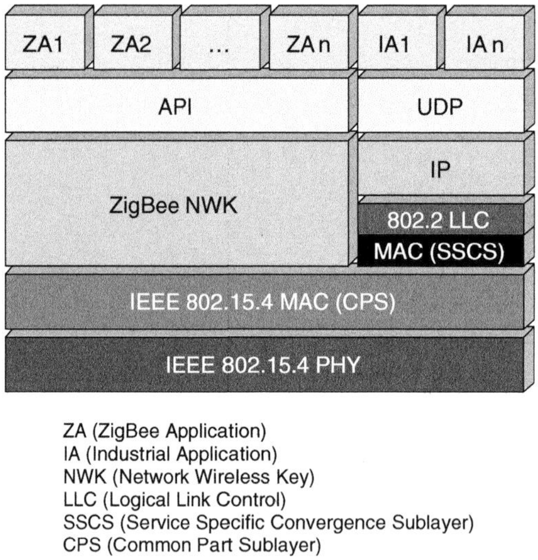

Figure 19.11

Architecture d'un réseau ZigBee

Comme illustré à la figure 19.11, l'architecture d'un réseau ZigBee contient cinq grandes couches. En partant du sommet, on trouve la couche applicative, qui utilise des profils applicatifs prédéterminés, la couche sous-jacente, qui correspond à l'interface applicative ou au protocole UDP si l'application est à distance, la couche ZigBee proprement dite, qui gère la topologie, le routage, la découverte de protocole et la sécurité, la couche MAC et la couche physique.

Le niveau applicatif

L'architecture protocolaire de ZigBee comporte des couches provenant de l'IEEE 802.15.4, comme la couche de contrôle d'accès (IMPER) et la couche physique (PHY) associées à la couche réseau de ZigBee (NWK). Les parties de la pile protocolaire qui intéressent cette section correspondent à la couche ZA et à l'API illustrée à la figure 19.11. La couche application de ZigBee comprend une sous-couche, le ZDO (ZigBee Device Object), déterminant les objets définis dans les équipements connectés. La sous-couche ZDO contient les tables de maintien des dispositifs d'association. Les responsabilités du ZDO incluent le rôle de l'équipement dans le réseau (coordonnateur ZigBee ou dispositif d'extrémité), la découverte des équipements dans le réseau et la détermination des services applicatifs.

Une API a été définie entre la couche réseau (NWK) et la couche applicative ZA. Cette interface contient un ensemble de services employés par le ZDO pour permettre aux objets applicatifs de communiquer avec la couche réseau.

L'adressage

L'exemple de connexion ZigBee illustré à la figure 19.12 comporte deux équipements communicants, l'un contenant deux commutateurs et l'autre quatre lampes.

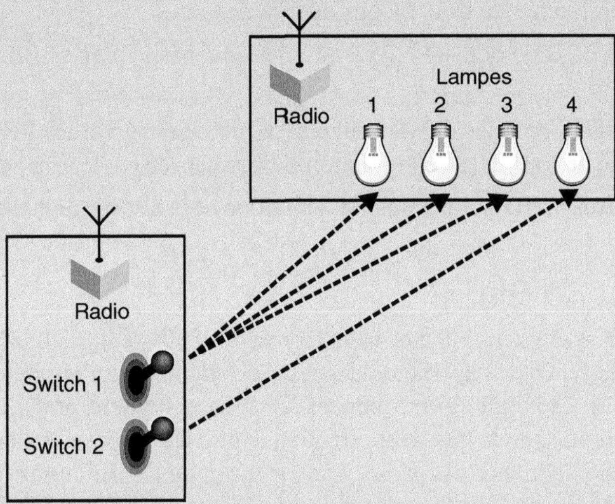

Figure 19.12

Exemple de connexion ZigBee

Une adresse est donnée à chaque équipement au moment de la connexion au réseau ZigBee. L'interrupteur 1 doit commander les lampes 1, 2 et 3 tandis que l'interrupteur 2 doit éclairer la lampe 4. ZigBee propose un sous-adressage de l'équipement élémentaire qui permet de réaliser ces communications.

La découverte des équipements ZigBee environnants s'effectue par des demandes en broadcast. Les adresses récupérées sont soit de type IEEE, soit de la couche réseau de ZigBee, c'est-à-dire NWK. Un échange s'ensuit permettant de découvrir le profil des équipements connectés. Les profils ZigBee sont la clé des communications entre composants ZigBee. Un exemple de profil serait celui d'un interrupteur électrique. Les équipements sont architecturés pour échanger des messages normalisés permettant de déterminer le profil.

La couche réseau fournit la fonctionnalité permettant d'utiliser la sous-couche IMPER d'IEEE 802.15.4 La couche NWK fournit deux services, consultés par deux points d'accès de service : le service de données et le service de gestion de NWK. Ces deux services fournissent l'interface avec la couche application et la couche IMPER.

La sécurité a été fortement introduite dans l'environnement ZigBee avec l'utilisation d'un chiffrement AES et une clé de 128 bits. Globalement, on retrouve la sécurisation introduite par WPA2 dans l'environnement Wi-Fi (*voir le chapitre 20*).

Wi-Fi personnel

Les réseaux personnels se sont démultipliés en raison d'un manque flagrant de normalisation entre les groupes de travail de l'IEEE et de toutes les initiatives des équipementiers. Cela peut expliquer l'arrivée du monde Wi-Fi dans l'univers des réseaux personnels. Cette arrivée s'effectue de trois façons différentes :

- Le réseau Bluetooth +HS, qui allie les couches hautes de Bluetooth avec une transmission Wi-Fi.
- Le WiGig, dont les débits sont de 7 Gbit/s en crête et les fréquences se situent dans la gamme des 60 GHz. Cette solution est normalisée par le groupe de travail IEEE 802.11ad.
- Le WirelessHD qui est très lié à la vidéo et la télévision haute définition.

IEEE 802.11ad (WiGig)

La Wireless Gigabit Alliance a été formée en 2009 pour réaliser un réseau sans fil, dans la bande des 60 GHz, capable de dépasser des débits d'un gigabit par seconde. Étant donné le choix de la bande de fréquences, ce réseau ne peut pratiquement qu'être un réseau personnel puisque la très haute fréquence utilisée ne permet pas au signal de traverser les obstacles. L'Alliance est passée dans le giron de l'IEEE après un accord pour normaliser cette technologie dans le cadre du groupe de travail Wi-Fi IEEE 802.11ad.

La version finale 1.0 de la spécification WiGig a été annoncée en décembre 2009. En mai 2010, WiGig a publié son cahier des charges, ainsi que l'ouverture de son Adopter Program et l'accord de coopération avec la Wi-Fi Alliance pour le développement de technologies Wi-Fi gratuites. En juin 2011, WiGig a annoncé le lancement de sa certification pour les spécifications de la version 1.1. En décembre 2016, les premiers produits WiGig (IEEE 802.11ad) ont été commercialisés, mais une pénétration visible sur le marché n'a démarré qu'en 2018.

Le débit maximal de WiGig est de 7 Gbit/s, mais le débit réel dépend de l'environnement, c'est-à-dire principalement de l'éloignement du point d'accès et des interférences. Sans interférences, le débit maximal est possible sur un mètre puis descend à environ 1 Gbit/s sur 10 mètres.

Ce groupe de travail pour WiGig se trouve confronté à un autre groupe d'industriels, le WirelessHD, qui est détaillé un peu plus loin.

Le groupe de travail IEEE 802.11ad effectue la normalisation de WiGig dans la bande des 60 GHz, qui dispose de bandes libres suffisantes pour atteindre le débit de 7 Gbit/s en crête. Ce groupe intègre dans un même module Wi-Fi 802.11g ou n et un Wi-Fi de nouvelle génération sur la bande des 60 GHz. L'idée est de rechercher les terminaux qui ont besoin de communiquer en utilisant le Wi-Fi standard et de passer la main à la partie haute fréquence pour obtenir les débits annoncés.

Le standard WiGig permet aux périphériques de communiquer sans fil à des vitesses qui se comptent en multigigabits. Les équipements WiGig sont compatibles avec les autres solutions Wi-Fi par l'adoption d'une technologie tribande, qui fonctionne dans les bandes

des 2, 4, 5 et 60 GHz et offre des taux de transfert de données allant jusqu'à 7 Gbit/s, approximativement autant qu'une transmission 802.11ac avec huit antennes, et près de quinze fois plus que le plus haut débit de Wi-Fi 802.11n, tout en conservant la compatibilité avec les périphériques Wi-Fi existants.

Toutefois, le taux de 7 Gbit/s utilise la bande des 60 GHz, qui ne permet pas de traverser les murs ; c'est une technologie dite *line-of-sight*, c'est-à-dire en vue directe. Cette solution est principalement destinée à des zones en intérieur, car les fréquences sont fortement freinées par les gouttes d'eau ou les poussières à l'extérieur des bâtiments. Cependant, comme indiqué au chapitre 17, consacré aux small cells, les communications en extérieur peuvent également utiliser le 60 GHz sur des distances d'un kilomètre en vue directe. En itinérance, le WiGig tribande utilise des bandes classiques, mais qui se propagent beaucoup mieux au travers des murs. Si nécessaire le tribande passe à la vitesse supérieure si une vue directe est possible.

WiGig 1.1 présente les caractéristiques suivantes :

- Prise en charge des vitesses de transmission jusqu'à 7 Gbit/s ;
- Complément de la couche 802.11 MAC tout en restant compatible aux différentes normes IEEE 802.11 ;
- Couche physique spécifique garantissant l'interopérabilité aux équipements WiGig et leur permettant d'atteindre des vitesses de plusieurs gigabits par seconde ;
- Couches d'adaptation prenant en charge certaines interfaces de systèmes spécifiques, comme les bus de données pour les périphériques de PC et les interfaces d'affichage pour la télévision haute définition, les écrans et les projecteurs ;
- Réalisation au travers de la couche physique de faisceaux permettant une communication à des distances d'au moins 10 mètres, le faisceau pouvant se déplacer à l'intérieur de la zone de couverture grâce à une modification de phase de la transmission ;
- Sécurité du WiGig du même niveau que celle des réseaux Wi-Fi.

La Wi-Fi Alliance et la WiGig Alliance ont passé un accord de coopération pour les réseaux sans fil multigigabit. Cette coopération a permis de réaliser des spécifications pour le développement d'un programme de certification de produits Wi-Fi dans la bande de fréquences des 60 GHz.

La WiGig Alliance et l'association VESA (Video Electronics Standards Association) ont également passé un accord de coopération pour définir une nouvelle génération d'affichage sans fil. VESA et la WiGig Alliance se partagent les spécifications de la technologie WiGig pour développer des fonctions telles que DisplayPort sans fil multigigabit et créer un programme de certification pour les produits sans fil DisplayPort.

L'Alliance WiGig a conclu des accords pour l'utilisation de l'interface HDMI. Cet accord doit fournir des affichages par l'interface HDMI pour la cartographie, pour la connexion d'écran de télévision et pour de nombreuses applications telles que la transmission sans fil, compressée ou non, de vidéo.

IEEE 802.11ay

IEEE 802.11ay est un réseau Wi-Fi provenant d'une extension du 802.11ad, dont le nom commercial est WiGig 2. Ce réseau travaille sur la fréquence des 60 GHz, avec un débit réel de plusieurs gigabits par seconde et, en crête, de plus 40 Gbit/s en utilisant une bande de fréquences et de plus de 160 Gbit/s en utilisant quatre bandes. La portée peut approcher les 500 mètres dans un environnement sans aucun obstacle. C'est la raison pour laquelle cette technologie est classée dans ce livre dans IEEE 802.11ad, c'est-à-dire dans les réseaux personnels. Dans une pièce, les ondes ne peuvent pas franchir les murs et restent donc confinées dans la pièce. Mais des distances plus grandes sont néanmoins possibles dans de grandes pièces et bien sûr en extérieur sans obstacle. Le standard a été finalisé en 2017, et des produits arriveront sur le marché en 2019.

IEEE 802.11ay augmente encore fortement les débits par rapport à IEEE 802.11ad en utilisant, premièrement, de l'agrégation de porteuses et, deuxièmement, du MU-MIMO, c'est-à-dire du Multiple MIMO : plusieurs communications se partagent les nombreuses antennes. Certaines communications peuvent par exemple utiliser quatre antennes, d'autres trois antennes, d'autres deux antennes et enfin d'autres une antenne. Bien évidemment avec les progrès dans le décodage du MIMO, le nombre d'antennes augmentera pour aller jusqu'à des communications sur cent vingt-huit antennes, voire beaucoup plus à très long terme.

Tandis que IEEE 802.11ad utilise une bande passante de 2,16 GHz, IEEE 802.11ay agrège quatre canaux de ce type pour atteindre une bande passante de 8,64 GHz. Le débit par bande de 2,16 GHz est de 44 Gbit/s. En utilisant simultanément les quatre canaux, il monte à 176 Gbit/s.

Les produits utilisant cette norme concerneront tous les transports de données à très haut débit dans les conditions acceptables par les fréquences de 60 GHz. Cela correspond à une pièce dans laquelle on transporte de nombreux canaux vidéo de très haute définition, avec des antennes en vue directe d'une portée de l'ordre de 300 à 500 mètres, dans le cadre des réseaux de backhaul.

WirelessHD

WirelessHD promeut une vision différente provenant des industriels de la vidéo. L'idée de base de ce groupe a été de développer une interface hertzienne pour la norme HDMI (High Definition Multimedia Interface). Le produit développé atteint 25 Gbit/s. Le consortium compte actuellement plus de cinquante membres.

La spécification WirelessHD est fondée sur un canal de 7 GHz de largeur dans la bande de fréquences des 60 GHz. Ce produit permet la transmission numérique avec ou sans compression de signaux audio et vidéo haute définition de type HDMI sans fil. La première génération atteignait un débit de 4 Gbit/s, mais la technologie actuelle offre des débits théoriques pouvant aller jusqu'à 25 Gbit/s (contre 10,2 Gbit/s pour le HDMI et 1,3 et 21,6 Gbit/s pour DisplayPort 1.2). La version 1.1 de la spécification augmente encore le débit maximal pour le porter à 28 Gbit/s. Cette version est compatible avec les formats 3D courants, la résolution 4K, les réseaux WPAN et HDCP 2.0 pour la protection des contenus.

La bande de 60 GHz nécessite une vue directe entre l'émetteur et le récepteur. Cependant, la spécification WirelessHD restreint cette limitation grâce à l'utilisation de faisceaux au niveau du récepteur et de l'émetteur pour augmenter la puissance apparente rayonnée du signal et trouver le meilleur chemin en utilisant les réflexions sur les murs. L'objectif des premiers produits est d'être utilisés à l'intérieur d'une pièce en point-à-point sans être en ligne de vue directe, ou NLOS (Non-Line-of-Sight) jusqu'à 10 mètres.

La spécification WirelessHD dispose des éléments de sécurité permettant de réaliser un chiffrement du contenu *via* la protection DTCP (Digital Transmission Content Protocol) et pour réaliser la gestion du réseau. Une télécommande standard permet aux utilisateurs de contrôler les appareils WirelessHD et de choisir la source de l'information à afficher sur l'écran distant.

Li-Fi

Li-Fi (Light Fidelity) est une technologie classée dans les réseaux personnels et normalisée par le groupe de travail IEEE 802.15.7. Sa transmission est fondée sur l'utilisation de la lumière visible comprise entre 460 et 670 THz. Li-Fi utilise donc la partie visible du spectre électromagnétique et demande des éclairages de type néon pour la transmission. Li-Fi envoie des éléments binaires codés en modulation d'amplitude des sources de lumière. Les couches protocolaires de Li-Fi sont adaptées à des communications sans fil jusqu'à une dizaine de mètres, ce qui classe bien cette technologie dans les réseaux personnels.

Li-Fi permet une connexion entre une lampe connectée au réseau *via* un câble Ethernet RJ45 et des machines distantes de quelques mètres et dotées d'un capteur spécifique. Le signal n'est émis dans un montage classique que dans un sens. Dans l'autre sens, on peut mettre une connexion infrarouge ou éventuellement Wi-Fi.

Li-Fi est une bonne solution pour répondre à des problèmes de diffusion, dans une salle de classe par exemple.

Conclusion

Les réseaux personnels forment un vaste ensemble de solutions allant du très haut débit au très faible débit, avec des consommations énergétiques extrêmement diverses.

La normalisation s'est révélée un échec jusqu'à présent au sens où aucun standard ne se détache. Bluetooth est un échec au niveau de la normalisation puisqu'il a été abandonné en 2005. La proposition suivante, WiMedia, a également été rejetée. Au final, seuls font figure de standard les réseaux Wi-Fi IEEE 802.11ad et ay, mais ils ne sont pas vraiment spécifiques du WPAN. Ils peuvent servir également à des réseaux de backhaul pour raccorder des réseaux d'accès au réseau cœur.

Les autres possibilités incluent les petits réseaux, tels les réseaux de capteurs, comme 6LowPAN, de l'IETF, ou les RFID, qui sont détaillés au chapitre 21, dédié à l'Internet des objets.

20

Les réseaux Wi-Fi

Le groupe de travail IEEE 802.11 a pour charge de normaliser les réseaux Wi-Fi. Pour démarrer trois types de réseaux sans fil ont été proposés, ceux qui travaillent à la vitesse de 11 Mbit/s, ceux à 54 Mbit/s et ceux à 600 Mbit/s. Les premiers se fondent sur la norme IEEE 802.11b, les deuxièmes sur les normes IEEE 802.11a et g et les troisièmes sur la norme IEEE 802.11n. À ces trois générations ont succédé trois nouvelles générations : IEEE 802.11ac, à 2 Gbit/s, IEEE 802.11ad à 7 Gbit/s pour les tout petits réseaux et IEEE 802.11ah pour l'Internet des objets. Les nouveautés s'enchaînent en 2018 avec IEEE 802.11af, qui atteint 10 Gbit/s en crête, IEEE 802.11ax et ay pour des débits encore plus importants à plus de 20 Gbit/s.

L'accès au support physique s'effectue par le biais du protocole MAC, interne au niveau MAC, pour tous les types de réseau Wi-Fi. De nombreuses options rendent toutefois sa mise en œuvre assez complexe. Le protocole MAC se fonde sur la technique d'accès CSMA/CD, déjà utilisée dans les réseaux Ethernet métalliques. La différence entre le protocole hertzien et le protocole terrestre provient de la façon de détecter les collisions. Dans la version terrestre, on détecte les collisions en écoutant la porteuse. Lorsque deux stations veulent émettre pendant qu'une troisième est en train de transmettre sa trame, cela mène automatiquement à une collision. Dans le cas hertzien, le protocole d'accès permet d'éviter la collision en obligeant les deux stations à attendre un temps différent avant de transmettre. Comme la différence entre les deux temps d'attente est supérieure au temps de propagation sur le support de transmission, la station qui a le temps d'attente le plus long trouve le support physique déjà occupé et évite ainsi la collision. Cette nouvelle technique s'appelle le CSMA/CA (Collision Avoidance).

Pour éviter les collisions, chaque station possède donc un temporisateur avec une valeur spécifique. Lorsqu'une station écoute la porteuse et que le canal est vide, elle transmet. Le risque qu'une collision se produise est extrêmement faible, puisque la probabilité que deux stations démarrent leur émission dans une même microseconde est quasiment nulle. En revanche, lorsqu'une transmission a lieu et que d'autres stations se mettent à l'écoute et persistent à écouter, la collision devient inévitable. Pour empêcher la collision, il faut que les stations attendent avant de transmettre un temps permettant de séparer leurs instants d'émission respectifs. On ajoute pour cela un premier temporisateur très petit, qui permet au récepteur d'envoyer immédiatement un acquittement. Un deuxième temporisateur permet de donner une forte priorité à une application temps réel. Enfin, le temporisateur le plus long, dévolu aux paquets asynchrones, détermine l'instant d'émission pour les trames asynchrones.

IEEE 802.11

Les réseaux Wi-Fi proviennent de la norme IEEE 802.11, qui définit une architecture cellulaire. Un groupe de terminaux munis d'une carte d'interface réseau 802.11 s'associent pour établir des communications directes. Elles forment alors un BSS (Basic Service Set), à ne pas confondre avec le BSS (Base Station Subsystem) des réseaux GSM. La zone occupée par les terminaux d'un BSS peut être une BSA (Basic Set Area) ou une cellule.

Les principaux standards de ce groupe de travail sont indiqués au tableau 20.1.

802.11	Release	Fréquence	Bande passante	Débit possible	MIMO	Modulation
1re gén.	Juin 1997	2,4 GHz	22 MHz	1, 2 Mbit/s	–	DSSS, FHSS
a	Sept. 1999	5 GHz	20 MHz	6, 9, 12, 18, 24, 36, 48, 54 Mbit/s	–	OFDM
b	Sept. 1999	2,4 GHz	22 MHz	1, 2, 5,5, 11 Mbit/s	–	DSSS
g	Juin 2003	2,4 GHz	20 MHz	6, 9, 12, 18, 24, 36, 48, 54 Mbit/s	–	OFDM
n	Oct. 2009	2,4/5 GHz	20 ou 40 MHz	72,2 ou 150 Mbit/s	4	MIMO-OFDM
ac	Déc. 2013	5 GHz	20, 40, 80, 160 MHz	96,3 ou 200Mbit/s ou 433,3 ou 866,7Mbit/s	8	MIMO-OFDM
ad	Déc. 2012	60 GHz	2,16 GHz	6,7 Gbit/s	–	OFDM, single carrier
ah	Déc. 2016	0,9 GHz		347 kbit/s		
ax	Déc. 2018	5 et 60 GHz	20, 40, 80, 160 MHz	78 Gbit/s	4	OFDM, single carrier
ay	Nov. 2019	60 GHz	8,64 GHz	56 Gbit/s		MIMO-OFDM

Tableau 20.1 Les principaux standards du groupe de travail IEEE802.11

Comme illustré à la figure 20.1, la norme 802.11 offre deux modes de fonctionnement, le mode infrastructure et le mode ad-hoc. Le mode infrastructure est défini pour fournir aux différentes stations des services spécifiques, sur une zone de couverture déterminée par la taille du réseau. Les réseaux d'infrastructure sont établis en utilisant des points d'accès, qui jouent le rôle de stations de base pour un BSS.

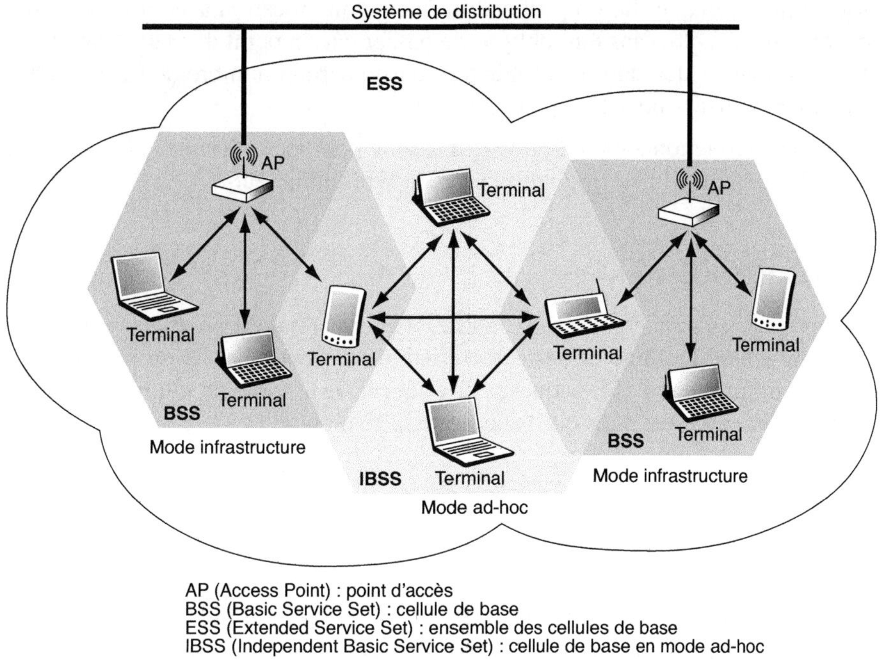

Figure 20.1

Architecture d'un réseau Wi-Fi

Lorsque le réseau est composé de plusieurs BSS, chacun d'eux est relié à un système de distribution, ou DS (Distribution System), par l'intermédiaire de leur point d'accès (AP) respectif. Un système de distribution correspond en règle générale à un réseau Ethernet filaire. Un groupe de BSS interconnectés par un système de distribution forme un ESS (Extended Service Set), qui n'est pas très différent d'un sous-système radio de réseau de mobiles.

Le système de distribution est responsable du transfert des paquets entre différents BSS d'un même ESS. Dans les spécifications du standard, il est implémenté de manière indépendante de la structure hertzienne de la partie sans fil. C'est la raison pour laquelle le système de distribution correspond à un réseau Ethernet. Une autre solution est d'utiliser le réseau Wi-Fi lui-même, ce qui donne les réseaux mesh.

L'ESS peut fournir aux différentes stations mobiles une passerelle d'accès vers un réseau fixe, tel qu'Internet. Cette passerelle permet de connecter le réseau 802.11 à un autre réseau. Si ce réseau est de type IEEE 802.x, la passerelle incorpore des fonctions similaires à celles d'un pont.

Un réseau en mode ad-hoc est un groupe de terminaux formant un IBSS (Independent Basic Service Set), dont le rôle consiste à permettre aux stations de communiquer sans l'aide d'une quelconque infrastructure, telle qu'un point d'accès ou une connexion au système de distribution. Chaque station peut établir une communication avec n'importe quelle autre station dans l'IBSS, sans être obligée de passer par un point d'accès. Comme il n'y a pas de point d'accès, les stations n'intègrent qu'un certain nombre de fonctionnalités, telles les trames utilisées pour la synchronisation.

Ce mode de fonctionnement se révèle très utile pour mettre en place facilement un réseau sans fil lorsqu'une infrastructure sans fil ou fixe fait défaut.

L'architecture Wi-Fi

Comme tous les standards de l'IEEE, 802.11 couvre les deux premières couches du modèle de référence OSI. L'une de ses caractéristiques essentielles est qu'il définit une couche MAC commune à toutes les couches physiques. De la sorte, de futures couches physiques pourront être ajoutées sans qu'il soit nécessaire de modifier la couche MAC.

Couche physique

La couche physique a pour rôle de transporter correctement la suite de signaux 0 ou 1 que l'émetteur souhaite envoyer au récepteur. Elle est divisée en deux sous-couches, PLCP (Physical Layer Convergence Protocol) et PMD (Physical Medium Dependent).

La sous-couche PMD s'occupe de l'encodage des données, tandis que la sous-couche PLCP prend en charge l'écoute du support. Elle fournit pour cela un CCA (Clear Channel Assessment), qui est le signal utilisé par la couche MAC pour savoir si le support est occupé ou non.

Les couches physiques

IEEE 802.11 définit quatre couches physiques différentes :

- FHSS (Frequency Hopping Spread Spectrum)
- DSSS (Direct Sequence Spread Spectrum)
- IR (Infrarouge)
- OFDM (Orthogonal Frequency Division Multiplexing)

Le FHSS et le DSSS utilisent la bande des 2,4 GHz de l'ISM (Industrial, Scientific, and Medical). Nous reviendrons sur cette bande sans licence. L'infrarouge n'est utilisé que dans les cas où les distances entre les différentes stations sont faibles.

La quatrième couche physique a été définie dans la bande des 5,2 GHz. Grâce au codage OFDM, des débits de 54 Mbit/s ont facilement été atteints. 802.11 a été le premier standard à utiliser un codage OFDM pour une communication de type paquet. Cette technologie était jusqu'à présent utilisée pour des systèmes de transmission de données en continu, tels que DVB (Digital Video Broadcasting) ou DAB (Digital Audio Broadcasting).

Pour qu'un signal soit reçu correctement, sa portée ne peut dépasser 50 mètres dans un environnement de bureau, 500 mètres sans obstacle et plusieurs kilomètres avec une antenne directive extérieure. Lorsqu'il y a traversée de murs porteurs, cette distance est beaucoup plus restrictive.

Couche liaison de données

La couche liaison de données est composée essentiellement de deux sous-couches, LLC (Logical Link Control) et MAC. La couche LLC utilise les mêmes propriétés que la couche LLC 802.2 (*voir l'annexe D*). Il est de ce fait possible de relier un WLAN à tout autre réseau local appartenant à un standard de l'IEEE. La couche MAC, quant à elle, est spécifique de 802.11.

Le rôle de la couche MAC 802.11 est assez similaire à celui de la couche MAC 802.3 du réseau Ethernet terrestre, puisque les terminaux écoutent la porteuse avant d'émettre. Si la porteuse est libre, le terminal émet, sinon il se met en attente. Cependant, la couche MAC 802.11 intègre un grand nombre de fonctionnalités que l'on ne trouve pas dans la version terrestre.

Les fonctionnalités nécessaires pour réaliser un accès sur une interface radio sont les suivantes :

- procédures d'allocation du support ;
- adressage des paquets ;
- formatage des trames ;
- contrôle d'erreur CRC (Cyclic Redundancy Check) ;
- fragmentation-réassemblage.

L'une des particularités du standard est qu'il définit deux méthodes d'accès fondamentalement différentes au niveau de la couche MAC. La première est le DCF (Distributed Coordination Function), qui correspond à une méthode d'accès assez similaire à celle des réseaux traditionnels supportant le best-effort. Le DCF a été conçu pour prendre en charge le transport de données asynchrones, dans lequel tous les utilisateurs qui veulent transmettre des données ont une chance égale d'accéder au support.

La seconde méthode d'accès est le PCF (Point Coordination Function). Fondée sur l'interrogation à tour de rôle des terminaux, ou polling, sous le contrôle du point d'accès, la méthode PCF est conçue essentiellement pour la transmission de données sensibles, qui demandent une gestion du délai utilisé pour les applications temps réel, telles que la voix ou la vidéo.

Un réseau en mode ad-hoc utilise uniquement le DCF, tandis qu'un réseau en mode infrastructure avec point d'accès utilise à la fois le DCF et le PCF.

Techniques d'accès

Comme expliqué précédemment, le DCF est la technique d'accès générale utilisée pour permettre des transferts de données asynchrones en best-effort. D'après le standard, toutes les stations doivent la supporter. Le DCF s'appuie sur le CSMA/CA.

Dans Ethernet, le protocole qui implémente la technique d'accès CSMA/CD contrôle l'accès de chaque station au support et détecte et traite les collisions qui se produisent lorsque deux stations ou davantage transmettent simultanément. Dans les réseaux Wi-Fi, la détection des collisions n'est pas possible. Pour détecter une collision, une station doit être capable d'écouter et de transmettre en même temps. Dans les systèmes radio, la transmission couvre la réception de signaux sur la même fréquence et ne permet pas à la station d'entendre la collision : les liaisons radio ne sont jamais full-duplex. Comme une station ne peut écouter sa propre transmission, si une collision se produit, la station continue à transmettre la trame complète, ce qui entraîne une perte de performance du réseau. La technique d'accès de Wi-Fi doit tenir compte de ce phénomène.

Le protocole CSMA/CA

Le CSMA/CA évite les collisions en utilisant des trames d'acquittement, ou ACK (Acknowledgement). Un ACK est envoyé par la station destination pour confirmer que les données sont reçues de manière intacte.

L'accès au support est contrôlé par l'utilisation d'espaces intertrames, ou IFS (Inter-Frame Spacing), qui correspondent à l'intervalle de temps entre la transmission de deux trames. Les intervalles IFS sont des périodes d'inactivité sur le support de transmission. Les valeurs des différents IFS sont calculées par la couche physique.

Le standard définit trois types d'IFS :

- SIFS (Short Inter-Frame Spacing), le plus petit des IFS, est utilisé pour séparer les transmissions au sein d'un même dialogue (envoi de données, ACK, etc.). Il y a toujours une seule station pour transmettre à cet instant, ayant donc la priorité sur toutes les autres stations. La valeur du SIFS est de 28 µsecondes.
- PIFS (PCF IFS), utilisé par le point d'accès pour accéder avec priorité au support. Le PIFS correspond à la valeur du SIFS, auquel on ajoute un temps, ou timeslot, défini dans l'algorithme de back-off, de 78 µsecondes.
- DIFS (DCF IFS), utilisé lorsqu'une station veut commencer une nouvelle transmission. Le DIFS correspond à la valeur du PIFS, à laquelle on ajoute un temps de 128 µsecondes.

Les terminaux d'un même BSS peuvent écouter l'activité de toutes les stations qui s'y trouvent. Lorsqu'une station envoie une trame, les autres stations l'entendent et, pour éviter une collision, mettent à jour un timer, appelé NAV (Network Allocation Vector), permettant de retarder toutes les transmissions prévues. Le NAV est calculé par rapport à l'information située dans le champ durée de vie, ou TTL, contenu dans les trames qui ont été envoyées. Les autres stations n'ont la capacité de transmettre qu'après la fin du NAV.

Lors d'un dialogue entre deux stations, le NAV est calculé par rapport au champ TTL des différentes trames qui sont envoyées (données, ACK, etc.). Le NAV est en fait un temporisateur, qui détermine l'instant auquel la trame peut être transmise avec succès. Une station source voulant transmettre des données écoute le support. Si aucune activité n'est détectée pendant une période de temps correspondant à un DIFS, elle transmet ses données immédiatement. Si le support est encore occupé, elle continue de l'écouter jusqu'à ce qu'il soit libre. Quand le support devient disponible, elle retarde encore sa transmission en utilisant l'algorithme de back-off avant de transmettre ses données.

Si les données envoyées sont reçues intactes, la station destination attend pendant un temps équivalent à un SIFS et émet un ACK pour confirmer leur bonne réception. Si l'ACK n'est pas détecté par la station source ou si les données ne sont pas reçues correctement ou encore si l'ACK n'est pas reçu correctement, on suppose qu'une collision s'est produite, et la trame est retransmise.

Lorsque la station source transmet ses données, les autres stations mettent à jour leur NAV, en incluant le temps de transmission de la trame de données, le SIFS et l'ACK.

La figure 20.2 illustre le processus de transmission des trames à partir d'un émetteur. Ce processus reprend les différentes attentes détaillées ci-dessus.

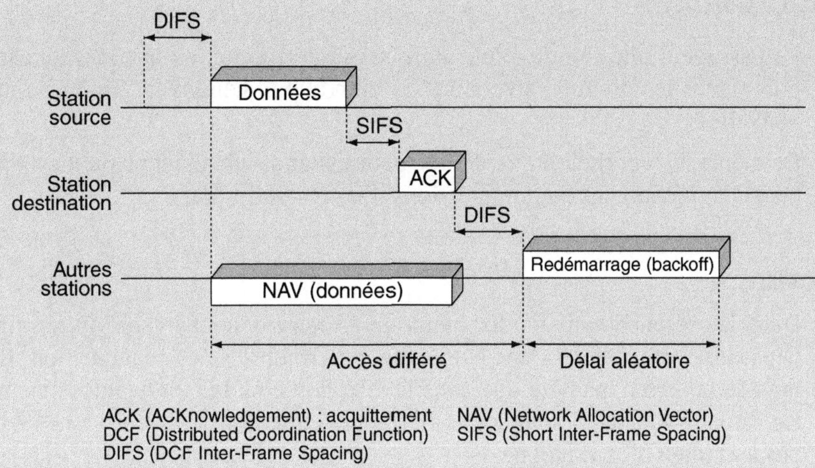

Figure 20.2

Processus de transmission des trames

L'algorithme de back-off permet de résoudre le problème de l'accès au support lorsque plusieurs stations veulent transmettre des données en même temps. Dans Wi-Fi, le temps est découpé en tranches, qui correspondent chacune à un timeslot. Contrairement au timeslot utilisé dans l'aloha, qui correspond à la durée minimale de transmission d'une trame, le timeslot utilisé dans Wi-Fi est un peu plus petit que la durée de transmission minimale d'une trame. Il est utilisé pour définir les intervalles IFS ainsi que les temporisateurs pour les différentes stations. Son implémentation est différente pour chaque couche physique.

Initialement, une station calcule la valeur d'un temporisateur, appelé timer de back-off, compris entre 0 et 7 et correspondant à un certain nombre de timeslots. Lorsque le support est libre, les stations décrémentent leur temporisateur jusqu'à ce que le support soit occupé ou que le temporisateur atteigne la valeur 0. Si le temporisateur n'a pas atteint la valeur 0 et que le support soit de nouveau occupé, la station bloque le temporisateur. Dès que le temporisateur atteint la valeur 0, la station transmet sa trame. Si deux ou plusieurs stations atteignent la valeur 0 au même instant, une collision se produit, et chaque station doit générer un nouveau temporisateur, compris cette fois entre 0 et 15.

Pour chaque tentative de retransmission, le temporisateur croît de la façon suivante :

$$[2^{2+i} \times \text{ranf}()] \times \text{timeslot}$$

i correspond au nombre de tentatives consécutives d'une station pour l'envoi d'une trame, et ranf() à une variable aléatoire uniforme comprise entre 0 et 1.

Grâce à cet algorithme, les stations ont la même probabilité d'accéder au support. Son seul inconvénient est de ne pas garantir un délai minimal et donc de compliquer la prise en charge d'applications temps réel telles que la voix ou la vidéo.

Fonctionnalités

Le passage d'une cellule à une autre sans interruption de la communication n'a pas été prévu dans les premières versions, si bien que le handover a dû être introduit dans les nouvelles.

De même, la sécurité a été renforcée pour éviter qu'un client ne prenne la place d'un autre ou qu'il n'écoute les communications d'autres utilisateurs.

Handovers

Dans les réseaux sans fil, les handovers interviennent lorsqu'un terminal souhaite se déplacer d'une cellule à une autre sans interrompre sa communication. Ils se font à peu près de la même manière que dans la téléphonie mobile, à quelques nuances près. Dans les réseaux sans fil, le handover s'effectue entre deux transmissions de données et non pas au milieu d'un dialogue.

Le standard ne fournit pas de mécanisme de handover à part entière, mais définit certaines règles, telles que la synchronisation, l'écoute passive et active ou encore l'association et la réassociation, qui permettent aux stations de choisir le point d'accès auquel elles veulent s'associer.

Lorsque les terminaux se déplacent, c'est-à-dire lorsqu'ils changent de cellule ou qu'ils sont en mode d'économie d'énergie, ils doivent rester synchronisés pour pouvoir communiquer. Au niveau d'un BSS, les stations synchronisent leur horloge avec l'horloge du point d'accès. Pour conserver la synchronisation, le point d'accès envoie périodiquement des trames balises, ou Beacon Frames, qui contiennent la valeur d'horloge du point d'accès. Lors de la réception de ces trames, les stations mettent à jour leur horloge pour rester synchronisés avec le point d'accès.

Quand un terminal veut accéder – après allumage ou retour d'un mode veille ou d'un handover – à un BSS ou à un ESS contrôlé par un ou plusieurs points d'accès, il choisit un point d'accès, auquel il s'associe, selon un certain nombre de critères, tels que la puissance du signal, le taux d'erreur des paquets ou la charge du réseau. Si la puissance du signal du point d'accès est trop faible, la station cherche un autre point d'accès plus approprié.

Cette recherche du meilleur point d'accès passe par l'écoute du support. Cette dernière peut se faire de deux manières différentes, passive ou active, selon des critères tels que les performances ou la consommation d'énergie :

- **Écoute passive.** La station attend de recevoir une trame balise venant du point d'accès.
- **Écoute active.** Lorsque la station a trouvé le point d'accès le plus approprié, elle lui envoie une requête d'association par l'intermédiaire d'une trame appelée Probe Request Frame et attend que le point d'accès lui réponde pour s'associer.

Dès que le terminal est accepté par le point d'accès, il se règle sur le canal radio le plus approprié. Périodiquement, le terminal surveille tous les canaux du réseau pour évaluer si un point d'accès possède de meilleures performances. Si tel est le cas, il s'associe à ce nouveau point d'accès et règle son canal radio en conséquence.

Les réassociations s'effectuent lorsqu'une station se déplace physiquement par rapport à son point d'accès d'origine, entraînant une diminution de la puissance du signal. Dans d'autres cas, les réassociations sont dues à des changements de caractéristiques de l'environnement radio ou à cause d'un trafic réseau trop élevé sur le point d'accès d'origine. Dans ce cas, le standard fournit une fonction d'équilibrage de charge, ou Load Balancing, qui permet de répartir la charge de manière efficace au sein du BSS ou de l'ESS et ainsi d'éviter les réassociations.

Sécurité

Dans les réseaux sans fil, le support est partagé. Tout ce qui est transmis et envoyé peut donc être intercepté. Pour permettre aux réseaux sans fil d'avoir un trafic aussi sécurisé que dans les réseaux fixes, le groupe de travail 802.11 a mis au point le protocole WEP (Wired Equivalent Privacy), dont les mécanismes s'appuient sur le chiffrage des données et l'authentification des stations.

D'après le standard, WEP est optionnel, et les terminaux ainsi que les points d'accès ne sont pas obligés de l'implémenter. La sécurité n'est pas garantie avec le WEP, et un attaquant peut casser les clés de chiffrement sans trop de difficulté (*voir ci-après*). La Wi-Fi Alliance, l'organisme en charge de la promotion de Wi-Fi, a développé un deuxième mode de protection, le WPA (Wi-Fi Protected Access), qui résout ces problèmes, au moins pour quelques années. Enfin, le groupe de travail 802.11 a créé un sous-groupe spécifique, IEEE 802.11i, qui propose une solution pérenne, normalisée en juin 2004 : le WPA2.

Avant de présenter ces trois protocoles de sécurité, rappelons deux règles de protection élémentaires :

- Cacher le nom du réseau, ou SSID, de telle sorte qu'un utilisateur ne voie pas le réseau et ne puisse donc pas s'y connecter. Cette mesure de sécurité n'est hélas que provisoire. Si un attaquant écoute le réseau suffisamment longtemps, il finira bien par voir passer le nom du réseau puisqu'un utilisateur qui souhaite se connecter doit donner ce SSID.
- N'autoriser que les communications contrôlées par une liste d'adresses MAC, ou ACL (Access Control List). Cela permet de ne fournir l'accès qu'aux stations dont l'adresse MAC est spécifiée dans la liste.

WEP

Comme expliqué précédemment, la solution de gestion de la confidentialité et de l'authentification commercialisée avec les équipements Wi-Fi est le WEP.

Les trames transmises sur les réseaux sans fil sont protégées par un chiffrement. Seul un déchiffrement avec la bonne clé WEP statique, partagée entre le terminal et le réseau, est autorisé. Cette clé est obtenue par la concaténation d'une clé secrète de 40 ou 104 bits et d'un vecteur d'initialisation IV (Initialization Vector) de 24 bits. Celui-ci est changé dynamiquement pour chaque trame. La taille de la clé finale est de 64 ou 128 bits.

À partir de la clé obtenue, l'algorithme RC4 (Ron's Code 4) réalise le chiffrement des données en mode flux (*stream cipher*). Une clé RC4 a une longueur comprise entre 8 et 2 048 bits. La clé est placée dans un générateur de nombres pseudo-aléatoires, ou PRNG (Pseudo-Random Number Generator), issu des laboratoires RSA (Rivest, Shamir, Adleman). Ce générateur détermine une séquence d'octets pseudo-aléatoire, ou keystream. Cette série d'octets, appelée Ksi, est utilisée pour chiffrer un message en clair (Mi) à l'aide d'un classique protocole de Vernam, réalisant un ou exclusif XOR entre Ksi et Mi :

$Ci = Ksi \oplus Mi$.

Le message Mi est composé des données qui sont concaténées à leur ICV (Integrity Check Value). La trame chiffrée est ensuite envoyée avec son IV en clair. L'IV est un index qui sert à retrouver le keystream et donc de déchiffrer les données.

Le processus de chiffrement WEP est illustré à la figure 20.3.

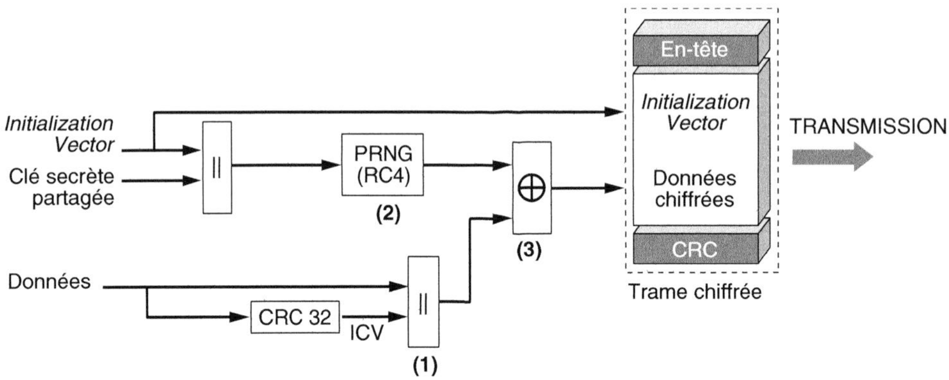

Figure 20.3

Chiffrement d'un paquet WEP

Cette méthode, qui utilise, dans Wi-Fi, des clés de 64 bits ou de 128 bits est facilement cassable en raison du vecteur d'initialisation de 24 bits, aisé à identifier, et de la clé d'une longueur de 40 ou 104 bits. Pour casser une clé de 104 bits, il suffit de récupérer au grand maximum un million de trames chiffrées. Le cassage de la clé ne demande que quelques minutes sur un serveur classique. Des techniques consistant à forcer le point d'accès à répondre permettent de récupérer le million de paquets nécessaires, souvent beaucoup moins, en quelques minutes. Il est donc fortement déconseillé d'utiliser cette solution de protection.

Deux techniques d'authentification sont associées au WEP :

- Open System Authentication
- Shared Key Authentication

Dans la première, qui est le système d'authentification par défaut, l'authentification est explicite. Un terminal peut donc s'associer avec n'importe quel point d'accès et écouter toutes les données qui transitent au sein du BSS. La seconde est nettement meilleure, car elle utilise un mécanisme de clé secrète partagée.

Le mécanisme Shared Key Authentication se déroule en quatre étapes :

1. Une station voulant s'associer avec un point d'accès lui envoie une trame d'authentification.
2. Lorsque le point d'accès reçoit cette trame, il envoie à la station une trame contenant 128 bits d'un texte aléatoire généré par l'algorithme WEP.
3. Après avoir reçu la trame contenant le texte, la station la copie dans une trame d'authentification et la chiffre avec la clé secrète partagée avant d'envoyer le tout au point d'accès.
4. Le point d'accès déchiffre le texte chiffré à l'aide de la même clé secrète partagée et le compare avec celui qui a été envoyé plus tôt. Si le texte est identique, le point d'accès lui confirme son authentification, sinon il envoie une trame d'authentification négative.

La figure 20.4 illustre ces étapes.

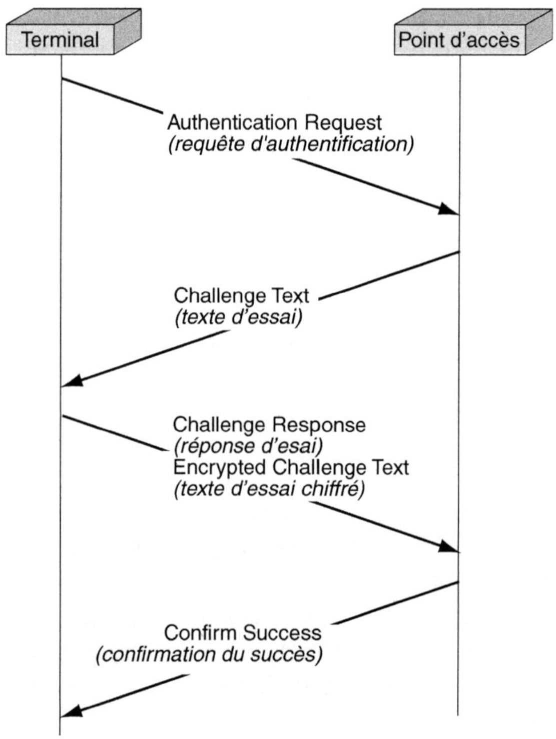

Figure 20.4

Fonctionnement du mécanisme Shared Key Authentication

Comme la clé utilisée pour cette authentification est la même que pour le chiffrement, à partir du moment où la clé a été cassée, l'authentification est également cassée.

Une amélioration importante de ces mécanismes a été apportée par l'introduction d'une authentification forte avec le protocole IEEE 802.1x. Ce dernier est décrit en détail un peu plus loin dans ce chapitre.

WPA et IEEE 802.11i

Nous avons souligné les faiblesses du protocole WEP. Le groupe de travail IEEE 802.11i a finalisé en juin 2004 une architecture destinée à combler ces lacunes. Ce standard est arrivé sur le marché en 2005 sous le nom de WPA2. Entre le moment où le WEP a été déconseillé et l'arrivée de WPA2, la Wi-Fi Alliance a soutenu la recommandation intermédiaire WPA. Fondé sur un sous-ensemble de 802.11i, WPA utilise le matériel existant (AP, carte réseau sans fil). Pour sa part, le WPA2 n'est pas compatible avec la première génération des équipements Wi-Fi. La différence essentielle entre WPA et WPA2 tient au protocole de chiffrement utilisé : RC4 pour WPA et AES pour WPA2.

Les apports de la norme IEEE 802.11i peuvent être classés en trois catégories :

- définition de multiples protocoles de sécurité radio ;
- éléments d'information permettant de choisir l'un d'entre eux ;
- nouvelle méthode de distribution des clés.

Le standard utilise 802.1x pour l'authentification et le calcul d'une clé maître, nommée PMK (Pairwise Master Key). En mode ad-hoc, cette clé est appelée PSK (Pre-Shared Key) et est distribuée manuellement.

Un RSN (Robust Security Network) 802.11i, ou réseau sécurisé, utilise donc 802.1x pour les services d'authentification et de gestion des clés. Le contrôle d'accès s'appuie sur une authentification forte des couches supérieures. Le RSN doit garantir sécurité et mobilité, intégrité et confidentialité, ainsi que passage à l'échelle et la flexibilité.

Sécurité et authentification

L'architecture sécuritaire doit fournir une authentification du client, indépendamment du fait qu'il se trouve dans son réseau de domiciliation ou dans un réseau étranger. Une architecture avec serveur d'authentification centralisé de type RADIUS (Remote Authentication Dial-In User Server) peut satisfaire à cette exigence. Le client n'a plus à se préoccuper du point d'accès auquel il est associé.

Dans l'architecture 802.1x, un réseau comporte trois éléments en communication : un « supplicant », qui est la station 802.1x demandant à être authentifiée, un « authenticator », le point d'accès, et un serveur d'authentification, ou AS (Authentication Server), le plus souvent RADIUS.

Chaque authenticator partage un secret avec le serveur RADIUS avec lequel il communique. Ce secret est utilisé pour calculer un résumé HMAC-MD5 sur les paquets RADIUS échangés. Chaque paquet RADIUS contient un champ Request Authenticator, qui est un résumé HMAC-MD5 du paquet, calculé avec ce secret. Ce champ est inséré par le serveur RADIUS et vérifié par le point d'accès. Dans l'autre sens de communication, le serveur RADIUS vérifie l'attribut EAP Authenticator présent avec l'attribut EAP Message. Ces deux attributs offrent la possibilité d'une authentification mutuelle par paquet et préservent l'intégrité de la communication entre le serveur RADIUS et le point d'accès.

Puisqu'il est assez facile pour un attaquant équipé d'un outil de réception convenable d'écouter le trafic entre les stations sur le lien sans fil, l'architecture de sécurité proposée vise à fournir des garanties de confidentialité forte. Elle définit en outre un mécanisme de distribution dynamique de clés.

Passage à l'échelle et flexibilité

L'architecture 802.11i est extensible quant au nombre d'utilisateurs pris en charge et à la mobilité. Un utilisateur se déplaçant d'un point d'accès à un autre pourra être réauthentifié rapidement et de façon sécurisée.

De plus, pour répondre aux besoins de déploiement des réseaux sans fil dans les entreprises et les lieux publics, cette architecture de sécurité se veut flexible, afin d'en faciliter l'administration et de prendre en compte l'environnement de déploiement existant.

En séparant l'authenticator du processus d'authentification lui-même, le RSN permet le passage à l'échelle du nombre de points d'accès. La flexibilité est apportée par le fait que le message optionnel EAPoL-Key peut être désactivé pour un déploiement particulier, où la confidentialité des données n'est pas nécessaire.

Le modèle 802.11i précise comment le RSN interagit avec 802.1x. Deux types de protocoles assurent la sécurité au niveau MAC :

- TKIP (Temporal Key Integrity Protocol)
- CCMP (Counter with Cipher Block Chaining Message Authentication Code Protocol)

Un TSN (Transition Security Network) supporte les architectures pré-RSN, en particulier les mécanismes suivants hérités de la norme 802.11 :

- Open Authentication
- Shared Key Authentication
- WEP

Un réseau RSN doit supporter le protocole CCMP. Un TSN peut cependant assurer la transition avec les réseaux antérieurs en implémentant le protocole TKIP.

La figure 20.5 illustre les différents niveaux de sécurité qui doivent être pris en charge pour avoir une architecture sécurisée globale.

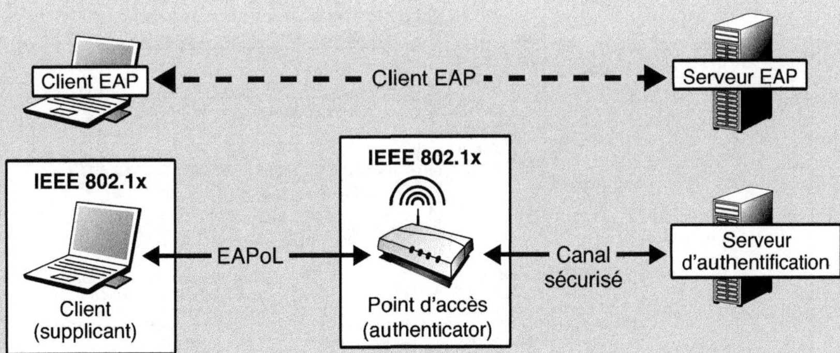

Figure 20.5

Niveaux de sécurité dans l'architecture 802.1x

L'authenticator (le point d'accès) et le serveur d'authentification (AS) réalisent une authentification mutuelle et établissent un canal sécurisé. Le modèle 802.11i ne décrivant pas les méthodes utilisées pour mener à bien cette opération, des protocoles tels que RADIUS, IPsec ou TLS/SSL peuvent être mis en œuvre.

Le client 802.1x, ou supplicant, et le serveur d'authentification s'authentifient mutuellement à l'aide du protocole EAP (Extensible Authentication Protocol) et génèrent une clé maître PMK. Les éléments de cette procédure sont transportés par le canal sécurisé, dont les paramètres cryptographiques doivent être différents pour chaque client 802.1x. La clé PMK est partagée entre le client 802.1x et le point d'accès. Ceux-ci utilisent un protocole à quatre passes, ou 4-ways handshake, et des messages EAPoL-Key pour réaliser les opérations suivantes :

1. Confirmation de l'existence de la PMK.
2. Confirmation de la mise en service de la PMK.
3. Calcul de la clé PTK (Pairwise Transient Key) à partir de la PMK.
4. Mise en place des clés de chiffrement et d'intégrité des trames 802.11.
5. Confirmation de la mise en fonction des clés 802.11.

Ce processus est illustré à la figure 20.6.

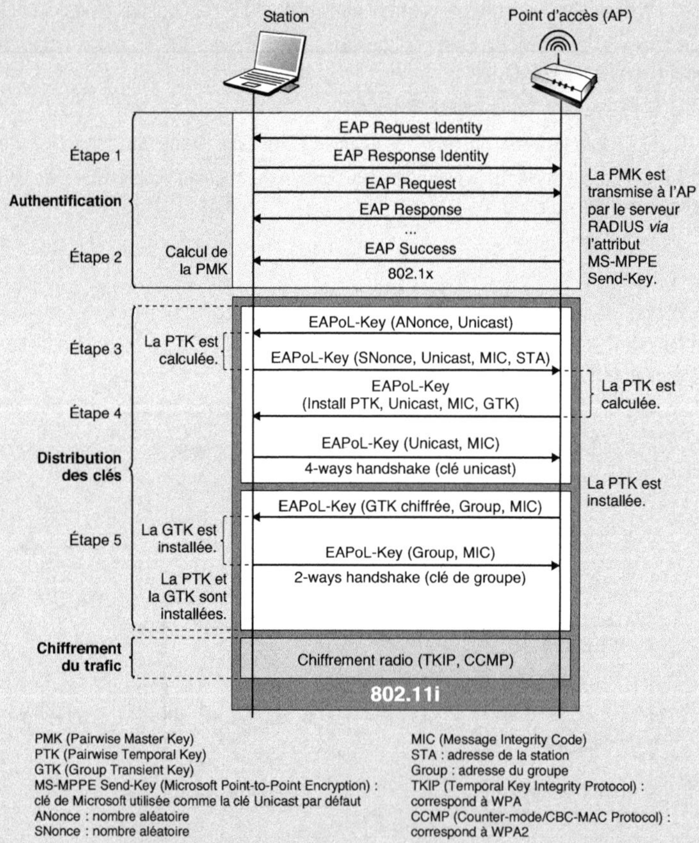

Figure 20.6

Fonctionnement du protocole à quatre passes 802.11i

Une clé GTK (Group Transient Key), transmise *via* des paquets EAPoL-Key depuis le point d'accès vers le client 802.1x, permet à ce dernier d'échanger des messages en mode broadcast et optionnellement en mode unicast. Dans le cas du mode dit Pre-Shared Key, la clé PMK est préinstallée entre le client 802.1x et le point d'accès.

Négociation de la politique de sécurité

Un point d'accès diffuse dans ses trames beacon ou probe des éléments d'information, ou IE (Information Element), afin de notifier au client 802.1x les indications suivantes :

- liste des infrastructures d'authentification supportées (typiquement 802.1x) ;
- liste des protocoles de sécurité disponibles (TKIP, CCMP, etc.) ;
- méthode de chiffrement pour la distribution d'une clé de groupe (GTK).

Une station 802.11 notifie son choix par un élément d'information inséré dans sa demande d'association. Cette démarche est illustrée à la figure 20.7.

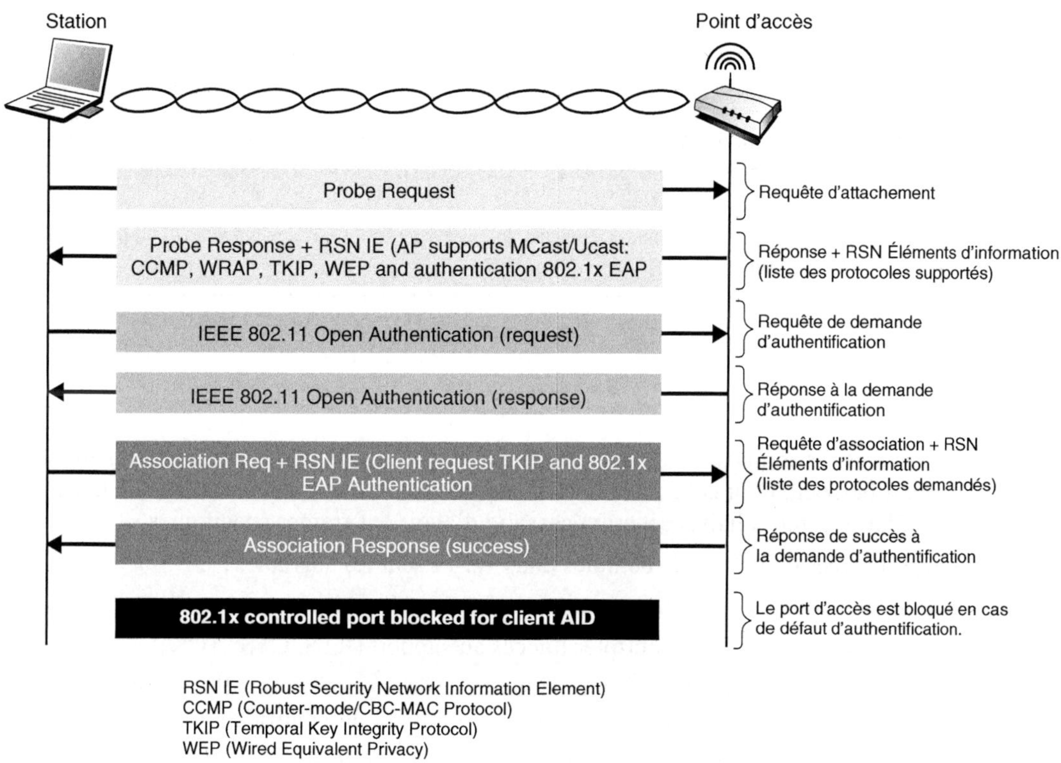

Figure 20.7

Négociation de la politique de sécurité

La sécurité des réseaux Wi-Fi a démarré sous de mauvais auspices. Aujourd'hui, les problèmes de départ sont résolus, et même en dehors de WPA et WPA2 (IEEE 802.11i) il existe de nombreuses solutions très fiables, comme l'utilisation de réseaux privés virtuels ou de technologies fondées sur la carte à puce.

Économie d'énergie

Les terminaux sans fil peuvent être fixes ou mobiles. Le problème principal des terminaux mobiles concerne leur batterie, qui n'a généralement que peu d'autonomie. Pour augmenter le temps d'activité des terminaux, le standard IEEE 802.11 prévoit un mode d'économie d'énergie. Plus précisément, il existe deux modes de fonctionnement d'un terminal :

- Continuous Aware Mode
- Power Save Polling Mode

Le premier correspond au fonctionnement par défaut, dans lequel la station est tout le temps allumée et écoute constamment le support. Le second permet une économie d'énergie. Dans ce cas, le point d'accès tient à jour un enregistrement de toutes les stations qui sont en mode d'économie d'énergie et stocke les données qui leur sont adressées. Les stations qui sont en veille s'activent à des périodes de temps régulières pour recevoir une trame particulière, la trame TIM (Traffic Information Map), envoyée par le point d'accès.

Entre les trames TIM, les terminaux retournent en mode veille. Toutes les stations partagent le même intervalle de temps pour recevoir les trames TIM, de sorte à s'activer au même moment pour les recevoir. Les trames TIM font savoir aux terminaux mobiles si elles ont ou non des données stockées dans le point d'accès. Lorsqu'un terminal s'active pour recevoir une trame TIM et s'aperçoit que le point d'accès contient des données qui lui sont destinées, il envoie au point d'accès une requête, appelée Polling Request Frame, pour mettre en place le transfert des données. Une fois le transfert terminé, il retourne en mode veille jusqu'à réception de la prochaine trame TIM.

Pour des trafics de type broadcast ou multicast, le point d'accès envoie aux terminaux une trame DTIM (Delivery Traffic Information Map).

Trames Wi-Fi

Les paquets IP composés dans les terminaux du réseau sans fil doivent être transmis sur le support hertzien. Pour cela, ils doivent être placés dans une trame Ethernet. De plus, pour contrôler et gérer la liaison, il est nécessaire d'avoir des trames spécifiques.

Les trois types de trames disponibles dans Wi-Fi sont les suivantes :

- trame de données, pour la transmission des données utilisateur ;
- trame de contrôle, pour contrôler l'accès au support (RTS, CTS, ACK) ;
- trame de gestion, pour les associations ou les désassociations d'une station avec un point d'accès, ainsi que pour la synchronisation et l'authentification.

Toutes les trames Wi-Fi sont composées de la manière illustrée à la figure 20.8.

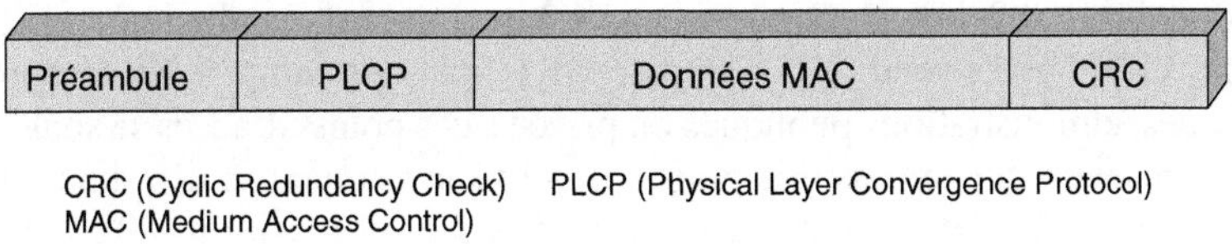

Figure 20.8

Structure d'une trame Wi-Fi

Le préambule est dépendant de la couche physique et contient les deux séquences suivantes :

- Synch, de 80 bits alternant 0 et 1, qui est utilisée par le circuit physique pour sélectionner l'antenne à laquelle se raccorder.
- SFD (Start Frame Delimiter), une suite de 16 bits, 0000 1100 1011 1101, utilisée pour définir le début de la trame.

L'en-tête PLCP (Physical Layer Convergence Protocol) contient les informations logiques suivantes utilisées par la couche physique pour décoder la trame :

- Longueur de mot du PLCP_PDU : représente le nombre d'octets que contient le paquet, ce qui permet à la couche physique de détecter correctement la fin du paquet.
- Fanion de signalisation PLCP : contient l'information concernant la vitesse de transmission entre la carte coupleur et le point d'accès.
- Champ d'en-tête du contrôle d'erreur : champ de détection d'erreur CRC sur 16 bits.

La zone MAC transporte le protocole de niveau sous-jacent, comme illustré à la figure 20.9.

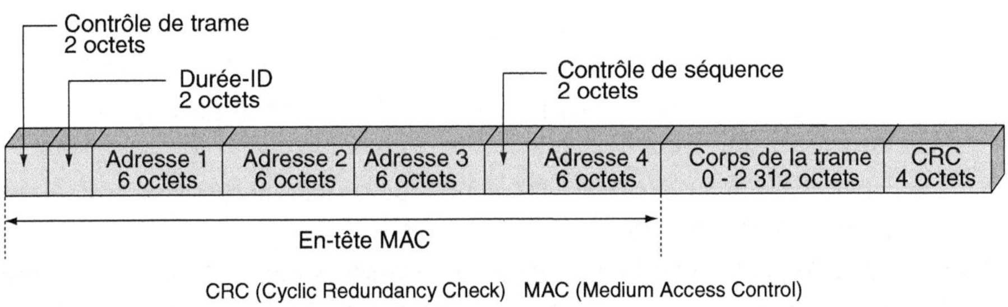

Figure 20.9

Zone MAC

IEEE 802.11a, b et g

Les réseaux Wi-Fi de base proviennent de la normalisation IEEE 802.11b sur la bande des 2,4 GHz. Comme expliqué précédemment, cette norme a pour origine des études effectuées dans le cadre général du groupe 802.11.

La proposition 802.11b s'est imposée comme standard, et plusieurs millions de points d'accès Wi-Fi ont été vendus. D'abord déployés dans les campus, les aéroports, les gares et les grandes administrations publiques ou privées, ces points d'accès se sont ensuite imposés dans les réseaux des entreprises pour permettre la connexion d'ordinateurs portables et d'équipements de types tablette ou smartphones. Les propositions 802.11a et g ont ensuite pris le relais suivi du 802.11n à partir de 2008 même si la norme officielle est sortie est 2009.

Les réseaux 802.11 travaillent avec des points d'accès dont la vitesse de transmission maximale brute est de 11, 54 et 600 Mbit/s et la portée de quelques dizaines de mètres. Pour obtenir cette valeur maximale de la porteuse, il faut que le terminal soit assez près du point d'accès, à moins d'une vingtaine de mètres. Il faut donc, au moment de l'ingénierie du réseau, bien calculer le positionnement des différents points d'accès.

Treize fréquences sont disponibles aux États-Unis dans la bande des 2400 à 2483,5 MHz, donc d'une largeur de 83,5 MHz, et quatorze en Europe. Un point d'accès ne peut utiliser que trois porteuses au maximum, car l'émission demande une bande passante de 20 MHz qui s'étale en fait sur 25 MHz. Ces fréquences notées de 1 à 1, de 1 à 13 en Europe et de 1 à 14 au Japon permettent d'utiliser comme porteuses les fréquences 1, 6 et 11 aux États-Unis, 1, 7, 13 en France et 1,8,14 au Japon.

Les réseaux 802.11b et 802.11g sont compatibles dans le sens ascendant. Une carte 802.11g peut donc se connecter à un réseau 802.11b à la vitesse de 11, 5,5, 2 et 1 Mbit/s, mais l'inverse est impossible. En revanche, les fréquences des réseaux 802.11b/g et 802.11a étant totalement différentes, il n'y a aucune compatibilité entre eux. Si l'équipement qui souhaite accéder aux deux réseaux comporte deux cartes d'accès, les fréquences peuvent bien sûr se superposer.

Pour la partie physique, les propositions suivantes ont été retenues pour les réseaux 802.11a :

- Fréquence de 5 GHz dans la bande de fréquences sans licence U-NII (Unlicensed-National Information Infrastructure), qui ne nécessite pas de licence d'utilisation. Les deux bandes utilisables sont exactement de 5,15 à 5,35 GHz et 5,470 à 5,85 GHz.
- Modulation OFDM (Orthogonal Frequency Division Multiplexing) avec cinquante-deux porteuses, autorisant d'excellentes performances en cas de chemins multiples.
- Huit débits, échelonnés de 6 à 54 Mbit/s. Le débit sélectionné par la carte d'accès dépend de la puissance de réception.

La distance maximale entre la carte et le point d'accès peut dépasser 100 mètres, mais la chute du débit de la communication est fortement liée à la distance. Pour le débit de 54 Mbit/s, la station mobile contenant la carte Wi-Fi ne peut s'éloigner que de quelques mètres du point d'accès. Au-delà, le débit chute très vite pour être approximativement équivalent à celui qui serait obtenu avec la norme 802.11b à 100 mètres de distance.

En réalisant de petites cellules, de façon que les fréquences soient fortement réutilisables, un réseau 802.11a permet à plusieurs dizaines de clients par 100 mètres carrés de se partager entre 100 et 200 Mbit/s. Un tel réseau est dès lors capable de prendre en charge des flux vidéo de bonne qualité.

Les niveaux supérieurs au niveau MAC, c'est-à-dire à la couche gérant l'algorithme d'accès CSMA/CD, correspondent à ceux que l'on rencontre dans les réseaux Ethernet.

IEEE 802.11n

Les réseaux 802.11n proposent un débit brut potentiel de 600 Mbit/s. En fait, le débit réel est très inférieur et est de l'ordre de 100 Mbit/s dans le meilleur des cas.

L'objectif du standard IEEE 802.11n est triple :

- Apporter des modifications aux niveaux MAC et PHY de telle sorte que le débit brut en crête dépasse les 100 Mbit/s pour atteindre 600 Mbit/s. Pour cela, la technologie MIMO est mise en œuvre.
- Améliorer très fortement le débit utile du système au niveau de l'application afin d'obtenir une centaine de mégabits par seconde.
- Rester compatible avec IEEE 802.11a et 802.11g.

On comprend bien les premiers et derniers objectifs. Le second n'est pas moins clair si l'on se souvient des débits réels désastreux des premiers réseaux Wi-Fi : 5 à 6 Mbit/s au mieux dans le cas de 802.11b et quelque 20 Mbit/s pour 802.11a et 802.11g. L'objectif du nouveau standard est de proposer une vitesse de transfert effective de l'ordre de 100 Mbit/s.

IEEE 802.11n marque un tournant dans la compatibilité des produits puisqu'elle inclut le standard IEEE 802.11i pour la sécurité et la confidentialité du transport des données sur l'interface radio. Ce dernier standard n'étant pas compatible avec les deux premières générations, notamment avec l'utilisation d'AES, l'augmentation forte de la vitesse est l'occasion d'inciter les utilisateurs à changer complètement leur infrastructure de réseau sans fil.

Le standard IEEE 802.11e, détaillé à l'annexe O, propose une qualité de service autour d'une technologie de type DiffServ et est également inclus dans 802.11n. Cette intégration permet de donner des priorités aux différents flux qui traversent le réseau sans fil.

La norme IEEE 802.11n permet en natif de gérer la mobilité en intégrant le standard IEEE 802.11f. D'un réseau sans fil, on peut passer à un autre réseau sans fil, même si la gestion de la mobilité ne se fait qu'à des vitesses faibles, de type piéton.

MIMO

La technologie MIMO (Multiple Input Multiple Output) n'est pas nouvelle, mais elle n'est arrivée sur le marché que dans les années 2010 du fait d'une implémentation très complexe. MIMO a pour objectif de transporter plusieurs flux en parallèle sur des antennes différentes, mais en utilisant la même fréquence.

L'idée est de connecter plusieurs antennes sur l'émetteur, lesquelles émettent des flux différents sur la même fréquence. Grâce aux propriétés du multichemin que l'on trouve dans les environnements avec obstacles, les signaux arrivent à des instants différents au récepteur. Si le récepteur est assez puissant, il est capable de déchiffrer les suites binaires qui arrivent à des instants différents. Il faut noter que la technique MIMO n'est satisfaisante que dans les environnements avec obstacles et que l'utiliser en dehors des bâtiments réduit fortement son débit.

Le schéma de fonctionnement de MIMO est illustré à la figure 20.10, en supposant *n* émetteurs et *n* récepteurs. MIMO peut fonctionner avec une seule antenne de réception, mais avec le risque de ne pas récupérer tous les signaux. Dans cette figure, la même suite binaire est émise sur l'ensemble des antennes.

L'objectif est d'augmenter la qualité de la transmission puisque le récepteur reçoit plusieurs fois le même bit et choisit la valeur la plus fortement reçue. Il faut dans ce cas avoir un nombre impair d'antennes pour être sûr de départager les éléments binaires reçus. La diversité exprime qu'au lieu d'augmenter la qualité en augmentant le nombre de fois où le même bit est transmis, on peut augmenter le débit en transmettant des éléments binaires distincts. Cette deuxième solution est illustrée à la figure 20.11.

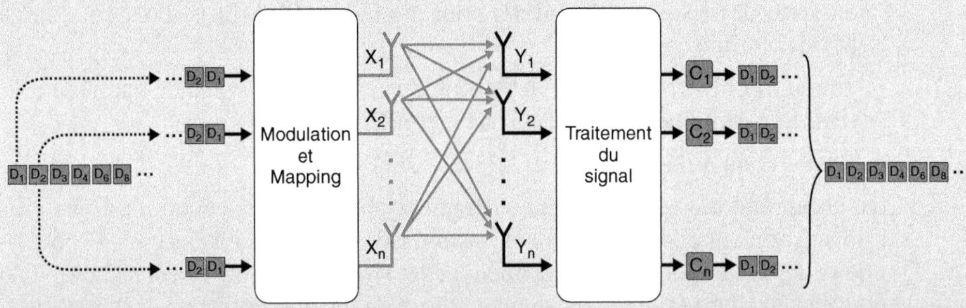

Figure 20.10

La technique MIMO avec augmentation de la qualité

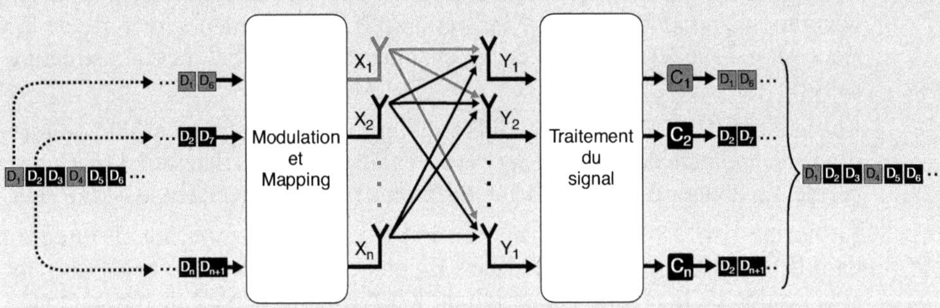

Figure 20.11

La technique MIMO

IEEE 802.11ac

IEEE 802.11ac est une version de Wi-Fi commercialisé depuis 2015. C'est un Wi-Fi classique, mais avec des débits de plusieurs gigabits par seconde. Deux solutions se complètent pour augmenter le débit. La première, assez simple, consiste à augmenter la largeur du canal de transmission en utilisant la bande des 5 GHz. La seconde solution concerne la virtualisation des antennes. Cette technique consiste à permettre l'émission de plusieurs communications sur une même fréquence, mais dans des directions distinctes. Il y a un multiplexage dans l'espace d'où le nom de la technique SDMA (Space Division Multiple Access). La figure 20.12 illustre cette technologie.

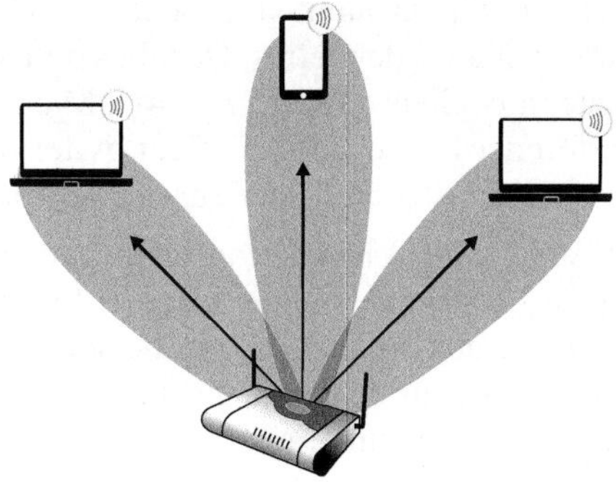

Figure 20.12

Le SDMA

La technologie SDMA est complétée par une solution MU-MIMO (Multi-User MIMO), permettant de connecter plusieurs utilisateurs simultanément en MIMO sur des espaces différents. Pour cela, on utilise des techniques de *beamforming*, qui permettent de diriger les signaux dans une direction déterminée, donnant ainsi naissance à des antennes directives qui arrosent des lobes distincts. La technique utilisée dans l'IEEE 802.11ac est encore appelée PU2RC (Per-User Unitary Rate Control).

Cette technologie permet de multiplier le débit par le nombre de lobes. De plus, sur chaque lobe, il peut y avoir jusqu'à huit antennes MIMO (quatre dans l'IEEE 802.11n). Sur l'exemple de la figure 20.12, les deux antennes contiennent, à l'intérieur, de très nombreuses antennes physiques qui génèrent quatre lobes. Sur chaque lobe, on peut également réaliser une connexion MIMO avec au maximum huit flots parallèles sur la même fréquence.

Le débit crête absolu lorsque toutes les fonctionnalités sont mises en œuvre atteint 215 Mbit/s par antenne. Avec huit antennes par lobe, on atteint 1,725 Gbit/s par lobe. Pour quatre lobes, le total est de 6,9 Gbit/s. Dans les produits commerciaux, le MIMO 8x8 est rarement obtenu et le cas classique est plutôt de 215 Mbit/s par antenne, et un MIMO à trois antennes par client revendiquant 645 Mbit/s par terminal. Avec quatre lobes, on atteint 2,580 Gbit/s.

IEEE 802.11af

La technique IEEE 802.11af s'attaque à une solution totalement différente pour monter en débit : l'utilisation de la radio cognitive (*voir le chapitre 16*). Elle consiste à réutiliser les bandes de fréquences qui ne sont pas utilisées à un instant *t*. Les mesures qui ont été faites récemment montrent que les fréquences, en dépit de leur rareté et de leur prix, sont sous-utilisées, souvent en dessous de 5 % entre 0 et 20 GHz.

Les seules bandes fortement utilisées sont celles des opérateurs de télécommunications qui, grâce aux techniques TDMA et CDMA, présentent d'excellents taux. Les bandes réservées à la télévision, situées en dessous du gigahertz, et pour cette raison particulièrement attractive pour les opérateurs, pourraient grâce à elles voir leurs points d'accès atteindre des portées de plusieurs centaines de mètres. De telles portées démontrent au passage que Wi-Fi pourrait s'attaquer aux clients WiMAX et 4G. Mais, en radio cognitive, il y aurait un fort danger d'interférences avec la TNT. Pour éviter ce problème, la puissance est diminuée pour que les ondes restent à l'intérieur des bâtiments.

Le standard WiFi IEEE 802.11af, à ne pas confondre avec IEEE 802.3af, ou PoE (Power over Ethernet), est appelé TVWS (TV White Space). L'expression « espace blanc » (*white space*) renvoie précisément aux fréquences qui ne sont pas utilisées par les canaux de télévisions hertziennes. La largeur de bande utilisable en radio cognitive est de plusieurs dizaines de canaux de télévisions numériques. Les débits atteints peuvent être colossaux.

Une question importante concerne la façon dont sera utilisée cette radio cognitive. Sera-t-elle sauvage ou régulée ? En d'autres termes, les fréquences libres seront-elles utilisées en force (sans toutefois gêner le canal primaire si celui-ci émet), ou faudra-t-il une discipline commune entre le primaire et le secondaire ? Et pour cela, les opérateurs de télévision se mettront-ils d'accord avec les utilisateurs de 802.11af ? Des normalisations sont en cours dans différents groupes de travail, comme IEEE DySPAN-SC qui a succédé à IEEE P1900, pour proposer des solutions acceptables par les deux parties.

Au niveau physique, la méthode utilisée dans l'IEEE 802.11af est de type FSS (Fixed Subcarrier Spacing) OFDM. Les canaux utilisés dans l'OFDM peuvent être contigus ou non, c'est-à-dire appartenir à des canaux de télévision qui se trouvent l'un à côté de l'autre ou au contraire séparés par des canaux de télévision actifs.

Un canal contient soixante-quatre porteuses. Jusqu'à mille vingt-quatre canaux peuvent être sélectionnés dans la technique continue et jusqu'à deux cent cinquante-six en non continu. Le canal est en général de 20 MHz, mais il peut être plus petit, avec 5 ou 10 MHz, ou plus grand, avec 40 ou 80 MHz. Dans ces deux derniers cas, le nombre de porteuses peut être de cent vingt-huit ou deux cent cinquante-six. Avec deux cent cinquante-six porteuses, le débit devrait atteindre 500 Mbit/s, voire 1 Gbit/s. En utilisant des antennes directives avec huit lobes en SDMA, le débit total pourrait atteindre en pointe, en additionnant les débits dans les différentes directions, de 4 à 8 Gbit/s.

La technique d'accès au support est la même que dans le Wi-Fi classique. Des classes de service utilisant une technique de type EDCA (Enhanced Distributed Channel Access) d'IEEE 802.11e (*voir l'annexe O*) sont disponibles et correspondent à Background, Best-Effort, Video et Voice. Une cinquième priorité, encore plus haute, est ajoutée pour l'écoute du spectre permettant de déterminer si les canaux sont libres ou utilisés par le primaire.

Qualité de service

La qualité de service est peut-être le problème le plus important des réseaux Wi-Fi, avant même la sécurité. La transmission reposant sur la qualité du lien radio, cette qualité peut se dégrader pour de multiples raisons, comme la présence d'un autre équipement, évoluant dans la même bande de fréquences, celle d'un autre réseau 802.11 ou une distance trop grande entre la station et le point d'accès.

Pour permettre à toutes les stations d'avoir un accès, même minimal, au réseau, IEEE 802.11 incorpore une fonction de variation du débit, appelée Variable Rate Shifting. Cette technique permet de faire varier le débit d'une station selon la qualité de son lien radio. Si, pour une station 802.11b donnée, l'environnement radio se dégrade pour cause d'interférences ou de distance, le débit chute de 11 à 5,5 puis 2 et enfin 1 Mbit/s. Lorsque les interférences disparaissent ou que la station se rapproche du point d'accès, le débit augmente automatiquement. Il en va de même pour toutes les normes IEEE 802.11. Les différents débits sont indiqués au tableau 20.1.

De ce fait, le débit d'un point d'accès dépend des clients et non de l'antenne. Pour cette raison, il est particulièrement difficile d'assurer une qualité de service dans Wi-Fi.

Cette fonctionnalité de variation du débit est introduite ci-après. L'annexe O examine une autre solution proposée par la norme IEEE 802.11e.

Variable Rate Shifting

Les stations 802.11b 1, 2 et 4 illustrées à la figure 20.13 étant proches du point d'accès, leur débit est de 11 Mbit/s. La station 3, qui est légèrement éloignée, n'a que 5,5 Mbit/s, et la station 5, soumise à des interférences, 1 Mbit/s. La station 4, qui se déplace en s'éloignant du point d'accès, voit son débit chuter.

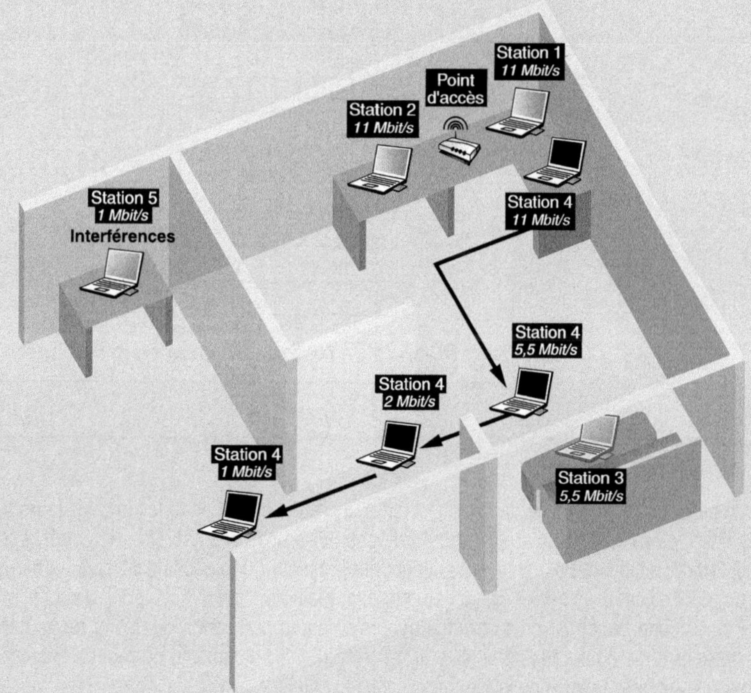

Figure 20.13

Effets sur le débit du Variable Rate Shifting

La capacité de passer d'un débit à un autre augmente la zone de couverture du réseau. Comme le montrent les tableaux 20.2 et 20.3, plus la portée est faible et plus le débit est important. Cela vient du fait que les techniques de transmission, notamment le codage et la modulation, utilisées pour transmettre à faible débit autorisent une propagation du signal bien plus grande et donc une portée plus importante. Les valeurs de ces tableaux sont évidemment théoriques. Tout dépend de l'environnement réel dans lequel se situe le réseau. Le tableau 20.3 n'indique les distances que pour les débits correspondant aux réseaux Wi-Fi à 54 Mbit/s. Si une carte 802.11b se connecte sur un point d'accès 802.11g, les débits de 11, 5,5, 2 et 1 sont également possibles avec les distances indiquées dans le tableau 20.2.

Vitesse (en Mbit/s)	Portée à l'intérieur (en mètre)	Portée à l'extérieur (en mètre)
11	15	50
5,5	20	100
2	25	150
1	30	200

TABLEAU 20.2 • Portée d'un réseau Wi-Fi 802.11b

Débit (en Mbit/s)	Portée (en mètre)
54	3
48	6
36	9
24	12
18	14
12	16
9	18
6	20

TABLEAU 20.3 • Portée d'un réseau 802.11a/g en milieu intérieur

Sensibilité

Le passage d'une vitesse de transmission à une autre se fait en fonction de valeurs seuils, dites de sensibilité. Ces valeurs ne sont pas standardisées et sont laissées au soin des constructeurs. Deux produits différents situés en un même endroit peuvent donc offrir des débits différents. Lorsque la station s'éloigne du point d'accès, sa sensibilité accommode la qualité du lien avec le point d'accès, et le débit est modifié. Pour qu'une transmission s'effectue avec succès, la puissance du signal reçue par l'émetteur doit être supérieure ou égale à la sensibilité du récepteur. Ce mécanisme permet de fiabiliser la transmission en cas de mobilité relative de la station.

Vitesse (en Mbit/s)	CISCO SYSTEMS AIRONET	ORINOCO GOLD/SILVER
11	– 85 dBm	– 82 dBm
5,5	– 89 dBm	– 87 dBm
2	– 91 dBm	– 91 dBm
1	– 94 dBm	– 94 dBm

TABLEAU 20.4 • Sensibilité de deux cartes Wi-Fi 802.11b

Bien que ce mécanisme assure un service minimal, il peut devenir un inconvénient. Si la station qui émet se trouve en périphérie de la cellule ou est soumise à des interférences, son débit est de 1 Mbit/s. Les autres stations doivent donc attendre que l'émission des trames à 1 Mbit/s se termine pour avoir accès au support et transmettre à des vitesses plus importantes. Cette faible capacité de transmission influe fortement sur le débit utile du réseau. D'une valeur de 5 Mbit/s dans un réseau où tous les clients communiquent à un débit théorique de 11 Mbit/s, le débit utile total peut chuter à une valeur inférieure à 1 Mbit/s si des clients éloignés émettent à 1 Mbit/s. On constate qu'une seule station à bas débit fait chuter le débit global utile de toute la cellule.

Un autre facteur défavorable au débit est l'utilisation d'une application consommatrice de bande passante. Prenons l'exemple d'un utilisateur qui souhaite regarder une vidéo MPEG-2 en streaming sur son ordinateur portable. Le débit utile d'une telle application peut atteindre 5 Mbit/s, ce qui peut paraître suffisant pour un réseau tel que IEEE 802.11b si personne ne transmet au même instant. Si cet utilisateur se déplace, son débit chute, entraînant une détérioration de la qualité de l'application, voire son arrêt.

IEEE 802.11a et 802.11g utilisent aussi ce mécanisme de variation dynamique du débit, mais avec des effets qui peuvent être encore plus néfastes. Ainsi, le débit peut chuter de 54 Mbit/s à 6 Mbit/s en quelques mètres, soit une baisse de 48 Mbit/s. Si le point d'accès est compatible avec IEEE 802.11b, la chute peut aller jusqu'à 1 Mbit/s puisque ce standard autorise des débits de 11, 5,5, 2 et 1 Mbit/s.

En conclusion, si le mécanisme de variation dynamique du débit permet de conserver une certaine connectivité, c'est au prix d'une importante diminution des performances du réseau, qui peut se révéler catastrophique dans certains cas.

Équipements Wi-Fi

Un réseau Wi-Fi est réalisé avec de nombreux équipements, comme les points d'accès, les antennes, les ponts, les contrôleurs, etc. Cette section fait un tour d'horizon de ces équipements afin d'en donner quelques caractéristiques.

Ces équipements étant généralement assez hétérogènes, un groupe de travail de l'IETF s'est penché sur la manière de réaliser des réseaux d'entreprise en utilisant plusieurs équipementiers. Ce groupe, appelé CAPWAP (Control And Provisionning of Wireless Access Point), propose de classifier les architectures Wi-Fi selon trois architectures :

- WLAN autonome (Autonomous WLAN Architecture)
- WLAN centralisée (Centralized WLAN Architecture)
- WLAN distribuée (Distributed WLAN Architecture)

Ces architectures sont illustrées à la figure 20.14. La première, à gauche sur la figure, correspond à des points d'accès « lourds », qui sont autonomes et se gèrent par eux-mêmes. La deuxième (en haut à droite), utilisée dans les réseaux d'entreprise, fait appel à un contrôleur. Le contrôleur permet de gérer de façon centralisée un grand nombre de points d'accès. La plupart des fonctions sont regroupées dans le contrôleur. Dans ce cas, les points d'accès sont allégés. On parle de points d'accès « légers ». La dernière architecture (en bas) est celle d'un réseau mesh. C'est l'architecture distribuée qui est examinée au chapitre 17.

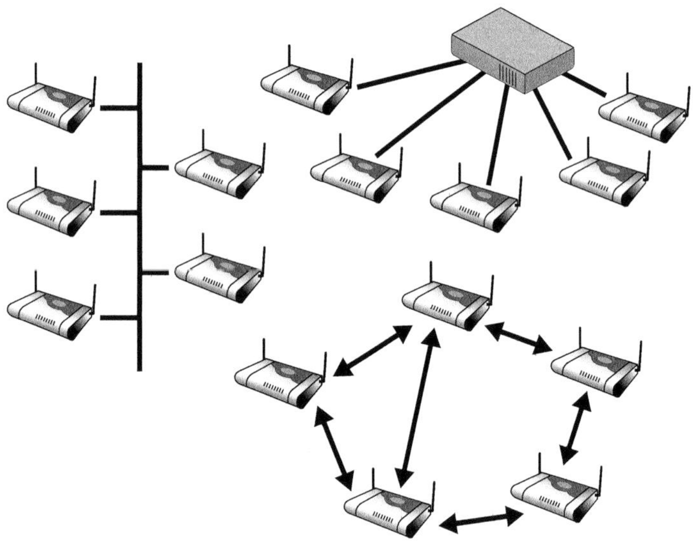

Figure 20.14

Les trois architectures de CAPWAP

Points d'accès

La fonction première du point d'accès est de permettre les communications dans la zone de couverture. Les fonctionnalités proposées sont assez limitées et dépendent du cadre d'utilisation du point d'accès : domestique, en entreprise ou dans un hotspot.

Certains constructeurs proposent des points d'accès dits logiciels. Ces derniers ne sont rien d'autre que des stations, généralement des ordinateurs fixes, équipées de cartes Wi-Fi dans lesquelles un logiciel est installé pour les transformer en points d'accès. Des logiciels libres, comme Host AP, permettent de configurer une station Wi-Fi en point d'accès.

Les points d'accès domestiques

Le rôle d'un point d'accès domestique est de permettre la connexion sans fil à Internet. Dans le cas où l'on souhaite connecter plusieurs stations, le point d'accès doit permettre le partage de connexion.

Ce type de point d'accès incorpore les mécanismes suivants :

- **Modem ADSL/câble.** L'intégration d'un modem ADSL/câble est de plus en plus courante. Elle évite l'achat de ce type de matériel auprès du FAI, dans le cas où ce dernier ne le fournit pas gratuitement.
- **NAT (Network Address Translation).** Ce mécanisme permet le partage de la connexion Internet.
- **DHCP (Dynamic Host Configuration Protocol).** Ce mécanisme s'appuie sur une architecture client-serveur pour permettre la configuration automatique des paramètres réseau des terminaux Wi-Fi. DHCP est totalement transparent pour l'utilisateur, mais il faut auparavant que les stations soient configurées pour permettre ce paramétrage automatique.
- **Pare-feu.** Du fait que la connexion Internet est partagée, il est nécessaire d'appliquer un pare-feu pour prévenir toute tentative d'attaque (virus, cheval de Troie ou vers) en bloquant l'utilisation de certaines applications susceptibles d'offrir une porte d'entrée à ces attaques.

La plupart des points d'accès intègrent un commutateur Ethernet avec de un à cinq ports permettant le partage de la connexion Internet aussi bien pour le réseau Wi-Fi que pour Ethernet.

Dans le cas où la zone de couverture du point d'accès ne permet pas la connexion de toutes les stations au réseau, une modification d'antenne est nécessaire. Les points d'accès destinés aux particuliers disposent soit d'un connecteur d'antenne, dans le cas où l'antenne du point d'accès est interne, soit de la possibilité de modifier l'antenne ou les antennes externes d'origine. Avant tout changement d'antenne, il faut évidemment vérifier le type de connecteur proposé.

Même si la sécurité est un élément important à prendre en compte, on se contente généralement, dans le cadre d'un réseau Wi-Fi domestique, d'utiliser les mécanismes de base de Wi-Fi :

- Non-diffusion du SSID (Secure Set IDentifier).
- ACL (Access Control List), qui permet de définir les terminaux autorisés à se connecter.
- WEP (Wired Equivalent Privacy), de préférence sur 128 bits, qui permet d'authentifier et de chiffrer les communications au moyen d'une clé définie par l'utilisateur. Mais attention : comme indiqué précédemment, cette solution est déconseillée.
- WPA et WPA2 (Wireless Protected Access), qui offrent des mécanismes d'authentification et de chiffrement satisfaisants. Il est conseillé de prendre directement WPA2, la technologie WPA souffrant d'attaques depuis 2009 à cause de l'algorithme RC4.

L'ajout de systèmes de sécurité spécifiques entraînerait celui d'équipements réseau supplémentaires, ce qui compliquerait la configuration et engendrerait un coût non négligeable.

Contrôleurs

Les contrôleurs jouent un rôle important dans les réseaux d'entreprise. Ils peuvent être liés à un équipementier ou indépendants. Dans le premier cas, les fonctionnalités sont complémentaires entre celles situées dans le point d'accès et celles dans le contrôleur. L'inconvénient majeur est de devoir rester dans le giron de l'équipementier. Les contrôleurs ouverts permettent la connexion de la plupart des points d'accès légers et sont donc beaucoup plus universels.

Les principales fonctions d'un contrôleur sont les suivantes :

- Gérer la puissance d'émission des points d'accès pour permettre leur diminution ou augmentation en fonction du champ électromagnétique ou des pannes des autres points d'accès.
- Gérer le choix des fréquences pour adapter le plan de fréquences aux points d'accès.
- Gérer les problèmes de sécurité, par l'introduction d'un serveur d'authentification dans le contrôleur.
- Gérer les problèmes de passage intercellulaire (handover) entre les différentes cellules, même si elles ne sont pas issues de la même technologie.
- Implémenter un logiciel de gestion du nomadisme permettant d'affecter aux utilisateurs concernés les autorisations d'accès et les services auxquels ils ont droit.

Pour aller un peu plus loin dans cette nouvelle génération de gestion du nomadisme, prenons l'exemple du contrôleur Ucopia qui est illustré à la figure 20.15.

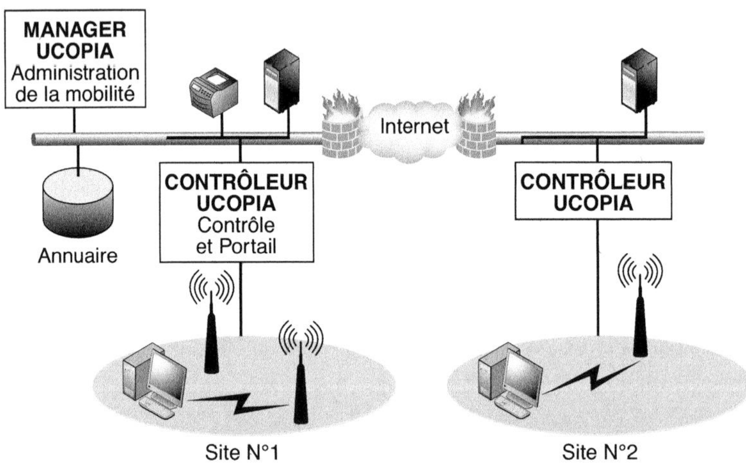

Figure 20.15

Architecture du contrôleur Ucopia

L'ensemble du trafic en provenance des utilisateurs Wi-Fi est redirigé vers le contrôleur Ucopia, qui est en coupure logique (ou physique) entre un parc de points d'accès et le réseau filaire. Le contrôleur filtre les flux Wi-Fi pour appliquer les politiques de sécurité et de nomadisme définies avec le Manager Ucopia. Le contrôleur respecte le standard 802.11i. Le protocole d'authentification entre les postes des utilisateurs Wi-Fi et le contrôleur Ucopia est fondé sur 802.1x/EAP ou HTTPS. Les flux sont chiffrés en AES. En complément, un VPN de type IPsec peut être établi entre les clients Wi-Fi et le contrôleur. Le serveur d'authentification RADIUS et le Manager Ucopia dialoguent avec le ou les annuaires LDAP à travers le protocole sécurisé LDAPS.

La solution Ucopia permet une gestion très fine du mécanisme d'adressage des utilisateurs du réseau sans fil, en fonction de leur profil et de la configuration du contrôleur. Il est notamment possible d'orienter leur trafic dans différents VLAN sur le réseau filaire en sortie du contrôleur. Les entreprises architecturant très souvent leur réseau en VLAN de manière à isoler les utilisateurs, il est important d'assurer une cohérence entre les infrastructures Wi-Fi et filaire et de continuer à bénéficier des mécanismes d'isolation réseau mis en place sur le réseau filaire. Du côté Wi-Fi, l'organisation du réseau peut également bénéficier d'une structuration en VLAN en encapsulant les SSID par des VLAN et en leur associant des plages d'adresses différenciées.

La solution Ucopia en environnement multisite peut être déployée avec un ou plusieurs contrôleurs Ucopia. Les contrôleurs peuvent être centralisés sur un site ou bien distribués sur différents sites. Indépendamment de l'architecture des contrôleurs, les annuaires peuvent également être centralisés ou répliqués sur chacun des sites. Pour les sites distants comprenant peu de points d'accès et/ou reliés au site principal par une connexion réseau de niveau 3, Ucopia propose un pont permettant d'établir un tunnel émulant un lien de niveau 2 entre le site distant et le site principal. Ainsi, les bornes distantes sont gérées de façon centralisée, sans contrôleur local.

La solution Ucopia inclut l'ensemble des modules nécessaires à son fonctionnement, ce qui lui permet d'être proposée dans un mode « clé en main » très simple à mettre en œuvre. Ce packaging convient parfaitement aux petites entreprises ou aux agences déportées d'une grande entreprise, ayant peu de besoins et de moyens d'intégration. À l'inverse, les grandes entreprises, aux infrastructures réseau complexes, souhaitent pouvoir réutiliser les solutions déjà déployées en termes de sécurité ou d'organisation réseau.

Ponts

Comme un pont Ethernet, un pont Wi-Fi a pour fonction d'étendre le réseau. Dans le cas de Wi-Fi, on étend le réseau Ethernet sur le réseau Wi-Fi et réciproquement.

L'un des principaux usages des ponts Wi-Fi est de relier les bâtiments entre eux grâce à une liaison Wi-Fi spécialisée. Pour cela, le pont doit permettre l'ajout d'une antenne spécifique et le réseau posséder tous les mécanismes de sécurité nécessaires.

La figure 20.16 illustre une liaison directive par l'utilisation de ponts Wi-Fi.

Un autre usage des ponts est d'offrir, par le biais du point d'accès auquel il est connecté, l'accès à Internet à une console de jeux. À défaut d'une connexion Wi-Fi, les consoles de jeux de dernière génération possèdent au moins une connexion réseau Ethernet. Par le biais d'un module particulier, il suffit de relier le pont Wi-Fi à la console au moyen d'un câble Ethernet pour bénéficier de la connexion.

Ce fonctionnement est illustré à la figure 20.17.

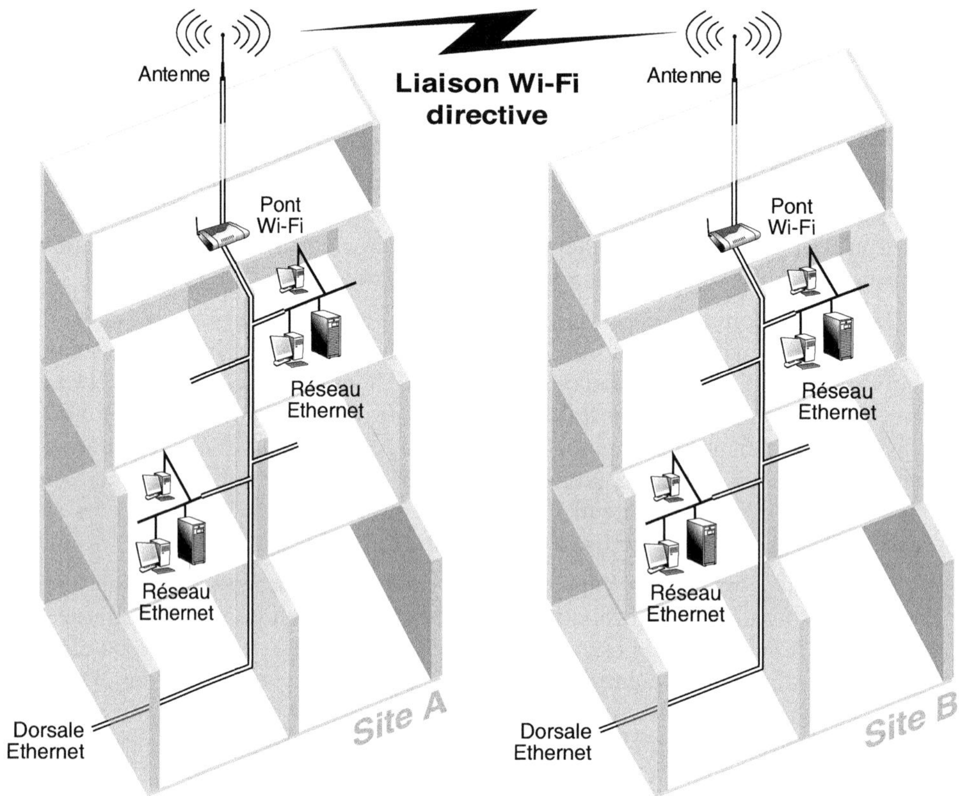

Figure 20.16

Liaison directive Wi-Fi à l'aide de ponts

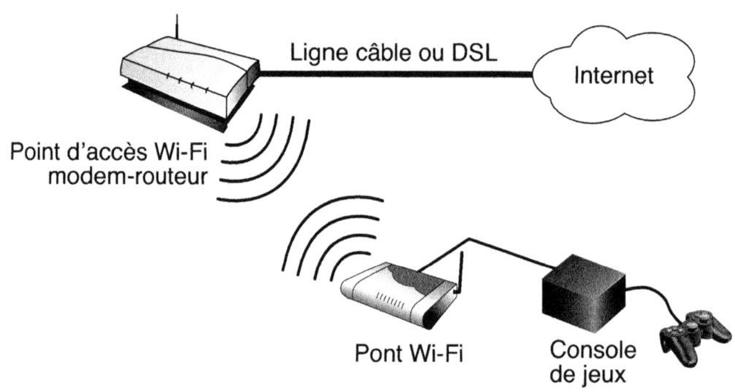

Figure 20.17

Partage de la connexion Internet avec une console de jeux

Antennes

Dans un réseau Wi-Fi, le signal transmis entre deux stations ou entre une station et un point d'accès peut être soumis à des interférences, dues à des obstacles à franchir ou à des équipements émettant dans la même bande de fréquences. La portée du signal radio est fonction à la fois de ces interférences, des obstacles présents dans l'environnement et de la puissance d'émission.

Si la portée du réseau Wi-Fi ne convient pas à l'utilisation souhaitée, des équipements tels que des amplificateurs permettent d'accroître la zone de couverture en augmentant la puissance du signal transmis, sachant que cette puissance ne doit pas excéder la valeur fixée par l'organisme de régulation local, l'Arcep (Autorité de régulation des communications électroniques et des postes) en France.

En pratique, chaque carte Wi-Fi est équipée d'une antenne omnidirectionnelle interne, qui ne peut être mobile que si la station elle-même est mobile. Si une station se trouve cachée par un obstacle tel que mur, meuble, personne, etc., ou qu'elle soit assez éloignée du point d'accès, il se peut qu'elle ne puisse accéder au réseau.

Dans certains cas, même si la station et la carte sont placées dans un endroit clos, derrière un bureau, par exemple, l'antenne peut fonctionner correctement. En effet, Wi-Fi permet de récupérer les transmissions issues des réflexions des ondes radio dans l'environnement. Suivant l'environnement, ces réflexions peuvent être plus ou moins fortes, mais cela permet à certaines stations de fonctionner malgré leurs contraintes spatiales. Dans les cas où la carte ne fonctionne pas très bien, voire pas du tout, l'ajout d'une antenne directionnelle est indispensable.

La figure 20.18 illustre un réseau Wi-Fi équipé d'antennes.

Une antenne peut être utilisée aussi bien par les stations qui se trouvent en périphérie du réseau, là où le signal est le plus faible, que par le point d'accès ou les ponts pour étendre la zone de couverture du réseau. Le rôle de l'antenne n'est pas d'amplifier le signal, comme le ferait un amplificateur, mais d'améliorer la réception et l'émission des signaux. L'utilisation d'une antenne peut aussi permettre de créer des liaisons directives entre des bâtiments situés à des distances pouvant atteindre 30 kilomètres.

Pour améliorer la couverture d'un réseau Wi-Fi, une antenne omnidirectionnelle est recommandée. Une station peut se satisfaire d'une antenne directionnelle, voire sectorielle. Dans le cas de liaisons Wi-Fi entre bâtiments, le choix est limité aux antennes directives. Cette notion de directivité est liée au gain de l'antenne. Plus le gain est important, plus la directivité est forte et plus la zone de couverture est restreinte.

Cette directivité est exprimée par le gain de l'antenne, qui est calculé en fonction d'une antenne qui rayonnerait de manière homogène, c'est-à-dire à 360°, et aurait comme zone de couverture une sphère parfaite. Ce type d'antenne n'existe que théoriquement, du fait des contraintes physiques des ondes électromagnétiques.

Le gain d'une antenne est exprimé en décibel isotropique (dBi). Ce gain est équivalent à une puissance, d'où les formules suivantes :

$$P = 10^{\frac{G}{10}} \text{ et } G = 10\log P$$

où G correspond au gain (en dBm ou dBi) et P à la puissance (en mW).

Le gain et la puissance dépendent de l'antenne et de sa directivité. Les lois françaises restreignent la puissance à une puissance PIRE (puissance isotropique rayonnée effective).

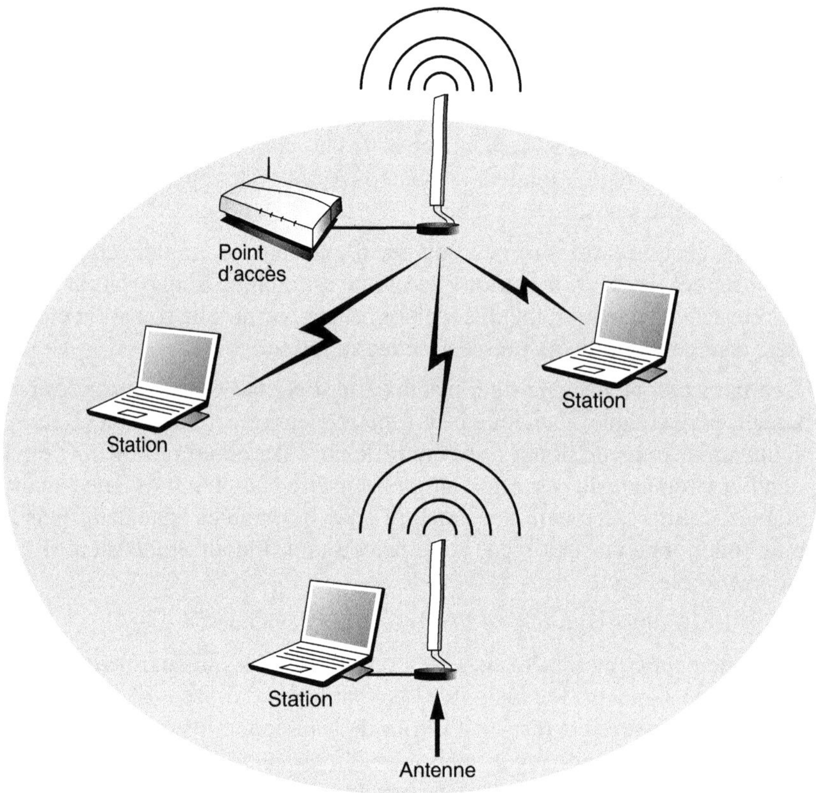

Figure 20.18

Réseau Wi-Fi équipé d'antennes

> **Types d'antennes**
>
> Différents types d'antennes sont utilisables en Wi-Fi, notamment omnidirectionnelles ou directionnelles. Les sections qui suivent détaillent les principales caractéristiques de ces antennes.
>
> Omnidirectionnelles, ou omni
>
> Ces antennes ressemblent à de longs cylindres verticaux, comme illustré à la figure 20.19. Elles constituent l'antenne de base fournie sur les cartes ou les points d'accès. Leur gain est compris entre 2,4 et 15 dBi.

Figure 20.19

Antenne omnidirectionnelle

Les antennes omni permettent d'arroser une large zone sur 360°. Leur inconvénient vient de la qualité souvent médiocre du signal transmis du fait qu'elles captent le bruit de l'environnement ambiant.

Directionnelles

On pourrait dire de ces antennes qu'il s'agit de moitiés d'omni, puisque leur zone de couverture est comprise entre 180° et 60°. Les principales antennes de ce type sont les Patch, Yagi et paraboles.

Sortes de longs cylindres, les antennes Yagi sont utilisées essentiellement à l'horizontale, comme l'illustre la figure 20.20. Fortement directives (entre 15° et 60°), leur gain est compris entre 10 et 20 dBi.

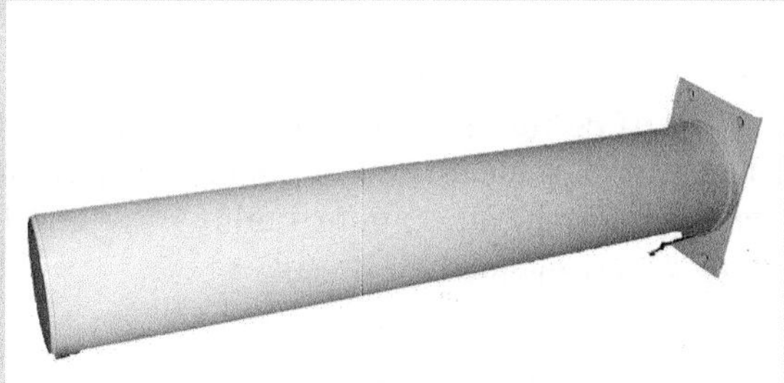

Figure 20.20

Antenne Yagi

Les paraboles sont généralement fortement directives (18 à 24 dBi). La figure 20.21 illustre une antenne parabolique.

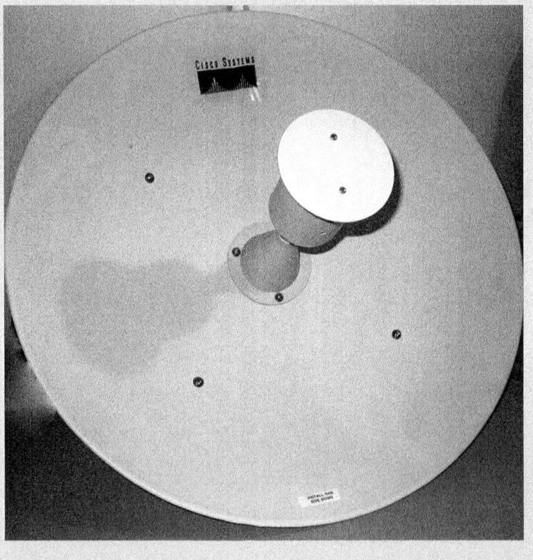

Figure 20.21

Antenne parabolique

Conclusion

Les réseaux Wi-Fi sont aujourd'hui bien implantés, et leur succès ne se dément pas. Plusieurs centaines de millions de points d'accès sont déployés, et les ventes mondiales dépassent largement les 100 000 points d'accès par jour ouvrable.

Après avoir envahi les domiciles, ils s'attaquent à l'entreprise. Les solutions de téléphonie IP et de télévision (IPTV) sur Wi-Fi se développent également très vite, malgré une qualité de service encore délicate à assurer.

Le futur de Wi-Fi est de surdimensionner la capacité des points d'accès Wi-Fi. C'est la raison pour laquelle les standards 802.11ax et ay dépassent allègrement les 20 Gbit/s. Les réflexions commencent sur la future norme IEEE 802.11az qui devrait dépasser les 200 Gbit/s et qui est prévue pour 2021.

21

L'Internet des objets

L'Internet des objets (Internet of Things) a démarré avec l'idée de raccorder à Internet des capteurs sans fil et filaire que l'on trouve au domicile, dans les bureaux et un peu partout dans la vie courante. Son apport majeur a été suscité par les RFID (Radio-Frequency Identification), ou étiquettes électroniques.

Les objets augmentent en nombre et devraient approcher les 100 milliards à la fin de 2020. La progression devrait encore s'accélérer pour atteindre 1 000 milliards à la fin de 2025. Cet accroissement considérable s'explique en partie par l'Internet médical, introduit dans ce chapitre.

La figure 21.1 illustre les principaux réseaux permettant de connecter des objets.

Très nombreuses, les solutions de connexion peuvent se ranger dans trois grandes catégories :

- Les réseaux bande étroite (NarrowBand) longue distance, qui connectent des objets sur une dizaine de kilomètres, voire 20 kilomètres, mais à des débits extrêmement faibles, de quelques octets par seconde. Dans cette classe se trouvent SigFox et LoRa.
- Les réseaux de la 5G, qui se précisent avec le LTE-M et le NB-IoT.
- Les réseaux qui proviennent des WPAN et WLAN, c'est-à-dire Bluetooth, Wi-Fi Halow, Wi-Fi classique et Wi-Fi WiGig.

L'Internet des objets permet de raccorder tout ce qui est connectable, depuis les objets divers et variés du quotidien jusqu'aux poussières électroniques. Le concept est simple, mais les problèmes sont nombreux, car les objets ne sont en général pas suffisamment sophistiqués pour gérer des communications et des traitements associés aux applications.

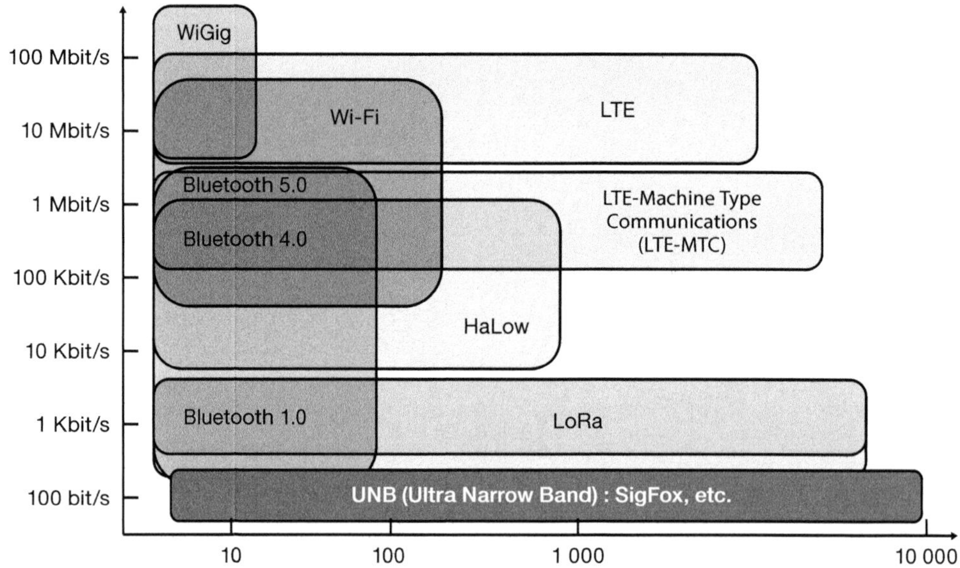

Figure 21.1

Les réseaux de l'Internet des objets

Les réseaux de capteurs, ainsi que les réseaux de RFID et l'interface NFC (Near Field Communication), qui est de plus en plus utilisée dans la connectique des objets au réseau Internet, sont ensuite étudiés, de même que HIP (Host Identity Protocol), qui pourrait devenir le standard pour les passerelles d'interconnexion entre les objets et l'Internet. Quelques aperçus sont ensuite donnés des réseaux qui se développent le plus rapidement : les réseaux de capteurs médicaux, qui concernent potentiellement sept milliards d'êtres humains, et qui constituent un marché futur gigantesque.

Le chapitre s'achève par une des applications qui profitera le plus des objets : le marketing de proximité. Actuellement, le marketing est effectué de façon centralisée à partir de grands datacenters. La nouvelle génération doit permettre un ciblage parfaitement personnalisé, avec un message spécifique pour chaque utilisateur. Pour cela, il faut savoir précisément où se trouve l'utilisateur et ce qu'il fait.

Les réseaux longue distance

Pour porter loin, il faut des fréquences basses en dessous du 1 GHz. Il existe pour cela une petite bande libre, mais qui est malheureusement très mal normalisée entre les différents pays du monde. De surcroît, elle se révèle plus ou moins large, en particulier en Europe, où elle ne fait que 5 MHz, contre 26 MHz aux États-Unis. La figure 21.2 donne les fréquences de cette bande dans les principaux pays.

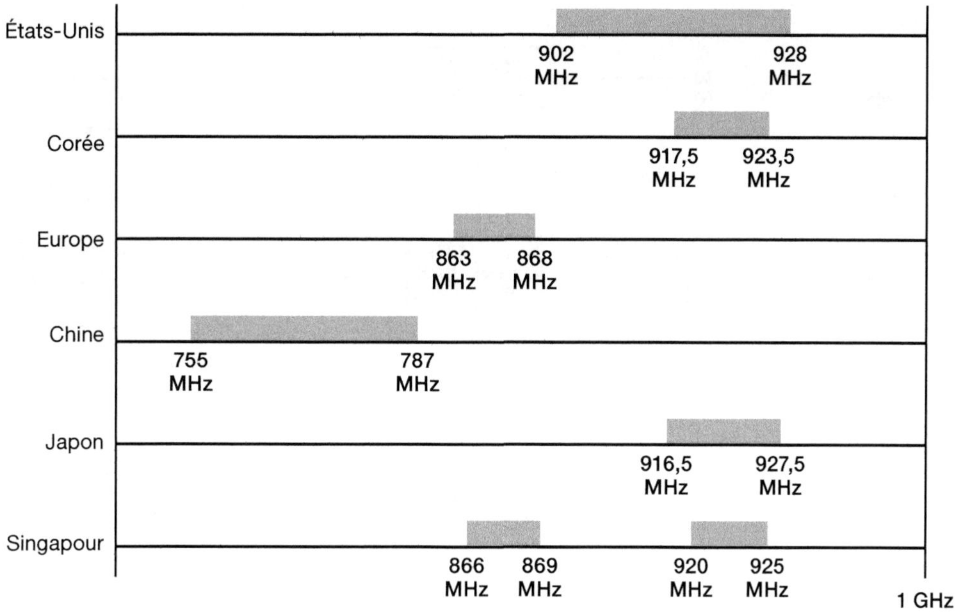

Figure 21.2

Les fréquences de la bande libre en dessous du gigahertz

Sigfox

Le premier à s'être lancé dans la réalisation d'un réseau spécifique est l'opérateur télécoms français Sigfox, fondé en 2010, qui vise le marché des objets à très basse consommation demandant des débits qui se comptent en octets sur une journée.

L'environnement d'un réseau Sigfox est décrit à la figure 21.3. Il comporte une interface radio entre l'objet et la station de base Sigfox, qui envoie les octets vers un serveur Sigfox par le biais d'une connexion Ethernet ou 3G/4G. Le client peut récupérer les données *via* une interface avec le serveur Sigfox.

Les cellules sont de grande taille et jusqu'à cent quarante messages par objet et par jour peuvent être envoyés. La charge de chaque message est de 12 octets, et le débit du réseau sans fil peut atteindre 100 bits par seconde. Avec une largeur de bande de 192 kHz, centrée sur la fréquence de 862 MHz en France et en Europe, chaque objet émet sur une bande de 100 Hz de largeur. Un modem Sigfox ne peut émettre plus de 30 secondes par heure environ, soit six messages par heure.

Chaque objet et chaque station possèdent un identificateur unique Sigfox. Les messages sont transmis et signés grâce à cet ID. Cette signature authentifie l'objet Sigfox.

La transmission s'effectue en mode « fire and forget » : le modem n'attend aucun acquittement de la part des stations de base recevant les messages, et le modem n'a aucune connaissance des stations situées dans son champ d'émission radio.

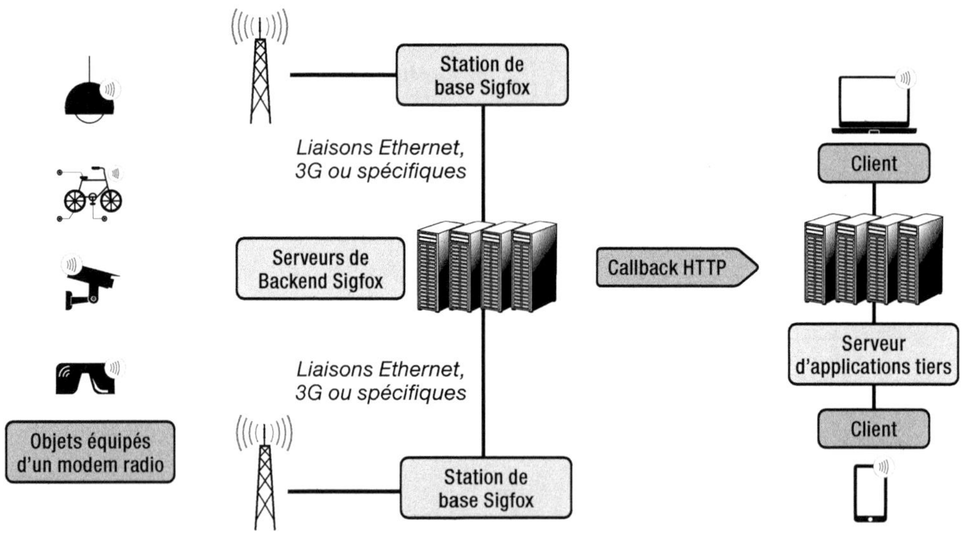

Figure 21.3

Un exemple de réseau Sigfox

LoRa

LoRa (Long Range) est une technologie développée par la société américaine Semtech au début des années 2010. Cette technologie est poussée par la LoRa Alliance, qui a été créée en 2014 pour développer ses spécifications techniques. Actuellement, il existe deux versions du protocole, LoRa point-à-point (LoRa MAC) et LoRaWAN 1.1.

Trois classes d'objets LoRaWAN ont été définies : la classe A des objets avec une communication bidirectionnelle, la classe B des objets avec une communication bidirectionnelle de beacons et une classe C des objets en communication bidirectionnelle continue.

Les communications ont un débit allant de 0,3 à 50 kbit/s. Elles sont chiffrées en AES128. L'architecture d'un réseau LoRa est illustrée à la figure 21.4.

Le protocole utilisé dans la technologie LoRa est LoRaWAN. Il permet de connecter des objets sur une antenne LoRa qui sert de passerelle et permet aux paquets d'atteindre des serveurs d'application. Le fonctionnement du protocole LoRaWAN est décrit à la figure 21.5.

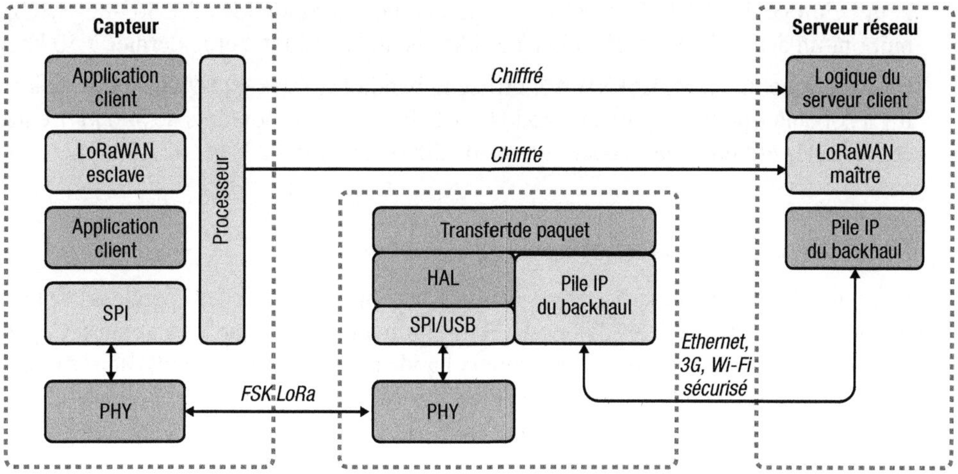

Figure 21.4

Architecture d'un réseau LoRa

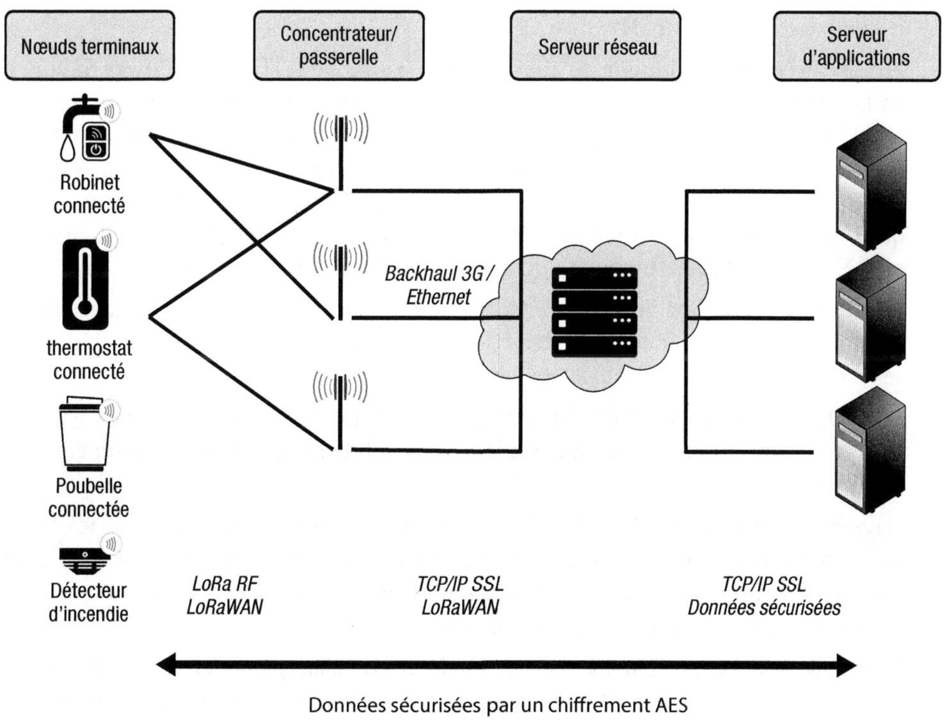

Figure 21.5

Fonctionnement du protocole LoRaWAN

Pour l'Europe, LoRaWAN possède dix canaux dans la bande ISM des 863-868 MHz, dont huit ont un débit allant de 250 bit/s à 5,5 kbit/s, un à 11 kbit/s et le dernier à 50 kbit/s.

En Amérique du Nord, LoRaWAN utilise la bande ISM des 902-928 MHz. Dans ce cas, il y a soixante-quatre canaux de 125 kHz plus huit canaux montants de 500 kHz entre 902 et 923 MHz et huit canaux descendants de 500 kHz entre 923,3 et 927,5 MHz.

Les réseaux de la 5G

Une autre direction pour créer un réseau pour les objets est celle des opérateurs de télécommunications. Ils ont déjà les pylônes et il ne leur manque plus que les antennes. Cependant, passer de canaux large bande à des canaux bande étroite (NarrowBand) est très complexe. Le premier réseau dédié aux objets est le LTE-M.

Trois nouvelles normes sont proposées pour l'Internet des objets : le LTE-MTC (Machine Type Communication) ou simplement LTE-M, le NB-LTE-M (NarrowBand LTE-M) et le NB-IoT (NarrowBand-IoT). Ces trois solutions s'intègrent à la solution LTE actuelle afin de profiter simplement de l'infrastructure existante. Le LTE-M fait partie des releases 12 et 13 du 3GPP, le standard ayant été finalisé en 2016. Il est constitué de blocs de fréquences d'environ 230 kHz et six blocs peuvent être utilisés simultanément, ce qui représente une bande passante de 1,4 MHz.

Le LTE-M est très économe en énergie dans son mode LTE-PSM (Power Saving Mode) de la release 12 (mode économie d'énergie). Le mode PSM est une partie importante du LTE-M, car il permet aux objets de rester connectés sans avoir à se joindre au réseau quand il se réveille, mais qu'il n'a rien à transmettre. Ce mode a été étendu en utilisant un cycle de répétition discontinue étendue eDRX (Extended Discontinuous Reception), qui signifie que l'objet peut s'endormir et ne communiquer avec l'antenne qu'à des instants précis. Le eDRX a été créé spécifiquement pour le LTE-M dans la release 13.

L'avantage du LTE-M vient de son utilisation dans le cadre standard des réseaux LTE. En d'autres termes, un opérateur cellulaire doit simplement télécharger de nouveaux logiciels sur ses stations de base pour l'activer et n'a pas à investir dans l'acquisition de nouvelles antennes.

Le LTE-M offre un débit de données plus élevé que le NB-LTE-M, mais il est capable de transmettre de gros blocs de données. Les débits se situent théoriquement autour de 100 kbit/s.

La génération suivante, le NB-IoT, est une amélioration du LTE-M vers les bas débits, avec une consommation encore diminuée. La bande maximale est de 200 kHz et le débit maximal de 150 kbit/s. L'avantage par rapport au LTE-M est de ne plus avoir besoin d'une passerelle pour envoyer le flot vers un serveur.

Une autre solution est également testée en dehors du champ du LTE avec la réutilisation du GSM, qui dispose justement de canaux très étroits et qui est abandonné depuis le passage de la parole téléphonique en VoIP dans le canal de données du LTE. Cette solution, appelée EC-GSM (Extended Coverage-GSM), permet de réaliser des réseaux de connexion d'objets à des coûts extrêmement bas du fait de la réutilisation d'une technologie déjà amortie.

Les réseaux PAN et LAN

Une solution importante pour l'Internet des objets provient des réseaux classiques PAN (Personal Area Network) et LAN (Local Area Network). Les PAN sont évidemment bien appropriés pour connecter les objets. La plupart d'entre eux étant détaillés au chapitre 19, le présent chapitre ne revient que sur la version Bluetooth LE (Low Energy), avec un exemple d'utilisation des objets pour le marketing de proximité.

Les LAN sont représentés par Wi-Fi. Les réseaux Wi-Fi sont détaillés au chapitre 20, à l'exception de celui dédié à la connexion des objets, IEEE 802.11ah, dont le nom commercial est Halow.

Avant d'aborder cette catégorie de réseau, rappelons que la portée d'un réseau est fortement associée à la fréquence utilisée. La figure 21.6 illustre les portées correspondant aux fréquences utilisées dans le Wi-Fi. Halow est évidemment celui qui permet les plus longues distances entre l'antenne et le terminal puisqu'il utilise la fréquence de la bande libre ISM autour de 900 MHz. Pour la même puissance d'émission, la fréquence de 2,4 GHz porte nettement moins loin et celle de 5 GHz encore moins loin.

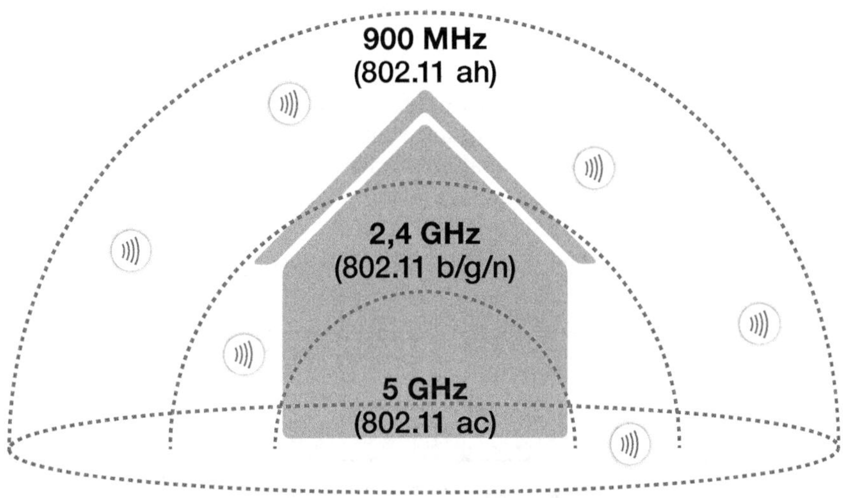

Figure 21.6

Portée des signaux en fonction de la fréquence

Un avantage de l'utilisation de fréquences basses, situées en dessous du gigahertz et juste un peu au-dessus des fréquences des opérateurs dites en or parce qu'elles valent de l'or et qui se situent dans les bandes 700 et 800 MHz, provient d'une consommation énergétique beaucoup plus faible. En effet, les ondes se propageant mieux, même en doublant la portée, le composant Wi-Fi consomme moins. On peut également mettre en avant le mode veille pour économiser l'énergie, ainsi que le débit nettement plus faible qui permet de transporter des signaux plus robustes.

Le standard Halow est donc bien adapté aux objets utilisant une pile ou une petite batterie.

Pour entrer un peu plus avant dans les caractéristiques de Halow, notons que son débit crête est assez complexe à déterminer puisqu'il dépend de la largeur de bande utilisée, laquelle dépend elle-même de la région du globe où se situe le point d'accès. Il est possible d'utiliser des canaux de 2 MHz, 4 MHz, 8 MHz ou 16 MHz, avec, en fonction de l'éloignement de l'utilisateur par rapport à l'antenne, des débits crête variant de 0,65 Mbit/s jusqu'à 234 Mbit/s. Le débit peut même être porté à 347 Mbit/s si quatre flux parallèles peuvent être pris en compte simultanément au lieu de trois dans le meilleur des cas aujourd'hui.

Pour réguler le trafic et empêcher que trop d'objets n'émettent en même temps, une fenêtre d'accès RAW (Restricted Access Window) permet de réaliser des groupes qui n'ont le droit d'émettre que sur certains intervalles de temps. Cela diminue les contentions entre les stations et évite un trop grand nombre de collisions dans la technique d'accès CSMA/CA.

Ce premier mécanisme est complété par un autre, qui permet de réaliser à la fois des économies d'énergie et une régulation supplémentaire du trafic. Ce mécanisme, appelé TWT (Target Wake Time), détermine un ensemble de périodes de temps pendant lesquelles l'objet a le droit d'accéder au point d'accès. Ces périodes, qui peuvent être très éloignées les unes des autres, permettent de mettre en veille l'objet en attendant sa prochaine période d'émission.

Pour compléter la panoplie des moyens permettant de réduire le nombre d'accès simultanés, une sectorisation peut être effectuée grâce à des antennes directives. Cette partition évite les collisions entre des objets se trouvant dans des secteurs distincts.

La figure 21.7 introduit quelques cas d'usage du réseau Wi-Fi Halow. Le premier correspond à des commandes réalisées sur une distance qui peut être longue, de l'ordre du kilomètre. Le deuxième est celui d'une consommation très basse afin que l'objet puisse tenir des années avec une simple batterie. Le troisième illustre l'avantage de se trouver dans un environnement Wi-Fi, qui permet de trouver le bon débit et la bonne portée. Le quatrième donne un exemple d'interopérabilité avec d'autres environnements IP.

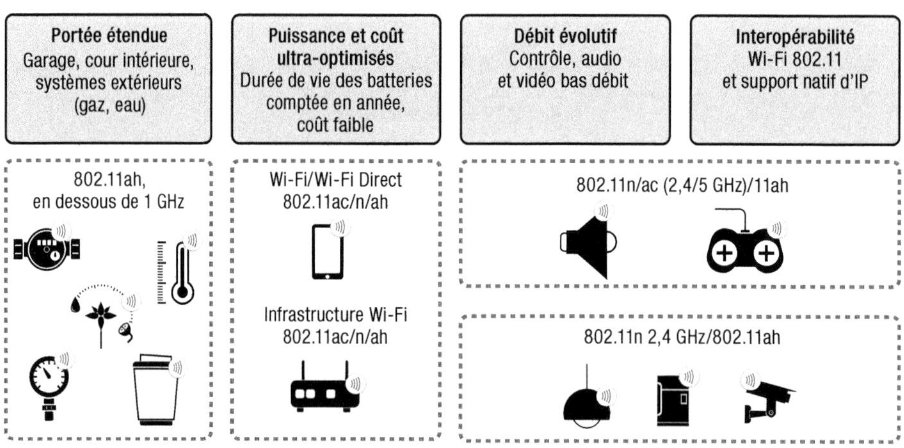

Figure 21.7

Exemples d'usage de Wi-Fi Halow

Une autre version importante de Wi-Fi pour l'Internet des objets est WiGig, qui est destiné aux objets à fort débit, comme les caméras vidéo haute définition. Quelques interconnexions réalisées en WiGig sont illustrées à la figure 21.8.

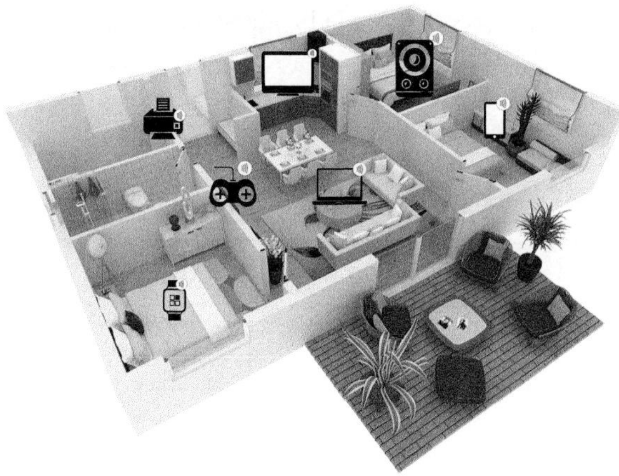

Figure 21.8

Exemples de connexions WiGig

ZigBee (IEEE 802.15.4) peut utiliser différentes bandes de fréquences, celle de 2,4 GHz de Wi-Fi, mais surtout celle dans les environs de 900 MHz, d'une portée bien meilleure et à très faible consommation. On peut atteindre 250 kbit/s jusqu'à 10 mètres avec au maximum deux cent cinquante-cinq appareils. Les applications sont nombreuses, en particulier au domicile, comme l'illustre la figure 21.9, où ZigBee intervient dans de nombreuses connexions de capteurs : sécurité, température, luminosité, etc.

Figure 21.9

Exemple de réseau ZigBee au domicile

Une version améliorée de ZigBee provient de l'IEEE 802.15.4a, qui utilise, suivant le pays, la bande des 800 ou 900 MHz. Le débit est alors de 20 kbit/s, mais avec une portée de 75 mètres. Le nombre maximal de connexions correspond à soixante-cinq mille appareils.

La figure 21.10 décrit les caractéristiques des connexions ZigBee sur la bande des 2,4 GHz, la bande européenne des 868 MHz et la bande américaine des 915 MHz.

	Bande	Couverture	Débit	Nombre de canaux
2,4 GHZ	ISM	Monde	250 kbit/s	16
868 GHZ	-	Europe	20 kbit/s	1
915 GHZ	ISM	Amérique	40 kbit/s	10

Figure 21.10

Les principales bandes de fréquences utilisées dans ZigBee

Les réseaux de capteurs

Un réseau de capteurs se définit comme un ensemble de capteurs connectés entre eux, chaque capteur étant muni d'un émetteur-récepteur. Les réseaux de capteurs forment une nouvelle génération de réseaux aux propriétés spécifiques, qui n'entrent pas dans le cadre des architectures classiques. Cependant, l'arrivée de l'Internet des objets a modifié la vision de ces réseaux, qui peuvent certes continuer de constituer un ensemble fermé, mais également à présent s'ouvrir sur Internet. Des capteurs assez particuliers proviennent de ce que l'on appelle les poussières intelligentes (*smart dust*). Ces poussières, pratiquement invisibles, comportent un équipement radio en plus des traitements liés au capteur interne.

La miniaturisation des capteurs pose des problèmes de communication et de ressources d'énergie. Il faut que le capteur soit suffisamment intelligent pour rassembler l'information requise et l'émettre à bon escient. De plus, le processeur du capteur ne doit pas être utilisé trop intensivement afin de consommer le moins d'énergie possible. Il doit donc incorporer des éléments réactifs plutôt que cognitifs. Enfin, pour assurer un bon débit, la portée des émetteurs-récepteurs doit être nécessairement faible, de l'ordre d'une dizaine de mètres. En résumé, la mise en place d'un réseau de capteurs pose des problèmes de routage, de contrôle des erreurs et de gestion de l'alimentation.

Du point de vue de la communication, l'environnement des protocoles IP est trop lourd et engendre un débit trop important ainsi qu'une surconsommation. Les solutions qui ont été dérivées des réseaux de terrain, ou réseaux industriels temps réel, présentent un meilleur compromis entre efficacité et énergie consommée. Comme les capteurs peuvent être disposés par centaine au mètre carré, l'adressage IPv6 représente une première solution évidente pour gérer le problème des adresses. Cependant, l'implémentation dans ces réseaux de capteurs d'une pile protocolaire TCP/IP ou même UDP/IP est souvent impossible.

Pour le moment, les problèmes de sécurité et de qualité de service sont mis au second plan par rapport aux problèmes de consommation. Un champ de recherche important est en tout cas ouvert pour rendre les réseaux de capteurs efficaces et résistants.

WiBree et 6LowPAN forment des solutions réservées aux capteurs. Wibree est une technologie très basse consommation d'une portée de 10 mètres et d'un débit de 1 Mbit/s. Cette solution a été développée par Nokia pour concurrencer à la fois ZigBee et Bluetooth. Elle a néanmoins été intégrée à Bluetooth en 2009 pour donner un produit appelé Bluetooth LE (Low Energy).

Les réseaux 6LowPAN (IPv6 over Low power Wireless Personal Area Networks) proviennent d'un groupe de travail de l'IETF. L'objectif est clairement de permettre la continuité du protocole IP sur des machines peu puissantes et avec une puissance électrique limitée.

L'utilisation de la norme IPv6 pour obtenir un très grand nombre d'adresses pour les immenses réseaux de capteurs pose problème. En effet, les 16 octets occupés par l'adresse de l'émetteur ajoutés aux 16 octets d'adresse du récepteur plus les champs obligatoires entraînent une mauvaise utilisation de la liaison radio pour transporter les informations de supervision. Cela peut devenir réellement problématique du fait du peu d'énergie dont dispose le capteur. ZigBee, à l'inverse, limite la longueur de sa trame à 127 octets, ce qui peut aussi poser des problèmes si l'information à transporter venant d'un capteur est longue.

Les réseaux de capteurs forment des réseaux mesh, et il leur faut un protocole de routage. L'utilisation d'un protocole comme IEEE 802.11s associé à des adresses IPv6 serait catastrophique pour la longévité de la batterie des capteurs. Pour cette raison, les propositions actuelles sont beaucoup plus simples, avec des protocoles comme LOAD (6LowPAN Ad-hoc Routing Protocol), une simplification d'AODV, DyMO-Low (Dynamic MANET On-demand for 6LowPAN), une simplification de DyMO, du groupe de travail MANET, et Hi-Low (Hierarchical Routing over 6LowPAN), qui comporte un adressage hiérarchique. Ces différents protocoles proviennent de propositions de l'IETF et donc de la normalisation des réseaux ad-hoc, mais en ne prenant pas en compte toutes les options.

Une autre caractéristique importante des protocoles des réseaux de capteurs concerne la découverte de service, qui doit permettre la mise en marche du réseau de façon automatique. L'IETF joue également un rôle important dans ce domaine en proposant plusieurs solutions, dont une orientée capteurs : LowPAN Neighbor Discovery Extension. Ce protocole est une réduction de la norme Neighbor Discovery concernant tous les éléments consommateurs d'énergie, comme le broadcast et la gestion du multicast.

On l'a vu, un réseau de capteurs particulier est proposé avec les poussières intelligentes, dont l'objectif est de développer des capteurs en nanotechnologie et de les relier entre eux par un réseau de type ad-hoc ou mesh. La poussière intelligente tient dans un espace inférieur au millimètre cube, d'où son nom de poussière. Dans cette poussière se trouvent tous les composants nécessaires pour réaliser un ordinateur communiquant : un processeur, de la mémoire, de la radio, une batterie, etc.

La problématique principale est ici encore la sauvegarde de l'énergie lors de l'exécution des fonctions du capteur. En particulier, la partie réseau doit mener à des communications dépensant très peu d'énergie. L'université de Berkeley a ainsi conçu un système d'exploitation et des protocoles spécifiques, nommés TinyOS et Tiny protocol. Le TinyOS a été écrit dans un langage C simplifié, appelé nesC, qui est une sorte de dialecte destiné à optimiser l'utilisation de la mémoire.

RFID

La RFID (Radio-Frequency Identification), ou radio-identification, a été introduite pour réaliser une identification des objets, d'où son autre nom d'étiquette électronique.

Les étiquettes électroniques sont interrogées par un lecteur, qui permet de récupérer l'information d'identification. Les étiquettes électroniques sont utilisées dans de nombreuses applications, allant du suivi d'animaux à des étiquettes pour magasin.

Il existe deux grands types d'étiquettes électroniques : les étiquettes passives et les étiquettes actives. Les étiquettes passives ne possèdent aucune ressource d'énergie. Elles sont allumées par un lecteur qui procure un champ électromagnétique suffisant pour générer un courant électrique permettant l'émission par une onde radio des éléments binaires stockés dans une mémoire EEPROM constituant l'identification RFID. Une étiquette passive est illustrée à la figure 21.11. L'antenne doit être architecturée de sorte à recevoir le champ électromagnétique du lecteur et émettre son identité.

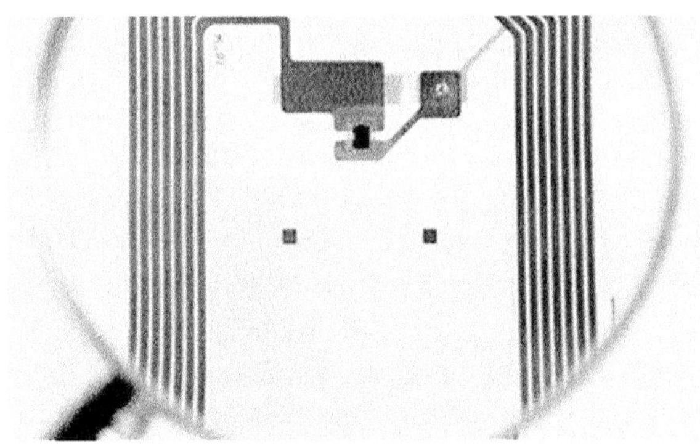

Figure 21.11

RFID passive

Une RFID passive peut être très petite. Les équipements nécessaires étant limités, des tailles d'un dixième de millimètre sur un dixième de millimètre sont suffisantes. Le prix d'une étiquette électronique dépend du nombre d'éléments fabriqués dans une même passe. Il est possible de descendre à cinq centimes d'euro.

Les étiquettes électroniques actives disposent d'une source d'alimentation électrique dans le composant. Le premier avantage très important de ces étiquettes tient à la qualité de la transmission. Une session peut être ouverte entre le lecteur et la RFID de telle sorte qu'une retransmission puisse être réalisée automatiquement en cas de problème. Un autre avantage est la transmission avec une portée de plusieurs mètres entre la RFID et le lecteur, au lieu de quelques centimètres. Un inconvénient pourrait être la durée de vie de la batterie. Cependant, pour une utilisation standard de quelques lectures par jour, il est possible de dépasser la dizaine d'années.

La RFID active peut posséder une mémoire plus importante pour le stockage d'attributs associés à la valeur de l'identité.

Une RFID active est illustrée à la figure 21.12.

Figure 21.12

RFID active

Utilisation des RFID

Une application très connue des RFID est le passeport électronique. Le composant de l'étiquette électronique contient les informations qui sont imprimées sur le passeport lui-même, ainsi qu'une photo numérisée du propriétaire du passeport.

Les titres de transport forment une seconde application des RFID. Par exemple, les tickets du métro parisien contiennent une étiquette électronique qui mémorise un ensemble d'informations comprenant la date et l'endroit de l'achat. Des solutions plus sophistiquées sont mises en œuvre dans les transports publics de Séoul, où l'étiquette devient active et contient de l'argent pour permettre l'utilisation d'un même ticket plusieurs fois.

Des barrières de péage pour autoroute utilisent également cette solution de RFID active, avec des portées de quelques mètres. L'étiquette active permet de soustraire le prix du péage de la somme d'argent stockée dans la mémoire. De même, des barrières de péage pour des remontées mécaniques dans de nombreuses stations de ski françaises utilisent des RFID actives.

Une autre application assez immédiate est le suivi des voitures pour détecter les voitures volées lors du passage près d'un lecteur.

Enfin, une des applications les plus connues concerne les inventaires et les achats dans les magasins. Les inventaires peuvent s'effectuer plus souvent et avec moins d'erreurs. Les achats posés dans un caddy peuvent de la même façon être lus par le lecteur et apporter une grande simplification à la procédure de paiement des achats dans un magasin.

La technologie RFID

Les fréquences de transmissions de la RFID sont indiquées au tableau 21.1. Elles sont déterminées par les organismes de normalisation locaux ou régionaux.

Fréquence pour les RFID	Commentaire
125 kHz (LF)	Première solution permettant une portée relativement importante pour les RFID passifs
13,56 MHz (HF)	Une des fréquences standardisées très utilisée pour les RFID passifs
400 MHz	Quelques utilisations spécifiques, comme la détection des voitures volées
865-868 MHz (UHF)	Bande de fréquences normalisées en Europe pour une utilisation intensive des RFID
902-928 MHz (UHF)	Bande de fréquences normalisée pour l'Amérique du Nord
2,4-2,483 5 GHz	Bande libre ISM dans laquelle devraient se développer de nombreuses applications RFID.

TABLEAU 21.1 • Fréquences de transmission des RFID

EPCglobal

Les RFID ont pour objectif de donner l'identité des objets auxquels ils sont adossés. La normalisation de cette identification a été réalisée par le consortium EPCglobal. Deux générations sont disponibles : EPC Gen1 et EPC Gen2. La présente section s'intéresse surtout à cette deuxième génération, sortie à la mi-2006, qui a permis à la RFID de devenir une technique industrielle.

EPC Gen2 est l'acronyme d'EPCglobal UHF Class1 Generation 2. Cette spécification est sortie dans sa version 1.1 en mai 2006. Elle prend en charge le protocole entre le lecteur, d'une part, et la RFID et l'identification, d'autre part. L'objectif du protocole est de lire, écrire et tuer une RFID, de telle sorte que les lecteurs vendus par n'importe quel équipementier soient interchangeables.

La procédure de lecture est définie en utilisant un système à base de tranches temporelles (slots) muni d'un système anticollision. En effet, un lecteur pouvant allumer simultanément un grand nombre de RFID, des lectures simultanées des différentes étiquettes entraîneraient des collisions. Une signalisation permet de définir la fréquence, le codage utilisé (entre DSB-ASK, SSB-ASK et PR-ASK) et le débit du canal. Le système anticollision permet à chaque lecture simultanée que seulement la moitié des objets qui ont pu transmettre puisse transmettre de nouveau dans la lecture suivante. Au bout d'un certain nombre de collisions, une seule RFID transmet avec succès. L'algorithme est conçu de telle sorte que chaque RFID passe ensuite à tour de rôle. La vitesse de lecture peut atteindre 640 kbit/s.

L'identité de l'objet est déterminée par l'EPCglobal Electronic Product Code. La Gen1 utilise 96 bits tandis que la Gen2 passe à 256 bits de longueur. Un exemple de cette identification pour la Gen1 est illustré à la figure 21.13. La figure 21.14 indique les champs de l'identification dans la Gen2. Cette solution est beaucoup plus complexe, car elle fait appel à des filtres intermédiaires qui déterminent les longueurs des champs suivants. Il est à noter que le numéro de série passe de 36 à 140 bits, ce qui permet, pour un article donné, de ne jamais repasser par la valeur 0.

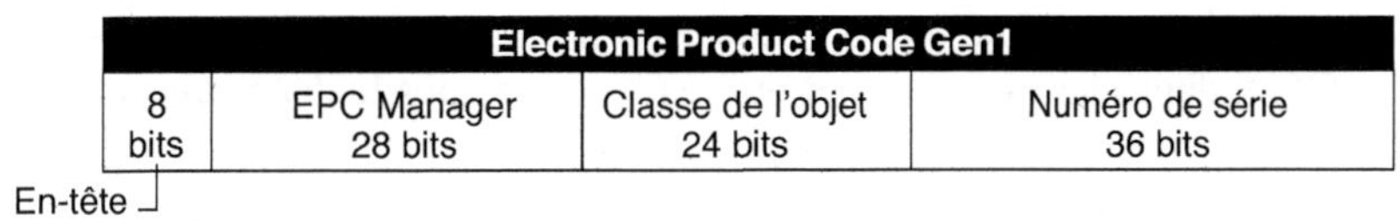

Figure 21.13

Structure de l'Electronic Product Code GEN1

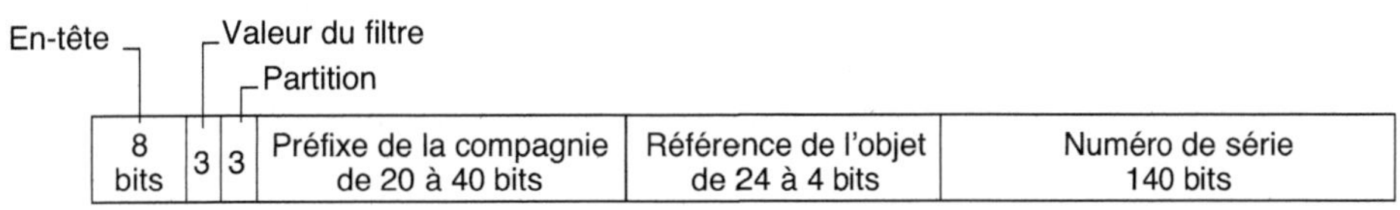

Figure 21.14

Structure de l'Electronic Product Code GEN2

Sécurité des RFID

La sécurité est un problème épineux du monde des RFID. En effet, la lecture d'une RFID passive peut se faire facilement à l'aide d'un lecteur d'une personne tierce. De même, la vie privée peut être mise à mal par le suivi et la traçabilité de tout ce qui concerne un individu.

Des solutions sont disponibles, comme le chiffrement de l'identifiant dans l'étiquette ou le changement de la valeur de l'étiquette après chaque lecture. Ces solutions reposent sur un middleware capable d'interpréter les valeurs des étiquettes ou de suivre les changements de valeur.

Les étiquettes actives peuvent ouvrir une session d'authentification permettant un échange avec le lecteur, qui joue alors le rôle de serveur d'authentification. Il faut dans ce cas un circuit électronique dans l'étiquette capable de chiffrer un texte émis par le serveur d'authentification. Cependant, la longueur des clés est si faible que la possibilité de les casser après une suite de tentatives d'authentification n'est pas négligeable. De nombreuses propositions ont été effectuées en utilisant l'algorithme anticollision, qui permet de sérialiser la lecture des étiquettes, pour l'authentification.

Mifare

Mifare est la plus répandue des cartes à puce sans contact, avec quatre milliards de cartes en circulation dans le monde. Son nom provient de la société qui l'a créée, Mikron, le nom de la carte étant Mikron FARE. Mikron a été rachetée par Philips, qui a cédé la propriété de cette technologie à sa filiale NXP. Il existe deux sous-types de cartes Mifare : Mifare Classic, qui n'utilise qu'une partie du jeu de commandes de Mifare, et Mifare de NXP, qui met en œuvre tout le jeu de commandes.

Les cartes communiquent avec un lecteur dont la distance doit être située en dessous de 3 centimètres. Cela donne une certaine sécurité à la communication, qui reste très localisée. Cependant, des attaques ont été réalisées par des lecteurs très spécifiques placés à quelques mètres. Si l'on veut être sûr de la communication, il vaut mieux chiffrer les données à transmettre.

Ces cartes sont peu puissantes, afin de maintenir leurs coûts à des niveaux extrêmement bas. Les Mifare Classic possèdent un numéro de série de 4 ou 7 octets et une mémoire de stockage de 512 octets à 4 Ko. La version la moins chère est la Mifare Ultralight, qui sert en général de ticket jetable.

Les cartes Mifare T=CL utilisent des éléments sécurisés du même type que les cartes à puce avec contact et rendent globalement le même type de service.

La carte la plus évoluée est Mifare DESfire, qui possède une mémoire de stockage plus importante et un système d'exploitation évolué, ainsi que des chiffrements avec AES et 3DES.

Les cartes Mifare servent à de nombreuses applications, dont les plus répandues sont la lecture d'un numéro de série, qui permet de déclencher une action si ce numéro est accepté par le lecteur, la lecture d'un identifiant mémorisé dans la carte ou le stockage de données. Pour la première application, on se sert du numéro de série de la carte, sur 4 ou 7 octets. Dans le deuxième cas, il faut introduire dans la carte l'identifiant, qui peut être chiffré par celle-ci pour peu qu'elle possède un élément sécurisé capable d'effectuer des calculs cryptographiques.

NFC

Le standard NFC (Near Field Comunication) est un cas particulier des communications RFID. Il permet de faire communiquer une RFID avec un lecteur sur une distance maximale de deux centimètres. Il s'agit d'une communication sans contact, avec, par exemple, une carte à puce ou un microcontrôleur sécurisé.

Les applications de ce type sont nombreuses et variées. La plus classique est le paiement sur téléphone mobile. Avec son mobile, un client peut recharger son compte par simple appel téléphonique ou transfert de donnée bas débit vers un serveur. Une fois le compte rechargé, le mobile sert de clé pour payer tout un ensemble de services. Pour l'utilisation du métro, par exemple, il suffit de passer le mobile près du lecteur pour que la communication radio valide l'achat du ticket.

Les débits de la communication NFC sont assez faibles : 106, 212, 424 et 848 kbit/s. La gamme de fréquences est celle des 13,56 MHz. Les normes proviennent de l'ISO/IEC. Le Forum NFC a été créé par Philips et Sony.

La sécurité de la communication est assurée par la très petite distance entre l'émetteur et le récepteur et par la présence de la carte à puce. Cependant, malgré la distance maximale de 3 centimètres, des attaques ont été réalisées en 2012 pour écouter du NFC à distance. De ce fait, il est conseillé de chiffrer la communication.

La section suivante donne un exemple d'utilisation du NFC avec la clé mobile.

La clé mobile

Les clés de voiture, de son domicile ou des portes d'hôtel peuvent être incluses dans un smartphone. L'un des avantages de ces clés mobiles est de pouvoir être transmises, par exemple à un ami qui attend devant votre porte ou par un loueur de voitures. Le fonctionnement de cette application est décrit en prenant pour exemple l'ouverture d'une chambre d'hôtel par un smartphone.

Les clés mobiles sont stockées dans un serveur sécurisé ou dans un datacenter dans un Cloud. Vous disposez de votre smartphone, comportant une zone sécurisée pour y stocker la clé, et la porte de la chambre est une serrure NFC. L'environnement obtenu est décrit à la figure 21.15.

Tout d'abord, vous réservez votre chambre grâce à votre smartphone. Le smartphone doit contenir un élément sécurisé, c'est-à-dire un emplacement que l'on ne peut pas atteindre facilement de l'extérieur. Cet élément sécurisé peut être de différents types en fonction du terminal (smartphone, tablette ou PC portable). Ce peut être la carte SIM de l'opérateur, mais il faut dans ce cas disposer de l'autorisation de celui-ci pour l'utiliser. Ce peut être aussi une SIM dite soudée (Embedded SIM), qui est l'équivalent d'une carte à puce, mais insérée par l'équipementier qui a construit le smartphone. La plupart du temps, c'est un composant de la société NXP. Ce peut encore être une carte mémoire (carte SD) qui s'incruste dans le portable. Enfin, comme indiqué à la figure 21.16 ce peut être une carte à puce intermédiaire (une carte de fidélité de l'hôtel où vous souhaitez vous rendre) qui communique avec le portable par NFC. Le portable, dans ce cas, est vu comme un modem faisant communiquer la carte à puce externe avec le serveur de clés. Le serveur de clés se trouve dans un Cloud de sécurité (*voir le chapitre 24*). La porte est elle-même NFC et peut être ouverte par une clé mobile sur le smartphone ou la carte NFC externe.

À votre arrivée dans les environs de l'hôtel, détectée par le GPS du smartphone, l'hôtel transfère la clé de la chambre dans la zone sécurisée de l'élément de sécurité du smartphone ou directement dans la carte à puce NFC externe. Il suffit alors de s'approcher de la porte pour l'ouvrir.

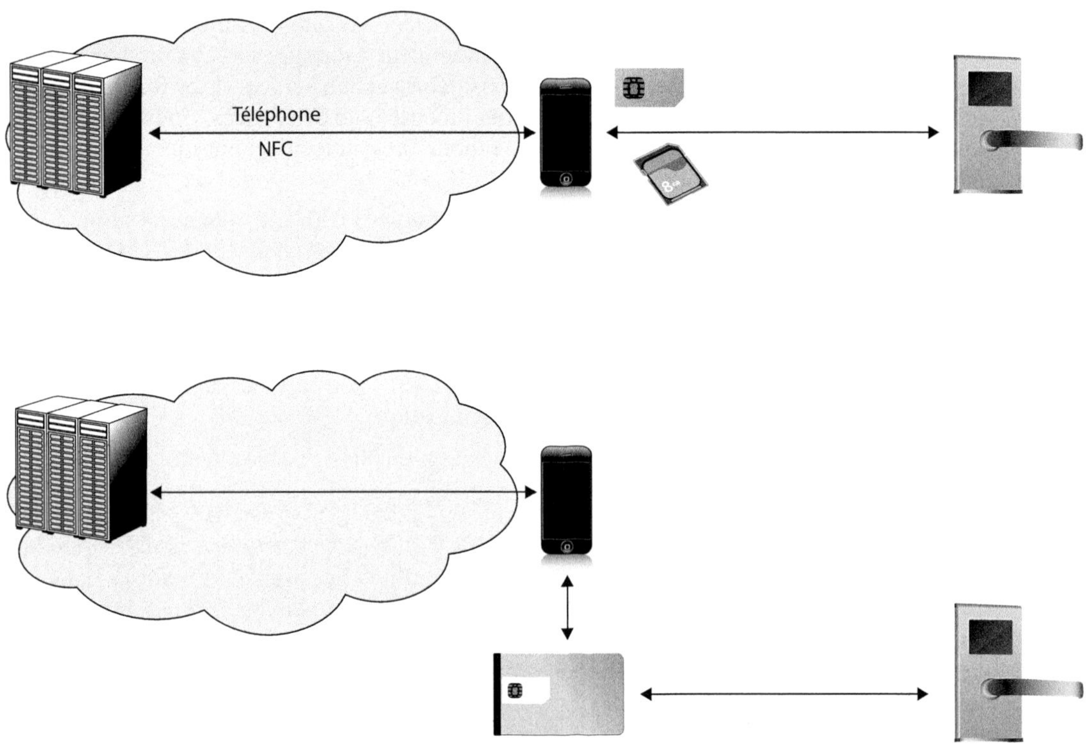

Figure 21.15

Environnement de la clé mobile

Le paiement sans contact NFC

Depuis la fin de 2017, toutes les cartes bancaires françaises émises possèdent le sans-contact. De même, la plupart des smartphones possèdent une puce NFC. Avant l'arrivée de NFC, d'autres systèmes de paiement avaient été essayés, comme le paiement par SMS, un modèle de paiement direct et une solution utilisant le WAP.

Dans le cadre du NFC, le mobile doit être approché à moins de deux centimètres du terminal de paiement. Deux grands axes se sont mis en place pour cela, le prépaiement et le paiement direct. Dans le premier cas, le terminal est vu comme un porte-monnaie électronique : à chaque transaction, de l'argent est prélevé dans le porte-monnaie. Le paiement pour une somme maximale très faible peut être assimilé à ce premier axe. Le deuxième cas demande plus de sécurité puisque le paiement s'effectue directement sur le compte de l'utilisateur, pour des sommes qui sont en général bien supérieures.

Il existe quatre modèles possibles de paiement mobile :

- **Operator-Centric Model.** L'opérateur mobile déploie seul ses services de paiement mobile. Il doit fournir pour cela un portefeuille mobile indépendant du compte de l'utilisateur. Ce cas est assez rare, car les opérateurs ne sont pas liés aux grands réseaux de paiement internationaux. L'opérateur du réseau de mobiles doit gérer l'interface avec le réseau bancaire pour pouvoir fournir des services avancés de paiement mobile. Ce modèle a été lancé dans quelques pays émergents, mais ils ne couvrent que très partiellement les nombreux cas d'utilisation de services de paiement mobiles. Les paiements sont en général limités à des transferts ou à des sommes modiques.

- **Bank-Centric Model.** La banque déploie des applications de paiement mobiles associées à des équipements client et demande aux commerçants de posséder les équipements nécessaires pour réaliser les ventes. Les opérateurs de réseau de mobiles sont utilisés comme réseau de transport, avec la qualité de service et la sécurité nécessaire aux fonctions de paiement.
- **Collaboration Model.** Ce modèle implique une collaboration entre les banques, les opérateurs mobiles et un tiers de confiance.
- **Peer-to-Peer Model.** Le prestataire de services de paiement mobile agit indépendamment des institutions financières et des opérateurs de réseaux de mobiles.

Google, PayPal, GlobalPay et GoPago utilisent une approche fondée sur le Cloud pour réaliser des paiements mobiles. Cette approche place le fournisseur de paiement mobile au centre de l'opération, ce qui implique deux étapes distinctes. Tout d'abord, une méthode de paiement associée au Cloud est sélectionnée, et le paiement est autorisé *via* NFC. Lors de cette étape, le fournisseur de paiement couvre automatiquement le coût de l'achat. Dans la seconde étape, une autre transaction est nécessaire : le fournisseur de paiement doit se faire rembourser du paiement et des frais associés par la banque de l'utilisateur.

Dans Apple Pay, les informations de paiement sont enregistrées de manière chiffrée dans l'élément sécurisé du smartphone (l'équivalent de la SIM soudée). Un identifiant temporaire et unique est généré pour chaque transaction, ce qui permet de ne divulguer ni le vrai numéro de la carte bancaire, ni le nom du détenteur au vendeur et de ne pas bloquer sa carte bancaire en cas de perte ou de vol du téléphone. Cette solution est appelée le paiement par jeton.

HIP (Host Identity Protocol)

L'IETF a développé plusieurs mécanismes pour intégrer les choses dans l'Internet. HIP est une technologie d'identification qui fait partie de cet ensemble. Ce protocole est normalisé par l'IETF dans les RFC 4423 et la série de RFC 5201 à 5207.

Le monde IP dispose de deux grandes solutions de nommage : les adresses IP et le système de noms de domaine. HIP a pour objectif de séparer l'identificateur extrémité et la localisation des adresses IP. Il introduit pour cela un espace de nommage fondé sur une infrastructure PKI. Cet espace permet de gérer le multihoming d'une façon sécurisée. Les adresses IP sont remplacées par des identificateurs d'hôte chiffrés, que l'on appelle des Host Identity (HI). L'utilisation du protocole HIP dans le cadre du multihoming est décrite au chapitre 16.

L'Internet des objets dans le médical

L'Internet médical est en plein essor, avec 7 milliards d'êtres humains à accompagner, à diagnostiquer et à soigner. L'idée est de suivre en continu les individus pour les conseiller ou les alerter sur des problèmes détectés. Chaque être humain peut être relié sans discontinuer à un Cloud, qui analyse les données provenant de capteurs disposés à l'intérieur et à la surface du corps.

La puissance du Cloud permet d'analyser, comparer et diagnostiquer grâce à cet ensemble de données stockées. Des caractéristiques essentielles à cet univers sont la sécurité, la « privacy », c'est-à-dire le caractère privé des données, et la très faible consommation des capteurs, qui doivent pouvoir fonctionner pendant des mois sans besoin de changer les batteries. Cet environnement se met en place petit à petit. Ses principales avancées du point de vue réseau sont décrites ci-après.

Le premier élément à développer concerne le réseau de capteurs à adapter au corps, que l'on appelle BAN (Body Area Network). Un exemple de BAN est illustré à la figure 21.16.

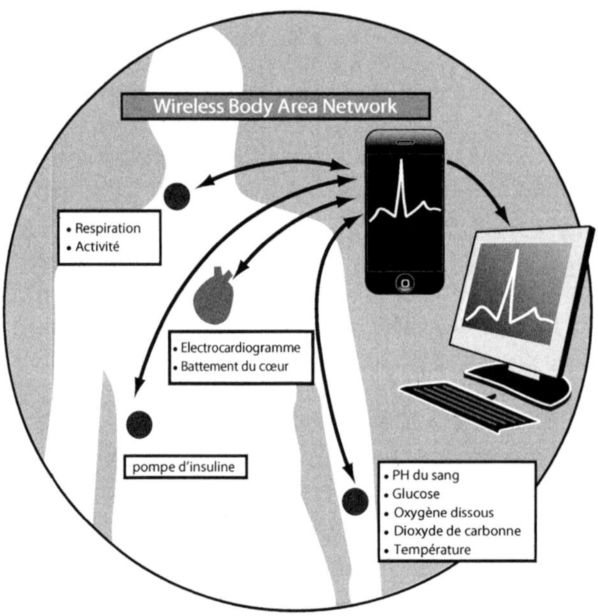

Figure 21.16

Exemple de réseau BAN (Body Area Network)

C'est le groupe de travail IEEE 802.15.6 qui s'occupe de sa normalisation. Les principales normes qui en sont sorties couvrent plusieurs fréquences et plusieurs technologies :

- 402 - 405 MHz pour les communications In-In-Out, c'est-à-dire internes au corps et de l'intérieur vers la surface du corps.

- Ultra Wideband (UWB), qui opère sur les bandes des 2,4 GHz et 3,1-10,6 GHz. La technologie UWB est décrite au chapitre 19.
- Entre 15 et 50 MHz pour les communications internes au corps.
- HBC (Human Body Communications), qui opère à 13,5, 400, 600 et 900 MHz pour les communications à la surface du corps. Cette communication utilise la conductivité du corps humain. L'intensité du courant électrique est alors extrêmement faible, de l'ordre du nanoampère.

Pour interconnecter les réseaux BAN avec le Cloud, plusieurs solutions sont envisagées : par le réseau LTE-M , puis NB-IoT dans la 5G, ou par une nouvelle génération de réseau Wi-Fi. Aux États-Unis, la FCC souhaite développer une bande spécifique pour le Wi-Fi médical, avec des standards en matière de sécurité beaucoup plus sévères que ceux du Wi-Fi d'aujourd'hui. La largeur de bande est de 40 MHz, avec une technologie à très basse consommation. La bande pour de telles connexions externes se situerait entre 2 360 et 2 400 MHz, c'est-à-dire juste en dessous de la bande Wi-Fi actuelle.

D'autres recherches, qui avancent bien, concernent l'utilisation de capteurs intégrés dans des « poussières intelligentes » capables de circuler dans le sang. Des analyses sont transmises régulièrement vers les capteurs externes, qui, eux-mêmes, transmettent vers le Cloud.

L'Internet des objets dans le domicile

Le domicile est un lieu où l'on trouve un grand nombre de capteurs très divers provenant de différents horizons : l'informatique, les télécommunications, la médecine et l'électronique. On voit, par exemple, des lits Internet qui possèdent des capteurs capables de détecter tous les mouvements et paroles durant la nuit afin d'établir un diagnostic de sommeil. Les portes, les objets de l'électroménager, les ampoules, les systèmes de sécurité, etc., sont eux-mêmes de plus en plus remplis de capteurs divers et variés. Un autre exemple vient des capteurs de présence, qui détectent si une personne se trouve dans une pièce ou non afin d'éteindre ou allumer automatiquement les ampoules. Globalement, on pronostique une centaine de capteurs par domicile aux environs de 2020.

Une bataille importante se livre pour déterminer la technologie de connexion qu'utiliseront tous ces capteurs dans le domicile. Le réseau de base est de type Ethernet, câblé ou Wi-Fi. De ce fait, la plupart des équipements se connecteront directement par une prise Ethernet ou grâce à une carte Wi-Fi. Sont également sur les rangs Bluetooth, 6LowPAN, ZigBee et NFC. Un contrôleur de communications devrait permettre de personnaliser toutes les connexions en leur assurant une sécurité adéquate, une disponibilité conséquente, une dépense énergétique raisonnable et un coût le plus bas possible.

Un des problèmes provient de la nouvelle génération de Home Gateway, qui repousse la gestion du protocole IP dans la machine terminale. Pour les téléviseurs, les téléphones et autres appareils assez importants, la présence d'un composant IP ne pose pas de problème : c'est ce que l'on rencontre dans l'IPTV ou la téléphonie IP. En revanche, pour un capteur ou un appareil très peu cher, il est soit impossible, soit trop coûteux d'introduire un composant IP et de disposer d'une machine intermédiaire telle qu'un contrôleur. Le contrôleur peut d'ailleurs être intégré dans la Home Gateway. Le protocole HIP peut intervenir pour réaliser les communications d'un côté avec le capteur, de l'autre avec la Home Gateway.

En conclusion, le domicile contient un grand nombre d'objets qu'il est possible de connecter. La Home Gateway est pour cela un équipement primordial qui permet de gérer, éventuellement par l'intermédiaire d'un contrôleur, non seulement les communications, mais aussi la sécurité et la qualité de service des objets du domicile.

Le marketing de proximité

Le marketing de proximité est un excellent exemple d'Internet des objets. Le marketing est actuellement dominé par le GAFA (Google, Apple, Facebook, Amazon) grâce à leur réseau capable de récolter des milliards d'informations de façon centralisée. À partir de toutes ces informations, un marketing peut être réalisé, surtout grâce à des envois de masse.

Le marketing de proximité est tout autre chose : il s'agit d'envoyer à chaque utilisateur, à bon escient, une publicité personnalisée dépendant du lieu exact où il se trouve, de ce qu'il fait à l'instant d'envoi de la communication et de son profil. Pour réaliser ce marketing de proximité, il faut donc avoir un profil précis de l'utilisateur, le géolocaliser et détecter ce qu'il est en train de faire. Pour cela, il faut monter tout un ensemble de capteurs capables de déterminer les informations nécessaires.

Les mécanismes du marketing de proximité

Le tableau 21.2 récapitule les différents mécanismes que l'on peut utiliser pour réaliser un profil d'utilisateur.

	WI-FI	NFC	BEACON	BLUETOOTH <4	SONS	2D CODE
Type de localisation	Géoposition par triangulation	Microlocalisation ponctuelle	Microlocalisation ponctuelle	Géoposition par triangulation	Microlocalisation ponctuelle	Microlocalisation ponctuelle
Technologie	Triangulation Wi-Fi	Near Field Communication	BLE (Bluetooth Low Energy)	Bluetooth	Reconnaissance de TAG audio/ ultrasons	Reconnaisance d'image
Avantages	– Utilise l'infrastructure Wi-Fi existante (+ possibilité d'ajout de nouvelles bornes au besoin) – Avec un paramétrage, possibilité d'identifier la position absolue de l'utilisateur – Compatible Android et IOS	– Finesse de la puce – Ne nécessite pas d'application	– Fonctionne en tâche de fond – Compatible Android et IOS	– Fonctionne en tâche de fond – Compatible Android et IOS	Compatible Android et IOS	– Simplicté de déploiement – Compatible Android et IOS

	WI-FI	NFC	BEACON	BLUETOOTH <4	SONS	2D CODE
Inconvénients	Nécessite une application	Nécessite une action utilisateur	Nécessite une application	Nécessite une application	Nécessite une application Faible précision	Nécessite une application
Usages	Localisation indoor	Localisation indoor discontinue	Localisation indoor relative	Localisation indoor absolue	Localisation indoor discontinue	Localisation indoor discontinue
Support device	Android	Android 23+	IOS 7+ Android 13+	IOS Android	IOS Android	IOS Android
Contraintes d'usage utilisateur	Wi-Fi activé	– Nécessite de scanner une puce NFC – Utilisation en extrême proximité (10 cm)	BLE activé	– Bluetooth activé – Consommation de batterie smartphone élevée		Nécessite de scanner un code 2D

Tableau 21.2 Principaux mécanismes du marketing de proximité

Les sections qui suivent décrivent d'abord le Beaconing, qui est la technique numéro un pour le marketing de proximité, puis les logiciels.

Le Beaconing

Un beacon est au départ une trame émise par un point d'accès Wi-Fi pour avertir de sa présence. À partir de cette idée d'avertissement, une technique différente a été mise en place sous le nom de Beaconing utilisant la version BLE de Bluetooth : Bluetooth Low Energy.

Les actions sont de trois types : le push, qui correspond à l'envoi d'une notification sur le mobile, l'affichage d'une page Web et la redirection vers l'application.

Il y a plusieurs utilisations possibles du Beaconing. En premier lieu, les beacons peuvent offrir des informations contextuelles au consommateur, par exemple une photo ou une vidéo se lançant sur le smartphone, ou bien une promotion sur un article à proximité de l'utilisateur. L'état de l'art montre que les derniers développements peuvent aller jusqu'à mettre des articles dans un panier et les payer localement ou en ligne.

Malgré quelques expérimentations avancées, l'utilisation du Beaconing est encore peu personnalisée et peut être vue surtout comme un moyen de pousser de l'information non ciblée vers l'utilisateur. En 2020, l'information poussée sera beaucoup plus personnalisée grâce à des profils utilisateurs décrits plus loin dans ce chapitre.

Le Geofencing

Le Geofencing est une technologie qui permet d'envoyer des messages ou des notifications en push aux utilisateurs lors de leur entrée ou départ d'une zone géographique.

Par exemple, au passage devant un restaurant, l'utilisateur reçoit un coupon de réduction. Un autre exemple pouvant être utilisé à l'arrivée dans un stade est la réception d'un plan pour trouver facilement sa place. Un troisième exemple consiste, pour un gestionnaire de réseau, à détecter les entrées ou les départs d'une machine appartenant à la société si celle-ci est munie de la technologie de Geofencing.

Cette technologie utilise le Bluetooth Low Energy ou les i-beacons d'Apple ou encore les « proximity beacons » de Samsung. La vitesse peut atteindre 1 Mbit/s en crête. Il faut bien sûr que l'utilisateur ait autorisé le logiciel associé de notification push, que ce soit par une application de shopping center, par exemple par un Bluetooth adapté, ou par une technique de push propriétaire. Les études montrent que ceux qui ont accepté un logiciel de push lisent les messages associés.

Pour réaliser le Geofencing, il faut de petits boîtiers adaptés au push, qui peuvent être portés par les points d'accès. Les éléments récupérés par cette technologie sont intégrés dans les données à traiter pour obtenir ou améliorer un profil utilisateur.

Wi-Fi

Wi-Fi est issu du groupe de travail IEEE 802 et est utilisé partout depuis de nombreuses années. Après l'arrivée des normes IEEE 802.11ac, ad et ah, ce groupe annonce 802.11af, ax et ay. L'amélioration est à la fois en débit et en portée pour le standard Halow (IEEE 802.11ah), qui atteint un kilomètre en vision directe. Les points d'accès Wi-Fi Halow, qui sont détaillés en début de chapitre, sont intégrés dans les environnements réseau dédiés au *smart marketing* afin de permettre de récupérer des données provenant des objets associés aux utilisateurs.

NFC

La communication en champ proche, en anglais NFC (Near Field Communication), est une technologie de radio-identification, ou RFID (Radio-Frequency IDentification), qui permet d'échanger des données à moins de 2 centimètres entre deux supports équipés.

La NFC se présente le plus souvent sous forme de puce et est intégrée sur des supports comme les smartphones, cartes de paiement ou cartes de transport public. Cette technologie rend possible un ensemble d'actions, telles que l'échange d'informations entre deux smartphones, le paiement par mobile, le déverrouillage des portes de voitures, etc. Apple ne l'a jamais implémentée dans ses iPhones, ce qui diminue son utilisation malgré l'implémentation de la communication en champ proche sur la plupart des smartphones sous Android.

La NFC permet évidemment de localiser précisément l'utilisateur.

La vidéo

La vidéo est encore rarement utilisée dans le marketing de proximité. Pourtant, la quantité d'informations provenant de cette application est considérable et pourrait permettre d'obtenir de nombreuses informations sur un individu.

La limite aujourd'hui est l'intégration de ces informations dans un champ plus vaste regroupant les données provenant d'autres connexions. La vidéo peut jouer un rôle important puisqu'il est facile d'implanter des caméras capables de couvrir 360 degrés. De telles caméras délivrent un flux, qui est analysé par le serveur de gestion du marketing de proximité afin de déterminer un certain nombre d'éléments, tels que le nombre de clients dans un magasin, le sexe d'un client particulier et bien d'autres informations utiles dans un profil utilisateur.

CMS

Les CMS (Campaign Management System) définissent des interfaces d'administration pour des campagnes utilisant des beacons.

Créer une campagne consiste en premier lieu à définir quels seront les critères de déclenchement d'une action puis quelle sera cette action. Les critères sont nombreux et varient d'une plate-forme à l'autre, mais les plus communs sont les suivants :

- Identifiant majeur du beacon ;
- Identifiant mineur du beacon ;
- Date de début et date de fin ;
- Proximité (immédiate, proche ou lointaine) ;
- Nombre maximal de fois que l'évènement s'applique à un même utilisateur.

Les actions peuvent être de trois types :

- Push : envoi d'une notification sur le mobile ;
- Affichage d'une page Web ;
- Redirection vers une section de l'application.

Plate-forme pour le marketing de proximité fondé sur la géolocalisation

Plusieurs plates-formes utilisant la géolocalisation, plus ou moins complètement, et disponibles chez des équipementiers comme Cisco ou Rukus visent à offrir des services de type Engage en utilisant essentiellement une localisation précise de l'utilisateur.

On peut citer CMX (Connected Mobile Experiences), de Cisco, qui géolocalise les clients, ajoute des informations déjà connues de l'utilisateur et, grâce à un traitement de type Big Data analytics, permet de réaliser des publicités ciblées.

Une autre plate-forme intéressante est SPoT (Smart Positioning Technology), de Rukus, qui combine des indicateurs de position et un environnement de machines virtuelles dans le Cloud répondant aux besoins des entreprises souhaitant réaliser du marketing de proximité. Les API SPoT permettent aux entreprises et aux fournisseurs de services d'intégrer les données de localisation à leurs propres applications. Un écosystème de partenaires fournit d'autres fonctionnalités qui s'intègrent à SPoT pour les applications de commerce de détail, transport, enseignement et autres marchés verticaux.

Analytics

Le data analytics est une fonctionnalité permettant d'analyser l'audience d'un site Web et de mesurer le retour des activités de marketing en ligne. Cette définition utilisée dans le marketing peut être généralisée pour une entreprise.

À l'origine, le data analytics, abrégé en DA, est une science consistant à examiner des données brutes dans le but d'en tirer des conclusions. Elle est utilisée dans de nombreuses industries afin de permettre aux entreprises et aux organisations de prendre de meilleures décisions. Dans le domaine scientifique, le data analytics est utilisé pour vérifier des théories ou pour réfuter des modèles existants.

Dans le marketing de proximité, le data analytics permet de réaliser des analyses sur un ensemble de données provenant des connexions diverses et variées vues précédemment, afin d'en tirer des profils client extrêmement précis.

Le machine learning

Le terme machine learning désigne un système d'intelligence artificielle dans lequel l'environnement déployé est doté d'un système d'apprentissage.

De très nombreux systèmes d'intelligence artificielle utilisés dans le cadre du marketing digital et du commerce s'appuient en plus ou moins grande partie sur une capacité d'apprentissage. Le machine learning est ainsi à la base des algorithmes d'optimisation publicitaire ou des moteurs de recommandation de produits. Ceux-ci se fondent notamment sur leur historique d'actions et de résultats pour « apprendre » et optimiser les créations, campagnes ou recommandations.

Le Big Data

Le Big Data désigne des ensembles de données qui deviennent tellement volumineux qu'il est difficile de les prendre en charge au moyen des outils classiques de gestion de base de données.

Le Big Data est un enjeu capital pour les entreprises, qui doit permettre aux annonceurs tout à la fois de mieux personnaliser leurs offres, mieux connaître leurs clients et mieux interagir avec eux.

Il doit en outre leur permettre de mieux comprendre quelle stratégie de réseaux sociaux est la plus adaptée aux clients, par exemple si des contenus publiés sur Twitter génèrent plus de trafic et d'engagement que des publications sur Facebook. Par la suite, l'entreprise peut adapter sa stratégie de communication afin de satisfaire les attentes des clients et les fidéliser.

Conclusion

L'Internet des objets est devenu une réalité, et les solutions pour connecter les objets sont nombreuses. Elles peuvent être classées en trois grands groupes : les connexions longue distance avec des débits très faibles, les connexions sur un réseau personnel ou local et les connexions *via* un réseau d'opérateur de télécommunications. Chacune de ces possibilités présente des avantages et des inconvénients, si bien qu'il faut les examiner au cas par cas pour décider de la meilleure solution.

Il reste toutefois bien des problèmes à résoudre, à commencer par la sécurité. Comme il n'y a que très peu de puissance et de mémoire disponibles dans un objet, la mise en œuvre de protocoles de sécurité est presque impossible. Une direction importante en la matière consiste à ajouter un élément sécurisé dans chaque objet ayant la possibilité d'ouvrir et fermer des sessions sécurisées.

Un autre point délicat concerne le coût de connexion qui doit être le plus bas possible. En 2018, les offres sont de l'ordre d'un euro par mois, mais devraient descendre dans quelques années à un euro par an.

De nouveaux objets apparaissent chaque jour, dont la quasi-totalité seront connectables d'ici à 2020. Parmi eux, les poussières intelligentes (*smart dust*), en provenance du monde des nanotechnologies – et maintenant des picotechnologies –, sont une nouvelle sorte d'objet à très fort potentiel.

Partie VI

Contrôle, gestion, sécurité et énergie

Le contrôle et la gestion forment un ensemble de fonctionnalités indispensables à la vie d'un réseau. Le contrôle est un processus temps réel, mais pas la gestion. L'échelle de temps considérée est évidemment dépendante du type de processus. Comme il est parfois difficile de faire la différence entre contrôle et gestion, la tendance est de les regrouper dans un même plan, c'est-à-dire dans un réseau dont l'objectif est de réaliser une fonction, telle que transporter des données utilisateur, de la supervision ou des informations de gestion et de contrôle.

Le contrôle de congestion est sans conteste un contrôle puisque les nœuds doivent réagir instantanément sinon des paquets sont perdus. La planification est un processus de gestion puisque le temps pour prendre une décision peut être très grand par rapport à l'échelle de temps du réseau. La sécurité peut relever du contrôle, lorsqu'il faut réagir le plus rapidement possible pour éviter un arrêt du réseau, ou de la gestion, lorsqu'il faut mettre en place un mécanisme pour éviter des attaques.

Cette partie fait le point sur les différentes solutions de gestion et de contrôle avant d'introduire la sécurité dans deux sections distinctes, l'une orientée vers les protocoles généraux, l'autre vers le monde IP, et, pour finir, les problèmes d'énergie, qui deviennent cruciaux dans le monde des réseaux. Le chapitre 22 commence par les VLAN et les VPN, qui forment un ensemble d'instruments très importants pour la gestion et le contrôle.

22

VLAN et VPN

VLAN (Virtual LAN) et VPN (Virtual Private Network) forment un ensemble d'outils importants pour le contrôle et la gestion des réseaux.

Les VLAN ont pour fonction de rassembler des machines dispersées géographiquement dans un réseau afin de leur permettre de communiquer comme si elles étaient dans un même réseau local. Les VPN ont un objectif assez différent, qui est de permettre à un opérateur de commercialiser des réseaux privés virtuels de telle sorte que le client pense qu'il dispose d'un réseau dédié. En fait, le réseau du client utilise des ressources du réseau de l'opérateur. L'avantage pour l'opérateur est de multiplexer les ressources de son réseau entre tous ses clients. L'avantage pour le client est de disposer d'un réseau personnel dont le coût est beaucoup plus abordable que s'il essayait de construire son propre réseau avec une infrastructure privée.

Les VLAN

On peut assimiler un VLAN à un VPN qui utiliserait comme réseau d'interconnexion le réseau local de l'entreprise au lieu du réseau d'un opérateur. La définition d'un VLAN peut prendre diverses formes, en fonction des éléments suivants :

- numéro de port ;
- protocole utilisé ;
- adresse MAC utilisée ;
- adresse IP ;
- adresse IP multicast ;
- application utilisée.

Un VLAN peut aussi être déterminé par une combinaison des critères précédents ainsi que par d'autres critères de gestion, comme l'utilisation d'un logiciel ou d'un matériel commun.

Les VLAN offrent une solution pour regrouper les stations et les serveurs en ensembles indépendants, de sorte à assurer une bonne sécurité des communications.

Ils peuvent être de différentes tailles, mais il est préférable de recourir à de petits VLAN, de quelques dizaines de stations tout au plus. Il faut en outre éviter de regrouper des stations qui ne sont pas situées dans la même zone de diffusion. Si c'est le cas, il faut gérer les tables de routage dans les routeurs d'interconnexion. Le champ permettant de réaliser cette diffusion vers l'ensemble des points d'accès du VLAN est situé dans la structure de trame illustrée à la figure 22.1.

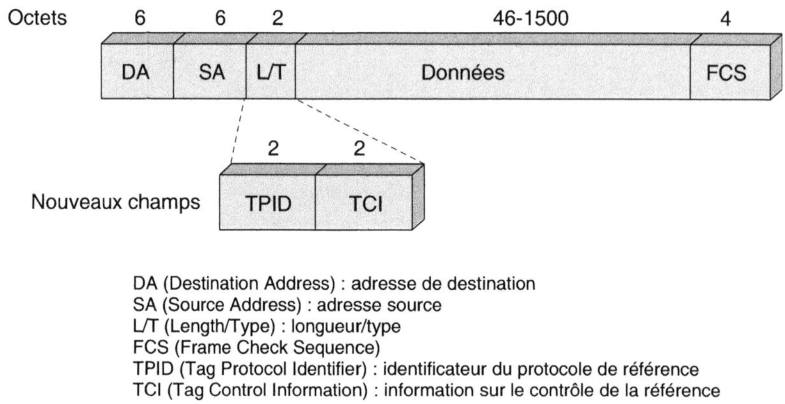

Figure 22.1

Nouveaux champs d'extension de la trame Ethernet pour les VLAN

La valeur du champ TPID (Tag Protocol IDentifier) n'a été définie que pour le cas Ethernet. Sa valeur est 0x8100.

Le champ TCI (Tag Control Information) est illustré à la figure 22.2. Il comprend :

- Un champ de niveaux de priorités sur trois éléments binaires, qui permet de déterminer jusqu'à huit niveaux de priorité.
- Un bit CFI (Canonical Format Indicator), qui indique que les données de la trame sont sous un format non canonique, c'est-à-dire non déterminé par des règles classiques.
- Un champ VLAN ID, qui identifie l'appartenance au VLAN de la trame et permet son routage vers les différents points du VLAN.

Les trois bits de priorité jouent un rôle de plus en plus important dans les VLAN avec qualité de service. Ils permettent de mettre en place une correspondance entre la gestion de la qualité de service DiffServ et le niveau trame du réseau Ethernet. Par exemple, un VLAN de téléphonie IP permet de réserver la plus haute priorité utilisateur, celle correspondant à la classe Expedited Forwarding (EF), de DiffServ, aux applications de téléphonie.

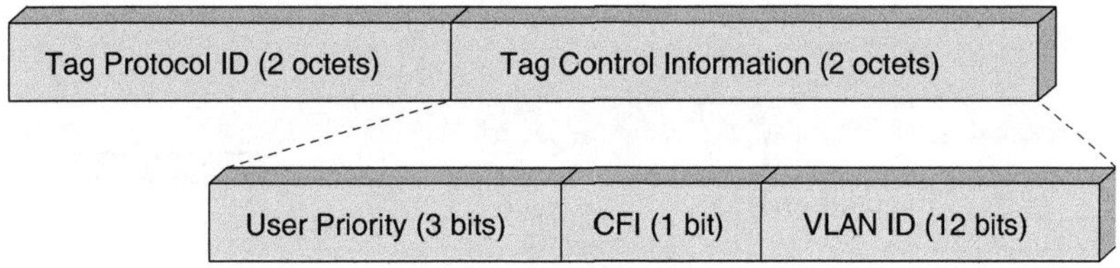

User Priority : priorité de l'utilisateur
CFI (Canonical Format Indicator) : identificateur du format canonique
VLAN ID (identificateur du VLAN)

Figure 22.2

Champ TCI de la trame Ethernet pour VLAN

Fonctionnement des VLAN

Le fonctionnement des VLAN est susceptible de varier selon les équipementiers et les normes. La manière de fonctionner d'un équipementier *X* peut être assez différente de celle d'une entreprise qui a programmé elle-même ses VLAN. Les sections qui suivent décrivent leur fonctionnement le plus classique en essayant de pointer les modifications qui peuvent y être apportées.

Une règle assez utilisée est de permettre à une trame de n'être associée qu'à un seul VLAN. Outre cette règle assez générale, il est possible de refuser par programmation que la trame d'une machine appartenant à un VLAN puisse s'adresser à une machine qui n'est pas dans le VLAN. Cela permet de créer des groupes fermés et d'assurer ainsi une forte sécurité.

VLAN de niveau physique

Les VLAN de niveau physique (couche 1) fonctionnent sur des numéros de port physique. Une machine est rattachée à un port au travers de sa carte Ethernet. Un port est donc affecté à un VLAN unique. Cette solution très statique garantit une bonne étanchéité entre VLAN pour peu que les commutateurs soient dotés d'une programmation ne permettant pas aux trames Ethernet d'être acceptées ou nom en fonction de l'adresse VLAN. Elle manque cependant de souplesse puisqu'un utilisateur ne peut s'adresser qu'aux utilisateurs du même VLAN. Le concept est dans ce cas assez proche d'un VPN.

La figure 22.3 illustre le fonctionnement d'un VLAN de niveau physique. On voit que les machines sont rattachées entre elles par le biais des ports des deux commutateurs.

La mobilité d'une machine devient assez complexe puisqu'il faut associer le nouveau port au VLAN de la machine. De plus, si plusieurs utilisateurs se servent d'une même machine, mais n'utilisent pas le même VLAN, la gestion devient particulièrement complexe puisqu'il faut reprogrammer le lien entre numéro de port et VLAN.

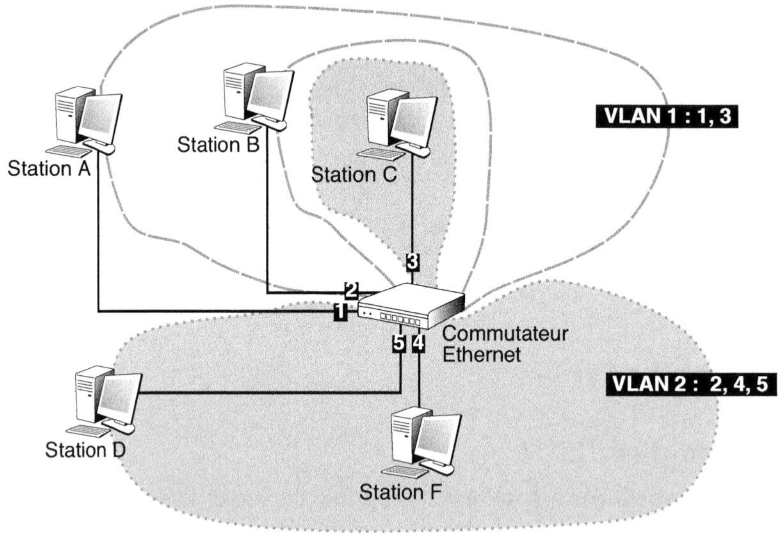

Figure 22.3

VLAN de niveau physique

VLAN de niveau trame

Pour réaliser des VLAN de niveau trame (couche 2, ou liaison), on affecte à chaque MAC un numéro de VLAN. En fonction de la table de commutation, qui associe des adresses MAC, pouvant être vues comme des références, à des ports de sortie, les trames sont acheminées vers les machines appartenant au VLAN. Les tables de commutation deviennent un peu plus complexes, puisque, associées à un même numéro de VLAN, il peut y avoir plusieurs adresses MAC et donc une émission de la trame sur plusieurs ports de sortie du commutateur.

De nouveau, on peut accepter ou interdire par programmation qu'une machine associée à un VLAN puisse émettre hors de son VLAN. Un des avantages des VLAN de niveau trame est la plus grande souplesse qu'ils offrent pour gérer la mobilité des terminaux associés à des VLAN. Il suffit de reprogrammer les commutateurs pour modifier les tables de commutation. Cette reprogrammation peut s'effectuer automatiquement par apprentissage. Un exemple de VLAN de niveau trame est illustré à la figure 22.4.

VLAN de niveau paquet

Les VLAN de niveau paquet (couche 3, ou réseau) correspondent à des associations de numéros de VLAN et d'adresses IP. Une première difficulté provient de la façon d'accéder à l'adresse qui est encapsulée dans la zone de données de la trame. Le commutateur doit être capable de décapsuler la trame Ethernet, de retrouver le paquet et de déterminer l'adresse IP où l'envoyer. Cette adresse IP permet d'associer le VLAN et de déterminer les ports de sortie du commutateur sur lesquels envoyer la trame reconstituée après réencapsulation du paquet dans la trame Ethernet. Un VLAN de niveau paquet est illustré à la figure 22.5.

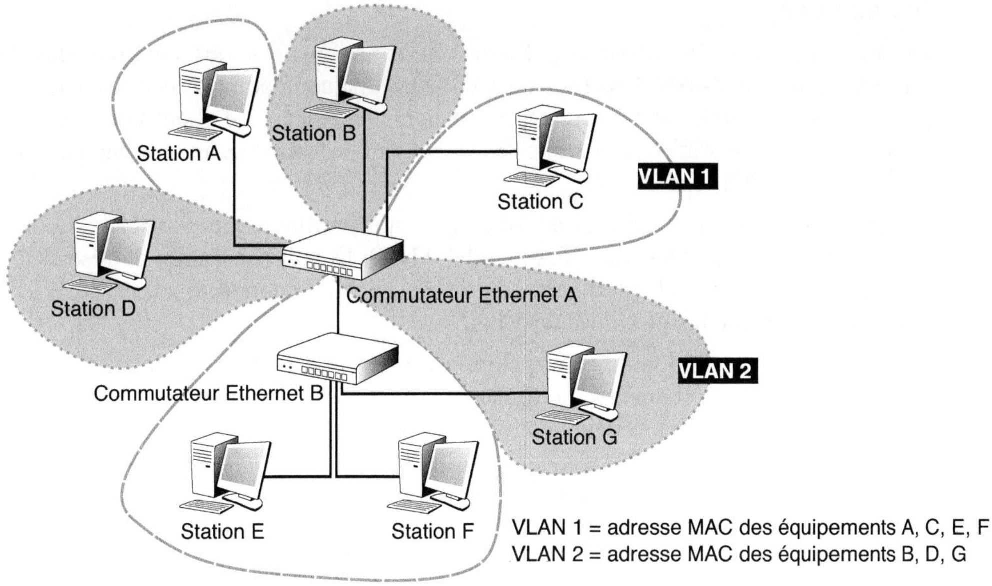

Figure 22.4

VLAN de niveau trame

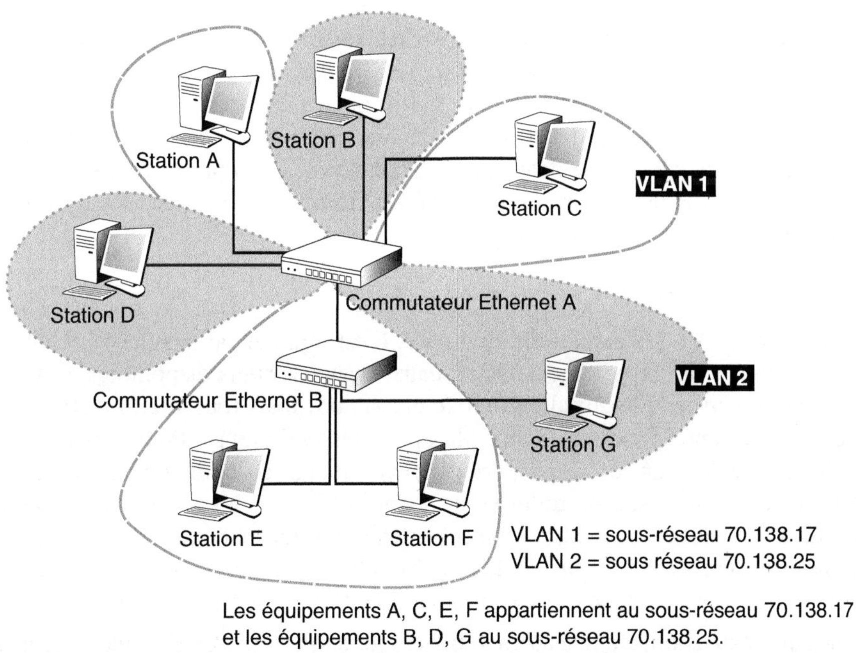

Figure 22.5

VLAN de niveau paquet

Autres VLAN

Les VLAN peuvent être associés à d'autres informations. Une des solutions classiques est l'utilisation de VLAN dans les réseaux Wi-Fi lorsque le point d'accès est capable de gérer plusieurs SSID, c'est-à-dire plusieurs noms de réseau. Le client voit ces réseaux comme des réseaux différents les uns des autres, et il se connecte à un réseau particulier, c'est-à-dire un SSID spécifique.

Au SSID correspond en général un VLAN, ce qui implique que la trame est envoyée uniquement aux machines associées à ce VLAN. Si la programmation du réseau se fait classiquement en empêchant la sortie du VLAN, le client connecté au réseau Wi-Fi ne pourra atteindre que les machines du VLAN.

Une application classique de cette solution est de permettre à des visiteurs étrangers à une entreprise de se connecter au réseau de l'entreprise. Cependant, par l'intermédiaire du VLAN, les trames des visiteurs vont directement sur une machine de sortie de l'entreprise pour leur permettre d'avoir un accès à Internet. Les VLAN qui ne sont pas ceux des visiteurs disposent d'une sécurité WPA, alors que le point d'accès est ouvert aux visiteurs (hotspot).

Un autre type de VLAN utile dans certains cas correspond à une classification protocolaire ou applicative. Par exemple, en fonction du protocole utilisé par un utilisateur, le VLAN associé peut permettre de diffuser les messages à tous ceux qui utilisent le même protocole. Par exemple, un protocole de signalisation téléphonique peut permettre de diffuser les trames à toutes les machines utilisant la signalisation téléphonique.

La difficulté principale avec ce type de VLAN réside dans la reconnaissance de l'information qui permet de déterminer le VLAN. Cela peut être le numéro de port de l'application (80 pour l'application HTTP). Encore faut-il que ce numéro puisse être récupéré à partir des trames ATM, puisqu'il se trouve au niveau TCP et dans certaines trames seulement. Il faut donc être capable de déterminer l'application sur la première trame, puis de tracer les trames suivantes sur les adresses MAC extrémité et enfin de vérifier régulièrement que l'application n'a pas changé.

Extension des VLAN

Le nombre de VLAN disponible est limité. Il est indiqué par la zone VLAN ID, qui tient sur 12 bits, ce qui représente 4 096 réseaux locaux virtuels disponibles. Cette valeur est suffisante pour les réseaux d'entreprise classiques, mais tout à fait insuffisante pour les très grandes entreprises et encore plus pour les opérateurs. Pour pallier ce problème, différentes extensions ont été apportées afin d'ajouter des compléments au champ VLAN ID. Ces extensions sont introduites au chapitre 13, avec les techniques Ethernet Carrier Grade. L'objectif est de mettre en place des chemins qui sont réalisés par des VLAN à deux extrémités. Un VLAN à plus de deux extrémités correspond à un multipoint. Grâce à de telles extensions, il est possible d'ouvrir plus de 16 millions de VLAN.

Une autre extension, étudiée au chapitre 13, concerne VXLAN (Virtual eXtensible LAN). De la même façon que précédemment, des champs d'extension permettent d'agrandir le VLAN ID.

Les VPN

Les VPN (Virtual Private Network), ou réseaux privés virtuels, forment une classe particulière de réseaux partagés. Dans de tels réseaux, les ressources d'un réseau réel peuvent se trouver distribuées à un instant donné entre plusieurs réseaux, de telle sorte que chaque sous-réseau puisse croire que le réseau réel appartient à lui seul.

Cette section décrit les différentes catégories de réseaux privés virtuels permettant d'introduire des fonctions susceptibles d'améliorer la gestion d'une entreprise. Ces catégories proviennent soit du type de réseau mis en place, soit du niveau d'architecture, trame ou paquet, soit encore du type de fonction recherchée (sécurité, qualité de service, etc.). Ces différentes catégories ne sont pas indépendantes, mais se recoupent. Par exemple, un VPN IP est à la fois un VPN permettant de créer un réseau virtuel IP et un VPN de niveau paquet. De même, un VPN IPsec est à la fois un VPN de niveau paquet et un VPN de sécurité. Les VPN MPLS sont plus complexes, car ils appartiennent à la fois aux niveaux trame et paquet.

Architecture des VPN

Un réseau privé virtuel peut être défini comme un ensemble de ressources susceptibles d'être partagées par des flots de paquets ou de trames provenant de machines autorisées. Les VPN peuvent utiliser des technologies et des protocoles quelconques. La gestion de ces ressources nécessite un haut niveau d'automatisation pour obtenir la dynamique nécessaire au fonctionnement d'un VPN. Pour obtenir cette dynamique, les ressources permettant d'acheminer les paquets au destinataire doivent être gérées avec efficacité.

Les informations de gestion à prendre en compte pour cela sont les suivantes :

- Informations de topologie, permettant de déterminer les points d'accès vers les sites qui doivent être interconnectés par le VPN.
- Informations d'adressage, permettant la localisation des points d'accès et des sites qui doivent être interconnectés par le VPN.
- Informations de routage, qui permettent d'atteindre les sites du VPN.
- Informations de sécurité, pour l'établissement et l'activation des filtres laissant ou non passer les paquets.
- Informations de qualité de service, en d'autres termes les paramètres déterminés dans le SLS (Service Level Specification) pour le contrôle des ressources nécessaires à la qualité de service.

Catégories de VPN

Les catégories de VPN permettent de différencier ces derniers suivant différents critères, tels que le type de réseau mis en place, comme les VPN d'entreprise, le niveau auquel est géré le VPN, niveau trame ou niveau paquet, le protocole utilisé ou le type de fonction recherché, comme la sécurité ou la qualité de service. Toutes ces catégories se recoupent fortement.

Deux grandes catégories permettent toutefois de classifier les VPN en fonction de celui qui gère le réseau :

- Les VPN d'entreprise, qui forment le réseau logique d'interconnexion de plusieurs sites d'une entreprise, permettent en outre à des utilisateurs hors des sites de se connecter sur ce réseau logique.
- Les VPN d'opérateurs, qui forment le réseau physique et permettent de constituer des réseaux logiques pour les entreprises.

Dans la première catégorie, on trouve les VPN IPsec, les VPN SSL et les VPN d'encapsulation permettant de réaliser des tunnels entre les points d'accès aux différents sites d'une entreprise. Dans la deuxième catégorie, on trouve les VPN qui font appel à des chemins de niveau 2 pour être mis à la disposition des entreprises.

Les VPN classés par niveau de protocole sont les VPN de niveau trame, de niveau paquet et de niveau applicatif.

Ce chapitre introduit d'abord les VPN d'entreprise et d'opérateurs puis examine les propriétés des VPN par niveau de protocole et par fonctionnalité.

VPN d'entreprise

Les entreprises doivent prendre en charge un nombre croissant d'utilisateurs, qui peuvent être fixes, connectés par un réseau sans fil ou reliés à un réseau de mobiles. Un VPN d'entreprise répond à ces exigences en constituant un réseau capable de desservir ces différents utilisateurs grâce à l'apport de fonctionnalités spécifiques.

Les VPN d'entreprise et les CPE-VPN (Customer Premise Equipment-VPN) sont des réseaux de données privés qui permettent de partager les infrastructures de télécommunications d'un opérateur entre plusieurs entreprises clientes, tout en maintenant une confidentialité des transmissions par l'utilisation de tunnels et de procédures de sécurité. Ces solutions sont totalement différentes des réseaux privés ou des réseaux loués, dans lesquels l'infrastructure n'appartient qu'à l'entreprise qui l'a achetée ou qui loue les lignes de communication. Les infrastructures ne sont pas partagées avec d'autres utilisateurs.

Un CPE-VPN ne s'occupe que des liaisons intersites tandis qu'un VPN d'entreprise est plus large, incluant la possibilité pour un client se trouvant à l'extérieur de l'entreprise de se connecter aux différents sites de l'entreprise.

Le rôle des VPN d'entreprise est de permettre à une société de posséder un réseau en propre, comme si l'infrastructure lui appartenait, à un coût très inférieur à celui de l'achat d'un réseau privé. Fonction essentielle de ces réseaux, la sécurité doit permettre aux différents usagers qui se partagent les ressources d'être protégés des écoutes. Cette catégorie de VPN a été la première à s'imposer.

La gestion globale de VPN de ce type peut être effectuée dans la partie du réseau appartenant à l'entreprise. L'opérateur qui fournit les ressources pour l'interconnexion des réseaux de l'entreprise ne fait que diriger les paquets d'un site à un autre par le biais d'un tunnel, sans que le client puisse voir par où passent les paquets entre l'entrée du tunnel et la sortie. Ce qui se passe entre l'entrée et la sortie ne concerne pas le client. Le filtrage des paquets est effectué par les machines d'accès, qui appartiennent au client et se situent à l'entrée et à la sortie du tunnel. L'opérateur du réseau utilisé pour réaliser le VPN n'offre aucun service supplémentaire. Il se contente de vendre des tunnels dans son réseau. La gestion et la sécurité des VPN sont effectuées par l'utilisateur.

Le réseau d'interconnexion, qui est de plus en plus souvent le réseau Internet, est utilisé comme réseau d'opérateur. Cela permet d'obtenir des interconnexions à partir de n'importe quel point du globe à un coût très bas. Les limites de cette catégorie de VPN résident dans l'impossibilité d'offrir de la qualité de service sur Internet.

Une nouvelle génération de VPN d'entreprise est apparue au milieu des années 1990 avec l'arrivée d'opérateurs de VPN offrant des fonctionnalités supplémentaires. Dans ces nouveaux réseaux, un SLA (Service Level Agreement) est négocié entre l'opérateur et l'entreprise pour définir précisément les droits de chacun et les performances attendues dans le VPN. La partie technique du SLA est le SLS. Si l'entreprise souhaite faire transiter de la parole téléphonique, le SLS propose un temps de transfert dans le réseau de l'opérateur inférieur à une cinquantaine de millisecondes. La demande de l'entreprise peut porter sur d'autres propriétés, comme la sécurité ou la mobilité. La gestion du VPN est généralement effectuée par l'opérateur et non plus par le réseau du client. Ce type de VPN est développé dans la suite du chapitre.

VPN d'opérateurs

Les opérateurs ont réagi rapidement à la demande de VPN des entreprises. Après avoir mis en place des réseaux loués, qui n'appartenaient qu'à l'entreprise cliente, ils ont proposé des solutions de partage des infrastructures en sécurisant suffisamment les connexions de site à site par des protocoles de type IPsec ou SSL. L'avantage de cette offre à partir d'un réseau partagé est de permettre à un client extérieur aux sites de l'entreprise de se connecter de façon sécurisée, comme s'il était dans l'entreprise.

Au départ, les VPN d'opérateurs provenaient de la mise en place de tunnels PPTP, L2F, L2TP, mais aussi MPLS, qui sont examinés plus en détail à la section suivante. Ils ont ensuite offert les services sur mesure que nous connaissons actuellement, que ce soit pour la sécurité, la qualité de service ou la gestion de la mobilité. La négociation avec l'opérateur s'effectue par le biais d'un SLA, sa partie technique, le SLS, indiquant les performances attendues du VPN. Par exemple, si la société veut y faire transiter sa téléphonie privée, il faut que le temps de traversée des tunnels ne dépasse pas la cinquantaine de millisecondes.

Pour réaliser ces diverses fonctionnalités, l'opérateur doit posséder un réseau dont il sait lui-même apprécier la qualité de service. C'est la raison pour laquelle la plupart des opérateurs de VPN mettent en place des réseaux MPLS sur lesquels une ingénierie de performance est disponible.

VPN de niveaux trame, paquet et application

Les VPN de niveau trame, de niveau paquet et de niveau application datent de la fin des années 1990. Ils sont caractérisés par des tunnels, qui permettent le transit des trames, pour les VPN de niveau trame, des paquets, pour les VPN de niveau paquet, ou des messages, pour les VPN de niveau application. Les avantages et les inconvénients de ces VPN sont semblables à ceux des architectures des niveaux correspondants.

Un VPN peut donc se définir par le niveau d'architecture déterminé par la technologie employée. Par exemple, si le VPN est constitué de réseaux Ethernet, il est de niveau trame (couche 2). Si le VPN est constitué de réseaux IP, c'est un VPN de niveau paquet (couche 3). Si le VPN est mis en place pour une application comme HTTP, le VPN est de niveau application (couche 7).

Les sections qui suivent détaillent ces différentes catégories de VPN.

VPN de niveau trame

Les premiers VPN d'entreprise mis en place étaient de niveau trame. Leur rôle était de transporter des trames d'un port d'entrée vers un port de sortie, comme illustré à la figure 22.6.

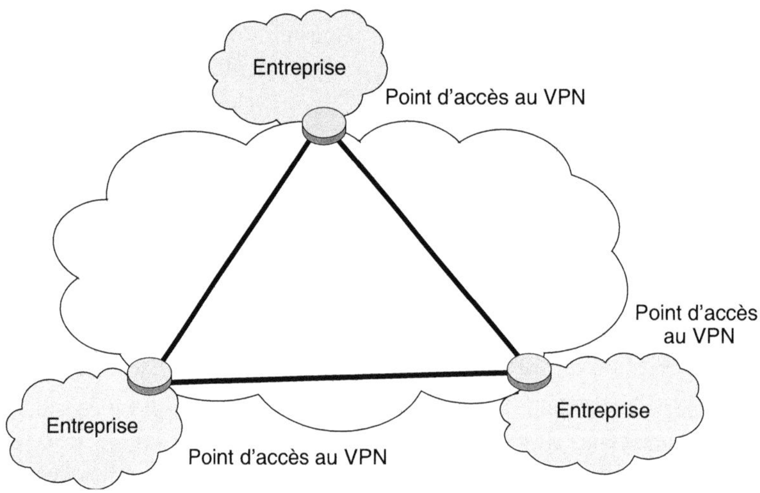

Figure 22.6

Exemple de VPN de niveau trame

Dans ce type de VPN, les trois accès à l'utilisateur sont interconnectés par des circuits virtuels permanents de niveau trame, qui peuvent provenir d'un relais de trames ou d'un réseau ATM. Les fonctions de filtrage, pour ne laisser entrer que les trames des utilisateurs du VPN, sont assurées par les points d'accès appartenant à l'entreprise. L'opérateur ne fait que fournir les circuits virtuels qui acheminent les paquets IP encapsulés dans les trames LAP-D d'un relais de trames ou les cellules d'un réseau ATM. Éventuellement, l'opérateur peut introduire un centre de gestion capable de configurer les points d'accès de l'utilisateur et d'apporter une intelligence au VPN.

De nombreux autres types de tunnels peuvent être mis en œuvre pour réaliser ces VPN, mais ces solutions sont plutôt en décroissance aujourd'hui. On peut citer en premier lieu le protocole PPTP (Point-to-Point Tunneling Protocol), surtout poussé par Microsoft et utilisant des techniques d'authentification du client qui se connecte par des techniques telles que MS-Chap. L'objectif de cette solution est de connecter un client à son entreprise par le biais d'un tunnel prenant son départ dans le réseau du FAI. Le paquet IP est encapsulé dans une trame PPP, laquelle peut être chiffrée puis elle-même encapsulée dans la trame d'un protocole qui forme un tunnel, par exemple, L2TP. Cette dernière encapsulation utilise le protocole GRE (Generic Routing Encapsulation) normalisé par l'IETF dans les RFC 1701 et 1702.

Une autre solution de tunnel, proposée par Cisco Systems avec L2F (Layer 2 Forwarding), définie par la RFC 2341, reste peu utilisée. Une dernière solution, plus fortement utilisée, est le tunnel L2TP (Layer 2 Tunneling Protocol), développé à partir de 1999 et normalisé par l'IETF dans la RFC 2661. L'objectif de cette solution est d'étendre les deux techniques de tunnel précédentes en permettant l'accès par modem ADSL. Dans cette solution, des trames PPP sont encapsulées dans des trames L2TP. La version L2TPv3 étend l'identification de tunnel de 16 à 32 bits. Cela permet d'augmenter le nombre de tunnels et de s'adapter ainsi beaucoup mieux aux réseaux à très haut débit.

Une nouvelle génération de VPN de niveau trame, les VPN Ethernet, a fait son apparition au début des années 2000 pour réaliser des VPN peu onéreux et offrant une grande souplesse d'utilisation. Les VPN Ethernet sont conçus autour des réseaux Ethernet, que ces derniers soient partagés ou commutés. Ces VPN ressemblent aux VPN de niveau paquet (*voir ci-après*), dans lesquels les paquets IP sont remplacés par des trames Ethernet. Les équipements Ethernet peuvent être dispersés sur toute la planète tout en appartenant à un même VPN, le point d'accès étant l'équipement lui-même, muni de son adresse Ethernet.

Les VPN de niveau trame sont aujourd'hui délaissés au profit des VPN de niveau paquet, qui offrent plus de souplesse.

VPN de niveau paquet

Le niveau paquet (couche 3) étant aujourd'hui un niveau IP, les VPN de niveau paquet sont appelés VPN IP. Cette génération de VPN date du début des années 2000. Elle permet de rassembler toutes les propriétés que l'on peut trouver dans les réseaux intranet et extranet, notamment le système d'information d'une entreprise distribuée. La solution IP permet d'intégrer à la fois des terminaux fixes et des terminaux mobiles.

Un VPN IP est illustré à la figure 22.7. Les entreprises A, B et C ont des VPN de niveau IP. Leurs points d'accès sont des routeurs IP, qui laissent entrer et sortir de l'entreprise les paquets IP destinés aux autres succursales.

Sur cette figure, les clients d'un même VPN utilisent le réseau IP pour aller d'un point d'accès à un autre point d'accès appartenant au VPN. La qualité de service et la sécurité sont prises en charge par l'utilisateur. Comme la sécurité est un élément essentiel de ces réseaux, la première génération de VPN IP a utilisé le protocole IPsec pour réaliser les communications. Ce protocole permet de créer des tunnels chiffrés en proposant à l'utilisateur de choisir ses algorithmes de chiffrement et d'authentification. Les points d'accès des VPN communiquent entre eux par l'intermédiaire de ces tunnels chiffrés.

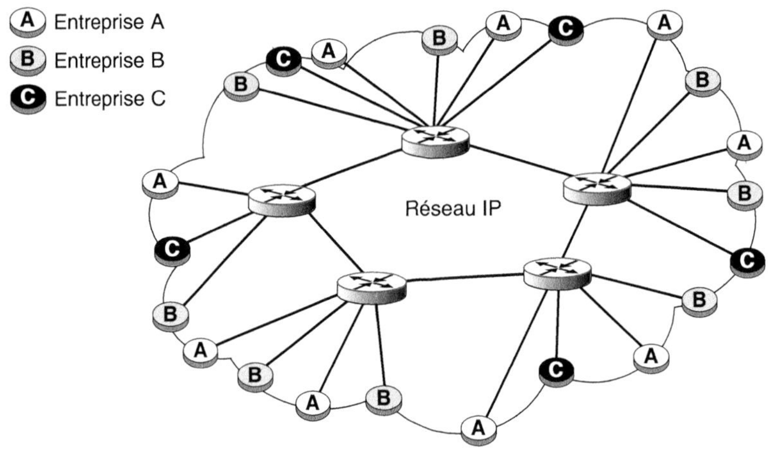

Figure 22.7

Exemple de VPN IP

Une difficulté nouvelle pour l'opérateur consiste à configurer les nœuds dynamiquement, de sorte à rendre le service défini par l'ensemble des SLA. Une solution qui se développe repose sur la configuration par politique (*voir plus loin*). Avant d'examiner cette technique de configuration, les sections qui suivent introduisent les autres types de VPN.

VPN MPLS

Une grande tendance du début des années 2000 en matière de VPN a consisté à utiliser des réseaux MPLS. La souplesse de MPLS autorise l'utilisation de fonctionnalités de niveau trame et paquet.

MPLS met en place des tunnels, appelés LSP (Label Switched Path), qui ne sont autres que des circuits virtuels. Ces LSP sont toutefois beaucoup plus souples d'usage que des circuits virtuels et offrent en outre une qualité de service. La figure 22.8 illustre le premier modèle de VPN MPLS utilisé, le modèle *overlay* (recouvrement). Il ressemble aux VPN d'entreprise en ce qu'il confie à un opérateur externe la mise en place d'un réseau à partir d'une infrastructure partagée.

Sur la figure, deux entreprises se partagent un réseau d'opérateur avec des LSP différents. L'une des entreprises possède un point d'accès, sur lequel arrivent deux LSP, provenant de deux autres sites, pour des raisons de fiabilité : si l'un des points d'accès tombe en panne, le second continue à offrir le service. La restriction fondamentale de ce modèle réside dans la scalabilité, ou passage à l'échelle, qui est extrêmement coûteuse, puisque, si dix sites existent déjà et que l'on veuille en ajouter un onzième, il faut mettre en place dix nouveaux LSP.

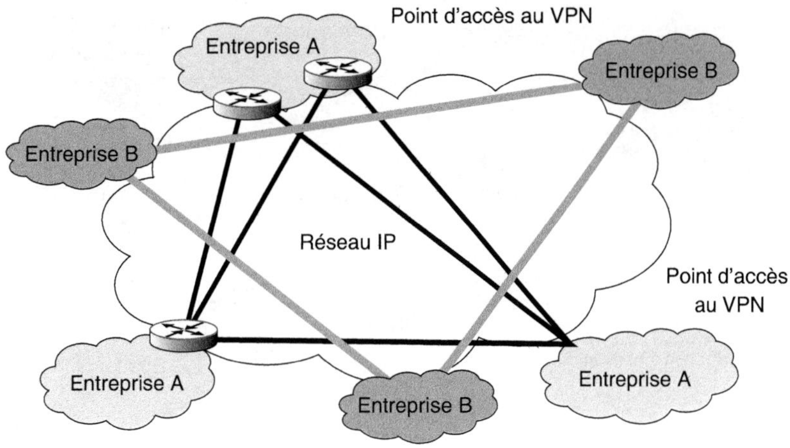

Figure 22.8

Exemple de VPN MPLS overlay

Une deuxième solution de VPN MPLS, appelée *peer model*, rend possible le passage à l'échelle, ou scalabilité, en facilitant l'augmentation du nombre de sites à interconnecter. Ce modèle doit permettre à l'opérateur de VPN d'augmenter le nombre de VPN jusqu'à atteindre plusieurs centaines de milliers de sites, si nécessaire. Une autre fonction sous-jacente de ces VPN Peer concerne la possibilité pour l'opérateur d'offrir de nouveaux services sur mesure à l'utilisateur et de prendre en charge son infrastructure réseau, surtout si l'utilisateur n'a pas de fortes compétences dans le domaine du routage Internet.

Cette solution combine les apports de plusieurs technologies :

- Les informations de routage sont distribuées partiellement.
- Les tables de routage sont multiples.
- Les adresses utilisées sont du nouveau type VPN IP.

La figure 22.9 illustre un VPN Peer. La différence essentielle avec le modèle overlay provient du routeur d'accès à MPLS. Dans l'overlay, le point d'accès au réseau MPLS se trouve dans le réseau utilisateur. Dans le modèle VPN Peer, le routeur d'accès se trouve chez l'opérateur, de sorte qu'un flot provenant d'un client du VPN peut se diriger à volonté vers n'importe quel point du VPN en utilisant le réseau MPLS.

Le premier algorithme de routage à mettre en œuvre pour router les paquets doit assurer une connectivité entre les sites. Ce routage peut n'être défini que pour l'entreprise A, l'entreprise B pouvant avoir un autre protocole de routage ou travailler avec un autre algorithme pour déterminer le routage. L'algorithme de routage le plus classique dans les VPN MPLS utilise le protocole BGP (Border Gateway Protocol).

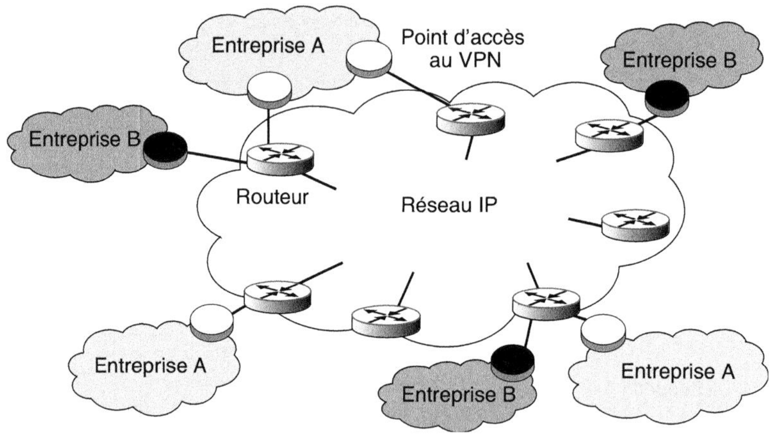

Figure 22.9

Exemple de VPN MPLS Peer

Quatre étapes définissent la distribution des éléments de routage :

1. Les informations de routage proviennent du client et sont envoyées vers le point d'accès de l'opérateur. Les protocoles RIP (Routing Information Protocol), OSPF (Open Shortest Path First) et BGP peuvent être utilisés par le client du VPN.
2. Au point d'entrée de l'opérateur, les informations de routage sont exportées dans l'algorithme BGP de l'opérateur.
3. Au point de sortie, les informations BGP sont rassemblées pour être transmises vers l'utilisateur.
4. Toujours au point de sortie, les informations de routage sont exportées vers l'utilisateur sous une forme propre à l'utilisateur.

Cette solution permet de transporter sur un VPN MPLS BGP les informations d'un point du VPN vers n'importe quel autre point du VPN. Grâce à ce mécanisme, des tables de routage spécifiques peuvent être mises en place pour chaque VPN.

Un problème d'adressage est posé par le fait que le routage BGP utilisé par l'opérateur suppose que l'adresse IP soit unique pour un utilisateur. Or ce n'est pas vrai puisqu'un client peut utiliser plusieurs VPN simultanément dans un même réseau d'opérateur. Une solution à ce problème consiste à rendre les adresses utilisées sur plusieurs VPN uniques pour chaque VPN en créant à cet effet de nouvelles adresses, dites adresses VPN IP. Ces adresses sont construites par concaténation d'un champ de longueur fixe, appelé Route Distinguisher, et d'une adresse IP standard. Le rôle de ce champ est de rendre unique l'adresse globale d'un utilisateur vis-à-vis de l'opérateur. Pour être sûr que cette adresse globale est unique, le Route Distinguisher contient trois champs : le type, sur 2 octets, le numéro du système autonome, sur 2 octets également, et un numéro déterminé par l'opérateur du VPN, sur 4 octets. Pour l'algorithme BGP, il n'y a aucune différence entre travailler sur la seule adresse IP ou sur l'adresse VPN IP.

Ces VPN MPLS BGP des opérateurs offrent une grande souplesse à leurs clients. Un de leurs grands avantages est qu'ils peuvent utiliser des LSP avec des classes de priorités. Cela permet à un utilisateur de travailler avec des classes de services correspondant à ces priorités. Ces VPN procurent en outre à l'opérateur des fonctionnalités spécifiques, allant de la configuration au traitement d'applications de diverses natures. L'avantage pour l'entreprise est de pouvoir externaliser de nombreux services auprès de l'opérateur de VPN.

VPN de niveau application

Le niveau application (couche 7) peut également être utilisé pour mettre en place des VPN. Dans ce cas, seule l'application concernée est transportée dans le tunnel. Le plus classique de ces VPN est le VPN SSL, qui utilise un tunnel SSL. SSL (Secure Sockets Layer) a été créé par Netscape pour protéger le transport de pages Web entre un client et un serveur. Présenté en détail au chapitre 24, SSL a été étendu à plusieurs reprises par les versions v2 puis v3. Une déclinaison importante est apportée par la version 1.3 TLS (Transport Layer Security), adoptée fin 2017.

SSL assure l'authentification du serveur de telle sorte que le client sache qu'il s'adresse au bon serveur. Cette authentification s'appuie sur un chiffrement asymétrique, par le biais de certificats à clé publique (*voir le chapitre 24*). SSL s'appuie essentiellement sur HTTP, mais d'autres protocoles peuvent l'utiliser, comme HTTPS (HyperText Transfer Protocol Secure sockets), LDAPS, Telnet, IMAPS, POP3S, etc.

On compare souvent les VPN IPsec et SSL. Il existe en effet beaucoup de similitudes entre eux, mais également d'importantes différences, en particulier le fait qu'ils ne sont pas situés au même niveau de l'architecture : paquet pour IPsec et application pour SSL. Un VPN SSL ne prend en compte que les applications qui lui sont associées et a l'avantage d'être plus léger qu'un VPN IPsec, lequel ne fait pas de distinction entre les applications et peut prendre en charge tous les types de flux.

VPN fonctionnels

Les VPN peuvent se concevoir pour réaliser des tâches particulières, comme la sécurité ou la qualité de service, mais aussi des tâches beaucoup plus spécifiques, comme le partage d'une ressource. Le cas le plus classique pour l'opérateur de VPN est d'offrir les fonctions de portail d'accès, de logiciel applicatif, de machine de calcul ou de PABX IP.

VPN de sécurité

Les VPN utilisent une infrastructure d'interconnexion qui peut être publique ou privée. L'infrastructure publique se ramène essentiellement à Internet. La sécurité étant évidemment moins forte dans ce cas, la mise en place de pare-feu et de modules de chiffrement et d'identification est impérative.

La sécurité d'un VPN est assurée dans le cas classique par les tunnels qui sont mis en place entre les points d'accès du VPN. Un simple circuit virtuel propose déjà une sécurité importante, puisqu'il est assez difficile pour un utilisateur externe de prendre la place d'un autre en utilisant les références adéquates.

Pour bénéficier d'une sécurité complète, il faut une authentification des équipements aux deux extrémités puis une autorisation et enfin un chiffrement. Ces différentes fonctions peuvent être réalisées par l'intermédiaire de serveurs AAA (Authentication, Authorization, Accounting) par l'intermédiaire de protocoles tels que RADIUS ou Diameter (*voir le chapitre 24*).

Les échanges au sein de l'opérateur de VPN peuvent être sécurisés en utilisant des tunnels dans lesquels trames, paquets ou messages sont chiffrés. Les circuits virtuels étant déjà des sortes de tunnels, il suffit de chiffrer les paquets avant de les émettre. Une solution pour cela consiste à utiliser IPsec, qui donne un cadre normalisé à la fois au tunnel et au chiffrement.

Les pare-feu forment une autre pièce essentielle de l'accès sécurisé au réseau de l'utilisateur en empêchant les flux non désirés d'entrer dans le réseau du client du VPN. Les pare-feu ont pour rôle de filtrer les flux en les reconnaissant. La méthode la plus classique de filtrage consiste à examiner la valeur du port, transportée par les protocoles TCP et UDP, et à en déduire si le type d'application est acceptable ou non par le VPN.

VPN de qualité de service

Les VPN peuvent procurer une qualité de service aux applications de l'utilisateur. Pour cela, il faut que le réseau de l'opérateur puisse effectuer une différenciation du trafic. Cela revient, d'une part, à reconnaître le trafic et à le classer et, d'autre part, à mettre à disposition du VPN un mécanisme capable de gérer la qualité de service.

Ce mécanisme peut être d'un des quatre types suivants :

- Le réseau de l'opérateur est surdimensionné, et les paquets du client voient le réseau comme étant vide et donc le traversent rapidement.
- Le réseau obéit à la gestion de qualité de service DiffServ et classifie les flots grâce à des classificateurs.
- Le réseau est de type MPLS, et divers LSP, correspondant aux qualités de service, sont ouverts. L'avantage de cette solution est la forte sécurisation de la qualité de service.
- Le réseau est géré par politique, et la qualité de service est garantie par une configuration automatique des routeurs.

La qualité de service est souvent négociée entre l'utilisateur et l'opérateur de VPN par un SLA, qui permet de définir de façon explicite à la fois les attentes de l'utilisateur et les engagements de l'opérateur. Les SLA portent souvent sur des temps de transit au travers du réseau de l'opérateur ou sur des taux de perte de paquet, mais aussi sur des paramètres plus spécifiques, comme le moment d'ordre 2 du temps de réponse. Par exemple, pour un VPN capable de faire transiter de la parole téléphonique, il faut un temps de transit limité, qui ne dépasse pas 50 millisecondes. Il faut de surcroît s'assurer que les 50 millisecondes représentent un temps maximal de traversée, et non un temps moyen. Avec un temps moyen de 50 millisecondes et une très forte variance du temps de réponse, il serait impossible de réaliser de la téléphonie sur IP.

La qualité de service est de plus en plus proposée par les VPN et demandée par les utilisateurs.

Configuration d'un VPN par politique

Une difficulté rencontrée par les opérateurs concerne la configuration de leur réseau pour permettre aux différentes entreprises connectées d'obtenir les performances qu'elles sont en droit d'attendre après négociation de leur SLA.

Une solution à ce problème se fonde sur la gestion par politique, décrite en détail à l'annexe Q.

Conclusion

La gestion et le contrôle de réseau représentent un objectif que remplissent aussi bien les VLAN que les VPN. Quasiment tous les réseaux se servent de l'un ou de l'autre et bien souvent des deux. Les VLAN visent beaucoup plus le contrôle des réseaux d'entreprise en permettant de créer des sous-ensembles capables d'avoir une certaine étanchéité à l'égard des autres VLAN et de construire le réseau d'une entreprise en fonction des contraintes et caractéristiques de l'entreprise.

Les VPN concernent davantage les opérateurs, qui peuvent ainsi proposer à leurs clients différents types de VPN, classiques, comme les VPN d'entreprise, ou spécialisés. Les VPN forment un paradigme, qui permet à l'ensemble des entreprises, même les plus petites, de s'offrir un réseau privé. Dans le même temps, ils deviennent de plus en plus sophistiqués et permettent de prendre en charge le contrôle et la gestion des réseaux d'entreprise. Ils sont de ce fait promis à un grand avenir.

Nombre des technologies examinées dans ce livre sont des extensions des VPN. On peut citer l'Ethernet Carrier Grade, qui permet d'encapsuler les VPN et d'apporter ainsi à la fois de la sécurité et de la qualité de service, mais aussi le standard VXLAN de VLAN étendu, qui est fortement utilisé dans les réseaux à base de Cloud détaillés au chapitre 13, consacré au Cloud Networking, ou encore, dans le même chapitre, NVGRE pour le transport des machines virtuelles entre serveurs appartenant à un ou plusieurs datacenters.

23

La gestion et le contrôle

La gestion d'un environnement de réseau est un processus complexe qui peut se décomposer en trois ensembles, comme illustré à la figure 23.1. Ces ensembles sont la gestion de service, ou SML (Service Management Layer), la gestion de réseau, ou NML (Network Management Layer), et la gestion des éléments de réseaux, ou EML (Element Management Layer).

La gestion de réseau, qui constitue l'ensemble le plus important, correspond aux actions de gestion qui permettent de prendre en charge la configuration, la sécurité, les pannes, l'audit des performances, la comptabilité, ce que l'on appelle en anglais FCAPS (Fault, Configuration, Accounting, Performance and Security).

La prise en charge de toutes ces fonctions n'est pas un mince problème. Cependant, une architecture de gestion de réseau et plusieurs protocoles et services ont été adoptés comme standards et restent à la base des solutions commercialisées dans ce domaine. Deux grandes tendances non contradictoires se font jour : associer la gestion de service et celle des éléments de réseau à la gestion de réseau et rapprocher celle-ci du contrôle de réseau.

La gestion de réseau recouvre de nombreuses opérations, telles que l'initialisation des paramètres de configuration du système, la gestion des erreurs, les statistiques, les diagnostics, la gestion des alarmes et leur rapport, la reconfiguration, la gestion des ressources, la sécurité, etc. Ces activités sont présentées plus précisément par la suite.

Pour interconnecter deux systèmes de gestion, une norme doit être respectée, qu'elle soit de droit ou de fait. Dans les normes de droit, on retrouve la normalisation provenant de l'ISO, que l'on appelle CMIS/CMIP, et celle de l'UIT-T, qui porte le nom de TMN (Telecommunications Management Network). Ces deux normes ne sont pas tant concurrentes que complémentaires. N'étant que peu usités aujourd'hui, ces standards sont introduits à l'annexe Q.

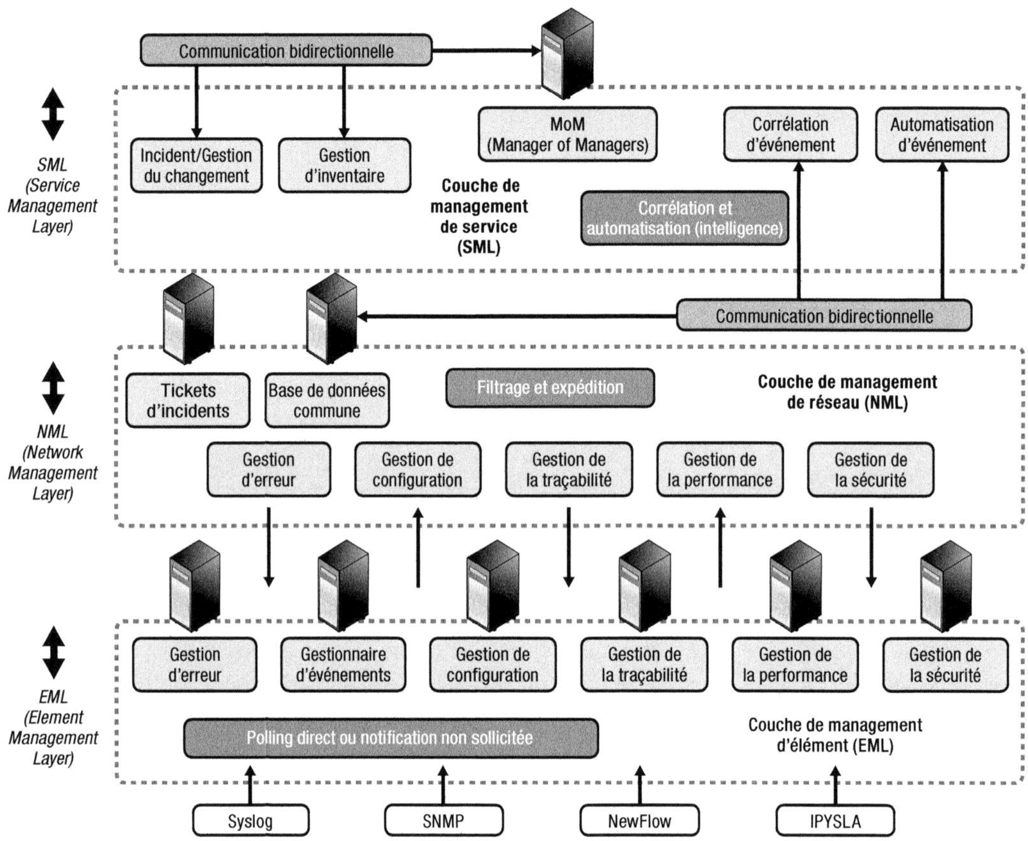

Figure 23.1

Les trois grands ensembles de la gestion de réseau

La norme la plus utilisée est SNMP (Simple Network Management Protocol), qui provient de l'environnement Internet. Les grands constructeurs ont quant à eux développé des plates-formes qui permettent d'avoir :

- un service de transport entre les différents processus applicatifs ;
- des adaptateurs de protocoles traduisant les messages échangés ;
- des piles de protocoles de communication ;
- des services supplémentaires internes, comme les annuaires.

L'annexe Q détaille la gestion par politique, qui, sans avoir vraiment percé, demeure très importante dans les orientations actuelles.

Le contrôle, qui fait l'objet de la seconde partie de ce chapitre, peut être vu comme de la gestion temps réel : les algorithmes de contrôle doivent réagir quasi instantanément. Les contrôles doivent donc être réalisés à l'intérieur du réseau, soit dans les nœuds, soit dans un équipement situé à proximité, en étant par exemple virtualisé dans un datacenter.

Les frontières entre gestion et contrôle tendant à devenir de plus en plus poreuses, on essaie dans les dernières générations de placer les deux dans un même processus. On parle alors de « gestion et contrôle de réseau ».

La gestion de réseau

Suivant le type de système, les tâches de gestion varient et doivent donc être identifiées et analysées. Des services et des protocoles de gestion sont nécessaires pour gérer les ressources logicielles et matérielles d'un réseau.

L'identification et la mise en œuvre des tâches de gestion sont complexes en raison de la nature distribuée du système. On peut citer les fonctions suivantes :

- **Démarrage et arrêt du réseau.** Fonction de base liée à la configuration du réseau et à l'initialisation des paramètres.
- **Traitement des alarmes.** Permet au réseau de réagir à n'importe quel dysfonctionnement, comme la perte du contrôle d'accès, par exemple.
- **Redémarrage du réseau.** Nécessaire à la reprise d'activité suite à une panne du coupleur, d'une liaison, etc.
- **Reconfiguration du réseau.** Fonction liée à l'ajout ou à la suppression de points d'accès de terminaux. Par exemple, des éléments du réseau doivent pouvoir être mis hors circuit en cas de mauvais fonctionnement.
- **Contrôle de la qualité.** Fonction liée aux techniques de contrôle, aux caractéristiques opérationnelles du réseau et à la gestion des rapports de changement d'états.

Les moniteurs de gestion peuvent être matériels ou logiciels. Les moniteurs matériels s'occupent des phénomènes rapides, tandis que les moniteurs logiciels sont plutôt orientés application.

Les moniteurs de gestion doivent prendre en charge les fonctions suivantes :

- **Test et diagnostic.** Les erreurs du système doivent être détectées. Un message de diagnostic peut être émis pour signaler qu'une erreur s'est produite et qu'un traitement peut avoir lieu. On doit pouvoir mettre un élément du système en état de diagnostic afin d'exécuter des séquences de tests.
- **Compte rendu d'alarme.** Fonction destinée à notifier à l'opérateur du système tout mauvais fonctionnement.
- **Contrôle du réseau.** Fonction liée à l'allocation et à la désallocation des ressources et à leur contrôle (prévention des abus et des famines, manque de ressource, etc.).

Le système de gestion peut contrôler tous les changements. Il est aussi responsable des allocations de noms et d'adresses et des associations entre elles.

Le modèle de référence OSI a contribué au développement de réseaux hétérogènes. Cette hétérogénéité se traduit par l'interconnexion de matériels issus de constructeurs différents et par l'interconnexion de réseaux de différents types, par exemple un réseau grande distance relié à un réseau local.

L'échange d'informations entre systèmes hétérogènes a été rendu possible par l'intermédiaire de la normalisation de l'ISO. De plus, dans son rôle de transporteur de l'information, un réseau doit garantir une certaine qualité de service (débit, temps de réponse, etc.) à ses utilisateurs. Afin d'assurer une qualité de service, il est nécessaire de gérer convenablement de multiples composants (nœud, ligne, abonné, application, etc.). Cette gestion est à la charge d'entités spécifiques, les entités de gestion. L'ensemble de ces entités et leurs activités constituent la gestion de réseau.

Chaque fournisseur de réseau propose des outils permettant de mettre en place une telle gestion. Toutefois, la répartition de ces fonctions par rapport aux sept couches du modèle OSI est entièrement à l'appréciation du constructeur. De ce fait, si l'on dispose de deux systèmes hétérogènes, il est très difficile de faire coopérer les différents outils de gestion de réseau de chaque système.

Les deux architectures qui se sont développées en premier, il y a une vingtaine d'années, proviennent du modèle Internet, avec SNMP, et du modèle de référence OSI normalisé par l'ISO. Le modèle ISO a quasiment disparu en 2014, mais il reste un modèle au même titre que le modèle de référence. Au contraire, SNMP a pris totalement le devant de la scène en se présentant sous les diverses formes étudiées dans le présent chapitre. Les standards ISO et TMN sont relégués à l'annexe Q.

Gestion Internet avec SNMP

SNMP (Simple Network Management Protocol) est un protocole simple de gestion de réseau développé par un groupe de travail de l'IETF dans le cadre de la définition d'un système de gestion pour les réseaux utilisant les protocoles TCP/IP. Trois versions se sont succédé dans le temps : SNMPv1, SNMPv2 et SNMPv3.

Le protocole de gestion SNMPv1 est très répandu dans le domaine des réseaux locaux, principalement pour le contrôle de réseaux locaux interconnectés. C'est aujourd'hui un standard de fait quasi incontournable pour les réseaux qui n'appartiennent pas au monde des télécoms.

SNMP a été approuvé par l'IAB (Internet Activities Board), responsable des spécifications de TCP/IP. Plusieurs documents définissent ce standard, parmi lesquels :

- RFC 1155 SMI (Structure of Management Information)
- RFC 1156 MIB (Management Information Base)
- RFC 1157 SNMP Protocol
- RFC 1158 MIB II (Management Information Base II)

Dans ce cadre, trois composants essentiels ont été définis :

- Le protocole SNMP, situé au niveau application de l'architecture en couches de TCP/IP, définit la structure formelle des communications.
- La base d'informations de gestion, ou MIB (Management Information Base), regroupe l'ensemble des variables relatives aux matériels et aux logiciels supportés par le réseau et définit les objets de gestion dans l'environnement TCP/IP.

- Les spécifications de la structure de l'information de gestion SMI définissent comment sont représentées dans la MIB les informations relatives aux objets de gestion (ressources) et comment sont obtenues ces informations.

Architecture de SNMP

Toutes les stations du réseau possèdent une base de ressources. Une station de gestion, la NMS (Network Management Station), contient une base maître qui représente toutes les ressources du réseau et les informations de gestion associées.

La structure des paquets SNMP est définie par la syntaxe ASN.1 (Abstract Syntax Notation 1). L'environnement SNMP est destiné à surveiller la performance d'un réseau, à détecter et à analyser ses fautes ainsi qu'à configurer ses éléments.

Les premiers produits implémentant SNMP sont apparus à la fin des années 1980 dans de petites entreprises du marché TCP/IP, parmi lesquelles Cisco Systems, qui était alors minuscule, Advanced Computer Communications et Proteon Inc. Depuis, la quasi-totalité des constructeurs informatiques ont intégré le support de SNMP dans leur architecture globale de gestion de réseau.

Les systèmes SNMP possèdent deux éléments-clés :

- L'agent logiciel, qui fonctionne dans les stations gérées. Ces stations sont généralement des nœuds de réseau IP, qui peuvent être des systèmes hôtes (stations de travail, serveurs, etc.), des équipements de transmission (multiplexeurs, etc.), des sondes ou des routeurs. Chaque agent comprend une MIB, base d'objets gérés, et des variables.
- La station de gestion de réseau (manager), système hôte qui contient le protocole de gestion de réseau et les applications de gestion. Elle est généralement composée d'un calculateur contenant une console et une base de données représentant tous les périphériques gérés du réseau et toutes les variables MIB de ces agents. Elle permet de récolter et d'analyser les données relatives aux équipements physiques connectés au réseau (ponts, routeurs, hubs) et de les gérer. Un agent peut être géré par plusieurs stations centrales. Certains agents, appelés agents proxy, permettent à un système de gestion SNMP de gérer des nœuds ne supportant pas la suite des protocoles Internet, c'est-à-dire des nœuds dialoguant avec un protocole propriétaire ou ISO.

La figure 23.2 illustre l'architecture SNMP.

La syntaxe des informations de gestion, intitulée SMI (Structure of Management Information), définit comment chaque élément d'information, concernant les périphériques gérés et les agents, est représenté dans la base d'information de gestion.

La syntaxe utilisée est un sous-ensemble de celle définie par la norme ASN.1.

Seuls quatre types de données sont utilisés :

- Integer : type de données qui n'accepte que des valeurs entières.
- Octet String : suite de 0 ou de plusieurs octets pouvant accepter des valeurs comprises entre 0 et 255.
- Object Identifier : suite de numéros référençant un objet enregistré par une autorité compétente.
- Null.

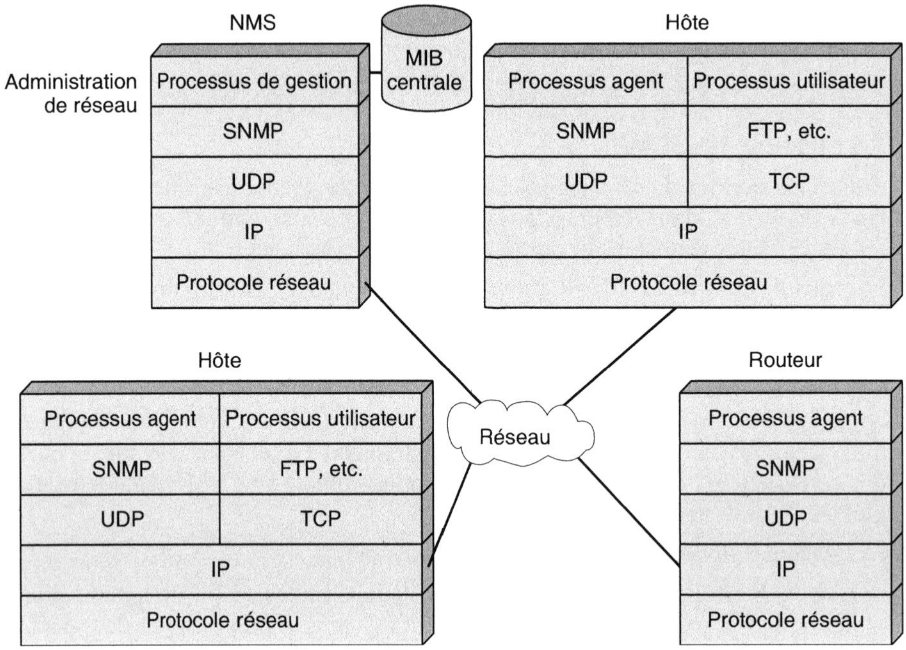

Figure 23.2

Architecture SNMP

Deux types de données structurées sont autorisés : les listes et les tables à deux dimensions.

La MIB (Management Information Base) contient l'ensemble des variables gérées suivantes :

- Jeu de variables ayant trait à la fois au matériel et au logiciel.
- Jeu de points de test et de contrôle qu'un système supportant la gestion SNMP est censé vérifier.

La MIB attribue des noms aux éléments selon une hiérarchie d'enregistrements définie par l'ISO pour le nommage des objets réseau. Il en résulte une structure dans laquelle les variables ayant une relation logique sont regroupées en table. Par exemple, les variables concernant la vitesse, le taux d'erreur et les adresses d'interfaces de communication sont placées dans une table interface. Les objets de la MIB sont classés en une structure hiérarchisée de classes d'objets.

Le premier niveau de cette hiérarchie de classes d'objets de la MIB, ou MIB 1, comprend les huit groupes d'objets suivants :

- system : pour la gestion du nœud lui-même ;
- interfaces : pour les ports et interfaces réseau ;
- address translation : pour la traduction d'adresses IP ;

- IP (Internet Protocol) ;
- ICMP (Internet Control Message Protocol) ;
- TCP (Transmission Control Protocol) ;
- UDP (User Datagram Protocol) ;
- EGP (Exterior Gateway Protocol).

Suivant le type d'équipement à gérer, seuls certains groupes d'objets peuvent être implémentés.

Cette structure propose un grand nombre d'entrées permettant de décrire la majorité des objets réseau, mais certains fabricants ont défini leur propre MIB. Des entrées propres aux constructeurs ont donc été prévues dans cette organisation. De nombreuses extensions ont été effectuées au cours du temps, et des objets spécifiques de chaque nouveau protocole forment aujourd'hui le corps de plusieurs RFC.

La MIB 2 comprend, outre ce qui a été défini pour la MIB 1, des attributs ou objets, et deux groupes supplémentaires d'objets ont été définis : transmissions et SNMP. La MIB 2 gère environ deux cents variables.

Une autre version, RMON MIB (Remote MOnitor Network Management Information Base), permet d'étendre les possibilités de SNMP. Elle autorise les moniteurs distants à contrôler les flux de trafic circulant à travers le réseau et est notamment utilisée pour les sondes.

RMON a été ratifié par l'IETF en novembre 1991 (RFC 1271). Le standard RMON couvre neuf groupes de données :

- Les statistiques, telles que le taux de collision pour un réseau Ethernet.
- Les historiques, qui décrivent le comportement du réseau pendant certaines périodes.
- Les alarmes.
- Les données relatives à la gestion des hôtes (enregistrement des hôtes sur le réseau, etc.).
- Les données se rapportant à la gestion de *N* hôtes, qui regroupent les statistiques d'hôtes faisant partie d'un groupe vérifiant un critère commun relatif à une donnée statistique.
- Les matrices de trafic, qui contiennent des données relatives aux communications entre groupes d'adresses.
- Les filtres.
- Les paquets capturés, qui contrôlent les données envoyées aux stations de gestion.
- Les événements générés par les agents.

RMON définit des variables relatives au contrôle du trafic sur les réseaux de niveau trame tels qu'Ethernet. Le protocole SNMP est le langage que les agents et les stations de gestion (managers) utilisent pour communiquer. C'est un protocole asynchrone de type question-réponse.

Les stations de gestion interrogent les agents pour observer leur fonctionnement et leur envoient des commandes pour leur faire exécuter certaines tâches. Les agents adressent les informations requises aux stations de gestion. Certains événements du réseau, tels que des erreurs de transmission, peuvent déclencher des alarmes envoyées aux stations de gestion. Cependant, l'envoi de messages de façon spontanée de l'agent vers le manager est limité. Les managers effectuent une interrogation périodique des agents de manière à vérifier leur état.

Si SNMP a l'avantage d'être simple, ses capacités à l'égard de la sécurité sont toutefois limitées, principalement en ce qui concerne l'authentification.

Les requêtes SNMP

Le protocole SNMP est un protocole sans connexion, qui utilise principalement le protocole UDP. Un système SNMP supporte trois types de requêtes : GET, SET et TRAP :

- GET. La commande GET REQUEST permet aux stations de gestion (managers) d'interroger les objets gérés et les variables de la MIB des agents. La commande GET NEXT REQUEST permet aux stations de gestion de recevoir le contenu de l'instance qui suit l'objet nommé. Grâce à cette commande, les stations de gestion peuvent balayer les tables des MIB. La commande GET RESPONSE est le message retourné par les entités interrogées (agents) en réponse aux commandes de type GET REQUEST, GET NEXT REQUEST et SET REQUEST.
- SET. La commande SET REQUEST permet aux stations de gestion de modifier la valeur d'un objet de la MIB ou d'une variable et de lancer des périphériques. SET REQUEST autorise, par exemple, un manager à mettre à jour une table de routage.
- TRAP. La commande TRAP permet à un agent de notifier un événement. Cette alarme, envoyée lors de la détection d'une anomalie par l'agent (initialisation de l'agent, arrêt de l'agent, dépassement d'un seuil, etc.), n'est pas confirmée par le manager. À l'exception des messages d'alarme (TRAPS), chaque message SNMP contient, entre autres :
  - un identificateur de requête ;
  - une liste de variables (noms et valeurs) ;
  - un champ pour les types d'erreurs ;
  - un index d'erreur signalant le numéro de la variable en erreur.

Tous les agents ne supportent pas obligatoirement toutes les commandes. Ainsi, SET REQUEST n'est pas toujours implémentée, car le protocole SNMP n'étant pas pourvu de dispositifs de protection, un mauvais usage de cette commande peut endommager des objets du réseau.

SNMP ne stocke et ne restitue que des types de données simples et ne travaille pas, à la différence de CMIP, sur des structures de données complexes. La plupart des fournisseurs d'outils d'interconnexion ont intégré SNMP dans leur offre. Le protocole SNMP est largement utilisé pour la gestion des matériels d'interconnexion de réseaux locaux, tels que ponts, routeurs, passerelles, hubs, etc.

SNMPv2 et SNMPv3

Une version plus avancée de SNMP, SNMPv2, a été proposée à l'IETF, mais elle n'a pas engendré de produits en grand nombre, et l'on peut même parler dans son cas d'échec cuisant. En revanche, la version SNMPv3 est bien acceptée par les entreprises, et de nombreuses implémentations sont disponibles sur le marché.

Le tableau 23.1 recense les principales RFC et normes du monde IP pour la gestion de réseau des domaines SNMPv2 et v3.

RFC	Titre de la RFC
RFC 1901	Introduction to community-based SNMPv2
RFC 1902	Structure of management information for SNMPv2
RFC 1903	Textual conventions for SNMPv2
RFC 1904	Conformance statements for SNMPv2
RFC 1905	Protocol operations for SNMPv2
RFC 1906	Transport mappings for SNMPv2
RFC 1907	Management Information Base for SNMPv2
RFC 1908	Coexistence between version 1 and version 2 of the internet-standard Network Management Framework
RFC 2573	SNMPv3 applications
RFC 2263	SNMPv3 applications
RFC 2273	SNMPv3 applications
RFC 2574	User-based Security Model (USM-SNMPV3)

TABLEAU 23.1 • RFC du domaine SNMPv2 et SNMPv3

SNMPv2 essaie principalement de limiter les flots d'information de contrôle par une nouvelle commande GETBULK et une commande GET améliorée. Pour prendre en charge la coopération entre managers, SNMPv2 introduit deux nouvelles caractéristiques : une commande INFORM et une MIB manager à manager. Un manager utilise une commande INFORM pour envoyer une information non sollicitée à un autre manager. Il peut, par exemple, signaler un débit excessif sur une ligne de communication. Cette information est consignée dans la nouvelle MIB manager à manager.

En septembre 1996, l'IETF a formé un nouveau comité dans le but d'examiner les problèmes de sécurité dans SNMP. Début 1997, ce comité a proposé une nouvelle génération, appelée SNMPng, qui rassemble les possibilités de SNMPv2 en incluant de nouveaux éléments de sécurité. Après un certain nombre d'améliorations supplémentaires, ce protocole SNMPng s'est transformé en SNMPv3, standard du domaine depuis la parution des RFC correspondantes, en 1998.

SNMPv3 est composé de trois modules :

- Message Processing and Control, qui définit la création et les fonctions d'analyse des messages.
- Local Processing, qui s'occupe des contrôles d'accès et de l'exécution des données.
- Security, qui permet l'authentification et le chiffrement ainsi que la prise en compte de contraintes de temps de certains messages SNMP.

L'amélioration la plus importante apportée par SNMPv3 concerne la sécurité, notamment l'authentification, le secret et le contrôle d'accès.

Gestion par le Web

SNMP est devenu le protocole standard pour la gestion de réseau en se développant au début en parallèle à la version ISO, représentée par CMIP/CMIS, puis en prenant pratiquement l'ensemble du marché. Cependant, le processus de décision n'est pas inclus dans le protocole de gestion. L'ajout d'un environnement Web permet d'intégrer la gestion dans le système d'information des entreprises. C'est l'un des rôles de l'architecture de gestion WBEM (Web-Based Enterprise Management).

WBEM provient d'une initiative de plus de soixante-quinze sociétés visant à définir une architecture de gestion complète pour l'entreprise. Les composants principaux de cette architecture sont les suivants :

- Modèle de données simple et extensible pour définir et manipuler les états du système.
- Architecture côté client utilisée pour implémenter le modèle comme un ensemble d'objets.
- Modèle de distribution globale et de propagation des informations entre les clients et les sites où les actions de gestion sont décidées.

Le processus de normalisation a été réalisé sous l'égide du DMTF (Distributed Management Task Force) et de l'IETF. Le premier modèle adopté, en avril 1997, est le CIM (Common Information Model). Son principe de fonctionnement consiste à réutiliser l'environnement Web pour gérer le réseau.

Deux nouveaux modules de gestion sont ajoutés :

- CIMOM (CIM Object Manager), pour interpréter les requêtes en utilisant le modèle d'information.
- HMMP (HyperMedia Management Protocol), un protocole d'encodage qui permet le transport d'informations de gestion dans d'autres protocoles, tels que TCP/IP.

WBEM (Web-Based Enterprise Management)

Comme expliqué précédemment, WBEM permet de gérer les réseaux et les applications à partir d'un navigateur Web. WBEM décrit une architecture, un protocole, un schéma de gestion et un gestionnaire d'objets. Il doit permettre de prendre en charge les cinq aires de gestion et de donner naissance à un modèle de données adapté à la gestion de systèmes, de réseaux et d'applications. La proposition utilise le HTML pour la description des informations et HTTP.

Illustrés à la figure 23.3, les principaux composants de WBEM sont les suivants :

- HMMS (HyperMedia Management Schema), qui définit un schéma, c'est-à-dire un descriptif des données indépendant de leur implémentation et acceptant les données de différentes sources.
- HMMP (HyperMedia Management Protocol), qui définit un protocole permettant d'accéder aux données de gestion et fournit des solutions de gestion indépendantes de la plate-forme et de la distribution.
- HMOM (HyperMedia Object Manager), qui propose une définition générique pour les applications de gestion. Ce composant permet d'agréger les données de gestion et utilise

un ou plusieurs protocoles pour fournir une représentation uniforme au navigateur utilisant HTML.

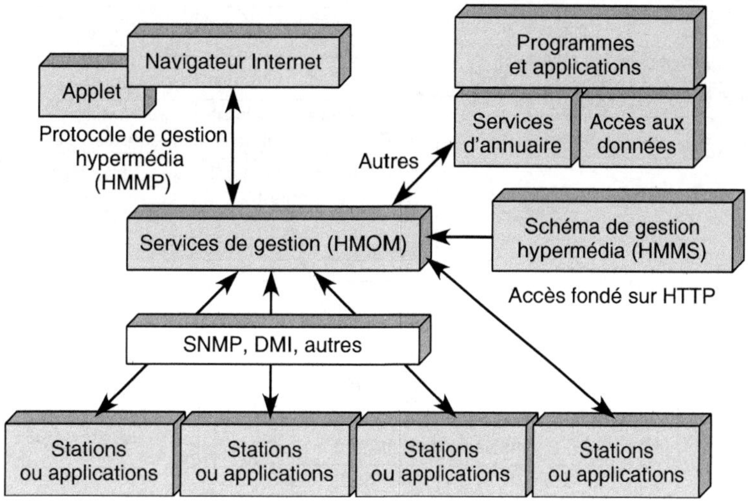

Figure 23.3

Composants de l'architecture WBEM

JMAPI (Java Management API)

Dans la perspective de l'unification de la gestion de réseau à travers le Web, JMAPI (Java Management API) a été définie par le consortium Java afin de simplifier la gestion. L'initiative JMAPI a principalement consisté en une extension du noyau de Java pour y intégrer des mécanismes permettant de développer des logiciels de gestion de réseau fondés sur le Web.

JMAPI est un ensemble de classes dérivées permettant d'accéder aux services de gestion SNMP sous-jacents. Grâce à cette approche, il est possible de s'affranchir des problèmes de portabilité des applications et d'obtenir des capacités étendues d'affichage.

Au niveau le plus haut, JMAPI propose une interface de navigateur, un module de gestion et des équipements à gérer. L'interface utilisateur du navigateur est le mécanisme par lequel un administrateur peut accéder aux opérations de gestion. Le module de gestion définit les mécanismes qui prennent en charge les objets gérés. Il inclut des interfaces objet pour les agents, des interfaces de notification et des interfaces avec les objets gérés.

L'architecture JMAPI est illustrée à la figure 23.4.

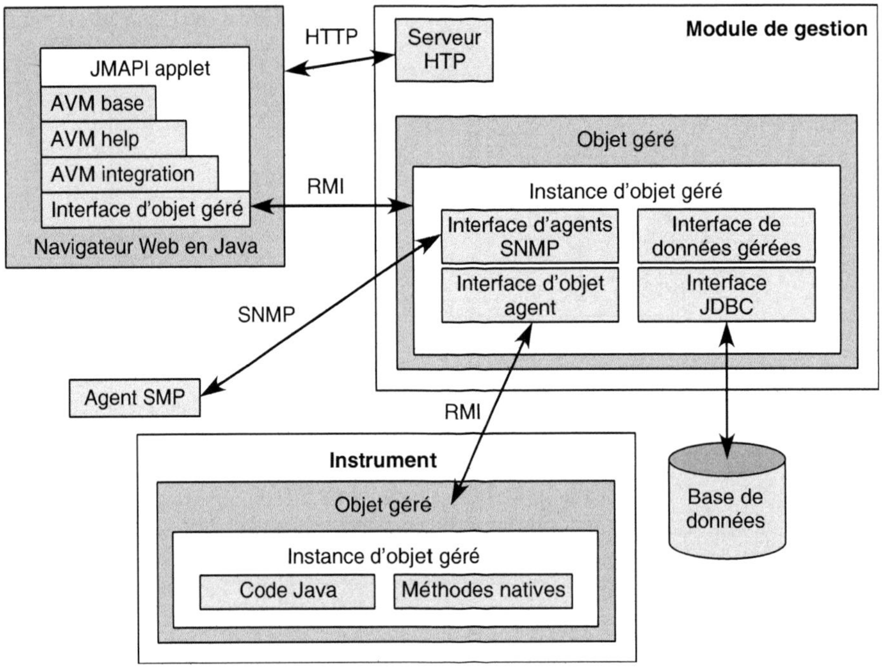

Figure 23.4

Architecture JMAPI

Tout l'intérêt de JMAPI est de distribuer géographiquement différents composants du système et de rendre possible les interactions entre composants grâce à RMI (Remote Method Invocation). Dans ce cas, le gestionnaire de réseau devient complètement indépendant du protocole de gestion spécifique, et l'on peut dès lors télécharger différents applets au niveau du site agent pour réaliser des tâches de gestion sans surcharger le réseau.

Ce type d'intégration est illustré à la figure 23.5.

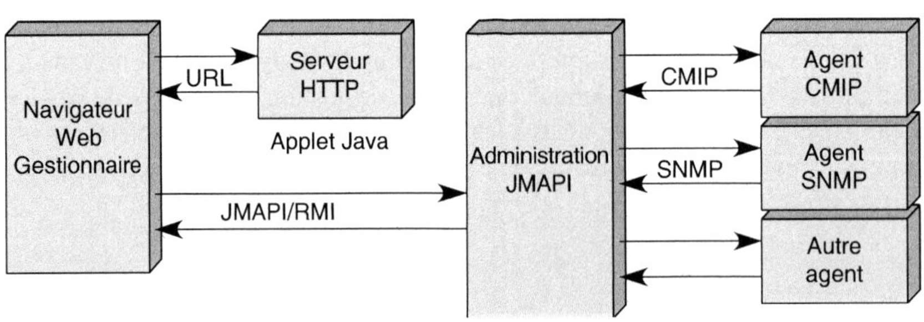

Figure 23.5

Exemple d'intégration de Java dans le modèle agent-gestionnaire

Dans son utilisation actuelle, l'approche JMAPI ne définit pas un nouveau modèle de gestion, mais offre un niveau intermédiaire permettant de s'affranchir de l'hétérogénéité des systèmes et des protocoles de gestion sous-jacents. L'approche fondée sur Java offre un environnement de développement d'applications de gestion homogène, cachant entièrement l'hétérogénéité sous-jacente, tout en permettant une extensibilité et une portabilité simples.

Gestion par le middleware

Les sections qui suivent examinent comment le middleware, c'est-à-dire un logiciel intermédiaire entre les équipements et les processus de décisions, peut aider à la réalisation d'un système de gestion de réseau intégré en prenant l'exemple du middleware CORBA.

Dans le cadre de la gestion de réseau, l'architecture CORBA (Common Object Request Broker Architecture) a pour principal intérêt d'offrir aux applications de gestion une abstraction suffisante vis-à-vis des technologies système sous-jacentes. Elle permet ainsi de concentrer l'intelligence sur les services de gestion plutôt que sur la manière d'interagir avec le système ou la communication entre applications. Néanmoins, il est nécessaire de spécialiser ces environnements de manière à introduire un ensemble de fonctionnalités communes spécifiques de la gestion de réseau et permettant de mieux maîtriser le cycle de vie des services de gestion.

Cette gestion est illustrée à la figure 23.6.

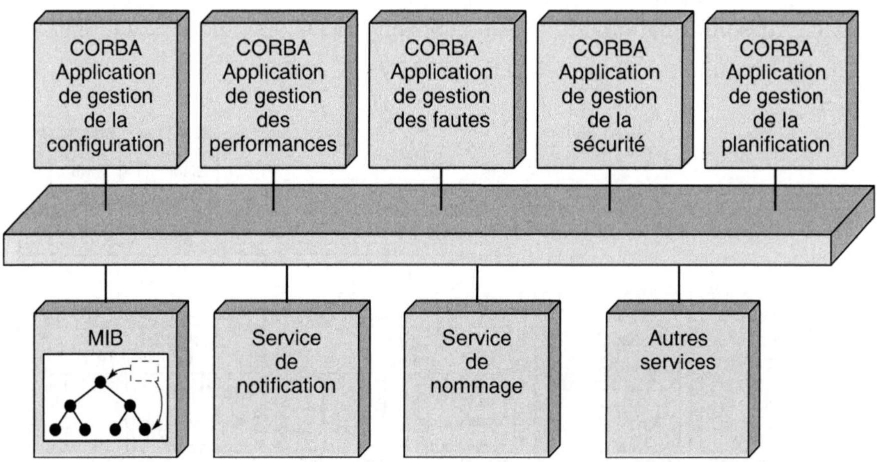

Figure 23.6

CORBA et la gestion de réseau

L'intégration de l'existant est un aspect crucial de la gestion de réseau, du fait notamment du parc logiciel et matériel déjà présent et du délai d'adoption par les constructeurs d'une nouvelle approche. Dans cette optique, deux approches correspondent à des processus d'intégration distincts : l'encapsulation ou la passerelle, comme illustré à la figure 23.7.

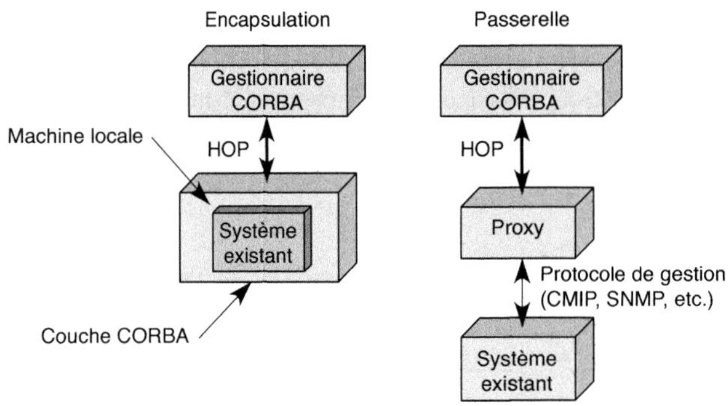

Figure 23.7

Intégration des objets de gestion par encapsulation ou passerelle

Ces travaux ont été repris par le groupe de travail XoJIDM (Joint Inter-Domain Management) de l'X-Open et du NM Forum et le groupe de télécommunications de l'OMG (Object Management Group) afin d'uniformiser les différentes approches d'intégration.

Les passerelles ont pour rôle de mettre en place des mécanismes de conversion dynamique. Ces mécanismes permettent la mise en correspondance de modèles d'information de gestion définis dans des environnements différents. Les modèles d'information les plus importants mis en correspondance sont CORBA et SNMP/SMI (System Management Interface), ainsi que CORBA et GDMO (Guidelines for the Definition of Managed Objects). Dans ce cadre, plusieurs architectures de passerelles ont été proposées, qui permettent au concepteur de systèmes de gestion de s'affranchir des protocoles et des services sous-jacents afin de collecter des informations sur les éléments physiques ou logiques du réseau.

Cette architecture est illustrée à la figure 23.7.

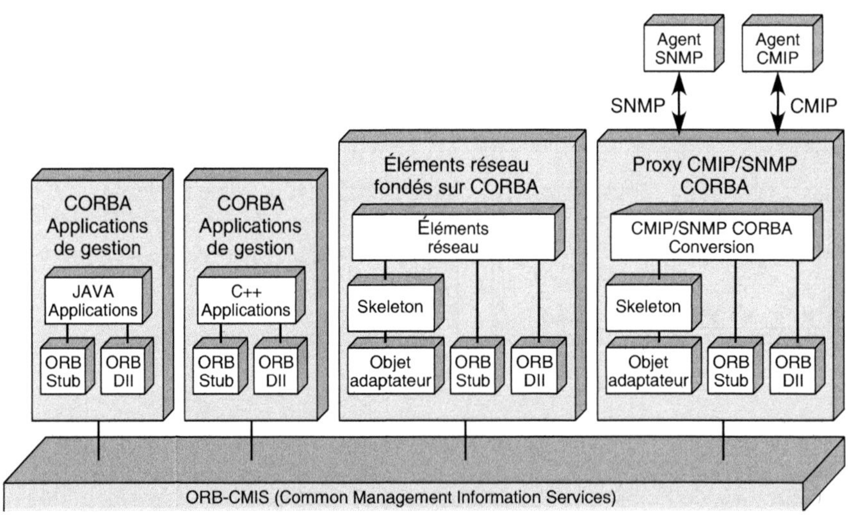

Figure 23.8

Intégration de CORBA dans le modèle agent-gestionnaire

Nagios

SNMP étant devenu un standard particulièrement stable pour la gestion de réseau, les logiciels libres prolifèrent dans ce domaine, avec des spécificités dans la présentation des résultats, dont le plus connu et le plus utilisé est sans doute Nagios.

Logiciel *open source* pour la surveillance réseau et celle de l'infrastructure réseau, Nagios propose un service de surveillance et d'alerte pour les équipements réseau (routeurs, commutateurs, etc.), les applications et les services. Il émet des avertissements dès la détection d'un problème.

Nagios, créé à l'origine sous le nom de NetSaint, fonctionne sous Linux ou des variantes d'Unix. Ce logiciel a été réalisé par un groupe de développeurs qui maintient activement ses différents plug-ins.

Ce logiciel propose de nombreuses fonctionnalités, notamment les suivantes :

- La surveillance des services réseau (SMTP, POP3, HTTP, NNTP, ICMP, SNMP, FTP, SSH).
- Le monitoring des ressources des machines hôtes du réseau (charge processeur, utilisation du disque dur, journaux système) sur la majorité des systèmes d'exploitation.
- Le monitoring des sondes de réseau (débit, utilisation, activité, alarmes).
- La surveillance à distance par des scripts grâce au module NRPE (Nagios Remote Plugin Executor).
- La surveillance à distance *via* des tunnels SSH ou TLS.
- La conception simplifiée du système qui permet aux utilisateurs de développer facilement leurs propres plug-ins pour récupérer les informations dont ils ont besoin.
- Les plug-ins pour de nombreuses sorties graphiques.
- La détection des hôtes qui sont en panne ou inaccessibles.
- L'envoi d'alarmes lorsque des problèmes sont détectés.
- La possibilité de définir des gestionnaires d'événements pour la résolution proactive de problèmes.
- L'interface Web proposée optionnellement pour visualiser l'état du réseau, les notifications, les problèmes déjà rencontrés, les journaux, etc.
- Le stockage de données *via* des fichiers texte plutôt que des bases de données.

Le logiciel repose sur plusieurs agents spécialisés dont les plus importants sont les suivants :

- Nagios Remote Plugin Executor (NRPE), un agent permettant la surveillance du système en utilisant des scripts hébergés sur des systèmes distants. Cet agent se charge de la surveillance de ressources telles que l'utilisation du disque dur, la charge du système ou le nombre d'utilisateurs connectés. Nagios interroge périodiquement l'agent sur le système distant en utilisant un plug-in spécialisé.
- Nagios Remote Data Processor (NRDP), un agent doté d'un mécanisme de transport de données flexible. Son architecture lui permet d'être extensible et personnalisable. NRDP utilise des protocoles classiques, comme HTTP et XML.

- NSClient, un agent utilisé pour la surveillance des machines Windows. Cet agent est installé sur un système distant avec l'objectif d'obtenir de nombreuses informations, comme l'occupation de la mémoire, la charge du processeur, l'utilisation du disque dur, la détermination des processus en cours, etc.

Nagios est aussi à l'origine d'extensions diverses et variées, comme des sondes supplémentaires et des logiciels pour l'interprétation des résultats de ces sondes.

Le modèle DME

DME (Distributed Management Environment) est un modèle d'architecture pour la gestion des réseaux locaux. Mis au point par l'OSF (Open Software Foundation), qui regroupe la plupart des grands constructeurs informatiques, DME a pour but de résoudre le problème de la gestion de réseaux hétérogènes en proposant un environnement de traitement réparti.

Plusieurs points ont permis les avancées suivantes :

- DCE (Distributed Computing Environment), qui est un environnement développé pour le traitement distribué en milieu hétérogène.
- DME, qui s'appuie sur DCE et permet de gérer les ressources d'un environnement réseau contenant des systèmes, des éléments de réseau et des applications. Il s'agit d'un environnement assez complexe, qui inclut de nombreux composants :
  - Une interface utilisateur de gestion, qui permet d'obtenir une vue unique des objets de l'environnement.
  - Un ensemble de services destinés à la gestion des objets de l'environnement (logiciels, matériels, impression, configuration, etc.).
  - Des services de gestion permettant la mise en œuvre d'un modèle de gestion.
  - Des services d'objets qui gèrent les objets de l'environnement, tels un gestionnaire de requêtes inclus dans DME pour localiser et enregistrer les objets stockés dans les serveurs d'objets.
  - Des serveurs d'objets.
  - Des services de gestion d'événements provenant de requêtes du modèle OSI ou d'architectures non compatibles par l'intermédiaire d'un langage de description. Les communications sont fournies à distance par des RPC (Remote Procedure Call) ou en local par des IPC (Inter Process Communication).
  - Des protocoles de gestion, notamment une interface CMIP, une interface SNMP et un protocole de gestion spécifique de l'OSF, qui utilise les RPC pour communiquer.
  - Des outils de développement, qui comprennent des langages et des compilateurs ainsi que des appels système. Ces appels système, ou API (Application Programming Interface), reposent le plus souvent sur une architecture orientée objet. Pour les applications de gestion, l'API définie par l'OSF se fonde sur le protocole CMIS.

DME est une plate-forme de développement complète, qui doit pouvoir s'interfacer avec tous les grands standards d'aujourd'hui et de demain.

SLA (Service Level Agreement)

Les réseaux deviennent de plus en plus complexes. Le développement des services s'appuie sur des modèles de plus en plus élaborés, comme si l'imagination concernant le développement de nouveaux services était illimitée.

Les utilisateurs souhaitent avoir accès à des services personnalisés, à travers des terminaux ou des technologies d'accès variés, tout en exigeant des garanties pour les services qu'ils achètent. La réalisation de ces attentes implique la coopération et la coordination entre les fournisseurs de services Internet, ou FAI, les fournisseurs d'applications, ou ASP (Application Service Provider), et les opérateurs réseau, ou NSP (Network Service Provider). Cela implique d'assurer tout à la fois la qualité de service demandée, la gestion de la mobilité et la prise en compte de la sécurité. Pour garantir les droits et définir les obligations de l'utilisateur et du fournisseur de service, un contrat, appelé SLA, est écrit dans un langage de niveau business, compréhensible par ces derniers.

Les sections qui suivent examinent les différentes parties qui constituent un SLA ainsi qu'un ensemble de paramètres pour la qualité de service, la mobilité et la sécurité pouvant être négociés dynamiquement entre l'utilisateur et le fournisseur.

SLA, SLO et SLS

Les réseaux sont caractérisés par l'intégration de plusieurs technologies réseau en une unique technologie sous IP pour permettre le développement de nouveaux services en utilisant des modèles plus complexes. Ces services ne sont plus fournis par un seul fournisseur, mais par plusieurs entités business que sont l'opérateur réseau, le fournisseur d'applications (ASP) et le fournisseur d'accès à Internet (FAI). L'ASP et le FAI peuvent être des clients de l'opérateur réseau. La relation entre ces entités n'intéresse généralement pas l'utilisateur final, qui se préoccupe plutôt du niveau de garantie des services qu'il paye.

Comme expliqué précédemment, la négociation entre l'utilisateur final et le fournisseur de service est spécifiée dans un SLA. Le SLA est ensuite traduit en objectifs, nommés SLO (Service Level Objectives). Chaque SLO est à son tour traduit en un ensemble de paramètres formant un SLS (Service Level Specification), comme illustré à la figure 23.9. Le SLO représente les objectifs à réaliser dans le cadre d'un SLA tandis que le SLS représente une interprétation technique du SLO et sert de guide opératoire afin d'aider le fournisseur à implémenter un objectif. Un SLA peut contenir plusieurs SLO pour plusieurs objectifs, tels le SLO pour la mobilité, le SLO pour la sécurité, le SLO pour la qualité de service, etc. Chaque SLO peut contenir à son tour plusieurs SLS.

Figure 23.9

Relations entre SLA, SLO et SLS

Paramètres d'un SLS de QoS

Cette section décrit les paramètres d'un SLS de qualité de service. Les paramètres à ajouter pour la gestion de la mobilité et de la sécurité sont décrits un peu plus loin.

- **Temps de service**. Le temps de service, encore appelé service schedule, indique les temps de début et de fin de service. Ce paramètre spécifie le temps pendant lequel la QoS négociée doit être garantie. Le temps de service peut être l'instant précis du début et le temps précis de la fin du service. Par exemple, le service commence à 13 heures le 20 septembre 2018 et se termine à 17 heures le même jour. Le temps de service peut aussi être déterminé par des horaires périodiques spécifiés par l'heure du jour, le jour de la semaine, la date du mois et le mois de l'année. Par exemple, le service commence tous les jours de lundi à vendredi, de 8 heures à 17 heures, entre septembre et juin de chaque année.
- **Scope**. Le scope est défini comme le point d'entrée et le point de sortie d'un domaine, par exemple, l'interface du routeur d'entrée par lequel le trafic entre dans le domaine et l'interface du routeur de sortie par lequel le trafic sort du domaine.
- **Paramètres de QoS**. Les paramètres de QoS suivants sont définis :
  - **Délai.** Délai de transmission d'un paquet IP entre le point d'entrée et le point de sortie du domaine.
  - **Gigue.** Variation du délai de transmission des paquets IP entre le point d'entrée et le point de sortie du domaine.
  - **Taux de perte.** Pourcentage des paquets perdus pendant la transmission des paquets IP entre le point d'entrée et le point de sortie du domaine.
  - **Débit.** Nombre de paquets par seconde sur une interface.
- **Profil du trafic**. Le profil du trafic, aussi appelé descripteur du trafic, est défini par les paramètres suivants :
  - paramètres du token-bucket utilisé pour identifier les paquets dans le profil et hors profil ;
  - taille maximale du paquet (MTU) ;
  - taille minimale du paquet ;
  - débit moyen et débit crête.
- **Traitement en excès**. Le traitement en excès spécifie le traitement que le réseau applique aux paquets hors profil. Ce paramètre peut avoir les valeurs suivantes :
  - **Dropping.** Le réseau jette les paquets hors profil.
  - **Shaping.** Le réseau lisse les paquets hors profil pour les mettre dans le profil (in-profile).
  - **Remarking.** Le réseau marque les paquets hors profil pour modifier la classe de service de ces paquets ou pour qu'ils puissent être rejetés avec une probabilité plus grande en cas de congestion.
- **Identification du trafic**. L'identification du trafic, ou Flow Identification, est définie par les paramètres suivants :

- adresse IP de la source et de la destination ;
- numéro de port TCP ou UDP de la source et de la destination ;
- identification de protocole ;
- valeur du DSCP ;
- valeur de l'identificateur de flot (flow-label).

- **Identification du client.** L'identification du client est utilisée pour les fonctions AAA (Authentication, Authorization, Accounting).
- **Marquage**. Le paramètre de marquage spécifie la priorité qui est donnée aux paquets. Par exemple, dans DiffServ la valeur du DSCP est utilisée pour faire le marquage des paquets à l'entrée du réseau.
- **Mode de négociation**. Le mode de négociation définit la manière avec laquelle la négociation est appliquée. En règle générale, il y a deux modes de négociation, le mode prédéfini (predefined-SLS mode) et le mode non prédéfini (non-predefined-SLS mode). Dans le mode non prédéfini, il n'y a pas de contrainte sur les valeurs des paramètres de SLS envoyées par le client. Dans le mode prédéfini, le fournisseur de service propose aux clients des SLS avec des paramètres à une valeur ou une plage de valeurs déterminées à l'avance. Dans ce cas, le client doit choisir le SLS le plus approprié à ses besoins.
- **Intervalle de renégociation**. L'intervalle de renégociation spécifie l'intervalle de temps pendant lequel un SLS négocié ne peut être renégocié.
- **Fiabilité**. La fiabilité est définie par deux paramètres principaux :
  - Le temps d'indisponibilité moyen du réseau par an (Mean Down Time).
  - Le temps maximal de réparation (Time To Repair) lorsque le service tombe en panne.
  - Disponibilité d'un réseau d'opérateur.
  - Dans un réseau d'opérateur, la fiabilité est une qualité essentielle. Le tableau 23.2 décrit les temps d'indisponibilité d'un réseau en fonction du taux de disponibilité, c'est-à-dire la proportion du temps pendant lequel le réseau est disponible. La première colonne indique le taux de disponibilité et les colonnes suivantes le temps d'indisponibilité du réseau par mois et par an.
  - Les réseaux de télécommunications pour la téléphonie sont actuellement des réseaux cinq neuf, c'est-à-dire avec un taux de disponibilité de 99,999. Ce taux représente des coupures du service téléphonique égales au total à cinq minutes par an. Actuellement, les réseaux des FAI n'offrent que « trois neuf » et donc un temps de panne de l'ordre de neuf heures par an, un temps beaucoup trop important pour un service téléphonique de qualité. Les opérateurs de télécommunications en mode IP doivent donc faire un énorme effort pour atteindre des taux de deux ordres supérieurs.
  - Plusieurs solutions pour atteindre des taux de disponibilité acceptables pour les applications utilisateur sont envisageables et même déjà en grande partie implémentées dans les grands réseaux d'opérateurs. La solution la plus utilisée est la réservation de chemins supplémentaires, ou chemins de back-up. Les chemins supplémentaires peuvent être soit réservés et disponibles en permanence, soit réservés, mais utilisés par des flots qui cèdent leur place aux flots à sauvegarder.

1	90 %	36,5 j/an	3 j/m	
2	99 %	3,65 j/an	7,3 h/m	
3	99,9 %	8,8 h/an	44 min/m	Bon ISP
4	99,99 %	53 min/an	4,4 min/m	
5	99,999 %	5 min/an	25 s/m	Téléphone
6	99,9999 %	32 s/an	3 s/m	

TABLEAU 23.2 • Taux d'indisponibilité d'une ligne ou d'un réseau

– Une protection 1:*N* indique qu'une ligne en back-up est réservée pour *N* lignes en cours d'utilisation, la ligne en back-up pouvant elle-même être utilisée. Une protection 1+*N* indique qu'une ligne en back-up est réservée pour *N* lignes en cours d'utilisation, la ligne en back-up ne pouvant être utilisée que par les lignes à protéger. Plus généralement, une protection *M*:*N* ou *M*+*N* indique que *M* lignes en back-up sont réservées pour *N* lignes actives. Pour arriver au « cinq neuf » dans un grand réseau où les paquets doivent passer par plusieurs routeurs, il faut protéger très fortement les chemins. En effet, le taux de panne pour une liaison en fibre optique de 1 000 kilomètres est de l'ordre de 0,3 %. Les pannes peuvent avoir de nombreuses raisons, dont la plus importante est la coupure pour travaux de génie civil. Si l'on compte un temps de réparation de douze heures par panne, qui est déjà une valeur excellente, une redondance de 1:1 ne suffit pas à atteindre les « cinq neuf », car la probabilité que les chemins primaire et secondaire soient tous deux en panne est supérieure à cinq minutes par an. Il faut donc que la ligne de protection soit elle-même protégée.

– Dans les réseaux traditionnels, la boucle locale est protégée dans le cadre de SONET par une reconfiguration qui s'effectue en 50 millisecondes. Dans le réseau cœur, il y a toujours un chemin de rechange pour un chemin en panne. Quant à la partie entre le réseau métropolitain et l'utilisateur, sa fiabilisation s'effectue comme pour la téléphonie classique par le biais d'une alimentation indépendante du réseau électrique. Dans ce cas, il est facile d'atteindre les 99,999 %. Cependant, le prix de revient de cette fiabilisation du réseau est assez important, et les opérateurs IP hésitent du fait de la concurrence acharnée sur les prix.

Le contrôle de réseau

Cette section commence par examiner les contrôles de flux et de congestion puis détaille la supervision de réseau et les signalisations du niveau application, en particulier SIP (Session Initiation Protocol).

Le contrôle de flux et de congestion apporte sans conteste des propriétés indispensables aux réseaux. Il peut revêtir différentes formes :

- La supervision, qui permet de mettre en place les chemins pour la commutation ou de réacheminer les paquets en cas de rupture du chemin.

- Les décisions temps réel pour réagir à des problèmes dans les couches basses des réseaux.
- Les protocoles pour permettre à certaines applications de s'exécuter, comme faire sonner l'équipement d'un correspondant pour indiquer un appel.

Les techniques de contrôle et de gestion de flux sont capitales dans le monde des réseaux. Les réseaux à transfert de paquets ou de cellules sont comme des autoroutes : s'il y a trop de trafic, plus personne ne peut avancer. Il faut donc contrôler le réseau et les flux qui y circulent. Le contrôle de flux est préventif, puisqu'il limite les flots d'information à la capacité de transport du support physique. Le contrôle de congestion a pour objet d'éviter la congestion dans les nœuds et de résoudre les embouteillages lorsqu'ils sont effectifs.

Les deux termes, contrôle de flux et contrôle de congestion, peuvent être définis de manière plus précise :

- Le contrôle de flux est un accord entre deux entités, la source et la destination, pour limiter le débit de transmission du service en considérant les ressources disponibles dans le réseau.
- Le contrôle de congestion représente l'ensemble des actions entreprises afin d'éviter et d'éliminer les congestions causées par manque de ressources.

Le contrôle de congestion

On a remarqué que, dans un réseau à commutation de paquets, quand bien même chaque source respectait son contrat de trafic, des congestions pouvaient apparaître en raison de la superposition de plusieurs trafics. Une solution fortement utilisée consiste à détruire les trames non ou moins prioritaires. Ces méthodes peuvent être utiles pour décongestionner le réseau sans pour autant dégrader de manière significative la qualité de service. Cependant, il peut en résulter un gaspillage des ressources du réseau et des nœuds intermédiaires, particulièrement lorsque la durée de congestion est très longue.

La technique par priorité

Une solution pour le contrôle de flux, qui n'a pas encore examinée, consiste à associer une priorité à chemin et à traiter les trames suivant cet ordre de priorité. Cette priorité peut être fixe ou varier dans le temps. On a dans ce dernier cas affaire à des priorités variables. Différentes publications ont montré que la méthode d'ordonnancement de la priorité dans un nœud de commutation pouvait engendrer un taux d'utilisation des ressources du nœud assez élevé. La méthode la plus simple est celle de la priorité fixe. Par exemple, la classe de service sensible au délai est toujours prioritaire par rapport à la classe de service sensible à la perte.

Contrairement à la méthode de priorité fixe, dans la méthode de priorité variable, la priorité varie selon le point de contrôle. Par exemple, les services sensibles au délai sont prioritaires pour les trames sortant de la mémoire tampon. Les services sensibles aux pertes sont prioritaires pour les trames entrant dans la mémoire tampon : si une trame sensible à la perte demande à entrer dans une mémoire lors du débordement de cette dernière, une trame sensible au délai est rejetée.

Il existe plusieurs méthodes de priorité variable :

- Dans la méthode QLT (Queue Length Threshold), la priorité est donnée aux trames sensibles aux pertes, si le nombre de trames présentes dans la file dépasse un seuil, sinon les trames sensibles au délai ont la priorité.
- Dans la méthode HOL-PJ (Head Of Line with Priority Jumps), plusieurs classes de priorité sont prises en compte. La plus grande priorité est donnée à la classe de trafic qui requiert des délais stricts. La priorité non préemptive est donnée aux trames de haute priorité. Enfin, les trames de basse priorité peuvent transiter vers une file d'attente plus prioritaire, lorsque le délai maximal d'attente est atteint.
- Dans la méthode push-out, ou partage partiel des mémoires tampons, le rejet sélectif est réalisé dans les éléments de commutation. Une trame prioritaire peut entrer dans une mémoire tampon saturée si des trames non prioritaires sont en attente de transmission. Une des trames non prioritaires, en général celle de plus basse priorité, est rejetée et la trame prioritaire entre dans la mémoire tampon. Si le tampon ne compte que des trames prioritaires, la trame prioritaire arrivante est rejetée. Dans la méthode de partage partiel de la mémoire tampon, lorsque le nombre de trames dans le tampon atteint un seuil donné, seules les trames prioritaires peuvent entrer dans ce tampon.

La méthode de push-out peut être améliorée de différentes façons. Par exemple, au lieu de détruire la trame non prioritaire la plus vieille ou la plus récente dans la file d'attente, il serait possible de détruire un ensemble plus important de trames non prioritaires, correspondant à un même message. En effet, si l'on détruit une trame, toutes les trames appartenant au même message sont détruites à l'arrivée ; donc, autant les détruire directement dans le réseau. C'est le but de ce push-out amélioré.

Le contrôle de congestion réactif

Le contrôle de congestion réactif est nécessaire lorsque des rafales simultanées provoquent des surcharges instantanées dans les nœuds. La congestion peut se développer à la suite d'une incertitude sur le trafic ou à cause d'une modélisation incorrecte du comportement statistique des sources de trafic.

L'UIT-T a inclus le mécanisme EFCI/BCN dans ses recommandations pour la technologie ATM. Le rôle du mécanisme EFCI (Explicit Forward Congestion Indication) est de transporter les informations de congestion le long du chemin entre l'émetteur et le récepteur. Les cellules qui passent dans un nœud surchargé sont marquées dans l'en-tête. Dans le nœud de destination, la réception de cellules dont les indicateurs de congestion sont marqués (PTI = 010 ou 011) signale la présence d'une congestion dans certains nœuds du chemin. Le mécanisme BCN (Backward Congestion Notification) permet de renvoyer les informations sur la congestion au nœud émetteur. Celui-ci peut réagir en diminuant son trafic. La notification vers l'émetteur s'effectue par le flux OAM F4. Cette méthode nécessite un mécanisme de contrôle de flux efficace, réactif à la congestion interne.

Dans les réseaux traditionnels, le mécanisme de contrôle de flux par fenêtre est le plus souvent utilisé. Il existe des méthodes adaptatives de contrôle de flux par fenêtre. La taille de la fenêtre est calculée par le destinataire ou augmentée automatiquement par l'arrivée d'un acquittement. Ces méthodes sont développées pour les services de données et peuvent être liées au contrôle d'erreur. Le très long délai de propagation par rapport au temps d'émission rend cependant difficile l'utilisation d'un mécanisme de contrôle de flux par fenêtre. De plus, ces méthodes partent d'hypothèses fortes, telles que la connaissance de l'état du réseau ou bien le temps de propagation suffisamment court pour effectuer un aller-retour de l'information de gestion.

Gestion rapide des ressources

Il est possible d'exercer un contrôle en adaptant les réservations de ressources dans le réseau au trafic entrant. Évidemment, ce contrôle est très délicat à mettre en place étant donné l'écart entre les vitesses de transmission et les délais de propagation. La méthode FRP (Fast Reservation Protocol) a connu un succès certain à la fin des années 1990. Elle se décline en deux variantes, FRP/DT (Fast Reservation Protocol/ Delayed Transmission) et FRP/IT (Fast Reservation Protocol/Immediate Transmission). Dans le premier cas, la source n'émet qu'après avoir réservé les ressources nécessaires à la transition du flux des trames, et ce au niveau de tous les nœuds intermédiaires. Dans la seconde version, les trames sont précédées d'une trame de demande d'allocation de ressources et sont suivies par une trame de libération des ressources.

Le contrôle de flux dans les réseaux IP

Les réseaux IP présentés disposent de leur propre contrôle de flux, qui est allons examiné en détail ci-après. Ces contrôles suivent l'orientation classique des réseaux informatiques : on essaie de donner beaucoup d'importance à la station de travail, qui, de fait, contient les mécanismes de contrôle. En particulier, le protocole TCP, qui se trouve dans la station terminale, gère le contrôle de trafic.

Le contrôle de flux dans TCP

Les principes du contrôle de flux ont été arrêtés à la fin des années 1980 et constituent ce que l'on appelle le TCP Tahoe. De nouveaux algorithmes ont été ajoutés dans les années 1990, en particulier les mécanismes de prévention des congestions par le biais de l'algorithme RED (Random Early Discard). TCP Reno est le nom de l'implémentation intégrant ces nouvelles fonctionnalités. Depuis Reno, de nouvelles versions ont vu le jour qui apportent des améliorations parfois importantes et qui sont introduites à la fin de cette section.

Le principe de base du contrôle est fondé sur l'algorithme slow-start. Le contrôle s'effectue par une fenêtre, qui augmente ou diminue suivant la valeur du délai aller-retour des paquets dans le réseau. La fenêtre augmente de façon exponentielle jusqu'à ce qu'une perte soit constatée. La dernière valeur acceptable avant la perte est appelée seuil de saturation, et l'on détermine une valeur SS_threshold (Slow-Start_threshold) égale à la moitié de ce seuil de saturation arrondi à la valeur inférieure. Après la perte, la valeur de la fenêtre est remise à 1 puis se met de nouveau à augmenter.

À partir de là, la croissance se fait en deux phases. La première phase, le slow-start de nouveau, commence par une fenêtre de taille 1, correspondant à un segment TCP. À chaque réception d'un acquittement, la fenêtre double de valeur. Même en partant d'un flux faible au départ, on arrive rapidement à un débit important, surtout si le délai aller-retour, ou RTT (Round Trip Time), du réseau est court. Cette procédure est maintenue jusqu'à ce que la fenêtre atteigne la limite SS_threshold, indiquant un nouveau processus de croissance de la fenêtre, qui devient beaucoup plus limitée, puisqu'on approche de la limite de saturation de la connexion. On passe alors dans une phase dite de congestion avoidance.

La fenêtre évolue de façon linéaire, augmentant d'un segment supplémentaire chaque fois qu'un ensemble de segments est reçu correctement. À chaque nouvelle perte de paquet, le seuil de saturation détermine une nouvelle valeur du SS_threshold, et l'algorithme redémarre par un slow-start. La figure 23.10 illustre un exemple d'accroissement de la fenêtre de contrôle dans TCP Tahoe. La taille de la fenêtre ne peut dépasser la taille maximale définie par l'utilisateur au début de la connexion. S'il n'y a pas de perte de paquet lorsque la fenêtre atteint cette valeur maximale, la fenêtre devient fixe jusqu'à ce qu'une perte survienne.

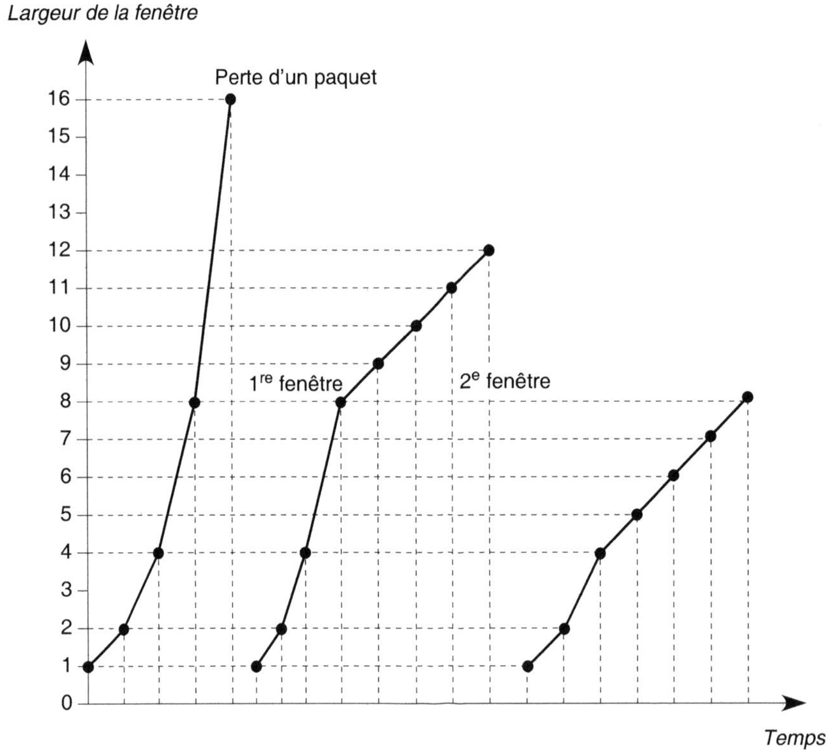

Figure 23.10

Exemple d'accroissement de la fenêtre de contrôle dans TCP Tahoe

L'interprétation correcte de la valeur du RTT reçu lorsqu'un acquittement se présente constitue une difficulté majeure. En effet, le récepteur a pu mettre un certain temps à émettre ce paquet, même si le réseau n'est pas congestionné. L'estimation d'une perte de paquet représente un autre problème. Un acquittement qui arrive déséquencé peut constituer un motif d'alarme, même si ce n'est pas forcément une indication de perte puisque le paquet qui n'a pas été acquitté a très bien pu passer par un autre chemin.

Pour une bonne estimation de la perte, il faut demander au récepteur d'envoyer un acquittement à chaque segment reçu. L'acquittement du dernier paquet en séquence correctement reçu permet de déterminer l'état de la communication. Lorsque le récepteur reçoit un paquet qui n'est pas en séquence, il émet un acquittement du dernier paquet en séquence de telle sorte que l'émetteur, à la réception d'un acquittement qu'il a déjà reçu, peut avoir une première intuition qu'un paquet est perdu. Comme le routage peut fausser la détection, le même acquittement doit être reçu trois fois avant que le paquet soit déclaré perdu. Cette solution permet de retransmettre beaucoup plus rapidement les segments perdus que celle consistant en l'attente d'un temporisateur, qui doit forcément être long pour tenir compte des aléas du réseau.

Des améliorations ont été apportées à cet algorithme, en particulier dans TCP Reno, qui propose de ne pas repasser par la phase du slow-start. Celle-ci requiert en effet un certain temps pour transporter un seul segment, ce qui repousse d'autant la détection de trois acquittements successifs identiques à des temps importants. En revanche, en cas d'erreurs multiples, les performances des deux algorithmes sont fortement dégradées, si bien que de nouveaux algorithmes ont dû être proposés, comme TCP NewReno, pour éviter les redémarrages sur le temporisateur déclenché à l'émission de chaque segment et arrivant à échéance lorsque le paquet n'a pas été acquitté dans un temps donné.

Une nouvelle amélioration est proposée par TCP Vegas : plutôt que d'attendre une perte de paquet, Vegas prend en compte le temps de réponse du destinataire grâce au RTT afin d'en déduire le ratio auquel envoyer les paquets. En fonction du temps de réponse, l'équipement terminal est capable de déterminer l'état des buffers des routeurs intermédiaires. Vegas modifie pour cela les algorithmes de Slow Start et Congestion Avoidance. Grâce à cette solution, Vegas présente de meilleurs débits et moins de pertes de paquets que Reno. Cet algorithme permet d'atteindre un partage équitable des ressources. Autre avantage, il y a peu de pertes avec Vegas puisque le débit est très bien estimé pour la capacité des liens.

Les nouvelles versions de TCP ont fait surgir un nouveau problème, à savoir l'utilisation d'un protocole de reprise de type Go-back-n, qui demande la retransmission à partir du premier segment perdu, même si des segments postérieurs ont été bien reçus. L'équivalent dans le modèle de référence est le Reject du protocole HDLC. Pour améliorer les performances, surtout si la liaison est longue ou le débit très élevé, il convient d'utiliser des acquittements sélectifs comme le SREJ, le rejet sélectif du protocole HDLC. La version de TCP qui intègre ce protocole est TCP SACK (RFC 2018). Les acquittements négatifs indiquent le numéro de séquence du premier et du dernier octet à retransmettre.

Plus récemment, de nouvelles améliorations ont été proposées avec l'algorithme BIC et sa variante CUBIC, qui est implémentée dans Linux, ainsi qu'avec CTCP (Compound TCP), implémenté dans Microsoft Windows.

La problématique prise en charge dans BIC concerne les liaisons dont les très fortes capacités se comptent en gigabits par seconde. La montée et la descente de la fenêtre peuvent se faire à des vitesses calculées en fonction des valeurs des flux. Une certaine brutalité dans les accélérations et décélérations a poussé à changer de version pour passer à CUBIC.

CUBIC comporte une phase montante plus douce que celle de BIC, ce qui le rend plus *friendly* envers les autres versions de TCP. CUBIC est de surcroît plus simple d'utilisation, car il ne possède qu'un seul algorithme pour sa phase montante, et n'utilise pas les acquittements pour augmenter la taille de la fenêtre.

CTCP utilise deux fenêtres de congestion : la première est augmentée de façon linéaire, mais décroît en cas de perte *via* un certain coefficient ; la seconde est liée au temps de réponse du destinataire. On combine donc deux méthodes, l'une liée à la perte de paquets, l'autre à une adaptation préventive. Il s'agit donc d'une composition de TCP Reno et TCP Vegas, d'où son nom *Compound* (composé).

La taille de la fenêtre réellement utilisée est la somme des deux fenêtres. Si le RTT est bas, la fenêtre basée sur le délai augmente rapidement. Si une perte survient, la fenêtre basée sur la perte de paquet diminue rapidement afin de compenser l'augmentation de la fenêtre basée sur le délai. Avec ce système, on cherche à garder une valeur constante de la fenêtre d'émission effective proche de celle estimée.

Le contrôle de flux dans IP

Les algorithmes de contrôle de flux et de qualité de service peuvent être mis en place au niveau IP et plus précisément dans les routeurs IP. Quelques-uns d'entre eux sont introduits ci-après.

L'algorithme RED (Random Early Discard) permet aux extrémités de réduire leur trafic par la perte d'un ou de plusieurs paquets lorsqu'une situation de congestion semble menacer. En effet, comme indiqué précédemment, TCP réduit sa fenêtre dès la perte d'un paquet. L'idée est donc de forcer la perte d'un paquet pour réduire le débit, d'où le nom de la méthode : on perd un paquet sans attendre sa perte par saturation. Dans la définition de RED, il faut se méfier des pointes de trafic instantanées qui pourraient pousser à la perte d'un paquet, alors même que cette pointe ne serait que ponctuelle. À cet effet, l'algorithme RED travaille avec deux seuils. En dessous du premier seuil, tout va bien. Le premier seuil franchi, le nœud peut commencer à perdre quelques paquets sélectionnés pour réduire le trafic de certaines sources. Au-dessus du deuxième seuil, tous les flots passant par le routeur IP sont concernés.

Les protocoles RSVP et ICMP, qui sont présentés au chapitre 10, peuvent également apporter une garantie de service. Pour compléter ces protocoles dans le but d'obtenir une qualité de service plus grande, l'IETF a normalisé des algorithmes plus élaborés. Les trois solutions utilisées aujourd'hui sont détaillées dans la suite.

Le service IntServ intègre deux niveaux de service différents avec des garanties de performance. C'est un service orienté flot, c'est-à-dire que chaque flot peut faire sa demande spécifique de qualité de service. Pour obtenir une garantie précise, le groupe de travail IntServ a considéré que seule une réservation de ressources était capable d'apporter à coup sûr les moyens de garantir la demande. Deux sous-types de services sont définis : le service IntServ, avec une garantie totale ou avec une garantie partielle, et le service best-effort. Ces deux types correspondent aux services rigides avec contraintes à respecter et aux services dits élastiques, dans lesquels les flots n'ont pas de contraintes fortes.

Le service IntServ pose le problème du passage à l'échelle, ou scalabilité. Le contrôle IntServ se faisant sur la base de flots individuels, les routeurs du réseau IntServ doivent garder en mémoire les caractéristiques de chaque flot. Une autre difficulté concerne le traitement des différents flots dans les nœuds IntServ : quel flot traiter avant tel autre lorsque des milliers de flots arrivent simultanément avec des classes et des paramètres associés tous distincts ?

Comme il n'y a pas de réponse précise à tous ces problèmes, une autre grande technique de contrôle, DiffServ, essaie de trier les flots en un petit nombre bien défini, en multiplexant les flots de même nature dans des flots plus importants, mais toujours en nombre limité.

Le rôle de DiffServ est d'agréger les flots en quelques classes offrant des services spécifiques. La qualité de service est assurée par des traitements effectués dans les routeurs spécifiés par un indicateur situé dans le paquet. Les points d'agrégation, auxquels les trafics entrants sont agrégés en un seul flot, sont placés à l'entrée du réseau. Le contrôle de flux dans les réseaux Ethernet

À partir du moment où une commutation est mise en place, il faut ajouter un contrôle de flux puisque les paquets Ethernet peuvent s'accumuler dans les nœuds de commutation. Ce contrôle de flux est effectué par le paquet Pause. C'est un contrôle de type back-pressure, dans lequel l'information de congestion remonte jusqu'à la source, nœud par nœud. À la différence des méthodes classiques, le nœud amont est informé d'une demande d'arrêt des émissions, avec précision du temps pendant lequel il doit rester silencieux. Cette période de temps peut être brève, si le nœud est peu congestionné, ou longue, si le problème est important. Le nœud amont peut lui-même estimer, suivant la longueur de la période de pause qui lui est imposée, s'il doit faire remonter un signal Pause ou non vers ses nœuds amont.

Cette technique doit permettre de faire remonter jusqu'à la source les informations du réseau. Cependant, de nombreuses difficultés doivent être contournées par le logiciel de supervision. Par exemple, il faut éviter qu'au travers d'une boucle une information d'arrêt ne revienne à la station qui l'a émise, car on aurait alors une situation de deadlock, ou blocage.

La figure 23.11 illustre le fonctionnement du contrôle de flux dans un réseau Ethernet. Dans cet exemple, le nœud central s'aperçoit qu'il approche de la saturation, et il envoie vers son nœud de droite une commande Pause de 200 millisecondes lui demandant de ne plus rien lui envoyer pendant 200 millisecondes. Il envoie également vers le nœud du dessus une commande Pause de 100 millisecondes et vers le nœud du dessous une commande Pause pour lui pour demander d'arrêter ses transmissions pendant 200 millisecondes. Enfin, il émet une commande Pause vers le nœud à sa gauche en lui demandant de ne plus rien lui envoyer pendant un temps de 50 millisecondes. Toujours dans ce schéma, le nœud de droite, qui reçoit une commande Pause de 200 millisecondes, s'aperçoit que lui-même risque d'avoir des problèmes de saturation s'il ne peut plus rien émettre vers sa gauche pendant 200 millisecondes. Il décide donc d'envoyer deux commandes Pause de 100 et de 50 millisecondes aux deux nœuds qui sont en amont de lui.

Ethernet s'étend ainsi vers le domaine des WAN privés en utilisant les techniques de commutation. Pour les réseaux locaux partagés, la tendance actuelle est plutôt à l'augmentation des débits, avec le Gigabit Ethernet et le 10 Gigabit Ethernet.

Une autre solution de contrôle de flux a été introduite dans Ethernet par le MEF (Metropolitan Ethernet Forum), qui est en tout point similaire au relais de trames et est étudié à la section suivante.

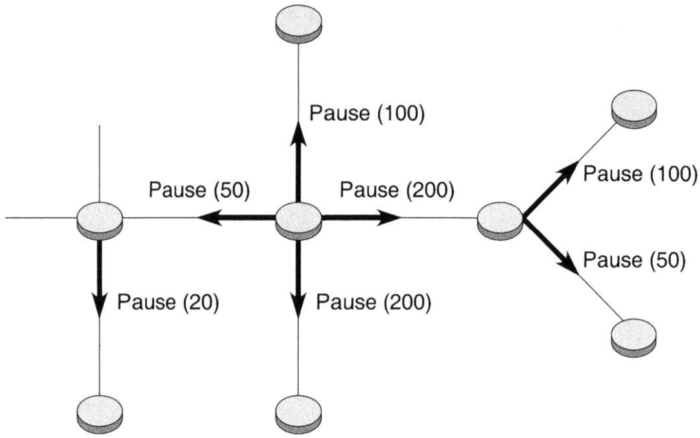

Figure 23.11

Contrôle de flux dans Ethernet

La signalisation

Le transport de l'information de commande, ou signalisation, est un aspect capital de l'infrastructure des réseaux. On peut même dire que l'avenir des réseaux réside dans la capacité de les piloter et d'automatiser leur configuration. L'objectif est de signaler une information, par exemple celle de déclencher les processus de mise en place de l'infrastructure, afin qu'une application puisse se dérouler.

La signalisation est depuis longtemps étudiée par les organismes de normalisation, et plus particulièrement par l'UIT-T. Elle a beaucoup évolué au cours des années et elle continue à s'adapter aux bouleversements du monde IP. Par exemple, la signalisation SIP (Session Initiation Protocol) est devenue en quelques années la plus importante dans le monde des réseaux. Elle est notamment utilisée à des fins de convergence dans l'IMS (IP Multimedia SubSystem).

Cette section ne vise pas à dresser un panorama exhaustif des protocoles de signalisation. Un grand nombre d'entre eux sont présentés dans des chapitres de cet ouvrage traitant des architectures ou des protocoles des services concernés. Le présent chapitre se contente de rappeler quelques notions de base en les accompagnant d'exemples, qui, même s'ils sont introduits ailleurs dans l'ouvrage, représentent des cas éloquents.

Après une présentation des raisons d'être de la signalisation et des principales fonctions dont elle s'occupe, le chapitre se penche sur les exemples de signalisation les plus importants, avec les protocoles RSVP et SIP.

Caractéristiques

La signalisation désigne les moyens à mettre en œuvre pour transmettre une information telle que l'ouverture ou la fermeture d'un chemin. Elle existe dans tous les réseaux, y compris ceux qui, comme IP, souhaitent la réduire au minimum afin de préserver la simplicité du système. La signalisation doit donc être capable de fonctionner selon toutes les techniques du monde des réseaux, en particulier des réseaux IP.

La signalisation demande généralement un mode routé. En effet, il faut indiquer à qui la signalisation est adressée et, pour cela, exhiber l'adresse complète du récepteur dans le paquet de signalisation. Tous les réseaux commutés ont donc besoin d'un réseau routé pour mettre en œuvre la signalisation.

La signalisation est capable de prendre en charge des services à différents niveaux de l'architecture. Par exemple, elle doit être capable d'effectuer une négociation de SLA, de demander l'authentification d'un utilisateur, de collecter des informations sur les ressources disponibles, etc. Le protocole de signalisation doit être extensible de façon à permettre l'arrivée de nouveaux services de façon simple. Le protocole de signalisation doit de plus être modulaire et flexible, afin de répondre aux besoins de chaque application particulière. La modularité facilite l'ajout de nouveaux modules lors des phases de développement.

Fonctionnement

Un protocole de signalisation comporte deux modes de fonctionnement : dans la bande (*inband*) et hors bande (*outband*). Dans le premier cas, les messages de signalisation sont transportés dans le chemin de données, tandis que dans le second ils sont indépendants du chemin suivi par les données.

Une autre caractéristique de la signalisation est la possibilité de couplage (*path-coupled*) ou au contraire de découplage du chemin (*path-decoupled*). Dans le premier cas, la signalisation suit les données dans la bande ou hors bande en empruntant la même succession de nœuds. Par exemple, le protocole RSVP est *path-coupled* et le protocole SIP est *path-decoupled.*

La signalisation doit être capable de fonctionner à la fois dans les modes interdomaines et intradomaines. La signalisation doit également pouvoir fonctionner en modes bout-en-bout, bordure-à-bordure et end-to-edge (signalisation entre un end-host et un edge-node).

Dans l'environnement Internet hétérogène actuel, il existe un grand nombre de protocoles de signalisation, plus ou moins adaptés aux différentes applications. Cette grande diversité a poussé l'IETF à créer le groupe de travail NSIS (Next Steps In Signaling) afin de proposer une norme unique destinée à rassembler toutes les précédentes.

D'une façon générale, un protocole de signalisation doit pouvoir coopérer avec d'autres protocoles. Pour ce faire, il doit être capable de transporter les messages d'autres protocoles de signalisation. Il est aussi possible de définir des interfaces permettant de transformer un message concernant un protocole en un message concernant un autre protocole.

La signalisation doit supporter la gestion de toutes les ressources du réseau. Elle prend en charge le transport des informations permettant d'exprimer les demandes des applications en termes de réservation et d'allocation de ressources. Pour ce faire, la signalisation interagit avec des entités spécifiques, telles que les serveurs de gestion de ressource, comme les *bandwidth brokers*, ou serveurs de bande passante ou avec les contrôleurs SDN. Enfin, la signalisation doit supporter la négociation de SLA entre un utilisateur et un fournisseur ou entre fournisseurs et la configuration des entités dans le réseau selon le nouveau SLA.

La signalisation peut supporter le monitoring des services et les états des entités dans le réseau et prendre en charge la facturation des services.

Afin de valider les demandes de service d'un utilisateur, la signalisation est aussi utilisée pour réaliser une authentification. Elle permet en ce cas de transporter les informations nécessaires à cette interaction. Ce transport doit être suffisamment générique pour autoriser les mécanismes existants et à venir.

Sécurité

La signalisation joue un rôle très important dans la sécurisation d'un réseau. En premier lieu, elle doit être elle-même sécurisée. Les primitives doivent pouvoir s'authentifier pour garantir qu'elles ne proviennent pas d'attaquants. La signalisation doit aussi implémenter des moyens de protection des messages de signalisation contre leur modification malicieuse. Elle doit en outre permettre de détecter qu'un ancien message est réutilisé, afin d'éviter le rejeu, et de cacher les informations de topologie du réseau. Elle peut enfin supporter des mécanismes de confidentialité des informations, tels que le chiffrement.

Les protocoles de signalisation peuvent coopérer avec les protocoles d'authentification et les agréments de clés (Key Agreement) pour négocier les associations de sécurité.

La signalisation doit aussi posséder des moyens pour négocier des mécanismes de sécurité selon les besoins des applications et des utilisateurs.

Mobilité

La signalisation joue un rôle important dans la gestion de la mobilité. Elle intervient dans les diverses actions à effectuer quand le mobile change de cellule, quand il effectue un roaming, lorsqu'il négocie son SLA ou bien pour la mise en place d'une application.

Quand un handover a lieu, la signalisation doit être capable de rétablir la connexion et de reconstituer rapidement et efficacement les états installés dans la nouvelle station de base. Le processus de rétablissement peut être local ou de bout en bout. Si le réseau mobile est surchargé, la signalisation des handovers doit avoir une priorité plus élevée que celle d'une signalisation démarrant une nouvelle connexion.

Charge du réseau

Dans une situation normale, le trafic de signalisation occupe une part peu importante du trafic du réseau. Cependant, dans certaines situations de congestion, de panne ou de problème, le trafic de signalisation peut augmenter de façon significative et créer une sévère congestion de la signalisation dans le réseau. Par exemple, une erreur de routage d'un paquet de signalisation peut entraîner une explosion en chaîne des messages de notification. Un protocole de signalisation doit être capable de maintenir la stabilité de la signalisation.

La signalisation doit être robuste, efficace et consommer le moins possible de ressources dans le réseau. Ce dernier doit être capable de fonctionner, même dans le cas d'une forte congestion.

Le réseau doit être capable d'assigner une priorité aux messages de signalisation. Cela permet de réduire les délais de transit des signalisations correspondant à des applications fortement prioritaires. Il faut également faire attention aux attaques par déni de service, qui peuvent saturer le réseau par des messages de signalisation de haute priorité.

Le protocole de signalisation doit permettre de regrouper des messages de signalisation. Cela peut concerner, par exemple, le regroupement des messages de rafraîchissement, comme RSVP, afin d'éviter de rafraîchir individuellement les états de réservation, ou soft-state.

La signalisation doit pouvoir passer à l'échelle (scalabilité), c'est-à-dire s'appliquer à un petit réseau aussi bien qu'à un immense réseau de plusieurs millions de nœuds. Elle doit aussi être capable de prendre en charge et de modifier les différents mécanismes de sécurité en fonction des besoins en performance des applications.

Le protocole RSVP

Le protocole RSVP (Resource reSerVation Protocol) est conçu pour supporter la réservation unicast et multicast de ressources de bout en bout. Repris dans l'environnement IntServ (Integrated Services), RSVP est un protocole de signalisation modulaire, qui offre la possibilité de définir de nouveaux objets pour des extensions à venir. Il supporte le soft-state, fonctionne en mode path-coupled et fait la réservation en mode receiver-initiator, c'est-à-dire depuis le récepteur vers l'émetteur.

Des extensions de RSVP ont été proposées pour permettre la livraison fiable de messages de signalisation (message ACK/NACK) et le regroupement des messages de rafraîchissement dans un seul message REFRESH. Une autre proposition d'extension permet l'agrégation des demandes de réservation de ressources pour augmenter la performance et la scalabilité du protocole.

Caractéristiques

Une caractéristique importante de RSVP est de permettre la réservation de ressources dans un mode multicast. Il est difficile d'utiliser le mode émetteur vers récepteur pour prendre en charge la réservation de ressources en multicast puisqu'on ne connaît pas les caractéristiques du récepteur au démarrage de la demande de réservation. C'est la raison pour laquelle RSVP fonctionne en mode récepteur vers émetteur.

Dans ce mode, c'est le récepteur des données qui déclenche et maintient la réservation des ressources dans le réseau. En d'autres termes, l'émetteur envoie une demande au récepteur, lequel déclenche la primitive de réservation de ressources et l'envoie vers l'émetteur. Le paquet portant cette primitive effectue la réservation dans les nœuds traversés en allant du récepteur vers l'émetteur. La raison de ce choix tient à la nécessité d'effectuer une réservation adéquate puisque la primitive de réservation connaît les caractéristiques de l'émetteur et du récepteur, et pas seulement celles de l'émetteur. Par exemple, si l'émetteur demande un débit de 1 Mbit/s, mais que le récepteur ne puisse recevoir qu'un débit de 128 kbit/s, il est inutile de réserver une bande passante de 1 Mbit/s, 128 kbit/s suffisant.

Le maintien d'une réservation repose sur la notion de soft-state au niveau des nœuds intermédiaires et d'extrémité. Les soft-states sont des états périodiquement réactivés, permettant de mettre à jour dynamiquement le chemin à réserver en fonction des arrivées et des départs de participants et des changements de route. L'état de réservation peut donc être périssable, grâce à l'usage d'un temporisateur.

Les autres caractéristiques importantes de RSVP sont les suivantes :

- RSVP transporte et maintient des paramètres de contrôle de trafic (QoS) et de contrôle de politique (Policy Control) qui lui sont opaques. En fait, RSVP véhicule des structures d'objets définissables en dehors de lui.
- RSVP est pris en charge aussi bien par IPv4 qu'IPv6. Les composants du protocole sont définis pour cela pour IPv4 comme pour IPv6. Par exemple, les objets FILTER_SPEC sont définis différemment en IPv4 et en IPv6.
- RSVP est unidirectionnel. Il n'établit donc de réservation pour les flux de données que dans un seul sens. La réservation de ressources pour des transferts bidirectionnels requiert deux sessions RSVP indépendantes.
- RSVP n'est pas un protocole de routage. La signalisation RSVP utilise des protocoles de routage qui déterminent le chemin vers la destination. Précisons que RSVP fournit un mode opératoire transparent aux routeurs qui ne le supportent pas. Les routeurs non RSVP-aware routent les paquets IP qui transportent les messages RSVP comme des paquets normaux.

Fonctionnement

Le protocole de signalisation RSVP met en place une connexion logique appelée session. Une session RSVP est définie par les trois éléments suivants :

- adresse IP destination (unicast ou multicast) ;
- identifiant du protocole sur IP ;
- port destination (optionnel pour IPv4), TCP ou UDP.

Le modèle RSVP se fonde sur l'échange de deux messages fondamentaux, les messages Path et Resv (*voir figure 23.12*) :

- Le message Path (à l'initiative de l'émetteur) permet à l'émetteur du flux de données de spécifier les caractéristiques du trafic qu'il va générer.
- Le message Resv (à l'initiative du récepteur) permet à un récepteur ayant préalablement reçu un message Path de spécifier la QoS requise et de déclencher la réservation sur le chemin. Ce message suit le même chemin que celui du message Path, mais dans le sens inverse.

Les principaux messages qui ont été définis dans RSVP sont les suivants :

- Message d'erreur :
  - PathErr, envoyé à l'émetteur qui a créé l'erreur.
  - ResvErr, envoyé vers le récepteur pour notifier une erreur en fusionnant les demandes de réservation.

- Message de confirmation de réservation :
  - ResvConf, utilisé pour indiquer le succès de la réservation si le récepteur ne reçoit pas le message ResvErr.
- Message de suppression :
  - PathTear, envoyé vers le récepteur pour supprimer l'état Path qui a été établi par le message Path.
  - ResvTear, envoyé vers l'émetteur pour supprimer l'état Resv qui a été établi par le message Resv.

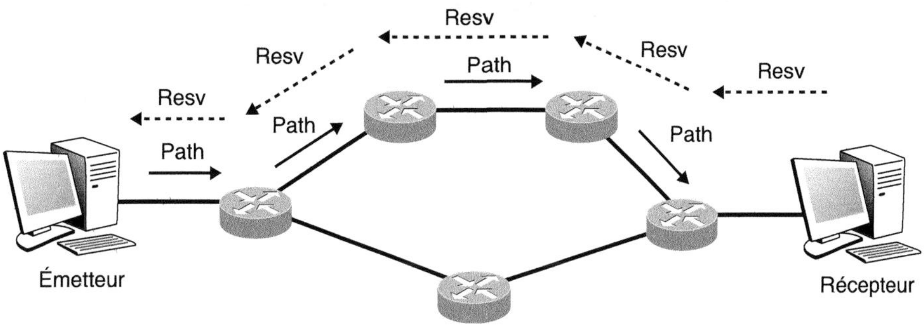

Figure 23.12

Fonctionnement du protocole RSVP

Format des messages de RSVP

Un message RSVP est constitué d'un en-tête commun et d'un nombre variable d'objets en fonction du type du message :

<RSVP message>::=<En-tête commun><ensemble des objets RSVP>

Comme illustré à la figure 23.13, l'en-tête du message RSVP est structuré de la façon suivante :

0	3	7	15	31
Vers	Flags	Msg_Type	RSVP checksum	
Send_TTL		(Reserved)	RSVP length	

Figure 23.13

En-tête du message RSVP

- Vers (4 bits) : version du protocole.
- Flags (4 bits) : drapeau.
- Msg_Type :
  - Path
  - Resv
  - PathErr
  - ResvErr

- PathTear
- ResvTear
- ResvConf

- RSVP Checksum (16 bits).
- Send_TTL: contient au départ la valeur du champ TTL du datagramme IP qui transporte le message RSVP. Grâce à ce champ, il est possible de détecter la traversée de routeurs non-RSVP. En effet, ceux-ci décrémentent le champ TTL IP et pas celui de RSVP, alors que les routeurs RSVP modifient les deux valeurs.
- RSVP Length (16 bits): indique la longueur du message RSVP en octets.

La structure d'un objet RSVP (*voir figure 23.14*) suit celle de TLV (Type/Length/Value).

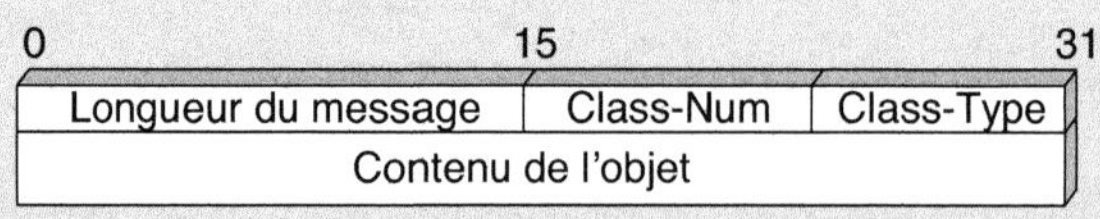

Figure 23.14

Structure d'un objet RSVP

- Longueur (16 bits): indique la longueur de l'objet RSVP en octets.
- Class-Num: identifie la classe de l'objet.

Les classes qui sont définies sont récapitulées au tableau 23.3.

Numéro de la classe d'objet	Description
0 NULL	Ignoré par le récepteur
1 SESSION	Contient l'adresse IP destination, le protocole ID sur IP et le port de destination (obligatoire dans tous les messages).
3 RSVP_HOP	Transporte l'adresse IP du nœud RSVP qui a émis le message.
4 INTEGRITY	Données d'authentification
5 TIME_VALUES	Fréquence de rafraîchissement utilisée par le créateur du message
6 ERROR_SPEC	Spécifie une erreur dans un message PathErr, ResvErr ou ResvConf.
7 SCOPE	Transporte une liste des émetteurs de données vers lesquels les informations dans le message doivent être transmises.
8 STYLE	Style de réservation
9 FLOW_SPEC	Définit la QoS demandée.
10 FILTER_SPEC	Définit un sous-ensemble de paquets d'une session qui doit recevoir la QoS demandée (spécifié dans FLOW_SPEC) dans un message RESV.
11 SENDER_TEMPLATE	Contient l'adresse IP de l'émetteur et autre information pour identifier l'émetteur.
12 SENDER_TSPEC	Définit la caractéristique de trafic de l'émetteur de données.
13 ADSPEC	Transporte des données de OPWA.
14 POLICY_DATA	Transporte l'information de politique.
15 RESV_CONFIRM	Transporte l'adresse IP du récepteur qui a demandé la confirmation.

TABLEAU 23.3 • Classes d'objets RSVP

SIP (Session Initiation Protocol)

SIP est un protocole de signalisation dont la première version est apparue sous forme de draft à l'IETF en 1997 dans le groupe de travail MMUSIC. Repris dans le groupe SIP en 1999, il a été normalisé en mars 1999 sous la RFC 2543. La RFC 3261 décrit une nouvelle version de SIP dont l'objet est de réviser la RFC 2543, devenue de ce fait obsolète, en corrigeant ses erreurs et en apportant des détails sur les scénarios d'utilisation. Des compléments au protocole ont été définis dans les RFC 3262 à 3265.

SIP a pour objectif l'établissement, la modification et la terminaison de sessions multimédias entre deux terminaux. Il ne définit pas le corps de ses messages. Le corps, qui contient la description du média (vidéo, audio, codeur, etc.), est décrit par le protocole SDP (Session Description Protocol). Outre la description du flux, SIP peut transporter les médias utilisés dans une session, ou *session media*, en particulier des informations de QoS ou de sécurité. Le média de session est dissocié des échanges SIP.

Héritant du modèle HTTP, le mode d'échange est de type client-serveur, avec une relation d'égal à égal entre les deux. Les messages SIP sont des requêtes, aussi appelées méthodes, qui engendrent des messages en retour, les réponses. SIP peut fonctionner au-dessus de plusieurs protocoles de transport. UDP est pour l'instant le plus utilisé, mais l'utilisation de TCP est aussi définie, ainsi que le transport par d'autres protocoles, tel SCTP (Stream Control Transmission Protocol). Avec UDP, SIP assure la fiabilité à partir d'accusés de réception positifs et de temporisateurs.

SIP est conçu pour être évolutif. Seules les fonctions de base sont obligatoires, des extensions pouvant être supportées ou non par les différentes entités qui s'échangent leur capacité.

Deux modes de communication sont possibles, le réseau décidant du mode :

- Mode direct : les deux entités SIP représentant les terminaux communiquent directement.
- Mode indirect : des entités intermédiaires faisant partie du réseau relaient les messages échangés.

Entités

SIP comporte plusieurs catégories d'entités, dont les plus classiques sont les entités utilisatrices et les entités réseau. Ces entités s'échangent des messages.

Entités utilisatrices

Les entités utilisatrices sont appelées agents utilisateur, ou UA (User Agent) ou encore plus simplement terminal utilisateur. Les UA ouvrent, modifient et terminent les sessions pour le compte de l'utilisateur. Concrètement, dans l'application multimédia du terminal utilisateur, il s'agit de la partie du programme qui permet de recevoir et d'établir les sessions. Elle regroupe deux composantes, l'une qui agit en tant que client (UAC) et initialise les sessions à la demande de l'utilisateur, l'autre qui agit en tant que serveur (UAS) et qui est responsable de la réception de toutes les sessions à destination de l'utilisateur. Les UA conservent des informations sur l'état de la session et sont dits pour cela *stateful.*

L'association des requêtes et des réponses entre deux entités de type UA constitue un dialogue.

Par analogie, on peut remarquer que la même chose se produit avec le protocole HTTP dans une application Web : un utilisateur exploite son navigateur comme client pour envoyer des requêtes et contacter une machine serveur, laquelle répond aux requêtes du client. La différence essentielle par rapport aux applications classiques utilisant HTTP est qu'en téléphonie un terminal doit être à la fois utilisé pour joindre un interlocuteur et pour appeler. Chaque terminal possède donc la double fonctionnalité de client et de serveur.

Lors de l'initialisation d'un appel, l'appelant exploite la fonctionnalité client de son terminal (UAC), tandis que celui qui reçoit la communication exploite sa fonctionnalité de serveur (UAS).

La communication peut être clôturée indifféremment par l'User Agent Client ou l'User Agent Server.

De nombreuses implémentations de clients SIP sont disponibles sur les plates-formes les plus courantes, Windows, Linux ou Mac. Elles sont le plus souvent gratuites, sous licence GPL.

Entités réseau

SIP définit trois entités logiques de type serveur faisant partie du réseau et agissant pour étendre son fonctionnement.

Serveur proxy (proxy server)

Le serveur proxy a une fonction de relais. Il accepte les requêtes ou les réponses SIP en provenance d'un terminal ou d'un autre serveur proxy et les fait suivre. Ce serveur peut conserver des états de l'avancement des sessions pour lesquelles il intervient. Il est dit dans ce cas *stateful*. Dans le cas inverse, il est dit *stateless*.

Le serveur proxy (parfois appelé serveur mandataire) permet d'initialiser une communication à la place de l'appelant. Il joue le rôle d'intermédiaire entre les terminaux des interlocuteurs et agit pour le compte de ces derniers. Le serveur proxy remplit les différentes fonctions suivantes :

- localiser un correspondant ;
- réaliser éventuellement certains traitements sur les requêtes ;
- initialiser, maintenir et terminer une session vers un correspondant.

Lorsqu'un utilisateur demande à un serveur proxy de localiser un correspondant, ce dernier effectue la recherche, mais, au lieu de retourner le résultat au demandeur, comme le ferait un serveur de redirection, il utilise cette réponse pour effectuer lui-même l'initialisation de la communication en invitant le correspondant à ouvrir une session.

Bien que fournissant le même type de service de localisation qu'un serveur de redirection, un serveur proxy va donc plus loin que la simple localisation en initialisant la mise en relation des correspondants de façon transparente pour le client. Il peut acheminer tous les messages de signalisation des terminaux, de l'initialisation de la communication à sa terminaison, en passant par sa modification. En contrepartie, le serveur proxy est une entité beaucoup plus sollicitée que le serveur de redirection, et donc plus lourde.

Chaque terminal peut et devrait en principe disposer d'un tel serveur sur lequel se reposer pour interpréter, adapter et relayer les requêtes. En effet, le serveur proxy peut reformuler une requête du terminal UAC afin de la rendre compréhensible par le serveur auquel s'adresse l'UAC. Cela accroît la souplesse d'utilisation du terminal et simplifie son usage.

Les serveurs proxy jouent aussi un rôle collaboratif, puisque les requêtes qu'ils véhiculent peuvent transiter d'un serveur proxy à un autre, jusqu'à atteindre le destinataire. Notons que le serveur proxy ne fait jamais transiter de données multimédias, et qu'il ne traite que les messages SIP.

On distingue deux types de serveurs proxy :

- Proxy *statefull*, qui maintient pendant toute la durée des sessions l'état des connexions.
- Proxy *stateless*, qui achemine les messages indépendamment les uns des autres, sans sauvegarder l'état des connexions.

Les proxy *stateless* sont plus rapides et plus légers que les proxy *statefull,* mais ils ne disposent pas des mêmes capacités de traitement sur les sessions.

Serveur d'enregistrement (Registrar Server)

Les UA de son domaine viennent s'enregistrer auprès de lui. Il renseigne ensuite le service de localisation, qui, lui, n'est pas défini par SIP. Le protocole généralement utilisé pour accéder à ce service est LDAP.

Deux UA peuvent communiquer entre eux sans passer par un serveur d'enregistrement, à la condition que l'appelant connaisse l'adresse IP de l'appelé. Cette contrainte est fastidieuse, car un utilisateur peut être mobile et donc ne pas avoir d'adresse IP fixe, par exemple s'il se déplace avec son terminal ou s'il se connecte avec la même identité à son travail et à son domicile. En outre, l'adresse IP peut être fournie de manière dynamique par un serveur DHCP.

Le serveur d'enregistrement offre un moyen de localiser un correspondant avec souplesse, tout en gérant la mobilité de l'utilisateur. Il peut en outre supporter l'authentification des abonnés.

Dans la pratique, lors de l'activation d'un terminal dans un réseau, la première action initialisée par celui-ci consiste à transmettre une requête d'enregistrement auprès du serveur d'enregistrement afin de lui indiquer sa présence et sa position de localisation courante dans le réseau. C'est la requête REGISTER (*voir plus loin*) que l'utilisateur envoie à destination du serveur d'enregistrement. Celui-ci sauvegarde cette position en l'enregistrant auprès du serveur de localisation.

L'enregistrement d'un utilisateur est constitué par l'association de son identifiant et de son adresse IP. Un utilisateur peut s'enregistrer sur plusieurs serveurs d'enregistrement en même temps. Dans ce cas, il est joignable simultanément sur l'ensemble des positions qu'il a renseignées.

Serveur de redirection (Redirect Server)

Le serveur de redirection répond à des requêtes en donnant les localisations possibles de l'UA recherché. Ce serveur de redirection agit comme un intermédiaire entre le terminal client et le serveur de localisation. Il est sollicité par le terminal client pour contacter le serveur de localisation afin de déterminer la position courante d'un utilisateur.

L'appelant envoie au serveur de redirection une requête de localisation d'un correspondant. Il s'agit en réalité d'un message d'invitation, qui est interprété comme une requête de localisation. Le serveur de redirection joint le serveur de localisation afin d'effectuer la requête de localisation du correspondant à joindre. Le serveur de localisation répond au serveur de redirection, lequel informe l'appelant en lui fournissant la localisation trouvée. Ainsi, l'utilisateur n'a pas besoin de connaître l'adresse du serveur de localisation.

Serveur de localisation (Location Server)

SIP fait aussi référence à une quatrième entité, qui n'entre pas dans les dialogues SIP, mais offre le service de localisation sur lequel les entités logiques SIP viennent s'appuyer. Ce serveur joue donc un rôle complémentaire par rapport au serveur d'enregistrement en permettant la localisation de l'abonné.

Le serveur de localisation contient la base de données de l'ensemble des abonnés qu'il gère. Cette base est renseignée par le serveur d'enregistrement. Chaque fois qu'un utilisateur s'enregistre auprès du serveur d'enregistrement, ce dernier en informe le serveur de localisation.

Presque toujours, le serveur de localisation et le serveur d'enregistrement sont implémentés au sein d'une même entité. On parle alors souvent non pas de serveur de localisation, mais de service de localisation d'un serveur d'enregistrement, tant ces fonctionnalités sont proches et dépendantes.

Les serveurs de localisation peuvent être collaboratifs. Le fonctionnement d'un serveur d'enregistrement est analogue à celui d'un serveur DNS dans le monde Internet : pour joindre un site Internet dont on ne connaît que le nom, il faut utiliser un serveur DNS, qui effectue la conversion (on parle de résolution) du nom en adresse IP. Ce serveur a connaissance d'une multitude d'adresses, qu'il peut résoudre parce qu'elles appartiennent à son domaine ou qu'il a la capacité d'apprendre dynamiquement en fonction des échanges qu'il voit passer. Dès qu'un nom lui est inconnu, il fait appel à un autre DNS, plus important ou dont le domaine est plus adéquat. De la même manière, les serveurs de localisation prennent en charge un ou plusieurs domaines et se complètent les uns les autres.

Un exemple d'échange entre entités SIP est illustré à la figure 23.15.

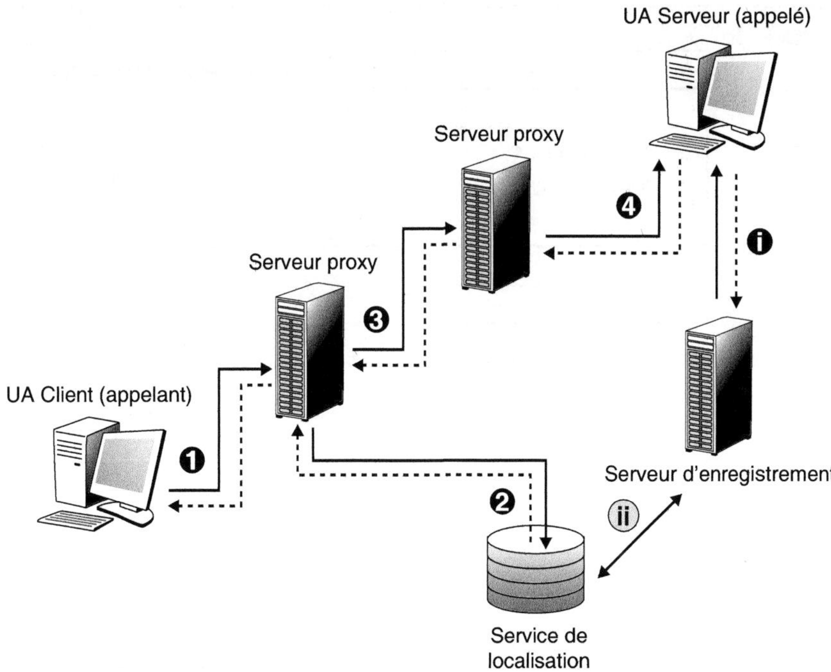

Figure 23.15

Exemple d'échange entre entités SIP lors d'un établissement de session

Messages SIP

Il existe deux catégories de messages SIP, les requêtes et les réponses. Les messages sont codés en langage textuel. Le message comprend trois parties, comme illustré à la figure 23.16.

Les messages initialisés par les UAC (User Agent Client) à destination d'un ou de plusieurs UAS (User Agent Server) sont appelés requêtes ou méthodes, par analogie avec HTTP.

SIP n'utilise que six méthodes fondamentales pour formuler ses requêtes. Cela indique très nettement la volonté de simplicité de ses concepteurs. Ces méthodes sont détaillées dans la RFC 3261. Elles doivent être supportées par tous les terminaux et serveurs sollicités. À ces méthodes fondamentales, ont été ajoutées des méthodes supplémentaires, destinées à diverses améliorations, qui ne sont pas forcément implémentées par tous les terminaux.

Notons que l'établissement d'un appel peut ne faire intervenir que trois de ces méthodes fondamentales (INVITE, ACK et BYE).

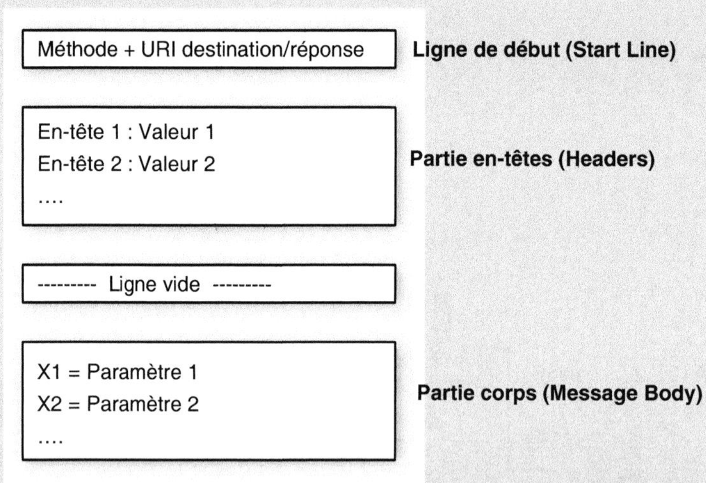

Figure 23.16

Structure des messages SIP

Initialiser une session avec INVITE

La méthode INVITE permet d'initialiser une communication en invitant un correspondant à y participer. Elle peut aussi être utilisée pour une conférence afin d'inviter plusieurs interlocuteurs à communiquer au sein d'une même session.

Le corps du message de cette méthode fournit à l'appelé les paramètres de session souhaités et supportés par l'appelant. Ce dernier spécifiera, par exemple, le codec souhaité et le type de flux requis (voix, vidéo, etc.). En règle générale, l'appelant ne se contente pas d'une seule proposition, mais offre de multiples possibilités de paramètres. Ses préférences sont définies par l'ordre dans lequel apparaissent ses propositions.

Notons qu'une autre utilisation classique de cette méthode consiste à renégocier dynamiquement de nouveaux paramètres de session. Par exemple, si, durant une session déjà établie, l'un des interlocuteurs souhaite enrichir la voix par la vidéo, il fait sa demande par une requête d'invitation.

Confirmer les paramètres de session avec ACK

La méthode ack correspond à un acquittement de l'appelant, qui peut être utilisé dans deux cas de figure :

- Elle fait suite à l'acceptation d'un appel par l'appelé. Avec la méthode d'invitation, l'émetteur a fait connaître au récepteur les paramètres qu'il supporte et ses préférences. En réponse, le récepteur en a fait autant. Au final, l'émetteur compare les paramètres supportés par les deux terminaux et indique par la méthode ack ceux qui seront utilisés. Dans le corps de ce message, la méthode décrit l'ensemble des paramètres de session à adopter au cours de la session. Si le corps de la méthode d'acquittement est vide, les paramètres proposés par l'appelant pourront être adoptés pour la session.
- Elle fait suite à une réponse de localisation fournie par un serveur de redirection. Une fois la détermination de la position de l'appelé effectuée, le serveur de redirection retourne le résultat à l'UAC (User Agent Client). Celui-ci valide la réception de ce résultat par la méthode ack.

S'informer sur le serveur avec OPTIONS

La méthode options permet d'interroger un serveur SIP, y compris l'entité UAS (User Agent Server) sur différentes informations. Elle comporte globalement deux volets : l'état du serveur et ses capacités.

Par exemple, cette méthode offre la possibilité de savoir si un utilisateur que l'on souhaite appeler est présent, c'est-à-dire disponible pour initialiser une communication. Cette réponse est pratique en ce qu'elle donne des informations sur un serveur, sans avoir à initialiser une communication pour autant. Autrement dit, la requête ne fait pas sonner le poste du récepteur, puisqu'elle n'établit pas d'appel, mais agit comme un indicateur de présence.

Avec cette méthode, il est possible d'obtenir des informations sur un serveur relativement aux types de médias supportés (audio, vidéo, données), aux codecs supportés, aux méthodes supportées et aux options d'appels, si le serveur en a diffusé. Le serveur qui reçoit cette requête répond par son état et ses capacités.

Terminer une session avec BYE

La méthode bye permet de libérer une communication. Cette requête peut être émise indifféremment par l'appelant ou par l'appelé. Elle n'attend pas d'acquittement, puisqu'une terminaison d'appel peut être décidée unilatéralement.

Abandonner une demande avec CANCEL

Cette méthode annule une requête dont la réponse n'est pas encore parvenue au demandeur. Elle ne permet pas d'interrompre une session, mais indique que la réponse n'est plus attendue et qu'il n'est donc pas nécessaire de traiter la requête.

Par exemple, une demande de recherche d'un utilisateur peut solliciter plusieurs serveurs de localisation en parallèle, qui vont tous rechercher la présence de l'abonné dans leur base de données et retourner le résultat de la recherche. Dès qu'un serveur a trouvé l'abonné, les autres serveurs n'ont plus besoin de poursuivre leur recherche. Un message d'annulation leur est donc envoyé.

Autre exemple, si un utilisateur envoie un message d'invitation invite et qu'il attende la réponse de l'appelé, il peut à tout moment émettre un message cancel afin d'annuler l'invitation sans avoir à attendre la réponse de l'appelant. La méthode cancel est nécessairement acquittée par un message ack pour signifier que l'annulation est prise en compte.

Enregistrer sa localisation avec REGISTER

Cette méthode permet d'enregistrer son adresse IP auprès d'un serveur d'enregistrement. Elle permet donc d'assurer le service de localisation. L'information enregistrée correspond à une entrée dans la base spécifiant la correspondance d'une adresse SIP avec une adresse IP. Cette entrée a une durée de vie limitée. Passé ce délai, le serveur de localisation la supprime de sa base de données. Par défaut, la durée est d'une heure. Périodiquement, chaque terminal doit rafraîchir cette entrée pour la conserver en base ou, s'il est mobile, la modifier le cas échéant.

Une autre manière de gérer la durée de vie de l'enregistrement est d'utiliser le champ expire de la méthode afin d'imposer une durée de validité fixe, qu'il n'est pas nécessaire de mettre à jour. Le risque dans ce cas est que si l'abonné se déconnecte du réseau sans l'indiquer au serveur d'enregistrement, il reste considéré comme actif dans le réseau (une tentative infructueuse de communication est initialisée).

Méthodes complémentaires

Plusieurs méthodes complémentaires ont été définies comme des extensions aux méthodes précédentes afin d'enrichir les communications SIP. Leur implémentation n'est toutefois pas systématique, et certains terminaux peuvent ne pas en supporter certaines. Néanmoins, ces méthodes apportent des fonctionnalités pratiques. Les huit méthodes d'extension classiquement utilisées sont les suivantes :

- INFO. Décrite dans la RFC 2976, cette méthode donne des informations complémentaires sur la session en cours (puissance de réception, qualité du son, codecs utilisés, etc.). Seules des données informatives sont envoyées en réponse à cette commande, ce qui ne modifie aucunement la session en cours.
- REFER. Décrite dans la RFC 3515, cette méthode permet d'indiquer au récepteur du message une ressource. Elle autorise de la sorte différents services de relais, en particulier la redirection d'appel.
- UPDATE. Décrite dans la RFC 3311, cette méthode met à jour les paramètres d'une session multimédia.
- PRACK. Décrite dans la RFC 3262, cette méthode fournit une sécurisation des réponses provisoires. PRACK est l'acronyme de Provisional Reliable ACK.
- MESSAGE. Décrite dans la RFC 3428, cette méthode est utilisée pour l'envoi de messages instantanés. Le contenu de cette méthode peut être fait en MIME, ce qui offre une liberté pour le transport des différents types de contenus.
- SUBSCRIBE. Décrite dans la RFC 3265, cette méthode permet de demander une notification d'événement. Un client envoyant au serveur cette requête réclame d'être informé lorsque certains événements surviennent. Par exemple, un utilisateur peut souhaiter être averti lorsqu'un de ses contacts termine sa communication en cours. Il interroge alors le serveur pour lui demander d'être prévenu lorsque le contact devient disponible. Si le serveur accepte cette demande, il notifie les événements correspondant à l'abonnement de l'utilisateur pendant toute la durée spécifiée dans le champ EXPIRES inséré dans l'en-tête du message. Au-delà de cette durée, la notification n'est plus active. La notification est effectuée par le serveur au moyen de la commande NOTIFY.
- NOTIFY. Décrite dans la RFC 3265, cette méthode permet de recevoir une notification pour les événements auxquels on a souscrit. Lorsqu'un client a envoyé une demande de notification d'événement par la méthode SUBSCRIBE, le serveur concerné lui envoie les notifications réclamées par la méthode NOTIFY.
- PUBLISH. Décrite dans la RFC 3903, cette méthode permet d'afficher l'état d'une requête à laquelle on a souscrit par la méthode SUBSCRIBE.

Scénarios de session

Différents scénarios d'établissement de médias de session sont possibles. La figure 23.17 illustre un scénario qui met en évidence une caractéristique majeure de SIP : lors de sa réponse, l'UAS peut déclencher un échange direct des messages SIP à venir (a) ; de leur côté, les serveurs proxy peuvent obliger les messages SIP qui vont suivre à passer par eux (b).

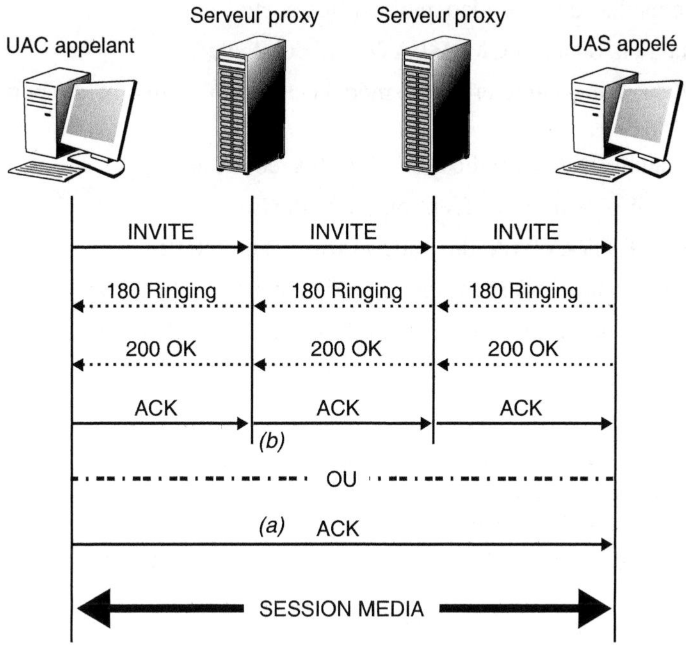

Figure 23.17

Exemple d'établissement de session SIP

SDP (Session Description Protocol)

SDP est une syntaxe de description de médias normalisée dans la RFC 2327 d'avril 1998. Cependant, SDP n'offre pas de possibilité complète de négociation de capacité de média (*voir un peu plus loin*). Issue du groupe MMUSIC de l'IETF précédant SIP, sa première application a été la description de sessions multicast combinée avec le protocole d'annonce de session multimédia SAP (Session Announcement Protocol), qui officie très largement dans le réseau multicast expérimental MBONE (Multicast Backbone).

SDP est ensuite devenu le protocole naturel de description des médias de session intégrés à l'établissement de session réalisé avec le protocole SIP.

La syntaxe de description de SDP suit un codage textuel. Une description de session est en fait une suite ordonnée de lignes, appelées fields, représentées par une lettre. Le nombre de fields est volontairement limité de façon à faciliter le décodage (*via* un parser). Le seul moyen d'étendre SDP est de définir de nouveaux attributs.

Le format général d'un field est *x* = paramètre*1* paramètre*2*… paramètre*N*.

Les principales informations caractérisant le média de session sont les suivantes :

- adresse IP (ou nom d'hôte) : adresse de réception du flux média ;
- numéro de port pour la réception des flux ;

- type de média : audio, vidéo, tableau blanc, etc. ;
- schéma d'encodage (PCM A-LAW, MPEG-2, etc.).

Le format du champ caractérisant le média de session est m = media port transport format-list, avec :

- media : audio, vidéo, application, données, contrôle ;
- port : numéro de port de réception du média ;
- transport : RTP/AVP (Audio Video Profiles) ou UDP ;
- format-list : liste d'informations complémentaires sur le média, ou Media Payload Type.

Plusieurs types de payload peuvent être listés. S'ils sont listés, il s'agit d'un choix proposé. Pour ouvrir *n* canaux audio il faut présenter *n* champs media.

Échange des caractéristiques du média de session

Le besoin de qualité de service nécessaire à la session est déduit des caractéristiques du média de session. Ces caractéristiques définies par SDP et présents dans le corps des messages SIP sont les suivantes :

- extrémités d'échange de flux : adresses IP source et destination et numéros de ports source et destination ;
- type de média échangé : audio, vidéo, etc. ;
- mode de codage utilisé : liste des codecs utilisés pour chaque flux, par exemple G.711 ou G.723.1.

Lors de l'initialisation d'une session SIP, seules les caractéristiques du média de l'émetteur sont connues. Elles sont déterminées par l'UAC en fonction de la demande de l'application utilisateur, application de téléphonie sur IP, par exemple. L'UAC qui initialise la demande d'établissement de session ne connaît pas *a priori* les informations concernant la partie caractéristique du média de l'UAS qu'il sollicite. Après l'arrivée de la sollicitation à l'UAS, la faisabilité de l'établissement de session est déterminée et, dans l'affirmative, les caractéristiques du média de session sont identifiées.

Il ne faut pas perdre de vue qu'un média de session classique résulte de l'échange de deux flux de média :

- flux de média de l'initiateur vers le sollicité ;
- flux de média du sollicité vers l'initiateur.

Dans cette version de SIP (RFC 2543), l'échange des caractéristiques du média de session donne très peu de latitude pour la négociation. En effet, l'UAS qui reçoit les caractéristiques du média de session souhaité dispose du type de média et de la liste des codecs relatifs proposés par l'UAC de départ. Il est précisé que la station qui initialise la communication indique dans sa liste des codecs ceux avec lesquels il veut recevoir le flux média et le fait qu'il aimerait émettre ce flux. Dans sa réponse, l'UAS précise sa liste de codecs, qui peut être ou non un sous-ensemble de la liste de l'émetteur. Il indique lui aussi la liste des codecs avec lesquels il veut recevoir le flux média. La RFC SDP précise que, lorsqu'une liste de codecs est donnée, elle spécifie les codecs qui peuvent être utilisés pendant la session avec un ordre de préférence, le premier étant considéré comme le codec par défaut de la session.

Dans le meilleur des cas, l'UAS sollicité accepte la liste des codeurs qui lui sont proposés (flux sollicité → initiateur). Inversement, l'UAC initiateur accepte celle qui lui est proposée (flux initiateur → sollicité). Pour qu'une session puisse avoir lieu, il faut au minimum que chacun accepte le premier codeur spécifié dans la liste qui lui est proposée. Autrement, la session ne peut avoir lieu.

L'échange des caractéristiques de média est illustré à la figure 23.18.

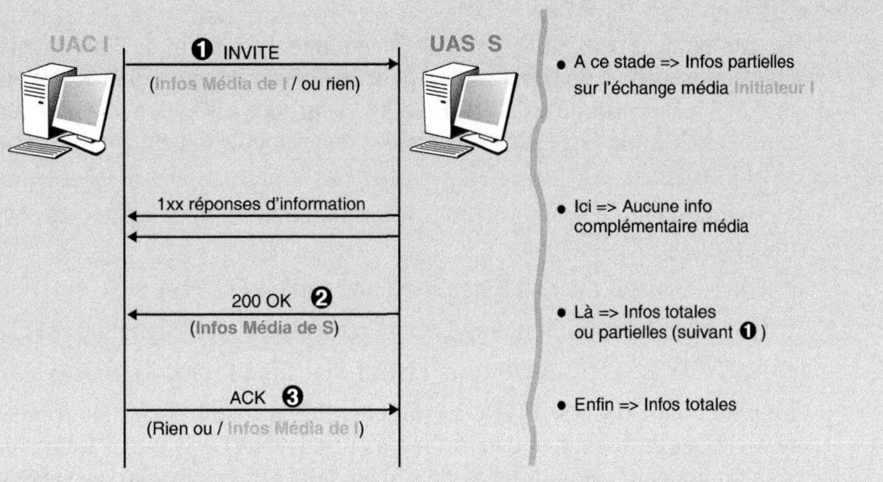

Figure 23.18

Échange des caractéristiques de média dans le protocole SIP

La figure 23.19 présente un exemple mettant en évidence les extensions qui ont été apportées en 2002. Ces nouvelles possibilités ont un impact important. En effet, les informations caractérisant le média ne se trouvent plus uniquement dans les messages principaux de l'établissement de session INVITE, 200 OK et ACK mais dans les messages provisoires, tel 180 RINGING, et les messages intermédiaires de modification UPDATE. Cela rend toutefois l'intégration plus complexe.

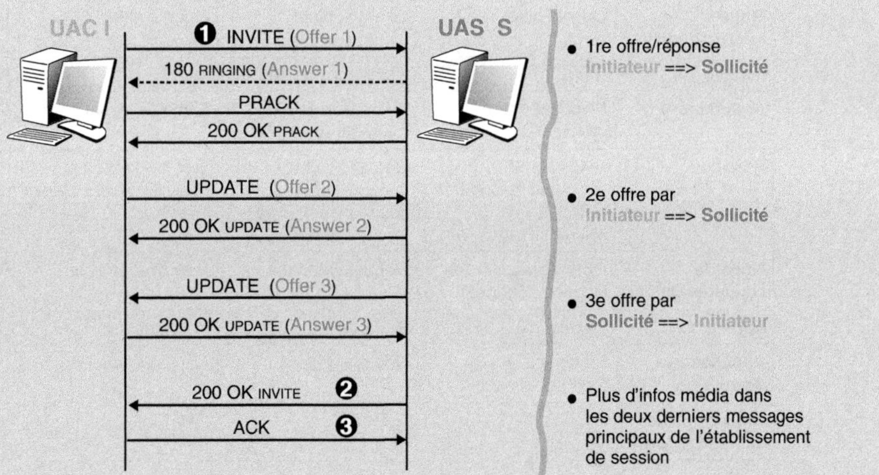

Figure 23.19

Échange des caractéristiques média dans SIP

NSIS (Next Steps In Signaling)

Le groupe de travail NSIS de l'IETF a commencé à la fin de 2001 la mise au point d'un nouveau protocole de signalisation pour remplacer en particulier RSVP. Le cadre général de NSIS a été présenté en 2005. En 2006, le groupe a abouti à une première spécification. Enfin, en 2011, les spécifications finales du protocole ont été approuvées et publiées dans le RFC 4080.

Le standard n'est pas un protocole, mais plutôt une suite de protocoles NSIS comprenant trois protocoles principaux :

- GIST (General Internet Signaling Transport), RFC 5971 ;
- QoS NSLP (NSIS Signaling Layer Protocol) for QoS Signaling, RFC 5974 ;
- NAT/FW NSLP (NAT/Firewall NSIS Signaling Protocol), RFC 5973.

Le protocole QoS NSLP vise à remplacer le protocole RSVP pour la signalisation des réservations de ressources dans les réseaux IP. Le NAT/FW NSLP fournit une solution pour communiquer à une middlebox de réseau, telle qu'un pare-feu, un serveur d'adresses IP, ou encore une appliance.

Conclusion

Le tableau 23.4 compare les caractéristiques des principaux protocoles conduisant à une gestion de réseau.

	CMIP	SNMP	DMI	HTTP
Modèle informationnel	Orienté objet	Orienté objet	Orienté objet	Hypermédia
Langage	GDMO	SMI	MIF	HTML
Architecture	Manager-agent, manager-manager	Manager-agent, manager-manager	Manager-agent	Client-serveur
Primitive	M-Get, M-Set, M-Action, M-Create, M-Delete, M-Event-Report	Get, Set, action implicite (effets secondaires), Trap	Get, Set, action implicite, Add, Delete, Event	Get, Post, Link Ne supporte pas la primitive Trap.
Mode de communication	Orienté transactions Requête/réponse	Requête/réponse	Requête/réponse	Requête/réponse asynchrone
Adressage	Par filtrage	Par arbre	Par attribut	URL
Application de gestion	Cinq aires fonctionnelles	Non spécifiée	Non spécifiée	Plug-in Java
Organisme de standardisation	ITU-T, ISO/OSI	IETF	DMTF	IETF

TABLEAU 23.4 • Comparaison des solutions proposées pour la gestion de réseau

Le système de gestion nécessite une définition de sa structure, de son fonctionnement et des protocoles d'échange. La gestion de ressources distribuées est une tâche complexe, qui requiert une bonne fiabilité, certaines opérations devant pouvoir être réalisées en dépit d'une quelconque panne. De plus, des contraintes de temps réel sont souvent à prendre en compte.

Ce chapitre a présenté l'environnement de gestion OSI, ainsi que les autres solutions constructeur disponibles sur le marché. SNMP est le protocole aujourd'hui de loin le plus utilisé. Ayant été développé pour gérer les architectures TCP/IP, l'environnement TCP/IP lui a fortement profité. L'avantage de SNMP par rapport à la normalisation ISO est sa simplicité, puisque c'est un environnement inspiré de la normalisation ISO, mais simplifié. On ne trouve que trois primitives dans SNMP, au lieu de six dans CMIP : GET, SET et EVENT. De plus, le logiciel SNMP a été fortement simplifié par rapport à celui de l'ISO, car il n'est pas possible d'adresser un attribut d'un objet de gestion, ce qui est possible dans l'architecture OSI. Enfin, des architectures plus globales s'appuyant sur le succès du Web se mettent en place et devraient prendre le devant de la scène dans ce domaine.

La gestion de réseaux continue à progresser surtout dans le sens de la généralisation : il faut gérer les éléments de réseau, mais également de plus en plus les applications qui tournent autour ainsi que l'ingénierie, la planification et la sécurité du réseau sous surveillance. Le nom de OSS (Operation Support System) a été adopté pour cette généralisation de la gestion de réseaux.

Quant au contrôle, il est également primordial dans un réseau à transfert de paquets, car il permet, par exemple, de réagir à la moindre congestion. Il sert en outre à tout un ensemble de régulations, dont celle de la qualité de service, en attribuant des priorités plus ou moins fortes aux différents flux.

Le monde IP s'est beaucoup préoccupé du contrôle de flux. En effet, lorsque le nombre de machines terminales émettant en même temps devient important, il faut mettre en place un contrôle assez fin pour qu'il n'y ait pas de congestion dans un des routeurs du réseau. De nombreux efforts restent encore à faire pour contrôler de façon adéquate les millions de flots d'Internet afin que tous les utilisateurs soient satisfaits du comportement du réseau.

Le contrôle s'applique également aux ouvertures de chemins dans les techniques de commutation. On parle aussi de signalisation dans ce cas.

Les contrôles précédents concernent les couches basses des architectures. Dans les niveaux supérieurs, les contrôles sont tout aussi importants, car ils permettent d'ouvrir des sessions, comme dans la téléphonie.

En résumé, il existe un très grand nombre de formes de contrôles, et la normalisation est assez en retard par rapport à la gestion de réseau.

24

La sécurité et l'identité

La sécurité est une fonction incontournable des réseaux. Puisqu'on ne voit pas son correspondant directement, il faut l'authentifier. Puisqu'on ne sait pas par où passent les données, il faut les chiffrer. Puisqu'on ne sait pas si quelqu'un ne va pas modifier les informations émises, il faut vérifier leur intégrité. Nous pourrions ajouter une longue suite de requêtes du même genre qui doivent être prises en charge par les réseaux.

Globalement, on peut diviser la sécurité en deux parties : la sécurité à l'ouverture de la session et la sécurité lors du transport de l'information. Les techniques pour réaliser ces deux formes de sécurité sont extrêmement diverses, et il s'en invente de nouvelles tous les jours. De même, les pirates, à chaque attaque contrée, vont un peu plus loin pour contourner les défenses. Ce jeu de poursuite n'est pas de nature à faciliter la présentation des mécanismes de sécurité. Cet ouvrage se limitant à l'environnement réseau, il ne s'occupe pas de la sécurité physique des terminaux ou des logiciels.

Ce chapitre propose une vue générale des éléments de sécurité dans un réseau, en suivant la proposition de l'ISO en matière de sécurité. Cette proposition a été effectuée en même temps que le modèle de référence. Il présente ensuite les mécanismes de sécurité les plus classiques, tels que l'autorisation, l'authentification, le chiffrement, la signature, etc., et s'intéresse, dans une seconde partie, au monde IP et aux protocoles qui implémentent les mécanismes décrits dans la première partie.

Il décrit en outre les problèmes posés par l'identification et donne quelques pistes importantes des développements actuels. La carte à puce est introduite comme élément de sécurité puisqu'elle forme un des éléments, si ce n'est l'élément, le plus résistant en matière de sécurité de réseau. Après avoir examiné les différents protocoles IP pour la sécurité, le chapitre se clôt sur les dangers qui guettent la nouvelle génération de réseau SDN (Software-defined Networking) introduite au chapitre 12.

Les services de sécurité

En informatique, le terme sécurité recouvre tout ce qui concerne la protection des informations. L'ISO (International Standards Organization) s'est attachée à prendre toutes les mesures nécessaires à la sécurité des données durant leur transmission. Ces travaux ont donné naissance à un standard d'architecture international, ISO 7498-2 (*OSI Basic Reference Model-Part 2 : Security Architecture*). Cette architecture est très utile pour tous ceux qui veulent implémenter des éléments de sécurité dans un réseau, car elle décrit en détail les grandes fonctionnalités et leur emplacement par rapport au modèle de référence.

Trois grands concepts ont été définis :

- Les fonctions de sécurité, qui sont déterminées par les actions pouvant compromettre la sécurité d'un établissement.
- Les mécanismes de sécurité, qui définissent les algorithmes à mettre en œuvre.
- Les services de sécurité, qui représentent les logiciels et les matériels mettant en œuvre des mécanismes dans le but de mettre à la disposition des utilisateurs les fonctions de sécurité dont ils ont besoin.

La figure 24.1 recense les services de sécurité et les niveaux de l'architecture OSI où ils doivent être mis en œuvre. Cinq types de service de sécurité ont été définis :

- La confidentialité, qui doit assurer la protection des données contre les attaques non autorisées.
- L'authentification, qui doit permettre de s'assurer que celui qui se connecte est bien celui qui correspond au nom indiqué.
- L'intégrité, qui garantit que les données reçues sont exactement celles qui ont été émises par l'émetteur autorisé.
- La non-répudiation, qui assure qu'un message a bien été envoyé par une source spécifiée et reçu par un récepteur spécifié.
- Le contrôle d'accès, qui a pour fonction de prévenir l'accès à des ressources sous des conditions définies et par des utilisateurs spécifiés.

Dans chacun de ces services, il peut exister des conditions particulières, indiquées à la figure 24.1.

Si l'on reprend les cinq services de sécurité présentés précédemment en étudiant les besoins de l'émetteur et du récepteur et en les répertoriant, on obtient le processus suivant :

1. Le message ne doit parvenir qu'au destinataire.
2. Le message doit parvenir au bon destinataire.
3. L'émetteur du message doit pouvoir être connu avec certitude.
4. Il doit y avoir identité entre le message reçu et le message émis.
5. Le destinataire ne peut contester la réception du message.
3. L'émetteur ne peut contester l'émission du message.
6. L'émetteur ne peut accéder à certaines ressources que s'il en a l'autorisation.

Le besoin 1 correspond à un service de confidentialité, les besoins 2 et 3 à un service d'authentification, le besoin 4 à un service d'intégrité des données, les besoins 5 et 6 à un service de non-répudiation, et le besoin 7 au contrôle d'accès.

	Niveau						
	1	2	3	4	5	6	7
Confidentialité							
avec connexion	Oui	Oui	Oui	Oui		Oui	Oui
sans connexion		Oui	Oui	Oui		Oui	Oui
d'un champ particulier						Oui	Oui
Authentification			Oui	Oui			Oui
Intégrité							
avec reprise			Oui	Oui			Oui
sans reprise				Oui			Oui
d'un champ particulier							Oui
Non-répudiation							Oui
Contrôle d'accès			Oui	Oui			Oui

Figure 24.1

Sécurité et niveaux de l'architecture OSI

Les mécanismes de chiffrement

Le chiffrement est un mécanisme issu d'une transformation cryptographique. Le mécanisme inverse du chiffrement est le déchiffrement. La normalisation dans ce domaine est quelque peu complexe, pour des raisons essentiellement politiques. De ce fait, l'ISO a supprimé ce type de normalisation de son cadre de travail à la suite de la publication des algorithmes DES (Data Encryption Standard). L'ISO est alors devenue une simple chambre d'enregistrement des algorithmes de chiffrement.

La première norme ISO du domaine, ISO 9979, se préoccupe du problème relatif aux « procédures pour l'enregistrement des algorithmes cryptographiques ». Les mécanismes de base des chiffrements normalisés par l'ISO sont les suivants :

- Le mécanisme de bourrage de trafic consiste à envoyer de l'information en permanence en complément de celle déjà utilisée de façon à empêcher les fraudeurs de repérer si une communication entre deux utilisateurs est en cours ou non.
- L'authentification utilise un mécanisme de cryptographie normalisé par la série de normes ISO 9798 à partir d'un cadre conceptuel défini dans la norme ISO 10181-2. Dans cette normalisation, des techniques de chiffrement symétrique et à clés publiques sont utilisées.
- L'intégrité est également prise en charge par l'ISO. Après avoir défini les spécifications liées à la normalisation de l'authentification dans la norme ISO 8730, cet organisme

a décrit le principal mécanisme d'intégrité, le CBC (Cipher Block Chaining), dans la norme ISO 8731. La norme ISO 9797 en donne une généralisation. La norme ISO 8731 décrit un second algorithme, le MAA (Message Authenticator Algorithm).

- La signature numérique est un mécanisme appelé à se développer de plus en plus. Pour le moment, la normalisation s'adapte aux messages courts, de 320 bits ou moins. C'est l'algorithme RSA, du nom de ses inventeurs (Rivest, Shamir, Adleman), qui est utilisé dans ce cadre (ISO 9796). Le gouvernement américain possède son propre algorithme de signature numérique, le DSS (Digital Signature Standard), qui lui a été délivré par son organisme de normalisation, le NIST (National Institute for Standards and Technology).
- La gestion des clés peut également être mise en œuvre dans les mécanismes de sécurité. Elle comprend la création, la distribution, l'échange, le maintien, la validation et la mise à jour de clés publiques ou secrètes. En matière d'algorithmes symétriques, la norme ISO 8732 fait référence. De même, la norme ISO 11166 fait référence pour les algorithmes asymétriques.

Les mécanismes de sécurité pour la messagerie électronique ont été définis par l'UIT-T, dans la série de recommandations X.400. Cette série fournit la description des menaces et les clés d'utilisation de l'algorithme cryptographique RSA pour résoudre ces problèmes.

Le second apport de l'UIT-T en matière de sécurité concerne les annuaires et fait l'objet de la recommandation X.509. Les annuaires électroniques peuvent également être le lieu de dépôt des clés publiques, et l'UIT-T a introduit des concepts de certificats de clés publiques et des mécanismes de gestion de ces certificats.

Les algorithmes de chiffrement

Les algorithmes de chiffrement permettent de transformer un message écrit en clair en un message chiffré, appelé cryptogramme. Cette transformation se fonde sur une ou plusieurs clés. Le cas le plus simple est celui d'une clé unique et secrète, que seuls l'émetteur et le récepteur connaissent.

Les systèmes à clés secrètes sont caractérisés par une transformation f et une transformation inverse f^{-1}, qui s'effectuent à l'aide de la même clé. C'est la raison pour laquelle on appelle ce système « à chiffrement symétrique ». Cet algorithme est illustré à la figure 24.2.

Le plus connu des algorithmes de chiffrement est le DES. Pour chaque bloc de 64 bits, le DES produit un bloc chiffré de 64 bits. La clé, d'une longueur de 56 bits, est complétée par un octet de détection d'erreur. De cette clé de 56 bits, on extrait de manière déterministe seize sous-clés de 48 bits chacune. À partir de là, la transformation s'effectue par des sommes modulo 2 du bloc à coder et de la sous-clé correspondante, avec des couplages entre les blocs à coder.

Les algorithmes à sens unique sont ceux dont la transformation en sens inverse est quasiment impossible à effectuer dans un laps de temps admissible. Diffie-Hellman constitue un premier exemple de ce type d'algorithme. Soit X et Y un émetteur et un récepteur qui veulent communiquer. Ils se mettent d'accord sur deux valeurs non secrètes, μ et p. L'émetteur X choisit une valeur a secrète et envoie à Y la valeur $x = \mu_a$ mod p. De même,

Y choisit une valeur b secrète et envoie à X une valeur $y = \mu_b \bmod p$. Si les valeurs μ et p sont suffisamment grandes, le fait de retrouver a ou b à partir de x ou y est à peu près impossible. X et Y décident que la clé commune est le produit ab et que le message chiffré est obtenu par $\mu_{ab} \bmod p$.

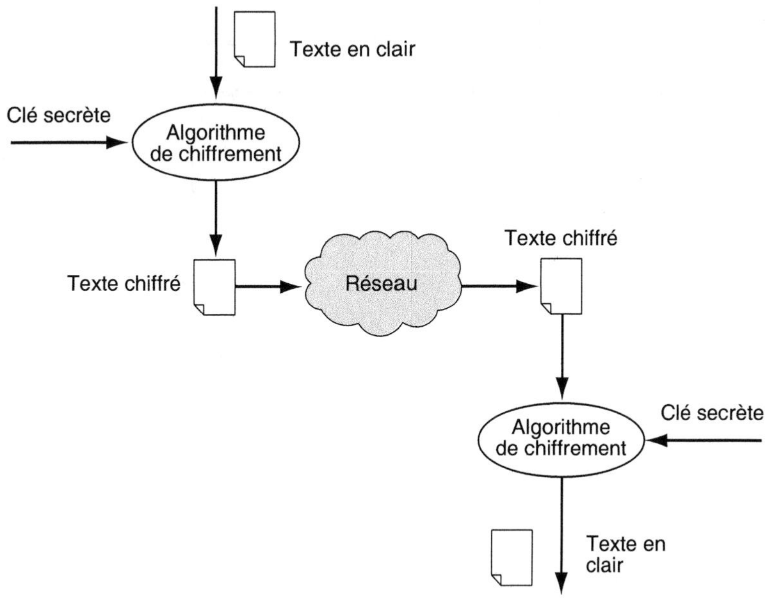

Figure 24.2

Algorithme de chiffrement symétrique

Les algorithmes de chiffrement à clé publique sont des algorithmes asymétriques. Le destinataire est le seul à connaître la clé de déchiffrement. La sécurité s'en trouve accrue puisque même l'émetteur ne connaît pas cette clé. L'algorithme le plus classique et le plus utilisé est RSA, qui utilise la quasi-impossibilité d'effectuer la fonction d'inversion d'une fonction puissance. La clé permettant de déchiffrer le message et que seul le destinataire connaît est constituée de deux nombres, p et q, d'environ 250 bits chacun. La clé publique est $n = pq$. Comme n est très grand, il est quasiment impossible de trouver toutes les factorisations possibles. La connaissance de n ne permet pas d'en déduire p et q. À partir de p et de q, on peut choisir deux nombres, e et d, tels que $ed = 1 \bmod (p - 1)(q - 1)$. De même, la connaissance de e ne permet pas de déduire la valeur de d.

L'algorithme de chiffrement s'effectue de la façon suivante : si M est le message à chiffrer, le message chiffré est obtenu par $M_e \bmod n$ et l'algorithme de déchiffrement par $(M_e)_d$.

La figure 24.3 illustre le fonctionnement de l'algorithme asymétrique.

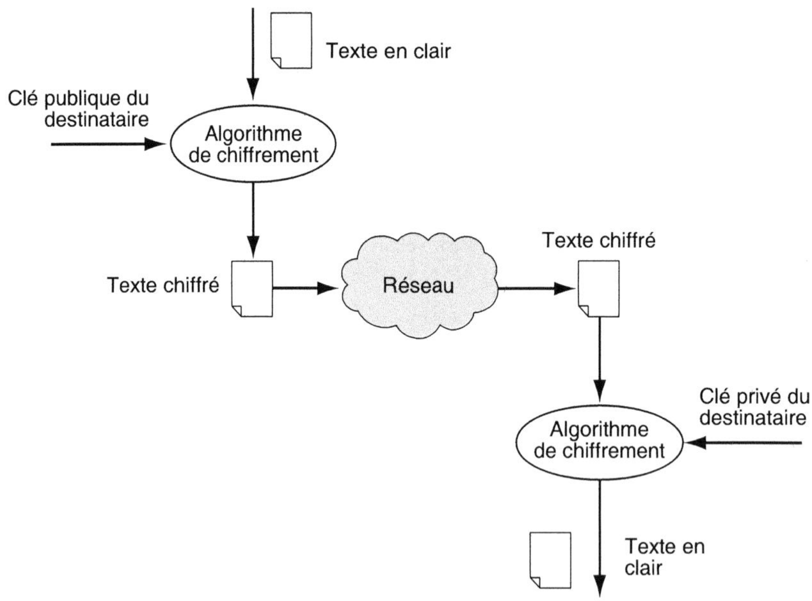

Figure 24.3

Algorithme de chiffrement asymétrique

Les signatures électroniques font également partie de la panoplie des mécanismes indispensables à la transmission de documents dans un réseau. La signature a pour fonction d'authentifier l'émetteur. Celui-ci code le message de signature par une clé qu'il est le seul à connaître. La vérification d'une signature s'effectue par le biais d'une clé publique. En utilisant l'algorithme RSA, l'émetteur signe le message M par M_e mod n, et le récepteur porte cette valeur à la puissance d pour vérifier que $(M_e)_d = M$. Si cette égalité se vérifie, la signature est authentifiée.

Solutions de chiffrement

Le chiffrement représente la méthode suivie pour que l'information ne puisse pas être lue par une autre personne que le destinataire. Les techniques de chiffrement que l'on utilise sont toutes *a priori* violables, mais il faudrait pour cela utiliser une machine de calcul extrêmement puissante et la faire tourner pendant plusieurs années.

La liste ci-dessous introduit les principaux algorithmes qui permettent de chiffrer une suite d'éléments binaires en la transformant en une nouvelle suite d'éléments binaires, qui, elle, ne peut être lue sans la clé de déchiffrement :

- DES, de 1977, à clés symétriques. Les données sont codées par blocs de 64 bits avec une clé de 56 bits. Cet algorithme est très utilisé dans les applications financières. Il est également utilisé dans un chaînage dit par bloc CBC (Cipher Block Chaining). Il existe de nombreuses variantes de l'algorithme DES, comme 3DES, qui utilise trois niveaux de chiffrement, ce qui implique une clé de chiffrement sur 168 bits.

- RC4, RC5 (Rivest's Code #4, #5), de 1987, à clés symétriques. Ce sont des algorithmes propriétaires, diffusés par la société RSA Security Inc. Ils utilisent des clés de longueur variable pouvant atteindre 2 048 bits. Ils sont surtout utilisés au niveau applicatif lorsqu'une application a besoin d'être fortement sécurisée. Ils demandent une puissance de calcul importante, qui ne pourrait être maintenue sur un flot continu à haut débit à des niveaux inférieurs de l'architecture.
- IDEA (International Data Encryption Algorithm), de 1992, à clés symétriques. Cet algorithme développé en Suisse est surtout utilisé pour la messagerie sécurisée PGP, détaillée un peu plus loin dans ce chapitre.
- Blowfish, de 1993, à clés symétriques.
- AES (Advanced Encryption Standard), de 1997, à clés symétriques.
- RSA (Rivest, Shamir, Adleman), de 1978, à clés asymétriques (RFC 2437).
- Diffie-Hellman, à clés asymétriques.
- El Gamal, à clés asymétriques.

Les techniques énumérées ci-dessus sont difficiles à mettre en œuvre dès que le débit d'une application, d'un flot ou d'un lien augmente. C'est la raison pour laquelle, les techniques symétriques et asymétriques sont utilisées conjointement. Pour cela, on recourt à des clés de session, qui ne sont valables que pour une communication déterminée. Les informations de la session sont codées grâce à une clé secrète permettant de réaliser un chiffrement avec beaucoup moins de puissance qu'une clé asymétrique. Seule la clé secrète est codée par un algorithme de chiffrement asymétrique pour être envoyée au destinataire.

Les certificats

Une difficulté qui s'impose à la station d'un réseau qui communique avec beaucoup d'interlocuteurs consiste à se rappeler de toutes les clés publiques dont elle a besoin pour récupérer les clés secrètes de session. Pour cela, il faut utiliser un service sécurisé et fiable, qui délivre des certificats. Un organisme offrant un service de gestion de clés publiques est une autorité de certification, appelée tiers de confiance. Cet organisme émet des certificats au sujet de clés permettant à une entreprise de les utiliser avec confiance.

Un certificat est constitué d'une suite de symboles (document M) et d'une signature. Le format de certificat le plus courant provient du standard X.509 v2 ou v3. La syntaxe utilisée est l'ASN.1.

Un certificat contient la clé publique associée à la clé privée d'un utilisateur, un nom, une adresse et d'autres informations pouvant aider à déterminer le possesseur de la clé secrète. Tous les certificats sont signés par l'autorité permettant de prêter confiance à l'exactitude des informations qu'ils contiennent. La signature rend en outre le certificat non falsifiable.

Un serveur de clés, aussi appelé autorité de dépôt regroupant les clés publiques d'une communauté sert très souvent d'autorité d'enregistrement et de certification. Il gère les certificats et possède généralement une liste des certificats révoqués.

L'authentification

L'authentification a pour objectif de vérifier l'identité des processus communicants. Plusieurs solutions simples sont mises en œuvre pour cela, comme l'utilisation d'un identifiant (login) et d'un mot de passe (password). L'authentification peut s'effectuer par un numéro d'identification personnel, comme le numéro inscrit dans une carte à puce, ou code PIN (Personal Identification Number). Des techniques beaucoup plus sophistiquées, comme les empreintes digitales ou rétiniennes, se sont développées pour simplifier le processus.

L'authentification peut être simple ou mutuelle. Elle consiste essentiellement à comparer les données provenant de l'utilisateur qui se connecte à des informations stockées dans un site protégé. Des attaques sur les sites mémorisant les mots de passe forment une classe importante de piratage.

L'intégrité des données

L'intégrité des données consiste à prouver que les données n'ont pas été modifiées. Elles ont éventuellement pu être copiées, mais aucun bit ne doit avoir été changé.

Une première possibilité pour garantir l'intégrité des données transportées dans un paquet est de les chiffrer. En effet, si les données sont impossibles à déchiffrer par le récepteur, c'est qu'elles ont été modifiées. Cette solution permet à la fois de garantir la confidentialité et l'intégrité.

Une seconde possibilité provient des techniques de signature. Une signature, déterminée par l'ensemble des éléments binaires composant un message, est nécessaire pour en assurer l'intégrité. Le chiffrement joue le rôle de signature dans la première possibilité. Une signature plus simple que le chiffrement est suffisante dans le cas d'une demande d'intégrité uniquement. Pour cela, on utilise des fonctions de hachage, qui calculent une empreinte digitale qu'il suffit de vérifier au récepteur pour prouver que la suite d'éléments binaires n'a pas été modifiée. Pour que l'empreinte ne puisse être modifiée par hasard lors de la transmission, c'est-à-dire pour que le pirate ne puisse à la fois déterminer l'algorithme de hachage utilisé et recalculer une nouvelle valeur de l'empreinte sur la suite d'éléments binaires modifiés, une fonction de chiffrement doit être appliquée à la signature.

Les plus célèbres techniques de signature sont les suivantes :

- MD5 (Message Digest #5), de 1992, défini dans la RFC 1321. Ce sont des fonctions conçues par Ron Rivest qui produisent des empreintes de 128 bits.
- SHA-1 (Secure Hash Algorithm), de 1993, pour les fonctions de hachage. Cette technique permet de réaliser une empreinte de 160 bits.
- Ces deux solutions sont à la limite d'être cassées de par la puissance de calcul des superordinateurs et bientôt des ordinateurs quantiques, dont on estime que les premiers exemplaires complets arriveront sur le marché au début des années 2025. De ce fait, il vaut mieux prendre des clés plus longues, comme SHA-256.

La non-répudiation

Les services de non-répudiation consistent à empêcher le démenti qu'une information a été reçue par une station qui l'a réclamée. Ce service permet de donner des preuves, comme on peut le faire par télex. De manière équivalente, on peut retrouver la trace d'un appel téléphonique, de telle sorte que le récepteur de l'appel ne puisse répudier cet appel.

La fonction de non-répudiation peut s'effectuer à l'aide d'une signature à clé privée ou publique ou par un tiers de confiance qui peut certifier que la communication a bien eu lieu.

Caractéristiques des algorithmes de sécurité

Cette section présente quelques caractéristiques des algorithmes de sécurité, en commençant par les algorithmes de chiffrement, puis analyse leurs performances temporelles.

Les algorithmes de chiffrement

Les algorithmes de chiffrement les plus classiques sont DES, 3DES et AES qui est aujourd'hui le plus utilisé.

Nombre de rounds

La plupart des algorithmes de chiffrement par clés symétriques utilisent le chiffrement en utilisant deux transformations : une substitution et une permutation. Un « round » est complété lorsque ces deux transformations sont effectuées une fois.

En règle générale, on considère que plus le nombre de rounds est élevé, plus la sécurité apportée est grande. En revanche, plus le nombre de rounds est élevé, plus on consomme de ressources, si bien que les temps de réponse peuvent s'en ressentir. C'est la raison pour laquelle AES est devenu très prisé. Cet algorithme ne demande pas un effort de calcul aussi important que les algorithmes DES, tout en étant plus sûr.

Le nombre de rounds n'est cependant pas toujours le critère le plus important. Certains algorithmes sont beaucoup plus puissants que d'autres, tout en ayant beaucoup moins de rounds.

DES et 3DES

DES applique 16 rounds. 3DES, qui est une succession de trois algorithmes DES, applique $3 \times 16 = 48$ rounds.

Algorithme	Nombre de round
DES	16 rounds
3DES	48 rounds

AES

AES applique 10 rounds avec une clé de 128 bits, 12 rounds avec une clé de 192 bits et 14 rounds avec une clé de 256 bits.

Algorithme	Nombre de round
AES	10 rounds pour une clé de 128 bits 12 rounds pour une clé de 192 bits 14 rounds pour une clé de 256 bits

Longueur de la clé

En règle générale, plus la clé est longue, plus l'algorithme est résistant à une attaque exhaustive. La force d'un algorithme symétrique, dédié à la confidentialité ou à l'intégrité, peut être mesurée en termes de *work factor* associé à une attaque « exhaustive », ou attaque de force brute. Cette attaque consiste à tester toutes les clés possibles. Si une clé a une longueur de n bits, il existe 2^n possibilités de clés différentes, et il faudrait en moyenne 2^{n-1} essais pour trouver la valeur de la bonne clé. On considère que plus la clé est grande, plus la probabilité de la trouver est faible et donc plus grande est la sécurité. La sécurité correspond ici à la résistance de l'algorithme symétrique à une attaque exhaustive.

DES et 3DES

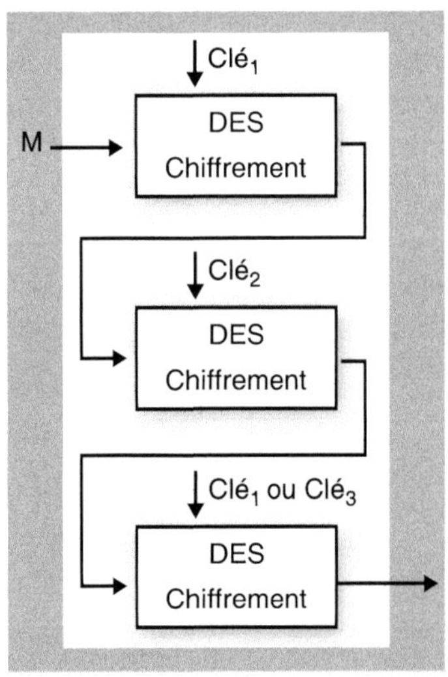

Figure 24.4

Principe de fonctionnement de 3DES

DES utilise une clé de 56 bits. 3DES étant une succession de trois DES, si K1 = K3, 3DES utilise une clé de 2 × 56 = 112 bits. Si K1 ≠ K3, c'est une clé de 3 × 56 = 168 bits.

Algorithme	Longueur de la clé secrète
DES	56 bits
3DES	112 ou 168 bits

AES

L'algorithme AES peut utiliser une clé sécrète de 128, 192 ou 256 bits.

Algorithme	Longueur de la clé secrète
AES	128, 192 ou 256 bits

La performance temporelle

Le temps de traitement de l'algorithme de chiffrement influe sur les caractéristiques temporelles du flux à sécuriser. Un algorithme lent ne permet pas de chiffrer le flux d'une application temps réel sur certaines machines, alors même qu'il peut apporter davantage de sécurité qu'un algorithme plus rapide, mais moins sûr. On peut utiliser le nombre de rounds de l'algorithme pour lui associer un facteur de performance temporelle. Si l'on considère une confidentialité utilisant DES et 3DES, il est possible de décrire le niveau de sécurité et les performances comme indiqué au tableau 24.1.

Nombre de round	Longueur de la clé secrète	Niveau de sécurité	Performance (rapidité pour QoS)
16 (DES)	56 bits	★	★★
48 (3DES)	112 bits (2 clés)	★★	★
48 (3DES)	168 bits (3 clés)	★★★	★

TABLEAU 24.1 • Performance des algorithmes DES

Pour une confidentialité utilisant uniquement l'AES, à la fois plus sûr et plus rapide que le DES, les performances sont décrites au tableau 24.2.

Nombre de round	Longueur de la clé secrète	Niveau de sécurité	Performance (rapidité pour QoS)
10	128 bits	★	★★★
12	192 bits	★★	★★
14	256 bits	★★★	★

TABLEAU 24.2 • Performance de l'algorithme AES

Pour une classification des niveaux de sécurité des algorithmes DES, 3DES et AES, les valeurs sont décrites au tableau 24.3.

Nombre de round	Niveau de sécurité	Performance (rapidité pour QoS)
DES	★	★★
3DES (112)	★★	★
3DES (168)	★★★	★
AES (128)	★★★★	★★★★★
AES (192)	★★★★★	★★★★
AES (256)	★★★★★★	★★★

TABLEAU 24.3 • Classification des niveaux de sécurité des algorithmes DES et AES

Des compromis sont nécessaires pour décider du niveau de confidentialité à apporter et de la rapidité de l'algorithme à utiliser. Ce choix peut dépendre de la puissance des machines qui chiffrent et déchiffrent.

Les algorithmes d'authenticité

Les services d'intégrité des données et d'authentification de leur origine sont deux services inséparables. C'est pourquoi on les rassemble sous le terme d'authenticité. La solution la plus classique est d'utiliser un chiffrement permettant à la fois de vérifier l'intégrité et de chiffrer les données. Par exemple, l'authenticité apportée par IPsec s'effectue par l'ajout d'un code d'authentification de message, ou HMAC (Hashing Message Authentication Code).

Protection contre le rejeu

Malgré le chiffrement, il est possible d'effectuer une attaque par rejeu, c'est-à-dire en rejouant une séquence de paquets à laquelle l'attaquant ne comprend rien, mais qui correspond à ce que le serveur attend. En d'autres termes, il est possible pour un attaquant de recopier des trames pendant une authentification et de réutiliser les mêmes trames ultérieurement.

La protection contre le rejeu repose sur un numéro de séquence. Elle se présente souvent sous forme d'option : l'utilisateur peut, sur demande explicite, bénéficier d'une protection contre le rejeu en numérotant ses paquets dans le champ Chiffrer du paquet de telle sorte qu'une recopie ne puisse être utilisée puisque le récepteur attend un numéro de série parfaitement déterminé entre l'émetteur et le récepteur.

Les algorithmes d'authentification

Comme indiqué à plusieurs reprises, l'authentification est une fonction de sécurité essentielle. Le protocole d'authentification utilisé le plus souvent provient de la norme IEEE 802.1x. Cette norme est très générale et s'applique aussi bien aux réseaux terrestres qu'aux réseaux hertziens. IEEE 802.1x s'appuie essentiellement sur le protocole EAP,, qui est examiné beaucoup plus en détail un peu plus loin dans ce chapitre. EAP est un protocole d'authentification général, qui supporte de multiples méthodes d'authentification, telles que Kerberos, TLS, MS-Chap, SIM, etc. De nouveaux mécanismes d'authentification peuvent ainsi être définis au-dessus d'EAP. Seul le champ type du paquet EAP, codé sur un octet, limite le nombre de mécanismes d'authentification. Le standard EAP a été conçu comme protocole générique pour le transport du trafic des protocoles d'authentification. Il est construit autour d'un modèle de communication demandant un défi (challenge), auquel une réponse doit être apportée pour qu'il y ait authentification.

Comme illustré à la figure 24.5, quatre types de messages EAP permettent de réaliser l'authentification d'un client sur un serveur :

- EAP REQUEST : demande d'authentification ;
- EAP RESPONSE : réponse à une requête d'authentification ;
- EAP SUCCESS : pour indiquer le succès de l'authentification ;
- EAP FAILURE : pour informer le client du résultat négatif de l'authentification.

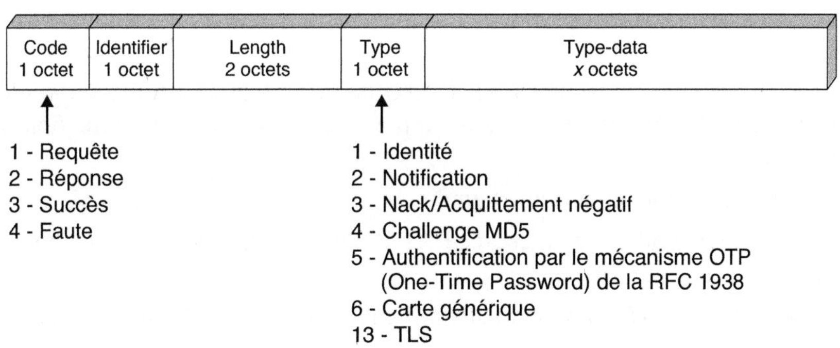

Figure 24.5

Format d'un paquet EAP

La norme IEEE 802.1x met en présence un supplicant, que l'on appelle client, un authenticator, qui est un contrôleur de communication, et un serveur d'authentification. Le client est un équipement terminal relié par une liaison filaire ou sans fil. Le contrôleur est un équipement intermédiaire qui peut être intégré dans un routeur ou dans un commutateur. Il peut aussi s'agir d'un contrôleur Wi-Fi ou même d'un point d'accès Wi-Fi compatible avec la norme IEEE 802.11. Le contrôleur est un organe qui possède un port contrôlé, lequel peut être ouvert ou fermé en fonction de la réussite ou non de l'authentification. Le serveur d'authentification est le plus souvent de type RADIUS, un protocole décrit plus loin dans ce chapitre.

La figure 24.6 illustre cette configuration.

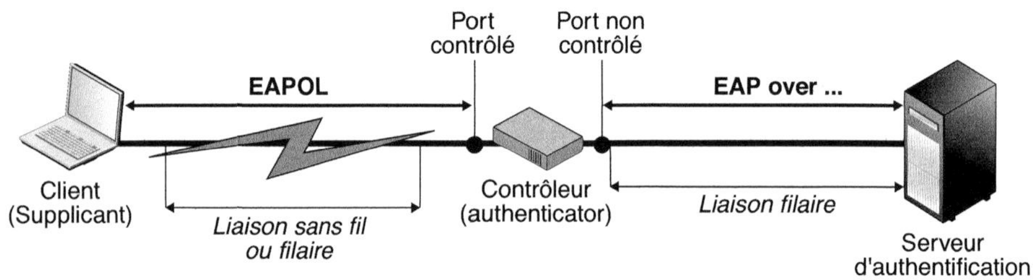

Figure 24.6

Configuration d'une authentification IEEE 802.1x

IEEE 802.1x utilise le protocole EAP pour mettre en communication le client et le serveur d'authentification *via* le contrôleur. Le protocole EAP est encapsulé dans une trame émise sur la connexion avec ou sans fil entre le client et le contrôleur et adaptée à la communication entre le contrôleur et le serveur d'authentification.

L'authentification EAP se déroule de la manière suivante :

1. Lorsque la phase d'établissement de la liaison est terminée, le serveur d'authentification envoie une demande d'identité.
2. Le client envoie un paquet EAP RESPONSE dans lequel il fournit son identité et les méthodes d'authentification qu'il supporte. La phase d'authentification débute à cet instant.
3. Le serveur envoie un défi au client.
4. Le client y répond par un message EAP RESPONSE, dans lequel il envoie le défi chiffré avec sa clé secrète.
5. Le serveur met fin à la phase d'authentification par l'intermédiaire d'un paquet de succès ou d'échec.

Si la phase d'authentification s'est bien déroulée, le serveur d'authentification peut transmettre une clé de chiffrement au client, lequel l'utilise pour chiffrer les données émises. Cette dernière phase est optionnelle pour le protocole EAP, car elle dépend du protocole d'authentification utilisé.

Le protocole EAP étant extensible, tout mécanisme d'authentification peut être encapsulé à l'intérieur des messages EAP, comme l'illustre la figure 24.7. Au niveau supérieur de la figure se trouvent les méthodes d'authentification, comme TLS, MS-Chap, SIM, etc. Vient ensuite le niveau d'encapsulation de la méthode d'authentification de la trame EAP. La trame EAP elle-même est encapsulée dans une trame de transport. Cette encapsulation peut s'effectuer soit dans une trame EAP over RADIUS, soit dans une trame EAPoL (EAP over LAN), qui est utilisée dans les réseaux locaux, en particulier les réseaux locaux sans fil de type Wi-Fi.

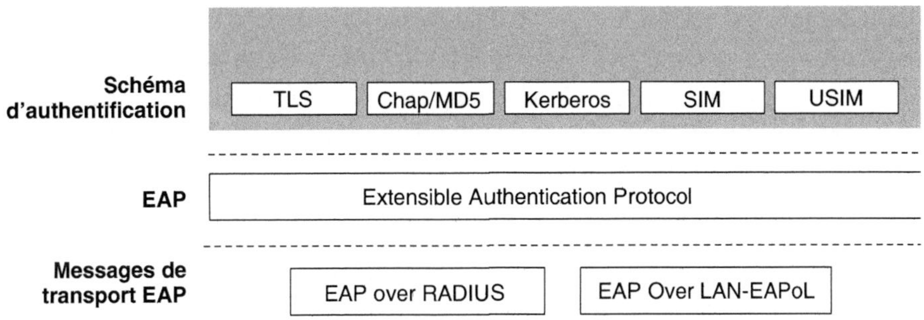

Figure 24.7

Architecture d'EAP

Un autre atout d'EAP est qu'il est conçu pour fonctionner au-dessus de la couche liaison. Il ne nécessite donc pas le niveau IP, mais inclut son propre support pour la livraison et la retransmission. Développé pour être utilisé avec PPP, c'est un protocole générique qui supporte la majorité des normes de niveau liaison.

Autres mécanismes d'authentification

D'autres mécanismes d'authentification, plus simples dans leur conception et liés à des environnements différents, sont couramment utilisés. Les sections suivantes présentent brièvement les deux plus connus, OTP et Kerberos. OTP (One-Time Password) introduit un changement du mot de passe à chaque tentative d'authentification. C'est pourquoi on l'appelle mécanisme à mot de passe valable une seule fois. Kerberos est fondé sur une architecture client-serveur à chiffrement symétrique.

OTP (One-Time Password)

Fondé sur un algorithme de hachage répété récursivement afin de générer des mots de passe à usage unique, OTP a fait l'objet de plusieurs tentatives de sécurisation par carte à puce.

L'algorithme OTP fonctionne de la façon suivante :

1. Dans le cas des mots de passe défi/réponse, le serveur envoie un défi aléatoire (RANDOM CHALLENGE) au client.

2. Le client manipule ce défi en introduisant son secret et envoie la réponse au serveur.
3. Le serveur effectue le même travail et compare les résultats.

L'inconvénient de ce mécanisme est qu'il est possible pour un attaquant de rejouer le même mot de passe une fois que celui-ci a été intercepté. Pour y remédier, on utilise une liste de mots de passe, chacun d'eux n'étant valable que pour une tentative d'authentification. Une telle liste est constituée de mots de passe générés et utilisés séquentiellement par le client à chaque tentative d'authentification. Les mots de passe étant indépendants, il est impossible de prévoir un mot de passe à partir de ceux utilisés précédemment.

La procédure S/KEY

Dans la procédure S/KEY, qui est un cas particulier de la méthode OTN, une liste de mots de passe à usage unique de 64 bits de longueur est générée par le serveur à partir du mot de passe de l'utilisateur. Cela permet au client d'utiliser le même mot de passe sur des machines différentes. La taille des mots de passe OTP est un bon compromis entre sécurité et facilité d'emploi pour l'utilisateur.

Les 8 octets du mot de passe de l'utilisateur sont concaténés avec une séquence aléatoire, ou *seed*. Une fonction de hachage MD4 est appliquée au résultat de la concaténation, puis le résultat obtenu est réduit à 8 octets par un XOR des deux moitiés. Ce résultat, appelé *s*, est fourni en entrée de l'étape suivante.

Le premier mot de passe à usage unique est produit en exécutant *n* fois la fonction de hachage sur *s*. Le mot de passe OTP de rang *i* (p_i) est produit en appliquant la fonction de hachage $n - i$ fois. Les deux équations suivantes indiquent le calcul du premier mot de passe (exécution de *n* fois la fonction de hachage sur *s)* et du i-ème mot de passe (exécution de *n-i* fois la fonction de hachage sur *s)*:

$$p_0 = f_n(s)$$
$$p_i = f_{n-i}(s)$$

Un attaquant qui a surveillé l'utilisation du mot de passe p_i n'est pas en mesure de générer le prochain mot de passe de la séquence (p_{i+1}) puisque la fonction de hachage est irréversible.

Quand un client tente d'être authentifié, la séquence d'octets aléatoires et la valeur courante de *i* sont passées au client. Le client retourne le prochain mot de passe. Le serveur sauvegarde dans un premier temps une copie de ce mot de passe puis lui applique la fonction de hachage :

$$p_i = f(f_{n-i-1}(s)) = f(p_{i+1})$$

Si l'égalité ci-dessus n'est pas vérifiée, la requête échoue. Dans le cas contraire, le fichier de mots de passe est mis à jour avec la copie du mot de passe OTP qui a été sauvegardé. Cette mise à jour avance la séquence de mots de passe.

Ce mécanisme empêche les attaques par rejet, mais n'a malheureusement aucun effet sur les attaques actives.

Kerberos

Kerberos est un algorithme d'authentification fondé sur une cryptographie. L'utilisation de cet algorithme ne permet pas à une personne qui écoute le dialogue d'un client à l'insu de ce dernier de se faire passer pour lui plus tard. Ce système permet à un processus client travaillant pour un utilisateur donné de prouver son identité à un serveur sans avoir à envoyer de données dans le réseau.

Kerberos a été développé à partir des années 1980 et en est aujourd'hui à la version v5, qui peut être considérée comme le standard Kerberos. L'idée sous-jacente est que le processus client doit prouver qu'il possède la clé de chiffrement qui est connue des seuls utilisateurs de base et du serveur. La suite simplifiée des requêtes qui vont être échangées est illustrée à la figure 24.8.

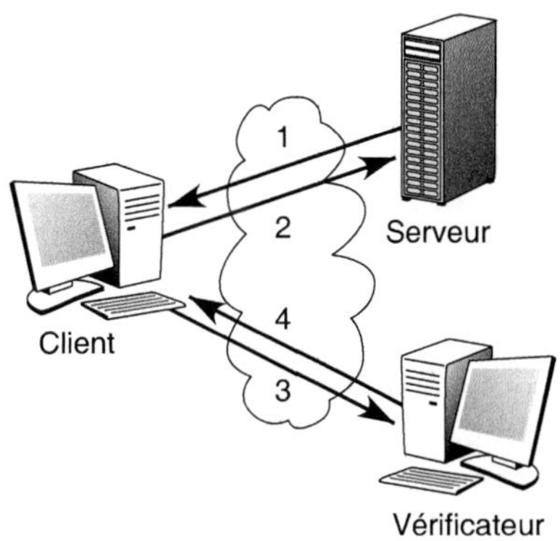

Figure 24.8

Suite simplifiée des requêtes Kerberos

Le client et le processus client ne connaissent pas la clé de chiffrement de base utilisée pour l'authentification. Quand un client doit répondre à une demande d'authentification, il se met en contact avec le serveur pour générer une nouvelle clé de chiffrement et se la faire envoyer de façon sécurisée. Cette nouvelle clé est appelée clé de session. Le serveur utilise un ticket Kerberos pour envoyer la clé de session au vérificateur par l'intermédiaire du client.

Le ticket Kerberos est un certificat provenant du serveur d'authentification. Il est chiffré avec la clé de base que ne connaît pas le client. Le ticket contient des informations, parmi lesquelles la clé de session qui est utilisée pour l'authentification, le nom de l'utilisateur de base et un temps d'expiration après lequel la clé de session n'est plus valide. Puisque le ticket est chiffré avec la clé de base, connue seulement du serveur et du vérificateur, il est impossible au client de modifier le ticket sans que cela passe inaperçu.

À la figure 24.8, la demande 1 de vérification génère la réponse 2, qui délivre un ticket de vérification et la clé de session. Les messages 3 et 4 permettent l'authentification en prouvant que le client connaît la clé de session incluse dans le ticket. À la réception du ticket Kerberos, le vérificateur le déchiffre, extrait la clé de session et utilise celle-ci pour déchiffrer le nom du serveur. Si la même clé a été utilisée pour chiffrer le nom du serveur et le déchiffrer, la vérification de la zone de détection d'erreur, ou checksum, donne un résultat positif.

Cette solution peut paraître insuffisante, puisqu'un utilisateur malveillant peut intercepter les requêtes et les rejouer à la place du vérificateur. Pour cette raison, le vérificateur doit s'assurer que le temporisateur d'utilisation du ticket n'est pas dépassé. À ce stade, il est supposé que l'identité du client a été authentifiée par le vérificateur. Le client peut aussi demander à vérifier l'identité du serveur. Une authentification mutuelle est alors effectuée.

Exemples d'environnements de sécurité

Un environnement de sécurité fait référence à un ensemble d'équipements qui peuvent se faire confiance grâce à des mécanismes de sécurité qui leur permettent d'entrer dans le même cercle de confiance. Les sections suivantes présentent quelques exemples de mécanismes permettant d'introduire des éléments de sécurité.

PGP (Pretty Good Privacy)

PGP est un algorithme permettant de sécuriser la messagerie électronique en lui apportant authentification et confidentialité. PGP permet le chiffrement et la signature de documents par le biais d'un chiffrement symétrique avec IDEA ou DES, d'une fonction de hachage MD5 ou SHA-1 et d'une clé RSA.

Le texte à envoyer est chiffré par l'algorithme IDEA. La signature utilise MD5. L'algorithme RSA est utilisé pour l'échange de la clé privée nécessaire à IDEA. L'authentification par signature implémente une fonction de hachage SHA-1, et la confidentialité un des nombreux algorithmes disponibles, comme IDEA, 3DES, Diffie-Helman, RSA, etc.

L'infrastructure PKI

La distribution sécurisée de clés publiques est une question cruciale pour un système global sécurisé, à laquelle l'infrastructure PKI (Public Key Infrastructure) offre une solution. Les principales fonctions réalisées par une infrastructure PKI pour la gestion des certificats sont les suivantes :

- Enregistrement de demandes et vérification des critères pour l'attribution d'un certificat. L'identité du demandeur est vérifiée ainsi que le fait qu'il soit bien en possession de la clé privée associée.
- Création des certificats.
- Diffusion des certificats entraînant la publication des clés publiques.
- Archivage des certificats pour assurer la sécurité et la pérennité.
- Renouvellement des certificats en fin de période de validité.

- Suspension des certificats : cette fonction peut être utile si le propriétaire estime ne pas avoir besoin temporairement de son certificat. Cependant, n'étant pas aisée à mettre en œuvre, elle est essentiellement administrative, et il n'existe pas de standard d'implémentation.
- Révocation de certificats pour péremption, perte, vol ou compromission de clés.
- Création et publication des listes de révocation des certificats. Il y a révocation du certificat en cas de fin de validité ou de clé privée divulguée, perdue ou compromise. Il n'existe aucun protocole standard qui permette d'effectuer une révocation automatiquement. Il faut donc recourir à des moyens administratifs. Ceux-ci doivent être implémentés avec un maximum de sécurité, le demandeur de la révocation devant en particulier prouver qu'il est bien le propriétaire de la clé publique ou privée devenue inutilisable. Les listes de révocation doivent, d'une part, être protégées afin d'éviter toute corruption et, d'autre part, être accessibles en permanence et le plus à jour possible. Pour un fonctionnement correct, les listes de révocation nécessitent une synchronisation des horloges de tous les acteurs concernés.
- Délégation de pouvoir à d'autres entités reconnues de confiance. Toute communauté de personnes peut créer sa propre infrastructure PKI. Dans ce cas, une étude de faisabilité est nécessaire en s'appuyant sur de nombreux critères.

Un critère important lors du déploiement d'une PKI est le format des certificats numériques utilisés. Le format le plus largement accepté est le X.509 de l'UIT-T. En plus d'une clé publique, un certificat contient généralement un nom, une adresse et d'autres informations décrivant le porteur de la clé secrète.

Tous les certificats sont signés par la banque de données qui enregistre les clés publiques des membres de la communauté. Pour devenir membre de la communauté, un abonné doit réaliser deux choses :

- Fournir au serveur de clés (ou service d'annuaire, ou encore repository) une clé publique et des informations d'identification, de telle sorte que les autres personnes soient capables de vérifier la signature de son certificat.
- Obtenir la clé publique du serveur de clés de façon à permettre une vérification de la signature des autres personnes.

Un certificat étant signé, il est non falsifiable. Son authenticité ne dépend pas du canal par lequel il a été reçu, mais est intrinsèque.

Une autorité de certification (AC) émet, gère et révoque les certificats. La clé publique du certificat de l'AC doit être reconnue de confiance par tous les utilisateurs finals. Les certificats émis aux utilisateurs finals sont appelés certificats utilisateur (end-user certificates), et ceux émis pour validation entre les différents AC certificats d'AC (CA-certificates).

Une seule autorité de certification pour le monde entier ne serait pas appropriée. Il est nécessaire que l'architecture PKI soit distribuée, les AC étant autorisées à certifier d'autres AC. L'AC peut déléguer son autorité à une autorité subordonnée en émettant un certificat d'AC, créant ainsi une hiérarchie de certificats. La séquence ordonnée de certificats, de la dernière branche à la racine, est appelée chemin ou chaîne de certification. Chaque certificat contient le nom de l'émetteur du certificat, c'est-à-dire le nom du certificat directement supérieur dans la chaîne. En règle générale, il peut y avoir un nombre arbitraire d'AC sur le chemin entre deux utilisateurs. Pour obtenir la clé publique de son correspondant, un utilisateur doit vérifier le certificat de chaque AC. Ce procédé est appelé validation du chemin de certification.

Quand plusieurs AC sont utilisées, la manière dont les AC sont organisées est très importante pour construire l'architecture PKI. Certaines PKI utilisent un modèle hiérarchique, appelé hiérarchie générale, où chaque AC certifie ses pères et ses fils. D'autres PKI utilisent une variante de la hiérarchie générale dans laquelle les AC certifient seulement leurs fils et l'AC racine dans tous les chemins de certification.

Dans une architecture « top-down », tous les utilisateurs doivent utiliser la plus haute AC comme racine. Cela nécessite que tous les utilisateurs obtiennent une copie de la clé publique de l'AC la plus haute avant d'utiliser la PKI. Tous les utilisateurs doivent pleinement avoir confiance dans l'AC racine, ce qui la rend impraticable pour une PKI globale. La certification croisée (cross-certification) aide à réduire la longueur du chemin, au risque d'en compliquer la découverte. La figure 24.9 illustre un exemple de chemin de certification.

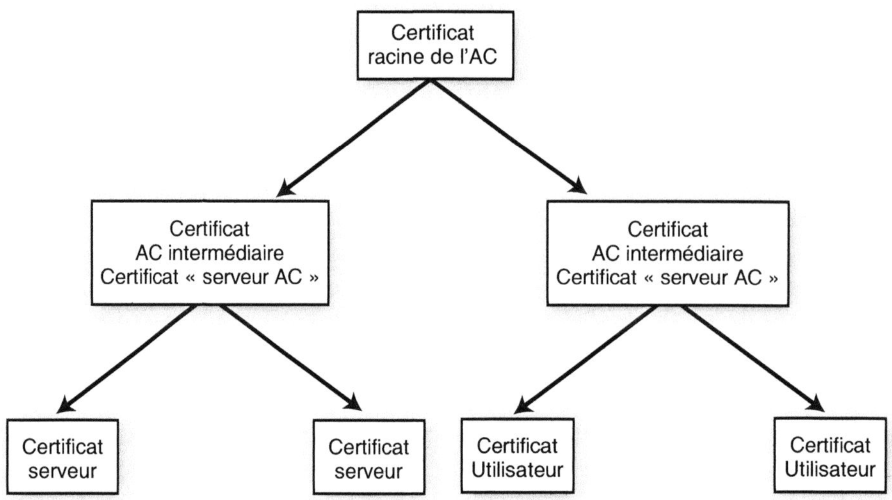

Figure 24.9

Exemple de chemin de certification

Dans l'optique d'une communication extérieure à l'entreprise, l'interopérabilité des PKI est essentielle. Les principaux efforts de normalisation en ce sens émanent des laboratoires RSA, avec les normes PKCS (Public-Key Cryptography Standards). Ces normes font office de standard et sont unanimement adoptées, notamment pour la cryptographie et l'échange de clés. Parallèlement, l'IETF produit des normes plus générales, avec les RFC PKIX (Public Key Cryptography eXtension). Cependant, certains aspects demeurent encore insuffisamment normalisés, comme les politiques et les pratiques de certification ou les paramètres des certificats.

PKCS (Public-Key Cryptography Standards)

PKCS est un ensemble de standards pour la mise en place des IGC (infrastructure de gestion des clés). Coordonnés par RSA, ces standards définissent les formats des éléments de cryptographie :

- PKCS#1, RSA Cryptography Standard, version 2.1, RFC 3447 ;
- PKCS#2, inclus dans PKCS#1 ;
- PKCS#3, Diffie-Hellman Key Agreement Standard Version 1.4 ;
- PKCS#4, inclus dans PKCS#1 ;
- PKCS#5, Password-Based Cryptography Standard Version 2 ;
- PKCS#6, Extended-Certificate Syntax Standard Version 1.5 ;
- PKCS#7, Cryptographic Message Syntax Standard Version 1.5, RFC 2315 ;
- PKCS#8, Private-Key Information Syntax Standard Version 1.2 ; RFC 5958 ;
- PKCS#9, Selected Attribute Types Version 2.0 ; RFC 2985 ;
- PKCS#10, Certification Request Syntax Version 1.7 ou CSR (Certificate Signing Request), RFC 2986 ;
- PKCS#11, Cryptographic Token Interface Standard Version 2.20 ;
- PKCS#12, Personal Information Exchange Syntax Standard Version 1.0 ;
- PKCS#13, Elliptic Curve Cryptography Standard Version 1.0 ;
- PKCS#14, Pseudorandom Number Generation Standard Version 1.0 ;
- PKCS#15, Cryptographic Token Information Format Standard Version 1.1.

Les virus

Les virus sont des programmes, généralement écrits en langage machine, susceptibles de s'introduire dans un ordinateur et de s'y exécuter. L'exécution peut produire de nombreux effets, allant du blocage d'une fonction à la destruction des ressources de l'ordinateur, comme l'effacement de la mémoire ou du disque dur, en passant par l'émission de messages incontrôlés.

Les logiciels antivirus ont pour fonction de détecter la présence de virus sur une machine et de les détruire. Cependant, certains virus sont résistants, et les logiciels antivirus peuvent avoir du mal à les détecter.

On dénombre un très grand nombre de techniques de virus, notamment les suivantes :

- *Boot sector virus*, ou virus travaillant sur le programme de démarrage. Ce programme se met en route au moment de la mise en marche de la station terminale. Le virus se trouve sur le disque dur et peut se dupliquer sur les disquettes ou les CD. Suivant son origine, le virus bloque un certain nombre de fonctions, parfois de façon aléatoire afin de ne pas se faire détecter. Il peut aussi empêcher tout démarrage de la machine en ne permettant pas à une instruction importante du programme de démarrage de se dérouler.

- *File infected virus.* Ce sont les plus courants. Ils s'attachent à un programme exécutable particulier et, en s'exécutant, bloquent la mise en route du programme, tout en s'attachant à d'autres programmes.
- *Polymorphic virus.* Le rôle de ces virus est de ne pas se faire détecter, tout en causant un certain nombre d'ennuis à l'utilisateur. Ils se modifient en passant à un autre programme, de telle sorte qu'ils sont parfois très difficiles à détecter puisque non répertoriés dans une forme spécifique à un programme.
- *Stealth virus,* que l'on peut traduire par virus furtifs. Comme les précédents, ils tentent de ne pas se faire détecter facilement tout en occasionnant des dégâts aux programmes auxquels ils s'accrochent. Une des méthodes qu'ils emploient le plus fréquemment consiste à s'incruster dans les programmes en prenant la place de quelques lignes de code de telle sorte que la taille exacte du programme reste inchangée.
- *Encrypted virus.* Ces virus forment une famille très délicate à repérer puisqu'ils sont chiffrés et que les antivirus n'ont pas la possibilité de les déchiffrer pour les détecter. Ces virus doivent pouvoir être déchiffrés pour être mis en œuvre. Ils nécessitent donc un environnement qui leur est adapté. Ils utilisent généralement les techniques de chiffrement utilisées classiquement dans les systèmes d'exploitation qu'ils attaquent.
- *Worms,* ou vers. Ces virus sont de nature différente. Ce sont eux-mêmes des programmes qui transportent des virus. Beaucoup d'attaques sur les messageries s'effectuent en attachant un vers au message. L'utilisateur à qui l'on a fait croire à l'utilité de ce programme l'ouvre et l'exécute. Le virus attaché peut alors commencer à infecter la machine.
- *Trojan horses,* ou chevaux de Troie. Ces virus bien connus sont des programmes qui s'introduisent à l'intérieur de l'ordinateur et donnent des renseignements à l'attaquant externe. Le code du cheval de Troie est généralement encapsulé dans un programme système nécessaire au fonctionnement de l'ordinateur.
- *Time bomb virus.* Ces virus sont liés à l'horloge du système et se déclenchent à une heure déterminée à l'avance.
- *Logical bombs,* ou bombes logiques. Ces virus se déclenchent lorsqu'un certain nombre de conditions logiques sont vérifiées.

Il est de plus en plus difficile de détecter les virus, les pirates essayant de les encapsuler dans des programmes innocents. Les parades à ces attaques sont nombreuses, quoique jamais complètement efficaces. La solution la plus simple consiste à se doter d'un antivirus mis à jour régulièrement.

L'identité

L'identité est devenue une fonctionnalité primordiale des réseaux. Il existe aujourd'hui beaucoup de façons de s'identifier avec logins et mots de passe, tous différents les uns des autres. La plupart des internautes essaient d'avoir un seul login et un seul mot de passe, qu'ils tentent d'appliquer partout, mais c'est en général compliqué, car les sites imposent des nombres de caractères déterminés. De plus, cela peut être dangereux, car le vol du mot de passe signifie pour l'attaquant la possibilité de se connecter à tous les sites de l'internaute. Pour simplifier ce processus et le sécuriser, diverses solutions se sont imposées dont la plus importante est Open-ID.

Les systèmes de gestion des identités

De nombreux systèmes de gestion des identités ont été proposés dans la littérature. Les principaux systèmes ouverts sont OpenID et Liberty Alliance. La solution de base recommande une authentification unique, ou SSO (Single Sign-On). Regardons les idées cachées derrière ces deux systèmes.

Commençons par OpenID, qui est un bon exemple de système de gestion des identités. C'est un système à authentification unique, c'est-à-dire que le client s'authentifie auprès du serveur OpenID, lequel se charge de mettre le client en relation avec divers fournisseurs de services. En fait, le modèle OpenID se fonde sur des liens de confiance entre les fournisseurs d'identité OpenID et les fournisseurs de service. Le système est décrit à la figure 24.10.

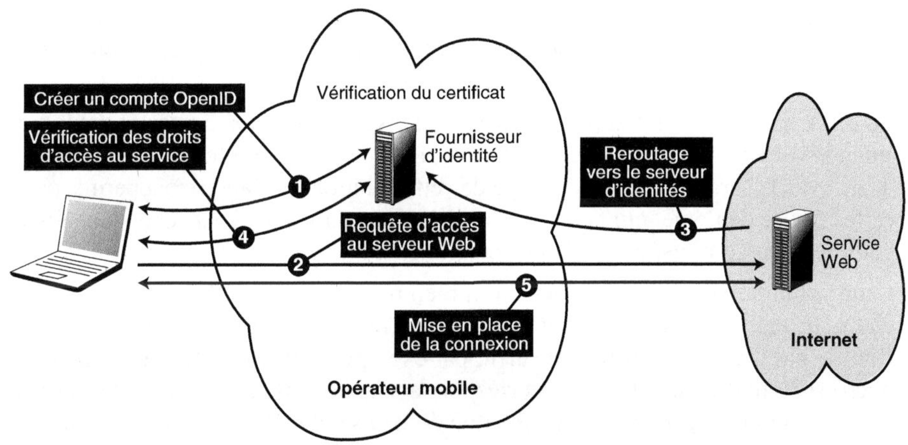

Figure 24.10

Le modèle OpenID

Le modèle OpenID fonctionne de la façon suivante : on commence par créer un compte OpenID. Pour cela, l'internaute choisit un nom d'utilisateur et un mot de passe. Différentes informations peuvent compléter le compte. Il est cependant possible de remplacer le nom d'utilisateur et le mot de passe par un jeton sécurisé de type carte à puce, comme expliqué à la section suivante dédiée à la sécurité par carte à puce.

L'internaute fait une demande au fournisseur de service en indiquant son identité OpenID. Le fournisseur de service prend contact avec le fournisseur d'identité pour mettre en place une session qui est acceptée grâce au lien de confiance tissé entre le fournisseur d'identité OpenID et le fournisseur de services. Il faut ensuite que le client s'authentifie fortement auprès du serveur d'identité pour que la liaison sécurisée entre le client et le serveur Web se mette en place.

Liberty Alliance est un projet dont l'objectif est de définir un certain nombre de protocoles pour réaliser un système de gestion des identités. La solution est assez radicalement différente d'OpenID puisque c'est l'utilisateur qui gère l'identification unique qui est la même auprès des fournisseurs de service. Les fournisseurs de services appartiennent tous à un cercle vertueux, ou *Circle of Trust*. Cette solution permet au client de maîtriser beaucoup mieux ses données personnelles.

Vie privée

La défense de la vie privée a toujours été importante, mais Internet n'y a pas toujours porté une grande attention. Aujourd'hui, cette fonction est prise en charge dès que possible. Malheureusement peu de protocoles s'y intéressent vraiment. Dans la défense de la vie privée, il est délicat d'authentifier toutes les personnes connectées sans que cette connexion soit connue des autres. Cette propriété peut être présentée comme de l'anonymat traçable : cela indique que le client travaille anonymement sur Internet, mais que le système est capable, en cas de nécessité, de retrouver la personne en question. Il faut donc à la fois permettre l'anonymat et faire que cet anonymat puisse être levé en cas d'abus. Une solution possible est l'utilisation d'un couple de cartes à puce.

Le serveur d'authentification est constitué de plusieurs cartes à puce et peut être dimensionné avec autant de cartes que nécessaire. L'authentification forte s'effectue d'une façon duale avec la carte à puce. L'avantage de cette solution est l'anonymat permis par les deux cartes à puce de l'émetteur et du serveur. Les connexions peuvent cependant être traçables pour un superadministrateur (la justice, par exemple).

Cette solution peut être envisagée aussi bien pour une set-top-box d'un client individuel que pour un cybercafé ou une très grande entreprise : il passe l'échelle sans problème. Dans le cas d'une set-top-box, il suffit, par exemple, d'une interface USB pour mettre un micro-serveur d'authentification correspondant à une seule carte à puce. Dans le cas d'une grande entreprise, le serveur est constitué d'un ensemble de cartes à puce pouvant monter à plusieurs dizaines voire plusieurs centaines d'utilisateurs.

La sécurité par carte à puce

La sécurité, capitale pour les réseaux d'aujourd'hui, le sera encore plus à l'avenir. Avec Internet, il faut inventer de nouveaux procédés garantissant la non-divulgation de nombreux éléments, comme la localisation, le nom de ceux qui sont authentifiés, etc. Parmi les différentes solutions envisageables, la carte à puce, qui se répand de plus en plus en dehors des opérateurs de mobiles, est introduite ci-après.

La figure 24.11 illustre une carte contenant tous les éléments physiques d'un ordinateur classique, à savoir un microprocesseur, une mémoire ROM, une mémoire RAM, une mémoire persistante, généralement de l'EEPROM, un bus de communication et une entrée/sortie. Jusqu'à l'apparition des nouvelles cartes à puce USB, le canal de communication était un goulet d'étranglement, mais ce n'est plus le cas désormais.

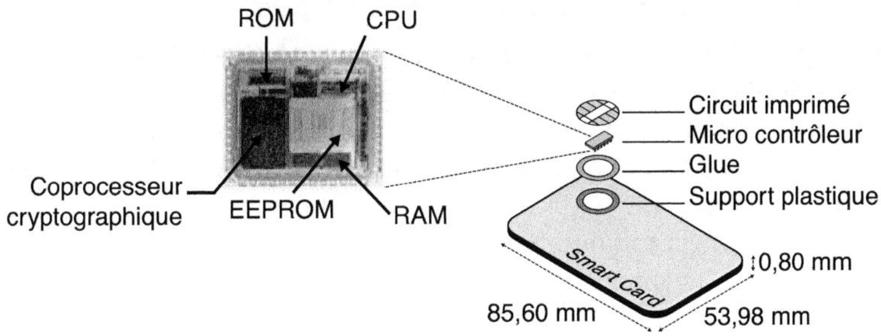

Figure 24.11

Architecture matérielle de la carte à puce

Le cœur de la plupart des cartes à puce repose sur un microprocesseur 8 bits d'une puissance de calcul de l'ordre de 1 à 3 MIPS (million d'instructions par seconde) à une fréquence de 3,5 MHz. Ce type de microprocesseur met 17 millisecondes pour exécuter l'algorithme de chiffrement DES (Data Encryption Standard), par exemple. Il est à noter que la puissance du processeur de la carte à puce augmente à une telle vitesse que de nouvelles cartes de sécurité pourront supporter des algorithmes beaucoup plus lourds.

Les architectures 32 bits fondées sur des processeurs RISC à un million de transistors constituent la nouvelle génération de microprocesseurs, d'une puissance de calcul de l'ordre de 30 MIPS à 33 MHz. De tels microprocesseurs ne mettent qu'environ 50 microsecondes pour exécuter un DES et 300 millisecondes pour un chiffrement RSA avec une clé de 2 048 bits.

Outre le processeur, les différents types de mémoire sont les éléments principaux du microcontrôleur. Ils servent à enregistrer des programmes et des données. Les microcontrôleurs de carte à puce sont des ordinateurs à part entière. Ils possèdent généralement entre 1 et 8 Ko de mémoire RAM, entre 64 et 256 Ko de mémoire ROM et entre 16 et 128 Ko d'EEPROM.

La quantité de mémoire EEPROM disponible sur une carte à puce a été longtemps limitée du fait que l'EEPROM n'était pas conçue spécifiquement pour les cartes à puce et que ses limites physiques de miniaturisation étaient atteintes. La mémoire Flash a permis de s'affranchir de cette contrainte. C'est ainsi que l'on a vu apparaître de premiers prototypes de carte à puce à 1 Mo de mémoire persistante de type Flash.

La protection de la carte à puce est principalement assurée par le système d'exploitation. Le mode d'adressage physique pour l'accès aux données n'est disponible qu'après que la carte a été personnalisée et remise à l'utilisateur. L'accès aux données s'effectue au travers d'une structure logique de fichiers sécurisés par des mécanismes de contrôle d'accès.

La carte à puce est beaucoup utilisée dans les réseaux de téléphonie mobile (cartes SIM) ou par la mise en place des infrastructures à clés publiques (PKI). Cette technologie a permis aux opérateurs d'exploiter leur réseau en limitant très fortement le nombre de fraudes, assurant par là même une rentabilité financière. Elle est également le support légal de la signature électronique reconnue par de nombreux pays.

La carte à puce EAP traite directement le protocole EAP dans la puce sécurisée. Les principales applications visées sont EAP-SIM et EAP-TLS. Les avantages d'un EAP-TLS effectué dans une carte à puce sont nombreux. L'authentification est tout d'abord indépendante d'un éditeur de logiciel, par exemple Microsoft. De plus, la sécurité fournie est bien meilleure qu'avec EAP-TLS réalisé en logiciel par le processeur d'un ordinateur personnel puisqu'il est toujours possible pour un logiciel espion introduit dans le PC de capturer les clés. L'avantage de la carte à puce est que l'ensemble des calculs s'effectue dans la carte et qu'il ne sort de la carte à puce qu'un flux chiffré. Les clés secrètes ne sortent jamais de la carte à puce.

Schématiquement, une carte EAP assure les quatre services suivants :

- **Gestion d'identités multiples.** Le porteur de la carte peut utiliser plusieurs réseaux sans fil. Chacun d'eux nécessite un triplet d'authentification, EAP-ID (valeur délivrée dans le message EAP-RESPONSE.IDENTITY), EAP-Type (type de protocole d'authentification supporté par le réseau) et crédits cryptographiques, c'est-à-dire l'ensemble des clés ou paramètres utilisés par un protocole particulier (EAP-SIM, EAP-TLS, MS-CHAP-V2, etc.). Chaque triplet est identifié par un nom (l'identité), dont l'interprétation peut être multiple (SSID, nom d'un compte utilisateur, mnémonique, etc.).
- **Affectation d'une identité à la carte.** L'identité de la carte est une fonction du réseau visité. La carte peut posséder en interne plusieurs identités et s'adapter au réseau auquel le PC et la carte à puce sont connectés.
- **Traitement des messages EAP.** La carte à puce étant dotée d'un processeur et de mémoires, elle peut exécuter du code et traiter des messages EAP reçus et en envoyer en réponse.
- **Calcul de la clé unicast.** En fin de session d'authentification, le tunnel EAP peut être utilisé pour la transmission d'informations diverses, comme des clés ou des profils. Il est possible de faire transiter une clé de session, par exemple, et de la mettre à disposition du terminal désirant accéder aux ressources du réseau sans fil.

La figure 24.12 illustre une procédure d'authentification entre un serveur d'authentification et une carte à puce EAP. Le flot des primitives traverse les logiciels du PC, c'est-à-dire d'abord le logiciel EAP, qui ne réalise qu'une transition des paquets EAP vers le serveur RADIUS d'un côté et vers la carte à puce de l'autre, puis le système d'exploitation de la machine, qui prend en charge l'interface avec la carte à puce, et enfin l'interface IEEE 802.11 de la liaison sans fil.

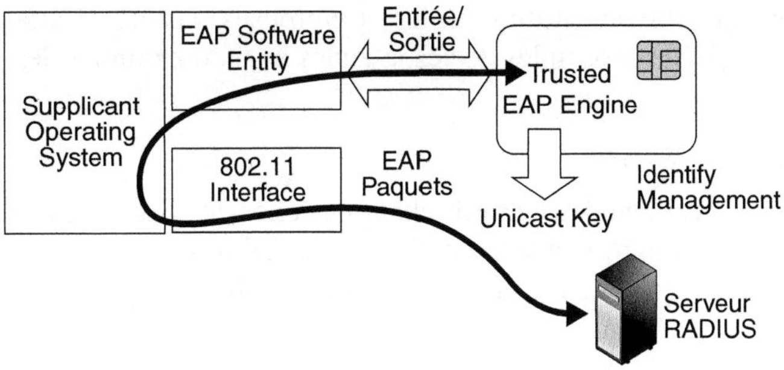

Figure 24.12

Procédure d'authentification par carte à puce EAP

Pour parfaire la sécurité, il est possible d'insérer des cartes à puce également du côté serveur en sorte que l'algorithme EAP-TLS du serveur d'authentification se déroule également dans la carte à puce. Avec les nouvelles cartes à puce pouvant stocker jusqu'à 1 Go, il est possible de mémoriser les logs nécessaires à la traçabilité. Il est évident que plus il y a de clients, plus le nombre de cartes à puce doit être augmenté.

Un exemple de cette sécurisation forte est illustré à la figure 24.13.

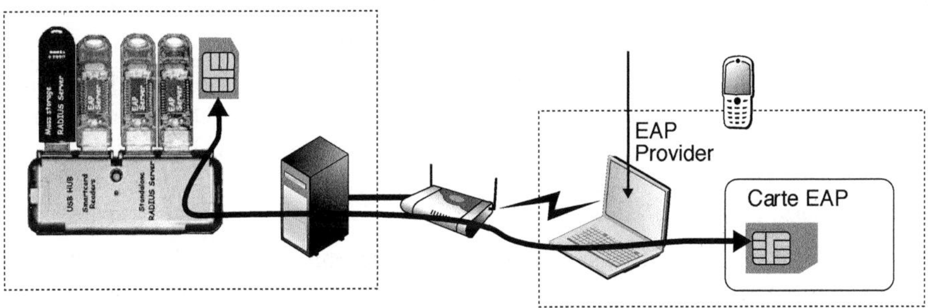

Figure 24.13

Une architecture forte de sécurisation

La sécurité dans l'environnement IP

Les échanges de données s'effectuent soit entre un client et un serveur, soit en P2P (peer-to-peer), c'est-à-dire directement d'un client à un autre client. En règle générale, le client se sert d'un identifiant déterminé par un login et un mot de passe mis en clair sur le réseau. Le client est donc identifié, et il obtient l'autorisation d'accéder au serveur grâce à son mot de passe. Cependant, cette solution peut se révéler bien faible face à des pirates. L'absence d'authentification de la provenance des paquets IP rend possibles de nombreuses attaques, comme les dénis de service (*denial of service*), c'est-à-dire le refus ou l'impossibilité pour un serveur de fournir l'information demandée.

Les sections qui suivent présentent les nombreuses familles d'attaques dans le réseau Internet ainsi que des exemples de ces attaques avant d'examiner les parades possibles.

Les attaques par Internet

Les attaques concernent deux grands champs : celles qui visent les équipements terminaux et celles qui visent le réseau Internet lui-même. Elles ne sont pas totalement décorrélées puisque les attaques des machines terminales par Internet utilisent souvent des défauts d'Internet.

Les attaques du réseau Internet lui-même consistent à essayer de dérégler un équipement de routage ou un serveur, comme les serveurs DNS, ou à obstruer les lignes de communication. Les attaques des machines terminales consistent à prendre le contrôle de la machine pour effectuer des opérations non conformes. Très souvent, ces attaques s'effectuent par le biais des logiciels réseau qui se trouvent dans la machine terminale. Cette section explicite quelques attaques parmi les plus classiques.

Les attaques par ICMP

Le protocole ICMP (Internet Control Message Protocol) est utilisé par les routeurs pour transmettre des messages de supervision permettant, par exemple, d'indiquer à un utilisateur la raison d'un problème. Un premier type d'attaque contre un routeur ou un serveur réseau consiste à générer des messages ICMP en grande quantité et à les envoyer vers la machine à attaquer à partir d'un nombre de sites important.

Pour inonder un équipement de réseau, le moyen le plus simple est de lui envoyer des messages de type ping lui demandant de renvoyer une réponse. On peut également inonder un serveur par des messages de contrôle ICMP d'autres types.

Les attaques par TCP

Le protocole TCP travaille avec des numéros de port qui permettent de déterminer une adresse de socket, c'est-à-dire d'un point d'accès au réseau. Cette adresse de socket est formée par la concaténation de l'adresse IP et du numéro de port. À chaque application correspond un numéro de port, par exemple 80 pour une application HTTP.

Une attaque par TCP revient à utiliser un point d'accès pour faire autre chose que ce pour quoi il a été défini. En particulier, un pirate peut utiliser un port classique pour entrer dans un ordinateur ou dans le réseau d'une entreprise. La figure 24.14 illustre une telle attaque. L'utilisateur ouvre une connexion TCP sur un port correspondant à l'application qu'il projette de dérouler. Le pirate commence à utiliser le même port en se faisant passer pour l'utilisateur et se fait envoyer les réponses. Éventuellement, le pirate peut prolonger les réponses vers l'utilisateur de telle sorte que celui-ci reçoive bien l'information demandée et ne puisse se douter de quelque chose.

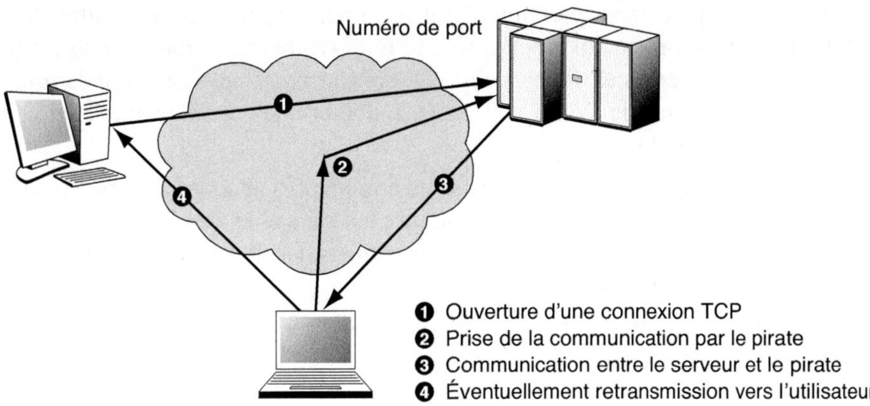

Figure 24.14

Attaque par le protocole TCP

La fin du chapitre se penche sur les solutions dont disposent les pare-feu pour parer ce genre d'attaque en bloquant certains ports.

Les attaques par cheval de Troie

Dans l'attaque par cheval de Troie, le pirate introduit dans la station terminale un programme qui permet de mémoriser le login et le mot de passe de l'utilisateur. Ces informations sont envoyées à l'extérieur par le biais d'un message vers une boîte aux lettres anonyme.

Diverses techniques peuvent être utilisées pour cela, allant d'un programme qui remplace le gestionnaire de login jusqu'à un programme pirate qui espionne ce qui se passe dans le terminal.

Les attaques par dictionnaire

Beaucoup de mots de passe étant choisis dans le dictionnaire, il est très simple pour un automate de les essayer tous. De nombreuses expériences ont démontré la facilité de cette attaque et ont mesuré que la découverte de la moitié des mots de passe des employés d'une grande entreprise s'effectuait en moins de deux heures.

Une solution simple pour remédier à cette attaque est de complexifier les mots de passe en leur ajoutant des lettres majuscules, des chiffres et des signes comme !, ?, &, etc.

Les autres attaques

Le nombre d'attaques possibles est bien trop grand pour qu'il soit possible de les citer toutes. De plus, de nouvelles procédures d'attaque s'inventent chaque jour.

Les attaques par écoute consistent, pour un pirate, à écouter une ligne de communication et à interpréter les éléments binaires qu'il intercepte. Les attaques par fragmentation utilisent le fait que les informations de supervision se trouvent dans la première partie du paquet à un emplacement parfaitement déterminé. Un pirate peut modifier la valeur du bit de fragmentation, ce qui a pour effet de faire croire que le message se continue alors qu'il aurait dû se terminer. Le pare-feu voit donc arriver une succession de fragments qui suivent les fragments de l'utilisateur sans se douter que ces fragments complémentaires ont été ajoutés par le pirate.

Les algorithmes de routage sont à la base de nombreuses attaques. En effectuant des modifications sur les tables de routage, le pirate peut récupérer de nombreuses informations qui ne lui sont pas destinées ou dérouter les paquets, lesquels, par exemple, vont effectuer des boucles et saturer le réseau.

De la même façon, de nombreuses attaques sont possibles en perturbant un protocole comme ARP (Address Resolution Protocol), soit pour prendre la place d'un utilisateur, soit en captant des données destinées à un autre.

Les parades

Les parades aux attaques sont nombreuses. Elles relèvent autant du comportement humain que de techniques spécifiques. Les sections qui suivent examinent les principales d'entre elles : l'authentification, l'intégrité du flux, la non-répudiation, la confidentialité du flux et la confidentialité au niveau de l'application.

L'authentification

Une première parade visant à empêcher qu'un autre terminal que celui prévu ne se connecte ou bien qu'un terminal ne se connecte sur un serveur pirate est offerte par les méthodes d'authentification. L'authentification peut être simple, et ne concerner que l'utilisateur, ou mutuelle, et impliquer à la fois le client et le serveur.

Dans des applications de type Telnet, e-mail ou LDAP, le client s'authentifie avec un mot de passe auprès du serveur pour établir ses droits. Dans une application de commerce électronique (HTTP), il est nécessaire d'authentifier le serveur puis le client, généralement à l'aide d'un mot de passe. Le protocole HTTP ne possédant pas de moyen efficace d'authentification du client, la société Netscape a introduit vers 1995 la notion de cookie, destinée à identifier un flux de requêtes HTTP disjointes.

L'intégrité du flux de données

L'intégrité d'un flux de données demande qu'il ne puisse y avoir une altération des informations transportées. Un pirate pourrait en effet modifier une information pour tromper le récepteur. Il est à noter qu'intégrité ne signifie pas confidentialité. En effet, il est possible que l'information ne soit pas confidentielle et qu'elle puisse être recopiée, sans que cela pose de problème à l'utilisateur. Cependant, l'utilisateur veut que son information arrive intègre au récepteur.

La solution classique à ce genre de problème consiste à utiliser une empreinte. À partir de l'ensemble des éléments binaires dont on souhaite assurer l'intégrité, on calcule une valeur, qui ne peut être modifiée sans que le récepteur s'en rende compte. Les empreintes regroupent les solutions de type empreinte digitale, signature électronique, analyse rétinienne, reconnaissance faciale et, d'une manière générale, tout ce qui permet de signer de façon unique un document. Ces différentes techniques de signature proviennent de techniques d'authentification puisque, sous une signature, se cache une authentification.

Dans les réseaux IP, la pratique de la signature électronique est de plus en plus mise en œuvre pour faciliter le commerce et les transactions financières.

La non-répudiation

La non-répudiation consiste à empêcher l'éventuel refus d'un récepteur d'effectuer une tâche suite à un démenti de réception. Si la valeur juridique d'un fax est reconnue, celle d'un message électronique ne l'est pas encore. Pour qu'elle le soit, il faut un système de non-répudiation. Les parades visant à éviter qu'un utilisateur répudie un message reçu proviennent essentiellement d'une signature unique sur le message et sur son accusé de réception, c'est-à-dire une signature qui ne serait valable qu'une seule fois et serait liée à la transmission du message qui a été répudié. Un système de chiffrement à clés publiques peut être utilisé dans ce contexte.

Une autre solution, qui se développe, consiste à passer par un notaire électronique, qui, par un degré de confiance qui lui est attribué, peut certifier que le message a bien été envoyé et reçu.

Une difficulté importante de la non-répudiation dans une messagerie électronique provient de la vérification que le récepteur en a pris possession et a lu le message. Il n'existe pas de règle aujourd'hui sur Internet pour envoyer des messages de type lettre recommandée. Le récepteur peut, par exemple, recevoir le message dans sa boîte aux lettres électronique, mais ne pas le récupérer. Il peut également recopier le message dans la boîte aux lettres de son terminal et le supprimer sans le lire.

Les techniques de non-répudiation ne sont pas encore vraiment développées dans le monde IP. En effet, cette fonction de sécurité est souvent jugée moins utile que les autres. Cependant, elle est loin d'être absente. En effet, dans le commerce électronique elle est capitale pour qu'un achat ne puisse être décommandé sans certaines conditions déterminées dans le contrat d'achat. Cette fonction serait également utile dans des applications telles que la messagerie électronique, où l'on aimerait être sûr qu'un message est bien arrivé.

Même si la non-répudiation n'est pas implémentée de façon automatique, elle est proposée dans de nombreuses applications qui en ont besoin.

La confidentialité

La confidentialité désigne la capacité de garder une information secrète. Le flux, même s'il est intercepté, ne doit pas pouvoir être interprété. La principale solution permettant d'assurer la confidentialité d'un flux consiste à le chiffrer.

Aujourd'hui, étant donné la puissance des machines qui peuvent être mises en jeu pour casser un code, il faut utiliser de très longues clés. Les clés de 40 bits peuvent être percées en quelques secondes et celles de 128 bits en quelques minutes sur une plus ou moins grosse machine en fonction de l'algorithme de chiffrement utilisé. Une clé RSA de 128 bits a été cassée en quelques heures par un ensemble de machines certes important, mais accessible à une entreprise.

Pour casser une clé, il faut récupérer des données chiffrées, parfois en quantité importante, ce qui peut nécessiter plusieurs heures d'écoute, voire plusieurs jours si la ligne est à faible débit. Une solution à ce problème de plus en plus souvent utilisée consiste à changer de clé régulièrement de telle sorte que l'attaquant n'ait jamais assez de données disponibles pour casser la clé.

Dans la réalité, il est plus facile de pirater une clé que d'effectuer son déchiffrement. Une parade pour contrer les pirates réside dans ce cas dans un contrôle d'accès sophistiqué des bases de données de clés.

La confidentialité est aujourd'hui un service fortement utilisé dans le monde IP. Ipsec, qui en fournit un très bon exemple, est détaillé un peu plus loin dans ce chapitre. De nouvelles méthodes, comme le chiffrement quantique, sont à l'étude et pourraient déboucher sur des méthodes encore plus sûres.

IPsec (IP sécurisé)

Le monde TCP/IP permet d'interconnecter plusieurs millions d'utilisateurs, lesquels peuvent souhaiter que leur communication reste secrète. Internet transporte de plus un grand nombre de transactions de commerce électronique, pour lesquelles une certaine confidentialité est nécessaire, par exemple pour prendre en charge la transmission de numéros de carte bancaire.

L'idée développée dans les groupes de travail sur la sécurité du commerce électronique dans le monde IP consiste à définir un environnement contenant un ensemble de mécanismes de sécurité. Les mécanismes de sécurité appropriés sont choisis par une association de sécurité. En effet, toutes les communications n'ont pas les mêmes caractéristiques, et leur sécurité ne demande pas les mêmes algorithmes.

Chaque communication se définit par sa propre association de sécurité. Les principaux éléments d'une association de sécurité sont les suivants :

- algorithme d'authentification ou de chiffrement utilisé ;
- clés globales ou spécifiques à prendre en compte ;
- autres paramètres de l'algorithme, comme les données de synchronisation ou les valeurs d'initialisation ;
- durée de validité des clés ou des associations ;
- sensibilité de la protection apportée (secret, top secret, etc.).

La solution IPsec introduit des mécanismes de sécurité au niveau du protocole IP, de telle sorte qu'il y ait indépendance vis-à-vis du protocole de transport. Le rôle de ce protocole de sécurité est de garantir l'intégrité, l'authentification, la confidentialité et la protection contre les techniques rejouant des séquences précédentes. L'utilisation des propriétés d'IPsec est optionnelle dans IPv4 et obligatoire dans IPv6.

Une base de données de sécurité, appelée SAD (Security Association Database), regroupe les caractéristiques des associations par l'intermédiaire de paramètres de la communication.

L'utilisation de ces paramètres est définie dans une autre base de données, la SPD (Security Policy Database). Une entrée de la base SPD regroupe les adresses IP de la source et de la destination, ainsi que l'identité de l'utilisateur, le niveau de sécurité requis, l'identification des protocoles de sécurité mis en œuvre, etc.

Le format des paquets IPsec est illustré à la figure 24.15. La partie la plus haute de la figure correspond au format d'un paquet IP dans lequel est encapsulé un paquet TCP. La partie du milieu illustre le paquet IPsec. On voit que l'en-tête IPsec vient se mettre entre l'en-tête IP et l'en-tête TCP. La partie basse de la figure montre le format d'un paquet dans un tunnel IPsec. La partie intérieure correspond à un paquet IP encapsulé dans un paquet IPsec de telle sorte que le paquet IP intérieur soit bien protégé.

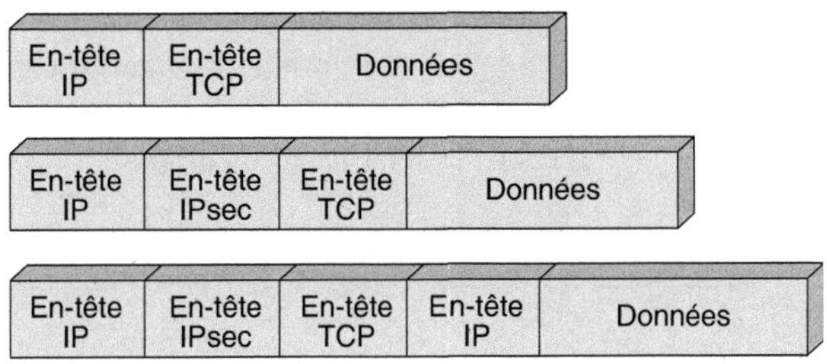

Figure 24.15

Format des paquets IPsec

Dans un tunnel IPsec, tous les paquets IP d'un flot sont transportés de façon totalement chiffrée. Il est de la sorte impossible de voir les adresses IP ni même les valeurs du champ de supervision du paquet IP encapsulé. La figure 24.16 illustre un tunnel IPsec.

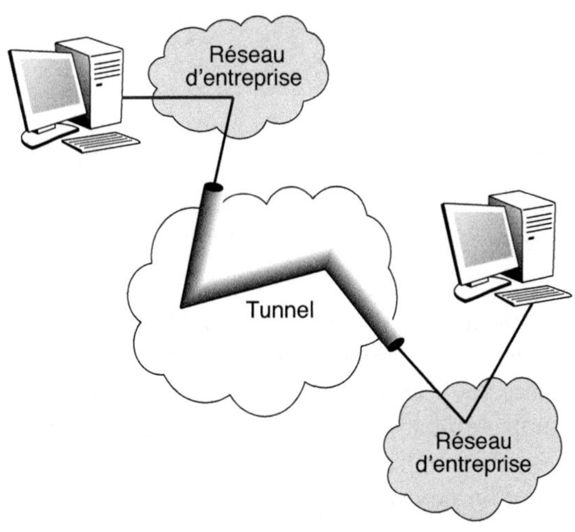

Figure 24.16

Tunnel IPsec

L'en-tête d'authentification

L'en-tête d'authentification est ajouté immédiatement derrière l'en-tête IP standard. À l'intérieur de l'en-tête IP, le champ indiquant le prochain protocole inclus dans le paquet IP (champ Next-Header) prend la valeur 51. Cette valeur précise que les champs IPsec et d'authentification sont mis en œuvre dans le paquet IP. L'en-tête IPsec possède lui-même un champ indiquant le protocole encapsulé dans le paquet IPsec. En d'autres termes, lorsqu'un paquet IP doit être sécurisé par IPsec, il repousse la valeur de l'en-tête suivant, qui était dans le paquet IP, dans le champ en-tête suivant de la zone d'authentification d'IPsec et met la valeur 51 dans l'en-tête de départ.

La figure 24.17 présente en détail l'en-tête d'authentification. Comme indiqué précédemment, cet en-tête commence par la valeur indiquant le protocole transporté. Le champ LG (Length), sur un octet, indique la taille de l'en-tête d'authentification. Vient ensuite une zone réservée, sur 2 octets, qui prend place avant le champ sur 4 octets, donnant un index des paramètres de sécurité, qui décrit le schéma de sécurité adopté pour la communication.

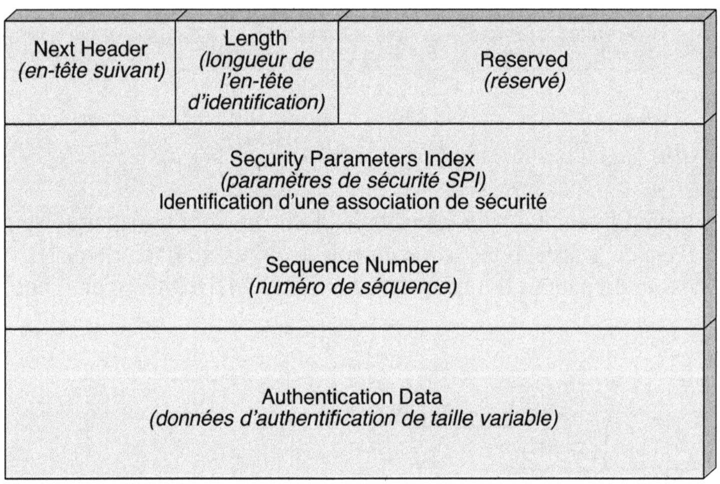

Figure 24.17

Format de l'en-tête d'authentification

Le champ numéro de séquence, qui contient un numéro de séquence unique, est nécessaire pour éviter les attaques de type rejeu, dans lesquelles le pirate rejoue exactement la même séquence de messages que l'utilisateur par une copie pure et simple. Par exemple, si vous consultez votre compte en banque et qu'un pirate recopie vos messages, même chiffrés, c'est-à-dire sans les comprendre, il peut, à la fin de votre session, rejouer la même succession de messages, qui lui ouvrira les portes de votre compte.

L'en-tête d'authentification se termine par les données associées à ce schéma de sécurité. Il transporte le type d'algorithme de sécurité, les clés utilisées, la durée de vie de l'algorithme et des clés, une liste des adresses IP des émetteurs qui peuvent utiliser le schéma de sécurité, etc.

L'en-tête d'encapsulation de sécurité

Pour permettre une confidentialité des données, tout en garantissant une authentification, IPsec utilise une encapsulation dite ESP (Encapsulating Security Payload), c'est-à-dire une encapsulation de la charge utile de façon sécurisée. La valeur 50 est transportée dans le champ en-tête suivant (Next-Header) du paquet IP pour indiquer cette encapsulation ESP.

La figure 24.18 illustre ce processus d'encapsulation. On s'aperçoit que l'encapsulation ESP ajoute trois champs supplémentaires au paquet IPsec : l'en-tête ESP, qui suit l'en-tête IP de départ et porte la valeur 50, le Trailer, ou en-queue, ESP, qui est chiffré avec la charge utile, et le champ d'authentification ESP de taille variable, qui suit la partie chiffrée sans être lui-même chiffré.

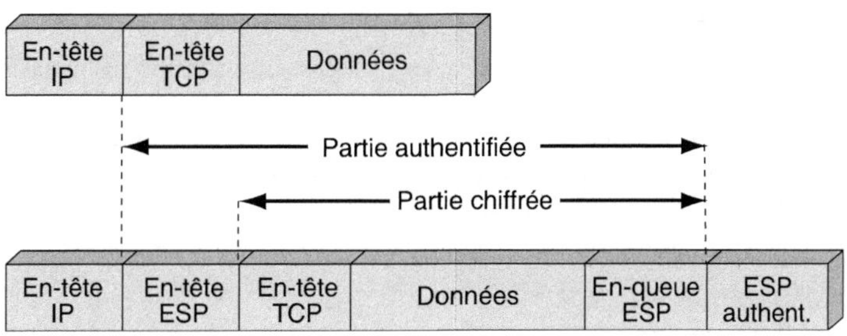

Figure 24.18

Processus d'encapsulation ESP

Le paquet ESP est repris à la figure 24.19 de façon un peu plus détaillée en ce qui concerne les champs internes, à partir du champ ESP d'en-tête.

La première partie de l'encapsulation reprend les paramètres SPI (Security Parameter Index) et numéro de séquence déjà décrits dans l'en-tête d'authentification. Vient ensuite la partie transportée et chiffrée. L'en-queue ESP comporte une zone de bourrage optionnelle, allant de 0 à 255 octets, puis un champ longueur du bourrage (Length) et la valeur d'un en-tête suivant.

La zone de bourrage a plusieurs raisons d'être. La première provient de l'adoption d'algorithmes de chiffrement, qui exigent la présence d'un nombre de 0 déterminé après la zone chiffrée. La deuxième raison vient de la place de l'en-tête suivant, qui doit être aligné à droite, c'est-à-dire prendre une place en fin d'un mot de 4 octets. La dernière raison est que, pour contrer une attaque, il peut être intéressant d'ajouter de l'information sans signification susceptible de leurrer un pirate.

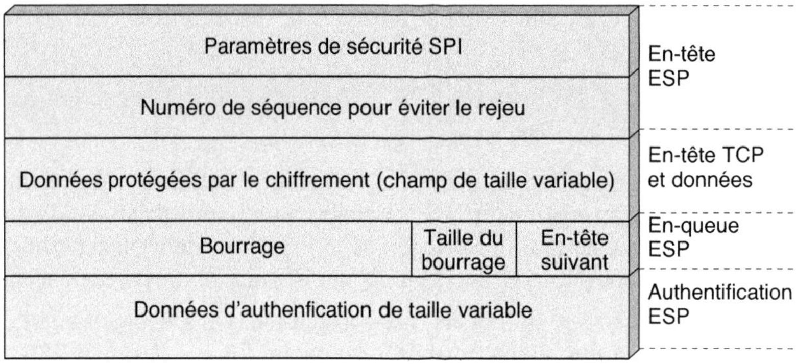

Figure 24.19

Format de l'en-tête ESP

Les compléments d'IPsec

Dans IPsec, le chiffrement ne s'effectue pas sur l'ensemble des champs, car certains champs, que l'on appelle *mutable,* changent de valeur à la traversée des routeurs, comme le champ TTL (durée de vie). Dans le calcul du champ d'authentification, le processus ne tient pas compte de ces champs mutables.

Les algorithmes de sécurité qui peuvent être utilisés dans le cadre d'IPsec sont déterminés par un certain nombre de RFC :

- HMAC avec MD5 : RFC 2403
- HMAC avec SHA-1 : RFC 2404
- DES en mode CBC : RFC 2405
- TripleDES avec CBC : RFC 2451
- AES avec CBC : RFC 3602

La sécurité dans IPv6

Le protocole IPv6 contient les mêmes fonctionnalités qu'IPsec. On peut donc dire qu'il n'existe pas d'équivalent d'IPsec dans le contexte de la nouvelle génération IP.

Les champs de sécurité sont optionnels. Leur existence est détectée par les valeurs 50 et 51 du champ en-tête suivant (Next-Header). Globalement, la sécurité offerte par IPv6 est donc exactement la même que celle offerte par IPsec. Elle est toutefois plus simple à mettre en œuvre puisque le protocole de sécurité est dans le protocole IPv6 lui-même. On peut en déduire que la sécurisation des communications sera beaucoup plus simple avec la nouvelle génération de réseau qui utilisera IPv6.

Cela pose toutefois d'autres problèmes. Si tous les flux sont chiffrés, par exemple, il n'y a plus moyen de reconnaître les numéros de port ou les adresses source et destination, et les applications deviennent transparentes. Toutes les appliances intermédiaires, comme les pare-feu ou les contrôleurs de qualité de service, deviennent inutilisables. L'information sur le type d'application véhiculé ne se trouve qu'à la source ou à la destination, et c'est là qu'il faut venir la rechercher. De nouvelles architectures de contrôle sont donc à prévoir avec l'arrivée d'IPv6, ce qui constitue une raison de repousser cette arrivée dans beaucoup d'entreprises.

SSL (Secure Sockets Layer)

SSL est un logiciel permettant de sécuriser les communications sous HTTP ou FTP. Ce logiciel a été développé par Netscape pour son navigateur et les serveurs Web.

Le rôle de SSL est de chiffrer les messages entre un navigateur et le serveur Web interrogé. Le niveau d'architecture où se place SSL est illustré à la figure 24.20. Il s'agit d'un niveau compris entre TCP et les applicatifs.

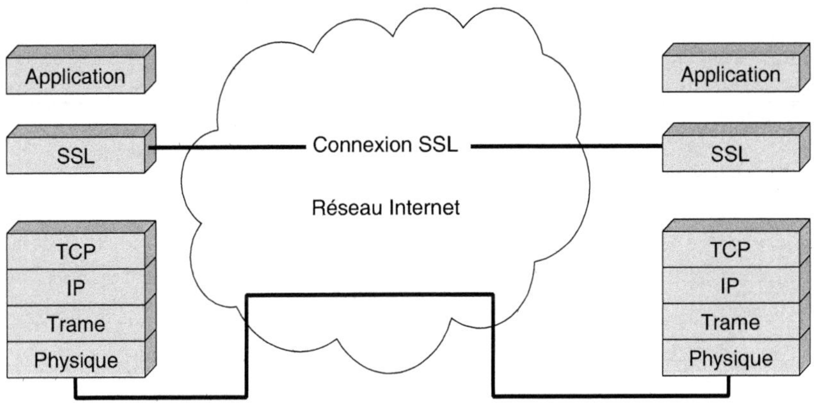

Figure 24.20

Architecture SSL

Les signatures électroniques sont utilisées pour l'authentification des deux extrémités de la communication et l'intégrité des données.

L'initialisation d'une communication SSL commence par un handshake, c'est-à-dire une poignée de main, qui permet l'authentification réciproque grâce à un tiers de confiance. La communication se continue par une négociation du niveau de sécurité à mettre en œuvre et peut se dérouler avec un chiffrement associé au niveau négocié à la phase précédente.

Les inconvénients du protocole SSL proviennent de l'utilisation d'un tiers de confiance et de la nécessité d'ouvrir le port associé à SSL dans les pare-feu. La suite du chapitre revient sur la signification exacte de l'expression « ouvrir un port ».

Le protocole SSL a vu son champ d'action dépasser la simple sécurisation d'une communication Web. Il est notamment utilisé dans le commerce électronique pour sécuriser la transmission du numéro de carte de crédit. Un autre protocole, S-HTTP (Secure HTTP), assez semblable à SSL, a été développé pour sécuriser les communications sous HTTP, mais il est beaucoup moins utilisé.

HTTPS est un autre protocole très utilisé, qui intègre à la fois HTTP et SSL et qui est décrit dans le RFC 2660.

L'authentification de SSL s'appuie sur la cryptographie asymétrique par le biais de certificats à clé publique. Un client peut s'authentifier automatiquement auprès d'un serveur

SSL en utilisant la paire de clés publiques nécessaire. SSL peut utiliser différents mécanismes de chiffrement. En règle générale, la négociation entre le client et le serveur SSL permet de définir le meilleur algorithme commun. Classiquement, un serveur SSL utilise une clé publique RSA pour établir un ensemble de clés secrètes partagées utilisées avec un algorithme de chiffrement RC4 pour le chiffrement des données et MD5 pour l'intégrité.

Le protocole SSLv3 propose une architecture plus évoluée, qui contient un générateur de clés, des fonctions de hachage et des algorithmes de chiffrement et de gestion de certificats. Cette architecture est représentée à la figure 24.21.

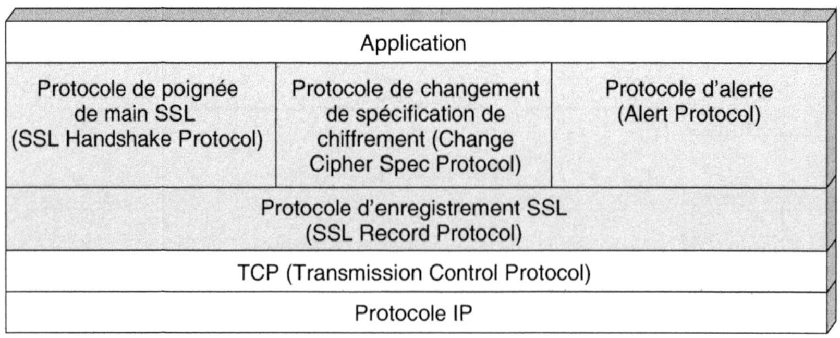

Figure 24.21

Architecture du protocole SSLv3

Le protocole de changement de spécification de chiffrement permet de modifier l'algorithme de chiffrement en cours de communication de sorte à garantir la confidentialité des données transportées. Le protocole d'alerte permet d'envoyer des alertes, accompagnées de leur importance. Ces alertes peuvent être un certificat inconnu, révoqué, expiré, etc. Les alertes de haut niveau entraînent l'arrêt de la communication.

Le protocole Handshake a pour objectif d'authentifier le serveur depuis le client, de négocier la version du protocole, de sélectionner les algorithmes de chiffrement, d'utiliser des techniques de chiffrement à clé publique pour générer et distribuer des clés secrètes et d'établir des connexions SSL chiffrées.

Messages du protocole Handshake

Les messages échangés pour réaliser le protocole Handshake sont les suivants :

- CLIENTHELLO : initialisation de la communication par l'envoi d'un hello du client vers le serveur.
- SERVERHELLO : en retour du message précédent, cette réponse peut contenir un certificat et demander une authentification de la part du client.
- SERVERKEYEXCHANGE : si les certificats ne sont pas pris en charge, ce message permet d'effectuer l'échange de clés publiques.
- SERVERHELLODONE : permet d'indiquer que la partie serveur du message hello est achevée.

- CERTIFICATEREQUEST : requête envoyée par le serveur au client lui demandant de s'authentifier. Le client répond soit avec un message envoyant le certificat, soit avec une alerte indiquant qu'il ne possède pas de certificat.
- CERTIFICATEMESSAGE : message qui envoie le certificat réclamé par le serveur.
- NOCERTFICATE : message d'alerte qui indique que le client ne possède aucun certificat susceptible de correspondre à la demande du serveur.
- CLIENTKEYEXCHANGE : échange de la clé du client avec le serveur.
- FINISHED : message qui conclut le handshake pour indiquer la fin de la mise en place de la communication.

Le protocole d'enregistrement SRP (SSL Record Protocol) n'est qu'une encapsulation des protocoles situés juste au-dessus, comme le protocole Handshake.

Le protocole SSLv3.0 et son successeur TLS1.0 ne présentent que des différences mineures entre eux, mais ne sont cependant pas interopérables. La principale différence entre les deux concerne les méthodes de chiffrement puisque TLS n'impose aucune restriction.

SSL n'a jamais été formellement reconnu comme un standard de l'IETF. C'est TLS qui est le standard IETF. Des améliorations ont été apportées à TLS 1.0, dans les nouvelles versions 1.1, 1.2 et finalement 1.3 depuis 2017. Les principes sont les mêmes que dans SSL, si ce n'est que des algorithmes ont été ajoutés pour renforcer la sécurité. TLS 1.3 va de pair avec HTTPS, qui devrait devenir le standard à utiliser pour les accès Web afin de sécuriser clients et serveurs.

Les protocoles d'authentification

Les sections qui suivent commencent par introduire le protocole PPP et tous ses dérivés puis examinent l'extension EAP, qui est devenue le standard de transport des informations d'authentification dans le monde des réseaux IP.

PPP (Point-to-Point Protocol)

PPP a été défini en juillet 1994 dans la RFC 1661. Protocole de niveau trame, il permet de transporter un paquet d'un nœud vers un autre nœud. Bien que conçu initialement pour transporter des paquets IP, il peut prendre en compte d'autres protocoles de contrôle, également détaillés dans ce chapitre.

La structure de la trame PPP est illustrée à la figure 24.22.

Flag	Addr	Control	Protocol	Information	CRC	Flag
0x7E	0x7E	03	2 octets	1 500 octets max.	2 octets	0x7E

Figure 24.22

Structure de la trame PPP

Le champ Protocol, sur 2 octets, identifie le type de paquet inclus dans la trame PPP. Les valeurs de ce champ sont indiquées au tableau 24.4.

Valeur	Protocole encapsule
0x0021	IP
0xC021	LCP (Link Control Protocol)
0x8021	NCP (Network Control Protocol)
0xC023	PAP (Password Authentication Protocol)
0xC025	LQR (Link Quality Report)
0xC223	CHAP (Challenge Handshake Authentication Protocol)

TABLEAU 24.4 • Valeurs du champ Protocol de la trame PPP

Un diagramme des états du protocole PPP est illustré à la figure 24.23.

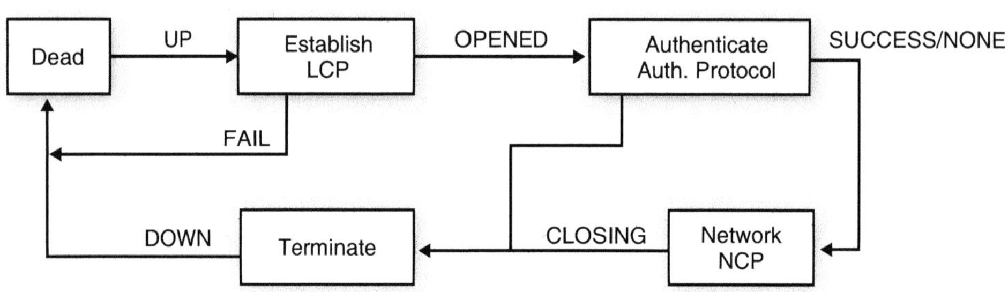

Figure 24.23

Diagramme des états de PPP

La liaison est d'abord mise en place par le protocole LCP (Link Control Protocol). Une fois l'ouverture effectuée, une authentification des extrémités a lieu pour sécuriser la liaison. Les protocoles de la famille CHAP (Challenge Handshake Authentication Protocol) ont été développés dans ce but. Une fois la liaison sécurisée, le protocole de contrôle NCP (Network Control Protocol) prend la suite pour déterminer les protocoles de niveau paquet qui vont utiliser la liaison.

LCP (Link Control Protocol)

Le protocole LCP permet d'ouvrir une liaison PPP et donne les moyens de négocier les options mises en œuvre par PPP, comme la taille des MTU.

Il existe onze types de paquets LCP, identifiés par un code sur 1 octet. Les options sont encodées sous la forme d'un code sur 1 octet, d'un identificateur sur 1 octet et d'une longueur sur 2 octets. Elles sont suivies par les données transportées, dont la longueur est précisée par le champ Length.

Les différents codes qui peuvent être utilisés dans le paquet LCP sont les suivants :

- (1) requête de configuration
- (2) accusé (ACK) de configuration
- (3) non accusé de configuration (NAK)
- (4) requête de terminaison
- (6) accusé de terminaison
- (7) rejet de code
- (8) rejet de protocole
- (9) requête d'écho
- (10) réponse d'écho
- (11) requête d'élimination

L'identificateur du deuxième octet de LCP définit les options suivantes :

- (1) MRU (Maximum Receive Unit)
- (3) protocole d'authentification
- (4) protocole de qualité (mesure de la qualité de la ligne utilisée)
- (5) nombre magique (détection de boucles ; client et serveur sur le même système hôte)
- (7) compression du champ protocole (de 2 octets à 1-PFC)
- (8) compression des champs adresse et contrôle de la trame HDLC (ACFC)

NCP (Network Control Protocol)

Le protocole NCP est défini dans la RFC 1332. Il permet de configurer des types de réseaux différents susceptibles d'utiliser la liaison PPP, par exemple IP ou DECnet. Issu de l'architecture réseau de la société DEC, qui a disparu au cours des années 1990, DECnet n'est plus employé aujourd'hui. Dans le cadre des réseaux IP, le protocole utilisé est IPCP (Internet Protocol Control Protocol).

IPCP utilise seulement les sept premiers types de paquets de LCP. Une option de compression peut être utilisée. Dans ce cas, le code indiqué dans le champ protocole des trames PPP est 0x002D. Une adresse IP peut être attribuée par le serveur au client.

PAP (Password Authentication Protocol)

PAP (Password Authentication Protocol) est un protocole d'authentification par mot de passe défini dans la RFC 1334 en 1992.

La demande d'authentification du protocole PAP est indiquée par la présence de la valeur C023 dans le champ Protocol de la trame PPP. Les champs du paquet PAP sont illustrés à la figure 24.24. La longueur de la zone de données transportant le protocole d'authentification est de 4 octets.

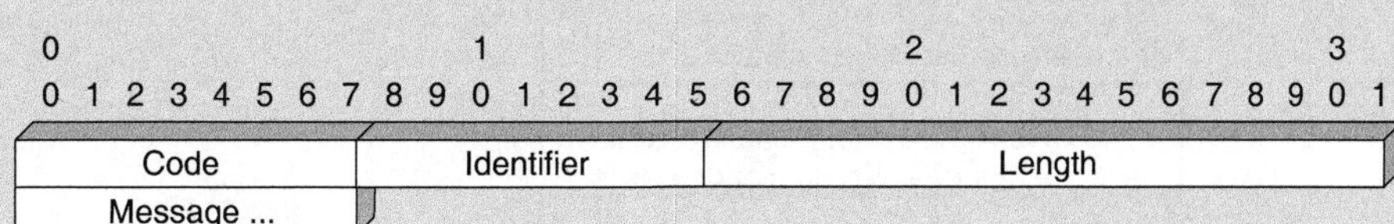

Figure 24.24

Format du paquet PAP

Le champ Code identifie la nature du paquet PAP. Il peut s'agir d'une requête d'authentification (Authentication Request) avec la valeur 1, d'un acquittement positif (Authenticate ACK) avec la valeur 2 ou d'un acquittement négatif de la demande (Authenticate NACK) avec la valeur 3. La structure des paquets correspondants est illustrée aux figures 24.25 et 24.26.

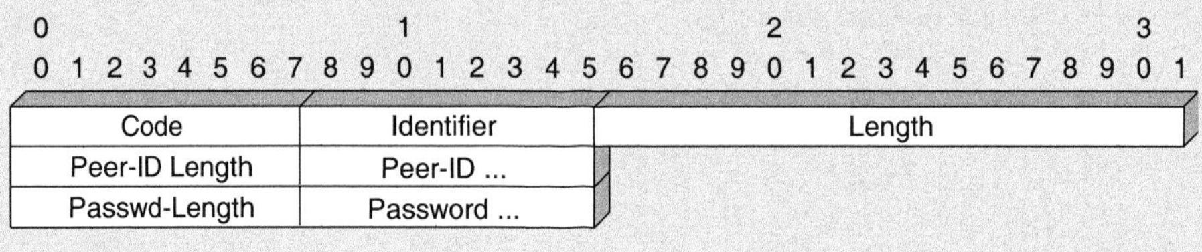

Figure 24.25

Structure du paquet de requête d'authentification

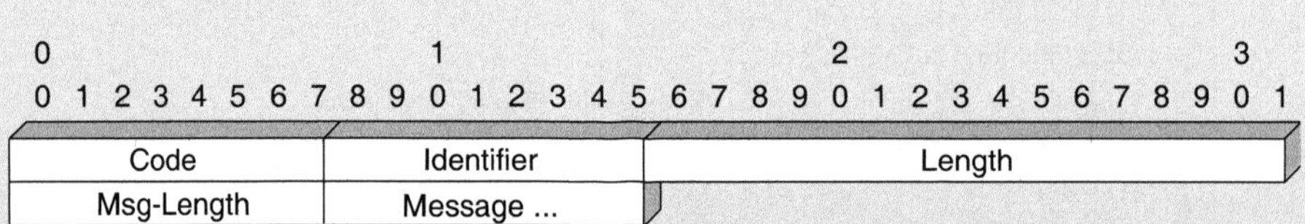

Figure 24.26

Structure du paquet d'authentification et de non-authentification

Le champ Identifier contient le numéro d'une requête et de la réponse associée. Le champ Length détermine la longueur totale du paquet PAP.

CHAP (Challenge Handshake Authentication Protocol)

Le protocole CHAP a été normalisé par la RFC 1334en 1994.

La demande d'authentification CHAP est indiquée par la valeur C223 dans le champ Protocol de la trame PPP. La figure 24.27 illustre le processus d'authentification du protocole CHAP.

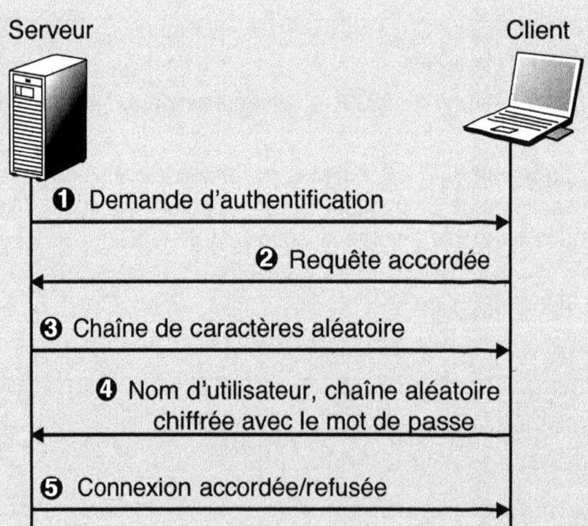

Figure 24.27

Processus d'authentification du protocole CHAP

Le format du paquet CHAP est illustré à la figure 24.28.

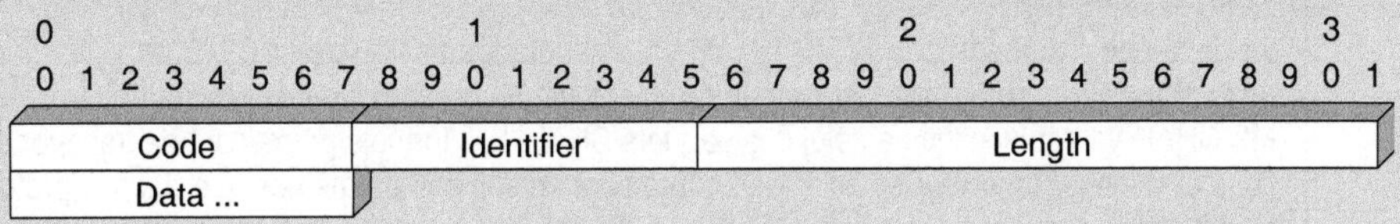

Figure 24.28

Format du paquet CHAP

Lorsque le champ code du paquet CHAP vaut 1-Challenge ou 2-Response, le paquet a la structure illustrée à la figure 24.29. Si le code vaut 3-Success ou 4-Failure, la structure du paquet prend la forme illustrée à la figure 24.30. Dans ces paquets, le champ Identifier indique le numéro d'une requête et de la réponse associée, et le champ *Length* la longueur totale du paquet PAP.

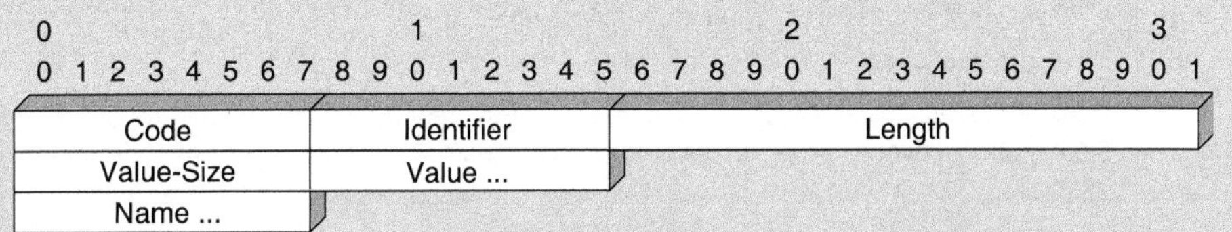

Figure 24.29

Paquet Challenge/Response

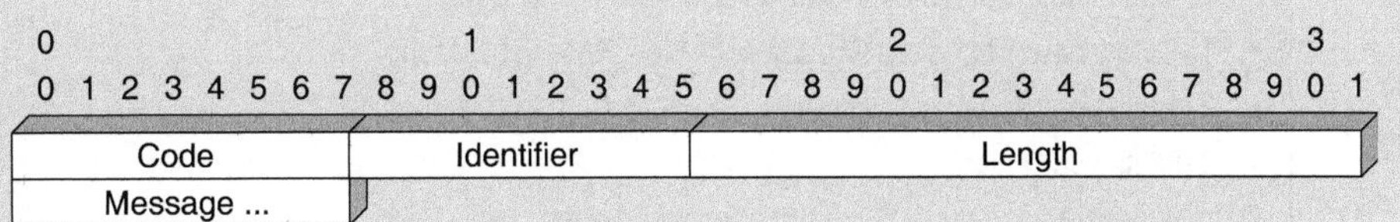

Figure 24.30

Paquet Success/Failure

MS-CHAP-V1

Le protocole MS-CHAP-V1 a été proposé par Microsoft et normalisé par l'IETF sous la RFC 2433 en 1998. Ce protocole est compatible avec la RFC de base datant de 1994.

Dans l'univers Microsoft, la sécurité d'un ordinateur personnel est fortement corrélée au mot de passe de son utilisateur. Ce dernier n'est jamais stocké en clair dans la mémoire de la machine. À partir d'un mot de passe, une empreinte MD4 de 16 octets est calculée puis mémorisée par le système hôte. Cette valeur, parfois nommée clé NT (NtPasswordHash) est complétée par cinq octets nuls. On obtient ainsi 21 octets, interprétés comme une suite de trois clés DES de 56 bits chacune.

La méthode MS-CHAP-V1 est une authentification simple. Le serveur d'authentification produit un nombre aléatoire de 8 octets, et l'authentifié utilise ses trois clés DES pour chiffrer cet aléa, ce qui génère une réponse de 24 octets.

La demande d'authentification MS-CHAP-V1 est indiquée par la valeur C223 dans le champ Protocol de la trame PPP, complétée par un numéro d'algorithme prenant la valeur 0x80. Le format des paquets MS-CHAP-V1 est identique à celui des paquets CHAP. Les formats permettant de transporter les indications Challenge/Response et Success/Failure sont également les mêmes que dans le protocole CHAP. La différence provient de la taille du challenge, qui est de 8 octets. La taille de la réponse est de 25 octets, 24 octets pour les formats LAN Manager et Windows NT et 1 octet (Use Windows NT compatible Challenge Response Flag) indiquant la disponibilité du format Windows NT. Le champ Name indique l'identifiant du compte utilisateur, c'est-à-dire nom de domaine plus le nom d'utilisateur.

Les indications 3-Success et 4-Failure comportent toujours une zone Identifier, qui donne le numéro d'une requête et de la réponse associée, et un champ Length, qui précise la longueur totale du paquet PAP.

Les messages portant les valeurs E, C et V indiquent :

- E : Error-Code ;
- R : retry allowed(1/0) ;
- C : new-challenge-value(16 hexadecimal value) ;
- V : decimal-version-code.

Deux nouvelles indications, les valeurs 5 et 6, permettent de modifier un mot de passe. Pour la valeur 5-Change Password Packet (version 1), les champs ont la valeur 5 pour le code et une longueur de 72 octets.

Ces 72 octets se décomposent de la façon suivante :

- 16 octets pour Encrypted LAN Manager Old password Hash ;
- 16 octets pour Encrypted LAN Manager New Password Hash ;
- 16 octets pour Encrypted Windows NT Old Password Hash ;
- 16 octets pour Encrypted Windows NT New Password Hash ;
- 2 octets pour Password Length ;
- 2 octets pour Flags.

Dans la deuxième version du changement de mot de passe, le code 6 est utilisé. La longueur du champ est de 1 114 octets, qui se décomposent de la façon suivante :

- 516 octets pour Password Encrypted with Old NT Hash ;
- 16 octets pour Old NT Hash Encrypted with New NT Hash ;
- 516 octets pour Password Encrypted with Old LM Hash ;
- 16 octets pour Old LM Hash Encrypted With New NT Hash ;
- 24 octets pour LAN Manager compatible challenge response ;
- 24 octets pour Windows NT compatible challenge response ;
- 2 octets pour Flags1.

Les mécanismes d'authentification de Windows NT utilisent un mot de passe. Ce dernier est constitué d'une chaîne Unicode de 256 caractères au plus. Le NTPasswordHash est le résultat d'un Hash MD4 produisant 16 octets (128 bits). Ce NTPasswordHash est complété par 5 octets nuls. On obtient ainsi 21 octets, décomposés en trois clés DES de 7 octets. Le challenge de 8 octets est chiffré par les trois clés DES, qui produisent une réponse de 24 octets : DES1(challenge), DES2(challenge), DES3(challenge).

Le PasswordHash (128 bits) est également utilisé comme clé de chiffrement RC4 dans les messages de modification de mot de passe. Un mot de passe est complété pour atteindre 256 caractères (512 octets) par une suite aléatoire. Cette valeur concaténée à la taille réelle (un entier de 4 octets) est chiffrée par la clé RC4, soit 516 octets.

MS-CHAP-V2

Le protocole MS-CHAP-V2 a été normalisé en 2000 par l'IETF sous la RFC 2759. MS-CHAP-V2 est une extension du protocole précédent, avec lequel il est compatible. L'objectif de cette nouvelle version est d'offrir une sécurité supérieure aux connexions d'accès distant en corrigeant certains problèmes de la précédente, comme la faiblesse des clés de chiffrement.

La demande d'authentification MS-CHAP-V2 est indiquée par la valeur 0x81 du champ Algorithm du protocole CHAP. Le format des paquets de la version 2 est similaire à celui de la version 1.

Le processus d'authentification est le suivant : le serveur d'authentification délivre un nombre aléatoire de 16 octets (AuthenticatorChallenge) ; le client 802.1x calcule un nombre de 8 octets à partir de cette valeur, d'un aléa (PeerChallenge) qu'il génère et du nom de l'utilisateur (login) ; ce paramètre est chiffré comme dans MS-CHAP-V1 par la clé NT pour obtenir une valeur de 24 octets.

Dans une plate-forme Microsoft, un annuaire stocke le nom des utilisateurs et leur mot de passe. La taille de la réponse est de 49 octets, qui se décomposent de la façon suivante :

- 16 octets pour le Peer-Challenge, qui porte un nombre aléatoire ;
- 8 octets réservés et codés à zéro ;
- 24 octets pour le format de réponse NT (NT-Response)
- 1 octet réservé et codé à zéro.

Le champ Name indique l'identifiant du compte utilisateur (nom-de-domaine\nom-utilisateur). Pour les codes 3-Success et 4-Failure, la longueur du champ Message est de 42 octets.

Le format de ce champ est S=<auth_string> M=<message>, auth_string étant une chaîne de 20 caractères ASCII et message un texte affichable compréhensible.

Lorsqu'un message d'erreur est envoyé en retour, il se présente sous la forme suivante :

E=Error-Code R=retry allowed(1/0) C=new-challenge-value(32 hexadecimal value) V=decimal-version-code

La longueur du code 7, qui indique un changement de mot de passe, est de 586 octets, qui se décomposent de la façon suivante :

- 516 octets pour Encrypted-Password ;
- 16 octets pour Encrypted-Hash ;
- 16 octets pour Peer-Challenge ;
- 8 octets pour Reserved ;
- 24 octets pour NT-Response ;
- 2 octets pour Flags (réservé et codé à zéro).

Comme pour la version précédente, les mécanismes d'authentification que l'on trouve dans NT comprennent le mot de passe, qui est une chaîne Unicode de 256 caractères au plus. Pour la génération de la NT-Response, une procédure (ChallengeHash) fondée sur la fonction SHA-1 produit un nombre (challenge) de 8 octets à partir du nombre aléatoire AuthenticatorChallenge, d'un nombre aléatoire PeerChallenge et du UserName.

Le Password est associé à une empreinte MD4 de 16 octets (NTPasswordHash), étendue à 21 octets, et interprété comme une série de trois clés DES de 7 octets. Le champ Challenge (8 octets) est chiffré par les trois clés DES, DES1(challenge), DES2(challenge) et DES3(challenge). Ces 24 octets constituent la NT-Response. Le PasswordHash (128 bits) est utilisé comme clé RC4 pour le chiffrement d'un nouveau mot de passe. Les deux premières clés DES déduites d'un PasswordHash sont utilisées pour le chiffrement du NtPasswordHash associé au nouveau mot de passe.

EAP (Extensible Authentication Protocol)

Le problème de la gestion de la mobilité des utilisateurs est devenu critique dès lors que les internautes ont massivement utilisé des modems et le protocole PPP pour accéder aux ressources offertes par leurs fournisseurs de services. Les systèmes d'exploitation ont donc intégré les fonctionnalités suivantes afin de renforcer la sécurité des nomades :

- authentification des utilisateurs par des méthodes de défi telles que CHAP, MS-CHAP ou MS-CHAP-V2 ;
- chiffrement des trames PPP, par exemple à l'aide de l'algorithme MPPE (Microsoft Point-To-Point Encryption), défini par la RFC 3078 en mars 2001 ;
- méthodes de calcul des clés de chiffrement (MS-MPPE-Recv-Key et MS-MPPE-Send-Key) ;
- distribution des clés par le protocole RADIUS.

Le besoin de compatibilité avec des infrastructures d'authentification diversifiées et la nécessité de disposer de secrets partagés dans ces environnements multiples ont conduit à la genèse du protocole EAP, capable de transporter des méthodes d'authentification indépendamment de leurs particularités.

Le protocole EAP fournit un cadre peu complexe pour le transport de protocoles d'authentification. Un message comporte un en-tête de 5 octets et des données optionnelles, comme illustré à la figure 24.31.

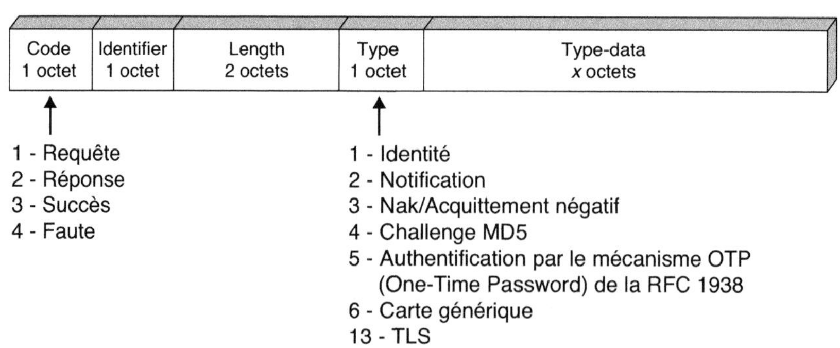

Figure 24.31

Format d'un message EAP

Il existe quatre types de messages, identifiés par un code de 1 octet :

- Request : 1
- Response : 2
- Success : 3
- Failure : 4

Chaque message est étiqueté à l'aide d'un nombre Identifier compris entre 0 et 255. L'étiquette d'une réponse est égale à celle de la requête correspondante. La longueur totale du message, codée sur deux octets, est comprise entre 4 et 65 535.

Le champ Type, compris entre 0 et 255, précise la nature des informations transportées. Les principales d'entre elles sont les suivantes :

- 1 : message relatif à l'identité (Identity).
- 2 : notification. Ce message contient une information affichable, et la réponse à une notification est obligatoirement une notification.
- 3 : notification d'une erreur (NAK).
- 4 : protocole d'authentification à base de défi MD5 (EAP-MD5).
- 6 : OTP (One Time Password).
- 13 : transport de TLS (EAP-TLS).
- 18 : méthode d'authentification fondée sur une carte SIM (EAP-SIM) pour le GSM 11.11, qui est la norme utilisée dans les réseaux GSM.
- 23 : EAP-AKA. Mise en œuvre des cartes USIM définies pour l'UMTS.
- 25 : PEAP. Méthode d'authentification du serveur, fondée sur TLS, et du client variable (MS-CHAP-V2, OTP, TLS, etc.).
- 26 : transport de MS-CHAP-v2.

Dans un réseau sécurisé avec 802.1x, une authentification EAP demande trois éléments : un *supplicant* que l'on appelle dans le langage courant un client, un *authenticator* que l'on appelle contrôleur et un serveur d'authentification. Un authenticator est un contrôleur de communication compatible 802.1x. La plupart des contrôleurs de communication dans les réseaux Ethernet sont compatibles 802.11x. Les points d'accès Wi-Fi professionnels sont souvent compatibles 802.1x et jouent le rôle d'authenticator. L'authentification se déroule de la manière suivante :

1. Lorsque la phase d'établissement de la liaison est terminée, le contrôleur envoie une requête d'identité.
2. Le client envoie un paquet EAP RESPONSE, dans lequel il fournit son identité et les méthodes d'authentification qu'il supporte. L'identité de l'utilisateur est indiquée par la valeur eap-id associée au message EAP-RESPONSE.IDENTITY.
3 Lorsque ce paramètre est similaire à une adresse de courrier électronique, ou NAI (Network Access Identifier), le contrôleur interprète la partie gauche, avant le caractère @, comme un login utilisateur et la partie droite comme le nom de domaine d'un

serveur RADIUS. Une session d'authentification est initiée par le contrôleur grâce au message EAP-REQUEST.IDENTITY.

4. Le serveur d'authentification envoie alors un défi au client.
5. Le client y répond à nouveau par un message eap response.
6. L'authentification se poursuit par une suite de requêtes et de réponses (EAP-REQUEST.TYPE et EAP-RESPONSE.TYPE), relatives à un type, ou scénario d'authentification, particulier et échangés entre le serveur RADIUS et le client 802.1x.
7. Le contrôleur met fin à la phase d'authentification par l'intermédiaire d'un paquet de succès (EAP-SUCCESS) ou d'échec (EAP-FAILURE) qu'il aura reçu du serveur d'authentification AAA (Authentication, Authorization, Accounting). C'est ce dernier qui prend la décision d'accepter ou de refuser l'accès au réseau.
8. Si la phase d'authentification s'est bien déroulée, le serveur d'authentification peut transmettre une clé de chiffrement au contrôleur, qui l'utilisera pour chiffrer les données envoyées au client.

Cette dernière phase est optionnelle pour le protocole EAP, car elle dépend du protocole d'authentification utilisé.

Ce processus est illustré à la figure 24.32 où un point d'accès Wi-Fi compatible IEEE 802.1x joue le rôle du contrôleur, mais cette solution est évidemment générale et s'applique aussi bien à des réseaux hertziens qu'à des réseaux terrestres.

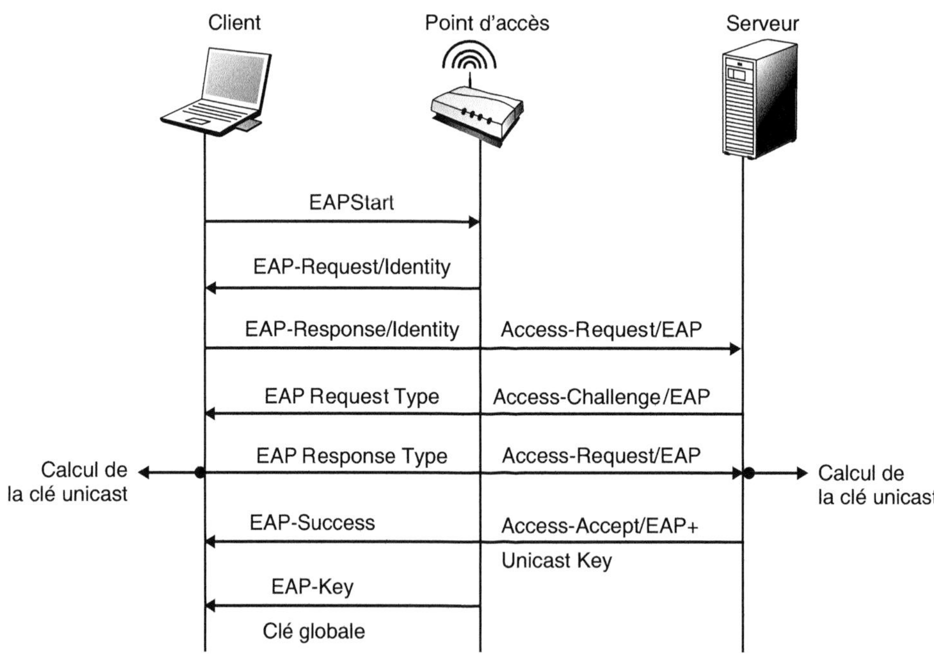

Figure 24.32

Session d'authentification

Un des points faibles du protocole EAP est sa vulnérabilité aux attaques par déni de service. Un pirate peut en effet écouter une session EAP et émettre à l'intention du client 802.1x un message d'échec (EAP-FAILURE). Il ne peut toutefois obtenir la clé globale délivrée par le message EAP-RESPONSE-TYPE car cette dernière est chiffrée et signée par la clé unicast dont il ne connaît pas la valeur.

Les procédures d'authentification liées à EAP

Comme expliqué précédemment, EAP (Extensible Authentication Protocol) est devenu le tunnel standard pour l'authentification. On met en place ce tunnel pour réaliser la procédure d'authentification elle-même. Un vaste choix de mécanismes d'authentification est possible. LEAP (Lightweight Extensible Authentication Protocol) est la solution choisie par Cisco Systems pour ses premiers équipements de réseau sans fil. FAST-EAP a remplacé LEAP, celui-ci montrant quelques faiblesses dans des cas particuliers comme l'attaque par dictionnaire pour peu que les mots de passe ne soient pas sophistiqués. EAP-SIM et EAP-TLS sont les deux grands standards du moment. Ils correspondent aux choix effectués par les opérateurs de réseaux de mobiles et par de nombreux éditeurs de logiciels, dont Microsoft. Deux solutions supplémentaires, PEAP (Protected EAP) et EAP par carte à puce, sont poussées par Microsoft pour la première et par les équipementiers de la carte à puce pour la seconde. L'annexe R détaille les différentes catégories de protocoles EAP, à l'exception d'EAP-TLS, qui est devenu le standard de base.

EAP-TLS (Extensible Authentication Protocol-Transport Layer Security)

L'authentification EAP-TLS (Transport Layer Security) est devenue la technique d'authentification la mieux reconnue et est considérée comme l'une des plus solides grâce à l'authentification mutuelle qui est exercée. En fait, TLS n'est qu'une extension de la procédure SSLv3, qui est fortement utilisée pour les authentifications de niveau application entre client et serveur Web.

Cette solution EAP-TLS est celle qui a été choisie par de très nombreuses entreprises. Microsoft, par exemple, en possède une version en standard dans son système d'exploitation depuis Windows 2000.

Défini par la RFC 2716 d'octobre 1999, EAP-TLS s'appuie sur une infrastructure de type PKI. Le serveur RADIUS et le client du réseau sont munis de certificats délivrés par une autorité de certification (Certificate Authority) commune.

Le format du paquet EAP-TLS est illustré à la figure 24.33.

0 0 1 2 3 4 5 6 7	1 8 9 0 1 2 3 4 5	2 3 6 7 8 9 0 1 2 3 4 5 6 7 8 9 0 1
Code	Identifier	Length
Type	Flags	TLS Message Length
TLS Message Length		TLS Data ...

Figure 24.33

Paquet EAP-TLS

EAP-TLS utilise le handshake TLS pour permettre au client et au serveur d'échanger leur certificat numérique, fondement de l'authentification. Le serveur présente un certificat au client, que ce dernier valide. Optionnellement, le client présente son certificat au serveur. Le certificat peut être protégé côté client par un mot de passe ou un code PIN.

Une conversation EAP-TLS entre un client demandant un accès au réseau et le point d'accès se déroule de la façon suivante :

1. Le point d'accès envoie un paquet EAP-REQUEST/IDENTITY.
2. Le client répond par un paquet EAP-RESPONSE/IDENTITY, contenant l'identité de l'utilisateur.
3. Le serveur envoie un paquet EAP-TLS/START.
4. La réponse du client est un paquet EAP-RESPONSE contenant un message TLS CLIENT_HELLO HANDSHAKE. Le message CLIENT_HELLO contient la version TLS du client, un nombre aléatoire et une liste d'algorithmes de chiffrement supportés par le client.
5. Le serveur envoie un paquet EAP-REQUEST dont les données contiennent un message SERVER_HELLO HANDSHAKE. Ce message spécifie la version de TLS du serveur, un autre nombre aléatoire, un identifiant de session et un message CIPHERSUITE correspondant à l'algorithme de chiffrement choisi.
6. Le client répond par un paquet EAP-RESPONSE, dont le champ de données encapsule un message TLS_CHANGE_CIPHER_SPEC et un message FINISHED_HANDSHAKE.

La figure 24.34 illustre les différents messages envoyés lors de la phase d'authentification. Ce cas représente une authentification réussie entre l'authentifiant et le client.

Le TLS Master Secret, ou MSK (Master Session Key), est le secret partagé entre le client et le serveur, résultat de la phase de handshake.

Les données suivantes sont dérivées à partir de MSK :

- clé de chiffrement client (MSK(0,31)) ;
- clé de chiffrement serveur (MSK(32,63)) ;
- clé d'authentification client pour le calcul du MAC côté client (MSK(64,95)) ;
- clé d'authentification serveur pour le calcul du MAC côté serveur (MSK(96,127)) ;
- deux vecteurs d'initialisation (IV).

La hiérarchie des clés dérivées est illustrée à la figure 24.35.

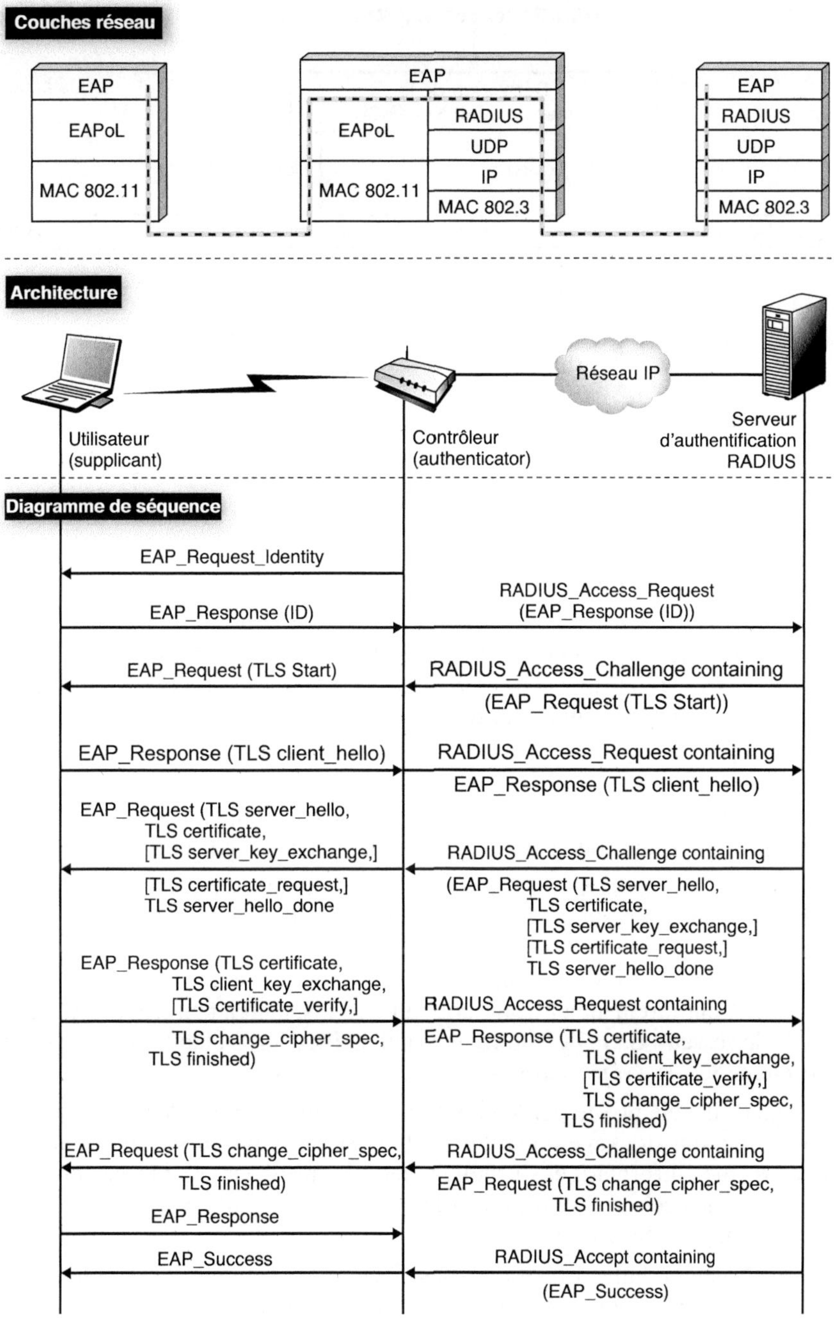

Figure 24.34

Authentification EAP-TLS

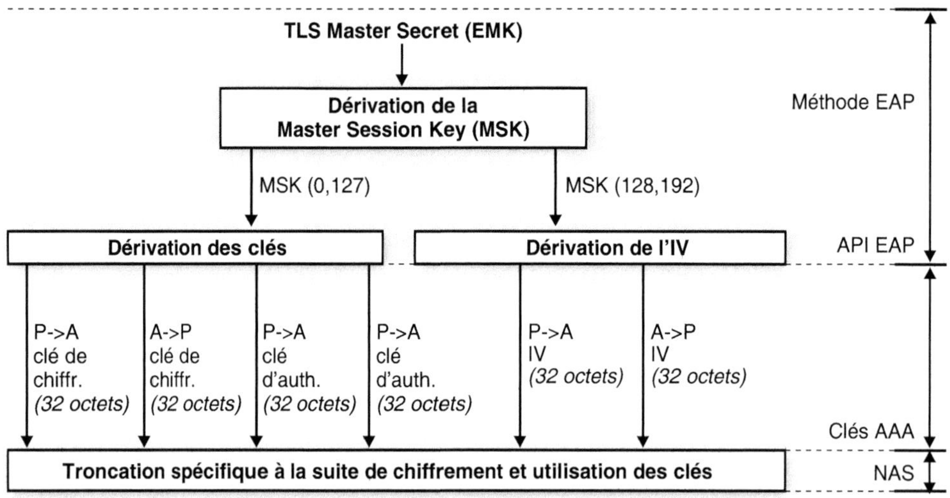

Figure 24.35

Schéma de dérivation des clés dans EAP-TLS

La clé de chiffrement client, aussi appelée PMK (Pairwise Master Key), est transmise au point d'accès *via* l'attribut RADIUS MS-MPPE-RECV-KEY. La clé WEP sera chiffrée avec cette clé puis signée avant d'être remise au client.

Le serveur d'authentification peut vérifier si le certificat d'un client est révoqué. Inversement, le client peut vérifier la validité du certificat du serveur. Cette vérification ne peut toutefois s'effectuer qu'une fois la phase de connexion achevée. En effet, un client en train d'initier une conversation de niveau liaison n'a pas de connectivité.

Le transport de messages TLS pose essentiellement un problème de segmentation. La taille d'un enregistrement TLS est d'au plus 16 384 octets, mais le protocole RADIUS limite sa charge utile à 4 096 octets. De surcroît, la taille des trames 802.11 est limitée à 2 312 octets. EAP-TLS doit donc supporter un mécanisme de segmentation des enregistrements. Contrairement à l'usage courant de TLS, mettant en œuvre une authentification simple du serveur, EAP-TLS utilise une authentification mutuelle entre le serveur RADIUS et le client 802.1x (*voir figure 24.36*).

L'usage d'une clé privée par le client 802.1x soulève le problème critique de la sécurité requise par son stockage ainsi que de la mise en œuvre d'un tel composant. Dans les plates-formes informatiques usuelles, cette sécurité est assurée par des mots de passe permettant de déchiffrer et d'utiliser la clé privée. La carte à puce constitue une solution de rechange plus sécurisée.

L'utilisation de l'authentification à base de certificats numériques oblige à posséder une infrastructure PKI convenable. Si une telle infrastructure n'est pas déployée, les certificats client entraînent un surplus important de gestion. Toutefois, EAP-TLS est nativement supporté sur les plates-formes Windows, où le certificat client peut être stocké dans une carte à puce.

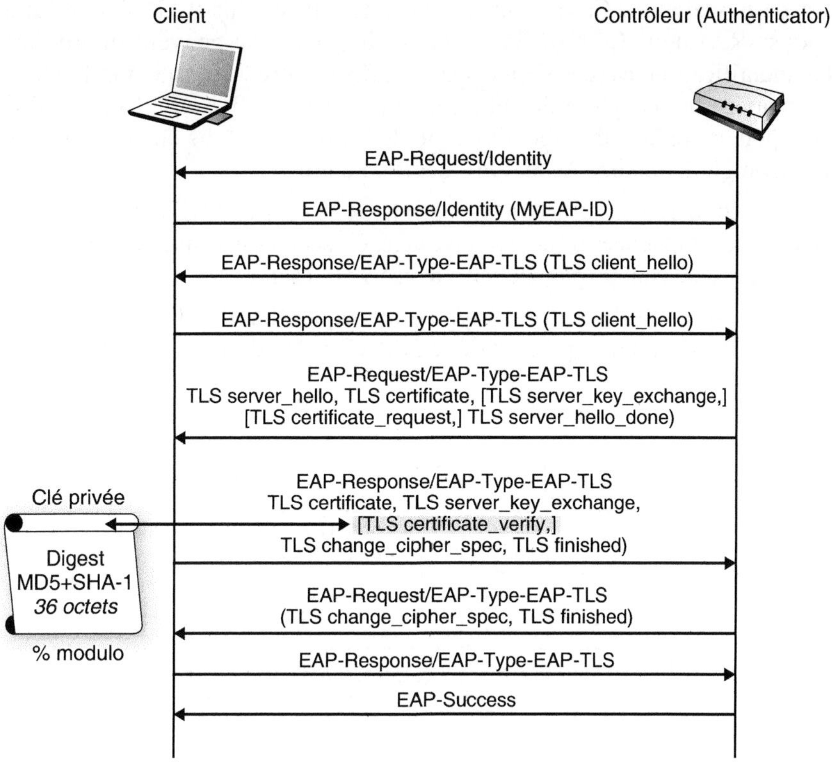

Figure 24.36

Authentification mutuelle EAP-TLS

RADIUS (Remote Authentication Dial-In User Server)

Quel que soit le choix du mécanisme d'authentification entre le client et le serveur d'authentification, les paquets EAP sont généralement acheminés grâce au protocole RADIUS. RADIUS est depuis longtemps le protocole AAA (Authentication, Authorization, Accounting) le plus largement adopté. Utilisé par les FAI pour authentifier les utilisateurs, il est principalement conçu pour transporter des données d'authentification, d'autorisation et de facturation entre des NAS (Network Access Server) distribués, qui désirent authentifier leurs utilisateurs et un serveur d'authentification partagé.

RADIUS utilise une architecture client-serveur qui repose sur le protocole UDP. Les NAS, qui jouent le rôle de client, sont responsables du transfert des informations envoyées par l'utilisateur vers les serveurs RADIUS. Ces derniers prennent en charge la réception des demandes d'authentification, l'authentification des utilisateurs et les réponses contenant toutes les informations de configuration nécessaires aux NAS. Les serveurs RADIUS peuvent également agir comme proxy pour d'autres serveurs RADIUS.

Si un équipement mobile a besoin d'accéder au réseau en utilisant RADIUS pour l'authentification, il doit présenter au NAS des crédits d'authentification (identifiant utilisateur, mot de passe, etc.). Ce dernier les transmet au serveur RADIUS en lui envoyant un ACCESS-REQUEST. Le NAS et les proxy RADIUS ne peuvent interpréter ces crédits d'authentification, car ces derniers sont chiffrés entre l'utilisateur et le serveur RADIUS destinataire. À réception de cette requête, le serveur RADIUS vérifie l'identifiant du NAS puis les crédits d'authentification de l'utilisateur dans une base de données LDAP (Lightweight Directory Access Protocol) ou autre.

Les données d'autorisation échangées entre le client (le NAS) et le serveur RADIUS sont toujours accompagnées d'un secret partagé. Ce secret est utilisé pour vérifier l'authenticité et l'intégrité de chaque paquet entre le NAS et le serveur.

La figure 24.37 illustre le format type d'un paquet RADIUS. L'authentifiant du message sur 128 bits n'est autre qu'un résumé HMAC-MD5 du paquet échangé, calculé à l'aide du secret partagé.

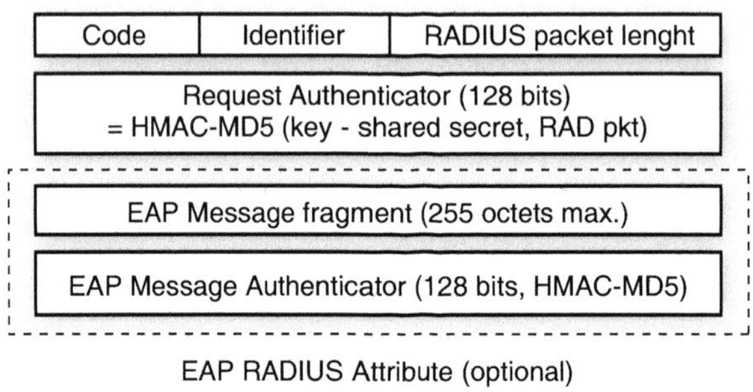

Figure 24.37

Format type d'un paquet RADIUS

RADIUS peut supporter plusieurs mécanismes d'authentification. Il peut utiliser, par exemple, des procédures de défi/réponse (Chap) et des messages ACCEPT-CHALLENGE. L'authentification par mot de passe, ou PAP (Password Authentication Protocol), est aussi prise en charge. Les serveurs RADIUS répondent aux demandes d'authentification par des messages ACCESS-ACCEPT ou ACCESS-REJECT. Les paquets ACCESS-ACCEPT fournissent les informations de configuration nécessaires pour autoriser les clients RADIUS à commencer une connexion sécurisée avec des utilisateurs.

Les pare-feu

Un pare-feu est un équipement de réseau, la plupart du temps de type routeur, placé à l'entrée d'une entreprise afin d'empêcher l'entrée ou la sortie de paquets non autorisés par l'entreprise. La situation géographique d'un pare-feu est illustrée à la figure 24.38.

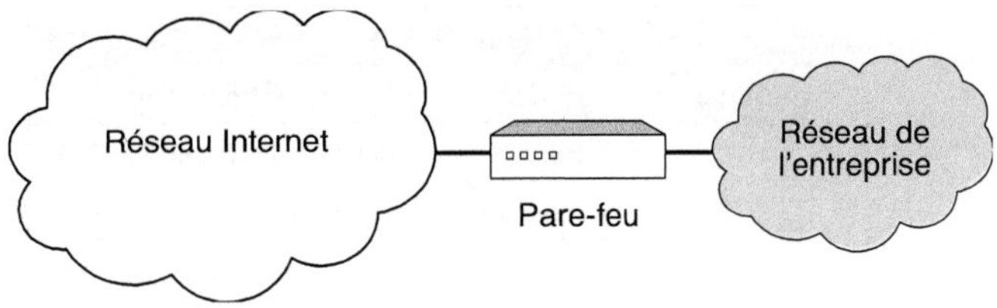

Figure 24.38

Situation d'un pare-feu dans l'entreprise

Toute la question est de savoir comment reconnaître les paquets à accepter et à refuser. Il est possible de travailler de deux façons :

- interdire tous les paquets sauf ceux d'une liste prédéterminée ;
- accepter tous les paquets sauf ceux d'une liste prédéterminée.

En règle générale, un pare-feu utilise la première solution en interdisant tous les paquets, sauf ceux qu'il est possible d'authentifier par rapport à une liste de paquets que l'on souhaite laisser entrer. Cela comporte toutefois un inconvénient : lorsqu'un client de l'entreprise se connecte sur un serveur à l'extérieur, la sortie par le pare-feu est acceptée puisque authentifiée. La réponse est généralement refusée, puisque le port sur lequel elle se présente n'a aucune raison d'accepter ce message s'il est bloqué par mesure de sécurité. Pour que la réponse soit acceptée, il faudrait que le serveur puisse s'authentifier et que le pare-feu lui permette d'accéder au port concerné.

L'autre option est évidemment beaucoup plus dangereuse puisque tous les ports sont ouverts sauf ceux qui ont été bloqués. Une attaque ne se trouve pas bloquée tant qu'elle n'utilise pas les accès interdits.

Avant d'aller plus loin, considérons les moyens d'accepter ou de refuser des flots de paquets. Les filtres permettent de reconnaître un certain nombre de caractéristiques des paquets, comme l'adresse IP d'émission, l'adresse IP de réception, parfois les adresses de niveau trame, le numéro de port et plus généralement tous les éléments disponibles dans l'en-tête du paquet IP. Pour ce qui concerne la reconnaissance de l'application, les filtres sont essentiellement réalisés sur les numéros de port utilisés par les applications. Cette solution n'est toutefois pas imparable, comme le montre la suite de ce chapitre. Un numéro de port est en fait une partie d'un numéro de socket, ce dernier étant, comme expliqué au chapitre précédent, la concaténation d'une adresse IP et d'un numéro de port. Les numéros de port correspondent à des applications. Les principaux ports sont recensés au tableau 24.5.

Quelques ports réservés TCP		
N° de port	Service	Rôle
1	tcpmux	Multiplexeur de service TCP
3	compressnet	Utilitaire de compression
7	echo	Fonction écho
9	discard	Fonction d'élimination
11	users	Utilisateurs
13	daytime	Jour et heure
15	netstat	État du réseau
20	ftp-data	Données du protocole FTP
21	ftp	Protocole FTP
23	telnet	Protocole Telnet
25	smtp	Protocole SMTP
37	heure	Serveur heure
42	name	Serveur nom d'hôte
43	whols	Nom NIC
53	domain	Serveur DNS
77	rje	Protocole RJE
79	finger	Finger
80	http	Service WWW
87	link	Liaison TTY
103	X400	Messagerie X.400
109	pop	Protocole POP
144	news	Service News
158	tcprepo	Répertoire TCP
Quelques ports réservés UDP		
7	echo	Service écho
9	rejet	Service de rejet
53	dsn	Serveur de nom de domaine
67	dhcp	Serveur de configuration DHCP
68	dhcp	Client de configuration DHCP

TABLEAU 24.5 • Principaux ports TCP et UDP

Un pare-feu contient donc une table, qui indique les numéros de port acceptés.

Le tableau 24.6 donne la composition d'un pare-feu classique, dans lequel seulement six ports sont ouverts, dont l'un ne l'est que pour une adresse de réseau de classe C spécifique.

Port accepté	Adresse IP
21	*
23	*
25	Adresse réseau C – adresse réseau B
43	*
69	*
79	*

TABLEAU 24.6 • Composition d'un pare-feu classique

Les pare-feu peuvent être de deux types, proxy et applicatif. Dans le premier cas, le pare-feu a pour objectif de couper la communication entre un client et un serveur ou entre un client et un autre client. Ce type de pare-feu ne permet pas à un attaquant d'accéder directement à la machine attaquée, ce qui donne une forte protection supplémentaire. Dans le second cas, le pare-feu détecte les flots applicatifs et les interrompt ou non suivant les éléments filtrés. Dans tous les cas, il faut utiliser des filtres plus ou moins puissants.

Les filtres

Comme expliqué précédemment, les filtres sont essentiellement appliqués sur les numéros de port. La gestion de ces numéros de port n'est toutefois pas simple. En effet, de plus en plus de ports sont dynamiques. Avec ces ports, l'émetteur envoie une demande sur le port standard, mais le récepteur choisit un nouveau port disponible pour effectuer la communication. Par exemple, l'application RPC (Remote Procedure Call) affecte dynamiquement les numéros de port. La plupart des applications P2P (peer-to-peer) ou de signalisation de la téléphonie sont également dynamiques.

L'affectation dynamique de port peut être contrôlée par un pare-feu qui se comporte astucieusement. La communication peut ainsi être suivie à la trace, et il est possible de découvrir la nouvelle valeur du port lors du retour de la demande de transmission d'un message TCP. À l'arrivée de la réponse indiquant le nouveau port, il faut détecter le numéro du port qui remplace le port standard. Un cas beaucoup plus complexe est possible, dans lequel l'émetteur et le récepteur se mettent directement d'accord sur un numéro de port. Dans ce cas, le pare-feu ne peut détecter la communication, sauf si tous les ports sont bloqués. C'est la raison essentielle pour laquelle les pare-feu n'acceptent que des communications déterminées à l'avance.

Cette solution de filtrage et de reconnaissance des ports dynamiques n'est toutefois pas suffisante, car il est toujours possible pour un pirate de transporter ses propres données à l'intérieur d'une application standard sur un port ouvert. Par exemple, un tunnel peut être réalisé sur le port 80, qui gère le protocole HTTP. À l'intérieur de l'application HTTP, un flot de paquets d'une autre application peut passer. Le pare-feu voit entrer une application HTTP, qui, en réalité, délivre des paquets d'une autre application.

Une entreprise ne peut pas bloquer tous les ports, sans quoi ses applications ne pourraient plus se dérouler. On peut bien sûr essayer d'ajouter d'autres facteurs de détection, comme l'appartenance à des groupes d'adresses IP connues, c'est-à-dire à des ensembles d'adresses IP qui ont été définies à l'avance. De nouveau, l'emprunt d'une adresse connue est assez facile à mettre en œuvre. De plus, les attaques les plus dangereuses s'effectuent par des ports qu'il est impossible de bloquer, comme le port DNS. Une des attaques les plus dangereuses s'effectue par un tunnel sur le port DNS. Encore faut-il que la machine réseau de l'entreprise qui gère le DNS ait des faiblesses pour que le tunnel puisse se terminer et que l'application pirate s'exprime dans l'entreprise. La section suivante montre comment il est possible de renforcer la sécurité des pare-feu.

Pour sécuriser l'accès à un réseau d'entreprise, une solution beaucoup plus puissante consiste à filtrer non plus aux niveaux 3 ou 4 (adresse IP ou adresse de port), mais au niveau applicatif. Cela s'appelle un filtre applicatif. L'idée est de reconnaître directement sur le flot de paquets l'identité de l'application plutôt que de se fier à des numéros de port. Cette solution permet d'identifier une application insérée dans une autre et de reconnaître les applications sur des ports non conformes. La difficulté avec ce type de filtre réside dans la mise à jour des filtres chaque fois qu'une nouvelle application apparaît. Le pare-feu muni d'un tel filtre applicatif peut toutefois interdire toute application non reconnue, ce qui permet de rester à un niveau de sécurité élevé.

Le terme utilisé pour ces filtres applicatifs est DPI (Deep Packet Inspection). Il s'agit de reconnaître les signatures des différents flux Internet, chaque application ayant une signature particulière, c'est-à-dire une suite de 0 et de 1 positionnée de façon spécifique. Une fois reconnue, l'application peut être détruite, accélérée, compressée, orientée, etc.

La sécurité autour du pare-feu

Le pare-feu vise à filtrer les flots de paquets sans empêcher le passage des flots utiles à l'entreprise, flots que peut essayer d'utiliser un pirate. La structure de l'entreprise peut être conçue de différentes façons. Deux solutions générales sont mises en œuvre. La première est illustrée à la figure 24.39, et la seconde à la figure 24.40.

Dans le premier cas, la communication, après avoir traversé le pare-feu, se dirige au travers du réseau d'entreprise vers le poste de travail de l'utilisateur. Dans ce cas, il faut que les postes de travail de l'utilisateur soient des machines sécurisées afin d'empêcher les flots pirates qui auraient réussi à passer le pare-feu d'entrer dans des failles du système de la station. Comme cette solution est très difficile à sécuriser, puisqu'elle dépend de l'ensemble des utilisateurs d'une entreprise, la plupart des architectes réseau préfèrent mettre en entrée de réseau une machine sécurisée, que l'on appelle machine bastion (*voir figure 24.40*).

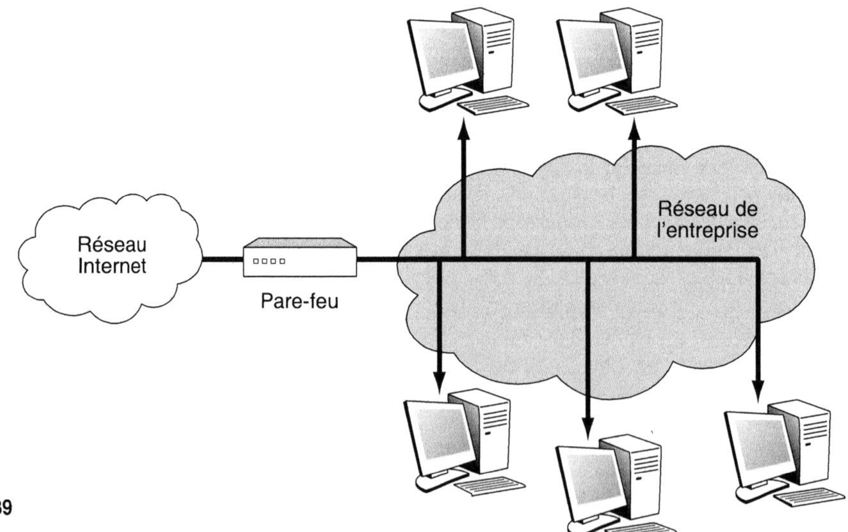

Figure 24.39

Place d'un pare-feu dans l'infrastructure réseau

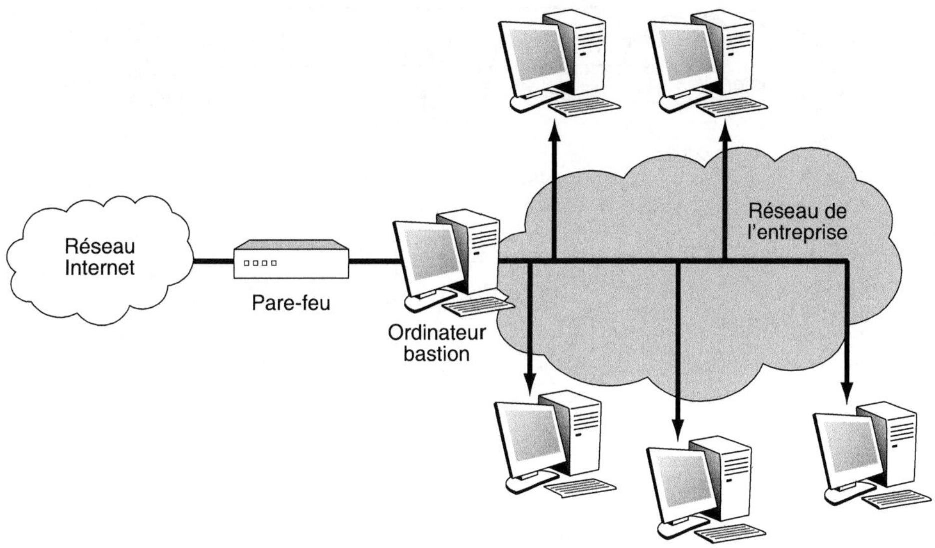

Figure 24.40

Pare-feu associé à une machine bastion

La machine bastion apporte quelques difficultés supplémentaires de gestion. En effet, elle prend en charge l'ouverture et la fermeture des communications d'un utilisateur avec l'extérieur. Par exemple, un client avec son navigateur ne peut plus accéder à un serveur externe puisque la machine bastion l'arrête automatiquement. Le bastion doit être équipé d'un serveur proxy, et chaque navigateur être configuré pour utiliser le proxy. La communication se fait donc en deux temps. L'utilisateur communique avec son proxy, et celui-ci ouvre une communication avec le serveur distant. Lorsqu'une page parvient au proxy, ce dernier peut la distribuer au client. Le bastion peut d'ailleurs servir de cache pour les pages standards utilisées par une entreprise.

Le défaut de cette dernière architecture provient de sa relative lourdeur, puisqu'il est demandé à une machine spécifique d'effectuer le travail réseau pour toutes les machines de l'entreprise. De plus, la sécurité de toute l'entreprise peut être menacée si l'ordinateur bastion n'est pas parfaitement sécurisé, car un pirate externe peut avoir accès à l'ensemble des ressources de l'entreprise. De fait, l'architecture de sécurité peut s'avérer plus complexe lorsqu'un ordinateur bastion est mis en place.

La figure 24.41 illustre quelques-unes des architectures de sécurité qui peuvent être mises en place.

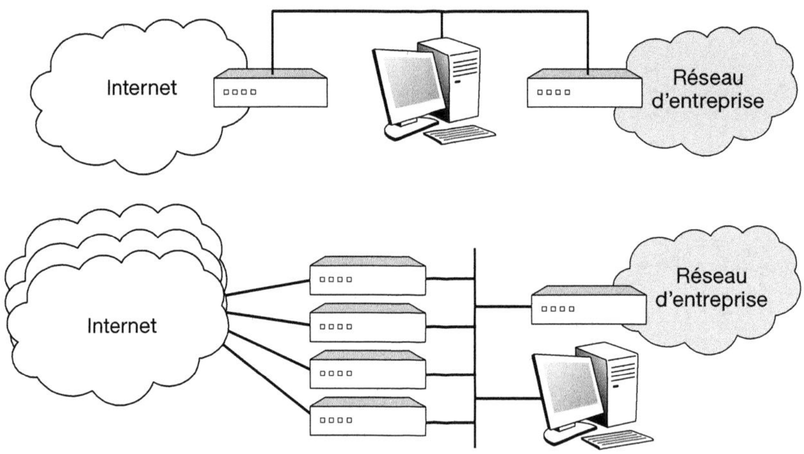

Figure 24.41

Architectures de sécurité avec machine bastion

La partie supérieure de la figure représente une organisation assez classique, dans laquelle l'ordinateur bastion est protégé des deux côtés par des pare-feu, pour filtrer aussi bien ce qui arrive de l'entreprise que ce qui arrive de l'extérieur. Le schéma montre deux pare-feu. Il est possible d'utiliser un seul pare-feu connecté à l'ordinateur bastion. Il est aussi possible de mettre en place manuellement une connexion directe entre les deux pare-feu pour effectuer des tests et des mises au point.

La deuxième partie de la figure est assez semblable à la précédente. Elle montre toutefois une organisation un peu différente, utilisant un réseau local pour relier les deux pare-feu et l'ordinateur bastion. La troisième partie de la figure montre une architecture encore plus complexe, dans laquelle une entreprise peut accéder à plusieurs opérateurs simultanément. Dans ce cas, un pirate peut entrer dans le réseau d'un opérateur en provenance d'un autre opérateur en passant par la passerelle d'une entreprise. Là, le piratage ne vise pas l'entreprise, mais une autre entreprise, située sur le réseau de l'opérateur piraté. Pour sécuriser ce passage, l'ordinateur bastion doit de nouveau jouer le rôle de proxy, empêchant le passage direct.

La sécurité du SDN

Le SDN, présenté en détail au chapitre 12, n'est pas né avec les éléments de sécurité intégrée qui auraient été nécessaires pour générer une forte confiance dans cette nouvelle génération. Cette section se penche sur les faiblesses de cette nouvelle architecture afin que les utilisateurs puissent y ajouter les éléments protocolaires de sécurité nécessaires, ceux-ci pouvant être puisés dans ce chapitre.

Cette problématique de sécurité est introduite ci-après sous la forme de sept catégories d'attaques décrites dans des figures dédiées.

La figure 24.42 illustre l'environnement du SDN, avec le découplage du plan de données et du plan de contrôle. Celui-ci est intégré avec le plan de gestion. La première attaque est réalisée par des flots qui ont été forgés spécifiquement pour ressembler à des flots qui auraient pu se produire normalement ou par des flots falsifiés par des attaquants dans le plan de données du réseau.

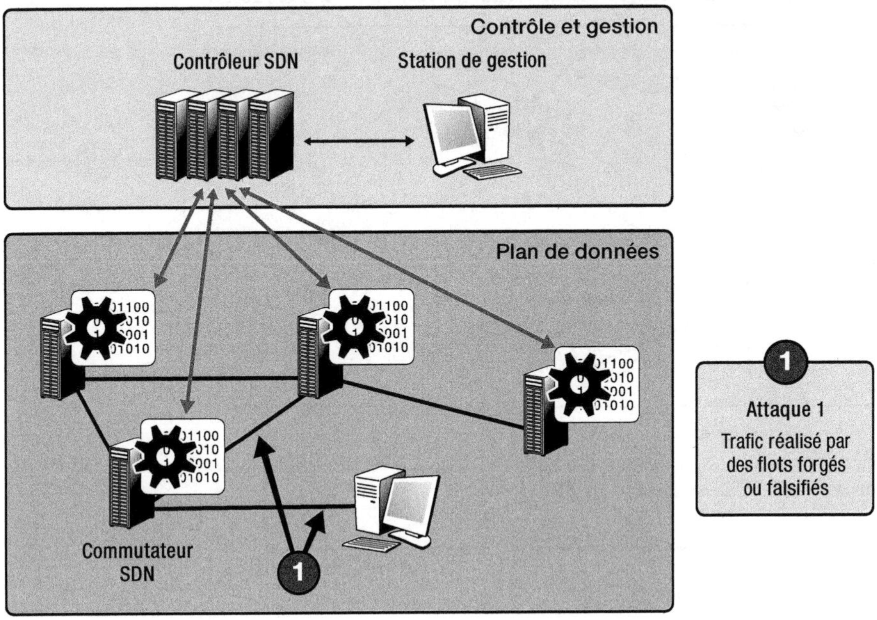

Figure 24.42

L'attaque sur les flots du plan de données

La deuxième grande catégorie d'attaque concerne l'exploitation des vulnérabilités dans les nœuds du réseau SDN. Ces nœuds sont formés de logiciels qui se trouvent dans de petits, moyens ou grands datacenters, qui utilisent des fonctions de virtualisation. Les attaques peuvent, par exemple, se produire sur les hyperviseurs des nœuds ou lors de la migration d'une VM (machine virtuelle). Cette catégorie d'attaque est illustrée à la figure 24.43.

La troisième catégorie d'attaque concerne le système de contrôle, c'est-à-dire, dans le cadre du SDN, la signalisation entre le contrôleur et les nœuds SDN du réseau. Ces attaques peuvent prendre différentes formes, comme envoyer des contrôles aux nœuds en se faisant passer pour un contrôleur, intercepter un contrôle et le modifier, se faire passer pour un nœud pour envoyer des demandes falsifiées au contrôleur, etc. Cette catégorie est illustrée à la figure 24.44.

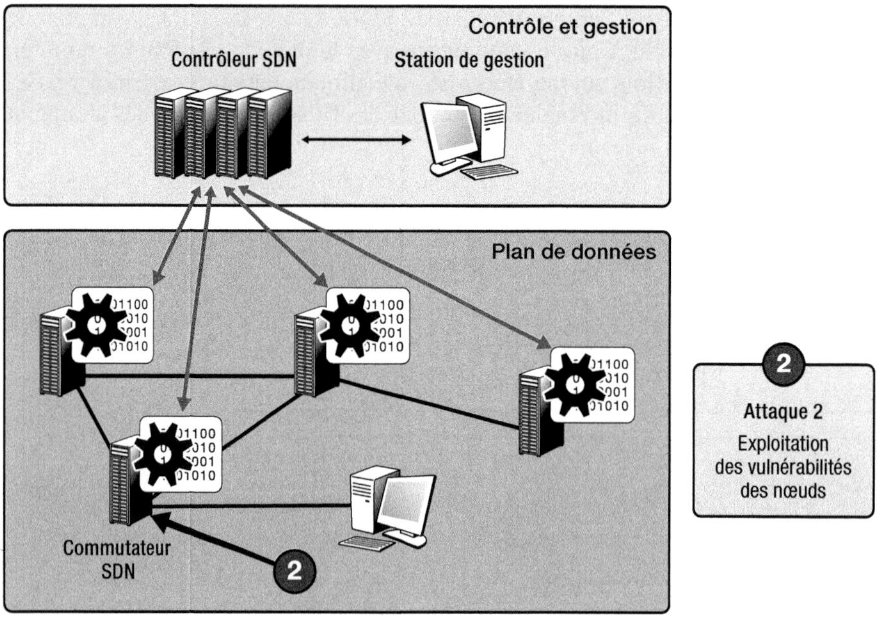

Figure 24.43

Exploitation des vulnérabilités des nœuds SDN

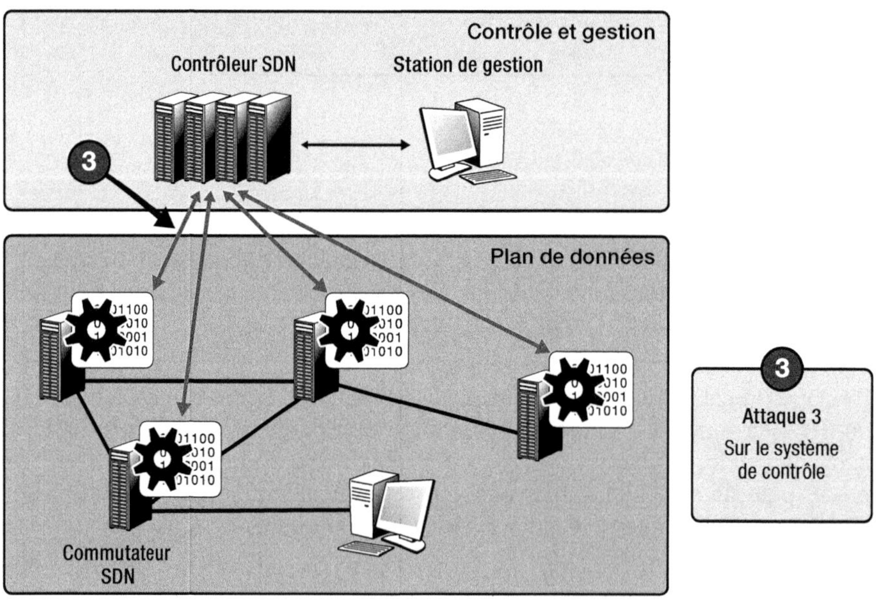

Figure 24.44

Attaque sur le système de contrôle du réseau

La quatrième catégorie d'attaque consiste à exploiter des vulnérabilités du contrôleur. Cette attaque est assez classique puisque le code des contrôleurs est en général ouvert, la plupart des contrôleurs des équipementiers provenant de l'open source, comme ODL (OpenDaylight). L'avantage est non seulement de détecter les portes dérobées, mais également de trouver des failles parmi les quelques millions de lignes de codes. Il suffit donc à un utilisateur d'envoyer une demande de flots qui remonte automatiquement au contrôleur et d'utiliser ensuite une faille pour attaquer le contrôleur. Cette catégorie d'attaque est illustrée à la figure 24.45.

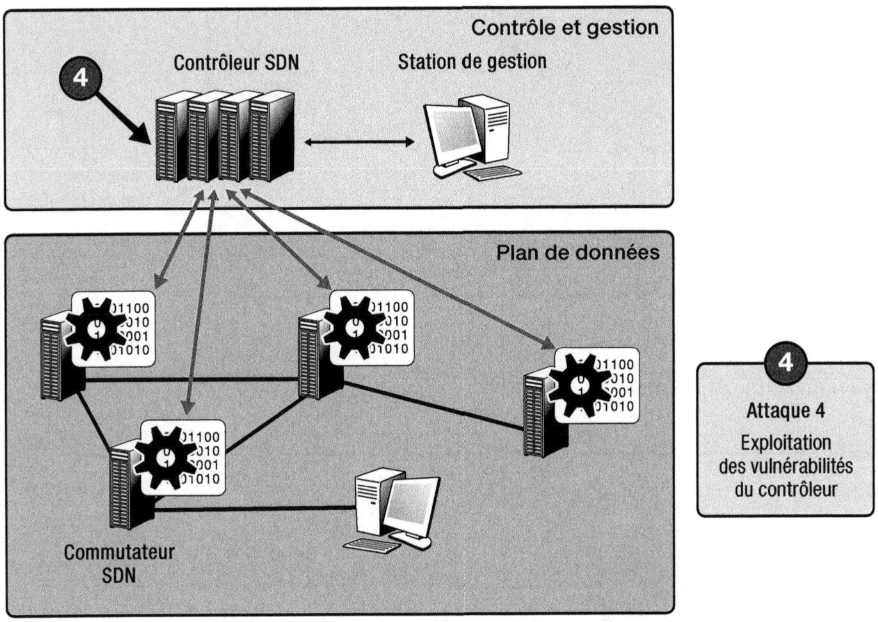

Figure 24.45

Attaque en exploitant les vulnérabilités du contrôleur

Une autre possibilité d'attaque, assez simple à mettre en œuvre, consiste à utiliser l'interface nord pour envoyer de mauvaises informations au contrôleur afin que celui-ci ouvre un chemin qui ne soit, par exemple, pas utile. Les interfaces nord sont également en open source, et donc facilement attaquables à partir d'une application malicieuse. La figure 24.46 illustre ce cas de figure.

La sixième catégorie d'attaques utilise la station de gestion ou un processus de gestion du réseau pour accéder au contrôleur. L'interface n'étant que très peu normalisée, il est assez simple de trouver des vulnérabilités dans le logiciel de gestion et, à partir de là, d'attaquer le contrôleur SDN. Ce cas de figure est illustré à la figure 24.47.

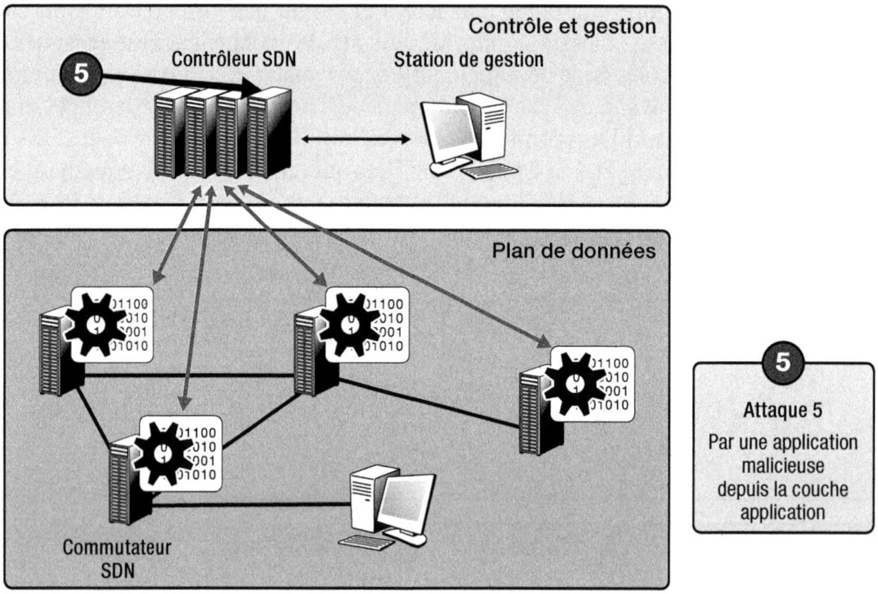

Figure 24.46

Attaque depuis la couche application

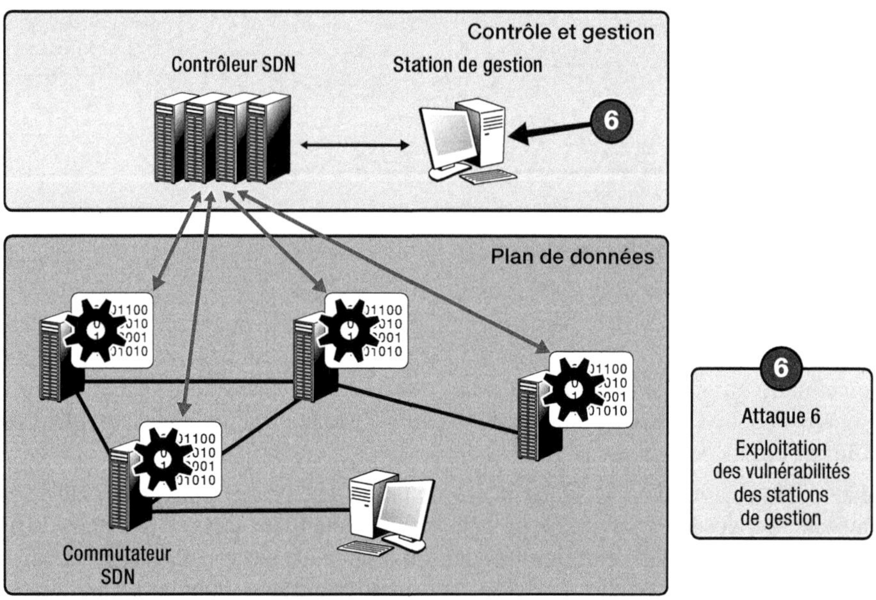

Figure 24.47

Attaque en exploitant des vulnérabilités des stations de gestion

Une dernière catégorie d'attaque vient d'un manque de confiance entre les plans données et contrôle, de telle sorte que des requêtes d'un plan vers l'autre sont refusées. Ce cas de figure est illustré à la figure 24.48.

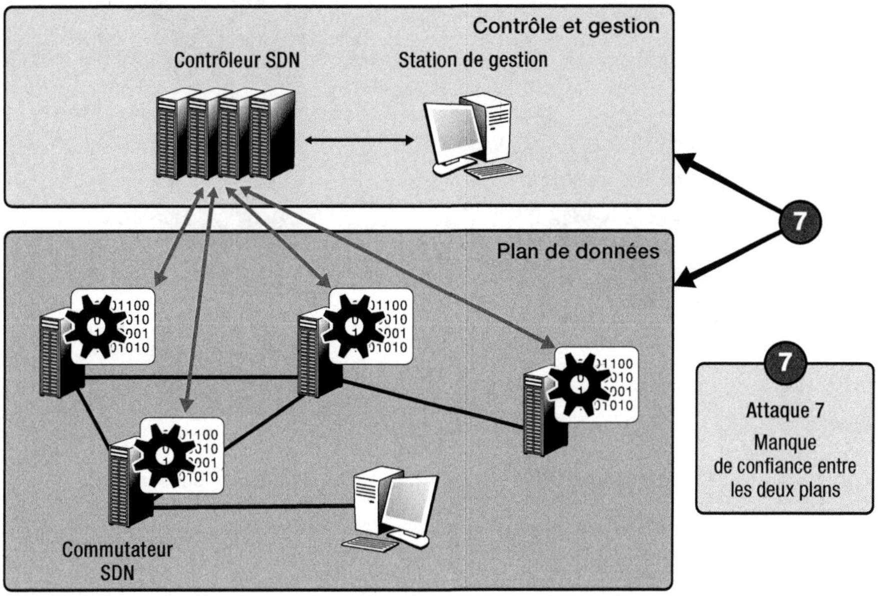

Figure 24.48

Attaque par manque de confiance entre les plans de données et de contrôle

Il n'existe pas de solution globale pour prendre en charge tous ces cas de figure. À partir de 2018, cependant, ont commencé à se mettre en place de nouvelles techniques à base de Cloud de sécurité.

Un Cloud de sécurité est un ensemble de machines rendant des services de sécurité aux applications et aux machines virtuelles du Cloud. Dans un Cloud de sécurité on trouve, par exemple, des pare-feu virtuels. Chaque pare-feu est spécialisé sur une application particulière ou un protocole spécifique. Cela demande un DPI à l'entrée de l'entreprise ; en fonction du protocole et de l'application détectés, le flot est redirigé vers le pare-feu spécialisé du Cloud de sécurité.

Dans le Cloud de sécurité, on trouve également des serveurs virtuels d'authentification, des DPI, des IDS (Intrusion Detection System) et des éléments sécurisés, virtuels ou physiques, qui peuvent devenir des cartes à puce à distance. Le smartphone n'a plus de carte SIM, celle-ci se trouvant dans le Cloud de sécurité. À chaque achat ou utilisation nécessitant la carte SIM, le smartphone se met en relation avec la carte SIM dans le Cloud de sécurité, lequel effectue les opérations nécessaires. Cette solution est toutefois assez futuriste dans la mesure où le smartphone doit être toujours connecté, ce qui ne sera le cas qu'avec la 5G, une fois le réseau totalement achevé.

Un Cloud de sécurité est illustré à la figure 24.49.

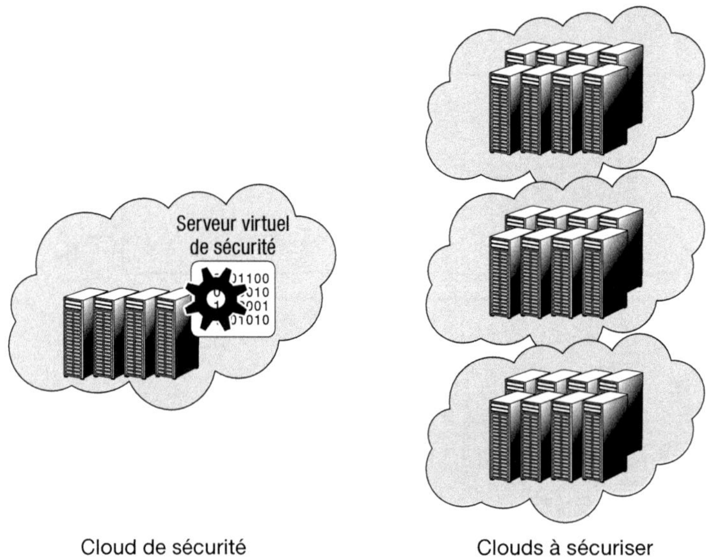

Figure 24.49

Cloud de sécurité et Clouds à sécuriser

Un dernier point important pour la sécurité dans le futur est décrit à la figure 24.50. Chaque équipement à connecter doit comporter un élément sécurisé, telle une carte à puce, mais il existe d'autres formes d'éléments sécurisés. La sécurité sera assurée par cet élément grâce aux clés secrètes et certificats inclus dans l'élément sécurisé.

Figure 24.50

La sécurité du futur

Conclusion

Pour définir la sécurité, on peut partir de la couche application en disant qu'une application est sécurisée si l'utilisateur qui s'en sert a été identifié et authentifié, si les données transportées n'ont pas été modifiées, si les données n'ont pu être interceptées et si elles ont une valeur juridique.

À partir de cette définition, on peut considérer que la sécurité consiste en cinq types d'opérations :

- identification d'un utilisateur ;
- authentification d'un utilisateur ;
- intégrité des données ;
- confidentialité des données ;
- non-répudiation.

Les outils à mettre en œuvre pour assurer ces opérations proviennent de différents horizons et progressent rapidement pour tenter de rattraper le retard sur les attaquants, qui ont toujours une longueur d'avance.

La sécurité d'Internet est un problème complexe pour la raison simple qu'elle n'a pas été introduite en même temps que les protocoles de départ. Pour arriver à vendre des produits rapidement, les équipementiers l'ont laissée de côté en pensant pouvoir l'ajouter facilement par la suite. En réalité, l'effort à faire pour ajouter les éléments de sécurité dans un environnement réseau qui n'a pas été conçu pour cela pose de nombreux problèmes, dont les utilisateurs prennent conscience peu à peu.

Ce chapitre a introduit la plupart des protocoles qui peuvent être utilisés pour sécuriser un réseau. Sa dernière section s'est penchée sur les dangers en matière de sécurité apportés par la nouvelle génération de réseaux SDN. Là encore, comme ces nouveaux environnements n'ont pas été conçus avec une sécurité intégrée, il reste beaucoup à faire.

25

Les réseaux « green »

Les réseaux dépensent énormément d'énergie. Pendant de longues années cette dépense n'a été que peu mise en relief et n'est apparue clairement qu'avec la multiplication des antennes et des datacenters. La consommation énergétique des réseaux au début de l'année 2018 s'élevait approximativement à 5 % de l'empreinte carbone mondiale. Cette valeur est toutefois difficile à évaluer avec précision, et, en fonction des estimations, elle se situerait entre 3 % et 7 %. Cette consommation provient de nombreux facteurs, qui sont étudiés à la section suivante. Sa répartition entre informatique et télécommunications est d'environ deux tiers pour la première et un tiers pour les secondes.

Les datacenters forment certainement le domaine qui monte le plus vite en consommation. Début 2018, celle de l'ensemble des datacenters dans le monde a atteint environ 400 GW, soit l'équivalent de quatre cents tranches de centrales nucléaires, et elle ne cesse d'augmenter.

La consommation énergétique des réseaux hertziens

Les réseaux de télécommunications imposent une forte consommation énergétique du fait du protocole TCP/IP et surtout des antennes de télécommunications nécessaires aux réseaux de mobiles. La forte consommation de TCP/IP provient du contrôle de bout en bout exercé par le protocole lui-même, lequel nécessite d'armer un temporisateur de reprise à chaque émission de paquet pour gérer le slow-start. Le contrôle s'effectue sur les temps d'aller-retour. De plus, la gestion des émissions n'est pas du tout optimisée : il serait en effet préférable d'attendre d'avoir un certain nombre de paquets pour les envoyer ensemble plutôt que de démarrer et stopper sans cesse l'émetteur.

Mais la plus grande source de consommation énergétique provient des antennes relais des opérateurs de mobiles : stations de base, nodeB et eNodeB. La figure 25.1 donne une répartition des postes de consommation de ces antennes. Au total, une antenne (incluant les équipements associés) consomme en moyenne 1 500 W, les plus gourmandes atteignant 3 000 W. Et le nombre d'antennes augmente très fortement en même temps que la demande des utilisateurs.

De leur côté, si les small cells ne consomment qu'entre 10 et 40 W avec l'équipement environnant, comme la Home Gateway, le fait que leur nombre ne cesse de s'élever, pour atteindre au début de 2018 une vingtaine de millions en France seule, aboutit à une consommation de 400 MW.

La consommation totale des antennes de télécommunications pour réseau de mobiles, dont le nombre est approximativement de cent mille, représente 150 MW.

Comme l'illustre la figure 25.1, plus de la moitié de la consommation provient des amplificateurs de puissance, puis du refroidissement, avec environ 20 %, suivis du traitement du signal (environ 10 %) et de l'alimentation électrique (environ 10 % également). Globalement, il est possible d'améliorer chacun de ces facteurs.

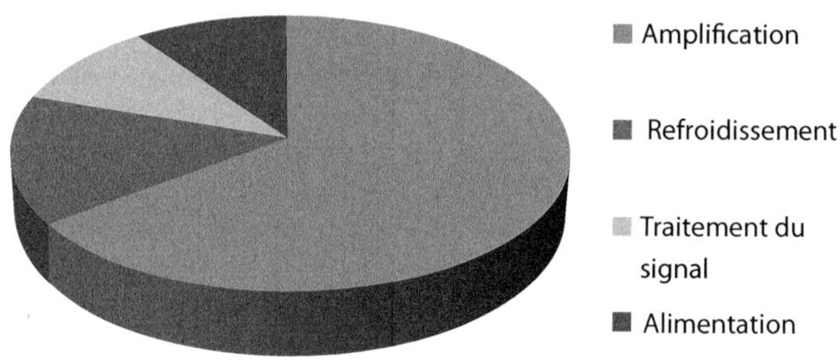

Figure 25.1

Les postes de consommation des antennes relais

Concernant la consommation la plus importante, qui provient de l'amplification du signal, il convient de noter que la puissance de ce dernier est proportionnelle au carré de la distance à parcourir. Donc, plus une antenne doit porter loin, plus sa puissance doit être importante.

Il est assez simple d'en déduire que si deux machines communiquent ensemble sur une longue distance, il est très économique de placer un relais intermédiaire entre elles. Si L est la distance à parcourir nous avons :

$$L^2 > (L/2)^2 + (L/2)^2 = L^2/2$$

Si ce calcul paraît évidemment approximatif, puisqu'il faudrait ajouter le placement et l'alimentation de l'antenne intermédiaire, il n'en montre pas moins que, globalement, le gain est important. C'est la raison pour laquelle les communications sans fil du futur devraient être dotées de portées de plus en plus faibles. Cependant, la pause de relais intermédiaires n'ira pas sans soulever de nombreux problèmes, à commencer par celui du refus des habitants de voir se multiplier les relais près de chez eux. C'est une des raisons qui plaident en faveur des small cells, qui sont détaillées au chapitre 17. Ces « petites cellules » sont des points d'accès qui peuvent se situer aussi bien au domicile que dans la rue ou dans l'entreprise. Elles seront très nombreuses à l'avenir et ne desserviront que de petits espaces.

Une autre source de consommation importante provient du débit de l'ensemble des équipements de télécommunications. Celui-ci ne fait qu'augmenter du fait de la démultiplication de la demande mondiale due principalement à l'engouement pour les smartphones et les tablettes, qui restent tout le temps branchés et communiquent sans interruption.

La figure 25.2 illustre l'augmentation des débits des équipements de télécommunications depuis 2013. L'exabit par mois représente 10^{18} bits émis par mois.

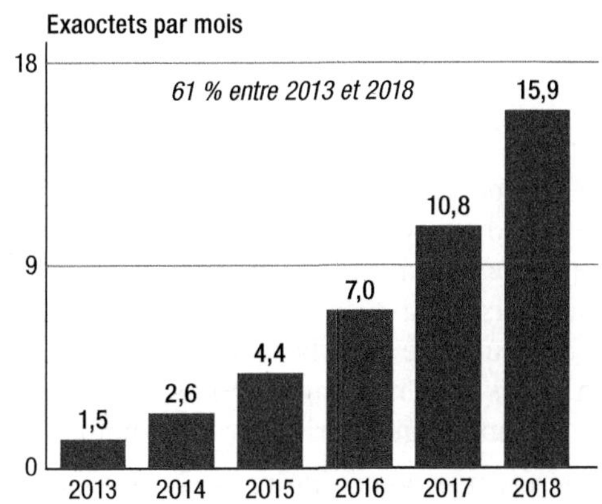

Figure 25.2

Augmentation des débits entre 2013 et 2018

Cette augmentation correspond à 61 % pour l'ensemble des communications fixes et mobiles. Si l'on ne considère que la partie mobile, on assiste pratiquement à un doublement du débit chaque année. Cela devrait durer jusqu'en 2020, soit dix années de doublement sans discontinuer et une multiplication totale par mille. La consommation électrique étant assez fortement liée au débit, cela implique une multiplication par au moins un facteur 100 entre 2010 et 2020.

La figure 25.3 représente la répartition des débits vers Internet en fonction du support utilisé : Wi-Fi, 3G/4G et câble. Cette répartition ne rend pas compte de l'augmentation des trois solutions de connexion prises ensemble. Globalement, la connexion va surtout vers le hertzien, qui reste très consommateur d'énergie.

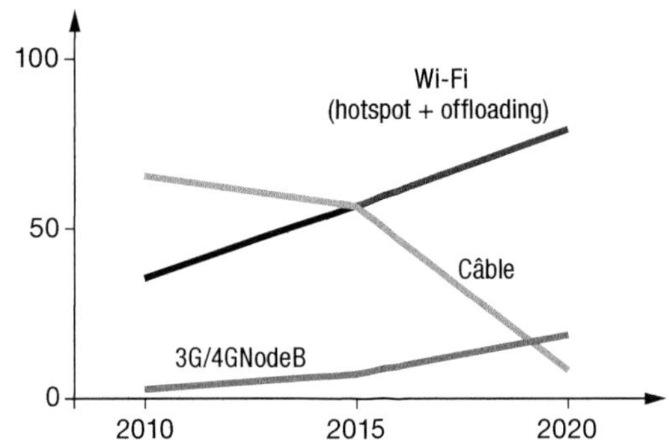

Figure 25.3

Répartition des débits en fonction des accès Internet

Stratégies de réduction de la consommation des réseaux hertziens

L'augmentation de la capacité des réseaux hertziens provient de divers progrès technologiques, comme la radio cognitive, introduite au chapitre 16, qui permet de mieux utiliser le spectre en récupérant les fréquences disponibles. Par exemple, la norme Wi-Fi IEEE 802.11af utilise les bandes blanches de la télévision pour émettre à très haut débit, la partie du spectre utilisée étant beaucoup plus large. Une autre solution, commercialisée depuis 2015 et mis en œuvre dans IEEE 802.11ac, concerne la directionnalité des ondes émises par les antennes, qui autorise une bien meilleure réutilisation des fréquences.

Une solution très intéressante pour réduire la consommation des réseaux hertziens est fournie par la virtualisation, qui permet d'utiliser beaucoup mieux le matériel physique grâce au support simultané d'un grand nombre de machines virtuelles sur une même machine physique. Dans ce domaine, les exemples de réduction d'énergie potentiels sont nombreux.

La virtualisation consiste à mettre des équipements physiques sous forme logicielle et à les regrouper sur des machines physiques communes. Par exemple, il est possible de rassembler tous les réseaux d'opérateurs sur une même antenne physique en virtualisant le matériel physique de l'antenne. Chaque opérateur peut ainsi disposer de sa propre VM, comme l'illustre la figure 25.4 pour le cas d'un routeur.

Les opérateurs ont ainsi la propriété complète de leur VM et peuvent les programmer à leur guise. L'avantage est pour eux de partager un matériel commun beaucoup plus puissant, mais ne consommant guère plus d'énergie. Les équipementiers du monde des télécoms commencent à partager des VLR (Visitor Location Register) et des HLR (Home Location Register) de sorte à réduire le nombre d'antennes physiques et diminuer de façon drastique la consommation électrique.

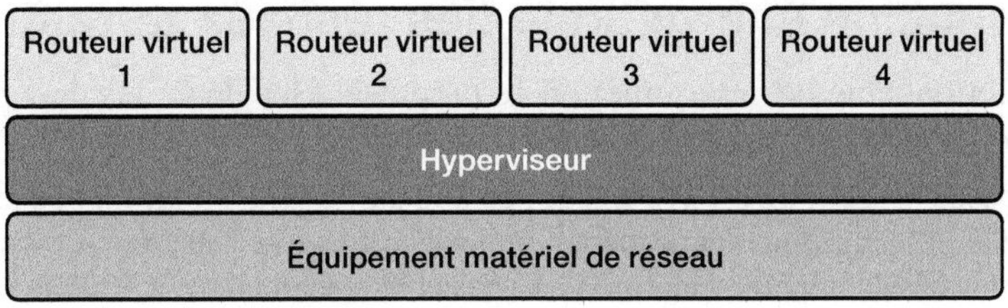

Figure 25.4

Virtualisation d'un routeur

Sur cette figure, la machine de base donne naissance à six routeurs virtuels de même type, introduits dans les routeurs du réseau et reliés entre eux afin de constituer des réseaux virtuels. L'économie d'énergie provient de la forte réutilisation d'une même machine physique plutôt que d'une utilisation moyenne de nombreuses machines physiques distinctes.

Dans les réseaux terrestres, la virtualisation est également utilisée pour réaliser des économies d'énergie en disposant les machines virtuelles aux bons endroits afin de consommer le moins possible. Par exemple, il est facile de modifier l'emplacement des routeurs virtuels afin qu'il y ait le moins possible de machines physiques allumées.

La nuit, par exemple, quand le trafic est faible, il est possible de faire passer tous les flots par des chemins communs afin d'éteindre le plus grand nombre possible de serveurs physiques. Ces techniques peuvent s'adapter parfaitement à des points d'accès Wi-Fi, qui, par virtualisation, seraient capables de desservir plusieurs opérateurs au lieu d'un seul. Ces mêmes points d'accès Wi-Fi pourraient être éteints durant les heures de non-activité, en particulier la nuit.

La difficulté est de les rallumer au bon moment, c'est-à-dire lorsqu'un utilisateur se présente ou pour prendre en charge une augmentation du trafic et être capable de garantir la qualité de service du réseau. Pour cela, différentes stratégies peuvent être appliquées. La plus efficace d'entre elles consiste à envoyer au point d'accès une trame de réveil, mais un tel dispositif n'est possible que sur un réseau terrestre disposant d'une connexion matérielle. Sur le réseau hertzien, il faut mettre en place des capteurs détectant l'énergie des équipements en train de s'allumer ou arrivant sur la zone.

La virtualisation est utilisable dans de nombreuses autres machines physiques, comme les pare-feu, les serveurs d'authentification, les serveurs d'identité, les middlebox ou les Home Gateways (passerelles domestiques).

La solution idéale pour diminuer la consommation énergétique de l'ensemble consiste à rassembler les machines virtuelles dans des machines génériques adaptées disposant de processeurs économes. Une machine peu utilisée consommant quasiment autant d'énergie qu'une machine fortement utilisée, autant utiliser une machine puissante et fortement utilisée, capable de remplacer un grand nombre de machines physiques par virtualisation.

La consommation énergétique des réseaux terrestres

Cette section tente de déterminer où se produisent les dépenses énergétiques les plus importantes dans les réseaux terrestres. La figure 25.5 en donne une première idée.

La dépense énergétique est avant tout liée à la partie utilisateur, un peu moins à la boucle locale et au réseau d'accès et beaucoup moins encore au réseau cœur. On estime approximativement à 1 W la dépense par utilisateur dans le réseau cœur, à 10 W sur la boucle locale et à plus de 30 W en moyenne sur la partie terminale, incluant l'équipement informatique ou de télécommunications. Ces chiffres sont logiques. Sur le réseau cœur s'exerce un fort multiplexage des flots utilisateur et des équipements réseau, même si les machines concernées consomment intrinsèquement beaucoup plus, puisqu'elles sont partagées par un très grand nombre d'utilisateurs.

Le multiplexage est déjà beaucoup moins présent sur la partie reliant le réseau cœur au DSLAM ou l'équivalent correspondant au répartiteur et n'existe quasiment plus sur la partie terminale, c'est-à-dire jusqu'à la prise et l'équipement d'extrémité situés chez l'utilisateur, comme le routeur ADSL ou la Home Gateway.

Le multiplexage s'exerce également sur les différents trafics des utilisateurs du domicile ou de l'entreprise. Au domicile, la consommation est évaluée à une dizaine de watts et concerne en grande partie la Home Gateway. Dans l'entreprise, la consommation d'un utilisateur est également estimée à une dizaine de watts. Enfin, la machine utilisateur, généralement dédiée, consomme énormément d'énergie, de 30 à 200 W en fonction du type de terminal, mobile ou fixe.

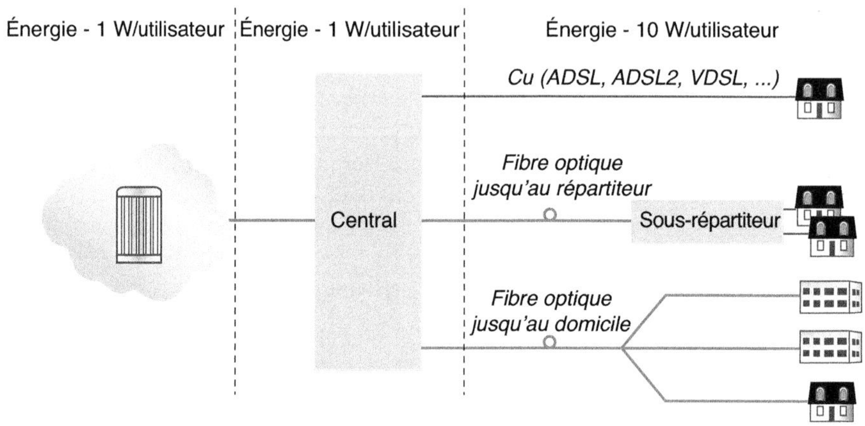

Figure 25.5

La consommation énergétique dans les réseaux terrestres

Stratégies de réduction de la consommation des réseaux terrestres

On peut déduire du bref aperçu précédent que la source d'économies maximale se situe au niveau de la boucle locale et plus encore de l'utilisateur. Le réseau cœur est certes consommateur, et des améliorations peuvent y être apportées, mais c'est bien au niveau terminal que l'essentiel des gains peut être trouvé.

Si aucun progrès n'est effectué dans la minimisation de la consommation électrique, la consommation devrait atteindre plus de 120 W par utilisateur en 2020. Si les recherches actuelles aboutissent et sont mises en œuvre, la consommation par utilisateur devrait se borner à un palier et même diminuer assez nettement dans la plupart des cas.

Cette valeur moyenne devrait se situer aux alentours de 20 W par utilisateur, c'est-à-dire à une valeur six fois inférieure à celle obtenue sans stratégie de réduction de la consommation.

Dans le réseau cœur, les recherches et développements actuels se focalisent sur deux points : rendre les équipements de réseaux économes et multiplexer au mieux les ressources pour éteindre un nombre maximal de machines.

Dans la première direction de recherche, la question est de savoir comment développer des processeurs capables de s'adapter au travail à effectuer : moins il y a de travail à faire et plus le processeur doit ralentir jusqu'à presque s'arrêter s'il n'y a plus de trafic à prendre en charge. Dans cette même direction, les recherches s'orientent vers des circuits électroniques consommant de moins en moins d'énergie. Dans un laps de temps assez court, c'est certainement cette voie qui ouvrira le plus de possibilités.

Virtualisation et multiplexage

Une seconde voie de recherche, déjà évoquée plus haut, concerne le multiplexage des routes sur des chemins communs pour éteindre, ou du moins mettre en veille les équipements réseau. La nuit, par exemple, ceux-ci sont sous-utilisés, et il peut être intéressant de mettre en veille un maximum de machines tout en maintenant un niveau de qualité de service acceptable. La virtualisation est la technologie principale à mettre en œuvre pour regrouper les machines virtuelles actives sur des nœuds communs. Bien sûr, les contraintes de « connexité » sont importantes et il faut que tous les utilisateurs actifs puissent être connectés.

Sur cette dernière solution, on travaille aujourd'hui à la mise au point de fonctions d'utilité des nœuds de communication. La fonction d'utilité doit être égale à zéro pour que l'on puisse arrêter la machine. Cette fonction peut prendre en compte la connexité des autres nœuds et, bien sûr, le trafic qui transite par le nœud examiné.

La boucle locale doit être multiplexée par le plus grand nombre possible d'utilisateurs pour abaisser la consommation de chacun. La fibre optique permet de faire transiter de nombreux clients simultanément. Par exemple, les techniques PON (Passive Optical Network) permettent de multiplexer une cinquantaine de clients sur un même accès. De même, les techniques Wi-Fi sont capables de rassembler plusieurs clients sur un même point d'accès.

Les boîtiers d'accès de type Home Gateway consomment la plupart du temps entre 10 et 50 W. Les nouveaux composants devraient pouvoir faire baisser de façon sensible cette consommation pour atteindre moins de 5 W pour l'ensemble et 2 W pour un point d'accès Wi-Fi simple. Une telle diminution, multipliée par les millions de boîtiers en circulation, représente au total une source d'économies d'énergie substantielle.

Une autre façon de réaliser des économies sur les boîtiers est de les mettre en veille dès que possible. Aujourd'hui, cette solution n'est pas automatique et exige que ce soit l'utilisateur qui éteigne lui-même son boîtier. À l'heure actuelle, même lorsque l'ordinateur individuel raccordé n'effectue aucun travail, sa consommation électrique est quasiment identique.

Grâce à la technique dite *start-and-stop*, qui commence à arriver dans les équipements réseau, et notamment dans les points d'accès Wi-Fi, dès que la machine ou le point d'accès n'a rien à faire, ils se mettent en veille. Pour minimiser la consommation du réseau, il faut maximiser le nombre de machines en veille, et, pour cela, faire en sorte que les différents flots utilisent des chemins communs tout en préservant la qualité de service du transport.

Les machines terminales liées à l'utilisateur consomment encore plus que les boîtiers de télécommunications. Les téléphones portables connectés au réseau téléphonique ont une consommation énergétique de l'ordre de 6 W, les modems-routeurs de 12 W, les modems VoIP de 10 W, les machines de bureau jusqu'à 200 W en usage très intensif et 50 W en mode oisif, c'est-à-dire sans aucune tâche se déroulant sur l'équipement. La puissance dépensée dépend du nombre de cartes, de la mémoire, de la puissance du processeur, du refroidissement, etc. Pour donner quelques ordres de grandeur, les cartes Ethernet consomment dans les 3-4 W, les cartes graphiques jusqu'à 50 W, les cartes PCI de 5 à 10 W, une carte mère nue de 20 à 40 W, une mémoire vive de 5 à 8 W. Il est possible de réaliser de nombreuses économies en éteignant les composants non utiles et en choisissant des composants basse consommation. Un des points les plus sensibles provient des écrans, qui peuvent consommer jusqu'à 150 W. Il est à noter que même la mise en veille d'un écran ne supprime pas complètement sa consommation, qui reste de 1 à 2 W.

Les équipements terminaux les mieux préparés pour une basse consommation sont les smartphones, les tablettes et plus globalement les ordinateurs portables, qui consomment de 5 à 25 W en configuration standard. Ces valeurs sont acceptables pour les batteries actuelles si plusieurs heures de travail doivent être atteintes.

Plutôt qu'éteindre complètement un composant d'un équipement de réseau ou d'un équipement terminal, la solution de plus en plus souvent mise en œuvre consiste à éteindre chaque composant séparément. Par exemple, un PC peut ne garder que sa carte Ethernet en veille, pour pouvoir recevoir et redémarrer dès qu'un paquet est reçu. La carte Ethernet peut elle-même rallumer la machine si elle est en veille.

La solution la plus prometteuse actuellement met en œuvre un processeur dont la vitesse est proportionnelle à la tâche à effectuer. Lorsque la machine est fortement en charge, le processeur est à pleine puissance. En revanche, dès qu'il n'y a que peu de travaux à effectuer, le processeur ralentit jusqu'à descendre à de très faibles vitesses. Toutes les vitesses intermédiaires sont possibles. Cette solution est astucieuse, car la consommation énergétique dépend fortement de la vitesse du processeur.

Les réseaux d'accès

Les réseaux d'accès constituent un des nœuds importants de la consommation énergétique. Une idée qui commence à se répandre fortement provient des réseaux d'accès basse consommation. La consommation étant en grande partie fonction du carré de la distance entre le terminal et le point d'accès, il est important de minimiser cette distance et donc de démultiplier le nombre de points d'accès. Deux solutions semblent s'imposer dans cette direction, les small cells connectées directement au réseau cœur par un câble ou une fibre optique et les réseaux mesh.

Les réseaux mesh font partie des réseaux d'infrastructure décrits au chapitre 17. Une autre solution est également possible, celle des réseaux ad-hoc, également examinés au chapitre 17. Les réseaux ad-hoc sont constitués de machines appartenant à l'utilisateur final, et le logiciel de routage se trouve dans la machine utilisateur. Cette solution est plus complexe à mettre en œuvre du fait de l'hétérogénéité des machines, de leur gestion et de leur contrôle. Les réseaux ad-hoc ne peuvent donc être utilisés que dans des cas assez simples, car la qualité de service est très mal assurée du fait du déplacement des clients.

Les réseaux mesh représentent une excellente solution pour les réseaux d'accès pour lesquels il est complexe ou cher de poser des accès fibre optique ou câble. L'avantage de ces réseaux provient du faible coût total du réseau puisque, pour une même qualité de service que celle obtenue par une antenne 3G/4G, on dépense vingt fois moins, et de la dépense énergétique cent fois moindre que celle des antennes 3G/4G.

Dans le cadre des réseaux mesh, le client est connecté sur les routeurs mesh par une carte Wi-Fi spécifique utilisée uniquement pour l'accès. Puis le trafic des paquets passe de nœud en nœud pour atteindre le destinataire ou la passerelle vers Internet. Les nœuds du réseau doivent être positionnés pas trop loin les uns des autres de façon à obtenir une bonne qualité de service. La consommation d'un nœud peut descendre à moins de 10 W. Une vingtaine de points d'accès mesh donnent le même débit global qu'une antenne 3G/4G.

Les économies d'énergie sont liées dans un premier temps à la consommation même des machines associées. Une deuxième piste également fortement étudiée est celle de la superposition des chemins pour optimiser le nombre de machines que l'on peut éteindre. Un exemple de cette solution est décrit à la figure 25.6. Les machines terminales sont connectées aux trois points d'accès au départ. Ensuite, le routage est modifié pour emprunter le même point d'accès Wi-Fi. De ce fait, les machines qui ne sont plus utiles pour réaliser l'interconnexion des utilisateurs peuvent se mettre en veille.

Une autre voie de recherche concerne les femtocells, qui font partie de la famille des small cells. Au centre de la femtocell se trouve le Home NodeB (HNB), en général une carte insérée dans la Home Gateway avec une antenne pour raccorder les équipements mobiles de type smartphone. Cette connexion peut s'effectuer sous une fréquence 3G ou 4G *via* l'opérateur associé à la femtocell. La tendance actuelle consiste à réaliser cette connexion par le biais d'un environnement Wi-Fi du fait du coût particulièrement élevé des fréquences 3G/4G et de l'explosion du Wi-Fi, beaucoup moins onéreux.

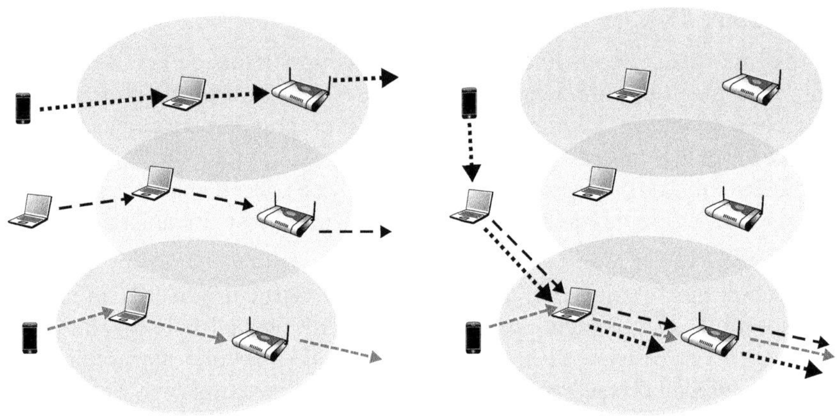

Figure 25.6

Optimisation des chemins

Une solution pour gérer les flots est de réaliser un réseau mesh des Home NodeB (HNB) permettant d'émettre les paquets par la fibre optique ou la connexion ADSL disponibles à un ou plusieurs sauts de l'émetteur. Ce type de solution est décrit à la figure 25.7. Un opérateur peut introduire des Home Gateway sans connexion directe vers le réseau cœur, en les connectant, *via* le réseau mesh, vers une fibre optique située à un ou plusieurs sauts. La technologie start-and-stop peut automatiquement éteindre des boîtiers Internet lorsque leur utilité devient nulle.

Une autre solution, qui se développe rapidement et n'est pas fondamentalement différente de la précédente, concerne les accès NGH (Next Generation Hotspot). Il s'agit de points d'accès Wi-Fi gérés par les opérateurs de télécommunications et se comportant comme des antennes 3G/4G. Passpoint, décrit au chapitre 16, correspond à cette solution.

Les avantages de NHG du point de vue de la consommation électrique sont évidents : plus la distance est courte entre l'utilisateur et le point d'accès, plus la puissance exigée est faible ; les points d'accès NGH peuvent servir de relais ; les nœuds peuvent être dotés de la fonction start-and-stop pour fortement économiser l'énergie consommée. Ces points d'accès supportent la norme IEEE 802.11u qui a pour objectif de permettre une connexion similaire à une connexion effectuée sur une antenne 3G/4G. De ce fait, il n'y a plus de différence pour l'utilisateur entre un point d'accès Wi-Fi et une antenne d'un réseau de télécommunications mobiles.

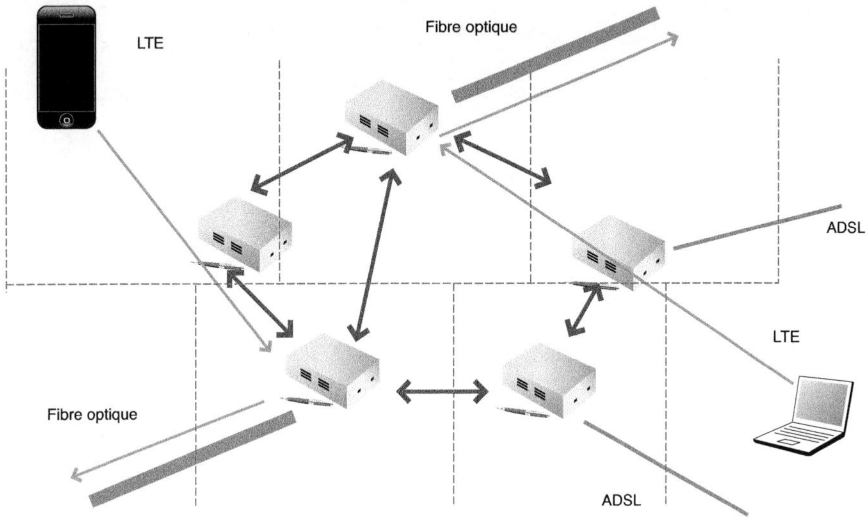

Figure 25.7

Un réseau mesh de HNB

Conclusion

Les réseaux de télécommunications demandent beaucoup d'énergie pour fonctionner, et la consommation augmente rapidement avec l'accroissement des débits. Si l'on n'y prend garde, la part de l'empreinte carbone pourrait passer de 5 % à 20 % en une dizaine d'années pour les secteurs des télécommunications et de l'informatique. Heureusement, de nombreuses solutions sont mises en œuvre pour essayer de ne pas trop l'augmenter, notamment les suivantes :

- Les techniques de virtualisation, qui permettent des multiplexages plus appropriés et l'arrêt des ressources physiques inutiles.
- Les réseaux d'accès basse consommation, avec des demandes en énergie très inférieures à ce qui existe actuellement.
- Les cartes réseau qui peuvent être découplées des processeurs centraux afin d'être éteintes si nécessaire.

De très nombreux progrès sont encore envisageables, bien plus importants que ce qui a été fait jusqu'ici. Parmi ces techniques plus ou moins avancées, citons notamment les processeurs de traitement des données et des paquets avec des vitesses qui s'adaptent au travail à réaliser ; nouvelles techniques de transmission afin de réaliser des débits beaucoup plus importants et consommant beaucoup moins ; multiplexages encore plus substantiels ; mémoires basse consommation ; récupérations de la chaleur pour recréer de l'énergie, etc.

26

Générations futures

Ce chapitre examine cinq axes de développement, parmi de nombreux autres, émanant de centres de recherche industriels et académiques qui peuvent être vus comme la base des réseaux futurs : les réseaux participatifs, la concrétisation, les réseaux morphware, ou Plug & Network, le pilotage automatique et la blockchain.

Les réseaux participatifs

La notion de réseau participatif désigne la participation des utilisateurs à la réalisation de réseaux d'accès totalement autonomes, c'est-à-dire capables de continuer à travailler même sans connexion Internet, avec des nœuds qui peuvent disparaître et d'autres apparaître.

Ce type de réseau présente l'avantage d'être fortement protégé des menaces en provenance d'Internet puisqu'une société peut débrancher son réseau et continuer à travailler en mode fermé sans aucun besoin de connexion. Seuls les services demandant des serveurs externes, comme Twitter ou Facebook, ne peuvent plus s'exécuter, sauf s'il y a un accord pour qu'un serveur interne puisse exécuter localement l'application. En revanche, tous les protocoles classiques d'Internet et les applications pour lesquelles il existe des logiciels *open source* peuvent s'exécuter de façon distribuée. La téléphonie ou la vidéo interne, les applications de stockage, de calcul et même de réseau grâce à des machines virtuelles réseau qui peuvent s'exécuter sans aucune connexion externe. Une société qui dispose d'un réseau participatif peut le connecter à certains moments sur l'extérieur *via* une passerelle et se déconnecter à d'autres moments.

Un autre avantage de ce type de réseau est sa consommation extrêmement faible. En effet, tout se passant en direct entre clients, il n'y a pas besoin d'aller chercher une antenne ou un DSLAM et de se connecter sur un serveur qui peut être situé de l'autre côté de la terre pour réaliser la connexion.

La figure 26.1 illustre un réseau de ce type dans lequel des boîtiers portatifs commercialisés par la société Green Communications se connectent entre eux automatiquement. Ils possèdent diverses machines virtuelles, comme des routeurs pour réaliser des réseaux mesh, mais également un petit Cloud distribué sur l'ensemble des boîtiers.

Ces boîtiers supportent tous les protocoles de l'Internet en mode distribué et proposent de très nombreuses fonctionnalités ainsi qu'une large gamme d'applications également totalement distribuées, comme la VoIP, la VoD, la messagerie, etc.

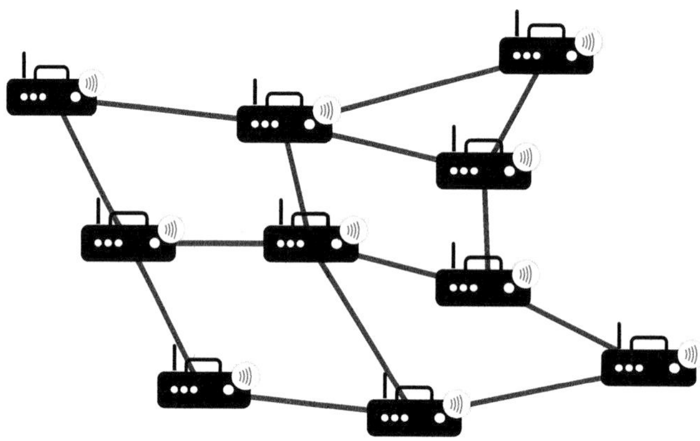

Figure 26.1

Un réseau participatif

La concrétisation

La concrétisation est le processus inverse de la virtualisation, par lequel on passe d'un environnement logiciel à un environnement matériel. Lors de la virtualisation, on perd beaucoup en performance intrinsèque : pour l'exécution d'une VM (machine virtuelle) sur la machine physique de départ la perte peut aller jusqu'à un facteur 100. On peut toutefois regagner ce facteur en prenant une machine physique cent fois plus puissante. Malgré cette perte de puissance, on a beaucoup gagné en flexibilité et en agilité. Dans la virtualisation, on évite de dépenser trop d'énergie en regroupant de façon optimisée les machines virtuelles : c'est le processus dit d'urbanisation.

Dans la concrétisation, l'idée est d'avoir toujours les mêmes flexibilité et agilité du logiciel, mais en revenant au matériel et donc en regagnant le facteur 100 sur les performances. Cette nouvelle phase est illustrée à la figure 26.2.

La concrétisation utilise un matériel de type processeur reconfigurable. Les premiers composants de ce type sont les FPGA (Field-Programmable Gate Array), qui sont des circuits intégrés en silicium reprogrammables. Programmer un FPGA consiste à redéfinir le circuit intégré lui-même afin d'implémenter la fonctionnalité souhaitée.

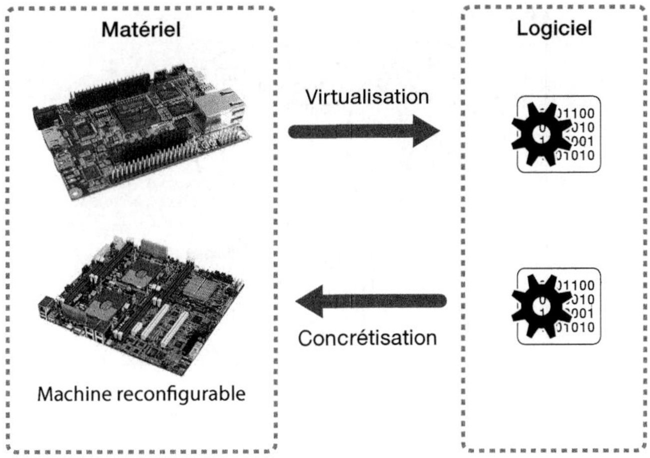

Figure 26.2

Phase de concrétisation faisant suite à la phase de virtualisation

La principale difficulté de cette technologie vient du temps assez long nécessaire pour reprogrammer le circuit intégré, même si ce temps a fortement diminué dans les nouvelles générations de microprocesseurs reconfigurables. Pour aller encore beaucoup plus vite, il faudra adjoindre des processeurs très puissants pour préparer ces programmes de reconfiguration. On prédit pour les années 2020 un temps ressenti de l'extérieur comme quasi instantané pour passer d'un circuit à un autre.

Dans cette perspective, un circuit pourra être un routeur pendant quelques instructions, devenir ensuite un pare-feu, puis lui-même faire place à une machine de traitement de signal, etc. La figure 26.3 illustre les progrès attendus dans ce domaine jusqu'en 2020, où les processeurs reconfigurables devraient quasiment atteindre les performances des ASIC, ou circuits intégrés, tout en étant aussi flexibles que des microprocesseurs.

On peut donc imaginer dans un avenir assez proche de petits datacenters dans lesquels il y aura non seulement des machines virtuelles logicielles, mais également des machines virtuelles matérielles beaucoup plus puissantes.

On pourra de la sorte effectuer des migrations de machines virtuelles logicielles vers des machines virtuelles matérielles et *vice versa*. Tant que de la puissance n'est pas requise, on reste en logiciel, mais dès que celle-ci se fait sentir, on passe en matériel. Un femto-datacenter de ce type est illustré à la figure 26.4.

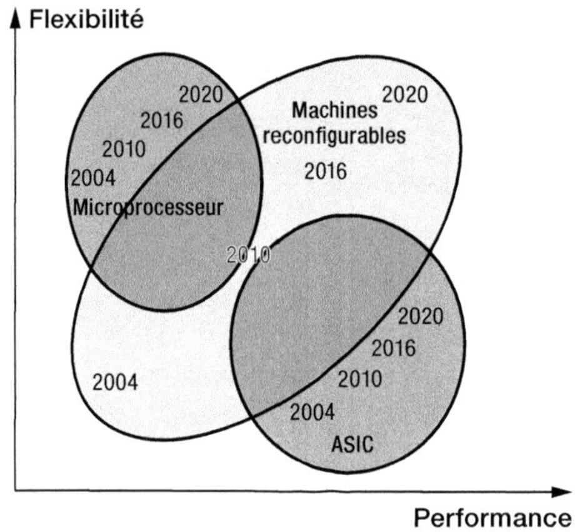

Figure 26.3

Les progrès comparés des machines reconfigurables

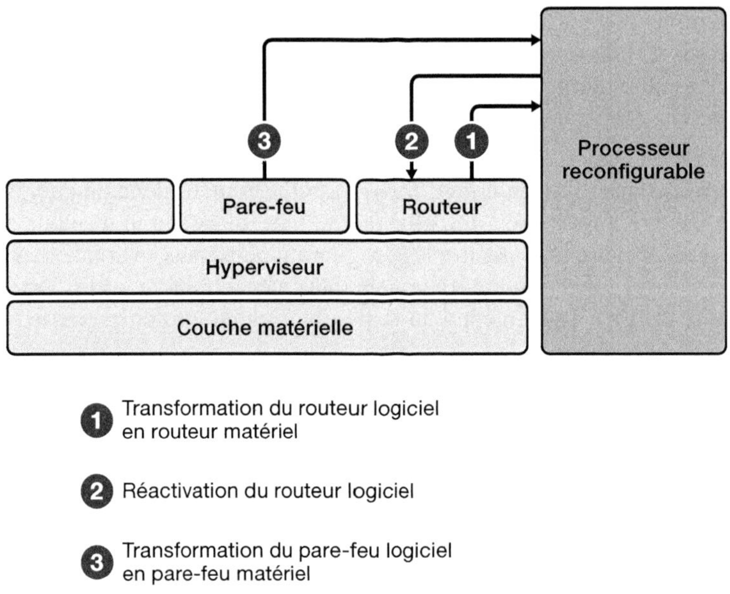

Figure 26.4

Exemple de femto-datacenter supportant à la fois la virtualisation et la concrétisation

Les réseaux morphware

Une troisième grande innovation des réseaux futurs proviendra du « morphware », un mot qui vient du grec *morph* pour signifier « se transformer ».

Les réseaux morphware auront ainsi la propriété de se transformer en fonction de leur environnement et de la mission qui leur est confiée. La figure 26.5 représente les trois autres grandes générations de réseaux.

Figure 26.5

Les trois grandes générations de réseaux

L'objectif des réseaux morphware est de permettre à l'utilisateur d'avoir toujours le meilleur réseau possible en fonction du serveur à accéder, de la sécurité à implémenter, de la qualité de service à mettre en place, afin de lui offrir une satisfaction la plus complète possible.

Les réseaux morphware peuvent se représenter comme illustré à la figure 26.6, dans laquelle l'architecture déployée regroupe les quatre niveaux décrits au chapitre 1. Ces niveaux sont constitués de gros datacenters centraux, de serveurs de type MEC (Mobile Edge Computing), de serveurs Fog et de femto-datacenters. Chaque client ouvre son propre réseau à la volée, qui peut se transformer au cours du temps et en fonction des contraintes. Ce réseau se détruit automatiquement à la fin du travail de l'utilisateur.

On peut appeler cette technologie Plug & Network puisque lorsque l'utilisateur se connecte, son réseau est mis en place, ce réseau étant en virtualisation ou en concrétisation.

Ces réseaux morphware pourront interconnecter les entreprises aussi bien que les domiciles, les véhicules et les objets, et le réseau construit pour un utilisateur pourra traverser un quelconque point de cet environnement.

Un réseau de cette génération future est représenté à la figure 26.7.

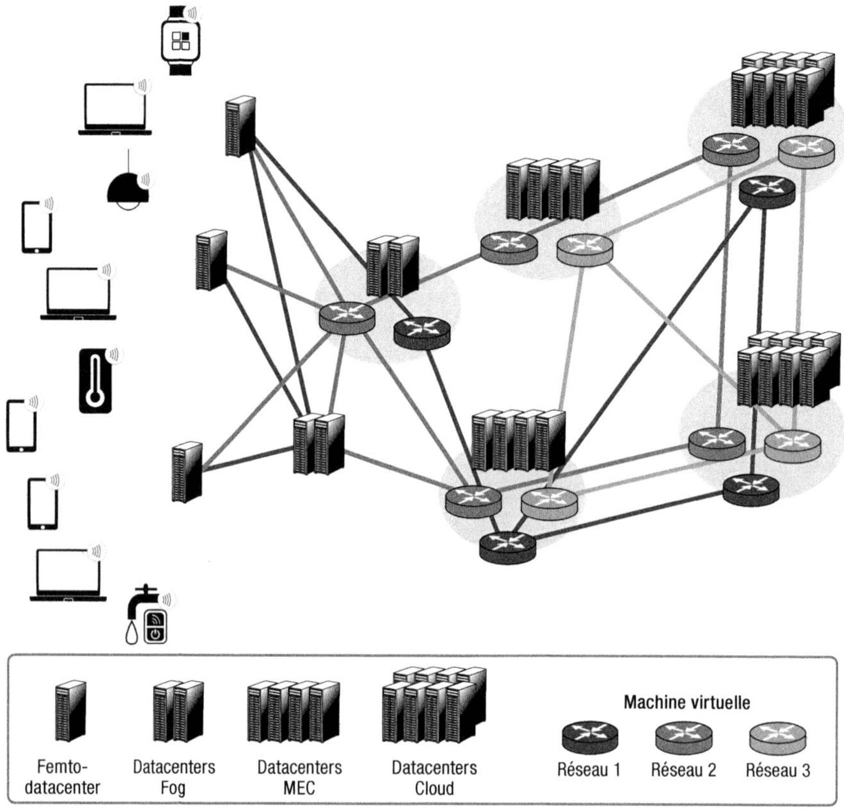

Figure 26.6

Architecture d'un réseau morphware

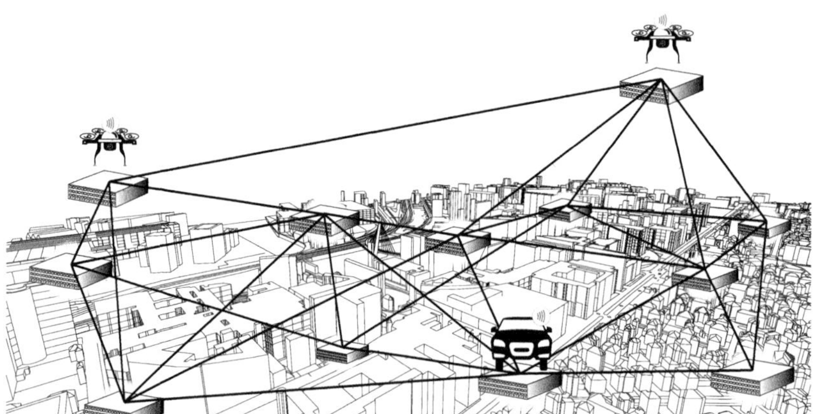

Figure 26.7

Fonctionnement d'un réseau futur

Le pilotage automatique

Les futurs réseaux seront pilotés automatiquement. Dans un avion, le pilote automatique a besoin de connaître les points de départ et d'arrivée, la vitesse de l'avion, l'altitude, la vitesse du vent, les itinéraires des avions aux alentours, etc. Pour un réseau, le pilote a besoin d'un ensemble de paramètres nettement plus nombreux que dans un avion. La difficulté vient de la grande distribution des paramètres à récupérer.

Si la récupération s'effectue dans un point du réseau, les temps de réaction du pilote peuvent être beaucoup trop importants. Contrairement au pilotage automatique d'un avion, qui est centralisé, le pilotage de réseau doit être distribué. Il s'agit, comme indiqué au chapitre 4, d'un système de pilotage mélangeant centralisation et complète distribution.

Une première étape dans cette direction est illustrée à la figure 26.8, qui correspond à la constitution de clusters pilotés par un contrôleur distribué, ici ONOS.

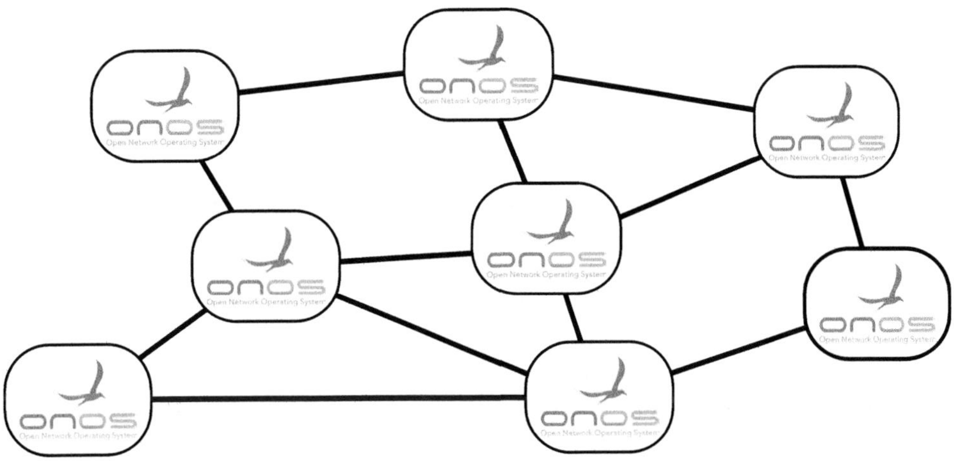

Figure 26.8

Cluster de contrôleurs formé de nœuds ONOS

Le passage à l'échelle pour pouvoir réaliser un très grand réseau est complexe. Une solution pour réduire cette complexité est de définir un des nœuds ONOS comme chef du cluster et d'utiliser la technique dite de « vue située » décrite à la fin du chapitre 4. Chaque chef de cluster reçoit de tous les clusters à un saut toutes les connaissances nécessaires pour que le pilotage automatique puisse se faire. Comme les clusters voisins reçoivent eux-mêmes les connaissances de leurs voisins, on voit que globalement tous les clusters sont liés.

Le principe de fonctionnement des vues situées à un saut est illustré à la figure 26.9. Comme tous les chefs de clusters ont une vue cohérente de l'ensemble du réseau, un pilote distribué peut être construit à partir de politiques communes.

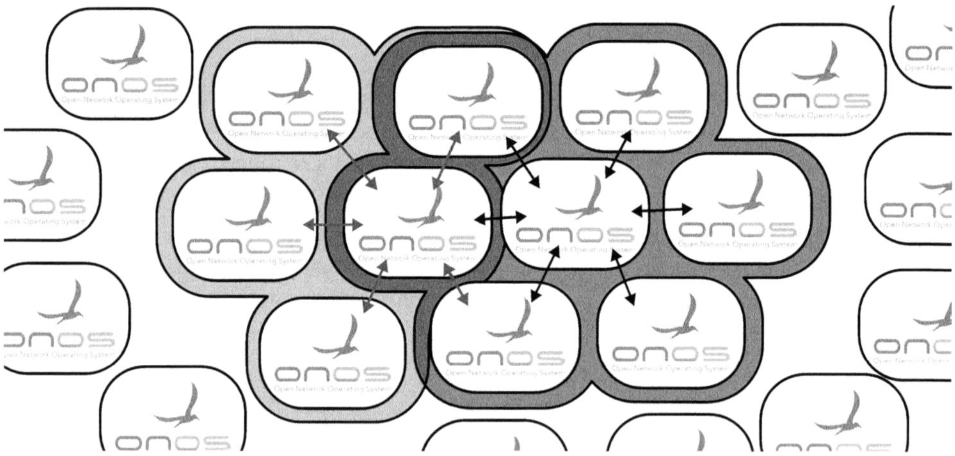

Figure 26.9

Vues situées à un saut

La blockchain

La blockchain, ou chaîne de blocs, est un outil de sécurisation des réseaux qui a été développé au départ pour la monnaie virtuelle Bitcoin, mais qui a bien d'autres applications dans les réseaux afin, par exemple, d'identifier et d'authentifier des machines virtuelles et éviter ainsi des attaques par usurpation.

La blockchain est une technologie de base de données et de transmission d'informations associée à un protocole de gestion des données numériques qui présente de nombreux avantages. Elle est transparente, chacun pouvant consulter l'ensemble des échanges, présents et passés, sans organe de contrôle ni de tiers de confiance, et elle fonctionne directement d'utilisateur à utilisateur. Étant complètement distribué, le système ne peut être falsifié, et la vérification des opérations peut s'effectuer dans de nombreux nœuds, appelés mineurs.

Les transactions ou les éléments à prouver sont rassemblés en blocs, le dernier bloc étant corrélé au précédent et ainsi de suite. Toutes les transactions d'un nouveau bloc sont validées par des « mineurs » (*voir ci-après*), qui analysent l'historique complet de la chaîne de blocs. Si le bloc est valide, il est horodaté et ajouté définitivement à la chaîne. Les transactions qu'il contient sont alors visibles dans l'ensemble du réseau et peuvent facilement être vérifiées par tous ceux qui le souhaitent. Si les calculs sont complexes à effectuer (ce sont des calculs de hash), leur vérification est très simple. Une fois ajouté à la chaîne, un bloc ne peut plus être ni modifié ni supprimé, ce qui garantit l'authenticité et la sécurité de l'ensemble.

Comme l'illustre la figure 26.10, chaque bloc de la chaîne est constitué de plusieurs transactions, d'une somme de contrôle (hash), utilisée comme identifiant, d'une somme de contrôle du bloc précédent (à l'exception du premier bloc de la chaîne, appelé bloc de genèse), et finalement d'une mesure de la quantité de travail qui a été nécessaire pour produire le bloc. Le travail est défini par la méthode de consensus utilisée au sein de la chaîne, telle que la preuve de travail ou la preuve de participation.

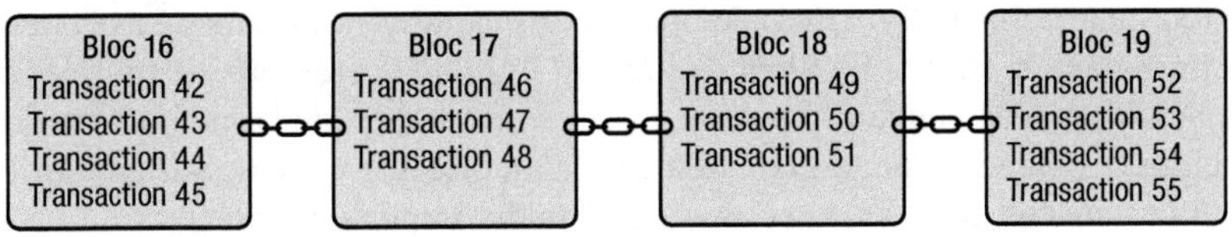

Figure 26.10

Fonctionnement d'une blockchain

La blockchain est un système fondé sur la confiance. Le système arrive, après des calculs assez complexes, à un consensus qui ne peut plus être remis en cause. La méthode pour aboutir à ce consensus peut être la preuve de travail (*proof of work*) ou la preuve de participation (*proof of stake*). La première méthode utilise un travail complexe à effectuer prouvant que le mineur a fait la vérification ; la seconde prend en compte l'âge du nœud et le nombre de travaux qu'il a déjà réalisés. Les nœuds démontrant une forte participation ont un travail moins important à effectuer que les nœuds relativement jeunes.

Le protocole utilise un processus cryptographique nécessitant une puissance de calcul importante, fournie par les mineurs. Ce processus ne peut pas être cassé, sinon en des temps hors de proportion avec l'existence d'un individu. Les mineurs sont des entités dont le rôle est d'alimenter le réseau en puissance de calcul afin de permettre la mise à jour de la base de données décentralisée. Pour cette mise à jour, les mineurs doivent confirmer les nouveaux blocs en déchiffrant les données. Dans le cadre de la confirmation d'une transaction en bitcoin, il faut compter une quinzaine de minutes sur des machines extrêmement puissantes.

Une concurrence existe entre les mineurs pour le décryptage des transactions, permettant à la puissance disponible sur le réseau de croître. N'importe qui peut prêter sa puissance de calcul pour miner, mais plus les mineurs sont nombreux, plus la résolution des preuves est difficile à s'attribuer. Ainsi, le protocole peut devenir quasi inviolable dès lors que la concurrence est forte entre les nœuds du réseau, c'est-à-dire qu'aucun groupement de mineurs ne devient majoritaire.

Conclusion

Les réseaux ont reçu de très fortes secousses depuis 2010 qui s'expriment par la génération des réseaux virtuels et SDN et la préparation à la 5G.

L'accélération des changements ne faiblit pas, et l'on ne peut guère s'attendre à une stabilisation du monde des réseaux avant les années 2020. Si certaines solutions semblent inéluctables, comme la virtualisation ou l'open source, d'autres vont être fortement discutées et potentiellement modifiées, à l'image du SDN et de son contrôleur centralisé. On se dirige probablement vers une distribution du SDN, mais il est encore bien difficile de cerner comment, entre des contrôleurs distribués et du pilotage automatique réparti dans l'ensemble des datacenters qui forment l'infrastructure du réseau.

En conclusion de cette nouvelle édition, on peut noter une forte évolution qui s'exprime par une réorganisation du livre avec de nombreux chapitres nouveaux ou avec des mises à jour très importantes, comme le SDN, le logiciel libre ou les réseaux de mobiles 5G. Les trois prochaines années peuvent être vues comme des années de consolidation de paradigmes développés précédemment. Le résultat pourrait être une sorte de palier pour permettre, au début des années 2020, une certaine stabilité du monde des réseaux.

Index

Symboles

A

B

C

D

G

H

I

M

N

O

S

T

U

V

W

X

Z

Merci d'avoir choisi ce livre Eyrolles. Nous espérons que sa lecture
vous a été utile et vous aidera pour mener à bien vos projets.

Nous serions ravis de rester en contact avec vous et de pouvoir vous proposer
d'autres idées de livres à découvrir, des nouveautés, des conseils
ou des événements avec nos auteurs.

Intéressé(e) ? Inscrivez-vous à notre lettre d'information.

Pour cela, rendez-vous à l'adresse go.eyrolles.com/newsletter ou flashez
ce QR code (votre adresse électronique sera à l'usage unique des éditions Eyrolles
pour vous envoyer les informations demandées) :

Vous êtes présent(e) sur les réseaux sociaux ?
Rejoignez-nous pour suivre d'encore plus près nos actualités :

Eyrolles Web Dev et Web Design

Merci pour votre confiance.
L'équipe Eyrolles

P.-S. : chaque mois, 5 lecteurs sont tirés au sort parmi les nouveaux inscrits
à notre lettre d'information et gagnent chacun 3 livres à choisir dans le catalogue
des éditions Eyrolles. Pour participer au tirage du mois en cours, il vous suffit
de vous inscrire dès maintenant sur go.eyrolles.com/newsletter
(règlement du jeu disponible sur le site)

Composition : Soft Office

Dépôt légal : juin 2018
IMPRIMÉ EN FRANCE

Achevé d'imprimer le 11 juin 2018
sur les presses de l'imprimerie *La Source d'Or*
63039 Clermont-Ferrand
Imprimeur n° 13714N

Dans le cadre de sa politique de développement durable,
La Source d'Or a été référencée IMPRIM'VERT® par son organisme consulaire de tutelle.
Cet ouvrage est imprimé - pour l'intérieur - sur papier offset standard 80 g,
provenant de la gestion durable des forêts,
produit par des papetiers dont les usines
ont obtenu les certifications environnementales ISO 14001 et E.M.A.S.